张梅颖
(1944—)

曾任全国政协副主席
民盟中央常务副主席
中华全国妇女联合会副主席（兼职）

张梅颖文集

COLLECTED WORKS OF ZHANG MEIYING

上

1999—2006

张梅颖　著

群言出版社
QUNYAN PRESS
·北京·

图书在版编目（CIP）数据

张梅颖文集：全3册/张梅颖著．— 北京：群言出版社，2014.7（2015.10重印）
（民盟历史文献）
ISBN 978-7-80256-551-7

Ⅰ．①张… Ⅱ．①张… Ⅲ．①张梅颖—文集 Ⅳ．①C53

中国版本图书馆CIP数据核字（2014）第023700号

责任编辑：杨　青　陈　佳　孙平平　李　群
特约编辑：张志军
封面设计：齐立娟

出版发行：群言出版社
社　　址：北京市东城区东厂胡同北巷1号（100006）
网　　址：www.qypublish.com
自营网店：http://qycbs.shop.kongfz.com（孔夫子旧书网）
http://www.qypublish.com（群言出版社官网）
电子信箱：qunyancbs@126.com
联系电话：010-65267783　65263836
经　　销：全国新华书店
法律顾问：北京市君泰律师事务所

印　　刷：北京毅峰迅捷印刷有限公司
版　　次：2015年9月第1版　2015年10月第2次印刷
开　　本：880mm×1230mm　1/32
印　　张：48.5
字　　数：1016千字
书　　号：ISBN 978-7-80256-551-7
定　　价：218.00元（全3册）

前　言

中国民主同盟成立于1941年3月，正值抗日民族统一战线遭到国民党独裁统治破坏的危难之际。民盟以贯彻抗日主张、实践民主精神、尊重思想自由、提倡依法治国为政治纲领。民盟凝聚了当时绝大多数进步知识分子和社会精英，可谓群贤毕集。在不同的历史时期，黄炎培、张澜、沈钧儒、杨明轩、闻一多、李公朴、梁漱溟、史良、胡愈之、楚图南、吴晗、费孝通……这些民盟前辈精英们纵横捭阖、开阔放达，本着知识分子的人文良知和社会责任"奔走国是"，在政治、经济、军事、外交、教育、社会等领域都提出了明确的纲领和主张，将平等、民主、自由的思想播撒在中国的土地上。

在那苍黄翻覆、陵谷变迁的大时代，在那风云变幻、波澜壮阔的动荡岁月里，历史的浪潮将中国民主同盟，将有志于民族振兴的贤良才俊推上了风口浪尖，他们在改变中国命运的同时，也改变了自己的人生轨迹。他们为历史的进程，为国家富强、民族振兴和民主政治的进步做出了卓越的贡献；他们将自己的荣辱与民族存亡紧紧地联系在一起，为中国的民主、繁荣奋斗了一生，为后人留下了许多宝贵的精神财富；他们关于新民主主义社会的探索，至今仍具有巨大的影响和现实意义。

在和平盛世的今天，为了保存这珍贵的历史财富，为了让后人记住先辈们的独立之精神、自由之思想以及他们为国为民、励精图治的奋斗事迹，我们通过多年的精心准备和积累，出版了《民盟历史文献》丛书，这不仅仅是追忆往昔、缅怀先贤，也不仅仅是为了从学术研究的角度去厘清历史、臧否人物，更重要的是：通过回顾那段曲折的历史，传承民盟与中国共产党肝胆相照、荣辱与共的真挚感情；纪念民盟先贤为新中国做出的巨大贡献；呈现近现代中国社会的嬗变和进步知识分子的爱国情怀；同时也是为了民盟薪火相传、与时俱进的需要；为了让那些隽永传奇的人物和可歌可泣的历史再现后人的眼前。

路漫漫其修远兮，吾将上下而求索。《民盟历史文献》丛书的出版，是对先贤们多党合作历史的尊崇和传承。

《民盟历史文献》编委会

序　言

《张梅颖文集》即将付梓，作者请我作序。我让工作人员介绍了一下文集的内容，主要是这些年梅颖同志调查研究的成果汇集，有厚厚的三大本，足见她的勤奋和工作的扎实。我无力对梅颖同志这些年所做大量工作进行评价，只能谈一谈这些年和她一起工作及交往过程中对她的了解和认识，权当这部文集的序言。

我什么时候认识梅颖同志已经记不清楚了。她2001年调民盟中央任专职副主席，当时我担任民盟中央主席，我们工作上的接触就非常多了。她给我留下的第一印象是为人热情，有想法，并且善于学习。她原来是医生、医院院长，到民盟中央担任领导工作，这种跨度之大是可以想见的。她很快就适应了新的岗位的需要，关于多党合作的方针政策和民盟的工作能讲得头头是道，这一点很让我佩服。我想，这一方面是因为她人很聪明；另一方面也与她特殊的家世有关，长期耳濡目染，已经有很多前期积累。2003年她担任民盟中央常务副主席。我由于身体原因，民盟中央的日常工作、特别是盟中央机关的管理，很多事情依靠她来抓。她对民盟有特殊的感情，对于工作全身心投入，甚至颇有些当仁不让的闯劲。由于工作性质和其他原因，民盟中央机关长期形成了一套自己的管理方式。梅颖同志对此不大满意，她有不少新想法，也征求了我的意见，在机关管理上作了一些改革。民主党派机关虽然人数不多，但和其他单位相比很有一些特殊的地方，想管好确实不容易。我也听到对梅颖同志抓的一些工作有不同认识，见仁见智，这很正常，我相信她是真心想把民盟的工作抓上去，一些改革措施当时也确实较好地调动了年轻同志的积极性，增强了机关活力。

可能由于年龄和阅历不同，在对很多问题的认识上梅颖同志比我更积极、更乐观。当时民盟组织老化现象非常突出，很多地方离退休盟员数量甚至超过了在职盟员，梅颖同志深入基层调研，大力推动组织发展，几年时间发展了一批年纪轻、素质较高的同志，使盟员的结构逐渐趋于合理。随着一些老盟员离开工作岗位和去世，盟内有影响的代表性人士比较缺乏，梅颖同志非常着急，她四处联系，找有关方面帮助协调，甚至亲自出面动员一些有影响的人士加入民盟。省级盟组织主要干部配备及一些重要实职安排，是民盟组织建设带有关键意义的环节，难度大，也十分敏感，梅颖同志敢说话，积极向有关方面争取，尽管有些问题并没有得到解决，但我觉得她勇于坚持不同意见的精神，不仅体现了她的责任心，也体现了她对民盟优良传统的认识和守护。

梅颖同志坚信我国多党合作的制度价值，对民盟通过履行参政议政、民主监督职能，在国家政治生活中发挥作用有很高的期望。中共中央、国务院召开的高层协商会、每年的全国政协大会是民盟展示形象的重要场合，梅颖同志非常重视，她经常亲自安排人起草稿子，和工作人员一起讨论修改。中央统战部的领导同志提示，民盟可以直接“上书”中共中央领导，提一些建议。梅颖同志认为这种形式非常好，她亲自主持起草了一批政策建议信，一开始以我和费老的名义，后来我们两人联名，提交胡锦涛、温家宝等中共中央国务院主要领导。我记得最多的时候一年提交过10多封政策建议信，引起了高层对一些问题的重视。她还积极探索新的工作形式，组织发起“灾害管理专家论坛”，一段时间扩大了民盟的影响。

梅颖同志对工作非常用心，希望代表民盟的讲话能够有新意、有特色，引起关注和好评。她很注意了解各方面的信息，看过大量的文件和资料。她还特别重视实地调研，我多次听到她称道费老“行行重行行”的精神，说费老要我们“走啊，走啊……”我担任民盟中央主席期间，我们一起去过不少地方调研。从《文集》中了解到，我离开民盟的领导岗位以后，她继续以民盟中央常务（第一）副主席和全国政协副主席的身份作了大量调研，参加了很多社会活动，形成了大量讲话、调研报告、政策建议，里边有很多有价值的思想观点，也有比较尖锐的批评意见。她的有些调研与我们过去关注的领域有连续性，比如教育。民盟长期关注中国的教育问题，并连续多年召开高等教育和基础教育研究会，当时大多数的会议我都参加了，有些是和梅颖同志一起参加的。关于贫困地区的教育问题，我还去贵州山区做过调研。关于教育经费的增长问题，民盟也持续多年积极呼吁。梅颖同志追踪中国教育的新发展、新情况、新问题，就高校债务、大学生就业、贫困地区义务教育等提出解决问题的对策建议。她还关注了很多我们过去较少关注或没有关注过的领域，比如生态保护、库区移民、传统文化保护和中西文化交流等，发表了很多好的意见，拓宽了民主党派参政议政的视野。我觉得这是很值得肯定的。

梅颖同志对民盟的感情之深可能是我们很多同志都无法相比的。民盟连着她的血脉，是她的骄傲，是她思想情感的重要寄托。她真诚地希望民盟作为人数最多、有深厚精神传统的参政党，各项工作都走在其他民主党派前头，并为此付出了巨大努力。最近这些年我们都不再担任民盟的领导工作了，她来家里看我，也会经常提起民盟的工作，甚至流露出“爱之愈深、责之愈切”的情绪。她对民盟的感情不仅体现在工作上，还特别体现在对盟内同志的关心上。对盟内的老前辈、老同志她非常尊重，文集里不少参加纪念活动的讲话，和忆往怀人的文章都写得情真意切。她到外地调研，都尽量抽时间去看望老盟员。她和盟里退下来的一些老同志建立了很深的友谊，他们来京都会主动和她联系，聚在一起谈谈心里话。对于普通盟员她也怀有一份特殊感情，只要有求于她，不管是工作还是生活上的事情她都尽力提供帮助。

工作人员给我介绍梅颖同志这三本文集的内容，令我想起过去的很多事情。时间过得真是太快了，梅颖同志开始和我一起工作时还是一个中年人，现在已经年逾古稀了。这三本文集，凝结了她十几年辛勤工作的成果，有如此丰硕的收获她应该感到欣慰。希望她今后保重身体，在力所能及的范围内继续发挥余热。

丁石孙

2014 年 12 月 1 日

目 录

2004

附录　访谈·报道

2012

1999

医疗改革的关键是更新观念*

——纪念改革开放20周年座谈会发言

中共十一届三中全会开始了中国的改革开放。从此,旧貌换新颜,人民共和国从崩溃的边缘逐渐步入辉煌。20年,思想大解放,是社会环境最宽松,知识分子心情最舒畅、最有作为的20年;20年,经济大发展,国力大提高,是老百姓得到实惠最多,生活水平和生活质量提高最快的20年。主要生产资料和日常生活用品从凭票证供应的长期短缺扭转为应有尽有的买方市场,这是我们几十年追求的目标。经济体制改革有了重大突破,走出了一条中国特色发展的道路。建立了市场经济宏观调控体系,确保了国民经济持续、快速、健康发展,实现了世界各国尤其是发达国家刻意追求又达不到的高增长、低通胀的目标。在东南亚金融危机、日元贬值、俄罗斯经济危机的大环境下,成功的宏观调控"软着陆"不仅使我国经受住了考验,人民币不贬值,还保持了香港回归后的繁荣稳定,并有力地支持了整个亚洲经济,大

---

* 原载于《群言》1999年第2期。

大提高了我国的国际地位和影响力，使全世界刮目相看。这标志着我国对现代化建设规律的认识更加深刻，更加成熟。

在迈向21世纪的今天，改革步入了越来越深的深水区，似乎没有石头可摸了，触及人们切身利益的住房、医疗等五项改革，举步维艰，面临着前所未有的困难和风险。然而我们没有退路，改革开放是12亿中国人民义无反顾的选择，作为民主党派越是在改革困难的攻坚阶段，越是要保持坚定正确的政治方向，在以江总书记为核心的中共中央领导下，同心同德、风雨同舟，特别要在错综复杂的社会矛盾中，团结广大知识分子，理顺情绪，化解矛盾，在困境中创造，在忧患中成长，寻找新的推动力，去实现我们跨世纪的宏伟目标。

作为一个医生和医院的管理者，借此机会也想谈一谈医疗改革的深层次问题。医疗改革是新一届政府五项改革措施之一，如何建立适应我国国情的，能为人民健康提供适宜、有效、廉价的医疗服务和保障体系，是医疗改革要面对的重要课题。20年来，国民经济的飞速发展，我国的医疗技术特别是高精尖技术水平已经和国际接轨，是一流的；先进的硬件设备应有尽有，也是一流的；而医疗服务却是三流的。以至于政府、人民和医院本身都不满意，已经非改革不可了。

医疗改革任务重，难度大，其中服务观念和服务模式的更新是改革成功的关键。现行的医疗服务模式是坐等病人求医的单一模式，满足不了人民群众日益增长的多层次、多形式的需求。医疗服务要求为人提供从胚胎时期到临终关怀的全过程服务，这是当今国际上认同的新观念、新模式，也就是要以服务对象

“人”为中心，而不是以“病”为中心，不能把病人当作有病的载体，见病不见人，一字之差，观念截然不同。

更新服务观念首先要处理好医患之间的关系，破除几千年看病求医，医生高人一等的旧观念。医患之间是相互依赖的，有经验的医师的经验无一不是从服务于病人的实践中积累而成，医学成果实际上是医生与病人共同向疾病作斗争的结晶，因此医患之间是分工不同的平等关系。

前不久，曾报道在美国受伤的中国体操名将桑兰的父母赴美探视时，双双跪地，乞求主治医师救救他们的爱女，美国医师不知所措，当即回跪并发誓尽其所能。他的回跪正说明他认为医生救人是本分，是服务与被服务，而没有被求的优越感。患者或其家属跪求医生，在医院尤其在肿瘤医院并不少见，却从未有过回跪之举。

举此一例，只想说明医疗改革，重在更新观念，自觉服务于民。谁提供一流服务，谁就有信誉，就有良好的形象，而信誉和形象就是效益，就是竞争力，这是每一个医院在深层次的改革形势下生存与发展的根本。

2000

继承优良传统　争取更大光荣

——纪念中国民主同盟成立60周年

（2000年12月）

今天，我们在这里召开座谈会，隆重纪念中国民主同盟成立60周年，作为民盟创始人之一张澜主席的后代，作为一名普通盟员和知识分子，我由衷地感到高兴与激动。

在60年漫长的岁月中，民盟走过了极不平凡的道路。祖父那一代人，经历了民盟发展中最艰险、最危难的时期；而我们长在红旗下这一代，看到的多是光明与坦途。

民盟在民主革命时期的历史，是一部用血与泪写成的爱国史。在中国共产党的领导下，民盟和中国共产党“风雨同舟、并肩战斗”，盟员与共产党员的鲜血流淌在一起，共沃中华，惊心动魄，可歌可泣。

依靠中国共产党的领导，在政治上和中共保持一致是民盟的一大优良传统。从酝酿成立，到不断发展巩固，民盟都离不开中共统一战线政策的指引和党的领导帮助。在历次斗争风雨中，也经受住了各种严峻考验，始终与中国共产党同呼吸，共患难。诸如,1944 年配合中国共产党以要求成立民主联合政府为政治斗争的总目标:在政治协商会议期间与中国共产党互通声气,采取同一步调;政协会议后,坚决反对国民党打内战,拒绝参加伪国大和伪政府,反对伪宪法,与中国共产党共进退;在国民党政府彻底撕毁政协决议,破坏和谈,强迫中共代表团撤退,强制解散民盟,形势发展到必须打倒蒋介石、解放全中国才能实现中国的民主和平时,国民党虽派大员相请,祖父和其他民盟领导人坚决拒绝了再作国共两党的调解人。这些事例,都充分说明民盟在任何条件下,都始终站在中国共产党一边。民盟被强制解散后,延安《解放日报》发表评论,肯定民盟“在若干历史关节中,实行了与中共在部分民主纲领上的政治合作,从而推进了中国的民主事业。”评论赞扬说这是中国民主同盟的光荣。1949 年 12 月,祖父在民盟四中全会上讲话时说:“从民主政团同盟的时候起,我们一贯就是与中国共产党密切配合,时时协商,尤其是在大关节处,是一致的。”又说“国民党反动政权想孤立中共,对我们极尽利诱威胁,而我们始终保持立场,不为所动。”周总理在接见民盟四中全会全体委员时说:“民盟的历史就是在各位领导人和同志们共同努力之下,在全国人民拥护和我们党支持之下发展的历史。”这是对民盟全面的概括和总结,也是对民盟在政治上与中国共产党保持一致的高度评价。

中国民主同盟有爱国主义的优良传统。民盟是以知识分子为主体的党派,继承和发扬了中国优秀知识分子那种敢于为民请命,甘于为国牺牲的爱国主义传统。在反内战、争民主的斗争中,李公朴、闻一多公开表示“跨出了门,就不准备再跨回来”的决心；他们被害以后，祖父出席追悼会时，被特务击伤头部，他对来访的《华西晚报》记者说："个人流血算不了什么，我早已把个人生死置之度外。"对他们的牺牲，梁漱溟表示"我不能躲避这颗枪弹"；吴晗表示已经准备好了为国殉难……每每读及有关史料，无不为他们那种大无畏的牺牲精神所深深震撼。

除了以上谈到的两大优良传统外，民盟还有讲民主、强调团结、追求真理等优良传统。作为新一代盟员，在新的历史时期，如何将这些优良传统发扬光大，从而在改革开放和现代化建设第三个战略目标的伟大实践中发挥更大更好的作用呢？

最近，江总书记在全国统战工作会议上，就做好进入新世纪党的统战工作发表了重要讲话。他指出：统一战线工作的根本任务就是争取人心、凝聚力量，为实现党和国家的宏伟目标而团结奋斗。

民盟的工作，离不开党的领导，离不开党的统战政策的指引。江总书记的讲话为民盟今后的工作指明了方向。

总书记在强调统战工作的几项重要任务时，首先谈到的是知识分子工作。他说，我国知识分子作为工人阶级的一部分，也作为工人阶级中科技文化水平较高的一部分，在改革开放和现代化建设中起着越来越重要的作用。统战部门要密切同党外知识分子的联系，帮助他们在自己的专业领域和社会上发挥更大作用。

民盟成员，以中上层知识分子为主，对江总书记语重心长的讲话，一定会有深切的体会。作为民盟后代和普通盟员，我的感受尤为深刻。今天我们正站在新世纪的地平线上，带着民主革命的胜利和新中国经济与社会发展的光辉业绩，也带着中国民主同盟与中国共产党风雨同舟的光荣，向着希望和理想开始了新的征程。党如此重视我们，关心我们，信任我们，我们一定不要辜负党对我们的殷切期望，在今后的工作和生活中，用我们自己的实际行动，使经受过60年风雨洗礼的优良传统进一步发扬光大，为维护安定团结的政治局面，为“祖国繁荣昌盛、人民幸福安康”作出更大贡献！

2001

在多党合作中坚持中国共产党的领导不动摇

（2001 年 4 月）

我是民主党派专职干部中的一名新成员。参加这次全国统战工作会议精神专题研究班学习，听了几位领导高水平的精彩报告，小组会上新老学员互相切磋理论、交流体会，真是机会难得，受益匪浅。

从医生和医院管理工作转行到党派工作，是两个截然不同的领域。医院工作很重要，因为要保证病人医疗安全、健康出院；党派工作也很重要，因为要保证本党派政治安全、健康发展。工作性质不同，但都肩负着责任，后者是政治责任，更不能有半点马虎。

当前世界格局大变化、国际共产主义运动出现大曲折，中国发生大变革。受各种思潮的影响，人们的认识难免有些混乱，集中在如何认识社会主义的民主和我国的政党制度是否优越的问题上。一些人把大变革中难以避免的社会问题，诸如腐败问题、经济秩序问题等都归结到社会制度和政党制度上。互联网在给人们带来方便的同时，也在一定程度上成了政治谣言的发源地，使网民们难辨是非。这些错误的政治观点和模糊的思想认识亟待澄清。这是关系到执政党的领导地位，关系到抵御西方敌对势力的西化、分化，维护稳定大局的根本问题，不可坐视。为适应新的国际国内形势，在世纪更迭之际，召开了全国统战工作会议。江总书记站在时代的高度对这些重大问题从理论和实践上作出了科学而明确的回答；阐明了我国的基本政治制度——共产党领导多党合作制度的必然性、优越性、合理性；指出了衡量中国政党制度，最根本的是要从中国的国情出发，从中国革命、建设和改革实践的效果着眼的四条标准出发。我认为从国情出发，从效果着眼的这四条标准实实在在，非常有说服力，越学越觉得心明眼亮，越学越理直气壮；给了我们判断是非、坚定信念、清除模糊认识、宣传群众、抵御西方敌对势力西化、分化的强有力的思想理论武器。理论问题解决好了，许多难题就迎刃而解，也就是说只有正确的理论指导才能有坚定的政治方向。江总书记在报告中涉及了六个方面 24 个理论问题，我就其中两个问题谈谈粗浅的体会。

一、我国政党制度的历史必然和国情基础

中国政坛上各民主党派诞生于新民主主义革命血与火的峥嵘岁月，在中国共产党抗日民族统一战线的旗帜下，共同的政治基础把民主党派和中国共产党紧紧联系在一起，在推翻三座大山，反独裁、争民主的革命征途上结伴而行、并肩战斗、风雨同舟。共产党员和爱国民主人士的鲜血流淌在一起，共同为中华民族的解放事业谱写出彪炳千秋的光辉篇章。民盟老前辈中的

李公朴、闻一多、杜斌丞等烈士，解放前夕在重庆渣滓洞集中营牺牲的27名盟员烈士，他们为国捐躯的大无畏牺牲精神可歌可泣。毛主席曾郑重宣布："共产党同民主党派实行民主合作是坚定不移的，是永远不变的。"

1948年4月30日中国共产党发布"五一口号"，各民主党派热烈响应，这是我国民主党派公开自觉接受中国共产党领导，共同为建立新中国而奋斗的重要标志。

建国以后，特别是党的十一届三中全会以后，各民主党派在社会主义革命和建设中，在共产党领导下充分发挥自己的特点和优势，积极参政议政，做出了新的更大的贡献。可以说中国共产党领导多党合作这一来之不易的基本政治制度，是我国一笔宝贵的政治财富。正像江主席在报告中所说："是中国共产党和各民主党派在中国革命和建设的长期实践中形成和发展起来的一项政治成果，是中国人民政治经验和智慧的结晶。"事实证明多党合作制度是我国历史发展的必然，是中国人民的选择，是马克思主义和中国革命与建设结合的一个创造，符合我国国情。

西方民主的建立与发展有它们自己的国情，已经300多年的历史，形成了一整套适应资本主义生产方式和资产阶级统治的成熟形式，但绝不像它们所鼓吹和标榜的那样是世界上唯一的、放之四海而皆准的民主政治模式，其固有的弊端和虚伪性是显而易见的。而它们凭借经济实力实施全球化战略，硬把多党制、议会制这些所谓资产阶级的民主政治强加于发展中国家。近十几年来非洲、拉丁美洲、亚洲甚至苏联解体后的俄罗斯等不少国家照搬西方的政治模式，实行多党制，其结果要么是一些国家发生了动乱,要么是经济衰退甚至崩溃,人民吃尽了苦头。如果发展中国家不顾自己的具体情况包括历史文化传统、经济水平,盲目模仿或照搬西方的政治制度模式,既不符合自己国情,也必然带来严重后果。

我国是发展中国家,是一个文明古国,多民族的泱泱大国,具有自己深厚、悠久的文化传统和独特的国情。西方那一套在民国初年不是没有模仿过,不仅以失败告终,还陷入了四分五裂、军阀混战的深重灾难,后来国民党实行一党专政,也以失败告终,根本原因是脱离了中国国情,背离了人民意志。而实行中国共产党领导的多党合作制度符合中国国情,也符合中国传统文化“和为贵”的理念。能够集中力量办大事,既避免了多党互相攻击,互相倾轧造成的动荡,又避免了一党专政缺乏监督的弊病,这是我国政治制度的巨大优势。当然,我们开创的这个制度是人类历史上前所未有的新事物,需要逐步完善,相信在历史发展的进程中必定会进一步显示其强大的生命力。

多年来,中共中央为共产党领导多党合作的制度化、规范化做了许多工作:如把“中国共产党领导多党合作,政治协商制度将长期存在”载入了宪法,上升为国家意志,接着又将这一制度纳入中国共产党在社会主义初级阶段的基本纲领。这些重大的政治举措极大地鼓舞和调动了各民主党派参政议政的积极性和加强自身建设的自觉性。

二、多党派合作必须坚持以中国共产党领导为前提

在多党合作中,只有坚持共产党的领导地位才能保证多党

合作正确的政治方向，这是多党合作的核心和根本所在。

中国共产党的领导地位是历史和人民赋予的。共产党执政50多年来，把握社会发展的根本规律，找到了把我们国家、民族引向繁荣、富强，实现民族振兴的正确方向、正确道路并带领人民付诸实践，赢得了包括民主党派在内的人民群众广泛拥护。“得民心者得天下”，这就是中国共产党牢固的执政基础。在历史变革的进程中，中国共产党能反映时代的要求，完成了理论上一次次飞跃，总是站在时代前列，体现着“三个代表”的重要思想，经受住了各种风险考验。尽管十年前社会主义和国际共产主义运动遇到严重挫折，中国共产党人没有消沉，而是积极反思、总结经验、吸取教训，努力使自己在重大决策上减少失误，并以自己的信心和勇气不断清除肌体中消极、落后的东西。不仅从困境中走过来了，而且越来越成熟，越来越坚强，有着强大的号召力和凝聚力，更具有驾驭复杂政治经济局势的非凡能力，任何其他政党是取代不了的。

中国半个多世纪尤其是改革开放以来，取得的巨大成就举世瞩目：GDP已跃居世界第七位；外汇贮备达到世界第二位；九种主要工农业产品居世界首位；人均GDP超过了800美元，达到850美元，超额完成了小平同志1980年1月提出的三步走第二步战略目标，进入了中下等收入国家行列。尽管人均GDP还较低，但我们终于把“穷国”的帽子扔到了上个世纪，这是一个了不起的伟大成就。十几亿中国人民实现了千百年来衣食无忧的梦想，的的确确是中华民族发展史上的一座伟大的里程碑。自1840年鸦片战争以来，中国从来没有像今天这样在世界上备受瞩目和尊重。这充分说明了中国共产党的领导是英明的，选择的目标是伟大的，道路是正确的，制度是优越的。共产党的领导地位显然是不容置疑的。小平同志多次告诫我们“共产党的领导，这个丢不得，一丢就是动乱局面，一旦不稳定甚至动乱，什么建设都搞不成了”。

这一点西方敌对势力看得很明白，甚至比我们某些同志还明白。960 万平方公里土地的统一，12 亿各族人民的团结，是因为有中国共产党的坚强领导。他们承认我们经济建设的迅速发展，承认改革开放，但不承认共产党领导，不承认共产党领导下选择的道路和制度。为什么呢？很简单，因为如果承认了社会主义道路和制度就势必威胁他们赖以生存的资本主义制度，实质上是意识形态的较量。所以他们操纵、支持法轮功；抛出所谓天安门文件；挑动台独、藏独、疆独等一系列反动势力制造事端，就是企图从根本上动摇中国共产党的领导地位。他们以为西化、分化中国就可以收到釜底抽薪的功效，实现他们称霸全球的美梦。

面对西方敌对势力的政治图谋，我们的头脑必须清醒，一定要树立忧患意识，责任意识，决不能有丝毫的糊涂。作为与中国共产党肝胆相照、风雨同舟的中国民主同盟，我自己作为一名盟员和民盟先辈的后代，任何时候，任何情况下，在思想上、政治上、行动上都要进一步发扬与中国共产党保持高度一致的优良传统，始终不渝地坚持共产党的领导不动摇。

刚刚闭幕的九届人大四次会议，通过了国民经济和社会发展第十个五年计划的纲要和报告，提出了我国“十五”期间经济和社会发展的指导思想、奋斗目标、战略重点和任务要求。实现跨越式发展,信息化带动工业化,目标宏伟而艰巨。国际上政治、经济中有诸多的不确定因素,国内重大的结构调整要在"十五"期间完成,深层次矛盾会进一步显现。面对复杂的国内外形势,我们必须紧紧团结在以江泽民同志为核心的党中央周围,千方百计保持稳定,极大限度地凝聚起海内外中华儿女的智慧和力量,为"十五"蓝图一步步变为现实作出我们参政党应有的贡献。

2002

也谈诚信*

——再读“四勉一戒”有感

3 月份参加“两会”，听到许多代表、委员表达群众的呼声，对当前社会上的欺诈行为奋起挞伐。从百姓食品到学位文凭，从足球黑哨到商业陷阱，种种欺诈行为已经渗透许多领域，确实令人感到担忧。

会议中的一个晚上，有人送来余科杰的新作《张澜评传》。书中一节是有关祖父一篇“四勉一戒”的介绍。这篇文章多年前读过，但对原文的记忆已觉模糊，于是又翻阅了龙显昭主编的《张澜文集》中的原文。该文成于 1942 年，至今已整整 60 年了。翻开再读，感触颇深。文章一上来就说：“人不可以不自爱，不可以不自修，不可以不自尊，不可以不自强，而断不可以自欺。”这就是“四勉一戒”的主要内容。应该说，提出“四勉一戒”是对当时社会上“不仁、不义、不耻、不畏、嚣然成风”的抵制。《张澜评传》的作者认为，善于结合现实阐发微言大义，是张澜先生治学

* 原载于《群言》2002 年第 5 期。

一大特点。从“四勉一戒”的提出到现在，一个花甲过去了，但人们在道德修养上的道理古今相通。实际上，自爱、自修、自尊、自强，也是现代人生活于世所应具备的基本修养；而不自欺，则更应是社会成员的基本道德规范。

“欺”与“诚”是相对立的。“四勉一戒”认为，“诚者无妄，欺则妄，诚者无伪，欺则伪，故不开诚者必欺人，不存诚者必自欺。”尤其可怕的是：“自欺者，则恒其焉而不自察也。”自欺必欺人。我想这可能是当前社会上某些人弄虚作假、急功近利、自吹自擂、浮华奢侈的原因。一个人、一个单位、一个民族，如果不自爱、不自修、不自尊、不自强，则必自欺。“世之欺人者，莫不如是，然而人固不能终欺也。人虽愚，有时而觉，术虽工，有时而穷，况人非愚，术非工，徒丧信败义，为市所鄙弃耳。”诚信失范者将被时代所抛弃，其败坏社会风气、破坏社会稳定、阻碍社会发展，危害之大必须引起我们的高度警觉。

我们的教育，应给青少年多一点“自爱、自修、自尊、自强”，断不可用“自欺”和“欺人”影响下一代。拜金主义、追名逐利、攀龙附风、痞子文化等等，正是把人们导向“自欺”而不觉。不仅不觉自欺，反而时常自喜，喜于通过“自欺”和“欺人”捞到的一点名利实惠。热衷于一点蝇头小利的人，见他人不是靠诚实劳动而是靠“欺人”捞到了好处，纷纷效仿，渐成风气，这不能不说是假冒伪劣“嚣然成风”的一个原因。而我们的青少年正在求学阶段，让他们学什么，取决于我们做什么；让他们怎么学，取决于我们怎么做。在这个重大教育问题上，实在是身教重于言教。

我想，“身教”的具体内容有许多方面，但归结起来，大致可以分为两个部分。一是惩戒,二是彰扬。首先,我们的法制应对自欺而欺人、弄虚作假给社会带来危害的行为给予严厉制裁。使欺人者捞不到什么好处,并因此败坏了名声。其次,我们的媒体应大力表彰和宣传诚实守信的品质。朱镕基总理在今年的《政府工作报告》中指出:要切实加强社会信用建设,逐步在全社会形成诚信为本、操守为重的良好风尚。由一国总理说出这个话,应该是个良好的开端。

再读“四勉一戒”,更感诚信本是华夏文明的精髓,又是中华民族的传统美德。从自己做起,人人如是,诚信焉能唤不回。

在四川省民主党派干部社会主义学院学习班开学典礼上的讲话

（2002 年 8 月 21 日）

我是四川人，和四川的同志们在一起，有着特殊的亲切感，这种感觉让我愿意和大家交流。今天我想谈一些个人粗浅的认识和体会，与同志们共勉。

我们都学过地理，听说过经济地理、文化地理、历史地理。我想，如果要研究中国的政治地理，会发现四川是一个很重要、有特色、值得研究的地方。从统一战线和多党合作的角度看，四川更加引人注目，我们国家现有的八个民主党派，有四个是诞生在当时的四川省重庆市。在这方面，四川有很好的基础，有优良的传统，有历史的优势，经过长期的革命和建设，已经形成了丰厚的政治资源，这是一笔非常宝贵的政治财富。

在我国多党合作制度进入新世纪的时候，在我们统一战线工作进入历史上最好时期的时候，在各民主党派政治交接、新老交替工作继续推进的时候，举办这次学习班，正是中共四川省委对当地这种政治资源的重视，对这笔政治财富的珍惜。中央社会主义学院是民主党派的高级党校，四川的同志们远道来这里学习，体现了同志们进入新的工作岗位，面对新的历史任务时的使命感、责任感、事业心和求知欲。也让我们从一个局部看到了我国统一战线工作生动活泼的局面，我深受教育和激励。

首先我想谈谈对学习理论重要性的认识。

认识理论学习的重要性，首先要认识理论对参政党建设的重要性。大家都知道理论是自觉行动的先导，理论成熟是一个政党政治成熟的重要标志，作为一个高素质参政党的领导干部，应该有较高的理论水平。

我们过去讲自身建设经常讲的是思想建设、组织建设、制度建设、机关建设，这些都很重要。而进入新世纪，面对新的历史任务，必须重视的是参政党的理论建设，用科学的理论指导参政党建设的实践，从理论高度回答参政党如何与时俱进的问题。我们从“如何建设参政党”到“如何建设高素质参政党”是一个提高的过程，理论建设在这个提高过程中扮演重要角色。它能够促使我们在更高的水平上更自觉地讲大局、讲团结、讲稳定，更自觉的坚持和完善共产党领导的多党合作和政治协商制度。举个例子说，在当今世界多种多样的政党制度中，我们的共产党领导，多党派合作是前所未有的新事物，具有符合中国国情的独创性，同时我国保持了政局稳定以及经济和社会发展的巨大成就又证明这一制度的优越性。要让这个独创性和优越性变成更多民众的共识，就需要从理论上加以阐述，尤其是从参政党的角度，要论述得有点分量、有点新意、有点思考、有点观点，实事求是地说，目前还不很成熟，还需要民主党派包括在座同志们共同来研究探讨。因此,我们参政党的理论学习,绝不是一般意义上的知识积累,而是关系到坚持、完善共产党领导的多党合作的重大政治问题。

一年前,我从一个专业技术干部转换角色到民盟中央专职从政,通过统战部组织的经常性的理论学习、培训和形势教育,使我逐步适应了新角色,其中理解政治的能力有明显提高。我体会到要准确理解政治,一是要认识大局,头脑中有大局意识这根弦,二是要认识国情,心中有国情这个考虑中国问题的基本出发点。在大局下,从国情出发才能真正理解中国特色的政治制度和政党制度,才能真正理解党和国家在政治、经济和社会发展中的一系列方针、政策。理论上的清醒,才能在行动上自觉和党中央保持一致。

第二,我想谈谈对民主党派干部,特别是领导干部基本素质的要求。我认为基本素质是指政治素质、业务素质和品德素质。

一、基本政治素质

1. 政治坚定性(把握政治的能力):大事不糊涂,政治立场鲜明,无论在多么复杂的情况下能够坚定不移地和中国共产党保持一致。

2. 政治敏锐性:政治嗅觉灵敏,见微知著,善于发现萌芽状态的问题,及时加以解决。

3. 政治鉴别力:知是知非,对社会上各个说法善于识别真伪,不受干扰。

4. 正确的政治表达:体现政治智慧,善于从大局出发,冷静思考问题,特别要克服情绪化,不能做错误思潮、错误观点的代言人。

二、基本业务素质

民主党派领导干部从事的是党务工作,是一门专业,一项事业需要具备多方面的能力。

1. 组织协调和行政管理能力;
2. 学习及调研能力;
3. 参政议政能力;
4. 文字和口头表达能力;
5. 合作共事能力。

三、基本品德素质:体现人格魅力

1. 敬业精神:热爱民主党派工作,有强烈的事业心;
2. 奉献精神:立德、立功、立言、言盟为公;
3. 合作精神;
4. 顾全大局;
5. 作风朴实。

以上是个人的粗浅体会,一己之见,不全面更不成熟,但可以肯定地说,要建设一个适应新世纪要求的高素质参政党,首先要有高素质的领导班子队伍。回顾历史,我国的多党合作制度之所以能够经受住了长期的历史考验,越来越富于活力和社会影响,除了中国共产党的正确领导,还因为民主党派自身始终有一支政治素质高、大局意识强、社会影响大、有代表性的领导干部队伍。今天在座的同志们已置身于这支队伍中,我们应该向前辈们学习,学习他们有学有识、有政治智慧、有人格魅力的高尚风范。我们与前辈们相比,还有较大差距,但我们要力争上进,珍惜历史,面向未来,与时俱进。

当前我国社会正处在深刻变革中,利益格局调整的力度也比较大,干部群众的思想和实际问题明显增多,党派成员思想也较活跃,要求我们有针对性地做好解疑释惑,化解矛盾的工作。要讲清党中央对局势的正确判断和应对策略,讲清稳定压倒一切、不稳定就什么事也办不成的道理。利用我们的政治优势,在统一战线这个大舞台上,为国家的稳定发展多做工作,在这方面,民主党派干部确实可以大有作为。

同志们,我们的点滴努力和进步,关系到一项伟大的事业,我们的综合素质提高了,就能有效体现我国政党制度的优势,从而提高全国人民对这一制度的信任和国际社会对这一制度的评价,提升中国的国际地位和影响力。在发展社会主义民主、建设社会主义政治文明中,我们确实肩负着重要的政治责任。让我们共同努力为国家的富强、人民的幸福作出参政党应有的贡献。

学习前辈道德文章　继承民盟优良传统

——纪念沈志远先生百年诞辰感想

（2002 年 10 月）

每次参加民盟前辈的纪念活动，总能让我想到“道德文章”。今天参加沈志远先生百年诞辰座谈会，我又一次想到了这四个字。我想这也会是民盟很多同志的共同感受。

为什么会这样呢？因为众多的民盟前辈身上都有一种共同的品质，就是做人有风骨、有节操，做学问有水平、有建树。人品好，加上学问好，自然形成了一种人格魅力。这种魅力表现在一位又一位前辈身上，堪称一代风范。沈志远先生是民盟的前辈人物之一。从他一生追求革命、从事翻译著述的往事中可以知道，沈先生同样具有这种可敬的风范。

沈志远先生本来是早期的中共党员。他在 20 世纪 20 年代就到了莫斯科，学习马列主义。由他翻译的《辩证唯物论和历史唯物论》一书，对马克思主义哲学在中国的传播产生了很大的影响，据说在当年的延安很受推崇。沈先生写的《新经济学大纲》一书也很有开创性，被誉为我国第一部全面系统地介绍马克思主义政治经济学的著作。

作为党内一名高级知识分子，沈志远先生一边从事马克思主义理论的翻译著述，一边参加爱国民主运动，同很多党外的社会贤达共事。1936 年，他在上海参加了救国会。震惊全国的“七君子”被抓入狱事件发生后，他和一百多位知名人士一起，联名致电国民党政府，要求释放“七君子”，表达了鲜明的反独裁、反暴政的立场。1944 年，中国民主政团同盟改组为中国民主同盟，沈志远先生以救国会成员的身份参加民盟，并进入了中央领导机构。

沈先生在身份上的这一变化，反映了当时的多党合作和统战工作的需要。在那个年代，多党合作局面的形成，有国难当头的压力，更有政治方向上的一致。用历史眼光看，国难当头是暂时的，政治方向的一致则是长久的，是更为根本的。我们不仅要救亡图存，还要打破一个旧世界，建立一个新世界。所以，中国共产党和各民主党派的合作长久地坚持了下来，并且在不断巩固和发展。

我认为，党盟合作能经受各种历史考验，除了共同的政治主张作前提条件，民盟前辈的道德文章、人格魅力所产生的感召力、亲和力，也起着非常重要的作用。中共老一代领导人和民盟前辈的交往当中，这类故事有很多，今天不能一一列举，但我们应该看到这一点，应该重视这一点。

我们经常说，要继承和发扬民盟的优良传统。这个继承和发扬不是空的，是有具体内容的，把老一辈先生们注重道德修养、注重学问修养的好品质接过来，体现在我们的思想、行为、工作和生活中,应该是我们继承和发扬优良传统的一个非常重要的方面。老实说,在这个方面,我们和前辈在整体上是有差距的。因此,我们"继承"和"发扬"的任务不仅重要,而且迫切。

民盟从创立那天起,就是立盟为公的。我们应该有勇气面对事实,面对问题。现在,一个让人感到欣慰的现象,是盟内越来越多的同志在谈论这个问题,思考这个问题,反省这个问题。我们在总结民盟八大以来的历史经验时,把对这个问题的回顾和思考作为其中的一项内容,这个做法得到了很多盟员的热烈响应和赞同,大家表现出了普遍的共识。这说明,继承前辈注重道德文章的传统,在盟内具有广泛的群众基础,广大盟员有着一致的呼声。在今天这个场合,我没有多谈沈志远先生的生平事迹,主要谈的是从这位前辈身上受到的启发,也是因为最近从盟员对注重道德文章传统的呼声中得到了激励和鼓舞,希望对盟员同志的呼声有个及时的回应。我相信,民盟的同志认认真真地把老一辈注重道德文章的好传统接过来、传下去,让它在新的世纪、新的任务中发扬光大,就是对沈志远先生和所有民盟前辈的最好纪念。

在表方中学座谈会上的讲话

（2002 年 11 月 6 日）

到表方中学是多年的愿望，所以今天非常兴奋，真切感受到师生的满腔热情，真有点到家的感觉。我带来两幅字，一幅是我以“表方”两字为字头为表方中学写的“表里如一，方正做人”；一幅是表方先生生前的座右铭“四勉一戒”，也是我人生的座右铭：“人不可以不自爱、不可以不自修、不可以不自尊、不可以不自强，但断不可以自欺”。今天把“四勉一戒”这个座右铭送给学校，希望也能成为教书育人的座右铭。这也是我今天来这里要谈的主题，和大家一起讨论教育要重视“怎样做人”的问题。

作为一个民办中学，我深知其中的酸甜苦辣，表方中学能够保持旺盛的生命力来之不易。这充分说明学校贯彻了德智体全面发展的教育方针，坚持以德育人，在老百姓中有较好的口碑。我想如祖父在世看到以他命名的学校重视道德文章，他一定非常高兴。表方先生和许多革命前辈一样身上都有一种共同的品质，就是做人有风骨、有节操，做学问有真知、有建树，人品好再加上学问好，自然形成了一种人格魅力，表现在一位又一位前辈身上，堪称一代风范。

表方先生教育思想很丰富，诸如德育为先、民主办学、兼容并包、因材施教、学用结合等等，而注重道德修养是其中的精髓。写“四勉一戒”体现了他的人生境界和道德修养，所以四川人民称他是“川北圣人”，解放后党和政府称他是“艰苦朴素第一老”。他著作“四勉一戒”是学习《论语》、《孟子》的心得，那时他已经七十岁了，为什么还要专门写下来要求自己呢？我体会最少有两点可以给我们启发。一是说明人的道德修养是一辈子的事情，不仅要从小做起，而且要一直坚持到老，保持一个人的晚节。二是说明身教重于言教。他一生从事教育事业，深懂教育规律，希望大家明白道德修养的重要，但他不说教，不指手画脚，而是自己先这样做，用自己的行动带动别人。实际上，“四勉一戒”的内容是中华民族自古以来的传统。这个传统可以从民间流传的很多故事中看到，也可以在传统文化典籍中读到，《论语》和《孟子》可以看作这类典籍的代表。孔子在《论语》中说：“仁者爱人”、“己所不欲，勿施于人”、“三军可以夺帅，匹夫不可夺志”。孟子的名言，也是张澜先生一生坚守的：“富贵不能淫，威武不能屈，贫贱不能移”，都是讲做人的道理，流传了两千多年。

前几天（10 月 30 日）新华社在报纸上发了一个“尊师重教”稿：长春市文庙正式开放，学生们在向孔子塑像敬礼。看到这幅照片，我想到了表方中学。我们学校重视德育，以“克勤克俭，求真求实”为校训，和长春的学生们一样都是注重道德文章，都是对优秀传统文化的尊重和继承。新华社发这个稿是倡导全社会向优秀传统文化回归。我想回归不是回到过去，而是为了将来，

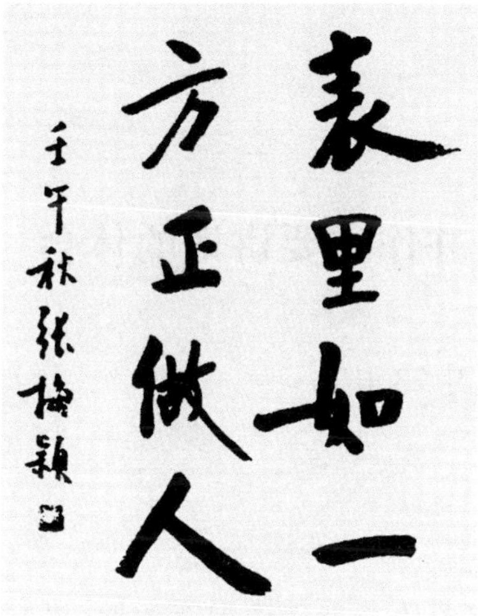

张梅颖题词

为了现代化从历史中吸收智慧,温故知新。

教育的根本目的是提高全民族素质,是现在我们的教育方针。民盟名誉主席费孝通老人在八十年代初就提了出来,紧接着他说:“讲素质中要紧的一条是懂得怎样做人,忽视道德情操、精神追求,不懂得做人,不懂如何与人相处,不去理解别人心理,将来在社会上是不能立足的”。这也是费老对道德修养的肺腑之言。前不久,一个英国调查公司对现代人的成功因素进行调查分析,发现排在第一位的因素是道德修养和待人接物。最近江主席访问美国,在老布什图书馆发表重要讲话,受到与会的美国政治家、学者、大学生的热烈欢迎。他讲了什么呢?他讲了“中华民族自古就有以诚为本,以和为贵,以信为先的优良传统”,讲了二千多年前中国先秦思想家孔子提出的“君子和而不同”的道理和思想。这样的话题受到美国政治家、学者、大学生的热烈欢迎,说明东方和西方的文化思想也在融合。中国优秀传统文化在现代社会受到重视,这也是传统文化的现代价值。

今天有幸来到表方中学,是向大家学习的一次机会,让我们共勉。

关于胡锦涛总书记来访并作重要讲话的体会

（2002年12月23日）

前些天，从电视新闻中看到胡锦涛总书记访问西柏坡，很有感触。

当年，中国共产党提出“五一口号”后，我国各民主党派纷纷通电响应。在党的第一代领导集体的邀请下，各界知名民主人士从全国各地汇聚到西柏坡，筹备新政协，准备建立新政权，共同谋划开国大业，可谓群贤毕至，盛况空前。

也是在当年的西柏坡，毛泽东同志在中共七届二中全会上向全党发出号召：“务必使同志们继续地保持谦虚、谨慎、不骄、不躁的作风，务必使同志们继续地保持艰苦奋斗的作风。”在新中国将要诞生的时候，强调这“两个务必”，实在英明。如今，中共十六大提出了全面建设小康社会的宏伟目标，历史正揭开新的一页。在这样一个时候，新一届中共中央领导集体率先垂范，重返西柏坡，访问老区群众，重温“两个务必”，号召全党继续发扬艰苦奋斗的精神，体现出谦虚谨慎、求真务实、密切联系群众的优良作风。此举意义深远，值得我们做党派工作的同志深入领会，好好学习。

现在，民盟九大刚刚闭幕，胡锦涛总书记等中共中央领导同志就踏雪而来，到民盟中央机关走访，为我们带来了西柏坡精神，带来了对民盟光荣历史和优良传统的充分肯定，也带来对我们新世纪新阶段工作的殷切期望，在数九寒天带来了春天般的温暖，这与西柏坡精神一脉相承。瑞雪丰年，这是一个好兆头，是我们深入进行民盟与中国共产党亲密合作优良传统教育的大好契机。形势喜人，形势逼人。对优良传统，既要继承，更要发扬。我们要振奋精神，励精图治。精神要有新面貌，自身建设要有新进展，全局工作要有新思路、新局面，机关工作要有新气象。总之，要不负中共中央的期望和全盟同志的重托，努力书写民盟历史的新篇章。

附录

访谈·报道

民盟中央副主席张梅颖参加民盟四川省委“思想理论建设研讨会”并作讲话

（2002 年 10 月 25 日）

2002 年 10 月 24 日至 25 日，民盟中央副主席张梅颖参加民盟四川省委“思想理论建设研讨会”，并在闭幕会上作了重要讲话。她说，这次思想理论建设研讨会，是很圆满，很成功的。我首先感谢与会同志们给我上了非常深刻的多党合作理论课。民盟的很多老同志一辈子做民盟实际工作，摸索了许多经验，正像丁主席在贺信里所希望的将这些零碎的、表面的感性认识，经过去粗取精、去伪存真的思想过程，升华为理性认识，丰富参政党的理论。我觉得这次会议确实丰富了我们参政党的理论。我想这个过程本身是一个学习的过程，是一个思想提高的过程，更是一个明辨是非的过程。丁主席在贺信里也说：真理是越辩越明的。我觉得大家通过发言明辨了许多是非。所以，我们没有辜负丁主席的期望，取得了丰硕的成果。我认为每篇文章都凝聚着同志们的智慧和汗水，同志们付出了心血，换来了真知灼见。篇篇文章都有亮点，都从不同的角度阐明了多党合作的理论。

虽然文章不长，我们研讨的时间不长，但是信息量很大。特别是吴正德副主席的主题报告，我觉得政治性很强，立场鲜明，有事实，有出处，有深刻的分析，也有肯定的结论。所以，我相信，我们这次思想理论建设研讨会的成果必将对四川民盟、对全盟今后的工作有推动作用。我们的的确确开了一个好头，机关的同志们也为筹备这次会议作了大量的、卓有成效的工作。

这次我到川盟来很大的一个感触是：我觉得四川民盟的面貌焕然一新，很有朝气，所以我心里也很高兴。

1989 年十三届四中全会以来是我国统战工作的最好时期，大家可能有此感觉。所以回顾一下这个时期都明确了哪些内容，很有必要。

一、确立了多党合作在中国的政治地位。

1989 年，14 号文件明确了参政党地位，推动参政议政和民主监督走向规范化、制度化。民主党派参政的基本点是“一个参加，三个参与”（即参加国家政权；参与国家大政方针和国家领导人选的协商；参与国家事务的管理；参与国家方针、政策、法律、法规的制定执行）。

1993 年，共产党领导的多党合作制度被写入宪法，成为国家意志。

1997 年，中共十五大将多党合作纳入社会主义初级阶段基本纲领，成为三大政治制度之一（人民代表大会制度、多党合作和政治协商制度、民族区域自治制度）。

2000 年，全国统战工作会议提出“四个离不开”、“三个绝不能”。

△实现第三步战略目标离不开统一战线；

△发展社会主义民主政治离不开统一战线；

△建设有中国特色社会主义文化离不开统一战线；

△实现祖国完全统一离不开统一战线；

△统一战线作为党的一个重要法宝，绝不能丢掉；

△统一战线作为党的一个政治优势，绝不能削弱；

△统一战线作为党的一项长期方针，绝不能动摇。

要澄清目前迷信西方民主和政党制度的混乱思想，深刻认识没有共产党就没有新中国，没有共产党就没有现代化的中国。要把“四个离不开”、“三个绝不能”变成大家的共识，有很多工作要做。首先要做好自身的工作，通过认真、深入、系统的学习，成为自己的自觉认识。不仅是认同这“四个离不开”、“三个绝不能”，而且要能讲出其中的道理，用自己的语言，结合实践，讲清楚为什么。

二、提出多党合作必须坚持的四条政治准则（1997 年提出）。

1. 坚持高举邓小平理论伟大旗帜；

2. 坚持党的基本路线和基本纲领；

3. 坚持完善中国共产党领导的多党合作制度；

4. 坚持“长期共存、互相监督、肝胆相照、荣辱与共”的方针。

这四条政治准则为多党合作指明了前进方向。

三、明确了衡量政党制度的四条标准。

1. 能否促进社会生产力的持续发展和社会全面进步；

2. 能否实现和发展人民民主，增强党和国家的活力，保持和发挥社会主义制度的特点和优势；

3. 能否保持国家政体的稳定和社会安定团结；

4. 能否实现和维护最广大人民群众的根本利益。

这是我们的标准。讨论政治体制改革，要把握好方向，找对“参照物”。以西方作为参照物，衡量标准就不对了。原则不明确，漫无边际地讨论政治民主，就会造成思想混乱。

四、进一步概括了我国政党制度的显著特征。

共产党领导，多党派合作；共产党执政，多党派参政。

其中的关系，是团结合作关系。要划清与西方政党制度的根本区别。实践证明，我国政党制度显示了巨大的政治优势。我国的经济发展、社会进步、国力增强、国际地位的日益提高，是最好的证明。

五、明确了民主党派的性质、特点。

△性质——政治联盟

△特点——进步性与广泛性

进步性与广泛性的具体内涵（进步性集中体现为与中共通力合作，致力于建设有中国特色社会主义事业；广泛性是同社会基础、自身特点联系在一起的，成员来自不同群体，代表所联系各个部分群众的利益和要求，与中共长期共存）。

六、多次强调多党合作要保持“宽松、稳定、团结、和谐”，是对半个多世纪多党合作正反两方面经验进行总结后提出的八个字。

七、要树立正确的民主观。

要正确认识和理解社会主义民主政治建设的内涵和要求。江泽民同志在“5·31”讲话中，对新世纪中国的社会主义民主政治发展问题作了新的重要论述。要引导盟员认真学习领会,正确把握社会主义民主政治建设的原则:第一,发展社会主义民主政治是我国现代化建设的一个重要目标。伴随20多年来改革开放的历程,党和国家在政治体制改革方面取得了十分显著的成绩。第二,社会主义民主政治建设必须从我国国情出发,要循序渐进,改革的目的是为了完善和更好地坚持社会主义政治制度,更好地发挥这项制度的优越性。第三,要着重加强社会主义民主政治的制度建设。要坚持党的领导、人民当家做主和依法治国的有机结合和辩证统一,实现社会主义民主政治的制度化、规范化和程序化。

2003

促进祖国完全统一　实现民族伟大复兴

——在各民主党派、工商联和无党派人士纪念江泽民主席《为促进祖国统一大业的完成而继续奋斗》重要讲话发表八周年座谈会上的发言

（2003 年 1 月 25 日）

八年前，江泽民主席发表了《为促进祖国统一大业的完成而继续奋斗》的重要讲话，提出了解决台湾问题的八项主张。江主席的这一重要讲话精辟地阐述了邓小平“和平统一、一国两制”的伟大构想，充分体现了中国共产党和中国政府全面推动两岸关系发展、促进祖国和平统一大业的极大诚意和坚定信念，对于海峡两岸关系的发展和交流产生了重要影响，具有很强的现实意义和深远的历史意义。

八年来，经过两岸同胞的共同努力，两岸间贸易持续增长，经济关系日益密切，文化、教育、科技、体育等各项领域交流和人员相互往来日益频繁，特别是两岸通邮、通航、通商也取得了新的进展。扩大海峡两岸的交流与合作是大势所趋，人心所向，充分说明了江主席提出的八项主张的正确和产生的巨大力量。香港、澳门相继顺利回归为最终解决台湾问题提供了宝贵的借鉴，

增强了全国人民早日完成祖国统一大业的信心和决心；同时我们也应看到，在两岸关系稳步发展、两岸人员往来频繁的同时，台湾岛内分裂和“台独”势力也在加紧活动，某些外国反华势力干涉中国内政、破坏中国统一的活动也没有停止。我们注意到“台独”分裂势力正在挑动省籍矛盾，制造社会动荡，打着“本土化”的幌子进行“台独”分裂活动。我们坚决反对台湾当局以蚕食的手法，不断推动所谓“台湾正名”、“脱中国化”、“文化台独”等“渐进式台独”的分裂活动。任何试图把台湾从中国分裂出去的图谋都是全体中国人民绝对不能允许的。完成祖国统一是全体中国人民的共同心愿，任何阻碍、破坏祖国和平统一进程的活动，都必定要受到包括台湾同胞在内的全体中国人民的反对，都是注定要失败的。

中共十六大报告再次强调“坚持一个中国原则”是发展两岸关系与和平统一的基础，并郑重把“世界上只有一个中国，大陆和台湾同属一个中国，中国的主权和领土完整不容分割”这一原则主张写入其中。同时再次呼吁“在一个中国原则的基础上，暂时搁置某些政治争议，尽早恢复两岸对话和谈判”，“在一个中国的前提下，什么问题都可以谈”，并寄希望于台湾人民，特别表示要“以最大的诚意、尽最大的努力争取和平统一的前景”。这充分体现了中国共产党和中国政府在一个中国原则问题上的坚定性和解决台湾问题的诚意和包容性，反映了中国共产党实现祖国统一义无反顾的意愿，同时也是我们各民主党派、工商联和无党派人士的共同心声，更代表了中华民族的根本利益。

中华民族有五千年的灿烂文化，这是全体中华儿女的共同创造，是实现祖国和平统一的重要基础。两岸同胞同根、同文、同种，血浓于水的同胞亲情不会改变，台湾同胞求和平、求安定、求发展，希望改善和发展两岸关系的主流民意不会改变。尽早结束两岸敌对状态，实现祖国的完全统一，是包括2300万台湾同胞在内的所有中华儿女的共同心愿。我们希望继续推进两岸同胞的交流往来，加强相互合作和彼此了解，共同继承和弘扬博大精深的中华文化瑰宝。以此为基础，希望台湾同胞在事关台湾前途的问题上能作出有利于和平统一的正确选择。同时，我们也希望台湾当局顺应民意，尽快取消阻碍两岸实现直接“三通”的限制和障碍，尽快回到谈判桌上来，采取积极措施，为两岸民生谋取最大的福祉。

前不久，中国民航总局批准了台湾几家航空公司春节包机直航的申请。1月26日，也就是明天，台湾的民航客机会在上海浦东机场降落，这将成为推进两岸直航进程的历史性事件。正如海协会会长汪道涵最近在给台湾同胞的新年寄语中所说的，“潮平两岸阔，风正一帆悬”，两岸人民亲切交往的时机已经到来，谁也阻挡不住。

在新的世纪，完成祖国统一是摆在全中国人民面前的三大历史任务之一。在促进祖国统一的进程中，作为新时期爱国统一战线的重要力量，具有光荣爱国传统的中国民主同盟也要责无旁贷地承担起自己的神圣使命。我们将一如既往地坚持“和平统一、一国两制”的基本方针和江泽民主席的八项主张，努力加强同台湾同胞和海外侨胞的联系，继续做好沟通团结台湾岛内和海外各界人士的工作，不断推进两岸多形式、多层次的教育、科技和文化交流活动，为早日实现祖国的完全统一和中华民族的伟大复兴积极贡献力量。

在2003年民盟基础教育研讨会上的讲话

（2003年1月）

同志们：

百年大计，教育为本，作为以文教界中上层知识分子为主的参政党，民盟始终关注教育问题，特别是改革开放以来，民盟以提高全民族素质为已任，把促进我国教育体制改革和发展作为参政议政工作的中心和重点，进行了有益探索，积累了工作经验，形成了良好的机制。费老、钱老和丁石孙主席等盟中央领导人都身体力行，作了大量富有成效的工作。

同时，盟内有一支热心我国基础教育事业的队伍，包括在座的同志们，致力于基础教育的现实和长远发展，尽心竭力。一方面认真实践，一方面积极探索，以民盟的名义提出我们的观点和建议。

例如，关于以人为本的教育观、发展观的问题，关于增加教育投入的问题，关于教育的根本目的问题，关于教育公平与均衡的问题，关于经济与教育的协调发展问题。大家可以说是有机会就讲，逢会必讲，不厌其烦，无怨无悔。现在回头看看，我们的很多看法和建议是对路的、是正确的，我们是从国家大局、人民利益出发考虑问题的,是符合我国实际的,是符合当时与长远发展要求的,既有近忧又有远虑。因此我们的主张逐渐被接受,我们的呼吁一步步变成了现实。

这方面的工作,开始于民盟部分地方组织1979年发起的基础教育研讨会。现在已经坚持了20多年,发展成为全国性的工作例会,24年如一日,24年一以贯之,非常不容易。没有远大的目光,没有饱满的责任感,没有满腔的热忱,没有足够的韧劲儿,是很难坚持下来的。大家不仅有热情,也有科学精神。在2001年基础教育研讨会上,我们总结出了一些经验,包括:在指导思想上强调履行职能和发挥优势相结合,在确定选题上强调客观性与针对性相结合,在调研方法上坚持盟内外相结合,注重建立规范化的基础教育参政议政的机制。

这些经验的形成,都凝聚着民盟同志们为推进我国基础教育的良苦用心,使我很感动,也使我深受鼓舞。事实证明,作为参政党,我们是能够为国家做些事情的,事实还将证明,我们会为全面建设小康社会做更多的事情。由此,我联想到屈原的诗:"路漫漫其修远兮,吾将上下而求索"。从古到今,中国知识分子向来有一种为中华民族和人类文明献身的精神和传统。前几天,我听到北大一位教授讲述我们民盟的一位前辈冯友兰先生的故事。先生晚年的时候,眼睛看不见了,耳朵也听不清了,可是还在继续写他的《中国哲学史新编》。他九十岁寿辰的时候,学子们去祝寿,问他看不见了为什么还要写书呢?冯老先生说:"人类的文明就好像一笼真火,几千年不灭地燃烧着,为什么不灭?就是因为古往今来的思想家、科学家、文学家都是呕出心肝,用自己的脑汁作为燃料添加进去,才使它永不熄灭。”他们为什么要呕出心肝呢？冯老先生说:“就是因为欲罢不能。这就好像一条蚕,它既生而为蚕,就只有吐丝。‘春蚕到死丝方尽’,它也是欲罢不能。”

我听了这个故事非常感动。冯老先生的这段话是一个大学者的自白,也是一个盟员知识分子的自白,代表了盟内很多同志做人做事的精神状态。我们的基础教育研讨坚持了二十多年,我想这与同志们春蚕吐丝、欲罢不能的精神分不开。冯老先生还有一句诗:“智山慧海传真火,愿随前薪做后薪。”民盟有许多这样的前辈,我们要义不容辞跟上去,作为后薪接过来,传下去,把文化传承的真火烧得更旺。

同志们,不久前召开的中共十六届三中全会,是在我国发展的关键时期召开的一次重要会议,具有里程碑意义。会议作出了《中共中央关于完善社会主义市场经济若干问题的决定》(以下简称《决定》),为全面建设小康社会提供了体制保证。《决定》中提出的“五个统筹”,体现的“全面、协调、可持续”,“经济、社会和人的全面发展”,这样一个以人为本的新发展观。这是全会的一大亮点,也是一次历史性的突破。我体会,这“五个统筹”和新的发展观对我们多年关注的基础教育事业下一步的发展提出了多方面的新要求,为我们在基础教育方面的参政议政工作提供了大好机遇。民盟中央以“完善现代国民教育体系”作为在教育领域参政议政和调查研究的题目,每年选择一两个重点内容进行调研,就是从我们的优势领域对“五个统筹”的响应和落实。希望大家深刻领会中共十六届三中全会的精神,以促进经济、社会和人的全面发展为目标，推动全盟基础教育方面调研和研讨的进一步开展，在新形势下开创新局面。

大家都知道，今年九月召开了全国农村教育工作会议，由国务院召开会议，专门研究部署农村教育工作，这是新中国成立以来的第一次。会议明确了农村教育在全面建设小康社会中的重要地位，把农村教育作为农村工作和教育工作的重中之重。我们要充分认识农村教育在全面建设小康社会中的战略地位，特别是农村义务教育在整个国民教育体系中举足轻重的地位。民盟今年的重大调研活动之一，就是完善现代国民教育体系课题中农村教育问题。这次调研由山东、辽宁和四川盟省委配合。在三省完成调研分报告的情况下，九月，丁石孙主席率团在山东进行了实地考察和调研。考察团就发展我国的农村义务教育提出了完善各级政府义务教育经费保障机制，建立农村贫困人口的最低教育保障等建议，并由丁石孙主席直接向党中央汇报。我们将追踪这个研究题目，以推进教育公平逐步实现。

我们今天研讨会的主题是，在全面建设小康社会的进程中基础教育的使命和发展对策，将主要围绕修改和完善教育法、教育法律法规、农村义务教育、普及高中阶段教育和师资问题开展研讨。希望大家集思广益，交流各地在基础教育实践和参政议政中取得的成果和经验，推动全盟基础教育调研和参政议政工作取得新进展，为提高国民素质，构建现代国民教育体系和终身教育体系，建设学习型社会做出我们的贡献。祝大会圆满成功！

谢谢大家！

弘扬传统美德　铸造民族精神*

江泽民同志最近为《中华传统美德格言》题词："传承中华美德，培养民族精神"。这对在十六大精神指引下，我国进入全面建设小康社会，贯彻落实"三个代表"重要思想，实施"以德治国"方略有重要意义。

中国传统美德，除了亚洲文化圈非常重视，经济发达的日本、韩国、新加坡等不仅学习吸收了中国传统美德，并以此为基础形成了自己国家的道德传统。现在，西方有见地的学者也开始对中国传统文化重视起来。英国著名历史学家汤恩比就曾经说过："19 世纪是英国人的世纪，20 世纪是美国人的世纪，21 世纪是中国人的世纪。"他认为，到了 21 世纪中国文化将成为世界文化的主流。1995 年诺贝尔和平奖得主们在巴黎集会，在发表的宣言里说："未来的世界要和平，必须回到 2000 多年前孔子的学说。"

中共十六大前江泽民访问美国，在老布什图书馆发表重要

---

* 原载于《中央盟讯》2003 年第 3 期。

讲话,受到与会美国政治家、学者、大学生的热烈欢迎。他讲了什么呢?他主要讲了“中华民族自古就有以诚为本,以和为贵,以信为先的优良传统”。讲了2000多年前中国先秦思想家孔子提出的“君子和而不同”的道理和思想。这样的话题受到美国思想界文化界的赞扬和欢迎,说明东方和西方的文化思想也在融合。说明中国传统美德有极其旺盛的生命力,有着非常切合现代生活的实践性。

民盟六十多年来,在中共的领导下,风雨同舟、肝胆相照、和衷共济一同迈进了21世纪。民盟的先烈李公朴、闻一多为了国家民族视死如归;“七君子”舍身许国被人民誉为“君子”,在他们身上体现了中华的传统美德。民盟的今天和革命前辈优良传统的积极影响有很直接的传承关系。

我的祖父张澜,在旧中国被四川百姓称为“川北圣人”。新中国,1954年“五一”节,毛主席在天安门城楼上对他说:“表老啊!你好,你的德很好!”1980年春节,胡耀邦同志说起张澜时说:“我感到这位先生有两条很值得佩服的,第一条,他有很高尚的精神……第二条,他有很优良的气质。”在他身上也可以看得到中国传统美德的深刻影响。他的座右铭《四勉一戒》道:“人不可以不自爱,不可以不自修,不可以不自尊,不可以不自强,而断不可以自欺。”

在他的感召下,我也把《四勉一戒》作为自己的座右铭。我想,一个人首先要做到自爱。“自爱”才能发现自己的不足,才能不断完善自己,提高修养,增长知识,做一个有益于人民的人。

一个团体,一个政党,一个民族,一个国家都是由一个个个体的人构成的，每个人的道德修养如何，直接关系到团体、政党、民族、国家的整体素质。

千古兴业，关键在人。十六大确立的全面建设小康社会的目标，是社会主义经济、社会、文化全面发展的目标。我们既要着眼于提高人民生活水平和生活质量，也要着眼于人的素质提高和人的全面发展。传承中华美德，弘扬和培育民族精神是中华民族自立于世界民族之林的精神支撑。

敬业爱岗　不负重托

——民盟省级专职副主委培训、盟务工作研讨会总结

（2003 年 4 月 22 日）

同志们：

在这个培训班开始的时候，我说：这是民盟中央新一届领导机构开局之年的开局之举。几天来，从听报告到分组讨论，大家确实是发自内心地把这次培训、研讨班当作难得的学习和交流机会，表现出了一种共同的心气儿，要把民盟工作用心做好的心气儿。作为盟中央的一个专职干部，我非常感动，也很受教育和启发。虽然因为"非典"的原因，我们不能不临时缩短时间，但我相信大家会把这次的收获带回各地，在各个省级盟组织今后的工作中开花结果。

从程序安排上看，我要为这次学习和培训做个总结。从我的心情上讲，更愿意把这次总结当作这个培训班大会交流和讨论的继续，把自己的感受向大家作个书面汇报。

一、培训班的意义

我们已经确定了今年全盟工作要点,第一条就是,今年是学习年、培训年。学什么？怎么学？培训从哪里着手？怎么培训？很明确,学习要抓重点,培训要抓骨干。这个班可以基本上体现出我们要学习、培训的内容和方法。我们要学的东西很多,这次只是个开始。培训的方法则要因地制宜,因时制宜。但有一个原则,就是结合实际,讲求实效。

我们这个班是民盟九大之后盟中央举办的第一个全国性的培训班,是我们培训年的开局之举。把大家请到北京来,我们共同学习和讨论,体现盟中央对省级民盟组织工作的高度重视,体现盟中央对各位同志寄予的殷切希望,也说明大家担负的工作在民盟全局工作中的重要地位和作用。

重任在肩,重托在身,这是大家的感受,我们要从感性认识上升到理性认识。“重任”体现在哪些方面？“重托”具体都是什么？希望通过这个班,大家在有共同感受的基础上,对形势、目标、任务、方法形成共识。不仅重任在肩,重托在身,而且信念在心,利器在手,形成一个开创民盟工作新局面的核心团队。

办好这个班,对推动全盟新时期、新阶段的工作意义重大。这种意义,要体现在今后全盟工作的实际推进过程中。

二、我们的收获

明确了形势。这个形势,不是我们远远看着的旁观者眼里的形势,而是我们身处其中的国内宏观经济形势。丁主席谈学习十六大报告的体会时，强调报告贴近民心，老百姓有亲切感，参政党怎么为全面建设小康社会出力也有了方向。我们有人才集中、联系广泛的优势，有条件为老百姓多做事情。厉教授则在讲形势的同时，根据自己的研究，告诉我们有哪些题目可以有所作为，还教给我们要点和做法。古话说，“授之以鱼不如授之以渔”。丁主席讲话的要点，我的体会，实际是启发我们怎么从大局观察和把握形势。厉教授的报告，是在教给我们正确理解形势、提高参政议政水平的途径和方法。

研究了问题。中央统战部一局局长游洛屏同志为大家讲了民主党派换届过程中的理论和政策问题。统战工作牵涉到多方面的理论和政策问题，我们在日常工作过程中会程度不同地碰到，尤其是在换届工作中，问题就更集中。游局长结合党派的换届工作，为我们分析和解答了很多具体问题，使我们对很多问题都更清楚、更明确了。在讨论中，大家还结合自己的工作，对一些带有普遍性的理论和实践问题做了交流和探讨。相信这样的探讨会促进我们做进一步的思考，会推进我们的思想和理论建设工作。

交流了经验。在分组讨论中，各省的同志都有机会向大家介绍所在省级盟组织的情况，开展工作的方法和体会。既说家底，又谈经验。其中，在机关建设的制度创新方面；在为盟的参政议政准备充足的后备干部方面；在以身作则，团结和谐地开展盟务工作、凝聚人心、形成合力方面；在积极参与地方经济建设、充分发挥参政党职能方面；在加强盟的自身建设、适应新世纪新阶段要求方面，都有很好的经验。

振奋了精神。我们听到的经验，都是来自实际工作的成绩，这些成绩来之不易。由于种种原因，有些甚至是要突破一种积重难返的局面，不仅要出以公心，要有胆识，而且要有好的方法。但是，从另一个角度看，工作有挑战性，是好事，有利于激发我们的事业心，锤炼我们的才干，磨炼我们的意志。顶住困难，讲究方法，又有广大盟员支持，坚持一下，也就过来了。去年盟中央和省级组织换届以来，全盟工作出现的新气象、新局面就是这么干出来的。

一个人，要有志气；一支队伍，要有士气。全盟 15 万成员的士气，要靠我们大家鼓起来，保持住。这是做好今后工作的基础。

三、几条要求

1. 乐于学习，勤于学习，善于学习

民盟是一个知识分子的政党。作为省级盟组织的专职副主委，应该具备相应的政治理论水平和科学文化素养。这是盟的工作的需要，也是对盟的每一个专职副主委的一项基本要求。作为盟机关的当家人，主持日常盟务工作的同时，要率先垂范，带头学。我们提倡大家做学习型的领导干部。只有不断学习，善于汲取人类的文明成果中丰富的智慧，我们才能登高望远，才能不断提高素养，在复杂局面中坚定信念，明确方向，不昧于世界大势，不落后于时代要求，才能真正做到与时俱进，不断开创盟的工作新局面。

2. 加强自身修养，确立敬业精神。耐得住清贫，挡得住诱惑

作为盟的专职干部，要不断加强自身修养，强化奉献精神，

淡泊名利,勤政敬业。这不仅仅是个人道德修养的问题,也是构成民盟社会形象的一个重要因素,有很强的政治意义。在这个问题上,有些老话需要常讲,比如要树立正确的世界观、人生观和价值观,要有高远的精神境界和理想追求,能够正确处理个人得失和各种利益关系,正确看待和运用手中的权力,不受名利和低级趣味的诱惑,保持高尚节操。为人处世光明磊落,严于律己,宽以待人。在这方面,民盟的许多前辈人物为我们做出了很好的榜样,我们应该把这样的好传统继承下来,发扬光大。重视人格魅力,是民盟的好传统。

3. 增进班子团结,抓好制度建设。与人为善,五湖四海

天时不如地利,地利不如人和。道理我们都懂,关键是做。我们这些做专职副主委的,是省级盟组织全局工作正常运行的一个枢纽,具体工作会很繁杂,但是要抓住核心的东西,这就是团结,是人和。丁主席说,民盟要用暖人心的办法营造"人和"气氛。暖人心,首先是与人为善,五湖四海,出以公心,以身作则,再就是靠制度建设,明确岗位责任,让制度来运行工作。这两方面互相促进。五湖四海、出以公心的制度,大家就会拥护。大家都来维护制度的严肃性,形成良好机制,都有事情做,都有成就感,就更容易形成人和的气氛,形成良性循环。

4. 熟悉工作规则,熟悉办事程序。世事洞明,人情练达

党派机关的专职领导工作有一个很大的特点,就是注重互通情况,对内注重协调,对外注重协商。协调和协商,都是有规则、有程序的。这种规则和程序主要体现在领导班子的各项工作制度中。这次提出的《民盟中央关于加强省级组织领导班子

制度建设的几点意见》(讨论稿)中,特别注意了职责分工和会议制度问题,对专职领导干部的定位和要求也很明确。这个文件参考了各省级盟组织的工作经验,可见大家对此有共识。与人打交道,是一门大学问。我们的专职干部要尽快完成从专家型学者向领导型、管理型干部的转变。

5. 着眼长远发展,培养后备干部

对于我们需要的人才,善于发现,放手使用,精心培养,形成梯队,是衡量领导干部品德、能力、政绩的一项重要指标。要有识人的慧眼,用人的魄力,容人的雅量。要适应新的形势,我们的后备干部队伍需要大力扩充。人无远虑,必有近忧。说是着眼长远,实际上也很迫切。实事求是地讲,我们履行参政议政职能所需的代表性、旗帜性人物,还不能满足现实需要和长远的要求。这样的人物,要在他的专业成就的基础上有社会影响,有公众感召力,确实需要一个培养的过程。我们还要在保持高教界人才优势的同时,拓宽渠道,调整结构,适当发展经济、金融、管理、法律等界别的代表人物,任务艰巨。

6. 强化思想建设,带动自身建设

我们自身建设的中心工作是思想建设,这一点大家都非常明确。问题是,我们怎么做才能跟得上这个认识。在思想建设上,也有个与时俱进的问题。既要有老生常谈,又不能仅仅是老生常谈。新的形势,会提供新内容;新的实践,会补充新的思想营养;新的尝试,会找到新的工作方法。思想建设要紧密联系各自工作的实际情况,因地制宜,因人制宜,要力戒空谈,切忌流于形式。对广大盟员的思想动态情况,要有调查,有分析,有研究,而且应该是经常性的。这样，我们的思想建设工作才能更主动，更有针对性，更有实效。

7. 搞好参政议政，加强与从政盟员的联系，为全面建设小康社会凝聚盟员的智慧和力量

丁主席在开幕时说：中共十六大提出的全面建设小康社会的目标，既具体，又贴近民心，对参政党提出了更高要求，也给我们做事情提供了很大空间。我们确实要跟上去。费老最近在谈到胡锦涛总书记走访民盟中央时说：共产党已经走出了第一步，我们该怎样领会这"第一步"的精神实质，怎么配合共产党走下去？我领会，丁主席和费老的话是同一个意思。我们要跟上的这一步，应该是全盟同志在各地、各个领域中参政议政成绩的总和。这一点，各位专职副主委的精力投入强度和资源配置能力非常重要。

四、我们的希望

对于我们的整体培训工作来说，这次培训班的结束，仅仅是一个开始。为有力推动全盟工作，我们的培训任务很艰巨，任重道远。这次培训取得的成绩，不仅能在省级组织今后的常规工作中发挥作用，也将为我们今后的培训工作积累经验。

我们的岗位，是吃苦的岗位，是奉献的岗位。奉献有奉献的辛苦，也有奉献的快乐。我们非常能体会同志们的辛苦，也愿意和大家共享工作中的快乐。看到我们的心血和汗水转化成民盟工作的顺利进展，再苦再累，我们也会高兴。这就是我们的团队精神。我们就是这样的一个群体。

最后，我想到了10个字，送给大家，作为一份希望和祝福：

安心——既来之，则安之。就在现在的岗位上发光发热，为民盟的事业奋斗。我们这些人就是为了一个共同的目标走到一起的。和中国共产党肝胆相照，以民盟的名义，为国家和人民服务。

用心——既安之，则为之。树立敬业精神，提倡专业精神。盟务工作是职业，事业，也是专业。多党合作是一项创新的事业，这项事业中的盟务工作有规律可循，有方法可研究，有理论可探讨。

公心——何以为之？公心为之。立盟为公，出以公心，与人为善，搞五湖四海，是最大限度调动周围同志积极性、创造性的最好方法，也是最大程度发挥自己才干的最好方法。

尽心——不仅出以公心，而且全心全意。重任在肩，重托在身，这不是空话、好听话，而是我们切身的感受。需要我们全神贯注，全力以赴，焕发才智，做出成绩，达到较高的境界。

舒心——凝聚大家的热情和才华，化成强大动力，推进民盟工作，取得优异成绩。虽然免不了费心、烦心、闹心、忧心，但从总体上看，民盟兴旺发达，此心可慰，终归舒心。

平心而论，我们的工作有很多难处，这本来就不是享清福的位置。只要能立盟为公，秉公办事，严于律己，必定能得到广大群众的信任和支持。工作越有难度，也就越有干头；挑战性越强，就越能激发我们的政治智慧，越能享受冲破艰险的快乐。我老家的川江号子，大家都很熟悉，艄公驾着船，奋力冲过急流险滩后，江面忽然舒展开来，天高水阔。我所说的舒心，大概就是这个境界。

我非常希望大家能最终到达这种境界，也希望自己不落后。所以，这10个字既送给大家，也送给我自己，让我们共勉。

最后衷心祝愿大家身体健康、心情愉快、工作顺利、常来常往！

歌声和微笑献给白衣天使

——慰问北医抗击非典的一线医务人员

（2003年6月4日）

尊敬的周济部长，各位领导、同志们、亲爱的战友们：

请原谅我一时找不到更理想的词汇称呼你们，内心除了敬意，还是敬意。请允许我代表民盟中央，代表我们北大老校长、民盟中央主席丁石孙副委员长，也代表全国15万盟员，向你们和所有战斗在抗击非典一线的广大医护人员表示最崇高的敬意和最深情的慰问！

我也是北医大一名医务人员，作为同行，你们的奉献，你们的辛劳，你们的英勇，使我更多一分牵挂，也多一分自豪。在这场突如其来的灾害面前，民盟盟员中也有近千位医护人员和你们一样，并肩携手，用热血和生命履行着“健康所系，生命相托”的医学誓言，战斗在抗击非典第一线。在这段艰苦卓绝的日子里，我们的目光紧紧追踪着你们的脚步，我们的心情时时牵挂着你们的安危。

这些天来，每当我想起那么多平日曾经娇养的独生子女义无反顾地奔赴第一线与SARS顽强作战,想起你们柔弱的肩膀担当起如山的道义,内心就轰响着庄严的国歌《义勇军进行曲》的旋律——“用我们的血肉筑起我们新的长城”。你们夜以继日、前仆后继,体现着崇高的思想境界,创造了非凡的英雄业绩,激励起全民族的豪迈情感,让全中国人民看到了新时代最可爱的人,让全世界看到了我们的民族魂魄和铮铮铁骨,看到中华民族用血肉筑起的新的长城坚不可摧!

如今,这场没有硝烟的战争已经到了决战决胜的时刻。我们坚信,在党中央的坚强领导下,有全国人民的大力支援,有改革开放积累起来的雄厚物质基础,我们万众一心,众志成城,一定能够取得抗击非典的全胜!经过这场浩瀚而深刻的精神洗礼,伟大的中华民族将在一个更高的历史起点上,向全面建设小康社会的宏伟目标全力进军!

在民盟九届四次中常会上的闭幕讲话

（2003 年 9 月 28 日）

各位常委、各位同志：

我受主席会议的委托，对这次会议做一简要总结。

民盟九届四次中常会在与会同志的共同努力下，圆满完成了预定的各项议程，今天就要闭幕了。会议期间，大家围绕丁石孙主席的主题报告进行了热烈的讨论，一致认为，丁主席的报告站得很高，具有强烈的时代感，是一个主题鲜明、目标明确、思路清晰、求真务实的好报告。本次中常会确立了干部队伍建设和人才工作在盟的自身建设中的核心地位，表明了盟中央抓好这项工作的决心。我相信，通过这次会议，必然会达到统一思想，认清形势，更新观念，明确任务，推动工作的目的，使盟的干部队伍建设和人才工作提高到一个新的水平。下面我结合会议讨论的情况，讲几个问题。

一

常委们普遍认为，实施人才战略是关系到盟的事业兴衰，关系到中国共产党领导的多党合作和政治协商制度的巩固和发展的大问题。丁主席在报告中对加强盟的干部队伍建设和人才工作的重要性作了十分深刻的阐述，在与会同志中产生了强烈的共鸣。大家表示，要从发展多党合作大局的战略高度，以对盟的事业高度负责的态度，进一步解放思想，转变观念，与时俱进，增强使命感、责任感、紧迫感，认真贯彻盟中央的工作方针、政策措施和任务要求，切实把干部队伍建设和人才工作抓紧抓好。

大家认为，盟的干部队伍建设和人才工作能否抓出成效，在很大程度上取决于各级领导班子成员。丁主席说民盟的职位不是官位，而是我们做事业的岗位，这是我们民盟的传统。我们要让有限的职位充分发挥作用，一方面要尽量避免重复性安排，实现资源的高效合理配置；另一方面要逐步形成能上能下、能进能出的干部任用的良性机制。就像有的同志讲的那样，从一上台就要考虑接班人的问题。在其位时就要谋其政，恪尽职守，有所作为。这确实需要大家正确地看待人事继替，需要有一个转变观念的过程，提高思想境界的过程。只有不断推出新人，盟的事业才能薪火相传，才能人才辈出，才能后浪高过前浪。常委们说，要适应新形势的发展，盟的各级领导就要带头研究新情况、新问题，深入群众，脚踏实地，增强实施盟的人才战略的紧迫感，切实做好盟的新一代代表人士的发现、培养、选拔、推荐工作。

二

这次中常会,从民盟发展和推进多党合作事业需要的战略高度,提出了人才兴盟、人才强盟的观点,在发展、培养、选拔和推荐人才等方面提出了新的措施和要求,进一步明确了今后工作的努力方向。

常委们认为,参政党如果没有参政议政能力和水平,也就没有了生命力。参政和议政是民主党派工作的两个重要方面,我们不仅要努力提高全盟的议政工作水平,同时也要把参政工作放在一个突出的位置。新的形势发展要求我们要在思想上有新的认识,观念上有新的突破,行动上有新的举措,要看到参加政府工作不仅是做好参政议政工作的重要方面,也是树立民盟形象、增强影响力、凝聚力的重要方式,是充分履行参政党的使命和责任、满足"一个参加、三个参与"的政治需要。要最大可能地吸收无党派知识分子的优秀代表性人士入盟,增强参政人才队伍建设的主动性,建立灵活、务实、创新的推荐工作机制,支持和鼓励有志于从政的盟员参加政府实职的公开招聘,千方百计把更多的优秀盟员推上政府实职岗位,让他们发挥更大作用。

常委们认为,盟的省级组织要加强对组织发展工作的政策引导和全局把握,要在分析研究本地区人才的职业界别、知识层次、年龄结构等情况的基础上,结合参政议政和自身建设的需要,解放思想,因地制宜,制定切合实际的组织发展规划。发展要以提高质量为主,同时要继续保持盟员数量的传统优势。盟的各级组织都要锐意进取,迎难而上,主委和专职副主委要亲自联系高校,深入到大学和科研院所等基层组织开展调研,指导工作,参加各种盟务活动,与盟员和所联系的知识分子联络感情,广交朋友,扩大影响。要与高校党委统战部门建立良好的协作关系,请他们帮助推荐党外优秀知识分子。要重视高校基层盟组织建设,大力发展学历高、素质好、潜力大的中青年知识分子入盟,并将具有代表性的中青年盟员骨干适时推上基层领导岗位。

在做好重点界别组织发展工作的同时,为适应新形势下开展参政议政工作对多方面人才的需求,盟的各级组织还要在发展结构性短缺人才上面下工夫,特别是要关注经济、法律、金融、管理和社会中介组织等非重点界别的代表性人士的发展工作,要在政策方面予以倾斜,在确保政治素质的前提下,用好 30% 的发展比例。要重视在市场经济条件下形成的新领域、新阶层、新利益群体在经济和社会生活中的作用,要具有前瞻意识和长远的战略眼光,关注这部分代表性人士并在发展中做有益的尝试。要下决心优化盟的知识结构和专业结构,为盟在经济建设和推进民主法制建设中更好地发挥参政党作用储备人才。要努力造就盟的新一代知名的经济学家、法学家、律师、金融证券学家和高级管理人才,并将他们纳入到盟的干部队伍。

加强后备干部队伍建设,首先要与组织发展工作紧密结合,增强组织发展的目的性。在组织发展的过程中,就要考虑后备干部队伍建设的需要。后备干部队伍建设要明确主要抓两条线,一是学术地位高、社会影响大的知名专家、学者和业务拔尖人才,保持盟在文教界的影响和优势特色。二是综合素质好、有参政议政潜能、有组织管理和协调能力的复合型人才，组成实职干部和专职干部的后备梯队。各省级组织每年向盟中央上报的后备干部名单，必须有近两年发展的盟员。要进一步解放思想，更新观念，加大力度，将新发展的高层次的拔尖人才和有一定社会影响的代表性人士直接纳入到后备干部培养、选拔、推荐的快车道，做好盟内安排、政治安排和推荐实职安排工作，使他们尽快熟悉工作，进入角色，发挥影响。大家取得了这样的共识，即对后备干部不能论资排辈，求全责备，也不要过分强调盟务工作经验。大家表示，回去后要做好方方面面的思想工作，提高认识，统一思想，排除阻力，形成合力，一切以盟的事业大局为重，这也是丁主席强调思想境界的意义所在。

其次，要加大对中青年盟员骨干的培养和锻炼工作的力度。各级盟组织要有前瞻意识，一是要加强对他们进行统战理论和多党合作传统的学习和教育，巩固与中共长期合作的思想政治基础。二是要根据盟员骨干的专业特点，吸引他们参加社会实践和调研活动，有意识地培养他们参政议政水平和组织协调能力。三是要加强与中共党委的沟通，依托中共组织部门帮助我们培养干部，力争使更多的年轻干部得到基层锻炼、岗位交流、挂职锻炼的机会，让他们增加实际工作能力，尽快成长起来。

三

基层组织是广大盟员参与组织生活的基本单位，是全盟的工作基础。盟的人才、智力优势的发挥来自基层，基层组织的凝聚力增强了,有了活力,民盟也就有了影响力。民盟要有活力,首先基层要活,要在源头有活水。

建设活力支部,首先是盟的各级领导要高度重视基层组织建设,经常深入基层,了解情况,总结经验,分类指导。要加强基层组织的领导班子建设,大胆启用富于开拓精神、有代表性的年轻同志担任主委或进入支委班子。基层领导班子要与中共基层党组织密切配合,在组织建设上要得到党委的支持帮助,形成互动的人才选拔培养机制,为开展组织活动创造良好的工作环境和氛围。

其次,要创新基层活动方式,提高组织生活质量,促进基层工作制度化、规范化。要增强盟员的政党意识和社会责任感,围绕经济和社会生活中的重点、热点和难点问题,开展调研、议政活动和社会服务工作,增强广大盟员的凝聚力和参与热情,扩大盟的参政议政社会影响。要在基层支部中开展争创活力支部、做合格盟员活动,组织支部间的观摩、交流。要支持、鼓励盟员在本职岗位上建功立业,宣传他们的突出事迹,激发广大盟员的荣誉感。丁主席在上次常委会上说,我们的盟员在哪里工作,在哪里生活,就要在哪里为人民做事情,就要把好事做实,实事做好,这应该成为我们每个盟员的座右铭。

第三,盟的各级组织机关工作重心要下沉,健全并完善机关干部基层联系工作制度。要注意研究解决新形势下基层组织面临的新问题,如基层组织专干缺乏的问题,通过健全盟的机关干部联络员制度,发挥沟通上下,服务基层的作用。要及时交流人才信息,需要盟中央出面做工作的,盟中央一定全力支持。

我们这次中常会是一次民主、团结、加压、鼓劲的会议,希望大家结合各地的工作实际，认真传达，贯彻落实，振奋精神，锐意进取，努力建设一支适应新世纪、新形势、新任务要求的干部队伍，不断开拓民盟工作新局面。

谢谢大家！

关于强化我国城市灾害管理的思考和建议

——在“城市灾害管理”专家论坛上的主题发言

(2003 年 10 月 21 日)

民盟中央对城市灾害管理问题的高度关注,始于美国“9·11”恐怖袭击事件。这个事件给我们以深刻启示,在现代化进程中,国家安全和人民生命财产,迫切需要强有力的城市灾害管理系统提供保障。在今春“两会”上,我们提交了“加强我国城市灾害应急管理能力”的议案。该议案提高了政府有关部门对这一问题的关注程度。

紧接着,春夏期间 SARS 危机的消长,使这一问题的重要性和迫切性摆到了全社会面前,我们为应对 SARS 危机付出了高昂代价。事实证明,如果经济和社会发展不协调,缺乏对突发灾害的有效管理,我们辛辛苦苦得到的发展成果,就会在突发灾难中遭受重创,甚至灾害造成的经济损失还可能大于当年增长。在经济快速发展、各种风险因素持续增加的情况下,无论近忧,还是远虑,强化我国城市灾害管理的工作都势在必行。抓住时机,因势利导,强力推进我国灾害管理体系的建设和完善,为快速发展的国民经济保驾护航，是当前全局工作中的一项紧迫任务。为此，在全国政协十届二次常委会上，民盟中央又作了大会发言，提出了“强化我国城市灾害管理的思考和建议”。

从议案到建议，我们的认识在不断深化。“发展是硬道理”，构筑发展的安全保障系统，也应该是“硬道理”。请允许我以此基本认识为基础，简述如下问题。

一、城市灾害管理的重要性和紧迫性

有关研究成果表明，20世纪中期以来，伴随着城市化进程的不断加快，大中城市遭受灾害的损失越来越重。城市灾害管理成为众多国家抵御灾害的重中之重，我国亦不例外。

1. 城市安全是国家安全的重要保证。据有关资料，我国目前的城市化率已达到37.66%，预计2020年将达到60%以上。城市是我国社会财富（人力、物力、财力）最富集的地区，是国有资产最集中的地区，也是我国经济和社会发展的“火车头”。政府对国家和地区事务的管理，人民对国家事业的参与，都在更多地进入城市管理范畴。城市安全已经成为国家安全的重要保证。提高政府对现代化城市的管理水准，是体现中国共产党执政能力、提高政府效能、全面建设小康社会的重要课题。

2. 城市化过程聚集财富，同时也聚集风险。城市的正常生产和生活，对交通、供水、供电、煤气、抢险、通讯网络等复杂设施和系统的依赖程度日益增强，一旦某系统因灾失灵，易导致大面积瘫痪；城市中人口高度密集，财富高度聚集，使灾害打击能够在有限区域内造成巨大损失，对人民生命和国家财产带来严重威胁；大量的硬化地面造成不透水面积增加，渗水排水不畅，内涝灾害加剧；地下水补给减少，又超采地下水，造成地面沉降；大面积的地下设施，在洪涝灾害中最易受灾，等等。事实说明，加强城市灾害管理已成为推进现代化的现实课题。

3. 我国城市遭受各种灾害威胁的形势日趋严峻。例如地震，据统计，全国位于地震烈度7度以上的省会级城市有25个，占所有省会级城市的74%；地级以上城市有179个，占所有地级以上城市的62%。还有70%以上的大城市、半数以上的人口、75%以上的工农业产值，分布在气象、海洋、洪水、地震等灾害严重的沿海及东部地区。但城市应对灾害打击的能力却十分脆弱，如防洪。据水利部的资料，目前全国有639个城市有防洪任务，达到国家规定防洪标准的城市仅占其中的27%。一种灾害引发其他灾害的事情屡屡发生，加强城市灾害管理已成为无以回避的紧迫课题。

4. 城市灾害应急管理涉及众多灾种与职能部门。就灾种说，传统型灾种如自然灾害、公共卫生事件、意外事故、经济危机、人为破坏、恐怖活动、外敌入侵等，现代社会的新灾种如信息安全、网络黑客攻击等，都将造成对城市安全的严重威胁。就涉灾职能部门来说，地震、水利、电力、交通、通讯、公安、医疗、财政、气象、金融、国防，等等，都将在城市灾害管理中承担重要使命和特殊任务。在多灾种和多部门的交叉组合中，协调难度高，责任边界广，变数太多，乃至无穷，使城市灾害管理成为一项高度综合的复杂课题。

5. 对城市灾害应急管理建设问题，因其重要，应予以足够重视；因其现实，应给予高度响应；因其迫切，应立即进入重要议程；因其复杂，需要吸收各方面的成果，借鉴先进经验。如，美国拥有目前世界最发达的城市灾害管理体系，不仅法律法规完备，而且设立了联邦紧急事务管理局（FEMA）和联邦紧急事务管理委员会（MEMA），并由27个政府部门组成了联邦反应计划和响应计划，成为世界上第一个实施政府应急能力评价的国家。其评价内容包括法律与法规、灾害识别与防御、资源计划、规划与指导、培训与演练、公共教育与信息传播等13个方面、56个要素、1040个指标，构成了政府、企业、社区、家庭联动的灾害应急能力系统和操作方法，可为我们提供有益借鉴。

二、构建我国城市灾害管理体系的设想

1. 组建国家级的城市灾害管理委员会。研究制定综合性的灾害管理战略和专项灾害管理的战术性预案。各省、市也应设立相应机构，制定相应的应急预案，形成一个联系紧密、反应迅捷、高度协调的全天候联动整体，避免因各自为政、分割管理、资源分散配置所导致的高投入、低效率的弊端，为城市灾害管理提供良好体制保证。

2. 加快统一的紧急状态法立法进度。目前我国已有的相关法律，如戒严法、国防法、防洪法、传染病防治法等，都只能适用于一种紧急状态。我们建议，在宪法修正案中明确建立统一的紧急状态法的基础上，构筑完整而严备的法律体系，为城市灾害管理以及全国灾害危机管理提供法律保证。

3. 明确政府部门对灾害管理应负的法律责任。在为管理紧

急状态而立法的基础上，参考国际惯例，尽快研究制定或修改有关法律法规，明确政府部门在灾害管理上的法律责任，并建立健全政府灾害管理工作问责制。督促政府部门及工作人员明确认识在灾害管理失职情况下应当承担的赔偿责任和刑事责任，为城市灾害管理提供制度保证。

4. 加快建立城市灾害管理能力评价体系，把对政府的灾害管理能力的评价列为各级政府绩效考核的重要内容，纳入人大、政协的监督范畴。由“灾害行为反应状况评价”、“灾害社会控制效能评价”、“灾害紧急救援能力评价”等指标，构成科学评价城市灾害管理能力的综合指标体系和操作系统。根据国情、省情、市情，实施城市灾害管理能力评价工程，为城市灾害管理提供科学基础。

5. 加强城市灾害管理的专业与普及教育。设立城市灾害管理的专门教育机构，提供专业训练，培养专业人才。选择条件适当的院校开设灾害管理专业，加紧创办灾害管理学院。做好全民性的危机应对常识教育和常规演练，提高群众应对灾变的心理素质和实际能力，为城市灾害管理提供专业人力资源和群众基础。

6. 构造“预防为主”的城市灾害管理上游制动机制。充分吸取这次 SARS 危机使我们付出高昂代价的教训，将预防工作纳入城市发展战略与规划，渗透在教育、科研、监测、预警、媒体、社区等相关领域，创造良好人居环境，消除隐患于未萌，减少损失于灾中，降低救灾成本，实现灾害管理从被动应付型向主动预防型的转变。

7. 构造“政府为首”的城市灾害管理指挥协调机制。确定全社会统一、家喻户晓的灾害报警、接警处置的唯一电话号码。建立与城市社会经济发展相适应的灾害综合防治体系，构筑多层次的城市灾害应急联动体系，建造应急物流中心，制定灾害反应计划，充分发挥政府在灾前、灾中、灾后管理中众望所归的主导作用。

8. 构造“动员为先”的城市灾害管理的社会动员机制。借鉴国外成功经验，建立中央政府和各级地方政府的社会动员机制和联动的紧急状态响应计划，科学定位不同政府部门灾害响应和实施管理的分工与合作职责、任务，确保灾害发生的第一时间形成全体动员，并使其运行规范、有序、高效，以利降低政府灾害管理工作的成本，提高效能。

9. 构造“志愿为伍”的城市灾害管理基层人力资源聚合机制。按照形成组织、建立网络、落实责任、信用考按的原则，在机关、企业、学校、社区等地建立广泛的灾害响应志愿者队伍，作为城市灾害管理所必需的基层工作人力资源，并进行专业培训，形成抵御并缓解灾害损失的一支重要力量，奠定社会公众在城市灾害管理中的主体地位，增进社会凝聚力。

10. 构造“社区为根”的城市灾害管理基层网络。社区是实施城市灾害管理实务的组织细胞，是城市灾害应急管理工作真正落到实处的支点。灾害社会学家在研究中发现，家庭、邻里、社区的人际关系网络在灾害中会发生多方面令人难以想象的作用，可大大减轻人们的灾中实际损失和灾后心理创伤。在防治SARS 的过程中，我国社区的灾害管理功能已被激活，并发挥出了独特作用，应抓住时机，在国家综合性的灾害管理战略指导下，因地制宜，构筑起邻里守望相助、社区常备不懈的基层防控网络。灾害管理工作在社区大有作为，大中城市应着力加强社区建设，把有关工作放在重要位置。一是构建家庭防灾减灾单元，二是完善邻里救援的社区支持框架，三是发展非政府的民间社会组织自助系统，四是形成社区安全文化宣教模式和自救、互救实战演习，准备于日常，防患于未然。

三、结语

“凡事预则立，不预则废。”在现代化过程中，经济和社会发展的非预期性因素日益增多，其影响也将越来越大，我们应该有充分认识和准备。过去讲“养兵千日，用兵一时”，现代社会的瞬息万变则要求我们既要“养兵千日”，也要准备“用兵千日”。城市灾害管理体系的价值不仅在于应对，更在于预防。

今年春夏的 SARS 危机之后，党中央高度重视强化灾害管理工作。胡锦涛总书记把应对突发事件和复杂局面的能力提到“党的执政能力的重要方面”的高度，强调全党同志要居安思危，要求经常做好思想准备、机制准备、预案准备和工作准备，切实维护改革发展稳定大局。刚刚闭幕的中共十六届三中全会也对统筹城乡发展、经济社会发展、人与自然和谐发展提出了新的任务和要求。可以说，在强化我国城市灾害管理工作的关键时期，我们正迎来良好机遇。在这样的时候，我们更需要理性、科学的态度和务实精神，避免搞花架子，避免短期行为。我们建立城市灾害管理体制和运行机制，要结合各地实际情况，因地制宜，艰苦奋斗,把有限的资金用在关键处。我们为此所做的全部工作,都要经得起时间和历史的考验。今天邀请各位专家来,也是为了这个目的,请大家多出主意,多想办法,我们共同把事情做实、做好。只要我们把国家安全和人民的安危冷暖放在心上,遵循科学、理性的要求,踏踏实实地工作,我国城市灾害管理工作一定可以到达较高水平,具有大国风范。

构建一个完善的城市灾害管理体系,需要一个过程。美国从开始构建这个体系到实现所谓的"无缝链接",花去 25 年时间。我们要充分意识到这项工作的艰巨性和长期性。民盟作为参政党,将竭尽全力,与执政党通力合作,为强化我国的城市灾害管理,提供力所能及的智力和技术支持,构筑起强有力的城市发展保障系统,为国民经济的快速、稳定、协调发展,为全面建设小康社会作出积极贡献。

关于当前经济社会发展问题的几点建议

——中南海与总理座谈发言

（2003 年 10 月 24 日）

刚才听了总理对今年经济社会发展形势的通报，非常振奋人心。虽然今年受国际经济形势和国内 SARS、洪水等因素的影响，但是我国经济社会保持了健康稳定发展。GDP 能达到 8% 以上已经比较明朗，各项经济社会指标都很看好，这样好的局面的的确确来之不易。

新一届政府组建才半年多，按照胡锦涛总书记倡导的“两个务必”，把“群众利益无小事”落在实处，做了大量富有成效的工作，特别是应对复杂局面十分稳健、成熟，得到了人民群众的广泛认同。家宝总理更是率先垂范，春节在百米深的井下和矿工们一起度过，SARS 危机中亲临第一线，鼓舞了全国人民战胜 SARS 的斗志，国庆节又去看望受灾农民。亲民务实的作风成为新一届政府的一种标志，体现了党和政府与人民群众的血肉联系，深受百姓拥戴，民气旺，国运昌。

政府在把握好经济发展的总体势态、保持宏观经济平稳运行的同时,高度重视出现的新问题。比如,局部过热的苗头包括投资信贷增长过快、重复建设等问题;经济结构问题包括投资消费比例失当、第三产业滞后、收入差距扩大,等等。这些问题归根结底是完善社会主义市场经济体制的问题。三中全会《关于完善社会主义市场经济体制的决定》非常及时,非常必要。《决定》中对政府四项职能做出了创新性的概括,有利于我们的政府适应市场经济体制完善的要求,尽快转变职能。这是很关键的。《决定》中阐述的坚持以人为本,树立全面、协调、可持续的发展观,促进经济社会和人的全面发展的新的发展观是全会的一个亮点,不仅有利于当前发展,更具有对今后长远发展的指导意义,在发展思路上提出"五个统筹"是历史性的突破。三中全会的决定为当前和长远发展提供了政治保证。

具体建议:

一、关于东北老工业基地振兴问题

民盟中央今年到东北三省做了两轮实地调研。中央作出决策后,三省的同志积极性都很高。目前要注意避免两个问题。一是避免用计划经济的思路搞改革,把精力集中在要政策、跑项目上,要把注意力放在新思路、新机制、新体制、新方式上;二是避免各自为战,在项目上重复建设。应该把整个东北三省作为一个大的经济区域统一考虑布局开发,为此建议借鉴西部开发的办法,设立一个国务院直接管理的协调机构,指导东北老工业基地改造和振兴工作,少花钱,多办事。

二、关于"三农"问题

解决"三农"问题的一个要点,是增加农民收入问题。目前的情况,一是多种原因导致增产不增收,二是在土地承包到户的情况下,土地增产潜力基本饱和了。在一些地方,因为迟迟得不到解决,已经有土地撂荒现象,而且在蔓延。民盟中央有同志在国庆节期间去安徽凤阳县小岗村做实地调查,证实这种情况确实存在。这个村子的情况很有说服力。要增加农民收入,一是要推行税费改革,减轻农民负担,二是加快农村土地经营权的流转,推进规模种植和产业化经营。这方面的工作有一定紧迫性。应该加大力度,推进改革,促进农村经济制度的完善。

三、关于避免重复建设问题

建议设立一个重点建设项目和热点投资项目的信息发布制度,同时配套研制、运行一个预警系统。这项工作不需要太多投入,但是可以避免很多浪费。

四、关于城市灾害管理问题

胡锦涛总书记把灾害管理,应对突发事件能力提高到执政能力重要方面的高度,强调居安思危,要求做好思想准备、机制准备、预案准备和工作准备,维护改革发展稳定大局。城市灾害管理应作为政府社会管理、社会服务职能的重要方面。民盟中央积极响应党中央号召,在调研的基础上,曾经就此问题提出十项建议。大城市聚集财富(人、财、物、国有资产),也聚集了风险。财富的聚集,人口的密集使灾害的打击能在有限的区域内造成巨大损失。发展是硬道理。构筑发展的安全保障体系,有效防灾减灾也是硬道理。SARS 以后各级政府都高度重视城市灾害管理,纷纷在考虑建设灾害管理体系,这是个好现象。在这样的时候更需要理性、科学的态度和务实的精神。

构建一个完整的全天候联动的管理体系是一个复杂的过程。美国从开始构建到实现所谓"无缝连接"花去了 25 年时间和大量金钱。即便如此,"9 · 11"事件后,从总统到国民对其应急系统又进行了深刻反思。要充分认识这项工作的长期性和艰巨性,一定要避免短期行为造成高投入、低效益。应当规范,按评价标准构建,把有限的资金用到关键处。为此所投入的每一分钱,所做的一切事情都要经得起时间和历史的考验。政府要发挥主导作用,不要换一茬领导换一个思路,各行其是。报警应有唯一号码,做到家喻户晓。现在各地都不一样,有 110,有 999,有 995 等,不能一个地方一个号。前天民盟中央召开了城市灾害管理专家论坛,大家提出了许多很好的建议和实实在在的实施办法。

建议,国务院应有专门的领导机构,使这项工作规范有序地开展。

在黑龙凼水库复建工程开工典礼上的讲话

（2003 年 12 月 28 日）

今天是个喜庆的日子，蓬溪群众盼望了二十多年的黑龙凼水库复建工程马上就要开工。我代表民盟中央和民盟四川省委向水库复建工程开工表示热烈祝贺！

黑龙凼水库的复建，是一项功在当代惠及子孙的民心工程。这不仅有利于当地的经济效益和社会效益，而且具有重要的政治意义，它标志着“盟遂合作”在新时期迈上了一个新的台阶。各级民盟组织在党的领导下，情系广大人民群众的利益，关心基层群众的疾苦，努力把好事做实，实事做好。黑龙凼水库复建工程项目的成功实施，是民主党派致力于地方经济建设的成功典范，它充分说明民主党派在社会主义经济建设中是可以大有作为的，中国共产党领导的多党合作制度是完全符合中国国情的，具有强大的生命力，是我国政党制度的一大特色和优势。

黑龙凼水库复建牵动着民盟中央领导的心。今年三月，全国人大常委会副委员长、民盟中央主席丁石孙亲自给水利部领导写了信，引起水利部的高度重视。先后有三位部领导作了批示,他们把这项工程作为落实“三个代表”重要思想的一次具体行动。在水利部大力支持下,仅用了五个多月时间,黑龙凼水库就在国家发改委正式立项,并得到了启动资金。黑龙凼水库复建工程是“盟遂合作”的一项大工程,民盟中央希望在建设过程中严把质量关,要把这项工程建成三个方面的典型:一是科学决策的典型。要充分考虑水库的生态效益和经济效益,科学决策,长远规划,在建设中要做好节水技术、净水技术、小城镇建设、农业产业结构调整生态建设等方面的预案,水库建成后能长期发挥其综合效益;二是精心建设科学管理的典型。要把黑龙凼水库建成优质工程和廉政工程;三是造福于人民的典型。水库建成后,群众要用得上水、用得起水、用得放心,让群众切身感受到水库带来的利益和好处。

我衷心祝愿水库的建设为蓬溪的经济发展带来更大的活力,祝愿蓬溪人民用自己勤劳的双手创造全面小康社会的美好未来!

2004

在迎新春座谈会上的发言

（2004 年 1 月 17 日）

过去的一年，很不平凡。SARS 疫情，多种自然灾害，复杂多变的国际局势，使我们经受了严峻的考验。以胡锦涛同志为总书记的中共中央处变不惊，沉着应对，凝聚民心，奋发图强，克服了想象不到的困难，取得了比预期更快的发展，赢得了全面建设小康社会的良好开局。中共中央领导集体坚持以人为本，始终把人民冷暖、群众利益放在心上，求真务实，励精图治，得到了广大人民的高度信赖和衷心拥戴。在国际事务中，中共中央审时度势，积极参与，缓和朝核危机，展示出开放、理性、自信、坚定的大国形象，赢得世界舆论的广泛赞许。虽然我们还面临着很多困难和问题，但我国政治局面稳定，人民安居乐业，一片勃勃生机。我们的人民对国家的未来充满信心。

过去的一年，也是民盟中央换届之后的开局之年，是我们的学习年、培训年。新的盟中央领导班子按照胡锦涛总书记走访各民主党派中央时发表的重要讲话精神，加强政治学习，加大思想建设力度，巩固多党合作的思想基础。同时，我们还根据新形势、新任务对民主党派参政议政能力的新要求，提出“人才强盟”观念，加强盟员队伍和领导班子建设。盟员政治素质的整体提高，在一系列实际工作中得到了验证。

防治SARS时期，广大盟员与中共中央在政治上保持高度一致，积极为党和政府分忧解难。医疗卫生界的盟员冲在一线，各地盟员捐钱捐物，有关专家献计献策，全盟形成了一个整体。SARS过后，盟中央组织专家专门研究灾害应急管理问题，并在十届全国政协二次常委会上做了大会发言，作出分析，提出建议。去年10月，我们举办了“灾害与社会管理专家论坛”“城市灾害管理2003年会”，推动这项工作深入开展。

在参政议政方面，去年，盟中央与地方组织相结合，搞了两次比较深入的调研。一次是针对东北老工业基地的改造和振兴问题，在实地调查基础上，完成了长篇调研报告。中共中央和国务院对这个报告十分重视，使我们很受鼓舞。另一次是关于农村义务教育和职业教育的调研，这是我们“完善现代国民教育体系”系列调研的第一步。关于农村教育问题，我们也就完善各级政府义务教育经费保障机制等问题向中央提出了建议。

总之，这一年里，我们在自身建设、参政议政、为“三个文明”建设服务等方面都取得了一些成绩，这主要归功于党的正确领导。在此我代表民盟，向中共中央各位领导对我们的关心表示衷心感谢。

2004年是实践“十五”计划的关键一年，任务非常艰巨，民盟一定紧密团结在以胡锦涛同志为总书记的中共中央周围，深入领会“三个代表”重要思想，认真学习中共十六大和十六届三中全会精神,为实现今年经济和社会发展的各项目标尽我们最大的力量。

今年民盟工作的打算是,围绕提高参政议政能力这个重点,抓紧抓好盟的思想建设、组织建设和机关建设,积极实施“人才强盟”战略。我们的措施一个是搞好培训,提高盟员特别是领导班子成员和后备干部的政治素质和业务能力;另一个措施是抓调研,通过调查研究增加盟员和干部对我国国情的了解,通过实际工作锻炼和提高参政议政能力。我们认为,只有按照新形势新任务对参政党的要求,把民盟这支队伍建设好,才能真正履行好我们的职责,不负党的期望和人民重托。

借此机会,我想就做好明年的经济和社会发展工作提几点建议。我们感到,过去几年主要依靠积极财政政策和投资拉动经济增长的局面,不宜持续下去了。中央应该采取积极的消费政策,将刺激消费作为促进我国经济发展的重要政策加以实施。2003 年我国人均 GDP 已经达到 1000 美元。在生产持续增长、收入持续提高、商品极大丰富的情况下,有条件通过实行积极的消费政策带动经济发展,促使我国经济进入良性发展轨道。我们认为,可以采取的措施有以下几条:

一、尽快完善市场体系,消除地区和行业垄断,促进商品流通。

二、扩大就业,在鼓励下岗职工自谋职业的同时有组织地开发就业岗位,如社区服务、家政服务等。

三、加快建立健全社会保障体系。社会保障制度的建设和完善,调节收入分配差距,增强居民的安全感和消费信心,对促进消费有重要作用。

四、研究解决“三农”问题的系统方案，切实增加农民收入。比如建立国家农业财政支持体系，较大幅度增加对农村教育的投入。

五、重视发展文化产业。立足我国国情，借鉴美国等发达国家发展文化产业的经验，充分开发文化资源，提高我国文化产品的国际市场竞争力。

六、在搞好小城镇建设的同时，重视建设人口在200万左右的城市。相关研究表明，200万左右人口的城市，规模效益最为明显，第三产业在这样的城市里能得到较快发展，有利于实现充分就业。

七、关于城市灾害应急管理问题。当这个问题引起全社会广泛关注之后，应该尽快跟上应急能力建设工作。首先要研究制定应急能力评价指标体系，这个体系的内容大致包括六个方面：1. 灾害检测与预警能力；2. 社会控制效能；3. 居民反应能力；4. 工程防御能力；5. 灾害救援能力；6. 资源保障能力。

一个晚辈盟员的敬意*

——致冯克熙

尊敬的冯老：

您好！最近，我有幸拜读了您的文章。《以诚相召，以信相守，以情相感是统一战线的精神支柱》，文中透出的思想魅力深深打动了我。我平时忙于事务，读书不够，视野不阔，很长时间没有读到盟员中这样高屋建瓴、肝胆磊落的文字了。我读得很激动，敬佩之情油然而生。盟内有您这样的前辈，是像我这样的后来者学习做人做事的特有福分。我想首先向您表示一个晚辈盟员的敬意！

说起来，您在重庆"特园"时代就参加了民盟的工作，至今已有一个花甲，我做盟务工作不过几年。与您相比，我的经历、资历差距都很大，专业与您也不一样，使我常有"难以望其项背"之感。老骥伏枥，幼驹学步，是民盟组织、是党派工作、是统一战线的发展、是知识分子的精神追求，使我壮着胆子，逐渐走近了盟

* 原载于《群言》2004年第2期。

内的许多前辈知识分子。

与您这样的盟内前辈比起来，我自知浅陋，缺少经验，缺乏学养，差距太大。虽然自问并不欠缺道义感、使命感、奉献精神，但是仅有这些是不够的。盟务工作是一门很深的学问，惟有学习、学习、再学习。中共十六大闭幕后，胡锦涛同志逐一走访民主党派，有真情，有期望。费老说：共产党走出了这一步，民主党派要跟上。费老的话，也说出了我的感觉和愿望。统一战线的一个新时期正在到来，我们现在的状态（包括精神境界、政治智慧、理论水准、思想深度、人才储备、知识积累、工作机制等等）是否能适应当前政治文明建设进程的要求？是否适应新局面？怎样才算跟得上？这些问题经常萦绕在我脑子里，压力很大。要适应新时期的党派工作，有太多的书要读，有太多的知识要学习，有太多的问题要思考。所以，我总是带着如临深渊、如履薄冰的心情，从实践中学，从基层工作中学，向老一辈学，包括从您的这篇文章里学。

从您文章中谈到的国家意识、忧患意识、民生意识、民族意识等等，我感受到了前辈精神境界的高远。您特别谈到的"知识分子应当自勉、自重，不能自满、自沉"。尤其是"从时代潮流来看统一战线"、"做人的工作要有人情、人缘、人品、人望"、"忧患意识是建设意识，居安思危是成熟标志"、"党派参政要讲大局，懂规矩，更要有是非，明道义"、"'中国特色'不能世俗化"、"知识分子是知识代表，也是良知代表"等见解，可谓人人心中所有，人人口中所无。

您在这篇文章的结尾，提出了"知识分子的良知"的问题。

我认为,切中时弊,也为很多知识分子敲了警钟。民盟前辈传下来的一个优良传统,就是讲良知,讲风骨,讲操守,讲气节。我们要把这样的传统发扬下去,守住知识分子的清正与敏锐。如您所说:“知识分子不仅是知识上的,更是人格上的;不仅是语言上的,更是操守上的……我们可以是一个有缺陷的知识分子,但必须是一个有良知的知识分子。”作为一个盟员知识分子,我希望自己能如您所愿,希望更多的盟内同志向善向学,富于良知,不辜负民盟的光荣称号。

参政能力与“通力合作”*

在中共中央2004年1月17日举行的党外人士迎春座谈会上，胡锦涛同志代表中共中央、国务院作了统揽全局、言简意赅的讲话，充分肯定了各民主党派在过去一年所取得的成绩，用事实阐明了统一战线工作在建设中国特色社会主义事业中的重要地位和作用。在就做好新一年党派工作提出希望和要求时，胡锦涛同志提到了“提高参政能力和水平”的问题，指出：“中国共产党提出要以加强党的执政能力建设为重点，全面推进党的建设新的伟大工程。各民主党派也要适应时代发展的要求，切实加强自身建设，努力提高参政能力。”这表达了中共中央的殷切期望，突显出了“努力提高参政能力”在当前党派全局工作中的重要意义。

“参政党”的概念，是《中共中央关于坚持和完善中国共产党领导的多党合作和政治协商制度的意见》(1989)中明确提出的。该《意见》指出：“中国共产党是社会主义事业的领导核心，是执政党。各民主党派……是接受中国共产党领导的，同中共通力

* 原载于《中国统一战线》2004年第4期。

合作，共同致力于社会主义事业的亲密友党，是参政党。”

“通力”之“力”，在执政党来说，是执政能力；在民主党派来说，是参政能力。中华民族实现伟大复兴的事业，需要执政党具备强大的执政能力，也要求参政党具备较强的参政能力。这样才能更好地实现“通力合作”。可以说，自从提出“参政党”的概念，明确了参政党的地位和作用，“提高参政能力”的课题就历史性地摆在了参政党面前。《意见》公布十几年来，民主党派加强自身建设的各项工作，实质上都可以归纳在“提高参政能力”这个总题目之下。参政党重视加强自身建设，是因为我们需要提高参政能力。这是促进国家发展、加强多党合作的需要，是发扬社会主义民主、建设政治文明的需要。

民盟“九大”换届以来，新一届领导集体巩固政治交接成果，发扬盟的优良传统，与时俱进，创造性地开展工作，把促进发展作为参政议政的第一要务，视提高参政能力为适应新形势、新任务的当务之急。我们明确意识到：加强自身建设应以提高参政能力为重点，全盟各项工作要以提高参政能力为核心。一年来，通过以下五个方面的工作，收到了提高参政能力的初步效果。

一、抓学习培训，为提高参政能力打好思想基础

我们把民盟“九大”换届后的开局之年确定为“学习年”、“培训年”。盟中央和省级组织领导同志参加了以学习“三个代表”重要思想为主要内容的学习和培训，促进了全盟各级组织、多种类型的学习培训活动。广大盟员和盟的专职干部在学习和

培训中，深刻领会胡锦涛总书记在中共十六大后走访各民主党派中央机关的深远意义，认识到统战工作已经进入到一个新的历史时期，新世纪、新阶段赋予参政党以更艰巨、更光荣的历史使命。为此，要进一步坚定我们正确的民主观，提高政治把握能力，提高参政能力，积极发挥参政党在国家政治生活和社会进步中的作用，进一步体现我国政党制度的优越性。一年来的学习培训活动，有效增强了全盟同志的使命感、责任感，为盟的参政能力的提高奠定了很好的思想基础。

二、抓调查研究，为提高参政能力提供实践课堂

一年来，全盟参政议政的力度和深度都有明显提高，比较重要的几个课题（东北老工业基地改造与振兴；城市灾害应急管理；完善现代国民教育体系等）都产生了较广泛的社会影响。我们体会到，要做好调研工作，首先要选对题目。要从大局出发，选事关国计民生的重要题目，选老百姓和政府最关注的问题，把促进经济和社会全面发展作为着力点；二是要做充分准备，如多方会商、确定调研计划、拟订调研提纲、落实调研分工等；三是要发挥群体优势，盟内盟外联手，不同学科协作，盟中央和地方组织分工合作，共同完成调研任务；四是要发挥名家效应，在重点调研题目中注意发挥人才智力资源丰富的优势，吸收盟内外一流学者参与；五是多层次开发调研素材，如研究报告、建言献策、专家论坛、媒体宣传等。扎实而深入的调研活动，成为我们提高参政能力的实践课堂。

三、抓人才战略，为提高参政能力做好组织保证

在换届后的开局之年，我们就开始大力抓人才队伍和后备干部队伍建设。这是全盟提高参政能力的长远需要，也是现实课题。其中既有远虑，也有近忧。一年来，我们落实工作要点的要求，充分发挥主席会议和常委会的职能，在九届四次中常会上专题研究人才战略问题，要求大家认清形势，转变观念，明确任务，树立“人才强盟”的观念，形成全盟动员。为切实推进工作，我们明确提出不拘一格选拔人才的标准，要求增强忧患意识，积极吸纳有特殊代表性、广泛影响力的人士，既要保持传统的界别优势，又要拓展新的领域，通过改善结构使干部队伍建设工作与经济社会全面发展的要求相适应。这次会议精神在全盟引起了强烈反响。会后的全盟组织部长会议及时跟进，制订规划，落实措施，以利形成组织保证。

四、抓机关建设，为提高参政能力优化枢纽机制

在围绕提高参政能力而开展的多项工作中，我们把机关建设作为全局工作的一个“抓手”。我们以“三定”改革为契机，推动机关建设整体进步。在具体工作中，我们一抓干部人事制度改革的深化，树立重人品、重能力、重业绩的导向，增加能力考核和民意测验结果在干部晋升中的权重，形成竞争局面，建立激励机制，调动广大干部职工的积极性和创造性；二抓强化部门职能，倡导大局观念，理顺内部关系，形成学习风气，增强了机关的凝聚力；三抓转变机关工作作风，要求工作下沉，深入实际，强调

工作质量,提高工作效率。一年来,这方面的工作深得人心,成效明显,机关工作的面貌确实发生了很大变化,枢纽作用得到强化,促进了全盟工作健康、有序地开展。

五、抓全盟动员,为提高参政能力强化群体优势

全盟互联互动、形成整体动员、发挥群体优势,是民盟新一届领导集体非常重视的工作方法。其成效在SARS防治工作中得到集中显现,促进了广大盟员对全盟动员重要性的普遍共识之形成。在一年来的各项工作中,盟中央和地方组织密切合作,同心协力,调动了各方积极性,初步形成了大家参与、众人拾柴的局面。广大盟员的专业优势、基层组织的基层优势、省级组织的协调优势、盟中央把握全局和推进全盟工作的高层优势,整合成了全盟的群体优势。盟内上下及时沟通,实现中央和地方的互联互动,有力推动了民盟参政议政的各项工作,提高了工作效率,也提高了工作质量,还扩大了工作成果,出现了全盟工作整体上台阶的局面,成为一年来民盟工作的一个亮点。

经过一年来的工作,我们比较深刻地体会到,参政能力是参政党影响力、凝聚力所在,努力提高参政能力是参政党适应时代发展要求的当务之急。在新世纪、新形势、新阶段,注重加强自身建设,提高参政能力,是学习实践“三个代表”重要思想的必然要求,是开拓统战工作新局面的迫切要求,是促进社会协调发展的现实要求,也是我们更好履行参政党职能的内在要求。从统战工作大局看,政治协商、民主监督、参政议政等方面的工作,内容将更加丰富,范围将更加广泛,形式将更加多样。从参政党自

身看，在新阶段里，参政党的工作必然呈现新的特点，需要我们与时俱进，研究新情况，解决新问题。我们的参政意识有待加强，参政实践有待深化，参政规律有待探索，参政能力和水平有待提高。参政党具有较强的参政能力，是“通力合作”的需要，是体现我国政党制度优越性的一个重要方面。我们的参政能力越强，统战工作的局面和效果就越好，我国政党制度的优越性就体现得越充分。

胡锦涛同志在讲话中还要求我们“充分发挥民主监督的作用，及时了解情况、反映问题、提出建议，协助党和政府化解矛盾、改进工作。特别是要敢于直言、勇于批评，真正做中国共产党的挚友和诤友。”我理解，做真正的诤友，是一件很不简单的事。要有愿望，还要有能力；要有胆，还要有识。首先是朋友，友爱、友善、友谊、友情，然后是诤友，真情、实意、诤言、铮骨。乐其所乐，忧其所忧。了解情况，不仅要知其表，而且要知其里；反映问题，不仅要知其然，而且要知其所以然；提出建议，不仅要有思路，而且要能操作；勇于批评，不是肝火旺盛，逞一时之快，而是肝胆相照，图大局长远；共渡难关，不仅要解一时之难，而且能举一反三，减少未来的隐患。这一切，都要求我们要实实在在地提高自身素质，提高参政能力，否则就很难自信具备诤友的资格，很难承担起诤友的职责。面对中国共产党人的殷切期望，面对新时期统战工作对民主党派的更高要求，我们只有不断加强自身建设，努力提高参政能力，才能更好地履行参政党的职能，为巩固和完善中国共产党领导的多党合作和政治协商制度作出应有贡献。

逝者如斯　愿承薪火*

——纪念冯克熙

冯老逝世的消息传来，内心的痛惜之情难以言表。

想到的问题很多，想说的话很多。最主要的，应该是多想想冯老给我们留下了什么吧。如果能通过这样的思考，把冯老一生信奉的、珍视的、遵守的、坚持的、倡导的信念、人品、节操、风范、良知等等，接过来，传下去，将是对他最好的纪念。

冯老身上的闪光之处，首先是他坚定的信念。经历多年坎坷，受过多少委屈，都没有改变他的政治方向，始终不渝地从民族、国家的大局出发，对中国共产党信念不移，真诚不改。不仅是可信赖的朋友，而且是难能可贵的诤友。做到这一点，一时一地容易，一生一世难！冯老一生一以贯之，让人肃然起敬。

其次是他对人民、对祖国、对社会主义事业、对民盟工作的深厚情感。冯老在很多场合、很多讲话和文章中表露过这种情感，更重要的是，他是在用呕心沥血的一生、用肝胆照人的行动

---

* 原载于《群言》2004年第5期。

来表达这种情感,并感染了很多同辈和晚辈。就在他病危前夕,我还曾当面聆听他谈国家前景,谈改革大局,谈民盟工作。

第三是他坚持真理、与时代同步的风范。冯老是中国革命与建设历史的经历者、参加者和见证者,也是民盟历史的一个书写者。他总是能高屋建瓴,谋划当前,思考长远,善于和党内外、盟内外的各方面人士通力合作,通过党派工作的实践和探索,为我国统一战线和多党合作事业作出了突出贡献。

第四是他勤于学习,善于思考,不仅有实践探索,而且有理论建树。冯老在著述上不求数量多,但求质量高。他对问题观察得很透,思考得很深。有识,而且有胆。他在半年前写下的《以诚相召,以信相守,以情相感是统一战线的精神支柱》一文,见人未见,言人未言,是盟的前辈留给我们的一笔重要的思想财富。

第五是冯老一向强调知识分子的风骨和良知。这是他思想中非常突出的一点,也是他的人品和节操的集中体现。对知识分子的"信念沉沦"现象,他痛心疾首;对"良知复苏",他大声疾呼。这甚至成为他晚年文章的最强音。他告诫我们:可以有缺陷,但必须有良知。在这个意义上,我愿意把冯老在《以诚相召》一文中的结语看作他留给我们的最后的勉励之语:

"清清白白做人,老老实实讲话,认认真真干事。站高些,看远些,读多些,想深些;清醒审视时代,客观观察社会,理智放眼未来;让自己不断充实,不断前进,为国为民尽到一份应有的责任。"

这里没有大话,没有空话,有的是冯老的良知、人格、节操、风范、开阔的眼界、磊落的肝胆。正是这样的高尚品格，冯老深受党内外、盟内外及社会各界人士的尊敬和爱戴。我愿意把冯老产生的积极而广泛的社会影响看成是非常值得研究的“冯克熙现象”；我希望有更多的同志注意到这种现象，研究这种现象；我相信我们将从对冯老精神品格的深入体察中受到更多的教育、激励、启发，从自身做起，在这个大时代的变动与进步中，真正做一个有良知、有风骨、有才学、有贡献的知识分子。

在"中国民主同盟林"揭碑仪式上的讲话

（2004 年 6 月 10 日）

今天，我们在小平同志的家乡广安举行"中国民主同盟林"揭碑仪式，我代表民盟中央和丁石孙主席向小平同志家乡的父老乡亲表示深情的问候！

我也是四川人，作为老乡，我对小平同志有乡情，有崇敬之情；作为民主党派成员，我们更有一种特殊的感情。小平同志高瞻远瞩，对新时期的统一战线工作、对多党合作事业寄予厚望，花了很多心血。1979 年，刚刚改革开放，小平同志就提醒我们："我们的国家进入了以实现四个现代化为中心任务的新的历史时期，我们的革命统一战线也进入了一个新的历史发展时期。""新时期统一战线的任务，就是要调动一切积极因素，团结一切可以团结的力量，同心同德，群策群力，为把我国建设成为现代化的社会主义强国而奋斗。"作为我国改革开放大业的总设计师，小平同志大力推进多党合作事业，鼓励民主党派为国家发展出主意，想办法，做贡献。他说："一部分人出主意不如大家出主意。共产党总是从一个角度出发看问题，民主党派就可以从另一个角度看问题。这样,反映的问题更多,处理问题会更全面,即使发生了问题也容易纠正。”事实证明了小平同志的论断。在小平同志关心和推动下,我国统一战线和多党合作事业进入了历史上的最好时期。改革开放为各民主党派提供了发挥参政党作用的广阔舞台。

在今天这样一个场合,我想起了恩格斯在马克思墓前讲演中的一句话:“我们的事业并不显赫一时,但将永远存在。”我们将继承小平同志的遗志,把统一战线和多党合作事业继续推向前进,以纪念和告慰小平同志。

最后,祝愿小平同志的家乡经济、社会全面发展,祝愿广安人民明天更美好!

谢谢!

在向广安市捐赠书画作品仪式上的讲话

（2004 年 6 月 10 日）

同志们、朋友们：

随同“中国民主同盟林”在邓小平纪念园的正式揭碑，我们送来了各地盟组织为纪念小平诞辰 100 周年向小平故里赠送的 17 件书画作品。这 17 件作品是民盟中央从各省组织盟内书画家精心创作的 100 余件作品中遴选出的艺术精品，谨以此表达全盟上下对小平同志的衷心爱戴和深切缅怀。

小平同志是改革开放的总设计师，也是中国特色政党制度的重要缔造者和坚定不移的捍卫者。他为中国人民的解放事业和中国特色社会主义事业做出了举世瞩目的丰功伟绩，也为中国特色政党制度的创立和发展做出了卓越的贡献。特别是党的十一届三中全会召开之后，面对民主党派在“文革”中遭受到严重破坏、不少民主党派已经停止活动的严峻形势，小平同志站在社会发展的全局和国家长治久安的战略高度高瞻远瞩地指出：“我国各民主党派在民主革命时期同我们党共同奋斗，在社会主义建设时期同我们党一道前进，一道经受考验。在今后的建设中我们党还要同所有的爱国民主党派和爱国民主人士长期合作”。“长期共存、互相监督、肝胆相照、荣辱与共”这十六字方针是小平同志政党思想的核心内容，是中国特色政党制度得以不断完善和发展的思想基石。小平同志关于党派工作和政党制度的一系列精辟论述是邓小平理论的重要组成部分，是我们在全面建设小康社会进程中应对各种考验、迎接各种挑战，推进社会主义现代化建设事业的思想武器和重要法宝，是民盟必须长期坚持的指导思想。

今天，我们缅怀小平同志，就是要继续高举邓小平理论的伟大旗帜，更好地坚持和完善中国共产党领导的多党合作和政治协商制度，与中国共产党亲密合作、和衷共济，将小平同志开创的中国特色社会主义的伟大事业不断推向前进。

最后，我代表民盟中央向对“中国民主同盟林”揭碑和字画捐赠活动给予大力支持的中共广安市委、广安市人大、广安市人民政府、广安市政协、民盟广安市委的同志们和广安的各界朋友表示由衷的感谢。

谢谢大家！

切实加强机关建设
努力提高参政能力和水平

（2004 年 6 月 15 日）

各位同志：

这次培训和会议，集中了全盟省级组织机关处级以上的专职干部。大家都是盟务工作的骨干，全盟工作的正常运转是靠在座的同志们共同支撑的。这样的一个群体聚在一起，讨论加强机关建设、提高参政能力和水平，机会难得，意义重大。我想用“团聚、交流、研讨、鼓劲”来表达我的心情和对同志们的祝愿！

我们为交流盟的省级组织机关工作经验而团聚，为深入学习“三个代表”重要思想和统一战线理论、建立新形势下高效务实的机关工作机制而研讨，为加强盟的机关建设、提高参政能力和水平而鼓劲。这是盟中央的工作部署，也是来参加这次培训和会议的全体同志的共同愿望。

长期以来，盟的基层组织的同志们本着高度的政治责任感、强烈的使命感、无私的奉献精神，在比较艰苦和困难的条件下，为自身建设、参政议政、多党合作事业做了大量工作，取得了明显的成绩，产生了良好的社会影响，为全盟工作的顺利推进奠定了很好的基础，提供了有益的经验，也使我们受到了教育和鞭策。这一点，我们和基层盟组织的同志接触得越多，就体会得越深。

一周前，丁主席在四川和基层盟组织的同志们座谈的时候，一位基层干部用“困难、辛苦、愉快”来表达自己做盟务工作的体会。我相信，在我们可爱可敬的盟务专职干部中，这种工作状态、这种敬业精神，具有广泛的代表性。对你们的辛劳、你们的业绩、你们对盟务工作的深厚情感，我代表盟中央和中央机关的全体干部职工，向你们表示崇高的敬意和深挚的感谢！

下面我就加强机关建设，推动全盟各项工作的开展谈几点意见：

一、加强机关建设的必要性和紧迫性

（一）加强机关建设是适应新时期多党合作事业发展的需要

中共十六大提出了全面建设小康社会的宏伟目标，标志着我国改革开放和社会主义现代化建设开始进入新的阶段。在新世纪新阶段，坚持和完善中国共产党领导的多党合作和政治协商制度，是全面建设小康社会的必然要求，是实现中华民族伟大复兴的政治保证。中国共产党以“三个代表”重要思想为指导，努力提高执政能力和领导水平，更加重视多党合作事业。各民主党派要充分履行自己的政治责任，也要相应地提高自身的参政能力和水平。

今年年初，胡锦涛总书记在党外人士迎春座谈会上的讲话指出:“各民主党派也要适应时代发展的要求,切实加强自身建设,努力提高参政能力。要加强思想、组织、作风和制度建设,进一步提高政治把握能力、参政议政能力、组织领导能力、合作共事能力。”因此,提高参政能力和水平是参政党适应新形势新任务的当务之急。

民主党派机关是民主党派履行参政党职能、发挥参政党作用的领导机构和办事机构,担负着参谋、管理、组织、协调和服务等重要职能。切实加强机关建设,是搞好参政党自身建设的内在要求,也是提高参政能力和水平的重要保障。

(二)加强机关建设是推动全盟工作的需要

搞好机关建设是加强全盟自身建设的“抓手”。民盟各级组织机关是开展盟务工作的常设办事机构,是民盟各项工作运转的枢纽,在盟务工作中起着上下沟通、左右联系的桥梁纽带作用,是民盟面向社会的一个重要窗口。民盟作为参政党的地位、作用、影响和形象,在很大程度上取决于机关整体的高效有序运转和机关工作人员的政治素养、业务能力、工作水平。

民盟各级组织机关也是盟员之家。机关为广大盟员服务好了,盟的组织才有向心力和凝聚力;机关做好组织、协调工作,广大盟员的聪明才智才能得到充分发挥,盟的组织才有影响力和号召力;机关开展高质量的活动多了,盟的组织才有朝气和活力。

实践证明,机关建设是履行参政党职能、开展各项工作的一个关键因素。有政治坚定、业务精通、作风过硬的机关工作人员队伍,有行为规范、运转协调、公正高效的机关工作,才有高标准、高质量的民盟工作,民盟的自身建设才能得到巩固和发展,才能适应新形势的要求，进一步提高参政能力，做出新的成绩。

民盟“九大”之后，盟中央领导十分关注盟的机关建设，多次提出机关工作要适应时代要求，适应新时期参政议政和自身建设的需要。盟中央和部分省级组织机关，按照中央统战部统一部署，将机关建设纳入议事日程，以“三定”工作为契机，以完善机关运行机制、提高干部素质、改变工作作风为目标，整体推进机关建设，取得了一些好的经验和成果。

通过按计划、分阶段、有步骤的改革，盟中央和许多地方盟组织机关组织结构得到优化，各部门职责和内部关系逐渐理顺，人事制度改革进一步深化，机关干部的工作积极性有了很大的提高。“三定”工作增强了机关工作人员的敬业精神和竞争意识，增强了各级干部的责任感和使命感，初步形成了团结向上、奋发有为的机关工作新气象。

但我们也清醒地看到，还有一些盟组织机关的工作现状与当前形势对参政党的要求存在一定差距。有些机关干部和社会接触少，视野不够开阔，思想观念跟不上形势发展；有些干部把自己当作统战对象看待，强调其特殊性，讲来头，因而降低标准，放松对自己的要求，工作缺乏积极性和主动性；由于历史原因，机关干部年龄结构不尽合理、青黄不接，政治能力、业务素质水平参差不齐，部分干部素质偏低；缺少有思路、出主意、当大参谋的干部，工作缺乏创新和活力。这些机关的共同特点是：工作随意性大，缺乏规范化和程序化，机关运行机制不健全，缺乏竞争意识，工作懒散，没有危机感；有些地方还存在不团结的现象，不讲五湖四海，与外部改革的氛围形成很大的反差，与社会的整体发展不相适应，与多党合作事业不相适应。

二、提高认识，明确任务，切实加强机关建设，提高参政能力和水平

(一)民主党派机关有不同于政府机关的特点

1. 党派机关性质是秘书机构或与秘书工作相关的机构，工作任务主要是办文、办会、办事。这就要求盟的机关为民盟各级组织发挥好参政党作用当好参谋助手。机关工作人员都应当善于运用创造性思维来开展工作，不能仅仅满足于做好具体的执行工作，更重要的是要树立全局意识，经常站在领导的角度思考问题，把自己的见解和意图有机地融于领导意图之中，研究和提出参谋性意见和建议。要紧紧围绕民盟参政议政的工作重点，深入搞好调查研究，通过理性的分析和思考，撰写高质量的调研报告，为领导决策提供可靠依据。要加强信息工作，在拓宽信息来源、加快信息传递、提高信息质量、挖掘信息深度上下工夫，及时反映社情民意。

2. 党派机关工作本质上是服务性质的工作。要搞好服务，机关工作人员必须增强服务意识，紧密围绕参政党的中心任务开展工作。不仅为领导决策提供服务，为参政议政提供服务，还要对基层组织的工作给予支持，提供服务。要为广大盟员服务，让盟员感受到组织的温暖。各级领导同志还要真诚地关心机关干部的思想、工作和生活；要采取措施，不断改善机关办公条件，提高福利待遇，不仅要靠事业留人、感情留人，还要靠适当的待遇留人，进一步调动大家的工作积极性。

3. 党派机关的工作是一种程序性很强的工作。办文、办会、办事,都必须严格按照有关程序,减少工作中的随意性和片面性。民盟"九大"后,盟中央和各级盟组织在多年制度建设的基础上,结合新的形势发展和工作实际,对机关规章制度进行了系统的修订。通过一段时间的实践和改进,进一步建立健全了机关各项规章制度,形成了较好的机关运行机制,提高了工作效率。制度建设是一项长期性的、带有根本性的工作,还需要在实践中不断完善,要努力实现机关工作的规范化、制度化和程序化,真正做到靠制度、按程序办事。

(二)机关工作的动力在改革,活力在机制

加强机关建设,改进机关作风,要从民盟机关工作的职责、任务、特点出发,不断适应形势变化对机关工作提出的新要求,探索新思路。机关工作的开展离不开机关干部,机关干部的工作状态和成效取决于是不是有一套有效的运行机制做保障,例如激励机制、竞争机制、考核机制、科学评估机制等。

民盟"九大"后,盟中央开展了具有改革性质的"三定"工作,以干部人事制度改革为核心,引入竞争机制,干部的选拔任用体现了公开、公平、公正,择优选拔,群众公认的原则;按照政企分开、政事分开的原则,成立了机关服务中心。各部门明确职责,实行岗位责任制,理顺了机关内部关系,取得了一定成效。实践证明,通过改革,机关有了活力,干部有了动力。目前"三定"工作已基本完成,总结经验,我们的体会是:

(1)执行正确的组织路线,做到任人唯贤、知人善用。按照《党政领导干部选拔任用工作条例》的规定选拔干部,重人品、重能力、重业绩,破除论资排辈思想的束缚,真正把政策理论水平高、思想眼界开阔、业务能力强、作风正派的同志选拔到领导岗位上来。

(2)改革人事制度。实行公开选拔、竞争上岗、交流轮岗、双向选择,坚持公开、公正、公平的原则,坚持群众选拔的路线,形成竞争机制。建立干部任前公示制和任职试用期制,对机关各级干部的提拔和任用进行群众监督,落实了群众的知情权。

(3)以人为本。通过改革挖掘每个人的潜能,发挥每个人的特长,让人的智慧和能量得到最大限度发挥,实现机关人力资源的优化组合和个人利益的最大化。经过"三定"工作对机关人员的重新整合,基本实现了用人所长、人尽其才。新的工作机制对机关各项工作都坚持高标准、严要求,使人人有目标、有任务、有压力、有动力,机关呈现积极向上的新气象。另一方面,注意稳定情绪、化解矛盾,深入细致地做好干部职工的思想政治工作,既严格按照规则办事,又尽可能对每个人都做出合理的安排。"三定"工作得到了大多数干部职工的理解和支持。

三、对进一步推进全盟机关建设的几点建议

(一)加强学习,提高机关工作人员素质

中共十六大报告明确提出,要形成全民学习、终身学习的学习型社会。机关负责同志要带头加强学习,自觉做出表率,抓好集体学习,以此带动和促进全机关学习氛围的形成。机关工作人员要全面提高自身素质,不断更新观念、扩大知识储备,加强个人修养,提高办事能力。要把学习作为机关建设的一项重要

任务,贯穿于各项工作的始终,要深入学习中共十六大精神,不断提高政策理论水平和思想水平;要积极学习现代科学文化知识,不断提高综合素质和知识水平;要坚持理论联系实际的学风,学习民盟与中国共产党亲密合作的优良传统,结合民盟工作的现状,研究新情况、解决新问题;要努力营造重视学习、鼓励学习的氛围。要通过建设学习型的机关,使全体同志养成学习、思考的习惯,在学习中不断坚定理想信念,提升精神境界,增长知识才干,更好地担负起新时期民盟工作的重任。

(二)加强对机关工作的领导

在民主集中制原则的基础上,加强集体领导,明确分级管理的领导体制。机关的各级领导要根据职务分工,理顺关系,明确责任。秘书长作为机关的第一责任人,要切实负起责任,既要协助主委会的主要领导抓好机关工作,又要搞好与统战部、政协及政府有关部门等的协调工作。机关各部门在主委会和秘书长的领导下,既要分工明确,各司其职,又要加强协作,密切配合,做到分工不分家,自觉维护大局利益,团结一致,充分发挥整体效能,做到全机关一盘棋,形成强大的工作合力,共同做好机关的各项工作。

(三)建立健全规章制度,实现工作的规范化、制度化、程序化

制度建设是自身建设中一项带有根本性的工作,有了健全的制度做保证,思想建设、组织建设、作风建设就能持之以恒。我们要把制度建设贯穿于自身建设和机关各项工作之中,不断总结机关工作规律,探索做好各项工作的新方法、新机制,逐步

形成配套的措施和规定，以制度进一步规范工作，提高工作效率和质量，培育良好的工作作风，做到人员精干、工作规范、运转有序、办事高效。制度一经制定实行，就要认真抓好落实，使制度成为大家共同遵守的工作准则。各级领导干部要以身作则，模范遵守和执行各项制度，不搞特殊化，起到表率作用。

（四）加强队伍建设，培养和造就一支政治坚定、业务精通、务实创新、作风过硬的机关工作人员队伍

民主党派机关干部是从事统一战线工作的骨干，是国家干部队伍的重要组成部分。各级盟组织机关干部要树立公务员意识，按照国家公务员管理条例的标准严格要求自己，规范自己的行为，努力做“学习型、思考型、创新型、民主型、实干型”的干部，在实践中不断提高我们的学习能力、协调能力和创新能力，自觉地、主动地、创造性地做好工作。要进一步优化机关干部年龄和知识结构，把好进口、严格招聘制度。要继续抓好机关干部的培养、使用、提拔和交流，对机关的优秀干部也要纳入后备干部人才库。尤其要注意给年轻同志出题目、交任务、压担子，让他们尽快成才，充分调动大家的积极性和创造性。

工作作风关系机关形象，关系工作成效。机关工作的性质、特点要求各级盟组织机关干部要有良好的工作作风：一是讲团结。机关各部门和全体工作人员都要顾大局，识大体，彼此间要增强信任，多合作、少猜疑，多理解、少误解，多宽容、少计较，多补台、不拆台，事业上同心，工作上合力，共同做好机关各项工作。二是讲民主。机关要有浓厚的民主气氛，形成宽松和谐的氛围，贯彻民主集中制，不能一个人说了算。三是讲奉献。盟的

机关无权、无钱，是清水衙门，但工作任务重、要求高，这决定了我们要有敬业爱岗、勤奋工作、任劳任怨、甘于奉献的精神。四是讲效率。效率是衡量工作的尺度，坚决杜绝拖拖拉拉、消极懈怠、推诿扯皮等不良现象和行为，要求处理事务快速无误，完成任务圆满迅速。五是讲规范。各个环节都有明确制度，有章可循、有条不紊，力戒随意性，这样机关工作才能扎实有序，尽职而不越位。六是讲协作。协作是建立在分工基础之上的，各部门既要责任分明、各司其职，又要紧密配合、协调统一。

要重视机关文化建设。机关文化建设是加强思想政治工作、提高干部素质的重要举措，是现代化的管理理念和手段，是加强机关建设的组成部分。要根据民盟机关的特点，开展丰富多彩的活动，活跃机关干部的文化生活，提高素养，增强机关的活力，形成具有民盟特色的机关文化氛围，努力把各级盟组织机关办成盟员之家，进一步增强全盟的凝聚力，推动民盟各项工作不断发展。

同志们，我们这次专职干部的大团聚，是对盟的机关工作的一次检阅和推动。盟的机关工作，是统一战线、多党合作事业的组成部分。我国政党制度是国际政党发展历史上没有先例的制度，是适合我国国情的制度。这是一项在人类历史上具有独创意义的事业。我们有机会为这项制度的巩固和完善而工作，是有意义的，是光荣的。我们的动力，来自新时代的要求，也来自我们的事业心。盟中央工作的动力，来自我们的政治责任，也来自广大盟员和基层组织。全面建设小康社会的宏伟目标对参政党提出了更高的要求，是对参政党机关工作的严峻考验。我相信，通过这次的团聚、交流、研讨和鼓劲，盟各级组织机关和广大专职干部都将更充分地认识到肩负责任的重大，进一步增强紧迫感和使命感，坚持与时俱进，不断探索，研究机关工作的规律性，采取有效措施，切实加强机关建设，使我们机关的各项工作体现时代性，富于创造性，努力把民盟机关建设成为适应新世纪新阶段参政议政工作需要的高效、文明、团结、务实的党派机关，为巩固和完善中国共产党领导的多党合作和政治协商制度，为实现全面建设小康社会的宏伟目标作出新的贡献。

关注我们行为的致灾因素

——在第二次城市灾害管理论坛上的讲话

（2004年7月20日）

一

十多年前，110位诺贝尔奖获得者共同呼吁："人与自然正处于迎头相撞的险境，人类的活动为宝贵的环境资源带来无可逆转的伤害……人类必须彻底改变管理地球与生命的方式，才能逃过未来的苦难。"这一呼吁是对一种错误观念的强力反驳。人类本是自然界的一员，自然界拥有人类，而不是"人类拥有大自然"。那种不认自然为母、反以自然为器，乃至要征服自然的反自然观念，助长了环境灾害中日益严重的人类行为致灾因素。

这是个世界性的问题。在发展中国家尤为严重。据新华社消息，近几年，发展中国家的受灾人数、灾难中死亡人数均高于发达国家的20倍以上。造成这一结果的三大原因（地理气候、温室效应、环保滞后）中，均与人类行为因素有关。

在我国，据商务部、发改委、科技部联合组建的灾害综合研究组披露,“我国是世界上自然灾害最严重的少数国家之一,平均每年造成近两万人死亡,直接经济损失高达国家财政收入的1/4～1/6。而且,随着社会经济的发展和人类活动的增强,自然灾害的损失还在以更快的速度增长,进入90年代已达到每年上千亿元的水平,给人民生命财产带来了巨大损失,严重影响了我国的可持续发展”。

对自然资源的开采和对环境的污染,必然构成对自然秩序的扰动。这种扰动处于环境容量之内,自然灾害尚可说是“天灾”;一旦突破环境容量,天灾实质已是“人祸”。以灾害种类为例,酸雨就是貌似天灾实为人祸的一个典型灾种。世界银行借助专用于分析研究亚洲酸沉降问题的RAINS-ASIA模型,根据实地数据测算,1995年二氧化硫对中国农作物和林业的损害数值为43.6亿美元。

以区域灾害为例,近百年来广州的所有灾害中,人为因素占八成以上。据保守估算,人为灾害给广州造成的年平均经济损失:“八五”时期13亿元以上;“九五”时期近28亿元,到2000年接近40亿元。预计“十五”时期达70亿元,“十一五”时期将达160亿元。这种现象在我国当前发展中具有普遍性。若不尽快遏止,全面建设小康社会的过程将因疲于应付各种灾害而被严重拖延。

二

对于“天灾实为人祸”的警觉,40多年前已引起西方社会公众和政府的广泛关注。美国教授莱切尔·卡逊验证了化学药品DDT对环境的污染，预见到人类长远发展将面临潜在的灾难，1962年出版了环境保护的开山之作《寂静的春天》。该书预演了人类活动破坏生态平衡之后春天再也没有鸟语虫鸣的灾难景象，唤起了民众的环保意识和政府的高度响应。美国政府公开认同《寂静的春天》一书观点，采取有效措施，大力扭转其“二战”之后为发展经济而大量砍伐森林、破坏自然、“三废”严重带来的灾害。经过几十年的努力，美国现代工业文明发端期的负面影响已基本消除，比较健全的环保法规对其可持续发展起到了重要的保障作用。遗憾的是，美国的教训并没有成为发展中国家的前车之鉴，很多国家和地区重蹈覆辙，生态失衡，灾难频仍。

我国从1979年的《环境保护法(试行)》的颁布，到1994年发布《中国21世纪议程——人口、环境与发展白皮书》，环境保护已成为一项基本国策，环境保护政策与法律体系在逐步建立。其间，我们的经济改革取得了巨大成就，环境问题却日益严峻。世界银行一项专题研究表明:“自1978年以来，中国成为世界上经济增长最快的五个国家之一。同一时期，中国的环境出受到了损害。在主要的大城市，空气中总悬浮颗粒物和二氧化硫的浓度超过世界卫生组织推荐标准的2~5倍。”这是更严重的生态灾害的强烈信号。

一面是环境保护政策与法律体系建立的积极成果，一面是环境问题的持续恶化及引发的灾害日益增多。这种局面的成因是多方面的，其中，我们的环保政策与法律缺少广大群众日常生活中环保意识和自觉行为的支撑，是非常重要的原因，带有根本性。

三

在最近十多年里，世界环保运动正发生着一个深刻变化，即环保行为逐渐向生活方式层面渗透。过度消耗资源、污染环境的生活方式是造成环境灾难的祸根，这一观点正成为文明社会的广泛共识。“生活方式与可持续消费”成为联合国可持续发展委员会专家会议的中心议题。“简单生活”在众多发达国家蔚然成风。

环境质量关系到生活质量。环境的改善起源于每人手边的点滴小事。每个公民在依法享受环境权益的同时，应自觉履行环境保护义务，这个道理不难理解。但是，一项涉及我国 31 个省、市、自治区的“全国公众环境意识调查报告”显示，多数人认为环保主要是政府的事，普通民众无所作为。另一项调查中，70% 以上的人承认自己的环保常识非常欠缺，92% 的人获取环保知识的渠道很有限。很多人不知道我国人均耕地、淡水、森林、野生动植物资源的严重贫乏情况。更让人不安的是，国家环保总局和教育部共同组织的一项调查显示，1/3 的人认为“人应该征服自然来谋求幸福”，近一半的人对我国环境状况变化趋势表示乐观，仅有 8.3% 的人较多参与环保活动。

1977 年，联合国教科文组织和环境规划署发表了著名的《第比利斯宣言》和如何开展环境教育的建议书，强调“接受环境教育应该是世界各国每个公民的一项权利”。1994年我国政府批准了《中国21世纪议程》后,也安排了“中国可持续发展的教育建设”为优先项目。如今,这个议程也已进行十年,据专家评价,我国目前的相关教育最多勉强达到1977年“第比利斯会议”水平,甚至还处于此前阶段,实施“可持续发展教育”还远远谈不上。我们的环境危机在不断加深,灾情不断,险象环生。如黄河断流:20世纪70年代,平均断流时间为14天半,断流河长135公里;80年代,平均断流时间15天,断流河长179公里;到了1997年,累计断流226天,断流河长700公里。

再如水土流失:据《2002中国可持续发展战略报告》,“水土流失面积已达到367万平方公里,占到国土面积的38%;沙漠化面积已经达到262万平方公里,占国土面积27%,而且呈扩展的态势”。水土流失导致的河床升高、河流泛滥、山体滑坡、泥石流等灾害频发,有目共睹。

该报告对我国环境发展趋势作结论说:“中国的生态环境形势十分严峻,从总体上看,生态破坏的范围在扩大、程度在加剧、危害在加重。中国的生态破坏尽管与自身的生态环境脆弱有关,但是生态环境的恶化更多的是由人为的破坏所造成。”

最大的危机,不是危机本身,而是身处危机中却不自觉。我们的环境危机,起源于环境教育的危机。我们为此付出了连年大灾的沉痛代价,已经没有再付代价的资格和余地。

四

让我们看一位德国小学生环保记事本上的一周记录:

周一,我为濒临灭绝的灰顶鹤捐了1马克的零花钱;

周二,夜里睡觉忘了关灯,浪费了大量的电,真不应该;

周三,上图画课时连撕了3张白纸,老师说,造纸要消耗木材和大量的水,我感到惭愧;

周四,我发现妈妈只为洗我两件内衣就开动洗衣机,浪费水、电,妈妈接受我的建议,等衣服积多时再洗;

周五,哥哥得知开赛车会排放污染环境的有毒废气,就想出弥补的办法——每人每年额外种20棵树;

周六,爸爸去超市购物准备开车去,后来听了我的话改乘公交车,既节约了汽油,又减少了汽车废气的排放;

周日,我丢垃圾时发现没有分类,于是不顾臭味将垃圾分类后才丢入垃圾箱。

这是德国环境教育效果的生动写照。德国是个富庶的国家,水资源也很富足,可是他们的节水教育连外国留学生都不放过。全国有多少家工厂,要用多少水;多少家公共机构,要用多少水;多少个家庭,要用多少水;用掉的水会产生多少污水,会造成多少污染,一笔一笔地算账,清清楚楚,家喻户晓。所以,这篇周记的产生绝非偶然。

人人具备这样的环境意识、环境道德的社会,必然是可持续发展具有最坚实基础的社会。要最大程度的减少造成环境灾害的行为因素，保证我国经济和社会的可持续发展，就要唤起全民的警觉，从点滴做起，养成良好的意识和行为习惯。为此，我们建议：

1. 在国民经济与社会发展规划中列入开展国民环保教育项目，将环保教育作为灾害管理上游工作的重要环节，纳入有关防灾减灾系统设计，增加一个模块，进行充分研究和部署。

2. 借鉴我国在人口问题的国民教育上形成全民族危机意识的成功经验，抓紧实施全民、全程、全方位的环保教育工程。尽快形成全民族的环境危机意识，为推行环保政策、防灾减灾打下良好基础。

3. 改革、完善环保教育内容与模式，重政策、口号，更重素质培养和实践作为；重知识传授，更重价值观念和行为目标的形成；重远大主题，更重生活小事、点滴积累；重宏观描述，更重本土教育。

4. 提炼一系列触目惊心的数据，辅之以通俗易懂的宣传画，编写各种关于我国环境灾害形势的资料，通过干部培训、学校教育、社区展览、家庭单元，将我国环境危机牢牢印在全体国民的心里。

5. 在学历教育的各类、各级学校中，将环境与防灾减灾内容列入必考知识。成立环境灾害教育教师协会，重视民间机构的作用，吸收社会力量，将政府力量与民间环保活动结合起来，形成合力。

6. 追踪监测和记录环境方面的变化情况，列为各级领导干部的考核指标。严格考核 GDP 增长中的环境成本，将“环境资产增值”工作及其成效作为考核政府行政绩效的一个重要指标。

7. 从国家长远利益出发,调整制订合理的能源和水资源价格,使之充分反映生产和生活的环境成本,充分反映相关资源的稀缺程度,促使投资向清洁生产技术倾斜,公众向环保生活方式靠拢。

邓小平是我国新时期多党合作理论的奠基人*

百年来中国发生了巨大变化,特别是经过20多年的改革开放,才得以有今天如此强大、繁荣、稳定、发展的局面,这是中国共产党领导中国人民进行艰苦卓绝奋斗的结果,也是与邓小平面对中国社会阶级状况发生深刻变化,根据国际国内形势以及中国共产党的历史任务,创建中国特色社会主义理论分不开的。邓小平关于中国政党制度的论述,是邓小平理论体系的重要组成部分,是新的历史时期我国政党制度的理论基础。邓小平无愧于我国新时期多党合作理论的奠基人。

邓小平继承和发展了毛泽东多党合作理论

多党合作是马克思主义者的一贯主张。中国共产党人把马克思主义的多党合作理论,同中国具体国情相结合,创造性地发展了多党合作理论。毛泽东1938年在《中国共产党在民族战争

---

* 原载于2004年10月8日《人民日报》。

中的地位》一文中指出："一切有意愿和我们合作的民主党派和民主人士存在的地方，共产党员必须采取和他们一道商量问题和一道商量工作的态度。"1945 年在中共七大政治报告《论联合政府》中，他说："只要共产党以外的其他任何政党、任何社会集团或个人，对共产党是采取合作的而不是敌对的态度，我们是没有理由不和他们合作的。"提出了多党合作共同建设新中国的思想。在这一思想指引下，1948 年 5 月，各民主党派积极响应中共中央提出的"五一口号"，参加了中国人民政治协商会议。从此奠定了我国由共产党领导的多党合作的政治格局。新中国成立后，毛泽东在《论十大关系》、《关于正确处理人民内部矛盾的问题》等重要著作中，对多党合作思想作了进一步的深刻阐述，提出了"长期共存，互相监督"的方针，为正确处理中国共产党和民主党派的关系，为多党合作发展成一种社会主义的政治制度奠定了理论基础。

在改革开放新的历史时期，邓小平创造性地继承和发展了毛泽东关于多党合作的思想，为建立中国特色社会主义政党制度奠定了思想基础。他在《新时期的统一战线和人民政协的任务》、《各民主党派和工商联是为社会主义服务的政治力量》、《目前形势和我们的任务》等重要论著中，对多党合作理论都作了创造性的精辟论述，对我国各民主党派的性质作出了更加科学的界定，指出了民主党派性质的根本变化，阐明了民主党派的历史作用，提出了民主党派的新任务，赋予多党合作新的历史使命。这些科学论断为制定新时期中国共产党与民主党派团结合作的基本方针和政策措施提供了依据。

邓小平提出要坚持和完善中国共产党领导的多党合作和政治协商制度

我国的民主党派产生于新民主主义革命时期，当时的阶级基础主要是民族资产阶级、城市小资产阶级及各自所联系的一部分知识分子，他们与中国共产党亲密合作，共同战斗，一道为建立新中国共同谱写了彪炳千秋的光辉篇章。建国后，我国的社会结构由工人阶级、农民阶级、民族资产阶级和小资产阶级组成。在"左"的思潮影响下，民主党派一度被认为是资产阶级性质的政治党派。

中共十一届三中全会以后，国家进入改革开放和以经济建设为中心的时期。在社会阶级状况发生了深刻变化的情况下，我国的多党合作还要不要存在和怎样存在，成为一个大家关心的问题。在历史关键时刻，邓小平以非凡的气度和超人的胆识，根据我国社会阶级关系的根本变化，彻底否定民主党派是"资产阶级政党"的错误认识。他深刻指出："我国各民主党派在民主革命中有过光荣的历史，在社会主义改造中也作出了重要的贡献。这些都是中国人民所不会忘记的。现在他们都已经成为各自所联系的一部分社会主义劳动者和一部分拥护社会主义的爱国者的政治联盟，都是在中国共产党领导下为社会主义服务的政治力量。"正是邓小平对民主党派的准确定性，为中国共产党与民主党派在新时期继续团结合作奠定了思想政治基础。

邓小平总结了中国共产党同民主党派长期团结合作的历史经验，从建设中国特色社会主义民主政治的高度，首次提出要坚持和完善中国共产党领导的多党合作和政治协商制度的论断，并界定为我国的一项政治制度。正如他在1979年的讲话中指出："在中国共产党领导下，实行多党派合作，这是我国具体历史和现实条件所决定的，也是我国政治制度中的一个特点和优点。"

邓小平深刻指出西方多党制"是资产阶级互相倾轧的竞争状态所决定的，它们谁也不代表广大劳动人民的利益"，阐明决不可以盲目照搬西方的政党制度。在邓小平的倡导下，中共中央把毛泽东为避免政党兴衰的"周期率"所提出的共产党与民主党派要"长期共存，互相监督"的方针，进一步发展为"长期共存、互相监督、肝胆相照、荣辱与共"的方针。这标志着在新的历史时期，我国的多党合作进入到一个彼此信任、真诚合作的新阶段。

邓小平倡导稳步推进我国的多党合作规范化制度化

1987年，经邓小平提议，第一次把多党合作和政治协商制度同我国的根本制度人民代表大会制度并列写入中共十三大政治报告之中，1989年1月，他在一份建议书上批示："可组织一个专门小组（成员要有民主党派的），专门拟定民主党派成员参政和履行监督职责的方案，并在一年内完成，明年开始实施。"在邓小平亲自指导下，吸收各民主党派共同参加制定的中共中央1989年14号文件，即《中共中央关于坚持和完善中国共产党领导的多党合作和政治协商制度的意见》，首次提出"参政党"的概念，并明确提出共产党执政，民主党派参政的总原则。这一纲领性文件，是邓小平对马列主义毛泽东思想关于政党学说的杰出贡献，是我国政党发展史上具有划时代意义的里程碑。

在邓小平理论指引下，中国共产党领导的多党合作和政治协商制度作为我国的一项基本政治制度，于1993年确立在我国的宪法之中，使我国的多党合作从形式到内容更加完备。从此，我国的多党合作走上了规范化、制度化的轨道，使我国的社会主义政党制度步入新的发展阶段，民主党派的作用得到空前发挥。

在新的历史时期，中国民主同盟坚持以邓小平理论为指导，坚持社会主义初级阶段的基本路线和基本纲领，坚持中国共产党领导的多党合作和政治协商制度，坚持“长期共存、互相监督、肝胆相照、荣辱与共”的方针，确立了自己参政党的性质、地位和作用，实现了工作重点的转移，积极履行参政党职能，为巩固和发展新时期爱国统一战线服务，为建设中国特色社会主义服务，为维护安定团结的政治局面服务，为实现祖国统一服务，为维护世界和平、促进共同发展服务。“文革”后，民盟的成员只有两万多人，到今天已经发展到16万多人，大家活跃在我国的文化、教育、科技和经济等领域，以自己的聪明才智，努力贡献力量，围绕国家经济建设和社会发展，考察调研，建言献策。提出的意见、建议，受到中国共产党和政府的高度重视。如民盟中央向中共中央提出《关于教育的十条建议》、《关于建立黄河上游多民族经济开发区的建议》、《关于开发黄河三角洲的建议》、《关于开发长江三角洲的建议》和《关于加大投资力度，依法治理黄河的建议》，以及近期提出的《关于推进社会保障制度改革的建议》、《关于推进高等教育创新的建议》、《关于加强城市灾害应急管理能力建设的建议》和《关于大力发展绿色经济的建议》等，都在经济社会发展中发挥了积极作用。

新时代新任务向我们提出了新要求。从吸收人类文明一切进步思想成果和社会日益走向民主化和法治化这一前景的高度,充分挖掘提升中国政党制度的潜在功能,符合邓小平一贯倡导的“解放思想,实事求是”精神和“进一步动员全国各族人民和一切爱国力量,促进社会主义现代化建设的发展”的要求。推进当代我国社会主义政党制度的完善和发展,原则是坚持中国共产党的领导,关键是加大合作的分量,要求是提高协商质量、增强参政作用、扩大议政范围,目标是使中国共产党领导的多党合作和政治协商制度不断巩固和发展。我们任重而道远。

民主党派在坚持和完善我国这一基本政治制度的实践中,要不断向中国共产党学习,向中国人民优秀的儿子邓小平学习。学习他心系天下的广阔胸怀和热爱祖国的赤子真情;学习他身处困境服从大局的意识和困而益坚的钢铁意志;学习他矢志不渝的顽强追求和愈挫愈勇的昂扬向上精神,为建设合格的参政党,为实现全面建设小康社会的奋斗目标作出新贡献!

在民盟参政议政工作会议上的讲话

（2004年11月3日）

同志们：

我非常荣幸代表民盟中央，代表丁石孙主席向这次受表彰的先进集体和优秀个人表示衷心的感谢和热烈的祝贺！今天这个表彰会，是盟中央第一次对在参政议政和信息工作中取得优秀成绩的集体和个人进行大会表彰。长期以来，全盟同志为了人民的利益、地区发展、国家繁荣、民族富强而工作。不是为了表彰而工作，所以才能持之以恒，踏踏实实，埋头苦干，才取得了值得表彰的成绩，才汇聚成了全盟在参政议政领域大家可见、可闻的可喜局面。这次会议我的感受是参政大业有赖全体盟员的点滴之功，因此，我代表盟中央在向大家表示祝贺的同时，也表示我个人向大家学习的态度和心情，以及对大家深深的敬意！

我是2001年到盟中央工作的，今年是第四次参加全盟参政议政工作会议，我的感觉是一年比一年开得好。每次开会我都有许多感受和体会。同样到各地进行调研和考察，与盟的各级基层组织负责人和盟员座谈，也有许多感受和体会，我认为感受最深的是大家对盟中央寄予很大的期望，这种期望是迫切的、渴望的和热烈的，使我内心受到很大的触动。这种期望的内涵是什么呢？三年多的盟务工作实践，特别是通过学习和领悟中共十六届四中全会的精神，使我对这种期望的内涵有了越来越明朗的认识。那就是：提高民盟作为参政党的参政能力。我想，我们盟员同志们希望自己所热爱的组织在国家政治、经济、社会生活中有所作为；希望自己的组织能够维护人民的根本利益，在百姓心目中有位置；希望自己的组织在执政党的眼中是诤友、是挚友，是一支不可或缺的支持力量。正是这种期望形成了对盟中央提高参政能力的不竭动力。这就需要我们像执政党加强执政能力建设一样，努力提高自己的参政能力。今年9月，中国共产党召开的十六届四中全会，着重强调了在新的历史条件下，加强执政能力建设的重要性。作为执政党，中国共产党时刻警醒自己，清醒审视自我，提出当前执政党与所肩负的使命和责任的“不适应”和“不符合”：不适应新形势任务的需要，不符合“三个代表”重要思想和全面建设小康社会的要求，有很强的现实针对性。一方面显示了执政党自己的自信、勇气和坦荡的胸怀，另一方面抓住了治国理政的根本，认识了当前存在的“不适应”和“不符合”，绝不是工作方法和作风问题，而是要从整体上思考、把握执政规律和执政能力的问题。要解决为人民执政，靠人民执政，科学执政、民主执政、依法执政的根本问题，就要从执政理念、执政方略、执政体制、执政方式、执政队伍、执政本领、执政基础和执政素质等全面加强和改进。这充分体现了中国共产党居安思危、未雨绸缪的忧患意识。我们作为参政党在新的历史条件下也要学习中国共产党的自省和忧患意识。我想起了建国初期张澜主席的一段话,他说:“第一,我们民盟要学习中国共产党对革命、对人民的严肃认真态度和勇于正视现实的光明磊落品质;第二,我们居于朋友地位的应该反省,我们够不够做一个好朋友,我们的思想意识及作风能否与这位朋友相配合,换言之,我们尽了朋友的义务与责任没有。”这段话,应该说是对民盟时时要警醒自己的最好告诫。

这次会议展现出来的盟的参政议政工作成就,已经说明我们在尽参政党的责任,我们称得上是一个朋友,我们没有辜负民盟的光荣和盟员的期望。李重庵副主席在开幕式的工作回顾中列举了大量具体生动的事例,我们的信息、提案、方案、发言、建议,不但数量上有很大的提高,质量上也有飞跃,形成了自己的品牌,产生了良好的社会影响,全盟的参政议政工作呈现出人气旺、热情高、机制新、亮点多的可喜局面。我们参政为民,为群众说话,为群众办事,反映社情民意,深入调查研究,建言献计献策,为国家和人民做了实实在在的好事。在中共十六届四中全会刚刚结束以后,民盟中央立即召开九届八次中常会,专门研究参政能力建设问题,目的就是适应新时期参政党肩负的使命,努力与执政党相配合,紧紧围绕第一要务,积极有效地参政议政,把国家的事情办好。

在盟务工作的实践中,特别是多次参加中国共产党和各民主党派一起的高层协商会,我的体会也是深刻的。每次协商会,我们总是把全盟智力的成果和高水平的建言献策,经过进一步的研究、整理、充实,丁主席直接与锦涛、家宝同志沟通,提建议和意见,协商会上的气氛积极活跃,和谐融洽,会后每一条意见中央都有处理和答复,只要是民主党派提出的,能解决的尽量解决。比如说中共十六届四中全会关于加强党的执政能力建设这个报告的修改过程中,有22处的修改是接受了民主党派意见的。通过协商,能够检验、补充、校正、丰富决策者的意图,科学决策,使国家大政方针更全面更完善。这种多赢、双赢的模式,避免了中国这样一个发展中的古老大国陷入混乱和无序之中,这是中国共产党民主执政的体现,是政治文明方式的一大创造,也是对人类政治文明的重要贡献,她的生命力必将在今后的多党合作实践中日趋旺盛,与日俱增。

同志们,这次会议对我是个鼓舞,相信对大家也是个鼓舞,参政议政工作是我们民主党派生命力之所在,也是生命力之所系。它的重要性也就决定了它是一把手工程。从这次会议上各方面、各地盟组织汇集的情况看,从会议的分组讨论的情况看,大家不仅一方面在积极工作提议案,一方面积极探索参政议政工作的规律,探索提高参政议政工作的办法,分组讨论中大家提出了很多的要求、建议、意见,有的站得很高、想得很深、看得很远,有的很具体、有的很有针对性,这些对盟中央来说都是很好、很有意义的,我觉得这些要求建议和意见大体上表现在三个方面:第一,希望盟中央加强指导、加强协调、加强组织;第二,全盟形成资源共享、优势互补、协作联合的势态和机制;第三,以参政议政工作为抓手,做好人才建设,思想理论建设。对大家的这些要求、意见和建议,盟中央将认真研究,加以落实,同时我们全盟上下要像这次会议一样,一起动脑动手,为我们以后的参政议政工作打造一个更好更坚实的平台。这次会议各省汇集的议案题目,回去以后进一步提炼汇总,形成一批带有共性的题目,发到各省以实现资源共享。

最后,我代表丁石孙主席、代表民盟中央对使这次会议成功举行给予大力支持的河南省党政领导及河南省盟的精心准备和周到的组织,对各位代表的积极参与、共同努力表示衷心的感谢!

谢谢大家!

在基础教育研讨会上的讲话

（2004 年 11 月 3 日）

同志们：

今天会议的主题定为“农村义务教育和农民教育”，我认为是抓住了当前基础教育中的关键性问题。发展农村教育，使广大农民群众及其子女享有接受良好教育的机会，是实现教育公平和体现社会公正的一个重要方面，是社会主义的本质要求，也是落实科学发展观、构建和谐社会的必然要求。新一届中共中央领导集体提出以人为本的科学发展观。我理解其中的深刻含义就是在经济发展的同时，要关注社会事业的进步，要促进人的全面发展。只有社会事业进步了，每个公民都得到了全面的发展，我们才能真正建成小康社会，才能为经济的可持续发展提供后劲和人才储备、智力支持。当前，在经济建设取得举世瞩目的成就的同时，我们还要清醒地看到我们的社会事业，例如农村的基础教育、公共医疗卫生事业、社会保障体系建设、未成年人思想道德建设等方面不是增强了，而是削弱了，不是进步了，而是落后了，这是值得我们警醒和深刻反思的。所以没有社会事业的全面进步,全面建设小康社会就无从谈起,就是一句空话。作为参政党,作为共产党的诤友,我们必须认真贯彻科学发展观,认清社会事业发展面临的现状,即在经济腾飞的同时,社会事业发展的严重滞后日益成为全面、协调、可持续发展的制约性因素,成为瓶颈,成为经不起考验和冲击的软肋。作为农村社会事业的重要组成部分,农村基础教育中的深层次问题,例如,基础教育的公平与均衡,义务教育经费保障机制,转变农村职业教育办学模式、加快农村富余劳动力转移等问题,尤其值得我们深入研究。再穷不能穷教育,再苦不能苦孩子,穷的恰恰是教育,苦的恰恰是孩子,经费保障以县为主的管理体制管了,但经费不足仍未解决是主要问题。小马拉大车未改变、学生养学校保工资、保运转、保危房、很难促发展,节能。建议地方为主,省、中央为辅分级管、重点保障的新体制"义务教育投入法"。近两年来,民盟中央的重大调研活动都是围绕农村教育开展的,由丁石孙主席亲自带队,相继进行了农村义务教育和职业教育以及农民培训的调研。在这次研讨会上,希望大家根据各地的不同情况继续对上述题目进行讨论,开展交流,以期在农村教育问题的深层次探讨上取得进展,提出政策建议。同时希望大家在会上集思广益,共同商讨如何把我们的研讨会开得更有成效,为盟中央的建言献策和提案提供更多的建议与素材。

改革开放以来经过 20 多年的实践与探索,民盟在呼吁国家加大基础教育投入,设立教师节,提高中小学教师的社会地位和待遇,加强中小学道德教育和推行素质教育等方面提出大量建议,为推进我国基础教育事业的健康发展作出了不可磨灭的贡献。得到了党和政府及社会各界的认同。一些建议也是吸收了基础教育研讨会的成果，都来自基层，集中了广大盟员的智慧和不懈的探索与追求。基础教育研讨会也由最初的几个省级组织的自发行为发展成得到盟中央大力支持的、省级盟组织广泛参与的一种论坛方式，形成了良好的工作机制，成为民盟在基础教育领域参政议政的一个品牌。与此同时，基础教育研讨会 25 年来一以贯之，也增强了盟组织的凝聚力和影响力，培养了参政议政人才，推动了盟的自身建设。在此，我代表盟中央向 20 多年来一直关心我国教育事业的发展，积极推动基础教育的改革实践的民盟前辈，向战斗在基础教育第一线的盟员同志们致以崇高的敬意和诚挚的问候！希望你们再接再厉，在岗位上建功立业，一如既往地支持盟中央的工作，不负历史的重托。

十六届四中全会讲新形势新任务下中共要加强执政能力建设，我们民盟也要加强参政能力建设，这是新形势对参政党提出的重大课题。逆水行舟，不进则退，我们要增强使命感、危机感，要把学习十六届四中全会精神与参政能力建设结合起来。我认为其核心是要用四中全会精神指导盟务工作的实践，把加强盟的参政能力建设作为关乎盟的事业兴衰的伟大工程落实到自身建设和参政议政两方面的工作中去。基础教育是盟参政议政的传统阵地，是我们的优势所在，希望大家加强学习，勇于实践，不断发现新课题，研究新情况，探索新思路，结合当前基础教育发展中的热点、难点问题，选准角度，深入调研，为政府决策提供科学依据。

最后，我代表民盟中央向对会议的召开给予大力关心和支持的广东省政府、省委统战部等有关部门表示诚挚的谢意,向为筹备会议付出巨大努力和辛勤劳动的民盟广东省委的同志们以及到会指导的国家教育发展中心的领导表示衷心的感谢,向来自民盟各地的从事基础教育工作的同志表示热烈的欢迎。预祝会议取得圆满成功,谢谢大家。

在端木正教授从教55周年暨85华诞庆祝会上的讲话

（2004年11月12日）

今天是一个非常喜庆的日子。上午，中山大学隆重举行了80周年校庆大典，此刻，我们又在中大校园里欢聚一堂，共同庆祝端木正先生执教55周年暨85华诞和文集面世。为此，首先请允许我代表民盟中央，代表丁石孙主席，同时，我个人作为端木老的晚辈，也借此机会向端木老表示热烈的祝贺和诚挚的敬意。

忠于祖国、追求进步、热心教育、无私奉献是众多民盟前辈共同的品质，这些品质在端木老身上表现得非常鲜明。早在中学时代，端木老就因积极参加爱国学生运动而遭国民党特务逮捕。大学时期，爱国激情促使端木老选择国际法作为攻读方向，先后在武汉大学、清华大学获得法学学士、硕士学位，随后又负笈巴黎，获法学博士学位和巴黎大学高级国际法研究所毕业文凭。刚完成学业，端木老就响应新中国召唤，毅然舍弃国外优越的条件回到祖国的怀抱。其爱国精神之炽烈、坚定，值得我们钦佩和学习。

端木老回国后，先后执教于岭南大学和中山大学，并任北京外交学院、中国政法大学、浙江大学等数所高等学府的兼职教授，迄今已光荣从事教育事业55载。55年来，端木老潜心教学、科研，不仅在法学、历史学、政治学等方面造诣深厚，著作等身，而且为人师表，言传身教，既关心、爱护学生，又对他们严格要求、悉心指导，培育了一大批法学界的栋梁之材，可谓桃李满天下、硕果海内外。

端木老1953年3月在中山大学加入中国民主同盟。入盟后，他热心盟务，积极参加盟的各项活动，就宪法修改、地方立法等问题提出了许多建设性意见，受到政府有关部门的重视。他曾先后担任过民盟中山大学主委，民盟广东省委常委、主委，民盟中央常委，民盟中央法制委员会副主任等领导职务，现任民盟广东省委名誉主委，为促进民盟组织的进步发展和参政议政能力的提高尽心尽责，作出了可贵的贡献。作为享有盛誉的国际法专家，1985年，端木老被全国人大任命为香港特别行政区基本法起草委员会委员。1990年9月，在七届全国人大常委会第15次会议上，又被任命为最高人民法院副院长、审判委员会委员。古稀之年担此重任，既表明了人民代表对他的信任，也体现了中国共产党与民主党派肝胆相照、真诚合作的一贯精神。无论是作为起草委员会委员，还是作为最高人民法院副院长，端木老都以其缜密的思维和不凡的见解，为制定好香港特别行政区基本法和促进中国的民主法制建设及司法水平的提高付出了心血，作出了贡献，同时也为民盟赢得了荣誉，为年轻盟员树立了学习的榜样。在依法执政、依法行政、依法治国越来越成为全党、全民和全社会高度共识的今天，端木老在法律教学、研究和司法实践领域所作出的卓越贡献，更显得难能可贵，更值得我们钦佩、景仰和学习。

民盟作为以文教界中上层知识分子为主的参政党，我们以拥有端木老这样的知名法学家为荣，并将在盟内宣传发扬好端木老的精神，以端木老为楷模，继续为促进国家的民主法制建设和社会全面进步，为加强大陆与港澳台及国际间的沟通交流，为促进中华民族大团结和实现祖国和平统一作出我们积极的贡献。

祝愿端木老生命之树常青，学术青春永驻。

祝愿中山大学和法学院的各项事业百尺竿头更进一步！

在直辖市第四次盟务工作交流会上的讲话

（2004 年 11 月 29 日）

各位同志：

大家好！

首先我代表盟中央对在重庆召开第四次直辖市盟务工作交流会表示热烈的祝贺，并预祝会议取得圆满成功！

我们历来非常重视四个直辖市的盟务工作。直辖市有其自身的特点，是整个国家政治、经济、文化等很多方面的缩影；国家之所以设立直辖市，就是考虑到直辖市对周围地区的辐射、带动和示范作用。直辖市的特殊地位还表现在，无论是检验执政党的执政能力和成绩，还是评价参政党的参政能力和成果，窥斑见豹，直辖市都首当其冲。因此，作为直辖市的盟务工作者，更要明白自己的责任和分量。你们有很多共性，如丰富的参政资源、有民盟的光荣传统，应当充分利用这些参政优势，更好地发挥对全盟的示范和带动作用。

参政能力是参政党的生命力，人才是参政党核心的问题。参政党被不被广大人民认同，不是看你口号唱得响不响，关键是看你的人，你的作为，你为人民作了什么实实在在的贡献。人们常说，有为则有位。对于参政党来说，也可以说有位才有为。有了舞台才能发挥作用，我们不仅要培养人才，还要给他们创造参政议政的岗位。这次会议，紧承刚刚召开的盟的中常会提高参政能力的议题和全盟参政议政工作会议，四直辖市的盟务工作者再次碰头，选择参政能力建设和"人才兴盟"问题来交流，是十分必要的；同时，一个民族的文化是社会文明的标志，是社会进步的动力，我们从参政党的角度，从直辖市的特点来探讨文化体制改革，也是十分及时的，盟中央对此表示充分肯定和大力支持。

小平同志说过："中国的事情关键在中国共产党，共产党好了，中国的事就好了。"刚刚召开的中共十六届四中全会，是中国共产党根据历史经验和现实需要，在关键时候就关键问题召开的一次关键的会议，提出了提高执政能力的问题。中共清醒地审视自我，提出当前执政与其肩负的使命、责任"不适应"、"不符合"新形势新任务的需要，"不符合""三个代表"重要思想和全面建设小康社会的要求；从执政理念、方略、体制、方式、骨干、基础、素质、本领等方面全面加强改进，具有很强的针对性，抓住了治国理政的根本，显示了中共变中求进的足够的信心和勇气，也充分体现了中共能够居安思危、未雨绸缪，这种忧患意识十分难能可贵。

我们也要学习共产党的这种自省和忧患意识。张澜主席在建国初就曾经说过："第一，我们民盟要学习中国共产党对革命、对人民的严肃认真态度、勇于正视现实的光明磊落品质。第二，我们居于朋友地位的应该反省，我们够不够做一个好朋友，我们的思想意识和作风能不能与这位朋友相配合，换言之我们尽了朋友的义务与责任没有？”这是对我们时刻警醒自己的最好告诫。

中国共产党在提高执政能力上突出阐明了为谁执政、靠谁执政、如何执政三个核心问题，即为人民执政，靠人民执政，科学、民主、依法执政。长期以来，稳定压倒一切，稳定之下，人民的参与少了，公平也少了。随着社会发展，公平问题成为保持社会安定团结和稳定的重要因素。中共提出要构建社会主义和谐社会，关键就是树立群众观点，为群众做事情，协调各方利益，维护并逐步实现社会公平。这也是社会主义制度的本质要求。在共产党提出的加强执政能力建设的五大能力中，民主党派在支持促进发展社会主义民主政治能力和构建社会主义和谐社会能力方面是可以大有作为的。作为参政党，我们要借鉴执政党加强执政能力建设的经验，认真考虑和人民的关系。参政为民，一切以人民利益为出发点，为群众说话，为群众办事，反映社情民意，理顺各种关系，防止激化矛盾，维护稳定大局，紧紧围绕科学发展观，为促进社会公平、构建社会主义和谐社会献计出力。

中共新的领导班子对统一战线十分重视。统一战线思想是对人类社会文明的重要政治贡献，具有丰富的内涵和广泛的可能性。统一战线思想是在中国共产党领导下，承认阶级背景、阶层、界别的多样性，承认思想认识、具体利益以及关注点的多样性，承认各种不同观点的客观性与必然性，承认中华民族与中国人民根本利益的一致性，正所谓求大同存小异。中共高层通过与各民主党派协商国是，检验、补充、校正并丰富决策者的意图，科学决策,使国家大政方针更全面、更完善。这种多赢、双赢模式,避免了中国这样一个相对落后的古老大国陷入混乱无序之中,不仅是政治文明方式的一大创造,也是中国共产党文明执政的具体体现。

在中共14号文件实施15周年后,今年年底中共中央将颁发《关于中国共产党领导的多党合作和政治协商制度规范化的意见》。这是一份纲领性、指导性的文件,有许多新提法和理论上的创新,必将对中共领导的多党合作制度产生更大的推动作用。

提高参政能力是民主党派当务之急

（2004 年）

参政议政是民主党派履行参政党职能的中心任务。参政能力是和参政党地位相联系的，民主党派的自身建设最终要反映到参政能力的建设上来，民主党派的地位和作用，也要通过参政议政水平来体现。参政能力是参政党影响力、凝聚力所在，是体现我国政党制度优越性的一个重要方面。面临新的形势和任务，民主党派的参政能力受到了历史性考验。建设物质文明、政治文明和精神文明，实现经济、社会和人的全面发展，完善社会主义市场经济体制，既是对中国共产党新的重大历史性考验，也是对民主党派的参政议政工作的重大历史考验，对我们提出了新的课题和更高的要求。提高参政能力是民主党派的当务之急。

一、提高参政能力，是新的历史方位和历史使命的必然要求

民主党派要正确认识新时期参政党所处的历史方位。中国共产党作为执政党，科学地认识到了自身所处的历史方位的两

个根本性转变:一是从为夺取政权而奋斗的政党成为长期执政的执政党;二是从在外部封锁、计划经济条件下搞建设的党成为在对外开放、市场经济条件下领导国家建设的党。因此共产党不断总结执政规律,与时俱进地提高执政能力和水平。作为参政党,民主党派也实现了两个根本转变:一是从与共产党一起亲密合作,抗日救亡,反独裁、反内战的政党转变成响应"五一口号",自觉接受共产党领导的政党;现在又从拥护社会主义的政党转变成为与共产党更加亲密合作,一道致力于社会主义建设事业的参政党。面对新的历史方位,民主党派一定要适应角色转变,实现观念的更新,我们面临着两大历史性课题:一是如何适应在开放的环境下全面建设小康社会这一历史性任务对参政党的要求;二是在开放环境中,如何保证在任何情况下,尤其是复杂政治风浪发生的情况下,能够始终与共产党真诚合作。要完成这样的历史使命,民主党派必须以提高参政能力为重点加强自身建设。只有提高参政能力,在国家政治生活中才有作为,这是民主党派的凝聚力、影响力之所在。

二、提高参政能力,是新形势新任务的紧迫要求

进入新世纪,世界多极化和经济全球化正在深入发展,高新技术及其产业发展突飞猛进,各种思潮相互激荡。霸权主义仍然威胁世界和平,西方敌对势力没有放弃和平演变的图谋,国际纷争中的不可预测因素增多,世界上综合国力竞争日趋激烈。国内社会环境也已发生了重大变化,改革进入攻坚阶段,社会结构出现了新的变动,各种利益关系错综复杂,许多深层次矛盾有

待解决，改革和发展道路上充满了新情况、新问题。面临纷繁复杂的国际国内环境，中共十六大提出了全面建设小康社会的奋斗目标，从低水平的、不全面的、发展很不平衡的小康，转变到社会主义经济、政治、文化全面发展和惠及十几亿人口的全面小康，这是一个历史性跨越。全面建设小康社会的关键是要抓住21世纪头20年的重要战略机遇期。中共十六届三中全会明确了建立完善的社会主义市场经济体制的目标、原则和任务，提出“五个统筹”、“五个坚持”，为实现这一宏伟目标提供了体制保障。实现全面建设小康社会的目标，需要凝聚全民族的智慧和力量，充分发挥统一战线大团结大联合的政治优势，也为民主党派发挥优势，做好参政议政工作提供了更大的舞台和更加广阔的空间，提出了更高的要求和新的挑战。

三、提高参政能力，是促进经济社会协调发展的实质要求

当前，中国共产党为了适应形势的发展，进一步提高执政水平，正在按照“三个代表”重要思想的要求，全面加强自身建设，把发展作为执政兴国的第一要务，聚精会神搞建设，一心一意谋发展。与中国共产党保持一致是民主党派的优良传统，但决不能停留在口头上，要用行动来实现。作为与中国共产党亲密合作、共同致力于建设有中国特色社会主义的民主党派，也要适应形势要求，跟上时代步伐，学习实践“三个代表”重要思想，把促进发展作为民主党派参政议政的首要任务，把发挥参政党的作用落实到全面建设小康社会的发展目标上，落实到十六届三中

全会提出的各项任务上,始终把促进经济社会发展作为工作的重心,作为参政议政的重心。我国社会经济已经发生重大阶段性变化,实现了“三步走”战略的前两步目标,开始实施第三步战略部署和全面建设小康社会。在新的发展阶段,宏观经济环境与经济建设的任务发生了变化,经济体制改革要适应经济发展和社会全面进步的需要,着力解决经济结构不合理、分配关系尚未理顺、农民收增长缓慢、就业矛盾突出、资源环境压力加大,以及经济整体竞争力不强等紧迫问题。要统筹兼顾各个方面,才能做到全面、协调和可持续发展以及社会的安定和谐。提高参政能力,是促进经济社会协调发展的实质要求。

四、提高参政能力,是坚持和完善多党合作制度的根本要求

中国共产党领导的多党合作制度和政治协商制度是中国特色社会主义民主政治的重要组成部分,是我国社会主义制度优越性的重要体现。以毛泽东为代表的中国共产党人在对历史经验教训进行科学总结和对执政规律深刻思考的基础上,跳出“其兴也勃焉,其亡也忽焉”的周期律,找到了适应中国国情的新路,在马克思主义的统一战线理论基础上确立了多党合作和政治协商制度。事实证明,这一政党制度有利于国家政局的稳定和社会的安定团结,有利于我国的现代化发展进程,有利于推进社会主义民主政治。因而,1993 年八届全国人大一次会议将“中国共产党领导的多党合作制度和政治协商制度将长期存在和发展”写入宪法;中共十六大报告把坚持和完善中共领导的多党合作

制度和政治协商制度、加强同民主党派和无党派人士的团结作为建设中国特色社会主义必须坚持的基本经验的重要内容。坚持和完善这一制度,需要执政党与参政党的共同努力。胡锦涛总书记就职一个月里就逐一走访各民主党派中央机关,这是我国多党合作历史上的第一次,是中共新一代领导集体推动新时期统战工作进入新阶段的全新举措。作为参政党,我们同样有责任稳定多党合作的政治格局,充分发挥多党合作制度的优势,在国家政治生活中提出自己的见解,发出自己的声音,为坚持和完善这一制度作积极贡献,这就要求我们必须提高参政能力。

综上所述,促进发展是参政党参政议政的第一要务,提高参政能力是参政党的当务之急。我们要充分履行参政党职能,就必须有意识地不断提高我们的参政能力。参政议政要把握围绕中心,服务大局和发挥自身特点及优势这两条原则;提高参政能力,要在学习培训、调查研究、人才战略、制度建设、全体动员等环节上下工夫,不断提高和创新。

今年是实现“十五”计划的关键一年,也是贯彻中共十六届三中全会精神、推进我国经济体制改革力度较大的一年,民主党派一定要切实提高参政能力,充分履行参政党职能,紧密团结在以胡锦涛同志为总书记的中共中央周围,为全面建设小康社会的宏伟目标作出新的贡献。

附录

访谈·报道

就建立突发事件应急机制接受中央电视台专访

（2004 年 3 月 4 日）

在今年的全国政协会议召开期间，中央电视台将在《新闻联播》之后，安排播出两会特别报道专题节目，围绕去年以来我国经济社会发展中的重大问题，选择了委员们高度关注的公共安全问题作为今年政协专题的重点选题，并准备在 3 月 4 日播出。

民盟中央在去年提出的有关建立突发事件应急机制的提案引起了全国政协和国家有关部门的高度重视，并且在参政议政、建言献策的工作中求真务实，拟在节目中重点报道。并就有关这方面提案的产生、形成过程、最新进展，对近期连续发生的重特大安全事故的反思，应该采取哪些对策等问题采访了张梅颖委员。

记者：张主席，重庆开县井喷事故发生以后，作为中央很关注这个事件前后经过，而且对整个事件过程中暴露出的问题有很多思考,这中间我们认为最值得关注的是什么问题?

张梅颖:我觉得这又是一种警示吧,重庆开县这件事情出了以后,整个应对是比较被动的,那么是在 SARS 之后,全社会都很关注灾害应急管理的情况下,出现这样的问题,当地政府显得还是苍白无力的,我觉得还是应该再一次吸取教训。

有一个好现象,就是从 SARS 以后,特别是这次禽流感,我们看到了国家在公共服务和公共管理上,上了一个很大的台阶,胡锦涛总书记在去年三中全会上讲话,讲到这个能力是政府执政能力的一个体现,是共产党执政能力的体现,提得很高。

提出并要做好思想准备、预案准备、机制准备和工作准备,防患于未然。各级领导非常重视,大家都在启动应急管理这么一个工程。很令人高兴,各个部门都动起来了。那么我们也从开县这里发现,可能有些地方政府不知道该怎么做,比如预案,你抄我的,我抄你的,互相抄,最后很雷同,我们调查的过程中,发现各个地方的预案很雷同。因为我们觉得灾害是很个体的,开县守着个井,井喷硫化氢这么一个有毒的气体,当地老百姓按说应该是有知情权的,一无所知,平时没有这方面的教育。

发生井喷以后,味道这么难闻,老百姓不知道它有毒,不跑;有的人顺着风跑,越跑越中毒。说明事先对居民,完全没有一个培训教育,这是在应急管理里面一个很重要的一环,居民反应能力。他身边有什么灾害的因子,我叫他灾害的背景,有的人可能守着有毒的气体,有的人可能守着一个化学库,有的居民可能像大亚湾守着一个核心站,住海边的守着是一个海,可能经常有海洋的灾害,有的地方可能出现山体滑坡。大家灾害因子不一样,所以你的预案不能这么抄，应急绝不是应付，应急是对人民负责，应付是完全不负责任。所以从开县这个事情以后，我们大家都知道灾害应急管理很重要，事关人民的生命财产，也事关社会的安定，但是怎么做，我觉得缺乏理性和科学性，我们做了一些工作，主要是告诉人家，应急管理应该做什么，怎么做，做到什么情况就可以了，标准是什么，到了该务实的时候了。

所以这次两会上我们提出来"实施灾害管理能力的评价体系"的建议。这个评价体系出台以后，对各级政府应对的措施是不是到位，都有一个标准，大家照着什么方向去做。现在政府非常重视，国务院最近要出台《突发事件应急预案管理指南》，是落实去年党中央、国务院关于灾害应急一系列的方针。从战略上考虑，我是很高兴的，我们今天下午召集这方面的专家，对这个指南提出一些建议、意见，我们准备把专家的意见收集起来，与国务院具体负责的部门对接。因为我们在灾害应急管理上，关注的时间比较长。从"9·11"以后，当时我们就想到，如果这个事件发生是在北京、上海、广州这些中国的国际化的大都市，我们怎么应对？美国搞这项工作从1970年代开始，用了25年的时间，达到了他们自称的所谓的无缝链接。我们刚刚起步，但是很多国家的经验我们都可以借鉴，可以比较，起点比较高，可以搞得符合国家国情。从"9·11"以后，我们做了大量的调研，在前年就形成了一个关于加强我国城市灾害管理的提案，作为民盟中央的正式提案，在去年两会上的这个提案非常受重视。

记者：我听说3月13日还特别开了一个协商的办公会？

张梅颖：对，就是提案的现场办案，有两个提案，一个是我们民盟为主的,一个是我们民盟参与的,都跟民盟有关系。在会上,相关的九个部委都来了,但并没有达到我们提案的初衷,我们是希望结束这种条块分割,各自为政的状态,建成一个全天候的统一指挥、分级管理、职责明确、规范有序、结构完整、功能全面、反应灵敏、运转高效的工作体系。这是去年我们在两会上希望整合国家应急管理的各个部门,我们数了一下可能十几个部门都跟这个有关系,但是怎么能够联动起来。据我们调查,咱们国家现在有三种情况,一种情况就是建立一个新的平台,比如这个城市,只有一个家喻户晓的号码,无论什么灾害就这一个号码,国际化的大城市要有这种新的机制,把所有应急整合起来。第二种形式,原来的多个有关部门联动起来,由一个部门做指挥,政府的一个分管的市长或者分管的省长做总指挥。还有一种,各自为政,互相不沟通,现在这种形式。我比较主张第一种形式。所以我们准备今年或者明年搞一个国际化大都市、国际性城市市长们共同参与的城市灾害管理论。

记者:“9·11”开始到现在已经三年的时间,民盟中央一直在关注,提案不断完善,每年都有不同的升华,同时在提案的形成过程中,很多工作都在大量的调研当中落实,特别是去年一年,你们光调研就跑了很多地方。

张梅颖:去年主要和全国政协很多单位一起,利用我们民盟各级组织,对各个城市抽样调查,基本情况是比较清楚的。民盟搞了论坛以后,有些城市已经和我们联系了,希望得到民盟中央在技术上、做法上给予帮助。所以我们为什么急着把这本书出版,也是适应现在这个形势,大家要做了,具体应该朝哪个方向去做，把有限的资金能用到刀刃上，起点还要高。不能说我这一届政府做一个，下届政府推翻了，再做一个，我们国家这样的事情还是很多的。

我们一定要按照这种标准来做，哪怕稍微晚一点，能做的比较完善，也不能造成像过去老熊掰棒子，换了一个领导又一个思路，造成很大浪费，而没有解决老百姓的问题。

比如教育群众的问题。我给你举个简单的例子，大家都知道去年日本发生了一个宫城七级地震，北海道八级地震，日本民众如何应对两次大地震，我们从这里头有得可学。日本是地震多发，地震是它的最主要灾害因子，所以全民意识很强，政府对老百姓应对灾害教育和老百姓自身素养，都值得我们学习。比如要求每个公民必须到八级地震实验场感受地震对你的刺激。你去感受几次以后，真正来地震了，你可以不慌，有条不紊地逃生。我们这方面教育很差，着了大火，干往下跳，你不是找死吗？

记者：吉林这次大火是特别典型的事例。

张梅颖：我们国家老百姓缺乏应对灾害的教育，不怪老百姓，政府要给老百姓普及各种灾害应对知识，特别是要了解当地有哪些灾害因子，我们怎么应对，平时具有哪些措施。我觉得日本这方面做得比较好，来地震以后，他六分钟到现场了，这些救护队伍，是常备不懈，24小时全天候、无缝链接，在应急过程中一定要有这个。时间就是生命，因为我是医生出身的，我对时间就是生命的概念理解非常深，像开县，如果早一点知道气体是有害的，居民赶紧跑，不至于死那么多人。

记者：这里头可能涉及体制上的问题，过去像我们一些企业的生产经营部门来讲,它的安全意识是在系统内部来传播。

张梅颖:职工都知道这个有害,但是对周围老百姓没有这个义务,当地政府只考虑你在我这儿采气,有税收,其他可能想得少,有害物质对当地居民,多远以内不能居住,这些都太不规范了,很可惜,这个事情是很悲惨的事情。

记者:这类事情发生以后,可能现在面临一个问题,包括咱们应急预案当中也提到,如果使这些措施方案能够得到落实的话,是需要通过法律来保障的,通过立法来进行约束的,是不是通过这一系列事件也能更印证这一点?

张梅颖:当然,咱们国家没有救灾法,可能全国人大正在搞。在灾前、灾中、灾后,应该都有哪些,比如紧急状态法现在要出来了,这也是 SARS 以后。SARS 虽然是一次灾难,但是从中吸取了很多教训,对我们来讲,我们国家很善于把坏事变成好事,所以总理讲得很诚恳。总理说一个聪明的民族,是善于总结经验,也善于吸取教训,这很重要。所以科学的发展观是我们国家在发展认识上一个质的飞跃,历史的突破,这对中华民族发展将起到不可估量的作用,现在我们回过头来看,十六届三中全会五个统筹,以人为主的科学发展观将对我们中国的发展起着不可估量的作用,是非常好的。形成这个发展观,我觉得跟去年我们应对 SARS,吸取教训也是很有关系的。

记者:包括应急的提案提出以后,应该说每年都有一些进展,包括最初我们提出是一个构想,到今年可能提出具体怎么落实量化的标准,演进的过程中,是不是也是作为民主党派在整个政治协商,参与国家献策过程中很实在的表现?

张梅颖：我觉得民主党派和共产党长期共存、互相监督、肝胆相照、荣辱与共，互相监督也说的很明确，主要是民主党派监督共产党。所以从江泽民同志一直到胡锦涛同志，多次讲到希望民主党派做诤友、做挚友，监督有很多种，有法律监督，人大的法律监督，有舆论监督，人民监督，民主党派的监督是民主监督，包括协商在决策之前，决策之前民主协商，做得非常规范，每一次重大的人事变动，包括党和国家的方针政策，包括政府的工作报告，这些都要和民主党派实实在在协商，提出一些建议、意见，正确的意见都被采纳，而且做修改。作为民盟来讲，我们在实现监督也好，实行参政议政也好，做任何事情，要知其然，还要知其所以然。我们要提出，哪些东西还存在问题，不仅能发现问题，还能对解决问题提出建议，这是你参政的水平。你不能整天嚷嚷，这个不好，那个不对，我觉得我们主要还是监督与支持相结合，是一种朋友式，我们希望执政党把中国的事情做好，没有比执政党不犯错误、少犯错误让中国人民再幸福的事情了。这一点，作为执政党中国共产党是非常明确的，所以他们非常愿意听取各方面的意见。

我们不仅要提出问题，还要提出解决问题的办法，而且还要举一反三，其他的问题，系列的问题怎么解决。因为政府很忙，大事太多，我看家宝总理很辛苦、很累，这么多事情要他来抓，很多问题可以由非政府组织来做，包括我们民主党派在内，我们可以替政府分忧解难，做一些我们能做的事情，所以我们想到应急管理我们要做下去。去年我们提出国家应该在哪些法律上，包括政府的责任，法律责任提出十条建议，反响还是很大的。现在大家都动起来了,这时候我们要从理性、科学两方面考虑。我们要充分动员盟内外一些专业上的智力资源,把这个热情引导到科学的发展观,引导到怎么建好我们应急体系上来。所以今年我们就把六条灾害应急管理的评价标准,作为民盟中央提案带到会上。

当然更细的,比如美国有一千四百多项指标,我们现在也在搞适合中国国情的一些指标,因为我们有几个盟员都在搞这方面的工作,希望这一系列指标出来后,让各级政府知道。它做到什么程度,可能来了灾害以后它能应对自如,标准是很重要的,务实。我们今年拿出评价能力的标准框架,将来一定要有一个体系,逐渐把所有的标准细则拿出来,各种灾害应对的各种指标,人家就知道该怎么做。

记者:我听说应急预案产生和不断完善丰富的过程中,国家有关部门给了高度重视,包括温总理曾经多次了解预案的进展情况。

张梅颖:预案是我们评价灾害应急管理能力一个很重要的内容,因为我们归纳了六方面的能力,预案是其中一项。

记者:不局限预案,关于应急机制,提案,这个提案提出以后……

张梅颖:国家很重视,当然是跟去年出现了SARS有关系,也跟不断的安全事故和不断的自然灾害造成很大的损失有关系。灾害不完全是一个经济问题,人民生命财产问题,可能对社会政治层面都有影响,这是衡量政府执政能力的一个体现,我觉得是非常正确的提法。从中国历史来看,改朝换代都跟大灾有关系,大灾之年民不聊生不是被饿死，就是铤而走险，所以你不能光看到灾害本身，因为咱们解放以后哪儿有灾害政府都非常重视，所以受害的人民能得到比较好的安置，社会制度不一样了，但是灾害本身对社会的稳定还是有影响的，绝不能掉以轻心，对待灾害问题不是单纯的经济问题，生命财产，要放到社会层面，对社会的安全、政治的稳定这个高度来认识，你要这么认识你就重视了，不是你自己乌纱帽的问题，这很重要。

记者：现在很多政府部门来了解这个预案的一些进展的情况，国家有关部门当时把这个提案报上去的吗？

张梅颖：我觉得还是媒体，媒体很重视预案，说老实话，有些地方政府不知道该怎么做，灾害因子或者灾害背景它都不一定了解很清楚，所以这次国务院对这项工作抓得非常对，就是把框架指南制定出来，具体你必须结合当地的实际情况，因地制宜，搞出你的预案来，不能说政府表扬哪儿做得好，大家都千篇一律，到时候根本不是这么回事，人家有这个灾你还没有呢，人家没有的，你有了，你还没办法办，傻眼了。社会管理这个论坛，我们可能还是要继续做下去，直到我们国家这个体系建得比较完善。因为这个事情有管理问题，也有一些技术问题，有科研单位的协作问题，我们有一些在灾害与社会管理这方面做大量工作的盟员同志，在第一线有很多研究生介入参加我们这个工作，也有一些院校，比如唐山理工学院。因为他们在唐山废墟上建立起来，我去那个学院以后，有一个感受，整个学校应急的观念就不一样，国家地震局在那儿开了灾害应急研讨会，我去作了一个报告。这个学校参与进来，他们对灾害太有感触了。

中国国情首先考虑到13亿,在这个基础上,我们要搞应急体系,还要考虑到我们确实是一个发展中、而且还是比较贫困的国家,经不起浪费,你不能一哄而上,一定要讲究科学。

记者:整个民盟做这个提案,前前后后三年,一个是务实,再一个很有前瞻性的东西。

张梅颖:要快一步,为什么呢?知道要干吗了,以后该怎么办,这有什么好处,告诉大家,大家起点要高,不能因防就简,现在还没有成熟的情况下,需要原来资源的整合,这都是非常需要,尤其是过渡这个阶段,但是大城市要重新做平台,一定起点要高。

共同把我们的国家建设好*

——访民盟中央常务副主席张梅颖

“贾庆林主席作的工作报告,肯定了多党合作在去年所取得的成绩,并对今年的工作作出了部署。我心里觉得很高兴。政协应该是民主党派之家,应该多加强与民主党派的联系,让政协真正成为民主党派发挥参政议政、民主监督职能的大舞台。”“两会”期间,全国政协常委、民盟中央常务副主席张梅颖在接受本报记者采访时,谈了她对如何进一步做好政协工作的看法。

张梅颖说,中国共产党领导的多党合作和政治协商制度是我们国家的首创,在全世界也是独一无二的。无论从理论上,还是从实践上,都值得对其进行深入探讨。多党合作,集中力量办大事,目的是支持执政党把工作做得更好。中国人民的最大幸福,莫过于执政党不犯错误或少犯错误,大家齐心协力,共创未来。因为一旦犯错误,如“文化大革命”,就要给国家、给民族带来无可挽回的损失。在我们中国这样一个发展中国家,稳定、发

---

* 原载于2004年3月9日《人民政协报》。

展是最重要的。执政党和参政党的目的是一致的。现在我们的政府正在努力解决各种问题、各种难题，那么我们参政党应该为政府分忧解难，从不同的角度，提出建议，作为对政府工作的补充。我们与执政党的目标是同一的，都是为了国家的繁荣富强，为了把国家建设得更好。

“我觉得我们的政党制度是优越的。而且，随着它的不断完善和规范化，它将会在我国的民主政治建设中发挥更重要的作用。在新中国第一届政协刚刚成立的时候，各民主党派的先辈都参加了共和国建立。解放初期，到‘反右’以前，民主党派在政协这个大舞台上的作用还是很大的。最近这些年，人民政协事业得到了广泛发展。我们要对此多加宣传，让全社会了解政协、了解民主党派。”

从政没有几年的张梅颖对政协充满感情，对做好政协工作充满期待。她说，当前，中国共产党为我们民主党派参政议政提供了宽阔的舞台，我们民主党派怎么应对这一形势？唯一的办法就是搞好自身建设。2002 年 12 月，刚刚履新的中共中央总书记胡锦涛走访各民主党派中央机关，显示了新一届中共领导对民主党派工作的重视。民盟老一辈领导人费孝通问我，中国共产党迈出了新的一步，我们民盟怎么办？作为参政党，怎么适应新的形势？问题摆在我们面前，要想发挥好作用，必须加强自身建设。新一届政协领导特别重视学习，这几年我们民主党派也在搞人才战略，都是为了适应形势发展的需要。如果我们参政议政的水平不高，提案水平不高，没有建设性和前瞻性，那如何履行好职能？

民盟是以高教界成员为主体的党派组织。据张梅颖介绍，民盟这几年参政议政工作取得了很大的成绩。去年对东北老工业基地的调研，形成了十万字的调研报告，对整个东北的发展提出很好的建议，国务院也很重视。他们对国民教育体系的系列调研、对城市灾害与社会管理的深入探讨等课题，已经形成品牌，做得非常细、非常深，在社会上产生了很大的影响。

记者问，你们辛辛苦苦做出来的课题，提出来的建议，你觉得它们产生了应有的结果吗？对于这个问题，张梅颖给予了非常肯定、而且充满信心的回答。她举例说，去年“两会”期间，民盟提了《加强城市灾害应急管理能力建设的建议》，9个部委当场办理，在社会上也产生了很大影响。现在有许多城市的领导来与民盟联系，希望得到民盟的建议和帮助，这就是品牌效应。我们会尽力为他们出一些实实在在的主意，因为我们有许多这方面的专家。

说起对提案的办理工作，张梅颖说，政协提案委员会对委员提案的办理下了很大工夫，也体现了他们的高素质。当然我们的提案工作也还存在一些不足，在对提案的办理回复上，还没有规范化、制度化、程序化。今年是中共14号文件发表15周年，在新的形势下，怎么完善、促进中国共产党领导的多党合作和政治协商事业？我们认为，对这项工作的制度化、规范化、程序化的时机已经成熟。

两代人的追求*

——访全国政协委员张梅颖

全国政协副秘书长、民盟中央常务副主席张梅颖，是我国著名爱国民主人士、民盟的创始人之一、曾任第一届国家副主席的张澜先生的孙女。张澜一生和中国共产党亲密合作、肝胆相照、风雨同舟，不断追求真理、追求进步、追求民主。建国前后，为统一战线事业作出了重大贡献。如今，张梅颖继承祖父的事业，成为一名统一战线工作者。

采访是在民盟中央张梅颖的办公室进行的。那间朴素而整洁的办公室里，除了书和一些必要的办公用品，还摆放着一个医用托盘，里面装着常用的消毒药品，做了近40年的医生，张梅颖至今还保留着很多职业习惯。张梅颖说，从事统战工作，很重要的一个原因，就是希望将祖父亲自参与创立的统一战线事业继续发扬光大。

张梅颖说，祖父张澜青年时代就追求真理，寻求救国之道，向往一个人民当家做主的新国家。这种坚定的信念贯穿了他的

---

* 原载于《中国政协》2004年第10期。

一生,他也为此奋斗了一生。直到找到了中国共产党,祖父的理想才得以实现。

1945 年,毛泽东赴重庆谈判时,曾三访张澜先生。三次推心置腹的交谈使张澜与毛泽东结下了深厚的知己之情,也使张澜最终确定了与中共肝胆相照、荣辱与共的政治信念。1946 年召开旧政协时,张澜先生就与中国共产党的代表周恩来、王若飞、叶剑英等商讨有关问题,他们在主张和平民主、反对内战、反对国民党一党专政这些基本问题上达成了一致,决定采取一致步调。会议期间,张澜先生领导民盟与中共配合默契,据理力争,终于通过了和平建国纲领等五项决议。之后,蒋介石撕毁政协决议,召开一党专政的伪国民大会。张澜先生在关键时刻与中共同进退、代表民盟发表声明,拒绝参加国大。

在 1949 年 9 月召开的中国人民政治协商会议第一届全体会议上,张澜代表民盟在大会上发言,号召全盟"在毛主席领导下,精诚团结,共相勉励,以完成建设新中国新社会的历史使命"。

在几十年的革命征途上,张澜先生始终与中国共产党肝胆相照、荣辱与共,成为了中国共产党的忠诚朋友。许多中共领导人都与张澜结下了深厚的友谊。说到这里,张梅颖拿出一张老照片说,这是刚解放时全家人在重庆的合影。那时候虽然全国大部分已经解放了,但重庆还没有解放(重庆是在 1949 年 11 月 28 日解放的)。张澜先生已经到了北京,毛主席非常关心,怕国民党加害张澜的家人,就派人将他们转移到北碚的山洞里保护起来。开国大典那天,张梅颖和几个兄弟姐妹在重庆听广播,当他们听到五星红旗升起来时,心里激动极了,就照着广播里描述的样子绣了一面五星红旗。张梅颖指着合影上面的国旗说:“我们绣的就是这面旗。后来我们到了北京,看到了真正的五星红旗,竟然和我们绣的一样,那个高兴劲儿啊,就别提了。”说到这里,张梅颖脸上仍是一副兴高采烈的神情。

不凡的经历,祖父的革命思想和严谨家风对张梅颖一生产生了深刻的影响。她时刻没有忘记自己是张澜的孙女,但并不是把这作为一个为自己行方便的资本,而是当成鞭策自己进步的动力。无论是从医还是从政,她都保持了刻苦认真、公正无私的作风,在自己的本职工作岗位做出了成绩。

“祖父去世时没有给子孙后代留下任何财产,但是他给我们留下的宝贵精神财富始终鼓励和鞭策着我们,使我们在几十年的风风雨雨中能够把握坚定正确的政治方向。”作为一个全国政协常委、民主党派的领导人,张梅颖感到,祖父留给她的精神财富使她在工作中获益匪浅。

“祖父令我最佩服的一点就是站得高、看得远,凡事顾全大局,想得超前。毛主席曾评价他‘与日俱进’,这一点对我的帮助特别大。”在工作中,张梅颖时刻以超前和着眼国家大局为领导民盟开展工作的出发点,为自己参政议政的出发点。2003 年全国政协十届一次会议期间,张梅颖代表民盟中央提交了《关于加强城市灾害应急管理能力建设的建议》,引起了各方面的高度关注。在提案办理会上,公安部、民政部、财政部等九个部委的负责人作为提案承办人到会;两个月后,部分省市爆发“非典”,这个应急预案以其适度的前瞻性和高度的可操作性,为政府应对紧急情况提供了有价值的参考意见。

“祖父一生以人民大众的利益为自己的利益。无论是做四川省长还是领导民盟进行革命斗争,都是为广大人民独立和幸福而努力。”在参政议政的过程中,张梅颖时刻以祖父作为自己的榜样,将老百姓的利益放在第一位。民盟与四川遂宁地区长期开展盟遂合作,支持遂宁建设。张梅颖与民盟各级领导非常关心遂宁地区蓬溪县 5 万多群众没有水吃的问题。为此,她积极与水利部、四川省委、遂宁市政府等有关部门联系,争取资金和政策支持。在民盟中央的努力下,黑龙凼水库终于被批准建设。去年 12 月,在开工典礼上,张梅颖代表民盟中央对黑龙凼水库建设工程开工表示热烈祝贺,当她满怀深情地用乡音讲到“亲爱的蓬溪县父老乡亲们,你们好!”时,全场欢腾,蓬溪县的老百姓高举双手向她问好,很多人流下了激动的眼泪。她在讲话中指出:“盟遂合作”是民主党派为地方经济建设服务的具体体现,是新时期统战工作的一个创举,也是多党合作、参政议政、服务社会的有益尝试、黑龙凼水库的开工建设就是“盟遂合作”结出的又一硕果。

“祖父生前常告诫家人:没有共产党就没有新中国,无论在任何情况下,你们都要跟着党走。这是他老人家坎坷一生总结的肺腑之言,也是我们的政治准则。”张梅颖说,多党合作和政治协商制度是中国革命的一个伟大的创举,是一条真正适合我国国情的道路,今天我们的民主环境比祖父当年不知要好了多少,应该珍惜这个机会,各民主党派紧密围绕在中国共产党的周围,大家拧成一股绳,把经济建设搞上去,多为老百姓谋福利。“我深感自己肩上的责任重大,希望能尽我的一份薄力,将这个伟大的事业发扬光大,为祖国的建设作出自己应有的贡献。”

2005

真诚相待　肝胆相照*

——纪念《中共中央关于坚持和完善中国共产党领导的多党合作和政治协商制度的意见》颁布15周年

《意见》颁布于1989年底,我国改革开放正处在一个重要关口。这是中共中央根据小平同志的指示,民主党派和无党派人士共同参与制定的一个重要文献。文献本身就是多党合作的一项重要成果,是我国政党制度建设的一份纲领性文献,对我国参政党正确定位、坚定政治方向、积极履行参政党职能,为经济和社会发展贡献聪明才智,发挥了历史性的作用。

文献的产生有深刻的国际国内背景。当时国际有苏东剧变,国内有政治风波,我们这么个大国,最需要的是稳定。稳定了才能发展。《意见》的制定和颁布,与国家的稳定和发展紧密相关。也就是说,我国参政党对大局稳定担负着重大责任,可以为中国社会的稳定和发展作出重要贡献。《意见》中,有执政党

---

* 原载于《群言》2005年第1期。

对参政党的殷切期望,有我们的历史责任。

《意见》颁布后,时任民盟中央主席的费孝通教授及时提出,全盟要紧紧围绕经济建设这个中心,“出主意,想办法,做好事,做实事”。这是对《意见》的会心响应,其中有让人钦佩的政治智慧,更有引导全盟正确定位、工作到位、避免错位、杜绝越位的良好效果。其他党派的同志也都积极发挥各自优势,为国家的稳定和发展献计出力。《意见》颁布15年来,我国社会稳定,经济持续高速发展,去年的GDP已突破10万亿元,使中国在新世纪头20年的重要战略机遇期内具备强大的发展动力。我们因此而对《意见》的深远意义看得更加清楚,也欣慰地看到,《意见》的颁布和实施,把我国的统一战线事业带入到历史上最好的时期之一,高层政治协商和思想交流渠道更加畅通。尤其是最近几年,一次次协商会、通报会上,执政党和参政党互相之间都更多地听到了真话、实话、心里话。朋友、挚友、诤友的气氛越来越浓厚。

我由此想到让人怀念的历史,想到我们的好传统。张澜主席在建国初期曾经说:“民盟要学习中国共产党的光明磊落品质,我们居于朋友的地位,应该反省我们够不够一个好朋友,我们的思想意识和工作作风能不能与这位朋友相配合。”我理解,这是对民盟要时刻警醒自己的谆谆告诫,语重心长,是挚友、诤友的心情。

时代在进步,全面落实科学发展观、构建和谐社会的艰巨任务,对执政党和参政党都提出了更高的要求。作为挚友、诤友,义务更多了,责任更重了。我国改革开放正进入一个关键时期,成就大，问题也多。参政党有联系面广、人才密集的优势，在维护稳定、理顺情绪、化解矛盾，促进社会和谐发展方面，可以做更多的工作，也有更大的责任。我们充分动员广大成员，尽到最大力量，就是“够朋友”的最好证明，是对《意见》颁布15周年的最好纪念。

在全国统一战线传统教育基地挂牌仪式上的讲话

（2005 年 1 月 26 日）

尊敬的陈部长、邢书记，各位领导、同志们、朋友们：

大家上午好！

今天这个挂牌仪式，是一个薪火相传的历史现场，我们大家相聚在这里，共同经历这个庄严的时刻。回首前尘，我国有多个民主党派诞生在重庆，和中国共产党人一起，担当起民主革命的大义，肩负起民族解放的使命，结下了风雨同舟的情缘，践行着振兴中华的承诺。为了这些，在重庆，在“特园”，中共第一代领导人与民主党派领袖共赴国难，时相往还，倾心畅谈，商讨合作大计，留下了肝胆相照的感人篇章，共同写下了多党合作光辉历史的第一页。在渣滓洞，在白公馆，民盟就有 27 位同志与中国共产党的优秀党员，共同用鲜血和生命实践着为民族解放而献身的誓言与理想。他们一起牺牲在黎明到来的前夜，化为了我们今天仍为之奋斗的伟大事业的永生战士。

今天，我们国家的历史已经翻到了实现全面小康、构建和谐社会的新的一页，仍然需要中华民族的共同努力和献身，仍然需要中国共产党与各民主党派、无党派人士的赤诚合作、肝胆相照。中共中央统战部决定在重庆建立“全国统一战线传统教育基地”，可以说是实至名归，意义重大。重庆在统一战线方面丰富独特的历史资源，将因此得到充分开发和利用，释放出巨大的精神力量。请允许我代表各民主党派，对全国统一战线传统教育基地的建立和挂牌表示热烈的祝贺！对中共中央统战部和中共重庆市委、市政府高度重视这项工作表示衷心的感谢和崇高的敬意！

重庆，祖国大西南的名城重镇。昨天，我们与中国共产党一起在这里并肩奋斗；今天，我们仍然有义务和责任为建设中国西部的龙头，与中国共产党一起在这里共同努力。我们相信，今天挂起的这块牌子，不仅挂在了重庆这片热土上，而且挂在了我国统一战线的光辉历史上；更重要的，它将挂在一代又一代中华民族后来人的心中，激励着他们接过薪火，代代相传。我们处在承前启后的环节上，掂得出这块牌子的分量。我们要充分利用这个教育基地，学习前辈，鞭策自己，勉励后人，把我国统一战线的光荣传统接过来，传下去。扎实工作，凝聚人心，调动一切积极因素，为实现中华民族的伟大复兴不懈奋斗！

谢谢大家！

在《民主的求索者——张澜》首发式上的讲话

（2005年3月30日）

尊敬的各位来宾、各位同志：

首先，请允许我代表民盟中央，对给予这次首发式活动关心和支持的中共重庆市委致以衷心的感谢，并对大家的到来表示热烈的欢迎！

今天，我们在这里举行《民主的求索者——张澜》一书的首发式，使我想起了全国人大常委会副委员长、民盟中央丁石孙主席说过的一段话："张澜先生是1955年逝世的，到现在已半个世纪。一个人，去世这么长时间了，大家都还记得他，缅怀他，写纪念他的文章，出版纪念他的书，举行纪念他的活动，这说明他还活在大家心里。"

丁主席希望我们想想这里边的道理，悟出点什么。我首先想到的有两条：一是他参与创建了适合我国国情的多党合作事业；二是他的道德情操对他人的感动和长久影响。这两点，现在都需要温故知新。

这本书的出版，适逢中共中央颁布《关于进一步加强中国共产党领导的多党合作和政治协商制度建设的意见》。《意见》的颁布实施，是我们发展社会主义民主政治、建设社会主义政治文明的重要步骤，是坚持我国政党间的团结合作、共建社会主义和谐社会的重要政治保证，是维护社会政治稳定、发挥我国政治制度和政党制度优势的战略举措。这正是张澜先生毕生追求的民主协商的政治局面。作为一个中国民主政治的求索者，从当年的“保路运动”开始，他经历了一系列重大政治事件，备尝求索的坎坷。直到抗日战争和解放战争中，他与中国共产党并肩前行，才确认自己真的求索到了方向，切实看到了在中国实现民主政治的希望，并为维护和发展这个局面付出了全部心血。我想，作为后来人，我们用出版书的方式纪念他，首先要懂得他的精神遗产中最核心的东西，就是坚持共产党的领导，建设适合我国国情的民主政治制度。

这本书的出版，也正逢张澜先生逝世50周年，是他还活在大家心里的又一个印证。他的道德情操，曾经被中共中央几代领导人称颂过，也被普通的乡亲、同事、下属、盟员所缅怀。这本书在记载他身处历史大关节时与中国共产党亲密合作的同时，也讲到了体现他个人品德的很丰富的生活细节。政治大节和日常细节的高度统一，做人的境界与做事的气度和谐相融，高尚的品德可以长久地影响他人，这是张澜先生给我们留下的深刻启迪。前不久，我曾来重庆参加统战传统教育基地挂牌仪式。这次带来的这本厚重的书，是送给这个基地的一份史料。书中有张澜先生追求民主的一生，更有中国历史波澜壮阔的一页。正是在重庆,张澜先生领导的中国民主同盟和中国共产党共同书写了多党合作的早期历史。正是在重庆,毛泽东、周恩来等中共第一代领导人和民主党派领导人以卓越的政治智慧,共同为我国民主党派的历史发展奠定了正确的政治方向。饮水不忘掘井人,今日举国繁荣稳定,我们的政治制度和政党制度在起着关键作用,而这具有巨大优越性的政治制度和政党制度,离不开当年重庆风雨中的肝胆相照。这本书的首发式选在山城重庆举行,具有特殊意义。我们带来了这本书,带来了张澜先生的理想和遗愿,也带来了近17万盟员薪火相传的决心。构建和谐社会,民主仍需求索。改革未有穷期,同志仍需努力。让我们把张澜先生的精神遗产接过来,在新形势下不断发展和完善中国共产党领导的多党合作和政治协商制度,继续为国家富强而奋斗!

最后,我也代表张澜先生的亲属,向大家表示衷心感谢!

在多党合作研究班上的讲话

（2005 年 4 月 20 日）

通过学习《中共中央关于进一步加强中国共产党领导的多党合作和政治协商制度建设的意见》，昨天上午又听了延东部长的辅导报告，让我们进一步认识到这一纲领性文件重大而深远的意义。几点体会：

一、中国共产党已经成为一个更加成熟、更加稳健、更为坚强的执政党。

中共中央 5 号文件的颁发，标志着中国共产党审时度势、顺应时代发展规律，成为在国内外局势日益复杂的形势下，始终保持强有力的执政能力的党，中国共产党的统一战线和多党合作事业从建立之初，一直发展到今天，逐步走向制度化、规范化、程序化，这对于发展社会主义民主政治，建设社会主义政治文明，全面建设小康社会，构建社会主义和谐社会越来越显示出其巨大的向心力和凝聚力。成熟，也就是在执政能力、执政水平和执政理念上更加科学，更为合理；稳健，就是在权力资源配置和建构中更加民主，更具前瞻性，充分体现了立党为公，执政为民的一贯立场；坚强，其表现为更加自信，更为开放。因为成熟、稳健、坚强，执政党的气魄和心胸也就更为宽阔、更加宏大。从14号文件的出台到5号文件的颁布，这既是历史发展的要求，也是中国共产党走向辉煌的标志。

二、中国共产党领导的多党合作事业的进一步完善和制度化建设是历史的趋势，也是历史的必然。

中国共产党领导的多党合作和政治协商制度随着世界政治格局的不断嬗变，随着中国经济建设的飞速发展，随着我国政治文明和精神文明建设取得的一系列历史性的进步，这一政治制度愈来愈显示出其巨大的优越性和科学化。“共产党领导，多党派合作；共产党执政，多党派参政”，日益被证明它符合时代发展，符合历史要求，符合中国国情，其最大优势所在就是可以凝聚一切力量，集中最大优势，合理利用一切资源，以最有力的举措，去干成全国人民最需要、最应该办的事情。中国改革开放20多年来所取得的举世瞩目的经济奇迹和历史进步已经强有力的证明了这一点。但反过来，任何一种政治制度也有其不足和缺失的一面。一党执政最大的隐忧，同时也是关系到全体人民的利益所在，就是一旦决策失误，同样会带来巨大的损失和浪费。大跃进、十年文革也曾给我们带来沉痛的教训。改革开放20多年以来，在我们取得巨大历史成就的同时，由于改革的进一步深化、经济的飞速发展，我们也面临着一系列新问题，存在着不和谐的一面。因此，5号文件的颁布及其在理论上的创新，政策上的完善，以及这些理论和政策的新发展所蕴涵的实质意义，特别是把政治协商纳入决策程序，重大问题协商于决策之前和决策执行中并使之制度化，成为政治协商的重要原则，这完全反映了人民当家作为的社会主义民主的本质，进一步体现了我国政治制度的特点和优势，并使这一体制在新的历史条件下显示出蓬勃的生机和巨大的生命力，同时对参政党发挥参政能力也提供了一个更为广阔的前景和平台。

三、作为民主党派，在新的历史条件下，要认清形势，把握大局，充分理解和深刻领会5号文件深远的历史意义和重大现实意义。

5号文件是在国际国内形势发生深刻变化、改革全面深化、社会矛盾凸现和日趋复杂的背景下颁发的。这就要求作为参政党，我们的立场要更加坚定，认识要更加明晰，头脑要更加清醒，坚决抵制和杜绝一切错误的、混沌的、糊涂的思想观念。对国际敌对势力的西化、分化图谋要加倍警惕。特别是在社会转型期一定要提高政治鉴别力，不摇摆、不动摇。确定了政治方向，就需要我们挺直腰杆，敢于据理力争。当前，在世界在国内意识形态和制度选择之间的较量远没有结束，既然我们选择了、实践证明是正确的选择，我们就要一无反顾像爱护生命一样爱护和维护它的尊严，并在多党合作的实践中把我们的制度的优势尽可能发挥出来。

从历史的发展来看，特别是从近代史以来，还没有任何一个政党能像中国共产党这样重视人才、重视不同意见，尊重其他党派的地位和权益。5号文件的颁布把中国共产党领导的多党合作进一步制度化、规范化、程序化，这是史无前例的历史性进步，作为参政党要捍卫这一历史进步，并用实际行动推动这一历史进步。

在新的历史条件下作为参政党要加强自身建设,不断提高参政能力和自身素养。

5号文件对参政党提出了更高的要求,在我们倍感温暖的同时,也感受到前所未有的责任、压力和紧迫。执政党要进一步加强同党外人士的合作共事,明确了培养、选拔党外干部的总体要求和具体政策,要拓宽党外干部选拔领域,保证党外干部有职有权。面对执政党的要求,我们有没有符合条件的有用、可用之才,我们如何培养、选拔、推荐有用可用之才,这一切都关系到多党合作大局,关系到参政党的建设和未来。因此我们要借5号文件的东风,下大工夫、下大力气,真正把我们自身建设的各个方面提高到一个新的水平。

5号文件提出了要坚持把发展作为多党合作和政治协商的根本任务,为参政党准确定位、履行职能指明了方向。改革开放20多年来,民盟中央坚持以经济为中心,围绕经济、社会发展的重大问题,如科技、教育、区域经济发展、灾害管理、三农、粮食安全、生物技术及其产业化、城乡协调发展等问题,深入调查研究、积极建言献策,不断扩展参政议政的视野和范围,为科学决策作出了自己的努力。在新形势下,特别是在5号文件精神指引下,全盟一定要与中国共产党保持高度一致,紧紧抓住当前十分宝贵的战略机遇期,和全国人民一道,聚精会神搞建设,一心一意谋发展,集中精力把国内的事忙好办好,为推进社会主义经济建设、政治建设、文化建设与和谐社会建设,为中国特色的政治发展作出应有的贡献。

缅怀费老　铭记嘱托*

费孝通先生是国内外具有广泛影响的社会学家、人类学家，也是中国民主同盟的卓越领导人。

费老早年立志用学术研究服务于社会进步，高度关注当时中国农村的饥饿与贫困问题，对中国农村经济和社会发展有深刻观察与思考。他从20世纪三四十年代就主张工业下乡，发展乡村工业，利用工农相辅增加农民收入，发展农村的各项事业。中华人民共和国成立以后，在20世纪50年代中后期，他顶着“左”的思潮和农村政策的压力，仍然坚持发展农村工业的学术主张，表现出了很大的理论勇气。

进入改革开放新时期以来，费老获得了“第二次学术生命”，他早年的“工业下乡”主张，也变成了广大中国农民的亲身实践，演变成为20世纪八九十年代中国大地上星火燎原的乡镇企业和轰轰烈烈的小城镇发展热潮。费老以70高龄，恢复了他一生喜爱的实地调查。一村一乡地跑，一县一市地看，就国计民生的许

---

* 原载于2005年5月12日《光明日报》。

多大问题提出了发展设想和建议。

1984年秋,“志在富民”的费老到定西作实地调查,20年间,七访定西,写下了情真意切、见解独到的篇章,为促进当地群众脱贫致富,提出了顺应自然的发展思路。

费老用他的“出主意,想办法,做好事,做实事”,带动了全盟同志。我每次去看望费老,他都会拉着我的手说:“要走啊! 要下去看啊!”每当听到这话,我都非常感动。

前不久,在民盟中央定西扶贫20年的时候,我有机会到了定西。在费老深情关注的地方,20年来发生了天翻地覆的变化。和谐,在很多地方还是一个遥远的目标,定西的和谐气息却扑面而来。人与自然、人与人、干部与群众、农业与工业、城市与乡村……虽然还只是初步的和谐,却为更长远、更高水平的和谐发展打下了非常好的基础。费老对定西的关注和追踪,具有深刻的、我暂时还未能全部领会的社会和文化内涵。我希望自己有机会再去、多去,把这项事业继续下去。

费老躬身实践,他担任民盟中央主席以后,带领全盟,为新时期多党合作事业的发展作出了积极贡献。费老比较早地提出了准确确定民主党派的历史方位问题,指出民主党派在新时期的根本任务就是以经济建设为中心,与中国共产党同心同德,一起为中国人民谋利益。所以费老说:“什么是政治,以经济建设为中心就是最大的政治。”费老引导参政党准确定位,表现出了老人家的政治智慧。在费老的带动和启发下,民盟在办学讲学、智力咨询、扶贫支边、教育改革、区域经济发展等方面为社会发展做出了成绩、积累了经验。现在来看,费老的许多主张和做法都是合乎中国实际需要的、有远见的。作为参政党的代表性人物，费老参加了新中国成立后迄今为止的全部建设过程，始终致力于我国经济和社会的协调发展，为推动社会主义民主政治建设、坚持和完善中国共产党领导的多党合作和政治协商制度，倾注了满腔热情，作出了重要贡献。尽管经历了许多曲折，但是费老始终没有动摇接受中国共产党领导、走社会主义道路的历史选择，矢志不移地和共产党人风雨同舟、肝胆相照、荣辱与共。费老的一生，是我国知识分子从爱国主义走向社会主义的一个生动写照。

费老晚年的文章，越来越多地谈论文化问题，主张“文化自觉”，重提“和而不同”，寄希望于不同文化之间的互相尊重、理解、宽容和合作，提出“各美其美，美人之美，美美与共，天下大同”。我体会，这和我们现在提出的构建和谐社会在思路上是一致的。他看到经济进入全球化时代以来，人们的文化观念还不能和睦相容，有很多不和谐因素，甚至造成冲突和悲剧。费老的学术思考能力老而不衰，发人深省。费老一生主张“但开风气不为先”。他确实开了很多重要的题目，90 高龄前后，他又开出了“文化自觉”的大题目，这既是他一生思考的众多题目的共同内涵，也是留给我们继续研究和思考的题目。

费老，请您放心。我会牢记您的嘱托，常走、常看、常想，一步一个脚印地坚持下去，不辜负您的期望。

遵循科学规律　构建和谐中部

——在"2005 中部崛起战略论坛"上的总结讲话

（2005 年 5 月 15 日）

各位领导、各位专家，同志们、朋友们：

大家好！

在美好的五月来到得水独优的江城武汉参加这个论坛会，我十分高兴，也深感受益匪浅：与大家一样，受到了一次生动的区域经济协调、科学发展的教育。

中部，是中国龙的"脊梁"，是沟通、联系中国东西南北的重要枢纽。中部的塌陷，已引起中央和各方的高度关注！在中部亟待崛起呼声日高、聚焦愈多之际，我们举办了这次由国内方方面面高水平、高层次的领导和专家参加的"交流经验，探讨政策"的论坛会，可谓意义深远而又重大。

两天来，来自中央、国务院和中部六省的各界精英齐聚一堂，集思广益，共商中部发展大计。针对中部"塌陷"的现状、崛起的重要意义，以及如何挺起中国龙的"脊梁"发表了不少真知灼见，取得了许多共识，提交了一批高质量的研究成果，提出了一些高瞻远瞩的关于努力走出中部崛起新路子的实施方略与政策建议。

这是一次创新的、与时俱进的大会,更是一次具有深远历史意义的盛会。会议开得圆满而又成功。我相信,这些经过深入调研和慎思再三而提出的针对性很强的建设性战略思考,对于我们今后开拓工作思路,推动中部地区的迅速崛起,会产生积极的促进作用。

同时,本次论坛,也为中部六省的官产学研提供了一个学术交流、政策研讨以及实施中部区域大联合的平台。

现在,中部是人心思变,人心思干,广大干群正以昂扬的锐气在迎接这次崛起的到来。作为中部地区,应该如何抓住发展的机遇、做好腾飞的工作?我认为应当从以下几方面力求突破:

首先,要做好农业这篇大文章,在"三农"问题上率先突破,这是中部崛起的重中之重。

有关研究表明,中国的经济增长越来越不带动农村贫困地区的经济增长,区域经济增长模式也越来越明显地脱离农村经济增长。在我国目前的各项工作中,自觉不自觉地就表现出城市倾向。虽然我们现在讲统筹城乡发展和工业反哺农业,但对农村和农民的利益侵害还在继续。过去,是通过工农业产品的"剪刀差"。现在,主要是靠农民工的廉价劳动力和圈占农民土地。

中国走向全面小康的最大问题就是"三农"问题,而中部的"三农"问题又最为突出。由于人口密度大、农业人口多、农业劳动力转移压力大,"三农"问题已成为制约中部地区崛起的最大困难。正如王珏等专家指出:农业是中部崛起的关键,而农业产业化又是解决“三农”问题的关键。中部要崛起,必须要做好农业这篇大文章,要增加农民收入,加快劳动力的转移,在农业产业化上要创造品牌农业。

古人云:“中原定,天下安。”中部在实施崛起的过程中,一定要处理好“三农”问题与城镇化、工业化的关系,认真研究前几个区域发展战略的成败得失,经验教训。要充分考虑到农民的利益,尽量保护农田,不与民争地。在发展中合理占用农民土地是客观需要,但不要让失地农民再成为新的贫困群体。要切实做到区域经济的发展必须带动农村经济的发展。做好土地征用制度、农村税费、农村金融体制等改革工作,在户籍、就业、教育、社会保障等制度层面,打破制约农民工进城的体制性障碍,取消歧视性政策,鼓励农村富余劳动力向非农产业和城镇转移,并加大对农民工的培训,引导农村劳动力合理有序流动,促进小城镇健康发展,加快城市化进程,并确保那些已融为城市一族的农民兄弟能够有起码的生存和工作条件。

第二,改革产业结构,提升企业自主创新能力和体制创新,大力发展民营企业,是中部经济崛起的关键所在。

中部工业基础雄厚,人才济济,具有门类比较齐全的工业体系和制造业基地。中部要崛起,发挥优势、激活存量、提升企业自主创新能力是关键所在,是加快经济发展、带动各项事业前进的火车头。同时,应在体制上进行创新,大力发展民营企业,为市场经济增加活力。

党的十六大和十六届三中、四中全会以及今年的政府工作报告中,都强调了实现经济增长方式的转变,由投资拉动为主转变为科技驱动型发展。在这个过程中,以企业为主体的技术创新能力不足,成为制约我国经济发展的瓶颈。

目前,我国企业自主创新能力不足,原因主要有:企业研发经费投入不足。我国大中型工业企业研发经费支出与其销售收入的比例,多年来一直在0.7%以下徘徊;企业研发技术人员不足、流失严重;以企业为主体的创新体系尚未完全建立,使国家相关优惠政策难以发挥应有作用。

我认为,应从以下几方面提升企业自主创新能力:

1. 转变观念,把企业自主创新能力建设置于国家战略的高度,使企业真正成为技术创新的主体;

2. 深化改革,落实政策,克服研发投入的体制及机制性障碍,增强企业技术创新的内在动力;

3. 加强企业科技人才队伍建设,规范人才流动秩序,对特殊人才要给予特殊待遇;

4. 促进企业创新体系的建设与发展,在产学研结合模式上应该以企业为主体;

5. 加强对引进技术的消化吸收和自主创新。国家应设立专项基金,引导鼓励企业和科研单位一起对引进技术进行消化吸收再创新,并在重点产业领域限制重复引进技术和设备的政策。

第三,培育完善的市场体系,改变投资环境,提高投资效益,是中部经济崛起的重要前提。

市场发育不够是中部地区的一大弱点。东部地区之所以能够快速发展,主要是投资环境好,吸引了不少外资、沿海投资。

中部地区要让相对密集的农村人口、土地以及其他自然资源得以发掘并形成经济优势，首先就必须有一个发达的市场体系对这些资源进行价值认可，改变投资环境，为资金和技术的引入创造条件。这是中部区域经济迅速提升的重要前提。

第四，发挥区域优势，建立系统化的现代物流网络，是实现中部崛起的有效途径。

中部是我国的重要的粮食主产区和养殖业基地，也是我国现代工业的摇篮。中部矿产资源种类多、储量大，是我国的能源基地和原材料基地。六省承东启西，贯穿南北，是全国重要的交通枢纽，区位条件优越，发展前景广阔。但是，目前中部六省物流业由于资源缺乏整合，区位优势、集约优势一直未得以充分发挥，最终制约了地区经济乃至整个国家经济的协调快速发展。随着经济的全球化、信息化，中部六省需要主动、快速、积极应对物流全球化、电子化、智能化和集成、系统化发展的挑战，加快传统物流向现代物流转变，积极引进国际先进的物流管理经验和技术，建立实施现代物流网络，使物流业成为未来经济发展的重要支撑，这是实现中部崛起的有效途径。

第五，因地制宜，突出特色，落实科学发展观，构建和谐中部。

不同的地区经济发展水平不同，资源不同，文化不同，所形成的核心竞争力也应该是各有特色。中部六省应紧密结合各省的实际情况，充分发挥各自优势，因地制宜，切实树立科学发展观，加快研究制定推动中部崛起的政策措施，结合地区的实际情况来制定出本地区的创新和核心竞争力培育战略。同时，要打破区划壁垒、市场壁垒和体制壁垒，集成资源、整体优化、联动推进，最终实现中部区域经济社会全面、协调、可持续的创新发展，走出一条富有特色的协调发展之路，争取尽早实现本地区和整个中部的崛起与繁荣。

各位领导、各位专家、与会代表，推进区域经济社会协调发展，是新世纪我国的重大方略。中部崛起不仅是区域经济协调发展的客观需要，同时也是全面建设小康社会、提高国家竞争力和保证社会稳定的必然选择。中央对这个问题是高度重视的。中部为全国的发展作出了大量的贡献，也付出了自我牺牲。作为参政党，我们民盟中央有责任为中部的崛起建言献策，帮助呼吁中部在崛起中遇到的困难与问题。

据悉，正在制定的“十一五”规划中，已加强了制定、出台支持中部崛起的有关政策的研究深度，力争在区域框架、区域重大问题、区域结构调整中，出台一些中部崛起的战略框架。尤其在粮食主产区农村改革与建设、能源原材料基地的可持续发展等方面，在政策设计中会作为着力点，有望有所突破。

同志们，机遇与挑战并存，希望与困难同在。对于中部六省来说，抓住大好的发展机遇期，加快推进中部的崛起进程，是全国人民赋予的光荣而艰巨的历史任务。我很同意正声书记昨天在论坛开幕式上所提出的“在中部崛起中应立足于自力更生，艰苦奋斗，因地制宜，扬长避短”的观点。中部虽然眼下在崛起中会碰到这样或那样的困难，但与我国的西部相比较，还是有很多优越的条件的。而且，中部人民又具有勤劳朴实、艰苦奋斗的传统美德。

上个月，我随丁石孙主席到甘肃定西进行扶贫、考察，定西是个苦甲天下的地方。80年代初,那儿还有三分之二的老百姓吃不饱饭,绝对贫困人口达到92%,而且,联合国有关组织考察认为,定西不适合人群居住,提出了全面搬迁的建议。1984年民盟从费老开始,即在这里帮助扶贫。20年中,费老从70多岁到90多岁,七下定西,根据当地的自然条件,提出了由种粮改种畜草的"反弹琵琶"的观念,给定西指出了一条富裕之路,改变了定西的发展模式。现在的定西,已基本上解决了温饱,一部分农民已经奔上了小康生活。他们成功的经验在哪里呢?就是找准了自己本地区的发展脉搏,顺应自然,制定了科学发展的规划,形成了几大支柱产业,最终告别贫困,构建了和谐定西。在此,我也希望中部能够在崛起中顺应自然,顺应市场,顺应时代,遵循科学规律,利用好自己的天时地利,营造"与天和,与地和,与人和,其乐融融"的经济社会的发展氛围。我们相信,一个和谐的中部一定会早日到来,中部崛起一定会实现!

谢谢大家!

关于中部地区发展有关问题的建议*

（2005 年 7 月 1 日）

尊敬的锦涛总书记、家宝总理：

民盟中央对我国中部地区发展问题的关注始于上个世纪八十年代中后期。当时，费孝通、钱伟长同志重点调研过长江中游地区。九十年代中期，费老多次访问中原、淮海两个经济协作区，并在郑州召开中部地区发展战略研讨会。今年 5 月中旬，民盟中央会同中国生产力学会、湖北省政府共同举办了 2005 中部崛起战略论坛。民盟中央主要领导同志等出席该论坛，听取了中部六省、部分国家部委及专家意见，并实地考察了武汉、黄石、宜昌等地。结合历史经验和现实分析，我们对中部地区的发展思路形成了一些初步想法，谨陈如下。

一、中部崛起是我国在重要发展机遇期的一项重要战略措

---

* 本建议由民盟中央主席丁石孙、民盟中央副主席张梅颖联名提交，已由中共中央国务院领导同志胡锦涛、温家宝、曾培炎批示，并批转“十一五”规划起草组、发改委一并研究。

施，宜在“十一五”期间明显见效，形成亮点。

家宝总理在今年“两会”政府工作报告中提到“东中西互动、优势互补、相互促进、共同发展的新格局”。到2020年前，“新格局”渐次形成，是验证我们用好重要战略机遇期的一个重要标志。上世纪九十年代以来，中部六省经济增长速度明显提高，成为仅次于苏浙闽鲁粤沿海新兴工业省份的又一个连片快速发展区域，高于全国平均增速，崛起时机已到。目前需要尽快组织力量，编制中部发展总体规划，指导六省编制相应规划，并纳入“十一五”规划，落到实处。经五年组织实施，见到明显实效，成为重要战略机遇期中一个发展亮点。

二、做好农业大文章，在综合解决“三农”问题上率先突破，应成为中部地区发展的重中之重。

去年全国粮食增产的56%、全国粮食输出的50%来自中部六省。中部地区承担着保障国家粮食安全的重要任务，也形成了多年积累的粮食亏损巨额挂账。产量越高、贡献越大、地方财政负担越重的问题，应有切实解决措施，以建立支持粮食主产区和粮农收入增长的新机制。中部多为农业大省，“三农”问题更集中。大力推进农业产业化，重视农产品深加工，合乎中部实际和现代农业发展趋势，有利于调整产业结构，增加农民收入，加快劳动力转移。同时，做好农业税费、农村金融、土地征用制度等的改革，在户籍、培训、就业、社会保障等制度层面提供解决“三农”问题的配套政策，综合性、突破性地解决问题，为更大范围地解决“三农”问题积累经验。

三、用改革精神推进中部发展，积极调整产业结构，加快发展民营经济,提升企业自主创新能力。

用科学发展观统领全局,用改革精神推进工作,应成为中部发展的中心指导思想。在启动阶段,有必要引导地方领导注意避免一味要政策、等政策、唯政策的思想倾向。中部地区工业基础较雄厚,拥有门类较齐全的行业体系,其中已有国家大量投入。通过体制创新激活存量,通过采取现代科技成果谋取增量,通过调整产业结构形成新的增长点,通过大力发展民营经济刺激社会创造财富的源泉充分涌流,中部地区都有潜在优势,应予充分挖掘。企业自主科技创新工作大有可为。若能设立专项基金,对促进以企业为主体的创新体系建设与发展、推进中部崛起,可望有事半功倍之效。

四、因地制宜,充分发挥区域优势,大力发展现代物流产业,完善市场体系,提高投资效益。

交通条件优越是中部地区一大优势,市场发育不够是其弱点,投资环境需要尽快改善。大力发展现代物流产业,将能充分发挥中部交通优势,带动市场发育,促进投资环境的改善,一举多得。物流产业可成为中部地区新型产业结构的支柱产业之一。积极响应现代物流全球化、电子化、智能化、集成化和系统化的趋势,优先建立实施现代物流网络,使现代物流产业成为支撑中部地区经济全局快速发展的一项重要基础,亦作为全国生产力布局中的物流基地之一,具有特殊意义。这一观点,已在实地调查过程中与当地有关方面达成了共识。

五、落实"以人为本",选点进行区域性综合改革,让中部崛起的全过程成为构建和谐社会的现实过程。

经二十多年摸索，我们已积累了丰富的改革经验，有条件从单一领域的行业性改革转向多领域配合、以社会整体进步为目标的综合配套改革。中部崛起的全过程应是体现“以人为本”施政理念的过程。各级干部应高度重视民生福祉，杜绝单纯以GDP论政绩的倾向，防止重复先污染后治理的覆辙。建议选择合适地区，进行救助、脱贫、卫生，医疗、社保、教育、社区服务、户籍制度、信访体制、基层民主、中介机构、行业协会、慈善事业、灾害应急、非政府组织等综合改革试点工作，促使中部地区在城乡和谐、干群和衷、邻里和睦、社会和畅的氛围中实现发展目标，使人民群众在发展的每一阶段上都能享受和谐社会的幸福。

综上所述，中部地区的加速发展是必要的、有条件的、经过努力可以实现的。“天时”已到，“地利”用好，“人和”最重要。相信在中共中央、国务院的正确领导下，经过六省人民的共同奋斗，用上两到三个五年计划的时间，中部崛起的目标可以实现。民盟也将继续为这一目标的实现努力发挥作用。

以上想法仅供参考。当否，盼示。

此致

敬礼

国家发展改革委办公厅
关于中部地区发展有关问题的复函

（2005年8月17日）

丁石孙、张梅颖同志：

遵照温家宝总理的批示，我委就你们关于中部地区发展问题给党中央、国务院领导同志的报告，进行了认真研究。目前，我们正在对促进中部崛起的有关政策进行研究，你们在报告中对中部崛起问题提出的一些建议对我们很有启发，也是对我们开展相关工作的极大支持。现函复如下：

一、近几年，中部六省广大干部群众，通过各种形式表达了谋求加快发展的强烈愿望。社会各界十分关注中部六省的发展问题，并提出了不少好的意见和建议。党中央、国务院十分重视中部六省的发展问题。十六大报告提出了中部地区要加大结构调整力度，十六届三中全会提出了要有效发挥中部地区综合优势，2004年《政府工作报告》中提出了促进中部地区崛起的战略。2004年6月，温家宝总理在武汉会议上强调，中部地区要充分发挥区位、资源和科教三大优势，努力建成粮食生产、能源供应和科教发展三大基地。2005年《政府工作报告》指出，要充分发挥中部地区的区位优势和综合经济优势，加强现代农业特别是粮食主产区建设；加强综合交通运输体系和能源、重要原材料基地建设；加快发展有竞争力的制造业和高新技术产业；开拓中部地区大市场，发展大流通。国家要从政策、资金、重大建设布局等方面给予支持。

二、当前，我国经济社会发展已经进入一个十分重要的时期，我国正处在全面建设小康社会、加快推进社会主义现代化的承前启后阶段，是我们必须紧紧抓住并且大有可为的战略机遇期。促进中部崛起，有利于促进全国各地区生产要素、商品合理流动和有效配置，促进地区经济协调发展；有利于缓解我国的资源约束，为推进工业化进程发挥重要作用；有利于不断扩大内需，培育新的经济增长点；有利于提高中部地区人民生活水平，逐步解决“三农”问题，实现全面建设小康社会的奋斗目标。

按照科学发展观和统筹区域发展的总体要求，我们对发挥中部地区综合优势，促进中部崛起开展了一系列的调查研究工作，形成了一些初步设想。良好的国际国内环境为中部崛起提供了难得的发展机遇，独特的区位和交通优势为中部崛起提供了便利条件，比较丰富的自然资源和劳动力资源为中部崛起提供了强有力的保障，较好的经济基础为中部崛起提供了自主增长的能力，这些综合优势为中部崛起准备了充分的条件。

三、“十一五”期间乃至更长时期，加快中部地区发展，促进中部崛起，要把握好几个关键问题。一是要按照科学发展观的要求，坚持以人为本，更加注重协调发展，提高可持续发展能力；

二是要高度重视“三农”问题，巩固和加强中部地区的农业基础地位；三是要通过保持投资规模的合理增长，调整优化产业结构，大力发展循环经济，实施科教兴区和人才强区战略等，加快推进经济增长方式的转变；四是要积极稳妥地推进城市化健康发展，坚持大中小城市并举，促进小城镇集约化发展，切实保护耕地；五是加快社会事业的发展。大力实施科教兴区战略和人才战略，切实把教育放在优先发展的地位，积极实行促进就业政策，建立健全社会保障体系，解决好关系人民群众切身利益的突出问题。

实施促进中部地区崛起的战略，关键是要依靠中部地区广大干部群众积极努力和开拓创新。国家在政策上给予支持，在于为其创造良好的发展环境和条件，调动各方面的积极性。我们按照国务院领导的指示，正在对如何促进中部崛起开展研究，起草促进中部地区崛起的指导意见。我们考虑，促进中部崛起的政策，主要是围绕促进中部地区进一步发挥综合优势来展开，具体政策尚在研究之中，有关部门正在加强进一步的协调。对于你们提出的政策措施意见和建议，我们将认真研究。

贯彻中央关于促进中部崛起的决策，意义重大，任务艰巨。我委将继续按照党中央、国务院的要求，广泛听取各方面意见，深入调查研究，抓紧工作，尽快研究提出促进中部崛起的指导意见供中央决策，努力为实现中部崛起贡献力量。

特此函复。

在《群言》杂志创刊20周年纪念座谈会上的讲话

（2005 年 7 月 14 日）

20 年前，《群言》杂志的倡导者、创办者，民盟的前辈领导者和老盟员，以敏锐的眼光，在一个被称为“知识分子的春天”里创办了这本名字响亮的刊物。《群言》自诞生之日起，便尽享着“改革开放”的朝阳；沐浴着“尊重知识、尊重人才”的春风；追随着“解放思想、实事求是”的时代步伐。《群言》是特定历史条件下的产物，她应运而生，生逢其时。

《群言》自创刊之日起就有着双重使命，因为它不但有着一般杂志的共性和功能；同时，作为民主党派主办的刊物，它还有着与生俱来的特性，即它的政治性、知识分子特色和党派性。对于国内外的读者，民主党派的报刊是了解中国，了解中国知识分子，了解中国民主党派的一个重要窗口。20 年来，《群言》的负责同志和全体工作人员担当起了这个庄严的使命，《群言》作者、读者自觉地维护着这个使命。

20 年来，在中共中央统战部的关怀下，《群言》随着我国改革开放和社会主义建设事业的发展而逐渐成长，贯穿起一篇篇有着鲜明的时代特征文章，几乎完好地反映了改革开放的全过程。也从一个侧面生动体现了中国共产党领导的多党合作和政治协商制度的不断完善和它的优越性。

20年来，《群言》始终恪守创刊时的宗旨，同时顺应历史发展的客观规律；把握正确的政治方向，同时注重从内容到形式的多样性；努力贴近读者，但从不降低格调。

20年来，《群言》所走过的每一步，都浸透着前辈盟员的深情和心血，倾注着所有盟员的嘱托和热望，包含着广大读者、各界作者的关注支持。

一位读者在"我看群言"中有这样几段话：

我喜欢她的名字——群言。……翻开每期《群言》，不止"群言堂"这个栏目，其他像"专题座谈"、"参政议政"、"观察与思考"、"随感录"等栏目也是群言堂，没有哪一篇文章是自认为一言九鼎或被认为一槌定音的……

我喜欢它的求真、务实作风。……假话、大话、空话、套话，是黎民百姓最厌恶的"四话"，也是办好报刊之大忌。而在《群言》这本每期48页的薄薄杂志中，绝少"四话"的地盘。不论长丈短简，大都言之有物……

我喜欢她高雅的品格。……她的封面也同内容一样，透出一种雅致大方的格调。她举办征文，从来没有奖金，她的稿费在同类刊物中恐怕是最低的，却有众多名家为她撰稿，想必是她的个性、品德自有一种吸引力。

我喜欢她对作者和读者的诚挚。

作者的厚爱、读者的褒奖，是对《群言》的倡导者、创办者的由衷赞美，是对老一辈为《群言》付出心血的同志的真诚认可，也是对我们的鞭策、鼓励，我们唯有不辜负他们的深情。

《群言》的特色之一，是每一期都召集有关专家学者和有实际工作经验的同志进行专题座谈或笔谈，所谈主题鲜明，力避空谈、清谈，有理论、有实际，在指出问题的同时提出可操作的解决问题的建议、办法。许多意见受到党和政府有关主管部门的重视，并经常被多家权威媒体转载。这种座谈已成为《群言》的显著特色，20 年来从未间断。我每一期都认真阅读这个栏目，也曾有幸多次参加或主持座谈会，畅所欲言、各抒己见的座谈，总会使我油然而生一种感动：为我们的盟员和盟所联系的知识分子的深厚学养、宽阔眼界和有责任感、道义感的真知灼见所感动；为新老知识分子与党和人民同呼吸共命运的爱国情怀所感动；同时也为《群言》杂志社的同志们，特别是叶稚珊同志 20 年如一日认真负责的工作态度和在困难的条件下默默无闻、精益求精的敬业精神所感动。

提起《群言》，我们首先想到的就是尊敬的费老，他从《群言》创刊之始，就非常关心这份“知识分子的‘群言堂’”。他亲自出题目主持专题座谈会，还亲笔为《群言》写文章。费老出的题目都是事关国计民生，具有长远意义的大题目；主持座谈发表的是他从实地调查中得到的新知和启发；写给《群言》的文章不仅质量高，数量也达到 100 多篇，这是一笔十分珍贵的财富。纪念《群言》、回顾创办过程，我们永远不会忘记费老指路、引路、铺路的心血和功德。

敬爱的陶大镛同志，是《群言》第一任编委会主任编委，是著名的经济学家，是早期的民盟成员，是声名远播的“六教授”之一，有在《新建设》杂志长期工作的经验，1985 年以民盟中央副主席的身份负责筹办、主办《群言》。从无到有，从小到大，事无巨细，亲力亲为。陶公没有从《群言》得到过一分一厘报酬，但十几年里他几乎付出了全部的脑汁和睿智。他的极高的政策水平、丰富的政治经验、宽阔深远的视野，他对重大、敏感问题准确、大胆而又审慎的处理能力，为《群言》奠定了基础，确立了风格，联系、稳固了一批高水平的作者。陶公是《群言》名副其实的功臣。如今，陶公虽然躺在病床上，仍心心心念念惦记着《群言》。今天，他虽然没能来到会议现场，但此刻他一定能感受到我们向他致以的崇高敬意，愿参加这次盛会的所有同志的美好的祝愿能陪伴在他的身边。

《群言》的老朋友，卧病在床的季羡林先生，昨天送来了他对这次会议的祝贺：

热烈祝贺《群言》创刊 20 周年！

在这一段不算短的时间内，《群言》歌颂了政通人和海晏河清的社会，对促进社会和谐也做了不少有益的工作。在这里面，你们付出了很大的劳动，我们大家都应该感谢你们，祝你们继续努力下去！

庆贺并回顾《群言》20 周年，我最深刻的感受是责任。

在民盟这个大家庭里，我是一个晚辈。在我的成长与个人经历中，许许多多民盟前辈和长者，都让我高山仰止，是我行为与行动的楷模，其中就有创办和活跃在《群言》的学者。在我深感肩上的重担、责任与挑战的时候，他们的学识气韵、人格操守，无声无息、点点滴滴浸润、影响着我的工作态度，净化着我的心灵。我庆幸从小至今一直感受着民盟优良传统的熏陶，更庆幸遇到了千载难逢的盛世。

钱伟长同志曾经在一篇文章中说："群言兴邦，并不是说这月刊《群言》能兴邦，而是说推动广大群众关心国家大事，关心祖国的政治、经济、文化和社会主义建设的发展，……群策群力，议论探讨，提供一得之见，这就是每一位有识之士在兴华夏之邦的大业上，作出了应有的贡献。如果人人这样做，岂不就是群言兴邦。"办好《群言》，离不开地方各级盟组织和广大盟员的参与支持，离不开各界有识之士的辅助关爱，离不开中央统战部的领导和关怀，在此，我代表丁石孙主席、代表民盟中央对大家表示诚挚的谢意，在今天这次庆祝会上还要表彰和奖励一批地方盟组织和个人，在这里我也代表盟中央向他们表示真诚的祝贺。

国有道，庶人多议。《群言》之所以能始终保持"知识分子群言堂"的特色，不只是因为《群言》是民主党派的刊物，不只是因为《群言》有一大批德高望重的顾问、编委，应该庆幸和感谢的是改革开放的大背景下营造出的一派宽松、和谐的气氛。各抒己见，谈论风生，这样生动活跃的局面来之不易，让我们一如既往，共同珍惜、维护着这座思想和精神的"百花园"、知识分子的"群言堂"。

以《意见》精神为指导　内强素质外树形象　努力建设一支适应形势任务需要的高素质民盟干部队伍

——在民盟盟务工作骨干、从政干部、宣传干部研讨班上的总结讲话

（2005 年 7 月 21 日）

同志们：

研讨班就要结束了，虽然大家意犹未尽，但按照程序安排，我还是要为这次研讨做一个总结。

一、这期研讨班的收获

几天来，研讨安排得非常紧张。大家重点学习了《中共中央关于进一步加强中国共产党领导的多党合作和政治协商制度建设的意见》（以下简称 5 号文件），了解了国际形势和国内经济形势，并进行了分组讨论。宣传干部还专门学习了写作知识和报道技巧。从反馈的情况来看，基本上达到了预期的效果。

一是达到了明确形势的目的。5 号文件的颁布，是我国政治

生活特别是统一战线的大事。学习贯彻5号文件,是我们当前的重要任务。因此,使全盟同志,特别是盟的骨干同志,充分认识到5号文件颁布的背景和重要意义,理解把握5号文件在理论政策方面的创新发展,深刻认识5号文件的重点、实质与核心问题,就显得尤为重要。经过几天的学习,可以说大家在明确形势,认清大局上又有了进步。走路首先要认准方向,做盟的工作也同样如此。方向正确,才能纲举目张。

二是达到了加压鼓劲的目的。5号文件的颁布,标志着我国多党合作制度发展到一个新的高度。民主党派的作用和地位更加重要,活动的舞台更加广阔,参政议政的前景更加美好。但同时,执政党的期望高了,人民群众的期望高了,对我们自身建设的要求也高了,这是一个很大的压力。不能与时俱进,就会落后退步。我觉得,通过学习,大家都感到了肩上的重担,都有把压力变成动力的心气儿,这就是责任感和紧迫感。多党合作是一项伟大的事业,我们所从事的工作前无古人,光荣艰巨。我们已经有了17万盟员,凝聚了一大批方方面面的优秀人才,只要我们同心同德,众志成城,我们就有信心、有决心、有能力克服困难,把盟的各项工作做好,为建设中国特色的政治发展道路作出应有的贡献。

三是达到了交流研讨的目的。这次会议对14号文件颁布以来多党合作事业的成功经验和做法进行了回顾和总结,对5号文件进行了认真的学习研讨,可以说是一次承前启后、面向未来、推动工作的会议。几天来,大家紧紧围绕中心议题,各抒己见,畅所欲言。由于是切身感受和认真思考,许多发言非常实在,很有针对性,我听了也很受教育和启发。特别是一些年轻盟员对盟的工作提出了新思路,很有见解,后生可畏啊！他山之石,可以攻玉。相信大家从相互的交流中,也会获益匪浅。大家所提的许多建议和意见,比如在新形势下民盟参政议政的定位问题、从政干部、后备干部的培养推荐问题、民盟的宣传问题,等等,都非常有价值,这也是今后工作中要逐步加强的地方。我们希望通过总结经验,集中大家的智慧,群策群力,促进全盟的工作再上新水平。

二、作为参政党,民盟应该如何学习贯彻5号文件精神

5号文件是指导新世纪新阶段我国多党合作的纲领性文件。贯彻落实5号文件精神,推动多党合作和政治协商制度不断深入发展,是执政党和参政党的共同政治责任。作为参政党,学习贯彻5号文件精神,关键是要用文件精神指导多党合作和政治协商的实践,充分履行参政党的职能,推进中国特色社会主义事业不断前进。对5号文件的背景和重要意义,已经进行了专题辅导,我就不再多讲。下面,我就如何学习贯彻5号文件精神,讲三点意见。

第一,充分认识多党合作制度的优越性,坚定不移地走中国特色社会主义政治发展道路。中国共产党领导的多党合作和政治协商制度,从建立之初,一直发展到今天,逐步走向制度化、规范化、程序化,愈来愈显示出巨大的优越性和强大的生命力,日益被证明是符合社会主义事业的发展要求,符合全国人民的根本利益,是适合在中国“土壤”上生长的政党制度。其最大优势

就是可以凝聚一切力量,集中最大优势,合理利用一切资源,以最有力的举措,去干成全国人民最需要、最应该办的事情。这个优势是其他国家所没有的。50多年来,我们坚持实行这一制度,团结一切可以团结的力量,调动一切积极因素,经受住了各种困难和风险的考验。改革开放20多年来所取得的举世瞩目的经济奇迹和历史进步也强有力地证明了这一点。在经济体制改革取得丰硕成果的同时,政治体制改革也取得了长足进展。

我想,任何一项制度都不是十全十美的,也都需要一个形成、发展和完善的过程。同样,中国共产党领导的多党合作和政治协商制度的形成、确立和完善,也经历了一个探索和实践的漫长过程。这次5号文件把政治协商纳入决策程序,重大问题协商于决策之前和决策执行中并使之制度化,成为政治协商的重要原则,这完全反映了人民当家做主的社会主义民主的本质,也使决策科学化、民主化的体现,进一步体现了我国政治制度的特点和优势,并使这一体制在新的历史条件下显示出蓬勃的生机和巨大的生命力,同时对参政党发挥参政能力也提供了一个更为广阔的前景和平台。

5号文件的颁布,标志着中国共产党审时度势、顺应时代发展规律,在国内外局势日益复杂的形势下,执政能力日益成熟、稳健、坚强。在新的历史时期,学习贯彻5号文件,坚持好、发展好多党合作和政治协商制度,是发展社会主义民主政治、建设社会主义政治文明的重要内容之一。作为参政党,对于我们的政治制度和政党制度,立场要更加坚定,认识要更加明晰,头脑要更加清醒,坚决抵制和杜绝一切错误的、混乱的、糊涂的思想观念，在原则问题面前，不摇摆、不动摇。既然我们选择了、实践证明是正确的选择，我们就要像爱护生命一样爱护和维护它的尊严。在新形势下，我们要认真组织广大盟员深入学习领会5号文件精神，坚持和遵循多党合作的重要政治准则，自觉坚持和接受中国共产党的领导，坚定不移地走中国特色社会主义政治发展道路。

第二，积极履行参政党职能，紧紧围绕经济和社会发展中的重大问题建言献策，为构建社会主义和谐社会服务。构建社会主义和谐社会是中共十六届四中全会提出的战略任务。近日，锦涛同志在省部级主要领导干部提高构建社会主义和谐社会能力专题研讨班上的讲话公开发表，在社会上也引起了强烈反响和许多矛盾及问题，关键要靠发展来解决。发展是解决中国一切问题的关键，不抓发展和谐就无从谈起。5号文件明确指出："发展是中国共产党执政兴国的第一要务，也是各民主党派参政议政的第一要务。"民盟作为成员最多的民主党派，理应为促进经济、社会协调发展多作贡献。改革开放以来，我们坚持以经济建设为中心，围绕科技、教育、区域经济发展、三农、应急管理、粮食安全、城乡协调发展等国家经济、社会发展中的重大问题，深入调查研究、积极建言献策，不断扩展参政议政的视野和范围，为科学决策作出了自己的努力。在新世纪新阶段，我们更要树立和落实科学发展观，着眼于构建社会主义和谐社会，充分发挥人才库和智囊团的作用，紧紧围绕发展这个第一要务，就国民经济和社会发展中的重大问题进行调查研究，建言献策。但如何建言献策，也要有个标准，那就是：定位要准，见识要高，可行性要强，敢说真话。定位准了，才能选准那些具有综合性、全局性、前瞻性的重要课题以及社会中的难点、热点问题、党和政府感到棘手的问题进行建言献策。见识高了，可行性强了，才能想出党和政府迫切需要得到的好主意、好招法，才能有利于中央决策。敢说真话，就是要发挥民主党派客观超脱的优势，真实地反映问题，提出建议，敢于发表不同意见。只有“和而不同”才能“不同而和”。决策本来就是在不同的意见中进行抉择，对执政党而言，民主党派的不同意见具有重要的价值。要达到这个建言献策的标准，我们也要付出很大努力，要求我们在提出建议前要认真调研、深入思考，提出建议时要慎重、科学，避免片面、失实。

二是要发挥党派优势，促进社会的稳定团结，增进社会的和谐。社会稳定是社会和谐的前提和基础，没有社会稳定，构建社会主义和谐社会就无从谈起。当前，从社会稳定的角度来看，我国正处于人民内部矛盾凸显、刑事犯罪高发、对敌斗争复杂的时期。合理整合各种利益关系，积极化解突出矛盾，有效理顺方方面面的情绪，是社会稳定和谐发展的“必修课”。作为参政党，我们要适应和谐社会建设的要求，充分发挥党派优势，多做增进理解、扩大共识的工作，多做协调关系、理顺情绪、化解矛盾、凝聚人心的工作，为构建和谐社会提供良好的社会环境。各级盟的组织和广大盟员干部，要自觉为构建和谐社会多做工作。我们的盟员不管在哪里，都要做社会和谐的“润滑剂”，反映群众问题一定要客观，向党和政府汇报问题要准确，实事求是。我们要学会两头做工作。相对于群众，我们有知情明政的优势，要自觉宣传党和国家的方针政策，解疑释惑、疏通润滑党群干群关系；相对于党和政府，我们有超脱客观的优势，要把群众、盟员想说的话、想做的事，群众的困难、群众的意愿，都如实地加以转达，让党和政府及时为群众排忧解难。我们在座的都是从政干部和盟的后备干部，大家都有丰富的学识，担任了一定的领导职位，也要和基层的盟员、群众多接触。只有经常深入基层，才能不脱离群众。大量不稳定因素起源于基层，化解矛盾、解决问题的关键也在基层，这是我们需要注意的一点。

第三，要适应形势任务需要，切实加强自身建设。5号文件规定，执政党要进一步加强同党外人士的合作共事，明确了培养、选拔党外干部的总体要求和具体政策，拓宽了党外干部选拔领域，保证党外干部有职有权。下一步，将会有一大批党外干部走上政治舞台和领导岗位。这些措施，为民主党派进一步发挥作用提供了更加广阔的空间，也对民主党派加强自身建设提出了新的更高的要求。我们在倍感温暖的同时，也感受到前所未有的责任和压力。我们能否承担起这个责任，我们的干部队伍能否适应形势任务的需要？多年来，盟的自身建设成绩有目共睹，也提出实施了“人才强盟”战略，可人才问题仍然是制约我们发展的“瓶颈”。盟的人才大部分在文教界，适合参政议政的其他人才比较缺乏。目前，我们的从政人数，各级人大代表、政协委员的数量，与其他民主党派相比，并没有太大的优势，与我们盟的历史，与盟员数量也不相称，这其中固然有很多方面的因素，但我们的人才总量不足，适合参政议政、从政的人才不足，拔尖人才不足应该是一个不争的事实。这已经关系到多党合作大局，关系到盟的事业发展和未来。人无远虑，必有近忧。我们要借5号文件的东风,下大工夫、花大气力,真正把我们自身建设的各个方面提高到一个新的水平。结合民盟的实际,加强自身建设,当前最紧迫的就是加强干部队伍建设,努力提高干部的能力素质,重点是提高5号文件所提出的“四种能力”,即政治把握能力、参政议政能力、组织领导能力、合作共事能力。

同志们,人事继替、新陈代谢是不可避免的自然规律,不仅民盟老一辈的创建者离我们很远了,就是一些改革开放以后的盟的领导、前辈和知名人士也相继谢世,仅今年上半年,就有费老、李国豪、曾呈奎、李秉德、冯亦代等老先生离开了我们。这个规律我们不能扭转,但民盟还要继续发展,需要一代又一代的盟员承担起重任。逝者如斯,薪火永传。如今,担负起这个重任的,是盟的各级组织的新一代领导同志和盟务工作骨干,这其中也包含在座的各位。十年树木,百年树人。你们的年龄结构、知识层次、工作阅历,都具有很大的优势,是盟内的精英。接力棒可能很快就要传到你们这一代盟员手中。重任在肩,一心为盟,舍我其谁。大家要有这个信念,有这个勇气,更要自觉践行,为盟的事业增光添彩。

三、几点期望

学习无止境,实践无穷尽。集中培训是突击强化式的学习,更重要的学习还是日常工作和生活中的学习,持之以恒,一以贯之。我们的事业光荣而艰巨,盟的自身建设任重道远。对于在座的各位,对于所有盟的干部,所有盟的同志,我还是想讲几点期望,在这里提出来,与大家共勉。

1. 作为盟员,要知盟、忧盟、爱盟

盟员要知盟。知之愈深,才能爱之愈切。作为民盟组织的一员,不仅要了解盟的现状,更应该了解盟的过去。现在在职盟员的主体都是解放后出生的,许多同志对于盟在解放前后的历史,缺少深刻直观的认识。希望同志们有时间要多读读近现代史,多读读民盟前辈的传记,而不要仅满足于盟员读本上的条条框框。这样,盟的历史可能就会深刻丰满许多。民盟成立60多年来,与中国共产党风雨同舟,肝胆相照,和衷共济。民盟的历史是光荣的,无愧于国家和人民。作为后来人,知晓盟史,在给我们带来自豪感的同时,也会给我们带来使命感和责任感,我们不能愧对民盟的前辈。知晓盟史,可以从中汲取历史营养,学习、继承民盟老一辈风范、学识、人品和风骨,作为我们立身行事的精神支柱,引导我们不断前进。

盟员要忧盟。居安思危,未雨绸缪,是中国古代的至理名言。多党合作事业进入了前所未有的良好发展时期,但是全盟同志对此也要有一个清醒认识,机遇与挑战并存,形势虽然大好,但我们前进的道路上还存在不少的问题与困难。有为才能有位,是现在大家常说的一句话。民盟要有所作为,全体盟员首先应该立足现实,发奋图强,把心思放在多党合作的事业上。忧国忧民是民盟前辈成立民盟的起因,我们要继承这种传统。有了危机感,才能有责任感。有了忧患意识,才能自觉为盟分忧,为国尽力,为民谋利。

盟员要爱盟。盟员爱盟,是义务,是责任,也是要求。衡量盟员是不是爱盟,要看政治立场,看实际行动。能否坚定不移地遵守中国共产党领导的多党合作制度，是检验盟员政治立场是否坚定的重要标准。每一名盟员都要坚持党的领导，坚决反对一切错误言论，澄清模糊认识。要做好本职工作。盟员的进步性，要体现在立足本职，爱岗敬业，努力创造一流业绩上。要维护盟的形象。盟的形象不是抽象的，具体体现在每一个盟员身上。盟员的一言一行，都关系到盟的形象。一个群体中出一个害群之马，尽管也许是个案，但也会影响群体的声誉。

2. 作为盟的干部，要处理好做人、做事、做官的关系

作为盟的干部，由一介书生成长为一名官员，应该怎么做，才能上不愧国家、人民，下不愧自己的良心，踏踏实实做出一番事业。这是我最近一直在思考的问题。我想了很多，觉得还是要处理好做人、做事与做官的关系。

做人，要做好人。人字只有一撇一捺，但是真正写好却非易事。一画朝天，两笔踏地，意为顶天立地。要做一个品行端正的人，“先修身而后能”。一个品行不端的人，仕途上也许能够上升到一定层面，但最终经不起时间的考验。有了好的人品作保证，做人才有底气，做事才会硬气，做官才有正气。好的人品，体现在一是要正直，正直的人才能让人尊重。二是要严谨。严谨的工作作风，是务实、高效、追求完美的一种表现；严谨的生活作风，是洁身、克欲、自律的一种手段。三是要宽厚善良。要宽容，“律己当严，待人当恕”。要厚道，以心换心，以情换情，心底无私，光明磊落。不以恶小而为之，不以善小而不为。总之，品行是一个人无形的资产，是做人的本钱。

做事，要做好事。人生在世，就要做事。为官掌权，更要为

人民、为社会做事。如何做事？方式虽有千秋，但目的只有一个，不只是要把事做好，还要把好事做实，把实事做好。要高水平谋事，知全局，谋大事。所谓“不谋万世者，不足谋一时；不谋全局者，不足谋一域”。我们做事，眼光要长，见识要高，不能鼠目寸光，患得患失。要掌握科学的工作方法，高效率做事，化繁为简，事半功倍。还要高风格处事，大事讲原则，小事讲风格，言行一致，脚踏实地，仰不愧党，俯不愧民。

做官，要做好官。丁主席讲，我们的职位不是官位，而是为人民做事的岗位。做官，是出于工作的需要，事业的需要，所以，要做好官，而不是做贪官、昏官、庸官。要常修为政之德，这也是中华民族的优良传统。缺德少才者，无法成为领导干部。有德无才者，无法胜任领导工作。有才无德者，只会败坏我们的事业。我们需要的，是德才兼备的干部。什么样的叫好官？大体的标准是要公正、自律、尽职、亲民。民盟不是名利场。作为民盟的干部，还要淡泊名利，正确对待职务升迁。有的人刚走上领导岗位，椅子没坐多久，实事没做几件，就开始设计自己的“升官图”，到处拉关系，跑门子，结交有用的人，以包装自己，推销自己。这不是我们民盟干部的做派。有上进心是正常的，但干部的成长一要看个人条件，二要看工作需要。所以，我们还是要提倡老老实实做人，踏踏实实做事，清清白白做官。在这里我想起了费老，费老的人格魅力、道德情操、学术成就以及参政议政的眼光与魄力、不辞辛劳调查研究的精神等，都是我们学习的楷模。

3. 加强人格修养，自重、自省、自警、自励

自重，就是尊重自己的人格，注意自己的言行，珍惜自己的

名誉,待人处事端庄厚重,与自己的身份相吻合,既不狂妄自大,也不自轻自贱。自重,不仅仅是指道德上的品质和表现,更多的是对干部在政治上的要求。作为盟的干部,我们所做的一切工作都要与民盟干部的身份相符,要珍惜这个荣誉。

自省,是进行自我批评的重要方法。自省,出自《论语》,“见贤思齐焉,见不贤而内自省”。坚持自省,才能时刻明辨是非,及时发现错误,把错误消灭在萌芽状态;才能虚心接受别人批评,提高自己的思想水平和工作能力,永葆虚心好学、勤奋工作的本色。作为一名盟的干部,在政治修养和道德修养中,应该经常自省,养成“每日三省吾身”的习惯,经常反思自己的行为,检点自己的作风,有了问题及时改正,而不至因小过而铸成大错。

自警,就是自己警示和告诫自己。自警有两种情况:一种是警告自己不要违背政治原则和道德规范;一种是以别人的教训来告诫自己不要重蹈覆辙。改革开放的大环境对我们盟的干部也是一个严峻的考验,面对五光十色的开放世界,如果丧失了自己的生活准则,拜金主义、享乐主义、极端个人主义等腐朽思想便会侵蚀我们的肌体,造成人生观变味、价值观歧途、思想道德滑坡,甚至“中箭落马”。这几年,我们盟内也出了不止一个反面典型,有经济犯罪,也有刑事犯罪。虽说这也只是个别现象,但千里长堤,溃于蚁穴,我们不能不慎,不能不警醒。所有盟的干部,特别是领导干部,都应当严于律己,以史为鉴,以人为鉴,以法为鉴,警钟长鸣,过好权力关、名利关、金钱关、美色关、人情关,不准越“雷池”一步。

自励,就是自己激励和鞭策自己。如果说自重、自省、自警突出地强调了严格自律的话，那么自励则要求我们在自律的同时，要不断激励自己踏实工作，开拓进取，奋发有为。人在困难时需要自励，有了成绩更需要自励。任何志得意满，居功自傲者势必摔跤。盟的干部往往成长较快，由一介书生成长为领导干部，更需要保持清醒的头脑，自我历练，做出更出色的工作成绩。

刚才所讲的三点期望，分别属于认知、践行、修身三个层面。我讲这些话，是有感而发，也是与大家共勉。人的一生是短暂的，为盟工作的时间是有限的。每一位同志都要认真想清楚"入盟为什么，在职干什么，身后留什么"的问题，自我加压，知难而进，踏实工作。希望大家身体力行，知行合一，从修身齐家做起，以治国平天下为目标，在5号文件精神指导下，努力提高自身素质，把盟的事业不断推向前进。

谢谢大家。

用创新支撑国家

——在江西高等教育高层论坛上的讲话

(2005 年 7 月 28 日)

一、国家创新体系的提出

近现代世界历史表明,科技创新是现代化的发动机。科技创新能力强盛的国家在世界经济的发展中发挥着主导作用,18 世纪、19 世纪两次产业革命(蒸汽机 1776 年引发第一次产业革命)都是英国主导带动了西方国家进入较长的发展周期。19 世纪末开始美国取代了英国成为第三次第四次产业革命的领导者。上世纪 90 年代世界掀起了以信息技术为核心的新技术创新高潮,美国又处于领先地位,领导了世界经济的持续发展。

同时,近现代世界的历史还表明,发展中国家在经济起飞阶段,可能具有廉价劳力、市场、资源等比较优势,但发展到一定阶段后原有的比较优势可能弱化或丧失。要想实现现代化,必须适时调整发展战略方向,提高自主创新能力,减少对发达国家技术、资本、市场和资源的依赖,加快从资源驱动、投资驱动向创新驱动型转变,成为新兴工业国家。

一个国家的经济发展有三种模式：资源型——以中东为典型；依附型——多数发展中国家；创新型——发达国家，靠科技创新支撑国家。比较典型的：美国20世纪50年代崛起靠的是高技术创新及其市场价值的实现。日本80年代赶上美国也是由于若干重要领域的制造技术与产品技术创新独占鳌头。再如亚洲四小龙创造的奇迹，特别是韩国立志要把疆土小国成为世界科技强国，抓手就是技术创新。像芬兰这样仅600万人口的小国在激烈的全球化竞争中却能与大国抗衡并占有一席之地，其取胜之道仍然是无线手机和软件等技术创新。

因此，在全球化知识经济的今天，科技创新更将是国际竞争的聚焦点，是成为国家竞争力的决定性因素，许多国家（包括印度）都把科技投资作为战略性投资。

我国特定的国情与需求，不可能选择资源型（资源紧缺、人口多），更不能长期依附。目前，我们尚未摆脱这两种发展模式。2004年我国高技术产品在出口工业制品中占27.9%，其中90%是三资企业完成，主要高技术产品只是依赖国外核心技术的加工品。我们得到的只是微薄的劳动报酬，80%属于知识产权所属国，一纸合同就拿走80%利润。没有知识产权在国际竞争中怎能不寄人篱下，不仅没有了尊严，国家安全也受到威胁。

我国在经济快速发展中一些矛盾已经凸显，主要是经济增长方式没有转移到依靠科技进步和人力资源素质提高上来，高消耗，资源浪费，污染环境的粗放经营方式非常普遍，对经济增长的制约作用越来越大。“转变发展模式”这个问题在前几个五年提出来了，但效果一直不好，粗放生产在有些地区和部门还愈演愈烈。到现在,各个地区还是在相互攀比,一门心思追求 GDP 的发展速度。这说明旧制度的惯性作用非常大,而根子还是在于我们的体制没有转过来,在于政府主导着经济行为和发展过程。由于政府本身的行为惯性,导致政府受体制制约不能转,受利益制约不愿转。我想,得有个“抓手”,才能真正把增长方式的转变落到实处。这个抓手就是科学技术,特别是科技自主创新能力。如果不提高自主创新能力,不断提升比较优势,转变增长方式,将会逐步拉大与先进国家的发展差距,甚至被边缘化。要突破人口、资源、环境的瓶颈,逼着我们必须走一条技术含量高、资源消耗少、人力资源优势得到充分发挥的新兴工业化路子,也就是坚定不移成为创新型国家。因此,国家创新体系的提出势在必行。

十六大、十六届四中全会提出“大力实施科教兴国战略,加快国家创新体系的建设,充分发挥科学技术第一生产力的作用”。锦涛总书记概括科技创新体系,充分发挥:1. 政府的主导作用。2. 市场在科技资源配置中的基础作用。3. 企业在技术创新中的主体作用。4. 国家科研机构的骨干和引导作用以及大学的基础和生力军作用。涵盖了管理创新、知识创新、技术创新,官产学研多个方面。

最近总书记又强调“要坚持把推动科技自主创新摆在全部科技工作的突出位置,坚持把科技自主创新能力作为推进结构调整和国家竞争力的中心环节”。

家宝总理指出“创新是一个国家和民族崛起的筋骨,科学技术是一个国家综合国力竞争的决定性因素,解决我国经济社会发展中的突出问题，最根本的要靠科技进步和创新”。

简言之，走创新型国家之路，华山天险一条路。

二、深刻认识我国科技创新能力的现状

（一）科技体制改革有待完善

1. 在许多方面科技与经济两张皮的现象，仍然严重存在，科研与市场隔绝。

追溯到管理领导体制上，各级政府管经济是强势领导，科技与教科文卫一起属社会发展领域，怎么也体现不了第一生产力，分管者大多是党外干部，言外之意非常委会成员，管理和执行力度无法与管经济相比，科技这张皮只能在科技领域内进行内循环。即专家出题、专家解题、专家评审、专家拿钱，立项是从文献中来到实验室去，导致重文献调查、轻市场需求，而不是从生产中来到生产中去，科研人员感觉不到市场压力，不晓得企业需要什么，企业最了解市场要求，干着急，科研活动与其不搭界，科研出了“成果”现找谁用，影响了科技创新及其成果的适用性，浪费了有限的科研投入。应用研究和技术研究领域必须企业出题，专家教授解题，政府搭台，把科技融入到经济大循环中去，体现出科技是第一生产力。如上海交大应用技术研究与宝钢合作，由宝钢制定科研课题，交大提供科技支撑，企业研发骨干担任研究生导师，交大教授配合，真正体现了产学研结合对科技进步的推动作用。

2. 未能营造创新的环境和氛围。

科研项目的确定过程仍存在少数专家垄断现象，表面上依

靠专家,实际少数人说了算,带有较大盲目性,只要进了关系网、熟人圈子里,立项、评奖,都能得到国内先进(国际水平)的评价,不断获得大笔科研费。非共识项目(专家不认的),特别是处于创新思维最活跃时期的青年科技人员,“小人物”的创新思想容易被排挤、压制,缺少平等参与、公平竞争的环境。科技资源分配的科学化、民主化、透明化程度远远不够。相应的科技评估体系也缺乏激励创新的机制。自主创新的含义应包括两级,一级创新指重大原始性的科学发现和技术发明,即原创性;二级创新是在已有的科技成果上的系统集成创新,以及在引进国外先进技术的基础上进行消化、吸收和再创新。

现在科技评估制度确实存在一些缺陷,突出表现为在指导思想上避免选题失败而回避风险,导致原始性创新思想受到遏制。创新绝非一件手到擒来的易事,失败是多数情况和正常现象,不能宽容创新中的失败,并承认失败的经验价值。这种评价体系太单一,指标不合理,难以形成推动创新的文化氛围,最终形成了几乎没有失败的一大批价值不高、急于求成的科研成果。

3. 科研资源无法有效整合。

由于体制上条块分割,现行科技管理多元分散,中央一级就有 7 个拥有直接科技投入预算权部门,势必造成政出多门,一方面项目重复浪费,一方面投入不足。科技资源的浪费和低效,有时到了令人痛心的地步。在国家级、省部级、地市级、县级两万多家实验室,总固定资产 200 多亿,仪器设备 100 万台套,数量庞大,分布广泛,门类齐全,资源丰富,但缺乏交流,水平差距大,重复建设,资源浪费。在现有实验室没有充分利用情况下,这两年还在大力建新实验室,前年与非典有关研究立项全国遍地开花,不同渠道试剂立项20多项,疫苗40多项,在不确切了解P3试验室配备条件情况下,均付巨资组建P3实验室达50多个,暴露出科技管理体制上存在的缺陷。各自为政造成各部门争资源、上项目,大量重复购设备,重复采集数据,资源严重浪费。另一方面由于资金分散,往往不足以配备完善的配套辅助件,设备使用质量普遍不优,又缺乏运行维护费用,大多仪器设备呈低效状态,缺乏科技资源共享法规,政府职能错位,难以形成科技资源共享平台,上海的经验值得学习。上海科技管理部门协调整合各部门科技资源,重点建设科技基础条件平台,建立了“一网两库”供全市甚至全国共享的机制。特别为创新链中最活跃的中小企业的研发、创新、创业提供了基础条件支撑。

(二)科研产出增长快,但质量不高

我国在国际上发表论文数已跃居第五位,但质量不高,近十年的统计,论文引用率占世界1.6%,缺乏有影响的原创性科学成就。我国专利增长也较快,但发明专利数量、水平处于落后状态,不足以支撑产业和企业发展。1985年以来全国企业申请专利总数约2.2万件,其中发明专利占5%,重大发明专利屈指可数,70%国有大中型企业,95%国有小企业无一件专利。(为什么国企没有创新动力?这个问题值得研究)与此同时,外国企业在我国申请专利14万件,是我国企业的6.4倍。我们在满足于没有品牌、没有核心技术知识产权的庞大的空心化产业高增长、高销售额的同时,十分可怕的事情随时会出现,人家一旦把技术抽走,便成了一堆废铜烂铁。

（三）高技术产业发展迅速，对经济增长贡献率小

我国引进技术消化吸收能力低，原因是引进技术的投入与消化吸收再创新投入比为1:0.047。日本、韩国是1:3。企业R&D投入，大中企业不足1%，发达国家平均占销售额3%以上，高技术企业达5%，世界500强占5%～10%，其中医药、电信可达30%。而中国500强只达1.6%。发达国家80%的研发在企业完成。我国企业较多存在短期行为，急功近利，宁愿拿出利润的较大比重去做广告，也不投入研发。企业研发能力严重不足是制约我国国际竞争力的关键因素，我国经济发展快速，但国际竞争力却从24位降到31位。

上述原因势必造成具有自主知识产权的企业很少，特别是医药95%，芯片80%以上，汽车90%以上的核心技术专利都是国外的。考察上海时了解到2004年上海88%高技术产品是外资企业实现的，拥有自主产权的技术只占17%，这样一个科技人员集中、技术水平工业水平高、处于全国一流的上海尚且如此，全国情况可想而知。

同时我国技术进步对经济增长的贡献率远低于发达国家的90%，我们最多有35%，说明我们经济增长仍在靠投资和资源拉动。

我国正在成为世界制造业大国，但这些制造业在很大程度上还仅仅是跨国工司在华的生产车间，大型设备仍然100%依靠进口，飞机、军舰、航母、信息产业、高档的数控设备等都要引进，关系到国家安全的关键元器件都受制于人，安全何在？国内配套设备主要是辅助性设备。这些问题和我国的生产经营水平总

体较低、人员素质不高，乃至科学精神和人文精神的特点有关。比如 PC 机大家都有，但应用水平很低。网络信息本来是革命性技术，可以大大改变结构性增长方式，但我们的 PC 机深度计算和海量储存能力的使用率为 6%，美国达 40%。我们上网时间挺多，玩游戏算世界第一。过去，中国人发明了火药，外国人用其制枪炮打我们，而我们用火药技术观赏烟花。中国人发明了印刷术，主要用于佛经的传播，而印刷术引发了欧洲的文艺复兴。中国人发明了指南针，西方国家用于改进航海技术和壮大海军，我们则用罗盘看风水。进入网络时代，外国人利用网络搞信息化、现代化，而我们很多人利用网络玩游戏。

难道中国人就不行吗？绝对不是，我举两个例子，一是奇瑞——中国汽车工业的黑马。

长期以来，在汽车工业界有一种主流观点认为，一个成熟的汽车自主品牌的研发，一般要求企业达到 200 万辆的生产规模，10 亿美元的固定资产投入，10 亿美元的运转费用。同时还需要 8000 到 10000 人的技术研发队伍，约 30 个实验室，且平均两年能开发一款新车。而我国目前最大的汽车企业生产规模不超过 100 万辆，资本投入和研发队伍就更无法与跨国公司相比。因此，按照常理，我国不可能开发出自主品牌的汽车。

现在，这条研发规律却被奇瑞打破。在外国品牌汽车居主导地位的激烈市场竞争格局下，奇瑞通过集成创新，仅用了 5 年时间，就开发出自主品牌的系列轿车，而且实现了整车出口。到 2003 年出口 1200 多辆，占中国当年出口轿车总量的 90%。2005 年截至 3 月初，奇瑞接到的海外订单就已超过 3 万辆。出口产品不仅涵盖了所有车型,而且除了传统的中东地区外,还批量出口中南美洲、东南亚和美国市场。

2005 年 3 月 26 日,我国第一个拥有完全自主知识产权的发动机品牌——奇瑞动力诞生,结束了我国汽车"无心"的历史。由于发动机这一关键核心技术属于自己,利润不用给外国,大大降低了成本,使奇瑞汽车的价格优势,其他汽车无法相比。

目前,奇瑞能够设计从 0.8 升到 4.0 升、从 3 缸到 V8、从汽油到柴油、全部满足欧 IV 排放标准的三大系列 18 款全铝发动机。

奇瑞技术能力的快速提高,关键是吸引、凝聚了一批国内优秀的汽车开发人才队伍。目前,奇瑞正在不遗余力地加强自己的开发团队,投资 2.5 亿元设立汽车工程研究院。研究院已经拥有 500 人的队伍,其中有一批来自海外的尖子人才。按照奇瑞的发展计划,研究员到 2006 年达到 3000 人,最终规模要达到 5000 人,投资 10~15 亿元。研究院总部设在芜湖,计划将来在北京、上海设分院,最终将其分支机构设到国外,真正形成了以企业为主体的自主创新体系。

奇瑞经验给我们的重要启示说明:自主创新是获得技术能力,提高我国产业竞争力的根本途径。对奇瑞的科技自主创新成就,国家应当有比较大的支持力度。比如政府采购,特别是公务用车、领导专车,应该率先采用,用实际行动支持创新。

第二个例子是上海振华港机集团。1992 年振华成立之初,客户都指名道姓要外国名牌的零配件。经过多年的努力,振华已成为港机业界名扬全球的名牌。科技进步与自主创新为振华赢得了国际市场的发言权。以ZPMC(公司英文缩写)为品牌的大型集装箱机械产品已占据世界市场50%以上份额。近七年ZPMC大型集装箱机械的订单居世界同行首位。振华港机不仅数量规模领先,而且技术先进性也居于世界前列,一家国外专业杂志评论ZPMC的创造代表了新一代集装箱机械发展的方向。

目前,上海振华港机拥有20项世界领先的科技成果,其中不少具有自主知识产权。振华港机7年来订单居世界同行榜首与科技领先分不开,20项居于世界先进行列的科技项目,为在世界市场逐鹿的振华港机带来了制胜的实力和声誉。如今,德国不莱梅、汉堡港用的都是ZPMC起重机,不仅因为价格低,更因为技术先进。这些成果的取得,是和振华在科技开发上的高投入分不开的。上海振华每年用产值的2%投入作为科技开发基金,年科技开发基金的投入高达亿元。

上面两个例子充分说明,只要以企业为主体的创新体系真正形成,我们的自主创新能力一定会迅速提高。

(四)基础研究薄弱

基础研究是人类进步的动力,是知其所以然的过程,是科技创新的源泉,是科技人才培养的手段,其发展水平直接反映了一个国家科技实力和知识基础,对创新源的积累、知识溢出效应和科技竞争力的提高有着重要的作用,已成为各国争取竞争优势的一个战略制高点。以美国为例,二次世界大战前后,美国吸引和支持了一批优秀的欧洲科学家,其中大多数是搞基础研究的,由于引进了大批人才,科学中心因此转到了美国。近六十年来,一些新的概念和技术大量地诞生在美国。另外,诺贝尔奖奖励的都是重大的基础性、原创性的研究成果。

从总体来看，我国基础研究与先进国家相比，还存在较大差距，仅有15%学科接近世界水平，而85%的学科与国际水平有较大差距，缺乏具有国际影响力的一流科学家。今年获得国际性权威科技奖的人数寥寥无几，在国际性权威科学院中担任外籍院士的数量不仅大大低于发达国家，甚至低于印度。根本原因是国家对基础研究的先导性、重要性认识不够、投入长期不足，仅占科研经费的5.7%。在科研院所改制过程中也流失了一大批的优秀科研人员，客观上削弱了基础研究的力量。

（五）尖子人才匮乏且流失严重

在高新技术产业领域中，人才已经成为竞争制胜的关键。中国的优秀人才历来都是发达国家争夺的主要对象，目前我们在海外留学和工作的学子已达43万，居发展中国家之首。但是，近年来我国优秀人才流失现象仍然存在，跨国公司纷纷在我国设立研发机构，以优越条件吸引我们的优秀人才，人才争夺已到家门口。当前唯一的选择就是积极参与国际人才之争，创造一个有利于吸引人才的体制和培养人才的良好环境。

我们要认真分析人才流失的原因。首先就是人才管理理念上的落后。关键问题是重物轻人，国内的研究单位十分重视研究设备的拥有和配置，认为这反映了实力和水平，但是即使是最先进的设备，几年以后就落后了，而人才这个无形资产却不被重视，经常人们谈到国有资产流失，国有资产在人们眼里只是仪器、设备，而最宝贵的无形资产人才的流失才是最可怕的。如美国微软固定资产（仪器、厂房、设备）加起来几亿美元，但市值高达700亿美元，核心就是拥有一批软件业的顶尖科技及管理人才。所以我们必须彻底转变“见物不见人”的观念，确实做到以人为本，把发现、培养、吸引、稳定人才，作为核心理念。

其次，在人才的培养中，要力戒以“工程”制造人才。我对目前进行种类繁多的“人才工程”规划有点不理解。人才是在适合人才生长环境中成长起来、脱颖而出的，应把精力放在改变环境土壤，而人为去树，实际是本末倒置，靠行政选拔，规定年龄、职称等并不是根据才能，其中人际关系因素也较多(权威的好恶)，用量化的方法其实也不科学，因为量化本身就没有一个公平合理的标准。由于管人才之人不懂人才，只能靠指标量化出人才，我想最最重要的是营造人才辈出的氛围，改变目前的土壤。

三、把推动科技自主创新摆在全部科技工作的首要位置

标题这句话，是锦涛同志讲的。6月3日，总书记又提出了三点要求：一要进一步确立自主创新的战略目标，着力解决制约经济社会发展的重大科技问题。力求实现关键技术和核心技术的新突破(装备制造业)。二要进一步加强国家自主创新体系建设。加速科技成果向现实生产力转化。三要进一步造就自主创新人才队伍，使更多的优秀科技人才，特别是年轻人才脱颖而出，发挥才干。

家宝总理6月8日在审议中长期科技规划时提出了五点要求：一是突出自主创新，把自主创新摆在全部科技工作的首位。二是突出科技的引领作用，用科技支撑并引领未来经济社会发展。三是突出重点，选择具有一定基础和优势、关系国计民生和

国家安全的关键技术，集中力量，重点突破，实现跨越式发展（有所为，有所不为）。四是突出企业技术创新的作用，把以产学研结合的自主创新体系作为全面推进国家创新体系建设的突破口。五是突出军民结合，把发展军民两用技术作为提高国家竞争力的一项重大举措。

总书记和总理对科技创新体系的一系列很全面的讲话，说明国家创新体系建设已进入到国家顶层进行整体设计、系统推进的新阶段。

核心技术是买不来的，技术创新能力是买不来的，中国的科技进步必须牢牢地建立在自主创新基础上。我们一定要扭转在重要领域里的关键技术依赖国外的现状，增强我国产业的竞争力。

要充分利用全球科技资源提高自主创新能力，这一点应坚定不移。因此要积极调整科技发展思路。一是在发展路径上不断增强科技持续创新能力。二是在创新方式上加强以重大产品（装备制造业、军舰、飞机等）和新兴产业为中心的集成创新，努力实现关键技术的集成和突破。三是在创新体制上要建立企业为主体、产学研结合的技术创新体系为突破口（强强联合），整体推进国家创新体系建设。四是在发展部署上要强调科技创新与科技普及与人才培养并重，扩大创新的社会基础（上海经验）。

"十一五"科技计划的内容很丰富，针对性很强，包括了今天谈到种种问题，都有一定的措施。将来会提供大家讨论，我就不多谈了。我今天的发言，摆问题比较多，因为成绩放在那里是跑不掉的。但是对存在的问题要有深刻的认识，目的是凝聚起中华民族的力量，用创新支撑国家。科技创新工作最需要的就是怀疑和批判精神。说到这里，我讲一个故事，这个故事是著名的语言学家、101岁的老人周有光先生给我讲的。讲的是一个在韩国住了26年的日本人写了一本书专门骂韩国的坏事情，把韩国所有的坏事都写进去了。骂得很厉害，批评得非常辛辣。书名也很怪，叫《准备被人打死而写的对韩国和韩国人的批判》。想不到这本书出来以后，一下子便成了韩国的畅销书，引起韩国的很大震动。韩国许多地方举行会议，专门骂自己。最后一次开大会，邀请这位作者再去骂韩国时，他说："我现在不骂了，因为韩国已经觉悟了。"这则新闻成了国家新闻，许多国家报纸都有评论。他们几乎一致地说到，一个不怕骂的国家就是有前途的国家。我想，一个人要有利于社会，就要闻过则喜。一个国家，一个民族，也要闻过则喜，才能进步，才有前途。我们现在缺乏这种思想境界。韩国有这样的气度，对我们的启发是很大的。

大海的儿子　民盟的骄傲*

——追思盟员曾呈奎院士

在星光灿烂的老一代民盟成员中，曾呈奎院士以他为祖国海洋科学事业的杰出贡献闻名遐迩。当他以96岁高龄谢世的时候，我们回顾他走过的近一个世纪的漫漫征程，不禁感慨万千：曾老70多年如一日，把毕生精力奉献给大海，回报祖国和人民，他不愧是大海的儿子；曾老是民盟的前辈，半个多世纪以来，他以高度的政治责任感、使命感履行自己的职责，为民盟的事业作出了重要的贡献，他不愧是民盟的骄傲！

有关介绍曾老的事迹很多，值得我们学习的也很多，我想从认认真真做事和踏踏实实做人两方面，寄语民主党派中青年朋友，谈点体会。

---

* 原载于2005年8月4日《光明日报》。

人是要有一点精神的，那就是对真理和事业的执着追求

“人生只有一次，何不轰轰烈烈过一生”这是曾老的口头禅，也是他壮丽人生的真实写照。我们对待工作和事业，要学习曾老生命不息、奋斗不止的拼搏勇气和敬业精神。

中国海洋事业的发展史是一部恢宏壮阔的科技攻关史，凝聚着许多像曾老这样的科学家的智慧与心血。曾老是位杰出的战略科学家，眼光非常超前，早在 40 多年前他就大力提倡，海洋“农牧化”，成果产业化，既重视基础研究，也重视应用研究。他敏锐地把握国际海洋科学和生物技术领域发展大趋势，适时提出中国发展海洋生物技术的战略设想，建议在发展海洋水产养殖业的同时，加速海洋生物资源的开发，使海洋产业从过去传统的养殖捕捞业尽快转变为高技术产业，

曾老把毕生精力献给了自己钟爱的海洋事业。70 多年来，他以只争朝夕的精神拼命工作。为取得第一手资料，他到过人迹罕至的沿海采集海藻标本，潜到 10 米深的海底进行海藻栽培实验。他参与领导了全国首次海洋普查，为合理开发利用海洋资源、发展海洋经济奠定了坚实基础，被誉为我国“海水养殖之父”。即使进入古稀之年，他仍然活跃在科学研究第一线，93 岁高龄仍带病参加亚太地区海洋科学与技术大会，并做了长达 45 分钟的学术报告。弥留之际，他仍然惦念着海洋科学事业，表现出了我们民盟老一代成员为了崇高理想奋斗终生的优良品德和执着精神。

“春蚕到死丝方尽，蜡炬成灰泪始干”，古人所赞美的那种无私无畏的执着精神，在曾老的一生中得到了很好的体现。曾老始终把个人的命运与祖国的命运、海洋的命运紧密地联系在一起。在曾老身上，凝聚着一种全身心投入的奉献精神，一种为事业鞠躬尽瘁、死而后已的高尚品格。

我想，如果我们的民主党派中青年成员，都能像曾老那样认认真真工作，以满腔的热情投入到自己所从事的专业中，并对自己熟悉的专业具有较高的战略眼光，能对祖国、对人民、对社会有较大的贡献，那才是我们民主党派履行参政议政职能、进一步做好参政议政工作的真正希望所在。

做人要有一颗平常心，那就是淡泊名利、宁静致远

“我要给老百姓饭桌上添几道菜。”这是曾老的又一句口头禅，他也确实做到了。这样朴实的话语出自大科学家之言，让我们从心里感到肃然起敬。我们民主党派的中青年成员应当从曾老这朴实无华的人生境界中悟到点什么呢？

曾老始终把惠泽老百姓看作是自己的神圣职责，并为之贡献了毕生心血。他一生引领中国海洋科学事业稳步前进，致力于海洋科技成果产业化，积极主张海洋科技成果要为社会经济服务，为百姓造福。他当之无愧地赢得了“中国海洋事业的开拓者、奠基人”、“中国海带之父”等光荣称号，但他始终保持一颗平常心，保持平常的心态为人处事。这应当是我们民主党派中青年成员，最值得学习和思考的关键点。一个人的能力有大小，尤其能取得一定业绩的佼佼者，仍能保持一颗平常心、踏踏实实做

人，更是难能可贵。

曾老对人民始终怀有高度责任感，心中从来都是装着社会、装着群众。曾老一生获奖无数，但他在离世前一个月，获得的并不是自然科学奖，而是国家民政部授予的“全国爱心捐献奖”。了解他的人都知道，他一生简朴，省吃俭用，却陆续从有限工资、稿费、奖金中拿出近 30 万元，捐助给困难学生和社会群体，体现了一位大科学家的高风亮节。

曾老海纳百川、举贤任能，为我国海洋科学事业培养了 100 多位高级科技人才，带出了一支优秀的海洋科技队伍，他甘为人梯、奖掖后进、倾其所学、言传身教，表现出一代科学宗师平易近人、诲人不倦的伟大胸襟。

曾老这种做人的平常心态和做事的执着精神，在民盟前辈人物身上很常见，是我们的宝贵精神财富，我们要继承和发扬这一光荣传统，把握好做人和做事的两个基本态度，充满自信地投入到自己的事业中、脚踏实地地为群众排忧解难做实事，进一步推动我国多党合作事业向前发展，积极营造团结和谐谋发展的社会氛围，为构建社会主义和谐社会贡献更大的力量。

关于青海湖环湖地区生态保护与治理的几点意见

（2005年8月9日）

一、青海湖生态环境保护和治理取得巨大成就

这次考察团的专家，许多都不止一次来青海，我也在三年前来过，我们目睹了青海随时代的节拍发生的变化，可以说在一定程度上是青海近年来经济和社会发展的见证人。

在省财政困难的情况下，青海省的广大干部和群众，为保护青海湖、保护国家生态安全，做了很多工作，取得了明显的成绩，作出了巨大的牺牲和贡献。我们在最近几天里耳闻目睹，印象十分深刻。

青海取得的成绩，体现出党中央、国务院关于西部大开发战略决策的正确和适时，也体现出了青海省委和省政府较强的执政能力和施政能力。

家宝总理在今年春天的“两会”上，把让老百姓喝上干净的水、呼吸上干净的空气，作为体现党的执政和政府施政能力的一

个重要体现。我体会，总理是用通俗的语言来讲保护生态和环境问题的重要性。你们这方面的工作做出了成绩，全国人民都应该感谢你们。

就我个人而言，也亲身感受到了青海干部在执政观念、工作作风、精神面貌上的很大变化。这几天，看到的情况还有限，但是可以明显感觉到，上上下下都有一股心劲，要奋发图强，要后来居上，要造福青海百姓，要为国家把青海湖流域及其周边地区保护好，要从后发优势中找到新的发展思路和模式。

我们亲眼看到了青海湖流域及周边地区的治理成绩，接触到了为做出这些成绩第一线的普通工作人员。他们在风霜雨雪和沙暴狂风的艰难环境中常年坚守，默默无闻，艰苦奋斗。他们是真正的无名英雄。他们的敬业精神、奉献精神，使我们深受感动和教育。

在海晏的青海湖北岸沙漠化治理区，我们看到了人进沙退的进展。

在刚察的黄玉农场退耕还草工程现场，我们从长势良好的披碱草中看到了乐观的前景。

在沙柳河、泉吉河的湟鱼洄游通道，我们看到了治理工作中对科学规律的尊重。

在鸟岛，我们看到了沙漠化治理工作带来的植被恢复的景观。

在共和的青海湖南岸草地退化区，我们见证了现代沙漠化的典型特征，更深切地体会到治理沙化任务的艰巨。

在共和盆地的塔拉滩草地退化和固沙种植实验地，我们看到了固沙治沙的可喜成果。

我们看到了青海湖流域及周边地区治理工作的巨大难度、艰苦环境,更看到了治理工作的切实成效。你们的工作,不仅给我们以教育,也给了我们信心。实践证明,尽管很难,只要做工作,就会有成绩。只要尊重自然规律,就会得到自然的友好回报。我们很高兴地看到,青海省人大常委会已经通过了《青海湖流域生态环境保护条例》。这说明,青海湖流域的生态环境保护治理问题已经进入规范化、制度化、法规化的轨道。

我们还访问了共和的两户中等收入的牧民家庭,领略了互助的土族民俗文化。在看到少数民族同胞过上初步小康生活的同时,也亲身感受到了青海大地上兄弟民族之间和谐融洽的气氛。这是青海省委、省政府认真落实民族政策,民族团结,欣欣向荣的一个象征。总之,我们从各族兄弟的小康生活中看到了以人为本理念的落实,看到了构建和谐社会的深入人心和成效。

二、考察中发现的几方面问题

(一)关于管理体制问题

青海湖流域及其周边地区共辖三州七县,考察中我们发现,目前全流域在水资源利用、林业生态建设、沙漠化治理等资源利用和环境保护等各方面,存在条块分割,部门和地区利益冲突现象时有发生。甚至在不少的草场退化、沙化现象本来已经非常严峻的地区,仍有大批的牛羊在放牧,这种以牲畜超载过牧为特点的粗放的畜牧业经营方式只能加速土地的退化和沙化进程。这其中最根本的原因就是缺乏一个具有很强执法能力的综合性管理机构来组织、协调和管理。

(二)关于生态环境建设主体的问题

目前表现出的问题是,生态环境作为公共产品,一方面,政府通过公共财政支出成为生态环境建设的主体;另一方面,环湖地区资源开发和利用的主体为企业和牧民。这种开发主体与治理主体不一致的状况,导致青海湖地区缺乏一种利益制约、责任共担关系,从而使资源利用主体可以忽视环境成本,而缺乏一种责任感。比如在目前的环湖地区的旅游资源开发中,就缺少一种将一定比例的旅游收入用于反哺生态建设的机制。

(三)关于青海湖环境保护和治理的科技支撑问题

草场退化、土地沙化已经成为青海湖环湖地区一个不争的事实。近年来,通过组织实施退耕还林(草)工程、"三北"防护林工程、"天保"工程、禁牧育草、以草定畜、草畜平衡试点项目建设,使环湖地区的生态环境得到了明显改善。

考察中我们深切地感受到青海湖流域及周边地区的生态环境治理,在很大程度上受制于科技支撑力度的严重不足。如青海湖流域水文、植被、气象等生态要素的动态监测体系严重缺乏;草场鼠害治理技术、高寒缺氧区防沙治沙技术和植被建植技术等都有待配套完善;人工降雨对生态环境影响的利弊分析和研究;青海湖水位监测、数据库建立和预警体系研究;有害物种入侵等都需要引起高度的重视。

(四)关于部队土地退耕后的综合利用问题

我们了解到,青海湖环湖地区共有300万亩左右的耕地,由部队耕作转为了地方使用。这批本来生态比较脆弱的土地应该由地方政府统一纳入到国家退耕还草工程中去,而不应该分给当地的农牧民来继续耕作，然后再由政府拿钱实施退耕还草工程建设。这样一方面增加了我们政府的财政、粮食补贴负担，另一方面，也是更为严重的是，由于牧民对草场的围栏、分割，又在很大程度上限制了野生动物的迁徙和获取食物的路径，这对野生动物的保护存在严重威胁。如果将部队交还的国有性质的土地，交给自然保护区所有，有计划地置换核心保护区土地的所有权，会有较好的效果。

三、几点建议

作为世界屋脊上的高原内陆湖泊，青海湖流域的生态环境状况对青海省乃至全国和全球具有重要的生态意义，环湖生态环境保护治理工程也是一项长期而艰巨的任务和使命。作为生态源头和经济欠发达地区的青海省而言，如何发挥后发优势，实现全省建设小康社会的发展目标，实现资源开发利用与生态环境保护的"双赢"确实是摆在我们每个人面前的一个极富挑战性的难题，这就需要我们创新思路，按照科学发展观的要求，实施"科教兴省"战略。下面我谈七点建议与大家一起探讨。

（一）加大宣传，提高认识，转变理念

加大宣传，就是要让大家都懂得，享受发展权利的同时，必须履行生态保护义务。

提高认识，就是决策者对自身行为的社会责任和生态责任、对生态功能与自然多元性加深认识。

转变理念，就是要从传统的单一资源管理转向系统资源管理理念，实现生态型管理（来源于并补充了生态系统科学、生物

保护、环境规划等理论方法，力图超越垄断决策和行政边界，以达到区域资源、生态系统以及景观格局的更有效、综合的管理)。

（二）建议成立青海湖流域管理委员会，实施管理创新

考察中我们了解到，目前针对青海湖流域生态环境建设的机构，如青海湖国家级自然保护区管委会、青海湖流域生态环境保护协调机构等，其职能都仅停留在单一领域或协调层面，缺乏与其职责和目标相配套的行政职能。

因此，建议借鉴国家高新技术开发区的管理模式，成立拥有一定行政职权的“青海湖流域管理委员会”，这个管委会是省政府领导下履行青海湖流域总体规划、生态保护、旅游开发等的主体，该管理委员会由省政府主管省长亲自任管委会主任，制定统一的综合规划，并通过制度建设将环湖流域的生态环境保护与治理纳入到干部考核体系中去。通过管委会的体制创新来实现经济发展与生态保护的主体一致，加强流域及周边地区的生态环境和旅游业、牧业等经济发展，推进整个青海湖流域生态经济系统步入良性循环的轨道。

（三）进一步完善现有《规划》中的相关内容

生态保护与综合治理是一项科学性、政策性和社会性很强的系统工程，必须加强领导、统一规划、协调管理。要完善现有规划，尤其是规划目标要更有高度、规划内容更加全面、措施更加符合实际，使规划成为生态保护与综合治理的指导性文件，实现区域生态、经济和社会的可持续发展。

（四）采取多元保护措施，完善流域自然生态保护体系

在流域综合管理的基础上，根据流域生态建设目标，在适宜

区域特别是生态地位重要或受到破坏威胁的自然湿地，要抢救性划建保护区域，实行严格有效的保护。对不具备条件建立自然保护区的，也要因地制宜，采取建立自然保护小区、野生动植物栖息地、禁渔区、防沙治沙封育区、鱼类洄游通道保留区等多种形式加强保护管理。逐步建立起具有稳定性和可持续性的森林、湿地、草原等多元生态系统的自然生态保护体系，维护青海湖流域的重要湿地自然状态和重要生态功能、保护青海湖及其湿地生物多样性。

流域内一些河流上水利工程设施的修建，隔断了自然河流与青海湖之间的天然联系，加之缺乏科学规划和生物多样性保护措施，造成湟鱼不能溯河产卵繁殖，不仅湟鱼资衰竭，威胁鸟类生存，同时还导致青海湖水文变化，生态功能下降，其潜在的危害尚无法估量。对此，省委、省政府要下决心按照《青海湖流域生态环境保护条例》的规定尽快拿出处理办法，排除造成湿地生态破坏的人为妨害设施，恢复青海湖流域的河湖生命活力。

（五）建立和完善科技支撑体系

1. 大力加强青海湖流域生态环境监测体系建设。加强青海湖流域的水文、植被、风沙等自然生态要素的动态监测网络建设，为青海湖流域生态环境治理提供科学数据和依据。在监测中，要密切关注生态保护与治理过程中湖水水位的变化，通过综合分析，建立以湖水环境与鸟类生存相关联的警戒水位，并在水位下降达到警戒线时，提出相应的对策措施。例如是否有必要上工程措施保持青海湖水位在警戒水位之上。

2. 对涉及环湖流域生态环境建设的重大关键科技问题，作为国家重大科研项目,采取招标等多种形式组织联合攻关。通过加强省内外的多领域科技合作,实现科技攻关与科技人才培养的双重目标。如草场鼠害科技问题、抗旱抗寒抗盐碱的植被恢复科技问题等。

3. 加强对环湖流域的农牧民的科技教育。“科教兴省”是我们青海省的基本战略,从长远来看,要加强对农牧民的教育和科学素养、意识的培育,切实强化先进适用农牧业技术的推广力度,加强青海湖流域牧民生态保护的能力建设。

(六)转变致富观念,从根本上改变草畜失衡的状态

作为我们地方政府要改变目前“养得越多越富裕”的养殖致富的观念,这包括:1. 加强对环湖周边灌丛带实施禁牧封育保护,确保青海湖湿地水源涵养;2. 对环青海湖的现有全部耕地,按照“宜乔则乔,宜灌则灌,宜草则草”的原则,实行退耕还林(草),尽可能地恢复原生态植被状况;3. 对环湖天然草场实施以草定畜、草畜平衡项目,按不同的区域和草场类型制定牲畜数量的限额指标体系。实行划区轮牧、舍饲圈养等措施,从根本上减轻草场压力,并建立相应的生态补偿机制。

(七)推进环湖地区牧民的新村建设试点工作

环湖地区的牧民长期以来居住分散,这给牧民科技推广、教育培训、医疗卫生、交通建设、能源使用等都带来很大的弊端。而且,据我们所知,长期以烧牛粪做能源还会增加盲童的比例。因此,针对这种状况,建议在青海湖环湖地区先期开展牧民新村的试点建设,使牧民集中居住和生活,同时实行新区管理,这对改善环湖地区的生态环境和经济社会发展都有很大的好处。

以上就是我们考察组在这几天的考察中形成的一些认识和想法,在这里提出来,与大家讨论。不成熟的地方,希望得到批评指正。回去以后,民盟中央会尽最大努力,把我们考察得到的情况和想法负责任地向中共中央、国务院领导同志做认真汇报,争取将青海湖流域及周边地区生态环境保护和综合治理工程纳入国家的中长期发展战略,同时,抓住当前最紧迫、最急需解决的几个关键问题,列入国家的“十一五”发展规划。比如环湖地区生态环境保护和治理的科技支撑体系建设和重大科技问题的联合攻关、环湖地区农牧民的科技素养的培养和教育、青海湖流域管理体制创新等。

我们还要建议国家以青海省为试点,开展生态补偿机制试点工作。同时,争取将青海湖流域及周边地区的生态环境保护和治理工作提到与“三江源”同等重要的位置上来。

考察中,李省长不辞辛劳,带病陪同我们马不停蹄地跑,边介绍情况边谈思路。我们虽然是跑马看花,但是确实看到了“花”,也看到了“果实”。我们能有上面讲到的收获,要感谢李省长和接待我们的基层干部和第一线工作者,你们代表着青海广大干部和群众。请允许我代表考察组全体同志,向你们表示由衷的感谢和崇高的敬意!我们衷心祝福青海人民,祝福各族同胞,在党中央、国务院和省委、省政府的领导下,在治理和保护青海湖流域及周边地区的工作中,在促进青海经济社会发展、构建和谐社会的过程中,取得更大的成绩,创造更美好的明天!

关于加强青海湖及其流域生态环境保护与治理的建议*

（2005 年 8 月 16 日）

尊敬的锦涛总书记、家宝总理：

2005 年 8 月 3 日至 9 日，由民盟中央牵头组织科技部、国家林业局、中科院等部门专家一行 14 人的考察组对青海湖流域生态环境状况进行了为期 7 天的考察。现将有关情况汇报如下。

青海湖水域面积 4400 平方公里，平均深度 19 米，湖面海拔 3193.3 米，是我国最大的内陆高原咸水湖。青海湖生态环境特征及其演变在很大程度上反映着青藏高原整体生态环境的变化趋势，对柴达木盆地、江河源、祁连山等地区均有较大影响。作为世界著名的湿地自然保护区，青海湖是青藏高原生物多样性最丰富的宝库，是水禽的集中生活和繁殖育雏场所，也是极度濒

---

* 本建议由民盟中央主席丁石孙、民盟中央副主席张梅颖联名提交，已由中共中央国务院领导同志胡锦涛、温家宝批示，并批转发改委、环保总局及青海省研究，提出意见。

危动物普氏原羚的唯一栖息地；作为维系青藏高原东北部生态安全的重要水体，青海湖是阻挡西部荒漠化向东蔓延、保护青海政治、经济、文化中心的天然屏障；作为高原高寒干旱地区重要的水汽源，青海湖是环湖周边及更广大地区气候的自然调节器，湖泊的存在使环湖地区的年平均气温升高了0.1℃以上，无霜期延长了。10多天，气温日变化相对和缓，并使青海湖盆地形成了优良的牧场、重要的野生动植物及鸟类栖息分布地和独特的高原风景区。青海湖是青海省名副其实的立省之湖，同时其巨大的水体环境与人文、社会、历史交织所孕育出来的丰富自然资源和民族文化也是我国乃至世界的宝贵财富。而青海湖流域则是青藏高原东北部重要的自然单元，是沟通青海省东部、西部和青南地区的枢纽地带，也是连接甘肃河西走廊、西藏和新疆的主要通道。青海湖及其流域的生态安危，由于其无可替代的重要地位而受到普遍关注。

从上世纪后期以来，青海湖及其流域生态环境急剧恶化。主要表现在湖水水位持续下降、土地沙漠化不断扩大、草地退化日趋严重、草场鼠虫灾害频繁、渔业资源枯竭、湿地面积萎缩、珍稀野生动物濒临灭绝。其中，湖水水位持续下降和土地沙漠化不断扩大是青海湖流域生态环境恶化的核心问题。自20世纪60年代以后，青海湖水年平均减少4.36亿立方米。1956—1996年的40年间，湖水面积共减少279.4平方公里，年均减少6.98平方公里，湖水下降3.39米，年均下降8.5厘米。由于水土流失，青海湖每年入湖泥沙量近千万吨，我们在考察中看到，年径流量占青海湖全年地表水注入量53%的布哈河水裹着大量泥沙涌入湖区。对于封闭的青海湖来说，一方面水位持续下降，另一方面逐年增加的入湖泥沙又加速了库容的减少，对湖泊影响巨大。青海湖周边地区植被覆盖率连年走低，草地生产力持续下降；湖泊盆地的沙漠化一直处于发展状态，据研究该区域沙漠化年扩大面积为9.2平方公里。

除全球性气候变暖、水文变化等自然因素外，过度开垦、放牧、捕捞等人为因素是导致青海湖地区生态环境恶化的重要原因。目前青海湖流域生态质量的锐减已直接威胁到青海省乃至西北地区的生态和资源安全，同时也对黄河上游的水资源安全构成威胁，进而影响到西北人民的生活安全。

近年来，结合实施西部大开发战略，国家及青海省各级党委、政府加大了对环湖周边生态的治理力度，先后采取了人工种草、草地围栏、封湖育鱼、牲畜圈养、工程固沙、沙区封育、天然林保护、退耕还林、划建国家级自然保护区等措施，取得了初步成效。通过不懈努力，青海湖流域及周边地区生态环境局部得到了改善，我们在实地考察中也看到一些沙漠化治理区和固沙种植实验地出现了人进沙退的局面和植被逐渐恢复的喜人景观。这些事实给我们以信心。实践证明，尽管治理工作难度巨大，但只要尊重自然规律，合理规划，采取切实可行的措施，就会取得成绩，就会得到自然的友好回报。但由于投入不足、科技支撑薄弱、政策不配套等多种原因，青海湖流域及青海省生态环境总体恶化的局面尚未从根本上遏制。据国家林业局2004年监测结果，与1999年的状况相比，青海已成为我国仅有的两个沙化土地面积增加的省区之一。尽快扭转湖水水面持续下降和环湖草场不断沙化趋势,使青海湖流域脆弱的生态环境从根本上得到改观,使该区域的生存、生活、生产环境质量明显改善,最终实现环湖区域乃至整个青海省生态、社会、经济的可持续发展,这不仅是青海540万各族人民的迫切愿望,也是落实中央提出的科学发展观、建设和谐社会的重要举措。采取果断措施,强化青海湖生态建设和环境保护力度的工作已刻不容缓。

鉴于青海湖地区生态环境的保护和治理是惠及青海和全国的重大生态工程,投资大,任务重,建设周期长,因此不仅需要青海各族人民长期不懈的努力,更需要国家的高度关注和大力支持。为此我们建议:

(一)将青海湖流域生态环境保护和综合治理工程纳入国家"十一五"计划。作为世界屋脊上的高原内陆湖泊,青海湖流域的生态环境状况对青海省乃至全国和全球都具有重要的生态意义。将这一重大生态建设与环境保护工程纳入国家"十一五"计划并予以持续的滚动支持,既能体现中央对青海人民生存环境的殷切关怀,也可一举改变多年来制约青海湖治理的种种瓶颈。在我们的考察中,青海省委、省政府多次表示,要采取诸如建立青海湖综合治理与发展实验区、成立具有规划与管理职能的管理委员会等有力措施,加大生态建设和环境保护力度。中央和地方政府的联手努力,定会使青海湖生态环境的保护与治理出现新的、令人振奋的局面。

(二)建立由青海省政府负责、由相关部委监督的项目规划与实施机制。青海湖在青海省境内,因此,由青海省政府作为青海湖流域生态环境保护和综合治理工程实施的责任主体,全面制订工程规划,整合运用项目资金,可提高实施效率;同时,由于有中央财政的大量投入,由相关部委进行指导和监督也是必要的。目前,青海省政府已制订了青海湖流域生态建设与环境治理的规划,建议在征求多方意见修改完善的基础上批准实施。

(三)加大对青海湖生态建设与环境治理的科技投入。

目前青海潮流域的生态环境保护与治理不力,在很大程度上缘于科技支撑力度的严重不足。如青海湖流域水文、植被、气象等生态要素的动态监测体系严重缺乏;草场鼠害治理技术、高寒缺氧区防沙治沙技术和植被建植技术等都有待配套完善;人工降雨的机理研究与效果监测、青海湖水位监测、数据库建立和预警体系研究、有害物种入侵等都需要引起高度重视。因此,建议中央对青海湖生态环境治理中的科技问题予以特殊关注,加大投入用于尽快建立和完善相应的科技支撑体系。

(四)开展生态补偿机制试点工作。

青海湖流域脆弱的生态环境,使生态移民成为必然选择。同时,地处黄河源头的青海生态环境保护状况,对于黄河的水质及中下游省份的经济发展有着重要影响。据监测,青海湖周边的海南州每年注入黄河的泥沙量约为6800万吨,已占黄河年输沙量的8.5%,输入龙羊峡水库的泥沙每年高达3000万吨,青海湖流域土地沙化的治理对黄河流域水资源保护意义重大。为此,建议以青海湖地区或青海省为试点,开展生态补偿机制试点工作,在环湖地区推进牧民新村的建设,并采取国家补助的办法实行生态移民,聚居安置、封育禁牧、退牧还草,落实优惠政策。同时建议设立黄河源头生态治理建设基金。凡黄河下游受益地区，按水资源利用状况，按一定比例筹取资金，用于黄河源头的生态建设投资，实现下游经济保源头，源头生态促下游，促进黄河流域经济协调、持续、和谐发展。

在7天的考察中，我们为青海人民保护青海湖的热望所感动，也为青海人民在艰苦的条件下治理青海湖的壮举所钦佩。我们相信，在中央的坚强领导下，在青海省委、省政府和各族人民的共同努力下，青海湖一定会迎来美好、和谐的明天。以上汇报妥否，请阅示。

国家发展改革委、国家环境总局关于青海湖流域生态环境保护和综合治理工作有关情况的报告

（2005年11月3日）

温家宝总理：

遵照党中央、国务院领导同志在丁石孙、张梅颖《关于加强青海湖及其流域生态环境保护与治理的建议》上的批示精神，我们与财政部、科技部、农业部、水利部、国务院西部开发办、国家林业局、中国科学院、中国气象局、中国国际工程咨询公司和青海省人民政府及相关专家，对青海湖流域生态保护和综合治理工作进行了认真研究。现将有关情况和我们的意见报告如下：

一、青海湖流域生态环境保护和综合治理的必要性与紧迫性

青海湖是我国最大的内陆高原咸水湖，流域面积2.96万平方公里，其生态地位十分重要，是环湖周边及更广大地区气候的自然调节器，是维系青藏高原东北部生态安全的重要水体，是阻挡西部荒漠化向东侵蚀蔓延、保护青海省经济社会发展的天然屏障。目前，青海湖流域生态环境总体恶化的局面非常严重：一

是草场退化,植物群落平均覆盖度下降,优良牧草数量减少。二是沙化土地面积扩大,沙丘活动范围由原来主要集中于青海湖盆地东北部而向整个湖区扩展。三是青海湖水位持续下降。据史料估算,1908—1959 年,水位年均下降 16.6 厘米,据清海海省有关部门提供的观测资料,1959—2004 年,水位年均下降 8.5 厘米。四是渔业资源濒临枯竭。渔业资源总量不足 50 年前的 4%。因此,加强青海湖流域生态建设是一项重要而紧迫的任务。

二、青海湖流域生态环境保护和综合治理的总体思路

(一)加强对降雨量、蒸发量、径流量、气温等自然因素和各种经济社会活动的观测分析以及对未来变化趋势的预测,深入研究生态环境恶化的原因,因地制宜采取综合防治措施。

(二)合理限定、规范和优化人为活动,实施好生态恢复与治理工程。

(三)坚持生态、经济与社会效一益相统一的原则,做好改善农牧民生活生产条件和提高其素质的各项工作。

(四)加强污染防治措施,尤其要从源头加强水资源的面源和点源污染防治,加强垃圾收集与处理,改善生活和生态环境。

(五)进一步研究人工影响天气的措施,科学实施人工增雨,增加降雨量和径流量。

(六)进一步加强法律、行政措施,并加大管理体制和运行机制等的改革力度。

三、下一步工作的打算

(一)根据上述总体思路并从实际情况出发,以青海省为主编制《青海湖流域生态环境保护和综合治理规划》(以下简称《规

划》),国务院有关部门做好技术指导和服务工作。

(二)《规划》的范围为青海湖流域,对于青海湖流域以外周边地区的生态建设,建议继续纳入现有工程中统筹安排。

(三)《规划》要拟定总体目标,也要根据技术、财力等条件可能,制定阶段性目标,既要包括生态保护和建设的目标,也要包括改善农牧民生产生活条件的目标。考虑到生态保护和建设的长期性规划期可到2015年,同时对2020年的建设目标进行展望。《规划》要充分考虑水资源条件并力争做到草畜平衡,要重视湿地保护和恢复。在所有的措施中,都要突出科技的作用。

(四)《规划》编制完成后,我委委托中国国际工程咨询公司评估,并征求国务院有关部门意见。如有必要,我们将请青海省根据各方意见对《规划》进行修改完善。在此基础上,根据《规划》的投资总规模,由我委审核后报国务院审批或由我委审批。《规划》批准后,由青海省组织实施,各有关部门做好指导协调工作。

(五)在编制《规划》的同时,按照已编各类规划和现行投入渠道,继续搞好正在实施的退耕还林还草、防护林建设、节水灌溉、水土保持、人工增雨等工程。

(六)在各类工程实施过程中,要将投资与防治目标挂钩(不仅要与总体和最终目标挂钩,而且要与分地区、分时段的目标挂钩),并通过评估和检查等工作督促落实。

继承和发扬优良传统，在中国共产党领导下实现中华民族的大团结大联合

——在统一战线各界人士纪念中国人民抗日战争胜利60周年理论研讨会上的发言

（2005年8月15日）

今天是个伟大的日子，我们在这里隆重集会，共同纪念中国人民抗日战争胜利60周年。我谨代表各民主党派中央向在这一战争中死难的同胞们表示深切悼念；向为赢得这一战争胜利而流血牺牲的抗日志士致以崇高敬意。历史用血与火，将这场伟大战争的惨烈悲壮、坚韧卓绝永远镌刻在我们民族最深的记忆里，至今仍震撼着我们的心灵。回顾这段中华民族救亡图存、英勇奋斗的悲壮历史，缅怀抗日英烈的不朽功勋，将使我们从中得到深刻的教益和启迪，获得强大的精神力量。

抗日战争是中国历史上一场前所未有的规模巨大的反侵略战争，也是中国近代史上中国人民第一次取得完全胜利的反侵略战争。抗日战争不但成为近代中华民族由衰败走向振兴的重大历史转折点，也为世界反法西斯战争的全面胜利作出了伟大

的历史性贡献，由此奠定了当代中国在国际社会的重要地位。中国人民抗日战争是在中国共产党倡导建立的抗日民族统一战线旗帜下，以国共合作为基础，全国各族人民、各民主党派、各阶层爱国人士以及海外华侨广泛参加的一场正义战争。在这场艰苦卓绝的斗争中，中国共产党倡导并推动的抗日民族统一战线，为中国人民抗日战争的胜利奠定了坚实的政治基础。

“九一八”事变后，日本法西斯加紧侵华战争，民族矛盾上升成为中国社会的主要矛盾。为了挽救民族危亡，中国共产党顾全大局，以民族利益为重，毅然捐弃前嫌，提出建立广泛的抗日民族统一战线团结抗战的主张，赢得了举国上下的拥护和响应。在抗日民族统一战线的旗帜下，各民主党派、抗日团体、爱国人士纷纷投入抗战的各条战线，形成了全国各族人民万众一心、同仇敌忾、英勇抗战的局面。各党派高举爱国主义旗帜，拥护中国共产党的抗日主张，坚决要求国民党立即停止内战，共同抗日，拯救民族危亡。中国致公党和中国农工民主党积极投身抗日，响应中国共产党的号召，为推动各界人士抗战而努力。孕育并诞生于抗日战争最为艰苦阶段的中国民主同盟，联合国共两党以外一些主张抗日的党派和人士，积极推动和维护团结抗日的局面，与国民党排斥异己，限制人民民主权利的反动行径进行了坚决斗争，在关键时刻发挥了重要作用。在抗日民族统一战线的感召下，一批爱国民主人士在斗争中得到锻炼和培养，成为抗战胜利后其他民主党派创建中的主要领导人和骨干。伟大的中国人民抗日战争和抗日民族统一战线，为以后的中国共产党领导的多党合作和政治协商制度提供了干部准备和组织准备。

中国共产党对于主张抗日的各党派的联合,也给予了积极的引导,大力的鼓励、支持和推动。中共领导人经常与民主党派人士接触,介绍和讲解国内外的形势,共同分析时局,讨论团结抗战的斗争方略。原新四军军长陈毅元帅在谈到民盟在"皖南事变"后,与国民党的分裂阴谋作斗争时说,民盟"直接支持了我们抗战,当时竟敢和蒋介石分庭抗礼,对外坚持抗战,反对妥协;对内坚持团结,反对分裂。这是一个严峻的考验,是一个关键的问题","就当时的情况来说,新四军和八路军正在敌后,党的领导又偏处边区,整个大后方的对蒋斗争,主要靠民盟来支持"。其意义"也说明了统一战线的正确性"。

在整个抗战期间,中国共产党领导的抗日民族统一战线发挥了巨大作用,团结了各党、各派、各阶层的爱国人士,发展和壮大了人民抗日力量。各民主党派为制止内战、促进团结和联合抗日进行了不懈努力,成为抗日民主运动中的一支重要力量。在共赴国难、抵御外侮的浴血奋战中,各民主党派同中国共产党风雨同舟,患难与共,团结奋斗,建立了亲密的合作关系和深厚的挚友情谊。也正是在这种团结合作中,更加深了对中国共产党的了解和信任,真正认识到中国共产党是中华民族团结抗战坚不可摧的中流砥柱,认识到中国共产党在抗日战争中的重要作用,并进而从中国共产党的理想追求和奋斗精神中,看到了国家的前途和民族的希望。

今天,在纪念中国人民抗日战争胜利60周年之际,我们对于在爱国主义旗帜下实现中华民族的大团结大联合是克敌制胜的重要法宝有了更加深刻的认识。在这场规模空前的全民抗战中，抗日民族统一战线使中华民族形成了空前的统一和团结，这种空前的民族团结，促成了全民族的抗战和抗日战争的最后胜利。而这种广泛而坚实的民族团结的核心，正是中国共产党的领导。回顾历史，我们深刻地体会到统一战线是中国共产党领导中国人民争取民族独立和解放，夺取革命胜利的重要法宝；深切地感悟到中国共产党的领导是历史的选择、人民的选择。

近期，各民主党派在学习贯彻《中共中央关于进一步加强中国共产党领导的多党合作和政治协商制度建设的意见》精神的过程中，重温历史，更加深刻地认识到中国革命的历程充分地证明了中国共产党领导的多党合作和政治协商制度是符合中国国情、经得起实践检验的正确的政党制度，是充满生机和活力的一项基本政治制度。这项制度已经深入人心，并在实践中显示出无可比拟的优越性。作为参政党，我们要准确地把握好所处的历史方位，认清我们面临的形势和任务，继承、发扬民主党派与中国共产党团结合作的优良传统，为巩固和发展新世纪新阶段的爱国统一战线，为坚持和完善中国共产党领导的多党合作和政治协商制度作出应有的贡献。

60年是一个甲子，一个轮回。经历那段历史的前辈们日渐故去，留给我们的是用鲜血、生命换来的江山事业和不屈不挠的民族精神。我们要用抗日战争的生动历史推动爱国主义教育的进行，为实现中华民族的伟大复兴提供强大的精神动力。回顾历史、纪念历史，目的是为了警醒当代善良的人们，不要忘却过去。抗日战争的硝烟虽已散尽，但侵略者血腥的屠杀和一场场残酷的战争以及全体中国人民浴血奋战的壮举，却依然刻骨铭心。也正因为如此，对战争与和平的反思从来没有像今天这样为人们所重视。当然，铭记历史和正视历史，并不是要延续仇恨，而是为了吸取教训。“前事不忘，后事之师。”我们应当认真总结历史经验教训，以史为鉴，居安思危，勿忘因积贫积弱而被列强欺凌的创痛，大力弘扬以爱国主义为核心的民族精神和以改革创新为核心的时代精神，珍惜来之不易的和平、稳定的发展环境，牢牢把握发展是第一要务，聚精会神搞建设，一心一意谋发展，为国家的强盛和民族的振兴担负起历史重任。

当前，我国正处在全面建设小康社会、加快推进社会主义现代化的新阶段。为了促进经济发展，构建和谐社会，富民强国，实现国家的和平崛起，我们必须依靠和发挥中国共产党领导下的统一战线的重要作用，继承和发扬抗战中所表现山来的伟大的民族精神，凝聚民族力量，增强民族豪情，激励和动员全国各族人民和海内外中华儿女为实现祖国完全统一和中华民族的伟大复兴，为促进世界和平与发展的崇高事业而努力奋斗。

十一五规划征求意见稿的几点建议

（2005 年 8 月 16 日）

各位领导、各位同志：

近日，民盟中央在京负责同志认真阅读讨论了《中共中央关于制定国民经济和社会发展第十一个五年规划的建议》（征求意见稿）。大家一致认为，“十一五”期间是我国全面建设小康社会的关键时期，制定科学可行的阶段性发展目标和规划，对于深化体制改革，提高开放水平，开创社会主义经济建设、政治建设、文化建设、社会建设的新局面，把社会主义现代化建设全面推向前进具有十分重大的意义。

《建议》坚持以科学发展观统领全局，把人民利益放在首位，对“十一五”时期我国经济社会发展将面临的国内外环境进行了深入地、实事求是地分析。在建设社会主义新农村、建设资源节约型和环境友好型社会、实施科技兴国战略和人才强国战略、推进和谐社会建设等多方面都有非常精辟的阐述，有新的提法、新的思路，读后令人心情振奋，深受鼓舞。大家认为，《建议》立足科学发展，着力自主创新，完善体制机制，促进社会和谐的总体思路和部署符合我国国情、顺应时代要求、反映人民的意愿。其精神的贯彻落实,必将对今后推动我国国民经济持续快速协调健康发展和社会全面进步,提供可靠的保证。

在讨论中,大家还对文件提出一些具体的建议,我归纳为三个方面,结合民盟中央在最近一些调研活动中的见闻和体会,在这里提出来,仅供参考。

一、文件第三部分提出"建设社会主义新农村",提得非常好,非常及时。这是我国农村改革发展到现阶段的必然要求,是广大农民的迫切愿望。

建设新农村的一项重要任务,应该是改变农村的落后面貌和生活环境,这就要求必须加大对农村公共卫生服务的投入。近年来,多种人畜共患的疾病,多与农村落后的卫生条件有关。禽流感、猪链球菌、炭疽等等,一再敲警钟,人畜共患疾病可能会是将来的大灾难,至少是很大的隐患。但是,对于加强人畜共患疾病的预防和监控在《建议》中没有提到,应该考虑补充相关内容。

在农民致富的观念里,禽畜等于财富,养得越多越富。现在人口越来越多,为人而养的禽畜也越来越多,而缺少对承载能力的研究。在很多地方,人和禽畜处在同一个生活环境里,潜伏着人畜共患疾病暴发的危险。目前我国农村公共卫生服务系统不完善,成为疫病传播与爆发的高危地区。近期发生在四川的"人感染猪链球菌"疫情就是一个信号。这一点,应当引起我们高度重视。如果能通过建设新农村而改变农牧民居住和生活条件,实现人畜分离,克服生活陋习,这将是从源头减少人畜共患疾病的根本措施。这样做,不仅在医疗卫生方面有更多便利,在发展农村教育、农业技术推广、基础设施建设、能源使用、灾害应急等公共事业等方面,也有很大的益处,有利于缩小城乡差别,让农民更多地享受到改革开放的成果。

二、文件的第四部分提出,“推进产业结构优化升级”,这非常重要。要实现这一任务,必须从体制和机制上引导企业,真正成为技术创新的主体。

今年,我们在湖北、上海考察,深切感受到,产业结构优化升级的核心,是解决企业为主体的技术创新问题。首先是体制创新。我国现行科技管理多元分散,尚没有一个部门能够对国家科技投入的管理与分配发挥综合协调作用。我们经常说的经济科技“两张皮”现象,即科技运行和企业发展、市场需求有些脱节,专家出题、解题、评审、拿钱这种体系自行生成,立项往往从文献中来到实验室中去而不是从生产中来到生产中去,科技小循环融入不到经济大循环中去。建议国家以制定“十一五规划”为契机,发挥政府主导作用,把企业为主体、产学研结合的技术创新作为建设国家创新体系的突破口,解决科研和经济脱节问题:1. 引导企业加大科技投入,建立科技研发机构,增加自主创新能力。2. 为创新链上最活跃的中小企业提供公共技术支撑平台,建立一网两库,设备信息共享机制。3. 在事关国计民生、国家战略重点产业和领域,组织大型企业集团与高校、科研院所建立产学研联盟,进行重大自主知识产权的产品开发,实现强强联合,形成企业出题,专家教授解题,政府搭台的良好机制。4. 在政策上予以倾斜,支持企业吸收培养科技人才,提供稳定人才的好环境。5. 政府采购应该大力支持具有自主知识产权产品的企业。例如奇瑞汽车，在公务用车上应优先采购，取消一些大中城市对奇瑞小排量汽车上路的限制，用实际行动支持创新。

三、文件中主张“建设资源节约型、环境友好型社会”，“切实保护自然生态环境”，和我们最近到青海的考察感受非常吻合。考察认为，青海湖流域及周边地区生态保护与治理，问题相当严峻和紧迫。我国荒漠化和沙化整体趋势在上个世纪 90 年代末是“破坏大于治理”，现在转变到了“治理与破坏相持”的状态。其中，与 1999 年相比，其他省、市、自治区的沙化土地面积都在减少，人进沙退，而青海还是沙进人退，沙化面积进一步扩大，据资料，青海湖全盛时期的面积是 8200 平方公里，现在则剩下了 4283 平方公里。

青海湖流域和周边地区，包括湖南岸海南州的塔拉滩。那里的沙漠表现出现代沙漠化的典型特征，说明是新近形成的。塔拉滩不远就是黄河上游的龙羊峡水库。据监测，全州每年输入龙羊峡水库的泥沙，就达 3000 万吨，输入黄河的泥沙约为 6800 万吨。黄河上游泥沙量达到这样的程度，历史上前所未有。

青海湖是柴达木盆地风沙的天然屏障。用一句形象的话说，如果没有青海湖的呵护，柴达木的风沙将会吞噬大半个中国，我国北方地区将可能成为一片荒漠。同时，青海湖也被联合国列入《国际重要湿地手册》，加入了《水禽栖息地国际重要湿地公约》，其高原生物多样性之丰富，世界少见。能否下大决心，花大气力，在“十一五”期间收到遏止的效果，不仅事关少数民族地区的经济和社会发展，事关我国生态安全，而且具有广泛的国际影响。我们建议,要像重视保护三江源那样重视对青海湖流域及周边地区生态环境的治理与保护:一是用改革精神确立更有权威的综合性管理机构和体制;二是要推行资源开发与利用主体必须承担生态环境建设责任的强约束机制;三是以青海湖流域及周边地区为试点,实施生态补偿,建立补偿机制;四是把青海湖流域及周边地区的生态环境建设作为国家科技重点项目,予以强有力的科技支撑。

以上意见仅供参考,谢谢大家!

在民盟基层组织建设经验交流暨表彰大会上的讲话

（2005 年 9 月 8 日）

同志们：

今天我们在这里隆重召开民盟基层组织建设经验交流暨表彰大会，旨在总结交流近年来民盟各级组织加强基层组织建设的经验，表彰一批成绩突出的先进地方组织和基层组织。盟中央对这次会议非常重视，专门召开全盟基层组织工作的会议，这在民盟历史上还是第一次。

出席今天会议的有民盟各省级组织、副省级城市主管基层工作的同志和部分先进基层组织代表，大家共同交流加强基层组织建设的经验和体会，分析研究基层组织建设工作中存在的困难和问题，探讨新形势下加强基层组织建设的思路和做法，这对于今后一个时期加强盟的基层组织建设具有重要意义。借此机会，我讲三点意见，供同志们参考。

一、正确分析民盟基层组织建设的现状

今年是抗战胜利60周年。近几天全党和全国各族人民都以不同形式隆重纪念这个伟大的日子,这是中华民族的伟大胜利,在整个抗战期间,中国共产党领导的抗日民族统一战线发挥了巨大作用,民盟作为其中的一个重要组成部分,就是在皖南事变后,民族危机空前严重、抗战最为关键的1941年,由国共两党以外一些主张“团结、民主、抗日”的政团和人士共同发起建立了中国民主同盟。60多年来,无论是在战争年代还是和平建设时期,民盟在共产党的领导下,与中国共产党风雨同舟、肝胆相照,为促进国家的经济、社会、文化发展,促进民族的伟大复兴,人民的富裕安康,作出了应有的贡献。一个甲子过去了,盟的组织也从小到大、从弱到强,得到了长足发展,特别是改革开放以后,民主党派的地位越来越重要,组织建设也逐步走上了正轨。中共中央1989年颁布的14号文件,为促进多党合作事业的蓬勃发展发挥了重要作用。刚刚颁布的5号文件,作为指导新世纪、新阶段我国多党合作的纲领性文件,对15年来我国政党制度建设丰富经验进行了认真总结,提出了一系列新的理论观点和政策思想,为民主党派发挥作用提供了更大的空间。应该说,现在是多党合作与政治协商制度发展最好的时期之一。总结我们多年来加强基层组织建设方面的成绩,主要集中在以下五个方面。

1. 盟的组织规模不断扩大,盟员人数大幅度增加。“文革”之后民盟组织恢复活动时,只有21276名盟员;到了1989年,盟员总数为99092人,基层组织为5548个;截止到2004年底,盟员

总数已达 168188 人，目前已经超过了 17 万，基层组织总数达到 8201 个。最小的基层组织只有七八个人，最大的基层组织，如民盟浙江大学委员会，已有 500 多名盟员。

2. 发展培养了一大批优秀人才，为盟的参政议政等各项工作提供了组织保障。盟的人才发现于基层、培养于基层。基层组织藏龙卧虎，是盟的人才源泉。近年来，盟的各级组织加强了对高素质人才的发展培养力度，以适应盟的各项工作对人才的需要。这两年各省级组织还普遍制定了三年发展规划和年度发展计划，有计划地开展组织发展工作，每年新发展盟员 7000 人左右，较好地改变了盟员队伍的知识层次和专业结构。目前，盟员中高中级职称的占 87.8%，高级职称的占 44%，在文教科技等重点界别和经济、法律、管理、非公经济等非重点界别中，我们都有一些知名的代表性人士。在干部队伍建设方面，参政议政队伍逐步壮大，全盟现有各级人大代表 2735 人，政协委员 12874 人，在政府和司法机关担任县处级以上实职的 572 人。各级组织的专职干部和基层干部队伍也得到了充实，知识化、年轻化程度有了很大提高。正是因为我们拥有这么一支盟员骨干队伍，这些年，各级盟组织和广大盟员围绕中心、服务大局，为促进经济社会协调发展作出了积极贡献。

3. 通过开展组织活动等多种形式，把广大盟员团结凝聚在盟组织周围。长期以来，各地方组织注意加强对基层组织建设的领导，深入基层调查研究，积累了许多好的经验和做法，如联络员制度、约谈制度、“参政议政周”活动、“三力”活动、“做合格盟员，创活力支部”等。盟的广大基层干部克服经费匮乏、本职工作繁忙等各种困难,不计个人得失,积极开展学习、宣传、服务社会、联谊等形式多样、行之有效的组织活动,收到了较好效果,不仅把广大盟员团结凝聚起来,也较好地树立了盟组织的良好形象。

4. 注重加强基层组织建设的制度化、规范化工作。这几年,从中央到各地都为加强基层组织建设的制度化、规范化做了大量工作。盟中央先后制定了《组织发展暂行条例》、《关于加强后备干部队伍建设的意见》等规范性文件,一些省、市也制定了《基层组织建设条例》等文件。各地还普遍建立了领导干部和机关干部联系基层制度、新盟员培训制度、基层组织负责人培训制度、后备干部培训制度等。基层也普遍建立了相应的工作制度,如支部会议制度、支部活动考勤制度、盟费收缴制度、文书档案制度、支部成员工作职责等。这些制度的建立,使基层组织建设逐步做到了有章可循。

5. 主动争取中共地方党委统战部门和基层党组织的帮助、指导,坚持正确的政治方向。自觉接受中国共产党的领导,坚持中国共产党领导的多党合作和政治协商制度,是民盟的历史经验和政治准则。多年来,盟的广大基层组织十分重视与中共基层党组织的沟通联系,许多地方还建立了沟通联系制度,主动争取中共地方党委统战部门和基层党组织对基层盟组织和盟员的帮助和指导,党盟关系非常融洽。实践证明,中共党组织的支持帮助为盟组织提供了良好的外部环境和工作条件,是加强基层组织建设的重要保证。

上面这五条可以概括为:壮大了队伍、培养了人才、凝聚了人心、建立了制度、保证了方向。这些成绩来之不易，盟的各级干部特别是广大基层干部和盟员为此付出了艰辛的劳动。我来盟中央工作之前，盟员关系一直在基层，对于基层盟务工作的酸甜苦辣，自认为有深切的体会。后来，我有机会到各地调查研究，接触了更多的基层干部和盟员，了解了更多的基层情况，和我原来所在的盟组织相比，发现许多地方的基层盟组织，特别是西部地区和中小城市盟的基层组织，工作条件非常艰苦，开展活动的难度更大，付出的心血也更多，他们的精神很让人感动。比如，有的市级盟组织，专职干部就一个人，通过这一个人的勤勤恳恳，树立了民盟良好的形象，凝聚了盟员，开展了大量服务社会、参政议政工作，在当地受到高度评价。民主党派的基层组织没有行政资源，基层干部都是兼职，盟务工作繁杂，耽误时间，升迁的机会特别少，可以说是无名无利。但就是这样，这些成千上万的基层干部凭着对盟的热爱，默默奉献，保证了我们盟组织的正常运转。这就是我们盟员的可敬之处、可爱之处。每念及此，我们都特别感动，这种无私贡献的精神时刻激励着盟中央的同志们励精图治，努力工作。在这里，我代表盟中央和各省级组织向这些盟的无名英雄由衷地感谢。

在肯定成绩的同时，我们也要清醒地看到，盟的基层组织建设也面临着一些问题和不足：第一，盟员老化问题比较严重。目前在基层支部中，离退休盟员所占比例一般在50%以上，有的甚至达到90%以上，有的基层支部只有一两名在职盟员。这是一个值得重视的问题。老盟员是盟的宝贵财富，但盟的希望与未来属于年轻人，盟的各项工作主要还是依靠在职盟员去做。组织部做过测算,在现有条件下,要大幅度降低盟员平均年龄不太现实,但如果不采取有效措施,以保证在职盟员数量的稳定上升,对盟的长远发展则非常不利;第二,组织发展面临一定的困难。由于一些盟组织对组织发展缺乏紧迫感,工作主动性不强,以及当前高层次的无党派代表性人士相对较少、其他民主党派的竞争等因素,给组织发展工作增加了新的困难,组织发展的质量和数量都存在一定不足。有的基层盟组织已经出现负增长,在有的地方尤其是大专院校,其他民主党派的人数已经超过民盟,这是非常值得重视的问题。民主党派不分大小,但民盟人数最多是历史形成的,我们不能失去这个优势;第三,部分基层活力不足。一些基层活动内容单一,形式单调,往往不是聚餐就是读报,对盟员缺乏吸引力。而在职盟员、干部的工作压力很大,难免忽视盟务工作。一些基层组织负责人由于各种原因,不能集中精力抓支部工作。从各地调查的情况来看,大多数基层组织的活动比较正常,但处于维持或者瘫痪状态的也不低于20%;第四,有的地方对基层组织建设指导不力。一些地方组织负责同志对基层组织建设缺乏足够的重视,缺乏深入的研究和有效的指导,影响了基层组织建设工作的开展。

以上问题,带有一定的普遍性,究其原因,其中有客观因素,也有我们自身的原因;有老问题,也有新情况。这些问题亟须引起各级盟组织的高度重视。一个时期以来,由于各种原因,缺少对基层的指导,也缺少对基层的关心,盟中央对此有一定责任。近年来这种情况正在改变。前年召开的民盟九届四次中常会上,提出了民盟要有活力,首先基层要有活力的观点,调动了各级抓基层组织建设的积极性。去年,盟中央又要求各省级组织开展了“基层组织建设大调研”活动。今年,盟中央又研究制定了《关于加强基层组织建设的意见》,已经广泛征求各省级组织意见,待中常会研究通过后正式下发,作为今后一个时期加强基层组织建设的指导性文件。今后我们要大张旗鼓地抓基层,全心全意地抓基层,尽心尽力地帮助基层解决困难,努力把基层组织建设好。

二、充分认识基层组织建设的重要意义

对一个政党而言,基层组织就是基础,是金字塔下面的底座。中央领导同志论述基层组织建设时讲:“基础不牢,地动山摇”,形象地说明了基层组织的重要性。对基层组织建设的重要意义,可以从两个方面来认识。

首先,基层是民盟参政议政人才的源泉,加强基层组织建设是民盟履行参政党职能的迫切需要。中国共产党领导的多党合作和政治协商制度,是符合全国人民的根本利益,适合在中国“土壤”上生长的政党制度。50 多年来,我们坚持实行这一制度,团结一切可以团结的力量,调动一切积极因素,经受住了各种困难和风险的考验。改革开放 20 多年来所取得的举世瞩目的经济奇迹和历史进步也强有力地证明了这一点。作为参政党,要充分发挥人才库和智囊团的作用,紧紧围绕发展这个第一要务,就国民经济和社会发展中的重大问题进行调查研究,建言献策。但参政议政也好,建言献策也好,首先都离不开人才。而目前的情况是:一方面 5 号文件规定,执政党要进一步加强同党外人士

的合作共事,明确了培养、选拔党外干部的总体要求和具体政策,拓宽了党外干部选拔领域,保证党外干部有职有权。这些措施,为民主党派进一步发挥作用提供了更加广阔的空间,也对民主党派的人才需求提出了更高的要求。另一方面,人才问题仍然是制约我们发展的“瓶颈”。目前,我们的从政人数,各级人大代表、政协委员的数量,与其他民主党派相比,并没有太大的优势,与我们盟的历史,与盟员数量也不相称,这其中固然有很多方面的因素,但我们的人才总量不足,适合参政议政、从政的人才不足,拔尖人才不足应该是一个不争的事实。应该讲,民盟人才缺乏的压力比以往任何时候都大。没有一定数量和质量的人才,难以适应新时期多党合作需要。这已经关系到多党合作大局,关系到盟的事业发展和未来。人才从哪里来,说到底还是要从基层来发现、来培养。我们要借5号文件的东风,下大工夫、花大气力,把基层组织建设提高到一个新的水平,真正把基层建设成为发现人才的窗口,培养人才的基地。

其次,基层组织建设是自身建设的重要内容,加强基层组织建设是民盟长远发展的客观要求。基层组织是盟的细胞,是盟的组织基础和工作基础。基层组织的作用,主要有三个方面:一是发展人才,保证盟的新陈代谢;二是凝聚人心,强化盟的整体实力;三是开展活动,增加盟的社会影响。人民群众对民盟的认识,是上看中央下看基层,基层组织的形象,在一定程度上代表着盟的形象。从这个意义上讲,基层组织建设是民盟自身建设的重要内容,是提高民盟凝聚力、战斗力的基础工程。民盟组织要健康有序地发展,要长江后浪推前浪,一代更比一代强,不重视基层是不行的。九层之台,起于垒土。万丈高楼平地起,讲的都是这个道理。正如我刚才所讲,盟的基层组织建设虽然取得了很大成绩,但问题与不足也很严重,全盟同志对此也要有一个清醒认识。要想使大多数的基层组织能够开展正常、实效的组织活动,使大多数的基层盟员都能感到组织的关怀,使广大基层组织和广大盟员充满活力、凝聚力和影响力,使盟的人才结构、年龄结构、专业结构达到一个良性循环,要达到这些目标,就必须踏踏实实地加强基层组织建设。只有解决了基层组织建设存在的问题与不足,才能有效增强盟的发展后劲。民盟要有所作为,要增强软实力,就必须从基层抓起。

三、关于今后一个时期加强基层组织建设的总体要求

新形势、新机遇,为基层组织充分发挥作用提供了广阔舞台,我们要在继承和发扬盟的优良传统的基础上,不断总结经验,研究理论,努力探索新形势下加强基层组织建设的规律。对于加强基层组织建设的一些具体要求,即将下发的《关于加强基层组织建设的意见》里都有明确的规定,这里我不想多讲。下面我想谈一下对基层组织建设的总体要求,可以用24个字来概括,即“加强领导、抓住关键、努力创新、讲求实效、规范管理、提倡奉献”。

1. 加强领导,是指盟的各级地方组织要面向基层、服务基层,把基层组织建设放到一个重要位置来抓。实践证明,领导重视是加强基层组织建设的必要前提,领导重视与否效果大不一样。省级组织要担负起抓基层组织建设的重要职责,要从总体

上研究制定本省加强基层组织建设的规划部署，建立健全工作机制，形成“主委带头抓，分管副主委重点抓，组织部门具体抓，职能机构配合抓”的工作格局。市县级盟组织要承担起抓基层组织建设的直接责任，真正把基层作为盟的“生命工程”来抓。不抓基层组织建设，主委就是失职。盟的上级组织领导和机关干部要经常深入基层调查研究，特别是要到最困难的地方去，到盟员意见多的地方去，到工作推不开的地方去，找出问题症结，拿出落实措施，打开工作局面。加强领导的关键是真抓实干，抓好落实。再好的文件政策，如果不落实，也是一纸空文。

2. 抓住关键，是指重点要选好班子、建好队伍。基层组织建设的关键是班子和队伍。要通过换届，选拔那些政治坚定、作风正派、热心盟务、乐于奉献、有群众基础和组织协调能力的同志作为基层组织的班子人选。主委很关键，一定要由有社会影响、有群众威信、有代表性的人士担任。要通过培训等手段，不断提高基层干部的政治素质、工作本领、协调能力和服务能力，使班子真正成为基层组织的领头人。要做好盟员的发展和管理工作。组织发展是盟组织保持活力的基础工作，必须常抓不懈，当前要重点做好代表性人士和后备人才的发展工作。只有做好了组织发展工作，盟组织才能成为有源之水。要关注无党派，从中有代表性的及时发现，有困难找上级甚至中央。年轻盟员进到盟里面，要加强教育管理，帮助他们成长，为他们提供锻炼的舞台。

3. 努力创新，是指要本着与时俱进、开拓创新的原则开展基层工作。创新是基层组织建设的灵魂，只有在继承传统的基础上坚持创新,基层组织建设才能不断适应形势任务发展的需要。各级盟的专职干部和基层盟务骨干要认真研究政策、研究理论、研究形势,要善于借鉴盟内外加强基层组织建设的好经验、好做法,消化吸收,为我所用,力争在思想上要有新认识,观念上要有新突破,行动上要有新举措。比如讲,组织设置,过去主要是单位支部或行政区划支部,现在可以考虑根据职业设立行业支部,根据年龄建立老年支部和在职人员支部,根据居住地设立社区支部,在没有盟的组织的单位、院系或新的社会阶层中设立组织等等。再如组织活动的内容、形式等等,都需要创新,不创新是没有出路的。

4. 讲求实效,是指要坚持实事求是、因地制宜的原则,开展基层工作。基层有基层工作的特点,民主党派的基层干部都是“业余闹革命”,所以我们不能按照执政党对基层组织的要求标准来要求我们的基层组织,不宜提过高的要求和目标,要切实可行,做不到的不如不提。如在起草《意见》时,要求基层至少每季度开展一次活动,就是出于这种考虑。各地的情况差别很大,所以开展基层工作,既要有统一的部署,也要因地制宜,充分发挥基层的主观能动性。开展组织活动,也要注意减少盲目性和随意性,克服形式主义,不断提高组织生活的质量和水平,提高对盟员的吸引力,不断增强基层组织的活力。各级组织要以人为本,服务盟员,要建立经常性的了解盟员学习、工作、生活情况的制度,通过谈心、走访、慰问、解决实际问题等方式,为盟员排忧解难,说出面要出面,使盟员体会到组织的温暖,真正把基层组织建设成为盟员之家。

5. 规范管理,就是要以制度为抓手,做到制度健全、有章可循。实践证明,把行之有效的工作经验提升为制度规定,并用来规范工作,是加强基层组织建设的有效举措。《关于基层组织建设的意见》下发后,各省可根据实际情况制定实施细则。基层组织也要围绕工作任务,在现有制度的基础上,完善制定必要的工作制度和相应的工作职责。各地可根据自己的实际情况来决定,不作统一要求。通过建章立制,有章可循,逐步实现基层组织建设的规范化、制度化。

6. 提倡奉献,在基层干部中还是要大力提倡无私奉献、任劳任怨的精神。基层盟务工作的许多困难,不是一朝一夕能解决的,也不能完全用市场经济法则来解决。广大基层干部从事盟的工作,靠的还是一种精神,靠的是对盟的热爱。上级组织给不了钱,给不了权,只有靠大家无私的奉献。基层工作不易,做基层盟务工作的同志都很辛苦。作为盟的上级组织,要关心爱护盟的基层干部,帮助他们成长,对作出突出贡献、符合一定条件的基层干部要优先提拔使用。不要只看到你周围熟悉的人,要眼睛向下,在基层中发现盟的骨干,积极推荐。要和党委协商沟通,尽力为他们争取一定的工作条件、工作补助和工作量,帮助他们解决一些实际困难。地方组织要定期或不定期地进行基层组织建设表彰活动,总结一批先进典型,宣传他们的事迹和经验,我们要让作出贡献的同志心情舒畅、理直气壮。

同志们,这次会议,是盟中央抓基层组织建设的一次重要会议,是汇集、总结、交流全国民盟基层组织工作的成果经验的盛会,是一次学习先进、团结奋进的大会。各级盟的组织要认真学习贯彻中央5号文件精神，按照《民盟中央关于加强基层组织建设的意见》要求，以表彰的先进典型为学习榜样，明确目标，扎实工作，努力把基层组织建设好，为推进盟的自身建设和促进多党合作事业发展奠定坚实的基础，为实现全面建设小康社会与和谐社会的奋斗目标作出我们应有的贡献。

在民盟西北总支部成立60周年、陕西省委员会成立50周年纪念大会上的讲话

（2005年9月9日）

陕西省委、陕西省政协的各位领导，陕西省盟员同志们、朋友们：

在多党合作事业蓬勃发展的今天，我们大家在这里隆重集会，纪念民盟西北总支部成立60周年和民盟陕西省委会成立50周年，我谨代表民盟中央向大会表示热烈祝贺！向陕西省全体盟员同志们致以诚挚的问候！向多年来给予民盟陕西省委员会指导和支持的中共陕西省委表示衷心的感谢！

同志们，今年是抗战胜利60周年，前几天全党和全国各族人民刚刚以各种形式隆重纪念这个伟大的日子，中国民主同盟就是在1941年皖南事变后民族危机空前严重，抗战最关键时候，由国共两党以外的一致主张团结、民主、抗日的政团和人士共同发起建立的。

原新四军军长陈毅元帅在评价民盟成立与国民党分裂阴谋作斗争时说："民盟直接支持了我们抗战。当时竟敢和蒋介石分庭抗礼，对外坚持抗日反对妥协，对内坚持团结反对分裂，这是

一个严峻的考验,是一个关键的问题。就当时的情况来说,新四军和八路军在敌后,党的领导又偏处边区,整个大后方的对蒋斗争主要靠民盟来支持,其意义也说明了统一战线的正确性。”

回顾总结陕西民盟组织走过的历程和经验,对于继承和发扬民盟的优良传统,更好地履行参政党职能,进而为坚持和完善中国共产党领导的多党合作和政治协商制度作出新贡献,有着重要的意义。民盟陕西省委会的前身——民盟西北总支部,是在中国共产党人的支持、帮助和参与下创建起来的。其中一些创建者和领导人就是中共地下党员,以及受共产党影响并与共产党保持亲密关系的先进分子。因此,陕西省盟组织在早期就形成了一个优良传统,也是一个十分重要的特征,这就是自创建时起,同中国共产党有着密切的合作,不断受到中共路线、方针、政策的引导。

民盟先烈、民盟西北总支部的创建者杜斌丞同志,曾在西安事变中与周恩来等中共代表团的同志多次晤谈,并因此对中共的政治主张有了更多、更深的了解,他坚决地表示“跟着共产党走”。他在民盟内部讲到:“西北民盟唯一有利的条件是与中共中央所在地的延安接近,可以得到友党的有力协助,我们必须坚决地依靠中共,并在工作上与其保持密切的联系,才能取得斗争的胜利。”在杜斌丞为民主运动光荣殉难后,毛泽东为他亲笔题写了“为人民而死,虽死犹生”的挽词,称赞他是“中国共产党的忠实朋友”。

原民盟中央主席杨明轩同志是一位中共老党员,与杜斌丞同志共同创建西北民盟组织,致力于西北民主革命运动。他根据中共指示参与重要领导工作,与杜斌丞等人在中共陕西地下党组织的支持和帮助下，组织盟员进行反内战、反独裁，争取和平民主的斗争。

民盟西北支部成立60年了。60年是一个甲子，一个轮回，经历那段历史的先烈前辈也日渐故去，留给我们的是用鲜血和生命换来的江山事业和不屈不挠的民族精神，为新中国的建立和中华民族伟大复兴提供了强大的精神动力。

新中国成立后，在民盟西北总支部的基础上建立的民盟陕西省委员会，继承优良传统，在推进社会主义革命和建设事业的历史进程中发挥着作用。即使在各种严峻的政治考验面前，广大盟员始终没有动摇过坚持中国共产党的领导和走社会主义道路的信念和决心。原西北军政委员会彭德怀主席就曾肯定，"民盟和中国共产党是患难朋友，是创造新中国的朋友，也是建设新中国的朋友"。进入新的历史时期，民盟陕西省委在坚持和完善中国共产党领导的多党合作制度，认真履行参政党职能，加强自身建设，积极开展社会服务等方面都取得了显著成绩，为陕西省的经济建设和社会发展作出了贡献。

陕西省民盟组织60年的工作和实践证明，民盟只有坚定地接受中国共产党的领导，与中国共产党风雨同舟、通力合作，才能得到生存和发展，才能在长期的革命和建设中发挥作用，才能为国家和民族的振兴作出贡献。这是被历史证明了的最重要的一条根本经验，也是我们回顾民盟战斗历程必须深刻领会的一点。温故知新，今天我们举行这一纪念活动的意义，就是要继承和发扬民盟与中共团结合作的优良传统，坚定不移地走中国特色的社会主义政治发展道路，同心同德，团结奋斗，为多党合作事业续写新篇。

当前,全盟都在认真学习《中共中央关于进一步加强中国共产党领导的多党合作和政治协商制度建设的意见》,这是我国政治生活中特别是统一战线方面的大事,更是我们当前的重要任务,为我们民主党派履行职能、发挥作用提供了广阔的空间,也对民主党派加强自身建设提出了新的更高的要求。

我衷心地希望陕西省盟在隆重举行纪念活动之际,能够认真总结历史经验,结合自身组织发展的实践,认真学习、深刻领会、准确把握5号文件精神的重点、实质和核心,进一步发挥参政党的作用。

同志们,今天适逢我国第21个教师节,民盟主要是由从事教育工作的高中级知识分子组成的,我也曾从事教学工作几十年,我非常高兴和大家一起在陕西,在西安度过这一节日,并向广大从事教育工作的盟员同志致以节日的崇高敬意。

同志们、朋友们,在新世纪新阶段,多党合作事业生机蓬勃,我们的任务艰巨光荣,民盟老一辈创建的事业需要我们继承和发展,薪火相传,生生不息。陕西省有着悠久历史和深厚的文化涵养,有着优良的革命传统,又是西部大开发建设的战略要地,我们相信民盟陕西省委会和全省广大盟员,在今天多党合作更加广阔的历史平台上,一定能够为陕西、为西部的建设和发展书写壮阔的新篇章。衷心祝愿陕西省的明天更加和谐美好!

谢谢大家!

加快社会保障改革步伐,构建社会主义和谐社会

——在“社会保障国际论坛”上的演讲

(2005 年 9 月 24 日)

各位专家学者、各位来宾、各位朋友:

大家好!

“社会保障国际论坛”今天在这里隆重召开,中、日、韩三国众多知名社会保障专家学者聚集一堂,深入探讨社会保障制度的改革与发展之策,是一件非常有意义的事情。因此,我很高兴出席本次论坛,并以我个人的名义,对本次论坛的召开表示热烈的祝贺!对来自日本、韩国的各位专家学者表示热烈欢迎!

众所周知,人类自有史以来,就对安全、公平、和谐的社会充满着期待与渴望。社会保障就是人类在发展进程中,针对自己面临的风险与问题,经过长久选择才得以确立的一种基本社会制度。这一制度的确立,不仅有效地解除了人们在养老、疾病医疗、职业伤害、失业、贫困、天灾人祸等方面的诸多后顾之忧,而且有效地缓和乃至化解了社会矛盾与利益冲突,维护了社会公

平与正义，促进了人类社会的健康与和谐发展。在当代世界，社会保障已成为评判一个国家或地区的经济社会发展是否处于良性、协调状态和社会文明进步程度的重要依据和基本指标。

中国自古就有救灾济贫的措施和源远流长的社会保障思想。中华人民共和国成立后，更是迅速建立起了自己的社会保障制度，包括劳动保险、救灾济贫、合作医疗等制度安排，曾经惠及亿万国民。改革开放以来，在国民经济持续、高速发展的同时，伴随着经济体制改革与社会发展的需要，对原有社会保障制度也必然要做出相应的重大的调整。近20年来，尤其是近几年来，中国政府对社会保障制度改革给予了高度的重视，社会各界与人民群众更是密切关注。在中国每年召开的全国人民代表大会和全国政协会议上，社会保障尤其是列为本次论坛研讨主题的养老保险和医疗保障改革与制度建设，就一直是全国人大代表与全国政协委员关注的重点问题，对社会保障制度改革发表意见并提出自己的政策建议，已经成为“两会”代表委员参政议政的一个十分重要的方面。经过近20年的改革，中国国民的社会保障观念更趋理性和符合整个经济社会发展的潮流，原有的与计划经济体制相适应的传统社会保障制度已经得到了全面的改造，从国家负责、单位包办、板块结构、封闭运行的保障体系发展到了政府主导、责任分担、社会化的多层次保障体系。在中国时代变革与经济社会发展进程中，尤其是在大规模的国有企业改革及社会分化加剧的背景下，社会保障制度起到了积极作用。然而，就像社会保障在许多工业化国家遭遇挑战一样，中国社会保障制度的全面变革也存在着许多问题与现实困难，并面临着人口老龄化加剧、家庭保障与农村土地保障功能持续弱化等多方面的挑战。绝大多数城乡居民还缺乏相应社会保障的客观事实，既表明了中国社会保障改革与制度建设滞后于经济社会发展与人民群众的需求，也表明中国要建设健全、完备的社会保障制度并在21世纪头20年实现人人享有社会保障的目标任务还相当繁重。

近几年来，我也一直在关注着中国社会发展进程中的一些社会问题和与之相关的社会保障制度改革，曾专门邀请过一些专家学者座谈社会保障问题，到一些地方考察时也注意了解过这方面的情况，我深切地感受到了社会保障对国民生计及国家健康、和谐发展的必要性与重要性，同时也深切地感受到了在我国构建社会主义和谐社会的进程中，加快建设健全、完备的社会保障制度并通过这一制度安排来维护社会公平正义、促进整个社会的和谐发展的重要性与紧迫性。我们不仅需要尽快构建一个城乡一体化的健全的社会救助体系，快速扩大社会保险制度的覆盖面，确保城乡困难群体有起码的生活保障，并使广大劳动者的福利权益得到切实维护，而且需要尽快建立一个覆盖全民的医疗保障体系，真正解除城乡居民疾病医疗方面的后顾之忧。因为医疗卫生事业与疾病医疗保障制度关系到所有国民的身体健康和生老病死，也是老百姓当前反映强烈的突出问题之一，医疗保障改革在各国都备受关注，到现在真正解决得很好的还没有。有人说医疗保障改革是“白色迷宫”，确实很难。事实上中国政府为此付出了很多心血，但随着老百姓对健康和生活质量要求的提高，我们的工作还有着很大差距，离人民群众的愿望和改革的目标还有相当大距离。

当然,在突出面向困难群体的社会救助制度建设、面向广大劳动者的社会保险制度建设和面向全体国民的医疗保障体系建设的同时,我们事实上还面临着人民群众对公共福利事业日益增长的需求,发展老年人福利事业、残疾人福利事业和妇女儿童福利事业,正在成为中国社会保障体系建设的重要任务。因此,中国社会保障制度建设的任务是全面的,也是复杂的和相当艰巨的。

要完成这样的艰巨任务,还需要进一步提高对社会保障的重视程度,并采取更加有力的措施来推进这一制度的改革与发展步伐。

第一,我们需要对社会保障制度的功能有正确的、全面的认识,不能因为害怕所谓“福利病”而对社会保障不足的现实视而不见,不能继续以经济发展和国家财力薄弱为由忽略而对困难群体生活的艰难和老百姓看病难、看不起病等问题,不能夸大社会保障的负面影响而忽略对这一制度的巨大的正面促进功能。必须看到,社会保障滞后的事实不仅使一些社会问题得不到很好的解决,一些社会矛盾与利益冲突得不到很好的调和,而且已经影响到了人民群众的消费信心及对未来的安全预期,也对国民经济的持续发展和整个社会的和谐发展带来了消极的影响。

第二,我们需要加大对社会保障的投入,同时确保国家公共福利资源的公平配置,努力缩小现行社会保障制度的不公平性和切实促进这一制度的公平性。在市场经济条件下,社会保障恰恰是市场失灵的公共领域,它可以利用市场机制,但绝对不是可以市场化的，而要维护这一制度的公平性、公益性，又必然要以扩大国家投入并公平配置福利资源为前提。现在国家对社会保障的投入虽然在逐年增长，但依然偏低，且资源分配的非公平性仍然明显。以医疗卫生事业与医疗保障为例，对医疗服务机构投入的不足即是造成医院长期以药养医等不良现象的重要原因；在公共卫生福利资源的分配中，80%分配给城市，广大农村仅占20%，正是这种公共资源配置的失衡，导致了医疗卫生福利事业公平性的倒退。要真正改变这种局面，我们还任重道远。我认为，医疗机构不能变成追求经济利益的场所，政府承担维护公共卫生和保障公民健康权益的责任不能变，医院运行机制应当始终体现公益性质，同时还要更多关注农村居民的疾病医疗保障问题，将农村新型合作医疗以及城市困难群体的医疗保障制度建设摆到重要位置上考虑并强力推进。

第三，我们需要加快社会保障法制建设，确保这一制度沿着法制化的轨道健康有序地发展。在构建社会主义和谐社会的战略目标已经明确、市场经济体制趋向成熟的背景下，在社会保障制度改革经历长期试点的基础上，加快社会保障法制建设无疑成为我们建设健全、完备的社会保障制度的紧迫任务，因为社会保障制度法制建设不仅能够进一步明确政府及有关责任主体的责任、义务和国民享受社会保障的相应权益，而且可以真正确立这一制度的严肃性、稳定性与可靠性。

第四，我们需要制定和完善相关的政策，充分发挥社会、市场、企业乃至家庭的积极性与主动性，通过汇集各界、各方的资源来构建一个真正社会化的多层次的社会保障体系。在这方面，包括扶持慈善公益事业的发展，鼓励用人单位兴办各种职业福利事业，在不损害人民群众福利水平的前提下利用市场机制促进社会保障的效率得到提高，将社会保障与家庭政策有机地结合起来以便维护中国家庭保障的传统，等等。

第五，我们需要借鉴国外的经验，也需要更加重视本国的国情。各国社会保障制度的发展进程和中国近 20 年来社会保障制度改革的实践，都揭示了这一制度离不开各国的社会、文化环境的制约与经济条件的制约，社会保障不仅追求公平、正义与共享发展成果，而且必须与本国国情相适应。因此，我们既要重视借鉴国外的成功经验，还要重视对本国国情的研究。借鉴国外的经验可以使我们少走弯路，熟悉国情则可以使我们避免失误。

我还要强调的是，在肯定中国发展成就和中国社会保障改革取得重要进展的同时，清醒地看到中国现行社会保障的不足和这一制度建设中存在的问题、困难和必须应对的挑战，对于建设好这一制度并使之造福亿万人民、促使国家经济社会健康和谐发展显然非常重要。

我相信，在中国政府的高度重视下，中国的社会保障改革与制度建设的步伐将会进一步加快，社会保障的公平、正义、共享理念将得到越来越充分的体现，这一制度对维系中国经济社会持续、健康发展和促进和谐社会构建的功能作用将会得到越来越充分的发挥。

最后，祝本次论坛取得圆满成功！

谢谢大家！

把发展生物产业作为国家战略
主动迎接生物经济

——在深圳第七届高交会、生物产业发展论坛上的讲话

（2005 年 10 月 10 日）

各位来宾、各位朋友：

大家好！

国家发改委这次在深圳专馆展示生物技术及其产业化成果，并举办生物产业发展论坛，是一件非常有意义的事情。我很高兴出席本次论坛，并与大家一起探讨我国生物产业发展的趋势与对策。

2004 年民盟中央就发展生物技术及其产业问题进行了专题调研和研讨。并于 7 月向中共中央、国务院建议，把发展生物技术及其产业化作为国家战略。我们认为现在我国已经具备了比较好的条件提出并启动“生物技术强国”的战略。实施这一战略，将十分有利于解决困扰我国经济可持续发展和社会长治久安的食品、人民健康、能源、生态与环境等重大问题。民盟中央的建议得到中共中央、国务院的重视和采纳，锦涛总书记和家宝总理分别作了重要批示，要求把生物技术及其产业化作为国家

经济、社会发展和科技进步的重点,列入《国家中长期科技发展规划》,并认真组织实施。

下面我就生物产业的重要性、我国生物产业发展的现状及促进其更好发展的政策措施从三个方面,谈一些看法,与大家交流。

一、生物科技与产业已成为世界新一轮发展竞争的焦点

生物技术是当今最为活跃的科技领域之一。特别是生命科学重大科技问题的解决,使人类对生命活动基本规律的认知水平达到了前所未有的程度。生命科学和生物技术持续创新正在加速新的科技革命形成,其在保障粮食安全、促进经济结构调整、提高健康水平、改善生态环境、缓解能源短缺压力、保障国家安全中的潜在作用,日益显现出超越的气势和潜力。由其引领的生物经济,驱动着全球经济结构的加速调整和重组。我们注意到并有理由相信,以生物技术为重点的第四次科技革命,将成为继信息产业之后又一个最具活力的经济增长点。

正因为如此,许多国家把发展生物技术及其产业作为战略重点,纷纷加大发展力度,采取政策扶持、增加投入、建设园区、吸引人才等措施,加速生物产业的发展,加速抢占生物经济制高点。未来谁拥有生命科学基础研究优势,谁就把握了科学创新的源动力;谁拥有生物技术创新优势,谁就占据了国际生物产业竞争的制高点;谁拥有生物技术转化优势,谁就能够主导未来世界生物经济的格局,这已是不争的共识。现在,美国继信息技术产业之后,再次在生物技术产业发展中独占鳌头,研发水平和产

业规模均稳居世界第一。英国生物技术发展水平仅次于美国，在欧洲居领先地位。日本在制造业中崛起，在信息时代落后，经济低迷。日本政府决心在生物经济时代再创辉煌，提出了“生物产业立国”的口号。印度在软件业取得令人瞩目的业绩后，把发展生物产业放在与信息技术和航天工业同等重要的位置上。总之，生物科技与产业已成为世界新一轮发展竞争的焦点，其发展将对世界经济格局和国力竞争产生重大影响。

二、中国发展生物技术产业的优势与机遇

改革开放 20 多年来，我国经济持续增长，综合国力显著增强，初步实现了小康社会的基本目标。全面建设小康社会，迫切需要加速发展生物技术和生物经济。首先，保障未来粮食安全必须依靠生物技术。解决好“三农”问题，实现农业增产、增效、农民增收的总体目标，必须依赖新的农业科技革命，必须依靠农业生物技术的重大突破与广泛运用。其次，提高人民健康水平需要生物技术。对人类健康危害较大的疾病防治，都离不开生物技术。发展生物医药产业，推动传统中医药的现代化，也有赖于生物技术的支撑；第三，发展绿色制造业，走新型工业化道路，需要生物技术。由于传统产业增长方式依赖于对自然资源的消耗。破坏生态环境的问题也相当突出，必须依靠现代生物信息技术加以全面改造；第四，改善生态环境，迫切需要发展生物技术。粗放的增长方式，已使我们面临日益恶化的环境。在节水、水污染治理、改善空气质量、遏制土地荒漠化及垃圾处理方面，生物技术可以提供更为有效的手段；第五，缓解能源压力，开拓

生物质新时代,需要生物技术。能源问题成为我国经济快速增长和社会可持续发展的重大制约因素,并将直接关系到国家安全和外交战略。发展生物质能,以燃料酒精、生物柴油部分代替汽油,以沼气代煤和天然气,将为缓解能源压力提供有力的支撑;第六,保障生物安全,需要生物技术。伴随对外贸易增加,外来物种入侵、疫病疫情、有毒有害物质等已经威胁到我国经济社会发展与国家安全。总之,上述基本国情决定了我国必然要主动迎接生物经济,把生物技术产业作为战略产业来培育。

经过近 20 年的持续努力,我国生物技术研究开发与产业化取得长足进步。生命科学和生物技术研发总体水平处于发展中国家的领先位置,部分领域已跻身世界前列;生物产业初具规模,并保持较快发展势头;高素质的生命科学和生物技术研究的开发力量初步形成。我国拥有丰富而宝贵的生物资源、巨大的市场潜力,以及社会主义制度集中力量办大事的政治体制优势,如果采取重大举措,组织得当,我国完全有可能在生物经济时代创造辉煌,为实现中华民族伟大复兴作出重要贡献。事实上,我国生物技术领域是我国高新技术领域与国外差距最小的领域,我们完全有可能在生物技术的某些领域与抢占制高点发达国家一争高低,并且可以说,生物技术是 21 世纪我国最有希望取得创新进展和最具国际竞争潜力的新领域。

当前,政府已经采取了一系列重大措施,加大发展生物经济的力度。即将颁布的《国家中长期科学和技术发展规划纲要》,将生物技术纳入最优先、最重要的研究领域之一。“国家生物技术及产业化发展纲要”也正在研究制定中。2004 年,国家发改委会同有关部门,开展了中国生物产业发展战略研究,初步提出了中国生物产业的发展思路和建议。国家发改委正在会同财政部、科技部等 18 个部门,共同编制《生物产业“十一五”发展规划》,并制定《生物产业发展政策》,为未来 15 年生物经济发展奠定良好的制度基础。

三、几点建议

我们期待生物经济时代的到来,期待有规模、有活力的生物产业的形成,期待生产与生活方式的根本变革,这其中还有大量的工作要做,我仅讲几点看法。

1. 民盟中央去年建议国家成立协调领导机构,现在“国家生物技术研究开发及促进产业化领导小组”已经成立。希望国家在统筹人才、科技和产业发展,在制定有关法律法规、战略规划和相关政策,以及建立协调和宏观引导机制等方面,开展更为积极有效的工作。

2.《生物产业“十一五”发展规划》和《生物产业发展政策》应尽快成文发布,指导生物产业发展。一方面进一步改善生物产业发展的法制与政策环境。通过相关法规和条例,保护生物遗传资源、生物技术专利,确保生物安全;一方面金融、税收等优惠政策要向生物产业倾斜,扶持与加速重点领域中技术与产品的发展。同时,还要制定合理的生物技术与产品标准,充分利用技术壁垒保护我国生物产业健康发展。

3. 把自主创新作为生物技术和产业发展的核心问题。今年初,胡锦涛总书记在一个月左右的时间里连续四次强调自主创新问题。我们不能把解决自身重大科技问题的希望寄托在别人身上,实践已经证明,真正的核心技术是买不来的。我们要努力从以跟踪模仿为主向加强自主创新转变;从以单项技术的突破为主向多项技术和产品的集成创新转变;从以研究开发技术积累为主向研发与产业化协调发展转变,同时注重对大众的科学普及;还要主动利用全球生物科技资源,加快形成国际化研发体系。新技术就是一条新的起跑线,这就是机会。我们在新一轮国际竞争中能否赢得主动,生命科学与生物技术是否可能在最近 15 年率先实现跨越式发展并引领未来经济的发展,其中生物技术重点领域和关键技术在自主创新上能取得重大突破,是问题的关键。

4. 实施生物技术强国人才计划。在高新技术产业领域中,人才已经成为竞争制胜的关键。近年来我国优秀人才流失现象仍然存在。当前唯一的选择就是积极参与国际人才之争,创造一个有利于吸引人才的体制和培养人才的良好环境。要改变人才管理理念上的落后。许多单位非常重视设备的拥有和配置,认为这反映了实力和水平,但即使是最先进的设备,几年以后就落后了,而人才这个无形资产却不被重视,人们经常谈到国有资产流失,国有资产在人们眼里只是仪器、设备,而最宝贵的无形资产人才的流失才是最可怕的。所以我们必须彻底转变"见物不见人"的观念,确实做到以人为本,把发现、培养、吸引、稳定人才,作为核心理念。要建立一批具有国际先进科技水平的生物技术创新、创业型人才的教育培养基地和产学研结合综合训练技术平台,培养具有国际竞争力的生物技术研发人才和企业经营人才。据统计,全球在生物技术专业杂志上发表论文的,1/3作者是华人。我们要通过生物产业战略的人才引进与保护措施,鼓励与吸引海外留学人员和华人科学家为祖国服务。

希望本次论坛能产生一批真知灼见,聚集起方方面面的力量和智慧,推动我国生物技术及其产业实现跨越式发展。祝论坛圆满成功。谢谢大家!

在全国政协第47期干部培训班上的讲话

（2005年10月29日）

同志们、各位学员：

大家早上好！全国政协第47期干部培训班今天开班了。非常荣幸有这个机会与大家共同学习、切磋，我代表全国政协和贾庆林主席，对培训班的开学表示衷心的祝贺！向参加此次培训的来自30个省市自治区全国各地的同志们表示诚挚热烈的欢迎！

全国政协十分重视加强学习，大力倡导学习之风，贾庆林主席提出要把人民政协建设成学习型组织，就是要求政协机关干部与时俱进，开拓创新，努力适应新时期人民政协事业发展的期望。加强学习和实践，开阔视野，更新知识，不断提高政治把握能力、参政议政能力、合作共事能力，应是政协干部长抓不懈的任务。

下面，我就加强政协干部学习和办好本期培训班，讲几点意见。

一、学习是一种生活态度

古今中外的思想文化大家，无不励志好学，博采众长。孔子说："生而知之者，上也；学而知之者，次也；困而学之，又其次也；困而不学，民斯为下矣。"学习是一种追求，是一种生活态度。人生有涯，学海无涯。学与不学，境界大不一样。小平同志关于学习有深刻的论述。他说，"忙于事务，不注意学习，容易陷入庸俗的事务主义中去，思想就容易庸俗化。如果说要变质，那么思想的庸俗化就是一个危险的起点。"可谓一针见血的忠告。现在，一些干部人生观变味，价值观歧途，思想道德滑坡，甚至"中箭落马"，跟平时放松或不学习关系极大。确实有少数干部专于吃喝玩乐。只有不断学习，吸取人类文明成果中丰富的智慧，才能志存高远，追求高尚境界，在复杂局面中坚定信念，明确方向，不昧于世界大势，不落后于时代要求，才能真正做到与时俱进。我们处在一个不断发展变化的时期，知识的爆炸驱赶着对知识学习一劳永逸或仅仅是生命中某一阶段的任务的旧观念。更新头脑，不断学习提升自我，已是我们面对瞬息万变的周期无法推脱的选择。如果不注意自我提升素养和竞争能力，就会在各种选择与被选择中、各种考验中被淘汰下来。因此，学习是对生活的一种积极态度。政协干部尤其要乐于学习，勤于学习，善于学习，加强自身修养。因为政协就是一所大学校，具有人才荟萃、老同志云集的难得的好环境。委员们多是各界的代表性人物，我们为他们履行职能服务，没有一定的知识水平、业务本领和理论修养，是很难适应、很难沟通的。因此，要充分认识我们举办培训班的意义。同志们要尽快转变角色,不管你是什么级别,到这儿都是学员,要互相切磋,开动脑筋,互相学习,共同进步。

二、熟悉人民政协历史,学习人民政协理论,发挥人民政协作用

需要学的东西很多,作为政协干部,我认为熟知政协发展历史,掌握人民政协理论,是学习重点之一。

政协干部要了解政协,熟悉政协,知之愈深,才能爱之愈切。不但要了解政协的现在,更应该了解政协的过去。人民政协是和新中国一起诞生的。自1949年9月成立以来,已经走过近56年的光辉历程。它的产生,是历史的客观必然,是中国共产党同各民主党派、人民团体和各族各界人士风雨同舟、团结奋斗的伟大成果。政协第一届全体会议,标志着人民政协的正式成立,它以光荣地完成新中国建国任务而被载入史册,为世人瞩目。尔后的55年,正如胡锦涛总书记所讲,是辉煌的55年,是与人民共和国一起成长,与全国人民一道努力,为国家富强、人民幸福和祖国统一团结奋斗的55年。重温历史,在带给我们自豪感的同时,也带给我们使命感和责任感,应从中吸取历史营养,学习、继承政协事业老一辈伟大开拓者和卓越领导人的风范、学识、人品和风骨,并作为我们立身行事的精神支柱,引导我们不断前进。

政协干部应重视人民政协理论的学习和研究,深刻领会人民政协的性质、作用和任务,弄清楚人民政协是什么、做什么、怎么做,并以此指导实践,推动工作,不辱使命。首先,要学习中共中央三代领导核心及胡锦涛同志关于人民政协的重要论述。以

毛泽东同志为主要代表的中国共产党人开创了统一战线和人民政协事业，毛泽东关于人民政协的思想，是人民政协作为一种固定的政治组织长期存在并发挥重要作用的主要理论依据。邓小平同志创造性地提出了一整套关于人民政协事业发展的新思想、新观点和新论断，为新时期人民政协事业的发展指明了前进方向。江泽民、胡锦涛同志对人民政协工作作出了一系列重要指示和论述，丰富和发展了人民政协理论和实践，进一步引导人民政协事业沿着正确的方向蓬勃发展。我们要在工作中加强政协理论学习，在实践中追求工作创新。同时，要学习新修订的政协章程，并以此带动对人民政协其他基本理论和基础知识的学习；第二，认真学习贯彻《中共中央关于进一步加强中国共产党领导的多党合作和政治协商制度建设的意见》(以下简称5号文件)。中国共产党领导的多党合作和政治协商制度，从建立之初一直发展到今天，逐步走向制度化、规范化、程序化，愈来愈显示出巨大的优越性和强大的生命力。这次5号文件把政治协商纳入决策程序，重大问题协商于决策之前和决策执行中并使之制度化，成为政治协商的重要原则。坚持好、发展好多党合作和政治协商制度，是发展社会主义民主政治、建设社会主义政治文明的重要内容之一。认真学习、宣传和贯彻5号文件，是当前和今后一个时期统一战线和人民政协的一项重要政治任务。政协干部要把《意见》作为指导工作的纲领性文件深入学习。同时，要把学习贯彻文件精神同当前正在开展的对中共中央批转的《政协全国委员会关于政治协商、民主监督、参政议政的规定》颁布10年来的贯彻落实情况进行大检查及总结工作结合起来，坚决抵制和杜绝一切错误的、混乱的、糊涂的思想认识，坚定不移地走中国特色社会主义政治发展道路。

而且，除了注重对已经有定论的、党内外都达成共识的政协理论的学习外，还要研究新形势新任务下人民政协面临的新的理论和实践问题，努力开拓创新。

三、对政协干部基本素质的要求

中央对政协工作非常重视，政协工作前景广阔，是大有可为的。政协干部不是可为可不为的，作为我国一项基本政治制度的一部分，而是必须要有作为。

对政协干部基本素质的要求，主要是指政治素质、业务素质和品德素质的要求。这些素质体现在政协办公厅工作的运作，政协大会和常委会的开法，专门委员会怎样更好地发挥作用，如何为政协委员服务等实际工作中，体现在政协机关的工作效率和服务水平中。要培养和造就一支政治坚定、作风优良、学识丰富、业务熟练的干部队伍。

政治素质表现在政治坚定性、政治敏锐性、政治鉴别力和正确的政治表达，是政治立场鲜明，见微知著，知是知非，大局意识的表现。

政协工作涉及知识广泛，需要具备多方面的能力。业务素质是对干部组织协调能力、行政管理能力、文字和口头表达能力、学习及调研能力，以及合作共事能力的具体要求。

品德素质体现出人格魅力，要具备敬业精神、奉献精神、合作精神，要顾全大局，作风朴实。

我们的努力和进步，关系到一项伟大的事业。我们的综合素质提高了，就能有效体现我国多党合作和政治协商制度的优势，从而提高全国人民对这一制度的信任和国际社会对这一制度的评价。在发展社会主义民主、建设社会主义政治文明中，我们确实肩负着重要的政治责任。

四、几点期望

学习无止境，实践无穷尽。集中培训是突击强化式的学习，是提高干部素质的一条重要途径。更重要的学习还是日常工作和生活中的学习，持之以恒，一以贯之。在这里我想讲几点期望，与大家共勉。

1. 政协干部要处理好做人、做事、做官的关系。今天在座的同志，局级干部有100多人，处级干部有400余人。如何踏踏实实做出一番事业，才能不愧对国家、人民和自己的良心，我觉得还是要思考怎样做人，怎样做事，怎样做官。

做人，要做好人。人字，一画朝天，两笔踏地，意为顶天立地。人品是官品的基础，只有堂堂正正做人，才能清清白白做官。“先修身而后能”，一个品行不端的人，仕途也许能够上升到一定层面，但最终经不起时间的考验。有了好的人品作保证，做人才有底气，做事才会硬气，做官才有正气。一个好人不一定是个好官，但一个好官必须是一个好人。注意人格修养，是做人之本，也是为官立业之道。一个人的尊严，从根本上说，来自正直高尚的人格。品行是一个人无形的资产，是做人的本钱。

做事，要做好事。人生在世，就要做事，认认真真地做，勤勤恳恳地做。为官掌权，更要为人民、为社会做事。有一些干部在当官还是做事的问题上出现了严重错位：有的人只想当官，不想做事；也有的人做事是为了当官；还有的人当官不仅不做事，还干坏事，以权谋私，贪赃枉法，行贿受贿，腐化堕落。如何做事？方式虽有千秋，目的只有一个，把事做好，把好事做实，把实事做好。要高水平谋事，知全局，谋大事。我们做事，眼光要长，见识要高，不能鼠目寸光，患得患失。要掌握科学的工作方法，高效率做事，化繁为简，事半功倍。还要高风格处事，大事讲原则，小事讲风格，言行一致，脚踏实地。

做官，要做好官。我们的职位不是官位，而是为人民做事的岗位。要常修为政之德。缺德少才者，无法成为领导干部。有德无才者，无法胜任领导工作。有才无德者，只会败坏我们的事业。我们需要的是德才兼备的干部。是那种努力学习，政治上明白、鞠躬尽瘁，认真做事、善待群众，群众拥护、淡泊名利，廉洁清白的官。有的人刚走上领导岗位，椅子没坐多久，实事没做几件，就开始设计自己的“升官图”，到处拉关系，跑门子，结交有用的人，以包装自己，推销自己。这不应该是我们政协干部的做派。我们还是要提倡老老实实做人，踏踏实实做事，清清白白做官。

2. 加强人格修养，自重、自省、自警、自励。自重，就是尊重自己的人格，注意自己的言行，既不狂妄自大，也不自轻自贱。自重，不仅仅是道德上的品质和表现，更多的是对干部在政治上的要求。自省，是进行自我批评的重要方法。坚持自省，才能明辨是非，及时发现并改正错误；才能虚心接受别人的批评，提高自己的思想水平和工作能力。自警，就是警示和告诫自己，警告自己不要违背政治原则和道德规范，同时以别人的教训来告诫自己不要重蹈覆辙。政协干部都应当严于律己，以史为鉴，以人为鉴，以法为鉴，警钟长鸣。自励，就是激励和鞭策自己。要求我们在自律的同时，应不断激励自己踏实工作，开拓进取，奋发有为。政协干部要有良好的精神风貌，经常想一想，我能为政协事业做些什么？自我加压，知难而进，做出更出色的工作成绩。

3. 大家从繁忙的工作中抽身出来参加学习，一是要安心。既来之，则安之，静下心来学。二是要用心。既安之，则为之。集中精力，潜心钻研。通过学习，正确理解国际国内形势，探寻政协工作的规律，丰富相关知识。三是要舒心。在学习中提倡相互切磋，畅所欲言。祝愿大家在这次培训中学有所获，学以立德，学以增智，学以致用。

最后，预祝本期培训圆满成功！

在中国循环经济发展论坛2005年年会上的讲话

（2005年11月5日）

各位领导，各位专家、代表、各位来宾：

大家好！非常高兴有这次机会参加中国循环经济发展论坛2005年年会，并与各位专家、学者共商循环经济发展大计。

《中共中央关于制定国民经济和社会发展第十一个五年规划的建议》明确指出，发展循环经济，是建设资源节约型、环境友好型社会和实现可持续发展的重要途径。改革开放20多年来，我国经济发展取得了举世瞩目的成就，但与此同时，资源消耗急剧增加，环境压力越来越大。资源环境问题已经成为我国经济社会发展中最突出的制约因素。要缓解资源、环境与经济社会发展的矛盾，最重要的就是贯彻落实科学发展观，调整经济结构，转变经济增长方式。而发展循环经济，实现经济增长方式根本性转变，正是我国“十一五”时期经济社会发展的重要原则之一。

循环经济作为一种新的发展理念、新的生产方式，是一系列的产业形态,它和知识经济一样,是社会进步的产物,经过十几年的实践,如今其浪潮正在席卷全球。近年来,我国循环经济的实践活动也在全国范围内得到了迅速推进,在各种行业、各个层次上都有所发展。近日,国家循环经济试点工作正式启动。经国务院同意,国家发改委、国家环保总局、科技部、财政部、商务部、国家统计局六部委联合下发了《关于组织开展循环经济(第一批)试点工作的通知》。要在钢铁、有色、化工、建材等重点行业,在再生资源回收利用重点领域,在开发区和产业园区,在有关城市,组织开展循环经济试点,为全面推进循环经济发展、实现经济增长方式转变提供实践经验。

我们在循环经济的实践中,既要注重借鉴国际先进经验少走弯路,更要充分重视国情减少失误。

20 世纪八九十年代起,发达国家为提高综合经济效益、避免环境污染,以生态理念为基础,重新规划产业发展,提出了循环经济发展思路。近年来,循环经济在发达国家已经逐渐成为一股新经济的潮流和趋势,并对提高资源利用率、缓解资源短缺、减轻环境污染压力产生了显著效果。

目前,我国发展循环经济应该充分借鉴发达国家的经验,力求站在更高的起点上去发展,积极吸纳那些已经被发达国家实践所证明了的成功的、适宜的做法,避免重复那些无谓的甚至错误的道路。发达国家在向循环经济转型的过程中,我认为下面三条经验特别值得借鉴:一是政府立法,由政府系统出台循环经济法律,用法律形式约束政府、企业和国民必须履行相关义务,这对发展循环经济起到了极为关键的作用;二是企业责任,强调企业在废弃物产生方面的源头作用，明确废弃物处理的企业责任制，这对促进废弃物的循环利用起到了积极作用；三是公众意识，运用各种手段与传媒加强对循环经济的宣传，提高广大公众的参与意识、参与能力，并积极行动。概括起来，这三条经验就是政府推动、市场驱动、公众行动，三者缺一不可。

在借鉴国外经验的同时，一定要充分认识、了解中国国情，减少失误。

我国发展循环经济已经受到了各方面的高度重视，但我们对循环经济的认识和研究还处于初步阶段，走向成熟需要一个过程。对此，我们应该有清醒的认识，要立足国情，实事求是地推进循环经济的发展。

同西方国家相比，我国发展循环经济有其特殊性，我国是在制度、政策、管理、技术和发展模式等多个方面都存在问题和障碍的情况下，倡导和推进循环经济的。以作为循环经济基础的清洁生产为例，经过多年的努力，虽然取得了一些成绩，但总体收效有限。究其原因，一是存在着发展清洁生产的制度性障碍，资源无价或低价，环境成本没有计入生产成本，导致企业没有节约资源、减少排污的利益驱动，从事清洁生产的企业反而面临不公平的市场竞争；二是在管理上部门分割，不利于行业间的工艺耦合和产品的生命周期管理；三是缺少鼓励清洁生产的政策措施，特别是对中小企业没有吸引力；四是缺少相关的技术创新，分析方法概念化、清洁生产审计流于形式。从目前的现实来看，我国未来循环经济的发展也面临同样的障碍。为此，我们必须要制定长远的规划、明确近期的优先领域、加大示范试点工作并建立正确的导向，从实求知、一步一步地把循环经济不断引向深入。

循环经济的导向问题，值得特别注意。发展循环经济如果没有正确的导向，将有可能陷入一些误区，造成财力物力新的浪费，失去战略性调整的时机。要澄清模糊认识，防止混淆、误解概念，随意缩小或扩大内涵。既不能把发展循环经济局限于“废物回收利用”，也不能把发展循环经济，简单地等同于转变经济增长方式或加强环境保护和生态建设。在实践中，要求真务实，防止跟风盲从，一哄而上。特别要避免不顾资源条件、产业布局、市场需求以及经济和环境成本，片面强调构建循环经济的体系，搞大而全、小而全。在这方面，在座的各位专家、代表负有传道、授业、解惑的重要责任。好经，我们一定要把它念好。

循环经济的研究问题，十分重要。在这次论坛期间，循环经济研究会将宣布成立。要保证循环经济的顺利发展，相关的理论研究必不可少。在科学发展的新形势下，循环经济要与我国国情相适应，面临许多新的研究课题，比如：如何形成循环经济发展的激励机制、如何加快环境产业市场的建设、如何促进相关科技的研发和应用、如何健全相关法律法规等等。这些问题能否得到及时解决，关系到循环经济实践的进一步发展，我们希望组建专门研究机构，从不同侧面、不同角度开展广泛、深入的研究活动，促进认识上的不断深化，理论上的不断更新。

各位专家，各位代表，发展循环经济，实现经济增长方式根本转变，除了消除体制性障碍这一要素，还有一个重要前提就是转变发展观念，而转变发展观念的一个关键在于提高劳动者素质。不能指望亿万劳动人民离开土地去生产高技术产品，从这个意义上看，没有高素质的劳动者，经济增长方式也不可能转变。因此在今天这样的会上，我还是要呼吁"十一五"期间教育优先发展一定要放在战略位置，决不能还略占位置。经济增长方式一定是在劳动者素质提高的基础上实现的。教育优先发展，带来劳动者素质提高，就会带来产品技术含量提高，才能实现经济增长方式转变，这四者是联动的关系。所以，必须从源头抓起，那就是国民教育。否则再过五年，我国经济增长方式还是无法从根本上转变，循环经济也无法健康发展。

我相信，在全国人大环境与资源保护委员会和国务院有关部委的支持和领导下，经过各位专家、学者的共同努力，循环经济一定能够从理论到实践都结出丰硕成果，可持续发展的资源节约型、环境友好型社会一定能够实现！

预祝中国循环经济论坛2005年年会取得圆满成功。

谢谢大家！

在北京大学贫困地区发展研究院签字仪式上的讲话

（2005 年 11 月 7 日）

我非常高兴来参加北京大学贫困地区发展研究院成立签字仪式。

首先，对研究院的成立表示热烈的祝贺！对尊敬的厉以宁教授表示崇高的敬意！

作为国内最著名的高校，北京大学承载着培养人才、科学研究的职能，在厉教授倡导下，又率先承担起了扶贫研究与实践的社会服务工作，成立专门研究中国贫困地区发展的公益性机构，此举必将对我国减贫进程起到很大的推动作用，意义深远。在此，我也特别感谢德意志银行股份有限公司北京分行对建立研究院的大力资助。

厉以宁教授是著名的经济学家。他继承了中国知识分子古往今来经世致用的传统，像民盟的众多学者大家一样，不尚空谈，求真务实，不是坐守书斋而是走向民众，用知识、用思想、用主意去为改善群众的生活做事情。作为学者，厉教授当然要做学术和理论研究,但是他的学术和理论来自中国经济发展的实践,又回到经济发展实践中去,为经济和社会发展服务。他著书立说,发表了大量文章,都是针对经济发展现实中的重大问题提出对策的。在对策成为政策后,他紧跟实践,做调查,看效果。在观点有分歧的时候,厉教授旗帜鲜明,坚持学术良知,不怕风险,不计个人荣辱毁誉,表现出了很大的学术勇气,也表现出了"学术乃天下公器"的情怀。

改革开放以来,厉教授在我国经济发展的每个关键时间都会发出声音,表现出一种令人折服的责任感。他总是站得高,看得远,是我国最早提出股份制改革理论的学者之一。他提出了中国经济发展的非均衡理论,并对"转型"经济有深入研究和解说。他出版的《中国经济改革与股份制》、《非均衡的中国经济》、《走向繁荣的战略选择》等代表性著作,应和着改革开放不同阶段的时代节拍和需要,对中国经济的发展产生了深远影响。我的专业不是经济研究,没有足够的能力来评价厉教授的学术成就和贡献。但作为中国公民,我们都是厉教授的经济思想转变为发展成果的受益者之一。我们相信厉教授的贡献已经写进历史。

论年龄,厉教授早已过了古稀之年;论贡献,厉教授桃李满园、著作等身,完全可以享享清福、颐养天年了。但是,他忘不掉自己在实地调查中见证的贫困现象,牵挂着还没有脱贫的百姓,欲罢不能,而且迎难而上,在北京大学成立了扶贫研究机构。这是他在中国发展的关键时期又一次发出的声音,是他的人格、思想、事业的合乎逻辑的发展。我国马上就进入第十一个五年规划时期，这是我国根除贫困的关键时期。自从“八七扶贫攻坚计划”实施以来，我们的扶贫成就赢得国际广泛赞誉。但是我们底子太薄，人口众多，谈何容易！相对容易脱贫的，已经温饱。目前还在贫困状态的，肯定是最难的。厉教授在这个时候成立专门机构，全力推进这项事业，其意义无须多言。

多年来，民盟在扶贫方面做了很多工作。比如，厉教授要重点研究和扶持的甘肃定西，费孝通教授就去过七次，他最后一次是93岁再上定西。这就是民盟前辈的风范。几天前，民盟中央和北京大学联合在大会堂开费老的追思会，我们还在“追思”，厉教授已经在踏着费老的足迹行动了。这是活生生的薪火相传的一幕，不仅对我个人是个很大的激励，对民盟的工作也是很好的启发和推动。我们要在这些方面和北大、和费老、厉教授创办的研究机构进行更密切的合作，加大民盟在“十一五”期间扶贫工作的力度，和厉教授一起，为我国扶贫攻坚计划的最终实现，为全面建设小康社会多作贡献。

今天，对厉教授担任研究院院长，我感到高兴，更深受感动。我们期待研究院在厉教授带领下，围绕我国贫困地区的减贫目标，提出有针对性的、战略性的建议，对我国反贫困事业作出积极贡献。我们也期待全国更多高校也和北大一样，在教育改革的实践中对国家发展作出更多贡献。

让我们共同努力！

在厉以宁教授从教50周年暨75岁华诞座谈会上的讲话

（2005年12月3日）

尊敬的厉以宁教授、各位来宾、各位朋友：

非常感谢北京大学举办这个座谈会，使我有机会借这个特殊时刻代表民盟中央和丁石孙主席对尊敬的厉以宁教授从教50周年表示崇高的敬意！对厉教授的75华诞表示热烈的祝贺和衷心的祝愿。祝您生日快乐！大德长寿！

厉教授从教这50年，是我国社会发生深刻变革的50年。半个世纪风雨，厉教授不仅是一个见证者，而且是一个社会进步的推动者。从封闭到开放，从乱到治，从高度集中的计划经济到社会主义市场经济体制，从衣食不足到初步小康，可以说，厉教授的讲台直接通往国家经济发展前沿地带。他以教好学生为要务，以培养人才为己任，用自己独到的观察、深入的思考、有见地的解说引导学生，激励学子，把精心培养的人才一届届送上建设国家的重要岗位。

厉教授的讲台，也是他参与国家发展的论坛。改革开放以来，厉教授在我国经济发展的每个关键时刻都有声音，表现出一种令人折服的责任感。他总是站得高，看得远，是我国最早提出股份制改革理论的学者之一。他提出了中国经济发展的非均衡理论，并对“转型”经济有深入研究和解说。他出版的《中国经济改革与股份制》、《非均衡的中国经济》、《走向繁荣的战略选择》、《转型发展理论》等代表性著作，应和着改革开放不同阶段的时代节拍和需要，为我国经济学与管理学的学科建设、人才培养作出了重要贡献，他的学术思想对我国经济体制改革和社会和谐发展产生了深远影响。

我没有在求学时代就能倾听厉教授讲课的幸运，只能设想，他在讲坛上指点江山、激扬文字的时候，会感召和激励多少学子为国家富强和人民安康发奋求知。但是，我们终归有缘。因为我们同属于中国民主同盟的成员，有同样的追求和信念。厉教授也是民盟的领导人之一，共同的使命使我们相识、相知，使我在还不太老的时候，读到了厉教授的书，听到了他的讲学，体会到了他思想的敏锐、学养的深厚和天下为公的襟怀。我为自己有这样的良师益友感到幸运，更为民盟有厉教授这样的名家名师感到骄傲。作为民盟成员，我从厉教授身上看到了许多民盟前辈所共有的民盟精神。

厉以宁教授像民盟的众多学者大家一样，继承了中国知识分子古往今来经世致用的传统，不尚空谈，求真务实，不是困守书斋，而是走向民众，用知识、用思想去为改善群众的生活做事情。作为教师，厉教授当然要讲课、带学生，要做学术和理论研究，但是他的讲课素材和学术理论来自经济发展的实践，他的学生和学术思想又回到经济发展实践中去,为经济和社会发展服务。他发表的许多文章,都是针对经济发展现实中的重大问题提出对策的。在对策成为政策后,他紧跟实践,做调查,看效果。在学术观点有分歧的时候,厉教授旗帜鲜明,坚持学术良知,不怕风险,不计一己荣辱,表现出了很大的学术勇气,也表现出了“学术乃天下公器”的情怀。

我们刚刚纪念了胡耀邦同志。耀邦同志当年对民盟的同志谈民盟的优点,一是热爱国家,二是学有专长,三是为人正派。耀邦同志所说,确实符合民盟的实际。我们现在也在思考和概括民盟精神,初步形成了三条:一是追求真理,坚持爱国主义的理想和信念,以天下为己任;二是正直正派,学有专长,甘于奉献;三是修德守身,淡泊名利,自尊自强。许多盟内同志都可以说是知识载体、良知代表。他们有操守,有涵养,有风骨,在道德滑坡、物欲横流之时不为所动,保持高洁品格,延续着中国知识分子的优秀传统。我认为,厉教授就是他们当中的一个突出代表。

论年龄,厉教授早已过了古稀之年;论贡献,厉教授桃李满园、著作等身,完全可以享享清福、颐养天年了。但是,他忘不掉自己的责任,还牵挂着还没有脱贫的百姓,不仅欲罢不能,而且迎难而上,发起成立了北京大学贫困地区发展研究院。这是他在中国发展的关键时期又一次发出的声音,是他的人格、思想、事业的合乎逻辑的发展,也是中国知识分子精神的集中体现。我国马上就进入第十一个五年规划时期,这是我国根除贫困的最关键时期。自从“八七扶贫攻坚计划”实施以来,我们的扶贫成就赢得国际广泛赞誉。但是我们国家底子太薄,人口众多,消除贫困谈何容易!相对容易脱贫的,已经温饱。目前还在贫困状态的,肯定是最难的。厉教授在这个时候成立专门机构,全力投入这项事业,这是身教,身教重于言教,大音希声。他的身"教",出于良知,重于泰山。

从厉教授要在晚年全力投入的扶贫事业,我想到了民盟另一位前辈说过的一段话,他也是北大教授,叫冯友兰。他说:"人类几千年积累下来的智慧真是如山如海,像一团真火。这团火要靠无穷无尽的燃料继续添上去,才能继续传下来。"我感觉到,历来的哲学家、诗人、文学家、艺术家和学问家都是用他们的生命作为燃料以传这团真火。最近,我老是在想冯友兰先生这段话。我们今天这个会议现场,是冯老这段话的生动体现。真是一代风范。当年冯老一代走了,费老一代接上;如今费老一代走了,厉教授一代又接上来。我作为民盟的后来人,能跟着这样的前辈学走路,学做人、做事,真是幸福。同时,对延续那团真火,也要勇敢地承担起我们这一代的历史责任。

我也再次表示对北京大学的感谢。感谢北大为民盟诸多名师冯友兰、朱光潜、张岱年、费孝通、季羡林、徐光宪和厉以宁教授等等名师给予支持,让他们在北大的讲台上浇灌满园桃李。

让我再次表达对厉教授的尊敬与祝福。祝福厉教授福如东海,寿比南山,老当益壮,天天向上,带出更多的栋梁之材,及身实现举国彻底脱贫大梦。

在第三届中国主任医师学术年会开幕式上的讲话

（2005年12月16日）

各位医师、同志们：

今天有机会参加第三届中国主任医师学术年会，见到这么多来自全国各地的医师同道、新老朋友，我感到很高兴也很亲切。在此，向本届年会的召开表示衷心的祝贺，向出席会议的各位专家、主任医师表示诚挚的问候！

医学作为一门专业性和实践性都很强的科学，经常组织召开各种各样的学术会议，探讨医学发展最新动态，树立终生学习和与时俱进的观念，对推动我国医疗卫生事业的繁荣和发展，提高医师队伍整体业务素质，是很有意义的。改革开放以来我国医疗技术水平迅速提高，取得了长足进步，与在座同志们的辛勤努力是分不开的。主任医师队伍是我国执业医师队伍的中坚力量，肩负着提高医疗水平、保障人民健康的光荣使命与职责。以主任医师为主体，举办学术年会，很有特色。今年是第三届了，说明这个会议很有生命力。

医疗卫生事业在国家的社会和经济发展中有十分重要的地

位。我国的220万各级各类医师们承担着我国13亿人的疾病预防和医疗保健,这是十分光荣和艰巨的神圣使命。虽然这是一次学术年会,我还是想借此机会,谈几点想法,与大家一起探讨。

一是要大力弘扬白求恩精神。白求恩精神是咱们一笔宝贵的精神财富。许多医卫界德高望重的前辈、医学泰斗,都以白求恩为榜样,在医术上有深厚的学养,在医德上也率先垂范。他们从不言待遇,不为名利所动,却把道德文章看得比生命还重。他们的操守、自尊、风骨,不仅表现在对物欲横流的公然蔑视,更体现为润物无声的冰雪情操,他们作为一代知识分子,是知识的载体,更是良知的代表。医德建设应该说是医师队伍建设中永恒的主题。

当前"看病难,看病贵"问题,党和国家深切关注,老百姓对这一关乎切身利益问题反映强烈。如何看待这个问题,我想这是一个大时代中的问题。我们赶上这个时代,就必然要面对并尽力解决这个难题。我们没有理由回避,更不能抵触。广大医务人员是白衣天使,夜以继日全心全意为人民服务,特别是在抗击SARS的过程中,不惜以自己生命的代价救治病人,赢得了全国人民的尊重、爱戴和感谢。但是在我们的队伍中确有少数医务人员道德失范,背离了崇高而圣洁的医德医风,成为金钱的奴隶。他们的行为,在侵害了患者利益的同时,严重损害了广大医务人员的集体荣誉。对此,有良知的医务工作者不应该保持沉默。尽管国家对医疗卫生事业补偿不足是客观存在的,这是政府的责任。但医院有医院的问题和责任,需要我们在办院方向,在思想上、作风上、制度上,认真反思,不能把政府投入不足当作万能的借口，把问题一股脑地都推到补偿机制不合理上去。

今天在座的都是主任医师，这个头衔不仅象征着学科上是带头人，当前更重要的还应该是降低医疗费用、体现良好医德的带头人。努力发扬救死扶伤的人道主义精神，弘扬美好神圣的医德医风。

二是加强基础医学、流行病学和临床医学的研究和创新。创新是一个国家兴旺的象征，是一个民族崛起的筋骨。当前，我国提出了创建创新型国家的战略目标，对我国医疗卫生事业来讲任重而道远。从整体上讲，我们创新能力还不强，相当多产品不掌握核心技术。从医疗卫生领域来看，我们自主发明的药物、技术并不多，这就需要我们广大医疗卫生工作者，不断追赶世界医学科学技术前沿，为缩短我国与发达国家在医疗卫生领域的差距作出贡献。

创新需要人才，主任医师应该担负起人才培养的重任。今天参加会议的不乏主任医师、教授、学科带头人，你们不仅承担着繁重的研究、医疗任务，同时也承担着培养优秀医学人才的责任。医疗卫生事业与人民群众切身利益密切相关，是社会高度关注的领域。在带头树立良好医德医风的同时，要传授精湛的医术，努力提高医疗服务能力和水平，构建和谐的医患关系。

明年是我国“十一五”规划的开局之年。“十一五”是我国卫生改革与发展极为重要的时期，我们要坚持以人为本，科学发展观，锐意进取，开拓创新，为不断提高人民群众的健康水平，为实现全面建设小康社会的宏伟目标，为建设社会主义和谐社会而努力奋斗！

最后，祝第三届中国主任医师学术年会圆满成功。

建设国际一流生命科学研究所是实施生物经济强国战略的重大举措

——在北京生命科学研究所揭牌仪式上的讲话

(2005年12月9日)

各位来宾、各位朋友:

大家好!

今天,我们迎来了我国生物科技界的一件喜事。在科技部等相关部委和北京市政府的积极努力下,经过三年多的筹备,北京生命科学研究所这一初具国际一流水平的生命科学研究机构,正式挂牌!北京生命科学研究所的组建,凝聚着政府部门和科研人员的热情和心血,是"以人为本"的执政理念在实际工作中的具体体现,也渗透着海外华人科学家和国际友人的关心和支持,在此,我对研究所的成立,表示热烈的祝贺!向在筹建工作中作出贡献的部门、单位和个人,表示衷心的感谢和诚挚的慰问!

生命科学和生物技术持续创新正在加速新的科技革命形成,其在保障粮食安全、促进经济结构调整、提高健康水平、改善生态环境、缓解能源短缺压力、保障国家安全中的潜在作用,日益显现出超越的气势和潜力。由其引领的生物经济,驱动着全球经济结构的加速调整和重组。未来谁拥有生命科学基础研究优势,谁就把握了科学创新的源动力;谁拥有生物技术创新优势,谁就占据了国际生物产业竞争的制高点;谁拥有生物技术转化优势,谁就能够主导未来世界生物经济的格局。生物科技与产业已成为世界新一轮发展竞争的焦点,其发展将对世界经济格局和国力竞争产生重大影响。

我国生命科学和生物技术研发总体水平处于发展中国家的领先位置,部分领域已跻身世界前列,应该说,我国生物技术领域是我国高新技术领域与国外差距最小的领域,是21世纪我国最有希望取得创新进展和最具国际竞争潜力的新领域。

中共中央十六届五中全会明确提出,必须提高自主创新能力。生物产业作为我国高新技术产业发展的三个重点之一,要面向健康、农业、环保等领域的重大需求,努力实现关键技术和重要产品的新突破。我们在新一轮国际竞争中能否赢得主动,生命科学与生物技术是否可能在最近15年率先实现跨越式发展并引领未来经济的发展,生物技术重点领域和关键技术在自主创新上取得重大突破,是问题的关键。

建设国际一流生命科学研究机构,是实施生物经济强国战略的重大举措。北京生命科学研究所的建设,必将大幅度提升我国生物科技原始创新能力,促进我国生命科学和生物技术的跨越发展和生物经济强国战略的全面实施。

我们高兴地看到,北京生命科学研究所在人才、设备、管理、投入等方面的体制创新和机制创新，取得许多经验和做法。研究所的建设，带动和吸引了一批海外优秀人才为国服务，正在成为科技自主创新、科技体制改革和探索吸引高科技人才机制的基地和样板。我相信，在政府有关部门的关注和支持下，研究所将早日实现跻身国际一流研究机构的目标。

希望研究所瞄准国际生命科学和生物技术发展的前沿，围绕经济社会发展的重大需求，加大吸引和聚集国际一流人才的力度，创造一流科研业绩。希望广大科技人员要充分认识到自己肩负的历史使命，发奋图强，锐意创新，创造无愧于时代的新业绩，铸造我国生物科技事业的新辉煌，为中华民族的伟大复兴作出突出贡献。

多年来，全国政协和民盟中央就实施“生物经济强国”战略问题，多次向党中央、国务院建言，受到高度重视。今后我们将关注北京生命科学研究所的发展和人才的成长。衷心祝愿研究所越办越好，祝大家事业成功！

听周老讲故事*

著名的语言学家、101岁的老人周有光先生是盟内的前辈，他在《群言》创刊20周年纪念座谈会上有一篇很好的发言，其中讲到一个故事。周老讲："以前看过一条新闻，一个在韩国住了26年的日本人写了一本书，专门骂韩国的坏事情，把韩国所有的坏事都写进去了，而且骂得很厉害，批评得非常辛辣。书名也很怪，是《准备被人打死而写的对韩国和韩国人的批判》。想不到这本书出来以后，一下子便成了韩国的畅销书，引起韩国的很大震动。韩国许多地方举行会议专门骂韩国，专门骂自己。最后一次开大会，邀请这位作者再去骂韩国时，这个日本人说：'我现在不骂了，因为韩国已经觉悟了。'这则新闻成了韩国的新闻，也是国际的新闻。许多国家报纸都有评论，他们几乎一致地说到，一个不怕骂的国家就是有前途的国家。"

周老讲的这个故事，浅显易懂，也很有趣，初听让人一笑，继而发人深思，因为里面寓含着一个对待批评要闻过则喜的深刻

* 原载于《群言》2005年第12期。

道理。

“闻过则喜”，是两千多年前孟子讲过的话，意思是要心悦诚服地欢迎和接受批评，主动认真地纠正不足。南宋的思想家陆九渊据此又扩充了“知过必改”的含义，提出不仅要“闻过则喜”，而且要“知过不讳，改过不惮”。这里面包含三层意思：首先，要不怕人指出错误，其次，知道错了就不能自欺欺人，讳疾忌医，第三，要坚决地改正错误。这三点之中，闻过则喜是前提，知过不讳是过程，改过不惮是结果。

要做到闻过则喜，过而改之，被批评者不仅要有容人容事的气度和雅量，更要有对国家和民族的使命感和责任感。只有克服了主观主义和官僚主义，正确对待不同意见，“有则改之，无则加勉”，才会营造出一个“知无不言，言无不尽，言者无罪，闻者足戒”的良好氛围。一个和谐的社会，必定是一个提倡畅所欲言的社会。

闻过则喜虽然主要是指对待批评的态度，但对批评者也包含着一定的要求。提出意见首先要开诚布公、坦诚相待，要敢于讲真话。刚刚去世的巴金老人，他晚年大力倡导的就是讲真话。讲真话按说是天经地义的，但并不容易。不能好人主义，瞻前顾后，也不能避实就虚、避重就轻。提出了问题，还要拿出办法。正如费老所讲要“出主意，想办法”。我们作为参政党，要做共产党的诤友和挚友，就必须讲真话。我们的成员都是知识分子，更应该强调良知和操守。有时讲十句锦上添花的话，不如讲一句对国家、对民族有益的真话。只有讲真话的人多了，才能增强我们民族的自主意识，我们的社会才能取得更大的进步。

认真回味周老所讲的故事,感到很有收获,我想,一个人要有利于社会,就要闻过则喜。一个国家,一个民族,也要闻过则喜,见贤思齐,认真反思,只有这样才能进步,才有前途。要成为强国,需要这种思想境界。周老讲的故事,应该说对我们的启发是很大的。

附录

访谈·报道

整合参政议政资源　落实“人才强盟”战略*

——访民盟中央常务副主席张梅颖

新年伊始，民盟中央常务副主席张梅颖在接受记者采访时，将民盟2005年工作思路概括为三大任务：头等大事是学习即将出台的中共中央关于加强中国共产党领导的多党合作和政治协商制度规范化建设的新文件；其次是从促进科学发展观的贯彻落实、构建和谐社会的要求出发，努力提高盟的参政能力，积极履行参政党职能；第三，围绕干部队伍建设，特别是后备干部队伍建设，全面推进盟的自身建设。

过去的一年，民盟在参政议政领域取得了显著成绩，先后有发展生物技术产业作为国家战略、对农民的粮食直补问题、我国高等教育的健康发展、对台人才政策、实施农业科技入户示范工程等17条建议受到中共中央、国务院领导同志的高度重视和及时批复。张梅颖介绍说，在新的一年里，民盟仍将“把促进发展作为参政议政的第一要务”，为“十一五”规划的制定选择相关课

---

* 原载于2005年2月24日《人民政协报》。

题深入调研,推进参政议政工作再上新台阶。如赴湖北做实地考察,深入研究湖北、湖南、江西等中部地区崛起的课题;搞好新形势下职业教育、高等教育改革的研讨;支持协助黑龙江等盟组织做好东北地区加强对俄开放合作等课题的研讨活动;同时继续关注"三农"问题、文化建设、城乡协调发展、资源开发与环境保护等重大问题。

民盟参政议政的鲜明风格让记者印象深刻,其一是注重发挥盟内外专家的优势。2004 年民盟主办或参与举办了"中国生物技术产业发展与人才强国战略研讨会"、"灾害与社会管理专家论坛年会"、"东北亚经济合作论坛"、"中国粮食安全高层论坛"等活动,既扩大了民盟的影响,也提高了建言的水平。张梅颖表示,今年民盟还将继续举办"灾害管理专家论坛",主题初定为气象灾害与危机对策。其二,"好事办实,实事办好"一直是民盟的务实作风。我们不只要追求建言的数量,我们更注重的是建议的落实,并连续几年关注一个话题,力求做些力所能及的实际工作。张梅颖举例说,2003 年,民盟中央提出《建立我国城市灾害应急管理机制》提案受到各方重视,除了连续两年举办灾害管理专家论坛,并就《国务院有关部门(单位)制定和修订突发事件应急预案框架指南》提出意见外,民盟中央还受国务院委托在哈尔滨市道里区进行突发公共事件应急体制建设的试点工作。"党派工作不能越位,不能错位,但必须到位,不到位就是摆设,这需要我们有高度的责任心。"张梅颖说。

另外一件萦绕在张梅颖心头的大事是"人才强盟":历史上民盟可谓人才济济,新时期要提高党派的参政能力尤其需要各方面人才的加盟。张梅颖介绍，今年将认真落实《民盟中央关于加强后备干部队伍建设的意见》，把后备干部队伍建设作为工作的核心内容，重点抓好后备干部的培训工作，在北京和全国各地分别举办后备干部座谈会及培训班。同时把组织发展与后备干部队伍建设有机结合起来，进一步加大发展力度，为盟的后备干部队伍建设和各项工作提供人才支持。

谈话中张梅颖一直强调，全盟要增强政治责任感，发挥各自优势，积极协助中共党委、政府做好协调关系、理顺情绪、化解矛盾的工作。上为政府分忧，下为百姓解难，为促进实现社会公平和正义，促进构建和谐社会献计出力。

多党合作事业值得奉献一生*

——访全国政协副主席张梅颖

“多党合作深深扎根在中国这块土壤上，我亲身体会这个制度的优越性，愿意为它贡献自己的余生。”新当选的全国政协副主席张梅颖在接受记者采访时说。

中国民主同盟中央常务副主席张梅颖12日当选为十届全国政协副主席，成为这个中国开展多党合作和政治协商重要机构的领导层的新成员。对于人民政协事业，现年61岁的张梅颖并不陌生，因为她的祖父张澜是中国著名爱国民主人士、民盟创始人之一，1949年中华人民共和国成立时，担任中央人民政府副主席。

张梅颖说，祖父对她最大的影响是对社会的责任感，这种责任感如今又和全国政协的工作联系在一起。“政治协商制度既能让中国发展，又能让中国和谐，我们要追求这种崇高的境界。我把这当作事业，感到做好新岗位上的工作对于人类社会也是

---

* 原载于2005年3月2日《人民政协报》。

一个贡献。”

“政协绝不是一些人所说的‘政治花瓶’，”张梅颖说，“每有大事，中国共产党都会与我们民主党派开展协商，平时民主党派对国计民生的建言献策也都很受重视。”她说，执政党和参政党进行民主协商，互相监督，可以使执政者的决策更科学、更民主。

张梅颖是一位肿瘤诊断领域的医生，担任北京大学临床肿瘤学院兼职教授、主任医师。她说：“当个好大夫，为人民做点事，看到病人一天天好起来，有一种成就感。”

但是，多党合作和政治协商事业的不断发展，需要民主党派“代有人才出”，也使这位“大夫”走上了从政之路。1992 年，张梅颖加入祖父创建的政党，并从 2001 年起担任民盟中央副主席。民盟是中国八个民主党派之一，主要由从事文化、教育以及科学技术工作的高中级知识分子组成。

名门之后，家风熏陶，张梅颖养成谦逊好学、勤于思考的作风，以及胸襟磊落、宠辱不惊的大家风范。“人不可以不自爱，不可以不自修，不可以不自尊，不可以不自强；断不可以自欺。”这“四勉一戒”是张澜先生为自己题写的座右铭，张梅颖也时时以此自勉。她说，这几句话体现了祖父的人生境界和道德修养，给她深深的教诲。担任全国政协副主席后，自己要“多做一些事情，反映民生疾苦。既然做，就要做好！”

身着典雅合体的中式对襟外套，挽着松松的发髻，张梅颖身上散发出温文尔雅的书卷气。既从政，又行医，一心扑在事业上的张梅颖工作繁忙，但她从来都是从容应对。她说：“关键是要有自己的安排。只要安排好了,什么都耽误不了。”

张梅颖有一个幸福的家庭,丈夫也是一位名医,科研工作很忙,唯一的女儿也已工作。张梅颖笑着说:“我们现在基本是各顾各的。”闲暇时间,张梅颖喜欢打桥牌、游泳。她说:“我就是很平常的一个人,更愿意做贤妻良母。”

踏着费老的足迹*

——全国人大常委会副委员长丁石孙、全国政协副主席张梅颖定西考察纪行

(一)

四月的陇中,绿柳含烟,桃花绽放,处处春意盎然。

13日、14日,全国人大常委会副委员长、民盟中央主席丁石孙,全国政协副主席、民盟中央常务副主席张梅颖带领民盟中央有关部门负责人和企业家一行23人,在省委、省政协领导及定西市领导陪同下,深入我市农户家庭、龙头企业、小流域治理示范点、退耕还林及草畜转化示范点实地考察,与干部群众交流座谈,了解经济社会发展情况。

这是继民盟中央名誉主席费孝通20年中七到定西,民盟中央名誉副主席厉以宁去年来定西之后,民盟中央领导人又一次

* 原载于2005年4月20日《人民政协报》。

踏上这片厚重的黄土地。

(二)

时光闪回到1984年9月,时任全国政协副主席、民盟中央副主席的费孝通带领民盟中央有关负责同志在定西一连进行了五天的考察。从那时起,到2003年,作为我国著名的社会学家、人类学家,一生"志在富民"的费孝通老先生,便与这"苦瘠甲天下"的定西结下了不解之缘。20年当中,费老先后七次到定西考察指导工作,并且撰写了《边区开发——定西篇》,《关于定西地区区域发展刍议》、《又一次访问定西》、《小城镇、大战略》等文章,提出了许多重要思想和观点,为定西留下了许多宝贵意见和建议。

在费老的亲自推动下,民盟中央高度关注定西经济社会发展和人民生活的改善,为尽快改变定西贫困面貌、加快脱贫致富步伐,给定西人民以很大的鼓励、指导和支持。2004年8月,全国政协常委,民盟中央名誉副主席厉以宁来定西考察时,为全市1000多名干部作了题为"欠发达地区经济发展之路"的专题报告。报告切中定西经济社会发展实际,具有很强的理论性、实践性、指导性,在定西广大干部中引起强烈反响,

经过20多年的发展,定西经济社会已经发生了历史性的变化。1999年全市实现了整体基本解决温饱,绝对贫困面由1980年初期的78%下降到目前的5.75%,农民人均纯收入由当时的100多元增加到目前的1590元。2003年费老第七次到定西考察,在文章和谈话中表露出了他的欣喜之情:这一次和我第一次

来感到变化太大了;我到定西来,一次比一次绿,一次比一次富。

可以说,改革开放20多年来,定西人民的脱贫致富始终牵动着民盟中央领导的心:定西经济社会发展所取得的成绩,浸透着民盟中央的关心和支持;定西所走出的欠发达干旱地区经济社会发展路子,凝结着民盟上下的真知灼见。

这次,在"定西稳定解决温饱进而奔小康的新的历史发展阶段"的关键时刻,受96岁高龄、病榻之上的费老的谆谆嘱托,民盟中央主席丁石孙、民盟中央常务副主席张梅颖又一次来到定西。

丁石孙、张梅颖说,我们是继承民盟中央老一辈的意愿,踏着费孝通老先生的足迹而来,我们将进一步总结定西脱贫致富的经验,为定西人民致富奔小康出主意、想办法,做好事、办实事。

4月13日上午,丁石孙副委员长,张梅颖副主席一行甫到定西,便听取了市委、市政府及安定区委、区政府的工作汇报,丁石孙、张梅颖对定西20年来翻天覆地的变化感到由衷的欣慰。丁石孙指出,定西虽然自然条件十分艰苦,但定西人民从实际出发,顺应天时,遵循自然规律,走出了一条富有特色的脱贫之路。定西的经验表明,只要当地干部群众从实际出发,遵循科学的发展观,经过艰苦努力,就可以脱贫致富。定西20年的变化,对中国的发展具有特殊意义;定西的经验,对全国贫困地区的脱贫致富有很大的借鉴意义,应该很好地总结推广。丁石孙说,民盟中央将继承老一辈的意愿,尽自己最大努力,一如既往地支持和帮助定西人民,推进定西的发展,造福定西百姓。

张梅颖说,费老一生志在富民,十分关心定西的发展,曾七下定西。这次民盟中央率23人的考察团来定西学习考察,就是踏着费老的足迹，总结定西脱贫致富的经验，为定西人民奔小康多出主意、多做实事。

省委书记、省人大常委会主任苏荣深情地说，民盟中央20年如一日关注甘肃、关注定西，为定西及甘肃全省办了许多好事、许多实事。今天，全国人大常委会、全国政协的领导及民盟中央的领导又一次来到定西，一方面对我们的工作视察指导，另一方面还带领民盟盟员中的优秀企业家考察洽谈项目，我们非常感动，也非常感激。我们要尽心尽力，尽职尽责，努力把定西、把甘肃的事情做得更好，力争发展得更快一些，让老百姓得到实惠更多一些。

4月13日下午，丁石孙副委员长来到巉口镇三十里铺村农户剡东晦家详细考察了“121”水窖、小尾寒羊舍饲养殖以及太阳能和沼气池建设等。

4月13日下午至14日，张梅颖、李重庵一行深入安定区青岚、巉口等乡镇的部分农户，九华沟流域综合治理工程，赵家铺村退耕还林及草畜转化示范点及金大地食品有限公司等马铃薯龙头企业考察。在大坪村，张梅颖受费孝通的嘱托，特意登门看望了张雄一家。当看到他家建起了砖木结构的4间房屋，又买了三轮农用车，生活发生了很大变化时，张梅颖激动地说，“你的幸福也是我们的幸福！看到你家的发展变化，我们就放心了。”

张梅颖在巉口镇先后走进五六户农家，考察农民生活、养殖、生态建设等方面的情况。在上岘村农民刘银祖家里，张梅颖看到他家的生活虽发生了变化，但还没有用上沼气，生活还不富裕时，她拿出了慰问金交到户主手里，语重心长地说：“只要你努力，用上沼气的日子不远了。”

在14日下午召开的由市委书记石晶主持的座谈会上，在座的中央各部门，前来考察的企业家纷纷建言献策。张梅颖在座谈会上说，在这两天的考察中，我们目睹了定西人在荒山秃岭上造出的如诗如画般的层层梯田、万亩林带。干旱缺水的定西，家家户户有了解决吃水难的“121”水窖，有的农户建成了科学环保的沼气池，创立了五配套生态节能经济模式，定西人走出了一条生产发展、生态良好、生活富裕，人与自然和谐发展的新路子。在千百年苦甲天下的黄土地上创下了感天动地、神话般的奇迹。这些奇迹不是从天上掉下来的，是定西各级领导苦抓，群众苦干得来的。

张梅颖说，定西的干群关系也十分融洽，领导干部带领群众脱贫致富，总结出了一条科学协调发展的好经验，定西人民苦抓苦干的精神，使我们受到了一次很好的艰苦奋斗的教育。总之，定西精神极大地鼓舞了我们，给我们留下了深刻的印象。

张梅颖强调，定西的困难就是我们的困难，定西人民的幸福也是我们的幸福，希望定西不要满足于小富即安，要抓住机遇，再求发展。黄土地上蕴含着无尽的魔力，定西人民蕴藏着无穷的魅力，我们相信，和谐发展，全面建设小康社会的目标一定会在定西实现。

（四）

从1984年费老首次来到定西20多年时间，民盟便与定西牵手,见证了定西由一穷二白到整体基本解决温饱的历史进程。此次丁石孙副委员长、张梅颖副主席到定西虽然只有短短两天时间,但她再次表明,在定西人民致富奔小康的新的历史发展阶段,民盟将再次与定西携手,共创新的辉煌。

2006

在三峡库区考察讲话

（2006 年 2 月 19 日）

三峡工程是牵动全中国、举世瞩目的一项伟大工程。从论证，到决策，到工程的进展，民盟中央都非常关注，我自己更是多了一份牵挂，因为这里是我的家乡，有我的父老乡亲。这里又是中国民主同盟的诞生地，是多党合作的重要发源地。我盼望这里的父老乡亲过上好日子，多多享受改革开放的成果。民盟的同志们和我心情一样，我们会尽力为实现这个心愿做事情。

三峡是全国的，三峡工程要举全国之力，受益也是全国性的。现在已经体现出来防洪、发电、航运、取水、环保这五大效益，就是惠及全国的。但是，对这项工程带来的淹没、移民、迁建等损失和难题的担当，却主要是局部的，是落在库区干部们肩膀上的。大家知道，三峡工程的论证决策长达 30 多年。这么长时间“不上不下”，国家不往这里投资摆项目，经济和社会发展受到严重制约。万州就更典型，不仅“不上不下”，而且还有段时间“不三不四”（行政体制上既不属于三峡省筹备组，又不属于四川省，既得不到三峡省筹备组的投入，也得不到四川省的支持）。这就导致重庆库区经济发展水平低，交通等基础设施落后，基本功能不健全，社会事业欠账较多，社会经济总体发展水平低于全国平均水平。一旦决策，工程上马后，在本来弱势的情况下承担损失，作出巨大牺牲。重庆库区各项实物指标占整个三峡库区的85%以上，移民95.1335万人。如此巨大的损失和担当，先不说牺牲精神，不说境界情怀，光是其中的浩繁无比的工作量恐怕就得用天文数字来计算。为此，我们调查组的全体同志，都要向库区的干部群众表示真心的钦佩、由衷的感激和崇高的敬意！

现在，三峡工程已经在发挥越来越显著的效益，移民工作从搬迁的角度看也接近尾声。如此伟大的前无古人的工程进展得这么顺利，我们为之自豪和高兴。同时，我们也明白，移民工作不仅仅是个搬迁问题，搬迁之后还有更艰巨的工作要做好。正如我们的移民方针所说：要搬得出，稳得住，逐步能致富。离开了祖祖辈辈生于斯、长于斯的家园，是为了更美好的生活。我们将要建设起来的，不仅是新社区，而且是新社会；不仅是富裕社会，而且是和谐社会。这是体现我们国家社会主义制度优越性、政治制度优越性的一篇大文章，而库区干部群众是书写这篇大文章的执笔人，甚至是主笔。从这个高度来看我们的移民工作现状，当然要充分肯定成绩，同时也要更清楚地发现问题。我们这次来做调研考察，就是希望实地了解重庆库区移民的生活和生产现状，掌握真实、具体的情况，客观而深入地研究影响移民生活和生产的突出问题，尤其是编制移民规划时没有考虑到而在移民过程中出现的新问题、难点问题，分析原因，研讨对策，形成比较成熟的意见，向党中央、国务院提出切实可行的建议，以利于维护库区社会秩序的长治久安，促进库区经济与社会的健康发展，确保库区移民群众和全国人民同步分享发展成果。

经过几天考察，我们考察组的同志身临其境，体会到了本地干部的不易，体会到了老百姓对好日子的向往心情，也看到了一些需要解决的现实问题。我们感觉，现在是如何客观认识库区的问题，实事求是解决造成问题的时候，不是谁重视不重视的问题，也不是谁在等、靠、要的问题。现在的问题是发展中的问题，较十年前，问题的规模大了很多，也复杂得多。一句话，矛盾集中，情况特殊，时期关键，真需要找到解决问题的办法，一方面国家支持，一方面各地支援，更主要的是要靠自己艰苦奋斗。

以下是几点不成熟的想法，希望和大家一起探讨。

1. 借助比较大的建设项目拉动地区经济发展。云（阳）开（县）万（州）是库区的腹地，已成为库区的软肋，也是多方面矛盾的焦点地区。我们设想，把库区腹地建设作为突破口，以产业链较长的大项目建设为契机，既增强地方经济实力，又借助其产业链吸纳劳动力。在大项目的引进上，我们会为库区着想，尽可能地做一些工作。在以万州为中心的“云开万”地区，构建五大产业体系和一个信息平台，即交通基础设施体系、生态工业经济体系、商贸流通体系、农产品加工体系、旅游服务体系和信息共享平台。特别是要把着力点放在创造良好的发展环境上，为公有经济和非公有经济提供一个平等的、良好的竞争环境，提升经济发展的实力。

2. 就业问题是解决库区移民的重点和难点问题，是衡量政府公共服务水平和社会管理能力的重要尺度。目前存在并影响百姓生活和情绪的库区家庭零就业现象较普遍。就业是民生之本，也是库区稳定之本，地方政府近一个时期的目标责任应该是，减少并逐渐消除这样的情况，保证每户至少有一个人就业。一个人就业，全家就有希望，现在本地就业岗位不足，一方面，要努力发展本地劳动密集型产业。“鱼泉榨菜”的经验证明，一个这样的企业，可以有效带动千家万户增加收入。另一方面，解决这个问题最见效的办法就是加快劳动力的输出和转移。这样来安排劳动力，成本最低，效果最好，群众有积极性，需要政府组织推动，形成库区自己的品牌。在这方面，四川省的“川妹子”、“川厨子”等已经产生了全国性的影响，可以借鉴成功经验，做得更好。就业问题很复杂，难度很大，目前产业也空虚，这是实际困难。我们也要就这个问题向重庆市和中央政府建议加大对库区移民就业问题的支持力度。

3. 充分重视库区移民因病致贫的问题。我们走访了许多不同类型的移民家庭，在交谈中，一个非常普遍的困难问题是他们在无就业、享受低保的情况下，看不起病，因病致贫，给年轻人造成很大的经济负担和精神压力。我们建议，在国家普遍实行医保政策以前，采取农村新型合作医疗的模式，中央政府、地方政府和个人分担医疗费用，建立适合库区移民实际情况的合作医疗保障机制。

4. 加强对待业人员的职业教育培训工作。推动外出务工就业，需要大力加强职业经验培训。建议在对口支援的投入中拿出一部分作为劳动技能和职业教育培训基金。政府把这方面的工作作为加强社会管理和公共服务的一个重要方面，提高劳务输出的组织化程度。可以充分发挥三峡学院的功能，以其为基地，整合职业教育方面的资源，建立万州职业教育培训基地，与经济发达地区企业合作，积极开展订单培训，形成特色和规模。

5. 充分发挥黄金水道的优势，做好水运文章。万州有得天独厚的水运优势和传统，蓄水到位后又有自如进出万吨轮的深水良港，要真正把这样的区位优势变成经济优势，就必须做好水运这篇文章。

6. 努力建设社会主义新农村，推动库区经济社会的发展。库区是重庆大农村的主体。目前中央对建设社会主义新农村工作的高度重视，是我们推进库区经济与社会发展的良好契机。重庆市领导层已经充分注意到库区经济与社会发展的重要性，把库区建设作为城市反哺农村、工业反哺农业的平台，正逢其时。发展库区经济，缩小与重庆主城区的差距，建设新环境，提供新的公共服务，形成新的社会保障，培养新的精神风貌，培养有文化、懂技术、会经营，身体健康的新型农民，建设起一个城乡协调、经济发展、社会稳定，老百姓安居乐业的大重庆。

经过几天实地访问，我们感到，这里水资源这么丰富，中央这么重视，各地这么支持，我们的百姓历史上又有吃苦耐劳的传统，应该说，条件和机遇都不错，我们应该珍惜，好好利用。我看到汪洋书记讲，要有一种锲而不舍的精神，志在必得的劲头。我非常赞同，也很认同。确实要发扬自力更生、艰苦奋斗的精神，人一之、我十之,人十之、我百之。有好的思路和办法,有这种精神。我相信我的四川老乡绝不会等、靠、要,一定会用自己的双手建设起新库区。

希望对水库蓄水到位后,对后靠移民生计带来的严重影响作深入的研究,寻找保证移民正常生活和逐步致富的对策措施。

关于三峡库区发展与移民工作的几点建议*

（2006 年 3 月 1 日）

尊敬的锦涛总书记、家宝总理：

2 月 19 日到 22 日，由民盟中央牵头，国务院三建委办公室、发改委、财政部、水利部等部委相关部门的负责同志和科技部、农业部的有关研究人员组成调研组，对重庆库区的移民安置情况和库区的经济与社会发展现状作了实地访察。我们身临其境，见证了三峡工程的顺利进展和巨大成就，也体察到了一些事关库区人心稳定的问题。其中既有移民规划已安排而尚未解决的问题，也有规划编制时未能料到而在移民过程中出现的新问题。如：原处于隐蔽状态的超生人口显露出来，导致实际所需安置经费大量超出规划；后靠移民搬至新址后的滑坡、土地贫瘠等因素导致需二次搬迁；城乡移民搬迁后人均收入下降面积较大；

---

* 本建议由民盟中央主席蒋树声、民盟中央副主席张梅颖联名提交，中共中央国务院领导同志胡锦涛、温家宝、曾培炎均作出重要批示，并批转有关部门专题调研。

纯居民、占地移民和下岗职工的就业门路狭窄;蓄水后的“孤岛”效应给移民生活和生产带来的困难;社会事业欠账过多导致移民在医疗、教育、交通、社保等方面的困难;国务院相关部委的政策与资金投入有待整合以提高效率;库区消落带开发管理中的局部、暂时利益与全局、长远利益的协调统筹,等等。为促进这些问题的解决,我们有如下建议。

一、在库区设立建设社会主义新农村示范区。根据今年中央“一号文件”提出的“实行因地制宜、分类指导,有计划、有步骤、有重点逐步推进”的原则,在库区率先开展建设新农村的试点和示范工作。库区是重庆大农村的主体,问题多而复杂,需要以整体性、导向性、系统性的制度创新加以解决。在库区推进这一创新,有利于从根本上破除制约其发展的种种瓶颈,也符合库区建设具有的经济重组、市场重构、社会重建、环境重塑等特点。同时,库区位居我国中西部交界处,具有中西部大农村的典型特征。在这一地区以规划为先导,建设新农村示范区,也可为我国中西部其他地区的新农村建设提供经验。

二、着力解决就业问题。就业是民生之本,也是库区稳定之本。目前库区移民家庭零就业现象较为普遍,严重的地方这一比例接近50%,极大地影响了当地人民的生活与情绪,直接影响到社会稳定。建议将消除库区移民家庭零就业现象列入本届地方政府的目标责任,近期目标应确保每户至少一人就业。中央政府和重庆市政府应采取有力措施,以政府推动、市场运作为原则,大力发展库区劳动密集型产业,同时加快劳动力输出和转移的步伐,力争使库区就业形势在短期内有明显改观。

三、开展合作医疗保障体系试点。目前在库区，相当多的移民家庭在无法就业、享受低保的情况下看不起病，因病致贫，给移民（特别是中青年移民）带来沉重的经济负担和精神压力。建议在国家普遍实行医保政策之前，在库区先行开展合作医疗保障试点，采取以大病统筹为主的农村新型合作医疗模式，中央政府、地方政府和个人分担医疗费用，有效提高移民参保覆盖率和医保水平，建立适合库区移民实际情况的医疗保障机制。

四、调整对口支援投入结构，推进“订单培训”。库区年轻移民外出务工就业，需要具备基本的职业技能和经验才能在外立足。建议在对口支援的投入中切出一部分，建立劳动技能与职业教育培训基金，由需求方与供给方政府出面组织，以经济发达地区劳动力及其技能需求为导向，充分发挥现有教育机构（如万州三峡学院）的功能，整合当地职业教育资源，建立需求与供给直接挂钩的劳动力输出高效机制。

五、发挥“黄金水道”的优势，做好发展“水产业”的大文章。库区最大的比较优势是水。依托水资源优势，可发展包括物流、旅游、农业、环保等内容的“水产业”。建议充分利用三峡工程给库区带来的最大实惠——航运，发展现代物流业，大力发展陆水联运、铁水联运、江海联运等，将区位优势转化为经济优势。随着三峡枢纽工程建设逐渐接近完工，提前规划库区围绕三峡文化的大旅游产业的需求已迫在眉睫。旅游业污染少，效益好，还可拉动相关产业，有利于安排劳动力就业，应当大力推进。同时，在库区以水资源为依托的劳动密集型现代农业、环保产业等也应有大的发展。

六、在确保库区生态环境长远安全的前提下，借助较大建设项目拉动发展。将库区腹地建设作为突破口，以污染轻、起点高、产业链较长的较大项目建设为契机，构建交通基础设施体系、生态产业经济体系、商贸流通体系、农产品加工体系、旅游服务体系和信息共享平台，既能增强地方经济实力，又借助其产业链吸纳劳动力。同时，着力创造良好的发展环境，为各种经济成分的参与提供平等的竞争空间，并适当降低准入门槛，吸引投资，为库区的整体发展提供产业支持。

七、强化库区发展与移民工作中的科技支撑。库区要发展，科技要先行。建议加大投入，从两个方面加强库区发展与移民工作的科技支撑。一是对相关决策的科学咨询。比如水库蓄水至 175 米线对后靠移民的生计影响及解决方案、库区劳动密集型、环保型产业及其关键技术选择、发达地区近中期劳动力及其技能需求预测、库区社会保障体系构建、库区社会管理与公共服务机制设计、生态补偿机制中的评估体系与计算方法等；二是库区开发、移民就业中相关技术的研究与开发。如库区劳动密集型种植业、养殖业、小型加工业所需技术研发、适用于库区的环保技术研发等。

八、起草制订《移民法》，改革、创新移民安置工作机制。在《移民法》颁布实施之前，应尽快修订和出台规范移民工作的新条例、法规，促使移民工作依法进行。同时，要改进移民安置方式。这次调研证实，目前对移民的后期扶持还不够到位，移民直接受益还少。根据现在建造水库投资主体多元化的趋势，今后应采取投资型移民安置方式，以移民入股的形式将其利益与投资者利益捆绑在一起,保障移民更多受益,长远受益。政府也应进一步转变职能,加强监管工作,改变目前移民付出、业主得益、政府背包袱的状态。

目前库区矛盾较多,相关各方对矛盾原因的认识不尽一致。当地部分干群认为库区开发与移民工作应受到政府更多重视,而部分部委的同志认为政府投入已经不少,当地干群在“等、靠、要”。这类情绪的蔓延,会导致行政与沟通成本上升,不利于中央政府、地方政府和基层群众之间的团结。现在政府非常重视库区建设和移民工作,当地群众脱贫致富的积极性很高,为迅速改变库区面貌,各方目标是一致的。目前库区出现的问题是发展中的问题,与十年前相比,问题的规模大得多,也复杂得多。解决办法的核心,应是国家支持、各地支援、群众艰苦奋斗,形成合力,共同将库区发展与移民工作做好。

以上建议当否,盼示。

此致

敬礼

政治协商是通向和谐社会的重要途径*

——学习《中共中央关于加强人民政协工作的意见》的体会

本次政协全国大会召开前夕,《中共中央关于加强人民政协工作的意见》(以下简称《意见》)颁布实施,这是以胡锦涛同志为总书记的中共中央站在党和国家事业全局的高度推进人民政协工作的一项重要举措。

《意见》对人民政协成立半个多世纪以来的历史和实践、地位和作用、任务和职责等进行了科学总结和阐述,充分肯定了人民政协成立以来对我国政治、经济和社会生活作出的重大贡献,提出了加强和改善党对人民政协领导的要求和具体措施,是指导新世纪新阶段人民政协事业发展的纲领性文件,在人民政协发展历史上具有里程碑的意义。

人民政协是中国共产党同各民主党派、人民团体、各界人士共同创造的政治文明成果,是探索中国特色社会主义政治发展

---

* 原载于 2006 年 3 月 28 日《人民政协报》。

道路的伟大实践。人民政协的各参加单位和各界人士，代表着不同的阶级、阶层、界别、领域在背景、意识、观点、利益等方面的多样共存。正是因为多样，所以需要协商。更是因为根本利益的一致，所以能够协商，乐于协商。经过协商，各得其所，各出其策，又共同趋向于一个大目标，各出其力，各展其长。民盟的前辈费孝通先生曾生动地记下了1949年8月下旬为人民政协成立做准备的北平各界代表会议留给他的深刻印象和他的服膺心理，他写道："我踏进会场，就看见很多人，穿制服的，穿工装的，穿短衫的，穿旗袍的，穿西装的，穿长袍的……这许多一望而知不同的人物，会在同一个会场里一起讨论问题，在我说是生平第一次。这是什么意思呢？我望着会场前挂着大大的'代表'两字，不免点起头来。代表性呀！这许多人并不是由市民普选来的，形式上不够我以往所了解的民主，但是试问英美哪一个议会能从普选中达到这样高度的代表性呢？我们要的是选举的形式，还是高度代表性的事实呢？会场墙壁上挂着的口号里有'实事求是'四个字，我领会了。""30多年来我所追求的梦想的，在这6天里得到了。这是什么呢？是民主。"

费老的话，点明了人民政协最本质的属性——民主与团结。我们没有搬来西方两党制，在对决中找民主，也不是在多党制的纷争中找民主，而是根据国情民意创造具有中国特色的民主方式，即中国共产党领导的多党合作和政治协商制度，在协商中实现具有高度包容性和代表性的民主。这一创造源自中华民族崇尚社会和谐的优良传统，源自天下为公的开阔襟怀。孔夫子很早就提出了"和而不同"的社会理想，两千多年来，多少志士仁人为之苦苦求索。中国共产党成立后,在20世纪40年代初的陕甘宁边区实行“三三制”,为实现协商民主提供了制度保障,赢得了人民群众的真心拥护和各界民主人士的衷心称道。邓小平同志指出:“三三制政权的实质是民主。”这一制度为后来人民政协的成立和运行积累了丰富经验和政治资源,也使我们得到了重要启示:政治协商是通往和谐社会的重要途径。人民政协是我国政治生活中发扬社会主义民主的重要形式。我在代表民盟中央多次参加政治协商、与中共中央和其他民主党派领导人共商国是的经历中深有体会,坚持协商于决策之前和执行决策过程之中,能有力地促进决策的科学化、民主化,最大限度地避免决策失误,这符合人民群众的根本利益,保证了我国现代化事业顺利进行。事实胜于雄辩,当中国的经济与社会发展辉煌成就成为世界关注热点时,支撑这种成就的社会动员机制,形成这种动员机制的政治制度及其合理性、优越性,理所当然地成为人类进步的重要经验,成为当代世界政治文明的一份宝贵资源。

20世纪后期,西方政界和学界开始关注民主理论的一种新发展趋向,即协商民主。进入90年代后,协商民主引起了更广泛的关注与讨论,被认为是一种具有巨大潜能的民主治理形式。而在东方,在中国,可以说,自从人民政协于1949年9月成立,协商民主就已经成为中国共产党、各民主党派和各界无党派人士同心同德的自觉实践。尤其是改革开放以来,我国长期保持政治稳定,经济发展,社会进步,气氛祥和,相对于国际上一些国家处于长期动荡状态,一些国家被恐怖袭击的威胁所笼罩,我国政治制度、政党制度、社会制度的优越性不言自明。一种制度,能在不算长的时间里推动十几亿人走出贫困、实现温饱、走向全面小康，我们有足够的理由和信念把它坚持好、完善好、发展好。

如今，《意见》的颁布实施，对于进一步加强和改善中国共产党对人民政协的领导，对于推进我国社会主义民主政治建设，构建社会主义和谐社会具有重要意义，而且有助于国际社会增进对中国政协的了解，增进对中国政治发展道路的理解，有助于树立我国良好的国际形象。《意见》为我们维护、发展和完善中国共产党领导的多党合作和政治协商制度提供了新的动力，作为人民政协的参加单位和成员，民盟的同志也感到了压力。与《意见》的要求相比，我们还有不够适应的地方，还有很多工作要做。我们要充分认识学习贯彻《意见》的重大意义，认真组织全盟学习领会《意见》的精神实质，把贯彻《意见》精神作为当前和今后一个时期的中心任务，并与进一步加强自身建设结合起来，不断提高参政能力，在中国共产党的领导下，在人民政协这个广阔舞台上，尽心尽力地履行政治协商、民主监督和参政议政职能，为人民政协事业的发展作出新的贡献。

关注“问题孩子”　办好工读教育*

2002年夏天，北京一个叫“蓝极速”的网吧发生了轰动全国的青少年纵火案，而造成25名花季少年死亡、多人受伤惨剧的却是三名“问题孩子”，其中最小的当时仅14岁。据了解，其中一名主犯出事前就是被普通学校放弃的学生，有关方面曾多次联系将其送入工读学校，但家长顾虑工读学校的“恶名”，怕贴上“坏孩子”的标签，明知孩子的问题已相当严重也不送工读，任其流向社会，最终导致惨案发生。

历史不能假设，如果当初那个“问题孩子”进了工读学校，相信这一罕见的纵火悲剧很难发生，因为，工读教育是矫正走在十字路口的“问题孩子”的最好学校，只是我们的社会对工读教育的了解太少，而偏见又太多。去年，民盟中央就我国的工读教育做了专项调研，大量的事实和数据表明，面对普通学校无法消化的成千上万“问题孩子”，办好工读学校是非常必要的。因此，我们呼吁全社会都应更加高度重视工读教育。

---

* 原载于《群言》2006年第3期。

“问题孩子”的出路在哪?

随着我国经济的发展,不同文化的融合,五光十色的诱惑,每天都有不少“问题孩子”因家庭破碎、色情污染等个人和社会原因被边缘化、自暴自弃。这些“问题孩子”如果“管一管”,寄宿到工读学校就读矫正,仍可拿到原普通学校的毕业证书,像其他孩子一样没有前科污点,充满自信地走向成人社会。相反,如果“放一放”,普通学校学不了,工读学校不愿去,任其游荡,无疑是在为社会犯罪源源不断地“输送”大批的“后备军”。究竟是“管一管”,还是“放一放”,不仅决定了这些“问题孩子”个人未来命运和出路,也决定了这些“问题孩子”带给我们社会的是财富还是类似“蓝极速”网吧这样的灾难。

工读学校的问题在哪?

目前,我国未成年人犯罪总数已占全国刑事犯罪总数的70%以上,其中十五六岁少年犯罪又占有未成年人犯罪总数的70%以上。与此同时,我国预防未成年人犯罪、教育和挽救青少年的工读学校,却从20多年前的150多所萎缩到现在的70多所。这一升一降,突出地反映了我国工读学校严重滞后于时代的发展、缺失法律保障的社会地位和国家的必要经济投入。2003年,广州市就有3000名“问题孩子”需要进入工读学校,但广州仅有1所能容纳100人的工读学校。目前,工读教育主要存在两

大问题:

首先是“法律定位”问题。我国对工读教育尽管有法律解读,但定位模糊,把工读学校列入对未成年人严重不良行为矫治的学校,却缺少具体实施细则。如可否强制送“问题孩子”到工读学校或强制管理等,都没有明确的依据。

其次是“国家投入”问题。我国对教育的投入本身就不足,对工读学校的投入更是严重不足。由此引起的后果是:工读学校社会地位低下、学校数量减少、招生严重不足、教师待遇较低、西部不如东部、北部不如南部,总体状况是不平衡、不稳定、不发展。

探讨工读学校的功能和办学思路

对国家来说,挽救一个“问题学生”和培养一个优秀学生意义同等重要,但挽救“问题学生”所付出的心血常常是培养一个优秀学生的几倍甚至几十倍。民盟中央的调研表明,我国工读学校对违法和轻微犯罪的“问题孩子”的教育挽救的成功率一般都在80%以上,多挽救一些“问题孩子”,不仅可以少办一些监狱和少管所,而且可以促进和谐社会的稳定发展。

我国有三亿多青少年,徘徊游离在普通孩子和“犯罪少年”之间的“问题孩子”为数不少,有的是已经出现了行为的偏差,而更多的则是需要心理的矫正。我们的媒体应广泛宣传工读学校矫正“问题孩子”的独特作用。要从法律条文上为工读学校“正名”,消除歧视偏见,全社会应形成这样的基本共识:类似的工读学校是“青少年的法律援助基地”,是“问题孩子”的最好学校。我还有一种设想,工读学校是否可兼有解决所有孩子的行为和心理问题的功能。例如有的优秀学生因暂时的心理障碍,可以短期到这个“援助基地”接受治疗和学习。当然,这种想法是否可行,还需要论证。

建议加快工读教育立法

工读教育应当单独立法。从我国工读教育50年来的发展和目前的社会实际情况看,工读教育单独立法,明确其特殊性质,引起社会关注,提高社会影响力是非常必要的。例如,可考虑将工读学校更名。按照义务教育的要求,工读学生和普通学生一样享有平等接受基础教育的权利。国家应立法保证学校编制,有针对性地编写教材,选派优秀教师,专门设置心理健康、行为矫治等课程,逐步形成一套符合我国国情的工读教育框架体系。

进一步加大对工读学校的投入。国家应根据社会的实际需求加大对工读学校的投入,鼓励企事业和社会团体通过各种方式支持和帮助工读教育事业的发展,特别是公检法等预防和打击犯罪的部门,应为工读学校的建设和发展提供必要的支持与资助,使工读学校数量不断增加、办学质量不断提高。

提高工读学校及教师的社会地位和福利待遇。工读学校无论叫什么名称,它的社会定位应受到特有的尊重。国家应通过提高待遇、师范培训、资格认证等积极措施来稳定工读教师队伍,并广泛宣传工读教师无私奉献的牺牲精神,提升他们的社会地位，也由此解决"招生难"的问题，使工读教育进入良性发展的轨道。

背景链接

2005 年 7 月 4 日，全国政协副主席、民盟中央常务副主席张梅颖同志率民盟中央调研组专题考察了北京市某寄读学校，亲切慰问了学校的教职工和学生。调研组成员、民盟中央委员、新东方教育科技（集团）有限公司董事长兼总裁俞敏洪，民盟中央常委、著名作家梁晓声等受聘为学校的校外辅导员，并在此次调研后多次为寄读学校同学作辅导报告，以自己曲折奋进的人生经历激励同学们，使大家深受鼓舞。随后，民盟中央对我国半个多世纪以来的工读教育进行了全面的调查了解。调研的大量事实和数据表明，我国工读教育的萎缩与无数"问题孩子"的产生已经到了相当严重的地步，应当引起全社会的高度重视。

在调研中还发生了一段生动感人的小故事：张梅颖同志个人出资 2000 元，资助寄读学校的晓李同学参加了赴香港的参观、学习和交流。晓李没想到自己在从小失去母爱后，在寄读学校能得到一位陌生长者的关爱。他从此发奋学习，精神面貌发生了极大的转变。下面是晓李同学和他的班主任给张梅颖副主席的来信及张梅颖同志的回信（文中"晓李"、"小冬"皆为化名。）：

尊敬的张主席：

您好！

我是晓李的班主任，晓李曾和我一起去香港学习考察。在此新年之际，首先向您拜个晚年，祝您身体健康，合家欢乐！

在工读学校工作8年的时间里，您是我所知道的第一位资助学生外出考察的上级领导，对我的触动很深，如果人们都像您这样关心我们这所学校，关心我们这里的学生，那我们的学生一定能够重新找回失落的自尊，而去关心他们的家人和社会。在此，我对您的这一善举表示深深的敬意，因为您的爱心可能正在改变一个学生的价值观和人生观。

我班有三个学生去了香港，但从香港回来后，变化最大的学生是晓李。他经常在同学们面前说："真没想到和张奶奶的一次拥抱，会改变我那么多！"晓李现在的进步非常快，超出老师们的想象。下面举几个例子，以便您能对晓李的进步有一个比较全面的了解。

(1)晓李在开学之初参加了团课学习，顺利通过了团课考试，在学期末拿到了团员证。因此，他现在已经是一个能在班上起表率作用的共青团员了，当他奶奶知道这事儿时，非常激动。

(2)晓李现在的学习劲头十足，他像变了一个人似的，知道去努力和争取了，经常在中午和晚上找老师补课。他在期中考试时是全年级第9名，而在期末考试时已经是全年级第4名。

(3)晓李在期末结业式上拿了三个奖状：学习标兵、数学单科状元和全年级总分第4名，他的爷爷奶奶特别高兴。

(4)晓李把广播站的工作干得很好，很负责。在春节晚会学生专场上第一次担当了节目主持人，表现不错，同学们都很羡慕他。

(5)晓李和他父母的关系比以前好了，他在处理老师和同学之间关系上比以前更成熟，逐渐学会了去体谅他人和首先站在别人的角度考虑问题。

晓李对我说，他的下一个目标是考一个较好的职高，如果自己能行，最好能上高中。我对他充满了信心。

尊敬的张主席，晓李取得如此大的进步与您对他的爱心是密不可分的，再一次感谢您对我们特殊教育工作的支持。

此致

敬礼

三（1）班班主任：小冬
2006 年 2 月

敬爱的张奶奶：

您好！给您拜个晚年！

我不知道怎么说才可以表达出对您的感激之情，您是那样的慈祥、和蔼可亲，您是那样的慷慨和无私；同时您在百忙之中还一直惦记着我的成长，从小时候起我就感觉自己是缺少母爱的，您的爱让我觉得心里好温暖，想起您的时候，是想起亲人的感觉，您的关注，让我觉得自己如果不进步就非常对不起您。当我知道您用自己的 2000 元资助我去香港的时候，我真的有想哭的感觉。张奶奶，您知道吗，那是感激和激动的泪水。

在香港的那几天，我感受到了那里的文明，那是一个很发达的地方，人的文明程度也很高。感受最深的是，我自身的一些缺点和毛病应该早些改掉，我在想，在那么文明的地方是不应该有不文明行为的，我们祖国内地的发展也很快，但要使国家更加富强繁荣,还需要我们这一代人的努力,好好学习,多长本领。

说了这么多,还没向您汇报我现在的学习情况呢。给您简单说说吧,我现在的整个状态都非常好,每天过得都很充实和快乐,我的爸爸前段时间病了,现在好了,我的继母对我也很好,我们的关系很融洽,请您放心。现在我觉得自己的主要任务是赶紧把学习成绩提高上去,为了搞好学习,我经常在中午和晚上时间找老师补课。期中考试我在全年级排第9名,到期末考试我取得了全年级第4名的好成绩呢,在全班是第2名。在学校里,课余时间,我在学生会担任宣传委员,还在校广播站担任节目主持人。本学期,我拿到了好几张奖状,我最喜欢的是:学习标兵、数学单科状元。由于我主持节目认真负责、表现突出,我还获得了"金话筒奖"。最让我激动和自豪的是:在期末,我还光荣地加入了共青团组织。张奶奶,我心里知道,这些成绩的取得,和您的关心和爱护是分不开的。

张奶奶,请您放心,有学校里老师的帮助和您的关爱,我一定不会辜负您对我的期望,努力学习,以优异的成绩和更加突出的表现报答您。

祝愿张奶奶身体健康、心想事成。

您的孩子:晓李
2006年2月

小冬老师、晓李同学:

在一片清脆的爆竹声中迎来祥和的春节,并收到你们的来信,感到特别高兴,这是我今年春节收到的最珍贵的礼物,谢谢你们。

我真没想到在学校和老师的帮助下，晓李同学最近发生了那么大的变化，看到晓李同学的进步和成绩，我真是由衷地感到欣慰。希望晓李同学不骄不躁、认真读书、努力掌握知识本领，将来回报关爱你的家人和老师，回报祖国和人民。

我始终认为，在漫长的人生旅途中，青少年时期遭遇的挫折和困境，实际上就是自身成长过程中，必须要面对的重要台阶，无论是有作为的人还是普通人，谁也绕不过去，哪有一帆风顺的呢？大家都要在逆境中磨砺和成长。只是对待挫折和困境，不同的人会选择不同的生活态度。我记得青少年时候读法国作家巴尔扎克的书，他说过："苦难对于天才是攀登的垫脚石，对于强者是一笔财富，而对于懦夫则是万丈深渊。"我自己一路走来，无论是少年读书，还是成年工作，磕磕绊绊，同样经历了数不清的挫折和困苦，有自己的失误，也有他人的误解，能够支撑我不断向前的是坚定的信念，是善良的愿望，是强烈的责任感。而意志、信念、善良和责任感这些品格都需要从小磨砺摔打。因此，青少年朋友应当明确地认识到：能否在挫折困苦中，锻炼自己顽强的意志、扎实的能力和坚定的信念，能否在小的时候就善于把自己脚下的绊脚石转变为垫脚石，这都将对自己未来的人生命运产生深远的影响。

其实你们最大的优势和资本就是年轻，这是让我们羡慕的青春年华。你们赶上了改革开放的大好年代，要下决心掌握真本领，准备着迎接时代的挑战，再过十年到二十年你们就是推动国家社会发展的中坚力量。你们同时要懂得，只有把个人的命运和祖国的前途命运紧密地联系在一起，才能使自己成长、使自己坚强、使自己有所作为。这让我想起在昨天的冬奥会上，我国花样滑冰运动员张丹，在冲击高难动作时不慎跌倒摔伤，她硬是艰难地站了起来，凭着顽强的意志与队友合作继续比赛，终于赢得宝贵的银牌。张丹感动了所有的人，当时全场起立为她鼓掌，外电评论说，真正的金牌属于中国姑娘。晓李和同学们试想一下，如果张丹没有坚定的目标和坚强的意志，没有平时一次次的跌倒和站起，没有面对挫折勇敢应战的勇气，能在关键的时刻为祖国赢得荣誉吗？

新的一年又开始了，这是我们国家又一个五年计划即“十一五”规划的开局之年，祖国在迎着困难前进，不断繁荣强大。晓李小朋友，希望你也能珍惜青春年华的大好时光，坚强地面对今后人生道路上大大小小不可预知的困难坎坷，健康地成长。祝老师和同学们不断进步！

张梅颖

2006 年 2 月 15 日

华山天险一条路*

——自主创新实现可持续发展

中共中央十六届五中全会,把增强自主创新能力作为“十一五”时期一项主要任务。在全国科学技术大会上,胡锦涛总书记提出建设创新型国家的宏伟目标,确定了未来15年我国科学和技术发展的指导方针、发展目标和总体部署。这是中共中央、国务院在全面建设小康社会的关键时期,贯彻落实科学发展观,推动经济社会转入科学发展轨道,所作出的一项重大战略决策,必将开创我国科学技术发展的新局面,必将支撑和引领经济发展进入新阶段。贯彻落实好这一战略决策,也是我们民主党派义不容辞的责任。

充分认识建设创新型国家的必要性、紧迫性和艰巨性

科技创新已经成为国际竞争的聚焦点,科技创新能力强盛的国家在世界经济的发展中发挥着主导作用。目前,我国尚未

---

* 原载于2006年3月27日《光明日报》。

摆脱资源型和依赖型的发展模式。我国芯片80%以上专利,数控机床和纺织机械70%以上专利,汽车制造90%以上专利,光纤制造100%的专利,都是从国外引进的。由于关键技术大多掌握在外商手中,或者主要依靠引进,中国虽是“世界工厂”,得到的只是少量的加工费,70%～80%的利润为外商所获。没有自主知识产权,在国际竞争中不仅没有主动权,国家安全也受到威胁。

我国经济发展仍然面临着结构不合理、关键技术自给率低、生态环境脆弱等问题和挑战,主要是经济增长方式没有转变到依靠科技进步驱动和人力资源素质提高上来,高投入、高消耗、高污染、低效率、不协调的增长方式已经难以为继。2005年经济增长动力30%来自出口,中国经济对国际贸易的依赖度越来越高,数字显示国际贸易摩擦在升级,全年反倾销案件51起。与此同时,中国低成本的劳动力和低价格的资源,却“补贴”着世界!建设创新型国家,实现可持续发展,绕不过去的难点、重点是改革。加快改革,首先是转变经济增长方式。传统增长方式的惯性很强大,而调整产业结构、转变增长方式的中心环节就是增强自主创新能力。如果不提高自主创新能力,不断提升比较优势,将会逐步拉大与先进国家的发展差距,在国际竞争中丧失竞争力和抗风险能力。要突破人口、资源、环境的瓶颈,我们只能走技术含量高、资源消耗少、人力资源优势得到充分发挥的新型工业化路子,也就是坚定不移地走创新型国家的发展模式。

中国要建设创新型国家,需要走很长很艰巨的路。但却是华山天险一条路，是必须要走的路。

突破建设创新型国家的体制机制约束　切实改变科技与经济“两张皮”的现象

坚持以体制机制改革为突破口，释放科技创新的潜能。要加强科技对经济社会发展的贡献，使科技创新真正进入经济社会发展的大循环。改变科技领域内专家出题、专家解题、专家评审、专家获奖，立项是从文献中来到实验室去的内循环状况，完善科技评价评审指标体系，克服科研短期行为。应用研究和技术研究领域必须研究市场需求，由企业出题，专家教授解题，政府搭台，真正体现产学研结合对科技进步的推动作用。由于体制上条块分割，应有效整合科研资源，提高科技投入的效益。

企业成为技术创新主体，提高竞争力，刻不容缓。2005 年企业亏损面上升到 42% 左右。国家的强盛最终靠企业的强盛，靠百姓的富裕，而国家竞争力的提高，最终也有赖于企业竞争力的提高。据统计，我国两万多家大中型企业，有研发机构的仅占 25%，而其中有研发活动的仅占 30%。我国企业科技活动经费占销售收入的比重仅为 0.56%，而经合组织国家的这个比例都在 8% 以上，差距非常大。应当在政策上对企业研发投入比例提出要求，培养一批拥有自主知识产权和知名品牌、国际竞争力较强的优势企业。

充分发挥人才在科技创新中的关键作用

树立人才资源是第一资源的观念，提高自主创新能力的关键是人才。近年来我国优秀人才的流失很严重。商务部的统计数字显示,包括微软等国际知名跨国公司及外商投资企业目前在我国设立研发中心累计已逾750余家,人才争夺已到家门口。当前唯一的选择就是积极参与国家人才之争,创造一个有利于吸引人才的体制和培养人才的良好环境。

首先,坚持以人为本,克服重物轻人、见物不见人的观念。人们经常谈到国有资产,往往认为就是资本和仪器设备,忽视了人才也是最重要的无形资产。如微软公司厂房设备等固定资产不过几亿美元,但其市值高达700亿美元,原因就是微软拥有一批软件业的顶尖科技及管理人才。所以我们必须把发现、培养、吸引、稳定人才,作为人才管理的核心理念。而且,在人才的培养中,要力戒以各种“工程”制造人才。靠人为去树,靠行政选拔,靠指标量化出人才,是不够科学的。

其次,坚持教育优先,加大教育改革力度,努力培养创新型人才。现有的教育模式不能适应加强自主创新的要求,要切实引导全社会转变观念,由应试教育转向素质教育,从小培养创新习惯,呵护创新意识。现在的听话教育和应试教育抑制了创新精神的养成,这就需要重新调整教育的评价体系。

大力发展创新文化　营造创新的社会环境

一个民族没有科学精神,一打就倒;没有人文精神,不打自倒。一个国家的文化同科技创新有着相互促进相互激励的密切关系。要克服传统文化中不利于创新的思想观念,比如不鼓励标新立异的所谓枪打出头鸟,不能善待有缺欠或不善于处关系的人才。激发全社会的创造活力,必须营造宽容的社会环境。要打破论资排辈的做法,为处于创新思维最活跃时期的青年科技人员,提供平等参与、公平竞争的环境,目前科技资源分配的科学化、民主化、透明化程度还远远不够。创新绝非一件手到擒来的易事,对于创新的成果,要实行激励。对于创新的人才,要加以尊重。对于创新中的失败,要给予宽容并承认失败的经验价值。对于不同的意见,要虚心接受,有闻过则喜的心态,善于反省。努力营造有利于创新的文化氛围,为创新人才施展聪明才智创造更多的机会和舞台。

自主创新是我国应对现阶段诸多挑战实现可持续发展的必然选择。以"神六"为标志,我国在高新技术的各个领域都有不少出色的创新。只要认真落实科学发展观,全面落实科教兴国战略,凝聚起全民族的力量,我国不仅可以成为制造业大国,也一定能成为科技创新的大国和强国。

学习费老，踏踏实实做调查研究*

费老的一生，可谓是实地调查的一生，他的大量研究著作就是集中体现。从瑶山调查开始，江村调查、民族调查、乡村工业调查、小城镇调查、区域发展调查、社区调查……绵延在费老生命全程中。从一个村庄到一个集镇，再扩大到一个县，一个市，一个省，一个区域，最后到"全国一盘棋"，产生了《江村经济》、《兄弟民族在贵州》、《小城镇四记》、《行行重行行》、《从实求知录》等著作，其中有些堪称经典。

费老看重实地调查，源于他的一个基本认识，即"对人民实际情况的系统反映"。国家制定政策"真正需要的是一种以可靠的情况为依据的常识性判断"。

"可靠的情况"对费老具有强大吸引力。早年当教授时是这样，晚年当民盟领袖时也是这样。改革开放后，费老担任民盟中央主席十年间，围绕经济建设这个中心，每年用于实地调查的时间都在 160 天以上，走遍了祖国大地，包括很多贫困地

---

* 原载于《群言》2006 年第 5 期。

区。他重视深入实际，坚持实证研究，根据亲眼所见，亲口所问，亲耳所闻，亲笔所记，加上他志在富民的感性、理性、悟性和灵性，先后提出黄河上游多民族地区、珠江三角洲、长江三角洲、环渤海地区、中原地区、京九沿线地区等发展建议，都是事关国计民生的好主意，实实在在解决问题的好办法，为广大盟员发挥自身智力优势、积极参政议政、为经济建设服务积累了宝贵的经验。

今天我们纪念费老、学习费老的一个重要方面，就是要把“调查研究”这个传家宝接过来，传下去，练好民盟重视调查研究、善于调查研究的基本功。在持之以恒的调研实践中汲取思想营养，锤炼思想品质，“出主意、想办法、做好事、做实事”，不断提高民盟的参政能力。

过去我从医，临床诊断的基本功，中医讲究“望、闻、问、切”，西医重视“视、触、叩、听”，都是从实践中了解病状，根据“可靠的情况”进行分析，得出正确的结论。这是科学的方法论，往往方法改变结果，思路决定命运。如今，涉足社会学领域，我也体会到调查研究的过程，就是从实践中学习的过程，是提问、倾听、思考、辨析、提炼的过程。一是要学习。费老常说自己的实地调查是“出门找老师”，他带着有字书，去读无字书，读得兴趣盎然，欲罢不能，因为他体会到了“三人行必有我师”的快乐，体会到了不耻下问的妙处。自己不懂的地方，问个明白就懂了。二是要思考。问明白了还要思考，问来的是知识，思考来的是道理，举一反三的是智慧。思考过程中，要重视不同观点，特别是对立的观点，更要慎思，由表及里，去伪存真，以求得到可靠的情况，正确的了解。三是行行重行行，坚持不断。调研报告应该文风朴实，有特色，有深度，有穿透力。要讲新话，讲自己的话，力戒空话、套话，更不能讲假话。在这方面，仔细读读费老的文章，不由神往。

在费老逝世一周年暨“江村调查”70周年之际，谨以此文表达对费老的缅怀、景仰之情。

在首届中国贫困地区可持续发展战略国际论坛上的讲话

（2006 年 5 月 13 日）

各位来宾、各位朋友：

大家好！

在“十一五”开局之年，也是新农村建设的起步之年，如何贯彻落实科学发展观，通过思路和机制创新，提出切实可行的政策措施，解决新阶段扶贫工作中的新问题，实现“十一五”期间基本解决农村贫困人口温饱，按照建设社会主义新农村的要求，基本完成 14.81 万个贫困村的整村推进扶贫开发的宏伟目标，是我们面临的一项紧迫而艰巨的重大任务。在这样的战略背景下，北京大学贫困地区发展研究院，会同中央智力支边协调小组毕节试验区专家顾问组、中国扶贫开发协会等单位，在天津举办首届中国贫困地区可持续发展战略国际论坛，非常及时，很有意义。我相信并期待首届中国贫困地区可持续发展战略国际论坛通过全面深入的研讨，一定会取得丰硕的成果！

改革开放以来，我国开展大规模扶贫开发，在政府主导和全社会的共同努力下，经过“八七”扶贫攻坚计划和《中国农村扶贫开发纲要（2001～2010）》的实施，中国的扶贫开发事业取得了巨大成效。贫困人口大幅下降，总数由1978年的2.5亿人下降到2365万人以下，扶贫工作已进入解决温饱和巩固温饱并重的新阶段。中国的减贫成就得到国际社会的高度评价。20多年来，中国的脱贫人口在发展中国家脱贫人口中占75%，中国成为全球唯一实现联合国千年发展目标提出的极贫人口比例减半的国家。

我国扶贫开发成绩世所瞩目，但同时也要对扶贫工作的艰巨性、长期性有充分的估计和清醒的认识。因为需要扶持的贫困群体数量依然庞大，剩余的贫困人口又主要分布在生产生活条件更差的地区，不仅脱贫难度加大，而且稍遇变故就会返贫，贫困地区的粮食安全问题也没有从根本上得到解决。而且现行的脱贫标准很低，是一种相对性质的脱贫。如果采用世界银行规定的每人每天1美元贫困线标准计算，我国的贫困人口绝对数还会大幅增加。

我国扶贫机制在“十一五”期间必须有所调整、有所创新，以提高扶贫的“精准度”。一方面，要理顺体制，改变“各炒一盘菜”现象，切实解决多头管理、职权不一、各行其是的问题，防止扶贫项目管理的越位和缺位。无论是整体性开发，还是专项资金支持，最后都无法有效地瞄准真正的贫困户的问题很突出；另一方面，要针对不同致贫原因，采取多种方式扶贫，那种大而划之的、一刀切的方法是不管用的。贫困人口的生存环境与实际脱贫需求，不仅在省区间千差万别，在一个县内的不同村庄也有不同。

现在未解决温饱的贫困人口有20%以上居住在缺乏生存条件地区,必须实行易地扶贫加以解决。有数百万属于基本丧失劳动力,必须实行社会救助。每年有数以万计的农户因病返贫,因学返贫,只有通过建立合作医疗和教育救助制度才能解决。只有实行村级扶贫规划,缩小目标范围,才能瞄得更准。目前,因地制宜实施整村推进扶贫开发的探索和实践,实现了扶贫工作重心下沉,将有限的扶贫资金精确地瞄准最有需要的贫困户,解决了扶贫资金到村到户难的问题,弥补了给农民服务"最后一公里"的缺陷问题;再有,"十一五"时期的一项重要任务,就是在加快发展的同时通过体制和政策上的收入分配调整,让越来越多的人切实感受到发展成果分配的公平性。要通过多种途径,特别是在二次分配上,向西部等贫困地区倾斜,不能把项目都投向东部,帮助贫困群体分享发展成果。我们既要考虑"结果公平",更要促进"机会公平"。

消除贫困是建设新农村的前提和基础,新农村建设不能淡化扶贫,而应是消除贫困的动力和载体。贫困地区的新农村建设要继续坚持整村推进的扶贫措施,这是在贫困地区建设新农村的好抓手、好平台。如果经过努力,占全国行政村总数21%的贫困村基本脱贫,就解决了新农村建设中最困难的问题,全国新农村建设就迈出了非常重要的一步。当然,贫困地区的新农村建设不可能达到东部发达地区的水平,不可能一步建成小康村。但是,在"十一五"期间解决贫困群众基本的吃饭、喝水、行路、用电、看病问题,解决全部孩子的九年义务制教育问题,这是贫困群体的基本需求、基本人权,是我们不能回避、不能迟疑的责任！

农民的知识化、技能化是新农村建设的前提和条件。通过培训，提高素质，实现转移，尽可能将贫困地区人口压力转化成人力资源，不仅是脱贫致富的重要途径，更是新阶段扶贫开发的一项根本的长远之策。建设新农村首要环节就是培养有知识、掌握现代农业技能的新型农民，从一定程度上说，这直接决定新农村建设的兴衰与成败。否则，由于教育的缺失和不公平，导致贫困的代际传递，同时贫困地区人才、资金外流，来自贫困地区的大学生如果回到家乡就业，被视为没本事，不断形成贫困的恶性循环，这是很麻烦的。这些都需要靠政策和外力来引导、扶持。

我国扶贫开发的一条重要原则是政府主导，社会参与。扶贫开发，首先是政府责任，但广泛动员社会力量，探索整合力量、整合资金的有效途径和办法，探索一些新的机制，使包括农村贫困和低收入群体在内的民众普遍分享繁荣，是构建和谐社会的需要。必须继续动员中央和国家机关、沿海发达地区和社会各界参与扶贫开发事业，这体现了中国共产党的政治优势，体现了社会主义制度优越性，同时还要大力加强公民尤其是先富阶层的社会责任意识，弘扬中华民族扶贫济困美德，营造良好社会风尚，形成民族凝聚力。进一步加大政府在推动、促进、组织第三次收入分配（由富裕阶层提供的扶助、救助贫困阶层的慈善事业活动）的工作力度，建立和完善促使富裕阶层踊跃参与慈善事业活动的法律规定与机制。在利用资本市场筹集扶贫资金方面，积极改变缺乏制度创新，社会参与渠道不畅的局面。

总之,我们既要看到中国扶贫开发的成绩,认真总结经验,也要高度重视扶贫工作的困难,不断地进行工作方法、工作机制的创新,最大限度地激发包括贫困群众在内的方方面面的动力和潜力,为实现“十一五”扶贫开发目标贡献智慧和力量。

祝首届中国贫困地区可持续发展战略国际论坛圆满成功!

在党外人士座谈会上的发言

（2006 年 6 月 9 日）

民盟中央在京负责同志集中阅读和讨论了《关于改革公务员工资制度和规范公务员收入分配秩序工作情况的通报》。大家认为，在我国处于改革和发展重要的历史时期，中共中央站在树立科学发展观和构建社会主义和谐社会的高度，以改革公务员工资制度为突破口，向构建科学合理、公平正义的社会收入分配体系迈出了关键的一步。改革现行的公务员工资制度是对十六大以及"十一五"规划中关于"深化"和"加快推进"分配制度改革精神的进一步贯彻和落实，表明中央已将改革收入分配制度列入了重要议事日程，充分体现了中国共产党治国理政和构建和谐社会的能力，体现了从改革发展的全局出发正确处理公平和效率关系、更加注重社会公平的原则，体现了以人为本和实事求是的工作作风。

民盟中央的各位负责同志对公务员工资制度改革的原则和方案表示一致赞同，认为中央的这一决策顺应了形势发展的客观需要，改革势在必行，深得人心。大家认为改革方案有以下几方面的特点：

一、突出了科学合理和公平正义原则。此次公务员工资制度改革旨在建立科学完善的公务员薪酬制度，着重解决当前公务员收入分配领域存在的不公平、不合理甚至不合法的问题，将公务员收入分配纳入法制化的管理轨道。对于社会反响强烈的某些部门滥发津贴补贴问题，也明确提出要逐步使公务员津贴补贴水平与单位占有的国有资产和掌握的行政权力脱钩，统一同级政府不同部门津贴补贴的发放标准，这些措施都切中当前公务员收入分配过程中存在的弊端，抓住了解决问题的实质。特别是方案体现的向基层倾斜、向艰苦边远地区倾斜的指导思想，对于逐步缩小地区差距、鼓励公务员到基层服务，促进政府部门转变职能，推动公务员队伍健康发展和党风廉政建设，具有正确的导向作用。

二、突出了改革为了人民、改革依靠人民这一主导思想。在讨论中，大家认为，中央在制定实施公务员工资制度改革方案的过程中，将收入分配制度与共享改革发展成果联系起来，从维护广大人民群众的根本利益出发，将机关、事业单位和企业三者统筹考虑，适当提高企业离退休人员基本养老金标准、各类优抚对象抚恤补助标准、城市低保对象补助标准，采取切实措施解决低收入人员和困难群众的生活困难。特别是采取分三步走的办法，将企业退休人员养老金调整幅度达到月人均增加240元的标准，调整力度之大，是前所未有的。有利于增进改革的共识和动力。

三、突出了扩大中等收入阶层队伍，逐步形成橄榄型社会收入分配结构的目标。公务员是中等收入阶层的组成部分。稳步提高公务员工资收入水平,有利于增加社会中等收入阶层比重,缓解地区之间和部分社会成员之间收入分配差距不断拉大的趋势;提高公务员工作的积极性、主动性、创造性;有利于扩大内需,刺激消费,保持经济的可持续发展。

大家认为,将民主党派机关干部纳入到公务员队伍,体现了多党合作这一基本政治制度的优越性,必然会促进民主党派机关的规范化建设,推动多党合作事业的健康发展。

在讨论中,大家就进一步完善方案的内容提出以下几点建议:

一、在推进公务员收入分配制度改革的过程中,一方面要达到公务员增加工资的目的,一方面还要提倡建设节约型机关,降低行政支出的费用,尽量减少铺张浪费和一切不必要的开支,将行政支出占财政总收入的比例控制在合理和适当的范围内。同时要积极推进包括车改在内的其他方面的改革,这样,改革更容易得到群众的理解和支持,产生更好的社会效果。

二、公务员收入高低在一定程度上反映了当地经济发展的水平,在体现适当向艰苦边远地区倾斜的前提下,还要考虑到地区间经济发展极不平衡的现实,考虑到实际工作绩效,调整幅度要根据当地的消费水平,特别是公务员在当地社会群体收入结构中所处位置的实际情况来确定,逐步稳妥地推进。既要注意稳定西部地区公务员队伍,也要保护东部地区公务员队伍工作的积极性。

三、结合这次公务员工资制度改革,要积极推进公务员法的实施，在公务员中开展经常性的社会主义制度优越性教育和为人民服务的宗旨教育，不断推进政府部门转变工作职能，提高工作效率。要增强公务员的法制观念，依法加强对公务员队伍管理，坚决打击权力腐败，取缔各种非法收入。

四、这次公务员工资制度改革，涉及公务员、事业单位和企业的离退休人员，量大面广，情况复杂，牵一发而动全局。建议有关部门要密切关注这项改革措施可能在社会各方面、各阶层中产生的反响，以及对物价等经济生活产生的影响，及早出台相关的政策措施，保证改革在公务员队伍内和在社会上能够平稳的推进。

在全国政协"城市医疗体制改革"视察团与山东省交换意见会上的讲话

（2006 年 6 月 14 日）

同志们：

6 月 6 ~ 14 日，全国政协视察团肩负全体政协委员的重托，就"城市医疗体制改革"赴山东省进行了视察。在为期九天的视察中，视察团实地察看了山东省的各级各类医疗机构，了解到山东全省在城市医疗体制改革方面进行了有益探索，医疗卫生事业取得长足进步，人民健康权益得到有效保障，群众对医疗卫生服务的满意度较高，其中许多经验和做法走在了全国前列，视察取得了较好的效果。

一、山东省的有益探索和成功经验

（一）发挥政府主导作用，重视增加财政投入，强化对医疗质量和资金流向的监管。去年，省财政投入 1.8 亿元，用于全省 360 所重点中心卫生院整修业务用房、配置必需设备、培训技术骨干。淄博市用于卫生事业的财政支出占全市财政总支出的

5.22%。潍坊市转变政府职能，坚持“三个原则”，并制定了改革的基本框架，即“办好政府该办的”、“改好政府该改的”、“管好政府该管的”。全市还实行了国有资产托管制、总会计师制度和财务科长轮岗制、收支预算审批制、建设项目报批制等。青岛市建立了卫生资金管理办公室，对全市各医疗卫生单位收支情况进行监管，同时推行了财务科长和审计科长均由市卫生局委派的制度。

（二）明确医疗改革要以“人人健康”为目标，提出了“大众卫生”的理念。山东省确定了医疗体制改革和发展的方向，提出卫生事业应该是为大众利益的、大众参与的、大众化的卫生和维护群众健康的卫生。进行城市医疗体制改革，就是要站在群众的角度，以大众卫生为主题，以解决看病难、看病贵为出发点和落脚点。济南市为困难群众发放“爱心服务卡”，凭卡可以享受医疗费用的减免和优惠。潍坊市将市疾控中心与市医疗救援中心（120 指挥中心）同时规划建设，完善公共卫生应急系统，该模式受到国家卫生部的肯定。

（三）全面开展社区卫生服务，针对常见病、多发病建立辖区居民健康档案。全省鼓励综合医院和大企业医院向社区延伸建立卫生服务中心（站），并鼓励社会力量开办社区卫生服务机构；政府新增卫生投入，城市重点用于发展社区卫生服务；抓好社区卫生服务人才队伍建设和教育培训，认真做好社区卫生服务人员的继续教育并积极引进优秀人才；加强对社区卫生服务经费和收费价格的监管，确保各项资金专款专用，提高使用效益。济南市在社区建立起了高血压、糖尿病防治等八大网络，为患者建立健康档案,实施动态管理。青岛市将社区卫生服务纳入经济和社会事业发展规划,列入对各区政府和市有关部门的工作考核内容,形成了“政府搭台、卫生唱戏、部门配合、社会参与”的工作格局。

（四）通过实施单病种限价做法,挤掉药品和大型设备检查的价格水分,在提高医疗质量的同时,有效控制患者医药费用过快增长。济宁医学院附属医院从2003年起在全国率先进行了单病种限价的探索,目前限价病种已达128种,这些限价病种约占常见病和多发病种的70%。如先天性心脏间隔缺损,治疗费用由过去的17580元限到10000元,降幅44%。这种做法在全省二级以上公立医疗机构开展,取得了较好的成效。

（五）探索建立城市居民合作医疗,全面开展惠民医疗服务,保障城市低收入群体的医疗权益。青岛崂山区、东营市和威海高新区开展的针对企业下岗失业人员、待业人员以及职工家属、子女和农转非空挂人员的城市居民合作医疗试点,拓宽了社会保障的覆盖面,让群众得到了实惠。全省还要求社区卫生服务机构和二级以上医院均要开展惠民医疗服务,设立惠民门诊、惠民病房或病床,从解决弱势群体的基本医疗问题入手,为群众提供公平、可及、便捷的医疗服务。

（六）整合各类医疗资源,强化属地管理,形成了政府、企业和医务人员多赢的局面。全省利用法律、经济、行政等多种手段,积极增加卫生资源总量,盘活优化存量,努力形成供给略大于需求的市场格局,建立起既适应市场经济要求又适应经济发展水平,既符合卫生事业发展规律又适应人民群众健康需求和承受能力，既体现效率又凸显公平的卫生体系。淄博市积极引导企业医院分离改制，将规模较大、实力较强的，改建为民营医疗机构；对规模较小、没有竞争实力的，采取停办、转型为社区卫生服务机构或资产重组等形式，以实现卫生资源的优化配置。青岛市先后对全市57家公立医疗机构进行了资源调整，注重盘活存量。全市卫生基础设施得到改善，卫生监督、疾病控制、中医等卫生“短线”得到加强。

（七）深化公立医院人事及分配制度改革，试行全员聘用和岗位工资制。潍坊、青岛等市率先试行院长职业化和年薪制，加强了对医院的管理。并推行了全员劳动合同制和岗位聘任制，灵活采取了“高职低聘”、“低职高聘”等做法。同时，根据工资总额制定具体的岗位工资，一岗一薪、易岗易薪，按照绩效优先、兼顾公平的原则，打破了平均主义，拉开了分配档次，为使薪酬与医药收入脱钩，突破“以药养医”的机制走出了可喜的一步，同时也为全国医疗系统干部人事制度改革迈出了关键的一步。

（八）深入开展治理商业贿赂专项工作，纠正医药购销和医疗服务中的不正之风。山东省卫生厅成立了治理商业贿赂领导小组，针对卫生系统2001年以来的不正当交易行为开展了自查自纠的专项活动，严厉查处医疗机构及医务人员收受生产、经营企业及其经销人员以各种名义给予的财物、回扣、提成、私设小金库等行为，行风建设得到进一步加强。

综上所述，视察团认为，山东省的全民健康指标位居全国前列，广大群众对医疗卫生服务的满意度、老百姓幸福指数均较高，许多做法为全国医疗体制改革提供了可资借鉴的经验。

二、现存问题

一是卫生事业投入占财政总支出的比例较低;二是城乡之间、区域之间卫生服务条件和水平差距较大,卫生事业发展不够全面和协调,存在片面追求高、精、尖设备配置,而忽视“软件”,建设的倾向;三是“以药养医”的局面尚未打破,公立医疗机构的补偿运行机制有待进一步完善;四是对隶属不同行政部门和不同所有制形式的医疗机构进行整合的难度较大;五是加强社区卫生服务的多项配套制度急需建立;六是社区和乡镇及以下卫生事业单位人员缺乏工资、保险等保障,医疗体制改革的外部环境和宏观政策的研究亟待加强和突破。

三、几点建议

医疗体制改革是一项系统工程,牵一发而动全局,因此必须进一步深化改革,思考解决卫生事业存在的体制性、机制性和结构性矛盾,切实解决看病难、看病贵的问题,保障群众享受医疗服务的公平性和可及性。为此,视察团提出以下建议:

(一)尽快成立国家层面的医疗卫生改革领导小组,从顶层设计入手,实行医药卫生工作一体化管理。目前,我国医疗卫生单位隶属关系复杂,行业发展和管理职能分属十多个政府部门,相互之间权责不清,难以形成统一高效的管理机制。建议成立国家医疗卫生改革领导小组,改变职能分散、政出多门、互不协调、互相掣肘、行政效能低下的局面。同时,尽快出台医疗卫生改革的宏观指导性意见。

（二）明确卫生事业发展的宗旨和方向。医疗服务的公平性是社会的稳定器，单纯地推进医院市场化改革必然损害患者利益，造成医患关系对立。因此，我国的医疗体制改革必须坚持以保障人民群众健康权益、满足人民群众基本医疗卫生需求为出发点和落脚点。对于政府举办的公立医院要在加大投入保证其公益性质的同时，继续深化管理体制改革，强化监督，切实履行好提供公共卫生服务和基本医疗服务的职能。此外，还要充分发挥市场机制的作用，引导社会力量多渠道开办各种形式的医疗卫生服务机构，形成多元化的服务提供主体和互补发展、有序竞争的局面。真正做到“办好政府要办的、改好市场要改的、管好政府要管的”。

（三）建立政府对医疗卫生事业经常性投入的经费保障机制。医改必须坚持国家财政投入和医疗保险“两条腿”走路。在发挥医保机制风险分担作用的同时，应该重视发挥财政投入对收入再分配的“兜底”作用。建议“十一五”期间，卫生事业支出占中央财政总支出的比重，一年提高1个百分点，由目前的3%提高到8%。

（四）摒弃“以药养医”的运行机制，努力创新公立医院的管理体制和运行机制。在这方面，山东省已经进行了人事与分配制度改革的探索。通过全员聘任、竞争上岗、能进能出等方式在公立医疗机构引入激励与约束机制，形成与医务人员的技术劳务价值相适应的薪酬制度，改变医疗收费标准与医院成本倒挂的现象，彻底将医疗收费与部门或个人利益脱钩，弱化医院营利动机，从源头上去理顺运行机制。

（五）加快建立覆盖城乡居民的不同形式的医疗卫生保障体系。目前，全国享受城镇职工基本医疗保险和公费医疗的人数不足2亿人，山东省试点的城市低收入群体合作医疗为扩大医疗保险覆盖面开辟了新的道路。要进一步打破城乡、所有制等方面的界限，通过制定法律法规，将城镇职工基本医疗保险覆盖到所有职工；建立城市困难群众互助医疗保险，由政府和居民共同筹资，以大病统筹为主，做到应保尽保。同时，可采用政府提供税收减免政策的方法，鼓励企业在自愿和自主的基础上，为职工购买补充形式的商业医疗保险。

（六）强化政府对卫生事业的调控和监管。虚高的药品价格和高昂的设备检查费用以及缺乏必要的监管机制是导致“看病贵”的主要原因之一。加之我国药品和医疗设备产业自主创新能力薄弱，已经成为国际医药企业的牟利对象，也对“看病贵”起到了推波助澜的作用。因此，有必要建立患者、医院、医生、出资机构、政府管理部门和监管部门多种利益主体之间的激励和约束机制以及按照属地化原则，不分医疗机构隶属关系，均由当地政府主管部门实施行业监管的机制。各级政府要妥善处理各种利益关系，使有限的投入获得尽可能大的增进国民健康的效果，为医疗卫生事业全面、协调、可持续发展奠定基础。

（七）加强卫生人才队伍建设，促进医疗卫生事业可持续发展。努力建设一支结构合理、德才兼备、素质优良的卫生人才队伍，是实现卫生事业可持续发展和人才强卫为战略的关键。建议加强包括全科医学在内的各类医学人才的培养和培训。鼓励和吸引适宜技术人才到城乡基层医疗机构开展服务。建立柔性人才流动机制，加大人才交流力度，通过项目合作、技术协作等方式，解决人才短缺和不同层次对人才的需求问题。特别要努力建设一支熟悉卫生事业内在规律与特点、掌握现代管理理论和技术的职业化卫生管理队伍，为医疗事业发展提供保障。

（八）贯彻预防为主的方针，普及健康教育，倡导积极文明的健康生活方式。没有健康就没有小康，没有健康就会失去一切，健康是群众的基本权益，是保持正常生活和工作的前提，维护人民健康是政府的重要职责。国民健康素质已成为构建社会主义和谐社会的重要组成部分。潍坊、青岛等地努力营造整洁亮丽的人居环境，为做好公共卫生工作，保证群众身体健康奠定了坚实的基础。建议各级政府和有关部门加强健康宣传教育，积极改善生活工作环境，引导群众树立健康的卫生理念，减少疾病的发生。

最后一点，树立社会主义荣辱观，加强医德医风建设，是医疗卫生队伍建设永恒的主题。在思想上、作风上、制度上认真反思，不能把政府投入不足当作万能借口，而放松我们自己的医德准则。特别在构建和谐的医患关系上应该说我们自己是矛盾的主要方面。

医疗卫生关系到人民的健康，是一个特殊的领域，这就决定了医德建设在整个道德体系中有极其特殊重要的地位。道德教育是学会做人，在做人的基础上再做医生。当然，过分夸大道德的效能也许是乌托邦的梦想。制度建设尽管带关键性，但忽视道德的教育与规范，医患关系难以和谐，社会也难以和谐。因为任何制度建设都离不开人去执行，也就是制度法治治身，德治治心，法治禁恶于已然之后，德治防患于未然之前。医德医风和制度建设犹如鸟之两翼，车之两轮，不可偏废。

另一方面，医德医风建设离不开整个社会风气、社会环境的净化，如果把医德医风建设和全社会道德建设分离开来，舆论专门炒作，势必对营造医疗改革良好环境起到负面作用，误导广大群众对医疗保障抱以脱离经济社会发展现状和国情的过高期望值。

医疗卫生改革是艰巨复杂的系统工程，既要有耐心，又要有信心，只要坚持改革为人民的正确方向，像山东省一样从大局出发，从点滴做起，实践中证明做对了的逐步成为制度，这种探索过程难能可贵。我相信，医疗卫生改革一定会在山东率先成功，一定能在社会主义中国取得最后成功。

增进共识，扩大合作

——在蒙塔纳论坛第17届年会上的演讲

（2006年6月22日）

主席先生、女士们、先生们：

我很高兴来到风光旖旎的蒙特卡罗出席蒙塔纳论坛年会。我愿借此机会，对蒙塔纳论坛主席卡特隆先生和他的同事为会议所做的周到安排，对摩纳哥政府的大力支持和协助，表示衷心感谢。

蒙塔纳论坛自成立以来，以独特和创新的方式，引导与会者就重大国际和地区政治和经济问题展开深入讨论，增进了与会各国的相互了解与合作，加强了各国政府与工商界的对话与联系。中国将继续支持论坛的工作，愿意看到论坛不断发展，为促进世界各国和地区间的对话与交流发挥更大的作用。

此次年会主题“新欧洲与新世界”意义重大。欧洲大陆经历了两次世界大战，这里的人们饱尝战争的苦难，深知和平的珍贵，崇尚交流与对话，重视发展与合作。欧盟的成立与扩大，欧元的成功发行流通，欧洲统一市场的形成，为国际和区域合作树立了成功的典范。欧盟作为当今世界一体化程度最高、综合实力最强的国家联合体，在欧洲及国际事务中的影响不断扩大。欧盟的进一步扩大反映了欧洲国家推进一体化进程、实现联合自强的共同愿望，它的一体化建设既符合欧洲利益，也有利于世界的和平、稳定与发展。中国一贯支持欧盟一体化进程，愿看到一个繁荣、强大和团结的欧洲，也愿看到欧洲在维护世界和平、促进共同发展中发挥更加积极的作用。

女士们，先生们，31 年前，中国与欧盟正式建立外交关系。30 多年来，双方在各个领域开展了卓有成效的合作，中欧关系日趋成熟，目前已进入稳定发展、富有成果的新时期。特别是 2003 年 10 月，中欧建立全面战略伙伴关系，双边关系进入全面发展的新阶段。中欧双方在经贸、科技、文化、教育等领域深化合作与交流，也是成果丰硕。中欧在这些领域互补性强，潜力巨大，发展前景良好。2003 年中欧第六次领导人会晤时，双方提出的目标是 2007 年双边贸易额达到 1500 亿美元，而 2004 年双边贸易额就已突破这一目标，达到 1770 多亿美元，同比增长 33.6%。2005 年，双边贸易额达到 2173 亿美元，欧盟已成为中国最大的贸易伙伴，中国也是欧盟第二大贸易伙伴。在科技方面，中欧积极致力于诸多项目的合作，如伽利略计划、国际热核聚变实验反应堆（ITER）等。在文化方面，中欧都有着悠久、独特的文化，各具优势，中国人民和欧洲人民都对彼此的文化相互敬慕。近年来，中欧在文化、人文方面的交流十分频繁，中法、中意文化年相继举办，中西、中德、中希文化年也在紧锣密鼓地筹备。

欧盟是世界上最大的发达国家集团，中国是世界上最大的发展中国家，中国重视发展同欧盟的关系，愿在相互尊重、平等互利的基础上进一步发展中欧关系，使中欧成为更加紧密的合作伙伴。在此我愿就双方如何进一步增进共识，扩大合作提出以下看法：

一、加强政治对话，深化互尊互信。尊重各自选择的发展道路，超越意识形态和社会制度差异，加强对话与交流，增进理解与信任，是中欧进一步深化双边关系的基础。过去30多年来，中欧双方一直保持着密切的高层往来。今后，双方应继续努力保持这一良好势头，继续加强政治和战略安全对话，增进相互信任，在重大国际和地区问题上加强协调与合作。

二、坚持平等互利，扩大经贸合作。经贸合作是中欧关系的经济基础。近年来，随着中欧政治关系的日益深化，中欧经贸关系迅速发展。双方应在现有基础上，坚持平等互利的原则，在平等参与、公平竞争的过程中有取有予，既维护自身利益，也照顾对方关切，进一步深化中欧全面经贸合作。

三、增强发展活力，扩大合作领域。中欧双方应本着求同存异、合作共赢的原则，坦诚正视并妥善处理分歧，看到差异之外有合作的基础，不因一时一事干扰合作大局，发挥各自优势，相互取长补短，实现共同繁荣。双方还应努力扩大双边贸易和投资规模、双边人员往来，科技、教育、文化、旅游等多方面继续加强合作，将中欧全面战略伙伴关系发展到实处。

我们有充分的理由相信，在双方的共同努力下，中欧全面战略伙伴关系将会不断得到丰富和加强，并提升到新的水平，造福于中欧人民，为人类的和平与发展事业作出更大贡献。

女士们，先生们，中国改革开放28年来，经济持续快速发展，社会面貌焕然一新，各项社会事业不断发展，人民生活总体上实现了由温饱到总体小康的历史性跨越。1978年，中国国内生产总值仅为1473亿美元，2005年达到了2.23万亿美元；1978年，中国的人均国内生产总值仅为226美元，2005年达到了1707美元；1978年，中国的贸易总额仅为206亿美元，2005年达到了1.4万亿美元；1978年，中国的外汇储备仅为1.67亿美元，2005年达到了8189亿美元；1978年，中国的农村贫困人口为2.5亿，2005年减少到了2365万人。我们取得的成绩是巨大的，但中国仍是世界上最大的发展中国家，人口多，底子薄，人均国内生产总值仍排在世界100名之后，当前还存在经济结构不合理，自主创新能力不强，环境污染加剧等不少矛盾和问题。中国要实现现代化，还有很长的路要走，需要几代人、十几代人，甚至几十代人的不懈奋斗。

今年3月召开的十届全国人大四次会议和十届全国政协四次会议审议通过了《国民经济和社会发展第十一个五年规划纲要》，提出要在优化结构、提高效益和降低消耗的基础上，保持国内生产总值年均增长7.5%，到2010年，实现人均国内生产总值比2000年翻一番，单位国内生产总值能源消耗比2005年末降低20%左右。为实现这一目标，我们将坚持以科学发展观统领经济社会发展全局，坚持扩大内需的方针，坚持走新型工业化道路，加快经济结构调整，转变经济增长方式，提高自主创新能力，继续深化改革，不断扩大开放，促进区域协调发展，加强和谐社会建设，把经济社会发展切实转入科学发展的轨道。

女士们，先生们，中国始终坚持走和平发展道路。走和平发展道路在中国具有深厚的历史、文化渊源，体现了13亿中国人民的真诚愿望和不懈追求，是中国顺应时代潮流，走向现代化的必然要求。我们既要争取和平的国际环境发展自身，同时要通过自身的发展来维护世界和平、促进共同发展。我们既要依靠自己的力量和改造创新实现发展，同时也要实行对外开放的方针政策，加强同世界各国的友好合作，努力实现与各国的互利共赢和共同发展。如中国自加入世界贸易组织以来，从2001年至2005年9月，进口了17968亿美元的商品，平均每年近5000亿美元，为相关国家和地区创造了约1000万个就业岗位。按照目前水平估算，今后5年，中国进口商品总额预计将超过3万亿美元，社会固定资产投资规模将超过4万亿美元。事实证明，中国的发展不仅造福13亿中国人民，也给欧盟各国和世界其他国家带来了良好的机遇和巨大的市场，并将继续拉动世界经济的增长。

我们将始终坚持和平、发展、合作的方针，同世界各国人民一道，共同建设一个持久和平、共同繁荣的和谐世界。无论是过去、现在还是将来，中国都是维护世界和平、促进共同发展的坚定力量。

女士们，先生们，中国人民政治协商会议是中国政治体制的重要组成部分，在中国政治生活中具有不可替代的作用。人民政协的主要职能是政治协商、民主监督、参政议政。人民通过选举、投票行使权利和各方面在重大决策之前进行充分协商，尽可能就共同性问题取得一致意见，是中国社会主义民主的两种重要形式。坚持和完善人民政协这种民主形式，既符合中国社会主义民主政治的本质要求,又体现了中华民族兼容并蓄的优秀文化传统,具有鲜明的中国特色。人民政协设全国委员会和地方委员会。政协全国委员会由中国共产党、各民主党派、无党派人士、人民团体、各少数民族和各界的代表,港澳台同胞和归国侨胞的代表及特别邀请的人士组成,充分体现了中华民族的大团结大联合。

中国全国政协的对外交往是中国国家整体外交的重要组成部分。中国全国政协将一如既往继续积极支持和推动中欧全面战略伙伴关系的发展和深化,将一如既往继续积极支持和推动中国与世界各国的友好合作关系,将一如既往继续为维护世界和平和促进共同发展作出更大的努力。

谢谢。

薪火相传　不负重托*

——在民盟盟务工作骨干、从政干部研讨班上的讲话（摘要）

（2006年7月11日）

同志们：

很高兴利用今天下午的时间与大家一块交流。今天在座的有民盟各省市的盟务工作骨干和从政干部，也有盟中央机关的部分中青年干部，大家在百忙之中抽出宝贵的时间来学习，很不容易。下面，我想重点谈谈民盟，谈谈政治交接和继承民盟传统的问题。

一、搞好政治交接，坚持走中国特色政治发展的道路

多党合作和政治协商制度作为我国的基本政治制度，在我国政治生活中，在推进民主建设中发挥着巨大作用。但对这一

* 原文有“多党合作的历史”、“民盟的历史传统”、“关于社会主义荣辱观”等小节内容，从略。

植根于中国大地的政治制度,不仅国外不太了解甚至有许多误解,就是在国内也有一些模糊的认识。作为参政党,我们有责任,也有义务和中国共产党一起把这一制度坚持好、完善好、落实好、宣传好,坚定不移地走中国特色政治发展道路,不仅要让全国人民明白认同,更要让国际社会充分理解。要实现这一任务目标,对我们参政党的自身建设也提出了更高要求。在座的都是中青年盟务工作骨干和盟的后备力量,搞好政治交接也就成为我们当前的一项重要工作,这不仅是明年换届工作的迫切需要,更是坚持和完善多党合作制度的基本要求。

政治交接不是一个新问题。早在 1997 年各民主党派换届时,就首次提出了政治交接这个概念。当时的背景是,解放前参加民主党派,在新民主主义革命和社会主义建设时期和共产党肝胆相照、荣辱与共的民主党派老一辈领导人随着年事已高,逐渐退出了政治舞台,民主党派的新一代代表人士走上了各级领导班子岗位。为了保证新老班子的顺利交接,特别是要保证能把老一辈与中国共产党多党合作的传统和经验传下来,以保证多党合作制度的发展,因而各民主党派提出了政治交接为主线,作为党派自身建设的重要内容。1997 年的政治交接完成较好,但从那时到现在,已经又是一个十年,政治交接的任务对我们来说,不仅不能放松,而且更为紧迫。对于广大的中青年盟员干部,强调政治交接,对于坚持和完善中国共产党领导的多党合作和政治协商制度,对于加强盟的自身建设,努力提高我们参政党的素质,都有很强的针对性,很强的现实意义。

政治交接不是组织换届的同义词,而是一个政治概念,有其明确的含义，不仅包含着组织上的新老交替，也包含着思想、道德等层面的继承和发扬。正如1997年换届后，江泽民同志在中共中央召开的座谈会上所讲:“政治交接的核心，是把民主党派、工商联的老一辈在长期革命和建设实践中形成的优良传统和高尚风范一代一代传下去，保证中国共产党领导的多党合作和政治协商制度得到坚持和发展。”这就明确了政治交接的主要重点有两个，一是坚持正确的政治方向，二是继承优良传统。

二、民盟的优良传统

学习民盟传统，不仅仅是要了解民主党派的历史和与共产党共同奋斗的风风雨雨，更重要的是要学习前辈们高尚的革命情操和高风亮节。在全盟九大的政治报告中有这样一段话，“在民盟和中国共产党长期合作的历史进程中，在共产党的正确政治主张指导下，民盟盟员的学识风范、工作业绩、高尚情操，所产生的感召力、亲和力，也发挥特殊的重要作用”，“在盟内新老交替、政治交接的过程中，不仅有政治纲领、政治路线、政治责任的交接，也包括政治态度、高度的政治责任、严明的政治纪律，还要作风正派，出于公心，有为人民利益着想的崇高思想道德境界和密切联系群众的良好作风”。前辈的优良传统很多，我想从以下几个方面总结一下，供同志们参考。

1. 信念坚定，矢志报国

“位卑未敢忘忧国”是中国知识分子的优良传统，也是民盟前辈的一个显著特点。在国难当头，内战不断的情况下，国家的前途和命运将走向何方，成为民盟前辈最为忧心的问题。为了更好地发挥作用,他们在“皖南事变”之后,抗战最危急的时候,也就是1941年3月成立了中国民主政团同盟。民盟成立的目的只有一个,那就是调和国共纷争,争取团结统一。在国统区,民盟联合国共两党以外一些主张抗日的党派和人士,积极推动和维护团结抗日的局面,与国民党排斥异己,限制人民民主权利的反动行径进行了坚决斗争,在关键时刻发挥了重要作用。原新四军军长陈毅元帅是这样评价民盟诞生的,他说:“皖南事变后,与国民党分裂阴谋作斗争,民盟成立直接支持了我们抗战,当时竟敢和蒋介石分庭抗礼,对外坚持抗战,反对妥协;对内坚持团结,反对分裂。这是一个严峻的考验,是一个关键的问题。就当时的情况来说,新四军和八路军正在敌后,党的领导又偏处边区,整个大后方的对蒋斗争,主要靠民盟来支持,其实这也说明了统一战线的正确性。”

我记得几年前,在民盟中央组织的纪念十一届三中全会20周年的座谈会上,第一个发言的著名国学大师季羡林先生说:“什么是知识分子,知识分子就是站起来思考着的人们。”这句话实际上是对知识分子的定位。回想过去的这段历史,很多民盟前辈从事的是各种专业研究,并不是专门从事政治、从事社会活动,但是他们在历史的紧要关头,站起来思考,站起来为国家奋斗,这正是中国知识分子的高尚品德和承担社会责任的崇高理念。在建立新中国的进程中,民盟前辈发挥了重要作用,也付出了巨大牺牲,盟员中有100多位烈士,而当时民盟只有两三千人,这个比例是很大的。烈士中有李公朴、闻一多、杜斌丞等知名人士,有解放前夕在重庆渣滓洞集中营牺牲的27名盟员等,他们为国捐躯的大无畏牺牲精神可歌可泣。明天我们要在人民大会堂隆重纪念李公朴、闻一多殉难60周年,大家都要去参加,这也是一次很好的民盟传统教育。

2. 与中国共产党肝胆相照,荣辱与共

在解放以前,多党合作局面的形成,既是因为国难当头的压力,更是因为政治方向的一致。用历史眼光看,国难当头是暂时的,政治方向的一致则是长久的,是更为根本的。民盟和共产党的合作,始于团结抗日和国共和谈。1945年重庆谈判,毛主席三到特园,和民盟的领导人彼此达成了许多默契。由于理想和目标的一致,民盟与中国共产党肝胆相照、荣辱与共,“我们民盟不仅要救亡图存,还要打破一个旧世界,建立一个新世界”。历史的经验和实践,让民主党派这些历经风雨的前辈们深刻认识到,没有共产党,就没有新中国。我记得在少儿时代和祖父聊天的时候,祖父对我们讲:“如果没有毛主席和共产党对民盟的引导,我们民盟还不知道走到哪儿去呢。过去我们有三党三派,后来青年党和民社党就跑到蒋介石那边去了。正是因为毛主席、共产党始终指引民盟和人民站在一起,和中国共产党共同战斗建立了新中国。”这段话给我的印象非常深。建国以后,特别是党的十一届三中全会以后,多党合作制度进入了一个新的历史阶段,民主党派获得了新的发展生机、新的政治地位、肩负起新的历史使命。民盟在共产党领导下,充分发挥自己的特点和优势,积极参政议政,建言献策,为改革开放事业作出了自己的贡献。

3. 道德文章的楷模

盟内的许多前辈,尽管他们个人的情况差别很大,但他们的品质特征很明显。在众多的民盟前辈身上,都有一种共同的品质,就是做人讲良知,讲风骨,讲操守,讲气节,做学问有水平,有建树。人品好,加上学问好,自然形成了一种人格魅力。这种魅力表现在一位又一位前辈身上,堪称一代风范。他们的优秀品质是经得住历史风浪考验的。像闻一多先生,是为呼吁民主和结束内战而倒在黎明前的黑暗中的;像梁漱溟先生,在李、闻牺牲后,他公开说我随时准备接受这样的子弹。即便在全国性的多次批判中,也能坚持真理,坚持独立地思考问题。我觉得,多党合作能够经受各种历史考验,除了共同的政治主张,民盟前辈的道德文章、人格魅力所产生的感召力、亲和力,也起着非常重要的作用。中共老一代领导人和民盟前辈的交往当中,这类故事有很多,今天不能一一列举,但我们应该看到这一点,应该重视这一点。

我们总结继承民盟前辈的优良传统,目的是让一代一代盟的代表人士能够登高望远,站得更高些,望得更远些。第一是要学习民盟前辈坚定的政治信念和与中共合作共事的丰富政治实践经验。中青年干部大多是在宽松和谐的政治环境中参加民盟组织的,大家没有与中共患难与共的经历和体会,也缺少和中共合作共事的实践和经验。生在新中国,长在红旗下,受的是正统的革命教育,政治觉悟普遍较高,能够坚持党的领导,和共产党保持一致,这个肯定没有问题。民主党派和共产党在根本利益、政治原则上是一致的,但在政治实践中也会出现不同意见和分歧,如何处理这些相异的方面,不仅仅是靠信念能够消融,还要靠政治智慧和工作继承才能和谐地求同存异,和而不同。在工作中，要学习前辈爱国的热情、信念的坚定，凡事要讲政治。什么是讲政治，简单讲就是要关注国家的命运，人民的利益。要多从政治上思考问题，善于运用政治智慧，要像前辈一样成为共产党的诤友、挚友，“到位而不越位”。第二个就是要从盟的前辈身上汲取精神食粮，进而修身养性，不断完善自己的人格。在众多的优秀品格之中，我觉得目前最重要的有两个，一个是要淡泊，要能正确面对进退，正确对待名利和权位。民盟的职位绝不是官位，是多党合作伟大事业的岗位，我们不要把民盟的事业当官做。我们继承的是传统，而不是职位。当然，希望自己的工作得到承认，职务得到提升，也是正常的。但一个人的成长主要靠两条，一是个人条件，二是工作需要。个人条件主要是靠主观努力。工作需要，也可以说是客观机遇。作为一名知识分子，每个人都有自己的事业，这是立身之本，至于能不能当官，官当到什么份上，要超脱一点，淡泊一点。当官只是一阵子，做人才是一辈子。第二个就是要有胸怀和气量，能善于合作共事。干什么没有气量不行。作为中青年干部，心胸要开阔，做人要厚道，要能经得起事，稳得住神。不要斤斤计较，恩恩怨怨，要有海纳百川的胸怀，有容人、容言、容事的气度。这一点无论是与中共的干部共事，还是与盟内的同志共事都非常重要。

同志们，民盟前辈的优良传统是我们永恒的财富，正如一座富矿一样，需要我们不断地挖掘和研究。前辈在我们面前，永远都是巍峨的丰碑，高山仰止。对照前辈，我们就会发现，我们有时面对的困难和前辈相比算不得什么，我们有时取得的成绩和前辈相比也算不得什么，我们有时受到的委屈和前辈相比更算不得什么,而我们得到的,有时却可能比前辈还要多。那么,我们还有什么理由心浮气躁,有什么理由不兢兢业业工作,有什么理由不踏踏实实做人,有什么理由不为盟的事业尽心尽力呢!

三、民主党派在新时期应该担负的责任

第一,要做改革的促进派。今年"两会"上胡锦涛总书记在上海团讲话时强调,要毫不动摇地坚持改革的方向,温家宝总理在"两会"结束时记者招待会上也作了同样的强调。紧接着,新华社、《人民日报》发表了《坚持改革不动摇》的文章,各大报纸都做了转载。这与第三次围绕改革的争论有关。现在有少数人借改革中出现的一些问题,否定改革,否定市场经济,其要害是走回头路,关键是借着这些问题误导,搞乱了干部、群众的思想。我们关心弱势群体,反映民生问题,目的是要解决这些问题。要明确,富裕是靠富裕带动的,和谐是靠和谐积累的,我想这是大是大非问题。我们不能回避改革中出现的问题,但这些问题不是改革的问题,而是要在深化改革中解决的问题。如果国家发展了,有钱了,有些问题就能解决了。如农民的医疗保险,农村孩子的义务教育等问题都在逐步解决。现在如果过早地提出许多不切实际的口号,期望值太高,是不可能短期内做到的。作为我们民主党派的干部,在大是大非上不能糊涂。我们要去考察发现问题,反映问题,帮助执政党解决问题,特别是在改革中一些没有共识的问题上,或者很混乱的过程中,我们要有清醒的头脑,多做工作,这也是我们的一个优势。

第二,要坚定不移促进发展。我们国家如果没有发展,就没

有现在良好的局面，国家也不可能有现在这么高的国际地位，我们也没有能力来解决老百姓的问题。现在为什么要老提改革不动摇，就是因为过去的日子没法过。发展是执政兴国的第一要务，促进发展就是我们参政党的第一要务，坚决不能动摇。发展就是硬道理，当然要科学发展，这一点绝不能含糊。不能说新提了一个口号，那老的就不对了，不是那么回事，只是不同的阶段关注的问题有所不同。

第三，要在构建和谐社会中发挥优势。多党合作和政治协商这个基本政治制度是我们构建和谐社会的制度基础，合作和协商本来就是构建和谐社会题中应有之义。团结和民主这两个主题，就是通向和谐社会的必由之路。没有团结、民主，和谐是不可能的。政治协商、参政议政、民主监督这三项职能就是我们构建社会主义和谐社会的重要推动力量。民主党派要注意发挥我们的优势。

第四，要继续关注社会事业的发展，包括教育、医疗卫生、社会保障等民生问题。作为参政党，心系国计民生是我们责无旁贷的使命和责任，为国家和人民做实事、做好事，是我们做任何事情的宗旨和方向，如果我们只是提一些大而化之的口号，而不是去踏踏实实地为解决民生疾苦献计出力，就既得不到执政党的认可，也得不到老百姓的认可，我们存在就没有什么意义。

第五，推进民主政治的建设。今天上午的辅导报告在讲到两个 5 号文件时讲了很多，两个 5 号文件核心就是走中国特色政治发展道路，本质就是推进社会主义民主政治，重点就是制度化，这个大家要清楚。以上五个方面，我想应该是现阶段民主党派在新时期应该担负的责任。

同志们,人事继替、新陈代谢是不可避免的自然规律。民盟的事业要继续发展,就需要一代又一代的盟员承担起重任。作为民盟的重要后备干部,接力棒很快就要传到你们这一代盟员手中。既然我们选择了民盟,民盟也选择了我们,盟的事业就是我们终生努力奋斗的事业。唯有沿着民盟前辈的足迹,薪火相传,把老一辈开创的事业发扬光大,把中国共产党领导的多党合作和政治协商制度坚持好、完善好、落实好,我们才能不负时代重托,不负盟员厚望。

在张澜先生铜像揭幕仪式上的致辞

（2006年8月27日）

在四川大学110周年华诞之际，举行张澜老校长铜像揭幕仪式，我代表民盟中央，向这位伟大的爱国主义者、著名的民主革命家和杰出的人民教育家表示崇高的敬意！向民盟四川省委，向四川大学领导和师生致以衷心的感谢！并对大家的到来表示热烈的欢迎！

张澜先生在其革命生涯中，不仅为中国的独立、民主、自由作出了重大贡献，而且在教育方面有突出的成就。在今天这个场合，我们更多关注的是他的教育思想和实践。应该看到，张澜先生投身社会活动、参与政治变革的动力中，就包含着对教育事业的长远考虑。他说过："教育是社会的一个部分，又是政治的一个枝桠，不能在社会政治之外而独立，所以只有社会和政治的改造，才能完成教育的改造。那么，我们从事教育改造的人，能够不参加社会的改造和政治的改造么？"

张澜先生对教育的重视，有其深厚的思想基础。他的教育实践活动，既有对孔子以来中国尊师重教文化传统的继承，也有根据时代要求对封建教育积弊的改造。1894 年,他在广安创办紫荇书院,此后的将近半个世纪里,他始终没有离开教育界。不论是大、中、小学和书院,普通教育、职业教育、特殊教育,还是高等教育、留学教育,他都有实践,也都有建树。"蜀中学子半门生","打开夔门迎天下",是他为四川教育乃至国家教育事业筚路蓝缕的真实写照。在我国近现代史上,像张澜先生这样延续时间之长、涉足方面之广的教育先行者,在中国教育家中是不多见的。他把教育视为一生为之奋斗的民主事业的一部分,视为培养人才、宣传革命思想的一部分,视为救国治国之要务。所以,在他当过省长,当过国会议员,当过大学校长等要职后,对接办中小学教育仍然有满腔热忱与认真的实践,这种难能可贵的精神就不难理解。

在他一生的教育实践中,最全面、最直接、最具代表性的,是他 1926 ~ 1931 年任四川大学前身国立成都大学校长期间的作为。他的教育思想和改革主张,集中体现在成大办学思想上。由于他的高瞻远瞩与苦心经营,在当时闭塞的西南,国立成都大学不仅成为全国名牌大学,而且竖起了宣传民主革命思想、主张思想自由、提倡民主办学的一面旗帜。他的兼容并包主张与蔡元培先生南北呼应,并支持学生的革命活动,抨击国民党法西斯党化教育。作为一校之长,张澜先生明确表示:"本校一向主张思想自由、信仰自由,现在的所谓党化教育,我是不赞成的。"通过办教育,他的鲜明政治主张充分体现出来,使成都大学成为诞生革命种子的重要园地。他提出"弘扬教育,倡办新学,培养人才,学以致用,移风易俗,改造中国"的教育方针,并在实践中创造了许多宝贵经验。他的许多主张在当时是开创性的,可以说是开了一代新风,直至今日,仍值得我们学习和借鉴。

一生向往并实现了"得天下英才而育之"的张澜先生,不愧是一位杰出的人民教育家。他的教育思想,是前辈留给我们的宝贵财富,值得认真研究和总结。

今天的铜像揭幕仪式是一个意味深长的象征,张澜老校长回来了,他就在这所著名大学的师生当中。他将永远瞩望着一代代英才俊杰走出校门,建功立业,服务国家与社会!

最后,我也代表张澜先生的亲属,对四川大学表示美好的祝愿与衷心的感谢!

民主党派在新时期应该担负的责任

（2006 年 8 月）

在今年的“两会”期间，胡锦涛总书记在参加上海团讨论时发表重要讲话，对我国 28 年的改革经验进行了科学的概括，并注入了科学发展观的新内涵。针对社会上围绕改革的一些争论，总书记强调“要毫不动摇地坚持改革方向，坚定改革的决心和信心”。温家宝总理也指出，前进尽管有困难，但不能停顿，倒退没有出路。一段时间以来，少数人借改革中出现的一些问题，否定改革，否定市场经济，其要害是走回头路，关键是借着这些问题误导，搞乱了干部、群众的思想。古今中外的历史表明，改革从来都不是一帆风顺的，都会遇到阻力，经受挫折的考验。在我国 28 年的改革历程中，更是始终伴随着要不要改革，怎样改革的争论。改革是一场深刻的革命，会面临许多新矛盾、新问题。在复杂的矛盾面前，出现不同的认识和争论是正常的现象，如针对因改革的不到位和某些措施偏离了市场取向造成的就业、教育、医疗等问题的争论。但一定要清醒地认识到，我国是一个发展中的大国，在向市场经济转轨过程中某些政策和具体举措仍需要在实践中不断完善，特别是改革目前已进入重大利益调整时期，相当一部分群众为改革作出了贡献，付出了代价，我们关心弱势群体，反映民生问题，深入调查研究，就是要找出阻碍社会经济发展的体制性、机制性问题，而解决这些深层次问题的根本办法就是坚持改革，深化改革。

富裕是靠富裕带动的，和谐是靠和谐积累的，只有改革中的动态的、向上的、发展中的和谐，才能带动更多人的富裕，使广大群众共享改革的成果。发展是执政兴国的第一要务，促进发展就是我们参政党的第一要务，发展就是硬道理，当然要科学发展，这一点绝不能含糊。如果过早地提出许多不切实际的口号，期望值太高，不但达不到预期的目的，还会适得其反。

多党合作和政治协商这个基本政治制度是我们构建和谐社会的制度基础，合作和协商本来就是构建和谐社会题中应有之义。团结和民主这两个主题，是通向和谐社会的必由之路。民主党派要在构建和谐社会中发挥优势，真正使政治协商、参政议政、民主监督这三项职能成为构建社会主义和谐社会的重要推动力量。

要继续关注社会事业的发展，包括教育、医疗卫生、社会保障等民生问题。作为参政党，心系国计民生是我们责无旁贷的使命和责任，为国家和人民做实事、做好事，是我们做任何事情的宗旨和方向，如果我们只是提一些大而化之的口号，而不是去踏踏实实地为解决民生疾苦献计出力，就既得不到执政党的认可，也得不到老百姓的认可，我们的存在就没有什么意义。民主党派的干部，在大是大非面前不能糊涂，要无比珍视多年来改革凝聚起的强大的精神力量、奠定的坚实的物质基础，对改革的现状应该有深刻的理解和思考，在考察调研中发现问题，反映问题，帮助执政党解决问题。在一些暂时没有达成共识的问题上，要有全局意识，切忌以偏概全；要善于在看拟混乱的表面现象中，理出清晰的脉络，避免一叶障目。要有清醒的头脑，宽阔的眼界，利用和发挥我们的优势，做改革的促进派。

多党合作之路越走越宽*

1986年民盟老一代领导人与当时的四川遂宁地方党政领导共同开创“盟遂合作”以来，已走过20年历程。回顾这段历史，我认为，这是中国共产党领导的多党合作事业全局工作的一个缩影，它至少具有以下三方面的意义，即：标志着新时期我国多党合作进入更加稳定的发展阶段；标志着以知识分子为主体的各民主党派在参政议政中，创新了服务社会、发挥智力优势的载体；标志着在建设社会主义新农村中，民主党派的参政议政具有广阔的空间。

一项成功的事业　为民谋利

民盟与共产党有着亲密合作的历史和光荣传统，改革开放为继承和发扬这一传统，提供了新的时代条件。从上个世纪80年代中期开始，民盟积极发挥智力密集优势，智力扶贫、办学讲

* 原载于2006年9月1日《人民日报》。

学，为老、少、边、穷地区提供社会服务，先后参与了贵州毕节、甘肃定西、四川遂宁等欠发达地区的智力扶贫工作。

20年前，遂宁党政领导提出，在坚持共产党的领导下，探索丘陵地区发展经济的路子，还要重视民主党派的力量。民盟四川省委，在组织了大批专家学者对遂宁考察论证后，也找到了发挥聪明才智的载体。因此，遂宁和民盟的合作从开始就可谓"一拍即合"。

民盟的同志把当地的经济建设和百姓生活挂在心上，尽心尽力，为政府分忧，为百姓解难，当了解到当地群众喝水难的问题时，即多方奔走，促成国家有关方面投资兴建黑龙凼水库。今年四川发生历史性的大旱灾，许多地方颗粒无收，而遂宁的黑龙凼水库刚好发挥了重要的灌溉作用，过去栽不上秧的旱山一区，现在变成米粮仓。至今年6月，已实现下闸蓄水，灌区7个乡镇的人畜和数万亩耕地全面受益。在我们眼里，群众利益无小事；群众也从实际生活的改善中，切切实实地感受到了中国共产党领导的多党合作事业对于他们所具有的实际意义。一项事业的成功，包含着无数人的具体劳动。一页动人的历史，充满生动的细节。"盟遂合作"历久弥新，20年如一日，可谓"一以贯之"。

一个有效的模式　智力扶贫

20年前，民盟四川省委经过深入的调研论证，与中共四川遂宁领导正式签订了《协议书》：遂宁市委、市政府聘请来自川农大、西南财大等大专院校和科研院所的300多位民盟专家，组成

"遂宁市经济顾问联组",从高层次、多学科的角度帮助遂宁科技兴农。

20年来,民盟的专家、学者为遂宁提出了有价值的可行性建议120多项;撰写论文60余篇;培训农业科技和经营管理人员3万余人次;引进项目180余个,争取国家部委立项支持项目3个,省级部门立项支持项目18个,为遂宁市经济社会发展发挥了重要的促进作用。

20年来,约400多位民盟专家学者及盟内各级领导的足迹遍布遂宁的山水,撒播下了智慧和汗水。民盟智力帮扶工作不断发展壮大,合作领域不断拓展,由最初的科技兴农,推进到科技兴工、职业教育、决策咨询;由项目合作推进到战略决策的合作;由民盟四川省委同遂宁的合作扩大到民盟中央及全盟的定点合作。

正如民盟前辈钱伟长先生所说,"盟遂合作使我们强烈感受到中国知识分子报效祖国、无私奉献、科学求实、开拓进取的精神境界。我相信,我们这种真诚的合作,路子会越走越宽"。

一场重要的实践　发挥优势

党中央决策建设社会主义新农村,提出了"生产发展、生活宽裕、乡风文明、村容整洁、管理民主"的要求。这将是一场意义深远的革命,也给民主党派的参政议政提出了新要求,"盟遂合作"将进入一个新的发展阶段。

如何更好地把民主党派的智力资源转化为推动新农村建设

的助力,是一个重要的实践课题。我认为,今后民主党派的参政议政工作,以积极探索如何进一步提高农民知识文化水平、培养新一代知识型农民为战略切入点,这正是可以充分发挥我们的优势和特点的事业。可以说,未来多数农民受知识教育的程度,将是决定新农村建设成败的关键,而在教育领域多做实事,提供社会服务,正是民盟的界别优势所在。

实践证明,中国共产党领导的多党合作是一项符合国情、优越性巨大的政党制度,具有强大广泛的社会动员能力,能有效动员起各种社会力量凝聚为合力,为经济和社会发展注入强大动力,这既为我国改革开放以来的辉煌成就所证明,也在“盟遂合作”的具体实践中得到了印证,正是在这样一种制度保证与动员机制中,“盟遂合作”作为民主党派和地方共同推进经济建设和社会发展的一种有效形式,呈现旺盛的活力,并将走向更为广阔的发展空间。在新的历史起点上,民盟各级组织一定要继续把这种合作形式发扬光大,发挥优势、找准位置、明确思路、创新举措,引导成员从不同方位、选准角度为新农村建设谋务实之策、拓发展之路、破难解之题,共同建设更加美好的新家园。

我的政治启蒙者和领路人

——丁校长80寿辰有感

（2006年9月1日）

这里要说的是我的良师益友丁石孙主席，他当过北京大学校长，离开北大了，在盟内大家仍习惯称“丁校长”，既尊敬，又亲切，是敬重他人品、学识、修养的自然流露。

过去很长时间里，我在医务界工作，不大过问政治，整天想的就是把病人治好，帮他们尽快恢复健康；把所在的医院管好，保持医院风气的健康。后来，按组织安排，离开了医院，到民盟中央做盟务工作，这是我人生的一大转折。

参政党的工作，政治敏感度很高，政策性很强，政治责任很重，在新岗位上能否不辱使命，把工作做好，我心里并不是很有数，对其中的难处也估计不足。丁校长不仅帮我树立信心，而且循循善诱地把我领上了盟务工作之路。对一个政治上需要从启蒙做起的人，学步有多难，功课有多重，沟坎有多少，带起来有多费劲，可想而知。多亏有丁校长的带领、教诲和督责，我才能比较快地适应新的工作，并在履行职责的甘苦中，时常体会到有这样一位领路人的幸运和快乐。

最初,丁校长带我去中南海参加政治协商会,回来总问我,“有什么感受? 怎么想?”我体会,在政党制度、党盟关系、国计民生、政治协商这样一些大问题上,他对我平时没有空话、套话,不讲虚理,却把协商会看成是领我入门的一个好课堂,引导我从协商实践中去感受、领悟我国政党制度的特点、优势,从具体协商的重大问题中领会国家发展对参政党提出的要求,从协商过程中体验参政党的准确定位和参政能力的至关重要。在这些问题上,丁校长富于政治智慧,思路清晰,看得深,把握得准。但他不是说出来的,而是做出来的。他任民盟中央主席这十年,我国改革进入攻坚阶段,社会转型幅度较大,思想观念活跃,利益群体分化,矛盾相对集中、突出,国内外政治局势复杂,在这种情况下,民盟成员思想稳定、队伍发展、工作稳健,进入历史上最好时期之一,这其中,丁校长功不可没。现在回头看看,对丁校长的大局之明、掌舵之功有了更深的体会。

为推动盟的全局工作,丁校长很重视机关建设。民盟中央机关搞“三定”改革时,需要化解很多矛盾和压力。他明确表态,支持大胆改革,自己来做改革的后盾。他鼓励大家用改革精神克服困难,放手工作,出了问题由他承担责任。丁校长出以公心支持改革,赢得了机关绝大多数同志的理解与配合,“三定”工作进展顺利,改革没出什么问题,机关却出现了新气象,工作也开创了新局面。对这一点,我有切身体验,盟内也自有公论。

丁校长的公心是一贯的,既体现于机关改革,也体现在很多方面。他主持北大校政时,就有过为支持新生事物而力排众议的诸多作为。就任民盟中央主席后,他多次对盟内领导同志说,我们的职位不是官位,而是做事的岗位。费老倡导我们做好事,做实事,我们要把好事做实,把实事做好。丁校长公心的另一突出表现,是他对身边工作人员要求很严,从来不为他们的晋升、待遇打招呼、写条子、作安排。不过,对机关的年轻人、盟内的后备干部,他却十分关心。他多次与机关青年座谈,嘱咐他们珍惜时光,多学本领,保持进取心,并为他们创造挑重担、挂职、晋升的条件和台阶。每年为盟员骨干和后备干部举行的春节座谈和暑期培训,丁校长必到场讲话,并认真参加小组讨论,同大家平等交流思想,探讨问题。

连续两任民盟中央主席的工作,丁校长就是这样不事张扬地坚持下来的。作为一位国家领导人,国务盟务繁重,而他有严重的腿疾,行动非常困难,不仅要花去更多时间,而且要忍受巨大的痛苦。可是,十年里,我没有听过他只言片语的畏难和抱怨。凡是民盟中央的重点调研课题,丁校长必亲自参加,带队考察,吸取大家的智慧,向中共中央提出建设性意见。为了做好政治交接,继承发扬老一辈的好传统,勉励大家沿着费老走过的道路走下去,丁校长坐着轮椅带领我们远赴甘肃定西,感动得中共甘肃省委书记连表感谢和敬佩。定西百姓更是从丁校长行路艰难却不辞千里中体会到了民盟同志对他们的深情。

对我来说,随丁校长去定西的经历,永远地烙在了我的记忆里,成了我政治学步的一个深刻象征。生活中的路,我早就会走了。政治上怎么走路,我至今还在用心学习的过程中。在这方面,我从盟内许多前辈身上学了不少,尤其是跟着丁校长学到了更多。他是把着手教我的领路人，是我政治启蒙的恩师。他的风骨、睿智、谦虚、胆识凝聚成的大家风范，赢得了盟内外广泛的尊敬。他是我们这个时代最优秀、最受人敬重的知识分子之一。我有机会向自己所遇到的最优秀的人学习，而且长年如一日，实在是莫大的幸运。这一学习过程对我的精神产生了重要的影响，使我常怀感恩之心，并将铭记一生。

天路之行多感慨*

8 月 1 日，青藏铁路通车一个月之际，全国政协组团 123 人赴青藏铁路视察。我荣幸地作为视察团团长带队抵西宁，登上了高原列车。行驶在这条代表中华民族伟大复兴的天路上，引起了心中的巨大震撼，感触很多。总结起来，大体有如下几点体会：

一是从中央决策体会党的执政能力。

我们的党是伟大的党。建设青藏铁路，是党中央、国务院在新时期作出的一项重大决策，意在切实推进西部大开发，实现各民族共同繁荣。“火车一响，黄金万两”，说的是交通条件与发展经济的关系。交通先行，带来经济发展。青海和西藏，在西部开发中的地位举足轻重。作为西部开发的标志性工程，青藏铁路的建成通车，像一条金色纽带，把曾经遥远的青海、西藏接通到了全国四通八达的交通网，对青藏两省区及周边地区的巨大资源优势转化为经济优势，对促进边疆与内地的经济合作与交流，

---

* 原载于 2006 年 9 月 7 日《人民日报》。

对加快整个西部的经济与社会发展，对增进民族团结和巩固边防，都具有重大意义。所以，我们说，青藏铁路是藏族人民与全国各族人民共享改革成果的富裕路，是雪域高原迈向现代化的腾飞路，是藏汉民族团结和谐的连心路，是体现中国共产党强大执政能力的通天路。

二是从建设过程感受人民的伟大精神。

我们的人民是伟大的人民。《人民日报》对青藏铁路建设过程的报道中，有一篇叫《挑战极限竞风流》，我看了非常感动，很震撼。一位名叫孙建民的科技工作者，为克服"多年冻土"难题，在风火山这样一个自然条件十分严酷的地方，每天都要背着20多公斤重的观测仪器行走20多公里，一干就是30多年，一天也没有间断过。陪伴他的狗已经换了9条，他仍然坚守着岗位。正是有许多孙建民同志这样的科技工作者，我们才攻克了世界难关，铺通了这条云端之路。从格尔木到拉萨一千多公里的路段上，十万建设大军用青春和梦想当火种，用智慧和毅力当火把，用汗水和热血当燃料，点燃了精神的火炬，铺设了地上的天路。"挑战极限，勇创一流"的青藏铁路精神，已写进中华民族伟大复兴的华章。我也代表了全国政协和视察团员，向青藏铁路建设者的伟大精神表示了深深的敬意。

三是从青藏铁路建成通车看我国综合国力尤其是自主创新能力。

我们的国家是伟大的国家。青藏铁路是世界上海拔最高、线路最长的高原铁路。在"高寒缺氧、常年冻土、生态脆弱"三大难题面前，从20世纪初到20世纪末，外国同行多次表示，这样的铁路不可能建成，我们则把“不可能”变成可能，变成了无可辩驳的事实。正如锦涛总书记所说：“这不仅是中国铁路建设史上的伟大壮举，也是世界铁路建设史上的一大奇迹”。创造这一奇迹，靠的是我们不断增强的自主创新能力和科学技术的支撑，靠的是正在成为全国人民自觉实践的科学发展观。青藏铁路建设成就中的九个“世界之最”，可以说是我国综合国力、自主创新能力的突出印证。

此次视察对我们的教育是很深的，将来要做的事情也是很多的。我想，首先应有以下两个方面：

第一是学习、宣传和弘扬青藏铁路精神，支持中央的正确决策。建设青藏铁路，需要一支铁军。这条铁路的建设者们特别能吃苦、特别能战斗、特别能奉献、特别能忍耐，也特别讲科学。在生命的禁区，如此艰难浩繁的工程，实现了高原病零死亡。我是一个医生，深深懂得这是怎样的奇迹，是何等难能可贵。整个青藏铁路的决策与建设过程，是以人为本的科学发展观和构建社会主义和谐社会的杰出实践，值得认真总结。我们的时代仍然需要“一不怕苦，二不怕死”的艰苦奋斗精神，而把这种精神与讲科学、讲人的生命宝贵、讲社会和谐紧密结合起来，也正是时代的文明与进步。这条天路的决策与建设过程，为我国的长远发展提供了楷模和深刻的启示。我们体会到，这次视察是怎样一次非同寻常的经历，我们面对和应该铭记的是多么可爱可敬的人。

这也是一次难得的学习机会。通过学习、宣传和弘扬青藏铁路精神，不仅我们自身能得到精神的升华，还将通过我们的宣传工作把更多人士的思想统一到中共中央的一系列重大决策上来，把他们的积极性、创造性凝聚到全面建设小康社会的伟大实践中来。

第二是积极为西部开发、特别是为青藏两省区经济与社会发展建言献策。在西部大开发的总题目下，需要研究的具体问题很多，比如，西部地区的资源怎样合理开发利用？产业优势如何培育？对外开放如何推进？生态建设、环境保护如何加强？新农村建设怎么落实？青藏铁路这条钢铁大动脉怎样变成西部经济发展大走廊？等等。同时，在建设铁路过程中解决“三大难题”的各项措施，还要经受运营实践的考验，如何在完成了青藏铁路和一流建设之后，实现一流管理，创造一流经济和社会效益，都需要认真调查研究。这次的视察成果必将延伸到西部大开发的全过程当中。作为参政党，我们对青藏铁路的运营发展、对西部经济与社会的长远发展将予以持续关注和全程支持，为青藏铁路沿线地区乃至整个西部的经济发展、社会和谐、环境优美，什么时候需要，我们就什么时候再上高原。

青藏铁路是一条寄托几代中国人光荣与梦想的历史性工程。我们有幸见证这一历史性工程，确实是躬逢盛世，荣幸之至。离开拉萨之前，西藏著名歌唱家才旦卓玛演唱了一首动人的藏族民歌，歌词大意是：“太阳和月亮是一个妈妈的两个女儿，妈妈的名字叫光明；藏族和汉族是一个妈妈的两个女儿，妈妈的名字叫中国。”听着如此深情的歌词，感动得我热泪盈眶。

我为天路自豪，为我们的母亲——中国骄傲。

向青藏铁路伟大的决策者、指挥者和建设者致敬！

关于加强海岛管理、开发、建设、保护的建议*

（2006 年 9 月）

尊敬的锦涛总书记、家宝总理：

近几年，民盟中央追踪并关注我国海洋事业的发展，去年曾在充分研讨基础上向中共中央、国务院提出过关于海洋经济方面的建议。今年 4 月，我们到福建调研。事实证明，尽早加强海岛的管理、开发、建设、保护工作，意义重大，形势迫切。

作为海陆兼备的重要国家疆土，海岛已经成为世界各国关注的焦点。《联合国海洋法公约》设专章论述海岛在海洋权益中的法律地位，海岛海洋权益价值越显突出。我国已公布的 77 个领海基点中，75 个在海岛上。根据《联合国海洋法公约》，一个能维持人类居住或者其本身的经济生活的岛屿可以拥有 43 万平方公里的管辖海域。近年来，日本就以太平洋中面积不足 10 平方

* 本建议由民盟中央主席蒋树声、民盟中央副主席张梅颖联名提交，已由中共中央国务院领导同志胡锦涛、温家宝、曾培炎作出重要批示，并批转有关部门开展对海岛管理、开发、建议和政策研究工作。

米的冲之鸟岛,主张划定40多万平方公里的管辖海域,比整个日本陆域面积还大。从历史和现实看,控制海岛,都是海洋强国开始和展开海洋事业极为重要的一步。海岛,是一国海洋事业的重要战略前沿和组成部分。

目前,我国海岛的管理、开发、建设、保护的立法、、监管、实施等工作相当薄弱,无居民海岛利用随意性较大,破坏严重。主要表现在:一是管理缺少法律依据,管理体制不健全,管理职责不清;远离大陆的海岛基本处于无人管理状况。二是开发缺乏统筹规划和科学论证,盲目性大,且污染严重。三是炸岛、炸礁活动严重毁坏海岛生态系统和自然资源,甚至造成海岛整体灭失。因炸岛、炸礁及填海连岛等原因,近十年来,海岛数量在福建就减少了80多个,在河北减少了60多个。四是20世纪80年代以来,破坏海岛资源和生态系统的事件屡屡发生,海岛动植物物种、植被和生态破坏日趋严重。这类事件既与我国形象不符,更与构建和谐社会的目标背道而驰,应采取有效措施尽早改善。

为此,我们建议:

一、从战略高度重视海岛的法规体系、相关规划和管理体制的建设和制定。

1. 制定海岛管理、开发、建设和保护法规,并逐步形成体系。

2. 按照有利于保护和改善海岛生态系统、有利于海岛经济社会的可持续发展、有利于维护国家海洋权益和国防安全等基本原则,尽快启动海岛管理、开发、建设和保护的规划工作。

3. 设立海岛资源和生态评价制度,及时发现海岛在开发和保护过程中存在的问题,优化传统的海岛产业结构。

4. 加强对特殊用途海岛的管理。对于国家公布为领海基点的岛屿实施严格的保护制度,以国家名义设立永久标志,严禁一切可能改变其形状、地貌特征的开发活动。对于国防用途海岛和自然保护区所在海岛,也要采取比普通海岛更为严格的保护制度。

5. 对无居民海岛建立集中统一的监管体制与管理模式,建立一支专业管理队伍,配备完善的船舶、飞机等管理设备,并建立卫星、航空遥感监视监测等技术体系。

二、从政策和资金上鼓励和扶持海岛经济发展,为走向海洋做好战略准备。

1. 国务院有关部门在制定行业发展规划和政策及安排专项资金时,要充分体现对海岛的支持,提高中央财政性建设资金用于海岛的比例;对海岛的开发、建设,实施税收优惠政策;对海岛风能、太阳能、海洋能等可再生资源利用项目给予大力支持。沿海省、自治区、直辖市政府应逐步加大对海岛交通、淡水、能源和通讯等基础设施建设资金的投入。

2. 中央政府加大针对海岛的财政转移支付力度,加大各专项资金对海岛建设的支持力度。沿海地区政府在分配一般性转移支付资金时,逐步加大对海岛的财政转移支付力度;在专项资金补助的分配上,向海岛倾斜;根据具体情况,设立本地区"海岛建设基金"。鼓励和推进地区协作与对口支援。

3. 加大对海岛驻军的建设投入,完善防卫设施,改善海岛官兵工作和生活条件,使其具有海岛保卫的相应军力,有效维护国家权益。

4. 扩大海岛对外开放。除部分涉及军事和国家安全的岛屿，分批分类型编制海岛对外开放名录，报国务院批准后实行，逐步扩大海岛对外商、外资开放范围。

三、当前祖国统一大业正处于关键时期，台湾海峡西岸海岛的发展，有着重要的积极影响，应给予一定的政策引导和经济扶持，促进海峡西岸海岛的建设与发展，构建起活跃、繁荣的海峡西岸经济区。

以上想法和建议仅供参考，当否，盼示。

在“新农村建设”论坛上的讲话

（2006 年 9 月 17 日）

今天上午，我们庆祝了“盟遂合作”20 周年和黑龙凼水库大坝落成。在构建和谐社会的大时代中，我们并不都相识，带着共同的目标——新农村建设，带着相同的情感——盼农民致富，从不同地方、不同岗位汇聚在遂宁，互相支持，互相学习，为新农村建设出主意、想办法，做好事、做实事。民盟中央选择在遂宁举办今天这场新农村建设论坛，很有意义。为此，我代表民盟中央对参加论坛的四川省和遂宁市各方面领导，对国务院各部委的同志们，对二十年如一日为盟遂合作献计出力的盟内老专家，表示诚挚的欢迎和衷心的感谢！

下面我就新农村建设谈几点纯属个人看法：

一、新农村建设的根本问题是什么，核心问题是什么

新农村建设的根本问题是城乡二元结构。这是我国历史延续下的痛苦遗产，我们必须要正视这一暂时难以克服的体制上的巨大缺陷。在可见的历史时期内，中国只能在城乡二元的社

会结构下探索自己独特的农村现代化和中国现代化的道路，要让几亿农民摆脱因农业人口过剩、农业劳动生产率低下所造成的贫困，这是一个极其艰巨的目标。现在，中央提出“新农村建设”，正是平稳解决“城乡二元结构”的最佳切入点，我们一定要把握住这一难得的机遇期。

新农村建设的核心问题是土地问题。在农村目前还没有社会保障的前提下，土地是农民基本生产、生活的保障，既是农民赖以生存的命根子，也是13亿中国人发展的基础。令人痛心的是现在许多地方政府，以低价补偿圈走大量土地，用于建设名目繁多的大学城、开发区等。伴随着数万亩良田上竖起的形象工程政绩，使成千上万农民沦为无地、无业、无社保的“三无”群体，这样下去社会难以和谐。

我们可以从城乡二元结构和土地这两个本质性的问题，更深刻地认识到新农村建设的重要性、艰巨性和长期性。我国改革开放取得举世瞩目的成果，我们绝不能忘记作出巨大牺牲和奉献的农民。数以亿计的廉价农民工和成千上万亩廉价的庄稼地，如同两条源源不断的血库输往城市，为国家财富的积累付出了沉重代价。我们有充分理由建议，一要把更多的财富反哺农民，二要将更宽松的政策法规向农民倾斜。

1. 要多方筹资，为新农村建设提供强大财力支持

首先，国家财政应大幅度增加支农资金，并保证直接用于“三农”。国家财政支农资金占财政收入10%之多，其中包括大江大河治理、高等级公路建设、大型土木水利工程，而真正用于农业生产、农村建设的只占10%中的10%，少得可怜，而农村人

口占全国人口60%，这是二元结构的必然结果；其次，还要引导各类企业、金融机构向农村投入；再有，广大农民自身也要投入（资金或劳力），共同建立起新农村建设稳定增长的资金渠道。日本、韩国改造农村的成功经验，也可以借鉴。试行一个企业或事业单位包一个村，长年帮扶，必有成效。

2. 为新农村建设提供切实的制度和法律保障

农业是国民经济基础，农民是社会最大的群体，这一基本国情决定了“三农”的立法，在国家立法体系和依法治国方略中，具有特殊的地位。新农村建设既需要政策支持，如脆弱的小农户长远保护政策，更需要法律保障，如真正意义上的土地法，逐步形成在解决“三农”问题中，既靠政策又靠法律办事的互动机制。农业是社会效益高、自然风险高、市场风险高，但自身效益低的弱势产业，只有通过法律的途径，通过对权利、义务和责任的合理配置，向农业倾斜，才能保证农业稳定的基础地位和农民的切身利益。

二、新农村建设要把解决农民燃眉之急放在首位

当前新农村建设的雪中送炭和锦上添花两种需求并存，我想，现阶段各方面投入都应坚持雪中送炭优先原则，真正解决农民的燃眉之急。广大农民急切的实际困难包括行路难、饮水难、上学难、就医难、通讯难等等。总之，致富难，怎样解决呢？

一是着力培养带领农民致富的领军人物。

由于城乡二元结构及不合理的政策，造成我国广大农民文化与教育落后，整体素质偏低，这是广大农民贫困的重要根源。

同时,具备政治素质、文化素质、科技素质、人文素质,综合能力强的农村管理干部,不仅少,且大量外流。各级政府要采取措施,加大力度培养人才、留住人才,努力造就一批带领农民致富的领军人物和管理新农村的中坚力量。可以说,未来多数农民受知识教育的程度将是决定新农村建设成败的关键。

二是建立党领导下的新型农民合作经营组织。

新农村建设实际是探索中国分散小农户如何走现代化发展道路的问题。目前我国有2.5亿农户,大多处于分散经营状态,农民经营组织化程度很低,最大的弱势产业和最大的弱势群体始终难以形成强有力的经营组织体系,其结果是农民自身的问题自己没有能力决定,这也是酿成"三农"问题艰巨性的重要根源之一。因此,建议采取重大措施,建立党领导下的农民新型合作经营组织。积极探索在家庭承包基础上,逐步实现集约化、规模化、产业化经营。但现阶段,不能运动式把农民土地向规模化经营集中,集结小农户与大市场来形成产业链(公司加农户),而由农民自己的合作经营组织在中间作为中介,保护小农户的利益,化解小农户的风险,应该是新农村建设的现实选择。

三、要特别关注农村大量剩余劳动力的转移

大量农村劳动力转移到城市后,目前至少存在三个需要关注的问题:

一是城市大量的建设工地、修高速公路等,吸收了巨大规模的农村劳动力转移,这种转移的特点是,工程一结束,后续吸收转移就业功能大大减弱,这种转移对农民工来说不是一种永久

性的转移；二是企业依法实行最低工资制、社会保障基金征收和科技进步，许多企业以机器代替人工，导致相对吸收劳动力的能力越来越弱；三是非公三十六条落实不力，许多私营中小企业破产。本来可以大量吸收劳动力就业的载体，变得更加步履艰难，发展困难。

我认为，政府应通过鼓励发展城乡个体、私营中小企业来缓解就业压力，让分散在全国各地的小生产者、小经营者，在优惠政策中自我循环，自主吸纳农村剩余劳动力，并逐步做大做强自己。另外，政府也要加强规模劳务输出的服务，比如今年夏天，久旱的重庆开专列组织劳动力到新疆摘棉花增收，反响非常好。

我国地域辽阔，各地条件千差万别，绝非一两个典型所能代表。新农村建设必须尊重农民的自主选择。要让农民这个弱势群体强大起来，从根本上说，不是靠恩赐和给予，只能靠农民自己主动参与，并对关乎切身利益的事务进行有尊严、受尊重的平等商议。也就是说，新农村建设的动力只能来自农村内部，来自农民本身。

中共中央、国务院一再提出乡镇政府转变职能，但现在对建立什么样的新型管理体制和运行机制，乡镇政府还有许多困惑，到底与新农村建设相适应的乡村功能是什么？是不是简单地搞乡镇政府撤并、精简机构、裁减人员就是改革？看来这一新农村建设的关键点尚需真正破题。

我认为，乡镇政府转变职能一定要明确自己是客体，农民是主体即以农民为本这一基本理念问题，要把长期传统的“要粮要钱模式”转变为“为农民服务的人性化模式”上来，真正地走近农民，尊重他们的智慧，与他们并肩探索，我想只有这样，一系列难题才能迎刃而解。总之，新农村建设不仅仅是有形的建设，特别不能以外在“建设”代替内在改革。实际上，新农村建设本身就是一场深刻的社会变革。希望大家在本次论坛上就农村改革与建设畅所欲言，言无不尽。共同为我国新农村建设谋务实之策、拓发展之路、破难解之题；更希望通过本次论坛，总结和探讨出可行性建议。

谢谢大家！

努力营造风正气清的换届氛围

——在民盟九届十七次中常会上的闭幕讲话

（2006 年 9 月 27 日）

两天来，按照会议安排，同志们学习讨论了蒋树声主席所作的主题报告。常委们普遍认为，2007 年换届是民盟在新时期新阶段的一次具有重要意义的换届，也是一次具有换代性质的换届。能否顺利完成领导班子的新老交替，做好政治交接，直接关系到民盟在多党合作事业中的可持续发展。常委们表示，蒋主席的报告主题明确，起点高，针对性强，是民盟传统与新时期新阶段形势任务的紧密结合，对于指导我们做好 2007 年的换届工作具有重要的指导意义。回去以后，要及时传达贯彻，为明年的换届提前做好准备。在讨论中，有些同志介绍了民盟市级组织换届的情况，提出了问题，总结了经验，为我们做好省级组织换届提供了许多有益的启示。有些因年龄原因明年要退出领导岗位的老同志，明确表示要站好最后一班岗，争取在自己退下来以后，能够留下好班子、好队伍、好作风，表现出了民盟领导干部的高尚情怀。按照会议日程安排，本次会议审议通过了《关于召开中国民主同盟第九届中央委员会第五次全体会议的决定》和《中国民主同盟第十次全国代表大会代表名额分配及产生办法》。各省级组织就人事问题与盟中央领导同志个别进行了充分的意见交换,圆满完成了会议预定的各项工作任务。

根据大家的讨论,围绕会议主题,结合反映出的问题,与蒋主席沟通后,想讲两点意见。

一、重程序,讲纪律,顾大局,努力营造风正气清的换届氛围

1. 增加沟通,增进理解,增强共识

这次换届面积大,任务重。按年龄界限要求,起码要换 21 个主委,18 个副主委。在各民主党派这次换届过程中,我们的任务最重。

总的看,主副委后备人选都较充分。资源上,应该没有什么困难。但是,我们为难的是,选谁更合适。这在一些省尚未得到各方面的共识。原因有客观的,也有主观的。

客观因素主要还是党派干部的趋同现象。由于现在是统一按照党政干部选拔条件管理,强调任职资格,符合资格的人选自然而然集中到了一些副市长(副厅长)身上。我们界别内的一些优秀知识分子由于没有这样的任职资格,只能在视野之外。所以,一些省出现了几个党派主委人选都是副市长(副厅长)的趋同现象。多党合作优势的一个重要方面是靠界别特色形成的。不同党派代表所联系的知识分子,界别有所不同。正因为有区别,才有特色。有特色,才有优势。目前的趋同现象,对多党合

作事业可持续发展肯定是不利的。延东部长在谈到民盟特色时说过:“民盟特色不能丢,要聚集名流,特别是著名学者。”

我认为,延东部长说的,就是我们在面对众多人选选拔主委感到为难的时候应该着重考虑的选拔标准,至少在主流上应该有利于体现这样的特色,这就是我们取得共识的基础。

从盟内说,主委和副主委一班人共事多年,都有功劳,有苦劳,相处有感情。如果从身边选一个接班人,合乎常理,也比较方便。前提是班子现有成员中确有代表性人士。如果不具备这个前提条件,可能更应该考虑延东部长的说法,注重主委人选的分量,应该是一个有一定影响的代表性人物。换届不是个人传承,而是政治交接。不是个人选接班人,而是选民盟的代表性人物。选出来的人是继承盟的传统,不是继承官位。我们一直在说,盟的职位不是官位,是为国家做事情的岗位。

在人选问题上,一定要坚持党管干部的原则,与当地党委统战部加强沟通,增进理解,增强共识。

2. 严明纪律,严格程序,规范行事

民盟不是真空,社会上的不良风气会影响到盟内。换届前后,盟内确有跑官要官的个别现象。无非想通过非组织渠道达到目的。这样的事情,过去有过教训。应该说,这是违反组织纪律的。人数不多,会败坏风气。我们多次强调,民盟组织历来的代表性人物是坦荡、磊落、有操守、有学识、淡泊名利的,并靠他们的政治水平和道德文章发挥影响,形成凝聚力,这是我们的根本。对跑的、要的、千方百计要当官的,不是哪个人不认同,是盟的章程不认同,是盟的传统不认同,是全盟的同志不认同。因为那会伤到我们的根本。这次是换届,也是换代。如果选不对人,配不好班子,可能一个省十年里的盟务工作要受影响、受损失,而且无可弥补。严肃纪律,是对盟的根本利益的保护,是对广大盟员正派风气的保护,也是对一时糊涂、不守纪律的同志的真正爱护。做官只是一阵子,做人才是一辈子。先把人做好了,才能在政治舞台上发挥更大的作用。

严格程序,就是一定要在委员或常委中进行一定形式的民主推荐。讲民主就必须讲程序,这是保证顺利换届的重要条件。最近,一些省的市级组织换届,出问题的大多是没有严格的民主程序。省级组织应该把市级组织的换届工作当作很好的热身,从中积累经验,总结教训,取得工作的主动权。

3. 换届中要强化大局意识

14 号文件以来,随着多党合作事业的发展,盟内有更多同志到政府任职。有些省,当副市长(副厅长)的盟员多达十多个。这些同志都是民盟中的优秀分子,而且在一个岗位上兢兢业业一干就是十年,甚至十五年,在换届的时候容易从解决出路考虑问题。这个问题,我想应该从两个方面来认识。和党内同志相比,这些同志的出路确有难处,难免心理不平衡。有关干部部门要加强研究,在对待非党从政干部的出路问题上,应该有更广阔的视野。另一方面,主委这个位置,功能主要是在多党合作格局中体现民盟特色、发挥民盟优势的席位,不应成为解决从政干部归宿或出路问题的职位。当然,有些副市长(副厅长)代表性也很强,有的在任职前就是一个方面的专家,有的还兼任着大学校长,很符合我们的主委条件,大多已列入了后备干部队伍。

所以，我认为，顾全大局就要把那些有威望、有代表性，能更好体现盟的特色的人物选出来，放到主委职位上。这样才能真正服众，才能真正体现出大局意识，以及成就大局的能力。

上述想法，是在会上和大家一起讨论的一些感想，丁校长说过，有机会一起做盟的工作，是一种缘分，应该珍惜。珍惜这种缘分不是空话，要在大局中体现出来。在换届过程中，应该体现得更充分。

二、几个政策性问题

1. 关于私营企业主担任民主党派省级组织主委问题

私营企业主主要由工商联联系。一是其与民主党派组织发展的方针不相吻合，没有广泛的代表性，因此私营企业主暂不宜安排担任民主党派省级组织主委。

2. 关于新的经济组织和社会组织代表性人士担任民主党派省级组织领导职务问题

对加入民主党派已有一定时间，政治素质好、代表性强、情况清楚、经过长期观察了解，并能体现民主党派界别特点的代表性人士，可安排为省（市、区）委会委员、常委会委员，条件确实优秀的可安排为兼职副主委。

3. 关于持绿卡者担任民主党派省级组织领导职务问题

持绿卡者有的是为了定居，有的是为了往来进行经济文化和学术交流方便。对于工作和生活基本在国内，而只是便于经济文化和学术交流持绿卡者，向组织说明后，原则上不影响担任民主党派省级组织领导职务，但担任主委和专职副主委的，应将绿卡交由组织保管，并将拟任主委人选情况作为个案请示中央统战部。

4. 关于选举办法问题

各民主党派章程对领导机构成员选举办法作了规定。各级委员会委员的产生，有的规定可采取等额或差额选举办法；主委、副主委、常委的产生没规定采取差额选举办法。在选举委员时如采取差额选举，差额人数一般不超过5%。

5. 关于秘书长职责问题

各民主党派章程对秘书长的任用作了明确规定，应认真贯彻执行。秘书长职级问题，各地可以根据历史沿革、本人情况、工作需要来确定。

6. 关于换届前领导班子调整问题

为了保持民主党派各级领导班子工作的连续性、稳定性，对于主委、专职副主委都要退下来的民主党派省级组织，如有比较成熟的后备人选，可在换届前按程序进行必要的人事调整。

7. 关于民主推荐问题

换届中确定的主委、副主委人选，如是经过民主推荐的后备干部，这次可不再进行民主推荐。否则，应在委员或常委范围内进行一定形式的民主推荐。

8. 关于省级组织荣誉职务问题

此次换届省级组织不设荣誉职务，对于上届已担任荣誉职务的老同志，原则上淡化处理。

9. 关于领导班子、领导机构规模的调整和程序问题

各民主党派省级组织委员、常委和副主委的规模原则不变。

从各地的情况看，成员、地方组织较多的党派，省级组织领导班子的职数最多10人，一般可掌握在5～9人，成员及组织较少的3人即可。

调整规模要从严掌握，规范程序。由省委统战部和民主党派省委会协商一致后，分别报中央统战部和民主党派中央正式批复其省委会。同时，中央统战部口头答复省委统战部。

10. 关于在省级换届中加强与地方统战部门沟通的问题

民主党派省级组织换届一定要加强与统战部的沟通、协商。按程序、要求办事，善于通过深入细致的思想工作和协商的方式，确保换届工作平稳顺利。

11. 关于统战部干部到民主党派机关工作的问题

根据工作需要和民主党派的要求，少数符合条件的统战部的干部可以到民主党派机关工作，但不能担任民主党派省级组织的组织部（处）长、秘书长及副主委；对于他们加入民主党派，也应严格掌握。对这些同志要做好任职前的思想教育，要求他们要模范执行党的统战政策，发扬统战部的优良传统，维护统战部的荣誉。

上面讲到的这些政策问题，希望大家好好研究，认真落实。

同志们，换届是一项政治性政策性很强的工作，需要我们增加沟通，增进理解，增强共识，共同维护盟的纪律，努力营造风正气清的换届氛围，顺利实现政治交接，促进民盟在多党合作事业中的可持续发展。

把经济转移到依靠自主创新和谐发展的轨道

——在2006中国经济增长论坛开幕式上的讲话

（2006年10月26日）

各位朋友：

大家好！

刚刚召开的中共十六届六中全会通过的《中共中央关于构建社会主义和谐社会的若干重大问题的决定》指出，“要着力加强自主创新”。

据国家统计局今年10月公布的数字显示，我国国内生产总值(GDP)已位居世界第4，但人均GDP仍位居世界第110位，大体和乌克兰、摩洛哥这样的小国一样。世界第4和世界第110的排位说明，虽然我国已是一个经济大国，但还不是一个经济强国。为实现我国经济由庞大转变成强大，我们必须要按照中共十六届六中全会的精神，以科学发展观为指导，构建和谐社会，并着力构建和谐企业，推进经济增长方式转变，努力营造自主创新的良好环境，全力把我国的企业做大做强。

一、企业自主创新是推动经济持续较快发展的“第一引擎”

当前,人类社会正经历一场全球性的科技革命。世界产业发展的历史表明,真正推动国家社会经济发展的创新技术几乎都来自企业,企业自主创新,无疑是推动经济高速发展的“第一引擎”。

从早期资本主义的福特汽车公司到当代风靡全球的计算机微软公司,这些大名鼎鼎的企业,其自主创新能力,绝对是大国和强国竞争国际事务话语权、制定规则的核心。正是这些领军的超强企业,在技术和知识领域的创新,开创了工业化、信息化的新时代,为它们的国家创造了巨大财富,并创造了世界的现代物质文明,推动了人类进步。

回眸新中国近60年社会经济发展状况,我们发现从1949～1978年计划经济到1978～2006年改革开放,刚好经历了前后两个28年比较明显的发展阶段。从苏联模式的首都钢厂到市场经济的海尔集团,值得我们认真总结的经验和教训太多太多。

新一代中央领导集体提出企业是创新主体的决策,明确了建设创新国家的倚重对象,自主创新已被提升为国家战略,极大地弘扬了我们自信自强、自尊自立的伟大民族精神,具有里程碑式的重大意义。

二、企业创新应是企业生存发展的“本能”

创新是民族进步的灵魂,也是企业发展的原动力。在国际经济一体化的今天,企业只有不断创新,才能适应不断变化的市场，使企业立于不败之地。创新的直接动力来自于对利益的追求，从这个意义上说，创新就是企业生存发展的原始“本能”。

在市场经济体制下，企业受制于市场规律，靠创新获得最大利润，又靠发展反哺创新，以此形成良性循环。哪个产品好销，什么产品利润高，可以直接反映市场需求的方向，企业对市场的反映最敏感。因此，企业在市场经济运行规则中，为最大利益驱动，应始终保持创新的态势。但实际情况并非如此，甚至形成悖论，不创新慢慢死，一旦创新就早死。

计划经济28年，我国处在供应短缺的大环境下，有限资源配置不合理，大小企业均以惰性和等、靠、要来维持，没有内在的需求压力，没有外在的创新要求，其结果必然是导致国民经济走进死胡同。

改革开放28年，虽然经济有很大的发展，但总的来说是粗放型经济。例如：我国GDP约占世界5%，但消费的原煤、铁矿石、钢材、氧化铝、水泥却占世界25%至40%。人力、环境、资源付出的成本代价太大，收获的含金量又太低。

我国之所以存在经济效率不高、产品技术含量和附加值低等突出问题，主要是拥有自主知识产权核心技术的企业太少，仅占约万分之三。另外，99%的企业没有申请专利，60%的企业没有自己的商标。当然，我国在保护知识产权的制度上，还有很大的缺陷需要进一步完善。

三、当前企业创新存在的主要问题和误区

有远见的企业家，应认识到自主创新不是企业发展的权宜

之计,而是企业的发展战略。企业只有自主创新,才能使我国整个经济面貌改观,使我国不仅是世界的制造中心,还将成为全球的创造中心、创新中心。

现在的主要问题是:1. 动力不足,不想创新;2. 风险太大,不敢创新;3. 能力有限,不会创新;4. 融资太难,不能创新。

我认为,创新的起点至少有三层:1. 原始创新。像爱迪生那样反复实验发明电灯,像瓦特那样激发灵感发明蒸汽机;2. 吸收创新。是利用各种引进的技术资源,在消化吸收的基础上派生出某个产品价值链或某些重要环节,比如日韩两国精明的企业家,吸纳消化欧美技术,树起自我品牌;3. 集成创新。其核心则是集众多前沿技术创造的一个全新结果。

我们的政治家、企业家要有战略眼光和广阔胸怀,勇敢挑起创新主体的历史重任,学会站在巨人的肩膀上、高起点、集成古今中外一切先进的文化知识和科学技术,为企业创新服务,为建设创新型国家作贡献。

四、积极探索符合我国国情的企业自主创新"新模式"

在改革开放20多年后的今天,我国企业正面临全球性的产业与经济结构大调整,企业需要在变化的市场环境中找到自我生存空间和发展方向,需要针对不同的创新领域,在不同的创新阶段,根据自身实际情况,选择不同的创新模式;需要寻求符合知识化、信息化、全球化潮流的实际盈利模式。

如何在国际化竞争的大背景之下,充分利用国内外两种资源、两个市场,提升自主品牌的竞争力,是国内企业实现创新突破的关键点，也是我国现阶段自主创新的主要途径之一。

我认为，构建和谐企业主要应加强以下创新方面的工作：

1. 加大资金投入是企业创新的物质基础

现在全国的财政收入已超过3万亿元，但2005年我国的研发投入仅占GDP的1.32%。据了解，2005年我国500强企业中，有373家企业研发的投入都小于销售收入的1%，而发达国家的大中型企业，一般都达到3%左右。这种状况完全不能适应我国参与经济全球化合作与竞争的需要。

资金投入是老问题，我们还是要大力呼吁落实。企业创新所需的资金投入和改进资金分配、运用的体制创新相结合，才能推进企业取得创新成果。

2. 企业创新说到底要靠优秀的创新型人才

为什么20世纪50年代起，科学中心从欧洲全面转向美国？原因就在于美国重视基础研究，鼓励原始创新；有充裕的经费，优越的研究条件；能够吸引和凝聚世界优秀创新人才；有相应的文化与环境氛围。

创新型人才是指真正能把握技术知识创新方向，并组织或实施技术创新的企业家。企业创新需要氛围，企业主体作用发挥得越充分，自主创新的动力就越充分，成功概率也就越高。决策者只要有创新的精神和理念，有效动员各种资源，激发广大员工的创新能力时，企业就会充满活力。我们应当建立新的、务实的评价人才体系。

3. 让企业在“产学研”中发挥主体作用

产学研合作的关键问题在于确定合作创新的风险和收益的

分担机制。要切实解决科研和生产严重脱节的“两张皮”现象，强力激发企业的内在危机需求，寻求适合企业生存发展的市场。只有企业作为创新主体，能有效地将需求、技术和市场结合起来，将产学研有机地结合起来，才能实现投入最小化、效益最大化。

4. 努力实施国家区域创新战略

行业不同、企业不同、产品不同；市场在变、需求在变、潮流在变，变化多样的市场要求企业找到符合自身实际的自主创新之路。

建议采取地方为主，国家支持的模式，选择一批重点高新区，中央和地方共建，力争在战略性高新技术产业方面有所突破，打造成具有国际竞争力的高新技术产业群。

毫无疑问，一个国家的强盛，是一批大企业，在技术和知识创新上的突破运用和商业化起着关键作用。我国企业作为国民经济的主体，作为执政党的经济基础，担负着不可替代的经济、政治和社会责任。我们热情期待着我国有更多的创新型企业，昂首屹立世界优秀创新企业之林！

谢谢大家！

在"发明创业奖"颁奖典礼暨"第一届中国发明家论坛"开幕式上的致辞

（2006 年 11 月 23 日）

各位朋友：

上午好！

感谢大会组委会的盛情邀请，来参加今天"发明创业奖"颁奖典礼和"发明家论坛"，使我有机会见到这么多当代中国最优秀的发明人，并分享与会者的梦想与喜悦，感到非常高兴！我谨向各位发明人、各位获奖者、各位代表致以最诚挚的问候与祝贺！

"宇之表无极，宙之端无穷。"这是我国东汉时期伟大天文学家、发明家张衡在《灵宪》中所表达的"无限宇宙思想"。张衡比较系统地阐述了自己的天文学理论，反映了他的朴素唯物主义的自然观。他认为宇宙是无限的，天体运行是有规律的，月光是日光的反射，月蚀缘于地遮日光，月绕地行，且有升降。他认识到太阳运行的某些规律，正确解释了冬季夜长、夏季夜短，春分和秋分昼夜等时的起因。张衡也许从未想到过，他的子孙后代在分享他的创新发现时，还把月球背面的一环行山命名为：张衡环形山，将1802小行星命名为“张衡小行星”。我想说的是：不停地思考和探索正是我们伟大的民族精神之所在，我们中华民族有充足的理由为自己祖先的智慧感到自豪！进而激励我们的子孙后代——我们总是不断努力！我们总是拼命向前！

同志们，人类社会几千年文明史、科技史的发展进程表明：科学家、发明家历来是实现科技创新、推动社会进步的中坚力量。在我国古代有蔡伦、毕昇、张衡、郭守敬、祖冲之等；当代有杨振宁、李政道、王选等华人科学家；在国外有阿基米德、牛顿、门捷列夫、居里夫人、诺贝尔、瓦特、爱迪生、爱因斯坦以及当代的比尔·盖茨等。每当我们提起或想起这些星光灿烂的名字，总是那样由衷地景仰与崇敬。正是他们一次次伟大的冒险、发现、发明和创造，改变了我们普通人的生产、生活和思维方式，促进了经济和社会的和谐发展，极大地提高了人类认识自然、改造自然、利用自然、适应自然的能力，他们为造福人类作出了不朽的贡献。

不断地学习和创新是一个民族的灵魂，也是科学技术发展的不竭动力。今天，我们借此重温这些世界著名科学家、发明家的名字，联想他们的卓越成就和献身科学、开拓创新的奋斗历程，对于我们弘扬科学精神和创新精神，形成崇尚科学、鼓励创新的良好社会风气，以及“尊重知识、尊重人才”、“尊重发明、尊重创新”的浓厚氛围，激发人们，特别是我国广大青少年热爱科学技术、投身发明创造的热情，从而培养并造就一大批具有科学精神和创新能力的新一代科学家、发明家，推动我国科学技术的跨越发展,具有重要的促进作用和现实意义。

我们要不断完善自身体制的创新,最大限度地激发全社会的创造活力,为广大科技人员和群众创造更多的机会和更大的舞台。同时,我们更要深刻地认识到,即使是站在巨人肩膀上开始的征程也是极其艰巨的。因为,今天的信息和经济全球化,已使整个地球村成为一个相互关联、日益紧密的巨大系统,科学发现实际是一场世界顶尖级选手参与的奥运冠军接力赛,每一项重大的成就都不可能是一个人完成的。以电子科技史上最辉煌的电磁理论为例,它的创立就经历了三代人的努力。法拉第为它打下了坚实的地基;麦克斯韦在上面建起了一座宏伟的大厦;但大厦立起后,因担心倒塌没人敢住,是赫兹证明了这座大厦不朽。他发现了电磁波,证明了麦克斯韦的理论,最后导致无线电的诞生,开创了一个崭新的纪元。

我认为,许多科学发明家划时代的成就,除了科学精神和科学观念这些最基础和最本质的条件外,最重要的核心还在于能用科学思维和科学方法,去实现科学发现和科学发明的目标。因此,我们要牢牢坚持科学发展观,重视对科学思维和科学方法的传播。

同志们,我们今天的大会既是一个光荣的起点,同时,也是见证我们伟大民族追梦历程的一个闪光点,如今我国的经济总量已经跃居世界第 4 位,我想,我们的后人会充满深情地记起今天这样一个改革开放的大好时代。我们有信心,有能力,在中国共产党的领导下,再用 15 年的时间,使一个和平崛起的中国进入世界创新型国家行列。

最后,我真诚期待我们每个才华横溢的发明人,乘着科学的翅膀,早日实现自己追寻的梦想,从而成就我们伟大祖国的光荣与腾飞!

谢谢大家!

继承费老的精神财富*

——在“纪念费孝通先生‘江村调查’70年暨社会主义新农村建设研讨会”上的讲话

各位来宾、各位朋友：

下午好！今天我们相聚在费老家乡，纪念费老“江村调查”70年并举办社会主义新农村建设研讨会，尽管大家来自不同的地方，有着不同的知识背景，相互之间也并不一定相识，但是，我们都有共同的理想，就是踏着费老足迹，实现费老宏愿，让中国的乡村、中国的农民富起来。

刚刚闭幕的中共十六届六中全会通过了《中共中央关于构建社会主义和谐社会若干重大问题的决定》。在这个时候，我们纪念费老“江村调查”70年，并就如何建设社会主义新农村进行学术研讨，我认为，这对我们学习和缅怀费老有着特殊的意义。

费老一生投身于社会学的研究，并在早年就树立了“志在富民”的理想。从“江村调查”开始，半个多世纪以来，他深入民间，

---

* 原载于2006年12月7日《光明日报》。

走进乡土,把中国农民问题作为自己毕生研究的课题,为不断深入探索中国乡土社会向现代社会转化这个过程,孜孜以求、无怨无悔,用自己所学贡献社会,用自己的知识服务于人民。在费老身上,体现了一代中国知识分子以国家社稷为己任的优良传统,尤其是他的躬行实践,生动回答了个人命运如何与祖国命运紧密相连的问题。从这个意义上说,费老不仅给我们留下了宝贵的精神财富,而且用行动为我们做出榜样。

我们知道,费老是享誉世界的社会学、人类学家,是中国社会学的开拓者和奠基人。他的一生做过多种工作,有着多种身份。但用他自己的话说,他首先是一名教师,他把教师这个职业看得比什么都重,可费老从未把学者局限在课堂,从未将学术研究禁锢在象牙塔,这是他最大的不同。对于授业解惑、教书育人,费老从来都是以宏观的角度和俯瞰的视角来引导后学、启迪同好。这充分展示了作为一个大学问家的超凡目光和独特之处。费老对我们国家最大的贡献在于他做学问与中国的实际紧密结合,真正是把学问做活了。费老是从实求知的典范。他善于从人民群众好的经验中总结和发现真理,并从学术上给以升华和阐发。费老非常谦虚,他说他如果还取得了点成绩,还能得到大家的认同,那都是人民群众的启发加上自己的思考得来的。作为后学和晚辈,费老的这一品质是永远值得我们学习的。

改革开放的20多年,是他“第二次学术生命”。费老紧跟时代,虽身居高位,但不失学人本色,他殚精竭虑,奔走于大江南北,高瞻远瞩,追踪社会发展的热点,为国家建设出主意,想办法,不仅为学科建设与发展作出了卓越贡献,而且作为一位德高望重的民盟领导人和国务活动家,他以亲身的社会实践,为中国的民主政治建设赢得了广泛的赞誉和尊重。费老对于我们犹如怀念他的文集所取的书名,是“一棵大树,一座富矿”。我认为,他这棵大树是深深扎根在祖国土地和人民之中的,所以能枝繁叶茂。而对中国的知识分子而言,费老丰富多彩的一生,足以为我们如何实现自身的价值指明道路。那么在这座富矿面前,我们在惊叹之余又该怎样跟随费老的足迹?我想,这是我们大家需要长久思考的。

我说今天在这里学习和缅怀费老有特殊的意义、还因为费老的学术研究从吴江起步,准确地说,正是“江村调查”和后来在此基础上写成的《江村经济》,奠定了费老在世界社会学领域的学术地位。费老在《江村经济》前言中写道:“在社会变革过程中,对人民实际情况的系统反映将有助于使国家相信……因为真正需要的是一种以可靠的情况为依据的常识性的判断。”我认为,这就是费老进行“江村调查”的初衷,这一点,在今天仍然有很强的现实意义。

费老认为,我们国家的发展需要开动许多务实、勤勉、清醒的大脑,熟悉民生实情,做出常识判断,善于找到办法,向决策者提出建议。这是他在“江村调查”时就看准了的。直到晚年,他主张广开才路,广开言路,动员广大民盟成员和盟所联系的知识分子为国家建设“出主意,想办法,做好事,做实事”,这正是费老江村调查精神的延伸和扩展。

近 70 年来,费老一直关注家乡的变迁,不断跟踪和解剖这只麻雀,并从中发现和总结出具有典型和指导意义的理论。从 50

年代的《二访江村》到后来几十次回家乡访察，以及他的《小城镇，大问题》《小城镇，大市场》，乃至在他93岁病倒前所写的《家乡小城镇大发展的20年》等文章，都让我们看到他老人家对家乡，对广大农民过上富裕生活的关心，以及对调查研究的执着。我们当前的新农村建设如何起步，怎样推进，需要许许多多知识分子像费老那样，对农民的生活真正了然于胸，切实掌握可靠的情况，帮助决策者做出常识性的判断。只有广大农村的经济发展起来了，农民富裕了，中国社会才能有真正意义上的和谐。这也正是我们此次研讨会的目的。

我以为，继承费老的思想财富，在今天特别需要我们“脚踏实地，调查研究，以可靠的情况为依据，作出常识性判断”。这是费老说的话，而且他身体力行着。他希望中国最底层的农民都过上富足的日子，过上幸福美好的生活。费老为此追求了一生，奉献了一生。所幸的是，费老看到了他的理想在有生之年逐步得以实现，遗憾的是，他的许多思考和主张尚未付诸行动便离我们而去。然而值得庆幸的是，我们知道我们该怎么去做，怎样去完成他老人家的夙愿。

让我们踏着费老的足迹，为构建社会主义和谐社会、为新农村建设作出自己的贡献！

围绕中心定位，服务大局尽职

——在民盟九届五中全会闭幕会上的讲话

（2006 年 12 月 13 日）

各位委员、各位同志：

中国民主同盟第九届中央委员会第五次全体会议已经顺利完成预定的各项议程，即将圆满结束。两天来，委员们听取并审议了蒋树声主席代表中央常务委员会所作的工作报告，听取了楼志豪同志和杨洁篪同志的辅导报告，通过了有关的会议决议。在各位委员的共同努力下，会议开得非常成功。会议期间大家对全盟工作提出了许多很好的意见和建议，对民盟今后的工作是很好的促进，盟中央将认真研究采纳。

刚才，我们对省级盟组织进行了简朴、隆重的表彰，有 5 个省级组织获得盟务工作优等奖，25 个省级组织获得单项工作奖。这既是盟中央对受表彰单位工作的肯定，更表达了我们对大家工作的尊重和感谢之情。是大家的辛劳，凝聚起了全盟同志的热情和智慧，支撑起了全盟的工作，使我们工作有动力，参政有成果。广大盟员认真做好本职工作，坚持岗位建功立业，勇于创新,同时以开阔的视野关注国计民生,热诚执著地为盟的工作奉献才智,全盟工作呈现出人心思进、努力作为的良好局面。我们的队伍有士气,盟组织的工作有生气。各地的工作都有典型的事例,有令人感动的人物,有可圈可点的成绩,汇聚成为民盟九大以来全盟工作的诸多亮点。

民盟作为知识分子为主体的参政党,位置超脱,视角独到,具有客观反映问题、真实转达民意的特殊方位优势和渠道优势。我们充分发挥自身优势,做到了围绕中心定位,服务大局尽职,通过有序的民主参与,较好地履行了参政议政、民主监督的职能。在民盟近年来的政治协商和参政议政工作中,我们每年都有多项建议受到中共中央、国务院的高度重视。例如,2003 年振兴东北老工业基地的建议在《中共中央、国务院关于振兴东北的若干意见》中被全部采纳;2004 年重视发展我国职业教育的建议;2005 年青海湖流域及周边地区环境综合治理的建议;2006 年关于重视我国海岛建设与管理的建议,也都转化为国家政策或被吸收到重大政策之中。这几个典型都是在相关省级组织长期关注、跟踪调研的基础上,盟中央从全局高度,把一些局部凸显、事关全局的问题提到了高层决策过程。再如,我们坚持四年、成为品牌项目的灾害管理专家论坛,则是起源于一位盟员坚持多年的研究成果,并在论坛发展过程中吸收了盟内外众多专家的智慧。实践一次次证明,调研的力度决定着建言的深度,也决定着立论的价值和作用。在方向上,只有紧密围绕国家建设各个阶段的中心任务,自觉服从服务于大局,选择党和政府高度重视、人民群众普遍关心的问题,结合自身优势,开展深入调研,我们的参政议政工作才能保持生机和活力；在方法上，全心全意依靠各级盟组织和广大盟员，做到资源共享，优势互补，广泛吸收盟内外专家和有关部门共同参与，同时探索并逐步完善选题机制，增强其针对性和工作基础，这样才能发挥出综合优势，取得更丰富的成果。

2007年是我们国家和民盟历史上重要的一年，我们将迎来中共十七大和民盟十大的隆重召开。落实科学发展观，构建社会主义和谐社会的任务艰巨而又繁重，既是远大目标，又是现实任务。中共十六届六中全会把构建社会主义和谐社会提高到确保党的事业兴旺发达和国家长治久安的高度来思考，这不是偶然的，不是权宜之计，而是长远考虑，是集共产党人和全国人民历史追求之大成。从斗争哲学，到倡导和谐，是执政党施政理念的重大变化。作为参政党，要适应我国社会发展过程中的这一深刻变化，提高为构建和谐社会所必需的参政能力。

我们的政党制度是中国共产党领导的多党合作和政治协商制度；政党之间不是竞争关系，而是合作关系；不是同而不和，而是和而不同。正是由于有差异、有多样、有不同，能互补，才有生动活泼的政治局面。楼部长在这次会议上关于构建和谐政党关系的专题报告中讲得很透彻，很有高度，也很务实，相信大家会有广泛共识，并会在深层思考上受到有益的启发。

长期以来，我们和执政党亲密合作，为促进社会和谐不懈努力。经过28年的改革开放，我国综合国力大为提高，人民生活显著改善，已经具备了构建和谐社会的各种有利条件。另一方面，我国还长期处于社会主义初级阶段，人民群众日益增长的物质文化需求与落后的社会生产之间的矛盾仍然是主要矛盾。城乡发展不平衡;区域发展不平衡;经济与社会发展不平衡;人口、资源与环境压力较大;就业、社会保障、收入分配、教育、医疗、住房、社会治安、安全生产等等关系到群众切身利益的问题比较突出;一些干部的素质和作风不适应新形势要求;一些领域的腐败现象较严重;体制机制尚不完善;民主法制还不健全……这些基本事实,决定了构建和谐社会的紧迫性,必须提到议事日程,切实解决人民群众最关心、最直接、最现实的利益问题,维护促进社会和谐,在和谐氛围中实现全面小康的奋斗目标。

构建社会主义和谐社会这一重大战略任务所蕴涵的至关重要的理论意义和现实意义,必将随认识与实践日益深刻体现。因为这是一个比全面建设小康社会还要艰巨得多的社会发育、社会整合、社会建设和社会治理过程,是对执政党执政能力的重大考验,也考验着参政党的参政能力。全盟对此也要有充分的、清醒的认识,绝不能急于求成,更不能随意提出不切实际的口号。我们首先要对整体任务有足够了解;其次要明确我们的定位;第三要明白我们的任务;第四要清楚我们的优势;第五要选择我们的路径;第六要制定我们的措施,然后,一步一个脚印,踏踏实实推进。

我们一向重视发挥优势,可以说,构建和谐社会为我们发挥优势提供了空前广阔的天地。作为参政党,我们要发挥出整体优势。作为参政党成员,18 万盟员人人都可以发挥作用。我们的季羡林教授在温家宝总理登门看望他的时候,季老对总理提出,“我们讲和谐,不仅要人与人和谐,人与自然和谐,还要人内心和谐”。季老和温总理的谈话内容,被吸收进六中全会《决定》,成为《决定》的表述亮点之一,引起社会广泛赞赏,就是一个非常有说服力的例子。《决定》中写道,注重人的心理和谐,引导人们正确对待自己、他人和社会,正确对待困难、挫折和荣誉,形成人人促进和谐的局面。在这方面,民盟的前辈有大量的思想资源。费老的“各美其美,美人之美,美美与共,天下大同”倡导的正是和谐的内涵。如何开发好、利用好这些资源,结合现实需要,倡导和谐理念,培养和谐精神,促进社会主义核心价值体系的建构和巩固,是全盟同志需要认真思考、积极探索、躬身实践的一道大课题。构建社会主义和谐社会要求我们不断推进十几亿人的国民素质和自我改造,不断推进中国社会治理方式的自我改造,不断推进人与自然关系的自我改造。

民盟有重视理论学习、重视从实践中学习的良好传统。加强对新时期统战理论的学习,提高走中国特色政治发展道路的自觉性;加强对十六大以来执政党治国理政一系列方针政策的学习,提高参政的针对性;加强换届后新领导班子、骨干队伍的培训学习,确保完成政治交接之后工作衔接的顺畅性,是我们筹划和安排明年工作时必须向全盟强调的重要任务。

各位委员、同志们,元旦在即,新春将至。借此机会,我谨代表民盟中央,向各位委员、广大盟员和盟务工作者致以节日的问候和良好的祝愿!向为大会周到服务的机关工作人员表示由衷的感谢!祝福大家身体健康,工作顺利,家庭幸福,在金猪之年取得新的进步!

在全国政协理论研究会成立大会上的发言

（2006 年 12 月 20 日）

人民政协是中国共产党同各民主党派、人民团体、各界人士共同创造的政治文明成果，是探索中国特色社会主义政治发展道路的伟大实践。半个多世纪以来，人民政协事业的创建和发展始终是在人民政协理论指引下前进的。人民政协理论是中国共产党和中国人民政治智慧的结晶，以毛泽东同志为核心的第一代中共中央领导集体开创了人民政协事业，奠定了人民政协的理论基础，以邓小平同志为核心的第二代中共中央领导集体，全面开创了人民政协事业的新局面，构建了新时期人民政协的理论体系，以江泽民同志为核心的第三代中共中央领导集体和以胡锦涛同志为总书记的新一届中共中央领导集体，对人民政协工作作出了一系列重要指示和论述，丰富和发展了人民政协理论。可以说，人民政协理论已经成为推动人民政协事业发展的强大思想武器。新世纪新阶段，人民政协事业既面临着新的机遇，也面临着新的挑战，组建全国政协理论研究会，加强政协理论研究工作，对于进一步推动政协事业的发展，具有重大意义。

人民政协理论是一个完整的科学的思想体系，它与统一战线理论、政党理论和社会主义民主建设理论互相联系、相辅相成，可谓博大精深、内容丰富。在实践工作中，我认为，首先要对一些带有根本性、全局性的基础理论问题加强研究，作出回答，比如中国特色的社会主义政治体制、政党制度和民主建设制度有哪些特点和优势？人民政协在我国的这些制度中处于怎样的重要地位？如何更好地发挥人民政协在我国政治文明建设中的作用？把这些问题研究透了、解释清楚了，并在实践中真正做到了，那将是对我国社会主义民主政治建设的巨大贡献，也是对人类文明进步的一大贡献。下面，我就这些问题简要地谈一点个人看法，与大家交流。

民主作为一种国家制度和上层建筑，总是受国家政治经济状况、历史文化传统等因素的影响，往往表现出不同的实现形式。20世纪后期，西方政界和学界开始关注民主理论的一种新发展趋向，即协商民主。进入90年代，协商民主引起了更广泛的关注和讨论，被认为是一种具有巨大潜能的民主治理形式，它与选举民主一起成为民主政治的两大表现形式。中国特色社会主义民主也主要由这两种形式构成：一种是人民通过选举、投票行使权利的选举民主；一种是人民内部各方面在重大决策之前进行充分协商，尽可能就共同性问题取得一致意见的协商民主。

人民政协是协商民主的主要渠道和主要形式，在发展社会主义民主政治、建设社会主义政治文明中，具有不可替代的优势和作用。正如李瑞环同志所说的："承认民主重要，就不能不承认政协重要，承认稳定重要，就不能不承认政协重要。"自从人民政协于1949年9月成立，协商民主就已经成为中国共产党、各民主党派和各界人士的自觉实践。尤其是改革开放以来，我国长期保持政治稳定，经济发展，社会进步，相对于一些国家长期处于动荡状态，一些国家被恐怖威胁所笼罩，我们这里气氛祥和，风景独好，这其中一个重要的因素，得益于我们创造了一种符合中国国情、经得起实践检验的政治制度、政党制度，得益于我们较好地发挥了选举民主和协商民主形式相辅相成的特点和优势。

政治协商化是政治文明的重要表现形式，也就是不同政治主体之间就涉及大政方针的重大政治理论或实践问题，或者是有关具体的政策问题，进行沟通、协商和讨论。

政治协商是我们各民主党派的基本职能，也是实现科学民主决策的重要环节。人民政协是反映社情民意、集中人民智慧的重要渠道，通过在政协的协商，可以使党和政府比较及时地掌握各个阶层、群体的意见和呼声，有利于决策者在全面理解和协调各方立场、利益的基础上，形成科学决策。我在代表民盟中央多次参加政治协商、与中共中央和其他民主党派领导人共商国是的经历中深有体会，坚持协商于决策之前和执行决策过程中，能够有力地促进决策科学化、民主化，最大限度地避免决策失误。我这里举一两个例子。比如，民盟中央曾提出关于“将生物技术及其产业作为国家发展战略”的建议，认为我国发展生物技术及其产业具有一定的优势，应该列入国家“十一五”规划，这个建议得到了中共中央和国务院的高度重视，国家发改委、科技部等部门详细研究了民盟提案之后，采纳了我们的建议。另外，我曾率民盟中央考察组对青海湖进行了调研，发现青海湖流域沙漠化非常严重,如果不进行综合治理,将来对我国有很大的影响。考察回来之后,在一次协商会上,我们就将青海湖的问题提了出来,中共中央领导很快作了批示,现在已经纳入了整个国家生态保护和环境治理当中。中国特色的协商民主,不同于西方两党制在对决中找民主,也不是在多党制的纷争中找民主,而是在协商中实现具有高度代表性的民主,这符合我国人民群众的根本利益,也保证了我国现代化事业的顺利进行。

人民政协协商民主的特点和优势还体现在人民政协具有广泛的包容性和强大的凝聚力。在政协这个组织中,最大限度地包容了各级各界,五湖四海,不同阶层、党派、团体及不同民族、宗教等各方面的意见都可以表达,有利于各界别之间协商沟通,调节利益、化解矛盾、增进理解、形成共识,有利于国家和社会的和谐稳定。人民政协作为政治协商的重要机构,还可以把各方面的群体性利益诉求纳入体制内的轨道,使他们的各种要求能够通过合法的、畅通的民主渠道表达出来,这对于构建社会主义和谐社会,保证公民的有序政治参与,意义十分重大。特别是在当前,我国进入了改革发展的关键时期,社会利益多样化、社会关系多样化、价值观念多样化,在这种情况下,发挥好政协协商民主的作用,满足不同的利益需求和政治愿望,至关重要。

事实胜于雄辩,当中国经济与社会发展辉煌成就成为世界关注热点时,支撑这种成就的社会动员机制,形成这种动员机制的政治制度及其合理性、优越性,理所当然成为人类进步的重要经验,成为当代世界政治文明的一份宝贵资源。不同的文化理念,孕育不同的民主形式。中国特色的协商民主,源自中华民族崇尚和谐的优良传统,源自天下为公的广阔襟怀。中华文化始终倡导"和为贵"的价值理念,把"和合"视为政治的最高境界,作为国泰民安的基本特征。"和合"是各种不同因素的和谐共处、相互融合,要达到"和合",就要做到"和而不同",既坚持原则又尊重差异,既相互碰撞又形成共识,兼收并蓄、博采众长。中国特色的协商民主是对传统"和合"思想的继承和发扬,既有深厚的历史文化背景,又有着鲜明的时代特色。

实践是理论的源泉,我相信,随着人民政协实践的发展,对这些问题的认识将会进一步深化,对人民政协理论的研究也将会达到一个新的高度。政协理论建设是人民政协事业发展的一项基础性工作。十届全国政协以来,人民政协理论研究正处在历史上最好的时期之一,我们要坚持解放思想、实事求是、与时俱进的原则,正确认识和把握新时期人民政协工作的特点和规律,不断丰富和完善人民政协理论体系,推进人民政协事业向前发展,为建设社会主义政治文明、构建社会主义和谐社会作出应有的贡献。

附录

访谈·报道

坚持多党合作和政治协商制度，加强新时期人民政协工作

——全国政协副主席、民盟中央常务副主席张梅颖做客人民网强国论坛

（2006年3月11日）

2006年3月11日15:00，全国政协副主席、民盟中央常务副主席张梅颖做客人民网强国论坛与网民交流，主题是“坚持多党合作和政治协商制度，加强新时期人民政协工作”。

主持人：各位网友好，欢迎收看人民网视频访谈，最近中共中央颁发了《中共中央关于加强人民政协工作的意见》，这一文件是建国56年以来第一次由中共中央直接颁布的关于加强政协工作的意见，这一文件有什么历史意义和现实意义呢？政协十届四次会议结束后，广大政协委员又将如何更好地开展工作、履行职能。今天我们非常荣幸为您请到全国政协副主席、民盟中央常务副主席张梅颖做客人民网强国论坛，我们将就如何贯彻落实《中共中央关于加强人民政协工作的意见》以及加强多党合

作话题和网民进行一个小时的在线交流。欢迎各位网友积极参与。

张主席您好,欢迎做客强国论坛。首先请您和强国论坛朋友打个招呼。

张梅颖:各位人民网的网友,大家下午好,非常高兴通过人民网和大家沟通。这次"两会"开得非常成功,在"两会"之前,中共中央又发布了《关于加强人民政协工作的意见》,对促进政协大会的开好起到很好的作用,我非常希望和网友聊这方面的问题。

《中共中央关于加强人民政协工作的意见》具有深远的历史和现实意义

主持人:在今年的"两会"上和以往一样看到政协委员为网民关心的热点问题大声疾呼,发表自己的真知灼见,今天请你谈一下《中共中央关于加强人民政协工作的意见》到底有什么历史意义和现实意义,请您和网友介绍一下?

张梅颖:这个《意见》是人民政协成立57年来,第一次以中共中央的名义发的对人民政协工作的意见,我觉得有深远的历史和现实意义。这是以胡锦涛同志为总书记的中共中央、从党和国家事业发展的全局出发、加强人民政协工作的一项重大举措。整个文件系统总结了50多年来人民政协事业发展的历史经验,也深刻阐明了新世纪、新阶段人民政协的性质、地位、作用、职能、主题、任务和工作原则,也规范了人民政协履行职能的内容、形式和程序,是指导人民政协工作的纲领性文献,在人民政协发展历史上具有里程碑意义。

人民政协是协商民主的主渠道和主要形式

［网友］:请张主席谈一谈中国多党合作和政治协商制度与西方的民主制度相比有什么区别?

主持人:我想您作为全国政协副主席以及民主党派的成员,请您谈一下政协的制度,以及它的特色在哪里?

张梅颖:这个问题提得很好,今天我也想和网友直面中国特色的民主问题。90 年代以后,西方政界有识之士开始关注"协商民主",谈到"中国模式"。这些有识之士在研究协商民主的同时也指出西方民主有它的弊端,比如认为是富人主导的一些政治游戏,一般百姓在投票权利上是平等的,而没有参与集体决策的平等。所以西方有一些政治家主张发展协商民主来弥补选举民主的不足。我们中国的民主政治体现在两个方面,一是人民代表大会,我们国家的根本政治制度,是人民通过选举投票实现民主;二是中国共产党领导的多党合作和政治协商制度,这是我们国家的基本政治制度,已经载入宪法,是通过政治协商来发展民主。这是两种形式,也就是大家说的选举加协商。

这种民主突出的优点是在选举以前和决策中来保证来自各界的政协委员能够平等、有序地参与公共政策的制定过程,自由发表自己的意见,在理性的讨论和协商中作出大家都能接受的决策。也就是《意见》中明确提出的人民通过选举、投票、行使权利和人民内部各个方面在重大决策之前进行充分协商,尽可能地就共同性的问题取得一致的意见,是我们社会主义民主的两种重要形式。这是在《意见》中明确提出我们社会主义民主的两种形式。人民政协是协商民主的主渠道和主要的形式,也是有广泛代表性的。这个和西方两党史制在对决中找民主以及在政党纷争中找民主是不一样的,而是根据国情民意创造具有中国特色的民主方式。

所谓“中国模式”,这是很多国家研究中国的时候,感到中国的发展这么快,值得研究的确,一种制度能在不算长的时间里推动十几亿人走出贫困,实现温饱,走向全面小康,我觉得这是奇迹。这个奇迹怎么发生的呢?它是有政治制度的保障。中国政治制度有很多优势,比如集中力量办大事,可以举全国之力,办全国人民最需要办的事情,比如建设社会主义新农村,是“十一五”很重要的工作,只要举全国之力,我相信在全面小康建设过程中能够逐渐解决这个难题,这是中国政治制度一个很大的优势。

我自己体会还有一个优势是协商在决策之前和决策执行中。中国共产党是执政党,因为它是与时俱进的党,是中国人民选择的,也是中国共产党自己不断更新自己的观念,跟上整个世界的潮流。所以,它能够长期执政,这是中国人民的希望,也是中国稳定发展的需要。同时,一个党的长期执政,可能会存在隐忧,就是如果一旦决策失误,损失很大。比如文化大革命,中国已经走到了崩溃的边缘,这是大家都不愿意发生的。通过政治协商的程序化、制度化,在重大问题决策之前必须先协商,各个方面来协商,重大的方针、政策,包括像政府工作报告正式出台之前都要经过广泛地征求意见。通过协商能够完善、丰富、校正决策意图,使决策更科学化、民主化。我认为一个执政党不犯错误或者少犯错误,是中国人民最大的幸福。中国人民的意愿就是希望我们的国家能够很平稳地发展,老百姓过着很好的生活。我们与一些国家,包括西方的发达国家,在恐怖威胁的笼罩之下和一些国家长期处于动荡相比,我觉得我们国家是比较祥和,发展是平稳的。这种安定团结是来之不易的,当然和我们政治制度、政党制度的优越分不开的。因为要建立一个和谐社会,从制度层面,我们是共产党领导的多党派合作和政治协商,合作协商就是和谐政治基础、制度基础;全国政协又是统一战线的组织,34个界别,各个界别非常有代表性的人物来发表意见,这就是和谐社会的一个组织基础;同时,我们政协的团结、民主两大主题,是通向和谐社会很重要的途径;政协履行三项职能,即政治协商、民主监督和参政议政是构建和谐社会的推动力量。所以政协本身就与构建和谐社会有本质的内在联系。与西方的上议院有根本区别。

有人问我全国政协是否是上议院?这是不对的。西方的上议院属于权力机构,而我国是中国共产党领导的多党派合作政治协商制度,是一项基本政治制度。它的特征是共产党领导,多党派合作,共产党执政,多党派参政。与西方国家的多党制和一些国家的一党制有本质区别。也经常有人问我,张主席,我们国家什么时候开始政治体制改革,我觉得提这个问题的人有点糊涂的概念,一提民主和政治体制改革,就想到西方的模式,“参照物”首先是搞错了,从我们国家以“和为贵”和“和而不同”的传统文化以及我们国家近代历史发展来看,产生共产党领导多党合作的政治制度是有它特定的历史条件的。世界是丰富多彩的,各国的文化也是各不相同的,民主绝不是西方一种模式。我觉得我们的政治体制改革始终在进行。比如我们改革开放前期开展了关于真理的讨论问题,还有就是思想大解放带来的改革开放,这本身体现了政治体制在前进,我们取消干部终身制,干部人事制度的改革,公务员法的实施以及责任政府的问责制,还有人权进入宪法,过去想象得到吗?我们的政治体制改革、政治文明和社会主义民主的步子是很大的,大家是身在其中的。我们享受到了民主和自由的空气,可以说是循序渐进,一直不断地在进行,不能一提民主就是西方的模式。我认为这个参照物找错了,这个问题是比较根本的问题。

民主党派的参政议政优势:一是超脱,二是渠道优势

主持人:您谈到的民主问题,实际上网友在网上也提到相关的问题。有网友问,“请问您怎么理解社会主义民主与民主这两个字?”

刚才张主席非常详细回答了民主特色的问题,我们知道在这次颁布的《意见》当中也提到了,并且明确提出了中国的政治协商制度是社会主义民主的两种重要形式之一,而且明确提出党和国家将政治协商纳入决策程序,并且表明政协能否发挥好工作作为检查的一项内容,政协是否能履行好职能,完成它的作用。有网友也问,“张主席你好,我是一名基层的政协委员,我想问的是历史上的政协作为中国共产党与其他党派进行政治协商的组织,是共产党执行职权的民主方式,现实是无论作为政协委员以及人民群众的感受,政协这一地位和作用基本没有实现”,他这个观点你同意吗?请您结合参政议政的体会解答一下目前政协是否应该有这个职能和地位,更好地发挥它的作用?

张梅颖：网友有这个疑问也不奇怪，我们整天忙活的就是政治协商，民主监督，参政议政。刚才我讲到中共中央做重大决策之前，包括重大的人事变动，很多的问题都是要进行协商，我们民主党派也要提出意见。我们下去调研回来以后反映社情民意，都是在协商会上表达人民的意愿，做了很多的工作。可能现在的宣传力度不够，有些实践可以作为一条群众喜闻乐见的新闻加以报道。比如近年民盟在建言献策上有几件事情得到了中共中央和国务院的高度重视，一个是民盟中央关于“将生物技术及其产业作为国家发展战略”的建议。民盟中央认为生物技术及其产业、生物经济每年大概有 3 万亿美元的产值，中国要抓住这个时机，要抢占制高点。我们中国生物技术方面的文献，无论是国际还是国内，50% 以上是华人，生物领域的华人科学家是很多的，我们在世界上有这种优势，在生物经济方面能够占优势，这就需要国家来组织，所以我们提出国家应该把生物技术及其产业列到“十一五”规划，引起了高度的重视，国家发改委、科技部等各个部门详细把民盟的这个提案做了研究以后纳入“十一五”规划，规划对生物方面谈得是非常好的，我们的意见都进去了。

另外，去年我到青海湖做了一次考察，为什么到青海湖去呢？看了很多资料，青海湖在萎缩。青海湖到底对中国有什么用？它萎缩到底有什么后果？资料显示，我国北方现在能够不是沙漠，青海湖功不可没，把戈壁挡住了，因为青海湖很大。但是青海湖的萎缩，将来对我们国家有很大的影响，所以到青海湖考察。青海湖流域沙漠化是沙进人退的景象，如果再不综合治理，我们将对不起子孙后代，不能继续让它萎缩下去。流入青海湖有六条河，每条河都带有大量的泥沙，上游开发过度，这个问题就很大，而且这么多年来，治理的力度不够。回来以后，我记得是去年8月18日在中南海和中共中央领导一起共商国是的时候，就把青海湖的问题提了出来，中央很重视，在我们几条建议里面作了批示，现在也纳入到整个国家生态保护和治理环境当中，投入了很大力量。

还有就是前不久我刚从三峡库区考察回来，三峡是很伟大的工程，属于全世界第一的大工程，在建坝过程中，我们的移民生活和生产情况怎么样了？我们考察回来后提了8条建议。所以，我觉得民主党派的参政议政有两个优势：一是超脱，它没有自身利益，看问题可能客观一些。二是渠道优势。有些问题可以直接和中共中央的高层领导进行沟通，把一些真实的情况向中共中央反映。

实际上民主党派政治上的监督和其他形式的监督不一样，很多人问我，你看哪儿又出了什么问题，哪儿又出了腐败，说你们监督到哪儿去了？监督有多种形式，人大是法律监督，媒体是舆论监督，作为各民主党派与共产党之间，是民主党派监督共产党，主要是政治监督，大的方针政策协商。所以，我们做的一切工作，包括高层的一些协商，实际上都蕴含着很强的监督。比如像政府工作报告出台以前，都要先征求我们的意见，几乎每次提的意见差不多都能够在新的稿子里看到影子，所以我认为做了大量的工作，宣传不够，老百姓觉得你们是花瓶呀，绝对不是这样子，忙得厉害，忙什么呢？替老百姓讲讲话，出去考察，了解社情民意,做化解矛盾这种工作,我觉得还是很有意义的。

民主党派的监督是政治监督

主持人:就像您刚才介绍的政协在参政议政方面做了大量的工作,而且很多的意见和建议被中共中央广泛吸取和采纳了。以前一提到政协,对政治协商和参政议政讲得比较多,也了解得比较多。但是在政协还有一个职能就是民主监督,对民主监督,我们的网友有一些问题想问,比如网友白云黑土就请您谈一谈,你担任全国政协副主席和民盟中央常务副主席,怎样履行监督的职能呢?

张梅颖:作为民主党派的监督,它属于政治制度。我们的制度是中国共产党领导的多党合作制度,我们对共产党的监督是支持与监督相结合,这是支持执政党执政为民。我刚才讲监督有好几种形式,作为民主党派是政治上的监督,这是一种形式,民主党派的监督不是那种法律监督,所以我觉得首先要明白民主党派的监督是怎么回事。民主党派的监督平时宣传比较少,我们的监督包括哪些内容?国家的宪法、法律的制定实施情况,民主党派都要参与。执政党、国家的重要方针、政策的制定实施情况,党的领导干部、国家机关以及公务员履行职责、遵纪守法、为政清廉方面的情况。

作为民盟,一个是就党和国家重大的决策和重要方针政策制定当中有关问题提出意见、建议和批评,在高层次、小范围的谈心会上,民盟的主要领导就重大的问题,而不是一些具体的小事向中共中央和地方党委的同志提出意见。在政协会议上,民盟是以党派的名义,就各方面工作的问题提出意见、批评、建议,民盟的政协委员在各种政协会议上,包括政协大会、常委会等各种会议上的建言。并且通过视察、调研提交提案来进行监督。在调研的基础上,就国家和地方政治、经济、社会生活的重大问题提出意见、建议和批评。同时,民盟的成员也担任司法机关和政府有关部门的特约监察员、检察员、审计员、教育督导员、土地监察专员,还有税务监察员,都是直接发挥监督作用。做了很多,好像大家都不知道。

许多提案具有前瞻性,但宣传不够

主持人:广大群众不是特别的了解。这一方面和我们的宣传不够有关系,另一方面是否也有这样的现象,有的政协委员可能并不像您所说的这样尽职尽责地去履行政协委员的职能。有的网友提出这样的问题,"两会"期间,政协委员是热闹十天,但是冷清一年,可能对政协委员在平常的工作当中的职能履行不很明显。网友中国钓鱼台想请问您,在这次十届四次会议结束后,政协如何更好地开展工作和履行职能?对这个问题您怎么看?

张梅颖:有些事情可能是看不见摸不着的。政协委员在休会期间,分好几部分,一个是政协常委,是一个季度开一次会,围绕国家经济社会的重要问题开会,比如去年,一是围绕和谐社会,还有就是围绕"十一五"规划,"十一五"应该做哪些事情,开了两次很重要的常委会。闭会期间,政协的考察不断,每一个委员每年都可以选择一次,也可以根据你的界别和你的关心的问题来选择。当然,我们有些委员不够尽责,但多数委员非常积极。比如去年我带政协科技、科协两个组的政协委员到上海去考察自主创新,大家积极性很高,我们8天马不停蹄,跑了30多个单位,大家心气儿很高,我们的国家必须走创新型国家道路,我们现在存在的问题在哪儿,最后形成了一些有价值的建议。我认为可能宣传得比较少。如果每次我们考察的情况都能宣传出去,群众对我们这个基本政治制度会有更多的认知。现在总的来讲还是宣传不够,其实政协委员做了大量的工作。每次政协大会的提案都取得很好的效果,比如民盟提出的反洗钱的建议,去年国家就采纳了,我认为我们提的一些建议和提案许多是带有前瞻性和现实主义的。

主持人:2006年是"十一五"规划的开局之年,民盟在制定"十一五"规划当中提供了哪些重要的意见和建议?

张梅颖:我已经讲了很多了,包括生物科技领域的。在教育方面,整个国家教育体系的建立,三个重点:一是义务教育,特别是农村教育;二是职业教育,过去我们对职业教育不太重视,许多的中专或者大专,为了升格,都改成本科综合学校,包括过去很多农业大学,把"农业"两个字摘掉了,这是很不对的;三是高等教育质量问题。民盟主要围绕这三个方面,为建立国民教育体系,建言献策。

义务教育是国家的责任,最应该体现公平

主持人:刚才谈到民盟的创建和发展的过程。有位网友问,民主党派通常吸收社会中高层来参与,我这样的人能否参加到这样的党派呢?我们知道民盟党派有一些高级的知识分子组成的,民盟当中主要吸收什么人?主要是什么样的身份?

张梅颖:民盟主要是由教育、科技、文化方面的中上层的知识分子组成，高教界为主界别，过去有校长之盟、教授之盟之称。因此在国家教育方面参政议政比较多，当然也有科技、文化、经济方面，但主界别是教育。8 个民主党派各有特色，总的来讲是大多是知识分子组成的参政党。

主持人：刚才提到民盟的主要界别是教育界，网上很多人关心教育的问题，教育问题成了大家关心切身利益的问题，我想请您谈一谈这方面的看法，很多网友谈到教育在社会上存在的问题。您对我国目前的教育体制有什么看法？如何更好地改革教育体制？使更多的人接受更公平的教育？对这个问题您怎么看。

张梅颖：从国家的教育方针、教育的规划纲要来讲，如果你真是按着做的话，不会有现在的问题。现在很大的问题在哪儿呢？我觉得乱收费的问题，从义务教育来讲，义务教育最应该体现的是公平，因为义务教育是国家的责任。国家出钱，有些人享受好的资源，但有些人享受不到，特别是农村就享受不到，这是不对的。义务教育最主要是公平。现在从义务阶段，主要是资源配置不公平、不均衡造成的。比如教育经费，先不说投入机制，在投入有限的情况下，作为各级政府应该怎么做？一种方式，是教育经费不足向薄弱学校倾斜，像安徽铜陵。还有一种方式，教育经费不是不足吗？我就搞示范校、重点校，当然好学生可以考进去，还有就是花钱进去，就产生了择校，名校又办民校，而家长认为只有一个孩子，掏空腰包也让要孩子上好学校，这样就造成择校乱收费，这个问题在安徽铜陵十年磨一剑，他们十年前在教育经费最困难的情况下把有限的资金投到薄弱的学校，我们到安徽铜陵考察，他们讲，在那儿学校只有远近之别，没有好坏之分。资源的配置基本是均衡的，包括教师、校长都是轮流任教。现在大家收入都不丰盛的情况下，谁愿意交那么多钱？不都是出于无奈吗？

我认为择校引起的乱收费，关键是各级政府要真正履行职能让教育资源相对均衡，不能把有限的教育资源让少数人享受，这是不对的。前一段时间到库区的时候，正好两免一补政策到位，老百姓特别高兴，我才了解两免一补对农村人来讲是一种解放，他们的孩子终于可以去上学，而且什么都不用交了，需要住宿，也是国家管的，用老百姓的话来讲就是压在老百姓身上的一座山解决了。解决教育公平，我认为就能解决教育乱收费，只要均衡，就可以解决乱收费。

至于大学，也反映大学学费的问题，总的来看，我们的高等教育过了一个槛，从精英到大众化，如果没有扩招，许多人是受不了高等教育的，从精英到大众化教育，对国家来讲是有里程碑意义的，我们是一个穷国，有这么多人上高校，我认为这是教育的一个很大发展。由于经费不足，扩招以后，许多方面都不配套，就要使劲盖房子和使劲地收钱，有些人愿意上将来好找工作的学校，这样也要择校，他就得交大量的学费。所以，很多问题不是那么简单的，有时候想收也收不住。因为招的生越多，收的就越多。所以有些问题的解决不是一蹴而就，我们的改革还需要深入，还需要通过改革解决这些问题，包括高考的制度，我也想过，如果不考试，当今的社会风气，如果没有一个分数还相对作为公平来讲，就更麻烦了。所以现在恐怕取消不了。但是高考这种制度，不能一考定终身。另外，我们有一些偏才的孩子，确实很聪明,很天才,但综合能力不是特别的强。就增加部分自主招生的成分,60 来所的学校自主招生扩大到 10% 。在某个方面你有特长,而且有创新能力,可以通过自主招生,让更多的有天分的孩子能够上大学,我觉得高教改革、高考制度的改革、整个教育体系的改革、教育制度的改革确实需要改,但需要有耐心。

医疗卫生事业是公益事业,要增加投入,体现政府责任

主持人:说完教育,我们谈另外一个话题,就是医疗的话题,网友问,强烈建议要深化目前的医疗体制改革,也提到目前大家普遍关注到的药价偏高,以药养医的现象,医疗体制改革的问题,党中央也非常重视这个问题,您作为曾经的医学工作者如何看待这个问题,对医疗事业有什么更好的建议?

张梅颖:这个问题也是老百姓的切身利益问题。按说教育、卫生都是公益事业,政府的职能需要转变,该管的你不管,缺位,你不该管的管了,越位。大搞形象工程,抓项目,招商引资,非常有兴趣,但该管的一些关系到老百姓的切身利益,比如教育、卫生问题,你都放给市场了,我认为这些要逐步地扭转,特别是医疗问题,毛主席说关系到生老病死,这是个政治问题,我体会这是个政治问题。但我不赞成矛盾集中在医务人员身上,我觉得中国的医务人员是很不简单的,因为我自己做过医生,医生的天职就是病人第一,病情就是命令,我刚才讲为什么非典的时候大家说他们是天使呢?说明医护人员确实是好的,这个问题有政府责任的问题,有投入的问题,我过去当院长的时候脑子里非常明确的一条就是我们的工资是医院自己要解决,所以作为院长要为职工的菜篮子负责,医院要给他们发工资。以药养医是国家给的政策,医院就要把政策用足,不仅要管菜篮子,还要发展医学,购买设备,还要把名医留下来给他们一些待遇,所以有些问题不能把矛盾集中在医院,集中在医院有一个很大的麻烦。就是医生不敢担风险,医疗这个行业是高风险、高技术、高付出的所谓“几高”的行业。舆论把医患矛盾炒得很紧张,有的甚至拿着棍子打医生,这样弄的话,谁敢担风险,最后还是病人倒霉。医疗技术是不断发展的,而且是有很多未知领域的,比如从国外的尸检来看,国外尸检率比较高,有50% ~60% 和诊断是不完全一致的,不是进到医院就一定能治好。这就产生了“医学万能”的误解,医务人员受到这么多的不公平,我也要替他们打抱不平,应该说绝大多数的医务人员是很可爱的,少数医护人员确实当了金钱的奴隶,造成了很坏的影响,要加强教育。医疗卫生改革问题很复杂,一环扣一环,不是一下子能解决的,也应该有耐心,但大家的矛头不要对准医生,他们是很辛苦的,而且也是很特殊的工作,医疗卫生事业应该是公益事业,要增加国家的投入,体现政府的责任。

主持人:尽管有这样那样的问题,党中央发现了这些问题,也在及时解决这些问题,而且也在探索解决这些问题的道路。

张梅颖:按说公立医院就应该是平价医院,但前提是国家要投入,国家一下子要投入那么多也需要一个过程。既然是公立医院,就应该是公益性的,这个问题总会解决的。

现在全身心地投入到新的工作岗位

主持人:您刚才讲了您一年当中非常的忙碌,大部分从事参政议政的工作,有一个网友说政协委员的日常工作和履行政协职能会不会冲突？说张副主席原本是肿瘤医生，多年从事医疗工作，你现在作为政协的副主席，你原本的业务还能够继续发展吗？您平常有多少时间用来参政议政，有多少时间操持老本行工作？

张梅颖：我现在完全是参政，因为是民盟中央常务副主席，言外之意，你必须全身心地投入到你新的工作岗位，40 年的医生生涯就只能割舍。我记得到民盟中央报到，第一天上班，非常无意识地就要去穿白大褂，伸手一拿，忽然一想，穿了 40 年白大褂，以后再也不穿了，当时眼泪就掉下来了。但工作各有千秋，那是救死扶伤的事业，但这是参政议政，多党合作也是非常重要的事业，也是国家伟大的一项事业。我们在探索我们国家民主政治的道路，这也是很艰辛的，也需要很多付出，而且要不断地完善、不断地把我们的政治发展的道路更加的民主化、更加地贴近老百姓所希望的。我想一心不能二用，但是我很关注原来事业的发展，特别是非典那时候，我很揪心，因为这么多白衣天使在第一线，为了病人的安危，为了更多的人不再受到传染，愿意拿自己的生命去救治病人，我认为他们是真正的天使。现在有些人觉得医生就跟“白狼”一样，有很多意见，我觉得可能他们不太了解医生的职业。非典来了医生是天使，非典过去了又变为“白狼”。我觉得这是医疗体制改革需要继续深入的问题。去年我在外面 100 多天，几乎是到处考察，你不调查研究，就没有发言权，作为一个民主党派、参政党，你要有真知灼见，不能凭空想出建议来，必须调查。这个网友问得挺好，我绝对不会一心二用，我会专职地从政。

主持人：您原来是一名医务工作者，现在走上从政的道路，能否谈一谈您为什么会走上从政的道路，我看到媒体的报道对你个人的身世背景也做了简单的介绍，能否简单地提一下？

张梅颖：我从来没有想过，因为作为医生，整天就是忙着自己的专业，也很喜欢自己的专业。从来没有想过坐到今天这个位置来，我觉得是很突然的事情。需要我来，我就来了，当然我知道你问的是我的家庭背景对我从政起到什么作用。我的祖父张澜是中国民主同盟创始人之一，而且在抗日战争 1941 年，在中华民族最危险的时候，那个时候民盟诞生，在中国共产党抗日民族统一战线的感召下，以第三者的身份站出来，提出团结抗日，我觉得很不容易。他们那一代人，像民盟的李公朴、闻一多和渣滓洞牺牲的 27 个民盟烈士，是提着脑袋参加民盟的。中国民主同盟和中国共产党为创建新中国风雨同舟，我希望多党合作这个事业能够发展下去，我也对这个事业寄予很大的期望，我们负有很大的责任，我认为中国政治发展的道路是前无古人的一条道路，我们国家经济基础原来这么差，人口又这么多，能快速健康稳步发展，政治制度的保证是非常重要的。这也是历史发展的必然，今天中国共产党领导的多党合作和政治协商制度越来越完善，中国特色政治发展的道路越走越宽广，越走越充满信心。

主持人：由于时间的关系，访谈马上就要结束了，很多网友还舍不得，因为很多网友来不及向您提出，不过网友说到张主席你来做客，很高兴，很喜欢你，一开场白就称为“网友”，很亲切。由于平常你工作很忙，是否平常也上网呢？

张梅颖：也上网，但很少有机会和网友交流。

主持人:你是否看过强国论坛的一些网友问题呢?

张梅颖:看过,但没有深思熟虑回答网友的问题,今天有这个机会非常高兴。

主持人:网友也向您提出了很多提问,有网友就想请您通过更多的民间智囊以及网友好的建议和意见反映到有关部门得到应有的重视和反馈,我想就此您一定会给他们一个好的建议和主意的?

张梅颖:我其实也给政协提了建议,比如政协应该有一个部门,专门把政协的工作向外发布,或者以新闻发言人的方式,把政协对老百姓关心的热点问题所做的工作进行宣传,通过宣传让他们感到我们生活在比较民主、而且是逐渐完善的民主制度之中。

主持人:作为媒体的工作者,人民日报今后也会更好办好议政建言周刊,作为人民网也会办好新闻频道,希望对政协工作宣传和改进方面起到应有的作用。在这里有很多网友,包括"风雨下中山"希望能够转达一些好的建议和提案,这些建议和提案会转交给张梅颖副主席,也会通过张副主席转交给相关部门,希望得到有关部门的重视。今天的访谈就全部结束了,再一次感谢网友的参与以及张副主席的参与,最后请张副主席跟网友说声再见。

张梅颖:各位网友再见。

主持人:各位网友,今天的访谈到此结束,再见。

全国政协代表团出席蒙塔纳论坛第17届年会并访问冰岛情况的报告

（2006 年 7 月）

应蒙塔纳论坛（以下简称“论坛”）主席卡特隆、冰岛议长彼得斯多蒂尔的邀请，全国政协副主席张梅颖于6月20日至7月1日率中国全国政协代表团出席了在摩纳哥举行的“论坛”第17届年会并对冰岛进行了友好访问。

此访系全国政协领导人首次率团出席“论坛”活动及近年来我国全国政协领导人首次访问冰岛，受到有关国际组织和冰岛的高度重视，并给予了高规格和热情友好接待。

“论坛”全称为蒙塔纳论坛基金会，成立于1989年，在瑞士和摩纳哥蒙特卡罗设有总部。其组织活动的宗旨是为各国政府与企业界沟通提供一个平台，促进企业界了解各国的宏观经济政策和投资环境。其中最重要的是6月的“论坛”年会和12月的摩纳哥世界峰会。

本届年会以“新欧洲与新世界”为主题，主要讨论了欧盟扩大后面临的机遇与挑战，并研讨了“跨国有组织犯罪与宗教极端主义对贸易与投资的影响”、“不同文明间的对话”、“世界能源”等问题。会议期间还举办了题为“政府在应对新型传染病方面的职责”的研讨会。

张梅颖副主席以特邀嘉宾身份与会，并在年会开幕式上发表了题为“增进共识、扩大合作”的演讲，此次中国代表团与会，特别是张副主席的主旨演讲，受到“论坛”方面、与会者及当地媒体的高度重视和关注。“论坛”主席卡特隆还专门会见了张副主席，双方就加强“论坛”与全国政协的交流与合作交换了看法。会议期间，张副主席还会见了摩纳哥国务大臣（政府首脑）让－保罗·普鲁斯特，就中摩双边关系的发展交换了意见。

随后，应冰岛议长彼得斯多蒂尔的邀请，张梅颖副主席对冰岛进行了友好访问。

冰岛副议长贝克曼等在机场迎接张副主席，并全程陪同代表团在冰岛的相关活动。张副主席分别会见了冰岛总统格里姆松、议长彼得斯多蒂尔及社会事务部部长斯蒂凡松，就中冰双边关系交换了看法。

主要成果

（一）发展了与“论坛”的关系，开拓了全国政协对外交往领域

“论坛”自 1989 年成立以来，特别是近年来，“论坛”的影响不断扩大，每年都有一些国家，特别是中东欧国家的国家元首或政府首脑以及世界 500 强的企业负责人参加年会。

张副主席在会见“论坛”主席卡特隆时，积极评价“论坛”的作用，指出“论坛”为推动各国间的相互了解，促进各国议会间的交流，加强政府与工商界的联系，发挥了独特的积极作用。张副主席在简要介绍了全国政协情况后指出，这次是中国全国政协第一次派领导人参加蒙塔纳“论坛”的会议，也是迄今中国派出的最高级别的与会代表团。这充分体现了中方，包括中国全国政协对“论坛”的重视。中国全国政协愿与蒙塔纳“论坛”积极开展交流，也愿邀请卡特隆在明年适当时候访华，就双方的合作继续交换意见。

卡特隆作出了积极回应，表示“论坛”十分钦佩中国的迅猛发展，赞赏中国在国际事务中发挥的越来越重要的作用，今后可考虑举办关于中国的专场研讨会，欢迎中国企业积极参与“论坛”活动，“论坛”可成为中国企业进入中东欧国家的门户。关于中国全国政协与“论坛”的关系，卡特隆表示愿与全国政协建立机制性联系。就发展全国政协与“论坛”的关系继续交换意见。

（二）推动了中欧和中冰等双边关系的进一步发展

在“论坛”年会的演讲中，张副主席重点阐述了我国对发展中欧关系的主张。张副主席积极评价欧盟的扩大，强调中国一贯支持欧盟一体化进程，愿看到一个繁荣、强大和团结的欧洲，也愿看到欧洲在维护世界和平、促进共同发展中发挥更加积极的作用。张副主席指出，中国与欧盟正式建立外交关系以来，双方在各个领域开展了卓有成效的合作，中欧关系日趋成熟，目前已进入稳定发展、富有成果的新时期。特别是 2003 年 10 月，中欧建立全面战略伙伴关系，双边关系进入全面发展的新阶段。

张副主席还就发展中欧关系提出了三点建议:一是加强政治对话,深化互尊互信;二是坚持平等互利,扩大经贸合作;三是增强发展活力,扩大合作领域。

张副主席在与冰岛领导人会见时,积极评价中冰关系,指出中冰相距遥远,社会制度、历史背景和文化传统等不尽相同,但两国建交以来,在和平共处五项原则基础上,相互了解不断增进,合作领域不断扩大,在国际事务中保持着良好的合作。两国经贸合作发展尤为迅速,已从传统的商品贸易扩大到地热、造船、渔业等领域。中冰两国的经贸合作显示出了较大的发展潜力。此外,双方在司法、文化、旅游等领域的交流也很活跃。我们对中冰关系的良好局面感到满意。冰岛总统去年访华时,胡锦涛主席提出进一步发展与冰方的合作关系的建议,并得到冰方的积极回应。在当前复杂多变的国际形势下,中方愿同冰方共同努力,落实两国领导人达成的共识,将中冰互利友好合作不断推向新的水平。在会见摩洛哥领导人时,张副主席也介绍了我对发展中摩双边关系的立场。冰方赞同张副主席对双边关系的评价,表示冰高度重视发展对华关系,将对华关系视为冰对外关系的基石和最重要的双边关系之一,愿进一步扩大合作领域,推动两国关系不断向前发展。

(三)增进了对方对我国基本政治制度和全国政协的了解,进一步发展了全国政协与冰议会的关系

在"论坛"年会的演讲和在会见冰方领导人时,张副主席详细介绍了中国共产党领导的多党合作和政治协商制度,指出实行何种政治制度是由国家性质、国情、国家利益和社会发展要求

决定的,中国共产党领导的多党合作和政治协商制度是中国共产党和各民主党派在中国革命、建设和改革长期实践中确立和发展起来的,是中国共产党同各民主党派风雨同舟、团结奋斗的成果,是当代中国的一项基本政治制度。它的特征是共产党领导、多党派合作、共产党执政、多党派参政。张副主席还结合中央5号文件精神,强调指出,人民通过选举、投票行使权利和各方面在重大决策之前进行充分协商,尽可能就共同性问题取得一致意见,是中国社会主义民主的两种重要形式,体现了我国社会主义民主政治建设的特色。坚持和完善人民政协这种民主形式,既反映了中国社会主义民主政治的本质要求,又体现了中华民族兼容并蓄的优秀文化传统,具有鲜明的中国特色。全国政协的对外交往是中国国家整体外交的重要组成部分,全国政协将继续积极支持中国与冰岛友好合作关系的发展,愿积极发展与冰岛议会的交流与合作,推动双边关系的全面发展。张副主席还提出了保持两组织高层交往、加强专门机构间的交流和推动人民间的往来等三点建议。

冰方国家和议会领导人表示,张副主席此访加深了其对中国政治体制的了解,有益于双方进一步拓展交流与合作途径。冰总统还表示,张副主席的介绍加深了他对中国民主政治进展情况的了解,强调一个国家的民主建设是循序渐进的,不能一蹴而就。冰方愿与中方加强在民主、人权等领域的探讨与交流。冰议长介绍了冰议会的组成及工作模式,表示张副主席的访问有助于双方彼此了解各自的政治体系,有益于冰中双方,特别是冰议会与全国政协之间的交流与合作,表示完全赞同张副主席提出的相关建议，双方可以适当形式进一步促进交流、加深理解，冰议会愿与全国政协共同努力，把两国关系和两组织的交流与合作推向一个新的高度。

（四）增强了国际社会对我国和平发展道路的了解，驳斥了所谓“中国威胁论”

张梅颖副主席通过在“论坛”年会上发表演讲以及会见活动，有针对性地阐述了我国坚持走和平发展道路的立场。张副主席强调指出，实现和平发展，是中国人民的真诚愿望和不懈追求。中国的和平发展道路是人类追求文明进步的一条全新道路，是中国现代化建设的必由之路，是中国政府和人民的着重选择和庄严承诺。坚定不移地走和平发展道路是基于中国国情的必然选择，是基于中国历史文化传统的必然选择，是基于当今世界发展潮流的必然选择。中国既要争取和平的国际环境发展自身，同时要通过自身的发展来维护世界和平、促进共同发展；既要依靠自己的力量和改革创新实现发展，同时也要实行对外开放的政策，加强同世界各国的友好合作，努力实现与各国的互利共赢和共同发展。事实证明，中国的发展不仅造福13亿中国人民，也给世界各国带来了良好的机遇和巨大的市场，并将继续拉动世界经济的增长。

张副主席的讲话以事实驳斥了所谓“中国威胁论”，进一步加深了外界对我国和平发展道路的理解。

（五）就台湾问题做工作

“论坛”过去在台湾问题上一度态度暧昧，冰方不顾我多次严正交涉，执意允台“外长”陈唐山窜访冰岛。2005年3月，冰现任议长以冰议会第三副议长兼外委会主席身份访台，会见陈水扁。在我采取惩戒措施，10 月，我决定恢复双边正常交往。

针对这一情况，张副主席重点就台湾问题做了对方工作，阐述了我在台湾问题上的原则立场，指出台湾问题事关中国主权和领土完整，攸关中国核心利益，牵动着全体中国人民的感情。长期以来，我们一直以最大的诚意、尽最大的努力促进两岸关系发展，维护台海和平稳定，争取和平统一的前景。但是，台湾当局仍不断推行“台独”、制造“两个中国”或者“一中一台”，其假缓和、真台独的目的昭然若揭。张副主席强调指出，一个中国原则是中国与“论坛”、与冰岛开展交往合作的政治基础，希望“论坛”和冰方继续恪守一个中国原则，反对台湾当局利用搞“两个中国”或“一中一台”的活动，为双方的进一步合作继续做出努力。

“论坛”主席卡特隆和冰总统、议长均表示，将继续恪守一个中国原则。

张梅颖文集

COLLECTED WORKS OF ZHANG MEIYING

中

2007—2009

张梅颖 著

群言出版社
QUNYAN PRESS
·北京·

2007

在北大光华新年论坛上的讲话

（2007 年 1 月 4 日）

各位嘉宾，尊敬的老师们，亲爱的同学们：

大家新年好！

新年伊始，我们来到庄严的北大百年讲堂，汇聚在光华新年论坛，以“奥运与品牌”的论题为新年揭幕，令人振奋，引人思考。

奥运，一块百年体育品牌；中国，一块千年文化品牌。两块品牌的重合，是几代国人的梦想。

改革开放带来国力昌盛，赢得了国际社会的广泛信任，才有2008 奥运花落北京，也才有本届论坛主题的创意。为此我谨向论坛的举办表示热烈的祝贺！

回想当初，历经一波波艰难的谈判，实现中国“入世”还多少有些“狼来了”的忐忑。但是天道有常，五年过去了，中国经济大发展，国门大开放，中国潇潇洒洒走出去了。从当初的忐忑、担心转为如今的自信、从容。在这个不安定、不平衡、不和谐的世界上，中国成为构建和谐世界的一支重要力量。从这个意义上看，2008 北京奥运，是振奋国民精神、振兴中华民族的历史契机。

我们需要奥运赛场上多收获奖牌、金牌,更需要国家发展中自主创新的众多品牌、金牌。

为此,要毫不动摇地坚持改革再改革、开放再开放,并要由又快又好转向又好又快发展,这就需要充分重视和鼓励自主创新,充分发挥品牌的作用,用一块块民族工业的品牌汇聚,打造出中国自主创新的大品牌。

北大光华新年论坛是个富于责任感、敏感和智慧的讲坛,经过多年成长,已赢得各界人士普遍关注和广泛响应,成为中国最具影响力的管理论坛之一。我为这一品牌活动的健康发展感到高兴,祝福这个论坛在中国改革开放提供的广阔天空中继续翱翔!

今天在座的各位企业家所代表的企业都是知名品牌,这些品牌是构筑中国品牌之路的重要基石,对其中体现出的创业智慧和社会责任感,我深为敬重。真诚地祝愿大家在新的一年里,在扩展企业品牌的过程中共同关注“国家品牌”。这一品牌不仅是“中国制造”,更是指“中国之路”。相信在座的各位对此都有共识、有理想、有智慧。

我希望光华新年论坛为整合这些资源做出进一步努力,为拓展中国的品牌之路,塑造中国自主创新大品牌作出积极贡献!

预祝论坛圆满成功。谢谢大家。

在民主党派工作座谈会上的讲话

（2007 年 3 月 19 日）

尊敬的延东部长、各位领导、同志们：

今天听了延东同志的讲话和广西经验，感觉内容十分丰富。尽管还来不及好好消化，思想上已经受到了很大震动，增强了对开展政治交接主题学习教育活动重要性的认识和紧迫感，深刻理解了政治交接的丰富内涵，明确了搞好这次主题教育活动的方向和重点，也明确了准确把握开展政治交接学习教育活动的主要原则。

广西各民主党派在中共广西区委领导和支持下，形式鲜活、生动的主题教育活动，给我们以很大启发。民盟开展这项活动，应该说有非常丰富的政治和思想资源。在中国革命和抗日战争最困难的时候，民盟从成立之日起，就和中国共产党风雨同舟，生死与共。共和国的旗帜上，有成千上万中国共产党人的鲜血，也有闻一多、李公朴以及重庆渣滓洞等地一百多盟员和其他党派烈士的鲜血。在文化大革命中，中国共产党的组织受到严重破坏，党员干部受到严重打击，与此同时，各民主党派组织也被查封，多党合作事业受到重创，可以说是一荣俱荣，一损俱损，荣辱与共。直到改革开放进入新时期，共产党带领全国人民拨乱反正，从革命党成为执政党，从斗争哲学转向发展经济，倡导和谐，带领人民奔小康，民盟围绕经济和社会发展出主意，想办法，做好事，做实事。在这个过程中，许多民主党派老一代领导人一度饱经磨难，但跟共产党走的信念矢志不移，继续与中国共产党亲密合作，逐渐积累起新时期多党合作的经验。历史和现实都说明，民主党派和中国共产党具有牢固的共同政治基础。多年来，我们充分借重和利用宝贵的、在长期的亲密合作中积累的丰富政治和思想资源，开展学习教育活动，例如每年春节前举办新盟员学习班，暑期举办后备干部和从政干部学习班，着重进行民盟革命传统教育，新时期参政党责任的教育。我们还利用民盟成立65周年、李公朴、闻一多烈士殉难60周年、统战部先进人物表彰等契机开展政治交接传承教育活动，收到了较好效果。这次会议之后，我们一定要按照统战部的部署，认真组织，精心实施，抓好试点，讲求实效，切实把这项活动搞好搞实。

胡锦涛同志在第20次全国统战工作会议上要求："既要全面推进党的建设新的伟大工程，又要积极支持民主党派加强自身建设。"民盟中央对锦涛同志这一要求蕴含的深意有切身体会。我们在去年与11个省级盟组织开展的思想建设联合调研中，接触到许多新一代盟员，他们主流积极向上、信念坚定、有活力、有朝气，也发现了一些需要引导的模糊认识。同时，我们也了解到盟的基层组织自身建设既有成绩、也有困难的真实情况，深切体会到，参政党的自身建设工作，需要我们自己更加努力，也需要执政党的大力支持。从调研中听到的广大盟员的呼声看，锦涛同志关于“积极支持民主党派加强自身建设”的要求，在民主党派成员中具有广泛的群众基础，是我们自身建设的内在需求。民盟广西区委提出的在新一代盟员中进行政治交接教育活动的建议，不是偶然的，而是必然的。这是坚持走中国特色政治发展道路的内在要求，是保持和谐政党关系的需要。我们认为，这次“民主党派政治交接主题学习教育活动”现场会是落实锦涛同志要求的重要举措，是中央统战部以创新精神支持民主党派搞好政治交接、开展工作的一个范例，将对民主党派自身建设工作产生深远影响。

在新老交替基础上实现政治交接，是民主党派在自身发展过程中面临的一个重大课题。这次现场会，是交流、汇聚做好政治交接成功经验和做法的好平台，是我们向广西和兄弟党派学习的好机会。为了做好下一步的政治交接，确实应该对最近十年里这方面的工作经验认真总结，以促进我们对搞好政治交接规律性的认识不断深化。

政治交接是一个不断推进的持续动态过程，是加强领导班子建设的长期政治任务。开展政治交接学习教育活动之所以非常必要，关键在“接”字。交是一个环节、一个程序，接却是从一个环节、一个程序延续为一个长期过程。“接”过来后的一届、两届乃至更长时间里如何把传统继承好、把局面开出来，走好中国特色政治发展道路，始终都是“接”的工作内容。我们当然重视如何“交”的问题，更多的精力却要放在如何“接”上来。表面上看，接的是工作职务，实质上接的是重大的政治责任，事关统一战线事业、多党合作大局和我国政治文明建设。

政治交接工作始终要突出走中国特色政治发展道路这一主题。在这一主题之下,我们要以政治交接为契机,更充分地动员全盟同志的热情和智慧,致力于促进科学发展,致力于加强中国共产党领导的多党合作,致力于推动社会主义核心价值体系建设,致力于维护和促进社会和谐。这要求我们更好地发挥自身特点和优势。民盟前任主席费孝通教授曾用三句话概括过盟员特点,即“革命的传统,切实的知识,正直的作风”。费老的说法,在全盟同志当中获得了高度认同。老盟员感到被理解、被感染,新盟员感到被感召、被激励。我们将把这次主题学习教育活动的一般要求和盟员的实际特点结合起来,使这项活动富有亲切感,富有内在动力,富有实际效果。我们自己是政治交接的主体,所以要始终坚持自觉、自主、自为,始终突出领导班子和领导成员这个重点,真正把政治交接的要求落到实处,并形成长效机制;始终做好扎扎实实的思想政治工作,平时做到润物无声,点滴积累,关键时刻加强引导,把准方向,经得起严峻考验;始终围绕充分履行参政党职能,结合实际,发挥优势,在构建和谐社会中有所建树,有所作为;始终把学习教育活动贯穿换届全过程,将政治交接教育活动作为贯穿换届工作的主线,贯穿与换后的每个环节。

抓好领导班子建设工作是做好政治交接的重要任务。在省级组织换届过程中,我们要积极试点,抓好典型,推广全盟。换届工作结束、新班子组成后,我们将从今年七月开始,集中一段时间,对新任的省级主委、副主委认真培训,使他们真正意识到,自己从老一代接过来的不是官位,而是坚持走中国特色政治发展道路的政治岗位。即便有官的色彩,做官也只是一阵子,做人却是一辈子。要把民主党派老一辈的人品、学识、高尚风范一代代接过来,传下去,使自己的一阵子、一辈子融入中国特色政治发展道路的永恒事业。

总之,从盟中央到广大盟员,从中央机关到基层组织,都要吃透活动精神,突出活动主题,认真开展"民主党派政治交接主题学习教育活动",有计划,有步骤,有要求,有检查,有总结,务必扎实进行,确保实际效果。

谢谢中央统战部语重心长的指导!谢谢广西为我们提供的难能可贵的经验!谢谢大家!

绿水青山胜似金山银山*

——张梅颖赴四川考察退耕还林和湿地保护

4月中旬,由民盟中央和国家发改委、水利部、林业局等单位组成的调研组赴四川西部绵阳市、阿坝州等地区,就退耕还林、湿地保护、草原沙化等问题进行专题调研。四川省川西高原地处长江上游及黄河源头,世界最大的高原沼泽湿地的绝大部分位于此地,生态区位极其重要,是需要国家大力扶持的生态环境保护地区。民盟中央此次实地调研,是为真实了解当地退耕还林、湿地保护、草原沙化的现状及主要问题,结合我国功能区划及健全生态补偿机制的需要,研究政策措施,为中共中央制定后续政策提出建议。

---

* 本文原载于2007年5月3日《光明日报》。民盟中央主席蒋树声、民盟中央副主席张梅颖已就退耕还林联名提交建议信,中共中央国务院领导同志胡锦涛、温家宝、曾培炎、回良玉均作出重要批示,要求发改委、林业局对民盟的建议进行参考、研究。

退耕还林有两个层面的事情要做

1999 年启动的退耕还林工程,可以说是中华民族生存和发展史上的一个重要转折点。多年里“与天地斗,其乐无穷”的观念和行为,导致了违背规律、其害无穷的结果。所以,我们开始从破坏自然转向与自然求和谐,这一转折具有里程碑意义。发展是硬道理,科学发展是硬中之硬的道理。只有科学发展,才有持续发展、和谐发展。

中国共产党执政能力的提高,治国理政观念的转变,加上广大人民群众的广泛参与,以退耕还林为代表的生态工程取得了显著的成效。在这方面,四川省是先行者,全国推行的几个大的生态工程,比如“天保工程”和退耕还林工程,都是四川挑头发起的。其中,阿坝州又是排头兵。四川省去年向国家争取的用于生态建设资金已达 10 个亿,目前退耕还林已累计完成总体规划的 70% ,没有复耕现象,为“构建长江、黄河上游绿色生态屏障”作出了值得钦佩的贡献。阿坝的风景区之所以强烈地吸引了全世界的旅游者,实现了生态效益带动经济效益、社会效益的多赢局面,根本就在于那里原生态的灵秀美妙,事实雄辩证明了“绿水青山胜似金山银山”。

在四川省的生态建设和保护中,需要考虑几条原则性的东西。首先,要理清思路,统筹规划;第二,要完善政策,综合治理;第三,要因地制宜,区别对待;第四,要共建共享,互利互惠。

在生态建设中,国家和个人、中央和地方、上游和下游、农区和牧区同属于一个生态利益共同体,休戚相关,而不是“国家要被子(植被),农民要票子”的关系。国家有被子,百姓也暖和。生态搞得好,当地百姓将是最大的直接受益者。搞不好,则将是最大的直接受害者。比如,有些省地下水的污染,致使老百姓喝不上符合卫生条件的饮水。所以,一定要把互利互惠的观念牢牢树立起来。

目前退耕还林问题还有两个层面的事情要做。一是政策层面,这主要由中央来制定。通过后续政策的研究制定,完善现行政策。相信国家有关部门会最大程度地体察民情,尽快出台后续政策,保护好群众的切身利益。二是工作层面,这主要在省里,包括强化各级政府的责任,而不是某个部门的责任。我国退耕还林条例规定:省级政府负总责。国家把钱投给了四川,把权放给了四川,也把责任交给了四川。这个责任大于天。国家下达退耕还林经费时,并未要求地方安排配套资金。因此,地方政府为此安排工作经费应是情理之中,不能再靠中央。相信四川的同志既然有先行者的魄力,就会有相应的眼光,在退耕还林工作进展到目前这个节骨眼上,思路要清楚,把生态建设放在全省经济与社会发展的首要地位。

我们在实地调研中已经听到了这样的声音。阿坝的领导同志说:保护好生态是全州所有发展问题的生命线。这就是难能可贵的生态觉悟和生态道德。把阿坝声音放大到全省,必然会有正确的思路、科学的规划、得力的措施、聪明的办法。阿坝是著名的革命老区,红军曾经在极端艰苦卓绝的情况下创造出中国革命史上的奇迹。而这种精神财富已融进当地干部和人民群众的血脉。相信这里的人民一定会为我们建设好绿色生态屏障作出新的贡献。如果再能跟上体制和机制创新，为退耕还林提供体制和机制保障，我国长江和黄河上游的绿色生态屏障将呼之欲出。内蒙古为巩固退耕还林成果，实行地方政府责任人工作考核的一票否决制，这就是体制和机制创新。我认为，这样的好经验值得借鉴。

治理沙化的出路是创新体制机制

湿地的概念，提出已有半个世纪。人类的求生存、求发展的历史经验证明：湿地有调蓄洪水、调节气候、净化水体、保护生物多样性等多种生态功能，因此被看作“地球的肾”，这点已经在国际社会形成广泛共识。对若尔盖湿地来讲，不仅有上述功能，而且有更加特殊的意义。一是在黄河水源不够充分的情况下，若尔盖湿地在黄河上游流经地段每年补充其水分的30%。二是在调节全球气候、固定二氧化碳上具有重大作用，其丰富的泥炭储藏对抑制二氧化碳排放、维持全球气候平衡，对中国履行《京都协议书》，都具有战略意义。所以，我们要像爱护自己的肾一样爱护湿地。人的肾功能衰竭，只能通过透析而维持生命。湿地要是到了功能衰竭地步，那情景难以想象。

前不久，《参考消息》刊载文章说：我国“高原之肾”若尔盖湿地萎缩严重。这说明，这个“肾脏”已经出问题了，而且国际社会对这块湿地的关注度很高。我们在调研途中，亲眼见到围垦、挖沟造成的湿地水源流失，导致许多湖泊萎缩干涸，如麦溪乡的兴错湖原有水面469公顷,现在已经不足10公顷,大量湖床河床裸露。若尔盖湿地中冒出大沙丘,还有大片草地处在沙化边缘。这些地方有9种国家一级保护动物,41种国家二级保护动物,是重要生物多样的栖息地。如果上述退化现象继续发展下去,将给当地生物多样性造成不可挽回的损失。

从我们的调研结果看,草原沙化的根本原因是牛羊数量的激增导致过度放牧。牛羊大量吃地面上的草,老鼠吃地面下的草根,草原只有沙化。在这个问题上,应该说是亡羊补牢,犹未晚也。不应把治理前景估计得过于复杂和悲观,也不应过分强调牧民对传统生活和生产方式的依赖,而忽略了牧民对现代文明生活的向往和追求。退牧问题迫在眉睫,不是讨论该不该的时候,应该明确划出生态红线,立即停止所有可能带来生态破坏的活动,坚决把破坏生态的活动有效遏制住,才有可能谈到生态的恢复。否则,边保护边破坏,点上保护面上破坏,表面保护实际破坏;若尔盖草原在5年里的沙化面积递增比例将近74%,实际增加了4300多公顷,速度之快,令人震惊,令人担忧。这样下去,我们现在还能看到的草原将被沙漠很快吞噬掉。

治理沙化的出路在体制机制创新,要从根本上采取断然措施,把牧业规模坚决限制在草原生态容量之内。为此,建议统筹规划一个系统工程。要引进先进技术,发展现代牧业,实行圈养;培养新一代畜牧工人,把人力、财力、物力集中在转变牧业的传统生产方式上。同时,应加强对牧民的职业技能培训,帮助他们具备发展后续产业的本领,具备走出草原、进入城市文明生活的能力。

处理好水电开发和环境保护的关系

我们的这次考察,往返途中沿涪江上游而上,沿岷江上游而下,沿途看到了水电工程施工导致大片植被破坏、部分河道淤塞的情况。四川水电资源丰富,具有发展优势,也是省里确定的支柱产业。如何利用好水资源,保护好环境生态,需要以相关法律为准则,加强执法管理。

我们也亲眼见到,一些水电开发工程现场,弃渣随山坡倾泻,直至谷底河道。这种野蛮施工造成的植被损失和泥沙污染,足以抵消多年来退耕还林的生态恢复作用。国资委要加强对所属国企的环境保护基本教育和监管。严格实行谁破坏、谁治理,谁受益、谁补偿的生态补偿机制。四川省要理直气壮地加强《水保法》等法律的执法力度,用法律保护自己的绿水青山。

加强环境道德教育和宣传

说到这个问题,我们不妨来看一段德国小学生的环保日记。

周一,我为珍稀动物灰顶鹤捐了一个马克。

周二,昨天晚上睡觉没有关灯,浪费了电。我感到很不安。

周三,妈妈为洗一两件衣服开动了洗衣机,浪费水电。我对妈妈提出了批评。

周四,上图画课,我浪费了三张纸。老师说造纸需要木材,我感到惭愧。

周五,爸爸到超市买东西,要开车。我劝阻爸爸乘公交车去,节约汽油。爸爸欣然接受了我的意见。

周六,哥哥买了一辆跑车。当得知跑车排气量高时,我和哥哥决定每人每年多种20棵树,弥补对环境的污染。

周日,倒垃圾时,忘了分类,又把垃圾取回来,尽管味道很不好,但我还是进行了重新分类。

这是我国科学院今年环境报告里的一个例子。我因读过之后深受教育和感动,记下了日记的内容。国外环境教育如此深入人心,甚至在一个孩子身上也达到了高度自觉的程度,值得我们深思。如果我们的国民都能从小就有这样的环境道德,保护环境就是一种自觉甚至本能的行为。为了这一天,我们要做很多宣传教育工作,就像这个小学生一样,是从细节做起,从自己做起。要讲环境保护常识,讲生活中的行为规范,还要讲法规法律,普及相关知识。同时,还要加大执法力度,把教育和法制建设结合起来。

附：中共四川省委统战部关于我省落实全国政协副主席张梅颖来川视察指示的报告

（2007 年 6 月 25 日）

尊敬的梅颖副主席：

4 月 13 日至 18 日，您率领全国政协和民盟中央、国家发改委、国家林业局、水利部有关领导一行，深入我省平武、松潘、若尔盖、理县等地视察、调研退耕还林、湿地保护、沙化及石漠化防治等工作，并作重要指示。4 月 19 日，在听取了郭永祥副省长代表我省作的工作汇报后，对我省相关工作充分肯定的同时，也提出了明确要求。对您的重要指示，省委、省政府高度重视，青林书记、巨峰省长都相继作出了重要批示，要求有关部门认真落实您的指示精神，省委、省政府分管领导就贯彻落实您和青林书记、巨峰省长的重要指示，召集有关部门作了认真研究，现将我省落实情况及意见报告如下：

一、关于退耕还林

我省进一步强化了对退耕还林工作的领导，正研究制定《四川省人民政府关于加大工作力度切实巩固退耕还林成果的通知》，通知特别强化了两个方面的内容。

一是将退耕还林成果巩固工作纳入各级政府目标考核。加强对各市（州）、县（市、区）退耕还林工作的监督检查，进一步强化退耕还林地方政府特别是县级政府责任制，切实巩固退耕还林成果。

二是加大对退耕还林成果巩固的投入。要求将退耕还林补植补造资金、后续产业发展扶持资金及管护经费、工作经费等纳入各级财政预算，为巩固退耕还林成果提供必要的经费投入保障。

二、关于湿地保护

一是加快湿地保护地方立法进程。加快《四川省湿地保护条例》立法进程，在前期立法调研的基础上，力争纳入省人大2008年立法计划。

二是编制若尔盖湿地保护综合治理规划。按照您关于若尔盖湿地保护"统筹规划一个系统工程"的指示，由省林业厅牵头，发改委、财政厅、水利厅、农业厅、畜牧局、环保局等部门参与，整合退牧还草、沙化治理、湿地保护、鼠害防治、生态旅游等工程措施，编制若尔盖湿地综合治理工程规划，经专家论证后，将由省政府报国务院审批。

三、关于土地沙化及石漠化治理

一是加快防沙治沙地方立法进程。我省防沙治沙立法已纳入2007年立法调研计划，将加大工作力度，力争纳入省人大2008年立法计划，尽早出台《四川省〈中华人民共和国防沙治沙法〉实施办法》。

二是编制全省防沙治沙及石漠化治理规划。由省林业厅牵头，省级有关部门和相关市（州）参与，规划将作为今后防沙治沙及石漠化治理工作的指导性文件。

三是与相关地方签订防沙治沙目标责任书。进一步明确目标任务，落实工作责任、责任主体及责任人。

四是积极开展防沙治沙试点。在我省阿坝、甘孜州各选择一个县，每个县建设试点示范面积 1 万亩，两个县共 2 万亩。

五是转变畜牧业增长方式。切实改变当前超载过牧的状况，大力推进舍饲圈养，广泛推行“人草畜三配套”。

四、关于切实控制工程建设对生态破坏的问题

一是集中整治。近期由省发改委牵头，组织水利、林业、建设、环保等部门对在建工程进行全面检查，对于违规操作的进行严肃处理，拒不改正的，责令其停工整改。

二是建章立制。从省上层面进一步建立健全对生态影响较大的工程建设项目的会审制度、生态保护监理制度、生态恢复保障制度，切实减轻工程建设项目对生态的影响。

同时，我省正抓紧研究调整地方政府和干部目标考核指标及生态效益补偿机制建设问题。一是按照加强生态文明建设，构建长江上游生态屏障，建设绿色天府，确保生态安全的要求，对我省生态区位重要，以生态建设、生态保护为主的相关县（包括三州所属县及平武、马边、峨边等）的政府和干部目标考核指标进行调整，建立生态保护考核制度，降低 GDP 和财政收入增幅考核指标，不对招商引资及固定资产投资增长率进行考核，增加绿化覆盖率、水源水质达标率的权重。倡导绿色 GDP，鼓励该区调整产业结构，维护生态安全，发展生态经济“双赢”产业，走可持续发展道路。二是建立生态效益补偿制度，建立和健全生态建设及保护投入的长效机制，确保我省生态安全，促进我省及长江流域经济社会可持续发展。

我省地处长江和黄河上游，生态建设和成果巩固的任务都

很重。我省生态建设、成果巩固及经济社会可持续发展迫切需要国家进一步加强领导、加大投入。

一是关于延长退耕还林补助年限问题。目前，国家发改委、财政部、国家林业局等部门正研究具体方案。我省迫切希望能在不降低补偿标准的基础上全面延长补助年限。

二是关于提高退耕还林政策补助标准问题。退耕还林政策补助应随着经济社会发展及物价特别是粮食价格上涨的实际给予适当调整，以保证退耕农户基本生活所需。

三是关于国家湿地保护立法问题。湿地非常重要，但湿地保护涉及面广，工作难度大，现行的政策规定无法有效约束随意侵占、破坏湿地的行为，亟需加快国家湿地立法进程，推动依法保护湿地。

四是关于若尔盖湿地综合治理问题。若尔盖高原湿地地处长江黄河上游源头区，生态区位十分重要。但由于人类活动不断扩大，致使若尔盖湿地面积萎缩，草场退化，草地沙化不断加剧，亟待加快治理。建议对我省若尔盖湿地进行整体规划，作为国家一个单独的重大生态工程并参照“三江源”生态保护与建设模式，由中央采取特殊扶持政策。同时加大现在退耕还林、退牧还草、生态移民等生态工程的投入。

五是关于加大我省防沙治沙扶持力度问题。青藏高原生态地位重要；目前处于沙化初始期，一些区域出现继续恶化的趋势。吸取我国北方沙化的经验教训，应尽快启动青藏高原防沙治沙工程，早治理早主动。并将我省川西北地区的阿坝、甘孜和凉山州的部分县沙化土地治理纳入国家重点治理工程范围，加大投入力度,及早进行治理,防止沙化土地进一步扩展。

六是关于工程建设对生态影响的问题。建议从国家层面进一步建立健全对生态影响较大的工程建设项目管理制度,如会审制度、生态监理制度、生态恢复保障制度等。

七是关于生态效益补偿机制问题。我省位于青藏高原东南缘向长江中下游平原的过渡带,地处长江和黄河上游,是长江、黄河重要的水源发源地和水源涵养、水土保护区,生态区位十分重要。为确保生态安全,促进长江流域乃至中华民族的可持续发展,我省不少区域因作为重要生态功能区被限制甚至禁止开发,区域经济社会发展受到了很大影响。建立生态效益补偿机制,使良好生态的建设者和维护者获得相应的可以替代其因保护生态而减收的补偿,是持续推进生态建设,确保生态安全的必要基础和有效形式。建议国家尽快在我省全面落实生态效益补偿机制,对我省重点生态功能区的森林、草原、湿地实行生态补偿。

专此报告,请指示。

对重庆市高校贷款情况的视察反馈

（2007 年 5 月 13 日）

全国政协视察团于 5 月 9 日至 12 日在重庆市就高校贷款问题进行了视察。期间，视察团会见了重庆市汪洋书记等主要领导，听取了奇帆常务副市长《关于重庆高等学校负债建设的情况汇报》，先后视察了大学城总体规划，重庆大学、重庆师范大学大学城新校区，重庆文理学院红河校区和重庆邮电大学校区，并与重庆大学、西南大学、西南政法大学、重庆师范大学、重庆文理学院、重庆邮电大学等 22 所高校的负责同志进行了面对面的交流与座谈。

通过视察，我们对重庆市高校利用银行贷款实现跨越式发展的情况有了总体的印象和初步的看法，可以概括为 8 个字，效果明显，困难不少。直辖 10 年特别是 1999 年以来，重庆市委、市政府响应党中央、国务院"扩招"的号召，为满足高等教育适应直辖市经济社会发展的需求，特别是实现中央对重庆市提出的三个定位、一个目标的要求，制定了把重庆加快建成西部地区的教育高地，长江上游地区的教育中心和人才培养基地的目标。重庆市委、市政府以改革创新的思路高度重视教育事业的发展，克服重重困难，把有限的资金用在优先发展教育和培养人才方面，直辖10年来各项教育事业取得了令人瞩目的成就。仅就高等教育而言，与直辖前相比，高校从45所发展到57所，在校生从13.4万增加到57万，增长3.25倍，高等教育毛入学率由7%提高到21%，高等教育取得了超常规的发展速度。

与全国其他地区情况相似，重庆高校超常规的发展或者说是跨越式的发展，是依赖银行资金注入作为主要支撑。视察团认为，重庆高校贷款问题的产生是扩招后教育资源严重短缺与政府投入不足之间的矛盾所致，是我国高等教育发展的特定时期的特殊产物，具有一定的必然性。总体来看，重庆市高校贷款规模是适度的，实施效果是明显的，风险是可控的。在重庆市建设低成本时期，通过贷款有效地解决了征地、建设、添置教学设备等制约高校发展的硬件问题，极大地改善了学校的办学条件，实现了固定资产成倍地增值，提升了学校的招生和办学能力，特别是大学城建设做到“五个一体化”，实现大学城内全方位的资源共享，优化了教育资源配置，提高了资金使用效率。全市高校占地面积从991.85万平方米增加到4009万平方米，建筑面积从394.55万平方米增加到1408.8万平方米，从而一举扭转了重庆市主城区高校面积狭小、基础设施薄弱、办学条件严重落后的局面，为高校今后的发展增添了后劲，奠定了基础。

在视察中我们也了解到，高校负债经营的严重后果也日益显现。目前重庆市高校总负债达70.84亿元，其中银行贷款59.92亿元。一些高校贷款绝对值虽然不大，但收入来源和偿债能力十分有限，还本付息的压力使学校维持正常办学都比较困难。个别高校后续建设资金尚存在巨大的缺口，重庆工学院后续建设资金还要投入9.7亿元，有的学校将在2007、2008年迎来建设高峰。巨额的债务使一些校长承受巨大的精神压力，特别是一些学者型的校长更是力不从心，无暇考虑学校的发展和办学的思路。一些学校采取削减教学科研经费和员工待遇的办法节支，影响了教学科研水平和教师员工的积极性，教学质量出现滑坡。同时教师队伍素质等软件条件建设严重滞后于硬件条件建设，高校建设中还存在特色弱化、大而全、小而全的问题。

在视察中我们深深感受到，在解决贷款问题上政府励精图治，充分发挥了主导作用，职能到位了，特别是常务副市长分管教育，力度大并亲力亲为，谈到教育如数家珍，所以在座谈时听到20多位校长们的一致拥护和好评，对政府的难处给予了充分的理解，这在我们以往的视察中是比较少见的。我们看到的是政府和学校拧成一股绳，共渡难关，政府对高校扩建的资金来源进行了运作，采取包括土地置换，减免税费，对大学城公用基础设施建设给予补助，财政贴息等措施，有人形象地说是给点球。不管是给点球也好，还是擦边球也好，总之是较好地解决了高校建设的资金来源问题。在监控和化解高校债务风险方面，加大了政府的调控力度，严格控制高校负债率，并承诺3年内解决扩招部分的生均事业费不足问题，财政对贷款实行贴息等。这说明重庆市政府是个负责任的政府，采取的步骤都是实实在在的，成绩都是可圈可点的，在这里我就不多说了。

下面谈几点对解决重庆市高校贷款问题的建议，由于时间短，走马看花，只能是一些浅见。

（1）政府要按照科学发展观和教育自身的发展规律的要求，根据重庆大城市、大农村、大库区经济社会发展极不平衡的实际，有必要进一步明确每一个高校的合适定位，坚持多层次办学的发展方向，正确处理建设规模与办学定位、办学规模的关系，对高等教育合理布局，强化高校为重庆的地方经济建设和社会发展服务的功能，为西部发展培养实用型的人才，满足多样化、多元化的人才需求。

作为直辖市，比如重庆，应着力办好几所高水平的研究型综合大学，发挥重庆教育在西部地区的带动作用和辐射作用；又如库区及贫困地区，要立足办好职业教育，为解决百万移民、农民工的转移和就业服务，为他们提供谋生的技能。从全国来看，高校的迅速扩张，合并、升本、学院变综合性大学，跨越式发展的结果不仅仅是表现为巨额负债，还表现为以牺牲质量为代价，造成教学质量的滑坡等一系列问题。委员们在视察中认为，教师素质和水平是学校教学科研水平的重要体现，针对一部分扩招后合并升格、师资力量严重滞后的高校，积极引进人才、加强教师培训已经成为高校可持续发展、形成核心竞争力的关键。

（2）政府应该积极引导、科学规划高校的学科建设，鼓励高校大力发展具有比较优势的学科，立足保持传统特色，才能保证解决生源和学生的未来就业问题。改变片面追求小而全、大而全的办学模式，避免趋同带来的千校一面和重复建设造成的人才、资金和设备的浪费和同质竞争造成就业困难。政府在解决大学城的资源共享问题中，要有机制保障。同时注重内涵与外延、质与量的统一，相对稳定招生数量和规模，着力提高办学质量，走内涵式的发展道路。

（3）继续加大政府的投入力度，例如运用政策手段帮助高校解决还贷问题，提高高校贷款贴息的比例等，还要千方百计地尽快使扩招部分达到国家要求的生均事业费标准。同时要进一步明确高等教育不是义务教育，坚持收费制度的改革，维持高校的可持续发展。

（4）提倡节约办学，适度控制学校的发展规模，建设节约型高校。增强校长的责任意识和风险意识，加强对规划的审批和贷款使用效果的审计和监督，超出规划和贷款使用范围的欠账决不能由政府兜底买单。加强对还贷的支持与指导，强化高校的内部管理和增收节支，鼓励教学科研成果的转化，增加科研经费投入。建议由政府组织成立高校资产管理中心，由理财专家帮助学校理财，增强高校的造血功能。我们也看到一些大学的建设不同程度上存在超前发展的问题，适度超前虽然是重庆作为地处西部直辖市发展教育的特殊需要，但商业贷款应主要用于解决制约学校发展的瓶颈因素，学校发展要量力而行，分步实施，有了自我积累，再去规划如体育馆、艺术馆、广场、大门。如西南大学规划5个学生运动场，已建成4个，都是塑胶跑道，学校作为一大亮点进行了介绍。

（5）严格控制新增贷款的规模，除了市政府为高校贷款设定的不得高于30%的资产负债率外，还要设定贷款与收入的比例，作为衡量高校的实际偿债能力的硬性控制指标。（重庆大学与邮电大学资产负债差不多，但重庆大学2006年收入12.8亿，而邮电大学2006年收入仅3.1亿）帮助高校对贷款结构进行合理重组，减轻还贷压力，化解高校的财务风险。

（6）老校区的保护问题也要列入日程，对有深厚文化底蕴和人文精神的老校区，要设定核心保护区，由政府赎买并移交文化文物部门管理。必须上市置换的，要严格限制改变历史风貌的装修与改建。同时，还要考虑一些高校把老校区作为研究生教育基地与新校区作为本科生教育基地可能带来的科研与学术环境与氛围整体弱化的问题。

通过对重庆的视察，视察团考虑向中央提出支持西部高校解决贷款问题的建议：

第一，扩招是党中央、国务院的重大决策，首先要在国家层面建立化解高校负债的协调机制，包括发改委、财政部、教育部在内，从顶层设计入手提出政策措施，东、中、西部分类指导落实。

第二，中央财政要加大投入，合理划分中央、地方政府与高校的偿贷比例，首先解决扩招后生均事业费投入问题。中央和地方政府明确作为高等教育投入主体地位，从高校的和谐、健康、可持续发展的长远目标出发，下决心尽早解决高校贷款问题，国家宏观调控利息越长越高，长痛不如短痛，尽早解放校长，今后不允许高校把商业贷款作为解决资金短缺的主要途径。中央政府对教育经费的增加部分应主要用于发展西部教育事业。

第三，建议中央财政要从实施西部大开发战略的高度，支持西部高等教育的发展，争取西部大开发2%长期贷款用于西部高校基本建设项目。特别是要针对重庆的大农村、大库区的特殊情况制定倾斜政策，由中央拨款设立专项资金，用于基本的教学设施、师资队伍培训等方面,提升西部高校的总体教学科研水平和核心竞争力,重点支持若干年,保证扩招后质量。西部师范院校也要力争享受部属师范大学学生享受免费教育的待遇,防止出现新的教育不公,切实支持西部发展基础教育事业。

第四,坚持三峡工程建设谁投资开发受益谁反哺的原则,三峡产业基金要拿出一定的比例支持库区的高等教育和职业教育事业,从长远上解决库区移民的素质和生计问题。

第五,通过与国务院及相关部委的高层协商,部分地恢复行业对部省、部市共建的行业高校的支持,建立财政支付的渠道,确保高等教育体制改革的积极成效。

第六,扩大高校的投融资渠道。从现实出发政府不可能出资包办所有高校,因此,应鼓励高校采取多种方式吸引民间资本,实行公办高校部分转制,坚持走多元化高等教育发展的道路,鼓励个性化办学。

这次委员视察,得到了重庆市委、政府、政协及有关方面的大力支持和配合,奇帆市长的报告,为我们尽快了解和掌握重庆市高校贷款的情况提供了很大的帮助,也为全面解决高校贷款问题提供了可资借鉴的经验,视察团要认真总结在重庆调研的成果,在此基础上尽早形成给中共中央、国务院的建议和意见。

再次感谢重庆市委、市政府、市政协对视察团工作的周到安排和给予的大力支持,谢谢大家!

在湖北省高校贷款情况交换会上的讲话

（2007 年 5 月 16 日）

全国政协视察团于 5 月 14 日至 16 日在武汉市就高校贷款问题进行了视察。视察团听取了李春明副省长所作的《关于湖北普通高校银行贷款情况的汇报》，先后视察了湖北经济学院、武汉大学、华中科技大学、江汉大学，听取了 8 所学校领导关于贷款情况的汇报，与高校有关方面的负责同志广泛地沟通了情况，交换了意见，形成了一些共识。

通过视察，我们对湖北省高校利用银行贷款实现跨越式发展的情况有了基本的了解。湖北高校贷款问题的产生是伴随着 1998 年开始的高校教育布局调整与 1999 年开始的大规模扩招，高校合并重组与扩招，都需要大量的基本建设投入。面对国家投入严重不足、湖北既是教育大省又是财政穷省的现状，在国家政策的积极引导下，利用银行贷款筹措教育经费成为高校无奈的也是必然的选择。银行贷款成为高校扩招和发展的资金来源主渠道，大部分已经形成了学校的固定资产，实现了国有资产保值增值，为学校建设与发展奠定了坚实的基础。据省政府提供的资料，与2000年相比，2006年校园面积增长了2.3倍，建筑面积增长了2.71倍，教学仪器设备增长了3.56倍，固定资产总值增长了3.90倍（湖北经济学院从4亿增加到21.41亿，增值17亿多）；高等教育毛入学率从1998年的11%上升到24.5%，高于全国平均值2.5个百分点，可以说是抓住了低成本扩张和发展的历史机遇，解决了高校长期以来欠账多、基础设施建设薄弱、教学仪器设备陈旧等诸多现实问题，为满足人民群众接受高等教育的迫切愿望，实现由精英教育到大众教育的跨越发挥了重要作用。在这个过程中，湖北为高等教育事业的发展是作出了奉献的，比如毛入学率较高，绝对学生数大。

在取得上述成效的同时，我们也注意到高校为体制改革和扩招付出了成本，背上了沉重的债务包袱。截至2006年底，全省76所公办普通高校贷款余额1,464,350万元，据测算，2007～2010年全省高校贷款需求尚有1,623,993万，其中新增814,800万，转贷资金809,193万。贷款的特点，从管理体制上分，28所省属高校贷款余额690,452万元，占47.2%，从办学层次上分，32所本科院校贷款余额1,303,081万，占89%。省属本科院校是银行贷款的主要对象，这与我们在重庆视察所看到的情况有共同之处。

巨额负债的原因，还表现在以下几个方面：一是政府投入的严重不足，作为农业大省的湖北地方财政比较困难，首先表现为地方院校生均事业费严重不足，标准一直维持在3000元以下，部分地方院校甚至只有1900元，与教育部规定的生均7000元的标准相差悬殊。而同时，教育部的评估标准是一样的，这是个硬杠杠,对中西部地区的高校来说,迎接评估就成了悬在校长们头上的一把利剑,饮鸩止渴呀,明知不可为而为之,只好用贷款来满足评估的各项要求。其次是基建拨款形成欠账,从 2000 年至 2006 年省财政对省属高校没有基建拨款,形成了省属高校经费拨款的政策盲点。二是项目配套经费和省部共建经费难以落实,如武汉大学合校以来“985”工程共建经费和“211”工程的大部分配套经费未到位。学校只能采取向银行贷款的办法来保证项目按时启动和实施。三是办学资金渠道单一,特别是原属不同部委的院校,合并后除教育部外,其他拨款渠道萎缩,如武汉大学合校 6 年来减少拨款金额 1.6 亿元。四是缺乏风险防范意识,多数高校看不到还款的具体思路、步骤和措施,这是从总体情况来说的。从提供的数据和我们看到的情况,过度扩张与超前发展的现象还是普遍存在的,比如生均占地面积高出部颁标准 13.64 平方米,校舍高出标准 3.47 平方米,教学仪器设备高出 2,551.15 元。五是政策与投入不相配套,高校承受的改革成本、政治成本和社会成本,也构成了债务的组成部分。如 2001 年以来国家对北京和西部高校给予的房改补贴,中部省份直属高校至今未享受到这一政策,有的学校如武汉大学、华中科技大学,就利用银行贷款给教职工垫付房改补贴,其中华中科技大学截至 2006 年底已支出 3.17 亿(未计贷款利息)。再如,以商业贷款形式得到的学校基本建设资金,由于受非盈利事业单位性质的限制,学费却不能按培养成本收取,这本身是一对矛盾啊,学生宿舍也要以低于运行成本收费。再比如欠缴学费的现象,现在贫困学生比例超过了 20%,湖北经济学院每年欠账 1,000 万,相当于正常财政拨款的20%，其中绝大多数已经形成呆账。华中科技大学住宿费平均收费率在82%左右。六是利率上调的因素。国家宏观调控的政策，使高校还贷的负担与风险大为增加，2002年银行贷款利率5.58%，目前上涨到6.75%，上调了1.17%，增幅21%，而且都是在用高校的纯收入来偿还利息，这对于本来就已经捉襟见肘的高校财务状况，无异于是雪上加霜。

湖北高校利用银行贷款普遍较多，就像省里汇报所说的，全省高校财务运行的基本情况是：财政拨款保吃饭，学费收入保运转，基本建设靠贷款。部属学校像武汉大学、华中科技大学，因为有国家拨款这块作保证，基本上能够维持表面的收支平衡，学校收入只能保证人员经费支出和日常基本运行支出，而包括沉淀的科研资金形成的内债尚未计算在内，仅华中科技大学内债就达到了6个亿，武汉理工大学2006年贷款余额20.3亿，每年付息1.2亿，他们说能够勉强维持脆弱的平衡，我看是不行的，这个表态本身就是勉强的，而多数高校，是采取“借新贷还旧贷”的方式解决还贷问题。凭借高校自身力量目前只能勉强还息，偿还本金几乎是不可能的，这应该是个基本的判断。高校的财务状况严重影响到创新型高校的建设和高校的健康、和谐、可持续发展，同时高层次人才的引进、教师队伍的稳定和教学质量的提高也都受到影响，这个成本更大，不仅仅是钱的问题，而且是对高校的科学精神、人文精神的一种冲击。

下面谈几点对解决湖北高校贷款问题的浅见。

(1)明确认识，加强领导，发挥政府的主导作用。什么认识呢？一个认识就是高等教育谁主办谁负责，这不单单是教育行政主管部门的事,也不是分管副省长副市长的事,要提到决策层面上来,列入党委的重要议事日程。早解决早好,越拖问题越严重,越拖舆论氛围和外部环境越不利,要负责任呀,把政府的责任承担起来。尤其是在出现问题的时候,不应该以“谁贷款谁负责”简单地推给学校。另一个就是对高校贷款潜在风险的认识普遍不足,我们建议成立由省委省政府领导的、部分职能部门和金融机构组成的高校贷款问题领导小组,切实承担起政府的主导作用,当务之急是建立起有效的高校贷款的约束、监督与风险预警和防范机制,不能听之任之了,严格限制贷款规模,审计贷款用途,制定还款措施,加强宏观指导。超规划的设计、超标准的建设一律叫停,不予审批立项,遏制新增贷款的需求。学校的中心工作要从基本建设转到培养人才、引进人才、提高办学质量和科研水平上来,这是尽早地形成核心竞争力的关键。用我们委员的话来说,不然你学校白建了,校园成了公园。

(2)加大政府的投入力度。昨天我们视察了江汉大学,武汉市的做法使我们很振奋,很欣慰,很受启发,举全市之力办好江汉大学。我不认为武汉市钱多得没处花,这还是个观念问题,思想认识的问题。有的委员说政府想办的事就有钱,这句话绝对了点,但它也说明一个道理,就是我们的决策层是否把教育置于优先发展的、战略的位置,有没有这个长远的眼光和魄力。比如要千方百计解决生均事业费达标问题,这是政府必须要投入的,是政府的责任。

(3)明确定位,对高等教育合理布局,不搞盲目攀比。在重庆我也讲过定位的问题,定位是否准确是关系到高校一个历史时期发展的重大问题,武大的定位就很好,目标是建成一流的研究型综合大学,在经费不足的情况下,用经济学院的发展来带动基础研究,保持基础学科在全国高校的领先地位,基础学科是不容易立竿见影的,但它又是其他学科的支撑,是后劲和潜力所在。我很欣赏武大首任校长的办学理念,让武大成为精神堡垒,保留一块净土,不能随波逐流,守住我们民族的魂、文化的魂。江汉大学的定位也很合适,就是立足为武汉地方经济建设和社会发展培养实用型的人才,这样才能得到政府的支持,才能保证解决生源和学生的未来就业问题。

(4)提倡节约办学,适度控制学校的发展规模,建设节约型高校。我们看到的一些大学,校园占地多,设计、建设和装修讲究排场,豪华气派,从长远上说不利于高校的和谐发展、学生的思想道德教育和健康成长。因此需要强化校长的责任意识和风险意识,强化高校的内部管理和增收节支,职能部门要加强对规划的审批和贷款使用效果的审计和监督。同时,政府要发挥作用,形成机制,解决大学的资源共享问题,避免重复建设造成的人才、资金和设备的浪费。

(5)高校必须走内涵式发展道路,不断增强造血功能,努力提高为经济社会发展服务的能力,鼓励科研成果的转化,多渠道吸引社会资金。

(6)加强对高校资产运行的管理。例如湖北经济学院书记、校长理财思路都很清晰,还款意识强,措施具体可行,学校在贷款运行的情况下仍可以看到良性发展的前景。建议由政府组织成立高校资产管理中心,由理财专家帮助学校理财,盘活存量资产。同时要进一步明确高等教育不是义务教育，坚持收费制度的改革，后勤服务必须坚持按市场价收费，维持高校的可持续发展。

通过对武汉的视察，视察团考虑向中央提出支持中西部高校解决贷款问题的建议：

（1）扩招是党中央、国务院的重大决策，贷款是政府的政策导向，首先要在国家层面包括发改委、财政部、教育部、审计、金融部门在内，建立化解高校负债的协调机制，从顶层设计入手，分门别类加以梳理，提出政策措施，合理划分中央、地方政府与高校的偿贷比例，在东中西部分类指导落实。要区分哪些是高校扩张过程中国家必须投入的基本建设资金，哪些是属于锦上添花的费用，哪些是腐败浪费造成的，区分不同情况制定相应的政策措施，属于后两种情况绝不能由政府买单。政府要下决心尽早解决高校贷款问题，及时化解贷款潜在的高校财务风险、金融风险和社会风险，今后不允许高校把商业贷款作为解决资金短缺的主要途径。

（2）制定更科学合理的高等教育发展规划。中央和地方政府应按照科学发展观和办教育的规律，明确不同地区、不同层次高校的科学定位，特别是在中西部地区，避免出现不顾地区经济社会发展水平，盲目攀比，各层次教育一齐发力的情况，造成教育结构性失调，由于义务教育的经费是政府必须保证的，导致高等教育“小马大车，吁喘不止”。

（3）综合运用金融、政策手段，缓解目前高校的还款压力。从目前的实际来看，建议尽快着手对高校贷款实行贴息政策，由中央、地方和高校各自承担2%左右的利率负担；从长远来看，国家可以通过发行国债资金（目前国债仅占财政收入比例的2%，国家完全有条件为教育发展发行一笔1000亿左右国债，中西部合理贷款可以基本解决），地方政府可考虑发行地方8～10年的教育债券（4.2%利率），可以有效地缓解当前高校沉重的还款压力，延长了贷款时间，降低了贷款利息。

（4）通过与国务院及相关部委的高层协商，部分地恢复行业对部省、部市共建的行业高校的支持，落实共建经费，建立财政支付的渠道。地方政府也要出台相关政策，支持高校还贷，比如将土地置换所得全部返还给学校，免除土地出让金和各种税费。

（5）国家和地方财政增收部分设立专项基金，比如高教创新基金，安排基建专项经费、修购专项经费等，支持中西部地区高教事业的发展。建议中央财政要从实施中部崛起战略的高度，支持中部省份高等教育的发展，特别是要针对湖北财政穷省、教育大省的特殊情况制定倾斜政策，提升中西部高校的总体教学科研水平和核心竞争力，保证扩招后质量。

（6）扩大高校的投融资渠道，建立和完善社会主义市场经济体制下的高校运转机制。从目前来看，政府没有能力包办所有高校，国家应该以解决高校贷款问题为契机，推动高等教育的投融资体制改革和公办高校部分转制，大力发展民办高等教育，鼓励高校采取多种方式吸引民间资本，解决教育与经济社会发展两张皮问题，走多元化高等教育发展的道路。

（7）积极推进教育行政体制和高校管理体制改革，改革僵化的高校评估体制，建立分类指导、系统科学、实事求是的评价体系。高校庞大的行政体制，行政化、官场化问题，也是加重高校运行成本和开支的重要因素，这与大学精神和办学理念相背离的。或许在解决贷款的复杂问题中，能够形成一种倒逼机制，促进高校体制改革。

这次委员视察，得到了湖北省委、省政府、省政协及武汉市政府、政协及有关方面的大力支持和配合，视察团要在认真总结在重庆、武汉两地调研成果的基础上，尽早形成给中共中央、国务院的建议和意见。

再次感谢湖北省委、省政府、省政协对视察团工作给予的大力支持，谢谢大家！

全国政协委员赴重庆、湖北视察团关于高校贷款问题的视察报告*

（2007 年 5 月）

为了切实履行政协委员参政议政、建言献策职能，促进高等教育健康、和谐和可持续发展，全国政协副主席张梅颖，全国政协委员、北京航空航天大学原校长沈士团率领的由民盟教育、经济等界别部分委员组成的全国政协视察团，于 5 月 9 日至 16 日，先后视察了重庆、湖北两省市部分高校，并与重庆市政府、湖北省政府及 30 余所高校的校领导和有关方面的负责同志座谈并交换意见。视察团就高校贷款的成因及使用效果，负债经营对高校发展的影响以及防范和化解高校财务风险的政策性措施形成了以下的意见和建议。

---

* 民盟中央主席蒋树声、民盟中央副主席张梅颖已就高校贷款问题联名提交建议信，中共中央国务院领导同志胡锦涛、温家宝、陈至立均作出重要批示，要求教育部、财政部、发改发研究并尽快出台相关措施，促进高等教育健康发展。

一、高校贷款问题的成因及其作用

通过对重庆市和湖北省高校银行贷款情况的基本了解，委员们认为，高校贷款问题是在国家教育发展战略和地方经济社会发展战略的主导下产生的，是我国高等教育发展特定时期的特殊产物，具有一定的必然性。高校贷款始于1998年高校布局调整与1999年开始的大规模扩招，为了缓解教育资源严重短缺与政府投入不足之间的矛盾，国家鼓励高校多渠道筹措教育经费。《中国教育改革和发展纲要》明确指出："运用金融信贷手段，融通教育经费资金。"正是在国家政策的积极引导和地方政府的支持下，高校以"银校合作"的形式获取资金，银行贷款迅速成为高校扩招所需资金来源的主渠道。

委员们对银行贷款在重庆、湖北两省市高校实现超常规发展过程中发挥的作用持基本肯定的态度。大家认为，银行贷款大部分已经形成为学校的固定资产，特别是高校抓住了低成本扩张和发展的历史机遇，从而一举扭转了长期以来基建投入欠账多、基础设施薄弱、办学条件严重落后的局面，提升了学校的招生和办学能力，实现了国有资产成倍增值，为满足人民群众接受高等教育的迫切愿望、支持我国高等教育在短期内实现由精英教育到大众教育的历史性跨越起到了不可或缺的重要作用。其中湖北省高等教育毛入学率从1998年的11%上升到24.5%，高于全国平均值2.5个百分点，重庆市高等教育与直辖前的1997年相比，高校在校生增长3.25倍，高等教育毛入学率由7%提高到21%。

二、高校负债的形成、现状及其影响

委员们认为,高校为体制改革和扩招付出了成本,背上了沉重的债务包袱。截至 2006 年底,湖北全省 76 所公办普通高校贷款余额 146.4 亿元,据测算,2007 ~ 2010 年全省高校贷款需求尚有 162.4 亿元,其中新增 81.48 亿元,转贷资金 80.9 亿元。重庆市高校总负债达 70.84 亿元,其中银行贷款 59.92 亿元。部分学校将在 2007、2008 年进入建设高峰,个别高校后续建设资金尚存在巨大的缺口。除此而外,动用大量沉淀的科研经费、项目经费结余形成的内债尚未计算在内。地方所属本科院校的债务负担更为沉重。

据最新统计数字,全国高校贷款总额在 2500 亿元左右。导致巨额负债形成的主要因素,表现在以下几个方面:一是政府投入严重不足,首先是生均事业费严重不足。教育部提供的资料指出,很多省份没有根据公办高校在校学生人数的增长同步核拨事业费,全国普通高等学校生均预算内教育事业费呈连年下降趋势,视察团了解到的情况也印证了这一说法。比如湖北省标准一直维持在 3000 元以下,从 2000 年至 2006 年湖北省财政对省属高校的经常性经费拨款基本上是零增长,重庆市扩招新增的学生人均补助经费只有 2500 元,与教育部直属院校生均拨款 7000 元左右相差悬殊。其次是基建拨款形成欠账。按国家规定的基本办学条件测算,扩招后仅基本建设一项就需投入约 5800 亿元,而同期普通高校国家预算内基本建设投入(包括国债资金)仅 511 亿元,资金需求存在巨大的缺口。比如,从 2000 年至2006年湖北省财政对省属高校没有基建拨款,重庆市部分高校基建也是长期为零投入。二是项目配套经费和省部共建经费难以落实,学校只能采取向银行贷款的办法来保证项目按时启动和实施。三是办学资金渠道单一,特别是原属不同部委的院校合并后,其他拨款渠道萎缩。四是教育行政主管部门和地方政府对高校贷款没有形成有效的约束、监督和预警机制,部分高校的领导层对高校发展缺乏科学、合理的规划,贪大求全、过度扩张,个别高校铺张浪费的现象比较严重。五是高校承担的改革成本和社会成本,政府没有给予相应的投入。六是国家利用利率杠杆实施宏观调控的政策,使高校还贷的负担与风险大为增加。

高校负债经营的直接后果也日益显现。首先,表现在部分高校存在严重的财务风险,并有可能引发社会风险和政治风险。从总体上看,凭借高校自身力量只能勉强还息,在规定期限内偿还本金基本上是不可能的,而且有雪团越滚越大之虞。财政拨款保吃饭,学费收入保运转,基本建设靠贷款,至于如何还贷,一些高校采取"借新贷还旧贷"的方式来解决问题,就是当前部分高校财务运行状况的真实写照。

其次,高校负债经营的直接后果还表现在对大学的科学精神、人文精神、核心价值理念的冲击,严重影响到创新型高校的建设和高校的健康、和谐、可持续发展。校长的职责是尊重教育规律、按照教育自身的发展规律办学,但巨额债务的压力使校长无暇考虑学校的未来发展和办学的思路。同时,大跃进的思维、跨越式发展、办综合性大学的盲目冲动,带来教师素质整体降低、教学质量滑坡等一系列亟待解决的问题,而本应用于高校发展的收入都用来偿还银行利息,学校采取削减教学科研经费和员工待遇的办法节支,势必影响到高层次人才的引进、培养和教学科研水平的提高,这些因素都将成为制约学校可持续发展、形成核心竞争力的瓶颈。

第三,刺激高校新一轮的扩招。从我们这次视察中了解的地方高校看,学校的主要收入是学生的学费和政府按生均拨款的事业费,为了维持日常教学开支和每年向银行还息,这些学校都要求上级多给招生指标,以增加收入,这样就势必会形成由"扩招"引发贷款,然后再扩招,进而使教育质量继续滑坡的恶性循环。高收费和举办各种类型的独立学院,造成人才培养处于低层次,而这恰恰是教育潜在性、迟效性和连锁性的反应,最终影响科教兴国战略的实施和创新型国家的建设。

三、防范和化解当前高校财务风险的政策性措施

扩招是党中央、国务院在 20 世纪 90 年代末作出的重大决策,贷款办学是政府的政策导向,高校为政府承担了贷款的责任。因此,要正确引导人们全面、客观、公正地看待高校的负债经营问题,明确高等教育谁主办谁负责的原则,中央和地方政府作为高等教育投入主体的地位,要从科教兴国、人才强国的战略高度切实承担责任、发挥主导作用,尽早解决高校贷款问题,营造高校良性发展的条件、环境和氛围。委员们还提出以下具体建议:

1. 在国家层面上建立由发改委、财政部、教育部、审计署和

金融机构在内的化解高校负债的领导和协调机制，全面介入高校贷款事务，从顶层设计入手，对全国高校的贷款负债情况进行全面普查摸底和依法审计，区分不同情况制定相应的政策措施，合理划分中央、地方政府与高校应当承担的份额，按照高校在扩招中所承担的责任和对扩招作出的贡献大小计算资金分配比例，在东中西部分类指导落实。

2. 提高生均拨款标准，增强高校财力，解决教育经费投入不足，特别是地方院校生均拨款标准偏低的问题。

3. 综合运用金融手段，缓解目前高校的还款压力。一是尽快着手对高校贷款实行贴息政策，由中央、地方和高校各自承担2%左右的利率负担。二是国家发行教育国债资金。目前国债发行仅800亿元，占全年4万亿元财政收入的比例为2%，这个比例还是比较低的，至少可以发到3%。国家完全有条件而且也有必要为教育发展再发行一笔1000亿元左右的国债，这样中西部义务教育的欠账和高校的合理贷款基本可以得到解决。三是地方政府可考虑发行地方8～10年的教育债券（4.2%利率）。四是调整国家教育用地的政策，使那些拥有老校区的高校可以通过出售老校区偿还部分贷款，对过度征地的闲置土地应采取强制性措施用于偿还贷款。

4. 地方党委、政府要真正把教育置于战略、先导地位，提高认识，把解决高校贷款问题列入重要的议事日程，建立有效的贷款约束、监督与风险预警和防范机制，切实加强对高校还贷的支持与指导。在视察中委员们深深感受到，高校贷款问题能否得到有效控制和逐步解决，很大程度上取决于政府职能是否到位。

重庆市由常委、常务副市长主管教育和财政,在组织领导方面为教育发展提供了保证。为解决贷款问题,重庆市政府励精图治,主管副市长亲力亲为,加大了政府的调控力度,严格控制高校负债率,采取包括置换土地出让金全部返还高校,减免税费,对大学城公用基础设施建设给予补助,财政贴息等措施对高校扩建的资金来源进行了运作,较好地解决了高校建设的资金来源问题;并承诺3年内解决生均事业费达到规定的标准,财政对贷款实行贴息等,充分发挥了政府的主导作用。因此,重庆市高校负债情况基本上处于一个适度和可控的范围内。重庆市在解决贷款问题上取得的经验值得借鉴和推广。同时,在具备条件的地方,可以考虑由政府组织成立高校资产管理中心,由理财专家帮助学校理财,增强高校的造血功能。

5. 以解决高校贷款问题为契机,积极推进教育行政体制和高校管理体制改革。高校庞大的行政体制,行政化、官场化、急功近利等问题,也是加重高校运行成本和开支的重要因素,这与大学精神和自主办学理念是相背离的。要积极探索在解决贷款问题的过程中,能够形成一种倒逼机制,促进高校体制改革。

6. 政府应该积极引导高校树立勤俭办学的理念,适度控制学校的发展规模,强化高校的内部管理和增收节支,建设节约型高校。社会上的奢华之风也已不同程度地刮到了高校,大学间互相攀比、硬件条件建设超前,这从长远讲不利于学生的思想道德教育和健康成长,不利于高校的和谐发展。同时,要加快教学科研成果的转化和高校服务社会能力的形成,通过产学研结合提高自我发展的能力,走内涵式发展道路。

7. 教育行政部门要根据不同地区的经济社会发展水平制定更为科学合理的高等教育发展规划，同时改革僵化的高校评估体系，建立分类指导、系统科学、实事求是的评价体系，鼓励高校根据地方经济发展的需要和自身实际确定学校的定位和学科、专业的发展方向。在视察中我们注意到，教育部的评估体系不仅助长了高校的盲目扩建，而对升格为综合大学的学科建设的硬性规定，使一些原来有很好办学传统和专业特色的学校，放弃小而精、小而美、小而专有特色的办学模式，转而片面追求小而全、大而全的粗放型增长方式，甚至出现不顾自己的办学传统、师资力量盲目跟风，每个学校都有国际关系学院和传媒学院之类的怪现象，出现重复建设造成的人才、资金和设备的浪费和同质竞争造成的生源和就业的困难。

8. 国家和地方财政增收部分设立专项基金，一是用于中西部地区特别是革命老区、少数民族地区、三峡库区、东北老工业基地高校引进人才和加强教师培训等方面，提升这些地区高校的总体教学科研水平和核心竞争力，重点支持若干年，保证扩招后质量。二是对坚持按照科学发展观和教育规律勤俭办学的高校，给予一定的专项资金支持与鼓励。同时，要考虑部分地恢复行业对部省、部市共建的行业高校的支持，建立财政支付的渠道，保障共建经费的落实，确保高等教育体制改革的积极成效。

9. 积极推动高等教育的投融资体制改革和公办高校部分转制，鼓励高校采取多种方式吸引民间资本，坚持走多元化高等教育发展的道路；大力发展民办高等教育，要逐步实现由民办大学来占有扩招的市场份额。

在民盟北京市委换届大会上的讲话

（2007 年 5 月）

今天，是北京市盟换届圆满成功的喜庆日子，北京市民盟组织是全盟的一支重要的有生力量，所以说民盟市委的换届也是盟中央的大事。在这里，请允许我代表民盟中央并以我个人的名义，对当选的新一届的市委委员、常委和主委会成员表示热烈的祝贺！对即将离任的王维城主委多年来为全盟及民盟北京市事业的发展作出的卓有成效的工作和独到的贡献表示由衷的敬意和真诚的感谢！

五年来，市民盟参政议政工作得到了中共北京市委的高度评价，包括机关建设在内的自身建设也走在北京市各民主党派前列，这充分说明民盟北京市委会政治信念是坚定的，班子是团结进取的，思想境界是高尚的，工作作风是过硬的。这不是溢美之词，北京市这次换届的过程就为此做了很好的诠释。除了王主委外，同时还有几位副主委从领导岗位上退下来，他们都能够从盟的事业的大局着眼，为更有代表性的人选提供政治舞台而主动让贤。在此，我代表盟中央再次向即将离任的、长期为盟的事业辛勤工作、无私奉献出的主委、副主委致以崇高的敬意和诚挚的问候！

事业要传承，新老有代谢，这是自然的规律，也是社会发展的客观要求。如何保证在新老交替、政治交接的过程中把民盟自觉地接受共产党的领导、与共产党亲密合作的优良传统传承和发扬下去，是我们贯穿于政治交接教育过程始终的中心内容。这是民盟作为一个政党必须时刻保持清醒、牢牢把握的一个方向问题，大是大非问题，也是关乎民盟的前途和命运的问题。要教育我们的盟员既要从现实的也要从历史的，既要从横向也要从纵向的角度理解和认识坚持走中国特色政治发展道路的历史必然性、现实重要性和社会进步性。翻开近现代以来的中国历史，多少志士仁人为了改变旧中国积贫积弱的落后面貌，前赴后继，百折不挠，在黑暗的旧中国艰难地探索强国富民的发展道路。然而不论是立宪制还是议会道路、改良主义，种种的制度设计最后都是以失败告终，都被证明没有在中国生存的社会土壤。在争取民族独立、人民解放的斗争中，民盟的缔造者们逐步认识到，只有接受共产党的领导、与共产党团结合作，结成最广泛的统一战线，才能实现自己的政治理想和奋斗目标。接受共产党的领导，成为包括民盟在内的各民主党派历史的选择、自觉的选择、无悔的选择。长期以来，不管形势如何变化，不管遇到多大困难和挫折，民盟的前辈始终做到自觉接受共产党领导的政治立场不变，与共产党亲密合作和同心同德的政治态度不变，致力于中国社会主义事业发展的团结奋斗精神不变。这是民盟几十年来在与共产党风雨同舟、患难与共的历程中，取得的最基本、最广泛、最深刻的共识。推进政治交接的过程，就是要教育引导盟的各级组织与广大盟员在改革开放的新的历史条件下，继承和发扬民盟前辈长期与共产党团结合作形成的政治信念、优良传统和高尚风范，认识到只有在共产党的领导下民盟前辈一生孜孜以求的国家昌盛、民族富强的社会政治理想才能在今天一步步成为现实，从而进一步增强接受共产党领导、走中国特色政治发展道路的坚定性，共同致力于中国特色社会主义事业、实现中华民族的伟大复兴的历史使命。

学习贯彻胡锦涛同志重要讲话精神
切实搞好新老交替基础上的政治交接

——在民盟九届二十次中常会上的讲话

（2007年7月8日）

各位常委、各位同志：

本次中常会的主题是：学习贯彻胡锦涛同志在中央党校省部级干部进修班上的重要讲话精神，通报今年省级组织换届工作情况，总结省级组织换届成功的主要经验，继承民盟优良传统，坚持走中国特色政治发展道路，切实搞好新老交替基础上的政治交接。

一、认真学习贯彻胡锦涛同志在中央党校的讲话精神，充分履行新时期参政党的职能

胡锦涛同志在中央党校的重要讲话指出："中国特色社会主义，是当代中国发展进步的旗帜，是全党全国各族人民团结奋斗的旗帜"，鲜明地回答了当代中国走什么路、举什么旗的根本问题，鲜明地表达了中国共产党团结带领全国各族人民坚持中国

特色社会主义的坚定信念。讲话以邓小平理论和“三个代表”重要思想为指导，科学分析了当前我国面临的新形势新任务，高屋建瓴，内涵丰富，思想深刻，富于创新，为中共十七大的胜利召开奠定了重要的政治、思想和理论基础。

胡锦涛同志在讲话中提出的四个“坚定不移”，既是执政党今后一个时期的奋斗目标和行动纲领，也是参政党履行职能的政治准则和工作指针。认真学习和深入贯彻讲话精神，对于全国人民进一步统一思想，明确方向，凝聚力量，毫不动摇地走中国特色社会主义道路，全面推进建设小康社会的伟大进程；对于坚持和完善中国共产党领导的多党合作和政治协商制度，进一步开创统一战线和多党合作事业的新局面；对于全盟进一步做好政治交接和自身建设，切实履行新时期参政党职能，坚持走中国特色政治发展道路，具有重大而深远的意义。

1. 学习贯彻胡锦涛同志重要讲话精神，就要坚持解放思想和改革开放的原则不动摇，做改革的促进派。解放思想，是马克思主义思想路线的本质要求，是我们突破旧的思维方式和旧体制的束缚、应对前进道路上各种新情况、新问题，不断开创事业新局面的一大法宝；改革开放，是解放和发展社会生产力、不断创新充满活力的体制机制的必然要求，是发展中国特色社会主义的强大动力。改革开放29年来我国社会主义现代化建设取得的举世瞩目成就，雄辩地证明了改革开放是发展中国特色社会主义、实现中华民族伟大复兴的必由之路。准确把握胡锦涛同志关于解放思想和改革开放重要论述的精神实质，有助于我们科学认识社会主义初级阶段的长期性，提高想问题、办事情绝不可脱离实际的自觉性，坚定不移地走中国特色社会主义道路。

2. 学习贯彻胡锦涛同志重要讲话精神，就要以经济建设为中心，坚持科学发展观，为积极构建和谐社会、全面建设小康社会建言献策。科学发展、社会和谐是发展中国特色社会主义的基本要求，是实现经济社会又好又快发展的内在要求。讲话对科学发展观的本质有精辟的阐述，第一要义是发展，核心是以人为本，基本要求是全面、协调、可持续，根本方法是统筹兼顾。要促进发展，就要始终坚持"一个中心、两个基本点"的基本路线，聚精会神搞建设，一心一意谋发展；要促进发展，就要鼓励社会各方面力量共同创业，才能形成各种所有制经济平等竞争、相互促进的新格局；要促进发展，就必须毫不动摇地深化收入分配制度改革，正确处理效率与公平的关系。平均主义不是社会主义，是贫穷的根源。在社会主义初级阶段，参政党要把促进发展作为参政议政的第一要务，围绕中心定位，服务大局尽职，以科学发展观为指导，深入调查研究，提出建议和意见。

3. 学习贯彻胡锦涛同志重要讲话精神，就要坚持走中国特色政治发展道路，努力推进社会主义民主政治进程。讲话关于社会主义民主政治的内涵阐述非常完整，体现出了改革开放以来我国民主政治发展循序渐进的过程，符合现阶段中国社会发展状况，为中国社会主义民主政治建设指明了方向。作为参政党，要深刻理解总书记论述的精神实质，坚持党的领导、人民当家做主、依法治国有机统一，不断推进社会主义政治制度的自我完善和发展，充分发挥多党合作制度的优势，认真履行参政议政和民主监督职能,努力促进决策的科学化、民主化。

4. 学习贯彻胡锦涛同志重要讲话精神,就要关注民生,积极推进社会建设全面进步。讲话强调了社会建设的重要作用,提出加强社会建设要以解决人民最关心、最直接、最现实的利益问题为重点,使经济发展成果更多体现到改善民生上,尤其要注重优先发展教育,适时扩大就业的发展战略,深化收入分配制度改革等,抓住了解决民生问题的实质和关键。教育是民生之基,就业是民生之本,分配是民生之源,社会保障体系建设是民生之安全。作为参政党,心系民生是我们的优良传统,也是我们履行职能责无旁贷的使命和责任。只有踏踏实实地为解决民生疾苦献计出力,才能发挥民盟的特色,为全面建设小康社会做实事、做好事。

二、省级组织换届的基本情况和主要经验

省级组织换届是今年上半年全盟的中心工作。截至6月底,除河南省外,全盟已有29个省级组织按照盟中央的统一部署,在各级盟组织和广大盟员的共同努力下,相继召开了代表大会,选举产生了省级组织新一届领导班子,圆满完成了换届工作任务。从总体上看,这次省级组织换届的成功,不仅表现在会议组织严密、程序规范、会风和谐等具体层面,而且表现在政治交接贯穿在换届工作的始终,一大批年富力强、德才兼备的后备干部走上了省级组织领导岗位。这是一次全面展现新时期参政党精神风貌,体现全盟团结进取、民主和谐的换届,是一次继往开来、承前启后的换届。在此,我谨代表盟中央向换届工作取得圆满成功

的全盟29个省级组织和新当选的省级组织领导班子成员表示热烈的祝贺，向为盟的事业作出重要贡献、不再担任领导职务的老同志表示崇高的敬意！

这次省级组织换届的重大意义在于，不只是一次例行的换届，同时又具有换代的性质，领导机构和领导班子成员新老交替的幅度较大，领导班子成员已由上届三四十年代出生的为主转变为五六十年代出生的为主。在新当选的29名主委中，新任主委20名，占主委总数的69%；在新当选的189名副主委中，新任副主委79名，占副主委总数的41.8%；有28个省级组织配备了34名专职副主委，其中新任的16名，占总数的47.1%；有26个省级组织配备了秘书长，其中新任的13名，占总数的50%；在新当选的1836名省委委员中，新任委员711名，占总数的38.7%。从年龄层次来看，新一届主委平均年龄为52岁。副主委平均年龄为49.8岁。新一届委员会委员平均年龄为47.5岁。从学历、职称层次来看，在218名省级组织领导班子成员中具有大学本科学历的30.3%，具有硕士研究生学历的占22.9%，具有博士研究生学历的占45.0%；具有高级职称的占88.5%，其中院士2名。

这次省级组织换届后，领导班子成员的政治素质普遍较高，班子的年龄结构、专业结构得到进一步改善，比较全面地反映了本地区民盟盟员结构的特点和优势，巩固和发展了民盟九大以来政治交接的成果，为今后五年的工作打下了良好的基础。

这次省级组织换届时间紧迫，任务繁重，但在各级盟组织和广大盟员的共同努力下，在中共党委的正确领导和统战部门的大力支持下，换届工作进展比较顺利。在换届的工作进程中，省级组织的领导协调能力得到了充分体现，广大盟员识大体、顾大局的政治素质也得到了充分体现。我们要认真总结省级组织换届的好做法、好经验、好作风，推动各省级组织今后的自身建设工作，而且对下半年盟中央的换届也可以起到很好的促进作用。

1. 坚持党的领导，充分进行人事协商。换届工作虽然千头万绪，但最为关键的还是确定领导班子人选问题。只有把人选准了，才能保证在领导班子调整的变化中，保持民盟的政治方向不变、优良传统不变、优势和特点不变，才能建立起强有力的领导核心。在换届的组织工作中，依靠党委领导，坚持党管干部原则，并多方充分协商是确定领导班子人选的主要方式。鉴于民盟省级组织换届调整的幅度很大，盟中央和中央统战部、中共地方党委对人事协商非常重视。早在2005年，就陆续对部分省级组织领导人选进行沟通，2006年三方又多次反复协商，意见基本达成一致，有的省前后协商数次。在换届的筹备和代表大会召开过程中，中共地方党委和统战部门也给予了大力支持和帮助，确保了换届工作的顺利进行。

2. 坚持民主程序，严格规范操作。换届工作政策性强，坚持民主、严格照章办事非常重要。绝大多数省份在酝酿领导机构和领导班子成员候选人的过程中，充分发扬民主，反复酝酿协商，认真开展民主推荐，几上几下，广泛听取了各方面意见。代表大会召开期间，各省级组织严格按照换届有关文件精神和要求，精心组织，认真履行程序，充分体现代表大会的严肃性。通过严格的把关,有效地坚持了工作标准,保证了换届工作质量。

3. 思想工作和政治交接教育始终贯穿换届工作的全过程。换届工作主要是做人的工作,做好深入细致的思想工作尤为重要。各省级组织通过开展民盟传统教育,引导广大盟员从盟的事业发展大局出发,正确对待个人进退,确保换届既是领导班子的新老交替,也是一次政治交接的过程。在这次换届中,许多将要离任的主委、副主委发挥了重要作用,有的以民盟的事业为重,不计个人进退得失,主动要求退出领导岗位;有的尽职尽责,认真做好换届筹备工作,站好最后一班岗;有的主动帮助化解矛盾,做好疏通工作。我们要感谢他们在团结稳定中作出的重要贡献。广大盟员也表现出很好的精神风貌,各省代表大会的出席率都比较高,候选人得票也比较高,这充分说明我们广大盟员的思想认识统一,政治觉悟高,大局意识强,能够充分地行使民主权利,选出盟员信得过的班子。

4. 充分发挥班子的领导核心作用。这次换届工作的圆满成功,与我们近年来大力加强省级组织领导班子建设密不可分。省级组织领导班子的凝聚力、影响力、向心力明显增强,领导班子成员敏于谋事、勤于干事、善于成事的本领明显增强。在这次换届工作中,各省级组织领导班子的政治把握能力、组织领导能力得到了充分体现,各项工作缜密细致,协调有序,环环相扣,圆满完成了预定的各项工作任务。

5. 注重加强后备干部队伍建设,为盟的事业后继有人提供了人才保障。十年树木,百年树人。近年来,我们认真实施“人才强盟”战略,进一步加强了后备干部队伍建设,初步形成了一支年龄结构、专业结构都相对合理的高素质后备干部队伍,为换届奠定了坚实的基础。这次新进班子的成员,都是后备干部中较为出色的同志,一直都在组织的视野之中,大多参加过中央统战部和民盟中央举办的各类培训。从各省的换届情况来看,后备干部相对充足的省级组织,换届工作开展得更为顺利,领导班子结构也更为合理。

在充分肯定工作成绩的同时,也要看到这次换届工作中尚存在一些值得我们注意的倾向性问题。比如,这次换届之后,在29个省级组织的主委中,民盟主要界别代表性人物的比例有所减少。这种变化固然有客观的因素,但同时我们也要认识到,党派趋同不利于多党合作事业的可持续发展,民盟还是要有自己的界别优势和特色。另外,由于各方面的原因,同个别省的人事协商不够充分,领导班子人选和代表大会召开时间都确定较晚,以致造成工作比较仓促被动。这些都是我们今后工作中需要注意改进和思考的问题。

三、坚持走中国特色和政治发展道路,切实搞好新老交替基础上的政治交接

人事有代谢,往来成古今。新陈代谢是自然界的规律,也是人类社会发展的必然规律。这次省级组织换届之后,在座的大部分老主委因为年龄的关系已经退出省级组织领导岗位。借此机会,对于已经离开领导岗位的各位老主委,我特别要表达一下由衷的敬重、感谢和眷恋之情。

应该指出的是,各位老主委长期为盟的事业无私奉献,在领

导岗位上兢兢业业地耕耘了10年甚至更长的时间,在民盟历史上,你们是承前启后、继往开来的一代。你们见证了建国以来统一战线和多党合作发展的历程,在改革开放的历史机遇中迅速成长并成为全盟的中坚力量,热爱民盟,了解民盟,勤于思考,对统一战线的规律和多党合作制度的丰富内涵有着精深的理解和研究,思想睿智,视野开阔,襟怀坦荡,政治信念坚定,具有广泛的学术影响、社会影响和丰富的参政经验,是民盟的优秀代表。在大家身上,更多地反映了民盟的传统和精神,折射出当代知识分子的优秀品质,较好地体现了中国共产党对参政党提出的四种能力的要求,即较强的政治把握能力、参政议政能力、组织领导能力、合作共事能力。所以说,正是在大家的共同努力下,民盟走过了团结进取、开拓创新、励精图治的不平凡岁月。这方面我个人有深刻的体会,盟中央的主席和多位副主席也多是在此期间陆续走上民盟的领导岗位,有幸与大家共事,耳濡目染,受到的启迪和教益良多,很多人都是支持我们、帮助我们、引领我们走上多党合作道路上的良师益友,盟中央正是倚重大家的力量,才推动全盟工作取得一个又一个新的成绩。老同志在长期的多党合作的实践中形成的思想品质、政治智慧和经验、人格魅力,不仅在过去参政议政和自身建设的实践中发挥了独到的作用,而且也将作为全盟宝贵的精神财富传承下去,为新的领导班子的成长树立学习和借鉴的榜样。

换届不是单纯的人事更替,更重要的是要进行政治交接。换届工作暂时告一段落,政治交接则是一个更为长期的持续过程。今年3月份,中共中央统战部在广西南宁召开了民主党派工作座谈会，决定在民主党派成员中深入开展以坚持走中国特色社会主义政治发展道路为主题的政治交接学习教育活动。这是在总结政治交接10年经验的基础上，结合新形势新任务的要求，进一步推进政治交接的重大举措。目前，盟中央已经做了认真部署，学习教育活动正在全盟全面展开。这次政治交接的重点是继承和发扬民盟前辈长期与中国共产党团结合作形成的政治信念、优良传统和高尚风范，关键是增强接受中国共产党领导的自觉性和坚定性，核心是坚持走中国特色社会主义政治发展道路，目的是巩固多党合作和政治协商的政治基础，推动和实现我国多党合作事业的可持续健康发展。

早在11年以前，费老对民盟的政治交接就有过一次很深刻、很精辟的阐述，从根本上回答了政治交接的原则和意义。他说："退是为了进，变是为了不变。""退是为了进"，是着眼于多党合作事业的未来，为了让民盟新一代领导人能够迅速成长，老同志就要高风亮节，急流勇退，为新同志搭梯子、铺路子；"变是为了不变"，不变的是中国共产党领导的多党合作制度和民盟的优良传统和作风，这是我们必须要遵循的政治方向和原则。关于民盟老一辈领导人的传统和作风，如民主的精神、正直的作风、广博的知识、坦诚的人品、爱国的情操，这是民盟宝贵的精神财富。我想这些都应该成为新当选的民盟的负责同志努力追求和践行的做人准则、价值取向、道德和人格规范而去身体力行。

同志们，多党合作事业是一项前无古人的伟大创举，实现新老交替基础上的政治交接意义重大。在省级组织换届圆满结束之后，我们还将迎来盟中央的换届。各级盟组织和广大盟员要把学习贯彻胡锦涛同志重要讲话精神作为当前的一项重要政治任务,把思想和行动统一到贯彻落实讲话精神上来,振奋精神,团结进取,进一步搞好盟组织的政治交接和自身建设,坚定不移地走中国特色政治发展道路,不断发展和完善中国共产党领导的多党合作和政治协商制度,以实际行动迎接中共十七大和民盟十大的胜利召开!

在香港新世界集团捐资助学仪式上的讲话

（2007 年 7 月 19 日）

尊敬的郑裕彤先生，尊敬的各位老师：

我是第二次参加香港新世界集团的捐资助学活动。第一次是大约五年前，在贵州省的毕节，新世界集团在那里捐建了希望小学和教学设备，我为他们的义举而感动。后来我得知，新世界集团正与教育部合作，为国家级基础教育资源库的建设做工作，我理所当然地支持他们。今年初的政协会上，郑家纯先生“关于建立脱贫特区”的提案我看到了，其中包括着对教育的关注，我又一次感到一个真正企业家难能可贵的社会责任感。

这次活动我为什么又要参加呢？我讲两件事情。第一件事情是，我看到了一个电视报道，在贵州省某县一个小学校很漂亮的教学楼里，孩子们洋溢着春天一样的笑脸在上英语课。一位年轻的女老师带着孩子们读课文，读着读着，她读不下去了。当记者问她为什么不读了，她回答：我不会了。原来，这位老师是教语文的，由于学校要开设英语课，没有师资，就选派她去进修了两个月英语。为此，她感到非常困惑，不知道怎么办才好。学习两个月就回来教英语，实在是太为难她了。第二件事情，今年初新世界在北京举办了贵州、陕西两省英语网络课程培训班，由国家级的教育专家授课，目的是了解西部地区第一线教师对先进的教育技术、优质的教学资源的需求情况。结业时，学员们都十分地感慨，其中一位来自毕节的老师说："我们的孩子真可怜。"语气充满了自责和无奈。她是说，我们当老师的都差得很远，拿什么来教我们的孩子们！

这两件事情说明一个问题，这就是，教育扶贫不能仅仅停留在捐款盖校舍上，应该上升到一个新的层面了。

我们大家都知道，从整体来讲，多方面的原因造成我国教育发展的不均衡，特别是在基础教育领域里，东西部地区、城乡之间存在的差异更大，差异的存在使得孩子们受教育的机会不均等。主要差异在两个方面，一个是硬环境的差异，体现在办学的硬件条件上，另一个是软环境的差异，主要表现在教学水平、教学资源和教师素质上。

为促进东西部地区和城乡之间教育均衡，第一步，国家启动了百亿农村远程教育工程，社会各界也都纷纷捐资助学，如希望工程、春蕾工程等，取得了可喜的成果。同时又准备着第二步，这就是解决教育的软环境的问题。

2001 年底，教育部基础教育课程教材发展中心启动了"国家级基础教育资源库建设"，并要求课程资源的开发一定要高起点，着眼于未来五年。从那个时候起，新世界与教育部就有了密切的合作，由教育部立项，新世界投资开发了国家级基础教育资源库的第一号和第二号网络课程（即中小学英语网络课程和中小学信息技术网络课程),今年通过了国家评审。

五年的时间过去了,随着教育的硬环境得到改善,我们还要思考缩小东西部教育差距的下一步应该怎么做。我觉得,硬件的投入固然重要,软件的改善则较之硬件更为本质。我们下一步的工作应该着眼在软环境的改善上,也就是说,要让西部欠发达地区的教师掌握先进的教学理念,拥有优质的教学资源,提高整体素质和水平,进而使西部的孩子们受益。这个事情要从一点一滴做起,要把事情做实。

中央电教馆和新世界集团在合作过程中创造了开发教育资源的新模式,就是由政府立项、指导,企业投资、研发,实践证明是很好的。现在又以教师培训的方式,不但向西部地区提供了优质的教学资源和技术手段,而且让教师能够利用先进的教学技术将优质的教学资源应用到实际的教学中去。

这是一种很好的探索,因为我们是一个拥有2亿多中小学生的国家,我希望通过这种探索,建立起一种新的教育扶贫模式,即在教育部门的指导下,在西部欠发达地区建设若干网络教学教师培训基地。在这种模式下,为本地培训一批具有先进教学理念,掌握先进的教学技术,能运用优质教学资源的教师,这些教师还将作为培训者开展更大范围的教师培训。这样一层一层地做下去,贵州就会有一支人数众多、掌握着先进的教育技术和优质的教学资源的教师队伍,从而缩小与东部教育水平的差距,使我们贵州的孩子们能够共享优质教育资源。我相信这种新的教育扶贫模式,效果一定会更好,影响一定会更大。

所以我说这是一件大好事,我们要感谢中央电教馆的同志们和新世界集团以及郑先生本人,我全力支持你们,因为这是我们大家共同的事业。

谢谢!

对当前经济工作的几点建议

——在中共中央经济工作座谈会上的发言

（2007 年 7 月 25 日）

今年上半年我国经济保持了效益好、速度快的发展态势，总体形势是好的。经济社会发展成绩显著，有三点更为突出：一是消费额大幅增加。社会消费品零售总额在去年增长了 13.7% 的基础上，今年上半年增长达到 15.4%，创下 1997 年以来的最高增幅；同时，消费结构升级活动更趋活跃。这是今年经济增长高位趋快的重要原因。二是城乡居民收入的增长幅度均高于 GDP 的增长幅度。上半年，城镇居民纯收入增长 1% ~4.2%，农民现金收入增长为 1995 年以来的最快幅度，达到 13.3%，夏粮自 1985 年以来首次连续四年丰收。三是农村最低生活保障制度出台。“低保新政”犹如阳光温暖着农村贫困人群的心，使他们的生活有了安全感。这些成效使得国民经济在持续较快增长的同时，稳定发展的基础得以继续增强。

今年各类自然灾害较多，胡锦涛总书记、温家宝总理亲临灾区，踏着泥泞慰问、视察，并决定按补助上限救助灾民。这些亲民、爱民之举深得人心。民盟中央表示由衷敬佩,我们全盟也要为灾区的恢复建设作贡献。

对于今年的经济工作,我们谈四点看法和意见:

一、已出台的宏观调控措施,时机和力度把握得当,避免了经济过热;但当前经济仍有过热倾向,防止过热仍是重点。今年上半年,面对复杂的国际、国内环境,中央出台了一系列宏观调控的政策措施,既有效地发挥了调控作用,又没有出现大的波动。如果没有这些政策措施,我国经济很有可能已经全面过热,也不会是今天这样的好局面。我们认为,现在经济确有向过热走的倾向,但还不能判断已经过热。主要的根据在两个方面:一是从整个工业品的市场大局来看,总需求和总供给还基本平衡,并没有明显过热。二是拉动 CPI 上涨的主要因素是农产品价格,如猪肉等食品类,这些因素是阶段性的,并且只要采取的措施真正落实,可以逐步稳定。同时,猪肉等农产品价格上升符合经济规律,相对农民的付出是合理的,对农民也有好处。要注意的是,如果由于南方的水灾造成秋粮减产,可能导致粮食价格上涨,将进一步推动 CPI 上升,宏观调控会面临更为复杂的局面。所以,经济现在还不能说过热,但要高度注意,防止过热。

二、防止经济过热,结构性措施可能效果好于总量控制措施。总体上说,我们面对的主要问题仍是经济结构不合理,拉动经济向过热走的主要因素也是结构性问题,物价的上涨有结构性问题,失业问题的存在和解决难度大,也主要还是结构问题。是否需要放慢增长速度,这个问题比较复杂,应当慎重,不宜用简单的“热”或“不热”来决定。因为,如果经济结构合理,快一些也没问题;而经济结构不合理,慢一些也解决不了问题。因此,建议中央下一步政策还是要坚持有保有压,更多的还是要采取结构性调整措施,通过结构调整实现增速基本适宜。比如,贷款规模大小的把握,不宜总量上一刀切,采取结构性调整措施,对要压的项目贷款利率高一些,对要保的项目利率低一些,就既可以推进结构调整、又避免流动性过剩的弊病。再比如,现在一方面货币供应量过大、资本流动性过大,但另一方面中小企业融资难仍继续存在,这也是结构性问题。如果一刀切全线收紧,中小企业的发展就会遇到困难。该收紧的收紧,应放开的放开,通过金融体制改革,例如试办地方银行、加快农村信用社的改革,这两个方面问题的解决就可以结合起来。

三、人民币继续坚持小步升值,但步伐可以稍快;保持外汇平衡的根本之策是增加进口、推动企业用汇。人民币大幅升值不利,小幅升值则利大于弊,当前中央的政策是正确的。利体现在给企业时间以适应环境变化,同时予以鞭策,使企业知道通过扭曲的人民币汇率增加出口的年代已经过去,必须抓紧技术改造,降低成本,创立品牌,以此增加出口。但总是小步也有弊,弊在因为存在升值长期预期,外资热钱会持续流入中国。因此,小步升值也不宜拖得太慢。目前中央采取的减少外汇顺差的措施,如减少和取消出口退税、遏止高耗能产品出口,是十分有效的。从长远看,保持外汇平衡,还是要增加进口,包括进口设备和技术、购买外国原材料。通过发行特别国债解决外汇储备过多是可行的;而从根本上看,更主要的还是要通过让企业使用外汇来解决,让企业进口设备,到国外投资,使企业成为实现保持外汇平衡的主体。

四、结构性问题体现的是体制矛盾，实现“两难”中的平衡要靠深入贯彻落实科学发展观。经济过热的风险存在于结构性问题，而结构性问题的背后则是体制问题。比如，拉动经济向过热转化的两大因素是银行资金持续性流动过剩和地方政府的投资冲动，这二者间，应该说地方政府的投资冲动更主要、也更难解决。实事求是地说，现在我们确实面临一些两难：既要保持经济增长，又要实现节能减排；既要提高资源价格和环境损害成本，又要避免成本推动型的通货膨胀；既要减少外贸顺差，又要防止人民币升值过快。如何找到其中的平衡点并把握好这个平衡点，胡锦涛总书记6月25日的重要讲话对科学发展观已经作出精辟的论述：“第一要义是发展，核心是以人为本，基本要求是全面协调可持续，根本方法是统筹兼顾。”胡锦涛总书记给出了处理两难的解答。因此，以深化改革推动体制创新，以科学发展观实现“两难”中的积极平衡，是我们应对当前的过热倾向、应对今后经济形势中可能出现的问题的基本宗旨。

几点体会和建议

——在中共中央十七大报告(征求意见稿)座谈会上的发言

(2007年7月27日)

一、我们的体会

我们体会较深的主要有三个方面:一是改革开放近30年来的辉煌成就,尤其是中共十六大以来在科学发展观指导下又好又快的发展实绩;二是确立了我国到2020年的宏伟目标,如工业化基本实现;综合国力显著增强;成为人民富裕程度显著提高、生活质量和生态环境明显改善的国家;成为对外更加开放、更加具有亲和力,为人类文明作出更大贡献的国家等;三是社会主义民主政治在报告稿中用充分的篇幅、从六个方面作了系统、完整、深刻的阐述,并在我国基本政治制度中增加了基层群众自治制度等新内容。

在这三个方面中,又好又快的发展实绩标志着我国近30年的快速发展已经开始进入从数量扩张型转向数量质量并重、以质量为先决条件的历史新时期。这是一项“看似容易却艰辛”的了不起的成就,是执政党不断提高执政能力的最显著标志之一,是我国到2020年实现宏伟目标的最坚实基础、最可靠保障。报告稿谈到我国政治建设时,在基本政治制度中增加了“基层群众自治制度”,明确“城乡间按相同人口比例选举人大代表”等,这都是报告的亮点,既符合国情,适应现阶段发展要求,又为我国社会主义民主政治建设展示出乐观前景。实践证明,社会主义越是发展,社会主义民主就越是发展。这是社会主义初级阶段发展的一条规律。在中国特色社会主义民主进程中循序渐进地实现党的领导、人民当家做主和依法治国有机统一,这一规律体现得尤为明显。作为这一过程的见证者、参与者,回顾历史,总结经验,我们对此体会很深。

多方面的体会归结到一点,就是:中国特色社会主义的本质属性是“社会主义”,关键词是“中国特色”。所谓中国特色,其一是实践特色,不是从本本出发,迷失于教条,而是从中国实际出发;其二是民族特色,不是照搬其他国家现成模式,而是坚持探索自己的路;其三是时代特色,不是因循守旧,墨守成规,而是与时俱进,勇于创新。有了这些,中国特色社会主义旗帜才能越举越高。在这面旗帜上,凝聚着几代中国共产党人的不懈探索与艰苦实践,书写着执政党对执政规律、社会主义建设规律和人类发展规律认识上的一次次飞跃。这面旗帜标志着执政党政治上的成熟,理论上的清醒,实践上的务实。对报告稿的修改、完善,不仅关系到一份历史文献的完美程度,更关系到中国特色社会主义这面旗帜对国人的感召以及在国际社会获得的认同和理解。因为,旗帜就是形象,旗帜凝聚力量,旗帜指引方向,旗帜象征希望。

二、两点建议

在讨论中,我们认为,报告稿应该在现有基础上增补完善的地方主要有两点:

第一,报告稿把实施科教兴国战略放在实现经济又好又快发展的首位,高度重视建设创新型国家,位置摆得非常好。但在具体论述时,主要讲了科技是第一生产力的观点,而把教育问题放在后边的民生篇章中讲,虽然有其道理,但高度却嫌不够。科教兴国作为国家发展战略,应该在战略层面、战略意义上得到全面论述。我国宏伟目标的实现,最终要靠各个领域里的人才在各自岗位上的勤奋工作,而健康发展的教育事业将是各方面人才辈出的不竭源泉。民盟中央在实施今年重点调研课题的过程中对此深有体会。我们的题目虽是高校贷款问题(调研成果已经以建议书的形式专报中共中央和国务院领导同志),实质是继续探索当前我国教育事业健康发展思路与模式,目的是从根本上保证和提高教学质量,以满足快速发展对各方面人才的迫切需求。高校贷款问题表面看是财务风险,实质上牵涉到更多更大的问题,如沉重的还贷压力和潜在的财务风险将干扰高校的良性运行,影响教育质量的提高和教育事业的可持续发展。教育事业特有的潜在性、迟效性、连锁性反应,终将长远、深刻地影响着科教兴国战略的实施和创新型国家的建设,必须真正放在重中之重的位置。建议在论述科教兴国的章节里,给予教育问题以充分的论述,与其“战略”地位相符。

第二,报告稿提到的资源、环境问题,看得很准,但分量应加重、加大,把执政党在这个问题上的忧患意识更充分地表达出来。胡锦涛总书记指出的“第一要义是发展,核心是以人为本,基本要求是全面协调可持续,根本方法是统筹兼顾”,讲得很好。科学发展,不以物质财富为本,不以 GDP 为本,不为求政绩竭泽而渔,不会造成污染环境,破坏生态,牺牲人民群众和子孙后代的利益。当前发展的硬约束因素中,最突出的是资源与环境问题。宏观调控难以奏效,节能减排任重道远,环境问题集中爆发,已经成为人民群众最关心、最直接、最现实的问题之一。全世界污染严重的城市有六个是中国城市,几亿人常年呼吸着污染的空气,喝不上干净水,肺癌的发病率男、女均为第一位,肿瘤死亡率高居榜首,发病年龄趋低,影响青少年健康成长,这也是事关民生的重要问题。我们认为,在资源、环境问题和经济发展的“两难”之间,应更多考虑民生和子孙后代的利益,这应是“三个代表”重要思想和科学发展观的最直接体现。实际上,真正调转一些地方考核干部政绩的指挥棒,就能起到四两拨千斤的作用。建议在加大环境问题论述力度的同时,明确提出进一步改革完善干部考核任用指标体系,把保护资源、环境、生态的成绩列为考核选拔任用干部的重要标准。

在2007年民盟“灾害管理与和谐社会”论坛上的演讲

（2007年8月22日）

各位来宾：

大家好！

很高兴与各位新老朋友在“民盟中央灾害社会管理专家论坛”的第五届年会上见面，非常感谢大家的光临与多年不懈的支持。

我们人类只有一个赖以生存的地球，共同关注保护我们的生存环境，减少不必要的灾害，常备不懈地守护好自己平安和谐的家园，是我们义不容辞的责任。如今，自然灾害、流行疾病、恐怖活动等，已经成为我们人类生存和发展的共同威胁。人类要从科学意义上认识这些灾害的发生、发展以及尽可能预防灾害、减少损失，已是国际社会的一个基本共识。

2003年以来，我国防灾救灾减灾的能力不断提高，机制不断完善。继去年国务院发布《国家突发公共事件总体应急预案》后，今年，国务院又发布了《国家综合减灾十一五规划》。这个规划着眼全面提高国家综合减灾能力和风险管理水平；确立减灾原则，强调发挥减灾对社会经济可持续发展的基础保障作用；明确减灾六条目标；紧扣提高灾害应对和减轻灾害风险损失的管理水平；针对存在的问题和薄弱环节提出加强八个方面的能力建设；确立了综合减灾八项重点项目工程，确保国家综合减灾能力的形成。整个规划突出了政府的责任意识，公众的参与意识，体现了执政为民的宗旨。

与此同时，国务院还下发了《关于加强基层应急管理工作的意见》，要求全面加强基层应急管理工作，基本建立起"横向到边、纵向到底"的应急预案体系，建立健全基层应急管理组织体系，初步形成"政府统筹协调、社会广泛参与、防范严密到位、处理快捷高效"的基层应急管理工作机制。加强基层应急管理工作是执政为民、全面履行政府职能的重要体现，对于构建社会主义和谐社会、维护社会稳定和人民群众根本利益具有重要意义。我认为，现在最关键的是要把党和国家的这一方针政策有效地落实下去。

今年入夏以来，势不可挡的疾风暴雨，在南方，将有着3000多年历史的"山城"重庆变成了"水城"，连著名的红岩村渣滓洞遗址也被冲垮；在北方，一场3小时的暴雨，竟罕见地使山东济南的中心城区水流成河。洪涝灾害使当地的人民群众生命财产受到极大损失，让我们痛心疾首。

一位外国学者早就以"液体地球"为题，警告人们：无论是土壤还是岩石，再坚不可摧的东西，在自然灾害面前，终究是脆弱的。另一方面，我国也早有"观乎天文，以察时变"的警句，意思是天之道在于“刚健”，人类要想避免灾祸，就要不断发展创新，就要像天体运行那样强劲不息，永不休止。虽然气候异常，使我们频繁经历着“百年不遇”的高温、暴雨、台风、雷击、泥石流等自然灾害。但我们决不能把“百年不遇”当成合理推卸责任的说辞。灾害无情，人有情，而管理者更有责。

回顾每次“百年不遇”造成的生命财产损失，我们自身需要反思的经验教训都有哪些呢？除了自然灾害本身的破坏，究竟有多少是还可以避免的人祸呢？我们希望通过对每次重大天灾人祸的科学理性分析，能够从中吸取更深刻的教训和必要的警醒。就算是遭遇了“百年不遇”的强降雨，如果山岭植被保存完好，山洪与泥石流给民众的灾难损失是不是还可以减少？如果城市排水系统设计合理、维护得当，城市被洪水吞没、死人的悲剧是不是也可以避免？如果自上而下的防灾应急预案，能做到科学预警、缜密不疏、责任到位，并真正落到实处，灾难造成的损失是不是可以降到更低？

但是，防灾、救灾、减灾没有如果，只有结果。一系列惨痛的灾难结果，再次提醒我们，面对越来越复杂的气候变化和全球变暖的趋势，我们必须要负起应有的责任：保护山林植被、遏止环境污染、修复水利工程、恢复天然湿地、落实应急预案，等等。以此应对“百年不遇”的灾害，才是对人民群众高度负责的精神和态度。

现实中，一旦把有关应急灾害管理预案的政策措施，坚决地落实下去，自然会收到意想不到的效果。我想再次列举河南陕县矿难事故的这一成功救灾案例。在 69 名矿工被困的 3 天里，我们无不在为他们的生命担忧，也许各位注意到了本次应急救灾中的这样一个细节，一根直径约为5厘米的橡胶管，成了69名矿工兄弟能够全部活下来“救命管道”。就是这根劫后幸存下来的“生命通道”，不但确保了地下与地上信息联络畅通，还可以通风输氧，并不可思议地输送了数百公升的牛奶和生理食盐水，从而有力地保证了69名矿工生存的体力。尤其通过这条“生命热线”及时了解地下受灾情况，稳定矿工情绪，定位被困位置，为争取“科学施救、精心施救”赢得了最宝贵的时间。我想强调的是，这条被形容成“生命脐带”的压风管道，既不是天外神力的保佑，也不是这家煤矿所独有的，事实上，它正是我国《煤矿安全装备基本要求》等一系列防灾救灾减灾的法定要求，而在这家矿井得到了充分的贯彻落实。

各位来宾：据资料显示，我国城市化比率目前已超过40%，其中70%以上的大城市、半数以上人口分布在洪涝灾害和地震灾害严重的地带，而我国城市灾害应急防灾能力，虽然不断完善，但网络相对脆弱。因此，加强城市灾害预防与应急管理是构建和谐社会的一项重要任务。

借今天中国哈尔滨国际减灾会议的东风，我们畅谈“减灾与和谐”的话题，以此在国际舞台上展示我们古老民族的自信与魅力。和谐社会已成为当代中国的主旋律，她体现了中国共产党人坚持走中国特色社会主义发展道路的明确目标，表现出一个古老而又年轻民族，在走向现代化进程中的必然追求。

我们传统的中华文化，和谐内涵丰富：有“积极入世、近思远学”的可贵精神；有“实事求是、奋发有为”的务实态度；有“海纳百川、有容乃大”的恢宏气度;有“穷则思变、见贤思齐”的伟大胸襟;有“终日乾乾、与时偕行”的君子品德;有“忧劳兴国、逸豫亡身”的自我警醒;更有“日日全新、又日更新”的生命自觉。

我想,我们伟大祖先留给我们的这些美德与智慧,既属于古人,也属于今人;既属于中国,也属于世界!应急灾难管理与构建和谐社会,不只是为中国的和平发展提供思想资源,也必将为世界的和平发展作出巨大贡献!

最后,我想借此机会,代表“民盟中央灾害与社会管理专家论坛”,衷心感谢社会各界的专家学者和众多新闻媒体朋友以及东道主对本论坛的支持、关心和厚爱!真诚地谢谢大家!

多党合作:只要“有所为”,就要“有作为”*

我至今还记得胡锦涛总书记上任之初就走访各民主党派的情形。那是一个雪天,胡锦涛总书记踏雪而来,当时给我们很大的鼓舞,我们切实感受到,统战工作将被提到更加重要的议事日程,多党合作制度会继续加强和完善,多党合作事业会有一片新的天地。当然,我们也意识到,这同时也对民主党派提出了更高的要求。中国全面建设小康社会的目标需要执政党和参政党的共同努力。

多党合作有一片天地

十六大以来的这五年,中共中央为了不断完善和加强多党合作制度,连续下发了《中共中央关于进一步加强中国共产党领导的多党合作和政治协商制度建设的意见》和《中共中央关于加强人民政协工作的意见》两个重要的“5 号文件”,推动多党合

---

* 原载于 2007 年 10 月 17 日《人民政协报》。

作、政治协商向制度化、规范化、程序化发展。这几年参政党的作用发挥得比较充分,主要得益于多党合作的制度化、规范化和程序化,得益于执政党广纳善言和参政党积极作为,体现了"和而不同,生动活泼"的政治局面。

我认为,十六大以来的这个五年是民盟中央"求真务实,积极进取"的五年,也是改革开放以来,历史上发挥参政党作用最好的五年之一。随着时代的变化,各民主党派的作用和影响力已从主要依靠几个代表性人物起作用的时代转化为需要发挥参政党整体作用、群体智慧的时代。这意味着,民主党派要发挥作用就要搞好党派整体自身建设,提高整个参政党素质,适应新时期要求,发挥全盟作用。为此我们建立了一些体制和机制,以利于将全盟 18 万盟员联动起来,形成合力,发挥集体智慧,围绕党和国家的中心工作定位,并在服务大局中尽职。

在多党合作的过程中,为了国家决策的科学化、民主化,各民主党派都加大了调研力度和深度,积极建言献策。民盟在发挥参政党作用中也出现了很多亮点。在参政议政工作中,我们紧紧围绕影响国家经济社会发展的前瞻性、战略性和紧迫性问题,经过深入调查研究,发挥参政党位置超脱、视角独特、看问题客观的优势,提出了一系列意见建议,引起中央高度重视,并逐步得到落实。

发展生物技术及其产业化和发展海洋事业,是民盟近年来努力推动的问题。经过党和国家领导人批示和各部门落实,很多调研结果都已分别纳入国家的"十一五"科技规划纲要和国家规划,更多调研结果则变成了国家具体政策和措施。建言振兴东北老工业基地、为中部崛起出谋划策等都为相关政策的出台作出了积极贡献。青海湖及其流域的沙漠化问题、阿坝的湿地保护和草原沙化问题,我们做了实地调研后给领导人写了信,现在都落实得很好。从 2006 年开始的 10 年间,国家决定投入 15.67 亿元用于青海湖治理,其中的 7.73 亿元直接下拨,剩下的则作为专项资金解决保护青海湖的综合治理问题。总之,这五年的成果非常丰硕。

十六大以来,中国的多党合作制度有质的飞跃,这跟整个高素质参政党的建设,以及各种多党合作机制体制的建立是分不开的。在多党合作中,民主党派有自己的优势,“有所为有所不为”。民主党派最大的优势就是超脱,处于权力之外没有部门利益,党派的视角和各部委的视角是绝对不同的,正因为不同恰恰形成了互补,这就是“和而不同”。第二个优势是渠道,党派的意见和建议有“直通车”,相对容易“下情上达”并受到重视。第三个优势,民主党派在全国绝大多数省份都有自己的下级组织,分布广泛,对代表各方面更广泛民意的搜集也比较全面。

新时期的多党合作要紧跟方向

中国共产党第十七次全国代表大会已经胜利闭幕。我对十七大即将开启的全新五年充满信心。首先,十七大报告开宗明义指出,中国特色社会主义是当代中国发展进步的旗帜,是全党全国各族人民团结奋斗的旗帜,这两句话很有分量。改革开放近 30 年到了很关键的时期,今后改革发展的路怎么走需要统一思想,振奋精神,高举旗帜,才能凝聚力量。我对“旗帜”的理解,中国特色社会主义,本质属性是社会主义,是公平正义的、和谐的、人民的社会主义,关键词是中国特色,一是实践特色,不是从本本出发,迷失于教条,而是从中国实际出发;二是民族特色,不照搬任何国家的模式,立足中国的基本国情;三是时代特色,不是因循守旧而是与时代同步,决不僵化。改革开放近30年的历史表明,正是我们不拘泥马克思主义经典著作对社会主义原理的论述,正是我们坚持一切从中国国情的实际出发,抓住机遇,勇于探索和实践,当代中国社会主义事业才焕发出勃勃的生机。正确理解中国特色,既要解放思想,与时俱进,从一切不合时宜的僵化观念、陈词滥调中解放出来;又要警惕把中国特色庸俗化,决不能把那些陈腐的、落后的、有悖于时代和历史潮流的、与国际惯例和普遍价值不符的行为和思想都贴上中国特色的标签,把中国特色当成一个什么都可以往里装的筐,而抱残守缺、固步自封。

第二是要认真学习领会科学发展观的科学内涵、精神实质、根本要求。以人为本、科学发展、和谐社会构成了十七大报告的主线。十七大报告贯穿着科学发展观的崭新理念,一是坚持以人为本,把“人”字清晰地写在了中国发展的旗帜上,尊重人的平等权利,发展的出发点和落脚点都是为了人。二是把科学发展贯穿于四位一体的目标任务中。胡锦涛同志关于科学发展的内涵,第一要义是发展,核心是以人为本,基本要求是全面协调可持续,根本办法是统筹兼顾,非常精辟。就是说我们谋求的发展是以人为本的发展,不是以物质财富为本、以GDP为本,更不是为政绩竭泽而渔,以牺牲环境,损害人民群众和子孙后代的根本利益为代价。十七大提出的生态文明,也是整个报告的亮点之一。三是把社会和谐提高到对中国特色社会主义的本质属性和科学发展的内在要求的高度认识,彻底摒弃斗争哲学,着力解决人民群众最关心、最直接、最现实的利益问题,使政归大和,标志着中国共产党执政理念的根本转变。

第三是要坚持解放思想、实事求是、与时俱进的思想路线,坚定不移地做改革开放的拥护者、推动者和促进者。没有波澜壮阔的改革开放的伟大实践,就没有今天我国经济总量取得的“坐四望三”的巨大发展成就。当前改革正处在一个关键时期,各种本应在不同阶段出现的问题集中在同一现实时空,人类社会千年历史图景、新旧问题积聚九州,改革意味着对几千年中国社会形成的各种弊端的深刻变革,这就要求我们要毫不动摇地坚持改革方向,勇于面对挑战,不断地解放思想,永不僵化,同时也要抓住机遇。改革开放 29 年来,正当中国人民追求民族复兴、推进现代化的同时,亦面对着全球化这一人类文明发展至今最深刻的变化,一个内生主题和一个外生变量相互碰撞,给我们的改革开放带来了难得的机遇。中国积极主动与国际接轨,推动工业化、信息化、城镇化、市场化、国际化,实现自身求富的战略目标。入世的挑战,多领域的对外开放,冲破了旧体制的惯性和惰性,释放了巨大的经济活力。可以说,开放又倒逼了改革,这正体现了中国共产党善于顺应潮流,紧紧抓住机遇,高超的执政能力和艺术。

十七大之后多党合作面临着新形势、新任务,为了适应这个新形势、新任务,我们对民盟今后工作提出五点要求。一个是全盟都要进一步明确中国未来“举什么旗,走什么路”的问题,这是十七大精神的核心,是中国共产党和各民主党派共同的思想政治基础。第二是要更加重视以人为本的科学发展观的落实和和谐社会的构建。在未来的多党合作中,参政党参政议政就是要把贯彻落实科学发展观变成民盟今后五年的具体目标和措施。第三点就是坚持“四个坚定不移”,保持勇于探索的精神,做改革的促进派。第四,紧紧围绕社会主义初级阶段中国的国情,积极发挥参政党在参政议政、民主监督中的作用。第五,继承传统,搞好政治交接,加强参政党自身建设。

下一个五年,我们的使命更光荣,任务更繁重,要付出更多努力。民主党派在多党合作中只要能“有所为”,就要“有作为”。这是中华民族根本利益的需要。我对此也始终保持乐观态度。

在全国政协教科文卫体委员会赴山西大同市教师节慰问活动上的讲话

（2007 年 9 月 3 日）

老师们、同学们、同志们：

大家上午好！在第 23 个教师节即将来临之际，全国政协教科文卫体委员会组织了这次教师节慰问活动，我自己曾经是一名从事多年医学教育工作的人民教师，我们这个慰问团的成员大多数来自教育战线，其中有些同志还是著名大学的校长，今天能够在这里与广大师生共度我们自己的节日，我感到由衷的喜悦和自豪！我代表全国政协，向学校的全体教职员工，致以节日的祝贺！对你们为职业教育发展辛勤耕耘和无私奉献的精神，表示崇高的敬意！

这次慰问活动之所以选择了左云县综合技术学校，我觉得其意义十分深刻。它表明了党和政府对职业技术教育的高度重视。在建设社会主义新农村的时代背景下，农村职业教育日益成为培养有专业技能的新型农民的重要途径，成为农村可持续发展并最终改变城乡二元结构，实现共同富裕的软实力。

参观了学校，听了介绍，我有三点感触。第一，学校定位准确，体现了县办职业教育正确的方向。你们没有跟风,盲目攀比升级,而是脚踏实地为三农服务,不断探索职业教育的新路子,45 年艰苦创业,为本地经济社会发展培养了大量实用人才,自身也获得长足进步。从当初在破旧的古庙建校,成长为现在这样一所现代化的国家级重点职业学校,得益于你们始终坚持自己的办学特色。

第二,在老校长的带领下,学校有一个好的领导班子和教师队伍。有人把老师比作蜡烛,燃烧自己照亮他人;有人把老师比作春蚕,"春蚕到死丝方尽";有人把老师比作孺子牛;有人把老师比作人类灵魂的工程师。这些比喻在这所平凡的学校都是那样的贴切。老校长与师生一道,一面勤工俭学,一面教书育人,几十年如一日,如春蚕吐丝,死而后已,虽桃李不言,下自成蹊。这正是中国知识分子的良知和传统精神,是推动社会不断前进的动力。

第三,学校的办学理念体现了教育的根本目的。教育的目的一是要教学生学会认知,二是学会做人并与他人合作,三是学会做事,四是学会生存。真正的素质教育就是培养有生存能力,对社会有用的人才。从这个角度说,左云综合技术学校正是秉承了这样的教育理念,践行了教育的根本目的。

感触之余,我还希望左云综合技术学校跟上产业结构升级的步伐,根据市场需要,不断调整办学方向、更新教材、更新知识结构,与时俱进,把学校办得更好。

新学期刚刚开始,祝愿全体教师身体健康,工作愉快!

谢谢大家。

共同谱写中华民族团结复兴的新篇章

——在会见台湾少数民族代表团主要成员时的讲话

（2007 年 9 月 15 日）

尊敬的华加志团长，女士们、先生们、朋友们：

在中华民族的传统佳节中秋节即将来临之际，我很高兴能有机会来到素有“北方瓷都”美誉的新唐山，与台湾少数民族代表团的各位同胞一起参加中华一家亲——第六届海峡两岸各民族中秋联欢活动。在这里，我向代表团的各位成员并通过大家向你们的家人及广大台湾各民族同胞致以节日的问候和良好的祝愿！

海上生明月，天涯共此时。台湾是祖国的宝岛，台湾各族同胞在这块美丽富饶的土地上生生不息，在漫长的历史长河中为中华的文明和进步作出过独特的贡献，在反对日本帝国主义殖民统治的过程中，台湾各族同胞从来没有停止过回归祖国的斗争。中华民族团结进步协会把每年的两岸各民族同胞的联欢活动定在中秋前夕，我想是有着非常深刻的寓意的，因为中秋节作为一个亲人团聚的节日，深深植根于中华民族的文化基因中，千山万水隔不断两岸同胞血浓于水的亲情。

我记得有一首藏族的歌曲这样唱道：太阳和月亮是一个妈妈的女儿，妈妈的名字叫光明；藏族和汉族也是一个妈妈的儿女，妈妈的名字叫中国。两岸同胞也是一个妈妈的儿女，我们各族人民共同的母亲叫中国，这正是我们举办中华一家亲——海峡两岸各民族中秋联欢活动的主旨。我曾多次到台湾，一样的青山绿水，一样的种族文化，一样的乡音民风，每一次到宝岛，我都有一种回家的感觉，这是我个人的亲身体会。我也高兴地看到，包括以华加志、林春德等少数民族知名人士在内的台湾各界有识之士，为增进两岸的了解、互信和友谊做了大量工作，我希望通过今年的"和谐新唐山·中华一家亲——第六届海峡两岸各民族中秋联欢活动"，今后有更多的台湾各族同胞能够常回家看看，感受大陆各族人民的亲情和祖国日新月异的变化，大家共谋两岸民众的福祉，深化两岸各领域的交流合作，为两岸和平发展和中华民族团结复兴贡献自己的一分力量。

谢谢大家！

在长江流域十四省市政协“长江水环境保护第七次研讨会”上的讲话

（2007 年 9 月 25 日）

各位同志：

大家好！

长江流域十四省市政协“长江水环境保护第七次研讨会”，今天在军旗升起的英雄城市南昌开幕，我谨代表全国政协和全国政协人口资源环境委员会，对本次研讨会的召开表示最热烈的祝贺！向与会者和主办省表示最真诚的谢意！

水，是人类生存的必要条件，我们的生命离不开水，社会经济发展也离不开水。当今世界，丰富有效的水资源，已成为一个国家综合国力的有机组成部分。

本次研讨会以沿长江城市污水处理为主题，探讨长江沿线各城市水污染防治，保护长江水环境健康，这对于促进人与自然的和谐，实现长江流域乃至全国经济社会的可持续发展，具有积极的重要意义。

一、长江流域水环境状况，不仅关系到长江流域的可持续发展，更关系全国的社会经济发展大局

“滚滚长江东逝水，浪花淘尽英雄”。千百年来，我们的祖先在这里繁衍生息，为中华文明作出了重大贡献。新中国成立后，特别是改革开放以来，长江流域发生了翻天覆地的变化，流域内众多的大中小城市，逐步形成新的经济带、资源带和产业带，在我国经济社会发展方面起着举足轻重的作用。

长江作为我国第一大河，水资源总量占全国的35%，流域面积约占全国的1/5，人口占全国的1/3。以长江三角洲为中心的长江经济带，是我国最发达、最活跃的区域经济圈之一，沿长江流域的上海、南京、武汉和重庆已经形成一条天然的经济走廊，对我国的政治经济和社会发展产生着重要的影响。

据新华社报道，去年长江经济带，在我国新一轮以重化工业为主的工业化进程中，已确立了中心地位。2006年长三角地区国内生产总值（GDP）在全国所占的比重突破20%，并继续呈上升势头。长三角和长江经济带已成为我国最大的外资流入区域，是我国参与全球分工最有条件的地区。目前正在进行的西部大开发、中部崛起战略、三峡工程和南水北调工程等建设，使长江流域在我国的重要地位日显突出，长江不仅关系到长江流域自身的可持续发展，更关系到全国大局的发展。

二、沿长江流域的30多个城市向江中排污量高达数百亿吨，我们的母亲河——长江早已不堪重负

长江是孕育中华民族文明的摇篮，当年诗人李白途经三峡时，曾以“两岸猿声啼不住，轻舟已过万重山”的诗句，热情赞美长江迷人的风光。如今，时过境迁，我们今人承接祖先的自然遗产时，是不是应当扪心自问：山是否还是那座青山？水是否还是长江的甜水？

目前，沿长江流域十四省市分布的上海、南京、武汉、重庆等30多个城市，在GDP经济高速增长的背后是：城市高速发展、人口高速膨胀、环境高速污染、生产用水矛盾尖锐、生活用水不断告急。工业废料和生活垃圾，长期大量无节制地涌入长江。不客气地说，我们的母亲河正在变成一个超大型的“污水管道”——上游污染中游，中游污染下游，全流域污水排放量逐年递增，2005年达到290亿吨，比十年前增加了100亿吨。长江已处于“亚健康”状态。去年，在对77个水功能区的评估中，有28个水功能区不达标。主要江段，油、污和氨、氮、磷等化学物质含量均偏高。

由于经济发展对重化工业的依赖，由于资源价格的扭曲，还由于环境污染的廉价，都导向着地方政府强力推动重化工产业沿长江一路高歌猛进，造成长江水环境污染成为常态。在未来的五年到十年中，我国仍将处于工业化高速发展时期。长江正面临着水资源、水灾害、水环境、水生态四大水问题的严重困扰，治理速度赶不上污染速度的现实状况，实在令人揪心，这样下

去，花巨资投入的南水北调工程将演变成污水大串联。水污染问题已到了非解决不可的地步。

三、深入学习贯彻胡锦涛总书记“6·25讲话”，落实科学发展观，努力构建人水和谐的长江流域

长江流域水污染问题集中爆发，已成为人民群众最关心、最直接、最现实的问题。亿万百姓喝不上干净的水，不仅降低了人民群众的幸福感，而且成为社会不稳定的重要因素。表面看是发展与环境的博弈，实质是政绩与民生的博弈。实事求是地说，目前我国经济社会发展中的许多问题，的确处于两难：既要保持经济高速增长，又要实现节能减排；既要提高资源价格和环境成本，又要避免成本推动通货膨胀；既要减少贸易顺差又不能人民币升值过快。那么，如何才能找到其中的平衡点，并把握好这个平衡点呢？我想，胡锦涛总书记关于科学发展观的全面论述给出了解答。

锦涛总书记的“6·25讲话”，内容丰富，思想深刻，特别对科学发展观作了精辟、凝练的论述。讲话指出：“第一要义是发展，核心是以人为本，基本要求是全面、协调、可持续，根本方法是统筹兼顾。”就是说，谋求发展是以人为本的发展，不是以物质财富为本，不是以GDP为本，更不是为政绩竭泽而渔，牺牲人民群众和子孙后代的利益。协调统筹就是实现诸多两难中的积极平衡，这是执政的中国共产党给自己提出极富挑战性和艺术性的目标。

温家宝总理指出，解决环境问题必须实现“历史性转变”，即

"从主要用行政办法保护环境转变为综合运用法律、经济、技术和必要的行政办法解决环境问题"。按照总书记"6·25讲话"和家宝总理指示的精神,结合我们这次会议的主题,我提出以下五点建议供大家参考:

1. 完善政策法规,建立水资源保护法律保障体系,消除地方壁垒,整合流域地区之间的资源,用经济和法规双重手段,加强流域监管体系建设;

2. 长江流域各省市区要发挥科学发展的杠杆作用,将环保工作实绩与各级领导干部的升降挂钩。真正调转了考核干部的指挥棒,就能起到四两拨千斤的作用;

3. 制定长江整体发展规划,努力协调统筹城乡布局和区域发展的关系、协调统筹经济发展与环境保护关系,按区域环境的容量,科学制定、组织实施自身的经济社会发展规划,让长江得以休养生息;

4. 创新管理模式。在努力增加污水处理设施建设投入的同时,要进一步建立健全污水处理运行新机制、树立环境保护新权威,加大对水污染责与罚的力度,打造企业环保高压线,对不法企业的处罚措施要有强大的威慑力,使其付出高昂的代价;

5. 长江水环境关系到流域人民的切身利益,要加强宣传教育,提高流域民众环保意识,强化社会监督,形成全民参与环境保护和监管的长效机制。

通过法制、体制、机制、宣传、教育等全方位的努力,使长江流域切实走上一条科技含量高、经济效益好、资源消耗低、环境污染少的新型工业化道路,成为构建人水和谐的典范,为全国做出表率;力争到2010年流域污水处理达到排放总量的70%,2020年长江健康状况有明显改善,2050年污染流域得到全面改观、生态系统得到全面修复。

同志们,长江是一条贯穿我国东中西部的大动脉,也是落实科学发展观、统筹协调东中西部发展的重要通道。近些年来,我们每年相聚一次,选择一个有关水环境的话题,形成议政合力,共同研究保护长江流域的水资源、水环境和水生态问题。使这一“黄金水道”产生“黄金效应”,成为人水和谐的绿色水道,使长江流域的子孙后代降生和成长在安全的地域上。

古人云:“君住长江头,我住长江尾,日日思君不见君,共饮长江水。”我们是炎黄儿女,长江哺育我们成长,我们有责任、有义务、有能力,一定要千方百计保护好我们伟大中华民族的母亲河——长江!

预祝研讨会圆满成功!谢谢大家!

“最贵在无私”

——我所了解的厉以宁教授

（2007 年 9 月）

他在 2005 年年满 75 周岁，已从教 50 年。但他没有休息。

——2005 年 11 月，发起成立了北京大学贫困地区发展研究院，并出任院长。

——2006 年 3～4 月，组织五个调研组，分赴贵州毕节、湖南怀化和攸县、甘肃定西、北京门头沟五种类型的贫困地区进行实地调查。

——2006 年 5 月，发起举办了首届中国贫苦地区可持续发展战略论坛。

……

——2004 年 7 月，将日本福冈亚洲文化奖奖金 300 万日元（合人民币 20.05 万）全部捐出，在贵州毕节捐建宗琳小学。

——2006 年 4 月，募集 120 万，在贵州毕节捐建 4 所小学；并在毕节学院设立奖学金，每年资助 300 名贫苦大学生。

——2006 年 10 月，出资 40 余万，在湖南沅陵县二酉乡捐建宗琳小学。

……

以上这份纪录并不完整,但足以展现这位老人对贫困地区、对弱势群体、对欠发达地区的孩子们受教育的热忱与奉献。

这位老人,就是厉以宁。

厉以宁,知道他的人太多太多,受过他教诲的人也有很多。但人们往往只知道他是一个经济学家、教育家,而不太了解他为贫困地区、为贫困人群做的事情。

每天,为各种事情找他的人很多。找他的人经常碰到这种情况:厉以宁先生在上课。作为一个名副其实的大家,他不仅为研究生上课,也为本科生上课;今年他已经77岁了,依然如此。为国家培养更多的人才,是他为自己定位的要求;而与此同时,为穷地方、为穷百姓做更多的事情,也同样是他为自己定位的要求。

厉以宁唯一的消遣爱好,就是填词作诗,这是中国老一辈知识分子皆有的修养所在。同样,古往今来中国文化经世致用的传统,也被厉以宁奉为做人做事的准则,务实求真、不尚空谈、心怀民生、扶危济困是他的追求。

作为学者,学术和理论研究是厉以宁的本职。但就是做学问,他也不主张空守书斋而注重走向民间,用知识、用思想、用主意去为改善百姓的生活做事情。他认为学术和理论要来自中国经济发展的实践,又要回到经济发展实践中去,强调为经济和社会发展服务。而同时,亲力亲为,用行动、用自己的钱财为民众的脱贫做具体的事情,更是他品格的光辉。

改革开放以来,厉以宁在我国经济发展的每个关键时刻都有声音,表现出一种让人感动的责任感。站得高,看得远,是他思想的特点。他是我国最早提出股份制改革理论的学者之一,他提出了中国经济发展的非均衡理论,对“转型”经济做了深入的研究和解读。他的学术思想对我国经济体制改革和社会和谐发展产生了重要影响。同时,他也为中国经济学与管理学的学科建设和人才培养作出了巨大的贡献。论年龄,早已过了古稀之年;论成就,桃李满园,著作等身,名传天下。厉以宁完全可以解甲归田、安享清福、颐养天年。但是,他忘不掉自己在实地调查中见证的贫困现象,牵挂着还没有脱贫的百姓,欲罢不能,而且迎难而上。2004 年 3 月,他出任中央智力支边小组毕节试验区专家顾问组组长,并在当时,为毕节的干部做了脱贫致富的第一次培训。从那时开始,厉以宁开始了扶贫解困的进一步的深入实践。此后,他每年去一次贵州毕节,在当地组织安排了 20 场培训讲座,接受培训的当地干部已超过千人。在北京大学成立扶贫研究机构,是他在中国发展的关键时期又一次发出的声音,是他的人格、思想、事业合乎逻辑的发展。当时,我国即将进入第十一个五年规划时期,而这一时期正是我国根除贫困的关键时期。自从“八七扶贫攻坚计划”实施以来,中国的扶贫成就赢得国际广泛赞誉。但是国家底子太薄,谈何容易!相对容易脱贫的,已经温饱;仍处于贫困状态的,肯定属于最难。厉以宁在这个时候成立专门机构,并订立了两条研究思路:1. 实地考察的案例研究;以某一特定地区或者特定群体为对象,提出有针对性的缓解贫困的方案。2. 政策考察的理论研究;以扶贫政策本身为研究对象,通过历史数据考察,既有政策的实施效果,提出改进方向,使之具有可持续的效果。中国文人历来主张“学术乃天下公器”,这两条研究思路的意义,无须多言。

对于他自己掏钱或募集资金捐建的学校,厉以宁只关心一件事:把钱用在孩子身上、把钱在孩子身上用好。当地负责具体事务的同志在向他汇报情况时,提出想在学校工程完成时办个简单的仪式、并印制其实只有两页的纪念册子。厉以宁和夫人再三说:这些都无所谓,还是要把钱用在孩子身上,用在学校建设上。厉以宁先生是中国民主同盟盟员,是民盟中央名誉副主席。民盟的另一位前辈冯友兰,也是北大教授,也是名满天下的中国学者,他说过这样一段话:人类几千年积累下来的智慧,真是如山如海,像一团真火。这团火要靠无穷无尽的燃料继续添上去,才能继续传下来。中国是个有悠久传统的国家,也重传统。千百年来,中国的思想家、文学家用学问、用诗文,也用做事做人传承着这团真火。

2000 年,厉以宁在听两岁零一个月的小孙女厉莎背诵唐诗时,即兴写了一首《南歌子》,最后一句是:“日后成才最贵在无私。”这是厉以宁对小孙女的殷殷挚爱与教诲。同时,人生“最贵在无私”也是他本人做人做事的准则,是他本人生命实践的真实写照。

我们尊敬厉以宁先生,我们也希望这团真火,能一代一代传下去,直至永远。

实现城市和谐、可持续发展的必由之路

——在2007民盟城市文化论坛上的讲话

（2007年10月12日）

同志们、朋友们：

在举世瞩目的中共十七大召开前夕，我们聚首龙城太原，共同研讨如何处理好城市化与城市文化的关系，使城市文化更好地服务构建和谐社会的奋斗目标，具有重要的现实意义。

随着全球性"城市时代"的来临，城市化进程明显加快。城市发展在为人们带来更多的舒适、便利和机会的同时，也不同程度地面临着记忆消失、面貌趋同、交通拥挤、生态环境恶化等诸多新的困惑和问题，而在其背后的深层次的原因是城市文化的缺失和滞后。文化是城市的灵魂，文化之于城市的建设和发展，就像阳光、空气和水一样重要。历史的演进和现实的发展告诉我们，在当今世界，文化与经济和政治相互交融，在综合国力竞争中的地位和作用越来越突出，一个城市的文化往往体现了一个城市的竞争力。世界上凡是现代化、国际化水平高、辐射力强的城市，无不具有独特的、充满生机与活力的城市文化，无一例外地秉承着良好的人文环境和深厚的文化内涵与文化底蕴。可见,鲜明而具有特色的城市文化,对提升城市形象有着巨大的作用。文化兴,经济兴,成功的城市将是文化的城市。繁荣文化提升城市竞争力,已经成为人们的共识。

中国民主同盟是以文化、教育界知识分子为主的参政党,在文化教育方面有着明显的优势和特色。为建设社会主义先进文化贡献力量,是我们责无旁贷的历史责任。一段时间以来,一些地方盟组织就曾经长期关注历史文化名城保护的问题,开展调查研究,积极建言献策,形成了良好的工作基础。这次民盟城市文化论坛在太原成功举办,我认为是抓住了当前文化发展的突出性、紧迫性和战略性的问题。在这里,我就城市文化建设提出一点自己不成熟的看法,与大家共同探讨。一是城市建设应坚持以人为本的理念,树立并落实科学发展观,努力构建和谐的人居文化环境。这就要求我们要遵循城市的发展规律,在城市的规划、建设、管理和服务等方面都必须把人民群众的根本利益放在首位,体现人文关怀的精神,构建自然和谐的城市空间,促进城市建设和文化繁荣协调发展。二是尊重文化的多样性,正确处理传统与现代化的关系,这是实现城市的可持续发展关键。在历史的长河中,城市与人类文明相伴而生,城市文化是研究城市历史、探索现在和通向未来的一把钥匙。一个城市是一个历史阶段文化的必然反映,文化是城市发展的脉络,尊重和珍惜城市的历史传统、地域风貌和民族特色,方能保持并彰显一个城市所独有的文化魅力和韵味。在城市现代化建设加速发展的背景下,衡量一个城市的发展水平、潜力或后劲,已不再单纯看发展速度和 GDP,还要看城市的环境和文化品位。因此,重视和加强城市文化建设,就要善于发挥城市文化作为城市的独特资源优势,在保持自己文化传统的基础上不断进行创新,培植和强化自己城市的文化特色,形成品牌效应,为城市的可持续发展提供源源不断的活力。三是要树立开放、开发意识,突出文化创新,充分利用个性化的城市文化资源,大力发展城市文化产业。从世界范围来看,发达国家文化产业的增加值占到 GDP 的 1/5,已经成为重要支柱产业和城市现代化程度的标志。我国近年来文化产业发展迅猛,有着良好的市场机遇。因此要紧紧依托城市作为文化产业的基地、市场的主体地位,成功应对全球化带来的文化挑战,做大做强文化产业,提升城市的综合竞争力。

同志们,中共十六大以来,新的一代中共中央领导集体高度重视社会主义先进文化建设,把文化建设提升到与经济建设、政治建设、社会建设四位一体的战略高度,将构建社会主义核心价值体系作为凝聚全民族力量、提高国民文化和道德素质的重大举措。我也高兴地看到,有着 2500 余年历史和文化传统的北方名城太原,正以自己独特的文化改变着城市,改变着人们的生活。我相信,在中共太原市委、市政府的正确领导下,全市人民一定能够早日实现把太原“建设成为经济发达、文化繁荣、社会和谐、环境优美、人民富裕的新型工业基地和集三晋文脉与现代气息为一体的特色文化名城”的战略目标。也希望通过举办这次民盟城市文化论坛的活动,能够推动太原市城市发展和文化建设更上一个新的台阶,用先进的城市文化构建万众一心、共创和谐的强大合力，促进城市的全面发展和繁荣进步。

谢谢大家！

尊老爱老，大力促进社会和谐

——在2007年中国老年节庆典活动开幕式上的演讲

（2007年10月19日）

尊敬的各位老红军、革命老前辈、亲爱的老朋友们：

上午好！

今天，在党的十七大隆重召开之际，喜逢中华民族的传统佳节——“九九重阳节”，我为能有机会见到这么多德高望重、深受我们尊重爱戴的老同志、老朋友们，打心眼里感到高兴，真诚的祝福大家节日快乐！身体健康！家庭幸福！天天心情舒畅！

这几天，相信大家和全国人民一样，每天都在关注党的十七大盛况，关注锦涛总书记的讲话，落实以人为本的科学发展观和构建社会主义和谐社会鲜明的主题和全面建设小康社会的宏伟蓝图鼓舞着海内外的中华儿女。当今中国，大政归和，突出地将“人”字清晰地写在中国发展的旗帜上。我们之所以对中华民族未来发展充满信心，是因为我们对伟大的中国共产党率领全国人民实现中华民族伟大复兴充满信心！我们在座的许多老同志、老朋友们都是从青少年时代就追随中国共产党的崇高事业，把自己的全部青春热血、全部聪明才智都奉献给了自己的祖国和人民。大家都是开创中国特色社会主义道路的探索者、实践者和见证者。我国社会经济发展之所以能有今天的雄厚实力，能有今天的幸福生活，能有今天的扬眉吐气和无比自信，都与我们故去的先烈前辈以及在座的老同志、老朋友们的无私奉献息息相关。借此机会，我仅向我们祖国最宝贵的财富——老同志、老朋友们致以亲切的问候和崇高的敬意！

早在两千多年前，我们的先哲就向往着人类理想的和谐社会，孔子曰："人不独亲其亲、不独子其子，使老有所终、壮有所用、幼有所长、鳏寡孤独废疾者皆有所养。"孟子曰："老吾老以及人之老，幼吾幼以及人之幼。"可以说，古人所讲的"大同社会"代表了我国古代社会文明的最高境界。

我们应当通过今天这样的善举和社会的种种途径，告诉我们的晚辈，告诉那些活泼可爱的年轻朋友们，流金岁月，一路走来，自然规律会使我们每个人都慢慢地变得苍老起来，我们每个人都有走不动路的一天。因此，我们应当像对待自己的亲人长辈一样，善待天下所有的老年人，让他们知道，关爱老年人的今天，就是关爱自己的明天。

我们欣喜地看到，随着我国人口老龄化的快速到来，党和政府在科学发展观的指导下，比以往任何时候都更加重视并积极建立和完善社会养老保障制度，不断探索养老服务体系的机制创新，积极改善老年人的物质生活，关注老年人的精神文化生活，切实保障老年人的生活质量。我想，构建和谐社会，体现以人为本的重要标志之一，就是实现"老有所养、老有所医、老有所学、老有所为、老有所乐”，让老年人在祖国的大家庭中，共享改革开放的成果。

夕阳无限好，走在新时代；

虽是近黄昏，人生最灿烂！

祝老年朋友们幸福快乐！健康长寿！

谢谢大家！

要重视研究参政党的历史与文化*

中国共产党领导的多党合作与政治协商制度，孕育于中华民族历史悠久的和谐文化，植根于特色鲜明的民族精神土壤，具有与生俱来的合理性和优越性。

近代以来，前辈有识之士艰难地探索强国富民的道路。他们中的一些人曾寄希望于走改良主义、宪政运动的道路，或者直接嫁接西方的议会制度，但种种制度设计的努力，最终都被证明在中国没有生存的社会土壤，以失败告终。民盟的缔造者们逐步认识到，只有接受中国共产党的领导并与之团结合作，才能实现自己的政治理想和奋斗目标。这也是民盟作为参政党理论、文化的起源，是参政党文化的自觉和历史的选择。

参政党文化是参政党理论的根基。加强参政党的文化建设有利于参政党成员形成正确的政治信念、价值观和思想思维方式，有利于正确认识自己所处的历史方位，从而把对多党合作制度的认识上升到文化认知和自觉。因此，参政党文化是研究历

---

* 原载于《群言》2007年第10期。

史、探索现在并通向未来的一把钥匙,是实现多党合作事业可持续发展必需的条件。

理论的成熟是一个政党成熟的标志,缺少成熟理论指导的参政党,往往会在政治的大是大非问题上迷失方向。我在与基层盟员推心置腹的交谈中,有时会遇到一些盟员提出对中国政党制度认识上存在的诸多困惑与问题,比如,为什么一个政党要接受另一个政党的领导?要真正从马克思主义政党理论的高度对这一问题做出正确的回答并不容易。这使我日益迫切地感到参政党理论建设任务的长期性、紧迫性和战略意义。

把民主党派地位提升到参政党的高度,始自1989年中共中央14号文件,可以说是中国共产党对当代政党制度的重大创新。我认为,中国的参政党理论,既不同于西方的在野党理论,也有别于执政的中国共产党的理论,具有自己鲜明的特色。按照马克思主义一般政党学说,立党宗旨是夺取并执掌政权,但中国的参政党确属一种特殊的政党类型,尤其是民盟产生时的政治主张与其时代背景和基本国情更有着密不可分的特殊意义。1941年皖南事变的发生,破坏了抗日民主统一战线,使国共两党矛盾日趋尖锐,民盟作为第三种力量的代表,“主张团结、统一、和平、民主,反对分裂、内战、独裁,其产生完全是由于时代的需要”。民盟的先驱曾多次郑重而明确地声明:“我们对于责任更比地位感觉重要,中国民主同盟能否在中国政府中担任一种重要角色,那是次要的,头等重要的是民盟拥护的理想要在中国胜利。”这足以证明民盟的成立不是以夺取政权为目的,而是以民族兴衰为己任,以实现中华民族伟大复兴为自己的终极目标。作为以知识分子为主体的进步性政党,民盟无法依靠自身的力量实现自己的政治理想。只有与具有广泛的社会群众基础、代表先进生产力与先进文化的发展方向的中国共产党合作并接受其领导,才能实现自己的奋斗目标。我想,这就是为什么多党合作的中国政党制度能植根于中国大地的缘由。

历史是民盟的根,文化是民盟的魂,民盟的历史和政治实践,是民盟作为参政党文化理论的丰厚积淀。民主的精神、正直的作风、切实的知识、坦诚的人品、爱国的情操,在一位位民盟前辈身上所体现出来的人格魅力,构成了参政党政治文化的深刻内涵,形成了全盟的凝聚力。只有重视研究参政党的历史与文化,把先驱者探索总结出的精神文化结晶承接、传递下去,并在多党合作的实践中不断充实、完善、创新,才能更加自觉地支持中国共产党的政治主张,共同推进多党合作的伟大事业。

学习贯彻中共十七大精神，努力开创政协教科文卫体工作新局面

（2007 年 11 月 8 日）

同志们：

第十届全国政协教科文卫体委员会工作座谈会即将在今天闭幕，这次会议正值全党全国人民掀起深入学习贯彻十七大精神的热潮。我们这次会议的主题是深入学习贯彻十七大精神，紧密结合政协教科文卫体委员会的工作，创新思路，积极进取，努力开创各级政协教科文卫体委员会工作的新局面。刚才听了四个组的学习汇报，我认为这个座谈会开得很及时也很成功，是一次鼓劲的大会，动员的大会，总结交流经验、明确目标和任务、研究和部署工作的大会。下面我讲点意见，供同志们参考。

1. 学习贯彻十七大精神，就要提高认识，统一思想，进一步巩固参加人民政协的各党派团体和各族各界人士团结奋斗的共同思想政治基础。

刚刚闭幕的十届全国政协第十九次常委会议，通过了学习贯彻中共十七大精神的决议，明确提出要把学习贯彻中共十七

大精神作为当前和今后一个时期人民政协的首要政治任务。用十七大精神统一思想,凝聚力量,进一步提高对十七大确立的重大理论观点、重大战略思想和重大工作部署的认识,在深刻领会十七大精神实质上下工夫。第一是要明确举什么旗、走什么路的问题,这是路线,是方向,是关乎未来中国前途命运的大是大非的政治立场和原则问题。十七大报告开宗明义指出,中国特色社会主义是当代中国发展进步的旗帜,是全党全国各族人民团结奋斗的旗帜,这两句话很有分量。改革开放近30年到了很关键的时期,今后改革发展的路怎么走,都需要统一思想,振奋精神,高举旗帜,才能凝聚力量。我对“旗帜”的理解,中国特色社会主义,本质属性是社会主义,是公平正义的、和谐的、人民的,关键词是中国特色,一是实践特色,不是从本本出发,迷失于教条,而是从中国实际出发;二是民族特色,不照搬任何国家的模式,立足中国的基本国情;三是时代特色,不是因循守旧而是与时代同步,决不僵化。改革开放近30年的历史表明,正是我们不拘泥马克思主义经典作家对社会主义原理的论述,正是我们坚持一切从中国国情的实际出发,抓住机遇,勇于探索和实践,当代中国社会主义事业才焕发出勃勃的生机。正确理解中国特色,既要解放思想,与时俱进,从一切不合时宜的僵化观念、陈词滥调中解放出来;又要警惕把中国特色庸俗化,决不能把那些陈腐的、落后的、有悖于时代和历史潮流的、与国际惯例和普遍价值不符的行为和思想都贴上中国特色的标签,把中国特色当成一个什么都可以往里装的筐,而抱残守缺,固步自封。

第二是要认真学习领会科学发展观的科学内涵、精神实质、根本要求。以人为本、科学发展、和谐社会构成了十七大报告的主线,十七大报告贯穿着科学发展观的崭新理念,一是坚持以人为本,把“人”字清晰地写在了中国发展的旗帜上,尊重人的平等权利,发展的出发点和落脚点都是为了人。二是把科学发展贯穿于四位一体的目标任务中。锦涛同志关于科学发展的内涵,第一要义是发展,核心是以人为本,基本要求是全面协调可持续,根本办法是统筹兼顾,非常精辟。就是说我们谋求的发展是以人为本的发展,不是以物质财富为本、以 GDP 为本,更不是为政绩竭泽而渔,以牺牲环境,损害人民群众和子孙后代的根本利益为代价。十七大提出的生态文明,也是整个报告的亮点之一。三是把社会和谐提高到对中国特色社会主义的本质属性和科学发展的内在要求的高度认识,彻底摒弃斗争哲学,着力解决人民群众最关心、最直接、最现实的利益问题,使政归大和,标志着中国共产党执政理念的根本转变。

第三是要坚持解放思想、实事求是、与时俱进的思想路线,坚定不移地做改革开放的拥护者、推动者和促进者。没有波澜壮阔的改革开放的伟大实践,就没有今天我国经济总量取得的坐四望三的巨大发展成就。当前改革正处在一个关键时期,各种本应在不同阶段出现的问题集中在同一现实时空,人类社会千年历史图景、新旧问题积聚九州,改革意味着对几千年中国社会形成的各种弊端的深刻变革,这就要求我们要毫不动摇地坚持改革方向,勇于面对挑战,不断地解放思想,永不僵化,同时也要抓住机遇。改革开放 29 年来,正当中国人民追求民族复兴、推进现代化的同时,亦面对着全球化这一人类文明发展至今最深刻的变化，一个内生主题和一个外生变量相互碰撞，给我们的改革开放带来了难得的机遇。中国积极主动与国际接轨，推动工业化、信息化、城镇化、市场化、国际化，实现自身求富的战略目标。入世的挑战，多领域的对外开放，冲破了旧体制的惯性和惰性，释放了巨大的经济活力。可以说，开放又倒逼了改革，这正是中国共产党善于顺应潮流，紧紧抓住机遇，高超的执政能力和艺术。

2. 学习贯彻十七大精神，就要认清形势，明确方向和任务，增强做好履行人民政协各项职能的责任感、使命感、紧迫感。

十七大作出的重大战略部署，必将在今后相当长的历史时期对我们国家发展产生重大而深远的影响。学习贯彻十七大精神，首先要明确新的历史条件下人民政协面临的形势和任务，这就要求我们要深入学习和把握十七大关于统一战线和人民政协工作的重要论述。我注意到，报告专门用一节来论述统一战线工作，这在党的代表大会报告中还是第一次。报告提出了事关人民政协事业长远发展的新思想、新观点和新要求，在扩大人民民主，保证人民当家做主的一节中用三句话近百字，突出强调了人民政协的工作，即支持人民政协围绕团结和民主两大主题履行职能，推进政治协商、民主监督、参政议政制度建设；把政治协商纳入决策程序，完善民主监督机制，提高参政议政实效；加强政协自身建设，发挥协调关系、汇聚力量、建言献策、服务大局的重要作用。报告为今后政协工作指明了方向。

其次，学习贯彻十七大精神，要着重深化十七大对发展教育、科技、文化、卫生、体育等各项社会事业的重大方针和部署的理解，明确今后 5 年政协教科文卫体的工作方向、任务和目标要求。我也特别注意到，十七大报告在部署今后 5 年的工作中，在第 5 章促进国民经济又好又快发展中，第 1 条就是科技自主创新能力问题，第 7 章社会主义文化建设用了整整一章的篇幅进行论述，第 8 章推进和改善民生问题，是十七大报告的突出亮点，并第一次单列为一部分，而第 1 条就是教育，医疗卫生、公共卫生各占了一条，可以说充分突出了教科文卫在社会建设中、在体现社会主义本质属性中的重要地位，而又都是我国社会建设的薄弱环节，都是全面建设小康社会的重要指标。对于我们教科文卫体委员会来说，十七大有关加快发展社会事业的目标任务，对我们的工作提出了新的更高的要求。政协要在新的形势下为社会事业的发展贡献力量，就必须以十七大精神为指导，增强贯彻落实十七大提出的各项方针政策的自觉性和坚定性，把促进科学发展贯穿于履行职能的各个方面，努力提高履行职能的能力和水平，重点在转变不适应、不符合科学发展的思想观念和执政理念，推动党和政府科学决策、民主决策。

按照十七大报告提出的建设人力资源强国的要求，我国的教育尚存在很大的差距。具体表现在，基础教育还面临着诸多困难，实现义务教育均衡发展和教育公平的目标还有相当漫长的道路要走；素质教育远未成为中小学教育的主导，教育不是以人为本而是目中无人，见物不见人，教育变革创新举步维艰；当前我国人口素质的落后不仅表现在平均受教育程度偏低，而且在受过教育的人中在做人的能力和作为公民素质方面明显不足，这是忽视了教育的社会性、创造性的属性，教育中人的价值缺失、教育功能异化的表现。职业教育还不能为经济社会全面快速发展、结构调整提供人才需求,教育质量、人才培养处于低水平,高级技工仍然是发展先进制造业的瓶颈。高等教育还不能适应建设创新型国家的任务需要,教育官场化、盲目扩张、评估僵化、大而全小而全造成的千校一面、千人一格现象仍然比较严重。现阶段文化发展水平与经济社会发展和全面建设小康社会目标进程不相适应,由于文化自身的潜在性、迟效性、连锁性的规律,体现国家软实力的文化建设滞后最终必将影响科教兴国战略和创新型国家的建立。作为国家战略的创新型国家建设,仍然面对科研与经济两张皮的问题,绝大多数企业国际竞争力不强,具有自主知识产权的核心技术匮乏,经济建设与质量不和谐,资源环境矛盾尖锐,导致经济大国,大而不强,经济快速发展,快而不富的问题。

十七大以后的5年,将是我国社会全面进步的时期,也将为人民政协事业发展创造非常有利的政治环境和社会环境。欣逢其时,教科文卫体专委会的工作任重道远,大有作为。我们要以积极进取的精神状态,不断增强责任感、使命感和紧迫感,深入研究在这几个领域如何贯彻以人为本、科学发展的理念,并在视察调研和建言献策中予以体现;努力提高履行职能的能力和水平,为实现十七大确定的社会事业发展的各项目标努力奋斗。

贯彻十七大精神和胡锦涛同志关于人民政协工作的重要讲话精神,规划今后5年的专委会的工作,我认为应着重抓好以下几个方面的工作。一是做好届末的总结工作。5年来,各级政协教科文卫体委员会深入贯彻5号文件精神,紧紧依靠相关界别委员和有关部门、专家学者、地方政协相关委员会的参加和支持，围绕实施科教兴国战略和构建社会主义和谐社会目标深入开展调查研究，在履行职能方面取得了显著的成效。在这里，我代表全国政协对十届教科文卫体委员会的委员、工作人员，对一贯支持委员会工作的有关部门、专家学者，向地方政协表示崇高的敬意和诚挚的慰问，希望大家发扬成绩，再接再厉，一如既往地支持和促进今后政协教科文卫体的工作。二是充分发挥政协地位超脱、人才智力密集的优势。政协立论要站在一个战略性、前瞻性、全局性的高度，明确倡导什么，改变什么，传达一个什么样的观点和理念，而不代表任何部门的利益，超脱而不越位，这是政协履行职能开展工作的灵魂，因此政协的建议能够比较客观地反映实际情况，容易被各方面接受。同时，政协专委会人才荟萃，联系广泛，群体优势明显，这些特点在教科文卫体委员会中尤其表现明显，政协调研要突出界别特点，将委员的个体特色转化为界别群体优势，为委员献计出力、履行职能搭建充满活力的平台。三是加强学习，深入开展调查研究。教科文卫体委员会组成成员既有民主党派和无党派人士，也有政府官员和各方面的专家学者，大家有勤于学习、善于学习的传统，专委会要发挥枢纽作用，让委员先知情再协商。围绕大局和中心深入开展调研，是政协的一项基本职能。教科文卫体委员会要继续围绕科教兴国战略这一工作主线，以关注民生、促进社会和谐为着力点深入实地开展调查研究，在专题调研和协商议政中，要注意加强同党政部门的沟通与合作，使我们的意见建议更能切合主题，贴近实际，具有可操作性，发挥作用更加直接。四是不断完善和创新工作机制,加强队伍建设,把专委会作为政协自身建设的基础工作切实抓紧抓好。推动专委会工作的规范化制度化建设;加强包括专题协商会等有效形式创新,不断丰富委员参政议政的载体。

同志们,中共十七大为未来中国的发展描绘了宏伟的蓝图,全面建设小康社会、加快推进社会主义现代化进程离不开参加政协的各党派团体和各族各界人士的共同奋斗,让我们更加紧密地团结在以胡锦涛同志为总书记的中共中央周围,求真务实,积极进取,不断开拓人民政协工作的新局面!

谢谢大家!

在民盟沿海省市发展海洋经济（广东）研讨会开幕式上的讲话

（2007 年 11 月 12 日）

刚才听了李容根副省长、徐少华书记、王飞副局长的讲话，很受启发，在他们的讲话中很突出的一点就是无论是城市的发展，还是海洋事业的发展都要注重科学发展，都要注重生态文明。我是第三次到美丽的南海之滨湛江，这里的蓝天、绿树、空气给我的印象是很深的。今天听到少华书记对湛江整个经济社会发展的介绍，看到了湛江随着改革开放的节拍发生的巨大变化，已经进入了全国百强城市经济社会全面发展的阶段，我想这是在广东省委、湛江市委正确领导下，全市人民努力奋斗的成果。在这里，我向广东省委、湛江市委，向广东人民致以崇高的敬意，向支持这次会议的各级领导，特别是海洋局的鼎力相助表示衷心的感谢。谢谢大家。

发展我国海洋事业的系列研讨，民盟沿海省市发展海洋经济研讨会今年已是第四次。数年来，伴随着我国经济、政治、社会和文化建设取得的巨大成就，大家关注的海洋事业主题研讨也在逐步深入。去年民盟中央在福建考察和专家研讨的基础上,就我国海岛开发、利用、保护和海洋事业的发展以及海洋安全向中共中央、国务院提出了九条建议,锦涛同志批示“此事重大”,家宝总理批示的“按锦涛同志批示办”、“请国土资源部(国家海洋局)会同发改委研究”,事后各部委将落实的情况报中共中央国务院并反馈民盟中央。这次会议要讨论的海域安全、海洋规划和远洋运输等问题,说明我们已经从宏观层面提出问题进入到探讨具体问题的阶段。在这个时候,“嫦娥一号”探月卫星的发射升空对我们是个非常大的鼓舞,彰显了我国的国力,表明中国的发展正在陆地、海洋、太空三个维度上同时展开。所以,我们对发展我国海洋事业的研讨活动确实具有重大意义。我们的具体工作是平凡的,但是我们投入的事业是伟大的。

近年来,我们对发展我国海洋经济、海洋事业的主张一方面得到最高决策层的重视,同时也受到媒体的高度关注。我见到的较好报道,是《瞭望》周刊的“经略蓝色国土”。报道中有敏锐的判断,例如:“海洋在接替和补充陆地空间和资源等方面有着巨大的潜力与战略意义。”“开发利用海洋是减轻我国人口、资源和环境压力的重要途径之一。”“开发、利用、保护和管理海洋,实施海洋战略,已经成为关系沿海各国生存、发展强盛的重要课题。”因此,报道得出结论:“经略蓝色国土”便是这一代中国人必须肩负的历史使命。

我同意该报道的判断和结论。我想,在做出这个结论之后,还有更重要、也更费心思的问题,就是“如何经略蓝色国土”。

作为一个大国,考虑、谋划我国海洋事业的发展,不仅要看到海洋蕴藏的丰富资源,还应该有更深刻的眼光,更高层次的思考,更大的思想胸怀。随着国力增强,我国正在国际事务中发挥越来越重要的、越来越多方面的影响,我们开发蓝色国土的战略思路和经略水准,不仅影响到我国海洋事业的发展,而且会产生国际影响。在这个意义上,我希望借这个研讨会提出一个问题:我们用什么样的发展思路来经略蓝色国土?在海域安全、海洋规划和远洋运输等问题上,如何贯彻落实科学发展观?

把海洋作为陆地空间和资源枯竭的补充来源,作为缓解资源和环境压力的途径,无疑是必要的,也会是有效的,并且是有巨大价值的。但是,仅仅这样想,这样做,又是远远不够的。在这方面,民盟已故的前主席费孝通教授在晚年对相关问题的思考可以给我们启发。他从人类发展需要出发,提出过“去月球拿资源”的设想;也从家乡太湖水严重污染的现实提出过环境、生态问题,呼吁在新的时代条件下建立新的生态循环链条的瞩望。十七大特别提出来我们想问题、办事情要从中国13亿人的实际出发,我们的经济总量已经是坐四望三,而人均GDP去年最高才上升到129位,据有关专家测算,我们的人均GDP要上升到世界第三位需要七个半地球的资源。一方面,我们要发展,就离不开资源、环境的支撑,要消耗越来越多的自然资源。另一方面,我们又不能把大自然仅仅当作一个资源的仓库,无序开采,无度索取。在海洋问题上,也是同样道理。人类在陆地资源的开发上有伟大成就,也有巨大的过失。其中的教训,应该使我们在海洋事业的发展过程中变得聪明一些。与其把海洋开发看作是我们向蓝色国土的进军,不如把经略蓝色国土理解为是人类向自然之母的回归。居安思危，未雨绸缪，我们应该有意识地避免仅仅把海洋当作另一个资源仓库来使用，避免海洋开发演变成人类无序开采陆地资源的延续。开发海洋资源，有钱、有技术就可以做。但是要开发好海洋资源，光靠钱和技术就不够了，还要生态伦理，有生存智慧，有文化情怀。

如今已是21世纪，加上纪元前文明史，在如何与自然保持和谐相处的问题上，在人类积累的历史经验宝库里，有中华民族的独特贡献；在人类掠夺式开发自然资源的惨痛教训中，我们也有刻骨铭心的记录。从过往历史中提炼出新的生态文明观，形成高度的新世纪人类发展智慧，是这一代人的历史责任。我国近年来提出的构建和谐社会、和谐世界，锦涛总书记在中共十七大报告中提出的“建设生态文明”的概念，在表达出一种新的文明观念与发展智慧的同时，也表达出了中国作为大国的责任感、使命感。生态文明的提出，我认为是十七大的最强音，要把经济发展的硬实力、生态环境的承载力、社会文明的软实力有机融合在一起，形成崭新的科学发展理念。没有生态文明，丧失了生态安全，人类就会陷入不可逆转的生存危机，如果连干净的水都喝不上，精神文明、物质文明的享受又从何而谈呢？需要强调的是人的生态自觉和自律。我们应该用构建和谐世界、建设生态文明的思路来经略蓝色国土，谋划我国海洋事业。这样，我们就不会重蹈覆辙，就会有更睿智的眼光，更从容的心态，更明智的做法。

就拿能源来说，传统的能源储量日益减少，开发的难度日益增大，使人类困扰于前所未有的能源危机。大部分传统能源的利用过程往往伴随着相当程度的污染，如何从宽广的海洋中获取能源？仅仅是开采海底石油吗？其实海洋能就是一种清洁的新能源，包括潮汐能、波浪能、温差能、盐差能，以及海洋风能和太阳能等等，取之不尽、用之不竭，不消耗燃料，不污染环境。开发海洋能对沿海地区及海域经济的发展与节能减排都具有重要的意义，应该成为海洋规划的重要内容。

这里，我只是提出问题。我爱海洋，但是我不懂海洋。我愿意和大家一起思考和讨论这类问题。

谢谢大家！

在第四届中国医师协会中国医师奖颁奖大会上的讲话

（2007 年 12 月 8 日）

各位医师、同志们：

下午好！很高兴出席今天的第四届中国医师协会中国医师奖的颁奖大会，有机会与来自全国各地的医卫界同仁、新朋老友欢聚一堂，畅叙友情。在此，我首先向 70 位获得中国医师奖的医师表示热烈的祝贺，你们作为我国卫生战线的杰出代表，以自己高尚的医德医风和精湛的医疗技术赢得了中国医疗界这一崇高的荣誉，我为你们感到无比的光荣和自豪！

古往今来，医生都是受到社会普遍尊重的职业，因为医生从事的是救死扶伤的神圣工作，医疗卫生事业直接关系到人的健康和生命，是人民群众健康和生命安全的屏障。中华民族有着悠久的医德文化传统，以悬壶济世、治病救人为己任而誉满杏林的名医历来不乏其人，可以说选择从医就是选择了责任，选择了无私奉献的精神。为了实践这一崇高的信念，有人甚至为之付出了生命的代价。三国时的名医华佗，立志要为民间百姓解除疾病之苦，而不肯奉召做待遇优厚的御用医生，最后招致了杀身之祸，以身殉道；明代的李时珍，翻山越岭，风餐露宿，遍尝百草，历时30年完成了泽惠后世子孙的巨著《本草纲目》；不远万里来到中国，支援中国人民抗战事业的白求恩大夫，不顾个人的安危和健康，夜以继日不知疲倦地奋战在手术台上，他“毫不利己、专门利人”的精神和事迹，早已为中国人民耳熟能详、妇孺皆知。

大凡医术高超、学养深厚的医师，大都注重医德修养，严于律己，淡泊名利，努力把自己的医术奉献于人民大众，从点滴细微处体现出知识分子的社会责任、道德良知和高洁的情操。所以说，要做好医生，先要做好人，医德建设是医师队伍建设中永恒的主题。新中国成立以来，广大医护工作者秉承了祖国优秀的医德文化传统，自觉地以白求恩大夫为榜样，我国的医疗卫生队伍整体上是一支素质优良、作风过硬、特别能战斗的队伍。在病人处于危急之时，是医生不顾个人安危，不问贫贱富贵，全力以赴地投入治疗救助；在非洲和第三世界最贫穷、最不发达的国家，远离祖国的中国医疗队员，把对亲人的思念和家庭责任转化为对受援国广大患者的无微不至的帮助和关怀，在那里，中国医疗队成为国际主义和人道主义的象征而家喻户晓，受到广泛赞誉；在 SARS 肆虐的日子里，在祖国和人民最需要的时候，我们的医卫工作者没有恐慌和退缩，临危不惧，救死扶伤，以实际行动践行着“健康所系，生命相托”的医学誓言，塑造了白衣天使的良好形象。今天表彰的70位优秀医师，无一例外都是具有高尚的医德的医务工作者，都是全心全意为广大患者服务的典范，他们以自己的行为告诉了我们即使在市场经济的今天，什么是医务工作者最可贵的品质、最有价值的追求、最恒久的工作动力，告诉了我们大家应该大力弘扬什么，应该明确反对什么。学习他们，首先就是要求广大医务工作者人人争做有高尚医德的人，坚决抵制拜金主义、极端个人主义和各种社会不良风气侵蚀，这是我今天首先向广大医务界同仁提出的第一个希望。

第二，努力钻研业务，提高科学诊治的水平。作为一个医生，我们以什么服务于人民，那就是我们的医术，就是要拿出点看家的本领。在座的各位都是名医，特别是获奖的医师，你们能在医学科学的不同领域取得独到的成就，离不开深厚的理论素养、广博丰富的知识、精湛的技术，而这些又无一例外都是勤奋敬业、刻苦钻研、不断超越自己、勇于攀登医学科学高峰的结果。当今世界生物技术和医学科学突飞猛进，全新的医学理念、新兴学科领域、最新的诊治技术和手段层出不穷。医学作为一门专业性和实践性都很强的实用科学，我希望广大医务工作者树立终身学习的观念，不断追踪世界医学的最前沿的领域和最新的研究成果，提高我们为广大人民群众提供优质医疗服务的能力和水平。这是我给大家提出的第二个希望。要做到这一点，我想需要解决三个方面的问题：一是切实转变观念。树立以人为本、以患者为本的原则，处处从患者角度出发，体现人文关怀的精神，努力构建和谐的医患关系；二是要在全社会营造出一种关心爱护医生的环境氛围，高风险、高压力、高负荷、高要求，是医生这个职业不同于其他职业的特殊性，卫生行政部门、医院、患者及家属都要信任医生、理解医生、支持和配合医生，最大限度地发挥医务人员的积极性和创造精神；三是要在完成繁重的接诊任务的同时，加强基础医学、预防医学和临床医学的研究，做到临床、科研、教学三结合、三促进，同时很多医师都是知名的专家、科研教学一线的骨干，肩负着传道授业的责任，希望大家发挥好学科带头人的作用，为国家培养更多高层次创新型的医学人才，为我国医学科学的未来发展奠定基础。

下面我向获奖的医师提出两点建议：一是希望大家继续为深化医疗体制改革、提高医院管理水平贡献力量。各位医师不仅是医学方面的专家，多数人还担任或兼任卫生系统和医院的行政领导以及各种政治、社会和学术职务或头衔，在医疗卫生的某些领域和方面有较大的话语权。希望大家利用好这个平台，从促进我国医疗卫生事业的健康发展、构建和谐社会的高度，一如既往地关注我国的医疗卫生体制改革，多提建设性的建议和意见；担任医院领导职务的医师，更要着眼提高医院的管理水平和服务水平，特别是要以对人民群众高度负责的态度，建立和完善科学管理制度和监督机制，确保降低人民群众看病的成本和用药安全。

二是为促进我国医疗水平整体提高和均衡发展做实事、做好事。我国是个大国，地区发展的不平衡体现在经济社会事业的各个方面，而医疗卫生整体的不平衡表现得尤为突出。这些关系群众最直接、最现实的利益问题得不到很好的解决，我们就达不到党和政府向我们提出的建设人民满意的医疗卫生事业的要求。在中西部的落后地区，当地的医疗水平与东部的大城市还存在着几十年或更长的差距。这也是当前群众反映突出的“看病难、看病贵”的症结之一。我希望在国家进行卫生体制改革和医疗资源布局调整的同时,我们这些拥有优质医疗资源特别是高水平的医师队伍的医院,从大家每个人做起,率先垂范,每年都要抽出更多的时间,到中西部地区和社区、农村卫生院所开展定点帮扶和义诊,持续帮助中西部地区和社区、农村提高医疗水平,使贫困落后地区的群众不出远门就能享受到来自大城市的优质医疗服务。这是件功德无量的事业。我相信在深入基层服务的过程中,大家都能更多地体察民生疾苦,心灵得到净化,境界得到升华,更加坚定为广大患者服务的思想和愿望。

同志们,中共十七大对全面建设小康社会、加快推进中国特色社会主义事业作出了重大部署,未来五年将是全面贯彻科学发展观,促进经济、政治、文化、社会建设全面协调发展的五年,包括医疗卫生在内的相对薄弱的社会事业必将迎来前所未有的大好发展机遇。这次中国医师协会举行的颁奖大会,也是我国广大医务人员学习贯彻十七大精神、以实际行动为全面建设小康社会作贡献的一次动员的大会,鼓劲的大会,也希望中国医师协会以这次颁奖大会为契机,全面加强医师队伍建设工作,推动《执业医师法》的认真实施。最后,祝愿获奖的各位医师,牢记重托,再接再厉,为促进祖国医学事业的进步、为保障人民群众的健康和生命安全作出新的更大的贡献!

谢谢大家!

在考察成都市推进统筹城乡综合配套改革试验区建设意见座谈会上的讲话

（2007 年 12 月 23 日）

同志们：

按照成都市的安排，民盟中央推进统筹城乡综合改革试验区考察组一行，考察了锦江区、温江区、邛崃市、金堂县、大邑县统筹城乡经济和社会发展的情况，大家一路走，一路看，与区县乡镇的领导、企业和社会事业单位的负责人和普通农民群众广泛接触，深入交谈，深化了对成都市推进城乡一体化工作的感性认识，掌握了一定的第一手资料，为我们下一步撰写推进统筹城乡一体化的调研报告并在此基础上形成给中共中央的建议奠定了坚实的工作基础。

专家们普遍反映，过去四年成都市领导班子坚持解放思想、深化改革和一切从实际出发的思想和工作作风，从解决关系广大农民群众的最关心、最直接、最现实的民生问题入手，率先全面、系统、深入地推进城乡统筹的实践，做到了基本公共服务逐步向农村延伸，实现了最少受惠者的最大利益，总体思路是正确的，成效比较突出，农民群众是高度拥护、欢迎和满意的，这些都是我们每一位同志在考察过程中亲眼看到、亲耳听到、亲身体会到的。老百姓用朴实、生动、鲜活的语言表达了他们对这一善政由衷的感激之情，我记得在一个镇的劳动保障所，老人们用“养儿防老，不如参加社保”来形容他们解除后顾之忧后轻松喜悦的心情，在一个辐射六个乡镇的中心养老院，孤寡老人们激动地握着我的手说：从来没有想到到了老年，能过上今天的幸福生活！我记得成都市的领导在情况介绍会上说过，伴随着成都市推进城乡一体化的实践，自始至终充满了争议的过程，我在这里表个态，中国共产党的执政理念就是贯彻代表最广大人民利益的宗旨，顺应历史潮流和群众意愿的实践，就要允许探索，允许出现这样那样的偏差。试验区就要允许试验，就要彻底地摒弃“宁左勿右”的思想倾向，表现最大程度的宽容。这种倾向在过去的历史上给国家和人民贻害匪浅，我们是有过这方面的深刻教训的。小平同志说，发展是硬道理，推进城乡统筹、促进城乡经济社会又好又快发展，是对小平同志这一科学论断在新的时代背景下的丰富、完善和补充。我还是那句话，从成都市统筹城乡改革的生动实践中，我们看到了从根本上破除城乡二元体制障碍，逐步缩小城乡差距，实现公共资源均等化，最终实现全面建设小康社会的宏伟目标的希望所在。这对考察组我们是一次很好的学习机会，考察组一行深受教育、深受启发、深受鼓舞，坚信在中共成都市委、市政府一班人的带领下，以中共十七大精神为指导，以国家设立成都市全国统筹城乡综合配套改革试验区为契机，按照“全域成都”的规划理念，毫不动摇地推动成都市统筹城乡综合配套改革试验区建设,为推进全国统筹城乡发展和城乡一体化进程发挥示范和样板作用,作出历史性的贡献。

在充分肯定成绩的同时,考察团的同志们也注意到成都市在未来统筹城乡综合配套改革试验区建设中尚存在着一定的问题,或者说是潜在的风险和隐忧,一会儿他们还要结合各自这次调研和专业领域研究的成果,作进一步深入地剖析。我在这里只强调四个方面的问题。

一是可持续发展问题。我们注意到各级政府用于统筹城乡经济社会发展的财政资金很大程度上来自土地收益,有的地方达到或超过50%。我们知道,土地是不可再生的稀缺资源,卖一块少一块,这解决不了保障统筹城乡综合配套试验的长期财政支撑问题。所以城市化过程离不开工业化,靠工业的增长形成源源不断的造血功能,否则就会出现城市贫民窟现象,在城市里形成新的二元形态。这就要求我们要鼓励创业,做大蛋糕,一定要夯实产业基础,不以短时间内吸纳劳动力的产业为目标,对现有产业结构评估其风险性。

二要正确认识解决民生问题,防止出现新的平均主义倾向。我们国家现阶段的财力还无法实行具有普惠性质的广泛覆盖的福利制度,把有限的财力用在解决前面说过的最小受惠者的最大利益问题,即需要政府救助的弱势群体问题,应该成为制度设计的出发点。实践证明,遍地撒胡椒面的办法是无法从根本上解决民生问题的。所以我们认为推进城乡公共服务同质和均等化,应该循序渐进,而不适合操之过急,标准过高,增长过快。既要关注民生,察民意、顺民心、厚民生,又要充分发挥农民作为城乡统筹和新农村建设的主体地位。同时,重要的问题是教育农民,让他们对城乡统筹的变革产生共识,启民智,修民德,端民行,形成政府和农民的良性互动。坚决克服苦熬死等、靠上政府的懒汉作风。所以民生建设投入不能增长过快,许给农民的期望值过高,否则将面临小马大车、吁喘不止、财政不堪重负的虎头蛇尾局面,而且还存在与国家统筹城乡制度标准接轨的问题。

三是凡是围绕"三农"的改革都要以保障粮食安全、巩固农业基础地位为前提,才能获得中央高层的支持。我们看到的土地流转的模式是以公司为龙头,公司追逐的是盈利,不可能为保障国家粮食安全为目的,尽管他们承诺种粮,但只种一茬,而是用其他经济作物来补偿种粮,这就需要政府来主导和统筹安排。实现土地集约化经营的过程,必须培养一代新型农民和种粮大户,让真正想种粮食的农民拥有自有土地和低成本土地的使用权,为把土地无偿地集中到农民手中创造先决条件。

四是全域成都总体发展规划有待进一步完善,提高发展的科学性。一是在打破行政区划制约方面应该有更大的突破。比如,应该按照主体功能区规划的理念来科学统筹安排区域的产业发展布局。成都西面的一些区县土地肥沃,灌溉条件很好,过去都是划为基本农田保护区的,这部分区域应该主要发展农业。而东面和南面的一些区县,土地质量、灌溉条件相对较差,更适合于发展工业和用于城区的进一步发展,就应该打破区县行政区划的制约,坚持贯彻向东向南发展的正确方针。二是在发展城镇体系方面,应该更加科学和合理。比如根据成都市城市化发展现状和农村人口城市化未来的实际需要,小城镇的数量不宜规划过多,以防止造成土地、各种公共基础设施和公共服务资源的浪费。

我讲的第三个大问题,是试验区的意义就在于要探索统筹城乡发展的体制机制创新。解决城乡一体化、城乡统筹问题,关键在农村,重点、难点也在农村,应该是突破点。一是就业一体化、农民变市民要解决就业保障、社会保障、住房保障,同时为了农业和农村的发展,就一定要放弃承包土地和宅基地,既保护农民利益,又解决了农民的后顾之忧。二是解决资源赋权的体制问题。实验区要在创新中探索分步走的赋权制度改革,按照先易后难的原则第一步要实现土地流转,第二步要在推进林权、水权的基础上,逐步探索承包土地、宅基地和其他农村建设用地的抵押贷款、交易等权利。三是解决耕地占补平衡问题体制和机制问题,城市发展一定要占用一定耕地,但是为了粮食安全和农业发展,必须守住耕地红线。解决的主要方法,就是通过体制机制创新,推进土地的整理。四是解决农村正规金融服务严重不到位和滞后问题,首先,要以正规金融为主导,政府要推动农村正规金融发展,解决农村金融压抑。其次放宽农村金融抵押担保限制,再次,借鉴国外非正规金融经验,放宽利率约束,实行风险交易加成定价方法,还要放松对非正规金融的管制。农村贷款风险必然高于城市,这也是取缔高利贷的最佳途径。这是鼓励农民贷款创业并以创业带动就业的必要措施。

第四个大问题,就是考察组回去以后向中央提出试验区的建议。一是城乡统筹的试验是个综合配套改革,也是突破一个世纪难题,牵一发动全身,不能完全依靠地方政府,中央要加强政策研究和指导,给试验区给予有力的支持,政策松绑,鼓励探索、创新,在探索过程中出现这样那样的问题应免予追究。二是建议通过人大给予一定的授权,便于法律方面的试验探索及完善,对今后的法律的修改和完善提供探索和试验。

最后我想用鲁迅的一句话,世界上本没有路,走的人多了便成了路,作为先行者的成都人一定能够披荆斩棘走出世纪难题的成功之路。

在张孝骞教授诞辰110周年纪念大会暨《张孝骞画传》、《张孝骞》(再版)首发式上的讲话

（2007年12月28日）

各位来宾,各位医学界前辈专家,协和医院的同行朋友们:

大家上午好！今天我非常高兴前来参加协和医院举行的张孝骞教授诞辰110周年纪念大会。在此,我谨代表全国政协向张孝骞教授表示最深切的缅怀和敬仰,向张孝骞教授的亲属表示亲切的慰问。

张孝骞教授是我国现代医学的先驱,是卓越的临床医学家、医学科学家和医学教育家。他几十年如一日,把自己毕生的心血汗水与聪明才智全部无私地奉献给了祖国的医学科学事业和人民健康事业,鞠躬尽瘁,功绩卓著。他是共产主义的忠诚战士,是中国知识分子的光辉典范,是深受人民群众爱戴和敬仰的好医生。

张孝骞教授的一生是光明磊落、追求真理,对党、对祖国和对医疗卫生事业无限热爱、无限忠诚的一生。青年时代的张孝

骞抱着“科学救国”的理想踏上了医学之路。此后，无论是在革命战争年代还是在和平建设时期，不管遇到怎样的曲折、坎坷和磨难，他始终如一地坚守着共产主义的理想和信念。在 88 岁高龄，他加入了中国共产党，从一个爱国知识分子，成为一名无产阶级先锋战士。用其一生不折不扣地践行了自己的誓言：“生命的泉，即使拌和着血和泪，也要在自己的国土上流淌。”

张孝骞教授的一生是重才施教、甘为人梯、实践“科教兴国”的一生。他先后担任湘雅医学院的院长和协和医院的内科主任，培养出一大批优秀的学生。如今他的学生遍布世界各地，其中有许多已经是成就斐然的医学家。他永远是我们新一代科教工作者学习的楷模。

张孝骞教授的一生是勤勉奉献、全心全意为人民服务的一生。他精湛的医术，高尚的医德，以及急病人所急、想病人所想、始终工作在临床一线直至生命最后一刻的奉献精神，迄今仍为广大人民群众深深地怀念。

张孝骞教授还是一位杰出的社会活动家。新中国成立后，张孝教授全身心投入祖国医疗卫生事业发展当中。他是 1950 年召开的建国以来第一次全国自然科学会议筹委会委员，1955 年成立的中国科学院的首批学部委员。从 1956 年起他先后担任全国政协第二、三届委员，第四、五、六届常委，他发挥自身业务专长，积极参政议政，为国家许多大政方针特别是医疗卫生政策的制定，建言献策，作出了重要贡献。五六十年代，他在担任了国务院科学规划委员会委员及医学组副组长期间，为新中国成立后在一穷二白的基础上提出整体布局、加快我国科学技术发展，作出了重要贡献。

张孝骞教授为我们留下了极为宝贵的精神财富。作为中国医院之最的北京协和医院,无论在史无前例的无序年代,还是在市场经济的今天,能够始终坚守严谨循章、科学治院,其精神之大难能可贵。这是因为协和有一批如张孝骞教授一样重道德、厚学养、人格崇高的医学泰斗,开风气之先并代代相传,形成了协和的精神与传统,激扬一代又一代协和团队以高尚的医德和精湛的医术,救死扶伤,造福百姓。孝骞教授留下的这笔精神财富不仅属于协和,更属于整个医学界、教育界和科技界。

今天我们在这里隆重召开张孝骞教授诞辰110周年纪念大会,追思他、缅怀他、学习他、赞扬他的精神,这对于广大医务工作者深入学习、认真贯彻和落实党的十七大精神,推进医疗体制改革、构建社会主义和谐社会都具有十分重要的意义。希望医疗卫生界的同志们都要以张孝骞教授为榜样,为推进我国医学事业的快速发展,为更好地服务于人民群众,自强不息,奉献进取,作出更大的贡献。

附录

访谈·报道

符合中国国情的光明之路

——张梅颖常务副主席答记者问

（2007 年 3 月 15 日）

中国共产党领导的多党合作与政治协商制度作为我国一项基本政治制度，在我国的政治生活当中发挥着越来越重要的作用。在今年的政协十届五次会议期间，来自于各民主党派、全国工商联的多个重点提案得到了与会各方的高度重视。3 月 15 日，民盟中央常务副主席张梅颖接受中央电视台《焦点访谈》栏目邀请，就多党合作与政治协商制度的相关问题答记者问。3 月 15 日的《焦点访谈》节目播出了访谈的部分内容。4 月 6 日的《人民日报》议政建言栏目以“参政党的责任”为题刊发了部分内容。在社会各界尤其民盟各级组织中反响很大。应广大读者要求，现特将较完整的访谈内容整理发表如下，以飨读者。

记者：作为全国政协副主席以及民主党派成员，请您谈一下多党合作、政治协商制度的显著特色及其优越特点。

张梅颖：中国共产党领导的多党合作和政治协商制度，是我国的政党制度和基本政治制度。我个人从事多党合作实践多年的体会，这是世界政党发展史上一个了不起的制度创新。这一制度创新体现了国家意志、人民意志、政党意志的统一。既是历史的必然，又有广泛的社会基础。

有比较才有鉴别。我们是一党执政、多党派参政，相互之间是合作共事关系，和谐的政党关系。西方是一党在朝，多党或另党在野，相互之间是竞争对决关系。

我们的民主政治体现在两个方面。一是人民代表大会，人民通过选举投票实现民主。二是政治协商会议，社会各界通过有序参与政治协商，各方面的意见和要求能够充分表达出来，这种协商民主使决策更科学，更贴近民意，决策效率也较高。这是两条腿走路，既尊重多数（票决），又兼顾少数（协商中对少数人的意见也高度重视，许多时候少数人的意见被历史证明是正确的）。这一点，就比西方票箱决胜负，只看多数，不认少数，更合理。90 年代之后西方有识之士也注意到了单纯票决的弊端，纷纷研究协商政治。

我认为我国民主政治的最终体现，就是举世公认的中国发展成就。一个十几亿人口的国家，在不算长的时间里，能够走出贫困，实现温饱，走向全面小康。中国人民从饱受欺凌，到举世瞩目，现在打个喷嚏，全世界都感冒（这个比喻不一定准确，但它确实从一个侧面反映了中国经济对世界的影响力），充分展现出中国特色民主政治发展自身的魅力，也打破了资本主义民主的神话。我相信，随着这一制度的不断完善，随着中国又好又快的发展,随着世界民主潮流的推进,这一制度创新,一定会赢得国内外广泛认同,为人类发展作出应有的贡献。

记者:2007 年是本届政协工作的最后一年,也是“十一五”规划的关键之年。据我们了解,在民盟中央的建议下,“生物技术及其产业发展战略”被列入国家“十一五”规划,请您结合参政议政的切身体会谈一谈民主党派在国家重大方针决策上发挥的重要作用。

张梅颖:参政党的责任要求我们要注意研究关系国计民生带有战略性、前瞻性、综合性的问题,这是我们多年的重点工作。你谈到的这个例子,是制定“十一五”规划前,在 2004 年 7 月,民盟中央对发展生物技术及其产业问题,进行专题调研,并向中共中央、国务院建议,把生物技术问题作为国家战略列入“十一五”规划。生物经济是 21 世纪全球新的经济增长点。各国都十分重视,竞相抢占制高点。而这一领域是我国与国际差距最小的高新技术领域,在生物技术方面华人人才占到全球的三分之一左右,是我们可以利用的优势,完全有可能在国际竞争中与发达国家一争高低。同时,实施这一战略,对解决困扰我国可持续发展和社会长治久安的粮食、健康、能源、生态与环境等重大问题非常有利。锦涛总书记和家宝总理非常重视我们的建议并作了重要批示,要求把生物技术及其产业作为经济社会发展和科技进步的重点,列入“十一五”规划,认真组织实施。类似的多党合作实践,我是个参与者,也是个见证者,在协商现场我实实在在地感受到国家经济社会发展脉搏的跳动。一个参政党的建议,由规范化的渠道,顺畅地进入中共中央、国务院的重要日程,转化为具体政策和实施方案,我认为这已经成为多党合作的工作常态。

记者:关系国计民生的重大问题,通过人民政协进行协商,广泛听取各民主党派的意见,目前,共产党和各民主党派之间已经形成在国家重大问题上进行民主协商、科学决策,集中力量办大事的多党合作制度,望您结合参加高层协商的体会介绍一下这种制度的特点和优点。

张梅颖:在这方面我们确实有很深的体会。关系国计民生的重大问题,执政党在决策前都要与各民主党派充分协商,每年15到20次,已经制度化、规范化、程序化。当然,作为参政党,我们感觉难度很大,压力也很大。和执政党大量的调研数据、信息资源和专家论证的深度、广度相比,我们的信息量和见解,远远达不到这么高的水平。但我们也有自身的优势,比如,首先位置比较超脱,看问题角度不同;其次能直接对话,反映问题的渠道通畅;再次,联系的知识分子面也较广泛。因此,可以提供一个观察、思考、反映问题的独特视角。例如民盟的界别特色主要是教育,在国家教育事业发展上的思考、主张与实践,可能与政府部门角度有别。正因为有别,才能互补。长期以来,民盟关心义务教育的公平性、均衡性。在教育经费不足的情况下,很多地区和政府部门都将有限的资金投入到示范校、重点校的建设。民盟对此一直有不同的意见:我们呼吁将资金投入薄弱校,以促进教育资源公平、共享的实现。另外,我们呼吁的在农村地区实现真正意义上的义务教育,正在成为现实。今年政协会上,针对部分高校盲目求大的大跃进思维,民盟中央从"顺应高教规律,推进制度创新”的角度，提出大学之大，在于精神之大，包括科学精神、人文精神、民族乃至人类精神。世界第一大和世界一流是两个概念，所以要尽快走出规模求大的误区，清醒认识我国与世界一流大学的差距，主要在现代办学理念和管理体制上，包括大学相对独立、教授治学，学生自治、学术自由等。要由教育家管理学校，给学生留有自由选择专业、课程、教师、学习年限等的空间，真正营造人才辈出的环境，改变现在“学历过剩、人才短缺”的局面。

今年民盟中央还准备就目前高校债台高筑问题进行调研。我国高等教育通过扩招，用较短的时间从精英教育阶段到大众教育阶段，在中国教育史上是个了不起的成就。但是由于教育经费不足，高校普遍存在“小马拉大车”力不从心的窘境，贷款就成为解决经费不足的必然途径。我们要通过调研了解这些学校通过什么途径贷款，亿万资金学校是如何管理的，资金用到什么地方，哪些合理，哪些不合理，打算如何偿还。贷款的钱是国家和人民的钱，总不能全由国家财政支付吧。可以说，调研考察提出问题和建议的过程，本身也是一个民主监督的过程。民主监督是参政党的重要职责之一，也是构建和谐政党关系的重要方面，监督与支持相结合，体现出来的是肝胆相照的沟通，荣辱与共的情怀，也是生动活泼的政治局面。

记者：党的十六届六中全会提出，社会主义和谐社会既是充满活力的社会也是团结和睦的社会。请您谈一下多党合作、政治协商制度与构建和谐社会之间的关系。

张梅颖：小平同志说，中国的政局要稳定，首先要稳定多党合作的政治格局。我想，也可以说，中国社会的和谐，首先是要政党关系的和谐。中国是一个有56个民族、13亿人口的超大规模社会，中国共产党是社会整合的中坚力量，与各民主党派的通力合作，扩大了社会整合的边界和力度。在这个前提下，要求参政党既不越位，也不缺位，一定要到位。费孝通教授在民盟中央主席任上，提出要在围绕中心、服务大局上"出主意，想办法，做好事，做实事"，恰到好处地给参政党的定位作了形象表达。他也是率先垂范，身体力行。如从1984年开始，费老带领民盟同志到"苦甲天下"的甘肃定西，为当地经济发展出主意，用反弹琵琶的思路取得了很好的效果。他20年如一日关心定西的发展，先后7次实地考察，一直到定西人民脱贫致富，走向初步小康。费老在93岁高龄时，带病第7次考察定西，并写了6000字的心得，字里行间表达了老人家对定西人民脱贫致富的喜悦，最后一句话他深情而欣慰地写道："定西，我不用再来了。"定西的脱贫，具有东西部之间、城乡之间、人与自然之间促进和谐的深刻内涵。近年，我们踏着费老的足迹，一次次再到定西去，真正感觉到了和谐的新风扑面而来。从这个小例子看，政党关系和谐，导向着社会和谐，这是一个很有说服力的例子。用费老的话说，叫作"小题目，大文章"吧。

在今年的政协大会上民盟中央提交了29份提案，其中一份是关于建议通过北京2008年的奥运会展示中国优秀文化和促进构建和谐社会的提案。奥运是一块百年体育品牌，中国是一块千年文化品牌。两块品牌的融合，就是正在倒计时的北京2008年奥运。当然，老百姓肯定关注能得多少金牌，民盟中央认为，在赢得金牌的同时,更要通过奥运这个载体,展现中国人民精神风貌和中国优秀文化的魅力,从而赢得世界。据有关方面提供的信息,北京奥运期间,各国记者、运动员、观众可高达 300 万人次,这是千载难逢的让世界了解中国的宝贵机会。我们在考察了北京奥运准备情况(包括硬件、软件)之后,提出了几条建议,中心就是通过 2008 年奥运,展示中国优秀文化,树立中国良好形象,凝聚人心,促进构建和谐社会。

记者:最后,请您用几句话来总结一下今天的访谈内容。

张梅颖:我想我们在欢乐祥和的氛围中,刚刚度过了中国人民的传统新年——春节,与一些国家恐怖威胁笼罩或社会动荡相比,中国社会稳定,人民享受着和谐,来之不易,充分显示了我国政治和政党制度的优越,我们选择的中国特色政治发展道路,确确实实是符合中国国情的光明之路。

张梅颖副主席会见
韩国女性国会议员代表团

（2007 年 3 月 9 日）

3 月 8 日，全国政协副主席、民盟中央常务副主席、全国妇联副主席张梅颖会见了韩国女性国会议员代表团。中联部副部长刘洪才、机关党委副书记冯德育及韩驻华使馆公使黄正一等在座。张梅颖代表全国政协和全国妇联欢迎代表团在国际劳动妇女节之际访华，称此访意义重大，将为推动中韩全面合作伙伴关系进一步发展发挥积极作用，也将为增进中韩两国妇女特别是女性政治家之间的了解与友谊作出重要贡献。金明子感谢张梅颖在“两会”期间拨冗会见，称在韩中建交 15 周年暨韩中交流年之际率团访华深感荣幸。此次来访的议员占韩国会全部女性议员的四分之一强，且分别来自三大政党，意义重大。

一、关于中韩关系

张梅颖说，中韩建交以来，双边关系全面、快速、深入发展，其成果之显著、形势之喜人、前景之广阔大大超过预期。政治上，高层交往密切，互信日益增强。双方领导人频繁会晤、接触，就一系列重大问题深入交换意见，达成广泛共识，为中韩关系的发展指明了方向。各部门之间也进行了多层次的交往与合作。经济上，合作日益深化，成果引人瞩目。中韩建交时双边贸易额仅为 50 多亿美元，2006 年已超过 1300 亿美元。相信双方一定会顺利实现 2012 年双边贸易额达到 2000 亿美元的新目标。值得一提的还有中韩人员往来。建交时双方每年人员交流仅有 9 万多人次，2006 年已超过 530 万人次。此外，两国在文化、教育、科技、环保、军事等领域的交流与合作不断扩大。据我了解，亚洲的第一个中国文化中心、世界上第一家孔子学院 2004 年在首尔落成。韩国的“世宗学院”也将于本月在中央民族大学揭幕。韩国在科技发展特别是自主创新方面的丰富经验值得中国学习。两国在联合国改革等国际和地区事务中也进行了良好的协调与合作。

张表示，发展中韩全面合作伙伴关系有着天时、地利、人和的有利条件，不断推进两国关系全面、深入发展，是民心所向、大势所趋。特别是在当前复杂多变的形势下，中韩加强政治沟通，扩大战略共识，拓展交流合作，对维护地区和平稳定、促进两国共同发展具有重要意义。今年是中韩建交 15 周年，也是“中韩交流年”，温家宝总理也将于 4 月上旬应邀对韩国进行正式访问，中韩全面合作伙伴关系面临进一步全面、深入发展的良好契机。我们高度重视中韩关系，愿与韩方一道，进一步加深两国民众之间的了解与友谊，深化和促进两国在各领域的务实合作，推进中韩全面合作伙伴关系不断向前发展，为东北亚乃至世界的和平、稳定、繁荣做出新的贡献。希望各位女性国会议员今后经常来中国走一走,看一看,就共同关心的问题交换意见,以增进双方的相互理解和友谊,共同促进双边关系长期、健康、稳定发展。

金明子表示,韩中两国地理相近,文化相通。建交15年来,各领域交流合作发展迅速,成果丰硕,两国国民间建立了深厚友谊,对此表示满意。同时应看到,两国关系仍存在一些悬而未决的问题,“脱北者”问题即是一例。希望双方共同努力,尽快妥善处理,恳请中方予以进一步理解与合作。金表示,政党间对话比政府更易坦率、深入,希望两国政党继续就共同关心的问题交换意见。

二、关于两国妇女及残疾人权益保障事业

开放党议员洪美英表示,美众议院正在讨论通过有关“慰安妇”的议案,日本首相安倍晋三即公然否认“慰安妇”的强制性,希望两国妇女界加强协调,共同应对日方的错误言论。

开放党议员张香淑表示,作为一名高位截瘫的女性残疾人,在参政过程中应尽力引导社会各界消除对女性和残疾人的歧视。建议韩中双方可在这一领域加强交流与合作。

张梅颖简要介绍了我妇女和残疾人权益保护事业发展有关情况,并表示,安倍公然否认史实,深感愤慨,中韩女性都是战争的受害者,历史事实不容抹杀。希望两国女性政治家不断深化交流,扩大合作,共同推进妇女及残疾人事业蓬勃发展。

三、关于朝核问题

金明子说,在朝核问题上,中方为推动六方会谈召开并达成

“9 · 19共同声明”和“2 · 13 共同文件”发挥了积极、重要的作用。希望两国一如既往地加强沟通与合作,努力推动落实有关协议。

张梅颖表示,中韩双方在朝核问题上有着共同的战略利益和一致的原则立场,并一直保持着密切的沟通与合作。我们愿与韩方继续保持协调配合,继续做有关各方工作,坚持不懈地推动和谈进程,切实落实共同声明,引导形势向积极方向发展,使本轮会议成果成为解决朝核问题及半岛一系列问题的坚实基础。

2008

关注民生　奔走国是*

——考察成都市统筹城乡试验区建设的感言

转眼就到了2008年。这是寄托几代中国人太多希冀与企盼的一年，百年奥运的梦想在东方古老文明与现代化气息交相辉映的神奇国度一步步成为现实，共和国历经了半个多世纪风风雨雨的洗礼，正在世界的瞩目中向着中国特色富民强国、全面建设小康之路迈出坚实而自信的步伐。

就在岁末前的一周，我们还行色匆匆地驱驰在川西大地，开展民盟中央2007年度最后的一次调研活动。

大家抓紧这年底最后的宝贵时间，一路走，一路看，交流、发言与探讨问题的热情不减

我们这次调研的目标锁定在"三农"。"三农"问题是中国最大的民生问题，不从根本上解决"三农"问题，我国经济就难以持续、健康、协调发展；没有农民与城市居民收入和生活质量的同

* 原载于2008年1月16日《人民日报》。

步增长和提高，全面建设小康社会就无从谈起。

我们考察的是较早开始城乡一体化发展的探索，并在去年刚刚被国家确定为统筹城乡综合配套改革试验区的成都市。为了使我们能够比较全面地了解成都市统筹城乡经济社会发展的政策路径和实施步骤，地方的同志把我们的调研活动安排得十分紧凑。大家抓紧这年底最后的宝贵时间，一路走，一路看，交流、发言与探讨问题的热情不减。我们看到在城乡统筹、“四位一体”的发展战略指导下，成都市把统筹城乡社会事业发展放在更加突出的位置，全面加快推进基础最薄弱也是最能够体现民生利益的农村社会事业建设，在经济“又好又快”发展与改善民生之间找到了一个最佳的切入点——乡村被纳入城市发展的总体规划，公共财政对“三农”的投入成倍增长，城市公共服务向农村延伸，农村居民享受到了过去只有城里人才能够拥有的就业、居住、社保等“特权”，和医疗、教育、文化等方面相对公平和逐步均等化的公共服务。长期处于弱势的农民群体成为城乡一体化的最大受益者，城乡二元结构矛盾有所缓解，初步形成了城乡同繁荣共发展的局面。成都市成为统筹城乡科学发展的先行样板、区域协调发展的成功典范、构建和谐社会的示范窗口。

我们看到了破解城乡分割的二元结构、跳出“三农”来解决“三农”问题的希望

在把解决民生问题作为统筹的核心环节的同时，我们还注意到政策实施的重点是最迫切需要救助的农村中的社会底层群

体，他们的基本生活问题了制度保障，后顾之忧解除了，幸福感普遍增强。在考察金堂县一个镇的劳动保障所时，我们遇见了几位前来领取养老保险金的老人，每个人的脸上都露出了开心的笑容，切实感受到自己在家庭中的地位提高了，他们用“养儿防老，不如参加社保”这样朴实的语言表达对党和政府惠农政策的感激之情；在一个标准化的镇公立卫生院，2.9万参加新农合的农民在家门口接受比城里医院优惠30%的医疗服务，政府还对农民实行普惠制的补贴，农民看病医药费报销比例60%，低保户上调到70%，群众通过公示栏对报销情况实行公开监督；在一个覆盖6个乡镇的敬老院，一对孤寡老人不久前喜结良缘，贴着大红喜字的新房处处洋溢着温馨，老人们激动地拉住我的手说：“没有想到自己的晚年能过上今天的幸福生活！”执政理念的转变带来了干部作风的变化，我们看到了许许多多像金堂县委书记那样具有实干精神、对城乡统筹的各项工作如数家珍、一心扑在事业上的基层干部的典型事例，农民群众衷心拥护和高度认同市委、市政府推进城乡一体化的改革举措和现实效果，干群关系出现了和谐融洽的可喜局面。

通过这次调研，我们对推进城乡一体化的内涵有了一个更为清晰的认识，看到了破解城乡分割的二元结构、跳出“三农”来解决“三农”问题的希望，我们也试图通过成都市统筹城乡发展实践的个案，总结和推广具有普适性的加快形成全国城乡经济社会一体化新格局的经验和行之有效的办法，特别是要以改革的精神探索从根本上解决阻碍农村科学发展的体制性障碍问题，走出一条城乡经济社会共同繁荣发展、构建和谐社会的新路子。

费老仿佛看出了我的心事，他语重心长地鼓励我说，要经常下去，多走，走多了就入门了

关注民生，奔走国是，是民盟一贯的传统和作风。胡锦涛总书记不久前在与各民主党派、全国工商联新老主要领导人座谈中提出，希望作为致力于中国特色社会主义事业的参政党，切实解决好政治交接、提高参政党履行职能和发挥作用能力的历史性课题，要求我们继续深入贯彻落实科学发展观，其中很重要的一项内容就是着眼于促进社会和谐，加快推进以改善民生为重点的社会建设，为形成社会和谐人人有责、和谐社会人人共享的生动局面多作贡献。执政党站在发展社会主义民主政治、建设社会主义政治文明的高度，不断推动多党合作事业的蓬勃发展，为参政党发挥作用提供了大有作为的广阔舞台。怎样才能不愧时代，不负重托，不辱使命，使我们的参政议政、建言立论能够跟上执政党的思路、符合经济社会发展的新形势新情况新特点、反映人民群众的利益和诉求？这是我担任民盟中央副主席以来萦绕于怀、经常思索的一个问题。我至今还清晰地记着丁石孙主席带着我第一次去见费孝通名誉主席，面对这位令我由衷钦佩的前辈充满期待的、睿智的目光时那种忐忑和不安。费老仿佛看出了我的心事，他语重心长地鼓励我说，要经常下去，多走，走多了就入门了。从那一刻起，我就决心以费老为榜样，费老一生追求志在富民的理想、重视调查研究的治学方法和身体力行的实践精神，成为激励我不断前进、永不懈怠的力量源泉。

在几年的盟务工作实践中，我们一直高度重视参政能力建设，把深入调查研究、积极参政议政作为参政党的安身立命之本，不断向基层学习、向群众学习、向实践学习，在调查研究的实践中求真知、长才干、提高参政议政的能力和本领。特别是在新老交替、政治交接的过程中，我们始终强调传承和发扬民盟“关注民生、奔走国是”的优秀历史文化传统，把民盟组织智力密集、人才荟萃的优势与有序的政治参与结合起来，“咬定青山不放松”，把开展专题调研作为参政党履行职能的基础环节和重要抓手，在深入调研的基础上，就发展海洋经济、生物技术发展战略、灾害和社会管理、青海湖治理、若尔盖湿地保护等关系国计民生的重大战略问题上提出了具有全局性、综合性、前瞻性的建议和意见，受到了中共中央和国务院的高度重视，民盟的建议有的成为国家发展战略，有的被决策部门吸收采纳。我自己也从为个体疾患解除病痛的医务工作者成长为从宏观决策层面上为国家经济社会发展贡献智慧和力量的党派负责人，从看热闹到看门道，实现了一次超越自我的角色转换。

我体会，只有积极投身时代变革的大潮，把握国家经济社会进步的脉搏，围绕大局和民生建设选题立论，自己才能站得更高，看得更远，观察问题的视角更为敏锐，提出解决问题的机制更能切合当前的国情和实际，参政党的价值和作为才能充分体现，这是我从政以来最大的人生收获。

关注民生、奔走国是，对于民盟来说，是一个永恒的主题。

在第三届中国企业社会责任高峰论坛上的讲话

（2008年1月19日）

各位企业家、各位来宾，同志们、朋友们：

大家上午好！企业社会责任这个主题非常好，在经济日益全球化的今天举办这样的论坛很有现实意义，我们看到已经有越来越多的企业界有识之士开始认真思考建立企业与社会与环境的和谐关系问题，提高了承担社会责任的主动性和积极性，追求达到企业利益与社会效益相平衡的目标，这是社会进步的一种表现，也是企业贯彻“以人为本”的科学发展观的具体举措。我相信，通过这个论坛和各位的行动所产生的影响和作用，必将有力地推动中国企业社会责任建设的进程。

当今时代，人本主义思潮对世界的影响日益深远，企业社会责任运动已经成为经济全球化的一个重要特征。企业发展的目标定位已经由片面追求利润最大化向追求企业可持续发展的理念转变，要求企业重视经营行为对社会、对人类的影响，把追求利润与承担社会责任统一起来，已成为企业发展的应有之义。

一般来说,企业社会责任的核心是保护劳动者权益,其价值观共同的特征是:人的价值高于物的价值,共同的价值高于个人的价值,客户价值和社会价值高于公司价值。凡是能够持续成长的公司,大都能始终保持着稳定不变的超越利润最大化的核心价值和基本目标,并使之成为企业精神文化基础和维系持久活力的基因。

众所周知,近年来我国经济保持强劲的增长势头,2007 年 GDP 已经超过 3 万亿美元,跻身世界第四大经济体。同时也应该看到,我国现阶段的改革与发展进入了攻坚阶段,各种体制、机制性弊端长期积累的矛盾集中显现,支撑经济增长的环境、资源代价沉重,忽视职工和消费者权益所造成的各种重大灾害责任事故时有发生,给人民生命财产造成无法挽回的损失,不仅严重地损害了我国的国际形象,而且也削弱了我国出口产品的国际竞争力,使得我国外贸出口企业必须认真对待来自西方跨国公司越来越严厉的以道德认证、社会责任标准的审核为附加条件而设置的贸易壁垒。

中国是一个社会主义国家,社会主义的本质要求决定我们发展的目的是为了人,发展的成果要为全体人民所共享。中共十六大以来,以胡锦涛同志为总书记的中共中央领导集体审时度势,提出"以人为本"的科学发展观和构建社会主义和谐社会的执政理念,强调人与经济、社会的全面、协调和可持续发展。中共十七大对深入贯彻落实科学发展观提出了新的更高的要求,提出要建设生态文明,我理解生态文明是把经济发展的硬实力,生态环境的承载力和文明的软实力有机结合起来形成一个全新的理念，这标志着今后中国将进入一个科学发展的新时代。

强化企业社会责任意识，建立符合中国特色的、真正有利于推进我国经济建设和社会发展的企业社会责任体系，既是中国企业顺应时代潮流和企业自身发展规律的客观需要，也是贯彻落实科学发展观、构建和谐社会的内在要求。我们高兴地看到，国资委于1月4日发布了《关于中央企业履行社会责任的指导意见》，我们相信，在这个《意见》的指导下，中央企业作为国有企业的排头兵，必将在履行社会责任方面发挥模范和表率作用。

什么是企业的社会责任呢？虽然关于这方面的表述不尽相同，我理解作为中国企业，首先可持续发展，应该成为企业社会责任的重中之重。因为对于企业而言，持续的经营发展是生存之本，没有生命力的企业就谈不上履行社会责任。而持续发展的关键除提高产品质量、服务水平和诚信经营以外，一个至关重要的指标就是节能减排保护生态着眼于子孙后代的福祉，这是中国企业和企业家责无旁贷的重任。企业履行社会责任第二个方面的重要体现，是要认真遵守、执行我国已经颁布的劳动法及相关法律法规，充分尊重和保障职工的合法权益，为他们提供安全、良好的工作环境，给予必要的培训指导，不断提高员工素质，使他们具备广阔的发展空间。第三，积极参与慈善等社会公益事业，在构建和谐社会中发挥基础性作用。一个负责任的企业总是致力于实现包括所有利益相关者的共同利益最大化，而大量企业的实践表明，勇于承担社会责任对企业发展有着积极的影响和长远的回报。中华民族历史上就有扶危济困、推己及人的仁爱思想，这与我们今天倡导的构建和谐社会的理念异曲同工。同时我们也要清醒地认识到，贫富悬殊、收入差距扩大，不断积累的社会矛盾，日益成为影响社会稳定的隐忧。孔子说，放于利而行，多怨。就是说为富不仁，一味地追求个人的利益最大化，你就会把自己置于人民的对立面。而一个缺乏安全感的社会，是无论穷人和富人都不愿面对的。我相信，积累了财富的中国企业和企业家有足够的政治远见和商业智慧，充分认识到帮助穷人就是帮助自己，财富取之于民、用之于民的道理。饮水思源，要以反哺而不是施舍的态度，自觉地肩负起维护社会公平正义、救助弱势群体、关心社会公益事业的责任，尽快走出“劳动力低成本”的认识误区，积极捐助教育、失学儿童、妇女和社会保障事业，使更多的人能够共享改革发展的成果，为构建社会主义和谐社会贡献自己的一份力量。今天，参会的企业对社会责任的贡献，充分说明正在崛起的中国不乏有社会责任感的企业和品格高尚的企业家，他们对人文关怀、社会关怀的更高价值追求，值得中国企业界进一步发扬光大。

中国企业社会责任事业的壮大，既需要企业的自律、企业家的良知，也需要全社会的关注、支持和方方面面力量的推动。形成全社会促进企业社会责任建设的文化氛围。

同志们，中国企业社会事业方兴未艾，任重而道远，我希望，中国企业界的同仁携起手来，群策群力，共同推进中国企业社会责任事业的进步，为促进科学发展、构建社会主义和谐社会作出我们企业界应有的贡献。

预祝本次论坛取得圆满成功，谢谢大家。

在中国水与卫生高级圆桌会议上的致辞

（2008 年 4 月 8 日）

女士们、先生们、朋友们：

上午好！在举世瞩目的北京奥运会召开前夕，来自国内外知名的水利专家学者聚集在这里，参加全球水伙伴“中国水与卫生高级圆桌会议”，探讨中国的水问题，我感到非常高兴。我谨代表全国政协对会议的成功召开，表示衷心的祝贺，向各位来宾表示热烈的欢迎！

中国有句老话叫“一方水土养育一方人”。意思是说，我们虽然都是喝同一个地球上的水长大，但不同地域之间存在着显著的差异。人们在与当地自然环境和谐相处的过程中，逐步形成了各具特色的生产和生活方式。正是这些差异与特色，为不同地区的交流与合作提供了丰富灿烂的文化内涵。

在我们中华民族的远古时代，大禹在治水过程中，因将“堵”变为“疏”，得以国泰民安；在另一文明发祥地北非，古代埃及人根据尼罗河的定期泛滥，顺势灌溉农田，得以五谷丰登；这些人类与水的密切活动，延续到今天，形成了不同文明的广泛融合。

我注意到,成立于1996年的全球水伙伴,从2000年11月在北京召开第一次中国水问题研讨会以来,90个月共在中国各地召开了38次会议,平均每两个多月就召开一次水的会议。可见我们的生命之水,对中国这样一个超级人口大国来说,具有多么重要的现实意义。

众所周知,中国水资源人均占有量非常少,供需矛盾十分突出。中国以占世界6%的可更新水资源和9%的耕地,养活全球22%的人口。换句话说,假如13亿中国人使用的资源与发达国家持平,理论上则需要七个半地球养育中国。我想,这就是我们特有的基本国情,需要我们站在人类政治文明的高度,来解读自然生态意义上的水。

伴随着中国城市化、现代化进程的加快,目前,中国的水正面临着短缺与污染两大危机难点,应当引起我们的高度重视:

首先是水短缺。中国每年有1~3亿亩农田受旱,669座城市中有400余座供水不足,在32个百万人口以上的特大城市中,有30个长期受缺水困扰,中国年缺水总量为300~400亿立方米。

其次是水污染。也就是本次会议的主题"水与卫生"——水的安全问题。资料显示,当今中国年排废污水达600亿吨,超过20世纪80年代初的一倍以上,江河水系70%受到污染。长江干流六成河水遭污染,沿岸每年排入的污水高达200亿吨,部分支流出现"水华"现象。城市水域受污染率高达90%以上。在农村,有34%的农民饮用不合格的饮用水。

这些惊心动魄的数字告诉我们,中国的水危机已是相当严重的程度，保护我们有限的水资源已经到了刻不容缓的地步。因此，我们在治水的实践中，要进一步转变观念，借鉴现代管理科学的有益经验，开拓治水思路：既要考虑经济用水、生活用水；又要顾及生态用水、环境用水；必须站在人类政治文明的高度，坚持人与自然的和谐共处，从而实现水资源的可持续利用，为社会的进步与发展服务。为此，我提出以下三点建议：

一、扩大水问题在广大民众中的影响力。

水是涉及中国政府最为关注的基本民生问题。我们的水利专家和学者要广泛宣传中国水的问题，在人水和谐的过程中民众是主体，要让广大民众具有更多与其利益相关的知情权和参与权。以政治文明促进生态文明，让生命之水在阳光下运行。

二、将中国建成机制完善的节水型社会。

节约用水不仅可以减轻供水压力，而且可以减少污水排放。不论是水资源短缺的地区，还是相对丰富的地区；不论是枯水年，还是丰水年；不论是乡村农业，还是城市工业；都要节约用水，提高用水效率。在节水工作中，要充分发挥水价等经济手段的作用，调动全社会节水的积极性和自觉性。

三、大力加强水污染防治和水资源保护。

要协调生产、生活和生态用水，采取切实措施保证水的生态环境平衡发展，避免过量开采水源，防止水源枯竭。要重点保护好饮用水源，确保民众生活用水安全。搞好重点地区江湖水系的综合治理，加快城市污水处理设施建设，努力实现污水资源化。

各位朋友，我想借今天水的国际研讨会，顺便宣传一下我们中华民族的“水文化”。有的来宾可能已经看到了北京奥运会的

“水立方”游泳馆,长方形外膜远观起来很像一个个水分子按照不规则方式排列起来,3000 多个这样的“水泡泡”交融在一起,形成了这座游泳中心的美丽外表。她的创造构思,不但融进了现代科学水的分子式,还与北京奥运椭圆形“鸟巢”相呼应,诠释了对中国传统文化“天圆地方”、“上善若水”的理解。

我们的先人老子所讲的“上善若水”,就是将道德的最高境界喻为水的品性。因为,水能滋养万物是德、水可遵循规律是义、水的浩大无尽是道、水的流向无畏是勇。我想,这就是我们中华民族传统文化中,对水的品性所做的最完美的总结与高度概括。

各位来宾,这次水的会议是我们加强与世界各国同行交流切磋的好机会,我衷心希望通过这次会议,为中国进一步改进水资源的管理出谋划策,并把水资源领域的国际合作提高到一个新的水平,为水资源的可持续开发利用作出新的贡献。

千江有水千江月,万里无云万里天。最后,我预祝此次研讨会取得圆满成功,并祝各位来宾身体健康,在北京度过一段愉快的时光。

谢谢大家!

在安徽省政协十届二次常委会议暨“积极促进泛长三角区域分工论坛”上的讲话

（2008 年 5 月 16 日）

各位同志、各位朋友：

今年是改革开放 30 周年。30 年前，在邓小平同志带领下，中国毅然决然走向改革开放之路，如今，已走过 30 年波澜壮阔的历程。30 年在历史的长河中，只是短短的一瞬，它却影响了具有 5000 年文化的中国的历史进程，改变了许许多多普通中国人的前途和命运。

30 年前，以凤阳小岗村分地农户为代表的安徽父老，用冲出一条血路的勇气，用按手印定生死契约的古老方式，迈开了中国农村改革的第一步。他们是邓小平改革思想的早期实践者，表现出了中国农民巨大的历史主动性和创造性。时间越久，我们就越能体会出其中的历史意义。

在纪念改革 30 周年之际，今年初，胡锦涛总书记专程考察了安徽，对安徽省继续深化改革、加快发展、构建和谐安徽寄予厚望。并提出了“泛长三角区域发展分工”的重要概念。胡锦涛总书记还明确指出,安徽要“充分发挥区位优势、自然资源优势、劳动力资源优势,积极参与泛长三角区域发展分工,主动承接沿海地区产业转移,不断加强同兄弟省份的横向经济联合和协作”。这是总书记基于全国区域发展的现状和对长三角经济带发展格局与发展趋势的科学分析,对安徽未来发展作出的战略定位和殷殷嘱托。总书记讲话精神成为了全省上下的广泛共识,成为推动安徽新一轮发展的强大动力。安徽省政协也积极落实总书记讲话精神,举行专题常委会议和论坛,学习、宣传、贯彻总书记讲话精神,切实发挥人民政协人才荟萃、智力密集的特点和优势,围绕促进泛长三角区域发展分工建言献策,一定会对泛长三角区域发展分工起到积极的促进作用。

当前,安徽积极参与泛长三角区域发展分工,可以说是上顺天时,下得地利,中应人和。上顺天时,一是因为党中央、国务院高度重视长三角地区的改革开放和经济发展,并以深邃的战略思维提出了泛长三角的整体发展问题;二是因为世界和我国经济发展的大趋势,迫切地要求长三角扩容增量,进一步提升原创力、辐射力、带动力,发挥在我国区域经济格局中的主导性地位。目前,长三角地区经济发展受资源、土地、劳动力成本上升影响,正进行大规模产业升级转移,安徽在经济发展上,要科学地、有选择性地承接这种转移,在承东启西中加快崛起。这对安徽借力泛长三角实施东向发展,加快融入长三角经济圈提供了千载难逢的好机遇,也是安徽的重大战略选择。下得地利,是因为安徽境内的长江流域,属长江下游,历史上就与苏浙沪地域相连、文化相近、经济相融、人缘相亲。历史上不论从自然地理或是从经济地理的概念来讲,安徽都是长三角的一部分。过去由于计划经济体制行政区划割裂的影响,安徽与长三角的发展差距拉大,因此在区域发展中就要淡化行政区划色彩,强化经济区域功能,针对安徽特点和实际,制定科学规划,力求扬长避短,用好后发优势,以较低的成本促进产业优势的形成。中应人和,是因为安徽历史悠久,文化厚重,人杰地灵。安徽人民在安徽省委、省政府的坚强领导下,团结一心,扎实苦干,经济社会发展已经取得了一系列重大成就。广大干部群众积蓄起了蓬勃的朝气、昂扬的锐气和崛起的志气,积蓄起了推动跨越发展、加快崛起进程、构建和谐安徽的巨大能量,这是安徽积极参与泛长三角区域发展分工最可宝贵的精神财富。在天时地利人和的大好形势下,在推进泛长三角区域发展分工的进程中,安徽一定会大有作为,安徽省政协一定会大有作为。

当然,促进泛长三角区域发展分工,不是安徽一个省份的事情,它牵涉到整个泛长三角地区的整体联动、合力发展。我理解,总书记在安徽提出泛长三角这个概念,不仅是对安徽讲的,也是对长三角地区讲的,更是对整个泛长三角地区讲的;总书记要求安徽积极参与,不仅是对安徽提出的要求,也是对长三角地区提出的要求,对整个国家的发展有战略意义。我们要充分认识到,促进泛长三角区域分工合作,是把改革开放向纵深推进的客观需要,是协调区域发展、统筹城乡发展的必然要求,是打破地区之间行政区划,实现优势互补、利益共享和生产要素合理流动的内在要求,也是落实国家总体发展战略的必然选择。全国政协将积极参与并大力促进泛长三角区域发展分工,希望国家有关部门积极支持配合，也希望长三角地区以及今天到会的沪苏浙三省市的同志共同行动起来，为落实胡锦涛总书记讲话精神，把推动泛长三角区域合作上升到国家战略层面作出积极贡献。

同志们，朋友们！

我们对改革开放30周年最好的纪念，就是坚定不移地把改革开放伟大事业继续推向前进。希望地处中部的安徽，再次弘扬敢为人先的创新精神，在扩大开放、深化改革上取得更大突破。推动泛长三角区域发展分工，是一个思想解放的过程，是一个互动共赢的过程，也是一个开放渐进的过程；它顺应时代潮流，方向完全正确，意义重大深远。我相信，安徽省政协举办这次论坛，一定能成为泛长三角区域发展分工与合作的一次良好开端。希望本次论坛能产生一批真知灼见，聚集起方方面面的力量和智慧，推动泛长三角区域分工合作的互利共赢、联动发展。

最后，祝会议取得圆满成功！

谢谢大家！

在全国暨地方政协文史委员会主任会议上的讲话

（2008 年 5 月 20 日）

同志们：

2008 年注定要成为中华民族历史上非同寻常的一年。从年初南方百年不遇的冰雪灾害，到 3 月份藏独分子打砸抢烧事件，以及西方反华势力对奥运圣火传递的干扰，再到这次突如其来的巨大地震灾害，中国一再成为举世瞩目的焦点。多难兴邦，中华民族的伟大复兴之路充满着艰险和挑战，从来都不是一帆风顺的。在接踵而至的突发事件和自然灾害面前，中共中央展示了更加人性化的执政理念和务实、高效、成熟的驾驭复杂局面和处理危机的执政能力。中华民族展现了坚毅不屈、愈挫愈勇的民族精神，以及万众一心、众志成城的强大凝聚力和空前的爱国主义热情。中国在世人面前展示出令人折服的团结、自信、开放的泱泱大国的国际形象。改革开放的中国给世界留下了全新印象。

同志们，抗震救灾已经进入了第九天，夺取全面胜利还要举全国之力,特别是要发挥统一战线同心协力、和衷共济的巨大优势。我们一定要牢记人民政协、政协委员的责任和使命,坚决贯彻胡锦涛总书记提出的四个尽全力的指示精神,把抗震救灾作为统一战线和人民政协当前最重要、最紧迫的任务,在中共中央的统一部署下,以实际行动为受灾群众解难、为国家分忧、为灾后重建献计出力,作出我们应有的贡献。

我们这次政协文史委员会主任会议的主题是深入贯彻中共十七大精神,深入贯彻全国政协十一届一次会议精神和去年召开的全国政协文史工作座谈会精神。刚刚召开的全国政协十一届一次会议总结了十届政协五年的工作和经验,并对十一届政协工作作出部署。对推动人民政协事业不断发展,推动中国特色社会主义事业不断前进具有重要的意义和深远的影响。各级政协组织要深入学习和贯彻好政协十一届一次会议精神,进一步加强自身建设,促进各项工作全面开展,为新一届政协工作开好局、起好步。

文史资料工作是人民政协的一项基础性工作,是人民政协工作中独具特色、不可或缺的重要组成部分。做好文史资料工作,对推动人民政协事业的发展,推动社会主义文化大发展大繁荣具有十分重要的意义。胡锦涛同志深刻指出:“历史是最富哲理的教科书”,“浩瀚而宝贵的历史既是人类总结昨天的记录,又是人类把握今天、创造明天的向导”。一个民族只有善于从历史中汲取营养、总结经验,才能在历史发展的大潮中始终保持自己的民族精神,才能不断进步,永不落伍。我了解到,自 1959 年至今,各级政协整理、征集和出版了数十亿字的珍贵文史资料,这些资料生动翔实地反映了近百年来中国在经济、政治、文化、社会等各个领域的历史变迁，记录了各界人士对重大历史事件的亲身经历，在鲜活的史料中凝聚着丰富的人生体验，具有很强的感染力。它既为历史研究提供了丰富的素材，也为治国理政提供了有益的借鉴；既为团结各界人士提供了交流的平台，也为弘扬民族文化、构建和谐社会提供了宝贵的精神动力。近半个世纪的实践充分表明，文史资料工作大有作为，大有可为，不可替代，理应随着人民政协事业的发展而不断加强。

今年是改革开放30周年。30年前，在邓小平同志带领下，中国毅然决然走向改革开放之路，如今，已走过30年波澜壮阔的历程。30年在历史的长河中，只是短短的一瞬，它却影响和改变了具有5000年文明史的中国的前途和命运，影响和改变了许许多多中国人一生的前途和命运。做好改革开放的宣传纪念工作，是今年我国政治生活中的一件大事，也是各级人民政协的一项重要任务。文史资料工作在这方面可以发挥独特的作用。通过"亲历、亲见、亲闻"的第一手资料，从不同侧面、不同角度生动翔实地展现改革开放的光辉历程，记录30年来社会前进的脚步，反映改革开放以来我国在经济、政治、文化和社会等方面所取得的辉煌成就，有助于人们更加全面、深刻地认识改革开放的历史进程和伟大功绩，这对于我们总结改革开放的成功经验，坚定走改革开放道路的决心都具有十分重要的意义。充分发挥文史资料"存史、资政、团结、育人"的社会功能，着力做好以改革开放为题材的文史资料的征集出版工作，既是各级政协文史委员会的责任，也是向社会各界展示和宣传政协文史资料工作，带动文史资料工作发展的良好契机。我们要抓住机遇,顺势而上,有所作为,把文史资料工作更好地开展下去。

在此,我就本届政协文史资料工作的开展提三点希望:

一是要认真贯彻落实全国政协文史工作座谈会精神。去年11月召开的全国政协文史工作座谈会,就如何在中共十七大精神指引下进一步加强人民政协文史工作进行了深入研讨,取得了丰硕的成果。贾庆林主席在会议上发表了重要讲话,从党和国家工作的大局和人民政协事业的全局的高度,深刻论述了人民政协文史资料工作的重大意义,明确提出了推动文史资料工作的理论创新和工作创新的要求。并指示各级人民政协都要充分认识文史资料工作的重要意义,认真做好文史资料的征集和抢救工作,推进新世纪新阶段人民政协文史资料工作不断向前发展。会后以全国政协文件的形式印发的《政协全国委员会关于加强文史资料工作的意见》,总结了多年来文史资料工作的实践经验,研究并提出了新形势下加强文史资料工作的新思路、新办法,进一步明确了新世纪新阶段人民政协文史工作的方针、原则和任务,对今后政协文史资料工作的开展具有十分重要的指导意义。大家要认真领会和切实贯彻贾庆林主席的讲话和《意见》精神,推动文史资料工作再上新台阶。

二是要解放思想,勇于探索,锐意创新,与时俱进。改革开放30年来的辉煌成就和宝贵经验告诉我们,只有解放思想,勇于探索,锐意创新,与时俱进,国家才能富强,社会才能进步,人民生活水平才能不断提高,各项事业才能不断发展。政协文史工作是一项随着时代的发展而不断延伸的长期任务,这就要求我们必须不断研究新情况,解决新问题,在继承中求发展,在保持特色中开拓创新。我们要进一步加强对文史资料工作的理论研究,始终关注国际上同类学科发展的最新动向,拓展文史资料工作的内容和领域;要不断创新文史资料工作的新方法,特别注重研究和借鉴国内外口述史学的经验,在史料征集中充分利用录音、录像、网络等现代技术手段,推动文史资料数字化建设,提高文史资料工作的效率和质量。文史资料贵在真实,不刻意回避某些事实,也不必用时髦的语言加以修饰,要经得起历史检验;还要积极探索适应市场经济要求的文史资料征集出版新机制,在充分发挥文史资料的社会效益的基础上,努力提高文史资料的经济效益。

三是要切实加强协作,做好新一届政协文史资料选题规划工作。文史资料的内容是无限丰富的,而用于文史资料工作的资源和力量则相对有限。如何将有限的资源和力量组织好、利用好,使其取得最大的社会效益,是文史资料工作所必须重视的问题。这就要求我们切实做好文史资料的选题规划工作,将工作重点落在征集和整理那些最有价值、最具影响、社会最为需要的文史资料上。今年是本届政协文史资料工作的开局之年,研究和制定本届政协文史资料的选题规划,明确今后五年各级政协文史资料工作的方向和重点,是此次会议的重要内容。做好选题规划工作,要围绕中心,服务大局,紧密结合当前形势,将改革开放 30 周年、中华人民共和国成立 60 周年、人民政协成立 60 周年、人民政协文史工作开展 50 周年等重大题材作为规划的重点;要抓紧制定好对年代久远的重要事件和年事已高的重要人物的史料抢救计划,力争把尽可能多的珍贵历史资料留存下来;要有计划地加强各民主党派、无党派人士、工商联文史资料以及港澳台、少数民族地区的史料征集工作,发挥文史资料工作在巩固和发展最广泛的爱国统一战线中的作用;要结合各地区的实际,将那些人民群众关注、富有地方特色的史料纳入征集规划之中,在全国一盘棋的指导思想下合理分工,实现信息互通、优势互补、资源共享。希望大家充分发挥协作精神,广泛交流,深入探讨,通力合作,共同完成好本届政协文史资料的协作选题。同志们,历史是根,文化是魂,文史工作十分厚重,我们要以高度的历史责任感和使命感,创造出更加丰硕的文史资料新成果,为推动社会主义文化大发展大繁荣,为巩固和发展最广泛的爱国统一战线作出更大的贡献!

最后,预祝会议取得圆满成功!

夯实建言立论的基础*

站在新的历史起点上，作为多党合作事业中的重要一员，民盟同样面临着跟上时代发展的脚步、提高履行参政党职能的能力和水平这一重大而紧迫的历史性课题。胡锦涛总书记多次在高层协商会上对参政党工作寄予厚望，要求民主党派要切实担负起时代赋予的光荣任务，把发挥参政党职能和作用落实到推动经济发展和社会全面进步上来，我领会，这正是体现参政党的使命、功能和价值的关键所在。

民盟的历史又翻开了崭新的一页，我们每一位盟员都在以自己的多党合作实践续写着民盟的历史。继承和发挥民盟的光荣传统、特色和优势，努力提高建言立论的质量和实效，为推进中国特色社会主义伟大事业作出应有的贡献，是我们这一代民主党派成员责无旁贷的历史重任，也是开展政治交接学习教育活动和加强盟的参政能力建设课题的应有之义。

民盟传统的一个重要方面，就是知行合一、重视在实践基础

---

* 原载于《群言》2008 年第 5 期。

上的调查研究。正如费老所说,国家发展需要许许多多务实、勤勉、清醒的大脑,了解实情,熟悉民生,作出常识性的判断,并善于找到办法向决策者提出建议。而多数的失误,往往是缺乏调查研究并据此作出常识性判断的结果。正是由于我们时刻牢记做诤友的责任,发挥位置超脱和政治直通车的优势,始终坚持用好调查研究这个传家宝,因此我们调查反映的情况更加真实,分析问题的视角更加客观,提出的建议更加切实可行,在国家政治生活中才能够听到民盟的声音,凸显我们的作为和影响。近几年全盟形成了几个具有一定社会知名度的参政议政品牌,这都是大家坚持不懈调查研究、锐意进取和团结协作的结果。

切实推动全盟调查研究工作,领导班子要做表率。特别是新一届盟的各级组织的主要领导,要登高望远,胸怀大局,勤于思考,努力使自己成为具有卓越的政治智慧和战略思维的参政议政代表性人物。要充分发挥参政议政工作机构、专委会和专家的作用,盟的机关要积极营造学习和研究问题的氛围,有计划地把专职干部培养锻炼成为开展调研工作的行家里手。盟的组织发展要服务于调研工作的需要,使人才结构更加趋于合理,参政议政能够与时代同步。

二是要做好专题调研工作,这是我们履行职能的基础环节和重要抓手。这就要求我们以科学发展观为指导,准确把握经济社会发展的脉搏,着眼于解决影响当前改革、发展、稳定的突出矛盾和涉及群众切身利益的关键问题,从参政党的高度提出我们的意见和建议。调研目标要明确,充分考虑人才特点和智力的支持,坚持有所为、有所不为的原则,努力打造民盟参政议政的品牌,保持在某一领域的传统优势和领先水平,这样我们建言立论更加科学务实,才能引起党和政府的重视。要见微知著,敏锐地抓住带有全局性的苗头现象和突发事件进行调研,提出具有前瞻性、针对性的建议。

三是大力倡导清新朴实、简洁明快的文风。调查研究的成果最后要形成为建议、提案或报告,开门见山、切中肯綮、见解独到、个性鲜明的语言风格,能够提高建言献策的实效性,是我们需要潜心钻研的一项基本功,这也是民盟一贯的优良传统。

在大化瑶族自治县工作情况汇报会上的讲话

（2008 年 5 月 30 日）

同志们：

很高兴有机会来到大化瑶族自治县调研，昨天在与我们河池市和大化县的干部交流过程中，对大化瑶族自治县的情况有了初步的了解，这是一个成立只有 20 年的年轻自治县，很有特点，既是革命老区，是我们改革开放的总设计师小平同志战斗过的地方；也是少数民族占人口绝对多数的民族地区，世界瑶族文化之乡；又是名副其实的水电之乡，因服务电站和安置库区移民而设县，是个移民大县，每 4 个农业人口就有一个库区移民，大化人民为国家经济发展是作出了重大牺牲和奉献的，我考察过三峡移民问题，移民生计一直是困扰地方发展的重大问题；还是全国扶贫开发重点县，自然条件差，被联合国组织认为是不适合人类居住的地方。就是这样一个县情，老区人民没有等、靠、要，而是在县委、县政府的领导下，解放思想，励精图治，改革创新，近年来全县经济社会保持了又好又快的发展势头，成绩来之不易，这是老区干部群众自力更生、艰苦奋斗、积极进取传统和作风的具体体现，特别是在大力发展民族地区基础教育工作方面，有很多经验和做法，都值得我们借鉴和学习推广。

今天上午我们调研组一行考察了大化民族中学，与部分中小学教师代表进行了座谈，刚才又听取了县委、县政府的汇报，感到很受启发，很受鼓舞，很有教益，包括这份沉甸甸的汇报材料，情况全面、数据翔实、分析透彻、措施具体、建议可行，从中看到我们的政府认识到自己的责任，切实把基础教育置于优先发展的战略地位，落实“以县为主”的经费投入体制，逐年加大对教育的投入力度，在财政困难的情况下，2006 年为通过普九验收，倾全县人力、物力和财力，各级财政投入 1800 万，使基础教育获得突飞猛进的发展，这是个了不起的成就。也可以看出我们的干部勤政为民，作风务实，积极作为，贯彻《教师法》到位，导向作用明显，执政人性化，并且已经形成一种新的机制。

我说这些不是溢美之词，我们调研组一路考察过来，感到在基础教育以及教师队伍建设方面存在的一些突出问题，在大化都得到了比较妥善的解决。比如教师工资待遇问题，我们了解到的普遍情况是，实行义务教育经费保障新机制以来，出现了教师收入不同程度地下降、产生教师与公务员收入差距拉大的不公平现象，而在大化，实行义务教育经费保障新机制以来，教师工资没有降低，并保持稳中有升的态势，公务员还没有实行阳光工资，教师的平均工资水平略高于公务员的平均工资水平。在大化县公务员实行阳光工资以后，我也希望政府要出台配套的后续政策进行衔接，使我们教师这块的工资待遇也要及时跟进。

真正做到“再穷不能穷教育,再苦不能苦孩子”,最好的房子是学校、最让人羡慕的职业是教师,在全社会形成尊师重教的良好社会氛围。

在解决代课教师的问题上,大化县的做法体现了以人为本的原则,首先是在思想上高度重视和关心代课教师问题,充分考虑代课老师的历史贡献和现在仍然在发挥的作用,根据政策实行有情操作,达到了维护稳定、去者舒心、留者安心的目的。其次是用工规范,实行合同管理,实行一年一聘,并根据市场物价上涨的因素,逐步提高其工资待遇,目前达到500元。而在调研的另一个县,我们了解到,代课老师每月只有220元的工资收入,这样对待长期坚持在边远山区的一线教学点无怨无悔勤奋工作的代课老师,不应该呀,也不公平,违反了国家有关最低工资标准的政策法规,是应该及时给予纠正的。另外,还要为代课老师缴纳三险,解除他们的后顾之忧。

大化县第三个值得我们学习的做法,是实施薄弱学校改造工程,基础教育均衡发展一直是我们民盟这些年参政议政的重要课题,我们注意到,大化县通过消除一批基础差、规模小、效益低的学校,中小学校布局更趋科学、合理,有限的教育资源发挥了较好的效益,校际间办学条件的失衡状况明显改善。

我们这次调研的一个主要目的,就是要了解和反映农村特别是老少边穷库区从事基础教育的教师队伍建设的真实情况,向自治区政府反馈,并通过以向中共中央提建议的方式,推动《教育法》的贯彻和修改完善,为贫困地区广大教师呼吁,尽到我们的责任和义务,以推动基础教育的均衡、持续发展。首先,要加大中央财政向少数民族地区教育事业的转移支付力度,出台一系列鼓励、扶持从事民族教育事业的激励政策或法规,设立老少边穷库区农村教师的特殊津贴;其次,要调整农村和城市中小学的生师比倒挂的现象,改变农村中小学生师比偏大的现状,农村寄宿制学校、完小和教学点,要参照生师比和班师比,科学测算并适当放宽教师编制,切实减轻农村中小学教师的工作压力和心理压力;三要努力形成一种新的机制,就是条件越艰苦的地方教师待遇越高,比如在一个县域内,就可以实行教师的津贴补贴向边远的农村学校、教学点老师重点倾斜,逐步改变边远地区教师难派、难留、素质难提高的问题,鼓励年轻教师和示范毕业生扎根农村、献身农村基础教育事业;四是在一个省区或地市范围内,提升贫困县区教师工资保障机制的级别和水平,比如以地市为主的工资保障机制、以省为主的津贴保障机制,减少因地区差异而造成的收入不公平的现象,最终实现教师享受公务员阳光工资加艰苦地区特殊津贴的政策。

在广西基础教育教师队伍状况调研情况反馈座谈会上的讲话

（2008 年 5 月 31 日）

受中共中央统战部的委托，由蒋树声主席和我分别带队的民盟中央“基础教育教师队伍状况”两路调研组，于 5 月 24 日至 31 日在广西进行了为期 8 天的实地调研。这次调研，受到了自治区各级党委、政府和相关部门高度重视，为我们提供了翔实的书面汇报材料和动态分析数据，在与广大教育工作者特别是辛勤耕耘在贫困边远少数民族地区基础教育一线的校长和老师们的座谈中，更使我们掌握了大量丰富的第一手资料，这为我们下一步的工作奠定了良好的基础，达到了调研的预期目的。在这里，我谨代表民盟中央向给予我们这次调研以大力支持和帮助的自治区各级党委、人大、政府、政协和相关部门的同志们表示诚挚的感谢！特别是自治区政协蒋培兰副主席，不辞辛劳一路无微不至地关心和照顾我，在这里我要衷心地说一声谢谢。

刚才索丽生主席已就调研的情况向自治区党委、政府的领导和有关部门的负责同志进行了较为详细的反馈，我就不再重复，我从三个方面，讲一些自己的感受和想法。

第一，在调研中，我们感受到作为经济欠发达地区，自治区各级党委和政府切实把基础教育置于优先发展的战略地位，深入贯彻《教师法》，从基础教育改革和发展的全局高度，切实推进教师队伍建设，努力办人民满意的教育，全区基础教育发展取得了历史性的成就。比如在实现“两基”达标工作中，有的国家级贫困县真是倾全县人力、物力、财力，使农村中小学校办学条件在短时间内发生了极大改观，一般都能做到最好的房子是学校，基础教育获得突飞猛进的发展；在实行农村义务教育“以县为主”的管理体制以来，保证了教职工国家规定标准工资均能及时足额发放，没有发生新的拖欠工资情况，一些贫困市县根据自身财政情况，努力提高农村中小学教师工资福利待遇，使他们的实际收入稳中有升；在改善农村中小学教师基本工作生活条件等方面，各地也进行了积极的探索和试点，形成了不少具有创新思路的举措和经验。

在财政总体上仍然比较困难的情况下，我们看到一些地方政府确实做到了“再穷不能穷教育，再苦不能苦孩子”，千方百计地为广大教师和孩子排忧解难。例如，自治区政府充分考虑代课人员的历史贡献和现在仍然在发挥的不可替代的作用，出台一系列政策措施，实行有情操作，要求各地各学校在公开招聘教师时专门拿出不低于50%的指标用于招聘代课人员，据统计，2004～2006年，全区共从代课人员中招聘教师2.5万人，约占招聘总人数的60%，逐步和积极稳妥地解决代课人员这一历史遗留问题；特别是在12个县区中有10个国家级贫困县、2个省级贫困县的百色市，采取以政府投入为主、多渠道筹措资金的办法，在全市实施农村中小学教师“周转房”建设试点工作，使困扰学校多年的教师住房问题的解决看到了希望，充分体现了百色市委、政府对农村义务教育的重视和对农村中小学教师的关爱。更令我感动的是，在中越边境的国家级贫困县那坡县，县政府以财政补贴的方式为每位寄宿的学生每天补助一个鸡蛋，解决了学生的基本营养问题，如果叫作“一个鸡蛋”工程，我想它比任何形象工程都更受到人民群众发自内心的拥护，这是饱含着感情做事，情为民所系，人性化执政的具体体现。春风化雨，润物无声，我想孩子们也一定会以百倍的努力，发奋学习，将来回报社会、回报祖国、回报党和政府。

第二个问题，我想就我们在这次调研中发现的一些问题，对加强基础教育阶段教师队伍建设提出几点希望和建议。义务教育阶段的不均衡、不公平的最重要因素，是教师待遇的不公平。这种不均衡的局面，一方面是由于地区间经济发展不均衡的客观原因造成的，比如中西部地区与东部沿海发达地区，即使在同一个省市，由于实行县级统筹、财政分灶吃饭，也不同程度存在这样的问题，即越富裕的地区教师收入越高，越贫困落后地区教师收入越低，出现了经济条件较好的城市地区教师过剩，而本来教师就紧缺的贫困地区骨干教师流失严重，补充困难，使贫困落后的农村地区师资队伍老化、普遍断档、结构不合理的问题长期得不到解决，严重影响了农村普及九年义务教育成果的巩固与义务教育质量和水平，形成恶性循环。这需要中央和地方政府共同解决。另一方面，我认为，还是政府的责任问题，没有把教育置于重中之重的位置，贯彻执行《教师法》、依法行政的观念淡薄，这是其主观原因，比如教师与公务员收入差距拉大的问题，公务员已经实行了阳光工资，按照《教师法》，教师的工资不应低于公务员，但全区教师的实际收入普遍与公务员存在较大差距，而在同样是经济欠发达的江西省，在全国率先对基础教育的教师实行了阳光工资的政策，为此，去年省财政拨款3亿元，今年又拨款6亿元，并追加一个亿作为边远山区教师的特殊津贴，使农村教师成为一个令人羡慕的职业。在考察中，我们也注意到，教师津贴的到位情况也有很大的差异，有的地方根本就没有津贴；实行义务教育经费保障新机制以来，出现了教师收入不同程度地下降、学校日常运转举步维艰等新的问题，有的学校竟然出现了用不起电灯让学生自带煤油灯的现象；而且从今年秋季开学始，城市中小学实行免杂，不再允许学校收取借读费、择校费和从事三产，这是十分正确的，但是这些都要求我们地方政府要提前布置，统筹安排，及时出台后续政策，加快实行阳光工资的进程，避免出现城市中小学教师收入受到影响、产生新的收入不公平的情况。

百年大计，教育为本，我们每个人都是老师培养出来的，我们全社会都要善待老师，“谭千秋”这个名字大家都非常熟悉，在地震中她不是没有生的机会，而是在关键时刻她选择了学生，带着对学生的爱走了，有这种境界的老师何止千万个。我们的各级政府一定要积极作为，加强对基础教育阶段教师队伍建设工作的领导，加大财政的投入，切实推进基础教育特别是农村地区基础教育健康、持续发展，只有这样才能实现锦涛总书记在十七大报告中提出的建设人力资源强国的目标。在调研中我们看到,贫穷落后的农村地区的教师,生活条件艰苦,收入低,工作压力大,健康状况普遍不佳,甚至无法正常履行教学职责。面对他们,我们是有愧的。在大化县七百弄乡的一个教学点,这个被联合国专家认为是不适合人类生存的地方,扶贫攻坚任务之艰巨,教师学生工作学习条件之艰苦,不是亲眼所见、亲身体会是难以想象的。在多数的寄宿制学校,老师还要担当保姆的作用,为孩子做饭,当保安,管理他们的生活,承担着重大的社会责任,他们的付出、贡献与自身的地位和报酬是极不相符的,他们更应该得到全社会的尊重和关爱。要解决以上的问题,我认为,一是要提高认识,发挥政府的导向作用,要形成一种新的机制,就是条件越艰苦的地方教师待遇越高,比如在一个县域内,就可以实行教师的津贴补贴向边远的农村学校、教学点老师重点倾斜,逐步改变边远地区教师难派、难留、素质难提高的问题,鼓励、吸引年轻教师献身农村基础教育事业;二是在一个省区或地市范围内,提升贫困县教师工资保障机制的层次和水平,比如以地市为主的工资保障机制、以省为主的津贴保障机制,减少因地区差异而造成同劳不同酬、多劳少酬的收入不公平的现象,最终实现教师享受公务员阳光工资加艰苦地区特殊津贴的政策;三是在实行阳光工资之前,要重新核定编制,加大教师流动调节的力度,实行定岗、定编、定职责的三定工作制,建立教师的激励机制,将城市和靠近城区的乡镇中小学的超编教师充实到边远落后地区的农村学校。我们调研的一个条件较好的中学,由于各种关系和复杂原因,生师比达到了7:1,有的教师每周只上一节课,还聘请代课人员,存在严重超编、养懒人的问题,而边远的农村学校无人问津、缺编严重;四是要以人为本,规范用工制度,实行合同管理,妥善解决代课人员工资待遇问题,对暂时不能纳入教师编制、仍在完小和教学点承担大量教学任务的,要依照最低工资标准提高工资水平,并为他们缴纳三险;五是要实行初中升学的合理分流,按照教育部的要求,高中阶段教育中职业教育应占一半,我认为,在西部落后地区,职业教育的比例应该更高一些,而我们在调研中了解到的情况,是大量初中生没有经过职业技能的培训就进入劳动力市场,只能从事低端行业的工作,我建议可以参照其他省份实行的 9 + 1 义务教育模式的做法,免费为家庭困难的农村学生提供一年的职业教育,使他们掌握一门初级的职业技能;六是要加强教师知识更新的培训。有的农村教师连县城都没去过,外出学习培训对他们而言简直就是梦想。最后我还要提醒一句,就是在个别县的完小,还存在着寄宿生的补助没有到位的问题,应迅速给予纠正和落实。

第三个问题,我想也是我们这次调研的主要目的,就是如何建议中央政府出台相应政策,推动教师法的贯彻落实和修订工作,切实加强基础教育特别是农村地区基础教育教师队伍建设,以促进我国基础教育事业健康、持续发展。我认为,首先,要从国家层面进行制度设计,制定解决基础教育阶段教师待遇问题的指导性意见,对中东西部地区分类指导,有所区别。要明确各级政府贯彻落实教师法、依法行政的责任,尽快实行等同公务员的阳光工资。同时,在修订教师法时,要增加有关教师权益保护的条款。在调研中,很多老师向我们反映,老师承担无限责任,在与学生、家长和社会发生矛盾纠纷时自身权益往往得不到保护,处于弱势地位,没有形成尊师重教的良好社会氛围,这是我们这个文明社会的悲哀。还要提高普教老师的政治地位,普教老师要在各级人大代表、政协委员中占有一定的比重,增加他们对政策的影响力和话语权。

其次,要采取区别对待、分级负责的办法解决农村教师津贴问题,加大中央财政对中西部地区的转移支付力度,大幅度提高老少边穷库区等艰苦边远地区农村教师特殊津贴执行范围和标准,使其足以鼓励、吸引年轻教师到边远农村支教、献身农村教育事业。

再是要调整农村和城市中小学的生师比倒挂的现象,改变农村中小学生师比偏大的现状,教师编制不能实行城乡二元化,而是要考虑农村寄宿制学校、完小和教学点的实际困难,参照生师比和班师比,科学测算并适当放宽农村教师编制,解决一些小学的复式班过多严重影响农村学校的教育教学质量问题,切实减轻农村中小学教师的工作压力。要按照修订后的农村中小学教师编制标准,及时重新核定教师工资专项转移支付的基数,确保农村中小学教师工资的足额发放。要在寄宿制学校增加生活老师编制,作为解决"两免一补"政策带来的教师工作量增加的配套措施。要针对老少边穷库区农村教师的特殊情况,适当降低职称考试中英语、计算机等课程的标准,或予以取消,改变评职评定一把尺子,一张卷子,搞一刀切的做法。

最后,中央财政设立专项资金,落实农村中小学住房公积金政策,特别是要优先解决老少边穷库区教师周转房建设问题,使农村教师具有基本生活保障,安居才能乐业。

当前基础教育教师队伍建设存在的问题及政策建议*

（2008 年 6 月）

延东国务委员台鉴：

受中共中央统战部委托，5 月下旬，由蒋树声主席和我带队的民盟中央基础教育教师队伍建设状况调研组，除在南宁开展两天的考察和座谈外，还分赴广西东、西部地区开展调研。其中，东线调研组分别考察了阳朔、贺州、梧州、玉林、钦州、防城港等广西经济中等发达地区；由我带队的西线调研组分别考察了集老少边穷特点于一身的百色、河池两市，那坡、田东、德保、大化等四个国家级贫困县的基础教育阶段教师队伍建设、工作生活待遇以及培训情况。调研组认真听取了自治区、市、县各级党委、政府和教育、人事、财政等相关部门的情况汇报，与教育研究机构、师范院校、示范学校、民族学校、九年一贯制学校、乡镇中心校、村完全小学、教学点的校长、教育研究工作者、教师代表和

---

* 本建议由民盟中央副主席张梅颖向国务委员刘延东同志提交，刘延东批示教育部阅研，要从实际出发，逐步合理解决相关问题。

一线教师深入座谈，广泛征求意见，倾听他们对贯彻落实《教师法》、加强教师队伍建设的建议和愿望。调研涵盖了广西经济发展不同程度的地区、各种不同类型的学校，包括代课老师在内的不同层次的教育、教学从业人员，调查取样比较具有权威性、普遍性和代表性。

调研的结果表明，由于经济、历史和社会等多重因素的影响，真正体现教育优先发展的原则、实现我国义务教育阶段的教育公平还有漫长的道路要走。我们认为，作为全民教育基础的义务教育没有被提高到相应的重视程度，基础教育阶段教师社会地位不高，实际收入与公务员差距拉大、农村教师实际收入有所降低的情况比较普遍；优质教育资源高度集中，违背义务教育公平原则的示范校建设仍在一些地方愈演愈烈，而且作为学习、参观的样板和对外宣传的政绩和形象工程，示范学校、薄弱学校、乡镇中心校和农村完小的教师在发展前景、工资待遇、工作生活条件等方面存在巨大反差。我们常说再穷不能穷教育、再苦不能苦孩子，可是当我们了解到老少边穷地区农村教师和学生工作、学习和生活的真实情况时，我们还是不禁为之动容，可以说我是带着歉疚的心情结束广西之行的。我们看到在农村寄宿制学校，拿着微薄薪酬的老师，承担着教学、学生管理乃至伙夫、保安等繁重的职责，常常从早上 5 点忙碌到晚上 11 点钟以后，承受着常人难以承受的工作负荷和心理压力；而当学生们都搬进了整洁、宽敞的宿舍楼时，他们却仍然挤在低矮潮湿的平房里，有的老师还要借宿和走教。我们看到以不适合人类生存而远近闻名的大化县七百弄乡的一个教学点，一名教师要负责三十几名学生的教学任务，一个复式班里往往有三个不同年级的学生；而支撑着大多数偏远教学点教学任务的老师，在给山里孩子播下希望种子的同时，却要面对婚姻、子女教育、生活清贫等多重现实选择的困惑和痛苦。我们还看到，寄宿制学校的宿舍楼建起来了，但孩子们的生活依然艰辛，三个孩子挤在一张铺着草席的硬板床上，伙食就是米饭就着一些黄豆；而在教学点走读的孩子，日复一日要翻越两座大山，在人迹罕至的崎岖小路走上两个小时上学，在学校不食不休，放学还要走同样的路程。他们普遍身材矮小，衣衫褴褛，营养不良，充满稚气的小脸上露出羞涩的微笑……我想，这大概是中西部老少边穷地区农村师生现状的一个典型或缩影。因此，每到一个地方，在与党委、政府和教育行政主管部门交换意见时，我都不遗余力地为改善教师和学生的生活待遇和工作、学习条件鼓与呼，希望我们全社会都要善待老师，真正体现教师这一启迪我们心智的职业的神圣和崇高，特别是要让爱的阳光普照到那些把毕生献给农村教育事业、让无数农家子弟从此改变人生命运的基础教育战线的老师们。

我理解广西各级党委和政府为推进基础教育改革和发展付出的艰苦努力。作为经济欠发达地区，广西在去年通过了国家的“两基”检查验收，成为全国第一个实现“两基”达标的少数民族自治区。为此，大多数“国扶县”倾全县人力、物力、财力，不论是在中越边境的那坡县平孟镇，还是在大化县的七百弄乡，我们看到农村中小学办学条件在短时间内发生了较大改观，全区基础教育事业获得了长足的发展。自治区政府还充分考虑代课人员的历史贡献和现在仍然在发挥的作用，要求各地学校在公开招聘教师时专门拿出不低于50%的指标用于招聘代课人员，据统计，2004~2006年，全区共从代课人员中招聘教师2.5万人，约占招聘总人数的60%，逐步和积极稳妥地解决代课人员这一历史遗留问题；在改善农村中小学教师基本工作、生活条件等方面，各地也进行了积极的探索和试点，比如在12个县区中有10个国家级贫困县、2个省级贫困县的百色市，采取以政府投入为主、多渠道筹措资金的办法，在全市实施农村中小学教师"周转房"建设试点工作，使解决困扰学校多年的教师住房问题出现了希望。特别令我受到触动的是，在地处中越边境的国家级贫困县那坡县，县政府以财政补贴的方式为每位寄宿的学生每天提供一个鸡蛋，解决了学生的基本营养问题，这一件看似微不足道的小事，却充分说明那坡县的领导干部心里始终装着老百姓，执政人性化，作风亲民、务实。

通过这次调研，我认为，义务教育阶段的不均衡、不公平的最重要因素，是教师待遇的不公平。这种不均衡的局面，需要中央和地方政府共同努力扭转。目前国家应在以下几个方面，采取相应的政策措施，率先解决影响基础教育教师队伍建设的突出矛盾和问题。

一、进一步完善教师的津补贴制度，解决由于地区间经济发展不均衡造成的教师收入差距拉大的问题。

据我们了解，教师与公务员、不同地区教师之间收入差距拉大，主要体现在相当于公务员阳光津贴的教师津贴到位情况有很大的差异。在广西，区直机关公务员及大部分市直机关公务员津贴补贴都已规范，大部门县由于财力问题，县及以下公务员津贴补贴还没有规范。相应地，政府重视、经济条件较好的城区，教师津贴到位比例高，教师与公务员的收入差距较小，相反，则差距较大；示范校由于收取择校费、借读费或从事“三产”，教师与公务员的收入差距较小，薄弱校、缺乏经营条件的学校则差距较大；而在尚未实行津贴补贴制度的一些国家级贫困县，教师与公务员的收入基本持平，大家只拿基本工资。总体来说，城区义务教育学校教师与公务员收入差距远远高于县及以下义务教育学校教师与公务员收入差距，城区义务教育学校教师收入远远高于县及以下义务教育学校教师收入。这就造成经济条件较好的城区教师过剩，而优秀青年教师不稳定，有的通过公开招考转入公务员队伍；本来教师就紧缺的贫困地区骨干教师流失严重，或被拔高使用进入高中学校，或调进经济相对发达地区任教，形成人才逆向流动，越是收入低、待遇差的贫困落后地区教师素质越低的恶性循环，严重影响了农村普及九年义务教育成果的巩固与教学质量的提高。

为此，我们建议：

1. 要严格按照《教师法》的要求，保证教师实际收入不低于公务员。国家要加快实行教师的绩效工资制度，绩效工资所需经费应由财政全额拨款，使义务教育学校教师津补贴与公务员同步到位。

2. 在教师绩效工资制度尚未实行之前，国家要继续加大对中西部地区的财政转移支付力度，特别是要提升贫困地区教师工资保障机制的层次和水平，使教师津贴能够足额到位。当前还在实行的基础教育“以县为主”的管理体制，在一定程度上明确了县级人民政府的责任，但中西部经济欠发达地区县级财政无法保证太多地方性的津补贴项目，特别是对国家级贫困县，应当实行以地市为主的工资保障机制、以中央和省为主的津补贴保障机制，以免造成地域工资差别过大、同劳不同酬、多劳少酬等的不公平现象。

3. 实行重点向老少边穷等农村教师倾斜的特殊津补贴制度，形成条件越艰苦待遇越高的正确导向和机制，大幅度提高边远的农村学校、教学点教师津补贴执行标准，使其付出、贡献与所得报酬相符，足以鼓励和吸引年轻教师到边远地区支教、献身农村基础教育事业。

4. 要采取区别对待、各级政府分级负责的办法，保障教师津补贴制度的有效实施。国家级贫困县农村教师的特殊津补贴，由国家制定政策，统一标准，从每年财政增收中转移支付。

二、调整农村和城市中小学校师生比倒挂——即农村师生比反而比城市师生比偏大的现状。

我国现行中小学教职工编制标准规定，小学师生比，城市1:19，县镇1:21，农村1:23；初中师生比，城市1:13.5，县镇1:16，农村1:18。这一编制标准不符合我国农村的实际，完全没有考虑到农村群众居住分散，中小学校学生规模小、班额小，寄宿制学校多、留守儿童多等特点，使农村学校教师编制偏紧，一些村小学、分校平均一个班不足一名老师，一些小学只好聘用代课教师，一些小学和教学点复式班过多，严重影响了农村学校的教育教学质量。

为此，我们建议：

1. 国家应从促进城乡教育均衡发展的战略高度,尽快调整中小学教职工编制标准,不能在教师编制上沿袭城乡二元化的做法。农村中小学教职工编制标准应高于城市中小学教职工编制标准,如有的地方建议农村初中的师生比可从规定的1:18降至1:15~1:16,农村小学可从规定的1:23降至1:16~1:18,具体数字由教育行政部门根据实际科学测算;对于班额小于20人的农村小学,可以采用班师比核定教职工的编制,如有的地方建议班师比为1:1.2~1.4,每个教学点按至少两名教师配备。

2. 国家实行的"两免一补"政策,受到广大农村地区干部群众热烈欢迎,但这项制度只是针对学生设计的,忽略了由此带来的农村寄宿制学校教师工作量大量增加的问题。作为该项政策的配套措施,国家应对于寄宿制学校(不分城市农村),按照寄宿制学生的人数,核定一定数量的中小学管理人员、后勤服务人员编制,也可以由财政按一定的编制给学校核拨经费,由学校聘用人员承担这些工作,切实为农村中小学教师减负。

三、妥善解决代课人员工资待遇问题。

代课教师既是历史遗留问题,也是边远落后地区发展农村义务教育不得已的现实选择。在国家各项激励教师服务边远落后农村地区义务教育的综合配套措施没有到位之前,代课教师和变换名目的代课教师现象将在一定时期内长期存在,而且他们绝大多数长期坚持在不具备外来教师基本工作生活条件,正式教师难派、难留的边远艰苦、闭塞落后的分散教学点工作,继续为巩固"普九"成果发挥着不可替代的特殊作用。

我们在调研中注意到,广西多数地方的政府和教育主管部门能够坚持以人为本,高度重视解决代课教师问题,关心和维护他们的切身利益,采取了从代课教师中优先招聘教师、核发辞退金、续聘、加强职业技能培训和帮助重新就业等政策措施,使代课教师人数从 1997 年高峰期的 15.2 万人,逐年减少到 2007 年的 2.5 万人,仅占中小学教师总数的 1/15,维护了正常的教学秩序和教师队伍的稳定。但在 2007 年、2008 年,自治区先后出台文件,规定公办中小学不再聘用长期代课人员,各地又以不同名目,招聘临时代课教师;而在少数地方,代课教师工资只有一般教师的 1/4 ~ 1/6,我们在中越边境的平孟学校调研时,一名代课教师反映他们的工资只有 220 元,没有任何社会保障,担任的都是正式教师不愿上的科目,课时也比正式教师多很多。

为此,我们建议:

1. 国家在代课教师问题上应该采取实事求是的态度,不能搞一刀切,允许在边远地区和艰苦岗位保留一定数量的代课教师,同时拨出专款加强对代课教师的培训,使代课教师现象逐步退出历史舞台。

2. 各级政府要严格按照国家法律和政策办事,规范用工制度,实行合同管理,对暂时不能纳入教师编制、仍在承担大量教学任务的代课教师,要依照最低工资标准提高他们的工资生活待遇,并为他们缴纳“三险一金”。

四、建立健全教师培训保障机制,特别是要加强对老少边穷地区农村学校教师的培训工作。

教师素质决定了教学的质量和效果,老少边穷地区学生面对的最大教育不公就是师资力量分配的不公平,弥补老少边穷地区农村教师自身素质“先天不足”的问题,需要大力加强继续教育工作。按照国家规定,中小学教师每5年要接受不少于240学时的培训,平均每年约50个学时,按广西的测算,不计入交通和住宿费用,每年每名教师的培训费用应为200元。而近10年来,全区各级财政投入的教师培训经费为每人每年35元,90%的县级财政没有教师培训经费投入。在接受继续教育培训的人员中,大多是学校领导、部分班主任和骨干教师,一般农村学校教师,参加过县一级培训的不足30%,参加过市一级培训的不足10%,大山深处壮乡瑶寨的村完小、教学点的教师和代课人员甚至没有到过县城,农村教师培训工作亟待加强。

为此,我们建议:

1. 国家设立教师培训专项资金,省级财政给予配套,对老少边穷地区农村教师实行免费培训。同时,把公用经费的5%硬性规定为教师培训经费。

2. 在设定中小学教师编制时,要考虑教师脱产轮训、女教师生育和教师病事假等因素,保留一定的流动教师编制,避免一人一岗无法脱产学习。

3. 教师继续教育要实现“按需施教、学用结合”。在调研中,许多校长和老师向我们反映,教师继续教育课程设置偏重于理论性,缺乏实效性和针对性,与教育教学的实践脱节,达不到提高的效果;培训模式单一化,主要是传统的“一人讲,千人听”的课堂讲授方式,不重视学员的互动交流和参与。教育行政部门应虚心向一线教师征求培训的意见和建议,创新培训模式,减少培训的盲目性。

4. 逐步建立和完善农村学校网络设备配套建设,加强对边远地区农村教师使用远程教育手段的培训。

5. 建立城乡学校挂职交流和支教制度,特别是要发挥示范校的带动辐射作用,组织示范校与薄弱校、农村学校校长挂职、兼职交流,城镇优秀教师轮流到农村中小学支教,建立对口帮扶关系,促进义务教育的均衡发展和薄弱学校教学水平的提高。

五、下大力量解决农村中小学教师住房问题。中西部地区农村中小学教师住房难,是制约当前基础教育教师队伍建设的突出问题,也是造成农村骨干教师外流和无法吸引优秀毕业生到农村任教的重要原因之一。据调查,广西农村中小学校,大多不能提供教师住房,教师们只好在外租房或“走教”;在“两基”攻坚中,农村中小学新建了一批教室、实验室和学生宿舍,但对教师住房几乎没有投入,部分学校便将旧教室改作教师住房,这类房子多数建于上世纪六七十年代,有的还是上世纪五六十年代群众自力更生投工献料修建的瓦房、旧平房,大多是旧房、危房甚至严重危房,特别在雨季,严重威胁着教师的生命财产安全。(德保县村完小以下的学校,约有80%的教师居住在瓦房或危房中,在一些农村教学点,教师住房就是在教师的一角安放一张床。)即使这样,据自治区教育厅的初步统计,全区仍有大约50%以上的教师没有住房。长期以来,农村教师从未享受过任何住房的优惠政策,包括房改房和集资建房。目前,一些地方采取以政府投入为主多渠道筹措资金的办法,建设中小学教师周转房,但也是杯水车薪,远远不能满足教师生活住房的需要。

为此,我们建议:

1. 中央财政设立中西部地区农村中小学教师住房专项资金,落实农村中小学教师住房公积金政策,特别是要优先安排老少边穷地区教师周转房建设项目,解决边远农村学校教师基本生活保障问题,并为接收师范生、城镇教师支教、轮教创造条件。

2. 在交通便利的地方划拨教职工住宅用地,建设一定数量的经济适用房和廉租房,供住房困难或住房未达标的教职工按国家相关政策购买或租用。

六、关于师范教育。

1. 建议国家进一步扩大师范生免费教育的规模,实行中西部师范院校免费培养教师制度,以吸引贫困家庭优秀学生报考师范院校。目前,免费培养制度仅限于部属重点师范大学,相对而言,当地师范院校毕业生更能安心本地工作,实行免费培养制度,既有利于解决贫困家庭学生的经济问题、提高师范院校生源质量,也有利于基础教育教师队伍的稳定。

2. 完成三级师范向两级师范过渡后,新的师范教育对于小学教育的针对性不强,专科教育向本科看齐,片面强调专业课程,很多针对小学教育的教师基本功培训被弱化或取消,导致培养出来的小学教师后备人选无法适应小学教育的特点和实际需要。建议加强小学师范教育的针对性,强化小学教师的“通才”教育。

3. 师范院校女生比例过高,建议国家在师范生的招生、培养和就业方面给予更多优惠政策,吸引更多优秀男生到师范院校就读。

七、要针对老少边穷地区农村教师的特殊情况,在过渡阶段，适当降低职称考试中英语、计算机等课程的标准，或予以取消，改变职称评定一把尺子、一张卷子、搞一刀切的做法。

八、在修订《教师法》时，要增加教师权益保护的条款；要提高普教老师的政治地位，并在各级人大代表、政协委员中占有一定的比重，增加他们对政策的影响力和话语权。在调研中，很多老师向我们强烈呼吁，要在全社会形成尊师重教的良好氛围。大家反映，老师承担了太多不该由他们承担的社会责任，在与学生、家长和社会发生矛盾纠纷时处于弱势地位，教师权益受到侵犯时缺乏有效的法律保护。

民盟是以文教界为主的参政党，促进义务教育的公平和均衡发展是我们多年来为之奋斗的目标。我们希望以这次调研为契机，推动从国家层面进行制度设计，出台解决基础教育阶段教师待遇问题的指导性意见，进行分类指导，督促各级政府切实贯彻《教师法》，加强基础教育特别是农村地区基础教育教师队伍建设，以促进我国基础教育事业健康、持续发展。

关爱大山深处的耕耘者*

前不久去广西调研，回来后一直有一种情绪在影响着我，让我心潮起伏、欲罢不能。我们这次调研，正值全国人民全力支援汶川地震灾区人民抗震救灾、重建家园的特殊时期，我常常从灾难发生瞬间用自己的死来换取更多学生的生的无数个谭千秋式的人民教师，联想到调研中接触的远在大山深处辛勤耕耘、默默无闻的老师们和他们充满期待的目光，我想，他们同样是在以爱心诠释着教师这一崇高事业的真谛，同样是我们这个社会最值得尊重、最应该受到善待和关爱的人。

我们这次调研，是受中共中央统战部委托每年开展一次的重点调研，今年调研的目的地是广西，题目是基础教育教师队伍建设状况。

可以说我是带着歉疚的心情结束广西之行的。我们常说再穷不能穷教育、再苦不能苦孩子，可是当我们了解到老少边穷地区农村教师和学生工作、学习和生活的真实情况时，还是不禁为

* 原载于2008年6月25日《人民日报》。

之动容。我们看到在农村寄宿制学校，拿着微薄薪酬的老师，承担着教学、学生管理乃至厨师、保安等繁重的职责，常常从早上5点忙碌到晚上11点钟以后，承受着常人难以承受的工作负荷和心理压力。而当学生们都搬进了整洁、宽敞的宿舍楼时，他们却仍然挤在低矮潮湿的平房里，有的老师还要借宿和走教。我们看到以不适合人类生存而远近闻名的大化县七百弄乡的一个教学点，一名教师要负责全部学生的教学任务，一个复式班里往往有三个不同年级的学生；而支撑着大多数偏远教学点教学任务的老师，在给山里孩子播下希望种子的同时，却要面对婚姻、子女教育、生活清贫等多重现实选择的困惑和痛苦。我们还看到，寄宿制学校的宿舍楼建起来了，但孩子们的生活依然艰辛，三个孩子挤在一张铺着草席的硬板床上，伙食就是米饭就着一些黄豆；而在教学点走读的孩子，日复一日要翻越两座大山，在人迹罕至的崎岖小路走上两个小时上学，在学校不食不休，放学还要走同样的路程。他们普遍身材矮小，衣衫褴褛，营养不良，充满稚气的小脸上露出羞涩的微笑……我想，这大概是中西部老少边穷地区农村师生现状的一个典型或缩影。因此，每到一个地方，在与党委、政府和教育行政主管部门交换意见时，我都不遗余力地为改善教师和学生的生活待遇及工作、学习条件呼吁，希望引起各级政府和全社会的重视，真正让爱的阳光普照那些把毕生献给农村教育事业、让无数农家子弟从此改变人生命运的基础教育战线的老师们。

我理解广西各级政府为推进基础教育改革和发展付出的艰苦努力。作为经济欠发达地区，广西在去年通过了国家的“两基”检查验收，成为全国第一个实现“两基”达标的少数民族自治区。在改善农村中小学教师基本工作生活条件等方面，广西也进行了积极的探索和试点，如百色市在财政十分困难情况下，采取以政府投入为主、多渠道筹措资金的办法，在全市实施农村中小学教师“周转房”建设试点工作，使困扰学校多年的教师住房问题的解决看到了希望。特别令我受到触动的是，在地处中越边境的国家级贫困县那坡县，县政府以财政补贴的方式为每位寄宿的学生每天提供一个鸡蛋，解决了学生的基本营养问题。这一件看似微不足道的小事，却充分说明那坡县的领导干部心里始终装着老百姓，执政人性化，作风亲民、务实。

通过这次调研，我认为，义务教育阶段的不均衡、不公平的最重要因素，是教师待遇的不公平。这种不均衡的局面，需要中央和地方政府共同努力扭转。

当前亟须解决的突出问题，一是由于地区间经济发展不均衡造成的教师收入差距拉大的问题，这需要进一步完善教师的津补贴制度。必须提升贫困县区教师工资保障机制的层次和水平，使教师津贴能够足额到位。同时，要实行重点向老少边穷等地区农村教师倾斜的特殊补贴制度，形成条件越艰苦待遇越高的正确导向和机制，大幅度提高边远地区的农村学校、教学点老师补贴执行标准，使其付出、贡献与所得报酬相符，鼓励和吸引年轻教师到边远地区支教、献身农村基础教育事业，逐步改变边远地区教师难派、难留、素质难提高的问题。要采取区别对待、各级政府分级负责的办法，保障津补贴制度的有效实施，特别是对国家级贫困县，要实行以中央和省为主的津补贴保障机制，所需资金由中央和省级财政合理分担。

二是要调整农村和城市中小学生师比倒挂——即农村生师比反而比城市生师比偏大的现状。不能在教师编制上沿袭城乡二元化的做法,而是要考虑农村生源分散,寄宿制学校、完小和教学点较多的实际困难,参照生师比和班师比,科学测算并适当放宽农村教师编制,解决一些小学的复式班过多严重影响教学质量问题,切实为农村中小学教师减负。国家实行的"两免一补"政策,受到广大农村地区干部群众热烈欢迎,但这项制度只是针对学生设计的,忽略了由此带来的农村寄宿制学校教师工作量大量增加的问题,应该补充一定的生活老师编制,作为该项政策的配套措施。

三是中央财政设立专项资金。把落实农村中小学教师住房公积金政策,特别是要优先解决老少边穷地区教师周转房建设问题,作为稳定农村中小学教师队伍的一项重要举措,使农村教师具有基本生活保障,能够使他们安居乐业。

四是要改革职称考试。针对老少边穷地区农村教师的特殊情况,适当降低职称考试中英语、计算机等课程的标准,或予以取消,改变职称评定一把尺子、一张卷子、搞一刀切的做法。

五是在修订《教师法》时,要增加教师权益保护的条款。要提高普教老师的政治地位,并使之在各级人大代表、政协委员中占有一定的比重,增加他们对政策的影响力和话语权。在调研中,很多老师向我们强烈呼吁,要在全社会形成尊师重教的良好氛围。大家反映,老师承担了太多不该由他们承担的社会责任,在与学生、家长和社会发生矛盾纠纷时处于弱势地位,教师权益受到侵犯时缺乏有效的法律保护。

民盟是以文教界为主的参政党,促进义务教育的公平和均衡发展是我们多年来为之奋斗的目标。我们希望以这次调研为契机,推动从国家层面进行制度设计,出台解决基础教育阶段教师待遇问题的指导性意见,进行分类指导,督促各级政府切实贯彻《教师法》,加强基础教育特别是农村地区基础教育教师队伍建设,以促进我国基础教育事业健康、持续发展。能够达到这样的预期,我想,我们就没有辜负那些大山深处的辛勤耕耘者。

关于医学教育改革与基层卫生人才培养的调研报告

（2008 年 7 月）

2008 年 6 ~ 7 月间，以全国政协副主席张梅颖为顾问、全国政协副秘书长蒋作君和科教文卫体委员会副主任张大宁为组长的全国政协教科文卫体委员会“医学教育改革与基层卫生人才培养”专题调研组对上海、石家庄、齐齐哈尔进行实地调研，广泛听取了当地政府、医学教育工作者和基层卫生人员的意见和建议，并与随同调研的发改委、教育部、卫生部、人力资源和社会保障部的有关同志交换了意见。

党中央、国务院高度重视人民群众的看病就医问题，十七大报告把“人人享有基本医疗卫生服务”作为全面建设小康社会的重要奋斗目标。但是，由于医学教育与基层卫生人才培养缺乏对我国社会经济不同发展阶段、不同地域分类指导、分层次培养的研究与探索，政府缺乏有效的政策导向，致使卫生人力资源分布不合理，城市人才过剩、医学毕业生学非所用与农村卫生人力匮乏并存的现象长期得不到解决，农村卫生人才匮乏已成为实现“人人享有基本医疗卫生服务”的瓶颈问题。

我国是13亿人口的发展中国家,农村人口众多,地区差异大,城乡二元结构的破除需要较长一段时间。特别是中西部,城乡一体化的路还很长。医学教育改革和基层卫生人才队伍的建设与培养必须正视这一基本国情。一方面,政策取向应有利于统筹城乡发展,有利于农民健康,逐步缩小差距,体现公平性;另一方面,在向公平性迈进的过程中要可及性也是应重点考虑的。国家应有正确导向,各级政府要承担起相应的责任,根据各地区经济发展水平的不同,实事求是制定农村卫生政策,加强分类指导和管理,培养和建设一支"下得去、留得住、用得上、可发展"的基层医疗卫生队伍,逐步满足二元结构下广大农村人民群众的医疗卫生需求。实际上可及性也体现了公平性,医疗卫生阶段性目标和长期发展战略要统筹考虑,现在是为今后打好基础。

一、深化对医疗卫生事业地位和重要性的认识,高度重视医学教育与卫生人才培养的价值导向

30年医疗卫生改革走过一段弯路,现在政府明确了基本医疗卫生服务的公益性质,强调了政府的主导责任,这是医疗卫生事业健康发展的前提。医疗卫生工作是社会事业的"短板",必须通过政策的正导向来提升。基层普遍反映国家要像重视教育一样重视医疗卫生。

当前医学教育与卫生人才培养在价值取向上存在明显误区,如重学历轻能力、重论文轻实践、重医术轻人文关怀、重医疗轻预防、重城市轻农村。人是世界上最复杂的生物体,具有自然和社会双重属性。医学教育培养的人才要服务于人和人的健

康，这就不仅要求医学人才在人文精神上要追求高境界，也要求他们熟练地掌握防病治病的系统科学知识和技术服务能力。培养医学生关爱病人、尊重生命、医术精湛、作风严谨就成为核心价值取向。在职称晋升和岗位聘任上重学历轻能力、重论文轻实践的倾向使得医学生和医生更多地关注学历教育而轻视临床实践，更多地关注科研论文发表而忽视临床技能训练；医院绩效评价重医术轻人文关怀，医生更多地关注诊疗技术和病人的各项检查和化验指标而忽视病人的主观感受和疾病体验；医学教育、卫生服务体系建设和管理重医疗轻预防则导致了临床服务与预防服务的分离，SARS 院内感染导致二代病人出现就是最好的例子；医疗资源、人才配置和投入更多地偏向城市，使比例更大的农村人口长期处于缺医少药、农村卫生事业长期低水平徘徊的状态。因此，必须在医疗卫生改革中以科学发展观为指导，重塑价值导向。

二、深化医学教育制度改革，进一步明确医学教育与各层次卫生人才培养的目标

医学教育应该有别于大众化素质教育。医学教育既有高等教育的共同规律，也有人本性、实践性、学制长、师生比高和投入大等特殊规律。因此，培养合格的医药卫生人才不仅需要加强医学人文价值观的教育和科学合理的价值取向，同时也需要高水平的教育管理和高的办学成本。近 20 年来，我国的医学教育取得了长足的发展。2007 年，全国医学门类专业的高等本科院校 281 所，高等职业学校 350 余所，中等职业技术学校 1400 余

所。普通高等学校本专科医学门类在校学生达到138.6万人，中等职业学校医学门类在校学生达到137.2万人，初步形成了以本科医学教育为主的具有一定规模的医学教育体系。

1. 医学院校招生规模应根据需要和可能，避免盲目扩招，降低质量。

医学院校招生人数迅速增长导致各项生均办学指标明显下降，师资力量和办学条件的改善远远跟不上学生人数增长的速度，尤其是教学实践环节得不到保障，办学质量下滑明显，进而导致医疗服务质量和医疗安全下降。上海作为经济发达地区，医学生扩招数量尚基本稳定。一些经济欠发达地区，过度招生现象非常明显，规模失衡与质量下降形成恶性循环。

教育部管医学教育，卫生部管医生和医院，“产品”与“用户”要无缝对接。建议在教育部和卫生部现有的协调机制基础上，两部门要进一步加强协调配合，发挥更大的作用，统筹全国的医学教育工作。确立终身教育观念，进一步使院校医学教育、毕业后医学教育和继续医学教育相衔接，加强毕业后教育和临床实践环节。同时，中央和地方各级政府都应该加大对医学教育的经费投入，提高医学教育生均拨款定额标准。

2. 统一简化医学教育学制，实行“限8、强5、完善3”的学制体系。

教育是以培养目标为导向的，由于我国医学教育缺乏针对中国国情的系统研究和科学论证，培养目标比较盲目，医学教育规模不小，毕业生数量也够，但是结构不合理，人才下不去。全国医学院校每年毕业数万医学生，近一半以上宁可在城市改行或待业,也不愿到基层从事医疗卫生工作。医学教育体系多元化现状影响医师队伍的整体质量,应规划完善医学教育规模与层次。

医学教育学制长期定位不清,2 至 9 年制均有,且各年制的培养目标又不明确。鉴于我国当前医学学制学位复杂多样的现状,建议统一并简化医学教育体系,实行“限 8、强 5、完善 3”的学制体系。

在少数实力较强的研究型大学探索 8 年制医学教育的模式,以培养医学教育或高水平的研究型医疗人才为目标,学生就业主要面向医学院校及其附属教学医院、医科院(所)和高层次的三甲医院。中国需要与国际接轨,需要高端人才。

进一步加强和完善 5 年制医学教育的主体地位,以培养合格的城乡各级医疗机构的医师为目标。5 年制医学教育主要是培养基础牢固、知识较为广博、实践技能较强,具有进一步发展潜力的医学生。这种培养模式在我国已经有长期的经验积累,优点是人才培养周期短,消耗教育资源相对较少而又能达到医学院校教育的基本要求,应该是当前我国高等医学教育的主要层次。

适应现实需要,一定时期内仍有必要继续保留和进一步完善 3 年制医学专科教育,弥补当前农村基层卫生人才队伍数量和质量严重不足的现状。因为以目前农村经济社会发展水平,让本科生下到基层,不大可能。3 年制培养的医学生就业主要面向乡(镇)村基层医疗机构。但要提高教育质量,确保这部分医学专科生达到执业(助理)医师资格,并确保他们能够接受规范化的毕业后教育和终身继续教育。

无论是5年制还是8年制医学教育,都仍属于院校教育,其终点学位医学学士或医学博士都只是医师准入的学历依据。无论是何种学制或学位的医学毕业生,毕业后成为医生前都必须接受统一规范的住院医师培训。建议在人员的身份认定、待遇、培训基地建设与标准、培训经费的来源和保障等方面,尽快完善我国住院医师培养制度。

3. 依托高等医学院校,建立适合乡村卫生人才培养的教学模式和管理体系。

大学也分层次,所有医学院校都办成一流水平是不可能的,都去赶超一流也是没有必要的,所以大学自身定位很重要,办出特色很重要。黑龙江省让齐齐哈尔医学院、黑龙江中医药大学、牡丹江医学院三所院校承担乡村医生培养任务("村村大学生"计划)。调研组去了齐齐哈尔医学院,该院经过多年"面向基层,面向农村"办学定位的实践,对乡村卫生人才培养工作很热心,为该地区农村输送了一批适用人才。上海市委托上海医药高等专科学校通过3年制临床医学专业定向培养大专学历的乡村医生。依托高等医学院校良好的教学资源和丰富的教学经验,保证了农村卫生人才的培养质量。上海市还试办临床医学(乡村医生)专业,能否设置农村医学专业,都可边实践边总结,看有没有生源吸引力,有限时间里农村是否用得上。

乡村卫生人员的学历教育可以全科医学专业方向为主,体现农村初级卫生保健服务的指导思想,集医疗、预防、保健、康复、健康教育和计划生育为一体,加强急救医学、预防医学、康复医学、社区医学、心理学和常见临床健康问题的处理技能等教学内容。组织对乡村卫生人员培养有经验的院校，编写适合乡村卫生工作需要的教材。

对乡村卫生人员的继续教育，应注重临床能力的培训，实行较为灵活的学分制、弹性学制、选课制和免修制等教学管理模式，既有利于保证学习质量，又可以解决学习与工作之间的矛盾，以及在岗与脱岗等乡村医生的具体问题。对乡村卫生人员参加培训，要有针对性并规定每年必须完成一定的学时数，严格考核，以确保培训工作的实效。

三、强化政府职能，加大政府投入，建立医学人才“下得去、留得住、用得上、可发展”的政策导向和激励机制

农村卫生机构性质不明确、投入还不足、人员素质不高、整体服务能力和水平还比较低、社会保障不到位等是农村卫生工作存在的主要问题。政府对农村卫生工作要合理定位，其公益性质决定了应以政府为主导，切实担起责任，明确对卫生事业投入所占财政支出的比例，并把卫生经费的扶持重点调整到支持农村公共卫生、预防保健和人员培训上来，不断增加投入，不断奠定农村卫生事业进一步发展的基础。

1. 将农村卫生人才培养纳入国家社会主义新农村建设的长远规划。

根据《2006 中国卫生人力报告》，2005 年，我国乡镇卫生院中卫生技术人员中大专及以上学历占 22.5%；而全国 864168 名乡村医生中仅有 3.7% 具备大专及以上学历，35.4% 达不到中专

水平。这只是学历教育的现状，还没有考虑毕业后教育和继续医学教育的情况。这样一支队伍不能为广大农民提供有效的医疗服务。新农合实行以来一定程度上解决了农民“看病筹资”的问题，而目前需要解决的是农民“有地方看病”，还要看得好病的问题。

立足国情，探索一条行之有效的农村卫生人才培养途径，是解决农村卫生问题的关键，对新农村建设具有十分重要的意义。农村卫生人才培养是一项长期而艰巨的工作，政府应根据实际情况制定人才培养的近期计划和长远战略，在资金方面予以支持，把农村三级卫生医疗卫生服务网络特别是村卫生室的网底打结实，并将此项工作作为考核干部的指标之一。

一是加强定向培养，输送人才。既然引进人才困难，不如就地培养。像黑龙江的“村村大学生”——乡村医生培养计划，由政府出资或个人承担一小部分学费，单独招生，单独考试，每年招收一定数量的乡村医生，毕业合格后发地方承认学历的大专毕业证书，这种政府主导的“地方粮票”学历教育，是培养“下得去、留得住、用得上”人才的好办法。同时，每年确定一定的定向招生指标，通过降低录取分数线、减免学费等优惠政策，从农村高考生中采用定向培养、签约入学方式培养一定数量的乡村卫生人才，也是完全可行的。另外，开办适合乡村卫生人才培养的大中专成人学历教育，学费实行政府、单位、个人的分担机制，以鼓励更多的乡村医生参加学习。

二是加强继续教育，培养人才。通过在岗乡村医生继续培训和临床进修，县乡村三级间实行资源共享对口帮扶，以及城市卫生支援等方式,提高乡村医生素质。

三是鼓励支持医学院校大学毕业生到乡村卫生机构工作。政府给予优惠待遇,比如借鉴《高等学校毕业生国家助学贷款代偿资助暂行办法》中"高校毕业生到西部地区和艰苦边远地区基层单位就业,服务期在3年以上(含3年)的,其在校学习期间获得国家助学贷款本金及其全部偿还之前产生的利息将由国家代为偿还"的规定等,引导和鼓励合格的医学本科毕业生到基层卫生服务机构就业。支农期满后,如果愿意留在乡镇卫生院工作,政府应在编制、职称晋升、进修学习方面给予优先照顾。

从中长期可持续发展的角度考虑,要在已有优惠政策基础上,进一步加大政策力度,通过切实有效的政策和激励机制(包括经济的、专业的、精神的)鼓励和支持合格的本科医学毕业生到基层工作,扎根基层,逐步优化基层卫生人才队伍结构。现在是逆导向,越是艰苦的地方待遇越差越是没人去。要正导向,解放初期,到甘肃、青海、西藏等艰苦一些的地方,工资比内地高很多。通过正导向,使问题逐步解决。

2. 建立以政府为主导,多元投入的稳定机制,不断改善乡村卫生条件,稳定乡村卫生队伍。

乡镇卫生院的收入仍然以医疗和药品收入为主,政府财政应保证乡镇卫生院卫生技术人员的基本工资或基本工资的60%,缴纳医疗保险和养老保险,有了基本收入的保障,才能避免一味追求医疗利润最大化。村卫生室承担着农村公共卫生任务,"六位一体"、"八位一体"工作的开展是很有意义的。但许多村级卫生组织基本处于"建设靠自己,规范靠自觉"、自负盈亏的状态。村卫生室建设要有规范的出资方或政府给予补偿。政府对承担公共卫生服务的乡村医生的投入要加大,中央给一块补助,地方再配套增加一些,提高补贴标准,在现有基础上逐步增加,吸引和稳定村医这支队伍。村医收入与同村比并不算低,但与当地教师、工程技术人员等相比,还有差距。全国总体来看,村医收入不高。尽快建立乡村医生医疗保障和养老保障制度,可结合农村低保政策,对老村医给予适度倾斜。对符合资质要求的现职村医实行养老保险制度,医疗保险参考新农合。

3. 建立专门的乡村卫生机构卫生人员管理体系。

建立独立的乡村卫生机构人事管理体系。乡镇卫生院要公开岗位标准和考核标准,实行双向选择,逐级聘用并签订合同。非卫生技术人员过多地挤占乡镇卫生院的编制现象比较普遍,使能进去的人进不去,不胜任的人出不来。对于没有学历和执业资格、在编不胜任工作的人员坚决予以清退或转岗。社区卫生编制问题,国家已出台文件,乡镇卫生可参照社区卫生这块来执行。

制定适合基层卫生人员专门的职称晋升制度或岗位聘用制度。对乡村卫生技术人员晋升职称要求有科研论文、论著等不符合我国国情,这些人员从事的是常见病、多发病的诊治,难以发表高水平的论文,更无法完成论著的撰写。加之学历较低、执业医师的通过率低,中高级职称很难晋升。尝试建立适合乡村医生实际情况的职称晋升标准。

建立乡村卫生机构执业资格管理体系。现行的执业医师考试内容不适合乡村卫生技术人员,不能用以衡量其处置农村常见病、多发病的真实水平。应建立现阶段适合乡村医生的单独执业管理体系，以适应农村卫生的目前需要和以后的过渡和发展。

通过乡村卫生人力的分层次、分系统培养的医学教育模式和管理体系的建立，将占我国人口总数60%左右的农村作为一个专门系统，制定一套适合农村的卫生人才培养和管理体系，是符合国情的，实事求是的，以探索解决我国农村卫生人力素质不高、改善我国现阶段农村卫生状况的现实问题。

关于抑制我国能源(石油及制品)需求的建议*

(2008 年 7 月 24 日)

克强副总理台鉴:

家宝总理在昨天国务院常务会议上所讲节油节电工作并部署全民节能行动,非常及时和重要。闻之思之,深感全民行动的持续、深入离不开国家层面战略思路与举措的支撑,故将相关想法谨陈如下:

去年下半年以来的石油价格飙升,是经济现象,也是发展预警。尽管市价会有起落,但总体上升趋势不可逆转,上升幅度难测,不能不有所“预”——“不预则废”。

石油不可再生,需求却与日俱增,其越来越高的稀缺程度,对发展形成刚性约束。要缓解这一局面,被寄予希望的替代能源和技术进步,都有很长的路要走,且不足以根本消除我们对这

* 本建议由民盟中央副主席张梅颖提交,中共中央国务院领导同志李克强作出重要批示,指出六项建议值得认真研究,应拓宽思路采取综合措施抑制能源不合理需求,并批转有关部门参阅、调研。

一“瓶颈”之忧。

随着经济发展和民众生活水平提高，按中国人口峰值数预计 15 亿推算，全面小康阶段的消费需求一旦迸发，任何资源都将稀缺到酝酿危机的程度。当前痛下决心，有效抑制对能源（石油）的需求，既是迫切需要，又合长远利益。

回顾历史，我们曾因缺少“远虑”而致“近忧”。而今再不远虑，忧将成患。所以，真正从思想深处、战略层面提高对能源（石油）问题重要性、紧迫性的认识，并以断然措施彰显本届政府之“远虑”，当下尤为重要。为此，建议：

一、大力发展轨道交通及其产业链，形成新的经济增长点。

以我国交通运输业言，仅公路、水运所需能源，即占国家总耗的 31.5%。根本改变该局面，大量发展能源节约型、环境友好型的轨道交通，应成为国家交通基础设施的战略重点。一则利于物流人流扩容，二则利于节省土地资源，三则利于降低运输成本，四则明显减少能源消耗，一举而多得，一策而多赢（有数据显示，在土地占用方面，完成单位运输量所需面积，铁路仅为公路的 1/10；在能源消耗友面，铁路可以用交通运输行业的不足1/6，完成全社会总量的 1/2；在环境保护方面，轨道交通为各种运输方式中污染排放最少者）。

二、清理、整顿汽车行业，执行小排量车优惠政策。

这方面，改革开放三十年来的发展主要是“西天取经”。但实践证明，西方发达国家发展私车之路，不适合我国国情。目前我国多数省市（包括首都）以汽车及其产业链作为支柱产业的政策，导致城市交通严重拥堵、消耗汽油攀升、环境污染加剧、汽车产能过剩和库存积压等问题日益紧迫,宜及早调整相关政策,整合现有生产线,限制大排量生产线,扭转“遍地开花”局面。对小排量汽车的开发和研制,应给予全方位的优惠政策支持,如增加研制经费、鼓励自主创新、优先产品目录准入等,形成有效的激励机制。

三、倡导人力代步,积极发展自行车产业,提供配套服务。

把自行车交通逼入绝境,是当前城市建设一大弊端。首先是过去的非机动车专用道路被机动车挤占,致骑车人险象环生;其次是高浓度汽车尾气包围骑车人,对其健康构成直接损害;第三是诸多党政机关会场只准报汽车牌号,对骑车赴会者予以歧视;四是各大宾馆和一些公务机关不设自行车存车处,致人无奈放弃环保出行方式,这种非理性局面急需改变。人力代步应成为宜居城市的显著标志,故应倡导。为此应积极发展自行车产业,提供道路、租借、维修、寄存等配套服务,并以优惠政策扶持自行车出行配套服务连锁机构的创立与发展。

四、以核能为重点,推动新能源开发与应用。

五、严格标准、严肃纪律、严厉整顿公车使用,形成阳光制度。

由中纪委、公安部、监察部和国家审计署联合执行的全国公车使用调研结果显示,目前我国(含党政机关、国有部门,不含军队、事业单位)共有公务用车520多万辆,正办更换41万余辆,正在申购28万余辆。每辆公车年均费用20万元。全国此项开支年逾万亿。按13亿人口计算,每人年负担上述范围公车消费近800元。公车量大、超标、私用已位居官场五大腐败现象第二位,民怨颇高。建议:1. 国家尽快出台公车使用制度改革的统一方案，克服务行其是、越改越乱现象；2. 建立公车使用监控系统，定期公示，遏止公车私用；3. 公车设置特殊标识，供群众和社会监督；4. 除一定数量的领导专车外，其他公务需车由各省、市及部门设公车调度中心随用随派，不固定专人专车（一般公务用车亦可考虑社会化供应方式解决）；5. 节能减排，合理使用公车，领导人垂范，中央机关先行，昭示天下，带动全社会，必合民意，必得民心。

六、优先发展邻国外交与外贸，做好洲际经济文章。

我国外贸业务量极大，其中运费不是小钱。远利当图，近处伸手可及，应更重视，并予优先。外贸事业全局工作中，应有避免舍近求远之原则，形成机制，努力降低远程运输对能源的大量消耗，降低运输生产成本，也有利运输安全。同时，做好近邻的外交与外贸，做好洲际经济文章，不仅有经济利益，也有政治意义。总之，战略上看，一是要尽可能保持国内能源储备充足，二是限制高耗能产品出口，三是制定并实施合乎节能要求的发展规划，四是抓紧有利时机尽可能利用国外能源资源，以利我国长远发展所需。

上述建议，为平时在该领域部分思虑的整理。虽甚为关注，尚缺专门研究，不见得妥当。坦陈之，仅供参考。我以为，后续发展，因素众多，能源为先。选准适当时机，尽快理顺我国能源价格，以“倒逼机制”扭转失真的被动局面，优容驾驭全局，至为关键，还盼明察。

顺祝

政祺！

在延安市甘泉县教师节暨优秀教师表彰大会上的讲话

（2008 年 9 月 3 日）

在隆重纪念波澜壮阔的改革开放 30 周年之际，我们迎来了第 24 个教师节。我很高兴有机会在具有光荣革命传统和深厚文化底蕴的延安市甘泉县，与广大师生共同度过这一属于我们教师自己的节日。刚才几位教师代表的发言感人至深，我相信在座的每一位同志都会从他们的先进事迹中获取教益和力量，增强大家做一名人民满意教师的使命感、荣誉感和责任心。在这里，我代表全国政协向受到表彰的、在平凡教学岗位上作出突出成绩的优秀教师表示热烈的祝贺，向与会的广大教育工作者并通过你们向全县的人民教师表示诚挚的敬意和节日的问候！

我国历史上就有尊师重教的优良传统，教师被赋予教书育人、传道授业解惑的神圣职责，长期以来一直受到全社会的尊重，这也是中华两千年的文明得以传承有绪、绵延不绝的一个重要原因。大到富国兴邦、提高全民族的道德文化素质，小到改变个人的前途和命运，都离不开教育的普及、发展和先导性作用。

特别是在科技进步日新月异、人才资源成为综合国力竞争决定性因素的当今世界,实施科教兴国、人才强国战略更是关系我们能否抓住历史机遇、实现中华民族伟大复兴的百年大计。我们高兴地看到,改革开放的30年,人民教育事业迎来了历史上又好又快的发展时期,各项教育事业取得了令人瞩目的成就,形成了多层次、不同类型的完整教育体系,极大地满足了人民群众的教育需求;教师的政治、社会地位空前提高,工作条件和生活待遇不断得到改善;广大教师忠诚党的教育事业,立德修身,勤奋敬业,无私奉献,赢得了全社会的普遍赞誉和尊敬;社会各界形成了共同关心支持教育事业的良好氛围和强大合力,尊师重教蔚然成风。

全国政协重视发挥各界别人才荟萃的优势,充分利用政协参政议政的平台,为贯彻落实《教师法》、加强基础教育教师队伍建设、提高教师特别是老少边穷地区教师工作、生活待遇,积极建言献策,努力为广大基层教师和教育工作者做实事、做好事。今年全国政协选择革命圣地延安市的甘泉县开展教师节慰问活动,我们还组织部分知名教育专家到甘泉县讲学,我想,其中有两个方面的深刻含义:其一,甘泉县是红色中国的摇篮,毛泽东、周恩来、彭德怀等老一辈无产阶级革命家都在这里留下他们的战斗足迹,缅怀先辈的光辉业绩,接受一次生动的革命传统教育,学习老区人民为中国革命牺牲奉献、艰苦奋斗的优良传统和作风,并把这种延安精神带回到工作中去,更好地团结和动员各界人士为我国教育事业的发展贡献智慧和力量,这是我们的一个目的。其二,甘泉县历来就有重视教育的传统,特别是近年来，甘泉县委、县政府坚持以科学发展观为指导，大力实施“科教兴县”、“人才强县”战略；广大教育工作者怀着对老区人民的深情厚谊，用自己全部的心血为老区的孩子们播撒希望，努力推动教育教学领域的改革和实践，使甘泉县不仅成为延安市的教育先进县，而且成为名副其实的陕西省“双高普九”第一县。学习老区干部群众和广大教师不怕困难、勇于开拓的成功做法和经验，积极推动国家和社会各界支持和帮助经济欠发达地区优先发展教育事业，这是我们此行的另一个目的。

各位老师，同志们，作为一位长期在教育战线工作的普通一员，我倍加珍惜人民教师这个光荣而神圣的称号，教师是我无法释怀的情结。她使我常常联想到春蚕、红烛、园丁这样亲切的比喻，联想到在大山深处三尺讲台奉献了青春、事业和后代的普通农村教师那满是沧桑的面孔，联想到在大地震发生的瞬间，为挽救更多学生的生命而坦然面对死神的无数个谭千秋式英雄定格了的形象。在延安的几天，我也看到了许多，听到了许多，感受到了许多，比如像余永岚老师、高延存老师、拓忠平校长，他们平凡而普通的事迹也同样感染着我，他们就是我们身边的谭千秋。我想，正是他们在以爱心诠释着教师这一崇高事业的真谛，支撑起我国教育事业发展的脊梁，他们是我们这个社会最值得尊敬、最应该受到善待和关爱的人。这是我在今年教师节的一点感言。

谢谢大家！

难中之难与重中之重*

说中国“三农”问题,离不开两个词:难中之难,重中之重。前者指解决起来的艰巨,后者指非解决不可的必要。

新中国成立以来,农业成就举世公认。依靠自身力量,解决了世界 1/5 人口的吃饭问题,保障了粮食安全,被称为奇迹。1978 年中国共产党十一届三中全会以后,农村改革率先发轫,激引全面改革喷薄而出、奔腾向前,中国农村农业也因此而巨变,进入了历史上最好的发展时期。成就如此之大,为何还说“难中之难”? 这就需要对国情进行分析。

中国农业有着灿烂辉煌的历史,养育了中华文明。但在工业化于世初兴之时,中国却由于种种原因,被飞速演进的社会大变革甩落,直至 1949 年,中国农业与千年之前并无实质差异。1949 年之后,出于严酷的国际政治环境,国家不得不依靠“三大剪刀差”策略,完成初步工业化的资本积累。其利在于实现了自立自强,其弊在于将城乡二元结构体制化。中共十六大以来,中

---

* 原载于《群言》2008 年第 10 期。

央作出我国总体上到了“以工促农、以城带乡”发展阶段的基本判断，制定“多予、少取、放活”和“工业反哺农业、城市支持农村”的基本方针，其政策指向就是要打破二元结构、缩小城乡差距，但要扭转千年之局，确实不易。

所谓“难中之难”，主要难在“转型”和“转移”。转型，是讲生产方式，从传统转向现代化。转移，是讲从业人员，两层意思：一是只保留必要的、适宜的农业生产人数，大量的富余劳动力转向其他产业；二是农业生产从业人员也需从分散经营纳入现代化的产业链。别的先且不说，就拿要脱离农业、进入其他产业的农民高达数亿之巨，就是一个人类历史上所有国家都不曾面对或未曾解决的问题。这当然是“难中之难”。然而，没有农业的现代化，就不可能有中国的全面现代化；没有占中国人口最大多数的农民的普遍富裕，就不可能有全面小康；不解决“三农”问题，就不可能从根本上解决中国的发展问题。这就是我们必须解决的问题，也当然就是“重中之重”。

从这个背景上，我们就能清楚地认识刚刚结束的中共十七届三中全会的意义。转型和转移，其要义在于由此及彼；而由此及彼的关键，在于冲破界限。什么界限？就是城乡的界限。因此，《中共中央关于推进农业改革发展若干重大问题的决定》着重在打破城乡二元结构分割上发力，既是统筹城乡发展、建设社会主义新农村、构建社会主义和谐社会、全面建设小康社会这一整套重大战略的延续，也切实地抓住了历史长期积累问题和当前面临的突出矛盾的要害。其作用关键而又具决定性，其意义也必将深刻和长远。

实际上,从鸦片战争开始,中华民族就已经意识到自身需要一场艰巨的社会变革,才能重振历史上曾经有过的灿烂辉煌。但从那时开始的百余年,几代仁人志士都未能找到突破之径,中国的社会变革也迟迟未能取得实质性推进。而正是因为中国共产党人认识到并真正开始解决农民问题,中国的社会主义革命和建设才取得了胜利。改革开放30年,中国更是始终在这一伟大社会变革的进程中奋力前行。制度优势,积累起来的综合实力,使得中国终于具有了解决“千年难题”的能力和可能,制约中国完成历史性变革的“瓶颈约束”,在新时期将开始全面突破。

当然,前景非常美好,但依然任重道远。解决难中之难,完成重中之重,必须破除城乡二元结构;破除二元结构,则要靠体制改革、体制创新和体制建设,最终建立起城乡一体化的社会新格局。作为参政党,义务和责任要求我们,为推进改革开放、推进农业改革发展、推进全面建设小康,建言出策,尽心竭力。

关于建立合理的资源开发补偿的长效机制的建议*

（2008 年 10 月）

尊敬的锦涛总书记、家宝总理：

近日，民盟中央、四川省政协在四川省开展天然气、水电资源开发补偿机制的调研，国家发改委、财政部、国土资源部、水利部等部门的相关负责同志随同调研。

调研组选择了达州市和凉山彝族自治州这两个具有典型和代表意义的西部资源重要产地和输出地作为调查的样本。在调研中我们注意到，四川省高度重视发挥资源的比较优势，各级政府对国家重点项目大力支持，为企业的开发创造了良好的环境；资源开发企业积极履行企业的社会责任，采取必要措施加强生态修复和环境保护工作；四川省资源开发利用的总体进展顺利，其中水电和天然气资源开发在全国占有重要地位，为国家的经

---

* 本建议由民盟中央主席蒋树声、民盟中央副主席张梅颖联名提交，中共中央国务院领导同志胡锦涛、温家宝、李克强均作出重要批示，要求发改委、财政部参考民盟的建议，认真研究。

济发展和能源基地建设作出了较大的贡献。

调研组认为,资源是西部地区的比较优势,是西部人民赖以生存和发展的基础,资源开发也是西部大开发的重要组成部分。建立适应现阶段经济发展水平、符合社会主义市场规律要求、实现资源地可持续发展的资源开发补偿的长效机制,达到开发一方资源、发展一方经济、保护一方环境、富裕一方百姓的多赢目标,让西部人民走出“富饶的贫困”,是摆在党和政府面前亟待解决的一个重大而现实的课题。

在与达州市、凉山州各级党委和政府,两地的大型天然气和水电资源开发企业负责人分别座谈并广泛听取资源地群众的意见后,我们感触最深的是各方都有各自的苦衷,急盼国家尽早出台相关政策:

地方政府认为当地的资源优势没有转化为产业优势,资源性收入少,权利与义务不对等,要求提高收入,加快资源本地化产业发展,延伸产业链;

开发企业认为承担了过多本应由政府承担的经济、政治和社会责任,希望为企业的发展创造一个相对宽松、良性互动、公平和谐的环境;

资源地群众认为资源开发带来了环境污染、生态破坏以及征地、移民等一系列问题,强烈要求改善民生,维护资源地老百姓生存权和发展权,实现资源开发和群众脱贫致富的有机结合。

调研组认为,资源开发未能形成多赢的局面关键是缺乏合理的资源补偿机制。为此,应该着重解决以下几个方面的问题:

一是部分资源产品价格长期扭曲,以至影响整个经济体系的正常运行,形成恶性循环。

二是资源税费偏低,资源地形成的税源没有实现为当地税收。大型资源开发企业注册地均不在资源产地,企业核算地分享了生产地的税收;中央和省级政府拿走大部分资源税费,没有体现出对资源产地重点倾斜和补偿的原则。

三是资源地生态环境补偿主体单一,生态环境的保护与修复资金投入不足。我国至今尚未建立多方受益、多方补偿的机制,中央单一的财政转移支付仍然是生态补偿的主要途径,未体现“谁受益谁补偿”的原则。

四是电力体制改革不彻底,国家电网垄断配售电环节,水电没有真正享受到可再生能源的优惠政策,并且在调度上完全受制于电网,输出水电资源的西部不同程度地出现电价低上高下的倒挂问题。

五是国家移民管理机构缺位。跨省区水电开发项目移民工作执行操作层面的不一致,导致移民互相攀比、容易产生社会不稳定。

为此,我们建议:

一、理顺资源产品价格

(1)坚定不移地推进资源产品的市场化改革,逐步形成宏观调控下由市场决定资源性产品价格的机制。通过理顺资源产品价格,充分发挥市场在资源配置中的主体作用,逐步建立起真实反映资源稀缺程度、市场供求关系、环境危害成本,特别是石油天然气等化石资源不可再生性的价格机制;同时,价格改革要明确预期,分步实施,使利用资源发展的相关产业有一个调整过渡期,以实现资源的优化配置和效益的最大化。

(2)以政策导向促进能源结构调整。能源结构调整应本着有利于改善能源消费结构、优质能源优价的原则,积极支持、鼓励、正面引导企业大力发展水电等可再生能源和天然气等清洁能源,在政策上给予优惠;要改变水电上网价格低于煤电上网价格的逆导向机制,改革按成本核定电价的制度,提高水电上网电价,最终实现水电、煤电竞争上网,“同网同质同价”。

二、完善资源有偿使用制度

参照目前在8个省区实行的煤矿资源有偿使用制度改革的成功经验,尽快全面启动资源有偿使用制度的改革。特别是要全面启动水电资源开发使用制度的改革,如湖南、贵州、浙江等省出台地方政策法规,向开发企业收取水能资源开发使用权出让金的做法,可以作为经验在全国范围内推广。

三、建立合理的税收制度

逐步将资源产品税费征收标准提高到一个合理水平,在征收方式、税费标准和分配比例上实行对资源地重点倾斜的政策,形成资源地税费稳定增长的长效机制。

(1)资源开发产生的税费重点向资源地倾斜。要求资源开发企业(或二级企业)原则上在当地注册分公司,明确税费在资源开发地解缴,重点向地方特别是资源产地县级倾斜;针对民族地区实际,制定相关税法法规的补充规定,适当提高分成比例。

（2）提高资源税征收标准和额度。尽快修订《中华人民共和国资源税暂行条例》，资源税由从量计征调整为从价计征，税率按其销售价格的5%～10%征收，并直接留在县级。

（3）实行与利用水平相挂钩的矿产资源补偿费浮动税率，提高西部矿产大省资源补偿费的地方分成比例。由现行的中央、省各半，调整为中央占40%，地方占60%；中央与民族自治区的4:6分成，调整为中央占20%、自治区占80%。

四、加快建立和完善生态恢复和环境治理的责任机制和监督机制

（1）加快开展生态环境补偿机制的立法。及早出台符合我国国情的《生态环境补偿条例》与《生态环境补偿法》，确立生态环境补偿基本法律制度。

（2）建立政府、企业、社会为主体的多元化生态环境补偿机制。一是明确企业作为生态环境保护与修复的责任主体地位，加快建立生态恢复保障金制度，形成对企业生态环境保护与修复的有效监督机制。二是建立受益地区反哺资源地的横向生态补偿机制，在输出的资源和能源价格上附加生态补偿费，用于资源地的污染治理和生态恢复（比如对天然气输入地区，按每立方米天然气加收0.1元的办法，收取生态补偿费，用于治理输出地天然气脱硫过程中造成的污染）。三是按照主体功能区的划分，提高中央财政转移支付直接用于生态保护的比例，逐步加大对生态环境受损地区、限制开发区域和禁止开发区域的支付力度。

五、高度重视移民安置与补偿问题，解决好移民的长远生计

（1）要成立国家层面的移民工作管理专门机构，以保证移民政策的连续性、稳定性和统一性。对跨省区的大型水电建设项目，要建立国家层面的移民工作协调机制。

（2）提高移民补偿标准。要根据地方经济社会快速发展的实际需要，及时调整移民政策的“三原”原则，提高移民补偿标准，统一移民实施规划标准与相关行业标准，以达到维持资源地老百姓现有平均生活水平并逐步改善的要求。

（3）参照煤电联动的方式，实行水电上网电价与移民补偿投资的联动机制。

（4）对水电资源地实施电价优惠政策。不论是利用当地已有的地方电网还是通过国家大电网，都可以实现对资源地一定范围、一定数量的优惠电价。

（5）创新水电移民后扶政策，建立能够解决移民长远生计问题的保障制度。鼓励地方政府以水电等资源开发权或成立地方投资平台等形式入股，参与大型资源开发建设项目，通过企业的开发经营获得源源不断的补偿来源；实行移民工作分类指导，重点要让移民子女接受良好的教育，使他们有能力融入现代文明社会，成为自食其力并为经济建设作出贡献的人力资源，解除政府和企业对移民的无限责任。

在《人民日报》和绍兴市委联合举行的理论研讨会上的讲话

（2008 年 11 月 8 日）

同志们：

很高兴参加今天由中共绍兴市委和《人民日报》国内政治部联合举办的纪念改革开放 30 周年理论研讨会。

“改革开放 30 年”是今年的一个热点话题，而这次理论研讨会将重点放在基层的发展，将主题确定为“绍兴：创业创新、科学发展”，这很有新意，也有特色。因为绍兴的发展成就令人瞩目，其发展模式和发展经验值得许多地方借鉴。在改革开放 30 年之际举办这种形式的研讨活动，对于绍兴自身和其他同类城市的发展应该都会有不少启迪。我简要地谈三点意见：

一、基层是改革开放的基础所在、重点所在，我们总结回顾改革开放历程，要注重把眼光聚焦于基层

改革开放对于中国和中国人民具有非同寻常的意义。30 年只是历史长河中短短的一瞬，然而这场波澜壮阔的伟大实践却

影响和改变了具有五千年悠久历史的文明古国的前途和命运。巨大的成功离不开中国共产党的英明决策，也离不开广大基层干部群众伟大的改革实践和创新努力。正是安徽小岗村18户分地农民用按手印、定生死契约的原始方式，开启了中国农村改革之路。正是基层群众巨大的历史主动性和创造性，汇聚成了今天辉煌的发展局面，体现了中国特色社会主义强大的生命力。总之，中国的改革开放发源于基层，实践于基层，回顾改革开放的历程，总结改革开放的经验，要更多地把视野聚焦于基层，认真总结基层经济社会发展的经验。

二、紧密结合本地实际进行改革创新，是绍兴也是其他城市改革开放取得显著成绩的宝贵经验

在30年的改革开放进程中，由于没有可供借鉴的现成经验，大家都是摸着石头过河，努力探索适合本地发展的务实之路。珠三角、长三角等地区，是中国实行改革开放政策较早、出台措施较多、取得成效也更加明显的地区。这些地区有共同的优势，比如区位优势、政策优势和人才优势等，是取得经济社会发展显著成效的重要原因。然而，各个不同城市在发展过程中也形成了各自不同的特点，形成了各自不同的发展模式。

绍兴的发展就是其中一个非常显著的例子。绍兴与长三角其他地区比较，其经济社会发展的条件并不突出，资源存量少、工业基础低，而土地成本、运输成本、资金成本却相对较高，有诸多的制约因素。为什么先天不足的绍兴，能在工业化、城市化及社会主义新农村建设和小康社会建设中异军突起，形成独特的

绍兴模式呢？我认为这主要得益于以下三个方面的合力：

一是城乡一体的发展格局。在绍兴改革开放的进程中，既不效仿“温州模式”，也不照搬“苏南模式”、“珠江模式”，而是因地制宜，以乡镇单元为基础、民营经济为支柱、市场价值为导向，推动了城市与农村的协调发展，在强市的同时，实现富民，形成了区域之间、经济与社会之间以及人与自然之间相对比较和谐的区域发展格局。

二是活力强劲的产业集群。绍兴一向把培育发展区域块状经济作为加快经济发展的着力点，逐步形成了“一乡一业”或“几乡一品”的产业集群，大量企业依托块状经济而成长。绍兴县的轻纺，嵊州的领带，诸暨的珍珠、五金，上虞的伞业，新昌的医药等，在国际国内市场均占有极大的市场份额。伴随产业集群兴起的是大量的专业市场，逐步形成了“基地 + 市场”的区域特色，在日趋激烈的市场竞争面前，体现出了比较明显的产业优势，带动了地方经济的较快发展。

三是积淀深厚的人文素养。绍兴城历史久远，几千年的积淀，形成了绍兴地区独特的传统文化。越王勾践“卧薪尝胆”的精神激励和影响着绍兴人民在新时期不断努力和拼搏。绍兴人具有精明、理性、内敛、务实、不事张扬、稳扎稳打的风格，这是推动绍兴经济社会发展的重要文化基因。正是这种卧薪尝胆、奋发图强、敢作敢为、创新创业的“胆剑精神”，与绍兴人精明务实性格的有机结合，有力地拓展了绍兴的发展局面，使绍兴走在了改革发展的前列。

三、总结经验在于更好地推进今后的改革开放，进一步探索新路径、开创新局面

尽管当前与30年前我们所处的环境不同，使命不同，但“解放思想、务实探索”却是永恒的。改革开放无止境。我们今天在这里举行纪念改革开放30周年活动，目的在于总结经验，增进共识，更好地指导和推进今后的改革开放。面对骄人的成就，中华民族在无比自豪的同时，更要保持自觉的清醒，因为我们现在还不是一个真正意义上的现代化国家和真正意义上的法治国家，一些体制性瓶颈因素使我们的发展步履维艰。尽管我们的综合国力大大增强，但人均GDP仍在世界百名之外，城乡差距、东西部差距、贫富差距还在拉大，发展很不平衡，生态环境的压力也很大。这些问题，是从发展中国家到发达国家过程中普遍存在的问题，绝不是改革开放的副产品。当然，在总结改革开放经验的时候，我们也要对一些偏离改革方向的问题，主动弥补、调整、校准。中共十七届三中全会就农村的改革发展问题作出了重大决定，着重要求加快推进城乡一体化。把农村与城市、农业与工业、农民与市民作为一个整体统筹考虑，把缩小城乡差距作为出发点和落脚点，实现以城带乡、以工促农、城乡一体协调发展，为我国今后的发展也为绍兴的科学发展指明了方向。

当前，国际经济形势急剧变化，金融危机加剧并向实体经济扩散蔓延，中国经济不可避免地面临严峻挑战，一些中小企业正处于最难熬的时期。中央已经根据国内外经济环境的变化，采取了灵活审慎针对性强的宏观经济政策。浙江省包括绍兴市中

小企业集中,困难也大,早在7月份就开始全力救助中小企业之急,救助规模空前,力度很大,有力地扶植了中小企业,变危机为机遇,对保增长、保就业作出了贡献。就连前天温家宝总理在莫斯科访问时看到内参上有关绍兴市纺织行业有效应对金融危机的报道时,非常高兴地批示:“在世界金融危机这种寒冷的侵袭下,这则消息给我们带来了温暖的气息。中国的纺织服装业是支柱产业,国家应给予支持。我们的企业也一定能够克服困难,渡过难关。当然,这就需要创新来提高竞争力。”总理这段话鼓舞人心,感人肺腑。我相信绍兴市政府一定能够与极具特色的中小企业一起携手相助,共渡难关。也一定能够在贯彻落实十七届三中全会精神中把握中央治国理政的思路,继续保持优势,敢为人先,善于总结并创造新的经验,为全国其他地区起到示范作用。

我真诚地希望本次研讨会,能够集思广益,转化研讨成果,为绍兴经济社会又好又快发展提供有益的启示。衷心希望各位专家、学者和与会代表的真知灼见,能给全国同类城市的科学发展、创业创新,起到积极的促进作用。

祝此次理论研讨会取得圆满成功!

丝绸之路的璀璨明珠*

——纪念改革开放30年甘肃考察有感

10月下旬，我率全国政协“改革开放30年经济社会发展重大成就”委员考察团赴甘肃实地考察。沿着丝绸古道，武威、张掖、金昌、嘉峪关、酒泉卫星发射中心，一路走过，看城市、乡村、企业，深切感受到甘肃随着改革开放的节拍和西部大开发的脚步，30年陇原大地发生的沧桑巨变，走过的辉煌历程。从1978年到2007年，甘肃省GDP增长了近41倍，人均GDP年均增长8.1%，财政收入翻了近20倍，粮食总产增长1.68倍，工业总产值增长46倍！甘肃等西部省份在自身取得长足发展的同时，也为国家综合国力的提升作出了积极贡献。顽强、质朴的甘肃人民，在自然禀赋差、基础设施落后的情况下自强不息，艰苦奋斗，体现出来的“人一我十”的甘肃精神，值得全国人民学习和借鉴。

---

* 原载于2008年11月8日《人民日报》。

丝绸古道上的塞上江南

巍巍祁连山白雪依旧，然而西行之途已无张骞的艰辛，跋涉的骆驼商队变幻为满载货物的大卡车一驶而过。汽车在高速公路上飞驰，手机通话清晰。这是改革开放特别是实施西部大开发战略以来，包括甘肃在内的西部基础设施建设大发展的最好证明。甘肃高速公路从无到有，现达到1300余公里，国道主干线实现了高速化和高等级化。甘肃完成了行政村通电话工程，通信网络基本覆盖全省。甘肃生态环境保护成效显著，沿途一碧无垠万里晴，或片片田陌，农人耕耘，生机盎然；或茫茫戈壁，人工固沙种植的树和草随处可见，这里种植的艰辛与生长的顽强，令人尊敬和感动。

武威和张掖都是古丝绸之路重镇。武威亦称凉州，地处河西走廊东端，张掖在河西走廊中部，历史上又称甘州。都是中世纪东西文化交流、南北民族交融的十字路口，文化积淀深厚，同为国务院公布的全国历史文化名城。

我们考察了两市因地制宜发展沙产业、节水设施农业以及新农村建设情况。河西一带自古就是农业和畜牧业基地，武威“人烟朴地桑拓稠”、“凉州不凉米粮川”，张掖“不望祁连山顶雪，错将张掖认江南”，素有银武威、金张掖之美称。改革开放以来，各项惠农支农政策，极大地调动了广大农民的生产积极性，农业和农村经济从此步入以市场为导向发展的新时期。依托石羊河、黑河大自然的恩赐，大力调整农业结构，利用日照时间长，昼夜温差大的独特水土光热条件，改变单一种粮的格局，着力培育土豆加工和育种、玉米制种、葡萄、红枣等特色产业，成为全省以至全国重要的商品粮和瓜果蔬菜基地。改革开放以来，两市农民人均纯收入从一百多元达到三四千元，增长了30多倍。

我30年前随医疗队来过武威。那时农村极度贫困，有的人家只有一条裤子，谁出门谁穿。如今，置身武威清源镇阳光住宅示范小区、张掖倪家营乡南台村的农家别墅，品尝刚刚摘下的温室西红柿、反季节葡萄，看到太阳能、沼气等光热资源的开发应用，而且正逐步形成生活区、生态养殖区、日光温室滴灌种植区为主体的循环利用体系，武威、张掖应用先进适用技术，推动农业结构和耕作技术不断变革创新，发展现代农业，以此引领新农村建设的实践，令人非常振奋。

武威、张掖扬长避短，积极发展阳光产业和节水农业，努力转变发展方式，走出了一条产业富民、注重生态的发展之路。如果沙产业和阳光产业的研究开发能够广泛推开，将对西部乃至全国荒漠治理和农民脱贫致富都具有示范意义。不过，人口众多、水资源短缺仍然是制约两市加快发展的最大“瓶颈”。石羊河流域水资源持续减少导致的民勤绿洲危机，党中央、国务院高度重视。武威把以节水为主的石羊河流域综合治理作为发展的前提。张掖虽然得天独厚，有黑河的哺育，为顾全大局，需向内蒙古调水60%，自己却只能凭水票计划用水，被授予“全国节水型社会建设示范市”。在参观节水展览时，我欣然为之题词：“克己调水高风亮节，率先垂范与水和谐。”

戈壁滩上腾飞的“金娃娃”

金昌在河西走廊中段，因企设市，以盛产镍而闻名于世，被誉为“祖国的镍都”，邓小平同志称之为祖国难得的“金娃娃”。大型国企金川集团公司从1959年建厂，在昔日黄羊出没、人迹罕至的戈壁滩上，开始艰难创业。1978年，在全国科学技术大会上，金川被列为全国三大矿产资源综合利用基地之一，金川公司走上科技兴厂的道路。从2000年开始，公司不满足于只在中国镍行业中占据重要地位，因为真正的竞争对手在国外。公司依靠科技进步，立足国内国外两种资源，面向国内国外两个市场，实施国际化经营的发展战略，坚持以镍为主多业并举的发展思路。2007年，金川集团位列中国企业500强第107位。公司注重科技创新的精神，技术创新对公司经济增长的贡献率达到60%，整洁有序的现代化生产车间，尤其是甘肃省政协副主席、金川公司董事长李永军的国际视野和管理能力，令人印象深刻。

金昌这座工业城市非常注重人与自然和谐发展。利用城市污水净化的中水建成的金水湖景区在夜色中流光溢彩，音乐喷泉伴随着五彩闪烁的灯光此起彼伏，不仅实现城市用水的良性循环，也为人们提供了一处美丽的休闲游玩场所，提升了城市整体形象。

嘉峪关是古丝绸之路的交通要冲，又是明代万里长城的西端起点，素有“河西重镇”、“边陲锁钥”之称。嘉峪关市是1958年依托酒泉钢铁公司的建设而发展起来的新兴工业旅游城市，综合经济实力较强。2007年嘉峪关市城镇居民人均可支配收入达到13442元,农民人均纯收入为5836元,居甘肃省第一位。2006年在全国287个地级城市中生活质量综合排名第44位,居甘肃之首。城市面貌印证了数字的实力——嘉峪关市容现代整洁,道路广阔,绿树成荫,鲜花处处,湖光潋滟,酒钢托起的嘉峪关市,洋溢着塞上江南的风情,成为戈壁滩上一颗璀璨的明珠,是丝绸之路上最美的城市。这完全颠覆了人们对西部戈壁的印象,可见发展是硬道理,只要经济实力足够,哪怕是戈壁,仍然可以再造现代化的生活环境。

美国西部建赌城。而我们两个企业在戈壁滩上托起两座明星城市,创造了奇迹。国有企业自觉承担起经济责任、政治责任和社会责任,打造资源节约型、环境友好型企业,回报职工,回报社会,回报国家,为地方经济社会发展作出了重大贡献。

大漠深处的丰碑

中国酒泉卫星发射中心所处地域古为"居延",史称"弱水流沙",是古代匈奴居延部落的游牧之地,是古丝绸之路从河西走廊通往欧洲的交通要道,"大漠孤烟直,长河落日圆"正是描绘戈壁大漠和弱水流域的奇丽景色。中国航天50年的光荣与梦想,执着与追求,在这里凝固。

神舟七号成功实现中国人首次太空行走,是改革开放30年辉煌成果的生动见证,彰显了祖国日益强大的综合国力,让世界见识了勤劳智慧的中国人民是怎样用9年时间,孜孜努力走完了西方三四十年走过的航天路，用事实和实力昭示了中华民族的复兴之路不可阻挡。我国航天事业的飞速发展，是无数航天人用无私奉献铺就的漫漫飞天路，饱含着许许多多航天人的付出与舍弃，也凝聚着全国各行各业的力量，是全国人民共同的壮举。在瞻仰聂荣臻元帅墓和为飞天事业献身的革命烈士墓和参观基地50年历史展后，我感动地为基地留言："英雄热血，漫漫飞天路。艰苦卓绝，孜孜求国富。"我想我们每一个人都要做好本职工作，支持国家的经济建设，进一步增强国力，做航天工程的坚强后盾。因为我们还仅仅是太空走了第一步，我们还要不断认识宇宙，造福人类，缩小与国外先进航天技术的差距。

"1979年，那是一个春天，有一位老人在中国的南海边画了一个圈，神话般地崛起座座城，奇迹般地聚起座座金山。"一首耳熟能详的歌词，记录着改革开放以来中国的巨大变迁。甘肃的变化正是全国改革开放30年波澜壮阔历史进程的缩影。30年，只是历史一瞬，但却改变了具有5000年文明史的中国的前途和命运。改革开放使中国从经济濒临崩溃到国力不断增强实现太空行走。三十而立，中国的发展奇迹成为全球最令人瞩目的成长故事。30年的巨变不仅对中国自身意义重大，对世界格局的变化也有不可估量的作用。我们在为改革开放成就自豪的同时，决不能夜郎自大，因为我们还不是一个真正意义上的现代化国家。人均GDP还排在世界100名之外，城乡差距、东西部差距、贫富差距、生态压力还很大，对此应该有清醒认识。居安思危，始终坚持解放思想，务实探索，不断解决制约经济社会发展的瓶颈问题。

党的十七届三中全会对深化农村改革、促进农村的经济社会发展作出了重大部署。甘肃农业人口占75%，尽管30年经济社会各项事业有了长足发展，但与全国平均水平相比，仍是一个较落后的农业省，发展也很不平衡。我相信在三中全会精神指引下，甘肃省委省政府一定能够把握中共中央治国理政的思路，发挥后发优势，在推进甘肃经济社会又好又快发展上迈出新的步伐，取得新的成就。

对“深化司法体制和工作机制改革若干问题的意见”的几点建议

——在党外人士座谈会上的发言

（2008 年 11 月 21 日）

中共十七大从坚持和发展中国特色社会主义的战略高度，强调要全面落实依法治国基本方略、加快建设社会主义法治国家。当前，我国经济体制深刻变革，利益格局深刻调整，思想观念深刻变化，司法部门履行法定职能、打击违法犯罪、化解社会矛盾的任务越来越繁重，同时随着经济社会发展和民主法治进步，人民群众的司法需求不断增加，对司法工作的要求日益提高。在这样的背景下，中共中央政法委员会会同有关部门研究制定《关于深化司法体制和工作机制改革若干问题的意见》，十分必要。

我们认为，《意见》准确把握了建设公正高效权威的社会主义司法制度的总体目标，抓住了当前司法体制和工作机制中的一些主要矛盾，找准了以加强权力监督制约作为改革的着力点，有利于进一步完善司法部门机构设置、职权划分、管理制度和保障制度,健全责权明确、互相制约、高效运转的司法体系,有利于打击犯罪行为,减少社会对抗,为中国特色社会主义事业提供更加有力的司法保障。

具体建议如下:

一、加强司法制约与优化司法环境并重。优化司法部门职权配置的目的是为了构建互相制衡又运转高效的司法工作体系。我们认为,目前一方面要强化检察机关监督的权利,保障法院独立审判的权利,另一方面有必要限制公安机关的部分权利。当前社会中许多矛盾和问题,尤其是一些重大事件,多涉及公安机关,这与其权力较大并且缺乏有效的监督制约有很大关系。应该把公安机关权力的合理配置作为下一步司法体制改革的重点。同时,《意见》中提出要建立对非法干预司法机关独立办案行为的责任追究制度,我们认为,这有利于进一步优化司法环境,保证司法机关依法独立公正地行使权力,在实践中要严格贯彻这项制度。司法机关自身也要排除干扰,坚持忠实于法律,服从于法律。法律本身都是在中国共产党的领导下,将党的路线方针政策通过法定程序转化成为国家意志的。因此,司法机关严格依法办事,就是在坚持党的领导。

二、以司法公开提高法律公信。法律没有公信将形同虚设。我国法治建设虽然取得了较大成就,但法律被人民信仰程度还不是很高。法律公信主要来源于公开,建议完善司法公开制度,最大限度地保障当事人和人民群众的知情权、参与权,促进司法公开、透明。一是完善人民陪审制度,二是发展公益诉讼制度,扩大公民有序政治参与。陪审制度是公民直接参与司法活动、行使陪审权的重要制度;公益诉讼体现了公民作为国家主人翁对社会公共事务的关怀和关心。应在制度层面逐步健全、完善这两种制度,使它们成为公民参与司法、参与诉讼的有效方式。在司法过程中,应该经常性地、制度化地听取和考虑民众意见,但又要力求避免被所谓“民意”挟持而影响裁判。特别在信息网络高度发达、民意反映和不实传言使网络信息错综复杂的今天,在加强司法民主化、大众化的同时,更要努力维护司法的严肃性和公信力。

三、加强对违法行为教育矫治制度中公安机关权力的制约监督。《意见》中提出要以违法行为教育矫治制度替代劳动教养制度,对此,我们深表赞同。现行劳动教养制度与我国宪法、法律和有关国际公约中人身自由不受侵犯的精神相冲突,缺乏充分的法律依据,而且由于公安机关在劳教案件中集“自侦自审自判自执”权力于一身,缺乏必要的监督制约,在实践中损害了我国法律的权威性。我们认为,教育矫治制度替代劳动教养制度,绝不能只是名称上的变化,必须极力避免劳动教养的弊端。建议在教育矫治立法时,从尊重和保障人权的高度出发,对限制公民人身自由的法定程序作出更为严格的规定,改变由公安机关完全主导的状态,避免继续出现变相剥夺人身自由的现象。

四、完善审判委员会制度。随着我国审判方式改革的不断深化,关于审判委员会制度的存废争论不断,我们认为,改革和完善这一制度势在必行。建议通过宪法规定和修订人民法院组织法有关条款,重新对审判委员会进行定位。从立法上明确其在实际活动中的组织方式、职权功能、基本运行程序,应享受和不享受哪些职权,具有和不具有哪些功能,遵循和禁止哪些程序等等,使其按照三大诉讼法的内容分别对刑事、民事、行政案件进行讨论并在法律规定的范围内行使。同时,改善审判委员会人员的组成,改变其讨论决定案件的运作方式,贯彻诉讼公开、直接的原则,并严格回避制度和错案责任追究。

五、加强法官人才队伍建设。基于法官人才缺乏的现状,我们建议,优化法官结构,尽快打通司法考试合格人员进入法官队伍的通道,吸引优秀律师转任法官,壮大法官队伍。同时增加法官的辅助工作人员,较大幅度减少法官工作量,使其集中精力做好案件的审判工作。此外,根据地方机构改革和干部年轻化的政策,现在基层法官往往 50 岁左右就已退居二线或离开审判岗位,但由于法律这门学科实践性很强,司法经验的积累有助于实现公正司法,他们的提前退出是对法官资源的浪费。建议首先保证基层法官按时退休,保留一批审判骨干来缓解法官短缺。在此基础上,根据法官职业特点,可适当延长退休年龄。

六、充分发挥司法机关在处理信访中的作用。信访问题涉及多个部门,其中司法部门职能尤为重要。实际上,现行信访制度的许多规定,凸现人治高于法治、行政权僭越立法权或司法权的问题。实践中,由于信访多是靠批示解决问题,被越来越多民众视为优于司法救济的一种特殊权利,导致大量社会矛盾涌向信访渠道而不是寻求法律途径,这有悖于依法治国的大方向。我们认为,必须树立司法最终裁判权威,增加对司法机关的资源投入,强化各级司法机关责任,由司法机关配合人大查办信访案件,要求司法机关限期答复受理的告诉和申诉案件,逐步引导社会矛盾通过司法途径解决,减少信访以及相伴的非法治行动。同时,积极整合各种信访资源,将信访的各种政治资源、人力资源、物质资源集中到各级人大,充分发挥人大监督一府两院的职能。

我们衷心希望司法部门始终坚持社会主义法治理念,始终坚持将依法治国作为司法体制和工作机制改革的基本方向,准确把握司法工作的特点和规律,以切实解决人民群众日益增长的司法需求与司法能力相对不足、水平相对不高的矛盾,在更高起点、更高层次、更高水平上推动司法工作。

在中国肝炎防治基金会理事会换届大会上的讲话

（2008 年 11 月 25 日）

各位理事、专家、同志们：

刚才，听取了上届理事会的工作总结和财务报告，根据有关规定选举产生了第三届理事会及其领导班子，老理事长何鲁丽同志给大家作了重要讲话，我们要在今后的工作中认真落实好。

大家知道医疗卫生事业是国计民生之大事，是落实科学发展观和构建和谐社会的内在要求，党的十七大报告提出“健康是人全面发展的基础”的重要论断，把人人享有基本医疗卫生服务作为全面建设小康社会的一项重要奋斗目标，把办好医疗卫生事业作为改善民生的一项重要内容，不仅深刻揭示了医疗卫生工作与经济社会发展的内在联系，也体现了党和政府坚持以人为本、全心全意为人民服务的根本宗旨，更加强调了医疗卫生与百姓生活的密切关系。

世界卫生组织早在 1978 年的《阿拉木图宣言》中提出“人人享有健康”的初级卫生保健目标，实现“卫生保健以人为本，达到身与心,人与制度的和谐状态”。今年初,国家卫生部提出实施“健康中国2020”战略,它是一个从现在起到2020年的卫生发展中长期规划,是提高全民族的健康素质,实现以“健康促小康”、以“小康保健康”的重大战略,是实现人人享有基本健康服务的行动计划,它把防治肝炎列为十大任务之第二,由此可见肝炎防治工作之重要。那么,作为中国肝炎防治基金会该怎样在国家卫生事业的大局中发挥应有的作用,怎样利用社会资金发展肝炎防治事业呢?

第一,要严格遵守基金会的法规制度。

基金会是以公益事业为己任,利用捐赠的财物开展活动的社会组织。随着社会的进步与发展,基金会的地位与作用日显重要,它不仅是开展公益活动为民造福的重要平台,而且是政府职能难以顾及的有效补充,在社会组织中最能体现社会关爱精神、自身运作较为复杂、公众关注度最强、社会期望值最高的一类组织。目前,我国的基金会组织已经进入规范、有序、科学管理的空前好的发展时期,我们一定要抓住难得的契机,努力把基金会建设好。我们中国肝炎防治基金会必须严格执行国务院颁布的《基金会管理条例》,作为这个基金会的理事会,必须严守中国肝炎防治基金会章程。《条例》和《章程》是我们行为的准则。不论是募集资金,还是开展项目。不论是理事会还是秘书处,都必须遵守国家法规、规章和政策,落实好卫生工作的方针政策和基金会管理条例,及时向国家有关部门请示汇报工作,得到上级的有力支持和检查指导,建设一流的基金会。

第二,要高度认清肝炎防治的严峻态势。

我国肝炎的防治形势十分严峻,仅乙肝病毒携带者就达近亿人,患者达2000多万人,每一分钟就有一个中国人死于因乙肝引起的肝癌及肝病变。还有丙肝等肝炎的发病率也相当高,可以讲肝炎是中国人的最大威胁和无声杀手,其数量之大、危害之深,既是一个严重的社会问题,更是一个突出的公共卫生问题。不仅影响国际形象,影响社会和谐与稳定,而且每年给国家造成2000多亿元的经济损失。虽然经过多年的科技攻关,我国对预防和治疗病毒性肝炎已经有了相当的实力。但是还有不少困难与问题,如政府投入不足,国民认识不高等。当然,这么大的事要靠政府和全社会的共同努力才能做好。但是,作为一个肝炎防治基金会在其中应发挥什么样的作用,大家要集思广益,多想办法。

第三,要充分发挥理事会的职能作用。

理事会就是要理事。大家能够担任理事是卫生部的信任,十分光荣。理事要很好地履行自己的权利和义务。理事会是基金会的决策机构,要及时开会行使法定的职权。我们基金会主要是通过募集资金与物资,配合政府肝炎防控规划的实施,开展基金会的项目,促进肝炎防治事业的发展。所以各位理事要发挥聪明才智,利用社会资源,不断拓展项目,募集资金,为基金会多做工作。今天我们同时调整加强了专家委员会,聘任了28位国内知名的专家。我们要大力支持专家的工作,各位专家要发挥自己的专业优势,带领本领域技术人员进行科技攻关,为有效遏制肝炎的流行与治疗提供技术支撑。前段时间,我向国家提出“防控肝炎科技工程”的建议,提出抓好“侵染”、“复制”、“发病”、“硬化”、“癌变”和“死亡”六个环节的关键技术攻关,借鉴“两弹一星”的组织形式,集中优势力量打胜这场硬仗,我相信各位专家能够在其中作出贡献的。

肝炎防治工作千头万绪,我们要抓住重点和薄弱环节,要有所为有所不为,为者必要做好。总结以往的经验,根据民众的需求,结合自己的优势,要重点开展好:一是要采取多种途径多样方式在民众中普及肝炎防治常识,提高人们怎么采取预防措施、怎么有病及时诊断治疗、怎么与患者和带毒者交往的认知能力,要科学地认识肝炎,正确地对待患者,切实做到会防、早治、不歧视;二是要坚持免疫预防为主,这方面过去已经取得了很大的成绩,要进一步扩大免费人群。国家卫生部正在考虑扩大到15岁以下的人员全部列入免疫接种计划,政府财力达不到的,我们要想办法做,比如能否对集体生活的大学生、农民工这些高危人群开展免费免疫接种,这部分人群数量很大,基金会的资金不可能做到,我们一方面可先在边远艰苦省区开展起来,为政府趟出路子,一方面积极向政府提出建议,根据国家财力尽早安排;三是要加大卫生队伍肝炎防治继续教育的力度,积极开展学术交流活动,补充、更新、完善卫生人员的肝炎防治理论与技能,为防治肝炎提供人才队伍和骨干力量;四是要积极探索对经济困难的肝炎患者进行救助治疗的路子。既要寻求募捐资金,又要选择救助的医疗单位,还要提出可行的收容途径和管理办法。

另外,基金会办事机构要加强组织计划统筹协调工作,建立健全各项规章制度,认真管好用好基金物资,建立基金会的监督与自律机制。尤其要重视对办事人员的能力素质培养提高,做到指导思想端正,业务工作熟练,办事认真细致,具有令行禁止,雷厉风行的作风。

大家推选我担任理事长,我很乐意。因为我们做的工作十分神圣而光荣,我们是在为人民大众服务,这是善事,这是积大德。

同志们,前两届理事会在何鲁丽理事长的领导下,为肝炎防治事业作出了很大成绩,我相信这一届理事会,将继承他们的优良作风,借鉴他们的有益经验,在国家有关部门的领导下,以邓小平理论和"三个代表"的思想为指导,认真贯彻落实科学发展观,团结一致,努力工作,为创建和谐社会,为我国的肝炎防治事业一定能够作出更大的贡献!

最后,祝大家身体健康! 工作顺利!

在“纪念改革开放30周年经济论坛”上的讲话

（2008年12月22日）

我国30年改革开放的历史贡献，突出反映为长期快速的经济增长，改革所释放出来的活力极大地促进了经济发展和社会进步，使我国从生存型社会进入了以促进人的全面发展为重点的发展型社会新阶段。我想对改革开放最好的纪念，就是进一步深化改革、扩大开放。

当前，我国面临一些新的突出矛盾，如经济快速增长与资源环境的矛盾，全社会公共需求与公共产品短缺的矛盾（医疗、教育、住房、社保），分配不公造成贫富差距越拉越大，民生欠账过多，以经济增长一俊遮百丑。因此，改革还要闯大关，从依赖难以预测的、充满风险的外需为主的经济发展模式，从单纯注重经济总量增长，转向注重人均实际购买力的增长，真正启动稳定持续的内需驱动型经济。惠及全民的社会改革已提到议事日程，能否抓紧实现战略调整与模式转型，决定着中国改革开放的前途命运。下一步如何深化改革，改革的内容是什么，谁来推动改革，谁人受益，谁人承担成本，如何平衡效率与公平，如何建立社会协商机制,如何调整心态,改变思维模式……都给新阶段的改革开放提出了重大而迫切的问题,是当前改革迫切需要回答的问题。讲三点意见:

一、保民生引领中国经济

当前在国际金融危机的背景下,正在形成之中的一个高度共识,就是我国的经济转型必须依靠扩大内需,这是我国最大的潜力和优势。这种战略取向中央多年前就提出来了,但由于30年来所形成的利益格局和路径依赖,一些地方受发展思维定式的束缚,保民生扩内需的制度安排没有得到应有的重视,消费就是生产的理念没有真正树立,内需对国民经济发展的贡献较小。主要原因不是缺乏消费需求,而是城乡居民收入水平偏低,后顾之忧太多,缺乏消费信心和消费能力。30年来,国民财富迅速持续增长,但居民收入在国民收入中所占比重、劳动所得在初次分配中所占比重,均明显偏低,特别是8亿农民收入与消费能力非常有限。一方面政府要痛下决心,偿还一批历史欠账,尽快建立健全社会保障制度,真正解除城乡居民在住房、医疗、养老等方面的后顾之忧,使其普遍有稳定、安全的预期,促使城乡居民敢于消费、理性消费,进而改善生活、提高生活质量。另一方面,尽快提高居民收入占国民收入的比重和劳动所得在初次分配中的比重,让劳动者劳有所得、劳有所值。针对当前的形势,国家确实需要通过加大对基础设施的投入来刺激经济增长,但不能只考虑短期增长而忽视对民生的投入和相关的制度建设。因此,有必要积极有力地推进收入分配制度改革,尽快扭转初次分配在劳资之间及不同群体、不同行业之间失衡的格局。同时,尽快构筑起符合国情,相对均衡的社会保障安全网,并通过这一制度安排来切实保障民生,这无疑是当前改善民生、刺激消费、促进增长的重大基础性工程(良性循环的工程),值得国家在4万亿投入中下大工夫。总之一句话,保民生不解决,可持续发展就是一句空话。

二、最大限度地增进改革共识,实现经济社会协调可持续发展

当前对改革开放存在的模糊认识的现象,并不少见,这与改革开放初期全民拥护改革有着很大的差异。一方面是由于以往改革开放确实未能让全体国民合理分享国家经济发展成果,部分工人、农民被边缘化了。但更为主要的原因是,计划经济的体制性障碍还未完全破除,渐进改革中的不足与缺漏,以及改革开放30年形成的路径依赖与利益格局等,形成了影响深化改革开放的体制性因素,这些问题是从发展中国家到发达国家过程中不可避免的共性问题。现阶段改革面临复杂的国内外环境,肩负的是双重任务,既要继续改革传统计划经济体制的遗留问题,又要对以往改革开放中的某些偏差进行纠正,还要弥补以往改革的不到位与失误,这显然更加复杂、更加艰难。因此,我们迫切需要在巨大的挑战面前凝聚新的共识。

一是妥善处理应对当前危机与推进经济发展战略转型的关系。一方面,要将保就业放在保增长、保民生的优先位置加以考虑。要真正理解就业是民生之本,当前特别要对特殊群体,如大

学毕业生、复转军人、返乡青年农民实行就业补贴，政府用钱补贴企业，使其降低用工成本，增加就业岗位。要避免出现高失业率，防止发生农民工大规模非自愿性返乡的历史倒退现象，杜绝劳动力市场再度被割裂。目前的返乡潮很值得关注，要研究对策，相当比例的农民是举家外出务工，土地已流转或转让，且订立了长期合同，土地纠纷不断；青年打工农民从小已习惯城市生活，思想观念也已城市化，不会做农活。农村社会矛盾已经突显，要防止激化酿成社会群体事件。如何解决，锦涛总书记在纪念改革开放30周年大会上提出了“三问”：问计于民、问需于民、问政于民。其中，“问需于民”是执其牛耳，这就需要调查研究后的真知灼见。吸纳农民工最多的沿海地区应该在保就业上承担责任。另一方面，国家在扩张投资的同时，应当将结构优化摆在重要位置，借此机会淘汰一批高消耗、高污染、低效率的产能，改造一批传统型企业，扶持一批高新技术产业、清洁环保产业、创造新的就业岗位，并通过免费培训适应产业升级。如果能够在应对危机的同时实现上述目标，则危机便会转变为经济新变革的机遇。

二是必须妥善处理政府干预与市场机制的关系，防止旧体制复辟和有缺陷的体制固化。应对经济危机离不开政府干预，尤其是应对这样波及全球的经济危机，即使是信奉市场机制的美国也不得不采取政府干预的手段，因此，政府通过扩张投资等手段来刺激消费、促进增长是必要的。然而，我国的市场经济改革还在进行之中，市场机制发育还不太成熟，而计划经济体制的障碍还仍然存在，影响着国民经济的健康发展和市场机制发挥正常作用。官本位的传统更是根深蒂固,如果在这场经济危机面前不恰当地造成政府干预经济权力的扩张,以及计划经济体制的复辟和那些有缺陷的体制机制固化,则无异于是历史的倒退。在加强政府宏观调控、政策引导的同时,必须切实防止借机强化行政垄断与行政干预,努力避免扭曲市场机制与市场规律的现象,切实防止好不容易建立起来的有效率的市场经济体制与市场机制遭受挫折,促使市场机制健康发展并真正全面走向成熟。

三是注重经济增长与社会事业的协调发展。现在人们对保经济增长有共识,对适时促进社会事业的发展意见不一。中外发展实践证明,只要经济社会发展失调与失衡的局面不改变,国家就不可能真正走向健康、持续、文明、和谐之路。而现阶段,包括教育、医疗卫生、社会保障、公共服务等在内的社会事业发展滞后,既限制了城乡居民消费需求,也不利于国民经济的增长与发展,应尽快扭转。各级政府需要改变社会事业是负担的旧观念(来得慢),树立社会事业也是创造并增加国民财富的重要途径的新观念,通过发展各项社会事业来满足城乡居民的生活保障与服务需求,改善和优化我国经济结构,并开拓广阔的就业空间。

三、在经济危机中要善于捕捉商机,开阔视野

目前,这场国际金融危机不仅本身尚未见底,而且其影响和冲击远远超过我们的预期。我国经济运行中的困难和不确定因素增加,经济下行财政收入下降压力加大。今年中央经济工作

会议提出保增长扩内需调结构的宏观目标，指出必须把保持经济平稳较快发展作为明年经济工作的首要任务。家宝总理最近在重庆考察又强调必须把扭转经济增速下滑作为宏观调控的最重要目标。

在这样的大背景下，我们应思考和探讨文化创意产业对经济增长、扩大内需、产业结构调整的意义和作用，并将大家脑力激荡之后收获的智慧和经验付诸实践，于国于民都极其有利。在这个特殊时期，我们要登高望远，积极作为，善于在危机中捕捉商机，在逆境中寻找市场，重视软实力对国家发展的促进作用，培育新的长期稳定的经济增长点。

文化创意产业已成为世界经济中的支柱产业之一，主要发达国家文化创意产业达到 GDP 10%，现在世界第一大产业不是钢铁，石油化工，而是文化。美国的影视业早就超过了它的航天工业，一部《泰坦尼克号》投资 17 亿，票房收入 120 亿美元。尤其值得注意的是，在经济危机中，文化创意产业相反迎来新的发展机遇和空间。美国三四十年代的大萧条，好莱坞崛起，票房多次飙升。九十年代亚洲金融危机，日本韩国文化产业崛起，两国政府为摆脱困境，对经济结构进行大规模调整，走上“以文化产业刺激内需、拉动出口”重振经济的道路。以动漫产业为核心的日本文化创意产业在全球一直处于领先地位，其产值占国内生产总值的比例节节高升，仅 2003 年销往美国的动画片总收入 43000多亿元，是出口到美国钢铁的 4 倍。而在亚洲经济危机中，韩国从依赖外需的教训中走出来，1998 年提出“文化立国”方针，调整传统产业结构，充分发挥文化产业对传统产业的带动效用。

网络游戏产业带动宽带网络普及,直接促进了电子商务在各个领域产业的发展,一种新的注重设计的创新文化渗透到各行各业,逐渐把“韩国制造”推向了“韩国创造”,成功进入了创新型国家行列,三星、LG 和现代汽车等著名公司在产业价值链上迈向利润的高端。韩国文化产业犹如一条泥鳅,将国民经济的整个鱼盆都搅得活蹦乱跳,可见软实力对一个国家发展的重要性。

在逆境中如何调整结构、找到市场,上述经验值得借鉴。文化是一个民族的灵魂,文化自觉是软实力的核心。我国文化在国际上的影响力和竞争力与我国五千年文明积淀的丰厚文化资源不相适应。应该看到发展文化创意产业的历史机遇和这一“软实力”对提升国家综合实力的巨大作用,要抓住机遇,形成有核心竞争力、有自主知识产权的本民族品牌的文化创意产业。在这方面应该认真研究,积极探讨,大胆实践,通过共同努力,使文化创意蓬勃发展。

同志们,几千年封建社会虽多次风起云涌,改朝换代,中国的历史却没有改变。而 30 年的一瞬间却改变了中国。改革开放是决定中国前途和命运的关键抉择,我们要十分珍惜过去 30 年的伟大成就和重要经验,这既是我们应对当前危机的重要资本,也是在深化改革条件下化解危机和实现经济社会持续健康发展的基石。

我期待这次论坛取得丰硕的成果,我祝愿本次论坛圆满成功!

在“保增长扩内需调结构与文化创意产业发展”高峰论坛上的讲话

（2008年12月26日）

各位来宾、朋友们：

大家上午好！值此辞旧迎新岁首交替之际，我们相聚在改革开放的排头城市、科学发展的先行城市——幸福江阴，讨论“保增长扩内需调结构与文化创意产业发展”，这是一个意义重大的问题，既关系到当前国民经济平稳较快发展的现实紧迫性，又涉及社会主义经济、政治、文化、社会以及生态文明建设总体布局的长远战略性。我很愿意就这个话题参与讨论。

我国30年改革开放的历史贡献，突出反映为长期快速的经济增长，改革所释放出来的活力极大地促进了经济发展和社会进步，使我国从生存型社会进入了以促进人的全面发展为重点的发展型社会新阶段。我想对改革开放最好的纪念，就是进一步深化改革、扩大开放。

当前，我国面临一些新的突出矛盾，如经济快速增长与资源环境的矛盾，全社会公共需求与公共产品短缺的矛盾（医疗、教育、住房、社保），分配不公造成贫富差距越拉越大，民生欠账过多。因此，改革还要闯大关，从依赖难以控制的、充满风险的外需为主的经济发展模式，从单纯注重经济总量增长，转向注重人均实际购买力的增长，真正启动稳定持续的内需驱动型经济。惠及全民的社会改革已提到议事日程，能否抓紧实现战略调整与模式转型，决定着中国改革开放的前途命运。下一步如何深化改革，改革的内容是什么，谁来推动改革，谁人受益，谁人承担成本，如何平衡效率与公平，如何建立社会协商机制，如何调整心态、改变思维模式……都给新阶段的改革开放提出了重大而迫切的问题，是改革闯大关要回答的问题。讲三点意见：

一、保民生引领中国经济

当前在国际金融危机的背景下，正在形成之中的一个高度共识，就是我国的经济转型必须依靠扩大内需，这是我国最大的潜力和优势。这种战略取向中央多年前就提出来了，但由于30年来所形成的利益格局和路径依赖，一些地方受发展思维定式的束缚，保民生扩内需的制度安排没有得到应有的重视，消费就是生产的理念没有真正树立，内需对国民经济发展的贡献较小。主要原因不是缺乏消费需求，而是城乡居民收入水平偏低，后顾之忧太多，缺乏消费信心和消费能力。30年来，国民财富迅速持续增长，但居民收入在国民收入中所占比重、劳动所得在初次分配中所占比重，均明显偏低，特别是8亿农民收入与消费能力非常有限。一方面政府要痛下决心，偿还一批历史欠账，尽快建立健全社会保障制度，真正解除城乡居民在贫困、疾病、养老等方面的后顾之忧,使其普遍有稳定、安全的预期,促使城乡居民敢于消费、理性消费,进而改善生活、提高生活质量。另一方面,尽快提高居民收入占国民收入的比重和劳动所得在初次分配中的比重,让劳动者劳有所得、劳有所值。针对当前的形势,国家确实需要通过加大对基础设施的投入来刺激经济增长,但不能只考虑短期增长而忽视对民生的投入和相关的制度建设。因此有必要积极有力地推进收入分配制度改革,尽快扭转初次分配在劳资之间及不同群体、不同行业之间失衡的格局。同时,尽快构筑起符合国情,相对均衡的社会保障安全网,并通过这一制度安排来切实保障民生,这无疑是当前改善民生、刺激消费、促进增长的重大基础性工程(良性循环的工程),值得国家在四万亿投入中下大功夫。总之一句话,保民生不解决,可持续发展就是一句空话。

二、最大限度地增进改革共识,实现经济社会协调可持续发展

当前对改革开放存在的模糊认识的现象,并不少见,这与改革开放初期全民拥护改革有着很大的差异。一方面是由于以往改革开放确实未能让全体国民合理分享国家经济发展成果,部分工人、农民被边缘化了。但更为主要的原因是,计划经济的体制性障碍还未完全破除,渐进改革中的不足与缺漏,以及改革开放 30 年形成的路径依赖与利益格局等,形成了影响深化改革开放的体制性因素,这些问题是从发展中国家到发达国家过程中不可避免的共性问题。现阶段改革面临复杂的国内外环境,肩

负的是双重任务，既要继续改革传统计划经济体制的遗留问题，又要对以往改革开放中的某些畸形改革进行再改革，还要弥补以往改革的不到位与失误，这显然更加复杂、更加艰难。因此，我们迫切需要在巨大的挑战面前凝聚新的共识。

一是妥善处理应对当前危机与推进经济发展战略转型的关系。一方面，要将保就业放在保增长、保民生的优先位置加以考虑。要真正理解就业是民生之本，当前特别要对特殊群体，如大学毕业生、复转军人、返乡青年农民实行就业补贴，政府用钱补贴企业，使其降低用工成本，增加就业岗位。要避免出现高失业率，防止发生农民工大规模非自愿性返乡的历史倒退现象，杜绝劳动力市场再度被割裂。目前的返乡潮很值得关注，要研究对策，相当比例的农民是举家外出务工，土地已流转或转让，且订立了长期合同，土地纠纷不断；青年打工农民从小已习惯城市生活，思想观念也已城市化，不会做农活。农村社会矛盾已经突显，要防止激化酿成社会群体事件。如何解决，锦涛总书记在纪念改革开放30周年大会上提出了“三问”：问计于民、问需于民、问政于民。其中，“问需于民”是执其牛耳，这就需要调查研究后的真知灼见。农民工对沿海地区经济社会发展的贡献不可磨灭，不能招之即来，挥之即去。吸纳农民工最多的沿海地区应该在保就业上承担责任。另一方面，国家在扩张投资的同时，应当将结构优化摆在重要位置，借此机会淘汰一批高消耗、高污染、低效率的产能，改造一批传统型企业，扶持一批高新技术产业、清洁环保产业、创造新的就业岗位，并通过免费培训适应产业升级。如果能够在应对危机的同时实现上述目标，则危机便会转变为经济新变革的机遇。作为自主创新的品牌城市,江阴在这方面有许多好的经验,值得学习和推广。

二是必须妥善处理政府干预与市场机制的关系,防止旧体制复辟和有缺陷的体制固化。应对经济危机离不开政府干预,尤其是应对这样波及全球的经济危机,即使是信奉市场机制的美国也不得不采取政府干预的手段,因此,政府通过扩张投资等手段来刺激消费、促进增长是必要的。然而,我国的市场经济改革还在进行之中,市场机制发育还不太成熟,而计划经济体制的障碍还仍然存在,影响着国民经济的健康发展和市场机制发挥正常作用。官本位的传统更是根深蒂固,如果在这场经济危机面前不恰当地造成政府干预经济权力的扩张,以及计划经济体制的复辟和那些有缺陷的体制机制固化,则无异于是历史的倒退。在加强政府宏观调控、政策引导的同时,必须切实防止借机强化行政垄断与行政干预,努力避免扭曲市场机制与市场规律的现象,切实防止好不容易建立起来的有效率的市场经济体制与市场机制遭受挫折,促使市场机制健康发展、并真正全面走向成熟。

三是注重经济增长与社会事业的协调发展。现在人们对保经济增长有共识,对适时促进社会事业的发展意见不一。中外发展实践证明,只要经济社会发展失调与失衡的局面不改变,国家就不可能真正走向健康、持续、文明、和谐之路。而现阶段,包括教育、医疗卫生、社会保障、公共服务等在内的社会事业发展滞后,既限制了城乡居民消费需求,也不利于国民经济的增长与发展,应尽快扭转。各级政府需要改变社会事业是负担的旧观念(来得慢),树立社会事业也是创造并增加国民财富的重要途径的新观念,通过发展各项社会事业来满足城乡居民的生活保障与服务需求,改善和优化我国经济结构,并开拓广阔的就业空间。

三、在经济危机中要善于捕捉商机,开阔视野

目前,这场国际金融危机不仅本身尚未见底,而且其影响和冲击远远超过我们的预期。我国经济运行中的困难和不确定因素增加,经济下行财政收入下降压力加大。今年中央经济工作会议提出保增长扩内需调结构的宏观目标,指出必须把保持经济平稳较快发展作为明年经济工作的首要任务。

在这样的大背景下,我们来思考和探讨文化创意产业对经济增长、扩大内需、产业结构调整的意义和作用,并将大家脑力激荡之后收获的智慧和经验付诸实践,这是一件于国于民极其有利的大好事情。论坛主办方经济日报社和江阴市委、市政府在这个特殊时期,能够登高望远,积极作为,善于在危机中捕捉商机,在逆境中寻找市场,重视软实力对国家发展的促进作用,培育新的长期稳定的经济增长点,表现出了超前的智慧和勇气,对此深感敬佩。我也对江苏省和无锡市大力提高文化软实力,通过文化创意产业发展促进经济社会转型所作出的贡献表示感谢!

文化创意产业已成为世界经济中的支柱产业之一,主要发达国家文化创意产业达到 GDP 10%,现在世界第一大产业不是钢铁,石油化工,而是文化。美国的影视业早就超过了它的航天

工业,一部《泰坦尼克号》投资17亿,票房收入120亿美元。尤其值得注意的是,在经济危机中,文化创意产业相反迎来新的发展机遇和空间。美国三四十年代的大萧条,好莱坞崛起,票房多次飙升。九十年代亚洲金融危机,日本韩国文化产业崛起,两国政府为摆脱困境,对经济结构进行大规模调整,走上“以文化产业刺激内需、拉动出口”重振经济的道路。以动漫产业为核心的日本文化创意产业在全球一直处于领先地位,其产值占国内生产总值的比例节节高升,仅2003年销往美国的动画片总收入43000多亿元,是出口到美国钢铁的4倍。而在亚洲经济危机中,韩国从依赖外需的教训中走出来,1998年提出“文化立国”方针,调整传统产业结构,充分发挥文化产业对传统产业的带动效用。网络游戏产业带动宽带网络普及,直接促进了电子商务在各个领域产业的发展,一种新的注重设计的创新文化渗透到各行各业,逐渐把“韩国制造”推向了“韩国创造”,成功进入了创新型国家行列,三星、LG和现代汽车等著名公司在产业价值链上迈向利润的高端。韩国文化产业犹如一条泥鳅,将国民经济的整个鱼盆都搅得活蹦乱跳,可见软实力对一个国家发展的重要性。

在逆境中如何调整结构、找到市场,上述经验值得借鉴。从江阴制造到江阴创造,文化是一个民族的灵魂,文化自觉是软实力的核心。我国文化在国际上的影响力和竞争力与我国五千年文明积淀的丰厚文化资源不相适应。应该看到发展文化创意产业的历史机遇和这一“软实力”对提升国家综合实力的巨大作用,要抓住机遇,形成有核心竞争力、有自主知识产权的本民族品牌的文化创意产业。希望大家在这方面认真研究,积极探讨,大胆实践,让文化激发文化产业活力窗让文化激发,让文化创意蓬勃发展。

同志们,几千年封建社会虽多次风起云涌,改朝换代,却没有改变历史。而30年的一瞬间却改变了中国。改革开放是决定中国前途和命运的关键选择,我们要十分珍惜过去30年的伟大成就和重要经验,这既是我们应对当前危机的重要资本,也是在深化改革条件下化解危机和实现经济社会持续健康发展的基石。

我期待这次论坛取得丰硕的成果,祝愿本次论坛圆满成功!

关于启动“防控肝炎科技工程”，有效遏制病毒性肝炎流行的建议

——给科技部的建议

（2008 年）

全国政协副主席、民盟中央常务副主席张梅颖反映：目前，我国病毒性肝炎疫情仍然十分严重，全国约 1.2 亿人携带病毒性肝炎病毒，病毒性肝炎患者高达 2000 多万人，被国际舆论称为“肝炎大国”，不仅影响国际形象，而且每年造成近 2000 亿元的经济损失。经过多年的科技攻关，我国对预防和治疗病毒性肝炎已经有了很好的工作基础，为此，我建议在“十一五”规划中尽快启动“防控肝炎科技工程”，采取“两弹一星”的工作方式，集中全国优势力量，从“六个环节”进行科技攻关，为有效遏制病毒性肝炎的流行提供技术支撑。

一、把防治病毒性肝炎的科技攻关，列为“十一五”科技计划重大传染病专项的重点内容

国务院发布的《国家中长期科学和技术发展规划纲要

(2006～2020年)》,已经把重大传染病防治作为16个重大专项之一。建议在《规划纲要》实施过程中,对病毒性肝炎防治的科技攻关给予特别的重视,作为最重要的内容之一给予支持。同时组织各方面力量,专门研究制定《防治病毒性肝炎科技攻关实施方案》,提出科技攻关目标、任务、主要内容与关键技术,确定实施方案,集中全国的优势力量,吸收国际上的先进成果,力争在"十一五"期间,使我国防治病毒性肝炎的科技工作取得重大突破。尽早摘掉"肝炎大国"的帽子。

二、在防治病毒性肝炎的科技攻关中建议重点抓好"六个环节"

防治病毒性肝炎的科技攻关,必须针对病毒性肝炎的发病机理和病理过程确定研究重点与目标,建议集中力量,突出抓好"侵染"、"复制"、"发病"、"硬化"、"癌变"、"死亡"等"六个环节"关键技术的攻关,力争取得重大突破。

(1)"侵染环节"就是控制肝炎病毒对健康人的侵染。一方面,要建立健全更加科学、高效的公共卫生体系,推广使用预防性疫苗,减少并控制病毒感染人体;另一方面,要在现有疫苗的基础上进一步改进,研制保护效果更好、成本更低的预防性疫苗,简化疫苗免疫规程,为大幅度提高预防性疫苗的接种率提供技术保障。

(2)"复制环节"就是控制病毒在人体内的复制。通过使用药物和治疗性疫苗,使肝炎病毒不能在携带者体内复制或将人体内的病毒载量控制在不发病的范围内。要研制效果更好和价格更低的抗病毒药物和生物治疗手段;针对病毒复制研制新型抗病毒药物;大力推进能够控制肝炎病毒在体内复制的治疗性疫苗研发。我国在这方面已经有了很好的基础,只要加强攻关,有可能在2010年前后使治疗性乙肝疫苗上市。

(3)“发病环节”就是控制受感染者的发病率。对于那些体内病毒载量比较高的携带者,采用保肝等措施,尽量使其不发病。

(4)“硬化环节”就是控制病毒性肝炎患者的肝纤维化和肝硬化的发生。通过开展病毒引起的肝纤维化和肝硬化机制研究,研制应对肝纤维化和肝硬化发生的药物或生物治疗手段;通过使用药物或生物治疗等干预措施,尽量降低肝纤维化的发生,或扭转已经发生的肝纤维化,进而降低发生肝硬化的可能性。

(5)“癌变环节”就是控制已经发生肝纤维化或肝硬化的患者的癌变发生率。通过肝纤维化或肝硬化癌变的机理研究,利用基因组学和蛋白组学的研究成果,寻找应对癌变的治疗药物或生物治疗方案,降低癌变发生率。

(6)“降低死亡”就是控制肝癌转移率和死亡率。开展癌变早期预警研究与早期诊断,力争尽可能早地做到“早发现,早治疗”;除了继续进行放化疗和肝移植手段研究,以提高疗效和降低治疗成本外,还应大力开展干细胞治疗、组织工程化肝组织、生物型人工肝等研究,以寻找更加有效的生物治疗手段,降低肝癌病人的转移率和死亡率、降低致死性的肝肾综合征的发生率,延长患者寿命;研发更加有效、依赖性更小的镇痛药物,减轻晚期癌症患者的疼痛,改善生活质量。

三、建议借鉴“两弹一星”的组织方式，集中优势力量打硬仗

鉴于病毒性肝炎的流行对经济发展、社会稳定有重大的影响，张梅颖建议成立由多部门组成的领导小组，并组建专家组，针对上述六个环节组织相应的六个研究团队，像组织“两弹一星”、载人航天科技攻关一样，组织跨部门、跨行业、跨地区的协同攻关组。

1. 成立领导小组。建议像防治艾滋病一样，成立由科技部、卫生部、国家中医药局、国家药监局、中科院等多部门负责同志组成的领导小组，负责确定病毒性肝炎防治体系的目标与任务，保障科技攻关与试验示范的条件，并督促、检查有关工作。

2. 成立专家组。建议聘请国内外著名专家组成总体专家组，提出科技攻关的方向、重点与关键技术，负责指导、监督科技攻关工作。

3. 针对“六个环节”组建六个科技攻关小组。建议通过竞争的方式选择，集中全国的优势力量组成六个科技攻关小组，科技攻关小组要由从事基础医学、临床医学、疫苗和药物开发、公共卫生等多方面的专家组成，加强不同学科之间、不同研究机构之间的合作与配合，切忌研究工作各自为政、重复分散。

4. 建立专门的研究基地。发挥社会主义集中力量做大事的制度优势，遴选一二个基础比较好的研究单位，建立针对病毒性肝炎的具有国际一流水准的研究基地，抽调全国最优秀的研究力量集中攻关，力争取得重大突破。

5. 建立示范医院。为了更好地开展有关临床方案的研究工作，以及推广有关新药和临床研究成果，建议根据我国病毒性肝炎的分布、行政区划分等情况，在现有传染病医院或肝炎专科医院的基础上设立 2 ~ 3 个示范医院。

总之，目前我国病毒性肝炎的疫情仍然十分严峻，严重威胁着人民健康和病毒携带者的就业及家庭幸福，影响社会和谐与稳定。经过多年的努力，我国在防治病毒性肝炎科技工作中已经取得了许多成果，有了很好的工作基础，只要国家重视，加大科技攻关力度，一定能够取得重大突破，为有效遏制病毒性肝炎作出重要贡献。

附录

访谈·报道

小崔会客

（2008 年 3 月 3 日）

崔永元：各位朋友好，欢迎收看两会特别节目《小崔会客》。我们今天请到的客人是全国政协副主席、民盟中央第一副主席张梅颖，让我们用热烈的掌声欢迎她。

张梅颖：小崔好。

崔永元：您好，您请坐。

张梅颖：各位来宾，大家晚上好。

崔永元：您看您是全国政协副主席。

张梅颖：第十届。

崔永元：第十届全国政协副主席，非常高兴，我是第十一届全国政协委员，是一个新的委员，向主席来报到。

张梅颖：那我先欢迎你加入我们全国政协这个大家庭，好不好？

崔永元：谢谢您。其实我加入了就是高兴，但是其实政协做什么，我还真不是特别清楚，所以我想向您请教，一个政协委员，全国政协委员，它不光是一个很高的荣誉吧，还应该具体地为老百姓做事。

张梅颖:那当然。

崔永元:您告诉我政协委员能做什么?

张梅颖:政协主要有三项职能,一个是政治协商,这种有序的政治参与的协商,每次政协大会就是一个协商会,还有参政议政,民主监督,三项职能。

崔永元:您今天来的身份同时是民盟中央的第一副主席,我不知道在您开始谈话的时候,您想从哪儿谈起,但是不管从哪儿谈起,我想先跟您介绍我今天请到的两位朋友,一个是我的同事敬一丹,她同时是……

张梅颖:这是我们的老政协委员了。

崔永元:她现在是全国人大代表。

张梅颖:这届换到人大了?

敬一丹:对。

崔永元:还有三联生活周刊的副主编李鸿谷先生,欢迎你。您是愿意从政协谈起还是民盟谈起?

张梅颖:都可以,但是我想因为身在民盟第一副主席,所以抓工作主要还是从民盟,从党派这个角度来抓工作的。我想今天我这个开场白是想从我们民盟的老主席费孝通教授,他曾经讲过一段话,一个政党在一段历史时期里头做什么,不是政党自己定位,是时代定位,什么样的时代?我清楚地记得五年前在十六大刚刚闭幕,一个月之内,胡锦涛总书记就到八个民主党派走访,我记得到民盟那天下着大雪,他踏雪走访民盟,我想总书记一行人带来了很丰富的政治信息,第一,要推动我国社会主义民主政治的建设，在新时期，要推动民主建设。第二就是在全面建设小康这样的大背景下，全面建设小康不是一件容易的事儿，统战工作放到了非常重要的位置。第三个给我们的信息，就是作为参政党，将有一片新的天地，就是要有作为。第四个就是我们要问我们自己准备好了吗，因为总书记走了以后，我到费老家去看望费老，费老也知道了这个消息，一进门费老就问我，准备好了吗，我还有点丈二和尚摸不着头脑，什么事儿，忽然想起来，问的是这件事情。所以这是十六大以来，整个这个时代的变化，对于参政党来讲，如何自己定位，就应该很清楚了。

对于我们民盟中央来讲，这五年也是我们历史上最好的五年之一。我的记忆中，这五年由民盟中央直接上书中共中央国务院的就有 20 件，都得到了很强有力的批示和推动，基本上是落实了。

崔永元：提出建议，必须要在调查研究的基础之上，我们先来看看您这两年调研的情况。

2005 年 8 月，全国政协副主席，民盟中央第一副主席张梅颖在青海考察青海湖流域及周边地区环境生态环境及治理情况。

2006 年 8 月，张梅颖率全国政协委员视察团 1 日抵达青藏铁路起始端青海省西宁市，沿青藏铁路进行为期 8 天的视察。

2006 年 6 月，张梅颖率全国政协视察团在山东多个城市视察“城市医疗体制改革”情况。

2006 年 11 月，张梅颖到国家海洋局视察工作，听取了海洋工作汇报，并就我国海洋事业发展中的若干战略性问题，与国家海洋局领导进行了座谈。

2006 年 2 月,全国政协副主席、民盟中央常务副主席张梅颖率调研组到万州,对三峡移民后扶工作和经济社会发展情况进行了考察调研。

2007 年 12 月,全国政协副主席、民盟中央第一副主席张梅颖率领民盟中央考察团,对成都统筹城乡发展、推进试验区建设进行考察调研。

2006 年 5 月,以全国政协副主席张梅颖为顾问,全国政协常委陈清泰为组长的全国政协经济委员会专题调研组,在西安调研"企业自主创新的体制与机制建设"。

崔永元:马不停蹄,张主席,我说话比较直接,就因为这出的名,下面提的问题可能有些不太好听,希望您能原谅。其实有这么多考察和调研,有人说其实就是面上的事儿,因为政协或者民盟中央的调查团规格比较高,地方上会好好接待,然后走马观花,吃点好东西,拿点礼品就回来了。您说说真正的调研是怎么进行,是不是像传说的这样?

张梅颖:这绝对不是的,起码的社会责任感,在政协也好,在人大也好,不是一个荣誉,起码的社会责任感,我们调研是很吃苦的,比如就说到青海湖去吧,根本不敢喝水,因为路太长了,那个路从一个地方到另一个地方可能要走四个小时,周围都是戈壁,要想找洗手间是肯定没有的,特别是 8 月 2 号去的,那时候非常热,因为紫外线很强,突然来一阵乌云,马上我们就要穿上军大衣,下雨了,穿军大衣,特别是在沙漠中走,还是很辛苦的,我这个老太太到四千多公尺高,像若尔盖草原,很多比我年轻的都缺氧都走不动了,我还是往前走,这个考察不仅要动脑子,也有很多体力,但是最重要的还是动脑子。

崔永元:这种考察团和由专门人员组成的考察团有什么不一样,或者相应部门的比如林业部组织的或者农业部组织的,这跟那有什么不一样?

张梅颖:是不一样,当然我们考察的时候也都带一些像部委有关方面的领导,也带一些有关方面的专家,因为我们纯粹是外行,我带队一会儿到这儿,一会儿到那儿,好像膏药到处都贴,当然我们要借用很多人的大脑,在这以前,我们自己也要做功课,看大量的文献,看大量的资料,就拿青海湖来说吧,我走以前整个把青海湖调研了一遍,开座谈会,当然我们自己看文献比较多了,开一些专家座谈会,这样我们是有备而来,当然我们和部门不一样,和专家也不一样,我们是一个参政党,我们到底有哪些优势,我们比较超脱,没有部门利益,看问题比较客观。

崔永元:超脱是不是意味着比较敢说话?

张梅颖:那是,因为超脱嘛,没有自己的利益,都是考虑国家的利益和人民的利益,那就要站在人民的立场上该说什么说什么。

崔永元:无论是民盟中央的考察团,还是政协的考察团,一年可能就去人家那儿一次,然后人家都是礼貌地迎送,有必要把话说得不好听吗?

张梅颖:这是两码事,我们当然希望最好轻车简从,越简单越好,因为主要是要去看,我想我们每次看到的情况都是很真实的。

崔永元:我这儿有在四川考察湿地的时候张主席说的一些

话，大家可以听听有多冲。她说贵州省就是在财政还很困难的情况下，把退耕还林的管护配套经费安排到位，相比之下，四川在这方面的工作就有差距，这是在四川说的。

张梅颖：别说了。

崔永元：不让说了？您看批评完了人家还要在那儿吃晚饭呢，您是怎么想的？其实就算不是考察团，就是私下聊天这些话都很严厉了。

张梅颖：对。

崔永元：是因为真的着急是吧？

张梅颖：着急。我觉得要提高一个认识，一个就是现在大家都知道全球气候变暖，气候变暖和我们人为的行为，这个要认识清楚，我记得我调查很多地方，走到哪儿，看到他们环境有破坏，而且从上到下的领导给我介绍，第一句话都是，由于世界气候的变暖，我说这气候变暖成一个框了，你有什么不当的行为，都可以搁到这里面去，不对的，气候变暖确实有，正因为气候变暖，我们人类的行为更要注意。

崔永元：您说第一句话他说由于气候变暖，第二句话我都知道说的什么，由于经费缺乏。

张梅颖：对。

崔永元：您能帮忙吗这样的事儿？

张梅颖：那倒是。

崔永元：张主席，我们这个现场特别自由开放，哪个朋友有问题随时可以提。敬大姐和李鸿谷是不是也有问题要问？

李鸿谷：是，我的问题是这样的。比如说作为政协或者作为民盟，你们的考察跟青海省政府或者青海省的专家或者说国家林业局的专家对青海湖考察的差异在哪里？作为民主党或作为政协，你刚才讲了最重要的是参政议政，这是我们的好奇心。

张梅颖：为什么我们要到青海？当地关注很多年，呼吁很多年了。政党和政党之间，比如参政党和执政党之间，因为我总想到最后再讲一下我们的优势是什么，它是直通的，比如作为一个参政党的建议，都是事关国计民生大问题的，这些建议上去以后是很规范的，就是作为执政党有关部门，它一定要来。

崔永元：高度重视。

张梅颖：高度重视，如果你提的是对的，要采纳，要落实，反馈。

崔永元：每一个都要有反馈是吗？

张梅颖：对，这个在国家部门各省都做不到，所以为什么现在很多省就邀请民主党派，好多国家部委邀请民主党派，给我们做一个什么什么，可能他们关注了很多年，提了很多年，还没有提上议事日程。

李鸿谷：我可不可以这样理解，就是您和政协或者民主党派的调研，它最后的结果是什么？可能形成国家项目？

张梅颖：对。

李鸿谷：形成国家项目的背景是什么？可能是中央财政能够转移支付。

张梅颖：对，实际上其实中央部委对这些问题也是关注多少年，但是国家财政还得有先有后，我们只是促进了一下，我想我们是促进了一下。

崔永元：林业局的朋友补充。

张梅颖：去年，我得到了反馈，青海湖治理，国家给了15.67亿元，综合治理，当然这是到2020年，反正是一段时间里，但是我很高兴是哪儿呢？这么一个重要的湖泊，终于在国家层面着手治理它、保护它，很高兴，觉得很有收获。

崔永元：这个就是调研真正起了作用。

张梅颖：对。

崔永元：后来他们就老给您打电话，说什么时候还来？

张梅颖：后来我又去了两次，我一共去了四次青海吧。

崔永元：您觉得有变化吗？青海湖。

张梅颖：没有那么快，青海湖绝对太美了，那五光十色，太阳一照。

崔永元：您别再宣传了，再宣传那儿人类活动就更频繁了。张主席我想知道这些选题是怎么确定的。

张梅颖：选题也是政党参政议政，选题也是一个很关键的，你选不好题，你说你在那儿瞎吵吵什么呀，人家都挺忙的。因为我们民盟从中央到地方有很多组织，当地我们的民盟组织，民盟青海省委关注青海湖很长时间了，我们觉得这个问题不是省里的问题，是决策层的问题，应该把这个问题拿到上面来，所以我们就选择了这么一个题。同样我们到四川若尔盖草原，到四川考察退耕还林和草原湿地，也是由四川省提出来的，去年跟我谈，两会的时候跟我谈，说张主席，有两个问题你得关注，我说哪两个问题，他说一个是退耕还林问题，他说今年有的五年了，有的八年了，过去退耕还林刚刚开始的时候，就说是五年或者八年，马上到了，到了怎么办？如果退耕还林的后续一些政策解决不好，辛辛苦苦种的林子可能要保不住，希望我们去看一看、走一走，还有一个就是若尔盖湿地，湿地在沙化，当时看了以后，我挺有感触的。

崔永元：您这次考察方式也特别科学，把国家林业局的人也带去了。

张梅颖：林业局的带去了，发改委的带去了，科技部的、水利部的，还带了一些专家。

崔永元：这是什么意思呢？现场办公？

张梅颖：不能这么说，因为他们是专门管的嘛，有时候我跟他们开玩笑，我说屁股决定脑袋，你们对问题有你们的看法，我们对这些问题我们可能有我们的看法，但是我们这次要取得共识，一路走我们一路商量，很多问题也取得了共识。

崔永元：这样也可以让效率提高。

张梅颖：效率提高，而且提的问题，我们将来提的建议，起码是比较在行，而且说老实话，在近期可以操作，你别提了半天不能操作，所以有这些部委在还是很有好处的。

崔永元：林业局的朋友有补充。

鲍达明：我也是陪同张主席考察四川若尔盖湿地的，我有一个深切的感受，这么多年来，政协的考察对我们的工作是很大推动，为什么推动呢？这次若尔盖的事情，还有以前韩启德主席考察三江源的事情，还有你们搞的长江中游的湿地考察、东北湿地考察、广西湿地考察，其中提了很多建议，比如说搞湿地立法的建议，搞国家工程的建议，还有就是加强科技支撑的建议，这些建议对我们的工作触动非常大,现在国家湿地立法这个进程进展得非常快,国家工程的事情2005年的时候国务院已经批准了,现在正在跟国家十一五规划同步实施,这类的工作国家各部委,本来我们可能也在考虑,也在做,但是如果没有政协参政议政来推动,这个步伐可能要慢得多,可以说这样,中央很多事情,挑什么事情来做,政协通过各种渠道,他知道了,他给你挑出来了,然后拿到中央的决策层,可能马上就能执行去,所以我是有感受,我觉得对工作促进是非常大的一件事情。

崔永元:您刚才说的青海湖、湿地,这些考察,因为跟环保有关,都是热门,有些冷门好像您也很关注,比如2005年7月视察北京海淀工读学校,我们请肖校长先介绍一下,张主席那天去的时候孩子们也特别高兴,很激动。

肖建国:张主席到我们学校去过两次,第一次就在2005年,第二次去的时候,是刚从外省市考察回来下飞机直接奔学校。

崔永元:我知道一个细节,张主席去的时候,拥抱了一个工读学校的孩子。虽然是一个很小的动作,但是对那个孩子影响特别大。

崔永元:小冬老师就是班主任。

肖建国:杨老师就是班主任。

崔永元:很年轻我看。

杨小冬:我是1998年来的,干了十年了。

崔永元:十年了。

张梅颖:一级教师。

崔永元:你毕业的时候有别的选择吗?

杨小冬:我 1998 年毕业,当时北京,包括成都,有好几所学校到重庆那边去招老师,我说当时我觉得最清楚当时我们的副校长说北京有第一所工读学校,我说工读肯定是比较调皮捣蛋的孩子,我说这可能跟自己的个性有一定的吻合的地方,所以我当时晚上就把合同签了,到北京来了。

崔永元:你喜欢挑战是吧?

杨小冬:我觉得在咱们学校跟孩子待在一块挺有刺激性的。

崔永元:那些孩子是不是心地很好?

杨小冬:我可以用一句话来形容,就是需要拯救心灵的好孩子。

张梅颖:那你们也是人类灵魂的工程师。

杨小冬:谢谢。

崔永元:这里面还发生了好多故事,张主席捐钱什么的,不让说,咱就不说了这个事儿。

杨小冬:我觉得很有必要说一说,因为我觉得在咱们学校,应该说现在很重要的就是一种爱,如果作为一个比较有名的人,对咱们学校的某一个学生进行关注,可能对他的成长会产生很大的影响。比如说 2005 年的那个孩子,跟我一块到香港去,因为家里面父亲患病,经济比较困难,当时张主席到我们那儿去调研之后,资助了那孩子,跟我一块到香港去,这孩子因为原来在我们学校一直从事广播工作,现在到国家级的重点职高上商务英语,进步挺快的,而且是他们班上的班干部,这一次据说今年被评为了海淀区优秀班干部,这是我在以前从来没有想到过的,今天早上九点钟,很准时,我去跟这个孩子又见了一面,现在一米七二的个,长黑了,还有好像小胡子也长出来了。

崔永元:我找到了当时他给张主席写的信,我随便念两句。

张梅颖:今天又来了一封信,今天他说杨老师要跟我能见面,他又来了一封信,我看了以后也是很感动。

崔永元:我觉得他写得特别诚恳,说当我知道您用自己的钱资助我去香港的时候,我真的有想哭的感觉,那是感激和激动的泪水,在香港的那几天我感受到了那里的文明,感受最深的是,我自身的一些缺点和毛病应该早些改掉,对这个孩子真的是有帮助。而且他说,期中考试我在全年级排第九名,到期末考试我取得了全年级第四名,全班第二名,还担任了校广播站的节目主持人,本学期拿到了好几张奖状,由于主持节目认真负责,还获得了金话筒奖,跟敬大姐一样。

崔永元:刚才现场已经有好多问号了。

敬一丹:我还有一个问题,民盟好像对教育的关注,它关注到教育的各个方面,特别多,过去我也曾经采访过一些民盟的政协委员,包括民盟作为党派提出的提案,比如说关注农民工子弟,我在采访的时候,其实我自己也在关注,但是同时我心里也有一个问号,有好多问题,政协委员关注了,民主党派关注了,但这些事情解决起来显得特别考验我们的耐心,我就想民盟那么多政协委员对教育的关注是靠什么能够持续那么长的时间?

张梅颖:我想从界别上来看,民盟是教育界的,比如我们基础教育研讨,每年一次,坚持二十多年到现在,每年一次,始终关注一个,比如始终关注一个教育均衡,我老说我们位置超脱,看问题可能角度不同,所以要互补,当国家经费不足的情况下,就是举办教育的地方,那怎么办?搞重点教育,搞重点中学,搞重点小学,经费不足,我就搞几所,但是民盟二十多年来一直在提均衡,你钱不多的情况下,你给薄弱学校,因为这是义务教育,大家应该有同样的权力来享受,一直坚持到现在,前年大会发言了,下来以后很多人,确实现在在慢慢改,我们国家有很多省市已经改了,取消重点小学了,小学重点什么重点?最后还形成好多择校、乱收费、腐败都出来了,全是搞这个搞的,本来应该均衡,我觉得我们的耐心很大的,每年提,直到落实为止。

敬一丹:就显得非常执着。

张梅颖:执着。

敬一丹:有关教育的提案,例如哪个几乎是年年提的?

张梅颖:教育均衡,义务教育是每个孩子应该同在蓝天下,孔夫子讲,有教无类也。有教无类,所以有很多人说一切为了孩子,为了孩子的一切,我们认为,应该是为了一切孩子。

崔永元:有教无类的意思就是教育不应该分重点非重点。

张梅颖:对,两千年前的孔老夫子都已经看到了这个问题,我们当然要坚持,我刚才说工读学校那个孩子在春节的时候给我来了一封信,我当时心里特别高兴,我说给我了一份很珍贵的礼物。所以我就给他们回了一封信,我就讲人的一生几乎没有人没有挫折,我就说我小时候看书的时候,巴尔扎克有这么一句话,就说苦难对于天才来讲是垫脚石,是一笔财富,对于弱者来讲,懦夫来讲,那是万丈深渊,你要善于把你们脚下的绊脚石变成垫脚石,让挫折成为你们的财富,在人生的道路上,克服一个一个困难,健康成长。

崔永元:张主席剩下这点时间咱们是不是重点谈谈参政议政,其实搜集社情民意就是参政议政很重要的方式,我们今天请来俞敏洪先生,他也是民盟的。

张梅颖:我们民盟中央的常委。

崔永元:而且是民盟中央教育委员会的副主任。

张梅颖:也是十一届,跟你一样,十一届政协委员。

崔永元:我知道俞先生 2007 年得了一个奖,这个奖就叫是民盟内部优秀个人奖,主要是您的提案帮助您获的这个奖。

俞敏洪:做了一个调研报告,民办高等教育的调研报告,像民办教育、高等教育的现状,它可能走向的未来,以及国家应该给予的政策支持,我觉得民办的高等教育或者叫社会力量办学高等教育的发展对中国未来高等教育的平衡以及可持续性发展有非常重要的作用,假如说咱们中国从小学到高中现在国家资源非常丰富,而且确实国家义务教育现在做得很迅速,高等教育这一块国家光顾了扩大公立大学的大学校园,扩大招生的生源,但是他没有想到民间其实有很多资源是可以利用的,来为国家弥补这一块,而把比如说我也参加了张主席主持的国家的公立大学,就是贷款调查,这些贷款调查就是为了扩大校园建设,基础建设,有好几千亿的贷款,其实我后来想,其实国家并不需要花这么多钱,其实国家只要给予一定的政策支持,民间可能就能调动很多这方面的钱来办成高等教育的另外一个非常重要的组成部分。

崔永元:那您是这个调查团里不受欢迎的人,张主席都是给人家引来资金,您是给人家撤资金。

俞敏洪：我不是要给人撤资金，我觉得它是一个可持续发展的问题。

崔永元：提供一个新的思路。

俞敏洪：对，因为真正的一个健全的，尤其是大学教育体系，应该是有公立教育体系和民办教育体系两个互相配比而成的，所以当时我写了一个比较长的报告，也摆了若干项，其实也没提出什么解决方法，像我这样的人提不出什么解决方法，但是后来也受到了民盟的重视，受到了张主席的重视，后来递到教育部和递到中央去，大概是这么一件事情。我本身只有教育领域我是比较熟悉的，像我到政协，这一次我跟您一起进去，我要做的一个提案，我也希望你给我签字的，就是我也希望张主席给我签字，提的是如何动用民间资源、民间力量，而不仅仅是国家的政策和口号，来把这些弱势群体的教育，可持续地做起来，比如张主席这个，我想绝对不是张主席本身给的这个钱使学生改变了他人生，而是这个钱和这封信背后所传达的信息，一个社会如此重要的人物对他这么一个被别人疏忽的小人物关注，有爱心，这种东西一下子把学生内心的那种想要做人，想要做好人的愿望，一下子就激发出来了，就是这种东西。所以以后肖校长，我还是想跟你说。

张梅颖：你应该给他做一个课外的辅导员。

俞敏洪：你也提醒我，我每年到你那儿去两三次。

肖建国：那应该是责无旁贷的，上次我印象中还发了一个聘书呢。

俞敏洪：对，书是送过去了，您也给我发聘书，我也送了一批书到学校,但这个不够,这个形式主义的东西绝对不够。

肖建国:下次我一定主动跟您联系。

崔永元:张主席,您再给大家介绍一下参政议政的方式,今年我也要有提案了,每一个都要有反馈,今年开提案会的时候是不是写上去每一件都要有。

张梅颖:对。我们今年开提案会的时候,承办单位还评了很多先进呢,像国务院各部委也好,还有中共中央的各个部委也好,他们在对待政协委员的提案是非常认真严肃的,每一件提案都有回复,都给你最后,你不满意你可以再给他提,责任心强的很多,但是当然也有敷衍的,但是负责任的是绝大多数。我们现在提案质量,政协很注意自己的质量,别弄一大堆东西让人家头疼,本来各个部委都挺忙的,必须要质量,数量里面主要是要质量,这一点我觉得这几年政协越来质量越高,越来质量越高,中央领导批示的越来越多,因为什么?确实这些社会上的热点问题,老百姓关注的焦点问题,这些政协委员提的建议非常到位,对政府决策是很有用的。

崔永元:您再给我们讲一下这个民主党派参政议政,应该保持一个什么样的心态才能做得非常好?

张梅颖:那当然是一个认真负责的,对人民,对我们这个国家负责的这么一个心态,我自己感触来讲,我觉得对于参政党参政议政是一个很难的工作,是个难点,是我们的重点工作,要不你存在干嘛,你自身价值、功能、地位决定了你必须参政议政,而且必须提出有分量的东西,我们又没在那儿执政,很多信息也不知道,所以对我们来讲是很难的,那我们怎么做?我们怎么能够站得比较高,从国家大局来考虑,因为作为参政党,它的信息量、人才和执政党是无法比的,所以我们主要是有所为,有所不为,有些事儿不是我们该去做的,我们也做不了的,但是有些事儿,像刚才我们举了很多,我们可以去做的,要去做就一定让它有作为,做出来,做得让这个事儿要成功,怎么才能做到这样?我觉得很重要的就是要把我们国家,就是执政党治国理政一系列方针政策吃透,学习,要把这些执政党到底要做什么,我们国家要做什么,这些治国理政一系列方针政策是什么,内涵是什么,自己要去理解,这个学习是很要花工夫的,为什么这个时候要提出这些方针政策呢?在国际国内的大背景下,国家要提出怎样的政策,要去了解,我们做什么?我们就看哪些,结合我们的优势,我们哪些专家的优势,各方面的优势,以及我们要去那个地方的盟组织它的优势都结合起来做,所以我总结出来就是,是什么,为什么,做什么,怎么做,对于选题来讲,就是执政党提出来的这些东西是什么,他为什么提,对于我们民主党派来讲,我们在这种情况下要做什么,怎么去做,很重要的就是把握大局,把握趋势,把握国家经济社会发展的脉搏这个能力很重要,培养这个能力。

崔永元:您说参政过程中也应该有难度吧。

张梅颖:难度当然肯定有。

崔永元:您觉得大的困难是什么呢?

张梅颖:你要问我,我自己有什么困难,我想一句话就是,书到用时方恨少,有时候还是力不从心。另外整个参政党来说,自身建设还需要再加强,特别是在我们人才,用人才来强盟,就是我们在吸收一些盟员的时候，要特别注意各方面的特长，特别是有参政议政能力。另外就是知情，更希望执政党给我们介绍更多的情况。我觉得总的来讲，比起来，困难越来越少，做得越来越顺。

崔永元：张主席，谢谢您的坦诚，今天我们很多事情……

张梅颖：我很坦诚吗？

崔永元：非常坦诚，今天我们很多事情刚开一个头，还没有讲透，这个意思就是说，希望下次您继续接受我们的采访。

张梅颖：好，我非常高兴，非常高兴你们采访。

崔永元：谢谢张主席，谢谢大家。

发展铁路符合中国国情*

——张梅颖副主席谈铁路在我国的重要地位与作用

“中国幅员辽阔、内陆深广、人口众多,资源分布及工业布局不平衡,铁路运输在各种运输方式中的比较优势突出,在经济社会发展中具有特殊重要的地位和作用。”“两会”前夕,就加快和谐铁路建设问题,记者专访了十届全国政协副主席张梅颖。言及铁路在中国国家中的地位与作用,张梅颖如是指出。

有关资料显示,目前,中国大量长途大宗货物运输和中长途旅客运输主要由铁路承担,铁路每年完成的旅客周转量占全社会旅客周转量的1/3以上,完成货物周转量占全社会货物周转量的55%。2007年,铁路成功实施了第六次大提速,在主要提速干线大量开行时速200公里及以上动车组列车,运输能力进一步提高,客货运量和运输收入实现了大幅度增长,取得了良好的经济效益和社会效益。旅客发送量完成13.6亿人,比上年增加1亿人,增长8.0%;货物发送量完成31.2亿吨,比上年增加2.5亿

---

* 原载于2008年3月8日《人民政协报》。

吨,增长8.6%;运输总收入完成3308亿元,比上年增加335亿元,增长11.3%。在刚刚结束的2008年春运中;铁路部门坚决贯彻落实党中央、国务院关于“保交通、保供电、保民生”的决策部署,全力以赴、奋起抗击雨雪冰冻灾害,旅客发送量完成1.96亿人,同比增长11.8%;货物发送量完成3.88亿吨,实现同比增长,其中电煤运输完成1.3亿吨,同比增加近一倍,为全国夺取抗灾救灾全面胜利作出了重要贡献。

“党的十七大对科学发展作出了新的部署,提出要促进国民经济又好又快发展。特别强调要建设创新型国家,更好地实施可持续发展战略。这对交通运输业提出了新的更高的要求。”张梅颖说,“铁路是国家重要的交通基础设施,也是资源型和环境友好型的运输方式之二,加快铁路发展已经成为社会各方面的共识。它不仅是国民经济发展的大动脉,而且兼具安全、经济、便民、实惠、全天候运输等特点。这些特点,决定了它是大众化的交道工具,也决定了其在我国综合交通体系中的骨干地位。”

她生动地举例,“我家里的家政服务人员,从北京回河北张家口坐火车才需11块钱,而从我们住处到火车站乘出租车还要30多块钱。所以,铁路是深受老百姓欢迎的一种交通工具。从有关统计数据也不难看出,中国大量的长距离物资运输主要由铁路来承担。目前,铁路承担了全社会85%的木材、85%的原油、60%的煤炭、80%的钢铁及冶炼物资的运输任务,保证了国民经济平稳运行和人民群众生产生活需要。在这次雪灾中,仅太原铁路局的大秦线煤炭日运量即达到100万吨以上,有效地缓解了我国电煤供应的燃眉之急。因此说，发展铁路是符合中国国情的。”

张梅颖说，尽管从上世纪 90 年代以来，我国各种交通运输方式有了很大发展，但铁路具有明显的比较优势，在我国综合运输网络中的担纲作用是其他运输方式难以替代的。

她指出，一方面，我国资源分布不平衡与产业分布不对称，决定了铁路在能源、原材料运输中的作用是其他运输方式不可代替的。我国的能源与原材料由西向东、由北向南的大宗的、长距离货物流，陆路运距一般都达 800 ~ 1000 公里以上，甚至 2000 公里以上，至沿海港口的运距一般也都在 500 ~ 700 公里以上。铁路最显著的特点是载运质量大、运行成本低、能源消耗少，即在大宗、大流量的中长以上距离的货物运输方面具有绝对优势，是最适合我国经济地理特征的区域骨干运输方式。

另一方面，铁路在我国中长途旅客运输的主力作用也是难以替代的。我国疆域广阔，人口众多，区域间、城市间的人员流动基数大，而且出行距离长，交通费用支出较大。目前，我国人民生活水平虽然总体达到小康；但收入水平还是相对很低，交通费用对人们的出行和交通方式的选择影响很大。特别是在现有的客流群体中，外出打工求职者、学生、中低收入人员探亲和旅游、个体小型商贸经营者所占比例很大，他们对交通费用的承受能力都相对有限，出行一般首选铁路。在时间速度方面，铁路通过六次大提速，在途时间显著缩短，主要城市间基本实现了“夕发朝至”、“一日或几小时到达”，是中长途旅客运输以及大流量、高密度城际旅客运输的骨干力量。特别是随着客运专线的快速发展和技术装备现代化的深入推进,铁路的服务质量和列车运行速度不断提高,这种比较优势更加明显,使铁路成为越来越多的中长途旅客出行选择的交通方式。

有关数据进一步显示,铁路在节约土地、节约能源、保护环境等方面具有明显优势。在土地占用方面,完成单位运输量所占用的土地面积,铁路仅为公路的1/10左右;在能源利用方面,我国铁路用交通行业不足1/6的能源消耗,完成了全社会1/2的工作量;在保护环境方面,铁路在各种运输方式中的排放是最少的,尤其电气化铁路被公认为是清洁、环保型交通工具。近年来,铁路系统认真落实节能减排措施,并取得明显成效。去年,铁路运输工作量比2002年增长了44.9%,而能耗总量仅增长了10.1%,单位运输工作量能耗下降了24%;二氧化硫排放量下降了21.8%,化学需氧量排放下降了9.5%。

由上述数字谈到铁路在提高交通运输可持续发展方面的作用及发展的战略思想时,张梅颖指出,我国交通可持续发展战略,首先要确定在资源、环境的限制因素下,合理地规划和构建与我国国情和资源禀赋相适应的综合运输体系。

张梅颖说,我国人口众多,土地、能源、环境问题比较突出,已经成为经济社会发展的制约因素。世界发达国家私人小汽车的极度发展所带来的交通拥堵、交通事故、环境污染等负面问题值得我们借鉴。从我国资源有限、客货运输强度大的具体国情出发,更多地发展铁路、引导人们更多选择铁路运输方式是减少资源占用的有效方略。我国的国情不允许我们完全按照西方发达国家的模式发展我国交通运输。“无论是从国家可持续发展,还是铁路可持续发展的需要出发，都必须加快铁路发展，推进铁路现代化建设。铁路运输可以更有效地减少交通能源消耗，发展铁路可以更好地减轻交通环境污染。”

交通运输对地区经济的发展具有很强的基础性、先导性作用，是经济发展和经济起飞必须投入的社会先行资本。多年来，张梅颖对我国西部等欠发达地区的民生问题给予了很多的深情关注。她多次深入到甘肃、四川、重庆、西藏自治区等山区、农村、库区、牧区视察、调研。如何能使这些欠发达地区尽快富裕起来，使全体人民共享改革开放的胜利果实？这是她一直深深思考的问题。她认为，铁路是缩小地区差距促进社会可持续发展的有效途径，“加快欠发达地区的铁路发展可以从根本上改善这些地区的对外交通条件，缩短与中心城市和全国市场的距离，增强对外部资金和技术进入的吸引力。同时，降低当地产品的运输成本，提高市场竞争力，为地区经济发展创造更为公平的发展机会，提高欠发达地区人们的福利水平，实现全面建设小康社会的目标”。

张梅颖说，青藏铁路的建成通车并实现安全平稳运行，对青藏两省区经济社会发展起到了巨大的拉动作用。但是，就目前看，我国东、中、西部交通基础设施的数量和布局地域性差别还很大。由于交通基础网络发展水平存在着较大的地区差异，对国民经济的支持和促进力度也明显不同。全国农村贫困人口也绝大多数分布在中西部的山区、少数民族地区和边疆地区。这些地区经济发展滞后、人们生活水平低的一个重要原因就是深处内陆及边远地区交通基础设施落后。由于西部地区交通基础网络发展还很不完善,规模和水平在空间布局上与工业化发展的基本需求还存在着较大差距,明显地制约着国民经济和社会的发展。“因此,要加快西部地区铁路的建设步伐,加大铁路建设投资倾斜力度,促进其加快自身经济发展进程,减缓区域经济发展差距的拉大,维护社会稳定和民族团结,实现社会可持续发展。”

张梅颖强调,铁路部门按照“先进、成熟、经济、适用、可靠”的技术方针,在大力推进原始创新、集成创新和引进消化吸收再创新的前提下,使既有线提速技术跻身世界先进行列,掌握了世界上最先进的时速200公里及以上动车组技术、大功率电力和内燃机车技术,高原铁路技术创造了世界一流水平,重载运输技术达到世界先进水平,客运专线建设技术也取得重大突破,自主创新能力显著提升。今后,要从建设符合我国国情的综合交通运输体系的总体目标出发,进一步加快铁路的发展速度,提高客货运输能力;要根据党中央的指示精神,加快引进消化吸收再创新的步伐,加速实现我国的铁路现代化。

张梅颖最后说,值得欣慰的是,铁路作为国民经济的大动脉、国家重要基础设施和大众化交通工具,对国民经济和社会发展的重要地位和作用,越来越为各级政府和广大人民群众所认识,铁路大发展有了良好的社会环境。我们欣喜地看到,国家“十一五”规划和《中长期铁路网规划》作出了加快发展铁路的战略决策,勾画了铁路未来发展的宏伟蓝图。当前,铁路正处于历史性的建设高潮之中,到2010年目前在建的一大批客运专线将陆续投入运营,客货分线逐步实现,铁路运输能力会有大幅度提高。在此基础上,再奋斗10年,到2020年全面完成《中长期铁路网规划》任务,一个发达完善的铁路网将全面建成,我国铁路基本实现现代化并适度超前。到那时,铁路的重要地位和作用将更加凸显出来。

让西部走出“富饶的贫困”*

——张梅颖在四川开展资源开发补偿问题调研纪实

怀着振兴西部经济、造福家乡人民的美好愿景，9 月 18 日至 25 日，全国政协副主席、民盟中央第一副主席张梅颖率领部分全国政协委员、四川省政协、民盟四川省委调研组，在四川开展天然气、水电资源开发补偿机制的调研。在川期间，张梅颖出席了第四届中国西部海峡两岸经济科技博览会开幕式，深入到都江堰市龙池镇等地察看了地震灾情和受灾群众安置情况，并与民盟凉山州委领导班子亲切座谈。

灾情牵动着全国同胞的心

汶川特大地震发生后，张梅颖一直密切关注着灾区群众的安危，积极帮助家乡人民开展灾后重建工作。甫至成都，张梅颖就急切地向四川省政协副主席、民盟中央副主席吴正德询问民

---

* 原载于 2008 年 10 月 9 日《人民政协报》。

盟组织帮扶灾区重建项目的进展情况。19 日中午，张梅颖一行风尘仆仆地赶赴都江堰市重灾区。车过都江堰市，只见公路两侧的建筑物满目疮痍，不时有三三两两的群众在清理废墟。张梅颖仔细观看了龙池镇一处山体崩裂形成的地震遗址和二王庙景区文物破坏情况，考察了都江堰市的一处受灾群众安置点。她要求当地干部群众增强减灾、避灾知识，当务之急是要重塑灾区人民恢复生产、建设家园的信心，她特别关注受灾群众的就业问题，强调要千方百计解决零就业家庭的就业问题。在与四川省领导座谈中，张梅颖饱含深情地说，这是灾情发生后我第一次回到家乡，但从发生地震的一刻起就没有停止过对家乡人民的牵挂。抗震救灾的阶段性胜利充分体现了全国同胞、炎黄子孙与灾区人民休戚相关、心手相连、血浓于水的骨肉亲情。四川人民坚毅勇敢、勤劳朴实，在长期历史进程中形成许多优秀的民族文化精神和光荣革命传统，有全国人民的坚强后盾和改革开放三十年的发展成果，只要大家不向困难低头，四川的明天一定更加美好。

要让老区人民在资源开发中得到实惠

达州是全国天然气资源的重要产区，是国家“川气东送”工程的起点。在革命战争年代，达州是川陕革命根据地的重要组成部分，在这片红色土地上的达州儿女前仆后继，流血牺牲，为共和国的诞生建立了不朽的功勋。在听取了中共达州市委、市政府和中石油、中石化相关项目负责人关于天然气资源开发情况的汇报后，张梅颖副主席深有感触地说："老区人民讲政治、顾大局，像当年支持红军一样，支持国家重点项目的建设，为经济建设和国家能源战略的实施作出了贡献。"张梅颖说，国际上资源富集地区的老百姓都从资源开发中获得了丰厚的回报。资源是西部地区的比较优势，是西部人民赖以生存和发展的基础。把资源优势转化为经济发展的优势，通过资源开发，增强西部地区的造血能力，促进当地经济发展和社会和谐，走出"富饶的贫困"这个发展怪圈，对践行执政为民的理念，缩小东西部差距、实现经济可持续发展具有重大意义。

张梅颖说，要树立环境有价、资源有价的观念，长期以来我国一直存在的资源无价、原料低价、产品高价的扭曲价格体制，存在着自然资源所有权与使用权界定不清的问题，这都直接导致西部自然资源过度开采、资源地群众公正合理的利益诉求无法得到满足的主要原因。

张梅颖指出，要树立科学发展观，积极探索建立国家、企业、受益地区为主体的多元补偿机制，达到开发一方资源、发展一方经济、保护一方环境、富裕一方百姓的目标，实现国家、企业、地方和群众多赢的目的。

水电开发对生态环境的影响要减少到最低程度

凉山彝族自治州是这次调研的第二站。凉山州水能资源富甲天下，可开发量占全国15%，是国家"西电东送"的重要基地和骨干电源点。近年来，以金沙江、雅砻江、大渡河三江干流为主的水能资源进入全面开发阶段。

带着如何完善自然资源的有偿使用机制，实现资源开发和群众富裕、生态环境保护的有机统一这一重大课题，张梅颖副主席深入到崇山峻岭深处的锦屏大河弯水电建设现场，开展实地调研。锦屏二级水电站是世界上规模最大的引水式发电工程，张梅颖一行先后来到交通隧道和3号引水隧洞，在空旷的大型地下厂房掘进工地，灯光闪耀，远处传来机器低沉的轰鸣声。参观了刚组装完毕、直径超过12米的巨型盾构机，面对蔚为壮观的施工场面，张梅颖高度评价了水电建设者在恶劣的自然环境和施工条件下，形成的不怕困难、艰苦奋斗、勇于奉献的“锦屏精神”和依靠科学管理、科技攻关创造的“锦屏速度”。

张梅颖十分关心引水式电站对流域生态环境的影响，她认真听取了项目负责人就引水式电站通过泄放一定的生态流量的办法，可以解决梯级开发后雅砻江原有鱼类种群的生存和保护问题的情况介绍。她充分肯定了开发方始终坚持工程建设和环境保护、水土保持工作“三同时”，特别是锦屏、官地水电站投资1亿元建设鱼类永久增殖放流站的做法，指出大型水电工程对环境和生态的影响的显现有一个长期的过程，我们要以对人民负责的态度，努力把对生态环境的影响减少到最低程度。

谋划凉山发展的长久之策

在听取了中共凉山州党委和政府的汇报，同溪洛渡、锦屏、瀑布沟等水电开发企业负责人进行座谈后，张梅颖说，拥有丰富水能和矿产资源的凉山州,还有11个国家级贫困县。不久前媒体披露的、在社会上引起高度关注的凉山童工事件,更应当引起我们深刻的检讨和反思。要改变资源地的贫困落后面貌,必须从制度设计层面入手,探索建立和完善资源使用补偿的长效机制。她说,要从国家经济社会发展的全局高度,重视解决资源使用补偿的问题。西部地区有着潜在的广阔市场,让西部人民以资源换取发展权,在资源开发中得到实惠,对于拉动内需、缓解我国经济对出口的过度依赖,特别是增强抵御国际金融动荡风险的能力,实现均衡和可持续发展都具有重大的战略意义,破解这一历史性难题机遇大于挑战,迫在眉睫,势在必行。

张梅颖非常关心库区移民问题,她要求要不断完善移民的后扶政策,解决老百姓长远生计和未来发展权的问题。她强调,无论是政府还是企业都不能对移民承担无限的责任,要理清政府和企业的职责,明确企业的市场主体地位,为企业的发展创造一个宽松、合理、公平的环境。她指出,要采取分类指导的办法,通过养老、培训和教育,赋予移民生存和发展的手段和能力。凉山的未来决定于教育的发展,让凉山各族群众的子女接受良好的教育,是改变移民地区老百姓生存与发展的治本之策。

建立多元化的资源有偿使用和生态环境补偿机制

在听取各方面意见和充分讨论的基础上,调研组形成了广泛的共识。大家就扭转水电价格低于煤电价格的逆导向,积极引导企业大力发展清洁、廉价能源,改变能源消费结构;改革资源产品价格的形成机制,发挥市场在资源配置中的主体作用,建立真实反映资源稀缺程度、市场供求关系、环境危害成本,特别是资源不可再生性的价格机制;完善资源有偿使用制度和资源开发税费体制,在征收方式、标准和分配比例上实行对资源地重点倾斜的政策,特别是实行开发企业在资源地注册分公司,就地纳税,解决资源地形成的税源没有实现为当地税收的突出问题;深化电力体制改革,改变资源地价格倒挂现象,建立国家层面的移民管理机构和水电开发流域移民工作协调机制;探索建立受益地区反哺资源输出地的生态、环境补偿机制,体现谁开发谁保护、谁受益谁补偿的原则等方面初步的意见和建议。

全国政协人资环委员会委员、国家能源办原副主任马富才,民盟中央副主席、四川省政协副主席吴正德,以及国家能源办、财政部、国土资源部、水利部以及四川省相关部门的负责同志参加了调研。

2009

保民生领路中国经济*

农历的新年刚过,神州大地春意萌动,乍暖还寒。

一年之计在于春。一场强度前所未有的金融海啸把世界经济带入了严冬。中共中央国务院及时采取了一揽子宏观调控措施,既立足当前又着眼长远,保增长,扩内需,调结构,惠民生,使中国经济目前已出现积极向好的态势。具有强大生机和活力的中国有信心、有条件、有能力继续保持经济平稳较快发展,并且为世界经济发展作出更大的贡献。

而在这一轮宏观调控中,给我印象最深刻的是中央经济工作会议明确提出要把改善民生作为保增长的出发点和落脚点。我以为这是执政党发展理念从认识到实践的一次跨越,是这次宏观调控最大的亮点。它预示着改革发展中的中国,正在逐渐走出以往30年高投资、低消费,重出口、轻内需,片面追求GDP的增长、公共事业和社会保障相对滞后的失衡模式,通过经济发展改善民生,通过改善民生拉动内需实现经济发展的转型。我

---

* 原载于《群言》2009年第2期。

注意到,在中央出台的一系列扩大内需、促进经济增长的政策措施中,民生已经被置于非常突出的位置,总额达4万亿元的经济刺激计划投资有一半多涉及民生方面,“三农”、保障性住房建设、就业、社会保障、医疗卫生、文化教育的投入都有大幅度的提高。所有这些都在释放同样一个信息:中央决心化危机为机遇,加大民生领域的“反周期”投资,解除群众在上学、看病、养老等方面的后顾之忧,使其普遍有稳定、安全的预期,从而提振人们对消费的信心,启动消费对经济增长的拉动作用;同时,让发展的成果惠及广大人民群众,也有利于最大程度地凝聚改革的共识,维护社会公平正义,把中国真正引领上了一条可持续、和谐、科学发展之路。

还在春节前夕,锦涛总书记在党外人士迎春座谈会上殷切希望我们发挥好参政党作用,为保增长、保民生、保稳定作出积极贡献。总书记的讲话既为全盟工作指明了方向,也是对我们参政能力的重大考验。全盟同志一定要与全国人民同舟共济、共渡时艰,牢牢把握保增长、保民生、保稳定这条主线,结合民盟作为参政党的定位和结构特点,更多地关注和思考如何在深层次体制和制度层面上推进民生问题的解决,着力在以下几个方面深入调查研究,积极建言献策:一是如何调整和完善国民收入分配格局,特别是要尽快提高劳动者报酬占 GDP 的比例和劳动所得在初次分配中的比重;二是妥善解决大学生和和 2000 多万返乡农民工就业问题。农民工为发达地区经济腾飞作出了历史性贡献,然而受二元体制的种种歧视性政策限制,我们未能未雨绸缪,在经济高速发展时期解决农民工的身份、住房、社保等问题。我认为经济和就业形势的严峻已经从战略上和制度上对解决农民工问题形成倒逼之势;三是关注“三农”问题,加快建立城乡社会保障体系。希望能够通过这次经济危机,催生覆盖城乡的全民社会保障体系;四是继续关注教育和医药卫生体制改革;五是转变社会事业是负担的观念,大力发展社会事业,在服务业发展中增加就业机会。

牛年意味着勤劳、奋进和收获,牛年的春天昭示着中国经济的好兆头。我们有理由相信,在中央扩大内需、改善民生的政策的带动下,中国经济一定能够尽快走出国际金融危机的阴影,迎来充满希望的、万物复苏的春天。

中国医疗保健事业现状与展望

——在首尔中韩妇女论坛讲话

（2009 年 4 月 22 日）

姐妹们、朋友们：

在这个春意盎然、万物复苏的美好季节里，有机会来到山川秀美、历史悠久的韩国大邱市同各位见面，我感到十分高兴。首先我要感谢南星姬会长的盛情邀请，也借此机会向在座的各位朋友表达真诚的祝愿。

中韩两国是隔海相望的近邻，也是关系密切的友邦。建交 17 年来，在两国政府和人民的共同努力下，中韩关系发展良好，中韩友好深入人心。两国政治、经济、文化交往发展迅猛，在两国人民之间架起了理解和友谊的桥梁。去年两国领导人共同决定建立战略合作伙伴关系，揭开了中韩关系发展新的一页，为两国深化各领域合作创造了新的机遇，开辟了广阔前景。

这次应邀来韩参加由中国人民外交学会和 21 世纪韩中交流协会共同举办的中韩妇女知名人士论坛，使我亲身体验到两国妇女参与国家建设，为社会进步和经济腾飞作贡献的巨大决心和力量。作为其中一员,我感到由衷的欣慰与自豪。

今天,我介绍的题目是中国医疗保健政策的现状与展望。作为一名曾长期工作在中国医疗系统的医务工作者,我见证了新中国成立以来医疗保健事业从无到有、从落后到先进,从基础极其薄弱到各级医疗系统齐备这样一个不断发展、不断完善的过程,我愿就此向大家做一个简要的介绍。

姐妹们,朋友们,健康是人全面发展的基础,关系千家万户的幸福。中国政府把人人享有基本医疗卫生服务作为全面建设小康社会的重要目标。

中国政府坚持以人为本的科学发展观,努力解决人民群众关心的看病就医问题。通过制定和实施旨在提高人民健康的卫生政策,促使有限的卫生资源得到充分利用,最大限度地改善基本卫生服务对欠发达地区和低收入人群的公平性和可及性,缩小因贫富不均形成的健康差距和享受基本卫生服务水平的差距,从而提高全体人民的健康水平。

一、中国医疗保健事业现状

改革开放以来,中国卫生事业有了很大发展,主要表现在:人均寿命不断增加,目前,我国居民期望寿命为73岁。婴儿死亡率和孕产妇死亡率明显下降,婴儿死亡率由2004年的21.5‰下降到14.9‰,孕产妇死亡率由48.3/10万下降到34.2/10万。疾病预防控制工作不断加强,积极扩大国家规划免疫范围,加强重大疾病监控和防治,扎实做好食品安全监管工作,进一步加强妇幼卫生工作,城乡环境卫生状况得到改善。医疗服务体系得到加强,医疗保障体系进一步完善。

二、深化医药卫生体制改革

目前,中国医疗卫生服务与人民日益增长的健康需求还存在较大差距,卫生工作面临着一系列严峻的挑战:面临传染病和慢性非传染性疾病的双重挑战,疾病防治形势严峻;农村卫生发展滞后,农村预防保健任务艰巨;公共卫生投入不足,病人疾病经济负担沉重;食品安全问题突出,食品安全监管任务繁重。

中国政府深化医药卫生体制改革的总体目标是建立健全覆盖城乡13亿居民的基本医疗卫生制度,为群众提供安全、有效、方便、价廉的医疗卫生服务。近期目标是在3年内要着力抓好五项重点工作:

1. 加快推进基本医疗保障制度建设。强化政府责任和投入,减少居民个人支出比重,减轻其看病负担。

2. 初步建立国家基本药物制度。降低看病的医药费用。

3. 健全基层医疗卫生服务体系。加快建设县乡村三级医疗服务网络和城市社区卫生服务机构,加强基层医疗人才队伍建设,方便人民看病就医。

以上三项工作旨在努力使人民“看得起病”。

4. 促进基本公共卫生服务逐步均等化。让城乡居民公平地享受妇幼保健、疫苗接种、健康教育等公共卫生服务,最大限度预防疾病。这是力争使人民“少得病”。

5. 推进公立医院改革试点。促进公立医院提高服务质量和效率。努力使人民“看好病”。

“天地之间，莫贵于人。”我认为新的医改方案有四个特点：

一是体现了公平性。我们的改革是着眼于13亿人普惠的改革，首先解决公平问题。医改方案特别强调要坚持公共卫生公益性这条主线，把基本医疗卫生制度作为公共产品面向城乡全体居民，让城乡居民公平享有基本医疗卫生服务，促进基本公共卫生服务逐步均等化，从而缩小城乡居民在公共卫生服务方面的差距。这是中国医疗卫生事业发展从理念到体制的重大变革。健康权是一项基本人权。一个国家文明与否，不在于拥有多少高楼大厦，而在于是否最大程度地维护了大多数人的利益，让社会成员公平地享有经济社会发展成果。

二是医疗体制改革的艰巨性。医改是一项涉及面广、难度大的社会系统工程。中国人口多，人均收入水平低，城乡、区域差距大，这一基本国情决定了深化医药卫生体制改革是复杂而艰巨的任务，是一个渐进的过程，需要分阶段有重点地推进，要付出长期的努力。在保障看病就医基本需求基础上，随着经济社会发展，逐步提高保障水平。

三是体现了特殊性。由于中国的基本国情，中国的医药卫生体制改革与发达国家有较大差别，具有自己的特色。

四是体现出战略性。在当前经济困难情况下实行医药卫生体制改革，是解决民生问题的举措，也是扩大内需的有效途径。由于社会保障不足，人们有钱不敢花。如果使大多数中低收入人群有足够的医疗、养老保障，就能改变消费预期，那么政府对医药卫生改革的投入并不单纯意味着支出。国际经验也表明，在国民的基本医疗卫生上花钱是物有所值的，最终将换来丰厚的回报。

当然,将深化医改的各项政策落到实处,同时进一步明确和细化可操作的政策和措施,还有许多事情要做。但我们依然充满信心,因为这毕竟是一个梦想的新起点。

此次访韩期间,我也通过亲身交流与体会了解到贵国医疗保健事业的一些情况。贵国历届政府都很重视医疗卫生事业的发展,通过增加保健福祉部预算,完善医疗保障制度等方式为贵国人民的健康事业筑起坚固的防线,迄今已收到了很好的效果。现在,中国正处在医疗改革的关键时刻,我们愿意学习贵国医疗保健领域的先进经验,通过实质性的交流与合作,共同促进关乎两国人民切身利益的健康事业的发展。

最后,我想以中国唐朝诗人王勃的两句诗作结——“海内存知己,天涯若比邻。”愿中韩两国妇女携手并肩,团结合作,共创美好未来。

祝朋友们事业发展、身体健康!

谢谢!

延续文化的真火*

——写在“人文絮语”栏目之前

几年前,曾读过民盟前辈冯友兰先生谈文化传承的一段话,大意是:古往今来,多少文人用自己的膏血作燃料,延续中华文化的真火,虽艰苦卓绝而欲罢不合已。

如此震撼灵魂的语言和心志,是盟内众多文化老人的心声。

从当年全本翻译《共产党宣言》的陈望道,到铮铮铁骨奔走国是的梁漱溟;从艰辛探索民族强盛之路的潘光旦,到为我国化学科学奠基育才的曾昭抡;从在国际人类学领域开一代风气的费孝通,到至今健笔阐述和谐之道的季羡林,等等,构成了一个前薪后火、焚膏继晷的漫长行列。正如冯友兰先生一句诗所言:“智山慧海传真火,愿随前薪做后薪。”

这是一组令人仰慕并追随的群像。

他们的丰厚著述,是前辈群贤留给民盟和社会的“群言”。

不久前曾与范曾先生长叙,他欣然接受关于为《群言》写系

---

* 原载于《群言》2009 年第 5 期。

列文章的建议，并为栏目定名“人文絮语”，相信这是包括我在内的《群言》读者共同的期待。所以我就想起了上述冯先生这段话，这句诗。范曾先生有“诗书画三绝”之称，他自己则表示，“痴于绘画，能书，偶为辞章，颇抒己怀，好读书史”。人生经历中的曲折没有改变其“痴”、其“能”、其“好”，确增进了“祖国”、“文化”等概念在心底的暖意。我读过他“偶为辞章”而写的《炎黄赋》，大气磅礴的文字，真气淋漓的境界，是盟内知识分子爱国情怀的深切流露。其中，“中华文化有源以开流，神州百族有秩以之共理。炎黄脊梁遍列九州，姓氏血脉扬辉全球”，传递着作者内心的“真火”温度。这温度，相信是催生他所有文字的原动力。

传递真火的行列，前有古人，后有来者。

但愿他们对优秀传统文化的痴心守望，他们留给民盟的文化遗产，能启发、激励又一代后来者，奉上自己的膏血，延续文化的真火。

在四川省大学生就业问题调研座谈会上的讲话

（2009 年 5 月 8 日）

各位领导、同志们：

民盟中央、四川省政协组成的大学生就业问题联合调研组，在民盟四川省委、四川省政协教育委员会先期调研的基础上，5 月 4 日至 8 日，由我带队在四川省成都、自贡两地继续开展实地调研。连日来，我们深入到几所具有代表性的高校、职校、园区和企业，采取听取汇报、座谈和现场考察等形式，与党委、政府及有关部门，高校领导和已就业创业（包括一村一大、西部志愿者、三支一扶、村官）毕业生及应届毕业生代表，以及吸纳毕业生较多的企业负责人广泛接触，了解贯彻落实国务院及有关部委出台的促进大学生就业政策的情况，学习各级政府、高校和企业及社会各方面在引导、帮助和接收大学生就业工作中形成的创新性的做法和经验，以便我们在调研的基础上，为促进大学生就业建言献策，在制度和机制层面上向中央提出建设性的意见和建议。

就业是民生之本。高校毕业生经过多年的学习培养，是一个掌握现代科技知识、积极进取、思想活跃又比较敏感的群体，是我国现代化建设中弥足珍贵的人力资源。同时，在大学生培养的过程中，国家、社会、家庭都有巨大的投入，社会和家庭对学生就业寄予相当高的期望，十年寒窗苦，一朝就业难，作为高端人才的大学生不能为国家发展效力，出现“滞销”现象，无疑是人力资源的巨大损失，也会在大学生中产生群体挫折感。数百万需要就业的大学生犹如一股洪流冲击着社会，影响我们国家的社会稳定，大学生能否顺利实现就业问题已经成为全社会普遍关注的焦点。

在面对当前国际金融危机蔓延、我国就业形势十分严峻的情况下，为了帮助大学生顺利度过就业“寒冬”，党中央、国务院从构建和谐社会、建设人力资源强国和创新型国家的高度，迅速作出反应，明确提出必须把高校毕业生就业摆在就业工作的首位，年初以来密集出台了一系列扶持大学生就业的政策措施，力度之大前所未有。按照我们部委同志的说法，是能想到的办法都采用上了。我们认为，如果国家目前出台的促进大学生就业的各项政策措施在各地得到不折不扣的贯彻落实，一定能够缓解今年的就业压力。在四川调研的情况印证了我们的初步判断。就我们接触和了解到的情况，国务院的各项政策措施在四川得到了较好的贯彻落实，效果已经初步显现出来，目前应届大学生的签约率基本与去年持平，经过进一步努力有可能突破去年，比我们预期的要乐观，应该说好于全国普遍的情况。我认为，这主要归功于四川省各级党委、政府和高校的高度重视，目标明确,责任落实,措施具体,做了大量艰苦细致、卓有成效的工作,形成了一整套思路、理念和体制机制,全面加强了毕业生就业的服务与指导工作;社会各界认识一致,全力以赴,齐抓共管,多方互动,形成了千方百计促进高校毕业生就业、保持高校毕业生就业形势基本稳定的良好态势。我想,就像家宝总理所说,信心比黄金更重要,来自党和政府、学校和社会方方面面的关爱和帮助,让广大学子感受到融融暖意,一定能够帮助他们重塑信心和希望,让理想的风帆扬帆远航。

通过几天的调研,既让我了解到了当前大学生就业的真实情况,也从四川的经验和探索中得到很多启发,引导我就国家的经济体制、教育体制、社会建设等方面的改革做更深一步的思考,我感到受益良多。我们知道,大学生就业问题从 2003 年第一届扩招生毕业就已经开始出现,以后毕业生越积越多,大学生就业就逐渐成为就业难题。解决这个问题是一个长期、艰巨的任务,是一个系统而复杂的工程,任重而道远。应急措施必须与中长期的政策相结合,也就是治标必须与治本相结合,要从解决大学生就业难所暴露出的经济、社会、教育等体制性问题入手,以解决大学生就业为契机和突破口,形成倒逼机制,推动相应领域更深一步的改革,才能从根本上、从长远上、从制度上解决大学生就业难的问题。在四川的调研中我看到了解决问题的希望,人民群众中蕴藏着极大的改革的动因、积极性和创造力在推动着历史和社会前进的步伐,这些来自一线的做法和经验都很生动,也很鲜活和精彩,国务院的有关部门在将来制定政策的时候,可以作为参考的素材。

我从以下几个方面谈一下这次四川调研中发现的亮点、问题、体会和粗浅建议：

1. 要把大学生就业与高等教育改革和高校内涵建设结合起来。

首先就是大学的定位问题，包括某些高校本身定位不准和社会评价体系错位，办大学一味追求“高大全”，专业设置存在趋同集中现象，缺少自己的特色和优势，重复建设与同质化竞争现象严重。进口出口两张皮，招生沿袭计划经济模式，以计划为主，缺乏企业对专业设置和教学内容的参与，脱离经济社会发展需求，就业是市场选择，两者之间不对接，不适应，造成一方面是大学生找不到对口的工作，而另一方面是企业需要的高端人才又无法从毕业生中得到满足的两难境地，这就不是单纯的就业问题了，是教育出了问题。调整高等教育结构，对就业至关重要，办学与经济社会发展需求脱节问题不解决，毕业生就业问题将是永久的痛，绝不是几条应急措施能解决的。即便解决了眼前的困难，就业质量也不会很高。

我们在调研中注意到，凡是定位准确、办出特色的高校，毕业生就业情况都普遍良好。比如四川大学提出“以就业工作引导人才培养体制创新”的工作思路，就业与课程设置改革结合起来，把提高学生的创新、创业能力与就业竞争力，作为教学改革的突破口，走内涵式的发展道路，增强了学校的竞争力与学生服务社会的能力。再如成都大学突出办学定位的地方性和服务地方的主动性，围绕成都市主导产业结构发展设置软件、动漫游戏、旅游、汽车等专业，应用型人才培养特色逐渐鲜明，使一所市属院校取得学生的就业率和就业质量位列全省普通本科院校前茅的成绩。

其次是要培养学生的实践能力和创新创业意识。资料表明,我国高校毕业生创业成功率仅1%以下,第2次有组织的创业成功率可以达到8%左右,但仍远低于美国20%的水平,这说明我国大学生创业还处在起步阶段,尚存在很大的发展空间。在这方面,成都市、自贡市、西南财经大学都进行了大胆的探索,包括成都市推出"千名高校毕业生创业扶持计划"、"创业成都——大学生就业创业促进行动",自贡市大力宣传大学生创业之星的成功事迹,以典型榜样引导大学生转变就业观念,培养适应社会能力和创新创业意识,西南财大开办学生实验超市、学生广告公司等全真的实践平台,温江区联合西南财经大学、成都中医药大学等区内4所高校,组建大学生专业创业服务平台,还将在成都SBI创业街为的大学生提供3万平方米的孵化空间,这些做法和经验都让我耳目一新,为之鼓舞和振奋。大学生创业虽然在解决就业上作用还非常有限,但它代表了未来大学生就业创业的方向,对于这样一个充满激情、创业欲望和活力的群体,政府、学校和社会各方面要满腔热情地给予支持,进一步加强对大学生的创业教育,实现从课堂到职场的无缝链接。我很欣赏西南财经大学提出的"在水中学会游泳"的口号,要让孩子们通过校园内外的创业实践尽快成熟起来、成长起来,保护他们敢想敢为的开拓精神和创新创业意识,积极开辟大学毕业生创业载体,帮助优选创业项目,组织创业团队,加强跟踪指导服务,这是我们政府、学校和有关部门的职责。

再次，是我听取四川大学汇报中关于“四助”介绍受到的一点启示。“四助”是川大在贯彻落实“高校科研项目吸纳毕业生就业”的精神并作相应的延续、扩展基础上形成的，它的意义不仅是暂时缓解了当下大学生就业难的问题，更深刻的意义在于要以此为契机，推动高校重大科研体制改革和人事制度改革，形成了进入和退出的激励机制，把就业压力转化为改革的动力，希望川大和主管部门能够在这方面有所突破，形成经验，在更大范围内推广。

2. 要把大学生就业与产业升级和结构调整结合起来，实现大学生就业创业与经济发展的良性互动。为什么要谈这个问题呢？这是我这几天一直在思考的一个问题。早在2002年党中央就站在时代发展和现代化建设全局的高度，明确提出实施人才强国战略的号召，努力把中国由人口大国转化为人力资源强国，大力提升国家的核心竞争力和综合国力。在人力资源的结构中，大学毕业生应该属于高端人才，高校扩招也不过10年时间，大学毕业生真的就过剩和“滞销”了吗，以至于出现大学生与农民工抢饭碗的局面？我想这个问题很值得反思，这与我国多年来实行的以出口导向型为主的经济发展模式密切相关，在这样一种发展模式中，我们处在产业链条的中间环节，研发和销售都掌握在外资手里，我们虽然号称是世界工厂，但是出大力挣小钱，靠廉价劳动力和付出资源、环境、生态超负荷的巨大代价，还远远不是制造业的大国和强国。这些问题在国家经济高速持续发展时被掩盖了，现在金融危机来了，沿海以出口为主的劳动密集型企业倒声一片，这是改革开放以来经济发展最大的失误。

我想,下一步的中国的发展要在国家宏观调控政策的正确引导下,中央和地方都要化危机为机遇,迎难而上,进行一场深刻的产业革命,大力进行产业升级和结构调整,形成具有自主知识产权、掌握核心技术的产业集群,那样就不愁我们培养出来的高端人才没有用武之地。我们在与毕业生座谈中也反映出这样的问题,大学生就业的岗位还是有的,但基本上是一线的操作工,学非所用,与学生的期望存在较大的落差。所以说这种毕业生失业是结构性失业,必须通过转变经济发展模式来解决,这是我们发展中出现的结构性问题。第二个我想谈的是,中小企业、民营企业就业渠道不畅,政府对中小企业、民营企业吸纳大学生的扶持力度不够。国家要保增长、保就业、保民生,家庭为了维持生计首先要保就业,保就业就要保中小企业和非公经济,因为它们吸纳劳动力的能力最强。我们了解到成都的迈普产业集团是一家高科技企业,积极探索大学教育与企业实用性人才培养的结合点,把招聘培养应届大学生作为企业重要的人才发展战略,从1999 年以来每年都要招收上百人的应届大学毕业生,从这个事例中可以看出民营企业,特别是高科技、技术密集型民营企业在解决大学生就业方面的突出作用。同时,大学生到中小企业、非公经济就业,也有利于中小企业的产业升级和转型,能够实现政府民生工程、企业发展、大学生就业三者共赢的目标。所以,我也希望各级政府要转变观念,把大力发展民营经济即作为现实的选择,也确定为长远的发展战略,切实落实非公 36 条政策,积极鼓励和正面引导高校毕业生到中小企业、非公经济就业,并把吸纳大学生就业、为社会提供更多的就业岗位作为政府评价企业的主要指标,并在政策上、舆论上给予支持和鼓励。

3. 要把大学生就业与社会建设结合起来,与新农村建设结合起来,着力提高农村和城市社区公共管理和服务水平和质量。目前实行的大学生服务基层农村的项目,主要有一村一大,村官,西部志愿者,三支一扶等,我们了解到成都市的龙泉驿区把解决大学生就业难与改善基层干部队伍结构素质、完善农村基层社会管理和公共服务结合起来,提出一村五大的目标,现在平均一村三四人,居全市首位。我们了解到大学生给农村带来了新的观念和文化知识,在远程教育、科技培训、政策宣传、劳动保障、计划生育等方面发挥了积极作用,有力地促进了农村基层工作的发展和干部作风转变,深受基层干部群众的欢迎,出现了干部和小老板争先把孩子送到村里志愿服务的现象,他们自身也在服务基层群众中提升了素质、得到了锻炼。在这里我们也建议在全省放宽名额限制,鼓励由财政支付能力的地方根据本地农村经济社会发展的需要自行扩大数量,同样享受一村一大的优惠待遇。

同样在城市社区服务和社会管理等需要大力发展的滞后领域,特别是养老、残疾人福利、妇女儿童权益保护等方面,需要政府投入资金,提供场地,有组织地推动开发适合大学生就业的众多潜在岗位,目前这个市场发育还不成熟,可以采取政府购买的方式,创造新的就业岗位。

最后,再谈三点在解决大学生就业上政府的责任问题。人社部的毕司长提出,政府在解决大学生就业问题主要责任是做好服务,疏通渠道,大力开发适合高校毕业生就业的基层社会管理和公共服务岗位，引导毕业生理性就业。而不是政府责任无限化，一切都大包大揽了，从而动摇市场在配置人力资源方面的基础性作用，我很赞成这个观点。我需要补充的是，一是一定要把帮扶贫困生就业作为重点来考虑，他们是毕业生就业市场上的弱势，政府和社会都要承担起责任，实行一对一的帮助，帮助他们提供改变人生命运的机会，保证不让一个贫困学生特别是来自灾区的学生没有生计，不能实现就业。二是要以高度的责任感，关心、关爱、呵护响应号召志愿到基层、农村、边疆和艰苦地方服务的大学毕业生，要设身处地地为他们的未来发展着想，落实、兑现各项优惠政策，特别是要在出口设计上增加吸引力，让留下的有事业、有作为，离开的有机会、有前途。在与自贡市的大学生村官和志愿者座谈中，我真是为这些有理想、有知识、有奉献和吃苦耐劳精神的孩子们所感动，更感到我们有责任、有义务去珍惜、保护这些年轻人的激情和志向。我举一个例子，我记得一位在乡镇担任志愿者的名字叫廖羽的女孩子发言说，在基层工作的近两年时间里，有收获的喜悦，也有失败的苦闷；有服务基层的激情，也有无所适从的彷徨。很坚强也很脆弱，这就是这些年轻人真实的心理写照。我希望通过我们各级政府的关怀和帮助，能让这些孩子们更加坚定扎根基层、服务基层的决心和信心，在平凡的岗位体现人生的价值，让青春无悔于自己当初的选择。第三，我想谈一下制度性的问题。比如计划经济延续下来的二元结构带来的制度性障碍；比如失业率统计的失真，总是4.2%，使得政府和社会感觉不到失业压力，怎么能把主要精力放在这个民生问题上呢？再比如，编制制度改革问题，事业单位编制控制得很严，即使是自收自支、能够创造就业岗位的单位也得不到编制，抑制了事业单位正常发展，需要人的基层也没有编制，真是活人让编制给憋死了，这个制度障碍是必须要打破的。这些问题，还需要在国家层面上加以解决。

没有时间做充分的准备，只谈一点粗浅的认识，也不能说是建议，希望与四川的同志们做进一步的探讨。回到北京以后，我们一定认真梳理在四川调研的成果，推介四川省在解决大学生就业方面创新的做法和经验，推动国家出台相应的政策，以期能够从长远上解决我们面临紧迫的大学生就业难题，逐步理顺关系，步入一个良性循环。我们也相信，在中共四川省委、省政府的正确领导下，四川服务指导大学生就业的工作能够在已有成绩基础上更上一层楼，并为全国大学生就业问题的解决贡献出更多的思路、理念和成功经验。

谢谢大家！

在“世界肝炎日宣传活动大会”上的讲话

（2009 年 5 月 19 日）

各位专家、同志们：

今天，我们在北京人民大会堂隆重举行世界肝炎日宣传活动大会，是响应世界肝炎联盟的倡议，宣传肝炎防治知识，交流肝炎防治经验，展示肝炎防治成果的宣传活动。今天我来参加会议，一是祝贺会议召开，二是给大家鼓劲。近期以来，肝基会在全国不少地方开展了形式多样的宣传、义诊等活动，掀起了防治肝炎的高潮。今天上午，我们既听取了两位专家的专题报告，又听取了两个肝炎防治项目的经验介绍，并发布了择善基金支持宁夏、青海开展大学生乙肝防治项目、肝炎患者生活指数、患者依从性调查结果，为乙肝患者教育基地颁发了牌匾，向全国发出了防治肝炎的倡议书。下午，还要举行成人乙肝防治专家论坛。可以讲，形式活泼，内容丰富。刚才，卫生部疾控局郝阳副局长代表卫生部讲了话，大家要很好地贯彻落实。下面，我讲几点意见：

一、要清醒认识肝炎流行的严峻形势，切实加强对肝炎防治工作的领导。众所周知,全世界有3.5亿乙肝病毒携带者,有1.3亿丙肝病毒携带者。每年有150万人死于乙肝和丙肝,而我国目前仍然有乙肝病毒携带者9300万人,每年报告乙肝发病100万例,有丙肝病毒携带者4000万人,甲肝也时有发生,可以讲,我国是一个“肝炎大国”。据有的专家分析,仅乙肝每年造成的经济负担约4000~9000亿元,给人民健康带来极大威胁,给国家带来巨大损失。这不仅是一个医疗卫生问题,更是一个社会政治问题,事关国家经济发展、社会稳定和千家万户的幸福安康,必须采取强有力的科学的防治措施,认真加以解决。我呼吁各级卫生部门的领导必须提高对肝炎防控工作重要性、迫切性、长期性、艰巨性和群众性的认识,切实加强领导,提供政策支持,加大经济投入,加强队伍建设,动员全社会共同参与,尤其是各级疾控部门是肝炎防控工作的主力军和战斗队,要发挥专业优势,认真研究肝炎防控工作的形势、特点和规律,采取有针对性的防控策略、手段和方法。要注意发挥专家的作用,攻克肝炎防治的关键技术。要不断落实乙肝疫苗免疫这一根本措施,努力抓好肝炎防控监测工作,采取科学有效的管理办法,提高肝炎防控的质量和水平,加快肝炎防控工作的进程。

二、要认真贯彻预防为主的方针,大力抓好肝炎预防的宣传教育和疫苗接种。肝炎患者如此之多,没有抓好肝炎防控知识的宣传教育或者说是宣传教育力度不够是造成肝炎流行的重要原因之一,别说普通老百姓不知道肝炎的传播途径,有些公务员、大学生也不知道,分不清什么是甲肝、乙肝和丙肝,或者把各种肝炎的传播途径混为一谈,他就很难采取有效的预防措施了。

我们必须把肝炎防控知识的宣传作为科普知识宣传的重要内容,纳入健康教育规划,坚持全民健康教育与重点人群教育相结合、突击性教育与经常性教育相结合,有计划、有针对性地通过多种形式开展切实有效的宣传教育,向群众宣传肝炎的危害与防控方法,让群众了解肝炎传播的途径与正确的预防方法,提高人民群众的自我防护意识和能力。要动员各部门、社会团体和大众传媒充分发挥各自的优势,积极宣传防控肝炎的知识和工作经验,形成全社会防控肝炎的良好氛围。只要大家都行动起来了,形成了人民战争的态势,就会变被动为主动,摘掉“肝炎大国”的帽子就为期不远了。

由此可见,抓好防控肝炎知识的宣传教育是首先必须要做好的。再者重要的是要落实乙肝疫苗的免疫工作,这是预防乙肝最经济、最根本、最有效的措施。根据国家乙肝防治规划的要求,这几年,国家有计划分步骤地开展新生儿人群乙肝疫苗的预防接种工作取得了非常显著的成绩,1~4岁人群的乙肝病毒携带率仅为0.96%,比全国人群乙肝病毒携带率7.18%下降了7.5倍。今年,我国还将计划免疫人群扩大到15岁,这必将对乙肝的防控工作带来历史性的进步,大家要落实好政府的决策,科学的组织好乙肝疫苗的补种工作。

三、要抓好重点人群的防控工作,提高易感人群的肌体免疫力。预防肝炎的重点人群大家都很清楚。国家对15岁以下儿童学生进行乙肝疫苗接种是控制乙肝的重大策略,由于国家财力不足,还不能将其他人群尤其是大学生、农民工和医务人员、妇幼保健人员列入计划免疫的范围,但大学生处于青春期,农民工生活条件简陋，医务人员、妇幼保健人员职业需要，他们都是重点易感人群，是乙肝和丙肝防控的重要任务之一。在这方面，要注意调动社会的力量，利用社会的资源，随着医药卫生体制改革方案的出台，特别是近期重点实施方案中国家重大公共卫生服务项目的实施，我国慢性病、传染病防治形势会越来越好。作为社会组织的中国肝炎防治基金会，要注重发挥自己的优势，积极联系国内外慈善机构和企业以及个人募捐资金，开展免疫接种项目，弥补政府力量不足，如果能先在一些大学生、农民工或医务人员中开展乙肝宣传教育和疫苗接种工作，摸索经验，为进一步扩大计划免疫范围提供借鉴，就是对政府的最大支持。

四、要进一步规范肝炎的抗病毒治疗，提高肝炎临床治疗质量。乙肝是可以治疗的，丙肝是可以治愈的，关键是要早发现、早诊断、早治疗，规范的、科学的抗病毒治疗是提高疗效的唯一途径。目前，治疗肝炎的办法很多，但同时也比较乱。尤其是小广告误导很多，有病乱投医，花了钱治不了病。在肝炎患者中，有的自行停药、随意换药、吃广告药，有的认为乙肝抗病毒治疗时间太长，花钱太多，缺乏信心。我们各级医院和医务工作者必须加强对患者的教育，这次会上发牌的医院要起表率带头作用，要帮助患者树立抗病毒治疗的正确理念，坚持长期规范的抗病毒治疗，一定能够控制乙肝，治愈丙肝，恢复健康的。大家一定要明白，预防是根本措施，治是防的重要组成部分，病毒控制了它就不传染了，在这方面，也需要加大宣传教育力度。

同志们，肝炎防治形势十分严峻，任重而道远，我们要坚持以科学发展观为指导，坚决贯彻党中央、国务院关于卫生工作的方针、政策和法规，紧密结合肝炎防治工作的实际，着眼长远抓根本，盯住重点抓落实，改革创新提质量，确保肝炎防治工作又好又快的发展，为人民的健康事业作出积极的贡献！

关于推进职业教育与技能培训事业科学发展的建议*

（2009 年 6 月）

不久前，我在重庆市万州区开展了三峡库区职业教育与技能培训的调研，国务院三峡办主任汪啸风、民盟中央副主席索丽生和教育部等有关部门的负责同志陪同调研。在短短一天的时间内，我们听取了重庆市政府、库区区县政府及职业学校的负责人就三峡库区职业教育发展情况所作的工作汇报，考察了万州区的几家不同类型企业和职业学校，并与师生们进行了面对面的座谈。我感到，这次调研虽然时间短，但是层次高，效果明显，开阔了眼界和思路，这主要得益于具有丰富的职业教育实践的政府部门和教学管理人员为我们提供了许多创造性的做法和经验的实例，其中涉及许多长期以来我一直在探索和试图求解的体制机制层面的深刻问题，使我很受鼓舞，很受教育，很受启发。

---

* 本建议由民盟中央副主席张梅颖提交，中共中央国务院领导同志胡锦涛、温家宝、刘延东均作出重要批示，要求教育部认真吸收民盟中央意见，从体制投入、立法、管理、改革上对当前职业教育现状予以加进。

我们注意到,重庆市委、市政府高度重视发展职业教育,坚持把职业教育置于加快发展的战略地位,明确提出要把重庆建设成为西部职业教育高地、长江上游技能人才中心的目标,职业教育对经济增长的拉动作用日益显现,重庆市职业教育发展走在了西部乃至全国的前列。特别是市委、市政府认真贯彻胡锦涛总书记对库区工作提出的“三有一新”要求,通过大力实施移民技能培训和职业教育,帮助库区群众实现安稳致富和农村劳动力转移就业,特别是抓住国家建设三峡库区职业教育和技能培训试验区的契机,大幅提升职业教育服务库区经济社会发展的能力,这一点我是深有感触的。在三年多时间里,我先后三次考察万州库区,每一次感受都大不一样。第一次考察以后心里沉甸甸的,看不到希望,当时用四川话说,恼火得很。所以回去以后,我们向中央提了几条建议:一是消灭“零”就业家庭;二是要建立低保,维持起码的生计;三是发展职业教育,提高就业能力;第四要引进新兴产业,缓解库区产业空虚带来的就业压力,以产业支撑带动移民就业。现在,库区不仅基本解决了城乡移民家庭就业两个“零目标”的问题,而且产业发展起来了,还吸引了其他地区的人来这里就业。据统计,2008 年库区 15 个区县城镇调查失业率由上年的 9.3% 下降到 8.5%,库区农村移民人均纯收入、城镇移民家庭人均可支配收入比上年同比分别增长了 19.7%、14.9%。在万州,跟北京差不多的漂亮住宅随处可见,还兴建了群众活动的公园、体育场所,救助体系、公共事业发展形成了很多亮点,移民的幸福指数在稳定攀升,我们感到无比地欣慰。我也坚信,有库区各级党委、政府执政为民的积极作为,重庆库区的明天一定更加美好。

结合这次调研,我就发展职业教育的意义、当前职业教育面临的主要问题以及促进职业教育的政策建议,谈一点自己粗浅的观点、认识和想法。

一、职业教育的战略意义

上月我在四川考察了大学生就业的问题,这次考察的主题主要是针对农村剩余劳动力的培训和转移就业问题。在金融危机尚未见底的情况下,我国就业形势异常严峻,一边是六百余万即将毕业的大学生,加上历年没有就业的共七八百万,另一边是返乡的失业农民工,大约两千多万,还有新增的一些劳动力。形象地比喻,就是两股洪流冲击着中国的社会。直截了当地说,职业教育的缺失是绊倒这两大群体就业的一块石头,起码是难辞其咎。

我认为对职业教育的重要性如何高估都不为过。中国现有的工人队伍中农民工占了60%,在制造业中更是高达70%,农民工已经成为产业工人的主体,是推动我国工业化、城市化进程的生力军。重视农民特别是青年农民的职业教育,是从长远上解决制约中国经济社会发展诸多问题的关键之一,也可以说是一把“钥匙”。我从以下五个方面的关系,谈一点对职业教育战略意义的认识:

第一,职业教育与解决库区移民问题的关系。三峡库区移民数量之多为世界之最。随着移民后扶政策的措施不断出台,经过库区干部群众的艰苦奋斗,解决库区移民难题取得突破性进展。我认为,完善移民的后扶政策要着眼于移民长久生计和未来发展的问题。我非常认同万州商贸中专的提法:三峡工程的成败在移民,移民是否安稳致富在职业教育。特别是对青少年一代移民,要通过长期稳定的职业教育,赋予他们生存和发展的能力,把这些新兴劳动力塑造成为能够以知识和技能融入现代社会的城市人。这样,一方面保持了库区和谐稳定,另一方面也解除了政府和企业承担的无限责任。因此,对移民的职业教育是治本之策,有着深刻的战略意义。

第二,职业教育与扶贫富民的关系。就业是民生之本。在经济危机来临的时候,国家要保增长,保内需,而对于一个家庭来说,就是保就业和保生计。多年来,我国经济发展过度依赖出口和投资,依靠低知识、低技能、低成本的廉价农民工劳动制造了高速增长的 GDP。在国际金融危机冲击下,以出口为导向的中小企业大批关停,就业压力骤然加大,农民工成为首当其冲的受害者。可以预见,如果不是建立在转变经济发展模式、调整产业结构和加强对农民工职业教育的前提下,任何解决农民工就业问题的努力最终都将归于失败。必须建立和不断完善农民工职业教育体系,实现不同结构的再就业,才能让他们保就业、保生计,并逐步走向富裕。只有数以亿计农民的富裕,才能真正拉动内需,这样创造的 GDP 才是创造财富的 GDP,才是一个良性的、可持续发展的 GDP。

第三,职业教育与城乡一体化、城市化的关系。改革开放 30 年,我国城市化发展远远落后于工业化进程。工业化创造的是供给,城市化创造的是需求。如果工业化超前,城市化滞后,必然导致内需和消费长期压抑,经济结构扭曲,发展难以持续。大批农民工进城只是为了打工挣钱,没有融入城市并形成需求。据测算,每当一个农民成为城市居民,就可拉动50万的投资和消费需求,城市化的引擎对我国经济发展的带动作用难以估量。现在许多城市开放了户口,但一个基本的前提是,要有一技之长、高学历、良好和相对稳定的工作背景。农民要成为市民,首先要超越知识、技能的差距。因此,大力发展职业教育,特别是面向农民的职业教育,有助于加速城市化的进程,可以说是推动城市化的教育。

第四,职业教育与产业调整升级的关系。在金融危机影响下,随着沿海部分省市产业结构的进一步调整,技能型人才的短缺为职业教育的发展带来巨大的契机,职业教育的重要性日益凸显,有人形象地称之为经济冬天或成职教春天。我国号称“世界工厂”,实际上大多数产业位于产业链的低端环节,加工贸易,出大力,挣小钱。要真正成为制造业的大国、强国,还必须进行一场深刻的产业革命,形成拥有自主知识产权和核心技术的高端产业集群,这对技能型人才的需求将是数以千万计的。只有储备足够的、掌握一技之长的优秀技能型人才,中国制造才能有坚实的基础,才能真正走向一流,走向世界,并获得与之相当的回报。

第五,职业教育与新农村建设的关系。农民是新农村建设的主人,农村劳动力整体素质不高,已经成为新农村建设的主要瓶颈。我国大多数农民没有受过专业的技能培训,难以适应现代农业发展和农业产业结构调整的需要。建立和完善农村职业教育体系，坚持以农民成才为主导，提高农民的科学种养水平和农业生产经营能力，提高农村公共服务包括教育、医疗卫生等社会事业发展的能力，同时有利于改变基层政权的知识结构、管理水平和人文理念，新农村建设才能成为现实。

可见，发展职业教育是立足于国家经济社会发展的战略全局需要，这一把钥匙可能开启很多把锁。同时，职业教育坚持以人为本、面向市场、直接为经济社会发展服务的理念和机制，很可能冲击中国僵化的教育体制，从而带动教育领域改革和发展深层次难题的解决。

二、当前职业教育面临的主要问题

第一，传统观念的影响。中国社会自古以来重道轻器，“重文凭、轻技能”的社会观念和思维定式，根深蒂固存在于国民之中，以至于认为职业教育是差等生教育，考不上大学的孩子才去读职业教育；在现实中，对技术工人身份、地位、待遇都存在观念歧视，他们的价值被严重低估；职业学校发展状态弱势，往往条件最差，家长也不愿意把孩子送到这样的学校，这些都严重地制约着技能人才队伍的建设。实际上，职业教育是以形象思维为主的成才教育，是直接创造财富的。中国要成为真正意义上的制造业大国，需要的正是数以千万计的怀有各种雕虫小技的能工巧匠。因此要纠正人才评价机制的偏差，不仅要树立正确的人才观，还要有正确的政策导向和制度规范。

第二，职业教育定位不准、定性不清、投入不足。高校扩招十年来，形成了高校和职校两极分化。普通高校是大跃进，长足发展，相比之下，职业教育就形同一条很短的小腿，成为三大教育板块中最为薄弱的环节，这是教育体制的问题。高校和职校教育不是替代关系，两者应该有明确的分工。现在许多高职完全按照普通高校的办学模式，教学内容、方法十分靠近，越靠近越没有出路，没有前途，这也是中职毕业生就业率好于高职的原因，所以要有准确的定位。

关于定性问题。谁是职业教育投资的主体，一直是困扰职业教育发展的难题。要厘清投资的主体，首先要界定职业教育的性质。我认为，职业教育不仅是公共产品，其培养目标的公共性、服务功能的公益性，甚至比普通教育更鲜明。因为职业教育的对象80%来自弱势群体，农民或农民工家庭以及城市低收入家庭的孩子，和一些就业困难的人群。目前一些培训机构功利性太强，公益性和社会性太差，特别是校企合作中企业责任远远不够，往往是“校热企冷”，而职教发达的西方国家，办职业教育主要是企业的责任和义务。在企业不能履行责任的情况下，就要明确各级政府的投资主体义务，而不能一味地把职业教育推向市场，成为赚钱的工具，在这方面，我们要汲取高等教育市场化改革的教训。

然而，在国家对教育的总体投入不到GDP 4%的情况下，已经占据中等、高等教育半壁江山的职业教育获得的公共经费实在少得可怜，仅占教育投入的7%～8%。我们在库区看到的情况是，学校在搬迁过程中负债沉重，负债学校占总数77.9%，而随着近年职业教育的快速发展，基本建设资金缺口巨大，严重阻碍了职业教育的发展。如果能借此次中央强力应对金融危机影响的机遇,加大对职业教育的投入,发挥财政资金的导向作用,同时支持职业学校拓宽融资的渠道,是立足长远、启动内需,塑造国民劳动技能的重要措施,中国经济质量的提升将从中受益无穷,其利益远远大于投入。因此,定性就是方向。

第三,职业教育体系不完善,管理体制复杂、混乱、低效。一是体制不顺,多头管理,不能有效整合资源。职业教育主要由教育部管理并实施,结果是贴近普通教育的模式,不注重实用性,教育培训与实际需求两张皮;而职业资格鉴定、发放毕业证书的职能又属于劳动部门,政府、企业、劳动力市场、农民工各走各的路,没有专门负责职业教育的部门和体系。以农民工培训为例,农办、农业部、劳动部、科技部、教育部、共青团六大系统都有单列培训资金,各自单独组织培训,都撒胡椒面,形成不了合力,起不了作用。二是制定政策闭门造车,不能灵活对接市场需求。三是管理粗放,不注重质量,效果评价机制不健全。

第四,职业教育教师队伍问题。这是职业教育的瓶颈之一。按照教育部的规定,中职学校的师生比是1:18~1:20。而我们在调研中了解到的情况是,由于近年职业学校办学规模快速增长,学校普遍缺编,比如万州职教中心师生比为1:25,重庆工商学校师生比更是高达1:44。而对职校教师的要求不同于甚至要高于普通院校的教师,要成为一名合格的职校教师,既要有理论,又要有职业实践。现在我们职校的教师,一般都是数理化教师转行过来的,缺乏相应的职业实践。师资力量严重不足,专业教师特别是双师型教师、实训教师匮乏,待遇偏低,严重制约了技能培养质量和学生服务社会的能力,阻碍了学校健康、可持续发展。

第五，职业教育的法律保障问题。中国的职业教育还有很长的路要走，其中建立刚性的法律体系是保障。我国现行的职业教育法与职业教育发展现状已经不相适应。如管理职责分工不清，互不沟通，管理脱节；违法行为在教育法中没有具体处罚的规定；对行业组织和企事业单位应当依法履行的“义务”没有实质性的界定；经费保障机制不健全，没有明确规定职业教育的投入和各级政府、有关部门办职业教育的责任；各层次的职业教育不相衔接，相应配套的法律法规不完善等等。

三、促进职业教育发展的政策建议

第一，加大宣传和政策引导力度。要抓住国家大力发展职业教育的有利时机，积极宣传职业教育对经济发展的至关重要意义和“行行出状元”的典型先进事迹，为职业教育发展营造良好的舆论氛围和社会环境。同时，要尊重技能人才的特殊贡献，消除用人上的政策歧视，提高技能人才地位、待遇和社会保障水平。要提倡通过职业教育“让每位孩子都享有自信与成功”的办学理念，帮助学生冲破传统观念的束缚，树立科学、正确的人才观。

第二，建立经费投入和保障机制。要以立法的形式，建立政府为主、企业为辅、职业学校和社会共同分担的职教多元投入长效机制。政府职教专项资金来源除城市教育附加费外，可通过立法征收企业职业教育税（或按照企业职工工资总额的一定比例提取教育培训经费，如江津区从2005年开始，统筹了全区企业职工工资的千分之八用于职业教育）、发行职业教育债券等多种渠道，确保稳定、持续增长的资金投入并及时落实到位。同时，要加强对从中央到地方到不同行业职业教育投入的统筹。鼓励社会力量兴办职业教育。国家要像解决中小学义务教育和高等教育生均经费那样，建立职业教育生均经费的保障机制，以增强职业院校的基础建设和自身发展能力。

第三，高度重视职教师资队伍建设。首先，编制部门要按照职业学校的学生人数足额配置教师编制，财政部门对编制内聘用的教师足额拨付工资。其次，有计划地开展在职教师培训工作，加大培训力度，落实双师型教师培训经费和政策，不断优化师资队伍。再次，要突破管理体制的限制，畅通师资来源通道，从企业单位中引进具有中、高级技术职称和具有行业经验的优秀专业技术人才，特别是专业课和实训课教师，并给予特色岗位教师优惠政策。最后，在当前高校毕业生就业困难的情况下，由国家有计划地组织一批理工科类的高校毕业生专攻职业教育，并选派其中的优秀学生到德国、奥地利、澳大利亚等职业教育发达的国家留学，既能缓解时下的就业压力，也有利于夯实职业教育的基础，打造一支过硬的职业教育专业教师队伍。

第四，鼓励校企开展深层次、实质性的合作。借鉴德国“双元制”经验，制定《校企合作教育法》，由经济界参加教育过程，推进校企深度合作。建议政府出台明确的指导性、倾斜性优惠政策，比如将技改资金的投放、地税上交与企业参与职业教育、接受学生实习实训和职校教师培训工作相挂钩，鼓励行业协会和大型骨干企业举办职业教育，或参与有关专业的建设，将职业教育逐步由以学校为主向学校、企业紧密合作，共担责任的形式转变。我们在调研中注意到，巫山县和江津区的重庆工商学校，积极探索以利益为纽带的“园校互动、校企融合”的办学模式和工学结合、顶岗实习的人才培养模式，依托职业学校专业教师和技能人才的优势，创建职教工业园区、创业园区，将工业园区与职教培训基地合二为一，实现了培训就业一体化、专业与产业同发展，解决了学习就业两张皮、学生生产性实习实训难、移民家庭和低收入家庭子女就学难、企业招工和职工培训质量差等问题。他们创造的经验值得借鉴并在全国试验推广。

第五，完善职业教育体系建设。推进职业教育改革，形成普职互通、可以衔接转换的体制和机制，开辟职业教育毕业生就业、升学两个通道，满足学生进一步提高学习和接受继续教育的需求，构建人才成长的立交桥，增强职业教育对学生的吸引力。

第六，修改《职业教育法》。包括理顺管理体制，科学划分职业教育主管部门之间的职责和法律责任；完善职教发展机制，建立稳定的职业教育经费保障体系，对行业组织和企事业单位应当依法履行实施职业教育的责任和义务进行刚性要求，对违法行为的法律责任追究制度；以法律形式对中职与高职，职教与普教的衔接进行明确的规定等。

第七，关于库区发展职业教育的建议。三峡库区属于职业教育的特殊区域和重点区域，经济发展总体滞后，百万移民的安稳致富以及他们的后代需要给予职业教育支持。而库区职教基础相对薄弱，学校负债发展普遍，后期移民扶持培训任务特别艰巨。建议一是将三峡库区职业教育全面纳入三峡库区后续工作规划重要组成部分；二是建立中央财政对库区职业教育的财政转移支付制度,加大对学校、学生的扶持力度,帮助学校化解债务,加强基础能力建设;设立职业教育师资培训专项经费;并将免费职业教育在库区先行先试,实现培养一人,就业一个,致富一家的目标;三是完善师资队伍建设的机制,建立类似义务教育的库区或农村职业教育的特设岗位制度;打破制度障碍,让企业的行家里手到职校任教。

以上建议不妥之处,望批评指正。

职业教育：一把开启中国发展难题的钥匙*

——三峡库区调研的几点启示

最近,我又去了三峡库区重庆市万州库区,这次特别关注了职业教育的问题。在三年多时间里,这已经是我第三次到库区了,每一次感受都大不一样。2006 年 1 月第一次考察回来以后,心里沉甸甸的,因为库区多数家庭都没有人就业。之后,我们向中央提出了保库区稳定的几条建议,包括消灭“零”就业家庭;建立低保,维持起码的生计;发展职业教育,提高就业能力;引进新兴产业,缓解库区产业空虚带来的就业压力。在短短几年的时间里,经过库区广大干部群众励精图治,艰苦奋斗,库区面貌焕然一新,不仅基本解决了城乡移民家庭就业两个“零目标”的问题,而且产业发展起来了,还吸引了其他地区的人来这里就业,老百姓幸福指数大为提高。我认为,其中职业教育对库区发展功不可没,这引起我对职业教育的发展做进一步的思考。

---

* 原载于 2009 年 7 月 7 日《人民日报》,有删节

职业教育的战略意义不可估量

在国际金融危机尚未见底的情况下,我们目前正面临着来自大学生和农民工的巨大就业压力,形象地比喻,就是两股洪流冲击着中国的社会。直截了当地说,职业教育的缺失是绊倒这两大群体就业的一块石头。我认为,大力加强农民特别是青年农民的职业教育,是从长远上解决制约中国经济社会发展诸多问题的关键之一,也可以说是一把“钥匙”。以下是我对职业教育战略意义的一点认识:

第一,职业教育与解决库区移民问题的关系。三峡库区移民数量之多为世界之最,解决移民安稳致富问题也成为世纪难题。我认为,完善移民的后扶政策要着眼于移民长久生计和未来的发展,特别是对青少年一代移民,要通过长期稳定的教育,这样,一方面保持了库区和谐稳定,另一方面也解除了政府和企业承担的无限责任。因此,对移民的职业教育有着深刻的战略意义。

第二,职业教育与扶贫富民的关系。国际金融危机对我国经济和就业冲击的经验表明,只有建立在转变经济发展模式、调整产业结构和加强对农民工职业教育的前提下,把这些新兴劳动力塑造成为能够以知识和技能融入现代社会的人才。赋予他们生存和发展的能力,农民工就业问题才能从根本上得到解决,才能让他们保就业、保生计,并逐步走向富裕。只有数以亿计农民的富裕,才能真正拉动内需,这样创造的 GDP 才是创造财富的

GDP,才是一个良性的、可持续发展的 GDP。

第三,职业教育与城乡一体化、城市化的关系。工业化创造的是供给,城市化创造的是需求。改革开放 30 年,我国城市化发展远远落后于工业化进程,这就导致内需和消费长期压抑,经济结构扭曲,发展难以持续。大批农民工进城只是为了打工挣钱,没有融入城市并形成需求。据测算,每当一个农民成为城市居民,就可拉动 50 万的投资和消费需求,城市化的引擎对我国经济发展的带动作用难以估量。但是,农民要成为市民,首先要超越知识、技能的差距。因此,大力发展职业教育,特别是面向农民的职业教育,有助于加速城市化的进程,可以说是推动城市化的教育。

第四,职业教育与产业调整升级和发展第三产业的关系。随着沿海部分省市产业结构的进一步调整,技能型人才的短缺为职业教育的发展带来巨大的契机,职业教育的重要性日益凸显。中国的决策者已经认识到,要成为制造业的强国,还必须进行一场深刻的产业革命,形成拥有自主知识产权和核心技术的高端产业集群,并大力促进服务业振兴,这对技能型人才的需求将是数以千万计的。只有储备足够的、掌握一技之长的优秀技能型人才,“中国制造”才能有坚实的基础,才能创出品牌。

第五,职业教育与新农村建设的关系。农村劳动力整体素质不高,已经成为新农村建设的主要瓶颈。我国大多数农民没有受过专业的技能培训,难以适应现代农业发展和农业产业结构调整的需要。坚持以农民成才为主导,建立和完善农村职业教育体系,有利于提高农民的科学种养水平和农业生产经营能力,有利于提高农村公共服务能力,同时也有利于改变基层政权的知识结构、管理水平和人文理念,新农村建设才能成为现实。

可见,发展职业教育是国家经济社会发展战略的全局需要,这一把钥匙可能开启很多把锁。

要让弱势教育走出弱势

职业教育是三大教育板块中最为薄弱的环节,被公认是弱势教育。造成我国职业教育发展长期滞后的原因,既有观念上的,也有体制和制度上的,主要表现在以下几个方面:

第一,传统观念的影响。中国社会自古以来重道轻器。现实中"重文凭、轻技能"的社会观念和思维定式,根深蒂固存在于国民之中,以至于认为职业教育是差等生教育;对技术工人的身份、地位、待遇都存在观念歧视,他们的价值被严重低估;职业学校发展状态弱势,这些都严重地制约着技能人才队伍的建设。实际上,职业教育是以形象思维为主的成才教育,是直接创造财富的。中国要成为真正意义上的制造业大国,需要的正是数以千万计的能工巧匠。因此,要为职业教育发展营造良好的舆论氛围和社会环境,树立正确的成才观,纠正成才评价机制的偏差;同时,还要有正确的政策导向和相应的制度保障,进一步深化劳动人事制度改革,淡化干部、工人身份的界限,消除用人上的政策歧视,提高技能人才地位、待遇和社会保障水平等等。

第二,职业教育定位不准、定性不清、投入不足。高校扩招十年来,形成了高校和职校两极分化,冰火两重天,这是教育体制的问题。普教和职教不是替代关系,两者应该有明确的分工。

现在许多高职完全按照普通高校的办学模式，教学内容、方法十分靠近，越靠近越没有出路，没有前途，这也是中职毕业生就业率好于高职的原因，所以要有准确的定位。

关于定性问题。首先要界定职业教育的性质。我认为，职业教育不仅是公共产品，其培养目标的公共性、服务功能的公益性，甚至比普通教育更鲜明。因为职业教育的对象80%来自弱势群体，也是扶贫对象，若能通过发展职教使他们摆脱贫困，则是为构建和谐社会排忧解难。然而，在国家对教育的总体投入不到GDP 4%的情况下，已经占据中等、高等教育半壁江山的职业教育获得的公共经费实在少得可怜，仅占教育投入的8%左右，亟需雪中送炭。因此，要借此次中央强力应对金融危机影响的机遇，进一步明确各级政府的投资主体义务，加大对职业教育的投入，鼓励社会力量兴办职业教育，形成政府为主导、企业参与、职业学校和社会共同分担的职教多元投入长效机制，而不能一味地把职业教育推向市场，成为赚钱的工具；同时，将免费职业教育的政策在库区和贫困落后地区先行先试，实现培养一人，就业一个，致富一家的目标。这是立足长远、启动内需，塑造国民劳动技能的重要措施，中国经济质量的提升将从中受益无穷，其利益远远大于投入，这笔账是划算的。

第三，职业教育体系不完善，管理体制复杂、混乱、低效。一是体制不顺，多头管理，不能有效整合资源。职业教育主要由教育部管理并实施，结果是贴近普通教育的模式，不注重实用性，教育培训与实际需求“两张皮”；而职业资格鉴定的职能又属于劳动部门，政府、企业、劳动力市场、农民工各走各的路，没有专门负责职业教育的部门和体系;二是制定政策闭门造车,不能灵活对接市场需求;三是管理粗放,不注重质量,效果评价机制不健全。因此应建立专门负责职业教育的部门和体系。

第四,职业教育教师队伍问题。这是职业教育的瓶颈之一。一是职业学校普遍缺编,师资力量严重不足,专业教师特别是双师型教师、实训教师匮乏;二是职业学校教师待遇偏低,缺乏社会吸引力。因为要成为一名合格的职校教师,既要有理论,又要有职业实践。因此,要突破管理体制的限制,从企业单位中引进具有中、高级技术职称和具有行业经验的优秀专业技术人才,特别是专业课和实训课教师;同时,由国家有计划地组织一批理工科类的高校毕业生专攻职业教育,并选派其中的优秀学生到德国、瑞士、奥地利等职业教育发达的国家留学,既能缓解当前高校毕业生就业困难压力,也有利于夯实职业教育的基础,打造一支过硬的职业教育专业教师队伍。

第五,职业教育的法律保障问题。中国的职业教育还有很长的路要走,其中建立刚性的法律体系是保障。我国现行的职业教育法与职业教育发展现状已经不相适应,亟需修改。如管理职责分工不清,违法行为在教育法中没有具体处罚的规定,对行业组织和企事业单位应当依法履行的"义务"没有实质性的界定,经费保障机制不健全,各层次的职业教育不相衔接等等。

职业教育——给点阳光就灿烂的事业

在这次库区职业教育调研中,给我留下印象最深、最让我感动的是在职业教育战线上辛勤耕耘、无私奉献的广大教师，这是一支特别能吃苦、特别能奉献的教师群体。在移民搬迁过程中，很多学校都是克服资金不足、教学设施简陋、人员严重缺编等常人难以想象的困难，边搬迁、边建设，负重前行，经过学校师生不懈努力，很多库区的职业学校现在有了自己现代化的教学大楼，实训基地建设也初具规模，学生学习在环境优美的花园式校园里，提到过去那段筚路蓝缕的艰难创业历程时，有的校长情不自禁地流下了滚烫的泪水。尽管他们依然拿着微薄的薪酬，还要承受社会对职业教育的偏见，却始终无怨无悔地坚守着，有的一干就是几十年。而令他们感到无比欣慰和骄傲的是，他们的付出得到了丰厚的回报——学校走出了一条内涵式的发展道路，形成了品牌，很多学校毕业生供不应求，有的就业率高达100%。每当看到自己的学生有了一份理想的工作；促使一个家庭有了脱贫致富的希望，他们就感到自己执着追求、为之奋斗的事业是最神圣的事业，正是他们，用智慧和汗水撑起了库区移民子女就业致富的一片蓝天。因此，职业教育是给点阳光就灿烂的事业，职业教育教师是我们这个时代值得尊重的人，这是我在这次调研中发自内心的一点感想。

在2009中国名师大讲堂暨《中国教师报》出版300期庆典上的讲话

（2009年7月9日）

尊敬的各位老师、各位来宾、各位朋友：

大家上午好！今天很高兴参加2009中国名师大讲堂活动，因为我曾经也是人民教师队伍中的一员，在医学教育战线上工作多年，今天能和这么多教育工作者相聚一堂，有一种回归的亲切感。在此，谨向2009中国名师大讲堂的成功举办及《中国教师报》出版300期表示热烈的祝贺，并向与会的老师和专家学者们致以诚挚的问候。

今年是新中国成立60周年。60年来，特别是改革开放30年来，人民教育事业迎来了历史上又好又快的发展时期，取得了举世瞩目的成就；广大教师忠诚于人民教育事业，立德修身、爱岗敬业、辛勤耕耘、无私奉献，赢得了全社会的广泛赞誉和普遍尊重。由中国教师报发起并主办的中国名师大讲堂，把"充分发挥名师的示范、带动、辐射作用，推动教育事业发展"作为出发点和宗旨，我觉得非常有意义；利用好这个平台，对传播先进的教育教学理念、实现优质资源共享、提高课改质量和教育教学水平,必将起到越来越重要的作用。借此机会,我谈几点意见和希望,与同志们共同探讨。

一是要努力在全社会营造尊师重教的良好氛围。百年大计,教育为本;教育大计,教师为本。中华民族历史上就有尊师重教的优良传统,教师被赋予教书育人、传道授业解惑的神圣职责,他们的崇高品质一直受到人们的尊重,这也是中华几千年文明得以传承有序、延绵不绝的重要原因。近十几年来,教师的社会地位、工作条件和生活待遇不断得到提高。然而,由于区域和城乡发展的失衡,有的地方财政相当困难,教师收入还普遍偏低,住房问题也没有得到解决。要使教师真正成为令人羡慕的职业,还有漫长的路要走。因此,我呼吁各级党委和政府,要站在科教兴国、人才强国的高度,更加关注教育、关心教师,加大政策的导向作用,进一步提高教师特别是农村教师的地位、待遇,切实维护广大教师的合法权益,使广大教师能够安教乐教,把教书育人作为自己的理想和事业,这样才能为建设人力资源强国打下坚实的基础。

二是要高度重视教师队伍建设。国家兴衰在于教育,教育好坏在于教师,教师是教育事业的第一资源和核心要素,教师的素质直接决定着教育的质量。我到过不少偏远地方的农村学校,开展基础教育教师队伍建设的调研,了解到一些真实的情况:因为缺少经费的支持,有些地区的村级完小的教师很多人从未去过县城,更不用说到省城接受培训、开阔眼界,怎么能更新知识、提高自身的综合素质和业务水平,来适应教育现代化的需要呢？近年来，国家加大了对农村中小学的基础设施建设力度，加上社会各界捐建的希望小学、危旧房等硬件问题基本上得到了解决，但教师素质的提高需要一个长期的过程。如果不解决教师的素质问题，这样的希望小学依然是没有希望的。所以，下一步教育发展的方向是要调整教育投入结构，在教育发展的总体布局中优先考虑教师队伍建设问题，加大对教师队伍建设的投入，保障教师培训的经费，重点加强城市薄弱校和农村中小学校的师资队伍建设，是立足长远、从根本上解决问题的战略选择。

三是要促进教育均衡发展，努力实现教育公平。家宝总理讲过，知识可以改变人生，让所有贫困家庭的子女都能上学，真正享有受教育的平等权利，这就是穷人教育学。而能否让总理关心的事情落在实处，让普通百姓的子女特别是来自贫困家庭的子女都能够拥有真正平等的教育权利，关键在于坚持教育的公益性，瓶颈在于师资配置。近年来，一个突出的现象就是农村孩子考上大学尤其是重点大学的比例越来越少了，这从一个侧面反映出优质教育资源越来越集中，只供少数人选择，教育不均衡发展的态势愈演愈烈，普通老百姓的子女在起点上就输掉了这场不公平的博弈。锦涛总书记强调要把促进教育公平作为国家基本教育政策，也是对全体教师提出的殷切希望。在座的各位很多人都是来自名校的校长和名师，教育研究工作者，在此我真诚地希望大家积极响应党中央的号召，主动承担起促进教育公平和均衡发展的社会责任，加大对薄弱校、农村学校帮扶的力度，并形成长效机制；现阶段要充分发挥优质教育资源的示范、辐射和带动作用，只有教育体现出起码的社会公平，人民对教育才能满意。

四是人民教师特别是名师要做立德育人的典范。教师是阳光下最光辉的职业，春蚕、红烛、人类灵魂的工程师，这许许多多的溢美之词，都不足以说明教师这一职业的神圣、崇高和光荣。名师是教师队伍中的优秀代表，作为名师，不仅要学识渊博、业务专精，更要自尊自励、师德高尚，学为人师，行为世范，把立德树人作为教育的根本任务，把爱与责任深深地融入到自己的教育教学实践当中去。因为教师不仅要言教，还要身教；教师的嘉言懿行犹如春雨润物细无声，会对孩子产生潜移默化的影响，最终影响整个社会。所以，教育者要先受教育，塑造灵魂者要先做到心灵美。我殷切地希望广大教师特别是名师要自觉抵制各种社会不良思潮的影响，不断增强人民教师的光荣感、责任感和使命感，淡泊名利、志存高远，做社会道德的楷模，做受学生爱戴、让人民满意的教师，为提高全民族思想道德素质和科学文化素质作出自己应有的贡献。

最后，我希望《中国教师报》作为全国教师自己的报纸，能够充分发挥媒体的作用，更多地关心农村和偏远地区教师队伍建设，更多地关注教育公平、关注贫困家庭子女的受教育情况，更多地反映一些农村和偏远地区教育的现实和长远问题，努力为广大基层教师和教育工作者做实事、做好事。

祝 2009 中国名师大讲堂活动取得圆满成功！祝《中国教师报》越办越好！祝亲爱的老师们身体健康！

谢谢大家！

坚定信心 应对挑战
为早日实现制造业强国的目标而奋斗

——在第三届中国制造业论坛上的讲话

（2009 年 7 月 26 日）

各位领导、各位来宾：

大家上午好！

很高兴有机会出席第三届中国制造业论坛年会。

我还是首次来到草原钢城包头，但我一直关注着内蒙古，因为内蒙古创造了近年来中国经济发展的奇迹，连续七年保持着国民经济增速全国第一的纪录，而包头是我国制造业的强市，对全区经济增长的贡献率超过四分之一的份额。可以说，包头乃至内蒙古已经成为西部地区经济的重要增长极。所以，在应对全球性金融危机的关键时刻，我们在包头举办这个论坛，共同探讨我国制造业发展的远景和战略，学习内蒙古自治区实现经济可持续发展与环境保护、构建和谐社会的做法以及应对危机的经验。我相信，通过本次论坛，对于我们在当前背景下进一步坚定信心，加快实现产业升级和结构调整，增强我国制造业在自主创新和节能环保方面的能力，无疑具有重大而深远的现实意义。我讲两方面问题：

一、正确认识当前我国宏观经济的形势，增强应对危机的信心和能力

自去年9月以来，一场罕见的国际金融危机迅速蔓延，并对我国实体经济产生了较大影响。从去年四季度开始，我们一直面临着经济下滑的巨大压力。面对这一严峻形势，党中央、国务院总揽全局，始终牢牢把握宏观调控的主动权，实施积极的财政政策和适度宽松的货币政策，全面启动扩大内需、刺激经济增长的一揽子计划，今年上半年GDP增幅达到了7.1%，中国经济企稳回升迹象明显，宏观调控初见成效，成绩确实来之不易。

能够取得这样的成绩，一是改革开放30年经济快速发展的积累和经验，已经使我们具备了强有力的迅速应对危机的能力；二是区域协调发展，可以实现产业的梯度转移，东中西部同时发力；三是我们拥有13亿人口的消费市场，有待开发的潜力难以估量；四是农业经济的稳定发展，今年夏粮连续6年增收，对经济社会大局的稳定发挥着重要的作用；五是加强基础设施建设，建立覆盖全民的医疗和社会保障体系等的投资空间还很大。

在看到成绩和优势的同时，我们也要清醒地认识到，我国正处在保增长的决战时期，国民经济回升基础还不稳定、回升格局还不平衡。一是国际经济减速尚未见底，我们不能把希望寄托在欧美市场的回暖上；二是投资拉动难度加大，上半年投资增幅高达33%，产能过剩和强力投资容易造成新的失衡，既有落后的

又有高端的产能过剩;三是真正启动消费内需还需要一个过程,上半年城乡居民收入增长分别为11%和8%,滞后于消费增长的15%,消费增长很大程度上是短期刺激政策的结果;推进分配制度改革、藏富于民虽迫在眉睫,但目前我们的财政收少支多,短期内很难实现分配结构大的调整,持续拉动消费内需有一定困难;四是就业压力凸显,每年新增一千多万劳动力,使保民生任务十分繁重;五是贯彻结构调整、产业升级将是一个较长的调整周期。

因此,正确理解和继续贯彻中央实行的积极财政政策和适度宽松的货币政策,保持宏观经济政策连续性和稳定性,对于实现保增长、保民生、保稳定的目标,提振企业和社会对市场的预期和信心,具有十分重要的意义。同时,又要在坚持积极财政政策和适度宽松的货币政策与有效防控金融风险、克服财政收少支多的困难,在总量控制与结构调整,在总需求与总供给等两难中寻找平衡,使其相互促进,并行不悖,我国经济才能继续保持长期向好的趋势。

二、坚持自主创新,大力发展“低碳经济”,使我国成为真正意义的制造业强国

改革开放以来,我国经济保持持续快速增长的势头,2008年国内生产总值已经跃居世界第三。但长期以来,我国经济发展很大程度上依靠资本、资源和劳动力的投入,加工贸易的特点明显,我们虽然号称是世界工厂,却是出大力挣小钱,增长方式粗放,高技术产品大多依赖进口,核心技术受制于人,技术进步对

经济增长的贡献率远远低于发达国家水平。所以说,我国是经济大国,但不是经济强国,是制造业大国,但不是制造业强国。在这次金融危机中,沿海外向型出口加工企业大量倒闭,给我们留下了深刻的教训。因此必须立足于自主创新。

创新是一个民族崛起的灵魂,而企业自主创新是推动经济持续快速发展的第一引擎。首先,要通过自主创新,加快技术因素对资本、资源的替代,从供给上支撑经济长期较快增长。其次,要通过技术创新,不断满足结构优化、增长方式转变对技术的巨大需求。要着力解决我国装备制造业设备老化,大量依赖进口,主导产品的技术源头在国外,行业龙头企业被跨国公司收购或兼并,甚至被跨国公司控制等问题;着力解决传统产业和服务业技术含量低的矛盾;着力解决经济增长方式粗放的问题。

我注意到我们举办这届论坛,一个重要的主题就是把发展先进制造业和节能减排结合起来,探讨开发清洁能源,加速绿色制造业、绿色经济发展的问题,也就是大力倡导低碳经济,走中国特色的低碳化道路。因为今后国际间的竞争已不再是传统的劳动力竞争,而是碳生产率的竞争,节能减排就是最好的生产力。所以我国的制造业应该迅速调整发展战略,把提高能效和碳生产率作为促进增长的核心,加速推进以节能降耗为重点的设备更新和技术改造,加快淘汰高耗能、高污染的工艺、设备和产品,突出抓好重点耗能产业的节能技术创新和改造,促进我国经济低碳化发展的渐进转型,承担起一个大国在应对全球气候变暖中的减排责任。而在防止高耗能、高污染的产业低水平重复建设和死灰复燃的同时,也要理性地发展新能源和可再生能源,避免高水平的重复建设。

同志们,在这里我想引用温家宝总理的话来结束今天的发言,他说,信心比黄金和货币还要重要;又说希望就像一盏永不熄灭的明灯,照亮着我们前进的方向。我们要充满信心和希望,共同打造中国品牌的制造业强国。预祝本次论坛取得圆满成功!

祝内蒙古自治区、祝包头市的明天更美好!

谢谢大家。

参政议政的大舞台*

物换星移,人民政协即将迎来她的60华诞。在漫漫历史长河中,60年不过是沧海一粟;而对于一个政权、一种制度,60年还是一个生机勃发的青年时代。大浪淘沙,王朝兴替,一个半世纪以来,无数的志士仁人为了拯救国家和民族的命运前赴后继、百折不挠,然而,种种路径和制度的选择都因为脱离中国社会的土壤而最终归于失败。只有中国共产党人以天下为公的胸襟和与时俱进的勇气,不断推动执政理念和方式的转变,实现社会主义制度的自我完善,努力使国家走出兴亡往复、纷争不已的历史怪圈,探索出一种适合中国国情的、能够带领全体人民实现小康、共建和谐的政治发展道路,这就是人民代表大会制度、中国共产党领导的多党合作和政治协商制度。

多党合作和政治协商制度是人类历史上一种崭新的政治制度,这一制度创新,既是历史的必然,又有广泛的社会基础。自从1949年9月人民政协成立以来,政治协商就已经成为中国共

---

* 原载于2009年9月4日《人民政协报》。

产党、各民主党派和各族各界人士的自觉实践,人民政协作为中国共产党和各民主党派协商民主的重要载体和形式,在发展社会主义民主政治、建设社会主义政治文明中,具有不可替代的优势和作用。

首先,政治协商体现在我们的政党之间是长期共存、合作共事关系,她源于中华民族崇尚和谐,提倡和而不同、求同存异的优良文化传统。一党执政、多党派参政,既尊重多数,又兼顾少数,承认不同阶级、不同阶层、不同社会群体利益的多样性,最大限度地包容、整合和调动一切积极因素,在共同的政治基础上达到“和合”的最高境界。而西方的民主制度,各党派互相竞争、倾轧攻讦,老百姓的民主权利更多地体现为投票选举,而不能参与集体决策的过程。

其次,政治协商体现在我们的政党之间是互相监督、肝胆相照的关系。改革开放以来,中国共产党在取得举世瞩目的经济发展成就的同时,为了克服长期执政可能带来的弊端,不断推进社会主义民主政治进程,注意发挥民主党派在参政议政、民主监督和构建和谐社会方面的优势和作用。在关系到国计民生的重大问题上,执政党在决策前,都要通过在政协的充分协商,广泛征求各民主党派的意见,已经形成制度化、规范化、程序化,成为执政党实现科学决策、民主决策的重要环节。

作为以知识分子为主体的参政党,民盟在不同历史时期,都在中共的感召、帮助和领导下,义不容辞地承担起时代赋予的责任和使命。从民盟成立之初到人民政协成立、新中国诞生,民盟的先辈为了救亡图存、争取和平和民主的前途,与中国共产党并肩战斗，民盟烈士与共产党员的鲜血流在一起，在多党合作历史上书写了浓墨重彩的篇章。新中国成立后，广大盟员以高度的政治热情投身到社会主义建设的行列中，虽经受挫折仍矢志不渝。改革开放初期，费孝通主席提出围绕经济中心“出主意、想办法，做好事、做实事”，为民盟实现工作重心的转移做了准确定位。进入新世纪、新阶段，随着两个5号文件的相继出台，多党合作和人民政协事业迎来了历史上最好的发展时期，为民主党派履行职能开辟了广阔的领域和空间。现在，中共与各民主党派的高层协商每年达到15次到20次，已经形成了制度。在执政党大量的调研和专家论证基础上，我们深感进行这样高水平协商与对话的难度和压力。为此，我们一方面大力加强参政党自身建设，深入调查研究，努力提高参政议政能力与水平；同时，充分利用政协这个民主党派参政议政的大舞台，以高度的政治责任感和历史使命感，为党和政府建科学发展之言，献维稳促和之策。在实践中，我们体会到，要让人民政协在国家政治生活中起到越来越重要的作用，就要发挥包括党派在内的政协组成单位的自身优势。首先，我们注意发挥位置比较超脱的优势，尽职而不越位，由于身处权力之外，不代表地方、部门或某些利益集团的利益，看问题的视角比较客观、公正、独特，正因为有别，才能互补，所以我们提出的建议、意见，能够引起党和政府的重视并被采纳。比如，我参与全国政协视察团进行的高校贷款问题调研，资源开发补偿机制的调研，就很具有典型和代表意义。其次，我们充分发掘党派成员智力密集的优势，以及政治直通车的渠道优势，把知识分子参政议政的热情和独立思考的精神，引导到就关系国计民生的带有战略性、前瞻性、综合性的重大问题开展调查研究上来，努力尽到做诤友的义务。例如，2004 年 7 月，民盟中央对发展生物技术及其产业问题，进行专题调研，并向中共中央、国务院提出建议，胡锦涛总书记和温家宝总理非常重视并作了重要批示，要求把生物技术及其产业作为经济社会发展和科技进步的重点，列入“十一五”规划，认真组织实施。再如，2005 年我们考察青海湖流域沙漠化问题以后，在中南海的政治协商活动中提出了青海湖的问题，中央领导在我们的几条建议上作了重要批示，青海湖流域综合治理已经纳入到整个国家生态保护和环境治理计划中。其他如民盟中央开展的粮食安全高层论坛、灾害与社会管理论坛；企业自主创新、海洋及海岛发展战略、三峡库区移民问题、阿坝湿地保护等调研形成的参政议政成果，很多都是通过提案、大会发言和建议的方式上达中央，产生了良好的政治效益和社会效益。最后是继续保持在教育领域参政议政的界别特色和优势。作为以教育界为主的参政党，民盟有很深的教育情结，民盟几代领导人都身体力行，为深化教育体制改革和发展建言献策，不遗余力。近几年来，我们一直关注教育公平、农村义务教育、农村职业教育和高等教育的教学质量和水平等问题，并触及解决农村义务教育阶段教师队伍建设、提高职业教育的战略地位和大学生就业等深层次的体制和机制问题，受到党和政府的高度重视。类似多党合作实践，我是亲身参与，亲自见证，在许多协商现场，我实实在在地感受到参政党的工作与国家经济社会发展的脉搏紧密地联系在一起，体会到从事多党合作和人民政协事业的成就感和自豪感。

我认为，一个十几亿人口的大国，在短短几十年的时间里，能够摘掉积贫积弱的落后帽子，实现小康，进入现代化进程，一个起到稳定作用的制度是其中重要的政治保障。实践证明，多党合作和政治协商制度体现了社会主义民主的本质特征和要求，而在动态、开放、利益多元的信息时代，探索如何发挥协商民主在有序政治参与、利益表达诉求、推进民主进程方面的主渠道作用，具有十分重大的理论和实践意义。我相信，经过中国共产党和各民主党派共同探索、团结合作，多党合作的道路越走越宽广，这是我在人民政协成立60周年前夕的一点感言。

在甘肃、宁夏、青海大学生和宁夏高中学生乙肝健康教育和疫苗接种项目启动大会上的讲话

（2009年9月25日）

同志们：

今天，我们在有“塞上江南”美誉的银川市，举行甘、宁、青大学生和宁夏高中生乙肝健康教育和疫苗接种项目启动大会。这将为千千万万西部地区青年学子带来福祉，我感到由衷的欣慰。在这里，我首先对捐助该项目的国际扶轮社和香港择善基金会的慷慨善举表示衷心的感谢！对为启动会的召开给予大力支持、付出辛勤劳动的宁夏回族自治区领导和有关业务部门的同志们表示诚挚的谢意！我相信，有同志们的群策群力，社会各界有识之士的共同襄助，我们一定能够顺利实现项目的各项目标、任务和要求。

下面，我讲几点意见：

一、一定要高度重视肝炎防治工作

肝炎防治是一项民生工程，也是民心工程，关系到千家万户

的健康幸福和社会的和谐稳定。各级党委和政府要站在体现以人为本的科学发展观和党的执政理念的战略高度，担当起维护人民群众生命健康这一义不容辞的责任，把肝炎防治列入重要议事日程，切实抓紧、抓好。目前肝炎预防最根本、最经济、最有效的措施是接种疫苗，从2002年开始，我国就将乙肝疫苗接种列入国家免疫规划，目前我国人口的乙肝病毒携带率已从最高峰时期的11%降到7%左右，只要能够持之以恒地做下去，就可以收到事半功倍的效果，我国的乙肝发病率就必然会明显降低。今年，国家决定对肝炎计划免疫人群扩大至十五岁，抓住了乙肝预防的关键环节和规律，必将对我国的肝炎防治事业产生重大而深远的影响。但是，肝炎防治单纯依靠政府的投入还不现实，这就需要我们加大宣传力度，动员社会各方面力量积极参与，逐步实现肝炎防治受益人群的广覆盖。我们目前实施的大学生疫苗接种项目就是一个典型的例子。不论是宣传、动员还是项目的实施，都离不开各级党委和政府领导的重视、关心、指导、支持。在项目实施过程中，各省(区)必须坚持公益性的原则，认真落实配套的接种劳务费的投入，以保证项目的顺利进行。

二、职能部门要密切协作

各级政府职能部门要充分认识肝炎防控工作的重要性、紧迫性、长期性和艰巨性，加强业务配合与分工协作。在开展大学生乙肝健康教育与疫苗接种项目过程中，作为卫生业务主管部门，卫生厅(局)要把该项目纳入整体工作计划之中，认真组织管理，制定具体的实施方案，明确各级医疗卫生单位的责任，并协同教育部门对全程工作进行检查指导。教育厅(局)是教育行政部门,必须把开展这个项目作为责无旁贷的义务,增强做好这项工作的责任心、积极性和主动性,将项目推进与学校的教育教学工作有机地结合起来。在部门协作上我们要向宁夏的同志学习,自治区卫生厅教育厅最近就联名下发了两份文件,对做好项目工作提出了具体要求。各级疾控中心是开展项目工作的业务实施单位,要发挥好业务骨干和主力军作用,认真搞好业务培训和技术指导,一定要做到专人负责,科学管理。

三、各级院校要狠抓落实

今天启动的这个项目最终成效,取决于我们在高等院校开展这项工作的质量,以及学生对乙肝基本知识的认知和疫苗接种的水平,这也同时检验我们的工作是否扎实、到位和有效。从校、系领导到班主任,从校委会、党团组织到学生自治组织,从校医到骨干以至志愿者,大家都要积极行动起来,带着爱心、带着感情去工作,明确责任,认真做好项目计划提出的各项工作,确保项目在自己的学校落实。

四、宣传教育要贯穿始终

要做好肝炎预防工作,必须坚持把宣传教育放在首位。目前,我国乙肝病毒携带者9300万,丙肝1000多万人,甲肝时有发生,肝炎被视为“国病”,这与当前我国的国际地位很不相称。防控形势之所以如此严峻,重要原因之一是没有做好乙肝预防知识的普及教育。从一般老百姓到在校大学生,不了解乙肝的传播途径,对乙肝存在恐慌心理,甚至歧视乙肝患者。我们这个项目不仅仅是打三针疫苗就完成了任务,而是要让每个学生增强防病意识,掌握肝炎防治的基本常识,了解到通过疫苗接种,乙肝可防、可控、可以逐步被消灭。还要通过大学生,把这些科普知识传播到学校、家庭和社区,使这个项目具有示范和辐射作用,争取获得全体国民的积极参与,从而为彻底摘掉“乙肝大国”这顶不光彩的帽子奠定坚实的群众基础,这也是我们选择在大学生中开展这个项目的战略思考。

同志们,我们在西北开展的这个项目,不仅是以实际行动支持西部大开发和贫困地区人民的脱贫致富,而且还具有促进民族团结和社会进步的深层次政治意义。希望在三省(区)党委、政府和相关部门的大力支持下,大家调动一切积极因素,发挥每个同志的聪明才智,一定能够创造性地完成项目提出的各项任务,为开展大学生乙肝宣传教育和疫苗接种工作提供可资借鉴和推广的经验。

建国 60 年大庆即将来临,在此预祝同志们节日快乐!

谢谢大家!

在西部十二省(区、市)政协科教文卫体工作研讨会上的讲话

(2009 年 10 月 12 日)

各位领导、各位来宾,同志们:

大家上午好!我们刚刚隆重庆祝了中华人民共和国和人民政协成立 60 周年,今天又相聚在美丽的山城重庆,召开西部十二省(区、市)政协科教文卫体工作研讨会。在此,我代表全国政协对会议的成功召开表示热烈的祝贺,对与会的各省市区政协的同志们表示诚挚的问候,对为会议的筹备给予大力支持、付出辛勤工作的重庆市人民政府、重庆市政协表示衷心的感谢!

关注民生是人民政协的优良传统。围绕民生议题深入开展调查研究,向党和政府提出具有综合性、全局性和前瞻性的意见和建议,是人民政协充分履行职能的基本形式。本次会议把推进农村医疗卫生体制改革作为研讨的主题,我认为体现了贯彻以人为本的科学发展观,体现了统筹城乡经济社会发展的客观要求,抓住了我国社会事业的薄弱环节和医疗卫生改革发展的重点、难点及瓶颈问题。因为在一个农村居民占人口多数且经

济发展极不平衡的大国,实现人人享有基本医疗卫生服务的目标,不仅关系到亿万农民的健康和福祉,也关系到农村改革发展与社会的和谐稳定。

早在延安时期,毛主席就强调指出,卫生工作关系人的生老病死,这是个政治问题。新中国成立60年来,特别是改革开放以来,我国卫生事业发生了翻天覆地的变化。一是我国成功地消灭了天花和丝虫病,实现了无脊髓灰质炎目标,严重威胁人民群众健康的麻风病、血吸虫病、疟疾、结核病等重大疾病和传染病得到有效控制,城乡居民健康水平持续改善,中国人民彻底告别了被称为“东亚病夫”的时代。目前,我国居民人均期望寿命已从新中国成立之初的35岁提升到73岁;全国孕产妇死亡率由1500/10万降至2008年的34.2/10万,婴儿死亡率由200‰下降到2008年14.9‰,今年的政府工作报告又提出实行农村产妇到医院免费分娩的政策,这将大大降低孕产妇和婴儿死亡率,人均期望寿命也将进一步提高。二是覆盖城乡居民的卫生服务体系已经基本建立。到2008年底,我国县、乡、村三级卫生服务网络已经基本建成,农村缺医少药的情况得到了根本改观。今年,新医改又提出,要加大对村卫生室、乡镇卫生院的投入,进一步改善县级医疗机构的服务能力,并致力于打造一个让广大农民小病不出村、慢性病有管理、常见病不出乡镇、大病不出县的就医格局。三是城乡居民医疗保障水平不断提高。目前,新型农村合作医疗制度已覆盖全国所有含农业人口的县(市、区),农民参加新农合的参合率稳定在90%以上,中国农民第一次有了以政府投入为主的医疗保障制度,对缓解或减轻农民就医负担发挥着越来越大的作用,农民因病致贫、因病返贫的情况得以改善。四是卫生法制建设深入推进,群众健康权益不断得到保障。五是深化医药卫生体制改革正式启动。今年4月,国家制定发布了《关于深化医药卫生体制改革的意见》和《关于医药卫生体制改革近期重点实施方案》,并正在抓紧制定医改的配套文件和工作文件,其中引起社会很大反响的国家基本药物制度和国家基本药物目录2009年版的基层部分最近已经发布,实际上不少地方已经在探索基层医疗卫生机构基本用药的零差率销售,所有这些重大方针政策,核心都是强调把基本医疗卫生制度作为公共产品向全民提供,努力实现人人享有基本医疗卫生服务的目标。

尽管我国的卫生事业取得了显著的成就,但仍然存在着许多亟待解决的问题,特别是农村医疗卫生服务和农民健康状况相对于我国的经济社会发展严重滞后,城乡之间存在较大差距,农村卫生事业面临着诸多困难和挑战,与人民群众健康需求的矛盾还比较突出,与城乡经济社会快速发展的新形势还不相适应,主要表现在以下几个方面:

一是农村公共卫生投入严重不足,医疗资源过多地集中在城市和城市医疗机构,农民群众就医成本远远高于城镇居民,健康状况明显低于城镇居民。据统计,从政府投入中得到的人均卫生总费用城市为农村的3.53倍,城镇居民每千人拥有的医疗人员数和床位数均为农村居民的3倍以上,城乡医疗卫生资源配置不均衡的问题已经严重制约了我国农村社会经济的进一步发展。

二是城乡卫生服务存在较大差距。在中西部贫困农村地区,儿童疫苗接种率与富裕农村地区和城市相比存在较大的差距,而城市产妇住院分娩率合计为 92.6%,农村合计为 62.0%,城乡相差 30 多个百分点。令人欣喜的是,在政府的大力支持下,西部贫困地区儿童乙型肝炎疫苗全程接种率在 2006 年已经达到了 90%。在饮用水安全方面,大中城市 100% 饮用自来水,而农村自来水普及率仅为 61.1%。

三是城乡二元的医疗保险制度,使城乡居民的医疗保险完全不同,城镇医疗保障水平远远高于农村。由于长期存在的城乡医疗卫生服务二元结构,城镇医疗卫生服务支出都不同程度纳入各级政府的财政预算,而农村医疗卫生服务长期以自力更生为主,要想真正解决农民“看病贵”的问题,政府仍须大幅度提高新农合的筹资水平,农民参保者的缴费水平也应该相应提高。

四是高素质的农村卫生人力资源匮乏,县以下基层的医疗卫生人员以及公共卫生的相关人员队伍的建设亟待加强。由于医务工作者的报酬与收费挂钩,收入差距对形成城乡医疗卫生服务差距的作用十分明显,影响了为中西部贫困农村地区提供医疗卫生服务的积极性。

“天地之间,莫贵于人。”健康是人全面发展的基础,也是每一位公民应该享有的基本人权。在不同场合,我都认同这样的观点,即在中国强调“以人为本”,首先应该体现以农民为本,这不仅因为农民占我国人口的大多数,也不仅因为农民为我国的工业化、城市化、现代化作出了巨大的牺牲和贡献,还在于农民始终是我们社会的弱势,他们没有平等地分享发展的成果,实现城乡公共服务均等化的目标还有漫长的道路要走。在中国,包括医药卫生制度改革在内的任何一项改革,如果忽视或损害了农民的利益,这一改革就得不到大多数人民群众的拥护,就是不完整的、不公正的、不合理的,也是必然不成功的。据重庆的同志介绍,重庆以“统筹城乡建设”试点为契机,狠抓农村卫生工作,很多区县的农村医院、社区医院都办得很好,受到农民群众的欢迎,大会要专门组织到江北区、九龙区观摩学习。这次研讨会还安排了大会发言,我希望大家都要珍惜这样的机会,结合学习两个医改文件的精神,认真总结、交流各地的做法和经验,集思广益,畅所欲言,为发展我国农村卫生事业建言献策。在这里,我首先就深化农村医疗卫生体制改革的问题抛砖引玉,提出几点不成熟的看法,供同志们参考:

第一,要把公益性作为新医改的核心理念。这就是我过去曾经提到的定性、定位、定向的问题。定性就是坚持基本医疗卫生服务的公益性原则,定位就是明确政府向全民提供基本医疗卫生服务的责任,定向就是实现人人享有基本医疗卫生服务的远景和目标。因此,推进医药卫生体制改革首先是要各级党委和政府转变观念,要使他们认识到解决中低收入人群的医疗、养老等保障性问题,能够改变人们的消费预期,从而起到拉动内需、促进经济可持续发展的作用,这是一种物有所值、回报丰厚的战略性投资,而不再把对医疗卫生的投入作为社会支出的负担。各级政府要加大对公共卫生事业的投入力度,切实承担地维护群众生命健康的责任。

第二,要促进基本公共卫生服务逐步均等化,体现新医改的公平性原则,最大限度地改善农村地区和低收入人群的基本卫生服务，从而缩小城乡居民在公共卫生和基本医疗服务方面的差距，实现中国医疗卫生事业发展从理念到体制的重大变革。这就要求我们医疗卫生机构重心下移，加快完善县乡村三级医疗服务网络和城市社区卫生服务机构，夯实基层医疗卫生服务的基础，让城乡居民公平地享受妇幼保健、疫苗接种、健康教育等公共卫生服务，保证人民群众不得病、少得病、小病不变大病、急病不拖成慢病。

第三，要大力加强基层和农村医疗人才队伍建设。医疗技术人员是新医改的主体，他们的整体素质决定着医疗服务的质量和水平。今年新医改又进一步强化了对村卫生室、乡镇卫生院的投入，提高县级医疗机构的服务能力。但软件的建设一定要跟得上，人才的培养比硬件建设需要更长的过程，这就需要我们未雨绸缪，具有战略眼光。当前，基层卫生人才匮乏是实现人人享有基本医疗保障目标的瓶颈问题，我国医学教育必须适应现实需要，为基层特别是为农村培养大量"下得去、用得上、留得住"的实用性卫生人才。对此，国家要有正确的导向，要创新体制机制，加大投入，对基层卫生人才培养和使用给予特殊的政策支持，吸引大中专毕业生到社区和乡村工作；同时，要加强对在职人员的培训和继续教育，鼓励探索定向培养村医、乡医到医学院学习的"村村大学生"计划的模式；要充分考虑乡村实际，建立分类指导的职业医师考试制度和职称晋升体系，进一步调动农村卫生人员积极性，保障人才来源和队伍稳定。

第四，在强调公平性的同时也要充分考虑到可及性。要立足农村的实际，循序渐进地推进农村卫生体制改革。我国最大的国情就是人口多,人均收入水平低,区域发展不平衡,城乡二元结构突出的问题短期内难以改变,这就决定我们无法照搬国外的经验,必须走出一条具有中国特色的医改道路。这就要求我们对医改的当前期望值不能过高,在实现医疗“广覆盖、保基本、多层次、可持续”要求的同时,各地区要结合本地实际情况,分阶段有重点地逐步推进,在注重公平性的同时,也要兼顾可及性。当然我们讲公平不是不讲效率,效率是公平的基础,没有效率的公平是低水平的、不可持续的。

我的发言到此结束,谢谢大家!

在重庆大学建校80周年庆祝大会上的讲话

（2009 年 10 月 12 日）

各位来宾、各位朋友，老师们、同学们：

金秋十月，正当全国人民还沉浸在欢度新中国 60 华诞的喜庆气氛中，我们又迎来了重庆大学建校 80 周年庆典。在此，我谨向重庆大学全体师生员工和海内外广大校友表示热烈的祝贺和诚挚的问候！

80 年前的今天，为拯救民族危亡、实现教育救国的梦想，一批有识之士以“研究学术、造就人才、佑启乡邦、振导社会”为宗旨，创办了重庆大学。80 年风雨兼程，几代重大人始终以国家民族命运为己任，坚持“扎根重庆，立足西南，面向西部，服务全国，走向世界”的办学方针，教育科研各项工作不断跃上新的台阶，形成了爱国、民主的光荣传统和勤奋、严谨、求实、创新的优良学风。如今的重大已经发展成为特色鲜明的综合性研究型大学，拥有西部唯一与工业体系、城市建设体系配套齐全的学科专业群，先后培养了 20 余万名栋梁之材，有力地支持了西南地区重工业发展、西部大开发和重庆城市建设，为国家经济社会发展作出了重要贡献。

十年树木,百年树人,教育是民族振兴的基石。国际综合实力的竞争说到底是人才的竞争,而大学阶段教育处在人才培养的高端,成败与否决定了一个国家未来发展的空间和潜力。实现科教兴国和人才强国战略对我国高等教育事业发展提出了新的更高要求,作为“211 工程”和“985 工程”重点建设高校的重庆大学,这既是难得的历史机遇,也是每一位重大人光荣的历史使命和责任,因为在同志们的肩上,承载着我们民族复兴的希望。在这里,我提三点建议,与大家共勉。

一是希望重庆大学以建校 80 年为契机,深入贯彻落实科学发展观,遵循高等教育的客观规律,走内涵式的发展道路,真正实现建校时提出的建设“完备弘深之大学”的目标。我想,这一目标不仅仅停留在综合性、研究性和国际化的层面,还在于要有先进的办学理念、具有本校特色的优势学科群乃至引领时代发展的科学、民主、人文的大学精神,才能秉承重大先贤倡导的“振导社会”的宗旨;只有具备这样软实力,才能为学校的可持续发展奠定百年基业。

二是希望重庆大学全面推进高教体制改革和实践,坚持开放办学,在兼容并蓄中不断向更高的目标迈进,以开放的姿态和胸怀延揽海内外各类杰出人才,以增强学校的科技创新能力和科技核心竞争力。高教改革一定要克服违背大学精神的行政化和官场化问题,我希望从我们重大做起,积极探索“教授治校”的治理结构,特别是在关乎学校改革发展等重大问题上,要真正体现以教师为本,扩大广大教师的知情权和民主参与权,形成推进改革发展的合力。要切实加强教师队伍特别是中青年骨干教师队伍的建设，关心他们的成长，提高他们的工作和生活待遇，使他们安教乐教，努力形成使拔尖人才能够脱颖而出的科学评价体系、用人机制和政策导向。

三是希望重庆大学形成纯洁的学术氛围和高尚的校园文化。广大教师是学生成长进步的引路人，要切实承担传道授业的光荣职责，志存高远，甘于寂寞，成为立德育人、践行社会主义核心价值观的典范；广大青年学子要朝气蓬勃，面向未来，立志服务社会、奉献社会、改造社会，成为德智体美全面发展的创新型人才；广大校友要弘扬重大精神，在我国政治、经济、科教、文化等各个领域发挥中坚和骨干作用，为母校赢得更大的荣誉。

我相信，在教育部和重庆市委的正确领导下，有社会各界特别是广大海内外校友的关心和支持，重庆大学一定能够建设成为一所“中国特色的世界高水平研究型大学”，谱写重庆大学光辉历史的新篇章。

祝重庆大学生机勃勃，青春永驻！

谢谢大家。

在亳州“稳定粮食生产，增加农民收入，扩大农村消费”专项调研座谈会上的讲话

（2009 年 10 月）

很高兴有机会参加这样一个座谈会，听取 6 个来自一线主管农业的市长们的发言，虽然时间很短，但是信息量大，内容很丰富，每个市结合自己的优势和特点介绍了很好的经验，也分析了当前粮食生产面临的突出问题和矛盾，提出了具体的建议，我想我们调研组的每一位同志都有很大的收获。在市长们的汇报里，我看到了党的十七届三中全会和中央 1 号文件精神得到了认真地贯彻和准确的把握，我看到了省委、省政府制定的推进粮食生产三大行动和新增粮食生产能力规划正在紧锣密鼓地实施，我看到了中央各项强农惠农的政策得到了不折不扣的落实，我也看到了市县乡镇的干部、科技工作者、农民群众的政治觉悟、奉献精神和无限的创造潜力，安徽省取得连续 5 年丰收、3 年连创新高的可喜成绩，都离不开在座各位开拓性的工作，对大家一心一意抓农业的敬业和奉献精神我们表示崇高的敬意，在这里，我和调研组全体成员由衷地向大家说一句同志

们辛苦了。

今天调研组的行程过半,任务过半,实地调研的工作也基本结束,一路走,一路看,一路交流、学习和思考,使我对政协稳定粮食生产、增加农民收入、拉动农村内需这个调研主题有了更深一步的认识、体会和理解,我总是强调调研要深入实地,不能蜻蜓点水,我们了解到许多真实的情况,看到了许多创新的经验和做法,接触到许多令我感动的人和事,我越来越形成一个印象,就是我们这次调研选对了题目,选对了地点,选对了对象,做到了理论和实际密切结合,典型和成绩、经验密切结合,问题、思考和建议密切结合,在这里,我要感谢多良主席和省政协的各位领导的精心周到安排,多良同志用心良苦啊。

我初步梳理了一下,认为安徽在抓粮食生产、农民增收、拉动内需方面,主要有以下亮点:

一是思想认识和行动到位。安徽各级领导对农业基础和战略地位认识到位,狠抓农业不动摇。我们调研过的几个粮食生产大县也是先进县,市县领导和广大干部把维护国家粮食安全作为政治任务和义不容辞的责任,耐得住寂寞,而且干劲很足,热火朝天、脚踏实地、无怨无悔地抓农业,一心一意扑在粮食生产上,计划措施具体,责任逐级落实,资金扶持和考核目标明确,调动了农民种粮和地方政府两方面的积极性。

二是通过项目建设,发挥科技攻关与示范的效果,典型带动作用突出。表现在良种繁育、对比试验和推广,土壤改良,实施农产品优质化工程等方面,比如我们在涡阳县考察的小麦亩产千斤的示范项目,同时解决了高产和优质的问题,提高了农业防灾抗灾能力,经济效益明显。通过提高单产,向科技要粮,在蒙城县,小麦高产攻关万亩示范片就有28个,全县农作物良种应用率达到95%以上,测土配方施肥面积占全县粮食作物面积80%以上。

三是农业产业化经营水平不断提高。主要表现在政府大力扶持龙头企业和大户开展农业综合开发和粮食产品深加工,既延长了产业链,又提高了产品附加值,带动了群众致富。比如我们在凤台县参观的立体生态农业示范园,实行立体生态综合种养,既保证粮食的安全,同时也保证了食品安全,增加了附加值,亩均综合效益达到上万元,这是我们未来向现代农业迈进的方向。

四是创新农村土地经营机制,发展适度规模经营。小农经济富裕不了农民,这已经成为大家的共识。如何在稳定家庭承包联产责任制的基础上,实现土地资源的优化配置,是我们一直在探索和努力解决的问题。我们看到,在蒙城县、凤台县,通过出台规范土地流转的文件和奖励措施,对土地流转进行正确引导和有效组织,增加了农民收入,促进了劳动力转移,有利于土地整理、机械化耕作、良种和先进耕作技术的应用,提高了土地产出率。下一步我们要通过大力发展职业教育,破除二元体制的障碍,统筹城乡发展,最大限度地减少农民数量,推动我国的工业化和城市化进程。

在看到我们安徽省粮食生产的大好局面,使我们增加了维护国家粮食安全信心的同时,我们还要清醒地认识到农业在我国仍然是弱质产业,我国粮食和大宗农产品供给是紧平衡,农业基础并不稳固，所以大家还不容乐观，不能掉以轻心，要增强忧患意识，我认为，主要表现在以下几个方面：

一是农业是国民经济的薄弱环节，面临着国内国际两方面的挑战。国际市场价格的波动往往使我们处在两难的境地中。

二是人多地少，耕地资源有限。中低产田占三分之二，由于有机肥和秸秆利用率低，大量使用化肥，土壤结构被破坏，肥力逐步下降。工业化、城市化加速要占用大量土地，而可开发后备资源有限。小农经济的传统生产模式严重落后，生产成本居高不下，投资能力和科技应用能力弱，规模化生产经营难以拓展。

三是需求刚性增长，农民工进城，种粮的变成吃粮的，生产者变成消费者，消费结构变化，吃粮变成吃肉。13 个调出省锐减到 6 个调出省。

四是国家对农业投入近年来力度很大，但与整个 GDP 增长和财政收入增长还不匹配。

五是农田水利等基础设施薄弱，基本上是靠天吃饭。由于全球气候变暖，灾害性天气已经呈现出常态化的趋势。而像安徽的淮河流域，更是处在南北气候分界线上，洪涝灾害频繁，低洼易涝耕地比例大。而水利设施的普遍情况时，国家对大江大河的治理和大型水利设施投入力度大，而对农业基础设施投入不多，灌排水设施建设年限长，基本上是吃 30 年前的老本，老化严重，更新缓慢。而农业大县大多经济总量较小，地方政府财政相对困难，粮食生产的保障能力不高，面上田间工程配套难，缺乏田间小水利建设和维护资金，遇到自然灾害损失严重，成为制约粮食生产和农业发展的重要因素。

六是粮食生产对财政的贡献小,农民种粮比较效益低,发展粮食生产对基层政府和种粮农民的激励作用不大,积极性受到影响。要维护国家粮食安全,必须保证种粮农民收益达到一个合理的水平,国家采取最低保护价收购的政策发挥了托底的作用,但价格提高比较缓慢,大概每年在 2 分钱左右,而有的年份农资价格上涨幅度达到 20% 左右,种粮的收益在很大程度上被生产资料涨价所抵消。粮价、副食品价格稍有波动,就能引起党和政府的高度重视,采取措施进行调控,而农资价格的上涨就缺少必要的干预,农民种粮积极性受到极大挫伤。补贴制度不完善,补贴对象单一、补贴额度较小、补贴方式错位,补贴方式是对“地”而不对“粮”,享受补贴的只有承包农户,而通过流转方式获得土地的种粮户享受不到应有的补贴。种粮比种经济作物效益相差 3 倍以上,而农民打 1 个月工就可以抵上 2 亩地一年的收成,导致农民把种粮只作为最基本的生活保障,土地粗放经营。

七是国家对三农的投入政出多门,没有很好地形成合力,资金被分割使用,没有发挥应有的效果。补偿机制不到位,粮食主产区为保证国家粮食安全、促进经济发展作出了重大贡献,但国家对粮食主产区在主体功能定位上为限制开发区,国家对粮食主产区的利益补偿往往只是蜻蜓点水,导致种粮越多,包袱越大,财政越困难,产粮大县往往也是财政穷县的状况没有从根本上得到扭转。

八是农业服务体系不健全,能力不断弱化。人员减少,老化，得不到有效的培训，服务手段弱化，与农业技术推广的需求相比很滞后。

强调几点问题：

1. 农业是命脉产业，具有重要的战略地位，粮食综合生产能力也是一个国家综合实力的重要体现，作为13亿人口的大国，我们不可能指望通过国际市场解决吃饭问题，只有保持粮食生产的独立性，才能保持国家独立性，才能不受制于人，粮食的战略属性是其最重要属性。以往我们远远低估了农民劳动的价值，只有善待农民，中国的经济才有未来。要富裕农民，必须加大对农民的补贴，解决社会保障问题，让种粮农民能够达到不低于国内人均收入水平，才能拉动内需，实现科学发展的要求。

2. 必须改革粮食主产区干部考核机制。现在粮食主产区干部的奉献和价值被严重低估，津补贴低，形成了逆导向。要根据主体功能区的划分，建立完善差别化的政绩考核体系，纠正单纯GDP导向使粮食主产区干部边缘化问题。要把粮食生产作为各级政府任期目标考核的重要指标，调动主产区干部抓粮食生产的积极性，解决他们在升迁和待遇方面的问题，体现出抓粮食生产的干部的价值和贡献。

3. 努力形成主要农产品价格合理增长机制。建立健全农产品价格调控机制，进一步提高国家粮食收购保护价，充分发挥保护价政策的托市作用，把市场导向传给农民，达到增产增收的激励效果。增产不增收是逆导向。提高国家粮食收储能力，进一步扩大国家粮食直属储备库的库容量，在粮食主产区建立合理的储备制度，给予相应的补贴，解决储粮越多地方政府负担越重问题，同时建立主销区储备粮食制度。大力支持粮食主产区实行粮食就地加工。要把解决粮食加工转化问题作为突破农民收入增长的瓶颈，增强主产区的造血功能。国家要对主产区粮食加工企业在土地审批（占补平衡）、立项、税收、技术、信贷、环保等方面给予特殊政策支持，做大做强一批骨干加工型龙头企业，实现农产品多层次、多环节的转化增值，让农民更多地享受加工增值利润。大力支持粮食主产区工作创新，如在土地流转方面，制定农村土地流转的实施办法，推进土地承包经营权流转，发展多种形式的适度规模经营，在农业产业化龙头企业和农民合作经济组织的发展方面给予更大的财政扶持和税收优惠。

进一步完善粮食补贴制度，一是出台农业补贴法规，从法制层面规范对粮食主产区补贴的方向、原则和内容，使惠农政策成为支持农业发展的长期制度；二是提高补贴标准，扩大粮食品种覆盖面，比如大豆，尽快完善与农业生产资料价格上涨挂钩的农资综合补贴动态调整机制，将化肥、柴油等主要农业生产资料的价格变动与农资综合补贴标准直接联动，保证农业生产的合理收益；三是改进补贴方式，探索建立与提供商品粮数量挂钩的补贴机制。

4. 进一步完善粮食主产区利益补偿机制。农业是弱质产业，粮食生产又是农业中效益最低的产业，长期以来，粮食主产区为国家经济发展和社会稳定做出了默默无闻的奉献。发展粮食生产的关键是要充分调动地方政府和种粮农民两个积极性，在重视保护农民利益同时，也要调动抓农业的干部的积极性。

应进一步加大对粮食主产区特别是产粮大县的奖补力度,使粮食主产区财政收入不低于全国平均水平,扭转产粮大县、财政穷县的局面,增强地方政府抓粮食生产的积极性、主动性。建议国家按照统筹区域发展和区域公共服务均等化的要求,加大对粮食主产区财政转移支付力度,给予倾斜的特殊政策。在现有对产粮大县进行奖励的基础上,根据各地粮食综合生产能力和增产幅度,和公共服务支出需求,科学测算安排转移支付力度,努力缩小粮食主产区与经济发达地区的财政收入差距。

5. 要加大对水利等基础设施的投入。对粮食主产区基础设施建设要加大扶持力度,粮食安全,农业增效,有赖于水利基础设施的保障。建议国家把基础设施投入重点转向农村,首先是农田水利建设上来。在加大对大江大河的治理和大型水利设施投入力度的同时,重视对小型水库、中小河道和基本农田建设的投入,目前农村实行的一事一议的制度,使村干部处境尴尬,很难有效地组织农民开展农田水利建设,可以采取以国家投入为主、地方筹劳为辅的方式,提高地方参与的积极性。力争通过三到五年的持续改造,建设一批具有完善的排灌设施、旱涝保收的农田。

6. 大力发展小城镇,在新农村建设的平台上推进城市化进程。城市化创造的是消费,工业化创造的是供给,城市化就是化农民,真正富裕农民就是要减少农民,只有让汪洋大海一样的农民转化为消费需求,才能为工业发展提供源源不断的动力,过剩的产能才能被消化,国家经济发展才能步入良性循环。要加快推进城乡统筹进程,促进城乡要素的流动和市场化配置,结合空心村的整治，积极推进农村迁村并点工作，加快农村小城镇建设，通过农村城镇化，和不断完善小城镇医疗卫生、教育、环境保护和水、电、路、排污等基础公用设施，提高小城镇功能，吸引农村富余劳动力和农业人口向小城镇转移，带动农村人口迅速向小城镇聚集，让农民真正过上文明现代的生活。引导农民向县城和重点镇集中。

7. 大力发展农业科技和服务。粮食生产的根本出路在于科技进步与创新，一是加大对粮食主产区农业科研教学机构的投入力度，力争在粮食优良品种和关键技术的研发和应用上取得突破；二是健全基层农技推广体系，改善队伍知识和人才结构；三是通过农业科技项目，建立现代农业综合示范区，在粮食高产攻关、秸秆还田、立体生态农业等方面发挥示范作用，同时支持基层农技服务机制创新，鼓励乡村两级花钱买服务，积极探索农业科技成果进村入户的办法，大力推广优质粮食品种种植、发展现代高效农业以及栽培、病虫害防治、科学施肥等农业科技成果和先进实用技术，大力实施沃土计划，提高粮食的品质和质量安全水平；四是推广农业机械化先进实用技术，积极探索传统耕作制度的变革，促进农机技术与农艺措施的有机结合。

8. 发展职业教育，把淮河流域人口资源转化为人力资源优势。把职业教育上升为国家战略，是最大限度地减少农民和推进城市化进程的根本出路。尽快出台扶持政策，降低农民工创业门槛，解决农民工就业创业的瓶颈制约问题。

家电下乡要适应农民需求，特别是生产需求，科技服务、金融服务服务下乡。加大大型耕作农机的补贴额度，鼓励和引导农民购置大型农机。对农业的投入不能仅靠国家财政,要制定支持三农的金融政策,建立健全农村金融服务体系,搞活农村金融服务,解决农村融资难的问题。重视培植农民自办、自管、自用的农村微小金融组织。

在“稳定粮食生产，增加农民收入，扩大农村消费”专题联合调研总结会上的讲话*

各位代表、同志们：

围绕“三农”问题深入调查研究，积极建言献策，是人民政协的优良传统，今年全国政协经济委员会这个专题选得很好，很有现实针对性，与会各省区政协也非常重视，从今天上午的发言来看，各地在深入调查研究的基础上提出了许多真知灼见。今天的总结会选择在安徽召开，我觉得非常有意义，因为31年前以大包干为核心的家庭联产承包责任制就发轫于安徽的凤阳，从而拉开了农村改革发展波澜壮阔的大幕，以农村改革为起点，中国进入了改革开放和现代化建设新的历史阶段，中国特色社会主义事业蓬勃发展，焕发出无限的生机和活力。因此，安徽的典型和样本作用十分突出，安徽探索发展农业和粮食生产的做法和经验对我们很有启发和借鉴意义，安徽的干部群众负重前行、坚

---

* 原载于2009年10月18日《人民日报》。

持不懈地发展农业的大局意识、扎实作风和奉献精神值得我们钦佩,因此我们要把这次调研和总结会作为一次互相学习和交流机会。

十一届三中全会以来,我国农村经济社会发生了深刻变化,但发展的道路并不是一帆风顺,有经验也有挫折。特别是在世纪之交,出现了被概括为“农村真穷、农民真苦、农业真危险”的严重“三农”问题。面对新的困难和挑战,党中央、国务院审时度势,把“三农”工作作为全党工作的重中之重,解决“三农”问题的步伐明显加快。从 2004 年开始,党中央、国务院连续 6 年颁布一号文件,围绕促进农民增收、提高农业综合生产能力、推进社会主义新农村建设、积极发展现代农业、加强农业基础建设、促进农业稳定发展农民持续增收等主题,出台了一系列重大的支农惠农政策措施,力度前所未有,政策含金量非常之高。与此同时,党对“三农”问题的认识不断深化,理论体系逐步形成和不断丰富,比如,提出了统筹城乡经济社会发展、“以工促农、以城带乡”、“工业反哺农业、城市支持农村”、加快推进城乡经济社会发展一体化的思想等等。去年召开的中共十七届三中全会,全面总结了改革开放以来的“三农”工作的基本经验和新时期推进农村改革发展的目标、任务和要求。我国农业、农村、农民面貌不断呈现出可喜的变化,主要表现在:一是农业生产跃上新台阶,包括今年粮食将实现连续 6 年增产,总产和单产双双屡创新纪录;二是农民收入连续 5 年增幅超过 6%,为 20 多年来第一次,2008 年达到了 4761 元的历史最高;三是农村社会事业加快发展,成效显著,农民形象地形容为“种粮不交税,上学不交费,看病不算贵，走路不太累，养老靠社会”。

从今天上午的交流发言中，我认为各省成绩显著，措施具体，亮点突出，主要有以下三个方面：

一、粮食主产省（区）党委、政府注重树立和落实科学发展观，认真贯彻执行中央出台的各种支农、惠农、强农政策措施，农业和农村形势持续向好，进入发展最好的历史时期。去年三季度以来，全球金融危机影响不断蔓，我国“三农”领域也受到了较大的冲击，发展遇到了不少困难，特别是今春以来出现了大量农民工返乡潮的现象。水旱等自然灾害频发。尽管如此，各主产区的党委、政府积极应对、迎难而上，加大扶持“三农”的力度。目前，各粮食主产区农业和农村形势保持企稳向好趋势，在抓粮食生产、增加农民收入、扩大农村消费等方面，取得了实实在在的成绩，其中6个省保持粮食净调出省的地位，为国家粮食安全作出了巨大贡献，我国粮食供求实现了从长期短缺到总量基本平衡、丰年有余的历史性转变。农民收入继续保持增长态势，今年上半年全国农民的现金收入人均2733元，比上年同期增长了8.1%；家电下乡、农机下乡、汽车下乡等刺激农村消费的政策效果明显，农民消费需求升温。例如，到去年底，吉林全省农村消费品零售总额增长24.6%，农村消费增长幅度首次高于城市。今年以来认真落实家电下乡、汽车下乡和实施农村泥草房、林业棚户区改造补贴政策，有效扩大了农村消费需求，上半年农村消费品零售总额同比增长21.4%，高于城市3.9个百分点。

二、各粮食主产省（区）在发展粮食生产、增加农民收入以及刺激农村消费等方面积累了不少好经验、好做法。

简要归纳一下,有以下几点:

1. 各省区党委政府对农业生产特别是粮食生产高度重视,加强领导和指导,为落实国家粮食安全提供可靠保障。例如,黑龙江注重粮食综合生产能力与对国家粮食安全贡献的战略研究,内蒙古始终把提高粮食综合生产能力作为“三农”工作的抓手;河北认真落实粮食生产行政首长负责制,实行领导干部联系市、县制度;新疆维吾尔自治区将粮食生产目标管理责任制纳入到地方党政绩效考核范围,层层签订责任书等等。

2. 认真落实粮食直补、良种补贴、农机购置补贴、农资综合补贴等惠农政策,加大对粮食生产的财政投入力度。例如,辽宁各级农业部门把落实粮食综合直补政策作为一项重要政治任务来抓,重点把握四个工作环节,切实做好粮食综合补贴资金发放工作;新疆维吾尔自治区财政拿出2630万元资金对超额完成冬小麦指导性计划面积任务的地州进行奖励,新增1000万元用于扶持粮食三项科技工程建设,新增100万元用于粮食高产创建活动的经验交流,新增1000万元对全疆41高产创建县(市)给予专项资金补助。

3. 从各自实际出发,认真落实全国新增千亿斤粮食生产能力规划。各省都根据自身的优势和特点挖掘潜力,制定了积极可行的粮食增产的规划目标。黑龙江作为商品粮输出第一大省,将千亿斤粮食生产能力战略工程规划到2012年,届时全省粮食年播种面积将稳定在1.6亿亩,粮食综合生产能力达到1000亿斤以上;安徽按照国家增产千亿斤粮食的工程,编制规划到2020年增产220亿斤的目标;吉林省委、省政府把实施《规划》作为农村工作的 1 号工程来抓，成立了主要领导任组长的领导小组，分解落实了工作责任，增产百亿斤商品粮能力建设规划中的 10 大工程 29 个项目全面启动；江西结合粮食发展形势和实际，制定了不仅要完成国家确定的 32 亿斤增产任务，而且力争 2015 年全省新增粮食生产能力 100 亿斤以上的规划目标，并全面启动新增百亿斤优质商品粮生产能力工程；河南编制了《河南粮食核心区建设规划纲要（2008 ~ 2020 年）》，规划粮食年生产能力由目前的 1000 亿斤稳定提高到 1300 亿斤。

4. 依托农业科技支撑，广泛开展粮食生产高产创建活动，强化示范带动，推广先进适用技术。例如，河北大力实施科技兴粮战略，通过推广“两晚”节本增产技术，两年共增产玉米 21 亿斤，节水 30 亿方，节约浇地成本 12 亿元。安徽按照良种良法配套的要求，加大优良品种、机械化作业、测土配方施肥、病虫害综合防控等先进实用技术的推广应用，开展科技入户进村和阳光工程培训，组织各级农技人员对口扶持种粮大户。

5. 因地制宜，探索各种途径促进和帮助农民实现增收。比如，四川根据不同区域的实际，探索出了四种类型的增收模式，即大城市带郊区县，推进城乡一体化建设带动农民增收；丘陵农业地区推进农业产业化经营，发展主导产业带动农民增收；山区发展特色产业，转移农村剩余劳动力带动农民增收；民族地区依托优势资源，发展特色农业带动农牧民增收。

6. 以新农村建设为契机，努力扩大农村消费。例如江西从 2006 年起，平均每年选择 8000 多个自然村，着力推进“一村一品”产业发展、“六改四普及”村庄整治建设和农村新社区建设为主要内容的试点工作。经过几年的新农村建设，发展生产和拉动投资，增加了农民收入，改善了农村基础设施条件，激活了农村消费市场。

类似经验和做法还有不少，就不再一一列举。总之，这些成绩的取得，有赖于在实践中形成的这些好的经验和做法。希望各地在今后继续开拓创新，把工作做得更好。

三、在我国人多地少矛盾突出，农业基础并不稳固，从发展形势看仍不容乐观，要增强忧患意识。农业农村发展机遇与挑战、成绩与隐忧并存，老问题与新问题叠加在一起，稳定粮食生产、增加农民收入、扩大农村消费任重道远。主要表现为以下几个方面的问题：

1. 我国农业依然是弱质产业，受人口、资源、耕地、气候、能源、国际市场等因素变化的影响，粮食安全仍将面临严重挑战。

2. 需求刚性增长，我国人口尚未达到峰值，城市化加速的过程中，生产者变成消费者，种粮的成为吃粮的，随着人民生活的改善，食品结构发生了变化，一吨猪肉需要 3 ~ 4 吨粮食。

3. 高质量耕地和可开发的后备耕地资源少，中低产田占到耕地面积 60% 以上。

4. 尽管连续多年加大了对三农的投入，但是与经济增长的幅度和重中之重的地位不匹配，基础设施投入存在政府行为偏向。同时，粮食价格形成机制使农民种粮无利可图，比较效益低，种粮积极性的缺失无疑是粮食安全的一大隐患。

5. 粮食综合生产能力建设面临瓶颈制约，农业基础设施建设特别是农田水利建设严重滞后，还在吃 30 年前的老本，水利设施年久失修,农田水利的投入欠账太多。农业生产仍然难以改变靠天吃饭的局面。在极端气候造成自然灾害逐渐常态化的情况下,农业抵御自然风险能力堪忧。缺乏应对灾害常态化的认识和机制。

6. 科技对农业发展的支撑能力较弱,基层农技推广体系“线断、网破、人散”,几乎处于名存实亡的状态。农民素质普遍较低,从事农业生产的劳动力呈结构性素质下降和老年化趋势,接受技能培训的机会不多,不利于先进适用技术的推广应用。

结合调研主题,在这里我也简要谈几个观点,与大家讨论交流:

1. 对农业基础地位的再认识。农业是国民经济的战略命脉产业,粮食综合生产能力是一个国家综合实力的重要体现,具有重要的战略地位。对这个问题,我所参加调研的江西、安徽两省都有清醒的认识,比如江西在推进工业化、城镇化的同时,始终把农业特别是粮食生产摆在最重要的位置,提出要始终坚持“两个不动摇”,即江西作为国家粮食主产区的地位不动摇,江西肩负国家粮食安全的责任不动摇,因为认识到位,两省才能成为仅存的六个粮食净调出省。我国国情决定了粮食战略只能立足自给,不可能依赖通过国际市场解决 13 亿人、峰值时将达到 16 亿人的吃饭问题,因为我们的人口基数大,人口的一小部分吃饭问题解决不了,就要对国际粮食供给平衡和价格产生巨大冲击,前些年已经出现了中国人养活不了自己,中国对国际粮食安全构成威胁的论调。通过这些年持之以恒的努力,我们保持了粮食生产的独立性,才能不受制于人,才能保持国家的独立性。所以,粮食的战略属性是其最重要属性。

2. 进一步完善粮食主产区利益补偿机制。农业是弱质产业,粮食生产又是农业中效益最低的产业,长期以来,粮食主产区为国家经济发展和社会稳定作出了默默无闻的奉献。发展粮食生产的关键是要充分调动地方政府和种粮农民两个积极性,在重视保护农民利益同时,也要调动农业大省、大县以及抓农业的干部的积极性。应进一步加大对粮食主产区特别是产粮大县的奖补力度,根据对国家粮食安全的贡献程度进行奖补,鼓励粮食主产区按照功能区定位的要求,发挥农业比较优势,走科学发展的道路,使粮食主产区财政收入不低于全国平均水平,扭转产粮大县、财政穷县的局面,增强地方政府抓粮食生产的积极性、主动性。建议国家按照统筹区域发展和区域公共服务均等化的要求,加大对粮食主产区的财政转移支付,在现有对产粮大县进行奖励的基础上,努力缩小粮食主产区与经济发达地区的财政收入差距。要在粮食主产区和主销区之间建立利益平衡协调机制。在粮食主产区建立合理的储备制度,解决储粮越多地方政府负担越重问题,同时建立主销区储备粮食制度。尽快取消主产区和粮食大县风险基金的地方配套,决不能因为产粮多而使财政受到损失。

3. 努力形成主要农产品价格合理增长、农民稳定增收的长效机制。只有善待农民,让种粮农民能够达到或不低于国内人均收入水平,才能拉动内需,中国的经济才有未来。以往我们远远低估了农民劳动的价值,例如农民的劳动没有计入成本,谷贱伤农,增产不增收不利于从长远上维护国家粮食安全。要富裕农民,粮价首先是个牛鼻子。要建立健全有效的农产品价格调控机制,充分发挥保护价政策的托市作用,引导粮食和主要农产品价格合理上涨,是实现农民稳定增收最直接的办法。有人做过计算,去年粮食总产量10570亿斤,今年粮价每斤上涨1毛多钱,总量就是1000多亿,与今年安排的四项补贴总额1230多亿元基本相当;其次,进一步完善粮食补贴制度,一是要从法制层面规范对粮食主产区补贴的方向、原则和内容,使惠农政策成为支持农业发展的长期制度,如出台相关的农业补贴法规;二是提高补贴标准,扩大粮食品种覆盖面,尽快完善与农业生产资料价格上涨挂钩的农资综合补贴动态调整机制,将化肥、柴油等主要农业生产资料的价格变动与农资综合补贴标准直接联动,保证农业生产的合理收益;三是改进补贴方式,在"普惠制"的基础上,探索建立与提供商品粮数量挂钩的补贴机制;四是大力支持粮食主产区实行粮食就地加工,实现农产品多层次、多环节的转化增值,增强主产区的造血功能。国家要对主产区粮食加工企业给予特殊政策支持,做大做强一批骨干加工型龙头企业,让农民更多地享受加工增值利润;五是按照城乡统筹的要求,解决农村公共事业和社会保障问题,解除农民消费的后顾之忧;六是大力发展职业教育,赋予农民一定的技能,增加农民的工资性收入。这个问题一定要上升到国家战略的高度来考量,因为对农民特别是青年农民、农民工的职业教育,是从长远上解决中国经济社会发展诸多问题关键的关键。目前我国就业形势异常严峻,大学生和农民工两大群体,我形容为就像两股洪流冲击着中国的社会。直截了当地说,职业教育的缺失是绊倒这两大群体就业的一块石头。因为在国际金融危机到来的时候,以出口为导向的中小企业大批关停,农民工成为首当其冲的受害者。而国际金融危机的经验告诉我们,高消耗、高污染、低技术、低成本的出口导向型发展模式既是不可持续的,无法承载的,也已经走到了尽头,要真正成为制造业的大国必须进行一场深刻的产业革命,大力推进产业升级和结构调整,而前提是必须首先解决农民工职业教育问题,因为农民工成了产业工人的主体。同时,城镇化的加速、农民变市民,主要的瓶颈也是知识、技能的差距。因此,我说职业教育是推动城市化的教育,是推进新兴工业化的教育。它不仅是解决农民致富的手段和途径,也是拉动内需、实现经济可持续发展的根本出路;七是降低农民工创业门槛,解决农民工就业创业的瓶颈制约问题。

4. 必须改革粮食主产区干部考核机制。现在粮食主产区干部的奉献和价值被严重低估,我了解到干部从沿海发达地区调到中西部产粮大省,收入要差几千元,就是在同一个省份,从工业相对发达的市县调到产粮大市大县,收入也要差上一二千元,抓农业的干部工作敬业,条件艰苦,责任重,贡献大,而津补贴低,干事业全靠大家的政治觉悟和奉献精神,所以我说是逆导向,这个问题一定要从根本上解决,保证他们的工资收入不低于国内同级别干部的平均水平。要根据主体功能区的划分,建立完善的差别化政绩考核体系,纠正单纯 GDP 导向使粮食主产区干部边缘化问题。要把粮食生产作为各级政府任期目标考核的重要指标,调动主产区干部抓粮食生产的积极性,体现出抓粮食生产的干部的价值和贡献。

5. 要加大对水利等基础设施的投入，提高粮食综合生产能力。粮食安全，农业增效，有赖于水利等农业基础设施的建设。维护国家粮食安全是政府的责任，中央和省级政府应切实承担起农业生产基础设施建设的重任，特别是要加大对粮食主产区基础设施建设扶持力度。建议国家把基础设施投入重点转向农村，首先是农田水利建设上来，整合各种支农资金形成合力。目前主要问题是农田水利建设欠账太多，投入严重不足，根据民盟安徽省委的一个调研，阜阳市每年对小型农田水利的投入至少需要5000万元，而现在每年各种渠道的实际投入不足1000万元。目前，该市40%的耕地不能进行有效灌溉，旱涝保收田的面积仅占耕地面积的37.2%。因此，建议国家在加大对大江大河的治理和大型水利设施投入力度的同时，重视对小型水库、中小河道和基本农田建设的投入。农村税费改革后，通过“一事一议”的办法组织农民开展农田水利建设面临许多新的问题，利益关系协调难度较大，可以采取以国家投入为主、地方筹劳为辅的方式，逐年较大幅度增加财政投入，减少或取消县级配套，力争通过三到五年的持续改造，建设一批具有完善的排灌设施、旱涝保收的农田。

6. 大力发展小城镇，在新农村建设的平台上推进城市化进程。工业化创造的是供给，城市化创造的是消费，城市化就是化农民，真正富裕农民就是要减少农民，只有让汪洋大海一样的农民变成波澜壮阔的消费需求，才能为工业发展提供源源不断的动力，过剩的产能才能被消化，国家经济发展才能步入良性循环。要加快推进城乡统筹进程，促进城乡要素的流动和市场化配置,结合空心村的整治,积极推进农村迁村并点工作,加快农村小城镇建设,通过农村城镇化,和不断完善小城镇医疗卫生、教育、环境保护和水、电、路、排污等基础公用设施,提高小城镇功能,吸引农村富余劳动力和农业人口向小城镇转移,带动农村人口迅速向小城镇聚集,让农民真正过上文明现代的生活。引导农民向县城和重点镇集中。

7. 大力推进农业产业化经营,发展现代农业。小农经济富裕不了农民,这已经成为大家的共识。要在稳定家庭承包联产责任制的基础上,实现土地资源的优化配置,推进土地承包经营权流转,发展多种形式的适度规模经营。通过有偿的流转增加农民收入,促进劳动力转移,有利于土地整理、机械化耕作、良种和统一标准化耕作技术的应用,提高了农业的劳动生产率、土地产出率,在确保粮食安全的同时,从源头上保障了食品安全。要大力发展像农机专业合作社这类的农民专业合作经济组织,提高农民进入市场的组织化程度。要加大大型耕作农机的补贴额度,积极探索传统耕作制度的变革,促进农业的机械化。要制定对农业产业化龙头企业的扶持政策,引导龙头企业带动农民增收。

8. 大力发展农业科技和服务。粮食生产的根本出路在于科技进步与创新,一是加大对粮食主产区农业科教研的投入力度,力争在粮食优良品种和高科技生物技术的研发和应用上取得突破;二是健全基层农技推广体系,改善队伍知识和人才结构;三是通过农业科技项目,建立现代农业综合示范区,在粮食高产攻关、秸秆还田、立体生态农业等方面发挥示范作用。同时支持基层农技服务机制创新,鼓励乡村两级花钱买服务,积极探索农业科技成果进村入户的办法。

9. 要加快建立适应“三农”特点的新型农村金融体制。金融是现代经济的核心,对农业的投入不能仅靠国家财政,还要建立健全农村金融服务体系,搞活农村金融服务,以创新的体制和机制来解决农村金融缺血的老大难问题。应加快改革农村金融体制,支持村镇银行、小额贷款公司、担保公司等新型金融机构开展农村金融服务,重视培植农民自办、自管、自用的农村微型金融组织。积极发展农业巨灾保险,降低门槛,增加险种,对涉农保费给予财政补贴,提高农业抗风险能力。

10. 要大力开拓农村消费市场,鼓励引导农民增加消费支出。要加强分类指导,根据不同地区农民的实际需求,研究下一步启动农村市场的着力点和“抓手”。

这次调研和总结会,得到了中共安徽省委、省政府、省政协和黄山市及有关部门的高度重视、大力支持和配合,我特别要提到的是多良主席一路不辞辛苦,陪同我们调研,对调研组是巨大的鼓舞和鞭策。在此,我一并表示由衷的感谢,谢谢多良主席,谢谢安徽的同志们!

喜看稻菽千重浪*

——参加全国政协“三农”问题调研的几点思考

不久前，我参加了全国政协经济委员会在江西、安徽两省开展的“稳定粮食生产、促进农民增收、拉动农村内需”调研。金秋季节的赣江之滨、江淮大地，一望无际的田野里稻谷飘香，从江西南昌到上饶的公路两侧，到处都是农民新建的一幢幢三、四层的楼房。陪同的地方同志告诉我，2004 年以来，中央接连发布 6 个“1 号文件”，催生了“三农”工作前所未有的大好局面，用农民自己的话说，现在是“种地不上税，上学不交费，看病不太贵，走路不太累(乡村道路修好了)，养老靠社会”，国家一系列强农、惠农政策让农民得到了实实在在的好处，农业、农村面貌正在发生可喜的变化。

“仓廪实而知礼节，衣食足而知荣辱。”在江西、安徽的实地调研中，让我感触最深的是，作为仅存的 6 个粮食净调出省份，两省干部群众讲政治、讲大局，始终坚持作为国家粮食主产区的地

---

* 原载于 2009 年 12 月 8 日《人民日报》。

位不动摇,肩负国家粮食安全的责任不动摇,充分发掘农业生产的优势和潜力,积极探索促进农民增收、地方经济可持续发展的新思路,粮食生产连续5年获得大丰收,为维护国家粮食安全作出了重大贡献。然而,这些肩负维护国家粮食安全和保护生态双重责任的粮食主产区,在工业化、城市化进程中却失去了很多发展的机遇,粮食主产区的干部负重前行,默默无闻地坚守在粮食生产第一线的奉献精神令人钦佩。

在充分肯定成绩的同时,我们也要清醒地看到隐忧,对于我国农业的基础地位,还要有一个再认识过程。因为作为关系国计民生的战略命脉产业,粮食综合生产能力体现了一个国家的综合实力,特别是对于我们这样一个拥有13亿人口的大国,只有保持粮食生产的独立性,才能保持国家独立性,才能不受制于人。应当说,粮食的战略属性是其最重要的属性。改革开放以来,随着工业化、城市化进程的加速,粮食消费需求呈刚性增长,而农业依然是我国的弱质产业,农业基础不稳固,人多地少矛盾突出,科技对农业的支撑能力较弱,种粮比较效益低,粮食安全形势不容乐观。

我认为,稳定粮食生产、促进农民增收、拉动农村内需三者互为因果关系。破解这一问题的路径,首先是要建立一个能够充分反映主产区和种粮农民合理利益的分配和协调机制,调动主产区政府、干部和种粮农民三方面的积极性。一是要建立农民稳定增收的长效机制。“三农”问题的核心是农民的利益问题。只有善待农民,让种粮农民能够达到或不低于社会平均收入水平,才能从根本上解决粮食安全的问题。而以往我们远远低估了农民劳动的价值,比如在核算农业生产的成本时,往往忽略了农民投劳的部分。实现农民稳定增收最直接的办法,就是要建立有效的农产品价格调控机制,充分发挥保护价政策的托市作用,引导粮食和主要农产品价格合理上涨。特别是在国内外粮价下行的情况下,要认真对待和研究解决谷贱伤农对农业生产的冲击问题。同时,要进一步完善粮食补贴制度,提高补贴标准,改进补贴方式,使惠农政策成为支持农业发展的长期制度。

二是完善粮食主产区利益补偿机制。我们在赣、皖调研的各县,如鄱阳、蒙城、涡阳,都是粮食生产大县,全国或全省的粮食生产先进县,历史上就是“鱼米之乡”、传统的农耕地区。然而正是这样一些为国家粮食安全作出了重要贡献的农业大县,在发展粮食生产中遇到了最普遍而带有根本性的问题——即粮食大县往往是经济小县、财政穷县,主产区陷入种粮越多、包袱越重、财政越穷的怪圈。这种逆导向的机制,不仅拖了地方经济的后腿,挫伤抓农业干部的积极性,还直接制约产粮大县对农业基础设施建设和农村社会事业的投入能力和保障水平,最终从根本上动摇农业的基础地位。

因此,我认为,在重视保护农民利益同时,也要调动主产区地方政府以及抓农业干部的积极性。要进一步加大对粮食主产区特别是产粮大县的奖补力度,鼓励粮食主产区按照功能区定位的要求,发挥农业比较优势,走科学发展的道路;要按照统筹区域发展和区域公共服务均等化的要求,加大对粮食主产区的财政转移支付,努力缩小粮食主产区与经济发达地区的财政收入和公共服务能力的差距;要积极探索在主产区和主销区之间建立利益平衡协调机制，加大对主产区生态补偿力度。同时，要改革粮食主产区干部考核机制，根据主体功能区的划分，建立完善的差别化政绩考核体系，纠正单纯 GDP 导向使粮食主产区干部边缘化问题；要保证他们的工资收入不低于国内同级别干部的平均水平，体现出抓粮食生产的干部的价值和贡献。

其次，要提高科技对农业生产的支撑能力，体现科技第一生产力的作用。在涡阳县小麦亩产千斤示范基地，我们见到了有“安徽的袁隆平”之称的小麦育种专家刘伟民，听取他对皖麦 38 的介绍，这一具有颠覆性的科研成果，成功地解决了以往小麦高产、优质不能兼容这对矛盾，还具有较好的抗灾害能力，很快在全省得到了推广，经济效益十分明显；在凤台县，我们参观了致富能人的立体生态综合种养园区，既从源头上保证了食品安全，又提高了附加值，亩均综合效益达到上万元；在蒙城，我们考察了通过土地流转实行综合开发的种植合作社、农机合作社等农民专业化合作组织。在调研中，我们切身感受到，在我们这样一个耕地后备资源非常有限的国家，粮食生产的最大潜力在于提高单产，因此，要加大财政的投入，鼓励农业科技人员继续在粮食优良品种和高科技生物技术研发和应用上取得突破，向科技要粮；要通过有序的土地流转，发展多种形式的适度规模经营，开展土地整理、机械化耕作，推广良种和标准化耕作技术，提高农业劳动生产率和土地产出率，最终使中国农业走上依靠科技的现代农业发展道路。

第三，要解决农民消费、农村市场启动的制度保障问题。一是城市公共事业发展要为农民工进城匹配条件。农民工已经成为产业工人的主体,工资性收入占到了农民收入的半壁江山,然而由于城乡二元结构的制度限制,即使是有相对稳定工作、长期生活在城市的农民工仍无法实现落地,农民工成为游离于城乡之间最大的不稳定群体。有专家测算,一个农民成为市民,能够相应带动50万元的消费。因此,在推进城市化进程中,必须打破城乡二元结构的限制,逐步实现农民工医疗、养老、免费就学全覆盖,解除农民进城的后顾之忧,实现城乡要素的自由流动和市场化配置;二是要按照统筹城乡经济社会发展的要求,解决农村公共事业和社会保障严重滞后问题。要通过对青年农民和农民工的免费职业教育,赋予他们融入城市的知识和技能。要加快小城镇建设,不断完善小城镇公共事业和基础公用设施,引导农村人口向小城镇聚集,促进劳动力向二、三产业的转移,有利于形成新的经济增长点,激活农村的内需市场,同时让农民真正过上文明现代的生活;三是要进一步完善家电、农机、汽车下乡政策。这一政策在前一阶段的实施,已经显现了初步的成效,达到了政府、企业、农民多赢的目的。今后,政府要进一步加强分类指导,企业要研究不同地区农民的实际需求,要把开发出更多适应农村市场的产品、让农民得到更多实惠,作为下一步启动农村市场的着力点。同时要推动包括金融服务在内的服务下乡,为农民自主创业和发展现代农业提供资金支持。

坚持新型工业化道路
推动经济可持续发展

——在亚洲制造业论坛 2009 年会上的致辞

（2009 年 10 月 26 日）

尊敬的马斯金教授，尊敬的菲尔普斯教授，各位嘉宾、各位朋友，女士们、先生们：

大家上午好！

很高兴出席亚洲制造业论坛 2009 年会，首先，我对各位嘉宾的到来表示热烈欢迎，对本次年会的成功举办表示最诚挚的祝贺。

去年 9 月以来，一场罕见的国际金融危机迅速蔓延，对世界经济产生了严重的影响。经济全球化把各国利益更加紧密地联系在一起，危机影响全球，反危机的斗争同样具有全球性。两次 G20 峰会的召开，充分表现了世界各国领导人同舟共济，相互合作，共同应对这场百年一遇的严重国际金融危机的决心和意志。各国均采取了非常规的财政和货币政策，刺激经济，保持了全球经济大局基本稳定。

受国际金融危机的冲击和影响,中国最突出的问题是出口大幅滑坡,外需严重萎缩,企业经营效益明显下降。中国政府坚定信心,审时度势,始终牢牢把握宏观调控的主动权,实施积极的财政政策和适度宽松的货币政策,全面启动扩大内需为主,消费与投资拉动相结合、政府与市场相统一、发展与改革相促进的刺激经济增长“一揽子”计划,及时将投资重点转向经济发展的薄弱环节和民生产业,今年前三季度国内生产总值(GDP)同比增长7.7%,第三季度增长8.9%,增幅逐季加大,全年“保八”已成定局,表明中国经济下滑压力缓解,回升势头稳固,投资、消费两驾马车起到了关键作用,中国经济呈现出清晰的V形反转态势。

亚洲制造业论坛年会被誉为亚洲制造业行业的“思想盛宴”,凝聚了广大专家学者的智慧。今天,两位诺贝尔经济学家将为我们分享他们对全球经济未来发展和新兴经济体产业升级、结构调整的研究成果。在这里我就简单谈谈自己的观点,抛砖引玉。

第一,大力发展低碳经济、节能与新能源产业。

金融危机的爆发,虽然造成了全球经济低迷,不少制造业企业破产倒闭,但是也同时催生了新科技、新产业的提前来临。当前,在全球气候变暖的新形势下,环境问题已经成为世界各国关注的热点,并列入重要的议事日程,国际社会对节能减排特别是减少二氧化碳排放正在提出越来越严格的要求。中国政府也在采取一系列主动措施,促进绿色经济、循环经济和低碳经济的发展。

在前不久召开的联合国气候变化峰会上，中国政府向世界郑重承诺：争取到2020年单位国内生产总值二氧化碳排放比2005年有显著下降，非化石能源占一次性能源消耗的比重达到15%左右，森林面积比2005年增加4000万公顷，森林蓄积量比2005年增加13亿立方米。充分表明了中国政府发展低碳经济、应对全球气候变化的诚意和努力。虽然任务十分艰巨，但是从中我们也可以发现无数商机。

今后国际间的竞争已不再是传统的资本、资源和劳动力竞争，而是碳生产率的竞争，节能减排也是生产力。所以广大制造业企业要迅速调整发展战略，把提高能效和碳生产率作为促进经济增长的核心，加速推进以节能降耗为重点的设备更新和技术改造，加快淘汰高耗能、高污染的工艺、设备和产品，突出抓好重点耗能产业的节能技术创新和改造，促进我国经济低碳化发展的渐进转型，承担起一个大国在应对全球气候变暖中的减排责任。而在防止高耗能、高污染的产业低水平重复建设和死灰复燃的同时，也要理性地发展新能源和可再生能源，避免高水平的重复建设。

目前，中国已经围绕机械工业中九个行业对绿色技术需求和绿色设计技术的自身发展趋势进行了调研；提出了适合机械工业的绿色设计技术发展体系，形成了一支从事绿色制造技术研究的专业队伍，所有这些，都为中国发展绿色制造业奠定了基础。可以预见，接下来的几年时间里，中国在节能减排方面将会有突破性的进展，并提前迎来低碳经济时代。

第二，加快自主创新步伐，推进产业升级和结构调整。

改革开放以来，中国经济保持持续快速增长的势头。据联合国工业发展组织估算，2007年中国制造业增加值占世界的11.44%，去年国内生产总值已经跃居世界第三。但长期以来，中国经济发展很大程度上还是依靠低成本竞争和资本、资源和劳动力的投入，加工贸易特点明显，付出的资源、生态和环境成本很大。在这次金融危机中，沿海外向型出口加工企业大量倒闭，给我们留下了深刻教训。但需要指出的是，当前部分行业和企业生产经营出现的困难，既是挑战也是机遇。我们应当利用资源和市场约束力增强的"倒逼"机制，加快推进制造业产业结构调整和优化升级，推进制造业和信息业的融合，推进制造业和服务业的融合，推进企业自主创新能力的提高。我认为，创新是一个民族崛起的灵魂，自主创新能力的提升已成为今天中国经济可持续发展的关键，而作为基础性产业制造业的自主创新自然成为重中之重。只有依靠自主创新和技术进步，提高劳动生产率，发展高附加值产品，中国制造业才能形成核心竞争力，才有未来和明天，中国经济才能保持长久繁荣和可持续发展。

近年来，中国政府不断完善和落实支持自主创新的政策，加大政府采购对自主创新产品的支持力度，积极实施品牌战略，大力扶持中小企业的技术创新活动，中国制造业自主创新取得了可喜的成就。国有大型企业的集成创新使一些"中国制造"进入国际先进行列；民营企业在市场竞争中激发出创新活力，打造了一批批中国品牌。通过自主创新，加快了技术因素对资本、资源的替代，实现从低成本劳动力优势向技术、品牌优势的转化，从供给上支撑了经济长期稳定和较快增长。同时不断满足结构优化、增长方式转变对技术的巨大需求。就在前两天，中国以服务科技创新和支持新兴产业为根本的创业板证券市场在深圳正式启动，这不仅是我国资本市场发育创新的重要成果，更与科技创新和市场制度密切相关，因为没有活跃的科技创新，创业板市场就没有原动力，两者之间相辅相成。

各位来宾、各位朋友，当前我们处于变革的大时代，科学技术日新月异，需要我们用进取的精神，严谨的态度，踏实的作风，攻克难关，催生新技术，共同推动亚洲制造业崛起。

最后，预祝本次论坛取得圆满成功！

谢谢大家！

健康的湿地是维护国土生态安全和促进经济社会发展的基础

——在第三届国际湿地论坛(杭州)上的致辞

(2009年11月2日)

同志们、朋友们:

在新春佳节即将来临之际,我们迎来了第12个“世界湿地日”。今年世界湿地日的主题是“健康的湿地,健康的人类”,充分体现了湿地的健康在维护人类社会健康发展的重要作用。保护湿地,维护湿地生态系统健康,将对保障生态安全和促进经济社会发展起到至关重要的作用。

十多年前,10位诺贝尔获奖者共同呼吁:“人与自然正处于迎头相撞的险境,人类活动为环境宝贵的资源带来无可逆转的伤害,人类必须彻底改变管理地球与生命的方式,才能逃过未来的苦难。”这一呼吁振聋发聩,让全世界警醒。人类本是自然界的一员,自然界拥有人类,而不是“人类拥有大自然”。那种不认自然为母反以自然为器,乃至要征服自然的反自然观念,助长了人类破坏环境,导致生态失衡,灾难频仍,许多情况下所谓的天灾实为人祸。

当今世界高度关注的十大生态问题，温室效应、臭氧威胁、生物多样性危机、水土流失、荒漠化、土地退化、水资源短缺、大气污染和酸沉降、噪声污染及热带雨林危机等，都与湿地面积减少和功能下降有直接或间接的关系。我在湿地考察中也曾亲眼看到，人为排水造成湿地破坏。由此引发的生态灾难正在对人类健康产生难以估量的巨大影响。比如，由于饮用了遭到污染的水或者食用有毒湿地植物、鱼类等，全球每年有 200 多万儿童失去生命，更多的人则因此染上各种各样的疾病；又如，由于水被排干，发生在东南亚泥炭湿地的火灾影响了近 7000 万人，其中 1200 多万人患上了呼吸道疾病；有的地区为了控制血吸虫、痢疾等疾病，排干湿地水源，反而带来了更加严重的生态灾难。全球 70% ~80% 的人口是依靠动植物制成的传统药物治病，由于湿地动植物大量减少，其提供传统药物的功能大大下降。乱砍滥伐森林、水土流失、围湖造田等，导致湿地抵御洪水和风暴潮等自然灾害的功能显著下降，1998 年中国长江水灾、2004 年印度洋海啸、2005 年美国卡特里那风暴等自然灾害，无不与湿地功能丧失密切相关，灾难夺取了无数生命，几千万人无家可归。目前，全球约有 25 亿人生活在跨国界流域，由于缺乏流域综合管理，约有 14 亿人的生活用水处于不可持续状态。在中国，由于开垦和改造、水资源不合理利用、掠夺性利用生物资源、水土流失等原因，湿地在维持人类健康上的多种功能受到了严重损失，湿地健康状况亟待改善。

我国已经开始重视湿地保护，采取了切实有效措施维护湿地生态系统功能。进入新世纪,国家推进了一系列加强湿地保护的重大行动,发出了加强湿地保护管理的通知,号召各级政府将湿地保护纳入重要议事日程,开展了广泛的国际合作与交流,湿地保护的政策法制体系、组织保障体系和调查监测体系不断完善,保护管理的基础工作逐步加强。特别是国务院批准了湿地保护的宏观战略计划和规划后,又将其纳入了国民经济和社会发展规划予以实施,正在实施的110多个湿地项目覆盖了全国28个省区市,开展了湿地保护、恢复、合理利用和能力建设等示范,在国家示范工程带动下,各地自主开展了多个湿地保护和恢复项目,许多重要湿地的生态状况正在逐步改善。这些重要举措促进了湿地保护管理工作的健康发展。

中国共产党第十七届代表大会提出了建设社会主义生态文明的战略要求,体现了政府和人民渴望良好生态环境的迫切愿望。建设生态文明,要求我们人类要尊重自然、师法自然,并努力做到与自然和谐相处。湿地作为珍贵和重要的自然生态系统,对实现人与自然和谐相处发挥着关键和纽带作用。没有健康的湿地生态系统,我们无法实现人与自然和谐相处,也无法实现建设生态文明的战略目标。保护好湿地生态系统,并合理利用其多种功能已成当务之急。

首先,要解决人们的观念和认识问题,湿地是"地球之肾",要加强对其重要性的认识,普及湿地功能的知识,提高全民保护湿地的意识,树立和培养保护湿地的道德观念;第二,湿地是维护国家生态安全的重要组成部分,只有将湿地工作与国家全局工作结合起来,才能为湿地工作赢得更多的发展空间,才能更加充分和有效地发挥湿地的重要作用;第三,要从可持续发展的长远利益出发,正确处理湿地保护和利用的关系,健康的湿地生态系统拥有巨大的经济价值,但只有在保护的前提下,合理利用湿地资源,才能保证湿地生态系统持续发挥效益,这就是《湿地公约》所倡导的“合理利用原则”;第四,要处理好流域管理与行政区划的关系。要坚持流域综合管理,建立跨部门和跨行政区域的、以生态系统保护为主要目标的流域湿地生态系统综合管理制度和管理体制;第五,要全面加强履约和国际合作,通过与发达国家开展多种形式的合作和交流,为中国湿地保护管理工作引进先进的技术和理念,促进湿地保护管理工作的快速发展。

同志们,朋友们,维护湿地生态系统健康,就是维护我们人类自身的生存环境,就是在支撑人类自身的健康发展。在全面落实科学发展观、建设社会主义生态文明的进程中,保护湿地具有特殊的重要作用。我们一定要按照科学发展观的要求,全力做好湿地保护管理工作,为维护国土生态安全和促进经济社会可持续发展作出贡献!

谢谢大家!

在第三届中国产学研合作（滨海）高峰论坛暨2009中国产学研合作促进会年会上的致辞

（2009年11月7日）

同志们：

去年11月5日，中央出台“保增长、扩内需、调结构、惠民生”刺激经济增长的一揽子计划和政策措施，取得了显著成效。今年前三季度GDP同比增长7.7%，第三季度达8.9%，增长幅度逐季加大，全年“保八”已无悬念，其中投资、消费两驾马车起到了关键作用，中国经济呈现清晰“V”形反转态势。在“保八”大势已定之后（后经济危机时代），现在要把注意力放在长期问题的解决上，关键是要从用投资、出口支撑的增长方式转到靠效率提高、靠自主创新技术进步支撑的增长方式。创新牵涉的问题很多，建立以企业为主体、市场为导向、产学研相结合的技术创新体系，是中国经济发展走上创新驱动、内生增长轨道的主导力量。

我国自主创新与产学研合作还存在着一些深层次的体制和机制性问题。比如说企业，企业尚未真正成为技术创新的主体，通过多次调研,我感觉首先企业创新动力缺失与创新应该是企业内在要求的本能形成悖论。影响企业创新活动的外部因素主要是生产要素价格、环境成本、市场环境与需求水平。当价格低廉的生产要素很充裕、环境成本可以不计、寻租机会时而出现、非常时期还能得到资金支持、市场竞争不规范、企业利润还在增长的情况下,无论是地方政府还是企业,谁也不会冒风险搞技术创新,也不会平白无故地转变生产方式,规模扩张、低成本竞争,自然是“涛声依旧”。其次是政府政策的偏离,政策重点支持应该是创新的结果,而不是投入创新的过程,包括申报、审批、分钱、评估,一方面企业可能“编故事”要钱,另一方面扭曲政企关系,形成相互寻租获利的机会。第三是技术依赖的惯性满足于不断地引进,因此消除企业创新动力不足的内外原因具有本质意义。再说,学、研与其他创新力量大多习惯于以自己为主体,自成体系,自娱自乐。我在对高校的考察中,注意到有些高校教学内容和方法严重脱离经济社会发展,这也是大学毕业生就业难的主要原因。我们需要的教育是创新人才的培养,而不是应试教育的培养。昨天上午我们告别了中国航天之父、享誉海内外杰出的科学家钱学森同志,钱老晚年曾谈到“我在加州理工大学时感觉整个学校都有一种精神就是创新,鼓励学生向权威挑战,中国哪一种大学有这种氛围”。钱老的话是对当前高校普遍存在违背大学精神行政化官本位的批评,也是对教育体制改革的期待。

针对产学研合作的问题,我谈几点意见。

第一,要进一步完善国家技术创新体系,形成多种创新主体协同创新、互动共赢的新局面。要通过深化科技体制改革,进一步促进科技与经济的结合。把发挥政府的主导作用、市场配置科技资源的基础性作用、企业的主体作用、国家科研机构的骨干和引领作用、大学的基础和生力军作用结合起来,形成知识创新和技术创新协同互动、科技教育与经济融合发展的局面,整体提升国家的自主创新能力。

第二,开放战略要支持创新战略,改革开放以来,我们以开放促改革,以外促内,缩短了工业化的进程,中共十七大报告指出"要提高利用外资水平",其重要含义是对外开放要更加注重实现我们自己的目标,有利于培育我国企业竞争力。我想各级政府、企业都要不断完善对外开放中的对内政策,使引进技术的过程能培育出自己企业的自主创新能力;使引进外资的过程能培育出以本地资本为主、具有国际竞争力的产业和企业;使接受发达国家产业转移的过程,能锻炼出高素质的技术队伍,使国内产业能够融入国际分工体系,在参与全球竞争中造就世界级的企业家。

第三,强化、突出企业在技术创新中的主体作用,引导创新要素向企业聚集。世界产业发展的历史表明,真正推动国家社会经济发展的创新技术几乎都来自企业,企业自主创新,无疑是推动经济高速发展的原动力。在国际化竞争的大背景之下,要坚持以体制机制改革为突破口,积极参与国际人才竞争,以开放的姿态和胸怀延揽海内外杰出人才,特别是能够带领产学研合作、能凝聚创新各方力量的领军人才。

第四,加大政府支持产学研结合的力度。在政府资金引导下,发挥证券市场创业板作用,刚刚启动的业板是以服务科技创新和支持新兴产业为根本目的的,没有活跃的科技创新,创业板市场就没有原动力,二者相辅相成。

第五,大力发展创新文化,努力营造有利于创新火花竞相迸发、创新思想不断涌流、创新成果有效转化、创新人才争相聚集的环境和氛围。企业创新是对体制环境,要求很高的经济活动,一个国家的文化同科技创新有着密不可分的关系,要不断克服传统文化中不利于创新的思想观念(比如不鼓励标新立异的所谓木秀于林,风必摧之,不能容忍向权威挑战的颠覆性创新人才,谈到一个人优点时“低调”),努力为创新人才尤其是处于创新思维最活跃时期的青年科技人才,创造施展聪明才智的更多机会和舞台。

第六,推动区域经济创新发展。目前,以京津冀为核心、以滨海新区为龙头的环渤海经济区,作为中国的第三个经济引擎,正面临着新一轮起飞的契机。推进环渤海地区的开发开放,是我们国家的一个重大战略举措。对于拉动我国北方地区的经济发展,加强我国同东北亚地区国家的交流与合作,都具有重要意义。我希望中国产学研合作促进会和天津市政府以这后论坛为契机,积极探索推动环渤海区域经济协同创新和发展的新路子,在促进区域创新资源整合、搭建区域合作创新平台,推进环渤海地区经济社会一体化发展方面,作出应有的贡献!

最后,我以温家宝总理前两天的讲话作为我发言的结束语,他说:“只要用现代科学技术武装起来,中国这艘巨轮就能产生无尽的力量,任何人都阻挡不了我们前进的步伐。”

在2009年伏羲文化北京论坛上的讲话

（2009年11月8日）

女士们、先生们、同志们：

十分高兴能够参加由中华伏羲文化研究会与台湾中华伏羲协会共同发起组织的2009年伏羲文化北京论坛。伏羲是中华民族的人文始祖，以伏羲为代表的中华先民创造了光辉灿烂的远古文明，为中华各族儿女留下了丰富的精神遗产。两岸同根同源，一脉相连，研究伏羲文化，弘扬伏羲的创造精神，对于推动两岸文化交流，促进祖国和平统一，构建和谐社会，具有十分重要的现实意义。

下面，我就伏羲文化研究谈几点个人意见。

一、要认真做好中华优秀传统文化的研究工作。中华优秀传统文化的研究工作，是社会主义文化建设的重要组成部分，也是弘扬社会主义核心价值体系的丰厚土壤。做好传统文化研究，不但能使民族优秀传统文化得以传承、传播、弘扬，更好地满足人民群众日益增长的精神文化需求，而且有利于增强中华民族的文化认同，为中国特色社会主义建设发挥不可替代的重要作用。伏羲文化是中华民族悠久灿烂的历史文化的重要组成部分,是中华文明的重要源头。伏羲用文明灯火,引导先民摆脱了茹毛饮血、巢穴群居、鸿蒙未启的原始状态,跨入了文明社会阶段,是中华文化的创始者。伏羲文化所代表的奉献精神、创造精神与和合精神,至今仍是中华优秀传统文化的精髓。我们要在研究、继承和弘扬伏羲文化的过程中,全面把握社会主义核心价值体系的基本要求,着力研究伏羲文化的深厚思想价值,着力研究伏羲文化对中华文明传承的意义,着力研究伏羲文化对建设社会主义先进文化的借鉴作用,充分发挥传统文化的现代价值,不断增强伏羲文化研究的影响力和生命力。

二、要将伏羲文化研究作为我国文化研究的系统工程扎实推进。让中华文化走向世界是我们共同的历史责任,要通过中华伏羲文化研究会,把海内外的专家学者组织起来,团结起来,发挥他们的团队优势,形成研究合力;在研究中,要充分利用考古学、文化学、社会学、人类学、历史学、地理学等多学科的成果和方法,进行系统的专项研究,以求取得实质性进展;要树立开放式研究的理念,创新研究方式,广泛借助和发挥社科部门、科研院所、高等院校的资源优势,提高伏羲文化研究的整体水平,并用不同文化的人都能理解的语言表达出来。

三、伏羲文化研究要为构建和谐社会服务。构建社会主义和谐社会,需要中华核心传统文化的有力支撑。我国上古时代的文献《礼记·礼运篇》就描述了人们理想中的大同社会:“故人不独亲其亲,不独子其子。使老有所终,壮有所用,幼有所长,鳏寡孤独废疾者,皆有所养。”后来孟子把这一思想又加以阐发:

“老吾老以及人之老,幼吾幼以及人之幼。”我们现在致力于建设的和谐社会,我理解,不仅是要人人共享改革发展创造的物质文明,还要人人共享社会进步创造的精神文明,因为在实现全面小康以后,人们将会更多地转向精神和文化的需求,文化的和谐则成为和谐社会的最高境界。著名社会学家费孝通先生就尊重文明多样性预见性地阐释了这一理念,他提出“各美其美,美人之美,美美与共,世界大同”,这既与我国古代和谐思想一脉相承,又把它发展到一个新的阶段。中华文化之所以博大精深,就在于他能够海纳百川,兼容并蓄,不断在继承中发展。我相信,研究包括伏羲和伏羲文化在内的古代思想和文明,将有助于增强我们民族的自信心和凝聚力,汲取伏羲文化在内的中国古代文明的优秀成果,更好地发展社会主义和谐文化,对于构建和谐世界,加快我国全面建设小康社会进程,必将产生深远的影响。

最后,预祝 2009 年伏羲文化北京论坛圆满成功。

在纪念中国预防性病艾滋病基金会成立20周年暨捐赠表彰大会上的讲话

（2009年11月27日）

各位来宾、同志们：

大家下午好！

在第22个世界艾滋病日来临之际，我们在人民大会堂隆重召开纪念中国预防性病艾滋病基金会成立20周年大会，同时表彰多年来热心支持并慷慨捐助基金会开展公益慈善事业的单位和个人，是一个很有意义的事情。这不仅是基金会的一件大事，也是中国艾滋病防治事业的一件大事。在此，我对基金会成立20周年表示热烈的祝贺，向今天在座的各位朋友，以及20年来关心、支持中国预防性病艾滋病基金会，为艾滋病防治事业踊跃捐赠的单位和个人，表示衷心的感谢并致以崇高的敬意！

自成立以来，基金会先后在钱信忠老部长、曾毅院士和现任会长李超林部长的领导下，围绕国家艾滋病防治工作的重点，积极配合政府和相关部门开展工作，取得了有目共睹的成绩。基金会先后在全国31个省、市、自治区公共场所，数百所高校大学生中以及北京奥运会场馆建设工地农民工中开展普及艾滋病知识的宣传教育,产生了广泛的社会影响。在促进艾滋病防治的国际合作与交流方面,基金会也做了许多开拓性的工作。特别是在对艾滋病患者及其家庭的帮扶救助方面,基金会投入了大量的人力、物力,使数千名儿童和家庭得到关爱,受到社会各界的普遍赞誉。

艾滋病防治工作关系人民群众的生命健康和社会稳定,关系民族的素质和国家的未来。截至今年 10 月 31 日,中国累计报告艾滋病感染者和病人约 32 万例。而据卫生部与国际组织估计,截至 2009 年底,中国现存艾滋病感染者和病人约 74 万人,其中艾滋病病人为 10.5 万人,估计 2009 年当年新发艾滋病感染者 4.8 万人。艾滋病疫情呈现出从高危人群向一般人群扩散的趋势,在特定人群和部分重点地区已经出现了艾滋病高流行态势。对艾滋病防治工作,党和政府给予了前所未有的高度关注和重视。锦涛总书记亲切慰问奋战在艾滋病防治第一线的医疗卫生工作者和志愿者,勉励他们用爱心呵护生命,靠科学战胜病魔,为保障人民健康、促进社会和谐作出积极贡献;家宝总理多次深入到河南上蔡县、安徽阜阳市等艾滋病高发地区,进村入户,了解艾滋病防治工作情况,看望、慰问艾滋病患者和致孤儿童,并邀请孩子们到中南海做客,希望通过政府和社会各界的共同努力,让爱的阳光普照每一个孩子幼小的心灵,使他们能够健康快乐地成长。党和国家领导人身体力行,为全国人民做出了表率,也向国际社会表明了中国政府和人民坚决遏制艾滋病蔓延的信心、决心和能力。自 2003 年至今,我国政府不断加大艾滋病防治工作的力度，实施“四免一关怀”政策，中央财政艾滋病防治专项经费从 2003 年的 3.9 亿元逐步增加到 2008 年的 9.94 亿元，地方财政投入从 2003 年的不足 1 亿元增加到 2008 年的 6 亿元左右，我国艾滋病患者的生存环境大为改善，生活质量明显提高。2006 年 3 月 1 日，国务院颁布实施了《艾滋病防治条例》，制定了《中国遏制与防治艾滋病行动计划（2006 ~ 2010 年）》五年规划，标志着我国艾滋病防治工作进入法制化、制度化的轨道。特别值得称道的是，我国公民对艾滋病知识普及和认知程度不断提高，从谈爱（滋病）色变，恐惧、歧视艾滋病患者，到有越来越多的人主动伸出援手，热心帮助艾滋病感染者和患者，积极参与到艾滋病防治事业中，全社会已经形成了扶危济困、群防群治的良好氛围。

同志们，尽管我国的艾滋病疫情得到一定程度的遏制，但形势仍然严峻，防治工作任重而道远。防治艾滋病、救助受艾滋病影响的弱势人群既是党和政府的任务，也是全社会的共同责任。由于我国区域之间、城乡之间经济社会发展极不平衡，各地在帮扶、救助艾滋病弱势群体方面能力也不尽相同，而中西部贫困落后农村地区又往往是艾滋病高发地区，弱势群体成为艾滋病最大的受害群体，由于地方财力有限，医疗卫生条件差，救治和帮扶难度大，因贫致病、因病返贫的矛盾比较突出，急需得到社会各界更多的关注和帮扶。众人拾柴火焰高，面对艾滋病防治工作的复杂局面，我们在发挥政府主渠道作用的同时，还要广泛开展国际合作，引导社会组织、慈善机构积极参与到艾滋病的防治和对受艾滋病影响的弱势人群的帮扶、救助中来，努力为保障人民群众生命健康、促进社会和谐稳定作出更大的贡献。

扶危济困、乐善好施是中华民族的传统美德，帮助那些受艾滋病魔煎熬和成为孤儿的弱势群体，是每一位品德高尚、有爱国情操和社会责任感的海内外中华儿女义不容辞的责任和义务，正是大家功德无量的善行和义举，才使得基金会成立20年来，有效地组织开展了大量预防艾滋病公益慈善项目。我也希望基金会不辜负社会各界的重托，以饱满的热情投身到艾滋病防治工作中去，密切关注艾滋病疫情的最新发展态势，做好政府主管部门的参谋和助手，特别是由于我国经济社会正处于快速变革之中，对文化水平低、自我防护意识淡薄以及生活单调的流动人口如农民工的健康教育亟待加强，应作为基金会下一步工作的重点。同时，要管好用好各项捐赠基金，把每一分钱都用在刀刃上，为中国艾滋病防治工作发挥出更大的作用。

在此基金会成立20周年之际，感谢社会各界朋友们对基金会慈善公益事业的鼎力支持，我相信，有您的一份爱心和奉献，中国的艾滋病防治事业就增添了一份信心和力量，那些生活在艾滋病阴影下的患者和家庭就多了一份温暖和希望，中国就会向永远消灭艾滋病的目标迈出坚实的一步。最后，我用《红丝带之歌》歌词结束我的演讲："一颗颗爱心深情似海，一双双大手送来关怀。一条条闪光的红丝带，紧系着人间最美的爱……"

谢谢大家！

企业创新与产业安全

——在第三届中国产业安全论坛上的讲话

（2009年11月28日）

今年，是新世纪以来我国经济社会发展最困难的一年，也是我们在逆境中接受严峻考验的一年。面对巨大的国际金融危机的冲击，党中央、国务院总揽全局，坚持把保持经济平稳较快发展作为首要任务，坚持积极的财政政策和适度宽松的货币政策，全面实施并不断完善应对危机的一揽子刺激经济的计划，同时，增加投资的针对性和灵活性，及时将投资重点转向经济发展的薄弱环节、新兴产业和民生产业，在全球率先实现了经济形势总体企稳回升，取得这样重大的成就极为不易。

在非常时期采取了非常措施，后遗症在所难免，比如经济回升基础不牢、经济运行中新老矛盾交织，内在动力不足，民间资本进入经济活动积极性不高，进一步扩大内需难度加大，产能过剩矛盾加深，“两高”企业死灰复燃，自主创新能力不强，以及财政、金融潜在风险等等。因此，在“保八”大势已定的后危机时代，要把注意力放在长期问题的解决上，很重要的就是回答怎样保增长和保怎样的增长问题,关键是把经济增长方式转到靠提高质量、效率,靠自主创新、技术进步支撑的增长方式上来。利用危机形成的“倒逼”机制,推动解决经济结构中的深层次矛盾,优化结构,实现产业升级。而主导这一变革的是科技第一生产力。我注意到,这场严重的国际金融危机,驱使各国争相通过技术创新寻求出路,催生新一轮产业革命,如低碳经济。可以说金融危机是检验企业自主创新能力、抗风险能力的试金石。我们也要善于利用危机到来的形势,解决长期想解决而未能解决的问题,以企业自主创新,不断形成新的经济增长点,才能从根本上维护产业安全。

我讲四个问题:

一、产学研结合问题。创新牵扯的问题很多,建立以企业为主体、市场为导向、产学研相结合的技术创新体系,是我国经济发展走上创新驱动、内生增长轨道的主导力量。目前我国自主创新与产学研合作还存在一些深层次的体制和机制性问题,比如企业尚未真正成为创新的主体,通过与政协多次调研,我感觉首先企业创新动力缺失。创新应该是企业生存的本能,是企业的内在要求,为什么与动力缺失形成悖论呢。影响企业创新活动的外部因素主要是生产要素价格、环境成本、市场环境与需求水平等。当价格低廉的生产要素很充裕,环境成本可以不计,寻租机会时而出现,市场竞争不规范,非常时期还能得到资金支持,企业利润还在增长的情况下,无论是地方政府还是企业谁也不会冒风险搞技术创新,也不会平白无故地转变增长方式。规模扩张、低成本竞争自然是“涛声依旧”。

其次是政府政策的偏离，政策重点支持应该是创新的结果，而不是投入创新的过程，包括申报、审批、分钱、评估。使得一方面，企业可能“编故事”要钱，另一方面，扭曲政企关系，形成相互寻租获利的机会，还有就是技术依赖的惯性，满足于不断的引进。因此，消除企业创新动力不足的内外原因具有本质意义。

再说学研与其他创新力量。科研院所与高等院校，尽管近年来从产学研合作中得到的科研经费已经达到相当的比例，但许多还是习惯于以自己为主体自娱自乐，自成体系，在对高校的考察中注意到，有些高校科研和教学内容、方法严重脱离经济社会发展，这也是我们大学毕业生就业难的主要原因。我们需要的教育是创新人才的培养，不是应试教育的培养。中国航天之父、享誉海内外杰出的科学家钱学森教授，晚年曾经谈道：“我在加州理工大学上学时，感觉整个学校都有一种精神，就是创新，鼓励学生向权威挑战，中国哪一所大学有这种氛围？”钱老的话是对当前高校普遍存在的违背大学精神的行政化、官本位的批评，也是对教育体制改革的期待。在国际化竞争的大背景下，要坚持以体制、机制改革为突破口，积极参与国际人才竞争，以开放的姿态和胸怀，延揽海内外人才，特别是能够带领产学研合作，能够凝聚创新各方力量，解决重大问题的领军人才。

二、开放战略要支持创新战略。改革开放以来，我们以“开放促改革”，以“外”促“内”，缩短了工业化的进程。中共十七大报告指出，要提高利用外资水平，其中的重要含义是，对外开放要更加注重实现我们自己的目标，有利于培育我国企业的竞争力。我参与政协调研中发现，外资到中国他们想得到什么，能得到什么,怎么得到都十分地清晰,而我们一些地方政府引资热情高涨,但从中要得到什么、能得到什么、怎么得到却比较模糊。实际上是没有真正理解国家以"外"促"内"的战略意图,把引进当目的,对利用外资壮大自己,推动企业创新缺乏思路。

我想,各级政府和企业都要不断完善对外开放中的对内政策,使引进技术的过程能培育出自己企业的自主创新能力,使引进外资的过程可以培育出以本地资本为主,具有国际竞争力的企业和产业,使接受发达国家产业转移的过程,能锻炼出高素质的队伍,使国内产业能够融入国际分工体系,在参与全球竞争中造就世界级的企业家。

三、突出企业在技术创新中的主体作用,大力培育、发展战略性新兴产业。

世界产业发展的历史表明,真正推动国家经济社会发展的创新技术几乎都来自企业,企业自主创新无疑是推动经济高速发展的原动力。在产业结构调整中,培育战略性新兴产业,这是产业安全的核心。因为在外需不可靠的情况下,如果保增长的政策关注点仅仅盯住原有的产业增长支柱,还不断输血,挽救已过剩的失去竞争力的产业,如重化工、轻工服装、三来一补等,将进一步固化已失调的产业结构,形成今后更大的隐患。因此,应着力培养更具前景的新一轮经济增长的带头产业,如第三代通讯技术、三网合一、新能源和节能技术及产品包括节能、环保汽车、新材料、转基因农业等一些具有先导型、体现技术产业发展趋势、有巨大的潜在需求和市场前景,特别是带动系数大、创造就业机会多的新兴产业。

四、大力发展创新文化，营造宽松的体制环境。

企业创新是对体制环境要求很高的经济活动，首先要努力营造有利于创新火花竞相迸发，创新思想不断涌流，创新成果有效转化，创新人才争相聚集的环境和氛围。一个国家的文化同科技创新有着密不可分的关系，要不断克服传统文化中不利于创新的思想和观念。比如，不鼓励标新立异的所谓“枪打出头鸟”，不能容忍向权威挑战，不能容忍颠覆性的创新人才。今年在政协考察农业的时候，我看到一亩地产出1600斤水稻，一粒一粒饱满得很，这是袁隆平院士颠覆性创新的结果，因为世界各国专家认定水稻是不能杂交的。所以我们要努力为创新人才，尤其是处于创新思维最活跃时期的青年科技人才创造施展聪明才智的更多机会和舞台。

其次，一定要消除体制障碍，打破垄断和分割。一些现行的体制已经成为某些新技术、新兴产业发展不可逾越的障碍，如三网合一、新能源汽车等产业化涉及按传统分工的壁垒或垄断障碍，这是任何“鼓励和优惠政策”都不能弥补的。行政管理体制的改革必须打破部门利益，消除跨部门、跨行业、跨地区的障碍，形成科技向生产力转化的健康氛围。第三要实施更大胆的准入、开放政策，扩大民间投资领域，我在西安、苏州、武汉、上海张江等多个高新技术开发区看到，民营企业特别是科技型民营企业创新意识非常活跃，他们是技术创新的生力军，用他们的话说，“要生存就要创新”。像华为、三一重工这样的民营企业，拥有自己的核心技术，在应对危机中游刃有余。因此，应该平等地对民营企业，放宽市场准入，让他们平等地享受国有企业甚至外资企业的待遇,这有利于扩大投资、增加就业、稳定经济增长、增强市场活力,形成多赢的生动活泼的体制环境。

用什么样的理念、什么样的政策和行动,将决定后危机时代国家经济质量、效益、安全和可持续增长,将决定国家的国际竞争力、企业在逆境中生存和应对再危机的能力。

总结一句话,用创新支撑国家!

在第四届中国文化产业(国际)论坛开幕式上的讲话

（2009 年 12 月 8 日）

各位专家、来宾，各位朋友：

大家上午好！

今年论坛的主题是中国民族文化产业的振兴，我很愿意参与。因为它的含义不仅仅局限于文化和产业的层面，更重要的是搭建一个增进中国各民族之间、中华文化与外来文化交流与和谐共处的平台，加强中华文化与世界文化的对话与合作，这对于推动中华民族大家庭的团结和世界和平与进步事业，无疑具有重大而深远的现实意义。

我讲两个方面的意见。

一、中华多民族文化的形成和发展民族文化产业的重要意义在中华文明发展的漫漫历史长河中，民族团结和国家统一始终是时代的主流。不论是中原王朝对边疆地区的征服，还是少数民族政权的入主中原，最终都表现为“大一统”思想下疆域的拓展，各民族在相互融合过程中你中有我，我中有你，彼此谁也离不开谁，在长期共同的政治、经济和社会生活基础上形成的高度国家认同和文化认同。这种认同不是简单的同化和取代的关系，而是相互学习、博采众长、兼容并蓄的过程，正是这种多元一体的民族文化特质，才使得中华文化博大精深、丰富多彩而富有恒久的生命力，至今仍然是维系国家统一、民族团结的强大精神支柱，这也是中华文明成为世界上少有的未曾中断的古老文明主要原因。

随着全球化进程的加速和知识经济时代的来临，文化越来越成为当今时代综合国力竞争的重要因素，越来越成为提升民族自信心、凝聚力和创造力的重要源泉，越来越成为国际舆论话语权的软实力。能否为社会成员提供丰富、积极健康、多样化的文化产品，是一个民族智慧、创造潜能和发展后劲的综合体现。

文化产业是文化的有效载体，文化只有主动与产业对接，自然地融入到经济活动之中，才能更好地实现其服务社会的功能，成为现实生产力的一部分。有什么样的文化产业就有什么样的文化产品。

文化产业既是一种高层次的经济活动，更具有一种形而上的政治活动、精神活动的深层含义，一个国家、一个民族如果没有形成体现自己的政治理念、核心价值和地域、民族特色的文化产业，就不能成为真正意义上具有世界影响力的大国。改革开放 30 年，我们的经济突飞猛进，辉煌成就令人眩目，但是文化建设没有同步跟上去。如果我们的孩子都生活在充斥着日本的动漫、美国大片、韩剧这样一些外来文化影响之下，我们就丢掉了中华民族的精神家园和文化阵地，就缺乏能够凝聚我们各民族力量、引领我们国家不断前进的核心价值体系，我们在与世界其他文明的对话中就失去优势。

近年来，党和政府对发展民族文化产业高度重视，确定了未来文化产业发展的战略方向，各地也相继制定出台了扶持文化产业发展的措施，在政策、资金上对文化产业给予倾斜。自 2004 年以来，我国文化产业年均增长率达到17%，高于同期 GDP 增长速度 5 至 7 个百分点，平均年增加值 1000 亿元左右，增长幅度15% ~20%（但是我们也不能盲目乐观，其中自主创意的文化产业还是不足的）。据预测，在未来 15 年间我国人均文化消费需求将年均增长 6.7%，文化产业就业总量年增长率将保持在9.7%左右。文化创意产业作为国民经济战略性支柱产业的地位将日益突出，正在成为国民经济新的增长点。

二、促进民族化的文化产业走向世界。只有民族的才是世界的。文化需要绚丽多彩，如果只是一种文化包打天下，这个世界是无法想象的。在经济全球化和文化多元化的时代大背景下，要打造具有比较优势的文化产业，就必须突出特色，彰显自己民族文化的独特魅力，走民族化的文化产业发展道路。一方面，在迎接外来文化的冲击和挑战中，我们要有自己的文化自觉，正确地认识自己的本土文化，在多元文化的世界能够拥有自己的一席位置。只有这样才能取得适应新环境、新时代的文化产业发展的自主地位。另一方面，我国有 56 个民族，每个民族文化没有优劣高下之分，都是中华民族文化的优秀组成部分。著名社会学家、人类学家、民族学家费孝通教授在他晚年时提出“各美其美，美人之美，美美与共，天下大同”这 16 个字，对未来中华民族文化产业发展具有重要的指导意义。他告诉我们，世界上每个民族都有自己的价值标准体系，由此构成人类文化的多样性，其间有相通之处，但更有不同之处，只要达到相互欣赏的境界，就可以避免文化之间的误解和冲突。因此，各民族在自我认可的同时，不能强迫别的民族改变他们原有的价值标准来迁就自己，要以一种开放的心态，容忍不同价值标准的存在，并学会欣赏别人，做到彼此了解、理解并互相尊重，这样才能在一个倡导多元的文化环境中各民族取长补短，和而不同，实现文化的共生、共存、共同进步。

各位朋友，我国少数民族文化产业发展还处在起步阶段，从宣传、舆论导向层面努力消除由于缺少交流与沟通而导致一些国家对我国的基本政治制度民族区域自治的内涵缺乏起码的了解，对国家竭力保护甚至是抢救少数民族文化的举措知之甚少的问题。事实上，中国的民族政策、民族的和谐团结在全世界是最成功的，但是由于在对外宣传的主动性、话语运用、语言、技巧等不能与国际接轨，“宣传战”往往处于劣势。举个例子，达赖及其追随者不仅能说一口流利的英语，还善于用西方的词汇逻辑，把流亡藏人的利益与西方的核心价值联系在一起，尽管是少数人，但在国际上争到了很多话语权，并让西方世界产生颠倒黑白的认知。2008 年 3 月 14 日拉萨发生暴力打砸抢事件后，西方社会掀起了一轮利用奥运会对中国施加人权压力的高潮，值得赞扬的是海外中国留学生和华人自动组织起来，以和平集会的方式和西方人能听明白的语言技巧，告诉西方人民达赖在西藏的统治正是践踏人权的农奴制，用图文并茂的事实阐明真相，同时又以西藏农奴翻身解放后的新生活和现在文明繁荣的新景象，极力消除西方的误解，把颠倒的是非矫正过来。在海内外中华儿女的压力下，迫使最偏激的法国政府不得不向在巴黎受到藏独分子惊扰的中国火炬手道歉。因此我们的宣传话语不能太僵化，要了解不同文化背景的人想知道什么，而不是你想灌输什么，要注意“软技巧”和选择时机。希望包括在座各位专家和文化战线上的同志们、朋友们共同努力，以成立“中国民族文化产业研究中心”为契机，推动我国民族文化走向世界，更好地发挥我国文化的影响力和渗透力，为中华文明和人类文化的和谐发展，为推动和谐世界的建设，尽一份自己应有的力量，作出历史性的贡献。

谢谢大家！

在2009年全国中小学校长专业化论坛上的讲话

（2009年12月26日）

各位校长、各位专家：

很高兴出席2009年中小学校长专业化论坛。虽然现在的北京正值三九隆冬，我仍然感受到会场内洋溢着的热烈气氛。数百位来自全国各地的优秀中小学校长济济一堂，共商我国基础教育事业又好又快发展的大计，我认为具有十分重要的现实意义。我首先对一年来辛勤耕耘在基础教育一线的校长们表示崇高的敬意，并真诚地向大家道一声辛苦啦！

今年大事多、喜事多、也是困难和挑战多的一年。在新的历史起点上，盘点新中国60年经济社会发展的辉煌成就离不开教育，反思走过的曲折道路和深刻教训，也离不开教育。就基础教育的成就而言，2008年，全国小学学龄儿童净入学率达到99.5%，初中阶段毛入学率达到98.5%。在一个占世界人口五分之一的发展中国家实现了"两基"，从而彻底扭转了旧中国绝大多数人口是文盲、教育极端落后的状况，中华民族的科学文化素质大大提高,这是一项史无前例的创举。当前,我国正加速从人力资源大国向人力资源强国迈进的步伐,为全面实现小康和建设社会主义和谐社会打下坚实的基础。

教师是教育实践的主体。基础教育的历史性跨越,“两基”目标的完成,无不凝聚着广大中小学教师特别是各位校长们的心血、智慧和创造性劳动。“一个好的校长就是一所好的学校”,来自实践的平白朴实而又精辟的表述,足以说明校长在推动教育改革和发展中的关键性作用。总体上说,我国中小学校长是一支让党和人民放心、有强烈的奉献精神和专业精神、素质优良、作风过硬的队伍,是推动基础教育改革和发展的骨干和中坚力量。许多校长几十年如一日,为学校的发展殚精竭虑,全身心地扑在教书育人的神圣事业中,为国家培养了大批高素质的劳动者和各类现代化建设急需人才,你们的积极作为和杰出贡献,将永远载入新中国的教育发展史,并得到了全社会的普遍尊重和赞誉。

同时,我认为,在基础教育领域也存在着一些不容忽视的问题,一是教育功能和目的的偏离。这种偏离与对教育质量的评价方式有关。在社会诚信和社会公平下降的氛围中,教育质量被窄化成可度量的分数,作为评估的唯一,并产生很强的指挥棒作用,扼杀并限制了本可以丰富多彩的教育教学过程。尤其在现代社会中,社会形态发生了许多变化,教育教学的内容、培养目标和学习方法都应顺应变化,为孩子们提供他们真正需要的课程内容,既要教学生生存知识,更重要的是让孩子们感悟生存的价值和态度,以及品格的塑造。日益丰富的教育质量的内涵,需要多样化的评价方式，但是上述基本原则和目标在现今应试大潮强势推动下不得不偏离。怎样破解这些教育的问题？现在学校和家长们都知道这个问题的必要性、合理性，都不愿看到孩子们沉重的童年，但面对社会竞争的残酷现实，谁都感到输不起，所以实现理性教育还要呼唤人才评价制度的创新。可以说人才评价机制是个千古的难题，就像人人诟病的科举制度，直到封建社会终结，我们前人的智慧也没有找到一个能够代替它的更合理的选人制度。有什么样的评价机制就有什么样的培养机制，要有实质性的突破，必须重建评价的指挥棒，摒弃重道轻器的传统观念，努力形成成才观多样化的文化生态，建立一个以学生为主体，能够激发学生创造潜能、让学生得到个性发展的人才培养机制和评价机制。二是教育资源的不均衡问题。这个问题非常突出，因为教育关系千家万户的利益，关系到每个人的发展权问题，教育公平是社会公平的基础，特别是义务教育是非竞争性的，政府有责任运用促进公平的杠杆来保障义务教育的均衡发展，这些年来国家加大了对基础教育的投入，社会各界也帮助中西部捐建了一批希望学校，但中西部以及老少边穷地区的中小学师资队伍建设严重滞后，成为提高教学质量和水平的瓶颈，这样的希望学校还是没有希望，改变这种局面需要有一个长效的机制和正确的导向。我们去年在贫困山区调研的基础上提出了基础教育阶段教师队伍建设的若干建议被国家采纳，边远贫困地区教师工资待遇问题得到了落实，这对于稳定这些地区教师队伍、逐步提高教育教学水平，都有着积极意义。

同志们，教育是立国之基，各位校长的肩上承载着国家和民族的未来和命运。中小学基础教育迫切需要有一支像陶行知那样“捧着一颗心来,不带半根草去”的富有激情的杰出教育家队伍,温家宝总理多次强调要提倡教育家办学。我理解,要成为真正的教育家,还要努力做到以下几点:

1. 教育是关系到一个国家和民族后继有人的事业,作为校长,要具有高度的使命感,把教育视为毕生事业的追求,把校长的岗位视为实现教育理想和人生价值的舞台,按照小平同志所说的“三个面向”的要求,始终站在时代的前沿,把握世界教育发展大势,研究教育发展的规律,并能根据社会发展需要不断更新自己的办学理念,成为教育思想的创造者、教育实践发展的引领者和指导者。

2. 具有“以人为本”的人文情怀和强烈的社会责任感。作为教育家的校长,要善于管理,心胸豁达,知人善任,爱才、识才,能够团结和凝聚人才,关心教师特别是青年教师的生活和成长,努力为广大教师创造一个安心干事业的环境和继续深造的机会;在学生培养方面,要坚持“以生为本、为国育才”办学理念,把人的品格塑造作为教育事业追求的最高目标,着眼于培养忠于祖国和人民的社会主义事业接班人。

同时,作为一名优秀的校长,要勇于承担社会责任和义务,以自己的身体力行,致力于解决教育公平和均衡发展问题。要发挥名校的带动辐射作用,主动帮扶薄弱校,与边远地区和农村学校结对子,接纳农民工子女入学,最大限度地满足人民群众对提供优质教育的强烈愿望。

3. 要不断加强道德建设和个人修养。教育工作者被当作社会道德的化身,“言为人师、行为世范”,社会在给予教师应有尊重的同时,也对大家寄予了高于社会其他职业的期望。一名教师的言行可以潜移默化地影响学生的一生,而“校长是教师的老师”,校长的言行不仅要为人师表,还要成为教师的楷模。校长只能以他“整个人”才足以对学生“整个人”起到真实的影响。我记得北京一个校长对我讲的一件事,在他们学校里举办一次校长的研讨会,在禁止吸烟的校园里一些校长吸烟,满地丢烟头,升旗仪式时随意走动、谈笑,最后他不无感慨地说,这些校长们专业的造诣不相上下,差就差在个人的道德修养上了。我觉得这位校长的话很有道理,发人深省。希望校长们都要从一点一滴的细节做起,不断地加强个人道德素养的完善、修炼,为老师们带个好头,使校园成为能够改造社会、影响社会风气的高尚道德、文化和良好习惯的养成之地。

4. 要进一步加强中小学校长队伍的专业精神。这既是今天论坛的主题,也是对校长们的基本要求。我理解校长专业化就是内行办学,教育家办学。因为大家所从事的是专业性的工作,首先自己要成为业界精英,能够在一定时期引领教育发展潮流,按照教育规律办学,根据学生身心发展的特点,培养学生养成读书习惯,独立思考问题和动手实践的能力,保护学生好奇探索之心。我还要强调中文写作能力,让学生能够简明、清晰表达思想和观点,更要强调学生要有健康的体魄,起码喜欢一门运动。其次要树立正确的政绩观,能够抵得住诱惑,比如正确看待升学率的问题,突出自己的办学思想和办学特色,把学生健康成长而不是现阶段学习成绩作为检验教学成果的标准。同时,教育行政部门和社会也要给予校长们宽松的外部环境，积极创造教育家型校长成长的体制环境，赋予其充分的办学自主权，还要让校长们有足够的探索、创新和大胆实践的空间，并下决心把校长从繁杂的行政事务中解放出来。

同志们，校长之间的交流也是学习的重要途径，一个成功的校长一定是善于向他人学习的校长。我希望，通过对校长的培训和学术交流，不断地总结和积累经验，为国家基础教育事业造就一大批教育家，为实施科教兴国和人才强国战略奠定坚实的基础。

最后，祝大家新年快乐！

附录

访谈·报道

“办学校是为祖国办未来”*

——全国政协副主席张梅颖建言《规划纲要》

在《国家中长期教育改革和发展规划纲要》（以下简称《规划纲要》）制定工作面向公众广泛征集意见之时，全国政协副主席张梅颖接受本报记者专访，建言《规划纲要》。

采访之前，记者读到张梅颖副主席赴广西调研撰写的调研报告《当前基础教育教师队伍建设存在的问题及政策建议》，文中写道：

“我们看到，在农村寄宿制学校，拿着微薄薪酬的老师，承担着教学、学生管理乃至伙夫、保安等繁重的职责，常常从早上5点忙碌到晚上11点以后……他们挤在低矮潮湿的平房里，有的老师还要借宿和走教。”

“我们还看到，寄宿制学校的宿舍楼建起来了，但孩子们的生活依然艰辛，三个孩子挤在一张铺着草席的硬板床上，伙食就是米饭就着一些黄豆；而在教学点走读的孩子，日复一日要翻越

---

* 原载于2009年2月11日《人民政协报》。

两座大山，在人迹罕至的崎岖小路上步行两个小时去上学，在学校不食不休，放学还要走同样的路程；他们普遍身材矮小、衣衫褴褛、营养不良，充满稚气的小脸上露出羞涩的微笑……”

这种动情笔触和百姓视角，在本次专访中继续延伸。

《规划纲要》正视教育问题

记者带着“您怎样看待本次《规划纲要》的制定工作”的问题开始了采访，张梅颖副主席给出了她的基本评价：

——《规划纲要》凸显了中共中央、国务院对教育的重视程度，既总结改革开放30年来教育改革的成就和经验，又非常正视中国教育事业中存在的问题。

13亿人口的国家，发展教育谈何容易。张梅颖副主席长期倾心关注中国教育，多次奔走基层一线，面对中国教育中存在的诸多问题她时常心急如焚，但这绝没有妨碍她对历史、对全局的客观判断和坚定信念。

——这30年来，中国教育在不断争论中发展。教育的事情，全民都关注，哪家没孩子啊？实际上，教育事业确实取得了巨大的发展。有几个象征性的事件可以说明问题，比如饱受争议的大学扩招，尽管存在质量滑坡和就业困难等问题，但扩招让中国普通高校的毛入学率达到了23%，老百姓的孩子上大学很普遍，我国高等教育开始从精英教育走向大众教育，这在过去是不可想的，对全民族的素质提高功不可没。再比如，从去年9月起，城乡义务教育阶段学生全部免除学杂费，真正意义上的义务教育实现了,1.6亿城乡儿童因此受益,在中国教育史上有里程碑意义。很多人埋怨中国不如外国,却没看到在中国国情下教育事业发展的极其不易。

基层老师的生存和生活状况一直令张梅颖副主席挂念,并多次深入调研、撰写文章呼吁解决义务教育教师绩效工资问题、农村地区教师住房问题、代课教师待遇问题等,最近《规划纲要》的制定和国务院《关于义务教育学校实施绩效工资的指导意见》的出台,令张梅颖副主席感到欣慰。

——1月1日起义务教育学校的老师们可以享受绩效工资了,教育部也出台了《教育部关于做好义务教育学校教师绩效考核工作的指导意见》,这件事情办得很快。另外,农村地区教师的住房问题各地也在积极解决。

这次《规划纲要》制定公开、慎重,也不回避问题,很多措施有可操作性,突出了"教育根本目的是提高人的素质",体现了由人口资源向人力资源的转变,由应试教育向素质教育的转变,向教育城乡一体化、均衡化发展的转变。让大家看到了国家承诺的"办人民满意的教育"的希望。

农村义务教育不能简单城市化

记者在西部地区的一个村子里曾听到过一对农民父子这样的对话:

"爸爸,书上画的高楼大厦怎么只有窗户没有门?"

"门在里面吧……"

“门在里面人怎么进去?”

“……”

农村小学生的疑问,包含着一个深刻的问题,这也正是张梅颖副主席关心的。

——很多教材是结合城市的孩子的生活环境编写的,图画、文章都描述的是城市生活体验,农村的孩子小时候很多没进过城,所以很难适用这样的教材和课程设置,我在广西调研农村基础教育,教师普遍有这样的反映。教材和课程中缺乏结合农村实际的教学内容、教育方法,这本身是对农村孩子的不公平。在当前城乡二元社会结构没有消除的情况下,农村义务教育不能城市化。

温家宝总理在一次会上说,过去他们上大学的时候,班里农村的孩子几乎占到80%,现在经济社会发展了,农民收入逐步提高了,本应该农村孩子上学的机会多了,可现实情况是他们上高职、上大学的比重却下降了。张梅颖副主席也有同感。

——农村孩子现在上大学的不多,不但因为各个阶段可享有的教育资源匮乏,还有一个原因就是农村孩子与城市孩子的生活方式、生活环境非常不同,但是高考却以基于城市孩子生活学习体验的教育内容命题考试、选拔人才,这导致农村孩子在高考线前天然地差人一等。我们到一些中西部农村地区去,老师们就觉得教材改革是为城里孩子改革的。

您认为该如何解决这个问题?

——这容易引发人们思考:为适应城乡二元结构,需不需要建立两套高考招生标准?我认为,可以试编适合农村孩子生活、成长的课程和教材，并可以研究设置针对农村孩子的高考试卷和录取方法，并随着城乡一体化改革的进程逐步调整，发达地区另论。还有一种情况，农村的教师、乡镇及村医务人员、农业技术人员，他们面临的工作环境比较艰苦，城市毕业的学生不愿意到农村担任这样的工作。所以，我觉得可以为农村设立专门的职业技术学院或专业，培养各种农村技术人才，在农村“就地取材”，就地上岗。

还可以尝试在农村地区设立义务教育“9 + 1”模式，即九年义务教育结束之后，再增加一年的技术培养，或者把技术培养融通到义务教育当中，让他们初中毕业后有一技之长。否则初中毕业，外出打工只能做个苦工。

义务教育要确保均衡性

张梅颖副主席认为，均衡发展是义务教育的一个重点，义务教育经费由国家财政支持，用的是所有纳税人的钱，就应该让所有的孩子平等享受。

——这次《规划纲要》也要强化义务教育的均衡性，确保学生在起点上的公平。

现在，对义务教育均衡发展的挑战还很多，困难不小。

——是的，主要有这样几个问题，一是中西部地区的义务教育还很薄弱，甚至是脆弱；二是城市务工子女享受义务教育还面临较大困难；三是城市义务教育中的择校问题很严重。

择校不但是一种不公平现象，还引发了教学质量下滑（大班制）、家长学生盲目攀比、诱发学生不良心态等一系列问题，张梅颖副主席认为，要消除择校问题。

——给城市孩子免除的学杂费相比于高额的择校费、赞助费、培训费，几乎不值一提。这样高的费用，谁能交得起？当然是有钱人。

有人认为，择校是一种公民应享受的选择教育环境的权利。

——没错，教育选择权可以有，但择校问题要消除，本属于所有义务教育阶段孩子享有的教育资源，不能集中起来供少数人“选择”。资源要均衡，投入要公平，优秀教师要轮岗。如果各个学校资源均衡，还有谁愿意舍近求远？我了解到，安徽铜陵和辽宁、山东的一些城市，在这方面就做得比较成功。

“问题孩子”教育不可忽视

张梅颖副主席非常关心“问题孩子”教育，也曾深入一线调研工读学校的情况，在2006年全国政协十届四次会议上，她写了一篇《关注“问题孩子”办好工读教育》的民盟中央大会发言，文中讲到：“对国家来说，挽救一个‘问题孩子’和培养一个优秀孩子意义同等重要，但挽救‘问题孩子’所付出的心血常常是培养一个优秀孩子的几倍甚至几十倍。”本次《规划纲要》制定中，张梅颖副主席也在细心搜罗有关“问题孩子”教育的字眼，但是她还没找到明确的答案。

——《规划纲要》制定中没有明确提出“工读教育”或者对“问题孩子”教育的部署。不用“工读教育”的表述方式也行，但一定要重视对“问题孩子”的教育。我国3亿多青少年中，徘徊、游离在普通孩子和犯罪少年之间的是难计其数、五花八门的“问题孩子”，有的已经表现出了行为偏差，而更多需要心理的矫正。这些“问题孩子”如果“管一管”，寄宿到工读学校就读矫正，仍可以充满自信地走向成人社会；如果“放一放”，普通学校不能上，工读学校上不了，任其漂荡，无疑是为社会犯罪源源不断地输送“后备军”。

据了解，2003年，广州市就有3000名品德偏常的“问题孩子”需要进入工读学校，但广州市仅有1所能容纳100人的工读学校，张梅颖副主席也为此心焦。

——“问题孩子”教育方式和教育内容与普通孩子不同，需要专门的教育环境，而我国当前对“问题孩子”的教育法律定位模糊，财政投入欠缺。截至2005年6月，全国工读学校从数量最多时的150所已下降到60多所，但“问题孩子”却在社会变革中不断增加。

这些孩子往往都是聪明孩子，矫正过来后他们都很容易成才，但如果放弃，将会引来太多麻烦。《规划纲要》不能忽视了这一群孩子。

素质教育需要社会氛围

素质教育显然不是一个新鲜概念，但《规划纲要》中如何审度“素质教育”，对国家来说，关涉12年甚至更长时间教育战略部署、人才培养、国力强弱；对个人来说，或则影响半世，或则奠基一生。张梅颖副主席对“素质教育”有思考,更有直言。

——素质教育是身心健康的教育,当然包括对做人做事、价值判断、生存能力等的教育培养。现在的问题是,素质教育需要有一个社会氛围。

孩子在学校听到的是一种情况,在社会上看到的又是另一种情况,这就影响了按照素质教育设置的孩子身心健康发展的目标。甚至,在校园中就存在着很多影响素质教育的问题。

张梅颖副主席举例:某班主任非常偏爱班上一名学生,因为这个学生是学校所在片区警察的孩子,学校在这个片区,需要片警的照顾。

——当这个孩子和班上其他的孩子都意识到班主任偏爱的缘由,对孩子们的身心发展便会产生很多不良影响。

在中央电视台一期对话节目中,受邀参与节目的有12位来自美国的获得当年美国总统奖的即将跨入大学的高中生,也有来自中国的已经被北京大学、清华大学等高校录取的优秀高中毕业生,在主持人关于价值取向的选择题中,美国同学几乎一致地选择了“真理”和“智慧”,而中国同学集中选择了“财富”和“权力”。

——美国同学认为掌握了智慧,坚持真理,便能够获得一切;而中国同学直奔结果,或者去拥有财富,或者去占有权力。

学校和教科书上并没有提倡对财富、权力的追求。

——是的,社会文化氛围深刻影响了孩子的价值取向。高考的指挥棒和社会文化的指挥棒,严重磨损了我们孩子追求真理、追求理想的信念。

看来，素质教育是全民族、全社会的事，素质教育的成败不仅仅取决于学校。

——但学校很关键，尤其老师的言行对学生的影响很深刻。

孩子为什么就不了业？

近日，解决大学生就业问题成为全社会关心的头等大事，2009年将毕业611万大学生，而前几年未能就业的大学生还有480万之多。孩子为什么就不了业？很多人在发问，张梅颖副主席也在思考。

——供不应求当然是一种情况，还有一种情况是企业和单位找不到合适的人才，大学生毕业胜任不了工作，这就要追问到教育。

应试教育把很多孩子培养成了书虫子，一些考试的条条框框、标准答案，根本不能让孩子异想天开，太大的学习压力和社会压力抑制了孩子们的创造力和生存能力。另外，学校的学科、专业设置与社会需求不相适应，让很多学生感觉“学了没用”。包括一些职业技术类学校，也存在教学内容赶不上企业技术发展水平的情况。

职业教育的就业情况现在相对好些。

——是，职业教育是可持续发展的教育，前途无量。但职业教育要看得更远，要加强理论研究。职业教育怎么办，要用富有远见的理论指导，去适应国家的产业升级。避免看见好势头一拥而上，最终又造成“拥堵”情况。现在就有一些不好的苗头，我去了一个中等职业学校比较集中的地方,就发现办学资源的浪费,教育投入、办学理念都有问题,形成新的千校一面,缺乏特色,抢夺生源,人才输出拥堵。

规范权力是教育改革第一步

在《规划纲要》征集公众意见期间,很多网民在网上发帖,反映一些学校的老师热衷于做科长、处长、主任,一些机关干部把带有行政级别的学校领导岗位当成升迁平台。

——教育行政化扭曲了教育的本质,损害了教育事业的发展。

谈及此处,张梅颖副主席甚至有些激动,她喝了一口茶,继续说:

——规范和约束教育管理部门的权力,是搞好教育改革的第一步,《规划纲要》要解决体制和机制方面的一些问题,就要明确规范教育管理部门的权力。现在的情况往往是教育管理部门的权力太大,掌握大量资源,有限的教育资源在传统管理体制中效益的发挥受到限制,学校和老师反倒在教育事业中处于弱势。我们办学校不是为领导升迁,而是为祖国办未来。

哲学社会科学是国家和民族的灵魂*

——访全国政协副主席、民盟中央第一副主席张梅颖

作为国家领导人，全国政协副主席张梅颖不失知识分子的本色。性情耿直的她，到许多地方作报告都很受欢迎，因为她言辞间饱含感情，犀利直露，讲的都是平民百姓能够听懂的实话、知心话。

最近，张梅颖副主席在办公室欣然接受了记者的专访。在一个多小时的采访（张梅颖副主席说是“聊天”）时间里，她的谈吐、风度以及她思想中表现出来的敬业精神和社会责任感给记者留下了深刻印象。

哲学社会科学工作者担负着国家与社会责任

记者：作为我国八大民主党派之一，民盟主要是面向高等教育界，这个领域汇集了我国很多哲学社会科学工作者，请问在中

* 原载于2009年12月18日《中国社会科学报》。

华民族走向复兴的当今时代，哲学社会科学工作者应该担负怎样的使命？您怎样看待我国哲学社会科学的发展现状？

张梅颖：哲学社会科学是一个国家的灵魂，是一个国家、一个民族价值观形成的土壤和基石。形成怎样的价值观，或者说追求什么，对于国家和个人的发展都很重要。有了正确的价值观，国家和个人的发展才不会迷失方向。当前值得注意的是，我们在经济高速发展的同时，道德水平呈下降趋势，在高度追求物质财富和个人享乐主义的时候，失去自我，出现了严重的信仰危机、文化危机和道德危机。如何实现自我价值，需要全社会尤其是哲学社会科学工作者的深思。

在我们民盟20万盟员中，有四分之一是来自高教界的，其中又有不少盟员从事哲学社会科学的教学和研究工作，并且在各自的专业上取得了不菲的成就，在学术上和社会上具有广泛的影响。这对赓续民盟之旧基，活跃民盟之思想，具有重要作用；为提高我们的参政议政能力，搞好中国共产党领导下的多党合作，提供了重要的基础；同时，也为繁荣我国哲学社会科学作出了重要的贡献。

民盟历来有重视哲学社会科学的传统，可谓渊源有自。前任民盟中央主席费孝通先生就是位受过系统训练的、蜚声海内外的社会学家，他的智慧、学识和品格，为今人所传颂，为后人所铭记。今年7月11日去世的季羡林先生和任继愈先生，也都是盟员，都是为社会各界所景仰的大家。这些大师、名家不仅学问一流，为我们贡献了大量的佳作和名篇，而且都有着很高的道德修养和人生境界。他们不仅是民盟的骄傲，也是哲学社会科学界学习的楷模。

中华民族有悠久的历史和十分丰富的文化资源,文化之传承,文明之延续,都对哲学社会科学提出了特殊的要求。记得清代著名思想家龚自珍说,“欲灭其族,先去其史”,一个民族如果没有一批优秀的哲学社会科学工作者,文化基因的发育成长就会受到极大的抑制,就不可能在文明世界中拥有话语权力。

今天,我们正处于实现中华民族伟大复兴的历史进程中,时代赋予了哲学社会科学工作者艰巨的任务和光荣的使命,同时,哲学社会科学也迎来了繁荣发展的历史机遇。江泽民同志曾明确指出,自然科学与社会科学同等重要,哲学社会科学的研究能力和成果也是综合国力的重要组成部分,哲学社会科学具有不可替代的重要作用,哲学社会科学工作者是一支不可替代的重要力量。我记得,2004 年中共中央还以 3 号文件形式颁发了《关于进一步繁荣发展哲学社会科学的意见》,这为新时期的哲学社会科学发展指明了方向,哲学社会科学界要努力担负起认识世界、传承文明、创新理论、咨政育人、服务社会的职责。

改革开放 30 年来,我国的经济社会发展取得了巨大成绩,中国的和平崛起已是一个不争的事实。但是,我国还是一个处于转型时期的发展中国家,我们在为所取得伟大成就自豪的同时,也要看到国家的发展还面临许多复杂的矛盾和问题,有许多重大的理论和现实问题需要哲学社会科学工作者研究和回答。哲学社会科学工作者不仅要笃志不倦,探究学理,不断提高学术理论水平,更要投身于时代,密切关注现实,为党中央国务院当好思想库和智囊团,提供有价值的决策参考,为社会提供一流的、可靠的研究成果。

根据我的观察和了解,30 年来哲学社会科学有了显而易见的进步,我们的学者在改革开放这样一个历史平台上,获得了更大的发挥才智和独立思考的空间和可能。他们为改革的不断深入,为国家的科学发展,为和谐社会的建设,贡献了大量的智慧,提供了理论上的支持,甚至是方向上的引导。比如,我国的市场化改革并非一帆风顺,社会主义市场经济体制的最终确立,就离不开经济学家的大量论证和鼓呼。

当然,科学总是处于不断自我完善和发展过程中。我认为,目前我国哲学社会科学发展仍存在不少问题需要解决,主要可以概括为三个方面:一是要更加注重调查研究。毛主席说“没有调查就没有发言权”,这句箴言永远不会过时,现在的情况更加纷繁复杂,更需要深入调查。二是要继承和发扬先辈之治学精神。如今各种哲学社会科学成果非常丰富,但低水平重复的多,原创性的真知灼见少,学者治学必须严谨和负责,而不能娱乐学问,消解崇高。三是要与时俱进,兼包并蓄。学者一定不能狭隘、因循守旧,否则就失去了进步的动力。

科学的发展需要融合与开放

记者:作为一名医学专家,您怎样看待学科间(包括自然科学与哲学社会科学之间)交叉融合发展的趋势和前景?

张梅颖:我对科学认识论、方法论和科学史比较感兴趣。我注意到,在古代,自然科学与社会科学是浑然一体、合二为一的。

16世纪以后,自然科学逐步从神学或哲学中分离出来,取得了独立的地位。几百年来,自然科学的纵深发展和技术应用,也就是不断发生的科学革命,极大地促进了产业的发展和社会的进步,改变了人类的命运和社会的面貌。

我还注意到,在西方自然科学发展史上,许多鼻祖式的人物本身就是大哲学家,哥白尼、伽利略、笛卡尔、牛顿、莱布尼兹、达尔文、爱因斯坦等都是如此,都在个体身上很好地实现了自然科学与社会科学的结合和融会贯通。

我国古代一直是重道而轻器,人文强而科学弱。李约瑟提出"为什么近代科学没有在中国发生?"这一著名难题,我觉得很重要的原因,就是先贤们过于执迷于精神生活,热衷于形而上的甚至是虚空的东西,而对探究自然奥秘用心不够,甚至视自然科学和技术为奇技淫巧。所以,五四运动旗帜鲜明地发出了"科学"的呼号。

根据我的理解,哲学社会科学与自然科学的融合,大概有两个方面的重要价值。一是促进科学的整体发展,除了有利于原有学科的深入发展外,还可以促进新兴学科的发展,如认知科学、系统论、社会生物学、医学伦理学等,都是学科交叉的产物。二是可促进学术共同体的整体繁荣,有利于提升学者的学术品位和境界。

可是,观察当前的学术界,我国的哲学社会科学与自然科学融合得还远远不够,有时甚至是相互隔离,"尔域我疆",界限分明。这种状况非常不利于科学的深入综合发展,不利于科教兴国战略的实施,不利于创新型国家的建设,亟须改变。现在,中科院、社科院等机构开始重视哲学社会科学与自然科学的交叉和融合,是非常值得肯定的做法。这个工作,应当加强加快。

我特别要强调的是学术共同体内部的交流和互相学习问题。在科学的海洋中,每一个人的所知都非常有限,我们的学者不应好高骛远,贪大求多。学问如仰山铸铜,煮海为盐,终无止境。所谓人生有涯而其知无涯,就是这个道理。作为一个学者,更不应该画地为牢,自我封闭,一头扎进自己狭窄的领域而漠视其他学科的发展。学者既要有自信,也要倾听别人,西方有句谚语"把头伸过邻居的篱笆墙",就是说人的视野要开阔些,要体识和学习别人的长处,闻自己之所未闻,学自己之所未学。这样,才能成为科学上的明白人,才能有大的作为。

记者:繁荣哲学社会科学事业写进了党的十七大报告,为了提高我国学术界的国际话语权,中国哲学社会科学正在实施走出去战略。请问在您看来,中国哲学社会科学如何才能更好地走出去?

张梅颖:这个问题太重要了。只有提高学者的国际话语权,我国在很多问题上才能充分阐述自己的立场,消除误解,化解矛盾,变被动为主动。在我看来,中国哲学社会科学要走出去,必须掌握三个要素:一是平台,二是人才,三是话语方式的转变。

所谓平台,就是要培育打造一些高端、前沿的传播载体。只有通过这些载体,中国学者的声音才能更快、更准确地得到传播。如你们创办不久的《中国社会科学报》就能作为一个较好的平台。通过这个平台,能把一大批我国人文社会科学领域的尖端人才凝聚起来,针对一些国内外关注的重大问题,及时发出中国学者的权威声音。

所谓人才，就是要造就一批学贯中西、才德双全的学界精英。这些人是中国哲学社会科学走出去的桥梁和纽带，要不断地创造机会，让这些学界精英更深入、更频繁地融入国际社会，其中一个重要手段，就是要鼓励、推动更多的中国学者走上国际学术讲台。

相比于前两个方面，话语方式的转变也许是最为关键的。现在是一个多元的社会，我们面对的是不同文化背景的人，每个人都有自己的思想，为此我们在走出去的时候，一定要避免套话、空话、官话，要尊重对方的思维方式和文化背景，归结到一点，就是说出的"话"，要易于对方理解和接受。和而不同，是中华民族传统文化的精髓。中国哲学社会科学要走出去，同样必须遵守这个基本原则。

在多党合作和政治协商中找民主

记者：您的祖父张澜是著名的民主党派领袖，如今您又走上了民主党派的领导岗位，同时担任了全国政协副主席，请问您对我国多党合作和政治协商制度是不是有更切身的体会？这项制度的特色和优势主要体现在哪些方面？

张梅颖：多党合作和政治协商制度，是具有中国特色的政党制度。通过这么多年的体会，我确实感到它是优越的。多党合作和政治协商制度是人类历史上一种崭新的政治制度，这一制度创新，既是历史的必然，又有广泛的社会基础。

中国是一个多民族、有着13亿人口的发展中大国，经济发展极不平衡,社会情况十分复杂,大的自然灾害频发。在这样一个背景下,中国必须要有一个强有力的执政党,集中权力,凝聚力量办大事,实现经济持续发展,社会和谐稳定。与此同时,中国共产党伟大之处还在于敢于直面问题和挫折,例如对“大跃进”、“文革”的否定,在新的历史时期,能够大动作反腐、打黑等。在举国欢庆新中国成立60周年的热烈氛围中,中共召开十七届四中全会,冷静地思考自身执政中存在的问题,思考下一步该怎么走,这是难能可贵的,也是执政党务实、自信的表现。

作为参政党,与中国共产党保持一致,不是一句口号,也不是简单的承诺,而是应实实在在地有作为,体现出其存在的价值。在实际工作中,关系到国计民生的重大问题上,执政党在决策前,都要通过在政协的充分协商,广泛征求各民主党派的意见,这种做法已经制度化、规范化、程序化,成为执政党实现科学决策、民主决策的重要环节。现在,中共与各民主党派的高层协商每年达到15次到20次。

一党执政、多党派参政,既尊重多数,又兼顾少数,承认不同阶级、不同阶层、不同社会群体利益的多样性,最大限度地包容、整合和调动一切积极因素,在共同的政治基础上达到“和合”的最高境界。中国不是在两党对决中找民主,也不是在多党竞争中找民主,而是在多党合作和政治协商中找民主,既充分尊重少数人的意见,又防止“多数人的专政”。

费孝通曾经说:“一个政党,在一个历史时期要做什么,不是自己定位,是时代定位。”我认为讲得非常到位。例如,在抗日战争时期,民盟的主要任务就是推动“国共合作,团结抗日”;解放战争时期,民盟的主要任务是“反独裁,争民主,协商建国”;当今时代,民盟的主要任务就是为中华民族的伟大复兴出主意、想办法。作为参政党,它要有作为,这是时代的定位。胡锦涛总书记多次在高层协商会上对参政党工作寄予厚望,要求民主党派要切实担负起时代赋予的光荣任务,把发挥参政党职能和作用落实到推动经济发展和社会全面进步上来,我领会,这正是体现参政党的使命、功能和价值的关键所在。

“往下走”方能贴近社会

记者:作为民盟中央第一副主席,您经常深入基层进行调查研究,请问在近一两年中,有哪些调研让您印象深刻?

张梅颖:在我刚担任民盟中央副主席的时候,时任民盟中央主席的丁石孙先生带我去见民盟中央的老领导、我国著名的社会学家费孝通。我非常清楚地记得,费老跟我说的一句话:“走啊,往下走。”随着日后下基层调研的次数越多,走得越多,我越体会到费老这句话的深意。

费老在1936年出版的《江村经济》中这样写道:国家发展需要许许多多务实、勤勉、清醒的大脑,了解实情,熟悉民生,做出常识性的判断,并善于找到办法向决策者提出建议。

正是深受费老的影响,我每年都下基层调研,下去的时候,尽量避免走过场,努力使自己沉下去。我看到了很多实情,发现了一些问题。以后退休了,我还要下基层,把看到的问题说出来。

最近这两年,我主要是在关注西部,西部需要有人为他们说话。我关注的问题比较广泛，如西部的义务教育问题、资源补偿问题、环境保护问题、企业自主创新问题、农民增收、粮食增产问题以及扩大内需问题等。其中，教育问题，又是我关注相对比较多的问题之一。

2008 年 5 月，民盟中央去广西调研，主题是基础教育教师队伍建设状况。调研组 5 天之内行程 2000 余公里，实地考察了边远落后农村地区教师的工作、生活情况。可以说我是带着歉疚的心情结束广西之行的。在一个教学点，三个孩子挤在一张铺着草席的硬板床上，伙食就是米饭就着一些黄豆。而在教学点走读的孩子，日复一日要翻越两座大山，走上两个小时人迹罕至的崎岖小路上学，在学校不食不休，放学还要走同样的路程，他们普遍身材矮小，衣衫褴褛，营养不良，充满稚气的小脸上露着羞涩的微笑。

因此，每到一个地方，在与党委、政府和教育行政主管部门交换意见时，我都不遗余力地为改善教师和学生的生活待遇和工作、学习条件大声呼吁，希望引起各级政府和全社会的重视，真正让爱的阳光普照那些把毕生献给农村教育事业、让无数农家子弟从此改变人生命运的基础教育战线的老师们。回来后，向党中央国务院提交的加强义务教育教师队伍建设的多项建议被采纳，为了引起全社会的广泛关注，我在《人民日报》上发表了一篇文章《大山深处的耕耘者》。

今年上半年，我又去了三峡库区，这次特别关注了职业教育的问题。在三年多时间里，这已经是我第三次到库区了，每一次感受都大不一样。职业教育不仅关系到我国的产业结构调整对技术工人的需求能否得到满足,而且与富民扶贫直接相关。例如,库区移民为什么成了老大难问题?关键问题就在于移民难以融入现代经济社会,如果每户移民家庭有一个人能接受良好的职业教育,能够掌握一门谋生的技能,这个家庭很可能就自然地融入了,从而可免除政府的无限责任。

现在社会上出现大学生就业难和农民工就业难两股洪流,在一定层面上,正是我国职业教育缺失的表现,反映出现在的教育偏离了现实社会的需求。很多地方出现职业技能人才的短缺,也从另一个侧面说明了这个问题。我认为,大力加强农民特别是青年农民的职业教育,是从长远解决制约我国经济社会发展诸多问题的关键手段之一,也可以说是一把"钥匙"。

从生源的流向分布来看,职业教育在我国教育体系中应该占半壁江山,可事实上,职业教育经费只占国家教育投入的8%左右。国际金融危机对我国经济和就业冲击的经验表明,只有建立在转变经济发展模式、调整产业结构和加强对农民工职业教育的前提下,农民工就业问题才能从根本上得到解决,才能让他们保就业、保生计,并逐步走向富裕。只有数以亿计的农民走向富裕,才能真正拉动内需,这样的GDP才是创造财富的GDP,才是一个良性的、可持续发展的GDP。

大学教育体制改革,也是我近年来关注的重点问题之一。什么是大学?德国哲学家康德给大学的定义是:大学是学术共同体,它的品性是独立的,追求真理与学术自由。可事实上,我国很多人理解大学就是形体大、官本位、行政化,最近网络上正在热议"到底谁在折腾大学"这个话题,这的确是值得深思的一个问题。

如今,在很多大学,真正老老实实做学问的往往坐冷板凳,往往都比较“弱势”。如果不从体制、机制上解决这个问题,我国大学就永远培养不出钱学森所说的大师。钱学森在最后一次关于教育的谈话中提到,他在美国加州理工学院读书时,感觉学校有一种精神,就是创新,鼓励学生向权威挑战,现在中国哪所大学有这种精神?钱老晚年对我国大学教育中存在的问题说了很多真话,对我国的教育改革也提了很多建议,可以说他的内心充满了忧虑。大学不改革怎么行?这关系到一个国家、一个民族的发展后劲和长久未来。现在真的到了非改革不可的地步了。

“欲罢不能”传递“真火”

记者:作为一名知识分子,您怎样看待人文知识分子的精神境界?

张梅颖:民盟中有很多杰出的人文知识分子,他们在各自的领域都作出了卓著贡献,成为一代知识分子的楷模,如冯友兰、朱光潜、费孝通、任继愈、季羡林等。在这里,我要特别说说冯友兰老先生。冯老历经坎坷,遭受了很多磨难,可直到生命的最后一刻仍没有放弃对学问的追求。到了晚年,冯老眼睛完全失明,耳朵也失聪,可他仍在继续撰写《中国哲学史新编》。他是通过口述让别人把自己的话记下来,然后别人再念给他听,再修改。他说:“我好比一头老黄牛,懒洋洋地卧在那里,把已吃下去的东西吐出来,重新咀嚼,不仅其味无穷,其乐也无穷。古人所谓‘乐道’,大概是这意思吧!”

冯老的学生叶朗教授向我讲述了一段故事:90 岁寿辰时,一群学生为冯老祝寿,见其仍在专心学问,不解,冯老解释说,人类文明好似一笼真火,古往今来,对于人类文明有所贡献的人,都是呕出心肝,用自己的心血、脑汁作为燃料,才把真火一代一代地传了下去。凡是在任何方面有所成就的人,都需要一种拼命的精神。为什么要拼命?就是“情不自禁,欲罢不能”。冯先生接着解释说:“这就像一条蚕,它既生而为蚕,就没有别的办法,只有吐丝。‘春蚕到死丝方尽’,它也是欲罢不能。”中国人文知识分子的精神境界和信仰就体现于此,中华文明能够继承和发扬光大,就是因为有这样一批杰出的人文知识分子。

也许是受这种精神的激励,我每天都要读书、学习,一天不学习,晚上睡觉是睡不着的。费老被打成“右派”20 多年,平反后,他决心把这些耽误的时间补回来,于是忘我地工作,做出了很多成绩,日后在总结自己的人生时,他对此还是比较欣慰的。我们中国的人文知识分子,都要有这种“欲罢不能”的精神,把延续人类文明的这笼“真火”一代代传下去,不然对不起这个伟大的时代。

记者:《中国社会科学报》是我国第一份面向全国哲学社会工作者的理论学术报纸,您对这样一份报纸有何建议和希望?

张梅颖:你们的报纸办得很好,品位很高,我差不多每期都看。要说建议,就是报道语言可以再丰富一些,提高可读性;针对某些大是大非的问题,可以展开争鸣,组织学术大讨论。作为我国第一份面向全国哲学社会科学工作者的专业理论报纸,《中国社会科学报》应该大有作为,也必须大有作为,这样才能切实担负时代赋予的使命。

张梅颖文集

COLLECTED WORKS OF ZHANG MEIYING

下

2010—2014

张梅颖 著

群言出版社
QUNYAN PRESS
·北京·

2010

在“李公朴家乡行”汇报会上的讲话

（2010 年 1 月 18 日）

这次到常州、武进参加“李公朴家乡行”学习教育活动，时间虽短，但所见所闻，信息量很大。刚才沈书记又介绍了近年来武进经济社会发展情况，查部长介绍了全区深入开展“公朴精神”学习教育活动的情况，很受启发，感触很深。一方面是受到了一次深刻的“公朴精神”的传统教育，一方面是感受到常州、武进的发展较好地诠释了科学发展观和构建和谐社会的内涵，成为践行科学发展观和构建和谐社会的先进样板。

我们看到，常州、武进重视教育的先导性、基础性地位，各级各类教育都得到了充分的发展。特别是我们考察的科教城、职教中心，突出特色，差别发展，实现了资源共享、产学研结合和教学就业的无缝连接，高职毕业生就业率达到了 98%，为产业升级、结构调整提供了强大的人才支撑，具有重要的战略意义，可以说是贯彻了教育为经济社会服务的宗旨，代表了高校体制改革的方向。同时，武进领导班子科学发展的思路很清晰，高新区依靠自主创新，集中打造新能源、新材料、生物技术、先进制造业和现代服务业几大板块，我们考察的新瑞机械有限公司，在去年经济危机的形势下仍然能够逆势而上，靠的是拥有自主知识产权的核心技术，提升了企业的抗风险能力，自主创新占到了附加值的50%，科技研发的投入占到企业利润的10%，研发人员占员工的15%，因为他们认识到了创新是企业发展的灵魂，不创新就没有出路。我们还注意到武进在创建和谐社会方面取得的可喜成绩，环境优美，城市宜居，老百姓幸福指数较高，真正体现了发展为了人民、发展依靠人民的执政理念，政府在3年时间内投入79亿巨资，按照城市的保障水平为22万失地农民解决了保障问题，出现了农民主动找政府要求拆迁的现象。可以说，随着波澜壮阔的改革开放历程，江苏、常州乃至武进都发生了翻天覆地的变化，走出了一条经济发展、社会和谐、物质文明精神文明齐头并进的新路子，值得我们认真学习、借鉴。下面，我就如何在新时期传承公朴精神、加强参政党自身建设和武进经济社会发展谈两点意见。

一、要深刻认识公朴精神的时代内涵

公朴先生为中华民族的解放和建立一个民主、自由、富强的新中国奋斗了一生，直至献出了自己的宝贵生命。他是武进人民的优秀儿子，是中国民主同盟的骄傲，也是中国知识分子的骄傲。在2009年开展的“双百”人物评选活动中，李公朴与常州中共“三杰”瞿秋白、张太雷、恽代英一起入选“100位为新中国成立作出突出贡献的英雄模范人物”。

一个伟人在走完他生命历程的60多年后，还能够让人们时时记起他，仰视他，学习他，是什么能够超越时空，至今依然在启迪和感召着我们？我想，是他留给后人的丰富思想和精神财富。

我常常思索这样一个问题，就是在新时期，民主党派如何发展并体现自身存在的价值，我认为，主要靠的是知识分子的人文精神和传统，这在公朴先生身上有三点表现尤为突出。一是这位先生有强烈的社会责任感，他办社会民众教育，是为了启发民智，让社会底层大众特别是失业、失学的青年掌握生活技能，避免“受到饥饿和愚昧的威胁”，这种忧国忧民的社会责任感使他的目光和思想远远超越了那个时代的普通知识分子，而更多地关注于国计民生；二是他有炽烈的爱国主义情怀和联系群众、调查研究的作风。抗战爆发后，公朴先生刚走出国民党的监狱，就奔赴烽火连天的华北战场，他组织抗战建国教学团，历时 17 个月，写出了大量风靡一时的抗战著作。作为具有广泛社会影响的知识分子，公朴先生始终相信民众，依靠民众，做动员民众的工作，并试图以自身的社会实践，求解中国抗战和建国两大前途问题，这在当时的大知识分子中是极为少见的；三是向往光明、追求真理、为民主献身的精神。与同时代的进步知识分子一样，为了探索救国救民的真理，公朴先生历经坎坷，直到他两次访问延安，会见毛泽东和中共中央其他领导同志，他通过自己的观察、思考和判断，得出了延安是中国革命的摇篮，只有中国共产党才能救中国的结论。一旦认定了自己的目标，他就义无反顾地走上为建立和平、民主的新中国而奋斗的道路，而宁愿“两只脚跨出门，就不准备再进门”。我想，“为民主而死”是对公朴先生的真实写照。

一个英雄的倒下，唤起中国民众的觉醒，和争民主、反独裁、推翻蒋家王朝的信念。抗战胜利后，国民党破坏和谈，发动内战，一方面对解放区大举进攻，另一方面在国统区大开杀戒，实行白色恐怖。1946年7月15日公朴先生牺牲四天后，继续抗争的闻一多先生也被枪杀，从此以后，民盟丢掉了任何幻想，再也不寄希望于和谈。李、闻牺牲后，梁漱溟先生表示"随时准备接受敌人这颗子弹"。在李、闻追悼会上，表老写下挽联：昆池为热泪流积，所悲国家栋才连遭毒手；历史是鲜血铸成，要争政治民主岂惮杀身。在追悼会的讲话中，他说，这是曙前一霎黑暗，唯有把万险撑耐过去，始可见光明之来临，本人决定步两位先生后尘，为中国的民主和平鞠躬尽瘁、死而后已。民盟在新民主主义革命中有百余位烈士倒在了黎明前的黑暗中，李公朴精神、民盟的精神和传统，是我们永恒的财富，正如一座富矿，需要我们不断地挖掘和研究，在这方面，我们要向武进学习。

费老曾经讲过，一个政党在一个时期要做什么，不是自己定位，而是时代定位。今天公朴先生毕生为之奋斗的建立富强、民主新中国的理想，在共产党的坚强领导下已经成为现实。我们学习、缅怀、宣传、实践公朴精神，一定要赋予其新的时代内涵，通过学习公朴精神，要让在改革开放新的历史环境下成长起来的广大盟员和盟的干部，补上多党合作传统这一课，坚定走中国特色政治发展道路，提高民盟作为参政党的能力与水平，奔走国是，关注民生，深入调查研究，为促进经济社会发展和构建和谐社会贡献我们应有的力量；要不断推进多党合作事业，每一个民主党派成员对多党合作事业当心存敬畏，有所作为。中国共产党在对民主党派寄予希望的同时，充分照顾到了同盟者的利益，每一位加入盟组织的同志，都不能把盟的事业作为谋取一官半职的手段，要勇于承担更多的政治责任而不是获取同盟者的利益。

这次“公朴家乡行”活动，中共武进区委、统战部和常州、武进两级民盟组织，以及李公朴研究会的同志们，进行了精心周密的组织，给我们提供了丰富的传统精神和先进文化深刻教育，包括参观李公朴故居、纪念馆，为李公朴小学揭牌，参加“学公朴精神，做时代新人”和李公朴光彩基金启动仪式等活动，让我切实地感受到武进统战工作生动活跃的局面，感受到强烈的爱国主义氛围，感受到武进人民蓬勃向上的精神风貌，武进革命传统教育已经成为全国学习的典型和模范。我作为民盟中央的副主席，李公朴研究会的名誉会长，在此要向大家真诚地道一声谢谢！这次与我一起来的，还有民盟中央负责文史和出版工作的同志，她们是专程来学习取经的，我们要以学习公朴精神为契机，不断深化民盟与武进的多层次合作关系，把武进打造成学习、宣传、弘扬公朴精神的爱国主义教育基地和全盟开展多党合作传统的学习教育基地。

二、对当前我国经济的认识和对策

刚刚过去的2009年是极不平凡的一年，是风云变幻之年，也是硕果累累之年，注定要在中国发展史上写下浓墨重彩的一笔。这一年大事多、喜事多、难事也多，面对巨大的国际金融危机的冲击，中国共产党带领全国人民度过了新世纪以来经济社会发展最为困难的一年，在逆境中经受住了严峻的考验，取得了极为不易的重大成就。我们也注意到,这场危机也使世界政治版图悄然发生变化。2008 年第四季度开始,随着百年老店雷曼兄弟公司的破产,西方世界陷入一片恐慌,1929 年大萧条的魅影令他们不寒而栗。此时,家宝总理在达沃斯首脑会议上向全世界传达了这样一个信息:“面对危机,信心比黄金更重要”,呼吁世界各国团结一致,共同应对这场危机。经济全球化把世界各国的利益更加紧密地联系在一起,危机波及全球,反危机的斗争也是全球性的,一年当中召开 3 次 G20 峰会,充分表明了各国领导人同舟共济、相互合作,共同应对这场危机的决心和意志。以中国宏观调控的力度、速度为榜样,各国均采取了非常规的财政和货币政策来刺激经济,在重大国际经济问题上各国认识如此一致,合作如此协调,措施、力度如此大,在世界经济史上是前所未有的。

2009 年第三季度,中国经济在一揽子宏观调控政策刺激下初见成效,看到了企稳回升的复苏景象时,家宝总理在博鳌论坛上又提出:“希望就像一盏明灯,照亮我们前进的方向”,让全世界在中国的 V 型反弹中看到了应对危机的希望以及中国的发展对世界经济强劲的拉动作用。到 2009 年底,可以说世界经济正在走出低谷,主要经济体经济已显露复苏迹象,中国在抵御金融危机中彰显了大国的责任和作用。

当前,我国经济发展最艰难的时期已经过去,在盘点取得的来之不易的成绩同时,也要清醒地认识到非常时期采取的非常措施,后遗症在所难免:经济回升基础不牢,长短期问题、新老矛盾交织,企业自主创新和内生动力不足,民间资本不活跃,国内和国外因素相互影响(如贸易保护主义),财政金融风险加大,经济发展中的“两难”增多，对宏观调控的考验更艰巨。去年是经济发展最困难的一年，今年是宏观调控形势最复杂的一年。当前宏观调控中尤其应处理好以下十个方面关系：

一是既要继续实行积极的财政政策与适度宽松的货币政策，又要管理通胀预期。宏观政策的连续性和稳定性十分重要，突然刹车必然会造成半拉子工程，对此要有正确的认识。

二是既要抓住时机进行结构调整、产业升级，加快增长方式的转变，又要为社会提供更多的就业机会。

三是既要加快新兴产业、新能源产业的发展，又要消化过剩产能。

四是既要促进房地产健康稳定发展（房地产业是重要的支柱产业，带动相关60多个产业），又要解决地方财政问题。住房是民生的重要部分，房地产价格的飙升，会带来以下问题：1. 影响民生，引起公愤；2. 透支消费能力，难以拉动内需；3. 房地产泡沫危及金融安全，形成呆坏账；4. 影响实业家办实业，投资房地产成为暴富的捷径，必然影响到企业自主创新的积极性。

五是既要加快中西部发展，缩小经济差距，又要保护西部本已脆弱的自然环境。

六是政府既要加大基本建设投资以拉动经济，又要增加对民生和社保的财政投入。

七是政府投资既要在拉动内需上发挥作用，又要避免对民间资本的挤出效应。

八是既要降低经济对外依存度，又要稳住出口这驾马车保增长。

九是既要以市场换技术(但不能以此为目的),又要通过自主创新支撑国家发展。

十是既要鼓励竞争出效率,又要注重公平,防止过度贫富分化。中国社会主义初级阶段要50~100年,目前尚未达到共同富裕阶段,目标提得太高、太早、超前了不行。效率是很重要的,没有效率的公平是低水平、不可持续的,不符合科学发展观的基本要求,不能回归到吃大锅饭的老路。

总之,在应对危机的过程中,要逐步厘清政府的作用、市场的作用,谁的责任归谁,诸多的“两难”决定了宏观调控复杂性和目标的多元化取向。

今年目标:稳增长、调结构、扩内需、促民生、管预期五大任务。

一、稳增长

今年保八仍无悬念,主要表现在:1. 人力人才资源丰富,市场容量大;2. 高储蓄率和资金充裕;3. 制造业能力强,形成了梯度转移的优势,去年又提出十大产业振兴计划,这将使中国的全方位、多层次制造业更加强大;4. 农业连续6年丰收,粮食基本自给,不受制于人;5. 工业化中后期阶段效应;6. 城镇化的拉动效应;7. 政治稳定。

稳八的两重含义:一是2009年非常措施保住8%的增速,绝不能下滑,保八关系到13亿人的国计民生;二是2010年及其以后,要稳住八,不使其迅速攀升,防止经济过热。其实从1979年到2008年的20年间,我国经济平均增速在10%左右(9.8%),如果扣除资源低廉、环境无价的代价(据测算,这两项消耗约占

GDP 的 2%),8% 是合适的、理性的,符合中国经济社会长远利益的发展速度。

二、调结构

这是当前中国经济发展的重中之重,结构调整越晚,中国经济就越不健康。

一方面是外部环境变化对中国结构调整提出紧迫要求。当前,美国和西方主要国家也在进行结构调整,在应对金融危机的过程中,形成了再工业化、回归实业的共识,逐步减少进口,发展实体经济,解决就业问题,西方民众也开始改变消费习惯,提高储蓄率,降低消费需求,势必影响到我国以出口导向型为主的经济。

全球绿色能源、低碳经济浪潮对我国形成巨大压力,现在我国碳排放全球第一,人均排放也不低,倒逼我们在新一轮科技、产业革命中要抢占先机,增强自主创新能力和竞争力。

另一方面,从国内看,生产要素成本上升(土地、劳动力、环境成本),必须提高科技含量、高附加值的贡献,提高资源利用率,节能减耗,促进传统劳动密集型产业转型升级,推动劳动与技能、知识相结合的产业。2009 年为了全力保增长,相对弱化了结构调整的地位,甚至强化了一些应淘汰的“两高”企业,使其死灰复燃。

调什么:

(一)拉动经济三驾马车:投资、消费、出口比例失衡,2009 年以前是出口导向型,2009 年是投资拉动型,要调整需求结构,关键是扩大内需,重点是扩大消费,途径是不断提高城乡居民收入水平,难点在分配制度改革、城市化进程和社保。

（二）调整国民收入分配结构和利益格局。当前既得利益坐大的背景下，勇气比策略更重要。

（三）调整一、二、三产业结构。主要解决经济中的短板——第三产业即服务业的难题。发展生产性服务业，促进制造服务业和服务知识化，这是现代经济发展的趋势，突破口是服务业向制造业渗透，提高制造业附加值和知识、技术含量。

（四）调整产业内部结构。全国80多个行业面临结构调整，主要障碍一是缺乏核心技术，二是未来的低碳经济对环境标准要求很高，企业难以达到，背后还是核心技术问题。重点是扶植新兴产业，把投资用在刀刃上，如新能源、新材料、生物技术、转基因农业、三网融合等，构建"核心技术——战略产品——工程与规模应用"的创新价值链，使新兴产业成为带动未来发展和参与国际竞争的主力军和支柱产业，逐步替代重化工的引导作用。

（五）推进产业要素投入的结构调整。重点是加大对人力资本的投入，优先发展教育，开发人力资源，培养提高国际竞争力所需人才，增强创新活力。

（六）城乡结构调整。改革开放以后，我国城市化率从20%上升到45%，这个比例对于扩大内需还远远不够。如果按照每年城市化率递增1%的比例，30年后达到75%，城市化率每增加一个百分点，就可以解决1000多万人口进城市、县城、乡镇，从而带动在建设住房、道路、水、暖、电、学校、医院等公共设施的巨大市场需求，提供大规模的就业岗位，有收入就能拉动消费，但资金、资源也要量力而行，因地制宜，走出一条中国特色城镇化道路，特别要注意与新农村建设对接，不要形成新的形象工程，造成资金、资源的极大浪费。

（七）调整区域经济结构。我国区域经济发展水平极不平衡，调整区域经济结构不是要生产总值均等化，重点是推进公共服务均等化，这是各级政府的责任，要在公共服务均等化的基础上，构建优势互补、良性互动、东中西协调发展的格局。

上述调整出路在于改革，当前的改革与30多年前有诸多不同，但在“解放思想、务实探索”这一点上是相同的。

（八）以关键领域改革促进结构调整。

一是继续深化行政管理体制改革，建立服务型政府而不是经济型政府。政府的职能归政府，市场的职能回归市场，纠正热衷于审批土地、引资项目，抓民生没有动力、抓公共服务没有动力的政府行为倾向，要形成倒逼机制和相应的干部考核导向机制。

二是财税金融体制改革。要降低兴办企业的注册资金和税收，发展草根金融体系，促进中小企业的经济活力，现在大银行都是盯着大企业和大项目；要明晰中央和地方的财权、事权，各级政府的权责要相当。

三是垄断行业体制改革。垄断经济就是短缺经济，比如现在的煤荒、气荒、电荒、油荒，与这些行业的垄断不无联系，这已经被历史证明了。有人说国企是共和国的长子，长子就得养家，不能仅从市场获利而不担风险。要放宽准入，给民营企业以合法权益，并逐步建立国企红利国民共享基金。

四是收入分配体制改革，这是改革的难点，一次收入分配要加大技术、劳动所占比例，二次分配力度要加大，但也要防止过左的倾向和吃大锅饭思想的抬头。

五是完善资源价格形成机制改革，这项改革正在进行中，这有利于形成科学发展的倒逼机制。

六是科技教育体制改革。

总之，要抓住时机，下定决心，宁肯牺牲少量GDP，也要进行结构调整。我们注意到，往往经济困难时为保增长错过了结构调整的时机，经济向好特别是出口形势好转时又不想调整了，所以说结构调整具有复杂性和困难性。

三、扩内需

2009年当外需呈现20%～30%的大幅下降，这驾对拉动我国经济快速增长发挥重要作用的马车贡献为负的时候，以扩大内需刺激经济的两大手笔居功至伟。但是任何刺激政策都只是权宜之计，也有边际，因此，2010年后危机时代我国经济亟待实现从“政策刺激内需增长”向“自主性内需增长”的动力切换。政策刺激内需说白了就是内需增长主要依赖于国家政策买单，但总有政策退出的时候，何况任何政策本身也有递减效应，刺激的结果是社会原本存在的消费力的提前释放，不是建立在居民收入不断增长的基础上的，缺乏的是内生动力。消费带给人们的本应是快乐、享受和幸福，但在房价飙升的诱导下的是恐慌性消费，是对社会潜在消费资源的巨大破坏，也是经济良性发展的隐患。百姓盼望的是自主、快乐的消费，要从长计议，要有治本之策——重构利益格局，遏制暴富作用下社会急剧分化，阻止特殊利益集团攫取公共资源。

要解决消费问题，重要的是考核一下每一级领导人在建立民生保障、解决贫富分化问题上有什么作为？在提高居民收入、培育大众消费能力方面有什么业绩？拉动内需所有的努力都应从此着手。

四、促民生

刚才谈到的每一项改革措施都牵扯到民生问题，一言以蔽之，促民生就是要让尽量多的人民群众能够共享到改革的成果。2009年民生建设成效显著，4万亿中有4000亿用于保障性住房，1500亿投在了教育、卫生、文化事业，农村民生工程基建投资3700亿，总额将近1万亿。但各级政府在民生投资上特别是直接花在老百姓身上的投入依然不足，如在健康、失业保险方面的投入占GDP的2.4%，巴西同期是4.7%；教育投入占GDP的3%，巴西则为5.4%。要建立一套改善民生的长效机制，使之具有强制性的法律效果，不能一提到民生就没有钱。

五、管预期

现在能否说就存在通胀问题，还看不太清楚，但应未雨绸缪，防止由此引发的社会问题。

总之，今年是宏观调控最复杂的一年，有党中央坚定沉着战狂澜的驾驭能力和信心，我们一定能够取得应对各种危机的胜利。

面对严峻的挑战，复杂的形势，参政党不能隔岸观火，与己无关，而要与执政党团结一心，科学思维，选好角度，以严谨的态度，围绕经济社会发展的热点、难点和十二五规划的制定深入调研，提出解决问题的真知灼见。我也希望江苏特别注意：1. 扶植中小企业健康发展；2. 加快自主创新和产业升级，坚决淘汰两高企业，发展新兴产业；3. 帮扶西部和贫困山区。

在新乡新农村建设调研汇报会上的讲话

（2010 年 3 月 31 日）

尊敬的靳主席，尊敬的吴书记、李市长，新乡的同志们：

今年的一号文件和政府工作报告，强调加大城乡统筹发展的力度。这次我带领考察组一行来到河南，就如何协调推进城镇化和新农村建设，实现双轮驱动、良性互动这个课题开展调研，不仅因为河南是我国重要的粮食主产区，现存的六个粮食净调出省之一，典型和样本作用十分突出，还因为新乡的新农村建设和城镇化走在全国的前列早有耳闻，探索出的经验，很值得一看，所以我是心向往之，从去年起就酝酿这次新乡之行，可以说我是抱着学习和取经的目的、抱着从根本上求解实现城乡共同富裕和解决三农问题的初衷来开展这次调研的。百闻不如一见，这三天的所见所闻，使我很受启发，很受触动，收获颇丰，让我们一行开阔了思路和眼界，让我们看到了在广大干部群众之中蕴藏着无穷的创造力，你们才是真正书写历史的主人。一路上我和吴书记、李市长及其他市县的同志不断交换着问题和想法，可以说在来到新乡之前我是带着很多担心和疑虑的，现在很多担心和疑虑的问题在这里逐一冰释,找到了答案。刚才又听了吴书记很有战略远见、深刻思考的讲话,我的一个初步的想法和结论是,新乡的领导班子能够领会科学发展观的精髓和实质,真正体现了以人为本、执政为民特别是执政为广大的弱势群体农民的宗旨和理念,思想解放,思路清晰,登高望远,又脚踏实地,在城乡二元结构短时间内难以改变的前提下,新乡推进城镇化和新农村建设的实践和探索,为我们找到了一条农业农村科学发展、农民致富和安居乐业的全新路径,我以为,新乡的成功实践具有普遍示范的意义,很值得在河南和全国借鉴和推广。

结合我以前的思考和在新乡的感受,我谈几点不成熟的意见。

1. 对新农村建设的认识问题。要不要建设新农村,农民要什么样的新农村,怎样建设新农村,对于这个问题的认识,过去我们出现过偏差,认为只要城镇化就不需要建设新农村了。我国人口众多,现在的城镇化率是46%,按照年增长1%左右的速度,30年后即使城镇化率达到70%以上,仍然要有几亿人生活在农村。一方面是要稳妥促进农村人口向城市转移,发展城市实力,增强对农村的辐射作用;一方面是要让留在农村的人安居乐业,建设新农村,过上与城里人同质化的现代文明的生活,分享工业化、城镇化的成果。而且从新乡看,新农村建设的政策、目标并不是城镇化都可以涵盖的,要从观念上实现从消灭农村到建设新农村的转变。城镇化与新农村建设二者不可偏废,并行不悖,是个互相促进、良性互动的关系,新型农村社区建设好了,城镇化自然也就水到渠成了。比如我们参观的古固寨镇祥和新村，通过把几个并不富裕的村庄的合并和建设，实现了以产业为支撑，就地转移农民、富裕农民，就地城乡一体化，建设新农村。而唐庄镇四和新村，则是对四个国家级贫困村实施整村扶贫搬迁，通过新农村建设一举实现脱贫。新型农村社区的建设，还打破了旧有的传统势力和家族势力对农村社会的控制，加强了党的领导和农村基层组织建设，巩固了党在农村的执政基础。当地干部自豪地告诉我们，祥和新村实质上就是一个城镇。

2. 城镇化和新农村建设的出发点和目标取向。在此之前，有关城镇化和新农村建设存在很多争议，在实践中也出现了偏差，有的地方把新农村建设理解为就是大拆大建，有的地方农民为新农村建设背上了沉重的债务，有的地方借新农村建设的名义，打农民土地的主意，对农民进行新一轮的掠夺。我认为，是不是真正设身处地地为农民利益着想，为广大农民谋幸福，是衡量新农村建设成功与否的分水岭。建设新农村的出发点是要维护好、发展好农民的利益，城乡统筹不是统筹土地来解决城市扩张用地问题，不是唯城市化和 GDP，城乡统筹目标是富裕农民，让农民享受与城市一体化的公共服务。在新乡，我看到各级党委和政府为广大农民交上了一份满意的答卷。在“以新型农村社区建设为主要载体，加快推进城乡一体化进程”中，新乡的干部心里装着老百姓，带着感情，顶着压力，敢于创新，走出了一条不平坦的道路。同志们充分尊重农民在新农村建设中的主体地位，把支持农村建房、建设新型农村社区作为推进城乡一体化、扩大农村消费需求、改善农村生产生活环境的重要途径，比如目前已累计启动的 253 个新型农村社区建设项目，拉动农村住房消费 54 亿元。通过高起点的规划设计,政府给予实物补贴和贴息贷款,在不增加农民负担的情况下,引导农民从过去一生盖三次房变成今天三代只需盖一次房,最大程度地减轻了农民建房的负担,结束了“有新房没新村”的历史,从而彻底改变了几千年中国农村传统居住定式和原始生活风貌。新乡的探索和实践无疑是一个历史性的变革,是伟大的进步和创举。我们看到在大城市里的广大中低收入阶层为蜗居而痛苦和抗争的时候,中州大地的农民率先实现了居住的小康,提前迈进了文明现代的生活,一幢幢设计新颖、别墅型的小楼拔地而起,让我们这些来自大城市的人着实艳羡不已,这里的农民过上了幸福而有尊严的生活,所以我把它叫作希望的田野,而且代表了中国新农村建设和城镇化的方向,这条道路会越走越宽广。

3. 新农村的基本公共服务一体化问题。我理解,农村城镇化不是土地意义上的城镇化,而是公共服务的城镇化,要通过推进新农村建设和城镇化进程,实现城乡基本公共服务一体化。在我国,城乡差距不仅表现为收入分配的差距,公共服务太不均衡造成的差距更为突出,城乡一体化不是城乡一样化,而是基本公共服务一体化。我们看到,在新乡这样一个经济不算发达的地区,在推进新型农村社区建设中,政府最大程度地让利于民,财政投入向农村倾斜,通过地方财政和政府筹集为主,不让农民拿一分钱,免费为农村社区提供基础设施和公共服务。在农民转为市民还面临诸多现实困难的阶段,凡到新村建房的农户,不但可以将农业户口转为城镇户口。还可以保留原有责任田,保障农民在农业经营中的主体地位,优先安排到产业聚集区就业,这点做法在新乡很突出。同时,虽然土地对农民具有保障作用,但又不能代替社保,必须建立一系列保民生的体系,新乡的做法是让新社区的农民享受城市低保和养老保险政策,配套建设社区学校,选配一定比例的中小学优秀教师任教,让农民的孩子在起点上得到公平。入住社区的农户享受到与城里人一样的基础设施和公共服务,95%以上的农户表示愿意到社区建房,这些举措都体现了政府角色的回归,是对科学发展观最好的诠释。新农村建设只有建立在体现社会公正、消除社会转型的隐患、改变农民的弱势地位的基础上,实现以城带乡、反哺农村,才能顺民意,得民心,惠民生,得到广大农民真正的支持和拥护。在这里,我常常想到中国崛起过程中,一个伟大的人物是邓小平,他把中国人民引领到改革开放的正确道路上,一个伟大群体是农民,正是农民历史性的奉献和牺牲,才造就了中国前30年工业化体系的建立,以及后30年经济的持续高速发展,正是农村土地承包责任制的改革,拉开了中国改革开放的序幕,数以亿计的农民工以其廉价的劳动力,把剩余价值都留在了城市,为国家和社会积累了巨大的财富。中国经济发展到今天,我们都应该对农民感恩,知恩图报,现在给农民反馈多少都不为过,这是个大道理,聪明的、有远见的政治家不怕农民强,就怕农民弱。

4. 坚持和完善农村基本经营制度与保护农民的合法权益问题。确保农村现有土地承包关系稳定,长期不变,是我国农村的一项基本经济制度。城乡统筹不能成为统筹土地,现在占用农民土地的补偿标准很低,农民三大主权被虚化,产权不明,维权困难;参与权不足,农民利益无法保障;收益分配权缺乏,农民利益受到损失。因此，农村土地确权后，要赋予农民在土地经营市场中即产权主体、交易主体、分配主体的地位，在土地的增值收益分配中，要体现初级分配基于产权的原则，土地所有者应当享受主要增值收益，对失去土地的农民，应建立救助机制。在这一方面，新乡也创造了很好的经验，我最担心的借新农村建设的名义，利用农民的土地经营城市，拉动 GDP，增加地方财政收入的情况在新乡没有出现，新乡的做法不是打农民土地的主意，而是帮助农民利用土地为自己做文章。经过土地整理，在占补平衡后，从节约的土地中拿出 10% 用于复耕，剩余土地置换到县城、新乡市区转变为国有用地，挂牌出让，所筹集的资金全部用于农村基础设施建设或公益事业。今后的问题就是如何保障农民土地流转的收益与农业开发公司的效益同步增长，实现农民利益最大化的问题。

5. 新农村建设的产业发展和农民就业的问题。没有产业支撑的新农村是不可持续的。新乡在城乡一体化建设过程中，把产业集聚区作为生产要素向农村流动、构筑产业支撑转移农民的载体，在新型农村社区建设规划之初，就将产业布局与村庄布局统筹谋划，把新型农村社区和产业集聚区建设作为统筹城乡发展、加快城乡一体化进程的抓手，合理规划产业集聚区、高效农业发展区和养殖业小区，打开了农村生产要素市场的大门，通过大力发展现代农业，转移农民到二、三产业就业，提高农民的组织化程度和农业生产的集约化程度，不遗余力地为农民造饭碗，解决就业和生计问题，畅通农民在家门口创造财富的渠道，从而实现了“离土不离乡，就业不离家，进厂不进城，就地市民化”的目的。在确保农民在农业生产和经营中主体地位不变的前提下,积极探索有活力的农村经营组织,引导农民发展规模化养殖,改善了农村环境,提高了经济效益和抗风险能力;鼓励农民以不同方式进行土地流转,发展规模经营和设施农业,加快农业产业化步伐,有的农民成了农业工人,有的农民外出打工或在产业聚集区就业,有的农民成为运输专业户,农民从小农生产中解放出来,收入大幅度地提高。

6. 保障粮食安全与广大农民工业化、城市化需求问题。河南是粮食生产的大省,我国重要的粮食主产区,作为战略性命脉产业,河南保障国家粮食安全的责任重大。而粮食生产是农业中效益最低的产业,主产区干部群众为国家经济发展和社会稳定作出了不可磨灭的贡献。在这里,我要强调的是,发展粮食生产的关键是要充分调动地方政府和种粮农民两个积极性,在重视保护农民利益的同时,也要调动农业大省、大县以及抓农业的干部的积极性。应进一步加大对粮食主产区特别是产粮大县的奖补力度,根据对国家粮食安全的贡献程度进行奖补,鼓励粮食主产区按照功能区定位的要求,发挥农业比较优势,走科学发展的道路,使粮食主产区财政收入不低于全国平均水平,扭转产粮大县、财政穷县的局面,增强地方政府抓粮食生产的积极性、主动性。国家应按照统筹区域发展和区域公共服务均等化的要求,加大对粮食主产区的财政转移支付,在现有对产粮大县进行奖励的基础上,努力缩小粮食主产区与经济发达地区的财政收入差距。同时,必须改革粮食主产区干部考核机制。现在粮食主产区干部的奉献和价值被严重低估,我了解到干部从沿海发达地区调到中西部产粮大省，收入要差几千元，就是在同一个省份，从工业相对发达的市县调到产粮大市大县，收入也要差上一二千元，抓农业的干部工作敬业，条件艰苦，责任重，贡献大，而津补贴低，干事业全靠大家的政治觉悟和奉献精神，所以我说是逆导向，这个问题一定要从根本上解决，保证他们的工资收入不低于国内同级别干部的平均水平。要根据主体功能区的划分，建立完善的差别化政绩考核体系，纠正单纯 GDP 导向使粮食主产区干部边缘化问题。要把粮食生产作为各级政府任期目标考核的重要指标，调动主产区干部抓粮食生产的积极性，体现出抓粮食生产的干部的价值和贡献。

新乡不仅是河南省新农村建设和城镇化的试验区，也应是全国的试验区，在调研中我们也接触到一些涉及体制和机制性的深层次问题，特别是干部群众的困惑。比如中央如何加大对中西部地区特别是粮食主产区新农村的基础设施建设转移支付，解决新农村建设的投入问题；比如主产区保障国家粮食安全、保护耕地与满足农民工业化、城市化的需求问题。这些问题解决不好，势必影响政策执行的实际效果，束缚了地方经济发展，影响干部群众的积极性，这都需要在顶层设计上不断加以完善。新乡的调研为我今年新农村建设的调研开了一个好头，使我进一步认识到中央决策的正确性，我一定把新乡的经验反映到决策层和政策的制定者，宣传新乡的理念、做法和经验，特别是要把新乡作为新农村建设的试验区，努力争取一些先行先试的政策。

最后，我还要衷心感谢靳主席、吴书记、李市长以及新乡市在“三农”工作第一线的广大干部群众，是同志们创造性的工作，使我对新农村建设有了一个全面的理解和全新认识，增强了我对建设新农村、推动城镇化的信心和希望。中州大地是一片充满神奇的热土，也是一个英雄辈出、模范人物辈出的地方，新乡人民锐意进取、艰苦奋斗、励精图治的精神永远是我们前进的动力。世上本没有路，走的人多了便成了路，新乡人民披荆斩棘，走出了弱势农民富裕幸福之路，我想，这一贡献是历史性的。

谢谢大家！

关于总结、推广新乡市城乡统筹发展经验和做法的建议*

（2010年4月29日）

尊敬的锦涛总书记、家宝总理：

不久前民盟中央到河南新乡，就如何统筹推进城镇化和新农村建设这个课题开展调研。今年中央1号文件和政府工作报告，都强调加大城乡统筹发展的力度。河南是我国人口大省、经济大省和重要的粮食主产区，也是现存的六个粮食净调出省之一，典型和样本作用突出，在新乡的调研让我们很受启发和触动，开阔了思路和眼界。他们的主要做法和经验可以归纳为以下四个方面：

1. 以新型农村社区建设为主要载体，推进城乡基本公共服务一体化

建房是农民最大宗的消费需求，农民在城里打工的收入主

---

* 本建议由民盟中央主席蒋树声、民盟中央副主席张梅颖联名提交，中共中央国务院领导同志温家宝、李克强、回良玉均作出重要批示，并批转相关部门参考、调研。

要都投向盖房子上。过去由于缺乏统一规划和基础设施配套，农民建房局限于低水平的重复建设，居住条件和环境没有实质性改变，基本上是“有新房没新村”。新乡市坚持政府引导，规划先行，适时启动多村整合的新型农村社区建设，基础设施和公共服务设施以政府投入为主，不让农民花一分钱。对到新型农村社区建房的农民，政府给予实物补贴和贴息贷款，并出台一系列的优惠政策，为入住农民办理城镇居民户口和房产证，享受城市低保和养老保险政策，优先安排培训就业，选配一定比例的优秀教师到社区学校任教，配备至少一名财政全额供给的全职医生。特别是由政府和社会资助，从深山区搬迁到新型农村社区的群众，在土地整理中都分到了良田，山里种着各种经济林木，一举实现整体脱贫。建成后的新型农村社区，一幢幢设计新颖的小楼拔地而起，街心花园、便民服务中心、标准化卫生室、学校、文化活动场所、生活超市、污水和垃圾集中处理等公共服务设施一应俱全，农民兄弟结束了延续几千年的生产生活方式，过上了文明现代的生活，95%以上的农户表示愿意到社区建房。我们所到之处，看到最多的是农民一张张的笑脸，听到最多的话语就是“做梦也没有想到过上与城里人同样的生活”。

2. 坚持和完善了农村基本经营制度，切实维护国家粮食安全和农民合法土地权益

新乡市的新农村建设，首先是扭转了农村住宅用地粗放的局面，促进了土地资源的集约、节约利用。政府将入住新型农村社区农民腾退的宅基地，经过整理占补平衡后，从节约的土地中首先拿出一部分用于复耕，其余土地置换到县城、新乡市区转变

为国有用地挂牌出让，所获土地级差收益全部用于农村基础设施建设或公益事业，形成良性循环。正在启动建设的重点区域329个新型农村社区，建成后可节约土地24万亩，节约率达50%以上。目前已有3万多农户在社区建房，腾退旧宅基地近万亩，复耕近千亩。

其次是确保了农村现有土地承包关系长期稳定。凡到新村建房的农户，还可以保留原有的责任田，在确保农民在农业生产和经营中主体地位不变的前提下，鼓励农民以不同方式进行土地流转，发展规模经营和设施农业，加快农业产业化步伐。全市规模化种植面积已达300万亩，建成养殖小区395个，95%的奶牛、83%的生猪实现规模养殖，极大地改善了农村居住和卫生环境。农民从小农生产中解放出来，收入大幅度地提高。

3. 带动了产业发展，启动了农村投资和消费需求

新乡在城乡一体化建设过程中，把产业集聚区作为承接城市生产要素向农村流动、承载农民创业就业的主要载体，在新型农村社区建设规划之初，就将产业布局与村庄布局统筹谋划，把新型农村社区和产业集聚区建设作为统筹城乡发展、加快城乡一体化进程的抓手，合理规划产业集聚区、高效农业发展区和养殖业小区，打开了农村生产要素市场的大门。新乡抓住了东南沿海劳动密集型产业和制造业向中西部梯度转移的契机，依托城市、县城、集镇和原有产业基础，在全市规划建设了28个产业集聚区，引导企业吸纳安置当地农民转移就业，从而实现了“离土不离乡，就业不离家，进厂不进城，就地市民化”的目的。

新农村建设还拉动了农村的投资和消费需求。比如目前已

累计启动的253个新型农村社区建设项目,拉动农村住房消费54亿元。据粗略概算,全市建成重点区域329个新型农村社区,需要31亿基础设施和公共服务设施建设投资,能拉动农民住房消费近740亿元,起到1:24的投资拉动效果,真正发挥了四两拨千斤的作用。

4. 实现了城乡社会管理一体化,农民文明素质和社会和谐度得到提升

通过村庄整合,打破了原有村组界限,实现城乡户籍一体化和农村社区化管理,打破了家族势力、传统落后势力对农村的控制,推进了基层民主政治建设,促进了乡风文明和社会和谐,党对农村的领导和基层政权建设得到加强。

通过在新乡的调研,我们得出以下三点认识:

一、新乡市的各级领导班子思想解放,思路创新,着眼长远,又立足实际,在工作中真正贯彻了以人为本、执政为民特别是为广大弱势农民群众的宗旨和理念,体现了政府角色的回归,在一个经济不算发达的地区,新乡市千方百计地使公共财政向农村倾斜,不遗余力为农民造饭碗,走出了一条不以牺牲农业和环境为代价的新型工业化、新型城镇化和农业现代化道路,新乡的探索和实践无疑是一个历史性的变革,是伟大的进步和创举。

二、过去我们对新农村建设问题的理解上存在偏差,认为推进城镇化就不需要建设新农村了。在新乡的调研使我们认识到,新农村建设的政策、目标并不是城镇化都可以涵盖的,特别是像河南这样的人口大省,选择就地城市化比较现实,新型农村社区建设好了,城镇化自然也就水到渠成了,这是个互相促进、

良性互动的关系，要从观念上实现从消灭农村到建设新农村的转变。而新农村涵盖的有些内容，城镇化涵盖不了，比如入住新型农村社区的农民，虽然已经转为城镇户口，仍然可以保留承包的责任田，就为这一代农民习惯并逐步提高融入城市的能力提供一个平缓的过渡期。他们还为在新型农村社区建房的农民办理房产证，突破了农民住房为非流通资产的瓶颈，可以增加农民的财产性收入，解决未来农民带资产进城的问题。由此，也使我进一步领会到中央提出的实现城镇化和新农村建设双轮驱动、良性互动的决策，是符合中国国情的，十分英明和正确的选择。

三、新乡模式的新农村建设，顺应了当前我国发展方式转变、农民安居乐业与社会和谐稳定的客观需要。总理在政府工作报告中提出，要让人民生活得幸福和有尊严，随着中国经济的转型，现在到了着手研究解决二亿多农民工在全国大范围流动、居无定所、夫妻分居、空巢家庭、留守儿童等一系列社会问题的时候了；同时还要适应新生代农民工对文明生活的期待和需求，避免可能出现的社会问题。我相信，以产业为支撑，就地转移农民、富裕农民，就地城乡一体化、建设新农村的道路，代表了中国新农村建设的方向，这条道路会越走越宽广。

根据在新乡调研的情况，我提出以下几点建议：

1. 建议将新乡市确定为全国统筹城乡发展试验区予以扶持。允许在政策上先行先试，在体制机制上探索创新，在资金投入上给予倾斜支持。新乡许多行之有效的做法和经验，对人口密集的广大地区特别是粮食主产区具有重要示范意义。

2. 继续加大对农村基础设施和公共服务设施建设的投入力

度。新乡市推进新型农村社区建设的主要问题是基础设施建设滞后，资金缺口过大，据统计，主要用于农村社区水、电、路、气等基础设施和文教、卫生等公共服务设施建设的投入，人均需要1600元左右。由于先期建成的社区示范效果显著，现在群众积极性高涨，纷纷要求到新社区建房，这就对政府的基础设施配套形成了很大压力。建议中央制定规划，以中央财政转移支付或中央、地方分级负担的办法，分批解决中西部地区特别是粮食主产区农村基础设施和公共服务设施建设资金投入问题。中央出台税收优惠政策，鼓励民间资本回馈社会，参与新农村基础设施和公共服务设施建设。

3. 进一步推进土地管理制度改革。通过新型农村社区建设，新乡市可以整理和节约的土地数量很大，但由于不搞强制拆迁，刚建房不久的农民向规划的新型农村社区搬迁，可能要等上十年八年，这就存在着目前占用的宅基地无法腾退、而在新区又要有相应的预留地的交叉占地问题。因此，要正确处理土地的稳与活关系，应当允许新规划的社区占用基本农田作为过渡，避免土地用途的固化影响发展的问题，可适当调整土地政策，延长土地周转期，增加周转指标，这样既符合农村社区建设实际，又能够积累社区建设投资，减少财政压力，最终可以达到集约、节约利用土地资源的效果。

土地管理制度改革的另一个核心问题是要解决土地确权问题。现在占用农民土地的补偿标准很低，农民三大主权被虚化，产权不明，维权困难；参与权不足，农民利益无法保障；收益分配权缺乏，农民利益受到损失。因此，农村土地确权后，要赋予农民在土地经营市场中即产权主体、交易主体、分配主体的地位，在土地的增值收益分配中，要体现初级分配基于产权的原则，土地所有者应当享受主要增值收益，对失去土地的农民，应建立救助机制。同时，要保障农民土地流转的收益与农业开发公司的效益同步增长，实现农民利益最大化的问题。

4. 努力破除城乡二元体制性障碍。目前改革已进入攻坚阶段，特别是城乡二元体制的改革要有实质性的突破，如实行城乡居民用电同网同价。由于目前农村电价高于城市，使得招商引资存在困难。据悉，随着国家一期农网改造的完成，全国农民每年可减少电费支出350多亿，这将极大地改善农村投资环境，减轻企业成本。国家要综合评估其他如通讯、金融等方面存在的二元体制问题，解决这些方面问题要付出的成本，以及解决这些问题后将给中国农村市场带来的正面的投资、需求拉动效果，给农民群众一个明确的预期和信心，使中国真正走上一条城乡一体化的道路。

建议不当之处，望批评指正。

在希望的田野上*

怎样建设新农村，建设什么样的新农村，对于这个问题的认识，历来是仁者见仁、智者见智。今年的中央一号文件和政府工作报告，强调加大城乡统筹的力度，明确提出城镇化与新农村建设"双轮驱动"，实现城乡良性互动、共同繁荣。带着加深对中央精神的理解和从实践中求解一条农业农村科学发展、农民致富的全新路径的初衷，不久前，我踏上赴河南新乡市考察的行程。

今年北方的春天来得迟，我们到达新乡的时候，公路两边的树木刚刚挂上淡淡的新绿。在几天的时间里，我们先后参观了新乡县、卫辉市、牧野区、辉县市、长垣县等近十个社区，听取了新乡市委、市政府的汇报，进村入户与农民群众进行面对面的交流。应该说是百闻不如一见，虽然行前就有同志向我们推荐新乡市的经验，但眼前看到的新型农村社区的景象，还是彻底颠覆了以往对传统意义上的农村概念：一幢幢设计新颖的小楼拔地而起，街心花园、便民服务中心、标准化卫生室、学校、文化活动

---

* 原载于2010年5月5日《人民日报》。

场所、生活超市、污水和垃圾集中处理等基础设施和公共服务设施一应俱全；所到之处，我们看到最多的是农民一张张的笑脸，听到最多的话语就是“做梦也没有想到过上与城里人同样的生活”；农民结束了延续几千年的生产生活方式，迈进了文明现代的生活。

短短三天的考察，让我很受触动。因为在这里，我看到了新农村建设应有的内涵和目标取向，看到了政府角色的回归，看到了干部群众中取之不尽的激情和创造力，新乡的实践生动地诠释了什么是幸福而有尊严的生活。

在此之前，新农村建设在认识上存在误区，在实践中也出现了偏差，有的地方把新农村建设理解为大拆大建，有的地方的农民为新农村建设失去了生计、背上了沉重的债务，还有个别的地方，借新农村建设的名义解决城市的扩张问题，打农民土地的主意。可以说在来到新乡之前，我是带着很多担心和疑虑的，而现在我的担心和疑虑逐一冰释，找到了答案。

在新乡的调研使我们认识到，城镇化与新农村建设是互相促进、良性互动的关系。我国人口众多，现在的城镇化率是46.6%，按照年增长1%左右的速度，30年后即使城镇化率达到70%以上，仍然要有几亿人生活在农村。因此，一方面是要稳妥促进农村人口向城市转移，发展城市实力，增强对农村的辐射作用；一方面是要让留在农村的人安居乐业，建设新农村，过上与城里人同质化的现代文明的生活，分享工业化、城镇化的成果。特别是像河南这样的人口密集的大省，选择就地城市化比较现实，新型农村社区建设好了，城镇化自然也就水到渠成了，这是个互相促进、良性互动的关系。从新乡的情况看，新农村涵盖的有些内容，城镇化涵盖不了，比如入住新型农村社区的农民，虽然已经转为城镇户口，仍然可以保留承包的责任田，保证了在农业生产和经营中主体地位不变，就为这一代农民习惯并逐步提高融入城市的能力提供一个平缓的过渡期。他们还为在新型农村社区建房的农民办理房产证，突破了农民住房为非流通资产的瓶颈，可以增加农民的财产性收入，解决未来农民带资产进城的问题。因此，城镇化代替不了新农村建设，所以要从观念上实现从消灭农村到建设新农村的转变。

新乡的新农村建设形成了许多亮点，在这片希望的田野上，他们创造了许多值得推广和借鉴的做法、经验。

一是满足农民的建房需求，适时启动多村整合的新型农村住宅社区建设。住房是农民的最大消费需求，农民在城里打工的收入主要都投在盖房子上，过去由于缺乏统一规划和基础设施配套，新房仍是低水平的重复建设，而居住条件和环境没有实质性改变，基本上是“有新房没新村”。新乡市坚持政府引导，基础设施和公共服务设施以政府投入为主，不让农民花一分钱，通过高起点的规划设计，采取农民筹资自建或集体代建为主，在不增加农民负担的前提下，让农民享受到和城市居民基本相同的居住环境。新型农村社区建设，促进了土地资源的集约、节约利用。正在启动建设的重点区域329个新型农村社区，建成后可节约土地24万亩，节约率达50%以上。

二是以新型农村社区建设为主要载体，逐步实现城乡基本公共服务一体化。城乡一体化不是城乡一样化，而是公共服务的一体化。我们看到，在新乡这样一个经济不算发达的地区，在推进新型农村社区建设中，政府最大程度地让利于民，不断提高农村教育卫生文化事业发展水平和社会保障水平。如为新社区的农民办理城市低保，享受养老保险政策；子女免费接受职业培训，优先安排培训就业；配套建设社区学校，选配一定比例的中小学优秀教师任教，让农民的孩子在起点上得到公平；配备至少一名财政全额供给的全职医生等。新乡的新农村建设不是停留在形式上，而是更加注重内涵，让老百姓实实在在得到利益，“安居乐业喜事多，市民待遇暖心窝”，农民群众打心眼里感谢党和政府的强农、惠农政策。

三是尊重农民的意愿，切实维护农民的土地权益。政府在推进新型农村社区建设过程中，注意发挥政策引导和典型的示范作用，不搞强迫命令，没有出现过拆迁引起的上访或群体性事件，95%以上的农民表达了入住新型农村社区的迫切愿望，“嫁女就嫁新村郎，比翼双飞致富忙”，成为新型社区的生动写照。而农民腾退的宅基地，经过整理占补平衡后，政府从节约的土地中首先拿出一部分用于复耕，其余土地置换到县城、新乡市区转变为国有用地挂牌出让，所获土地级差收益全部用于农村基础设施建设或公益事业，形成良性循环。

四是通过新农村建设带动产业发展，启动了农村投资和消费需求。在新型农村社区建设规划之初，政府就将产业布局与村庄布局统筹谋划，合理规划产业集聚区、高效农业发展区和养殖业小区，打开了农村生产要素市场的大门。他们依托城市、县城、集镇和原有产业基础，在全市规划建设了28个产业集聚区，引导企业吸纳安置当地农民转移就业，从而实现了“离土不离乡，就业不离家，进厂不进城，就地市民化”的目的。同时，鼓励农民以不同方式进行土地流转，发展规模经营和设施农业，加快农业产业化步伐，全市规模化种植面积已达300万亩，建成养殖小区395个，95%的奶牛、83%的生猪实现规模养殖，农民从小农生产中解放出来，收入大幅度地提高。

新农村建设还极大地拉动了农村的投资和消费需求。据粗略概算，全市建成重点区域329个新型农村社区，需要31亿基础设施和公共服务设施建设投资，能拉动农民住房消费近740亿元，起到1:24的投资拉动效果。

新乡模式的新农村建设，顺应了当前我国发展方式转变、农民安居乐业与社会和谐稳定的客观需要。我相信，以产业为支撑，就地转移农民、富裕农民，就地城乡一体化、建设新农村的道路，代表了中国新农村建设的方向。新乡人民披荆斩棘，走出了弱势农民富裕幸福的希望之路，我想，这一贡献是历史性的。

协调推进城镇化和新农村建设
调研南充讲话

（2010 年 5 月 6 日）

尊敬的刘书记、高市长，南充市的各位同志们：

很高兴又回到了我的故乡南充市，这已经是我第三次来到南充。这些年来，我一直密切关注着南充一点一滴的发展。我欣喜地看到，随着改革开放和西部大开发的脚步，每次回家的感觉都不一样，特别是在时隔八年之后再次来到南充，在短短的两三天行程里，在我们调研组一行面前呈现的是一幅全景画式的欣欣向荣的景象，南充城乡经济社会发展已经迈上了一个新的台阶，在我心目中那个人多地少，底子薄，发展基础薄弱，国贫、省贫县居多的经济欠发达地区，正在发生着脱胎换骨的巨大变化。

正确路线确定之后，干部就是决定因素。干部因素的关键是思路和观念，我注意到刘书记带领一班人把广大人民群众迫切发展的愿望化为爬坡前进的动力，以思想的大解放促进发展的大跨越，不断增强发展意识、创新意识、责任意识，干部群众自加压力，形成倒逼机制，拧成一股绳艰苦创业，我们看到新建的产业园区都是在山多沟深的地方，以愚公移山的精神，靠填挖土石方的办法开山造地建成的，大家这种坚定不移地朝着建设川东北区域中心城市目标奋斗的执着精神深深地打动了我。

我认为，南充的领导班子全面贯彻了科学发展观的要求，不断创新发展思路，集中体现在三个推进（推进优势产业跨越发展、民生问题有效解决、体制机制不断创新）和实施项目推动战略上。充分发挥后发优势，站在更高的起点上，不走东部地区先污染后治理的弯路，不以牺牲环境为代价发展经济，我们看到在经济发展的同时南充仍然保持了青山绿水。我常说金山银山不如绿水青山，我们看到入驻园区的企业都是经过优选的，瞄准国内外大企业和知名品牌，有的还是行业标准的制定者，同时又把最优的资源配置给好企业好项目，如我们考察的燕京啤酒、潮州三环等，并积极承接长三角、珠三角等沿海地区产业转移。推进民生问题有效解决，就是始终把改善民生作为全部工作的出发点和落脚点，真正体现了以人为本、执政为民的宗旨和理念，比如宏建书记每天上班的第一件事就是打开书记信箱，了解社情民意，群众的要求只要有一丝合理成分就尽量帮助解决，再如建成农村教师周转房40万平方米，为稳定农村教师队伍、让农村教师安教、乐教办了一件实实在在的好事。推进体制机制不断创新，如搭建政府的投融资平台，积极推进扩权强县试点工作等等。

我们这次调研的主题是在不同经济发展地区如何协调推进城镇化和新农村建设问题。此前，我到河南新乡开展了新农村建设的调研，使我更加清晰地认识到中央关于城镇化与新农村建设双轮驱动、协调发展的决策是十分正确的，是基于中国国情和发展阶段的现实选择，因为在中国，即使按照现在的城镇化速度，即使再过30年仍然要有几亿人生活在农村，所以城镇化代替不了新农村建设。因此，一方面是要不断推进城镇化进程，这是中国实现现代化的必由之路，这要考虑在不同的地区，如何选择城镇化的路径，比如新乡采取的是就地城镇化，因为他们是平原地区，人口密度大，产业发展起来后，就地城市化比较容易，而在我们南充，可能就是另外一种情况，一个村就在一条沟里，整村推进，比如选择直接切入到大中城市，这就需要因地制宜，分类指导，因为中国的情况千差万别，不能搞一刀切。而新农村建设，关键是要让城市文明能够延伸到农村，城乡一体化不是城乡一样化，而是要通过城乡统筹，让居住在农村的居民享受到与城市居民同质化的公共服务。

不论是城镇化还是新农村建设，我认为，原则和核心离不开以下三点，一是发挥农民的主体地位，谁的城镇化，谁的新农村，要搞清楚，而不能越俎代庖。二是政府的作用问题，就是提供基础设施和均等化的公共服务，最大程度让利于民，脚踏实地努力为老百姓造饭碗。我经常强调农民这一伟大的群体，为中国的工业化、城镇化、现代化作出了太多的奉献，我们要有感恩的心理，回馈农民多少都不为过，而不是让这一庞大的群体边缘化而漠然视之。三是产业的支撑。我们这两天看的点，既有小城镇，也有新农村建设的案例，可以说是比较好地解决了以上的问题。

比如新农村的主体问题，我们看了潆溪镇大坪山村的农民产业园，政府不搞大包大揽，最大限度地激发农民发展产业的主观能动性，不仅干部要解放思想，还要让群众转变思想观念，让闭塞山区的群众外出参观，开阔眼界、转换脑筋，农民入园与否、选择什么产业完全由自己决定，政府搞好基础设施，当好红娘，帮助农民落实贷款，建立风险基金，引导农民通过产业发展共同来创造美好生活。

在提升小城镇的基础设施和公共服务供给能力方面，为弥补政府投入的不足，南充还在体制机制上大胆创新，进行了有益的探索，积累了一些行之有效的做法和经验。比如引进民间资金投向基础设施和公共服务，面向社会单位和个人发包经营管理市政设施，实行“谁投资、谁所有、谁受益”的政策，积极鼓励单位和个人以内资、外资、合资等形式兴建给排水、车站、市场等基础设施和旅游、娱乐等公共设施等，就非常有效地解决了欠发达地区小城镇建设资金的瓶颈问题。再如，在户籍管理上规定办理“农转非”手续的农民，在享有城镇居民同等待遇的同时，可在自愿的前提下保留其承包地和自留地，继续履行承包合同，这是最大限度地让利于民，新乡也推出了同样的做法，这就为这一代农民习惯并逐步提高融入城市的能力提供了一个平缓的过渡期。

在解决小城镇和新农村的产业支撑方面，坚持因地制宜，有的以农建镇，有的以工兴镇，有的以商活镇，有的旅游强镇，形成各具特色的镇域经济，比如西充县多扶镇的食品工业园，潆溪镇的顺庆职业教育城、机械汽配产业中心，多方式聚集了人气，解决了城镇就业问题。而西充的龙兴农业科技有限公司，通过发展现代农业，带动周边 24 个村包括 10 个新农村建设示范村的 7200 户农户，加快了新农村建设步伐，实现了农企共赢，他们生产的龙兴园品牌农产品,被列为中国2010年上海世博会联合国馆有机产品特供商品,生产的禽蛋和富硒有机猪肉被上海有机博览会评为最受欢迎产品,销售网络遍及上海和成渝等大城市,企业发展壮大的同时,还带动农民致富,解决了就业问题。

在南充,我同时也看到经济后发展地区面临的一些共性问题,比如18亿亩耕地红线划定后,如何处理好保障国家粮食安全与当地快速工业化、城市化的土地瓶颈问题,如何筹集小城镇基本建设和公共设施的资金问题,如何培育县城、小城镇二、三产业、支持农民创业问题,以及城镇化的配套改革问题等等,就些都是小城镇发展过程中遇到的大问题、深层次问题,需要同志们不断解放思想,深入实践,大胆创新,探索一条具有中国特色的农村城镇化和新农村建设的道路。

小城镇的发展给中国带来了大变化,也让我们看到了小城镇的大前景,当前我国已经进入了工业化的中期,工业化创造的是供给,工业化发展到一定阶段,必定要推动城镇化,因为城镇化创造的是需求。相当程度上仍属于自给自足的农村消费与一切依赖商品的城市消费有天壤之别,城市化基本含义是化农民,只有让汪洋大海一样的农民变成波澜壮阔的消费需求,才能为工业发展注入强大的动力,才能避免产能过剩。城镇化与新农村建设是扩大内需的平台,是中国经济进入良性可持续发展的关键,所以解决三农问题就是解决内需问题,解决内需问题就是解决中国发展问题,可见开启中国内需,新农村建设和城市化是唯一途径。新乡的新型农村社区建设,政府的基础设施投入拉动农民消费的比例高达1:24。

在南充的调研，我注意到另一个问题就是，依靠资源禀赋的主导产业得到了迅速发展，比如石油化工、汽车汽配、能源、建材、旅游、食品和农产品深加工等，但在发展新兴产业、现代服务业、文化创意产业方面，我们的意识和观念还相对滞后，这是中国未来经济发展新的增长点，也是核心竞争力的体现。要改变我们出大力挣小钱，为世界打工的局面，就要转变过去依靠高消耗、高污染和劳动力低成本的粗放型发展方式，实现经济转型和产业的升级换代，这就必须提高制造业的附加值和知识技术含量，形成具有自主知识产权的品牌。创意就是附加值，比如阆中这个城市，完全具备了吸引高端人才来这里创业的基础，就看我们如何去打造这样的投资环境了。

在南充的调研是短暂的，也是充实的，我们大家都感到很有收获，不虚此行，希望再次踏上故乡土地的时候，我们看到的是一个城乡同发展共繁荣、环境优美社会和谐、广大人民群众安居乐业的新形象。

不妥之处，还望指正。

谢谢大家！

协调推进城镇化和新农村建设
调研遂宁讲话

（2010 年 5 月 8 日）

尊敬的保华书记、云明主席，同志们：

很高兴再一次来到遂宁。我已经多次来到遂宁了，自从2002 年到民盟中央主持日常工作后不久，民盟中央就把支持蓬溪黑龙凼水库的复建工程作为全盟服务地方经济建设的重要载体，努力打造民主党派与地方合作的品牌。在包括民盟中央前主席丁石孙先生在内的许多民盟同志的关心、支持和多方协调下，在遂宁市、蓬溪县两级党委、政府的全力配合下，黑龙凼水库的复建实现了我们最初提出的“科学决策的典型，精心组织、科学管理的典型，世世代代造福人民的典型”的预期目标。也因为这个机缘，我和遂宁的干部群众也结下了不解之缘，我们之间就像走亲戚一样，常来常往，互通声息。虽然近年我到遂宁的次数少了，但心里还始终牵挂着曾经倾注了极大心血和热情的这片红土地，还一直牵挂着遂宁的经济社会发展、干部群众特别是库区移民的生产生活情况。今天我在库区了解到，水库的综合效益正在日益显现,5万余群众解决了基本的灌溉和饮水困难,库灌区群众人均纯收入高于全县平均水平17个百分点,我注意到有的群众是从20公里以外赶到活动的现场,脸上露出由衷的笑容,自发地表达对政府的感激之情。为使库区移民搬得出、稳得住、能致富,政府努力为老百姓争取各种后扶政策,修沼气池、打井,一件一件地为老百姓办实事,积极引导群众美化库灌区环境,调整种养殖结构,发展多种经营,带动群众致富,真正使水库建设成为一项造福当地群众的民心工程、多党合作的成功典范。

刚才听了保华书记的情况介绍,我感到很受启发,虽然遂宁整体经济实力还不强,但近年来提速快、亮点多、后发优势明显,这主要得益于领导班子科学发展的思路清晰、定位准确、措施具体、作风务实,主要表现在以下几点:一是理念新,二是抓手实,三是机制活。理念新,不是盲目上项目,引进沿海梯度转移的过剩产能,唯GDP,挖到筐里就是菜,我注意到去年为了单纯保增长,我们一些地方"两高"企业又死灰复燃了,而在遂宁的领导班子,头脑很清醒,理念新才能起步高,通过产业的重构和发展方式的转变,着眼于解决我国目前经济运行中面临的主要问题——如绿色经济、生态环境、自主创新等方面,把发展目标瞄准电子产业、现代农业和现代服务业,着力淘汰落后产能,发展绿色食品、新能源、新光源、电子信息、文化旅游、商贸物流等绿色支柱产业,大力发展现代物流业,打造西部职业教育基地,加强与高校、科研院所合作,支持企业建立技术研发中心,加快科技成果的转化,推动经济发展进入创新驱动、内生增长的轨道。可以预见,这些培育起来的新兴产业,今后将为遂宁经济的可持续发展注入源源不断的动力。抓手实，就是积极转变职能，不断优化投资环境，建设服务型政府。把政府工作重点切实转到经济调节、市场监管、社会管理和公共服务上来，比如扎实推进城乡环境综合治理和社会治安综合治理，制定实施学有所教、劳有所得、病有所医、老有所养、住有所居等民生建设的五有行动方案，全面落实城乡免费义务教育、教师绩效工资政策，从制度上保证民生建设有章可循。机制活，实行简政放权，减少和规范行政审批，加大金融支持力度，积极扶持中小企业上市，设立产业发展投资基金，促进优势产业和高新技术产业发展等等。遂宁市正朝着建设成为生态文明先行区、现代产业新高地和绿色经济示范区的目标迈出坚实的步伐，从而为丘陵地区加快实现全面小康探索出一条全新的路径。

我们这次调研的主题，是不同经济发展地区如何协调推进城镇化和新农村建设，因为我们在遂宁停留的时间短暂，没有开展深入的调研，所以我在这里没有发言权。但在南充和遂宁的调研引起我思考这样一个问题，就是中国的情况千差万别，推进城镇化和新农村建设也不能搞一刀切。不同发展水平、不同资源禀赋、不同地理区位的地区，都要从实际出发，因地制宜，从中探索出一条适合自己特色的城镇化和新农村发展道路。比如前些时候我到河南新乡开展了新农村建设的调研，新乡采取的是就地城镇化，因为他们是平原地区，人口密度大，产业发展起来后，就地城市化比较容易，而在像南充和遂宁这样的以丘陵和山地为主的地区，平原地区的经验在这里不可复制，如以多村合并为主的新型农村社区建设，而且我们的新农村建设，实现均等化的公共服务的成本更高，这也让我进一步认识到城镇化和新农村建设重点在中西部地区，难点也在中西部地区，比如遂宁，就面临着很多经济后发展地区的共性问题，有的是瓶颈问题，比如小城镇二、三产业发展严重不足，投资回报率不高，集聚和辐射带动作用不明显；国家对小城镇建设的资金投入较少，小城镇建设用地指标紧缺，小城镇基础设施欠账较多；小城镇管理体制不健全，入住小城镇的农村人口在教育、医保、社保等方面未能享受到城镇居民的同等待遇等，这些都值得我们认真思考，深入调研，向中央提出建议，以利于从国家层面上出台相应的政策，给予分类指导。

小城镇是中国的大问题，因为我国已经进入了工业化的中期，工业化创造的是供给，工业化发展到一定阶段，必定要推动城镇化，因为城镇化创造的是需求。城市化基本含义是化农民，只有让汪洋大海一样的农民变成波澜壮阔的消费需求，才能开启中国内需，为中国经济良性可持续发展注入持久的动力，这也让我们看到了小城镇的大前景。所以说，城镇化与新农村建设是扩大内需的平台，解决内需问题就是解决中国发展问题，新农村建设和城市化是唯一途径。

就些都是小城镇发展过程中遇到的大问题、深层次问题，需要同志们不断解放思想，深入实践，大胆创新，探索一条具有中国特色的农村城镇化和新农村建设的道路。

在“协调推进城镇化和新农村建设”专题调研总结会上的讲话

（2010 年 9 月 5 日）

一、协调推进城镇化和新农村建设的重要意义

当前，我国正处在城镇化快速发展的关键时期，城镇化和新农村建设对于中国来说，意味着一场深刻的经济和社会变革，既是一个千年未有的历史机遇，也是一个千年未有的挑战，关系到中国今后选择什么样的发展道路，关系到民生幸福和社会长治久安。同时它还是一个系统的、复杂的、长期的、渐进的过程，不是一种模式、一种方法，几种模式、几种方法就可以涵盖和解决的，但是有规律可循。

“十二五”作好城镇化这篇大文章，我认为是抓住了我国现代化进程中日益彰显的突出矛盾和亟待解决的关键问题。带着对这个问题的关注和思考，我今年先后在东、中、西部几省进行调研，我认为，鉴于中国的国情，城镇化和新农村建设的必然性和必要性，起码有以下三点：

一是化农民的需要。真正转变发展模式，解决二元结构和“三农”的问题，实现由强国向富民的转变。中国的城镇化的最大目标是要最大限度化农民，只有减少农民，才能富裕农民，不仅要让两亿多农民工能够在城市就业，获得工资性收入，还要逐步破除城乡二元结构的壁垒，改变几十年来二元结构对农民的盘剥，从而改变农民的命运，赋予他们同城待遇，结束农民工两栖现象和候鸟般的生活，最终融入城市成为市民。这是公平正义的需要，也是社会主义题中应有之义，最终走出一条具有中国特色的城镇化道路。

二是转变经济发展模式，启动内需、拉动消费。工业化创造的是供给，城市化创造的是需求，中国二、三产业比重已经达到90%，而城市化率还不到47%，还包括只有一只脚迈进城市门槛的数以亿计的农民工。城市化远远滞后于工业化，两者之间存在如此巨大的差距，这在全世界可以说是独一无二的。因为城市化率低，内需市场迟迟不能启动，投资形成的过剩生产能力，就必须依赖出口。其结果，是我们以廉价的劳动力、稀缺的资源、被严重透支的环境和生态来补贴全世界。随着经济危机的到来，外需市场萎缩，针对中国的贸易保护主义愈演愈烈，在国际贸易中出现中国买啥啥贵，卖啥啥便宜的现象，倒逼我们重新审视、检讨我们的发展方式，寻找能够使中国经济保持健康、可持续发展的内生动力，这就是要启动内需市场，拉动国民消费，实现外需向内需发展的根本转变。我们在河南省新乡市考察的新农村建设，不仅改善了村民的居住条件，还拓展了经济发展空间，在已累计启动的253个新型农村社区建设中，拉动农民住房消费54亿元,政府投资与农民消费比1:24,并带动了钢铁、建材、玻璃、家电等相关产业的发展。随着新农村建设的推进和农民收入的不断提高,农村将成为未来中国发展最大的消费市场。只有让汪洋大海般的农民变成波澜壮阔的消费需求,才能为工业化注入强大动力,才能有效化解产能过剩。因此,城镇化是扩大内需的平台,是形成中国良性发展的关键,也将是中国应对危机、健康发展潜在的巨大优势。

三是节约土地,走集约式的发展道路。不论是推进城镇化还是新农村建设,都要建立在节约土地、保护生态环境的前提下,因为农业是百业之基,农业丰则基础强,农民富则国家盛,农村稳则社会安,18亿亩耕地的红线绝对不能碰,这关系到十几亿人口大国的粮食安全。这一基本国情决定了我们在推进城镇化和新农村建设的进程中,必须要探索出一条节约土地、资源的集约式发展道路。我们注意到,各地在推进城镇化和新农村建设中,基本上遵循了"三个集中"的思路,即工业向园区集中、农民向社区集中,土地向规模经营集中,农民适度集中居住节约出来的宅基地,一部分复垦为耕地,一部分按照占补平衡的原则,通过置换进入城市建设用地市场,保证了工业化和城镇化对土地的需求。

二、围绕城镇化不同路径的探索

选择什么样的城镇化道路,既有学术界不同观点的激烈交锋,也有各地不同形式的探索,归纳起来,大概有以下三种:

一种观点认为必须限制大城市的过度扩张和摊大饼式的无

序发展，把城镇化的战略重点放到发展中小城市、县城和小城镇上来。特大型城市的弊端日益暴露，由于人口的快速增长，造成交通拥堵，环境污染，水、土地以及电力、能源等资源供应紧张，城市基本公共服务与社会管理的压力增加，城乡结合部脏乱差和社会治安问题突出，城市居民就业压力加大，生活成本上升，幸福感下降。认为应大力发展中小城市，作为城市化的重点。

最近我注意到这样一个问题，针对北京市人口持续快速增长的态势，北京市人大常委会通过专题调研，建议提高门槛以压缩外来低端劳动力来控制人口总量。其实越是大都市，就越需要低端劳动力为其服务，压缩低端劳动力，无异于降低北京人的生活质量，这座城市也将变成一座脏乱差的畸形城市。

中国的特大型城市确实在走一条贵族化的道路，低端劳动力被压缩以后，高端人才就能获得发展空间吗？也不一定，数百万一套的房地产市场的准入门槛，使得年轻都市白领和众多蚁族望而却步，纷纷逃离“北上广”，而大城市特别是国际性大都市，往往是经济和创造力的核心，在这里创造财富的主力，就是这些高端的年轻人。这些财富的创造者往往出身于普通阶层，白手起家，没有背景，没有资本，靠自己的聪明才智而崛起，他们是最富有创造力的阶层，是新财富的创造者。城市越是给这种人提供机会，就越有生机。反之，以“富二代”、“官二代”为代表的则是继承性的旧财富，是在享受前人的果实，缺乏创业动力，但这些人在城市中相当强势，可以轻而易举地把刚刚起步的“新财富”创造者排挤出局。这种以既得利益为代表的“旧财富”占据了大都市，大都市就将失去创造力，从生产都市沦为寄生都市。肯做事的人没有机会，有权势、有财产的人游手好闲，这种逆激励机制对城市发展后患无穷。

第二种观点，中国城市必须走集约型的城市化路线，极化大城市，形成几个重要的都市圈和城市带。人多地少的基本国情，决定了中国城市化空间格局必须是紧凑型的，而只有集中型的大城市才能节约土地和资源，才能大量吸纳就业，经济效益和集约效果最显著。不能过分强调大量农民进城就会出现孟买现象。根据大城市超先发展的规律，目前我国已形成长三角、珠三角、环渤海三大都市圈和多个城市群，成为全国的经济增长极，将是中国今后经济增长的一个主要力量。而实际上已经实行了十余年的乡镇企业和小城镇发展战略，进入21世纪后由于遭遇到了环境、技术和市场等门槛，小城镇和小城市的活力不再，总体上不算成功。

前两种观点都有道理，但不免有偏颇之处，第三种观点我比较赞同。我认为，中国的国情、发展阶段以及文化传统与西方不同，在选择城镇化道路上，要充分考虑我们的人口压力、资源禀赋和环境承载能力，从各地的实际出发，按照统筹规划、合理布局、完善功能、分类指导、以大带小的原则，遵循城市发展的客观规律。城市化是工业化的伴生物，随着产业向中、西部的转移，伴生了中、西部城市化的发展。东、中及有条件的西部都应以大城市为依托，以中心城市为重点，逐步形成辐射作用大的城市群，促进大中小城市和小城镇协调发展。要加强城市群内部各城市功能互补、资源共享和产业分工，缓解超大城市中心区压力；强化中小城市产业功能，强县扩权，大力发展县域经济，提高中小城市对农村人口的承载能力和吸纳能力;优先发展大中城市周围的小城镇。增加小城镇公共服务能力和居住功能,使每个县能够有2~3个容纳10万左右人口的中心镇(县辖市),中心镇的公共服务设施和许多社会化服务,如:学校、医院、银行、市场、体育场、通讯、道路、自来水、污染治理等等,可以直接向周边村社延伸,使公共服务资源的使用效率大大提高。

三、关于我国城镇化的现状和问题

调研中总结以下几点:

1."土地的城市化"与"人口的城市化"的问题。据统计,目前我国6亿多城镇常住人口中,至少有2亿根本没有享受市民权利,他们长期被排斥在真正意义上的"城市化"进程之外,使城市化更多地表现为是形态上的,每年有数百万亩的耕地转为城市建设用地,但土地城市化的同时没有同步化农民,相对于"土地的城市化","人口的城市化"进展却非常缓慢。多年来经营土地的财政、农村的廉价劳动力、农民数以千万亿的银行存款源源不断地输送到城市,支持了中国城市化的高速发展,而城市繁荣的背后,是农村的没落和日益边缘化。我常讲,改革开放取得今天的成就,如果说要感谢一个人的话,那就是邓小平,是他引领了中国改革开放之路,如果要感谢一个群体,那就是中国的农民。亿万农民工把青春、汗水和财富留在了城市,回到农村后,没有退休金、没有社会保障、没有医疗保险。这种极其不公平的状况再也不能继续下去了,这是城市化进程中亟待解决的矛盾和问题。

2. 城市的功能、品质和文化的建设问题。城市形象是城市性质、功能、建设水平、文化氛围等的集中体现，一座好的城市，应该有个性、有特色、有底蕴，是生态之都、宜居之都、文化之都，要体现以人为本的精神，把现代性、民族性、地域性有机地结合起来。我国城市与世界大都市相比还有相当的距离，主要是不重视内在素质的提升和城市的内涵建设，城市功能定位不准，管理比较粗放，千城一面，缺少人文精神。一些地方片面追求城市规模扩大，城市重建设、轻管理，重地上建筑（看得见）、轻地下管网建设（看不见），重形式、轻内涵，特别是城市排水、污水和垃圾处理等基础设施建设严重滞后，城市服务意识淡薄，一说要加强城市管理，往往就采取计划经济时期的办法，提高进城门槛或者是清理清退外来务工人员。

3. 个别地方小城镇遍地开花，无序发展。我国土地资源比较少，大规模圈地建设小城镇不符合中国的国情，小城镇人均建设用地要比大中城市高 4 ~ 8 倍，吸纳的农村劳动力只占 8.7%，而且从 1990 年开始，中国的农村劳动力向小城镇转移的人口比重是下降的。主要是因为有些小城镇缺乏产业支撑，就业空间小；建设缺少规划和公共服务设施，形成不了人气。有研究者指出，城镇人口在 10 ~ 100 万人口之间，它的规模效应为正；100 ~ 400 万人口之间，规模效应最大；而城镇人口低于 10 万以下的，没有经济效应，是负效应。所以说，我国的城镇化发展到今天，到了亟待反思的时候了，否则城镇化将变得不可持续，难以为继。

4. 服务业的不足成为城市化又一个瓶颈。中国的现代化必须解决一产不稳、二产不强、三产不足的问题。随着中国即将进入消费型社会，服务业在城市中将占有主导地位，城市的中心任务也是消费或服务于消费，大力发展服务经济必将成为城市化和产业结构调整的重中之重，对此我们一定要有高度的认识。这需要大力推进服务业的市场化、产业化、社会化、国际化，创新社会治理模式，通过人口聚集创造服务需求。既要大力发展虚拟经济、知识密集型的高端生产性服务业，也要大力发展劳动密集型的低端生活性服务业，我注意到最近总理专门开会研究部署发展家庭服务业，因为中国已经提前进入老龄化社会，建设服务型社会既产生了巨大的市场需求，也创造了大量的就业岗位，比如家政服务、社区服务、养老服务和病患陪护，以至家庭用品配送、家庭教育等。要鼓励各种民间资本大力发展服务业，培育服务业市场。

四、十二五时期城市化和新农村建设的任务

实现从现在起到2020年的10年间，全面建设十几亿人口更高水平的小康社会，使经济更发展，民主更健全，科技更进步，文化更繁荣，社会更和谐，人民生活更殷实的既定目标，就必须以改革的勇气和创新的精神，坚持以人为本，新型城镇化建设与新农村建设同步推进，双轮驱动，要在体制机制的改革方面取得实质性进展。

1. 消除农民工在城市安家落户的二元体制性障碍，要让农民体面地进城，并能住得下、过得好。各级政府要做好吸纳农民工的准备，大城市降低门槛，放宽农民工落户条件，重点建设好保障性廉租住房，使农民工能够融入城市；中小城市放开户籍管

理，逐步建立城乡统一的人口管理制度，使离开农业的农村居民有序转化为市民，把城市作为人生的归宿。关键问题首先是要转变房地产发展道路和发展方向，要把房地产市场从投资投机需求、资本市场道路引向坚持以居住消费为主导的健康发展方向，抓好长期、制度化建设，重点是保障房、租赁房建设，把房地产调控进行到底，绝不让步！同时，要用政府有形之手解决市场失灵的问题，让进城农民工在住房、就业、就医、子女入学、社会保障等方面与市民享受同等的待遇，这既是城市政府义不容辞的责任，也是“十二五”期间决定中国城市化能否健康、持续发展必须面对的巨大挑战。

要实行发展劳动密集型产业的新产业政策，因为中国最大的特色和优势是人力资源，劳动密集产业不等于是“两高”行业，发展劳动密集型产业是为进城农民造饭碗。

2. 以新农民为主体，全面发展农村社会事业。建设社会主义新农村并不等于建新村，更不等于盖新房，新农村建设的核心是城乡齐步走，实现基本公共服务的均等化。因为城镇化代替不了新农村建设，按现在的城镇化速度，即使20年后中国城镇化率达到70%，仍有几亿农民要生活在农村。新农村不求与城市形似，也不可能建得和城市一样，但农民要和城镇居民同等享受财政提供的基础设施和基本公共服务，并逐步提高其标准和质量，使其接近或达到城市的水平，让留在农村的农民能够分享改革发展的成果，过上与城里人同质化的生活。我在陕西神木县调研时，看到神木县委、县政府舍得把财政的大头用在农村公共服务上，农村学生的免费教育、社保和低保的全覆盖，特别是农民就医的报销比例很大，极大地抵消了由于贫富差距引发的社会矛盾，老百姓安居乐业，大大地降低了维稳成本，同时解除后顾之忧的老百姓敢于消费，拉动了内需，算经济账是划算的，重要的是政治账，因为“天大地大民生最大”。也说明注重二次分配、加快社保体系建设，救穷人、扩消费、促增长、稳社会，有助于形成发展的良性循环。我以为各级领导讲科学发展就要走出一个误区，一提基础设施就是铁、公、机，认为公共服务事业是财政的负担，实际上基础设施建设最核心的是人的建设，包括人的健康、知识、智慧，人是创造财富的，反而许多基础建设投资只是短期内拉动了 GDP，长远上却背上沉重的负担。如全国的支线机场建设，短期内都拉动了当地 GDP，且不论存在安全隐患，而且几乎都是赔钱的，最后都由政府兜底、纳税人买单。所以说，投入民生的回报是最有价值的，因此，发展观念上的转变是转变发展方式的关键。我认为神木的做法符合最近锦涛总书记在政治局常委会上讲的“要从源头上化解人民内部矛盾”，近平副主席在“权为民所用、情为民所系、利为民所谋”中加上“权为民所赋”的精神，充分体现了执政党全心全意为人民服务的宗旨。最近锦涛总书记还提出了包容性增长的概念，我理解包含“让更多的人享受全球化的成果，让弱势群体受到保护，让发展更平衡，实质是促和谐均衡发展”。

3. 完善保护农民土地权益的法律和措施，允许户籍与土地制度联动改革的探索。土地是财富之母，在加快推进城镇化的过程中，与土地相关的两个问题日趋凸显：一是人地矛盾加剧，耕地保护的任务越来越重；二是土地产权制度有先天性缺陷，农村集体土地所有权属模糊,带来土地利益的主体缺失,围绕土地增值收益的争夺成为威胁社会稳定的首要因素。

为此,一是要修订和完善土地权益的相关法律制度,坚决遏制侵害农民权益的圈地和强拆,切实维护农民的土地权益。二是要稳定农村土地承包制度,鼓励农村土地承包经营权流转,比如农民以土地承包经营权入股,参与农业产业化经营;要充分尊重农民的意愿,确保进入小城镇和新型农村社区的农民在相当时间内继续保留承包土地上的产权和利益分配参与权。三是探索建立城乡统一的建设用地市场,农村集体建设用地要与国有土地同地、同权、同价,土地增值收益的大头返还农民或用于新农村建设。四是对在统一规划的新村和城镇建房的农民,按照城市房屋产权登记的相关规章进行确权,允许农民突破原来不合理的法规政策,以自己的宅基地建房,用于出租或经营,有条件的地方要给农民留出自住住房以外的经营性住房,最大限度让利于民,增加农民财产性收入。五是实行户籍制度与土地制度联动改革的试点,承包地、宅基地是农民生产生活资料,可以开展允许其资本化的实践和探索。但以承包地换社保的做法值得商榷,因为基本社会保障是国家提供给每个公民的基本福利,市民并没有用财产来换取,农民为什么要用承包地换呢?

4. 加大对农业的补贴力度。从事农业与工业是无法竞争的,要保证务农不吃亏,一要培育城市对农产品价格适当上涨的容忍度。二要加大政府对农业及其产品的补贴力度,必须继续落实对种粮农民的直补等扶持政策,保护农民生产粮食的积极性。应该强调的是,“三农”的价值不仅仅体现在农产品价值、粮食安全，还包括环境、生态、生活质量等无价因素，在国家现有财力比较充裕的情况下，就应当大力补贴“三农”。“十二五”期间，要改变农业大县都是财政穷县的状况，扭转这一影响国家粮食安全的逆激励机制。

5. 加快农业现代化、农业基础设施建设，确保国家粮食安全。在极端气候常态化的情况下，水利建设严重滞后日益成为农业生产的软肋。因此，要进一步明确农田水利设施的公益性质，举全国之力，突出抓好中型灌区的节水改造和小型农田水利建设，着力推进灌区末级渠系配套，改造和建设一批旱涝保收的高产、稳产优质农田。允许地方政府把各类支农资金集中使用。要加大对农业科研的投入，大力发展杂交育种技术和转基因农业，发展现代高端高效农业。

6. 进一步加大对农民专业合作社的扶持力度，提高农民市场化组织程度。政府资助的农产品生产、加工、流通等项目，要切实向农民专业合作社倾斜。政府要推动农业产业化发展，从政策导向、金融信贷、市场培育等方面对农产品加工业发展给予支持，特别是农业大省，今后产业发展的重点要放在农产品加工业上，这对农业和农民增收的带动作用最直接、最明显。

7. 以规划为先导，保持规划的严肃性、连续性。制定规划一定要尊重城乡发展规律，科学合理，同时要保证规划的连续性，一个好的规划，要管上百年。但在实际工作中，往往存在“一任书记一个规划”的问题，有些城市专项规划互不衔接，“拆了建、建了拆”现象比较普遍，浪费严重。因此，要以立法形式保障规划得到认真的执行。

城市化是中国现代化进程中不可逾越的阶段，非此不足以改善“三农”，拉动内需，但正如前面说到的，具有极大的挑战性，是高难度的系统复杂工程，做成功实属不易，做不好付出的成本就太大。所以我建议，要在顶层设计上设立城市化发展委员会，加强对城市化的领导，同时要成立城市化科学研究机构，延揽海内外人才，为中国的城市化发展提供科学性的规划和决策。

在全球气候变化与中国水安全高级圆桌会议上的讲话

（2010 年 4 月 8 日）

各位来宾，女士们、先生们：

大家上午好！

两年前的今天，我曾出席了“中国水与卫生高级圆桌会议”，两年后，我再次与来自五大洲的新朋故友相聚一堂，感到格外高兴。在这里，我谨代表全国政协对本次会议的召开表示衷心的祝贺，对各位远道而来的朋友表示热烈的欢迎。

当前，全球变暖引起的极端气候已呈常态化趋势，使中国本已日益突出的水安全和固有的脆弱性进一步加剧。去年以来，我国西南降水丰沛的云南、贵州、广西、四川、重庆等省区，发生了秋、冬、春连旱。炎炎烈日灼烧着干裂的土地，赤地千里，超过 6000 万的受灾人口，相当于加拿大与澳大利亚两国人口总和，基本生活用水都面临着严重的困难。乡亲们男女老少昼夜跋涉上山寻找水的场面，令人触目惊心。有人惊呼：母亲河已经没有眼泪。

在西南持续大旱的同时，肆虐的沙尘暴又开始席卷我国北方地区。这场近年以来影响我国范围最广、强度最大的沙尘天气，波及包括海峡对岸的台湾在内的我国17个省区市，以及临近的日本与韩国。20天前袭击北京的那场沙尘暴，以瞬间8级的狂风，从蒙古高原“搬运”了15万吨沙尘到北京，强浮尘天气使得北京的天空呈现出奇异的明黄色。

显然，气候异常变化的影响并不仅仅局限于中国。北半球中高纬度的寒潮和暴雪，不断刷新有气象记录以来的历史极值，而在南半球的澳大利亚，暴雨引发的洪水与泥石流，造成10万市民家中停电，交通瘫痪，经济损失高达数亿美元。

毫无疑义，全球气候变暖导致了许多灾难性的后果，生物多样性遭到破坏，一万七千种生物濒临灭绝，地球生态正在逼近极限；冰川消退、永久冻土层融化、海平面上升、飓风、洪水、暴风雪、干旱及森林火灾等，使人类的生存环境面临着日益严峻的威胁；而极端气候事件带来的另一个直接后果是农业大幅度歉收，世界范围内对陆地、食物和水源的争夺有愈演愈烈之势，粮食安全成为大国博弈、地区冲突和一些国家政局持续动荡的导火索。

各位朋友，水是生命之源，它滋润着万物，孕育着生命和文明，古代人类的四大文明无一不是诞生在江河之滨；进入到工业时代和信息时代，水与人类的活动更是息息相关。然而，世界水资源的形势却不容乐观，淡水资源匮乏已危及地球的生命保障系统，全球有超过八亿人没有安全的饮用水源，每年有五万多亿吨水体被污染。如果有一天，地球母亲再无乳汁哺育我们，即便我们创造再多的财富，人类也不可能活得有尊严。从这个意义上说，水不仅是资源，更是生命。

老子《道德经》上说，上善若水，水滋润万物而不与万物相争，它的行为最接近自然规律。人类也要遵循自然规律，要对大自然心存敬畏，与自然和谐相处，合理地开发、利用和分配水资源。如果人类不能善待自然，违背自然规律，那么带给人类福祉的水，本来与世无争的和谐之水，同样也可以成为战乱、饥饿和纷争的祸端。这不禁让我想起中国古代哲学家庄子的“相濡以沫”的典故，大意是说泉水干涸，暴露于陆地上的两条鱼，为了生存，相互以唾液润湿对方。面对来势凶猛的气候变化与水安全的重大挑战，人类也要发扬“相濡以沫”的大爱精神，因为经济全球化早已把各国的利益紧密地联系在一起，没有人能够置身局外而独善其身。

气候变化与水安全是全球性的难题，需要我们像全球共同应对金融危机一样同舟共济，拿出信心、诚意和勇气，采取一致的行动，以对话代替对抗，积极开展多领域的务实合作。我相信，人类文明发展到今天，我们有足够的良知、智慧、能力和机制，共同应对全球性的气候变化与水安全问题，以水资源的可持续利用，保障世界经济社会的可持续发展。让我们携起手来，积极探索人与自然和谐共生的生态文明之路，大力发展低碳经济，责无旁贷地承担起节能减排的国家责任，努力建设节水型社会，让自然生态得以平衡修复，让山川秀美、风调雨顺、江河安澜，让人类铸剑为犁、守望相助、共同呵护我们的地球家园。

问渠哪得清如许？为有源头活水来。共同的使命和信念把我们凝聚在一起，这次全球气候变化与中国水安全的高级圆桌会议，不仅为我们提供了难得的交流机会，更重要的是形成共识，重塑我们人类与气候、生态、环境和水和谐相处的信心。

最后，我衷心预祝这次研讨会圆满成功。

谢谢大家！

在第七届中韩妇女知名人士论坛欢迎晚宴上的致辞

（2010 年 4 月 26 日）

尊敬的金汉圭会长，尊敬的李培镕校长，尊敬的杨文昌会长，姐妹们、朋友们：

晚上好！

在春暖花开的日子里，中韩两国妇女精英相聚一堂，共同参加第七届“中韩妇女知名人士论坛”，两国姐妹之间的深情厚谊将春意衬托得更为浓烈。我谨对韩国妇女代表团的来访和各位嘉宾莅临今天的晚宴表示热烈欢迎，对即将召开的中韩妇女知名人士论坛表示衷心祝贺。

中韩两国山水毗邻，文化习俗同溯一源，两国人民之间有着深厚的传统友谊。两国建交时间不长，但两国关系发展的速度之快，势头之猛，令世人瞩目。2008 年中韩建立战略合作伙伴关系以来，为扩大两国合作奠定了更加坚实的基础。近两年来，中韩关系经受住全球金融危机冲击，友好交流与务实合作进一步深化，两国战略合作伙伴关系迈出扎实步伐，显示出蓬勃的生机和强大的生命力。

在中韩两国交往中，妇女界交流一直发挥着重要而独特的作用。由外交学会和21世纪韩中交流协会共同创办的中韩妇女知名人士论坛，汇聚双方巾帼贤能，共叙中韩姊妹情谊，共同交流两国妇女在参与本国政治、经济、文化等领域活动的经验，业已成为两国民间交流的重要组成部分。我自己曾荣幸地受邀率中国知名妇女代表团赴韩国出席第六届"中韩妇女知名人士论坛"，同韩国政治、经济、文化界领导人就两国妇女的地位问题交流信息，分享经验。在韩期间我除了在首尔活动，还访问了山川秀丽的古城庆州和大邱，参观了有韩国妇女人才摇篮之称的梨花女子大学和韩国工业现代化标志的浦项制铁公司。韩国灵秀隽永的风景和历史悠久的文化，让我心旷神怡；而韩国人民勤劳坚韧、勇于创新的精神，特别是韩国妇女参与国家建设和社会发展的勇气和毅力，令人难以忘怀。

我了解到，本次论坛的议题是妇女教育的展望与国际化以及中韩两国的妇女政策，这充分体现了两国妇女对进一步提高自身社会地位、争取更多发展机遇的强烈期盼，我衷心希望两国妇女界人士能够继续充分利用好这一平台，畅所欲言，为两国妇女共同关心的问题提出宝贵建议。

姐妹们，朋友们！

再过几天，以"城市，让生活更美好"为主题的上海世博会就要隆重开幕了，来自240多个国家、地区和国际机构的各界人士已确定参会。中国高度重视这次展示人类智慧与文明成果的世界性盛会，相信在全国人民的积极筹备和世界各国的热情支持下,上海世博会将会成为一次探讨人类城市生活的盛会,一曲以创新和融合为主旋律的交响乐,一场人类文明的精彩对话。借此机会,我也向韩国妇女界朋友发出热情的邀请,欢迎大家参观世博会。同时我也衷心地期待2012年韩国丽水世博会的召开并预祝圆满成功。

姐妹们,朋友们!我始终认为,妇女是推动国家发展和民族兴旺不可缺少的重要力量,在发展经济、繁荣文化和推动社会进步中发挥着不可替代的作用。我衷心希望中韩两国妇女界进一步加强交流,深化合作,依靠我们的智慧和能力,共创两国妇女更加美好的明天。

在“5·19世界肝炎日宣传活动暨吉林省延边丙肝防控项目启动大会”上的讲话

（2010年5月19日）

同志们、各位朋友：

今天，我们在吉林省延吉市隆重举行“5·19世界肝炎日宣传活动暨吉林省延边丙肝防控项目启动大会”，把在北京开的会搬到了延吉，把两个会合并一起开，不仅减少了会议，节约了经费，而且沉到了基层，使“5·19世界肝炎日”的宣传活动更具体实在，更有针对性。我们召开这次会议旨在响应世界肝炎联盟的倡议，贯彻乙肝防治法规，探索丙肝防控模式，宣传肝炎防治知识，交流肝炎防治信息，进一步配合国家落实肝炎防治规划，提高全民尤其是各级领导的肝炎防治意识，努力降低肝炎的发病率，尽快摘掉“肝炎大国”的帽子。吉林省领导以及延边自治州的领导和卫生部门对这次会议很重视，做了大量的筹备工作，在此表示衷心的感谢！刚才杨希忠同志发布了启动吉林省延边丙肝防控项目以及肝基会新近合作项目等成果信息，王宇同志介绍了肝炎防控的形势与对策，国家卫生部和吉林省的同志都

讲了很好的意见。下面,我讲三点意见:

一、认真做好延边丙肝防控项目

丙肝在我国感染传播较为普遍,近年来发病呈上升趋势,丙肝的死亡率已排在疾病死亡率第五位。统计显示,我国目前约有4000万人感染丙肝,人群感染率达3.2%。然而,大多数人对这个“隐匿的杀手”知之甚少。2007年中国肝炎防治基金会进行的《丙肝认知调查》结果显示,仅有1%的人对丙肝的传播途径、预防措施有正确的认识,仅有5%的人进行了丙肝抗体检测。即使在美国,慢性丙肝的诊断率也只有20%,大多是在感染丙肝病毒后十余年才被发现。由此可见,丙肝的防治比乙肝防治更为困难,目前还无疫苗预防,关键是要早检测、早诊断、早治疗,如果能够及时诊断和治疗,丙肝病毒可被彻底清除,丙肝是可以治愈的。

吉林省尤其是延边州丙肝发病例数逐年明显增加,有时高达55.57例每10万人,给当地人民的生产和生活带来严重威胁。吉林省政府、延边州政府领导以及卫生部门一定要高度重视,分管领导要亲手抓,各有关职能部门特别是疾控部门要发挥作用,要大有作为,要按照项目实施方案,要动员各界积极配合,要深入宣传丙肝防治知识,做到项目地家喻户晓,人人皆知。通过项目的实施,确实摸清丙肝的发病原因,采取积极的预防措施,提高民众的丙肝防控意识,普及丙肝防治常识,努力降低丙肝的发病率,为国家制定丙肝防治策略摸索经验。

二、十分尊重乙肝病毒携带者的权利

在今年的2月7日，国家人保部、教育部、卫生部联合下发了《关于进一步规范入学和就业体检项目维护乙肝表面抗原携带者入学和就业权利的通知》，这是一个非常重要的法规。这是继《食品安全法实施条例》明确乙肝病毒携带者可以拿“健康证”的又一重大进步。这两个法规给近亿名乙肝病毒携带者的就业和入学提供了法律保障，有力地促进了乙肝歧视的消除进程。它是中国政府贯彻落实科学发展观，由富民、惠民发展到贵民的重大民生政策，是保障人权平等，维护人们有尊严的生活，构建社会公平正义，保护经济建设生力军，共建和谐社会的重大举措。但是，大家一定要注意，社会上根深蒂固的乙肝歧视观念非一朝解除，要从社会心理中彻底卸载乙肝歧视不是一条政策禁令就能消除的。对于乙肝病毒携带者的权利，我们各级领导和卫生部门必须带头维护，尤其是各级医院一定要站在维护国家大局和社会稳定的高度、站在尊重科学维护人权的高度抓好落实。我这里讲的是十分尊重，九分九不行。不仅我们要做好，还要加大对法规的宣传，要做到人人都知道，人人都遵守，人人都维护，要形成“消除乙肝歧视，共建和谐家园”的社会氛围。另一方面，这一法规的实施，同时也给卫生部门提出了更高的要求，在尊重乙肝病毒携带者权利的同时，要进一步加大乙肝防控知识的宣传教育，使其掌握科学有效的防保常识，因为社会上对乙肝病毒携带者的误解与歧视，主要还是人们对乙肝知识缺乏充分了解而产生恐惧心理。

三、努力保护肝炎易感人群

近年来,从中央到地方,各级党和政府对肝炎防治工作给予了重视和支持,采取了预防为主、综合防治的措施,政策支持力度不断加大,常规免疫接种率不断提高,免疫接种范围不断扩大,免疫预防效果十分明显。全人群乙肝病毒携带者从1992年的9.75%下降到7.18%,目前,乙肝病毒携带者在儿童中的流行率已降至2.1%,在1999年以后出生人群中已降至1.0%,1992年以来我国感染乙肝病毒的人数减少了8000万人,病毒携带者减少了2000万人,控制乙肝工作取得了非常显著的效果。

尽管如此,由于国家大,人口多,目前仍然有9000多万乙肝病毒携带者和乙肝患者,加上丙肝就是一个多亿,占总人口的十分之一,防治的形势仍然十分严峻,努力保护易感人群是当务之急。在认真做好15岁以下儿童乙肝疫苗的接种与补种工作的同时,要逐步向大学生、农民工和医务人员等重点人群扩大。据估算,全国有大学生1700多万人,外出农民工1.4亿人,这是个非常巨大的数字。实践证明,要保护好乙肝易感人群,接种乙肝疫苗是最有效、最经济、最安全的措施,要动员大家自觉自愿自费接种乙肝疫苗,对于贫困地区、贫困的重点人群要募集资金给予扶持,肝基会今年要对四川36万大学生进行乙肝疫苗接种和补种,明年要扩大到云南、贵州。在此同时,要加大肝炎健康教育,让普通老百姓都知道肝炎的传播途径,都会采取有效的预防措施。对于已经得上肝炎的患者要采取正规的抗病毒治疗,提高其依从性,要做到时间短,费用少,疗效好。做好肝炎患者的临床治疗是重要的预防措施之一。

同志们,防治肝炎任重道远,摘掉“肝炎大国”帽子的责任在我们这一代,让我们以科学发展观为指导,不断拓展肝炎防治工作的新路子,为提高中华民族的健康素质,为塑造我国的国际形象而努力!

在海淀工读学校建校55周年庆典上的讲话

（2010年5月20日）

各位校长、各位老师、同学们：

大家上午好！

在海淀工读学校55周年华诞的喜庆日子里，很高兴再次走进这所有着悠久历史和光荣传统的学校，并与这么多来自祖国各地的工读学校校长们以及各级主管教育的负责同志相聚一堂，共谋我国工读教育的未来，更是机会难得。在此，我向默默奉献在工读教育战线上的广大教职员工表示深深的敬意并由衷地道一声辛苦了！

我与工读学校有着较深的渊源。50年代末，我在北京101中学读书的时候，就曾经到海淀工读学校参加联欢活动。半个世纪过去了，海淀工读学校培养的毕业生，有的成为大学教授、中学校长和优秀教师，有的当上了国家领导干部和高级将领，成为各条战线的佼佼者，为社会作出了突出贡献。2005年、2006年，我曾两次带一些专家到海淀工读学校进行调研，并慰问学校师生，当时我深深地为每一位老师为帮助孩子们健康成长而呕心沥血、倾注大爱的职业精神所打动，在这儿学习的孩子们所表现的天真可爱、强烈向善、富有创意和五彩缤纷的才智让我感到无比的欣慰。

但是我们在全国工读教育的调研中也发现，工读教育面临的困难还很多，各项政策比较滞后，至今还在沿用87年制订的工读教育政策，导致了师资力量缺乏，教师福利待遇不高，学生就学渠道不畅等问题的出现和累积。

“关爱一切学生”是广大教育工作者教书育人、为人师表的基本准则，也是教育公平的重要体现。教育是要付出爱心和情感的事业，越是在人生发展道路上出现了偏差的学生，越需要我们去指导、关心和呵护。适合就是最好的教育，没有不适合教育的学生，只有不适合学生的教育，工读学生的现实特点和发展需求决定了工读学校必须探索适合他们自身成长规律的教育。近几年来，海淀工读学校不断创新与实践，学校探索与高校联合，共同进行工读学生心理发展的专项研究，帮助教师们客观准确地了解学生们人格特征，从而把握教育的规律。如学校对“多元职能”“友善用脑”“建构主义”理论的系统学习与深入实践，让教师们找到了引导学生快乐体验成功的喜悦，并将“课堂观察”“思维导图”“小组合作”等方法不断深化，帮助更多的学生逐步走上了良好的自我管理、自我训练、自我发展的轨迹，从而为工读教育的发展开辟了一片崭新的天地。

在我走进校园时，注意到这样一条标语：“让学生在成功中成长”。我认为这个提法很好，对于经历过挫折的工读学生来说，自信和激励显得尤为重要。老师要学会“拿着放大镜找学生的闪光点”，对学生的每一点细微的进步都及时给予表扬，不断强化他们的自尊心、自信心，帮助他们走出自卑的阴影。为此海淀工读学校不仅成功推行了“学生荣誉自我申报”“班级亮点自主管理”“学业成长银行评价”“星级班级评比”等多项深受学生欢迎的自我管理举措，不仅注重教程的改革，更注重孩子们的心理健康教育，在师生的共同努力下，学校的课程改革和心理健康教育都取得了较为理想的成果，成为全国工读教育的典范。

当前，我们国家正处在社会转型期，未成年人犯罪日益成为突出的社会问题。作为普通教育的必要补充，工读教育是在未成年人保护和预防未成年人犯罪方面的最后一道防线。正是这种特殊教育优势，中国工读教育55年来挽救了数以万计的问题少年，成为一项有利于青少年、有利于家庭、有利于社会的崇高事业。

同时，我们认识到中国工读教育与社会发展的需要存在诸多不相协调之处，迫切需要改革与发展。各级政府应站在以人为本、构建和谐社会的高度，大力支持工读教育发展，加快工读教育立法，改善工读学校的办学条件，提高工读教师的社会政治地位和福利待遇；全社会要更多地关注、关心工读教育的建设和发展，积极营造工读教育良性发展的环境和氛围，努力发挥工读教育在预防和减少青少年违法犯罪方面的作用；我希望全国工读教育战线的人民教师，要把关心、转化、培养问题学生作为义不容辞的责任，以强烈的爱心、高尚的师德及对事业的执着追求,倾情投入,为了祖国下一代的健康成长作出自己应有的贡献;我还寄语工读学校的广大青少年朋友,要珍惜时间、珍惜青春、珍惜亲情,积极进取,实现自我超越,早日成为社会有用之才。

谢谢大家!

在安徽省推进义务教育均衡发展工作情况汇报会上的讲话

（2010 年 6 月 3 日）

全国政协开展的义务教育均衡发展委员视察活动，在安徽省、市、县各级党委、政府、政协、教育行政部门和相关单位的大力支持和配合下，今天就要圆满结束了。在历时八天的视察活动中，委员们围绕落实关于进一步推进义务教育均衡发展的意见，深入到合肥市、铜陵市、黄山市实地开展调查研究。之所以选择了合肥、铜陵和黄山市，是基于不同经济发展水平和自然条件的考虑，以求了解到比较全面和客观的情况。视察团听取了各级政府和相关部门的工作汇报，考察了部分中小学校，并与包括校长和教师在内的教育工作者广泛交流和座谈。大家一致认为，近年来安徽省在经济社会快速发展的同时，始终坚持把教育事业摆在优先发展的位置，纳入民生工程，各级领导能够按照科学发展观的要求，遵循义务教育的发展规律，体现义务教育公平至上的理念，在推进义务教育均衡发展方面思想认识比较到位，工作措施具体，力度大，亮点多，在全国先行了一步。大家表示，安徽作为全国的一个缩影,尽管由于经济社会发展的不平衡,在推进义务教育发展过程中还存在着许多困难和问题,但安徽干部群众解放思想、敢为天下先的精神值得我们学习,安徽的探索和实践顺应了民意,代表了我国义务教育的改革方向,许多经验和做法是行之有效的,在全国起到了示范和引领作用,并为国家制定相关的政策法规提供了实证和依据,为促进我国义务教育均衡发展作出了独特的贡献。

通过这次视察,进一步加深了我们对义务教育均衡化深远意义的理解和认识,也使我们有机会深入基层和实践,学习安徽的做法和经验。我们认为,安徽的做法和经验主要有以下几个方面:

一、加大投入,改善农村和城市薄弱学校的办学条件

首先,通过城乡同步实施义务教育经费保障机制改革,城乡义务教育阶段学校办学采用同一标准等刚性措施,以制度安排保证义务教育均衡发展的可持续性,避免由于城乡二元结构的存在而产生新的不均衡,城乡之间、学校之间办学条件差距逐步缩小。其次,政府依法办学的意识不断增强,作为义务教育投入主体的责任更加明确,各地在加大办学投入、均衡配置教育资源方面,有许多创新的思路和举措。例如,安徽全省用两年时间,基本消灭了中小学校舍危房,启动中小学校舍安全工程,在全面排查的基础上进行加固改造;铜陵市、黄山市在资金投入、项目安排、教育设施配备等方面,重点向薄弱学校倾斜,黄山市还根据山区人口居住分散的特点,积极推进农村寄宿制学校和留守

儿童之家的建设;合肥市综合考虑城市发展和人口流动等因素,从规划入手调整全市义务教育资源布局,投入巨资新建70多所中小学,并采取有力措施,督促开发商建设小区配套学校,较好地解决了"上学难"、"上好学难"的问题。政府的积极作为,促进了义务教育的均衡发展,尊师重教已在全省蔚然成风,最漂亮的房子是学校,最美丽的环境是校园,农村学校办学条件有了极大改观。

二、规范办学行为,有效地遏制了市县城区内的择校问题

讲义务教育均衡发展,不能不提到铜陵,所以我们这次安排到铜陵视察,主要是来取经的。我注意到,铜陵探索义务教育均衡发展的道路,也经历了一个艰难的过程。面对由于教育资源严重不均衡而造成的愈演愈烈的择校风,铜陵市委市政府并没有放任不管,听之任之,而是逆势而动,明确提出了"立足办好每一所学校"的均衡发展思路,而且咬定青山不放松,历届党委、政府持之以恒,十年磨一剑,创造了一个义务教育均衡发展的范例,成为名副其实的义务教育阶段没有择校的城市。

我理解,铜陵经验给我们最大的启示是要重新审视教育的目的和价值取向。早在两千多年前,孔子就提出有教无类,大力兴办私学,实行大众化的平民教育,改变由官府和贵族垄断教育的局面。现在我们也常说,"一切为了孩子,为了一切孩子",因为教育公平是社会公平的基础,是一项基本的人权,而义务教育的公平是起点的公平,是基础的基础。尽管绝对的公平是不现

实的，但是实现义务教育阶段的相对公平，代表了社会主义的本质要求，关系到国家的长治久安，理应引起执政者的高度重视，并成为各级政府长期努力的目标和义不容辞的责任。

义务教育是为了满足广大人民群众不断增长的对优质教育的需求，还是成为少部分人对优质教育的垄断和特权？是要让义务教育成为让人民满意的民心工程，还是要成为锦上添花的面子工程、形象工程？这考验的是党委和政府的执政理念、决心和勇气。我认为，铜陵的执政者为广大人民群众交上了一份满意的答卷。他们认识到要消除义务教育的不公，必须走均衡发展的道路，尤其难能可贵的是，从铜陵市的主要领导做起，顶住来自各方面的阻力，不批条子，不打招呼，不因党委、政府换届而改弦更张，坚持走义务教育均衡发展的道路不动摇。铜陵的经验告诉我们，追求义务教育的公平公正，勇气比政策更重要，对于各级党委、政府来说，义务教育均衡发展，不是可不可为，而是愿不愿为、敢不敢为的问题，因为非有排除万难的精神，出实招，动真格，是无法破除已经固化的利益格局坚冰的。

铜陵市在遏制择校方面的制度性创新，比如把辖区内省级示范高中的招生指标切块分配给各初中学校的做法，已在全省得到了推广，到目前为止全省各市均将示范高中招生指标的65%以上分配到辖区内每所初中，这一关键举措从根本上消除了家长择校的动机，除芜湖、铜陵消除了义务教育阶段择校生外，全省各地的义务教育阶段择校生问题也得到了有效治理。自2005年底铜陵的经验被推出后，在全国起到了引领、带动和示范作用，涌现了许多义务教育均衡发展的先进地区，特别是通过相关法律法规和政策的出台，义务教育均衡发展的理念已经深入人心，这成为安徽人民对我国教育改革和发展的一大贡献。

三、注重内涵建设，着力提高师资队伍整体素质和水平

教师是教育的第一资源，择校就是择师。优质教育资源稀缺，学校之间办学水平存在较大差距，是产生择校现象的根源。义务教育的硬件均衡，只要政府下决心加大投入，是比较容易做到的。但是教师队伍这一软件的建设，办学传统、校园文化氛围以及创新能力的形成，则需要一个长期的过程。几十年来，优秀教师一直是从农村到城市、从中西部到东部、从薄弱校到强校的流动趋势，如何反向流动，这需要调动教育改革的主体即广大教师的积极性，并有相应的制度安排和配套改革措施，鼓励优质教育资源向薄弱学校流动。

安徽推进教师队伍建设的措施，主要有以下几个方面。一是加强校长和骨干教师的流动，铜陵市把事业心强、有开拓进取精神的同志派到薄弱校担任校长，如我们视察的十二中，同时把部分名师调到新建的学校或薄弱校任教，在校长和名师的引领下，学校逐步形成自己的特色，教师业务素质得到了提高；二是采取名校办分校、扩大名校规模、名校并弱校等形式，做大做强优质教育资源，从根本上解决择校难题。如我们视察的合肥市50中南区，采取从原校派出副校长担任南区校长，从东、西校区选派业务骨干和资深教师充实到南区的主要管理岗位和教学一线的办法，实现了优质资源平民化、普及化，目前东、西、南

三个校区在校生扩大到5600余名。合肥师范附小整建制迁入滨湖新区后，办学条件得到极大提升，市里充分发挥附小优质教育资源的社会效益，切实保证区域内适龄儿童都能入学，目前在校生达到3000多人。为帮助新校区农民工子女和留守儿童健康快乐成长，学校开展了小手拉小手、小手拉大手的活动，不仅促进了孩子们的身心健康，而且也带动了家庭和社区文明素质的提高。通过以上措施，合肥市约3/4的孩子接受到优质教育。三是实施城乡学校结对"捆绑"管理。如合肥市庐阳区以捆绑机制为载体，城乡学校实行两个法人单位，城区学校为第一校长，乡镇学校为执行校长，城区的副校长交流到乡镇学校担任执行校长，执行校长到城区学校任副校长，由于强化了城乡学校的帮扶连带责任，实现了办学理念、教学经验、校园文化和优质资源的共享，增强了乡镇学校的造血功能，乡镇学校办学水平得到提高，师生面貌焕然一新。四是建立新教师补充的长效机制，并向农村和薄弱学校倾斜。如黄山市2009年共补充129名新教师，大部分分配到农村学校，铜陵市把招考的优秀教师优先充实到薄弱校，为使他们安心从教，教育部门在职称评聘、评优评先等方面对薄弱学校教师给予特殊政策倾斜，每月额外补助300元津贴，使他们能进得来，稳得住，留得下。五是加强了对农村和薄弱校师资的培训。如黄山市将2007年作为全市"教师素质提高年"，保障在继续教育、校本培训等方面的经费，铜陵市结合新课改，成立了17个中心备课组，每月开展一次教研活动，有针对性地对薄弱校开展教学视导活动，促进了薄弱校教学质量的提升。

四、关注弱势群体，切实维护农民工随迁子女和农村留守儿童的义务教育权利

推进义务教育的均衡发展，说到底是要解决人群之间的教育公平问题，对弱势群体教育权利的保障，体现了教育公平的重要方面。安徽是农民工输出的大省，农民工随迁子女和农村留守儿童基数大，占义务教育阶段学生总数的1/3以上，能否有效地改善这两个群体接受义务教育的状况，成为制约安徽义务教育公平和均衡发展的关键。对于经济发展水平相对滞后的安徽来说，保障和维护农民工随迁子女和农村留守儿童的基本教育权利，头绪多，责任重，任务艰巨。

我注意到，安徽省高度重视保障和维护农村留守儿童和农民工随迁子女的基本教育权利，一系列农村留守儿童和农民工随迁子女的关爱服务制度和体系正在逐步建立，并在各地得到了认真地执行。比如农民工随迁子女享受本地学生同等待遇，免试就近入学，还打破户籍限制，规定农民工随迁子女可在流入地参加中考并报考高中阶段学校，这些举措得到了社会的充分肯定和广大农民工的欢迎。在做好农村留守儿童工作方面，成立了以省委副书记牵头的工作协调小组，以省委、省政府文件形式印发加强农村留守儿童工作的意见，力度很大，各部门参与，形成了合力。各地把农村留守儿童之家建设作为重要的民生工程，让这些从小缺少关爱的孩子们体会了政府和社会的关怀和温暖。其中，合肥29中成为全国知名的农民工子女定点学校，歙县被评为全国留守儿童教育先进县，铜陵涌现出在关爱留守儿

童工作中作出突出成绩，被学生誉为“代理妈妈”的小学教师戴春霞等一批先进典型。

五、建立、完善义务教育均衡发展的工作机制

制度和机制的建立是带有根本性的问题。为切实推进义务教育均衡发展，安徽将义务教育均衡发展纳入到党政领导干部考核指标体系，实行工作责任制和责任追究制，建立义务教育均衡发展试验区，对义务教育均衡发展的先进县市区给予表彰。黄山市将义务教育均衡发展纳入到对区县党政领导的督导评估体系中，使督导工作从督教上升到督政，这些制度性的创新，强化了党政领导的责任，有力地促进了义务教育的均衡发展。

通过视察，大家认为，义务教育均衡发展，重点在农村，难点也在农村，特别是经济发展落后、交通闭塞、自然条件艰苦的老少边穷地区。大家建议：

1. 建议国家要研究制定义务教育均衡发展指导意见和实施意见，明确义务教育均衡发展的一些量化的刚性目标或阶段性目标，同时从国家层面上建立义务教育均衡发展的督导评估制度，借鉴90年代“两基”评估验收的办法，推动各级政府真正把义务教育均衡发展摆在重中之重的位置。

2. 建议国家针对农村特别是像黄山市这样以边远山区为主的农村教学点分散、教师编制受限的特点，参照培养社区全科医生的做法和幼儿师范高等专科学校的做法，培养农村小学低年级“全科教师”。可以采用免费师范生定向培养就业的模式，招收农村初中毕业生接受五年师范教育（即3+2模式），课程主要

包括文化课、艺体课、教育专业课等三个部分，同时也为农村学前教育培养了人才。

3. 加大寄宿制学校建设的政策扶持力度，切实解决边远地区学生上学难的问题。国家要制定寄宿制学校办学标准，完善配套的生活设施；为寄宿制学校落实生活老师编制；为所有寄宿生提供补助费，逐步提高标准，国家对寄宿制学校食堂给予专项资金支持，保证学生营养水平，减轻家庭负担。

4. 构建完善的教师定期流动制度，形成开放的、多元的、竞争的、充满活力的用人机制。建议国家首先改革现行的教师人事制度，在教师聘任制的基础上，实行能进能出、能上能下的动态管理、竞争淘汰制；其次，以政策或法规形式明确教师（校长）流动的义务性，流动的程序性，流动的定期性以及流动者的待遇，比如建设农村教师流转房或廉租房，设立农村教师奖励基金，以特殊津贴鼓励优秀教师在农村从教等，既能消除教师的抗拒心理，维护自身权益，又有利于促进城乡、地区、校际之间师资力量有效配置，这是推动义务教育均衡发展带有根本性的措施。

5. 鼓励社会力量举办义务教育学校，支持办高水平的民办教育，适合不同消费群体的需求。

同志们，皖江大地是一片充满激情和活力的热土，这里山川秀美，人杰地灵，历史上就有尊师重教的传统，在省委、省政府的领导下，安徽已经进入厚积薄发、加速崛起的大好机遇期，这次调研也进一步加深了我们对安徽的了解和热爱。安徽省各级党委、政府、政协和相关部门对我们的视察给予高度重视、大力支持和配合，在与一线的校长、教师的座谈和交流中，老师们结合自己的教育教学实践，知无不言，其中不乏真知灼见，表现了广大教育工作者对党的教育事业的忠诚、强烈的社会责任感和敬业奉献的精神，为委员们上了生动的一课，在此，我一并表示感谢。我相信，有省委、省政府的正确领导，有一支师德高尚、业务精湛、作风过硬、爱岗奉献的优秀校长和教师队伍，安徽的教育大有希望。我想，通过这次调研，我们一定要把广大教师的呼声反映上去，发挥政协作为参政议政平台和主渠道的作用，为推动我国义务教育的均衡发展积极建言献策，贡献我们的智慧和力量。

谢谢大家！

关于促进高校毕业生就业工作的建议*

（2010 年 6 月 28 日）

尊敬的锦涛总书记、家宝总理：

今年，我国高校毕业生有 630 万人，比去年增加 20 万人，历年积累的未就业毕业生当在百万以上。对于大学生就业问题，党和政府高度重视，并采取了大量措施，但形势仍然严峻。我们认为，大学生就业难的原因是多方面的，是教育内、外部因素综合作用的结果，其根源并非是大学生过剩，而是教育结构、产业结构不合理与制度环境不完善的制约，导致适合大学生的就业岗位不足。具体表现为：

一、高校内涵发展薄弱，办学与需求脱节。一些高校本身定位不准和社会评价体系错位，导致专业设置趋同、缺少特色和优势、重复建设与同质化竞争现象严重；招生沿袭计划经济模式，

* 本建议由民盟中央主席蒋树声、民盟中央副主席张梅颖联名提交，中共中央国务院领导同志温家宝、张德江、刘延东均作出重要批示，要求教育部商同有关部门积极稳妥推进高教改革，健全大学生就业工作机制，使人才培养更好地服务于经济建设需要。

专业设置和教学内容缺乏企业参与，脱离经济社会发展需求，就业却又是市场选择，导致大学进口、出口两张皮，造成大学生找不到对口工作、企业又难以从中选拔出所需实用型人才的两难境地。

二、发展方式不完善、经济结构不协调。近10年是我国经济高速发展时期，大学生就业却每况愈下。深层原因在于缺乏具有国际竞争力的“大学生密集型产业”——高端服务业和高技术产业。由于多年来实行出口导向型为主的经济发展模式，我们处在产业链条的低端，吸纳大学生就业能力有限。虽然有一定的就业岗位，但基本上是一线的操作工，大学生学非所用，甚至出现与农民工抢饭碗的局面。

三、就业体系不健全，政策措施有待完善。缺少有效的协调机制，相关部门各行其是，互相推诿扯皮；就业政策缺乏科学性和操作性，档案管理、人事代理、社会保障、职称评定等配套措施滞后；一些政策“一刀切”，导致用人单位缺少自主权，提高了招聘“门槛”；就业指导、择业咨询等服务工作不完善，与市场“接轨”不够；就业市场建设不规范，对就业中介、招聘签约等监管不够；政策宣传和吸引力度不够，据调查，非常清楚就业政策的大学生仅有8.8%。

解决大学生就业是一个长期、艰巨的任务，也是一个系统而复杂的工程，任重道远。应以解决大学生就业为契机和突破口，形成倒逼机制，推动相应领域更深一步改革，从根本上，长远上、制度上解决这一问题；同时强化、完善现有的应对措施与政策，标本兼治，逐步理顺关系，步入良性循环。我们建议：

一、将大学生就业与高等教育改革和高校内涵建设结合起来，实现教育教学质量、学生综合素质和就业能力的根本提高。

1. 推进教育体制改革，调整高等教育结构，进一步优化学科和专业设置，理顺招生、培养、就业的关系，让各种层次的高校承担起培养不同层次人才的任务，真正使高校的人才培养适应社会经济发展需要。

2. 培养学生的实践能力和创新创业意识。自主创业是大学生未来就业的主要方向之一，倍增效益明显，但在我国仍处于起步阶段，初次创业成功率在1%以下，第2次有组织的创业成功率只有8%，远低于美国20%的水平。应加大扶持力度，搭建组织协调、资金扶助、能力培训、创业孵化等平台；设立国家级大学生创业基金，并吸引社会资源、资金参与。

二、将大学生就业与产业升级和结构调整结合起来，实现大学生就业创业与经济发展的良性互动。

1. 加快经济发展方式转变，大力进行产业升级和结构调整，特别是大力发展"大学生密集型产业"。高端服务业和高技术产业占相当比例，是发达国家大学生就业难问题不突出的共同原因之一。我们应加快实施重点产业调整和振兴规划，逐步形成具有自主知识产权、掌握核心技术的产业集群，使大学毕业生不愁没有用武之地。

2. 将第三产业作为大学生就业的主要领域加以快速拓展。毕竟，就业空间扩张在第一、二产业非常有限，第三产业发展就格外关键。应在"十二五"期间将第三产业占GDP的比重提高到50%以上，将每年提高1%以上作为刚性约束指标，同时调整其内部结构，使之创造大量就业岗位。

3. 切实落实“非公36条”政策，积极支持中小、民营企业发展，鼓励大学生在其中就业。把吸纳大学生就业作为企业评价指标，企业接受大学生达到一定数量和比例可享受财税补贴、贷款政府担保或贴息等优惠。

三、将大学生就业与社会建设结合起来，着力提高社会公共管理和服务的水平与质量。

1. 大力培育各种社会组织，构成与政府、企业或营利部门并列的第三极，支撑社会经济健康发展，并成为促进就业新的增长点。我国社会组织偏少，至少有10倍以上的扩展空间。就业岗位设置和规范劳动合同管理须作为批准和监管社会组织的要件；扶持就业的财税政策同样用于社会组织；提供公共服务并带动就业增长的社会组织，可适当注入财政资金。

2. 将社会保障与社会事业列入国家产业振兴计划，使之成为大学生就业的又一重要途径。迄今，我国社会保障专业工作体系还未形成，最低生活保障及相关救助制度已覆盖城乡，却只能依靠街道居委会与乡村组织代办，这与服务需求急剧增长极不适应。加大政府资金投入和组织引导，吸引大学生进入社会保障事业，既发展社会事业，又促进大学生就业。

3. 进一步落实服务基层大学毕业生的各项优惠政策，不断完善出口设计，增加吸引力，真正让他们下得去、留得住、有作为、有出路。国家应统筹服务基层项目，保障待遇相对公平；鼓励地方根据实际增加服务基层项目的大学生名额，并提供“一村一大”的优惠待遇；采取政府奖励或支付部分工资、购买社保等措施，鼓励农村专合组织吸纳大学生就业。

四、建立健全长效机制，制定完善优惠政策，加大贯彻执行力度，努力建设科学、成熟的大学生就业体系。

1. 明确大学生就业的政府工作责任，加强大学生就业教育，做好服务，疏通渠道，提供政策和法律支持；落实高校毕业生就业工作目标责任制和责任追究制。同时，有效整合党和政府各部门及群团组织与高校的大学毕业生就业指导、服务资源，实现国家级、省级层面的统一领导和协调机制。

2. 加强大学生就业制度性障碍的清理。一是将城乡社会失业率纳入正式的法定统计范畴，解决失业率统计失真问题。二是放松事业单位编制管制，创新劳动用工制度。国家投入的增长，应同时明确人员费用的增长比例，要求接受拨款的事业单位增加就业岗位；事业单位合法创收，允许自主增加就业岗位；鼓励有能力者（如科研人员、高校教师等）雇用助理，并纳入有序管理。三是破除就业政策"一刀切"，针对偏远地区和特殊、重点行业，适度扩大用人单位的自主权，保障其招到对口人才。

3. 建立健全大学生就业公共服务体系。一是建立和完善大学生就业援助制度。对登记未就业大学毕业生实行下岗失业人员的优惠政策，免费提供就业指导、求职登记等服务，并为之提供廉租房。二是积极构建全国统一的人力资源市场和毕业生就业信息平台，实现信息互通共享；允许高校毕业生按照求职意愿选择失业登记区域。三是放宽高校就业率统计的时间限制，允许毕业生找到合适工作时再办理派遣手续。四是采取灵活学制，延长学生毕业时间，给大学生以更宽松的择业机会。

4. 加强就业法规、政策的完善与宣传以及就业市场的监管，严厉打击各类违法违规行为。

以上建议当否，盼示。

再现辛亥革命风云　促进和平统一大业

——在《辛亥革命》电影新闻发布会上的讲话

（2010 年 6 月 30 日）

朋友们、同志们：

由全国政协支持拍摄的电影《辛亥革命》，在各参与单位和摄制部门的共同努力下，今天隆重举行启动仪式。在此，我谨代表全国政协表示热烈的祝贺！

作为全景式反映辛亥革命的重大历史题材电影，《辛亥革命》的拍摄是统一战线各界人士期盼已久的一件大事和喜事。我希望，这部影片能够尊重历史，真实地反映 100 年前那场旨在推翻封建专制制度、缔造共和的史诗般波澜壮阔的革命运动，艺术地再现孙中山、黄兴等民主革命家博大的爱国主义情怀、百折不挠的革命精神、为中华复兴历尽艰辛的探索历程，使这部电影成为思想精深、艺术精湛、制作精良的精品力作，团结和感召广大海内外中华儿女继承辛亥革命遗产，继往开来，共同致力于建设民主、文明、富强、统一新中国的宏伟事业。

去年，全国政协和部分地方政协参与拍摄的《建国大业》取得巨大成功，社会反响热烈，扩大了人民政协在全社会的影响。今年，要通过拍摄《辛亥革命》，进一步弘扬人民政协“民主与团结”的宗旨，发挥人民政协联系广泛、人才荟萃的优势，文史资料的优势，统一战线的优势，集中力量打造这部优秀的爱国主义电影作品。我注意到，没有一个题材能像《辛亥革命》这样吸引全球华人的热切目光，得到海外侨胞的鼎力支持，港、澳、台地区演艺界人士踊跃加盟。《辛亥革命》影片就像一块磁铁，凝聚着中华民族的情感和意志，我相信，随着影片在明年10月的公映，必将成为海内外华人关注的焦点，必将成为世界认识中国百年沧桑巨变的一面镜子，必将激发全体中华儿女的爱国热情，受到海内外华人的喜爱和追捧，成为全球华人为实现国家统一、中华振兴而不懈奋斗的强大精神动力！

我还记得，胡锦涛主席在接见国民党主席连战时说：“中山先生是伟大的爱国主义者和民族英雄，是中国民主革命的伟大先行者。中国共产党人始终对他怀有崇高的敬意，从来就是中山先生革命事业的坚定支持者、合作者、继承者。”人民政协成立的那一天，会场上高挂着孙中山先生的大幅照片，参加创建人民政协事业的各民主党派的领袖，很多人曾经是中山先生忠实的信徒和追随者。在中国，没有任何人能像中山先生那样，高山仰止，受到世界各地炎黄子孙的普遍尊敬与爱戴。可以说，中山先生和辛亥革命是人民政协和统一战线的一座富矿，60年来，人民政协始终坚持整理和研究辛亥革命史料，贾庆林主席力主创作和拍摄这部影片，表达了人民政协对于孙中山先生的景仰之情。中山先生和他领导的辛亥革命，光昭日月，彪炳千秋！

故事总是要有悬念的，影片的故事就要看电影了。希望所有参与单位，支持部门，无论是出品方，投资方，发行方，要以对得起历史，对得起民族，对得起后人的高度使命感和责任心，团结一心，不辱使命，努力打造再现辛亥革命世纪风云的精品文化工程，让《辛亥革命》影片成为载入中国电影史上值得永恒纪念的光辉一页。

民主尚需探索，同志继续努力！

引领哲学社会科学发展走向世界

——在庆祝《中国社会科学》创刊30周年暨《中国社会科学报》创刊一周年座谈会上的讲话

（2010年7月2日）

奎元院长，各位专家、学者：

很高兴参加《中国社会科学》创刊30周年暨《中国社会科学报》创刊一周年座谈会。借此机会，我要向为繁荣我们国家哲学社会科学事业作出贡献的专家学者们表示崇高的敬意和衷心的感谢！

欣逢这样一个社会科学的盛会，作为民盟的成员，我很自然地联想到民盟的前主席费孝通先生，因为费老不仅是饮誉海内外的社会学家、人类学家，中国社会科学院社会学研究所的首任所长，还是《中国社会科学》的老作者。

早在1980年，费老就在《中国社会科学》创刊号上发表了《关于我国民族的识别问题》一文，对当时有待研究的民族识别问题提出了真知灼见。在其后20多年的学术活动中，费老在这个权威性的学术期刊上陆续发表了《重访云南三村》《中国城乡发展的道路》《重建社会学与人类学的回顾和体会》等重要学术论文。在这些论文中,他提出了通过深入调查研究、了解内地工业发展对农村的影响课题。他明确提出:要使整个中国富强起来,必须走城乡一体化的有中国特色的现代化道路,应该将社会发展研究从生态秩序层次提高到心态秩序层次。他还提出,学者们应该立足于21世纪,加强“文化自觉”。什么是文化自觉呢?费老在1997年“人文价值再思考”一文中,以接近定义的语言阐述:“文化自觉是指生活在一定文化中的人对其文化有‘自知之明’,明白它的来历、形成过程、所具有的特色和它的发展趋向。文化自觉是一个艰巨的过程,首先要认识自己的文化,理解所接触的多种文化,才有条件在这个正在形成中的多元文化的世界里确立自己的位置。经过自主的适应,和其他文化一起,取长补短,共同建立一个有共同认可的基本秩序和一套与各种文化能和平共处、各抒所长、联手发展的共处守则。”也就是达到“各美其美,美人之美,美美与共,天下大同”的境界。

费老说,21世纪我国将有重大发展,“文化自觉是当今世界一种时代的要求”。

现在,置身21世纪的我们,回过头来重新审视费老这些发表在十几年前、二十几年前乃至半个多世纪之前的文章,至今仍然发人深省。费老提出的课题,正是当下我们所要必须面对并在实践中着力解决的课题,这不禁让我们对他目光的睿智和思想的深邃肃然起敬。

应该说,在运用社会科学理论和方法,指导中国社会文化变迁的研究方面,费老独具慧眼,并为之倾注了极大的热情和心力,从费老的文章,我们能够深切地感受到社会科学对中华民族发展和进步的极端重要性。

我曾经对《中国社会科学报》的记者说过:“哲学社会科学是一个国家和民族的灵魂,是一个国家、一个民族价值观形成的土壤和基石。”从这样一个高度看,作为代表国家级学术水准和形象的品牌,《中国社会科学》与《中国社会科学报》承载着引领我国哲学社会科学前进方向的历史责任,使命光荣,任重道远。

30 年过去了,《中国社会科学》伴随着改革开放、国家进步的节拍一路走来,成为展示哲学社会科学日益繁荣的一个窗口。现在,我国正处于社会转型时期,“五·四”那一辈,费老那一代哲人、前贤大都逝去了,在解放后尤其是改革开放环境下成长起来的一代新人正在成为社会科学的中坚力量。为因应时代发展的要求,中国社会科学院立足国际与国内的大局,创办了《中国社会科学报》,我认为这是新世纪我国哲学社会科学适应新形势、迈上新台阶、获得发展和繁荣的一个重要标志。

目前,我国的发展还面临许多前人不曾遇到的复杂矛盾和问题,许多重大的理论和实际问题需要哲学社会科学工作者研究和回答,打造与世界经济大国相匹配的文化软实力,我们还有相当长的奋斗历程。哲学社会科学工作者要有强烈的使命感和服务社会的担当,要不断解放思想,打破思维定式的束缚,体现出独立思考和批判精神、多元和包容的胸怀,要传承知识分子认真做人、做学问的风骨,还要有超越前人的视野、智慧和勇气,让哲学社会科学成为我们民族不断提升自我、不断推动历史发展和社会进步的强大精神支柱和内在动力。因为我们国家在和平崛起的过程中,还面临着许多来自外部世界的猜疑或误解,中国学者必须站在当今社会科学的前沿,以实证主义的态度,善于运用国际上通行的容易理解的语言和词汇,充分说明中国的立场和真实情况,提高我们的国际话语权,这既是对我国哲学社会科学工作者的考验,同时也为哲学社会科学工作者提供了施展才华的广阔舞台。

我很喜欢《中国社会科学报》,我认为这个报纸品位高、视野新、学术讨论的氛围浓厚,尤其是少套话、少空话,我从中学习许多新的知识、了解许多新的思潮、接受许多新的信息。我曾经说过,《中国社会科学报》是一个很好的平台。“通过这个平台,能把一大批我国人文社会科学领域的尖端人才凝聚起来,针对一些国内外关注的重大问题,及时发出中国学者的权威声音。”相信你们会担负起时代赋予的使命,抓住难得的历史机遇,引领我国哲学社会科学发展走向未来,向世界展示一个和平崛起且与国际社会和谐共生的大国形象。

祝《中国社会科学》与《中国社会科学报》越办越好!

谢谢大家!

在 2010 福布斯·中国民营企业全球化论坛暨上海世博会(中国)民企馆答谢礼上的开幕致辞

(2010 年 10 月 28 日)

各位领导、各位企业家、各位嘉宾:

大家下午好!

很高兴有机会参加本次"2010 福布斯·中国民营企业全球化论坛暨上海世博会(中国)民营企业联合馆答谢礼"。

30 年改革开放,中国的民营企业得到了惊人的发展。

中国民营企业家群体,也已经成为活跃在中国政治、经济生活中一支举足轻重的力量。

最新的公开数据表明,中国私营企业已达 750 多万家,占全国法人企业总数的 70% 以上,成为全国最大的企业群体。

民营经济已占全国 GDP 的 50% 以上,成为国民经济的重要组成部分;吸纳的就业已占全国新增就业人数的 80% 以上,成为社会就业的主渠道。

用创新支撑国家是企业的责任。我高兴地看到,中国民营企业提供了大约70%的技术创新、65%的发明专利和80%以上的新产品,挑起了中国自主创新的大梁。

最近三至五年,民营企业已经占到国内总投资的55%～60%,成为国内投资的主力军。

如上所述,足以证明中国经济发展伟力之最为深厚的根源,就在民众之中,民生之梦想是民营经济之动力。而民营经济之最大功德,是民生福祉的积累和国家长治与久安。因此,在今天,在这里,请允许我向中国民营经济"活力矩阵"和它统率的浩荡生力军,表达无上的敬意! 中国民营经济的艰辛历程和巨大功德,应刻上历史的丰碑! 本次世博会上,复星集团、阿里巴巴、红星美凯龙、大连万达、民生银行、苏宁电器、美特斯邦威、易居中国、新光集团、欧普照明、泰豪科技、爱仕达、伽蓝集团、皇明太阳能、万丰奥特、华谊兄弟等十六家中国各行业的民营领军企业的集体亮相,更是让人眼睛一亮。

民企馆的名称"活力矩阵",以及不少主题如"跋涉之冬""创业之春""打造之夏""收获之秋",确实是对中国民营企业从弱小到强大,从追求个人财富,到追求理想,追求事业、追求民族和国家富强的心路里程的真实写照。

我相信,这仅仅是一个开始。

激荡三十年,"中国创造"从来不缺活力,中国民企更是活力无限。随着中国经济的进一步开放与发展,会有越来越多的中国民营企业,走出国门,成为全球化企业。

事实上,中国民营企业早已经成为引领中国海外投资大潮的弄潮儿。中国的民营企业家们,也几乎遍布了全世界的各主要经济体。

可以这样说，生机勃勃，充满了雄心和张力，富有创新和竞争意识的中国民营企业，正在成为全球经济格局中的一支不可小觑的力量。

最近有一个新生的词汇开始被全球商业界使用，就是“新兴市场跨国公司”。这些企业与传统的来自西方的跨国公司截然不同。因为他们的全球总部是在中国、印度、巴西这样的高速成长新兴经济体。现在我们已经看到不少的中国民营企业，成为了“总部在中国的全球企业”。

在中国经济仍将高速发展的未来岁月里，我希望，会有越来越多的中国民营企业，成为世界级的商业领袖。

我希望，2010 上海世博会中国民企馆的 16 家民营企业，不仅仅是“中国民营企业的第一方阵”和“活力矩阵”，而且会成长为“全球企业的第一方阵”和“活力矩阵”。

中国正在和平崛起，中国正在与世界越来越紧密地融合在一起。因此，在当下这个时刻，讨论中国民营企业的全球化战略，可谓正当其时。

福布斯作为一本具有百年历史的全球商业杂志，在这样的时点，设定这样的话题，非常有远见。

因为，我们在这里见证的，正是一个全新时代的开启。

在这里，我谨预祝本次“2010 福布斯中国民营企业全球化论坛”能够给大家带来精彩的远见、思考和共识。

同时，也祝贺(中国)民营企业联合馆在世博会上取得圆满成功！

谢谢大家！

发展高端制造业　提高工业化质量

——在第四届亚洲制造业论坛上的致辞

（2010 年 10 月 30 日）

各位来宾、各位朋友，女士们、先生们：

大家上午好！

很高兴应邀出席今天的会议。亚洲制造业论坛年会已经成功举办了三届，成为推动中国制造业与亚洲乃至世界先进制造业对话、交流与合作的有效载体和平台。在此，我对本次论坛的召开表示热烈的祝贺！

不久前召开的中共十七届五中全会，通过了《中共中央关于制定国民经济和社会发展第十二个五年规划的建议》。《建议》对发展现代产业体系提出了明确要求和全面部署，把培育发展战略性新兴产业，改造提升制造业、转变经济发展方式作为“十二五”期间的重点。

战略性新兴产业是新兴科技和新兴产业的高度融合，既代表着科技创新的方向，也代表着产业发展的方向，充满了生机和活力。今年九月份国务院常务会通过了《关于加快培育和发展战略性新兴产业的决定》,确定了包括新一代信息技术、高端制造业、新能源等七个产业发展的重点方向,并将其作为实现经济发展方式转变的先导和未来支柱产业。我想就这个问题谈四点意见。

一是处理好新兴产业和传统产业的关系,力促节能减排。我国传统产业体量大、贡献大、吸纳就业多,要从我国处于工业化中期阶段的实际出发,重点是促进新兴科技和传统产业的深度结合,改造提升传统产业,而不应完全脱离现有产业的条件,“另起炉灶”。包括低碳技术在内的高新技术,必须“魂要附体”,传统产业、新兴产业正是这个体。

中国是发展中的大国,尽管面临发展经济的头等需要,发展和生存排放不可能避免,但中国应对气候变化的决心从未动摇,行动也从未松懈。“十一五”期间到2010年底,GDP能耗在2005年的基础上降低了20%,5年内减少CO_2排放总量将达15亿吨以上。“十二五”期间,我们仍将以节能减排为核心,重点解决提高能源利用率、发展可再生能源、提高环境质量,努力完成“十二五规划纲要”提出的大幅度降低能源消耗强度和二氧化碳排放强度的约束性指标,为保护全人类共同的家园作出自己的贡献。

二是战略性新兴产业的发展不能一哄而起,跟风盲目建设。目前全国有18个省、近百个城市把太阳能、风能、新能源汽车作为支柱产业,我想在当前关键核心技术尚未有重大突破、市场需求总体处于幼稚期的情况下,如果遍地开花,重复建设,将造成新的产能过剩和巨大浪费。

三是发展战略性新兴产业、高端制造业,要建立在科技创新的基础上，这是中国能否真正成为制造业强国，缩小与发达国家差距，后来能居上的关键和决定性因素。

多年来，我们以“市场换技术”，丢了市场却没有换来技术的教训，让我们清醒地认识到，关键技术和核心竞争力是要不来、换不来、等不来的。只有具备自主创新的扎实根基，才能把国家命运掌握在自己手里。说到底，自主创新是一个国家主权的体现，是维护民族生存发展的生命线。

因此，用创新支撑国家是企业的责任，企业是挑起国家自主创新大梁的主体。实践已经证明，在应对猝然爆发的国际金融危机中，我们一些拥有自主知识产权的企业，不仅挺了过来，而且还抓住机遇，实现了新的跨越。近两年迅速崛起的一大批信息技术、新材料、新能源等新兴产业企业凸现了企业为主体的自主创新、活力奔涌带来的光明前景。

四是在发展战略性新兴产业中，要从实际出发，扬长避短，优先发展有竞争力的高铁、航天、新一代信息技术等领域，并迅速推进产业化，形成新的经济增长点。

就拿高铁来说，作为一种安全、便捷、超大运量、低碳环保的运输方式，已经成为世界铁路发展的重要趋势。截至目前，我国大陆地区投入运营的高速铁路已达 6920 公里，营业里程居世界第一位，在建的高速铁路达到 1 万公里以上。

高速铁路能耗是汽车的 1/6。作为拉动经济的重点产业，我们在高铁高端技术上每投入 1 元钱，就会带动 9 元的产出。高铁产业链长，有 10 万个零部件，意味着将诞生数十万家配套企业，可以提供大量的就业岗位，是一举多得的优势产业。高铁把旅客乘车时间缩减了2/3以上，由此形成了半小时、1小时、2小时城市群和都市圈，带来的巨大商机不可限量。

各位来宾，这次会议，还有国内外著名的物联网专家向大家阐释物联网产业，希望我们的广大企业要清晰认识对制造业具有促进和带动作用的物联网的发展趋势、商业模式和发展路径，主动适应新兴产业的发展需求。

希望大家以这次论坛为契机，就高端制造业和新兴产业的未来发展，广泛交流、深入研讨，增进共识，准确把握机遇，为亚洲地区的发展与繁荣作出我们应有的贡献。

最后，我衷心祝愿第四届亚洲制造业论坛年会取得圆满成功！

谢谢大家！

转型与跨越：
经济发展方式转变下的资本市场
——在第六届中国证券市场年会上的发言

（2010 年 11 月 12 日）

这次年会主题是经济发展方式转变下的资本市场，我觉得这个选题非常好。因为十七届五中全会作出了中国现在仍处于重要战略机遇期的科学判断，这对于把握中国经济的未来走向十分重要。资本市场需要作出积极的努力，围绕转方式、调结构的目标，谋划和调整自己的发展路径。只有不断地完善自身的运行机制，不断解决影响资本市场发展的问题，才能更好地服务于中国经济的战略转型。我想，应该关注以下问题：

第一，金融资本要抓住机遇，做大做强

要把握好未来五年，应不失时机地做大做强中国金融，这对于壮大中国经济的综合实力，促进中国从生产大国向金融大国发展，从资本弱国向资本强国发展，都极为重要。从国际国内两个层面看，国际金融市场持续动荡，美国量化宽松的货币政策，美元持续贬值，引发全球市场混乱，美元国际地位下降。从国内看，30年来我国资本积累已达到相当规模，如何调整产业资本，做强金融资本，既有外部契机又有内部需求，更符合经济规律。因为从生产大国向金融大国发展，是经济强国的必由之路。因此，一定要抓住未来五年的机遇，把金融资本做大做强。

第二，资本市场要成为产业结构调整的助推器

经济结构调整必然要带来大规模资产重组。资本市场的资源配置功能可以帮助战略性新兴产业成为未来支柱产业，可以支持改造提升目前占主导地位的传统产业，淘汰落后的“三高”产业。同时，资本市场还要立足我国经济走出去的需要，积极支持优质企业兼并、收购境外企业，不断提高中国企业利用国际、国内两个市场配置资源的能力。

第三，资本市场要促进企业用创新支撑国家

多年来，我们以“市场换技术”，丢了市场却没有换来技术的教训，让我们清醒地认识到，关键技术和核心竞争力是要不来、换不来、等不来的。只有具备自主创新的扎实根基，才能把国家命运掌握在自己手里。应该说自主创新实际上是一个国家主权的体现，是维护民族生存发展的生命线。

我也很高兴地看到，我国资本市场在支持企业特别是中小企业挑起自主创新大梁方面发挥了积极作用。大家知道，中国民营企业活力无穷，提供了70%的技术创新和80%以上的新产品，但是他们很难从银行中筹措到大量资金，唯有资本市场才能与创新活动结成互动关系。实践已经证明，在应对猝然爆发的国际金融危机中，我们一些拥有自主知识产权的企业，不仅挺了过来，而且还抓住机遇，实现了新的跨越。近两年迅速崛起的一

大批信息技术、新材料、新能源等新兴产业，借助中小企业板和创业板市场的平台，实现了产融结合，走上了创新驱动的快速发展轨道。

第四、资本市场要不断完善，使其健康发展

一要优化融资结构，加大直接融资比重，更好地满足不同类型、不同规模、不同发展阶段企业的不同融资需求。

二要加大金融创新，加快多层次资本市场建设，增加金融工具种类，完善品种体系，特别是要加大三板市场、债券市场、产权交易等市场建设的力度，让资本市场的资源配置功能发挥到最大。

三要不断完善市场参与主体的治理结构，提高监管水平。资本市场的核心价值观是“公开、公平、公正”的“三公”原则。只有践行这样的原则，市场的资源配置功能才能得到有效的发挥。这就需要我们的市场参与主体不断地完善自身的治理水平，坚决杜绝内幕交易，虚假信息等违法行为，树立诚实守信的企业形象和市场形象。监管部门在推进资本市场的进程中，更要把完善市场参与主体的治理结构作为一切工作的出发点，要把发行、并购中的信息披露作为监管的抓手，尤其对通过股票发行上市，原始股东净资产一夜数倍增长，使财富快速向少数人聚集，瞬间形成亿万富翁而又是被税收政策遗忘的角落。要完善制约股东的税收政策，减少中国股市腐败现象，利国利民，切实保护广大投资者的利益！

资本市场是国民经济的晴雨表，是经济发展的助推器，也一定能够担当转变经济发展发式的催化剂。

谢谢大家！

在厉以宁教授80寿诞上的讲话

（2010年11月27日）

尊敬的厉以宁教授，尊敬的各位来宾、朋友：

今天是个喜庆的日子。我们聚在一起以经济发展论坛的形式，为令人尊敬的厉以宁教授祝寿。我代表全国政协，代表民盟中央，同时也受北京大学老校长、民盟中央主席丁石孙先生的委托，向厉教授的80华诞表示最热烈的祝福和最美好的祝愿！

80个春秋，跨越了两个世纪。在已经过去的20世纪，中国从积贫积弱走向温饱和小康。在不远的21世纪，中国将实现全面小康，开始走向繁荣富强。风云激荡八十年，厉先生始终与国家、民族共命运，亲历、见证着这一艰难的折转，参与、推动了社会的进步。尤其是改革开放时期以来，一介书生，躬逢盛世，厉先生积极响应时代的召唤，走上历史前台。他绝俗的知识分子风骨，精湛的专业知识修养，高度的社会责任感，出众的分析判断力，以及实事求是的精神、坚持真理的勇气，都得到了突出的体现，更紧密地融进了中国改革开放的伟大实践当中。

潮起潮落，厉先生大道直行。他站在经济全球化的高度，密切关注着国际经济形势变化，跟踪着国家发展过程的每一段，每一节，每一步，理论与实践结合，国内和国际结合，独立思考，融会贯通，形成主张，亮明观点，提出建议，为中国经济发展作出了卓越贡献。尤为难能可贵的是，每当经济形势最困难、最复杂、最关键的时刻，厉先生都能迎难而上，不为一己名利，分析得透，看得清楚，有预见性地提出主张、方案和对策，形成及时、宝贵的决策参考意见，并在有争论的情况下勇于担当，为民众福祉国家利益而坚持一家之言，不计个人名利，不畏流言蜚语。而在事后证明自己的主张往往是正确的时候，他已经去超前研究下一个全局性的、战略性的大问题了。

厉先生常讲：最贵在无私。厉先生的亲身经历，证明了一个道理：因为无私，所以客观。因为客观，所以公正。因为公正，所以往往得到真知。这是知识分子服务社会的最大优势。因此，厉先生无论是在人大参与立法，在政协建言献策，还是在民盟参政议政，他都能一如既往地发光，发热。他虽然无意使自己成为一个榜样，却为我们树立起一个知识分子用知识服务于国家进步的表率。一家之言，万家之福，国家之利，天下之益。北大有这样境界的教授，盟有这样优秀的成员，政协有这样杰出的委员，中国有这样卓越的知识分子，我们无法不感动，我们不能不肃然起敬。为此，我要在这里献上一首自填诗词，表达自己对厉先生八十华诞的美好祝愿——

采桑子·贺先生八十瑞寿

春秋沉浮忽八秩。知也艰辛，行也艰辛。经邦济世暖生民。

高标见疾多毁誉。穷亦率真，达亦率真。铁肩道义起鸿文。

衷心祝福厉先生南山不老，生命常青！

关于制定中华人民共和国公民法的建议*

（2010 年 11 月 13 日）

青林部长并呈贾主席：

今年秋季，我率全国政协教科文卫体委员会在新疆调研民族教育问题，其间与维、哈和汉族干部、群众（包括民盟新疆区委会领导班子成员）多方面交流、座谈，其中的一些意见很值得深思。我认为可能涉及我国民族政策如何与时俱进的深层次问题。就此问题，谈点个人看法，是否有悖于现行民族区域自治政策，望指正。

早在 20 年前，民盟中央前主席费孝通先生就提出了中华民族多元一体的理论，在中外学术界产生了广泛的影响。这个理论体系的核心，强调中华民族是汉族和 55 个少数民族互相结合形成多元一体的民族实体，不同的民族之间是完全可以融合在一起的，结成一个具有利益共同体意义的国族，并在社会的整体进步中不断增进国家中

* 本建议由张梅颖副主席提交，中共中央国务院领导作出重要批示，要求有关部门继续研究。

各民族的相互认同感。同时，中华民族的多元性与一体性，决定了中华民族文化的包容性与凝聚性，也使中华文化成为维系全体中国人的精神纽带。

为此，建议：

一、提到中华民族，首先是要彰显中华人民共和国“公民”这一概念，中华人民共和国要实行统一的语言、文字，即国语、国文，作为中国各民族的第一语言和文字（避免用“汉语”、“汉字”，引起“汉化”、“同化”的误解，包括汉族地区的各种方言也不应强化），这不仅有利于促进民族融合，形成中华民族大家庭，也有利于各民族在教育、文化、科技以及经济社会生活领域的互相尊重和权利平等，有利于少数民族群众顺利地融入现代社会，包括解决升学、就业等问题；要强化少数民族和汉族都是平等享有法律权利义务的公民，在司法审判中，不因民族成分而超越法律规定予以迁就、纵容或变相严厉；要完善各族群众共同参与、机会平等、共享利益的社会机制，对于汉族与少数民族共同认为不平等、不适宜的民族政策、措施，应当适时停止执行，包括领导干部配备中的过分强调民族因素，往往被认为带有民族歧视成分，容易产生潜在的负面效应和离心因素。

二、要通过制定《公民法》，将中国公民的身份意识上升为高于任何身份的第一意识，强化对中国公民身份的认同，而逐渐淡化民族身份，有利于在国家观念下培育中华民族自豪感，促进各民族融合，形成中华文化的向心力和凝聚力。

三、要在《公民法》中明确国语、国文的地位，以及公民掌握国语、国文的程度和要求。要通过一代以至几代人的共同努力，逐步过渡到全体公民都能熟练运用国语、国文。

四、在过渡期内，在民族地区要大力推行以国语为主的双语教育（国语、少数民族语）。中央财政加大投入力度，实行民族地区双语教师按需增加编制；支持新疆、西藏师范学院建设中小学双语教师培养培训基地，对35岁以下少数民族教师进行三年制全员培训；加大对口援疆省市师资支持力度，对在南北疆和其他边远贫困民族地区从事双语教学的高校毕业生和援疆支教教师，在工资、津贴和职称评聘上给予较大倾斜政策，从根本上解决双语教师“下不去、留不住”的问题。

五、在民族地区工作和生活的汉族，享受与少数民族群众平等的待遇，如计划生育、考试加分、干部任用等方面的优惠政策，既体现各民族权利与义务平等的精神，也有利于为包括新疆在内的民族地区营造吸引人才和移民的制度环境，夯实国家统一、边疆稳定、民族团结、长治久安的坚实基础。

以上建议妥否，盼示。

将基本公共服务均等化为重点的社会改革作为加快转变发展方式的切入点

——在宁波政协教科文卫调研总结会上的讲话

(2010年11月16日)

中国共产党十七届五中全会是我国具有历史性、划时代意义的第三次转折。第一次转折是1949年建立新中国,确立了社会主义制度;第二次转折是1979年改革开放,确立了发展社会主义市场经济的目标,让中国逐步成长为一个经济大国。这次转折的主线是加快转变发展方式,应该更多地体现以人为本和公平正义,实现从强国到富民的转变。从凝聚改革共识和促进社会和谐的要求来看,应将基本公共服务均等化为重点的社会改革作为"十二五"时期加快转变发展方式的切入点,带动财政、行政领域的改革。现在社会的分化已经影响社会共识的形成,比如权贵群体的财富像滚雪球一样越滚越多,与众多贫困弱势群体如何形成共识?温总理强调:"公平正义比太阳还要有光辉",内涵就是"公平正义"才能凝聚人心。只有通过社会改革才能深化经济改革,促进经济发展从外需转为内需,形成消费型社会,才能形成经济发展的内生动力。但是老百姓在医疗、上学、买房、养老等诸多方面都需要花钱的时候，没有社会保障机制，只能采取自救——存钱，不敢消费。所以社会改革就是要建立把社会保护起来的制度，也就是以市场经济创造财富，以社会主义创造保护社会的机制。人民的生存有了底线，尊严有了底线，就会对整个社会产生认同感，这是和谐、稳定的基础。

今年我去了东、中、西部的几个地区，考察调研新农村建设和城镇化，感到“十二五”时期确实要做好“化农民”这篇城市化的大文章。印象最深的是陕西神木县，神木不搞败家子形象工程，不做表面文章，不制定缥缈规划，为老百姓说实话、办实事、出实招、见实效。他们把65%的财政收入投入民生，真正实现了农村免费教育、医保和低保的全覆盖，特别是以少盖一座楼的钱让农民在就医和报销方面享受和公务员一样的待遇。老百姓安居乐业、敢于消费，既拉动了内需，又大大降低了维稳成本。不仅经济上是划算的，更重要的是执政为民的政治账算对了。神木经验说明：注重再分配，加快社会保障体系建设，有助于社会发展的良性循环。

转变发展方式的核心，是转变发展观念。领导干部讲科学发展，应当走出公共服务事业是财政负担、见物不见人这个认识上的误区。我注意到，今年检查四万亿投资项目落实情况，有422项未落实的项目都是有关社会事业的建设。胡锦涛同志在政治局会议上提出，要从源头上减少人民内部矛盾，就是因为如果你为民生做事，老百姓肯定不会闹事，用那么大的成本维稳，不如把这些钱拿来给老百姓解决民生问题。习近平同志最近在

"权为民所用、情为民所系、利为民所谋"后面加了一句:"权为民所赋"。许多社会矛盾的积累,就是因为有些干部没有真正认识到权为民所赋。要以民强实现对权利的制约,使权利按公共利益的要求运行。所以,"十二五"期间还是要从基本公共服务均等化入手,顺应全国人民过上幸福生活的新期待,以富民强国、扩大内需为抓手,加快转变经济发展方式,让全体中国人民都享受到发展的成果。要发挥好干部考核机制的"指挥棒"作用,围绕科学发展和转变发展方式出台一系列科学考核标准,使五中全会确定的宏伟发展目标不仅纸上看得见,而且让百姓摸得着。"十二五"正是天时、地利、人和的关键节点。

政协教科文卫工作正是社会建设的重点工作,与民生息息相关,我希望大家共同努力,为国家"十二五"多作贡献!

千岛湖水环境污染综合治理考察发言*

（2010 年 11 月 18 日）

三天来，全国政协人资环委“千岛湖水环境污染综合治理”调研组一行，采取听取汇报、座谈和实地考察等方式，与浙江省人民政府及相关职能部门、杭州市以及淳安县的负责同志充分交换意见，刚才各部委的同志都作了表态，张维庆主任也对调研进行了比较全面的总结，我希望大家在调研的基础上，集思广益，共同为千岛湖的综合治理把脉，这里我谈几点自己的看法和观点，供同志们参考。

这次考察千岛湖，更深刻地印证了浙江的同志提出的千岛湖不仅是浙江省的千岛湖，也是全国人民的千岛湖的说法。烟波浩渺的千岛湖美不胜收，置身其中让人流连忘返，十里画廊的独特自然景观带给大家强烈的视觉冲击，也更增强了我们保护

---

* 考察结束后，全国政协人口资源环境委员会关于千岛湖环境污染综合治理调研报告呈报中央，中共中央国务院领导同志贾庆林、习近平、李克强、回良玉作出重要批示。2014 年，张梅颖副主席就此问题再次给俞正声主席建议信，俞正声批示继续关注，杜青林、张庆黎阅批。

好这一浙西明珠的责任感和紧迫感。其实，千岛湖还发挥着更为重要的饮用水源地、调蓄洪水、为华东电网输送电力以及改善流域生态环境等更为重要的功能。正因为如此，千岛湖的保护不仅引起贾主席、时任浙江省委书记的习近平副主席以及现任省委书记赵洪祝同志等浙江省党政主要领导的高度重视，千岛湖的生态环境也时时刻刻牵动着全国人民的心，前些时候关于千岛湖水源地污染的报道就引起全社会的极大关注。因此，保护好千岛湖责任重大，使命光荣。在此，我对为保护千岛湖作出巨大牺牲和无私奉献的浙、皖两省、市以及淳安县的各级干部群众，对关注千岛湖保护的各界有识之士表示由衷的钦佩和崇高的敬意，谢谢大家为我们以及子孙后代守住了这一盆净水。

通过这两天的实地调研，我认为浙江省特别是淳安县为保护千岛湖真是不遗余力，作出了巨大的努力。首先是认识到位，把千岛湖提升到不仅是浙江省重要的饮用水源地，也是整个长三角地区的战略备用水源，浙皖两省的重要生态屏障，关系长三角地区生态安全的战略高度，我觉得丝毫不为过。同志们有很强烈的忧患意识，牢固树立“防重于治”的理念，在调研中同志们反复强调千岛湖作为深水湖泊，一旦污染将很难治理，大家能够形成这样的强烈共识十分难得，这也是做好千岛湖保护的群众基础和思想基础。二是制度健全，措施具体。省政府、淳安县先后出台相关政策、文件，对千岛湖等重点湖库的保护提出了刚性要求，我了解到在水库建设以前，千岛湖所在的淳安县处在新安江黄金水道上，是徽商文化的重要发源地，经济发展位居全省前列。库区人民为支持电站建设，保障大上海的电力需求，舍弃小家顾大家,作出了巨大的牺牲,那个时候我们党和政府有强大的动员能力,干部群众也没有向国家讨价还价的观念,更没有钉子户。现在,作为水源涵养地的淳安县,经济明显落后于全省平均水平,全县干部群众没有抱怨情绪,而是顾全大局,明确“以湖兴县”的发展定位和“环境立县”的发展战略,把千岛湖保护作为当地经济社会发展的头号工程。同时,浙江省也在全国较早地启动一系列财政补助和奖励政策组成的生态建设补偿办法,按照“谁保护,谁受益”的原则,争取中央财政和全省各级财政向淳安县重点倾斜,不断加大对千岛湖保护的资金投入,2009 年全省各级财政用于千岛湖保护的资金达到 2.8 亿,支持千岛湖的生态环境保护和污染治理、循环经济、自然资源保护、生态示范区建设和农业农村污染综合治理等工作,推动千岛湖经济社会发展与水环境保护的双赢。三是积极调整优化产业结构,从严控制污染,关停转迁一大批污染企业,全县基本无造纸、农药、化肥、印染、制革、医药化工等重污染企业。县城和 23 个乡镇全部建成污水处理设施,走在了全国的前列。同时大力控制城乡生活污染和面源污染。四是狠抓生态建设,湖区森林覆盖率达到 95% 以上。

同时,我们也要充分肯定安徽省为保护千岛湖作出的努力。包括在新安江流域内的每个县都建成了污水处理厂,严格规模化畜禽养殖场管理,大力推进生态环境保护建设工程、加强农村面源整治等等,可以说,没有上游安徽省各市县为保护新安江流域环境付出的代价和奉献,就没有千岛湖水质总体保持优良的现状,今后努力方向是通过加强统一的污染防治协调机构和合理生态补偿机制，加强两省间合作，坚决遏制氮、磷超标的富营养化趋势，共同保护好千岛湖。坚持流域治理的原则。

千岛湖水污染问题，其主要原因不来自其本身，而是来自其上游，千岛湖集雨面积近六成在安徽省境内。与安徽交界的街口水质好，千岛湖水质就好，街口水质差，千岛湖水质就差，这与街口断面入湖水量占入湖水量的60%这一事实相吻合。近年来由于上游来水水质的持续恶化，使千岛湖水体富营养化趋势明显，成为影响千岛湖水质的主要原因。因此，要保护好千岛湖这一盆净水，一是要树立流域治理的观点，要治湖，必先治流域。只有上游入湖水质提高了，千岛湖的水质才能得到提高。当前，加强对千岛湖上游地区城乡各类点源面源污染的控制防治，成为千岛湖水环境保护的当务之急和重中之重。因此，应由国家发改委牵头，会同浙江、安徽两省建立新安江流域发展与管理委员会，按照国家主体功能区规划以及相关功能区划要求，统筹安排，科学规划，远近结合，标本兼治，全面综合考虑流域内经济发展、城乡建设、土地利用、资源开发以及旅游、养殖等方面的因素，抓紧研究和制定"千岛湖流域国家级生态功能保护区规划"，明确区域经济社会发展功能定位，综合运用产业结构调整、污染源治理、加强水资源调度、生态修复和机制创新等综合措施，从严控制重污染产业发展，强化对城乡生活污水和垃圾处理的管理，从源头上控制污染，绝不能让千岛湖成为第二个太湖、滇池。二是坚持流域污染物总量控制的原则。以保护流域水功能区水质为前提，以水域纳污能力为依据，制定流域污染物总量控制方案，形成倒逼机制，将任务逐级分解并落实到各市、县，健全责任追究制度，明确各级领导的责任，并将完成情况作为干部考核的重要指标，实行生态环境的一票否决制。考虑到安徽作为农业大省为国家粮食安全作出的重大贡献，而其本身又是经济欠发达地区的现实，我们应该充分理解流域内安徽人民生存和发展的强烈愿望，但其前提是不允许排入新安江的水质继续恶化和为环境污染预留空间，我认为这个要求是合理的，应该得到全力支持。这也倒逼安徽在如火如荼地承接东部产业转移的过程中，能够更好地贯彻“十二五”规划提出的把经济结构调整作为经济社会发展主线的精神，理性发展、科学发展，加快传统产业转型升级步伐，大力淘汰污染严重的落后工艺和产能，特别是在新安江流域，要进一步严格环境准入制度，加大项目审核管理力度，坚决杜绝新上水污染物排放的项目，防止走先污染后治理的老路。我想，今后能否在黄山市的沿新安江流域，统一规划建立几个功能完善的工业园区，集中进行污水处理，政府出台政策，吸引绿色、环保的新兴产业和高新技术产业入园发展。同时，还要加强对城镇化和新农村建设的统筹规划，逐步完善小城镇和农村社区的污水和垃圾处理等环境卫生基础设施建设。三是坚持依法治水，上下游地区坚持利益共享、责任共担的原则。健全完善法规体系是解决湖泊污染的根本之举。要推动湖泊立法工作，从国家层面上立法制订《千岛湖管理条例》，理顺流域管理与行政区域管理事权关系，将综合治理纳入法制化渠道，依法规范千岛湖的开发、利用和保护行为。要建立科学的处罚标准，解决好“守法成本高、违法成本低”的问题，根据谁污染、谁负责的原则，加大处罚的力度，增强法律的威慑力。同时，要运用经济杠杆，科学测算水源涵养保护对当地经济发展的影响程度，制定合理的上下游水生态补偿标准，做到权利和义务的对等，上游要选择适宜这一区域水源保护要求的经济发展模式，下游要对上游的保护工作提供经济补偿，这样才有利于兼顾上下游双方的利益，形成利益共享、责任共担的水资源保护长效机制。我们也注意到，目前由环保部和财政部牵头的新安江流域生态补偿机制试点工作正在积极酝酿之中，而两省在入湖水质标准的确定方面仍然存在一定分歧，我认为考核标准不低于现状水质是从根本上遏制千岛湖水质继续恶化的底线，确保千岛湖作为二类湖泊饮用水源地的地位。

华罗庚留给我们什么*

——参加全国华罗庚金杯少年数学邀请赛的一点感想

今年是伟大的人民数学家、民盟前辈华罗庚先生诞辰100周年。不久前，我应邀来到华老的家乡——江苏省金坛市，参加"全国华罗庚金杯少年数学邀请赛"的总决赛和颁奖典礼。在璀璨的科学银河里，华老是一颗耀眼的星辰，是一颗恒星，我是怀着崇敬的心情踏上这片孕育无数英才的江南热土，短短不到两天的时间，虽然浮光掠影，行色匆匆，但所见所闻感触颇深。

决赛是在晚上七点半进行的，金坛体育馆里挤满了4000多名青少年儿童。带着对探索神秘数学王国的憧憬，来自菲律宾、马来西亚、香港、澳门和内地的74支代表队、1000多名小选手，个个争先恐后，跃跃欲试，孩子们绷紧的小脸上流露出神圣、紧张和兴奋，赛场气氛热烈而肃穆。置身于孩子们中间，我也心潮涌动，仿佛回到了少年时代。

这时，一个意想不到的小插曲出现了：主持人出了一道弯弯

---

* 原载于2010年12月1日《人民日报》。

绕的数学题,在我还没有完全读懂的时候,北京星队的选手神速抢答“57”,但主持人遗憾地宣布“错”,正确答案应该是“30”。就在大家等待主持人的下一个问题时,戏剧性的场面出现了:北京星队的选手坚持自己的答案是正确的,星队的孩子们也一个劲地为他呐喊助威。为保证比赛的正常进行,主持人要求孩子们顾全大局,服从评委的裁决,但据理力争的孩子,就是不肯放下高高举起的小手。受到孩子们情绪的感染,我也加入了声援的队伍。现场僵持不下,由数学界的专家组成的评委只好到台后重新演算,结果正确答案就是“57”。敢于挑战权威的孩子们赢得了最后的胜利,全场观众对他们报以热烈的掌声。

这件小事令我回味很久……华老离开我们二十几年了,人类已经阔步迈入了21世纪,中国经济更是取得了华老生活那个时代的人无法想象的、眩目的成就。随着综合国力的日益增强,能够提供给我们科学研究的条件早已不可同日而语,然而,何以像华老这样具有国际影响的大师却依然寥若晨星,这不能不引起我们深刻的反思。我想,这其中除了体制的因素外,还在于现今的社会缺乏一种对理想和高远境界的追求,一种对挑战权威的创新意识所需要的文化和社会环境,一种甘于寂寞、坐得住冷板凳的严谨作风和苦干精神,一种积极深入实践、服务社会的志向和愿望。

我认为,华老之所以能够从一位只有初中文化的青少年,自学成为享誉世界的数学家和教育家,在于他有着对科学孜孜以求的精神,在真理面前,他敢于与强者较量,向权威挑战。诚然,华老的自信和勇气源自他深厚的学养。华老生前常说,科学是老老实实的学问，知之为知之，不知为不知，不能不懂装懂，从事科学研究需要有实事求是的态度，不能有半点虚假浮夸。他是这么说的，也是这么做的，他一生身体力行，不仅为数学科学事业的发展作出了卓越的贡献，还筛选出了“优选法”和“统筹法”，致力于把数学方法创造性地应用于国民经济发展领域。

“华杯赛”已连续举办了15届，全国累计有3000多万青少年参与了这项活动。在华老百年诞辰之际，“华杯赛”再度移师到华老的家乡金坛，这其中所要传达的精神和内涵，远远超出了比赛结果本身，这也正是“华杯赛”历久不衰的魅力所在。我想，挑起建设创新型国家大梁的重任，责无旁贷地落在了青少年一代的肩上，从孩子们执着的眼神中，我看到了我们民族复兴的希望。我更希望通过“华杯赛”这样的形式，让华老献身科学、自强不息、永不服输的批判、创新、求实精神，能够在孩子们中间潜移默化，薪火相传，并不断地影响和改造我们的科学、教育乃至经济社会生活的各个方面，这是华老留给我们最丰厚的精神和文化遗产，也是我们对华老最好的追思和纪念。

把夯实三农基础、促进城乡统筹作为“十二五”规划的重要战略

——在征求“十一五”规划意见座谈会上的发言

（2010 年）

当前，我国正处在工业化、城镇化快速发展的关键时期，中央从经济社会发展全局的高度，强调加大统筹城乡的力度。今年上半年，我们先后在东中西部的江苏、河南、四川等地调研，以期找到不同经济发展水平、资源禀赋、地理区位和自然环境的地区，在促进城乡统筹进程中，探索实现城乡良性互动、巩固农业基础地位、农民致富的基本路径和经验。我们认为，要达到上述的目标，需要着重研究解决以下几个方面的问题。

一、不断创新、落实提高农民收入的政策措施

只有富裕农民，农业的基础才能牢固，才能逐步缩小城乡差距。

1. 建立完善的农产品价格稳定增长的机制，培育社会对农产品价格适度上涨的容忍度。今年以来，世界粮食出口大国俄、

加因灾都宣布禁止小麦出口,我国南北的旱涝灾害也影响了粮食生产,在极端气候常态化的情况下,粮食作为战略性命脉产业对13亿人口大国,其“百业之基”的重要地位更加凸显,要十二万分地关注粮食安全。我们在调研中注意到,真正种粮食的,撑起维系国家粮食安全重任的,往往是财政困难的农业大县。现在粮价及农副产品价格稍微上涨就引起恐慌,迫使政府采取各种措施出手干预。而农资价格的不断上涨,使农民增收难上加难。有专家计算,粮食价格每斤上涨5分钱,农民就能增加收入500亿元,这比各种支农资金对农民增收的作用更直接、更有效、更节约成本。因此,国家要研究制定农产品价格稳定增长的长效机制,逐年提高粮食最低收购价,防止谷贱伤农,同时要善于利用价格杠杆,统筹国际国内两个市场,在保障国内需求的前提下,在国际粮价高位时允许粮食出口,切实保证农民种粮不吃亏、增收有动力、投入能持续。

2. 大力加强农业基础设施建设。在我国,农业仍然是弱质产业,去年我们在主产区调研时,地方的同志总结连续六年大丰收的经验时,把它概括为“政策好,天帮忙,人勤奋”,形象地说明我们的农业还停留在靠天吃饭的初级水平。今年突如其来的严重自然灾害,充分暴露了我国水利设施薄弱的问题,农田水利设施建设已成为制约粮食安全的瓶颈。现在到了要还多年水利欠账的时候了,要进一步明确农田水利设施的公益性质,举全国之力加强农田水利设施建设,夯实这个“百业之基”的基础。在地方配套不能到位的中西部地区,中央财政要予以保障,把钱花在刀刃上,把功夫下在平时,切实解决水利配套设施最后一公里的问题，建设一大批旱涝保收的高产、优质农田。

3. 加强职业教育，提高农民工就业能力，增加农民的工资性收入。随着工业化、城市化进程的加速，农村的经济结构发生了根本性的变化，农民进城务工的工资性收入超过了农民收入的40%，已成为农民增收的重要来源。我国尚处于工业化中期，城镇化低于世界平均水平，与同等发达水平的国家相比，二、三产业还有较大的成长空间。受耕地等农业资源的稀缺性限制，农业增收潜力不大，农民收入增长将越来越依靠非农收入和工资性收入。因此，就必须加大对农民的职业培训力度，提高农民的职业技能和创收能力，为他们创造更多地在二、三产业就业的机会。国家现在加大了职业教育投入，并采取了提高劳动者工资的措施，使打工者的工资增幅达到20%，这一政策取向要继续坚持并形成长效机制。

4. 加大直补力度，提高支农资金的使用效率。加大对农民的直补还有很大空间，同时要对资金的分配和使用进行通盘考虑。在调研中，很多地方反映，来自各种渠道的支农资金不少，但很分散，形成不了合力。这个问题已经呼吁了多年，但由于牵扯到部门利益，一直得不到解决。中央要研究建立一种机制，减少专项支农资金，将支农资金打包，赋予地方政府一定的自主权限，使其能够有效地集中小钱办大事，逐年解决“三农”的重点和关键问题。

5. 建立普惠制农业金融体系，发挥金融在农民增收中的作用。要加强对农民的金融支持，建立和完善农村信贷和保险体系。国有银行要加大支农力度，放水养鱼，发挥金融在带动农民致富方面的作用。要引导民间资金进入农村金融,允许民营经济组织发起成立村镇银行、民营贷款公司、民营抵押公司,扶植农业产业化或发展一村一品、一户一产等专业化生产,解决农村金融不足的问题。

6. 促进农村社会事业发展,加快城乡公共服务均等化的进程。当前城乡差距扩大到3.4∶1,加上二元体制下重城轻乡的制度安排,造成公共服务的不平等,进一步加剧了城乡差距的趋势。要本着二次分配向低收入者及弱势群体倾斜的原则,加大对农村公共事业的投入力度,减轻农民在子女上学、就医、养老等方面的负担,就等于增加农民收入。

我们最近在榆林调研时,注意到有的县舍得把财政的大头放在民生事业上,包括医疗、教育、养老保险等方面,体现了基本公共服务公平至上的原则,减少了由于贫富差距带来的各种矛盾和问题,农民没有了后顾之忧,幸福感明显增加,最大限度降低了维稳成本。我们认为这样良性的财政支出算经济账是划算的,而更重要的是政治账,就是真正体现了中国共产党"执政为民"的宗旨。

7. 发展高效特色的现代农业。考虑到我国人多地少的国情,劳动密集型作为农业的一种基本业态将在今后相当长的时期内得以保留和延续,因此,一定要发展现代高端高效农业。国家要加大对农业科研的投入,大力发展杂交育种技术和转基因农业,在提高单产上取得突破。要以科技化、产业化、信息化带动现代农业发展,大幅度提高农业产出效率,以现代生产方式影响和改变农民的生活方式。

二、城镇化过程中应注意的几个问题

要明确城镇化到底是化什么？在城市化的进程中，存在着为城市化而城市化的盲目，和农民被城市化的种种无奈。我们认为，城镇化主要是化农民，化农村，是农业生产方式、农村生活方式、基础设施、公共服务和社会组织的城市化，要让进城的农民能够融入城市，成为市民，而留在农村的农民，同样能够分享改革发展的成果，过上与城里人同质化的生活。

要完成中国的城镇化进程，首先是要实现农业现代化。要加强农业基础设施建设，通过农村居民的适度集中、土地整理、有序流转，引进先进的生产技术、经营方式和经营理念，发展规模农业、专业化种养殖业和现代设施农业。而发展现代农业，提高农业生产力水平，才能使更多农民能够从传统农业中解放出来，尽快融入城镇化进程，只有减少农民，才能富裕农民，通过农业的现代化，带动农民生产生活方式的转变和思想观念的现代化。

其次，城镇化必须要有产业支撑。工业化是城镇化的发动机，城镇化是工业化的伴生物，中国的城镇化道路必须与产业发展相协调，要通过工业化来聚集人口、物流和资金流。当前，东南沿海地区经济的转型和升级，促使了当地产业向中西部和东北地区扩散，特别是靠近东部沿海的中部地区省份，在承接产业梯度转移方面具有更大的优势。中国的城镇化道路，不可能再像20世纪80年代初那样通过农村工业化来获得发展动力，而必须走一条与新兴工业化道路相结合的可持续发展之路，产业发展和城镇一定要紧密结合，选好位，定好功能，不能毁坏资源、污染环境搞城镇化、搞产业化。

第三，城镇化必须要有第三产业的发展。在外需向内需发展方式的转变中，加快建设消费型社会成为现实的选择。进入消费型社会，占主导地位的经济活动是消费，城市的中心任务也是消费或服务于消费。因此，服务业在城市中占有主导地位，一方面是商业贸易，另一方面是生产性服务业，教育、文化、旅游、休闲、体育、科技、医疗等服务行业，将成为解决就业、促进经济持续发展的动力。

城镇化需要注意的另一个重要问题，是城市的功能和品质。在城市功能方面，要促进大中小城市和小城镇协调发展，形成以大城市为依托、中小城市为重点、城市之间关系密切、功能互补、辐射带动作用强的城市群。在城市品质方面，要重视内在素质的提升和城市的内涵建设。中国的大中城市在现有制度安排下走了一条贵族化道路，将城市建得格外张扬、奢华，很多城市从设计上就只重看得见的地上，而轻视看不见的地下，没有很好地规划地下基础设施，一下大雨就闹水灾。而据报道，在江西的赣州古城，宋代建成的城市排水系统，至今仍在抵御洪峰时发挥作用，保护了赣州城千年不涝，这应该给我们的城市建设以深刻的启示。

三、关于保护农民的土地权益和国家粮食安全的问题

土地是财富之母，对农民而言，“十二五”期间如何落实农民的土地权益，体现土地的价值，让农民拥有财产性的收入？这个

问题，不仅关系到“三农问题”的最终解决，也关系到城镇化进程和未来国家经济的可持续发展。

城镇化的核心和关键是土地问题。围绕土地问题的矛盾将越来越尖锐，一是供求关系的矛盾。十几亿人口的大国，对土地的需求日益增长，而土地资源只减不增，矛盾十分尖锐，主要表现在以下几个方面：

（1）工业化、城市化加快发展的趋势不可逆转，工业化一日千里，城市扩张、大交通系统建设都要占用大量土地，在这种情况下，如何解决“三农问题”，守住18亿亩耕地的红线，保证国家的粮食安全，保护生态环境？这都需要在“十二五”规划中制定相关的目标和举措。值得思考的一个问题是，现在一改“南粮北调”为“北粮南调”，而华北地区干旱缺水，漫灌消耗了大量地下水资源。南方雨水丰沛，自古适宜粮食生产。而为解决北方水资源短缺的“南水北调”工程，又要投入大量资金，这个问题值得商榷。

（2）由于城市建设用地指标的限制，用于发展二、三产业的土地严重不足，导致房价飙升，必然抬高农民工进城的门槛，影响城镇化的进程；城市中低收入群体不堪高房价之累，导致内需和消费无法启动，各种矛盾叠加，如何保持社会的长治久安？

（3）城乡建设用地占补平衡，在一些地方往往是占好地、补坏地。资本下乡，农业开发公司利用农民流转的土地发展设施农业，种植经济作物，农民并没有从农业开发中获得相应的利益，长此以往，必将危及国家的粮食安全。例如我们考察的一家企业，加工蘑菇罐头出口美国，乡政府引导农民用平原5万亩水稻良田种植蘑菇，这种变相廉价输出中国土地资源的做法不可取。

二是围绕土地利益的矛盾。土地管理尤以农村集体建设用地管理的乱象丛生，归根到底是土地权益不明晰的问题。“十二五”期间，如果能够落实农民的土地权益，给土地确权，拥有土地的农民将会拥有很大的财富。这就要求做到以下几个方面：

(1)建立城乡平等的要素交换关系，构建有利于农民的土地增值收益和农村存款用于农民机制。农民的土地，现在只能经过国家征用，统一招拍挂以后，才能成为城市建设用地，而农民自己在建设用地上建房，就是小产权房，就是非法。这等于是国家垄断了土地的收益，剥夺了农民利用自己的土地资源致富的权利。因此，要建立城乡统一的土地市场，使农村集体建设用地与国有土地同地、同权、同价。在调研中，我们注意到有些地方政府的做法值得总结，他们把整理出来的农村建设用地置换后收益全部返还给农民，在统一规划的新村和城镇建房的农民可以获得产权，能够流通和抵押，而且还给农民留出自住住房以外的经营性住房，很好地解决了城镇化进程资金缺乏的问题，农民的财产性收入迅速提高。

(2)在小城镇执行国家土地政策问题上，应当完善土地承包政策，推进承包地使用权流转，确保进入小城镇农民的土地承包权益，解除进入小城镇的农民在土地经营权上的后顾之忧，保障农民在土地流转中失地不失利、失地不失业，让农民在小城镇发展中得到实际利益。

(3)积极推进村集体经济产权制度改革，资产变股权、农民当股东,确保农民带着资产进入小城镇,并享受集体资产的股权收益。

(4)探索和建立农村人口进城宅基地置换制度,实行户籍制度与土地制度联动改革,使农村进城人口不仅能够获得城市户口,同时还能享受到城市居民在就业、社会保障、获得公共服务等方面的同等权利,降低农民在城市置房的成本和迁移成本。

关于在城乡统筹试验区进行土地制度改革试点的建议

（2010 年）

去年 6 月，国家确定成都市和重庆市为全国统筹城乡综合配套改革试验区，并赋予先行先试的权力。去年底，我与民盟的几位专家到成都试验区调研，大家充分肯定了成都市以“三个集中”为重点、统筹城乡发展的经验和做法，认为成都市统筹城乡科学发展和促进社会和谐的工作，已经走在了全国前列，特别是在以下四个方面的大胆尝试、创新，在全国具有一定的普适意义和示范推广作用：

1. 突破城乡二元体制，实现城乡经济社会协调发展；

2. 深化改革实践，积极探索包括土地在内生产要素的自由流转机制；

3. 以民生建设为重点，推进城乡公共服务均等化；

4. 建设规范化服务型政府。

同时大家也注意到，成都城乡统筹的持续推进，面临严重的财政约束，制约城乡生产要素市场化配置的深层次体制障碍仍然存在。

大家认为,城市化的加速和二、三产业的充分发展,是城乡一体化的前提和必要条件。工业化、城市化和农村的现代化,客观上要求形成城乡要素良性互动、双向对流的市场机制和体制,它的基本路径:

1. 大量农民离土离乡,进入城市从事非农产业,(城市为他们提供与市民同样的就业、教育、住房、社会保障等基本公共服务),实现由农民向市民的转变;

2. 留在农村的农民,将会获得比过去成倍增长的农业资源,政府为他们提供相对均等化公共服务,出台支农惠农的政策,鼓励开展农业产业化和集约化经营,加快小农经济的改造步伐。

成都市"三个集中"(即工业向集中发展区集中,走新型工业化道路;土地向规模经营集中,走农业产业化道路;农民向城镇集中,走新型城镇化道路)的灵魂,是城乡要素的自由流动。但无论是资本下乡,还是农民进城,都无法回避当前影响"三农"的核心问题,即土地资源赋权问题。成都市城乡统筹的深入推进,也不可避免地遇到同样的瓶颈制约。

大家认为,土地权属不明晰,土地作为最重要的生产要素不能自由流动,从长远上影响农业基础地位的巩固和农村的现代化,其直接的后果是:

1. 土地的稀缺程度和真实价值得不到体现,造成资源的闲置浪费;

2. 在土地征用等环节,利益攸关方的农民没有话语权,土地领域的违法和侵权行为得不到有效的纠正和遏制,由此引发的社会矛盾在一些地区上升为影响稳定的首要因素（占目前农民上访事件的6成以上，东部地区超过7成）；

3. 农民参与工业化、城市化、现代化的资金缺口巨大，（据成都市的测算，农民转化为市民的成本应在15～20万元），发展的权利被剥夺。

解决问题的关键，是在“放活”上做文章，必须在体制机制的层面，稳步地推进我国农村的土地制度改革。在试验区，积极探索运用市场经济规律，为土地资源赋权，推动形成城乡一体化新格局的体制性创新。

为此，我们建议：

一、出台农村宅基地置换、抵押、转让管理办法。

在经济发达地区和城市郊区，农村宅基地具有很高的经济价值，由于《物权法》规定农村宅基地只能在本村内流动，使得农民的财产不能转化为资本，不仅影响城市化进程，也不利于治理城市周边农村住宅和小产权房交易的混乱局面。

实施该办法的配套措施是：

1. 要严格宅基地管理的相关规定，重申每户村民只能拥有一处宅基地，出让后不能二次申请宅基地。

2. 购买村民宅基地、住宅或小产权房的个人，只能用于自住，在宅基地修建、改建房屋，必须符合乡村建设总体规划，报请审批。

3. 已经落户在城镇，居住由政府置换的房屋（如重庆）或政策性住房，享受社会保障等基本公共服务的农民，须放弃农村宅基地和承包土地。

二、以地方立法形式推进集体建设用地使用权入市流转。

我国农村集体建设用地存量规模大，由于置换转让缺乏具体规定，尽管国家对建设用地实行严格控制的统一政策，集体建设用地大量非法流转的问题仍十分突出。同时，农民土地财产权益得不到充分、合法的实现，农民利益受损现象普遍。

改革的重点：

1. 借鉴广东的经验，推进集体建设用地入市流转，与国有土地"同地、同价、同权"，充分体现农民集体对土地拥有使用、占有、收益、处分的权利。

2. 农村集体经济组织以集体建设用地使用权作价入股，与其他单位、个人合作、联营，共同兴办企业，视同集体建设用地使用权出让。这有利于增强农村集体组织的实力，增加农民长期稳定的收益。

3. 积极探索农村集体经济股份制改造，按照产权明晰和利益共享的原则，将集体经营性资产折股量化给农民，让准备转移到城镇就业的农民能够持股进城。

4. 使用入市流转的集体建设用地，必须符合土地利用总体规划和乡（镇）、村规划，并纳入建设用地年度计划管理，依法办理农用地转用审批手续。

三、在试验区逐步实行"土地归农"，在制度上"松绑"。

1. 赋予农民无限期可继承的土地承包经营权，一包到底，长期稳定不变。如越南的土地承包期限为 99 年。

2. 在尊重农民意愿的前提下，积极探索建立"依法、自愿、有偿"的市场化的土地承包经营权流转机制，比如转包、租赁、入股。

3. 允许以承包土地进行抵押。农村发展需要资金，而对于农民来说，获得贷款唯一有效的抵押物就是土地。允许土地抵押，不仅解决了农村发展资金短缺问题，也有利于农民进城和加快城市化进程。

4. 加快土地征用制度改革。地方政府要坚决摒弃以经营土地获取财政收入的做法，大幅度提高失地农民的补偿标准，使农民获得与商业用地出让价值相当的补偿，切实保证失地农民生活水平不下降，就业有出路，长期生计有保障。

四、上述土地制度改革的措施均需有相应配套的法律法规。

试验区要在先行先试的基础上，及时总结经验，化解风险和防止偏差。在条件成熟的情况下，在全国范围推广。

附录

访谈·报道

国企争当地王让人不能接受*

2010 年 3 月 11 日，在全国政协提案办理协商会上，全国政协副主席张梅颖指出收入分配不公到了切实需要解决的地步，其已成为经济持续良性发展的障碍。她批评政府在收入分配调整上宏观不作为，认为在垄断行业成为既得利益集团情况下，改革的勇气比政策更重要。

问题 1　国家收入分配体系很不健全

现在是国富民穷，劳动者的比例越来越小，国字头的越来越大。

张梅颖不客气地指出，解决收入分配，关键在政府，而国家收入分配体系很不健全，关键在宏观领域不作为，“我对这点意见很大”。

她认为，目前政府在微观层面的干预很多，但在宏观领域的一次分配中，就没有规定国家、企业、劳动者三者间的关系，“现

---

* 原载于 2010 年 3 月 12 日《京华时报》。

在是国富民穷，劳动者的比例越来越小，国字头的越来越大。目前三者是三分天下，可是普通劳动者的人数有多少啊！”

问题2　政府预算制度未明确民生支出

很多地方政府，一提民生就没钱，一说给教师涨工资，就说要扒他们的皮。

在二次分配方面，张梅颖批评现在各级政府的预算中，不用制度形式明确社保、养老、教育、卫生等民生的支出。“很多地方政府，一提到民生就没钱，去年给义务教育的教师比照公务员涨工资，很多地方政府都喊，简直要扒他们的皮。为什么？因为当地公务员的工资比教师高出太多了。说民生就没钱，做形象工程就没有问题。”她批评道。

张梅颖建议，必须从宏观层面，将劳动者工资的具体增长比例纳入“十二五”规划。同时理顺中央和地方的财权事权，限制地方政府卖地卖矿，从导向上鼓励他们发展实业的积极性。

问题3　批评国字头企业争当“地王”

国企动不动以长子自居，我很反感，你要是长子你就要管家！

对于委员们反映的垄断行业收入比普通行业高出10到15倍的问题，张梅颖表示很气愤：“说了很长时间要解决垄断行业的问题，但是长期不落实，结果蛋糕在垄断行业越做越大。”她说，现在很多垄断行业的国字头企业，“动不动就以长子自居，我很反感，你要是长子你就要管家，你不能占尽政治优势、资源优势、市场竞争优势，但又不担风险不管家里的穷人”。

张梅颖说，在应对金融危机的宽松货币政策下，银行主要的贷款给了国字头企业。“钱多得流油，就去当地王，这是老百姓绝对不能接受的。看着推高房价的地王是我们的国企，我都傻了。再别提长子了，广大中小企业吸纳了2.5亿的农民工，他们是共和国的什么子?”她反问道。

问题4　垄断行业成为既得利益集团

农民工像候鸟一样没有声音，平时在城市白天黑夜地干活，只能到过年才回家。

张梅颖说，现在一方面垄断行业的话语权多，声音大，对政策的影响力大，已经形成既得利益集团；而另一方面，几亿的农民工却长期以来像候鸟一样无声无息，平时在城市白天黑夜地干活，只能到过年才能回家享受家庭生活、夫妻生活，照顾老人孩子，“但有专门的单位保障他们的利益吗？看到这样的事实是非常痛苦的”。

张梅颖认为，收入分配的改革必须要看到四性：长期性、复杂性、艰巨性和尖锐性，“改革必定触及少数人群的利益，一定要破除既得利益集团的干扰阻挠，在垄断行业势力做大的情况下进行收入分配改革，勇气比政策更重要”。

协调推进城镇化和新农村建设*

——全国政协副主席、民盟中央第一副主席张梅颖赴四川调研纪实

加大城乡统筹力度,实现城乡良性互动、共同繁荣,是我国“十二五”时期面临的一个重大战略任务。这不仅关系到我国当前经济发展面临的内需不足问题,而且是我国全面建成小康社会的一个重要体现。按照今年中央一号文件和政府工作报告,推进城乡统筹发展的一个重要手段,就是实施城镇化与新农村建设“双轮驱动”。

那么,在具体实践中,如何处理城镇化与新农村建设之间的关系?当前新农村建设过程中应着力解决哪些突出问题?城镇化发展现状如何以及面临哪些制约因素?带着这些问题,全国政协副主席、民盟中央第一副主席张梅颖赴四川省展开了为期七天的调研。全国政协常委、民盟中央副主席、四川省政协副主

---

* 原载于《中央盟讯》2010 年第 3 期。

席吴正德，全国政协常委、民盟中央副主席、广东省政协副主席温思美陪同调研。

如何协调推进城镇化和新农村建设，是张梅颖副主席多年来持续关注和思考的一个问题，已就此展开过多次调研，此次四川之行只是其中之一。调研组选择了四川省三个不同经济发展水平的地区：南充、遂宁和成都。除了听取当地政府领导汇报，调研组更多的是深入城乡一线，观察实情，倾听民声，发现问题。

充分尊重农民意愿　切实保护农民利益

地处四川东北部的南充市，是此次调研的第一站。南充，是张梅颖副主席的故乡，这是她第三次来到南充。“这些年来，我一直密切关注着南充一点一滴的发展。我欣喜地看到，随着改革开放和西部大开发的脚步，每次回家的感觉都不一样。”在南充市委、市政府举行的工作汇报会上，张梅颖直抒胸臆。

南充位于丘陵地带，人多地少的现实，让这个以农业为主的革命老区仍然属于“欠发达地区”。为了谋求更大的发展空间，当地党政领导把广大人民群众迫切发展的愿望化为爬坡前进的动力，以愚公移山的精神，靠填挖土石方的办法开山造地，建成产业园区，给大批进城农民工解决了“饭碗”。这种艰苦创业的执着精神深深打动了张梅颖副主席和调研组一行。

在解决进城农民工“饭碗”的同时，南充市利用区域资源优势，大力发展农民产业园和农产品加工业，如今在一些地区已初步形成规模，带动了一大批农民就业或创业。张梅颖考察了南充市顺庆区大坪山村农民产业园。这个农民产业园建于2008年，它的组建原则是“政府引导、农民自愿、龙头带动、金融支持、协会组织”,政府不搞大包大揽,农民入园与否、选择什么产业完全由自己决定,政府只负责园区的规划和基础设施建设,当好“红娘”,帮助农民落实贷款,建立风险基金,引导农民通过产业发展共同创造美好生活。

在短短两年时间里,通过建设农民产业园,大坪山村正经历脱胎换骨的变化。这个昔日深山区的小村落,已悄然变成了一个风景优美、规划有序的“农家庄园”,而且正在探索一条循环经济的发展道路,即以养殖业为核心,带动发展生物能源、种植业等相关产业。据了解,该农民产业园已建成五个生猪养殖园区和一个钢架大棚蔬菜园区。至今,已有68户农民加入了生猪养殖园区,约占全村总户数的三分之一,每户年收入可达10万元以上,大大高于当地农村的平均水平。

张梅颖对大坪山村农民产业园给予了高度评价。她指出,城镇化与新农村建设是互相促进、良性互动的关系。一方面要稳妥促进农村人口向城市转移,增强城市对农村的辐射作用。另一方面要让留在农村的人安居乐业,过上与城里人同质化的现代文明生活,分享工业化、城镇化的成果。

遂宁市是调研的第二站。这个新兴的工业化城市,后发优势明显。在推进城乡统筹发展时,当地政府把民生问题放在突出位置,力争做到“以小财政办大民生”。

位于丘陵地带的遂宁市蓬溪县,干旱少雨,农民生产生活用水十分困难。2005年,在民盟中央的协调和有关部门的大力支持下,遂宁市政府在这里修建了黑龙凼水库。由此,张梅颖与遂宁的干部群众结下了不解之缘。虽然近年来遂宁的次数少了,可张梅颖的心里仍始终牵挂着这片她曾经倾注了极大心血和热情的红土地，心系遂宁的经济社会发展、干部群众特别是库区移民的生产生活情况。

黑龙凼水库的建设，极大改变了周边农村和农民的生活状况，而且它的综合经济效益正日益显现。得知张梅颖副主席要来黑龙凼水库考察的消息，成百上千的农民已早早地从四面八方赶来，最远的赶了20多里山路，他们中有的手里还拿着农具，有的抱着年幼的孩子。走在簇拥的群众之间，看着一张张笑脸，听着一声声简单而又亲切的问候，张梅颖副主席被感动了，她频繁地走过去与乡亲握手、拥抱、交谈……

“以前没有水库，我们村很多男劳力要到几公里外的地方挑水，有了水库后，这些劳力就可以解放出来进城打工，增加了农民的收入。”蓬溪县慧林村党支部书记邓均修说。由于水源充足，当地农民已把水引到了周边丘陵地带，发展起了种植业和养殖业。与此同时，水库周边的生态环境也得到了明显改善。据了解，当地政府正规划将黑龙凼水库打造成一个生态旅游区，以此带动当地更多农民致富。邓均修告诉记者，水库修成前，当地农民年人均收入为600～700元，如今这个数字已增至5000元，高于全县平均水平17个百分点。他还透露，慧林村今年计划开办5家农家乐餐馆，到时会有越来越多的城里人来农村休闲度假。这位曾长年外出打工的村支书，如今已下定决心，扎根家乡，带领村民大干一番事业。

“基层政权要有凝聚力，就要造福于民，把钱用在最需要的地方。”张梅颖强调，在协调推进城镇和新农村建设过程中，要优先面向贫困,解决贫困。新农村建设的主体是农民,要充分调动农民的积极性和主动性。“谁的城镇化,谁的新农村,要搞清楚,而不能越俎代庖。”这里面的关键问题,是要逐步提高农村的吸引力,吸引农民工回乡创业。农村失去了吸引力,新农村建设就失去了根基。

在户籍管理上,南充市规定办理“农转非”手续的农民,在享有城镇居民同等待遇的同时,可在自愿的前提下保留其承包地和自留地,继续履行承包合同,从而为当地农民融入城市提供一个平缓的过渡期。

“这是最大限度地让利于民。”张梅颖表示,政府在推进新型农村社区建设过程中,既要最大程度地让利于民,整合各类支农资金,集中小钱办农民的大事,又要注意发挥政策引导和典型的示范作用,充分发挥农民的主体地位,不搞强迫命令,其中关键是保护好农民的“三权”,即产权、参与权、收益分配权。

产业支撑是关键　粮食安全是底线

推进社会主义新农村建设是我国现代化进程的重大战略选择。新农村建设所需的巨大投入与各级政府财力的有限性、农村集体经济实力薄弱、农民收入低下之间的矛盾是新农村建设的主要障碍之一。从这个意义上讲,建立农村新型产业支撑体系是推进新农村建设的基石。

但是,由于中国的情况千差万别,推进城镇化和新农村建设不能搞一刀切。建立新型农村产业体系,同样如此。张梅颖指出,不同发展水平、不同资源禀赋、不同地理区位的地区,都要从实际出发,因地制宜,从中探索出一条适合自己特色的城镇化和新农村发展道路。

四川的调研证明了这一点。在此次调研的三个城市中，有的地方采取以农建镇，有的以工兴镇，有的以商活镇，有的是以旅游强镇。例如，遂宁市射洪县沱牌镇，由于依靠沱牌酒业的强力带动，沱牌镇得到了快速发展，也大大促进了周边农村环境和农民生活的改善，但是，对于这种不可复制的发展模式，当地领导也要居安思危，拓展思路，多业并举。

调研地区多处丘陵地带，人口密度小，交通不便，很难发展规模经济，只有在特色经济上动脑筋，想办法；在城镇化的模式上，这些地区大多不能像平原地区那样走就地城镇化的道路。“这也让我进一步认识到城镇化和新农村建设重点在中西部地区，难点也在中西部地区。”张梅颖表示，比如遂宁，就面临着很多经济后发展地区的共性问题，有的是瓶颈问题，比如小城镇二、三产业发展严重不足，投资回报率不高，集聚和辐射带动作用不明显；国家对小城镇建设的资金投入较少，小城镇建设用地指标紧缺，小城镇基础设施欠账较多等。

产业是立镇之本，是兴镇之基。只有产业发展了，才能壮大财政，才能转移农民、富裕农民，有效解决小城镇建设“钱从哪里来，人往哪里去”的问题。张梅颖强调，各地要立足自身区位优势、资源优势、产品优势，把小城镇建设与发展现代农业、二三产业密切结合起来，与推进农业产业化、农村现代化密切结合起来。

但是，在大力推进城镇化和新农村建设过程中，很多地方，甚至包括传统的粮食主产区，出现了大量侵占耕地、忽视甚至放弃农业生产的不良现象，如果这种趋势不加以及时遏止，必然会影响到我国的粮食安全。在调研过程中,张梅颖十分关心粮食安全问题,多次表示出了自己的忧虑。她强调,要正确处理加快城镇化和新农村建设与维护国家粮食安全的关系,其中,维护国家粮食安全是底线,一定不可逾越。为此,她建议国家要在宏观层面上进一步出台优惠政策,进行引导,特别是要鼓励主产区按照功能区定位发展粮食生产。

张梅颖表示,18 亿亩耕地红线划定后,如何处理好保障国家粮食安全与当地快速工业化、城市化的土地瓶颈问题,是小城镇发展过程中遇到的大问题、深层次问题,需要各级政府不断解放思想,深入实践,大胆创新,探索一条具有中国特色的农村城镇化和新农村建设的道路。

改善农村生活环境　实现城乡公共服务均等化

我国已进入统筹城乡发展的新阶段。新阶段统筹城乡发展、推进城乡一体化的重要任务就是要实现城乡基本公共服务均等化。目前,我国的基础教育、公共医疗、社会保障等基本公共服务在地区之间、城乡之间和不同群体之间的差距逐步拉大,特别是城乡基本公共服务的不均等,已成为我国建设社会主义和谐社会进程中面临的突出问题。因此,如何在增加社会公共产品供给的同时,让广大农民较为充分地享受与城镇居民相当的基本公共服务,实现广大农民的自身发展和公平发展,是城乡一体化制度建立健全的重要标志,也是各级政府改善民生、促进社会和谐的应尽职责。

在推进城乡公共服务均等化方面,作为全国统筹城乡综合配套改革试验区,成都在调研的三个城市中先行了一步。2003

年以来，成都实施城乡一体化发展战略，将促进城乡公共服务均等化作为重点工作，在体制机制建设上，作出了有益的探索，特别是“三个集中”、“六个一体化”的思路，在全国具有推广和借鉴意义。

对于成都的经验和做法，张梅颖给予了充分肯定。在她看来，城市化的基本含义是化农民，只有让汪洋大海一样的农民变成波澜壮阔的消费需求，才能为工业发展注入强大的动力，才能避免产能过剩。城镇化与新农村建设是扩大内需的平台，是中国经济进入良性可持续发展的关键，所以解决“三农”问题就是解决内需问题，解决内需问题就是解决中国发展的瓶颈问题。

张梅颖指出，城乡一体化不是城乡一样化，而是要通过城乡统筹，让居住在农村的居民享受到与城市居民同质化的公共服务。“农民这一伟大的群体，为中国的工业化、城镇化、现代化作出了太多的奉献，我们要有感恩的心理，回馈农民多少都不为过，而不是让这一庞大的群体边缘化而漠然视之。”“中国改革开放以来的发展变化，如果要感谢一个人的话，那就是邓小平，是他引领中国走上了繁荣富强之路；如果要感谢一个群体的话，那就是农民，是农民创造了巨大的财富。”张梅颖如是说。

坚持不懈地推进义务教育均衡发展*

——张梅颖副主席视察安徽义务教育发展纪实

初夏的皖南大地,青山葱茏,碧水潺湲。5 月 27 日至 6 月 3 日,张梅颖副主席带领全国政协委员视察团,就推进义务教育均衡发展问题赴安徽视察。在皖期间,视察团听取了安徽省关于推进义务教育均衡发展情况的报告;先后赴合肥、铜陵、黄山等市,与当地党政领导及教育主管部门负责同志,中小学校校长、教师广泛交流、深入座谈,着重就促进城乡教育资源均衡配置、解决义务教育阶段“择校”问题、保障弱势群体平等接受义务教育的权利等问题,开展了有针对性的调研。

---

* 原载于《中央盟讯》2010 年第 4 期。本次调研形成《关于推进义务教育均衡发展的视察报告》呈报中央,刘延东国务委员批示感谢全国政协对全国教育的关心和支持,指出报告所提建议针对性极强,要求教育部进一步听取各方建议,大力推进义务教育均衡发展。

促进义务教育均衡发展成为全社会的共识

安徽人文底蕴深厚,历来有兴学重教的传统。在听取省委、省政府的汇报及与省里交换意见时,张梅颖高度评价了近年来安徽省在促进科学发展方面取得的可喜成就,以及为维护国家粮食安全作出的历史性贡献。张梅颖指出,在制定《国家中长期教育改革和发展规划纲要》的过程中,形成的最大共识之一就是义务教育均衡发展。没有均衡,消除择校现象是不实际的。均衡化需要一个长期的、渐进的过程,各级政府要进一步明确责任,统一认识,系统推进,重点突破,努力实现2020年区域内义务教育基本均衡的目标。

张梅颖说,安徽在经济社会快速发展的同时,始终坚持把教育事业摆在优先发展的位置,作为民生工程的重要内容,初步建立起义务教育均衡发展的政策和制度体系,涌现了许多先进地区和先进典型。安徽促进义务教育均衡发展的探索和实践,代表了我国义务教育的发展方向,许多经验和做法被证明是行之有效的,在全国起到了示范和引领作用。通过这次视察,进一步加深了我们对义务教育均衡化深远意义的理解和认识,安徽干部群众解放思想、敢为天下先的精神值得我们认真学习。

张梅颖还充分肯定了安徽省在保障农民工随迁子女基本教育权利和关爱农村留守儿童健康成长方面采取的切实措施,她强调,保障弱势群体平等接受义务教育的权利,关系到社会的公平正义与和谐稳定。安徽是农民工输出的大省,农民工随迁子女和农村留守儿童基数大,有效地改善这两个群体接受义务教育的状况,将成为今后安徽义务教育公平和均衡发展的关键。

治理择校风要有刚性举措

铜陵是长江岸边一座只有70多万人口的小城,在择校风盛行的情况下,铜陵市逆势而动,下决心推行义务教育均衡发展,经过十多年的不懈努力,今天这里的学校没有好坏之分,只有远近之别,成为名副其实的义务教育阶段没有择校的城市。铜陵也因为“铜陵经验”而声誉鹊起,闻名遐迩。

在听取了铜陵市政府的汇报后,张梅颖副主席说,铜陵经验给我们最大的启示是要重新审视教育的目的和价值取向。早在两千多年前,孔子就提出“有教无类”,我们现在也常说,同在一片蓝天下,为了一切孩子。因为教育公平是社会公平的基础,而义务教育的公平是起点的公平。

张梅颖指出,择校的源头不在学生和家长,而在于执政者。优质教育资源是为广大人民群众服务,还是成为少部分人的垄断和特权?这考量着执政者的执政理念、决心和勇气。张梅颖认为,治理择校风要有刚性举措,在这方面,铜陵的执政者为全市人民交上了一份满意的答卷。首先是铜陵市的历届领导以身作则,顶住来自各方面的阻力,不批条子,不打招呼;其次,把省级示范高中的招生指标按学生比例均衡分配到辖区内各初中学校的做法,从根本上消除了家长择校的动机,避免了初中学校的恶性竞争,对促进薄弱学校发展起到了正面导向作用。这一做法在全省推广后，各地的择校问题也得到了有效治理。

张梅颖强调，择校就是择师，教师作为教育的第一资源，对义务教育的均衡发展起到决定性的作用。她还对铜陵市、黄山市探索建立农村薄弱学校新教师补充的长效机制、大力加强教师的培训工作，给予了全面的肯定。张梅颖表示，既要明确教师（包括校长）流动的义务性，又要保障教师的合法权益，解除他们流动的后顾之忧。

张梅颖指出，追求义务教育的公平公正，勇气比政策更重要。对于各级党委、政府来说，义务教育均衡发展，不是可不可为，而是愿不愿为、敢不敢为的问题。她还建议作为首善之区的北京市要采取切实有力的措施，解决愈演愈烈的择校问题，为全国义务教育均衡发展起到表率的作用。

要做大做强优质教育资源

合肥是安徽调研的最后一站。除听取合肥市政府工作汇报，与部分学校校长和教师代表座谈外，张梅颖一行还实地考察了合肥市几个不同类型的学校。合肥市 50 中是合肥市的名校，为最大限度地满足群众对优质教育资源的需求，市政府投资在政务文化新区成立南校区，并采取从原校派出副校长担任南区校长，从东、西校区选派业务骨干和资深教师充实到南区的主要管理岗位和教学一线的办法，迅速地提高了南校区的办学质量和水平。张梅颖对合肥市采取扩大名校规模、名校并弱校等形式放大优质教育资源的做法，表示了极大的兴趣。她说，一个良好的校园文化、传统和创新氛围，需要长时间的培养。要鼓励学校形成自己的品牌和办学特色。我们强调义务教育均衡发展，目的不是稀释优质教育资源，而是要做大做强优质教育资源，实现优质资源平民化、大众化。当了解到合肥师范附小整建制迁入滨湖新区后，充分发挥了附小优质教育资源的社会效益，保证了新校区内农民工子女和留守儿童都能入学，学校还采取"一帮一"的形式，使这些孩子尽快与城市孩子融为一体时，张梅颖十分高兴，她勉励大家继续做好关爱弱势家庭学生的健康成长工作。

义务教育均衡发展，重点在农村，难点也在农村。视察团结合在安徽各地调研的体会和收获，提出了创新偏远地区农村教师培养模式，加强寄宿制学校建设，制定完善的教师定期流动制度和相应的配套措施，鼓励社会力量举办高水平的民办义务教育等推动义务教育均衡发展的初步意见和建议。

中共安徽省委书记王金山、新任安徽省委书记张宝顺、省长王三运、政协主席杨多良等分别会见了视察团成员。在皖期间，张梅颖副主席还看望了民盟安徽省委领导班子成员和机关干部，并与大家亲切座谈。全国政协常委、民盟安徽省委主委刘光复和部分盟员政协委员参加了视察活动。

基本医疗卫生服务要体现公平至上的理念*

——张梅颖副主席在山西、陕西调研纪实

怀着深厚的“三农”情结，心系亿万农民的民生疾苦，7 月 1 日至 10 日，张梅颖副主席带领全国政协教科文卫体委员会与卫生部、教育部联合调研组，就“农村卫生人才的培养及配套政策”分别在山西、陕西两省开展实地调研。顶着炎炎烈日，调研组一路长途跋涉，先后深入山西的临汾、运城，陕西的西安、榆林，视察了市、县两级公立医院、乡镇卫生院和村卫生室，与地方党政领导、医院负责人、广大医护工作者和前来医院就医的患者广泛交流，认真了解情况，听取来自基层的意见和建议，为今年政协在推进医药卫生体制改革的建言献策打下了良好的基础。

基本医疗卫生服务要体现公平至上理念

在听取山西省副省长张平及省卫生厅、教育厅的汇报后，张

* 原载于《中央盟讯》2010 年第 4 期。

梅颖副主席指出，去年4月6日中共中央、国务院颁发《关于深化医药卫生体制改革的意见》，标志着我国13亿人进入了病有所医的新时代。当前五项重点改革开局良好，各项工作积极稳妥地推进。张梅颖强调，医药卫生事业关系千家万户的幸福，是重大民生问题。健康权是一项基本人权，每个生命都是平等的，基本医疗卫生服务要体现公平至上的理念。关注农村卫生人才队伍建设，提高为占人口大多数的农民的公共卫生服务能力，是维护社会公平正义、构建社会主义和谐社会的题中应有之义。她还就如何使大医院的优质资源普及化、大众化，重点发展县医院，解决农民看病难的问题，不断提高城镇居民与新农合保障水平谈了自己的看法。她希望山西省发挥资源大省的后发优势，在经济快速发展的同时更加注重民生建设，努力提高人民群众的生活品质。

国民健康也是生产力

在西安，张梅颖副主席一行听取了陕西省政府及相关部门的汇报，视察了西安市蓝田县医院、玉山镇中心卫生院。张梅颖积极评价了陕西省在推进医改，强基层、保基本、建体制，重点解决群众看病难、看病贵等关键问题上的理念、思路和举措。张梅颖指出，陕西的实践代表了新医改的发展方向，取得的成绩和经验令人振奋。她说，国民健康也是生产力，要走出长期以来把国民健康当作消费、把对国民健康的投入当作财政负担和减量的认识误区。基础建设理应包括人力资源建设，对人的健康和智力开发的投资回报,不只是局限于经济方面,还在于提升了群众的生活品质。人力资源建设的基础打牢了,必将为经济发展提供不竭的动力。

张梅颖充分肯定了陕西省为加强乡镇卫生人才队伍建设而采取的一系列带有制度化的探索和尝试,包括改善乡镇卫生人员基本生活条件和工资待遇的“安心工程”,实施万名乡镇医生培训计划,开展县医院与乡镇卫生院一体化管理,促进人才流动和均等化建设等。

张梅颖认为,随着城镇化进程的加速,要继续加大包括公共服务在内的城乡统筹的力度,要以规划为先导,强化县医院的作用,重点扶持中心镇卫生院建设,避免低水平重复建设造成新的浪费。

共产党就是要为人民大众谋福利

榆林市特别是神木县是张梅颖副主席此次调研的重点。在榆期间,张梅颖一行分别听取了榆林市、神木县、府谷县的医改工作汇报,视察了神木县大柳塔镇中心卫生院和榆阳区岔河则乡卫生院,在医院的手术室、检验科,张梅颖仔细询问了基层医院的实际情况,不时地与医患人员亲切交谈。

在听取了神木县的汇报后,张梅颖高兴地说,神木的实践生动地诠释了共产党全心全意为人民服务的宗旨,在执政理念上贯彻了科学发展观的要求。神木县坚持民生事业与经济发展同步,着力解决人民群众的后顾之忧,实现了千百年来人们向往的

“学有所教、病有所医、老有所养”的社会理想。特别是通过公共财政手段促进社会和谐，使城乡居民同等享受发展的成果，农民成为改革的最大受益者，这对于从内涵上消除二元体制下形成的城乡差别，无疑具有划时代的进步意义。

张梅颖称赞了榆林市近年来经济社会发展取得的巨大成就，指出榆林市坚持从实际出发，因地制宜，实现了经济与生态、经济与社会协调发展。特别是重视二次分配向弱势群体倾斜，鼓励个人捐助公共事业的做法，值得研究、借鉴和推广。张梅颖提出，今后榆林的医改要正确处理好三个方面的关系：一是政府与市场的关系，要发挥政府的主导作用，但政府主导并不等于公立医院的垄断，要鼓励多元化的医疗机构公平竞争，老百姓通过市场选择优质的服务，这也是促进公立医院改革的突破口；二是公平与效率的关系，没有效率的公平是低水平的、不可持续的公平；三是激励与约束之间的关系。

在山西、陕西调研期间，张梅颖副主席先后与民盟山西省委领导班子、民盟陕西省委机关干部、民盟榆林市委会成员座谈，民盟中央副主席、山西省副省长张平，民盟陕西省委主委、省人大常委会副主任张道宏分别参加了座谈和调研。中共山西省委书记袁纯清，省委副书记、省政协主席薛延忠，陕西省政协主席马中平会见了张梅颖一行。全国政协常委、卫生部原部长张文康，全国政协教科文卫体副主任张秋俭等参加调研。

为新疆科学发展培养更多的高层次人才*

——张梅颖副主席在新疆开展民族地区高等教育调研纪实

初秋的新疆，天高云淡，广袤的原野上瓜果飘香，到处是丰收在望的景象。乘着中央新疆工作座谈会的东风，8 月 19 日至 25 日，张梅颖副主席率领全国政协“民族地区高等教育发展与人才培养”专题调研组，先后在新疆维吾尔自治区首府乌鲁木齐市、石河子市和伊犁哈萨克自治州进行了调研。

民族地区高等教育肩负着为民族地区培养高层次建设人才、传播科学人文知识、维护民族团结和边疆稳定的重要使命。进入新世纪以来，新疆高等教育呈现了快速发展的良好趋势，基本形成以区（自治区）部、兵（兵团）部共建重点大学为龙头，多层次、多形式的高等教育的办学格局，实现了由精英教育向大众教

* 原载于《中央盟讯》2010 年第 5 期。调研之后，全国政协形成《关于民族地区高等教育发展与人才培养的调研报告》呈报中央，中共中央国务院领导同志贾庆林、王刚、刘延东、杜青林均作出重要批示，要求有关部门积极配合，提升民族地区的人才培养水平和质量。

育的跨越，为自治区经济社会发展和各族人民的团结进步作出了突出贡献。为了全面了解民族地区高等教育的现状及发展中存在的问题，进一步完善少数民族人才培养体系，支持民族地区高等教育发展，张梅颖率领调研组一行深入校园，走进实验室、标本室和操作间，与地方政府负责同志、校长、各族师生深入座谈，听取汇报，广泛交流情况。

在听取了自治区和部分高校的情况介绍后，张梅颖充分肯定了近年来新疆高等教育事业发展取得的可喜成就。她说，春贤书记莅任新疆不久，就吹响了新疆发展的人才"集结号"，抓住了新疆科学发展的关键和瓶颈问题。张梅颖指出，新疆各族人民是建设新疆的主人翁，国家要立足新疆区情，对新疆人才工作给予特殊优惠和倾斜政策，提高新疆对国内外产学研领军人才的吸引力。同时，必须增强新疆自身发展的造血功能，输血与造血相结合，为新疆可持续发展培养一大批用得上、留得住的少数民族人才。新疆各类教育机构特别是高校，要发挥好比较优势和后发优势，力争办好一两所全国一流大学，发挥人才的辐射和带动作用，为新疆的科学发展和长治久安提供智力支持和人才保障。

张梅颖强调，基础设施建设的核心是人力资源建设，有了人才就能创造更多的财富。新疆的振兴和发展不能走固化的老路子，在做好优势资源转化的同时必须重视民生事业，让新疆各族人民充分享受到改革开放成果。要加快科技创新体系建设，注重环境保护和资源节约利用。张梅颖还引用了费孝通先生的"文化自觉"的观点，重申各民族多元文化要相互包容，相互学习，取长补短，和谐相处，达到“各美其美，美美与共”的境界。

在石河子市，张梅颖参观了新疆生产建设兵团军垦博物馆和石河子大学，她对兵团干部职工扎根大漠、建设新疆、保卫祖国的屯垦精神和历史功勋给予高度评价。在伊犁自治州调研时，张梅颖还特别强调要从战略高度大力发展职业教育，她指出职业教育是富民教育，要让少数民族群众子女都能接受到免费的职业教育，赋予他们知识和技能；义务教育阶段要大力推行双语教学（汉语和少数民族语言），增强少数民族学生融入社会和实现就业的能力；必须发展第三产业，提高公共服务水平，逐步消灭零就业家庭，缩小贫富差距，促进新疆各民族的和谐团结和长治久安。

在疆期间，自治区党委书记张春贤，政府主席努尔·白克力，政协主席艾斯海提·克里木拜会见张梅颖一行。全国政协常委、民盟新疆维吾尔自治区主委陈旗陪同调研，全国政协教科文卫体委员会副主任赵沁平、江绍高和部分高校政协委员及国家民委、教育部的有关人员参加了调研。

2011

秉承传统，与时俱进，不断开创民盟工作新局面

（2011年1月11日）

各位领导、各位来宾，同志们、朋友们：

新年伊始，很高兴出席民盟广东省委会纪念民盟成立70周年暨广东民盟组织成立69周年大会。今年是中国民主同盟成立70周年，民盟中央届时将举办一系列的庆祝活动，作为民盟的省级组织，民盟广东省委会年初拉开了全盟纪念活动的序幕，因此有着特别重要的象征意义。在这里，我谨代表民盟中央向与会的民盟广东省委会的全体同志，并通过你们向全省的广大盟员致以崇高的敬意和诚挚的问候！

广东是领风气之先的地方。广东民盟历来是全盟倚重的一支生力军，人杰地灵，英才辈出，有着光荣的革命历史和优良传统。在新民主主义革命时期，广东民盟开展的民主运动和武装斗争，为中华民族的解放和新中国的建立前赴后继，流血牺牲；建国后，广东盟员以极大的热忱参加社会主义建设，为新中国文教事业发展作出了突出贡献。十一届三中全会以来，处在改革

开放前沿的广东民盟组织和广大盟员，以敢为天下先的勇气和只争朝夕的精神，积极投身广东的改革开放和特区建设，涌现出一批具有广泛影响的代表性人士和各行各业的领军人物。近年来，在中共广东省委的领导下，民盟广东省委不断加强自身建设，切实履行参政议政、民主监督职能，深入开展调查研究，为推动科学发展、促进经济发展方式转变建言献策。广东民盟在全省的政治、经济和社会生活中发挥着越来越重要的作用，许多工作走在了全盟的前列，在社会上树立了新时期参政党的良好形象。这些成绩和进步，离不开中共广东省委的正确领导、大力支持和帮助，借此机会，我代表民盟中央向中共广东省委表示衷心的感谢！

温故而知新。历史的时空跨越了70年，70年是个值得纪念的时刻，70年也是一个值得回顾和展望的时刻。此情此景，让我想起费孝通主席讲过的一段话，他说，民主党派在一个历史时期应该做什么，不是自己决定的，而是时代决定的。民盟从诞生的那天起，就承载着历史的使命，与民族和国家的命运休戚相关。救亡和建立民主、富强的新中国，成为那个时代的主题。为此，民盟的先贤和英烈，用毕生的求索和付出，诠释了自己的信仰和信念，为我们留下了弥足珍贵的精神和文化遗产。我常常思考这样一个命题，就是在全面建设小康社会新的历史时期，我们何以立盟，才能为中华民族伟大复兴作出新的历史性贡献。如果要用一句话来概括，我认为，就是要秉承传统，与时俱进。一是追求真理，始终坚守心中的理想与信念，不会因为人生际遇而发生动摇。“亦余心之所善兮，虽九死其犹未悔”，科学、民主的精神深深地影响着受“五四”运动熏陶的一代民盟前辈的人生历程,正因为有这样的理想与信念,他们才能登高望远,在大浪淘沙的历史变迁中,始终与时代同步,最终选择了与中国共产党团结合作的政治道路。二是以天下为己任,关注民生,奔走国是,具有强烈的忧患意识和历史使命感,独立思考和批判精神。正因为有这样的胸怀,我们的许多前辈都能够与中国共产党肝胆相照,从不随波逐流,在各种政治协商场合直抒己见,知无不言,尽到诤友的责任。而恰恰是这些不同的声音,更能够促进决策的科学化、民主化,充分体现多党合作的政治优势和参政党自身存在的价值。三是作风正派,学有专长,淡泊名利,有知识分子的良知和风骨,有服务国家和社会的诉求和愿望。正因为有这样的境界,过去民盟没有人为国民党高官厚禄的诱惑所动,而是始终保持了自己的政治原则和操守。费老在获得第二次学术生命之后,与时间赛跑,行行重行行,就是要以自己的观察和研究,探求他一生“志在富民”、在中国实现现代化的途径。当前,民主党派换届工作将陆续展开,其中一个迫切而长期的战略课题,就是要在政治交接的进程中,如何使民盟的文化传统能够薪火相传,与时俱进,赋予新的时代内涵。我想强调的一点,就是盟的领导干部要坚决抵制社会上盛行的庸俗的、实用主义人生观和价值取向,正确看待名利,要清醒认识民盟的职位不是官位,而是多党合作事业的岗位,即便有“官位”的色彩,当官也只是一阵子,做人才是一辈子,无数民盟先辈是我们做人的尺子和镜子,如果以“官位”作为索取待遇、实现个人目的的资本,就有悖于民盟的宗旨和传统。

同志们，今年是“十二五”规划的开局之年。一下飞机，我就感受到广东的发展日新月异。特别值得提及的，是在2008年国际金融危机猝然而至，出口锐减，广东众多中小企业首当其冲，遭遇前所未有冲击的关键时刻，中共广东省委领导全省人民，以置之死地而后生的气魄，把危机作为倒逼企业提升的难得机遇，顺时应势，腾笼换鸟，率先对产品、技术、体制、机制进行了全面创新，新兴产业蓬勃发展。广东转变发展方式的实践为“十二五”期间破解中国经济发展难题提供了宝贵经验。

我还注意到，在刚刚闭幕的中共广东省委十届八次全会上，汪洋书记提出了把“加快转型升级、建设幸福广东”作为“十二五”发展的核心任务，彰显了发展的目的依归和价值导向是人民群众的福祉，我认为体现了科学发展的精髓和发展理念的重大转变。广东已经朝着这样一个宏伟目标迈出了坚实的步伐，我相信，在中共省委的坚强领导下，广东一定能够成为全国推动科学发展、促进社会和谐的火车头。我希望，广东各级盟组织和广大盟员，要以纪念民盟成立70周年和广东民盟组织成立69周年为契机，认真学习贯彻中共广东省委十届八次全会精神，把“加快转型升级、建设幸福广东”作为全省民盟工作的第一要务，进一步增强历史使命感和政治责任感，奋发进取，扎实推进盟的自身建设，努力提高参政议政能力和水平，为促进广东科学发展、人民幸福、社会和谐、生态文明和文化昌盛给力，为新时期多党合作事业发展给力！

中国传统节日春节就快到了，玉兔之年祝各位朋友幸福安康！

在北大光华新年论坛上的讲话

（2011 年 1 月 16 日）

尊敬的各位专家、各位朋友，亲爱的老师们、同学们：

大家上午好！

新年伊始，我们汇聚在北大百周年纪念讲堂，相约在光华新年论坛，围绕“十二五”主题、主线，共同探讨中国当前经济发展方式转变和国有企业改革问题，为“十二五”时期经济社会发展开好局、起好步，具有十分重要的意义。

加快转变经济发展方式，是推动科学发展的必由之路，符合我国经济社会发展的阶段性新特征。2010 年，中国经济在世界经济缓慢复苏中表现出了较强的增长势头，但同时也面临前所未有的压力。这压力来自中国经济总量跃居世界第二后，各国对中国应承担的国际责任的期许；来自中国经济 30 多年高速增长后，环境、资源的可持续问题；来自改革开放 30 多年社会发展滞后引发的诸多矛盾；来自应对危机的措施遗留下来的通胀预期和日益显现的商品价格、资产价格上升的趋势。这一切都告诉我们，加快转变经济发展方式、重视社会改革，最大限度凝聚共识，是突破一系列瓶颈制约、深化改革的重中之重。

国有企业作为国民经济的中坚力量，在加快转变经济发展方式中具有引领和带动作用。当前，国有企业改革取得了有目共睹的成绩，初步建立了现代企业制度。但改革的任务并没有完成，国有企业公司治理有待进一步深化，现代企业制度仍需继续完善，国有资产管理体制改革还需进一步推进。用创新支撑国家是国有企业的天职，拥有雄厚财力、人力的国企理应成为自主创新的主体。多年来，我们以市场换技术、丢了市场却没有换来技术的教训，让我们清醒地认识到，关键技术和核心竞争力是要不来、换不来、等不来的，只有具备自主创新的扎实根基，才能把国家命脉掌握在自己手里。中国的国有企业有能力、有责任成为挑起国家自主创新大梁的主力军。而这一切又都是实现产业结构升级，推动经济发展方式转变的重要基础。

今天，我们聚首在北大光华论坛，回顾改革开放的伟大历史进程，总结经济发展的历史经验，展望未来我们特别要清醒认识"十二五"期间深化改革的复杂性、敏感性和艰巨性。努力寻求最佳方案，以更大的决心、勇气和智慧全面推进各领域的改革。我相信这次论坛是一次非常难得的学术盛会。

在此我预祝第十二届光华新年论坛圆满成功。祝北京大学、北大光华管理学院不断取得新的发展！为祖国培养更多优秀人才。

谢谢大家！

抚今追昔忆陶公*

2010 年 4 月 18 日，我国著名的马克思主义经济学人陶大镛先生溘然长逝。随着费(孝通)、陶(大镛)、钱(伟长)等一代宗师的相继谢世，当年轰动文教界的“六教授事件”的当事人至此凋零已尽。

历史画上了一个句号。那些亲眼见证了几个时代的变迁、与中国共产党共同经历了风雨蹉跎岁月的民盟先辈们相继离开了我们。今天民盟的成员绝大多数出生在新中国成立以后，她的中坚是在改革开放环境下成长起来的新一代盟员，因此，搞好以传承民主党派光荣传统为核心的政治交接，意义重大而深远。回忆起从仰慕到与陶公相识相交的一幕幕往事，抚今追昔，引起我对参政党使命、责任和前途不尽的思考。

有一件事情令我至今难忘。几年前我率全国政协视察团到湖北宜昌，视察被称为世纪工程的三峡大坝。走进接待大厅，迎候在这里的三峡建设委员会主要领导热情地拉着我的手说：“三

---

* 原载于 2011 年 2 月 10 日《光明日报》。

峡大坝建设的成功，首先要感谢民盟和各民主党派在论证时的诸多质疑，因为这些质疑都是建立在科学的基础上。三峡大坝正是在反复的探索和实践中解决了一个个质疑，有的是在世界范围内招标破题的，可以说正是这些质疑成就了三峡工程的成功。”这位领导发自肺腑之言让我很受震动。三峡工程在激烈的争辩中上马，而陶大镛先生正是当年顶着压力带头提出质疑的人之一。在论证三峡工程的汇报会上，他大声疾呼：对于像三峡水库这样举世无双的超级工程，要全面考虑经济效益、社会效益和环保效益的统一，宁可把各种各样的困难估计得多一些，把问题看得严重一些，万万不可强迫命令，以免愧对子孙后代，甚至成为历史的罪人。陶公的一席话语惊四座，至今言犹在耳，掷地有声。

光阴荏苒，十几年过去了。晚年的陶公长年卧床不起，忍受着常人难以想象的病痛折磨，但他对三峡的关注却一直没有停止过。每当我去看望他，病榻上的他问我第一句话都是“三峡怎么样了？我们提的那些问题都解决了吗？”我耐心地、一句一句地告诉他，我几乎每年都要去三峡考察，水库建成后，基本实现了您提及的诸如防洪和防止溃决、发电、航运等方面的设计目标，但先生特别关注的移民、生态环境、地质灾难等问题仍在探索解决中，总体形势平稳，处在可控范围内。老人欣慰地笑了。

眼下，陶大镛先生纪念文集就要付梓了，陶公的夫人牛平青大姐让我写几句，陶公的事迹林林总总，我想，就从陶公那一代的知识分子、民盟的先贤的精神特质切入吧，因为这是民盟所以立盟的文化遗产。我以为，与陶公同时代的知识分子、民盟的前辈，其精神特质主要表现在以下三个方面。

一是把个人的命运系于国家命运，虽历经坎坷曲折，始终坚守着心中的理想与信念。从解放前的“三教授”到1957年的“六教授”事件，从“左派”到“右派”，历史似乎与陶大镛开了一个无情的玩笑，但这一切都改变不了他对真理的追求。陶公曾多次讲过，他对马克思主义的追求不会因为人生际遇而动摇，因为这是他披沙沥金寻得的真理。在晚年，他曾感言道：作为教育岗位上的一名园丁，在耕耘之余，我曾为新文化启蒙运动呐喊过，也为知识分子呼吁过，为百年大计教育为本的国策而寄予希望，因为在文化教育的大花园里，我“经常看得见燃烧着的科学之火，也不时辐射出令人耀眼的真理之光”。这正是受五四运动熏陶的一代知识分子的心路历程，科学、民主精神深深地影响着陶大镛的人生轨迹，在追求真理的道路上，他有一种飞蛾扑火的献身精神，“亦余心之所善兮，虽九死其犹未悔”，这在物欲横流的今天，多么令我们敬畏、仰止。正是这种坚贞不渝的信念，成为支持他一往无前探索真理的力量源泉。

二是光明磊落，敢于做犯颜直谏的诤友，具有独立思考和批判的精神。“苟利国家生死以，岂因祸福避趋之”，这是几千年来中国士大夫的气度和襟怀，也是维系我们民族存续的文脉和国脉。因为不同的声音甚至反面的意见，更能够促进决策的科学化、民主化。这一点在陶公身上表现得尤为突出。不仅在三峡问题上慷慨陈词，在政治和学术上他也从不随波逐流，人云亦云。他总是实事求是，独立地对问题进行研究并作出自己的判断。在各种政治协商的场合，他能够与党肝胆相照，直抒己见，知无不言，尽到诤友的责任。作为一名教育家，陶大镛充分运用自己担任民盟中央副主席、全国政协常委、全国人大常委等职务和平台，为我国教育事业的健康发展奔走呼吁，殚精竭虑。他对教育产业化的批判；他提出要实现“科教兴国”，必须首先“国兴科教”；他提出发展教育关键在政府，国家对教育投入至少要达到 GDP 的 4%，等等……这一切，都直指时弊，切中要害，表达了一个有社会责任感的老盟员的赤诚之心和对国家教育事业的忧患意识。

三是关注民生疾苦，体现出人文知识分子的悲悯情怀。陶大镛出生在一个苦难的时代，满目疮痍的旧中国民不聊生的景象，深深地刺痛了他的心。他发愤研究经济学，正是基于强国富民的初衷。他经常向人提到他是一个工人的儿子，他对社会底层、弱势群体，有着天然的朴素感情，并为争取他们的尊严和权利，倾注了自己极大的热情和心血。他十分关心教师的待遇问题，曾和几位学者一同倡导设立了教师节。即使在病榻上，他还经常与别人谈及他所思考和关切的问题，如农村的义务教育问题，农民工在城市的待遇有没有改善……他想办一份期刊，随时公开贫困化的指数，为解决贫富差距做一些基础性研究。有一次，在谈到亟待解决的“三农”问题时，陶公竟至老泪纵横，他借助着人工喉说：“我研究了一辈子经济，还没能让所有农民都过上富足日子，我心里惭愧啊！”

陶公那一代人是我思想上的引路人，正是在他们那一代民盟先辈人格、精神力量的感召和言传身教下，我走上了中国共产党领导的多党合作的政治道路。奔走国是，关注民生，是民盟的优良传统。这些年来，正是秉承了这一传统，我继续关注着三峡工程的后续问题、教育问题和“三农”等问题，多次深入三峡库区，呼吁政府解决了关乎社会稳定的移民家庭零就业问题，并把免费职业教育作为库区民众的福利；我们提交的关于加强农村基础教育教师队伍建设的建议，直接促成国家出台教师阳光工资的政策；我们对职业教育的长期追踪和不懈推动，使这一惠及广大弱势群体的富民教育得以长足发展；我们持续地开展“三农”问题的调研，为实现我国粮食生产连续七年的丰收、为促进农民增收和农业基础地位的巩固贡献了力量。

民主党派的换届工作即将展开，政治交接的历程任重而道远。我以为，在新的历史时期，民主党派自身建设也要与时俱进，体现自身价值。其中一个迫切而长期的战略课题，就是如何使民盟的文化传统能够薪火相传。毋庸讳言，当前社会上盛行的庸俗的、实用主义人生观和价值取向在盟内有所表现，个别地方还比较严重，这些作为与民盟的品格相悖，愧对我们的先贤。我想，今天我们纪念陶公，就是要学习他一生追随真理，与中国共产党肝胆相照的政治风骨，奔走国是，关注民生，才能不辜负党和人民对我们的期待，为实现中华民族的伟大复兴作出我们新的贡献。

加快社会保障体系建设，努力促进社会公正和谐

——在中国社会保障发展战略研讨会上的讲话

（2011年2月28日）

很高兴出席今天的中国社会保障发展战略研讨会，因为它讨论的是一个攸关国计民生重大制度安排的战略问题。首先，我要对由郑功成教授主持并经全国众多专家学者共同努力完成的规模恢宏的《中国社会保障改革与发展战略》1～4卷的出版表示热烈祝贺，相信它对我国社会保障体系建设与长足发展一定会起到重要的推动作用。

改革开放30多年来，我国经济持续快速增长，尤其是21世纪前十年更是发展的黄金十年，也是崛起的十年。我国短期内走过西方国家经过一二百年才走完的市场化、工业化、城镇化和国际化过程，国家发展已经站到了新的历史起点。然而，各种经济社会矛盾的叠加，也对我们的发展提出了严峻挑战，面临着前所未有的压力。这些压力来自中国经济总量跃居世界第二后，各国对中国应承担的国际责任的期许；来自中国经济30多年高

速增长后，环境、资源的可持续问题；来自改革开放30多年社会发展滞后带来的诸如贫富差距、社会保障不健全等诸多矛盾；还来自应对危机的措施遗留下来的通胀预期和日益显现的商品价格、资产价格上升的趋势，以及城乡居民的民生诉求在发展中持续升级。因此，以民富优先为目标的经济发展方式转变就成为应对改革发展的深层次问题的重中之重，而社会保障对国计民生的重要性也日益凸显。借此机会，我讲三个问题：

一、建立健全社会保障体系具有重大的战略意义

中共十七届五中全会根据新形势谋划了国家在“十二五”期间的发展问题，它开宗明义提出“十二五”期间经济发展的主线是转变经济发展方式，进一步明确了把保障和改善民生作为加快转变经济发展方式的根本出发点和落脚点，强调要树立各级领导干部对GDP的正确认识，把更多的精力和财力放在改善民生方面，同时建立科学的干部考核机制，将当地的民生情况、老百姓的幸福指数、群众的社会保障、医疗卫生、上学等重要民生问题的解决，纳入到干部考核指标体系中，最近中央又提出了有约束性的医疗保障、住房保障发展指标。只要指挥棒的导向作用显示出来了，各级干部自然就去关心老百姓的民生问题了。当然，中央与地方财政要分工，有关民生与社会保障的权责也要分清。

如何适应时代发展要求与民生诉求，尽快通过健全社会保障体系来解除人民的后顾之忧，是摆在我们面前的极富挑战性的历史任务。天大地大民生最大，只有让老百姓过上安稳的日

子，才能从源头上化解人民内部矛盾。现在社会的分化已经影响到社会共识的形成，社会不稳定主要是不公平造成的，不是市场化的必然结果，所以未来这五年发展方式转变的要旨是要体现社会公平。只有公平正义才能凝聚共识，从而增强向心力。只有通过社会改革才能深化经济改革，形成经济发展的内生动力。而社会保障是指国家面向全体国民、依法实施的具有经济福利性的各项保障措施，是用经济手段解决社会问题进而促进经济再发展的重大制度安排，是维护社会公平、促进人民福祉和实现国民共享发展成果的基本保障。改革开放以来，原有社会保障制度丧失了相应的组织基础与经济基础，我们从打破“大锅饭”走向了另一个极端，即淡漠了社会公平的价值取向和互助共济的优良传统，社会保障体系建设迄今仍然处于滞后状态。试想，如果老百姓在医疗、上学、住房、养老等诸多方面都需要花很多钱的时候，又没有相应的社会保障机制，那么只能采取自救——存钱，不敢消费，直接限制了国民经济走内需驱动型发展道路的政策取向，从而对经济社会的健康、可持续发展产生不利影响。

社会保障制度是一种综合型收入分配制度，也与社会财富分配的总体格局密切相关。由于当前初次分配不公平，在许多政策上包括社保在内的二次分配依附于初次分配，致使二次分配加剧了分配失衡，背离了二次分配在调节收入差距中的作用，在一定程度上形成逆向调节趋势，反而加大了分配差距。简言之，我们必须进行社会改革，实现社会管理创新，就是要建立健全适应时代发展要求和民生诉求并以维护社会公正为己任的社会保障及相关制度，也就是以市场经济创造财富，以社会主义创造保护社会的机制。有了社会保障，人民的生存就有了底线，尊严有了底线，就会对社会产生认同感，这是和谐稳定的基础，也是社会主义题中应有之义。

去年我在东、中、西部的几个地区考察新农村建设和城镇化，给我留下印象最深的是陕西的神木县，政府把65%财政收入投入到民生事业，真正实现了农村免费教育、医保和低保的全覆盖。以他们自己的话说，就是用少盖一座楼的钱，让所有城乡居民在就医和报销方面都享受到和公务员一样的待遇。老百姓安居乐业，敢于消费，社会和谐稳定，既拉动了内需，又大大降低了维稳成本，算经济账是划算的，关键是政治账算对了。神木的经验表明，只有注重再分配，加快社会保障体系建设，体现救穷人，促消费，扩内需，稳社会，才能有助于形成良性发展的社会环境。胡锦涛总书记谈到的"包容性增长"，我理解就是要让大家都能合理分享到经济发展和改革开放的成果。"十二五"期间，要逐步实现从少数人先富到全体国民共同富裕，就必须把以社会保障体系建设为主的民生建设作为切入点，优先发展，加快社会事业改革的步伐。

二、养老保险体系建设具有紧迫性、长期性

在社会保障体系中，养老保障无疑是最重要的制度安排，它包括提供经济来源的养老保险与提供保障服务的老年服务。一个国家的文明程度和老龄人口的生存状况密切相关。我国的养老保障事业起步比较晚，既有观念和认识上的问题，比如我们有

历史悠久的尊老敬老的家庭养老传统，也有对提前进入老龄社会准备不足、投入不够、制度缺失的问题，因此，面向老年人的社会保障制度安排的紧迫性尤为突出。近年来开展农民社会养老保险试点是一个巨大的历史性的进步，但大多数人还缺乏养老金，至于老年服务更是处于被忽略的位置。如何从养儿防老式的家庭养老逐步过渡到社会养老，将是一个长期的、艰难的过程。

我觉得中国经济社会发展到了现阶段，这个问题的解决不能再滞后了。现在的老人绝大部分经历了抗战、解放战争、社会主义革命和建设时期，一路走过了崎岖蹉跎的岁月，有的老人还在用余热继续为改革开放、民族复兴贡献力量。这是一个饱经风霜磨难、特别能吃苦耐劳、曾经支撑起我们国家和社会发展脊梁的伟大群体，是我们国家最宝贵的人口财富。保障他们的晚年幸福安康，不仅是各级政府的责任，也是全社会的责任。

我想，在国力日益增强的今天，养老保障事业的发展应该成为国家优先考虑的基本问题，“十二五”时期国家财政要大幅度地向老年保障事业倾斜，尽快建立健全养老保障体系。一是要加快养老保险制度建设，让老年人有钱养老。二要推进居家养老服务，完善社区养老服务。三要加强养老机构建设，满足老年人集中照顾的需求。四是落实优惠政策，鼓励社会力量兴办养老服务事业。五是加强养老服务机构能力建设，提升规范化服务水平。六是统筹规划，创新发展，建立现代老年产业体系。养老保障事业还是一个巨大的潜在市场，要把发展养老服务业纳入到经济和社会发展整体规划，着力培养以新型养老服务模式为核心的现代养老产业体系，既能解决年轻家庭的后顾之忧，又能拉动内需,还可以大量吸纳就业人口,是一项利国利民、功在当代、造福老人、惠及子孙的大事,家家有老人,人人都要老,今天我们为老人的服务做好了,明天就是为你自己服务。因此,有必要把老年服务与老年福利事业的发展作为转变发展方式的着力点和健全社会保障体系的战略支撑点,为实现老有所养的目标不懈奋斗。

三、构建综合性社会救助体系,逐步实现基本公共服务均等化

改革开放30年,中国早已摘掉了穷国的帽子,但贫困现象并未消失,相对贫困现象还会长期存在。因此,面向贫困或低收入人群的社会救助制度在十三亿人口的大国是不可或缺的。我国现行的社会救助制度是以最低生活保障为核心,包括医疗救助、教育救助、住房救助等,还停留在生存救助的层次,处于城乡分割、群体分割状态。因此,加大政府投入,深化救助改革势在必行,政府尤其要关注低收入群体中的残疾人、老年人和鳏寡孤独者,应当对他们负起更多的责任。在一定意义上说,政府就是为弱势群体设立的。“十二五”应当真正构建起综合性救助体系,并力争这一制度从城乡分割走向一体化救助、从生存救助发展到追求较高生活质量的救助。

基本公共服务均等化实际上就是福利均等化。十七届五中全会提出“基本公共服务均等化”,强调的即是社会公平,公平是基于基本人权的公平,绝不是搞平均主义。现在收入分配的不公已经到底线了,影响到社会的稳定了。我觉得我们应有危机

感和忧患意识。“十二五”经济社会发展目标的确立，就是要巩固过去发展的成就，解决积累的问题和矛盾。中国的经济足以支持逐步实现基本公共服务均等化的转变，各项社会保障及相关服务则构成了基本公共服务中的核心内容，因此，通过社会保障制度来增进国民福祉并使之在普惠的条件下走向公平，便可以促使基本公共服务均等化的目标成为现实。

不久前，中共中央举办了省部级主要领导干部社会管理及其创新专题研讨班，胡锦涛总书记就加强和完善政府主导的维护群众利益机制等八项重点工作作了深刻阐述。我认为，切实抓住社会保障体系建设这个事关群众切身利益的“牛鼻子”，从看得见、摸得着的事情做起，对社会长治久安有深远意义。因此，我们要进一步提升对社会保障体系的重视程度，从战略高度对社会保障体系进行宏观研究、系统设计、缜密安排，借“十二五”东风，大力推进社会保障体系建设，为构建和谐社会、加快推进现代化进程作出应有的贡献！

预祝中国社会保障发展战略研讨会取得圆满成功！

秉承传统，与时俱进，
不断开创民盟工作新局面

——在民盟重庆市委纪念中国民主同盟成立70周年大会上的讲话

（2011年3月19日）

今天是中国民主同盟70华诞，这是一个值得纪念的日子。70年前的今天，为了“坚持抗日主张，实践民主精神，致力国内团结”，民盟诞生在重庆这片光荣的热土上，民盟的前辈张澜、黄炎培、沈钧儒、罗隆基、梁漱溟、史良、陶行知等，都在重庆工作、生活过，可以说民盟的精神孕育于重庆，重庆也是中国民主党派的精神家园。抗战胜利后，在两个前途、两种命运的生死较量中，民盟与中国共产党密切配合，并肩战斗，有27位盟员为新中国的建立，牺牲在重庆黎明前的黑夜里。前贤铿锵的足迹、志士喷薄的热血，使得重庆民盟承载着历史的荣光和继往开来的神圣使命。

建国后，重庆盟员以极大的热忱投身社会主义建设，为新中国文教科学事业发展作出了突出贡献。改革开放特别是重庆直辖以来，在中共重庆市委的领导下，民盟重庆市委不断加强自身建设，切实履行参政议政、民主监督职能，涌现出一批具有广泛影响的代表性人物和各行各业的领军人才。如对推进中国政治文明建设和多党合作事业进行过深入系统思考，提出“以诚相召、以信相守、以情相感是统一战线的精神支柱”精辟见解的新时期民主党派代表人物冯克熙；有持续关注三峡生态环境安全、移民问题和可持续发展战略，参政议政多有建树的学者雷亨顺；有刚刚离开民盟市委领导岗位，忧国忧民，敢于说真话、做诤友的陈万志主委。正是这样的榜样引领和带动作用，使得重庆民盟许多方面的工作走在了全盟的前列，在社会上树立了新时期参政党的良好形象。在这里，我代表民盟中央，向民盟重庆市委和全市的广大盟员，致以崇高的敬意和诚挚的问候！向一直以来给予民盟工作大力支持和帮助的中共重庆市委、市政府暨有关部门和社会各界表示衷心的感谢！

回顾历史，是为了更好地把握未来。民盟的历史是光荣的，我们不自夸，却应自重，要从中不断汲取营养，赋予新的时代内涵，化为与时俱进的压力和动力。进入新世纪、新阶段，面对全面建设小康社会的新任务，同时也面对社会转型期知识分子群体日益分化的新情况，以及功利化、行政化、非知识化的倾向对统战文明提出的新挑战，我们何以立盟，才能凝聚人心和力量？才能顺应时代发展的要求，正确判断自身历史方位？才能彰显自身存在的价值，担当起时代赋予参政党新的历史使命，为中华民族伟大复兴作出新的历史性贡献？为此，我想谈几点意见。

一是对于真理的追求不会因为人生际遇而发生动摇，始终坚守心中的理想与信念。只有多一些理想,少一些功利,才能心底无私,淡泊名利。正是因为有这样的境界,过去民盟没有人为国民党高官厚禄的诱惑所动,而是始终保持了自己的政治立场和操守。所以,我想强调的一点,就是盟的各级领导干部和从政干部要坚决抵制社会上盛行的庸俗的、实用主义人生观和价值取向,正确看待官位和个人得失,当官只是一阵子,做人才是一辈子,民盟许多前辈做人、做事、做官的准则,是我们的尺子和镜子。

二是以天下为己任,具有强烈的忧患意识和历史使命感,独立思考和批判的精神。忧国忧民,是千百年来贯穿中国知识分子的一条精神主线。这使我不由得想到一位可敬的前辈梁漱溟先生,他说,我的生命就寄于责任一念。处处皆有责任,好像责任集中于我一身。即使是感到"四顾无人"的时候,仍有"舍我其谁"那样担当和自任的勇气。民盟的前辈们能够与中国共产党肝胆相照,说真话,讲实情,知无不言,这是党和人民需要的一种健康政治心态,而恰恰是这些不同的声音,更能够促进决策的科学化、民主化,充分体现多党合作的制度优势和生动活泼的政治局面。

三是关注民生,奔走国是,有服务国家和社会的专长和强烈愿望,既是民盟的优良传统,也适合中国的现实和民盟的实际,民盟具有这方面的人才优势,理应大有作为。特别是在当前社会分化加剧、各种矛盾叠加、民生诉求升级的情况下,我们更要推动以民富优先为导向的发展方式的转变;关注具有普惠制的社会事业建设,维护社会公平和正义;发挥民主党派凝聚改革共识与力量的独特作用，为实现科学发展、人民幸福、社会和谐稳定，多建睿智之言，多献务实之策，多促利民之举。

我注意到，国务院批准重庆市作为全国统筹城乡综合配套改革试验区以来，重庆市在统筹城乡经济社会发展、缩小收入差距、提高民生幸福指数和构筑公平正义的社会保障体系、住房体系方面进行了卓有成效的改革探索，为国家“十二五”实现经济发展方式转变、为2020年全面建成小康社会，积累了许多可资借鉴的成功经验。重庆还充分发挥革命传统和统战传统资源集中的优势，开展爱国主义和社会主义教育，大力推进社会主义核心价值体系建设，在全国起到了表率和示范作用。我希望，重庆各级盟组织和广大盟员，要以纪念民盟成立70周年和重庆民盟成立66周年为契机，认真学习贯彻中共重庆市委三届八次全会精神，把“加快科学发展，提速共同富裕”，现实“四大愿景”作为全市民盟工作的第一要务，为促进重庆科学发展、人民幸福、社会和谐，为新时期多党合作事业发展作出新的更大的贡献！

祝中国民主同盟永远年轻，在中国特色政治发展道路上奋勇前进！

谢谢大家！

在第七次全国煤炭科技大会上的讲话

（2011 年 4 月 17 日）

同志们：

今天，中国煤炭工业协会隆重召开第七次全国煤炭科学技术大会，全面总结“十一五”煤炭科技成就，表彰煤炭科技工作先进集体和个人，研究部署“十二五”煤炭科技工作，具有十分重要的意义。我代表全国政协，向今天获奖的煤炭企事业单位和科技工作者表示热烈的祝贺！向煤炭行业广大科技工作人员表示诚挚的问候和崇高的敬意！

煤炭是我国的主要能源，煤炭工业是我国的基础能源产业。我国煤炭产业的重要性在日本福岛核电站泄漏事故和中东北非复杂形势的情况下，更加凸显。我们欣喜地看到，煤炭行业广大科技工作者、煤矿一线的工程技术人员，始终坚持“科技兴煤战略”，锐意进取，各项事业取得了显著的成绩。以煤炭企业为主体、产学研相结合的科技创新体系基本形成，煤炭生产力总体水平大幅提高；资源勘探技术取得新的突破，大型、深井煤矿技术逐步成熟，煤矿高效开采和成套装备的集成创新与研发取得较大进展，煤矿综采主要技术指标达国际先进水平；煤炭加工转化与洁净煤技术成果得到进一步应用，煤炭绿色开采与土地复垦技术不断创新；煤矿安全保障技术体系逐渐完备，安全保障能力大幅提高；煤炭教育培训与人才培养体系不断健全，一大批科技领军人才快速成长。在推进煤炭科技进步的进程中，煤炭工业协会充分发挥桥梁和纽带作用，坚持把创新作为提升企业生产力的重要抓手，做了大量工作，取得了突出的成效。

同时，也必须看到，我国高强度开发和利用煤炭资源，使得资源开发与环境保护、区域经济社会的可持续发展之间的矛盾十分尖锐。煤炭行业要认真贯彻落实党的十七届五中全会精神，充分发挥科技的支撑作用，按照《国民经济和社会发展第十二个五年规划纲要》的具体要求，切实转变煤炭经济发展方式，加快调整煤炭结构，提高自主创新能力，把煤炭工业发展切实转移到依靠创新驱动和提高劳动者素质的轨道上来，为煤炭工业又好又快发展、为建设资源节约和环境友好型社会作出应有的贡献。

首先，要充分发挥市场在科技资源配置中的基础作用，进一步建立和完善以企业为主体、大专院校和科研单位为支撑、产学研相结合的科技创新体系。创新是企业生存和发展的灵魂，煤炭企业要主动挑起国家自主创新的大梁，加大研究开发和技术创新投入，健全科技创新机制，推广应用先进技术和装备，不断提升煤炭行业关键和共性技术的创新能力和系统集成能力。

其次，要加大国际技术交流与合作，通过高起点、高技术、高标准地引进国外重大先进技术、大型装备和关键部件，经过消化吸收再创新，尽快缩小与发达国家的差距；要不断强化自主知识产权的国家主权意识，要吸取几十年来我们以市场换技术、丢了市场却没有换来技术的经验教训，力争在核心产品和核心技术上拥有更多的自主知识产权。

第三，要认真贯彻落实国家科技中长期发展规划，切实把煤炭教育与人才培养放在行业发展重中之重的位置，鼓励中青年科技骨干和煤矿一线工程技术工作者参与重大科技攻关，着力培养一批能够统领产学研团队的科技领军人才；要按照煤炭科技发展路线图，有序推进煤炭技术中心、工程中心和重点实验室等基础设施建设，加强煤炭资源安全开发与高效清洁利用、矿区生态环境恢复治理、重大煤矿灾害机理、煤炭加工转化等基础理论研究，力争取得突破，为增强煤炭科技可持续发展能力奠定坚实的基础。

同志们，煤炭战线广大科技工作者历来都有一种勇于奉献、不怕吃苦、特别能战斗的精神，我希望大家再接再厉，攻坚克难，努力把我国煤炭科学技术事业提高到一个新水平，为我国煤炭工业实现节约发展、清洁发展、安全发展和可持续发展贡献智慧和力量！

谢谢大家！

在极端气候与中国水安全高级圆桌会议上的讲话

（2011 年 4 月 22 日）

各位来宾，女士们、先生们：

大家上午好！

芳菲四月，在水之湄。在这春光明媚的美好季节，我第三次应邀出席全球水伙伴中国委员会组织的高级圆桌会议了，每次与来自各界的新朋故友相聚一堂，共同探讨中国的水问题，都感到分外亲切。在这里，我谨代表全国政协对本次会议的召开表示衷心的祝贺，对各位远道而来的朋友表示热烈的欢迎。

极端气候及其引发的水安全问题深刻影响人类的生存和发展，是各国共同面临的重大挑战。妥善应对极端气候及其引发的水安全问题，事关各国经济社会可持续发展和全人类的福祉。令人忧心的是，由于种种原因，各国在气候问题上至今仍难达成可“立即行动”的有效协议。全球温室气体排放总量还在继续增长，未来的全球气候很可能会更加极端化，作为最易受气候变化影响的国家之一，中国还将面临更为严峻的挑战，而在气候灾难面前最脆弱的环节之一当属水资源。近年来，受极端气候的影响，中国水资源时空分布不均和水资源固有的脆弱性更加明显。目前，中国人均可利用水资源量不足700立方米，远远超过国际公认的严重缺水警戒线。刚刚过去的2010年，极端天气引发的灾害几乎影响整个中国大地，局部地区的强降雨、高温干旱以及超强台风等极端天气灾害出现的频率和强度显著上升，水旱灾害的突发性、异常性、不可预见性日渐突出。

《礼记·中庸》上说，"凡事预则立，不预则废。言前定，则不跲。事前定，则不困。行前定，则不疚。"大意是说"任何事情，事前有准备就可以成功，没有准备就要失败；说话先有准备，就不会词穷理屈站不住脚；做事先有准备，就不会遇到困难挫折；行事前计划先有定夺，就不会发生错误后悔的事。"目前的气候变化，全球科学家的共识是有90%以上的可能是人类自己的责任。当前，需要特别关注的是，随着极端气候常态化的趋势日益加强，我们必须转变以往应对极端气候及其引发灾害的理念和行为方式，不能把应对灾害只当作应急任务，在灾害到来时才采取措施。事实上，在人类现有的科技手段和经济力量不能完全阻止灾害发生或不能完全预知灾害发生的情况下，人类将在一个相当长时间内不得不与灾害共生共存，这种状况要求我们要像关注人类自身的生存和发展一样，关注应对和处置灾害问题，将防灾减灾纳入实现经济和社会可持续发展的全部行动之中，在与灾害共生共存中学会管理灾害和控制灾害。

中国作为负责任的发展中国家，高度重视极端气候及其引发的水安全问题。今年的中共中央、国务院一号文件开宗明义指出“水是生命之源、生产之要、生态之基。兴水利、除水害，事关人类生存、经济发展、社会进步，历来是治国安邦的大事”。明确提出，未来十年，全社会水利年平均投入将比2010年提高一倍，即今后十年国家每年将投入4000亿元加强水利建设，这一重大举措无疑将对我国水利发展和保障水安全产生极大的推动作用。

从长远来看，中国必须将应对气候变化、预防极端水旱灾害事件上升到国家安全的战略高度重视。一是要按照科学发展观的要求，加快转变经济发展方式，积极推进减缓气候变化的政策和行动。要统筹考虑经济发展和水资源承载能力，既要考虑当前又要惠及子孙，采取一系列应对气候变化的政策和措施，以发展低碳经济、优化能源结构、加强环境保护和建设为重点，控制和减缓温室气体排放，努力减轻因人类自身原因加剧的极端气候灾害事件。

二是要加强防御水旱灾害薄弱环节建设，不断提高适应极端气候常态化的能力，切实保障中国水安全。尤其要从整体上增强水利应对极端气候和抗御洪涝干旱灾害能力，以水资源的可持续利用保障经济社会的可持续发展。

中国有一句有名的成语，叫作“唇亡齿寒”。它提醒人们，灾害是没有国界的，任何一个国家都不可能单独面对。应对极端气候，保障水安全是全人类的共同责任，世界各国人民只有团结协作，相互支持，才能最终减轻灾害的破坏影响。今天的水安全高级圆桌会议，就是一个促进各国专家和学者相互学习和交流应对极端气候经验的战略平台，我们坚信，通过各国家、各部门、各行业和全社会的共同努力和通力合作,极端气候应对一定能够取得新进展,水资源永续利用的目标一定能够实现!

最后,我衷心祝愿此次高级圆桌会议圆满成功。并祝各位来宾身体健康,在北京度过一段愉快的时光。

谢谢大家!

重温“入盟誓词”的一点感言*

今年是辛亥革命100周年，中国共产党成立90周年，民盟成立70周年，20世纪上半叶发生的这三个历史事件，看似巧合，其实是有着必然的关联。在70年的峥嵘岁月中，为了民族解放和人民革命事业，民盟作出了与中国共产党亲密合作、并肩奋斗的政治抉择，为建立新中国作出了卓越贡献；在建设中国特色社会主义的道路上，不论遇到多大曲折和挑战，民盟历届领导人都以极大的政治智慧和勇气，始终坚信党的领导，与中国共产党风雨同舟、肝胆相照，不断开创多党合作事业新局面；站在新的历史起点上，民盟更要登高望远，与时俱进，努力建设一支政治素质过硬、参政议政能力和水平较高、有着优良的作风和文化传统的参政党队伍，才能不辜负党和人民对我们的期待。

我不由得想起前些时候一位热心盟务的同志辗转送给我的一份民盟文件。它是一页保存完好的、油印的40年代的《中国民主同盟盟员誓词》，堪称历史文物，其全文如下：

---

* 原载于《群言》2011年第4期。

我自愿加入中国民主同盟，誓以毕生精力为民主事业奋斗到底。严格遵守盟的纲领纪律，忠实执行盟的决议，并以赤忱信义对待我同志，以期建立民主、自由、平等、幸福的新中国，完成人类的真正解放。此誓！

这是在国民党压制民主、大搞一党专政、实行白色恐怖统治的背景下诞生的入盟誓词。生活在今天的人们可能难以想象，承诺这样的誓言对于自己到底意味着什么。我理解，为了完成建立民主、自由、平等、幸福新中国的神圣使命，每一位申请入盟的人，都从宣誓的那一天起，郑重地选择了追求真理与进步的人生道路，选择了“捧着一颗心来、不带半根草去”的牺牲和奉献精神，选择了一份沉甸甸的服务社会和人民的责任和义务。为了这样的政治抱负，李公朴、闻一多前脚跨出家门、后脚就不准备再迈回来，渣滓洞、白公馆的民盟先烈们宁愿把牢房坐穿、鲜血流尽，也不放弃为中华民族乃至全人类的解放战斗到底的信念。在政治气节和大是大非的考验面前，他们毫无二致地选择了舍生取义，虽九死而犹未悔。

星移斗转，岁月轮回。70 年在人类历史长河中稍纵即逝，然而也正是在这关键的 70 年，在中国共产党的领导下，中华民族雪洗了百年耻辱，神州大地发生了亘古未有的沧桑巨变，各族人民正在朝着全面建设小康社会、实现伟大民族复兴的目标迈出坚实的步伐。抚今追昔，我们不禁感慨万千！诚然，我们不再需要像我们的前辈那样，为了理想去赴汤蹈火，时刻准备付出生命的代价。因为社会在变迁，我们现在生活的环境和条件与 70 年前已经迥然不同。费孝通主席曾经讲过这样一段话，他说，民主党派在一个历史时期应该做什么，不是自己决定的，而是时代决定的。改革开放以后，费老带领全盟以经济建设为中心，“出主意、想办法，做好事、做实事”，打开了民主党派为现代化建设服务的全新视野和路径。在全面建设小康社会的今天，民盟要想不被时代潮流所淘汰，就必须增强危机感和忧患意识，明确自己的定位，展示自身存在的价值，担当起时代赋予参政党新的历史使命，为中华民族伟大复兴作出自己的贡献。而秉承传统，与时俱进，切实加强自身建设，则是我们在新时期立盟、强盟、兴盟，推进多党合作事业可持续发展的前提和基础。

不久前我写了一篇纪念陶大镛先生的文章。我认为，费老、钱老、陶公那一代深受“五四”精神洗礼的知识分子、民盟的前辈，他们是为了国家和民族利益走上了政治道路，其政治信仰不会由于个人际遇而动摇，因为他们从没有掺杂自己的私欲，在他们身上，体现了知识分子应有的道德情操、社会良知和风骨。在这里，我想强调的是，民盟的领导干部要坚决抵制社会上盛行的庸俗的、实用主义人生观和价值取向，正确看待名利和个人得失，因为民盟的职位不是官位，即便有官位的色彩，当官也只是一阵子，做人才是一辈子，无数民盟前辈是我们做人的尺子和镜子。

奔走国是，关注民生，是民盟的优良传统。盟员中的大多数人从事文教、卫生、科技等社会事业，而社会事业的发展更能体现社会公平和正义。丁石孙主席在贯彻费老12字方针时，认为：“抓住了民主党派在当前形势下的定位和作用”，并强调：“继续关注民生是最重要的”。因为这适合中国的现实和民盟的实际，民盟具有这个优势，而且理应大有作为。同样，我们还要关注“三农问题”、弱势群体问题、分配制度改革问题、环境资源的可持续问题，倍加珍惜来之不易的安定团结大好局面，发挥民主党派凝聚改革共识与力量的独特作用，为构建和谐社会、实现中华民族伟大复兴作出我们新的贡献。我想，这应该成为我们纪念民盟成立70周年更深层次的涵义。

增强文化共识　促进世界和谐*

——首届太湖世界文化论坛闭幕讲话

回望刚刚过去的十年，人类文明经受了空前挑战。人为悲剧如美国“9·11”事件、伊拉克战争、俄罗斯人质危机、巴厘岛连环爆炸等等，自然灾害如印度洋海啸、汶川地震、日本地震海啸核泄漏等等，以及蔓延全球的金融与经济危机，致使整个世界的日常生活不得应有的安宁。

回顾过去的百年，人类取得了重要文明成果，也伴生了诸多反文明事件。先后两次世界大战，大战之后的冷战，后冷战时代国际经济的严重失衡……人类为物质繁荣而掠夺自然，枯竭资源，因文化差异而冲突频繁……俯瞰地球，难言和谐。

在这样一个严峻时刻，我们怀着巨大的现实忧虑和深切的历史责任感，聚会在世界东方，在古老而充满活力的中国，在美丽的历史文化名城苏州，跨越文化差异，讨论共同关注的问题，寻求人类自新之道，瞩望和谐发展远景，达成如下基本认知：

---

* 原载于2011年5月31日《中国社会科学报》。

气候变暖、重大自然灾害、核威胁、艾滋病、恐怖活动等严峻问题均已超越国界,任何国家和地区都难以独善其身。

由少数强国主宰的国际秩序及其观念与制度无力缓解全球规模的各种危机。人类核心价值体系及相应制度的建立有赖国际社会全体成员平等参与。

人类面对的重大问题具有广泛关联性和空前复杂性。这些难题的缓解乃至消除,仍在我们已具备的理性、知识、智慧和愿望之内。

人类文明中的科技成果、经济力量和信息手段正在形成大规模聚集效应,而思想成果、文化力量和制度创新的自觉合作却有待破题。

提出新观念,确立新思路,实践新规则,不仅是人类关切的重大问题,而且十分紧迫。坐言起行,知行合一,应是不同文化之间的共有约定。

基于如上的共同认知,我们倡导以下的行动共识:

一、求和平,谋发展,促合作,凝聚各国人民的共同意愿

对话比对抗好,合作比遏制好。只要还有一处局部战争,都是对人类和平的威胁与耻辱。一战时的“和平纲领”,二战时的《大西洋宪章》,冷战时期的“和平共处五项原则”,是人类禁绝战争、渴望和平的持续表达。以此为基础,作出新的表达,建立人类所有成员单位共同遵循的道义准则,形成根本杜绝武力、解决分歧和争端的国际机制,使所有国家和地区永葆和平。

二、追求“国际正义”，消除人类贫困，实现共同繁荣

人类创造财富的总体能力，已足够让所有成员获得基本生活所需，永绝饥寒，共趋繁荣。面对世界贫困问题恶化、贫困人口持续增加的现实，需要建立“国际正义”概念，提出“全球小康”目标，大力改善目前世界经济、政治秩序与分配格局，为每个社会提供公平机会，把消除贫困作为尊重与保护人权全部事务的基础。

三、尊重差异，包容多样，跨越文化鸿沟，促进文明交流

尊重各国人民选择社会制度、确立政府形式、进行民主建设的权利。东方与西方，应成为友好对话、和衷共济的伙伴；先进与后进，应形成取长补短、携手共进的局面。大国小国，一律平等；强国弱国，尺短寸长。全球化局面下，各国的共同利益在增多，合作基础在扩大，求同存异，优势互补，多方共赢，才能促进世界文明和谐发展。

四、敬畏自然，保护生态，共同呵护人类生存和发展的家园

重塑人类对自然的敬畏，重构人与自然的和谐。发达国家和发展中国家共同担负起目标一致、合理分工的责任。摒弃破坏生态环境的发展模式，积极推动增长方式、法律制度、管理措施、政策引导、消费理念等方面的调整与革新，有效应对气候变化和能源、环境的挑战，努力实现绿色发展和可持续发展，共同

呵护我们的家园。

五、倡导文化自觉，珍惜丰富多彩的多元文化，共享世界和谐

文化自觉是全球化时代的必然要求。生活在一定文化中的人对其文化有自知之明，明白其来历、形成过程和发展趋向，是文化自觉的基本标志。在此基础上，推己及人，理解和尊重不同文化的历史、特色和价值观，珍惜多元文化的丰富多彩，各美其美，美人之美，美美与共，天下大同，就是人类共享世界和谐的理想境界。

总之，各国的事情由各国人民做主，世界的事情由世界人民共同做主。创建政治上平等互信、经济上合作共赢、文化上交流互补的人类现代历史上真正和谐发展的新局面，我对此抱有乐观的期待。

人类历史是一部跨文化交流的历史，尊重文化的多样性才能对话、沟通、合作，让我们向着人类发展新时期，为世界和平、和睦、和谐、和畅共同努力。

老吾老以及人之老*

——考察浙江、安徽养老事业发展的一点感想

中华民族历来有尊老、敬老的传统，老吾老以及人之老，是多少往圣前贤追求的一种社会理想。家家有老人，人人都要老，尤其是在社会转型期，面对猝然来临的老龄化浪潮，如何积极应对，是关系亿万群众民生福祉与社会和谐稳定的重大课题。

因此，我把今年调研的重点确定为老年人保障与养老服务体系建设。不久前，我带队先后到浙江、安徽调研，以期探索不同经济发展水平的东部和中西部地区解决养老保障与养老服务问题的路径。

我们先后听取了两省、市领导和相关部门负责人的情况汇报，视察了市级福利中心、街道和民办老人公寓、农村敬老院，向市、区和街道的干部、养老机构的负责同志了解这三种分别由市政府、街道和民资、农村集体组织举办的养老机构运行情况，还与生活在那里的老人拉家常，倾听他们对搞好养老服务工作的

---

* 原载于2011年6月8日《人民日报》。

建议。这次调研给我印象最深刻的是几家民办养老机构，特别是六安市的两个下岗姐妹，利用闲置的校舍和厂房办起的爱心老年公寓，服务对象主要是“三无”老人，虽然遭遇了资金短缺、难以为继的困扰，但她们热爱养老事业那份执着与坚守的精神，让我和同行的部委与省市领导深受感动，正是这些默默无闻的爱心人士，用自己的行动实践着“替天下儿女尽孝，为党和政府分忧”的诺言。

养老是我们必须认真面对的一个长期、复杂、艰巨的社会问题。“十二五”时期要实现发展方式的转变，重中之重是要进行结构调整和解决民生保障与社会事业短板问题，让老百姓敢于消费，从而引领国民经济走上内需驱动型的可持续发展道路。现在的老人绝大部分经历了民国、抗战、解放战争、社会主义革命和建设时期，这是一个饱经风霜磨难、特别能吃苦耐劳、曾经支撑起我们国家和社会发展进步脊梁的伟大群体，而他们创造财富的时候，正赶上我们重积累、轻消费，长期维持低工资水平的计划经济时代。因此，保障他们晚年的幸福安康，理应成为各级政府的责任，也是一个文明社会应该承担起来的责任。

这次的调研坚定了我对老年人保障与养老服务体系建设的一些观点和想法。一是要明确政府的主导地位，“十二五”时期国家财政要大幅度地提高对养老保障与养老服务的投入。在某种意义上说，政府就是为弱势群体设立的，而老人特别是失能老人，往往是弱势中的弱势，政府和农村集体组织举办的城市福利中心、老年公寓及农村的敬老院，首先应该接纳“三无”、“五保”老人，做到“应保尽保”，真正使“鳏寡孤独废疾者皆有所养”。我国目前的财政状况足以支持这部分老人的养老需求。同时要防止政府出资兴办的养老机构成为新的形象工程的倾向，坚持保基本、重公平、可持续的原则，政府举办的养老机构条件不能高于社会平均水平。同时，在养老机构内要提倡老人之间的互助，有条件的农村敬老院可以适当安排一些娱乐性的生产劳动，以减轻政府的负担。

二是鼓励有社会责任感的企业、民间组织和个人举办满足不同层次需求的养老机构。政府主导并不等于政府包办，而应充分调动社会力量参与兴办养老服务机构的积极性，即使是采取政府购买服务或给予床位补贴的办法，其成本也远远低于、效率也远远高于政府自办。因此，政府要对民办养老机构一视同仁，纳入城乡规划体系，在建设用地、配套费用、税收等方面予以减免和优惠。同时，要打破各种条框限制，允许民非养老机构适当赢利和分红，保证其可持续性。

三是要创新社会管理的体制机制，为老年人提供更加完善和有效的服务。基于我国的国情和传统，居家养老仍然是大多数老年人的首选，因此，要加大政府主导的城乡居家养老服务平台建设和队伍建设，大力发展居家养老服务业。我国的养老服务业刚刚起步，不要只把养老服务作为负担，这更是一个朝阳产业，据有关部门的估算，我国养老事业大概能够创造超过千万的新增就业岗位，除3%~4%的老人在机构养老外，其他居家养老的高龄老人、失能老人、空巢老人的信息化管理、医疗救助、配送餐服务、精神护理和心理慰藉同样存在着巨大的市场和商机。

四是努力形成全社会尊老、敬老的合力和氛围。关爱今天的老人，就是关爱明天的自己，全社会都要树立为老人服务光荣的理念，切实提高养老服务人员的社会地位与工资福利待遇，开展职业化培训与准入标准的认证。我比较认同浙江推出的"时间银行"做法：志愿者通过为养老机构提供无偿服务，为自己累积享受同等时间的服务，或者是健康老人到养老机构帮忙，等自己失能时同样可以得到别人的照顾，这体现了"人人为我，我为人人"的互助共济的传统美德。同时，浙江省实行的由地税部门向企业征收养老保险费、农村复转军人军龄视同参保、社会保障一卡通等实践和探索也值得其他地方学习和借鉴。

五是应实施基本国策拓展战略，稳定适度低生育水平，将积极养老、应对人口老龄化战略扩展进基本国策。

关于将积极应对人口老龄化战略扩展进人口与计划生育基本国策的建议*

（2011 年 7 月）

锦涛总书记、家宝总理：

在社会转型期，如何应对加速到来的老龄化社会挑战，是关系亿万群众福祉与社会和谐稳定的重大课题。今年 5 月，民盟中央与全国政协社会和法制委员会在安徽省开展“老年人保障与养老服务体系建设”联合调研。安徽省的老龄人口比重大问题具有中西部劳动力输出大省典型和样本意义，我们汇总了在安徽实地调研的情况，并形成如下的意见和建议。

一、安徽省老年人保障与养老服务体系建设基本情况

据统计，2010 年，安徽省 60 岁及以上老年人口为 991.59

---

* 本建议由民盟中央主席蒋树声、民盟中央副主席张梅颖联名提交，中共中央国务院领导同志胡锦涛、温家宝、回良玉均作出重要批示，要求民政部、全国老龄办对本建议认真参阅，并商有关部门拿出意见。

万，占14.52%；65岁及以上老年人口660多万，占9.8%，均高于全国平均水平，而且老龄化进程迅速。这主要是由于安徽是人口大省、劳动力输出大省，农村青壮年人口大量流入东部地区后，出现省内老年人口规模大，老龄化程度高，空巢家庭与留守儿童现象同样突出等问题。但同期安徽人均GDP仅16656元，居全国第17位，老龄化超前于经济社会发展水平，“未富先老”特征明显。

面对人口老龄化的严峻形势，安徽省委、省政府坚持以人为本、科学发展的理念，把老年人保障与养老服务体系建设列入重要议事日程，大力推进全省老年事业发展。

一是成立养老服务体系建设领导小组。出台了《关于加快推进养老服务体系建设的决定》等一系列政策措施。

二是加强公办养老服务机构建设。截至2010年底，全省累计投入15.2亿元用于五保供养服务机构建设，现有敬老院2055所，集中供养率达35%。2011年，省民政厅提出建设“两个示范”的要求，即每个市、县建立一所示范性养老服务机构，每个县（区）建立一所示范性的社区养老服务设施（日托站、照料中心），全力推动养老服务基础设施建设。

三是鼓励和引导社会力量积极兴办养老服务机构。2006年，省政府出台了《关于加快发展养老服务业的通知》，鼓励和引导社会力量兴办养老服务机构。各地也陆续制定了一系列优惠扶持政策，如合肥、铜陵、淮北、巢湖等市对民办养老服务机构实行了床位补贴制度。全省现有社会力量兴办的养老机构238所，床位20455张，在一定程度上缓解了养老服务供给不足的压力。

四是巩固居家养老的基础地位,发挥社区服务的支撑作用。通过推行“社区养老福利服务星光计划”项目,兴办了1230个城乡社区的图书阅览、日间照料、简单医疗诊所、康复健身等小型多样的老年福利服务设施。同时,以政府购买服务和资源整合为手段,通过专业化服务和志愿者服务相结合的方式,向居家老年人开展以生活照料、医疗保健、精神慰藉、文化娱乐为主要内容的服务,受到社区老年人欢迎。

五是农村养老服务有所创新。如六安市先后开展了农村基层老龄组织规范化建设和确保老人养老生活质量的“五有二查一公布”活动(确保老年人有一间向阳通风的房间,有一日三餐可口饭菜,有四季不缺的衣被,有病及时治疗,生活不能自理时有人扶助;村老年协会夏查蚊帐、草席,冬查棉衣、棉被;定期公布检查及优待落实情况),取得了良好的社会效果。

二、安徽省反映的主要问题

安徽省在推动老年人养老服务体系建设方面,取得了积极进展,但受经济社会发展水平和青壮年劳动力大量输出的制约,全省老龄事业与人口老龄化快速发展形成的日益严峻形势相比,与全国老龄事业发展水平相比,还存在着一定的差距和不足,面临着一些亟待解决的问题。主要表现为:

政府投入严重不足。由于经济欠发达,地方政府力不从心,投入不足,使得包括老龄事业在内的社会保障体系建设严重滞后。

社区居家养老服务基础地位还不突出。安徽省社区养老服务基础设施建设滞后，老年人休闲娱乐场所不足。社区所能提供的服务种类比较单一，质量不高，服务人员数量相对不足。全省城市社区共有2639个，其中建有居家养老服务设施的只有1030个，不到40%。

机构养老呈现供求失衡、结构失衡的状态。特别是缺乏专门用于康复护理、临终关怀的政策、配套设施和相关服务，比如农村敬老院，有老人的床位专项补贴，但没有为老人提供服务的人员经费，这就使得最需要获得机构养老服务的高龄、失能半失能老人往往不能进入机构养老，他们的生活境遇很凄惨。

各级政府对民办养老机构的扶持力度亟待加强。在土地供应、资金补助、税费减免和水电气费用优惠等方面，扶持措施不到位，大多民办养老服务机构资金缺乏，运营困难，严重制约养老服务市场的健康发育。

三、几点建议

一是将积极应对人口老龄化战略扩展进人口与计划生育基本国策。人口老龄化问题既是工业化、城市化、市场化的必然结果，也和我国长期推行的人口与计划生育基本国策密不可分。因此，要稳定适度低生育水平，必须实施基本国策拓展战略，使老年人保障与养老服务体系建设纳入人口与计划生育基本国策，使其和人口老龄化进程相适应，与经济社会发展水平相协调。

二是中央要加大对中西部省份养老事业发展的转移支付力度。特别是针对中西部劳动力输出大省经济欠发达、历史欠账多、养老负担重等情况，国家要作为特殊情况制定倾斜政策。

“十二五”时期,中央财政要加大对中西部劳动力输出大省养老保障和养老服务体系建设的转移支付力度,并以此带动各级政府大幅度提高对当地养老事业的投入。

三是要明确政府的责任和主导地位。各级政府要切实承担起对高龄、失能半失能等弱势老人群体的责任,安排相应服务人员的配套资金,政府和农村集体组织举办的城市福利中心、老年公寓及农村的敬老院,首先应该接纳“三无”、“五保”老人,努力做到“应保尽保”,实现全体人民真正“老有所养”的基本目标。同时,要坚持保基本、重公平、可持续的原则,防止政府出资兴办的养老机构成为新的形象工程的倾向,政府举办的养老机构以保障基本生活为主,条件不能高于社会平均水平。

要着手制定全国基本养老服务保障水平的参考标准,不能从制度设计上人为造成不同地区、不同人群的差别。

四是鼓励有社会责任感的企业、民间组织和个人举办满足不同层次需求的养老机构。

要调动社会力量和民间资本参与举办养老服务机构的积极性,政府要对民办养老机构一视同仁,加强指导和行业监管,采取购买服务或给予床位补贴等办法,以及在建设用地、水电费用、税收等方面予以减免和优惠,即便这样其成本也远远低于、效率远远高于政府自办的养老机构。

此外,要加快修订《民办非企业条例》,明确养老机构的土地物资权属,打破各种条框限制,允许民办养老机构适当赢利和分红,保证其可持续性。

五是要创新社会管理的体制机制,为老年人提供更加完善和有效的服务。

基于我国的国情和传统，居家养老仍然是大多数老年人的首选。因此，要加大政府主导的城乡居家养老服务平台建设和队伍建设，大力发展居家养老服务业。不能简单地把养老服务看作是负担，这种刚性的、有效的需求还是发展的机遇，是一个能够创造超过千万就业岗位的绿色、朝阳产业。因为将来即使有3%~4%的老人在机构养老，其他居家养老的高龄老人、失能半失能老人、空巢老人的信息化管理、医疗救助、配送餐服务、法律服务、精神护理和心理慰藉仍然存在着巨大市场和潜在商机，当前要重视老年产品的开发和培养职业化、专业化为老服务队伍，带动相关产业和服务业的发展。

六是努力形成全社会尊老、敬老的合力和氛围。关爱今天的老人，就是关爱明天的自己。要将尊老敬老纳入社会公德、职业道德、家庭美德教育的基本内容，在全社会树立为老人服务光荣的理念。要出台相关政策，推广志愿者及健康老人到养老机构提供无偿服务，为将来自己养老累积同等时间服务的做法。要切实提高养老服务人员的社会地位与工资福利待遇，积极培养老年护理专业人员，并适时实行准入标准的认证。

以上建议妥否，请指正。

在“博物馆建设与发展”调研座谈会上的讲话

（2011 年 6 月 10 日）

同志们：

在北京市委、市政府、市政协大力支持、精心组织和安排下，经过两天紧张忙碌的实地考察和座谈，全国政协“博物馆建设和发展”在京的专题调研取得了阶段性成果，今天就要结束了。

北京市的领导同志对本次调研高度重视，中共中央政治局委员、北京市委书记刘淇同志，市长郭金龙同志在百忙之中会见了调研组一行，北京市委副书记、市政协主席王安顺同志亲自过问和指导前期的筹备工作，市政协的几位副主席还直接参加了这两天的调研。在此，我代表全国政协调研组对北京市委、市政府、市政协的领导以及为保障本次调研的顺利进行付出辛勤劳动的有关部门的负责人和文博系统的同志们，表示诚挚的感谢！

两天的时间我们参观了不同类型、不同层次、不同所有制形式的几家博物馆（其中首博安排在座谈会后参观），即便是走马观花、浮光掠影式的走访，也是给大家带来视觉冲击、心灵震撼和美的享受，是一次文化盛宴。富有知识和启迪的解说，琳琅满目的文物精品，运用多种高科技手段的布展方式，精巧别致、历史厚重、京味十足的民族风格馆舍与恢宏大气的现代化大厦交相辉映的博物馆建筑，特别是一批以保护和传承中华民族文化为己任、具有历史使命感和改革创新精神的博物馆事业的领军人物，都给我们留下了深刻的印象。我们在为北京市实施人文北京战略以来博物馆事业取得的辉煌成就感到振奋的同时，也对无私奉献、在平凡岗位上做出不平凡事迹的首都博物馆人表示崇高的敬意。

下面，结合本次调研，我就当前博物馆建设和发展的几个方面问题谈几点意见。

一是关于文化自觉的问题。我注意到首都北京正致力于打造中国特色社会主义先进文化之都，着重提升城市的文化软实力，博物馆事业无疑是其中最重要的一环，而北京深厚的历史文化积淀使其具备大力发展文博事业得天独厚的优势和条件。我在调研伊始就讲过，国外特别是一些西方国家非常珍视自己的历史与文化遗产，乐于主动地向世界推介自己民族优秀的文明成果，并以此为自豪，这是一个文化自觉问题。在这里，我想到一位20世纪最有影响的文化人之一，著名社会学家费孝通，费老晚年思考了“文化自觉”这样一个命题，什么是文化自觉，费老说，文化自觉就是一个民族首先要对自己的文化有自知之明，明白它的来历、形成过程、发展趋势，取其精华，去其糟粕，同时了解接触的其他民族文化，能够推己及人，取长补短，进行跨文化的交流，因此他提出了“各美其美，美人之美，美美与共，天下大同”的观点，其中重要的内涵就是尊重文化的多样性，文化多样性是人类最宝贵的财富，一个民族首先要做到文化自觉，才能实现文化自信和文化自强。

一个国家要成为真正意义上的大国、强国，不仅要在经济上，而且一定要在文化上具备世界影响，这就要求我们必须重新认识自己的文化，传承自己的文化，创新自己的文化，形成支撑我们民族不断进步、实现不同文化和谐共处的文化软实力。

目前轰动文物界的盛事就是两岸共同在台湾展出的富春山居图，我们通过文物，用合璧这种特殊的形式来寓意两岸的自主和平统一和中华民族的大团圆。一件文物不仅能够反映那个时代的物质文明的成就，也能反映那个时代人们的哲学、伦理和价值取向，通过文物背后的故事实现跨文化的人们彼此间的心灵沟通，向世界传达中华民族和谐、包容与大同的思想，从而拉近我们与对中国发展充满疑虑的大国、邻国之间的距离，实现真正对话与合作。所以我说锦涛总书记在中央政治局第二十二次集体学习时强调要推动社会主义文化大发展大繁荣，是站在了战略和全局的高度，非常适时和十分必要的。我们从事博物馆事业的同志们要抓住历史机遇，增强历史使命感和社会责任感，为促进人的全面发展、社会和谐、推动中华文化更好地走向世界作出应有的贡献。

二是博物馆的定位与功能的问题。可以说我国的博物馆事业正在迎来一个难得的黄金发展期。越是在这样的时候，我们越要科学地把握博物馆业的发展规律，必须坚持走内涵式发展道路，促进我国博物馆事业又好又快发展。不能简单地把文化大繁荣大发展片面理解为追求数量与规模的扩张，搞成形象工程和低水平的重复建设。好的博物馆不但要办成学术与科普的殿堂，它一定要亲民，博物馆的生命力来自民间，我认为贴近实际、贴近生活、贴近群众的提法非常好，博物馆不在于大而全，而在于机制新、有活力，每一个馆都应根据自身的定位形成属于自己的鲜明特色；不在于楼宇的壮丽与手段的先进等硬件建设，而在于提高自身的软实力，注重对文物展品内涵和展览主题的发掘、展示；不在于过度集中彰显城市形象，而在于散处民间，成为老百姓家门口的博物馆，体现人民群众均等地享有文化设施的权利，为提高周边居民的文明素质与文化涵养、为青少年的素质教育服务，使人民群众在与博物馆的亲密接触中得到更多的文化知识、艺术熏陶和精神愉悦。

同时，博物馆的功能要延伸，走向多样化，体现以人为本，以及互动性、趣味性、观赏性的原则，成为吸引广大群众踊跃参与的"社会大课堂"，让博物馆成为民众生活的一部分。比如陶艺，可在专业人员指导下由孩子们自己动手制作，博物馆代为烧制，让孩子寓教于乐，更加深刻地了解我们中华民族的文明史，博物馆也可以从中获得一定的经营性收益。再有就是旅游产品的开发，特别是复制的藏品，要有精品意识和适合大众的价格，满足知识家庭和文物爱好者的收藏和展示需要。

三是资源整合与社会效益最大化的问题。两天来的参观考察，我们既看到了像观复博物馆那样特色鲜明、生机无限的博物馆业的新锐，也看到有的博物馆很沉闷，资源闲置没有得到充分利用。在全国范围内，能够给人以强烈精神震撼和巨大知识力量的博物馆还不多,这是一个共性问题。我想,究其原因,主要是体制不活造成的。首先是管理体制不活,国有的、民办的,中央的、地方的,文物部门的、行业的,没有一个统一的管理体系,不同隶属关系之间要实现资源共享与整合,协调工作难度就很大。这需要具有改革的思维和勇气,打破隶属关系与所有制的障碍,只要是有利于满足人民群众的基本文化需求,有利于博物馆事业的自身发展,国有的博物馆也可以转让给民办博物馆,这需要建立和完善相关的法律制度与政策。其次是运行机制不活,要创新馆际之间包括场馆与藏品在内的资源交流共享激励机制,实行依法调拨、交换、借用,有文物缺乏展出场地的,有场地缺乏文物藏品的,都能够实现优势互补,盘活资源,提高利用效率,实现社会效益最大化。特别是像首都博物馆这些实力雄厚的大馆,可以发挥资源优势多组织一些展览配送到中小馆,不仅能为中小馆带来人气,更好地满足当地群众文化需求,还能带动中小博物馆整体业务水平的提高,有的省份已经这样做了,事实表明这一方式值得借鉴和推广。三是用人制度不活,“人”是博物馆建设和发展的主体,是博物馆事业发展的核心竞争力。高水平的博物馆,必须要培养一支研究、收藏、鉴定、布展以至讲解的专业人才队伍,展品是死的,人是活的,就像马未都同志那样的讲解,才能赋予没有生命的展品以鲜活的生命力,这也正是博物馆的魅力所在。目前我国博物馆专业人才缺乏,而具备相关专业知识的专业人才和大学生又进不去,没有一个正常的人才流动的进退机制,是制约博物馆事业可持续发展的一个长期和关键的问题。同时还要引进竞争、激励机制,防止全额拨款的国有博物馆成为养懒人的地方。

四是民办博物馆的问题。民办博物馆的异军突起,使我国的博物馆事业呈现出创办主体多元化的趋势,也为我国博物馆事业发展注入了新鲜血液与活力。对待民办博物馆,我们一定要解放思想,要从思想上真正把民办博物馆放在与国有博物馆同等重要的地位,在政策、法律上给予支持,并享有相关的免税政策。考虑到民办博物馆同样履行着传播文化和教化育人的职能,要积极探索政府向民办博物馆购买展览或服务的方式予以适当的补偿,使民办博物馆能够实现可持续发展。

五是大力拓展自然博物馆功能。自然博物馆大多是孩子们喜爱去的地方,通过参观自然博物馆,使孩子们知道神秘的大自然是人类之母,人类是大自然的一部分,大自然拥有人类,而不是人类拥有大自然,从而树立人与自然和谐的理念和良好的保护自然的习惯。

谢谢大家!

资源城市转型的新探索

（2011 年 7 月 16 日）

大庆市各位领导：

1959 年，随着大庆第一口井喷油，诞生了大庆这座象征中华民族艰苦创业精神的光荣城市，成为我国工业战线上的一面旗帜，在它开发建设的半个多世纪里，为共和国的经济建设和能源安全做出了巨大的贡献。在我那一代人心里，大庆是神圣的，虽不能至，心向往之，今天怀着崇敬的心情踏上大庆这片充满活力的创业热土，一睹北国油城的风采，我的心情是无比激动的。同时，作为资源型城市，大庆同样面临着经济转型和发展接续替代产业的艰巨任务。所以，我希望在今后几天的调研和实地考察中，我们能够通过大庆的样本和典型作用，总结资源地区经济转型、生态建设与可持续发展的路径，为全国的资源城市转型提供可资借鉴的经验。

就在这次调研前不久，我与全国政协人资环委员会到山西调研，山西是国务院批准的省级资源型经济转型综合配套改革试验区，这在全国是第一家，足见国家对资源地区经济转型的重视。说实话看了以后心情很沉重，经过长期的超强度开采，山西主要产煤区山河破碎，生态恢复和环境污染问题无法从根本上得到解决，社会事业比较滞后，源源不断输出的“黑金”只让一小部分人一夜暴富，大多数老百姓特别是煤炭资源枯竭地区的人民生活不富裕或者是很贫困，资源开发不能造福于一方百姓，走不出资源地区“富裕的贫困”的怪圈，有人称之为资源魔咒，那我们开发资源的目的是什么？大庆直面资源型城市的未来，应对资源不可再生并不断递减的自然规律，能够高瞻远瞩，未雨绸缪，提前迎接资源枯竭的挑战，表现出了超前的智慧，让子孙后代的大庆依旧辉煌，让我们对大庆今后的发展充满了信心和期待。特别是市委市政府舍得把财力用于民生，最大限度地使发展的成果惠及到全体人民，普惠型公共服务和民生保障事业取得了可喜的成绩，社会稳定指数96%，刑事案件下降61.2%，我注意到市里的汇报中有如下的表述：总体上实现了学有优教、劳有丰酬、病有良医、老有颐养、住有宜居，我认为这是了不起的成就，它的含金量远远胜过简单的GDP增长数字，而且比GDP更有说服力，更具穿透力，我听了很振奋。我认为同志们是真正理解了“为什么发展”和“发展为什么”的深刻内涵。我注意到市里为调研组安排的行程几乎涵盖了大庆经济、政治、社会、文化、生态的各个方面，使我们能够全方位、零距离地了解大庆经济转型、生态建设与可持续发展的做法和经验，我们一定要珍惜这个机会，怀着一颗感恩的心，宣传大庆，推介大庆，并能为大庆发展出把劲、助把力、添把柴，能达到这样的目的，我们才算是不虚此行。

下面我谈几点看法。

一是经济结构调整与发展接续替代产业问题。大庆在资源地区经济转型方面先行了一步，早在20世纪90年代，大庆人就认识到一业独大、过分依赖资源发展模式的不可持续性，居安思危，开始了第二次创业。特别是在“十一五”时期，大庆人自加压力，不等不靠，全力推进经济结构战略性调整，在接续产业和绿色发展方面迈出了坚实的步伐。如油与非油经济比例由2005年的65:35调整到2010年的52:48，油田生产污水实现零排放、20亿立方米伴生气全部回收利用，老百姓365天几乎天天享受优良天气，作为一个工业城市难能可贵。我相信，作为工业战线的一面旗帜，通过大庆人艰苦卓绝的奋斗，一定能够引领资源地区实现成功转型，使我们老一代党和国家领导人树立的这面旗帜永不褪色。我也经常比喻结构调整要有壮士断腕的决心和勇气，为什么呢？因为结构调整实在太难了，动力和压力都严重不足，日子过得好好的，为什么要调？所以结构调整从90年代提出来，喊了20来年，收效甚微，即有传统发展模式形成的路径依赖问题，也有各种利益博弈的问题，还有一个倒逼机制的问题。资源型城市成功转型的例子并不多，比如辽宁的阜新、抚顺，甘肃的白银，都错过了实现成功转型的历史机遇，没有形成自身的造血功能和内生的动力。我很欣赏你们跳出大庆看大庆的提法，不仅如此，还要放在国家战略布局中去看大庆，以改革的方式、开放眼光和国际视野去看大庆，在全球化背景下以国际视野找机会，这样才能为大庆的未来谋好篇、布好局、打牢基础。

二是生态环境由油田矿区向生态都市的转变。生态、绿色、田园、山水，这些当前各地提出的城市发展理念，都反映了在环境恶化的背景下，人们对今天城市的反省和对未来的思索，对城市发展理想模式的追求。过去我们常说，大庆是油城，这个称呼好不好？我认为也好、也不好，油城凸显他的资源优势，在国家能源安全战略中的地位，但也给人直觉是矿区，油乎乎的，不宜居，对外来人没吸引力，而生态都市的概念，很好地体现了建设环境友好型社会的理念。我在调研时经常强调，金山银山，不如绿水青山。为什么呢？人类要想生存下去，必须要解决好与自然环境和谐相处的问题。与率先实现工业化、城市化的长三角、珠三角相比，我们有后发优势，而最大的优势不是资源，而是生态和环境，还有先发展地区的经验和教训。大庆耕地、草原、湿地几乎各占三分之一，不到大庆，不到黑龙江，就不知祖国的地大物博，这就是我们得天独厚的资源、资产和资本，这就是大自然对大庆人的恩赐。我们今天已经意识到了湿地对人类生存的重要性，我们就有责任一定要保护好这片湿地，倾力打造湿地旅游和生态都市的品牌，使大庆成为名副其实的中国千湖之城，实现大庆的可持续发展。

三是文化和城市问题。文化是城市的内涵和灵魂，是发展的软实力。大庆文化的核心是大庆精神、铁人精神。所以我们到大庆来，还带着另一个任务，就是学习大庆人艰苦创业、无私奉献、自强不息、追求卓越的精神，接受一次爱国主义思想的熏陶和洗礼。我们很多人都看过《创业》这部电影，在极端艰苦的情况下，中国的石油人不畏天，不畏地，不畏国外的技术封锁，困难再大也要摘掉贫油国的帽子，开始了轰轰烈烈的石油大会战。

大庆的旗帜不倒，离不开铁人精神，铁人精神不只是特定历史环境下的产物，而是镌刻在我们民族内心深处的人文精神和价值取向，永远也不会过时。传承大庆精神、铁人精神，赋予其时代内涵，这是当代大庆人责无旁贷的使命。

大庆城市发展是以油兴城，依托矿区形成的城市群，它的特点是充分利用了湖泊水系、森林草原的空间隔离效果，各个城区之间以快速通道相连，因而克服了传统城市由中心城区向外无限扩张、摊大饼的痼疾。

四是经济开发区问题。大庆累计为国家上缴各种资金2万亿元，像输血一样支持了共和国的经济建设，特别是在能源、资源瓶颈日益凸现的今天，石油进口的依存度达到52%，大庆的稳产对维护国家的能源安全的作用如何高估都不为过。前些天政协常委会，岐山副总理给常委们做了一个经济形势报告，他形象地说我们的资源能源安全命悬一峡，即马六甲海峡，确保国内石油勘探获得新突破、现有油田实现高产、稳产，对中国经济安全是至关重要的。大庆对国家的贡献，其他地区不具有可复制性，大庆实现经济转型，对资源地区、对全国都有标杆和示范意义。赋予大庆经济开发区以特殊的政策，使这座因油而兴的城市不至于油尽城衰，探索资源枯竭型城市重生的道路，实现大庆的可持续发展，具有十分重大的政治意义和现实意义。

用“铁人精神”建设中国特色社会主义

（2011 年 7 月 20 日）

大庆市各位领导：

历时五天的大庆经济转型、生态建设与可持续发展调研，今天就要结束了。这次调研，我们首先听取了市委、市政府的情况介绍，先后实地调研了新华 08 国际石油资讯中心项目、服务外包园、联想科技城、北国之春梦幻城，以及经开区及石油石化装备制造项目、惠博普高效油水分离装置项目等七个工业与服务业项目，考察了龙凤湿地、珰奈湿地、松林公园、五马沙陀景区、城市森林以及黎明河带状公园、乘风湖、北一区含油污泥处理站等八个生态建设与环境治理工程，参观了大庆规划展示馆、铁人纪念馆、石油科技馆、行政服务中心、创业城、第二福利院等城市管理机构、文化建设与民生事业的成果，让我们对大庆的经济发展、民生与社会事业、环境治理、生态建设等有了比较全面的了解。我认为，在市委、市政府的正确领导下，大庆已经走上了科学发展、绿色发展、和谐发展的道路，大庆不仅在石油、石化方面继续保持在全国甚至全世界的领先地位，而且在培育接续产业、实现转型发展方面也迈出了实质性步伐，取得了明显的成绩，高新区、经开区等一批高起点规划的项目陆续上马，为城市的发展积蓄了后劲；在促进经济发展的同时，大庆坚持绿色生态的发展理念，在湖泊治理、湿地保护与风沙治理、环境绿化方面持之以恒，不断投入，为建设生态、宜居城市打下了坚实的基础。在注重人的自身发展、培育城市文化软实力、建设和谐幸福大庆方面，所见所闻也让我感触颇深，大庆已经形成了工业文明与生态文明并重，城市传统和人文精神深入人心，环境优美、社会和谐的现代化都市。在大庆人身上，我们看到了爱国、创业、求实、奉献的大庆精神，看到了从上到下想事业、谋事业、干事业的环境和氛围，也看到了大庆人珍惜荣誉，骨子里那种自豪、自信、自尊、自强的底气，和永远争上游、永远不服输的进取精神。大庆给我耳目一新的感受，在这里，我们不仅受到了一次深刻的国情教育与传统教育，而且还学习了很多新的知识。我的印象是，大庆市委、市政府的领导班子政治上是坚定的，视野是开阔的，作风是过硬的，干部队伍整体是优秀的，大庆人民是值得学习和尊敬的。

下面结合考察印象较深的项目，我谈一些自己的看法。

经开区是承载项目的平台，有利于产业聚集、信息与资源共享、政府提供服务、污染物的集中处理和发展循环经济，必将在大庆结构调整和经济转型中发挥引领作用。大庆是我国重要的石油石化基地，发展石油石化装备制造业具有人才技术优势、资金优势、产业优势、市场优势等得天独厚的先决条件，也正体现了市委、市政府提出的“依托而不依赖”资源的发展思路。其特点是技术先进，资金密集，瞄准国内外市场需求，产品供不应求，作为经开区的龙头项目，这个定位是准确的。

联想科技城，服务外包产业园，作为信息化与工业化结合的产物，这两个项目具有技术高端、资金密集、就业容量大的特点，代表未来产业发展方向，吸引了一批富有创造活力、雄心勃勃的年轻人来此创业。联想是引进国内 IT 业的老大，它的进入不仅有利于大庆抢占未来信息技术的制高点，而且有利于引进联想先进的企业文化与管理理念。服务外包园是大庆本土生长起来的企业，现在已经成为服务外包的示范园区，它的经验更值得总结和推广。

油田创业城和第二福利院，体现了民生优先的原则，油田公司的领导告诉我，要为 1964 年前参加会战的老职工盖全市甚至在全国最好的改善性住房，这也让我联想到不断被媒体披露的某些地方为领导干部盖别墅的做法，形成了鲜明的反差。职工不讲条件、不计名利奔事业，领导心里始终装着群众、无微不至地关心职工生活，这是油田开发伊始就形成的好传统，而且至今被保留下来，这也是大庆精神经久不衰的原因。第二福利院拥有国内一流的生活、娱乐及康复、保健设施，从院长到普通工作人员，都以“为党和政府分忧、为天下儿女尽孝”的责任和使命感，全身心地为入住的老人提供无微不至的服务，生活在这里的孤寡老人和失能老人无忧无虑，都很幸福。而且老会战职工可以优先入住，一位从玉门油田来参加会战的老人紧紧握着我的手，反复地说一句话，没想到生活得这么好啊！

龙凤湿地、珰奈湿地、松林公园、五马沙陀景区、西北风口治理工程、城市森林，是这次考察和调研的另一个重点。我注意到大庆在打造宜居环境、建设生态都市方面可谓不遗余力，是舍得花钱的。因为你们已经认识到生态是城市实现可持续发展的最重要资本，特别是湿地的生态系统很脆弱，破坏了就很难恢复，不保护生态环境大自然就要惩罚你，因此决不能重蹈先破坏后治理的老路，这也是后发展地区的后发优势。而且大庆在生态建设方面有全局构想，打通河湖水系，实行雨污分离，实施生态补水，跨行政区划的统一管护，都创造了城市河湖治理的有效经验。在城市绿化和规模绿化方面，杜尔伯特的松林公园、五马沙陀景区、西北风口治理工程，都是在沙丘上营造防风固沙林，十年树木，大庆人把创业的精神用在植树造林、绿化家园上，经过几十年的奋斗，现在这些地方已经是松涛阵阵、草木茂盛、满目苍翠了，并且生态效益和经济效益都初步显现出来。

黎明河带状公园、乘风湖生态园这些原来严重影响群众生活的垃圾场、污水沟与受污染的泡子，经过治理后化腐朽为神奇，成为城市景观和市民休闲运动的理想场所。北一区含油污泥处理站等高科技工艺设备的投入使用，为企业实现无污染生产创造了条件。在大庆，不论是政府还是企业，都有很强烈的环保意识，视保护环境为己任，政府不惜重金投入，企业也主动承担社会责任，实行污染物的无害化处理，积极参与市政建设与环境保护工作，没有推诿扯皮，和谐的地企关系由此可见一斑。

大庆已经形成自己特色和优势的先进文化，我们参观的铁人纪念馆、石油科技馆在传承大庆精神、铁人精神，普及石油科学知识方面发挥了巨大作用。大庆告诉我们，没有信仰和精神是不行的，我认为大庆之所以能够跟上时代的步伐、不断超越自己、不断迸发出创新活力，离不开大庆精神、铁人精神的激励作用，这是大庆立市、立企的人文底蕴。我们每一个参观过铁人纪念馆的人，感受到铁人那种胸怀祖国、艰苦奋斗、公而忘私、谦虚谨慎的精神让人仰止，这种崇高的思想境界和道德修养，对于塑造我们民族的精神品格、培育社会主义核心价值观具有重大的现实政治意义。特别是在道德失范、物欲横流的社会环境中，弘扬大庆精神、铁人精神愈发显得弥足珍贵。

最后，我要说一下上午刚刚参观过的大庆市行政服务中心，这个中心在全国率先将招投标情况通过视频和互联网公开向群众直播，实现了全程公开、透明、规范、高效，是向服务型政府的成功转型。过去常有人说，一党执政解决不了腐败问题，我看在大庆就找到了答案，那就是用带有根本性的制度管人、管事，好的制度能产生好人，不好的制度能让好人变坏，锦涛总书记在七一讲话中明确指出党的执政面临着精神懈怠的危险、能力不足的危险、脱离群众的危险、消极腐败的危险，我认为要克服这些危险，其核心就是加强制度建设，共产党有智慧、有能力、有决心，推进干部任用制度与行政管理体制的公开与透明，主动接受群众的监督，就一定能够克服一党长期执政可能带来的弊端，始终保持党与人民群众的血肉关系，使党和人民的事业永远兴旺发达。

用智慧和勇气勾画美好未来*

——有感于大庆的二次创业

不久前，我带队就资源地区经济转型与可持续发展问题赴大庆调研。大庆是老一辈党和国家领导人树立起来的工业战线上的一面旗帜，在我们那一代人的记忆里，大庆是神圣的。虽不曾至，心向往之。在几天的考察中，我们深刻地感受到大庆敢于直面资源型城市的未来，居安思危，未雨绸缪，在积极应对资源型城市面临的资源递减与不可再生的巨大挑战中表现出来的超前智慧和勇气，大庆的二次创业为资源城市成功转型提供了可资借鉴的路径和经验。

首先，大庆在培育接续产业、实现转型发展方面迈出了实质性的步伐。作为因油而兴的典型资源型城市，50 年前大庆人以"宁肯少活二十年，拼命也要拿下大油田"的豪情和干劲，在极端困难的条件下开始了艰苦卓绝的第一次创业，为摘掉贫油国的帽子、为共和国的经济建设作出了历史性的贡献。进入 20 世纪

---

* 原载于 2011 年 9 月 7 日《人民日报》。

90 年代，大庆就谋划发展接续产业，开始了二次创业。近年来，大庆市委、市政府牢固树立“依托而不依赖”的资源观，紧紧抓住原油 4000 万吨持续稳产这一战略机遇期，大力发展园区经济，目前已建设 1 个国家级高新区、1 个省级开发区（大庆经济技术开发区）和 10 余个市县级园区，初步实现了经济结构由过去的“一油独大”向多元支撑的转变，非油经济已占大庆经济总量的半壁江山。其中的亮点，我认为一是发展的定位准确，能够以国际视野在全球产业布局与分工中找到自己的位置，主导产业特色鲜明。特别是大庆市与油田公司联合建设的国家级石油石化装备制造产业基地项目，充分发挥了大庆在石油石化产业上的技术、人才、资金、装备的优势，不仅满足了大庆及国内石油石化行业的需要，而且还占领了国外市场，产品供不应求，产值占大庆经济技术开发区的 60%，成为大庆新的经济增长点。二是服务外包业的异军突起。大庆目前有 8 所高校，具备了高层次人才、劳动技能型人才双密集且成本相对低廉的优势，大庆抓住现代服务业发展的契机，不断提升三产的比重，“十一五”期间服务业平均增速高于全市经济 4.8 个百分点，并被评为国家服务外包示范城市。三是高起点的引进与实施品牌战略。例如高新区引进的联想科技园项目，就吸引了一批富有创新活力、雄心勃勃的年轻人来此创业，它的建成不仅将带动大庆抢占新一代信息技术的制高点，形成核心竞争力，而且有利于传播联想先进的企业文化与管理理念。

其次，在加快经济转型中，同步推进城市形态由油田矿区向生态都市的转型。在我的想象中，工矿城市大多是空气污浊、气味刺鼻，然而一到大庆，展现在我面前的是一座风光宜人的现代生态都市、绿色城市。湖在城中，城在绿中，大庆人把绿色生态作为科学发展和提升城市核心竞争力的重要指标，绿色、生态的城市发展理念不是停留在口号中，而是贯彻到从领导班子到地企的每一位干部职工的思想和行动上。“十一五”期间，油田每年产生的4亿吨生产污水实现零排放、20亿立方米伴生气变废为宝，全部回收利用，清洁生产和节能减排达到全国领先水平，全市空气质量优良天数年均350天以上。为给子孙留下松嫩平原这块大湿地，政府不惜投入巨资，实施生态补水工程，并在科学保护与合理开发利用之间找到了新的平衡点。大庆人还以会战的精神，举全市之力治理西北风口的风沙源，开展植树造林、绿化家园活动，十年树木，昔日的沙丘现在已经是松涛阵阵、鸟语花香的旅游景区了，生态效益和经济效益都初步显现出来。

第三，理顺体制机制，努力实现向服务型政府的转型。大庆市的领导班子认识到，要克服长期执政可能带来的弊端，核心是要加强制度建设，用带有根本性的制度管人、管事。在大庆，权力到哪里，监督就到哪里，投资到哪里，审计就到哪里。在大庆市行政服务中心，我们看到这里在全国率先将建设工程招投标、政府采购、土地出让和产权交易情况通过视频和互联网直播，主动接受群众的监督，实现了全程公开、便民、高效、规范。

第四，普惠型公共服务和民生保障事业取得了可喜的成绩。舍得把钱用在民生上，是我对大庆调研后得出的一个基本结论。大庆不仅建设有全省甚至全国一流的文化体育设施、城市广场和福利院，同样在大庆没有明显的贫民窟和卫生死角。近年来，大庆社会稳定指数达到了96%，刑事案件下降61.2%。在注重人的自身发展、培育城市文化软实力、建设和谐幸福家园方面，大庆已经走在了全国前列。比如考察设施完善的大庆第二福利院给我留下了深刻的印象：一位1960年从玉门油田来参加会战的老人紧紧地握住我的手，含着热泪不停地重复一句话，没想到晚年能生活得这么好！不忘为开发大油田作出过突出贡献的老职工，也是大庆精神传承至今、历久不衰的原因。

大庆之所以能够与时代同步、不断迸发出创新活力，离不开融入到这座英雄城市血液里的大庆精神、铁人精神的砥砺作用，这是大庆立市、立企的人文底蕴。中华民族伟大复兴不是一句口号，需要实实在在的创业精神与勇于进取的创新实践支撑。而今天的现实社会正是缺乏这种精神，因此，我们的革命传统和爱国主义教育更应该贴近现实，大力弘扬大庆传承下来的创业精神、铁人精神。大庆是中国共产党在社会主义建设时期树立起来的典范，我坚信这座现代化的光荣城市必将在新的起点上勾画出更美好的明天！

在蜀道文化线路保护与申遗研讨会上的讲话

（2011 年 9 月 8 日）

同志们：

在这个收获的金秋季节，我们相聚在古蜀道上的历史重镇广元，共同研讨和规划蜀道文化遗产保护与申遗这一重大课题，我感到十分振奋。在此，我谨代表全国政协对研讨会的隆重召开表示热烈的祝贺！对川陕两省暨广元等 11 个沿线地市为此次调研给予的大力支持和帮助表示衷心的感谢！向为推动蜀道文化线路保护与申遗不辞劳苦、奔走呼吁的专家学者和同志们表示崇高的敬意！

文化遗产是一个国家、一个民族的重要历史记忆，在很大程度上代表了一个国家、一个民族的文化软实力，维护文化遗产的尊严就是维护国家和民族的尊严，维护人类自身的尊严。蜀道作为有代表性的文化线路遗产，绵亘千余公里，历经 3000 多年风风雨雨，直到今天仍然在中原与西南地区的经济、政治、文化交流中发挥着举足轻重的作用与影响。蜀道文化线路已不是简单意义上的交通要道，它已成为自然与人文共生的标本，并以其极其厚重的文化底蕴和百科全书一样的丰富内涵，展示了多元文明对话、开放融合和跨越地域与族群发展的特征。透过它的文化现象，可以从中打开一扇以全新的视角审视我们祖先创造的高度物质文明、卓越思想与智慧以及独到的人文价值光芒的窗户。从这个意义上说，蜀道文化作为中华民族先民留给后世子孙和全人类弥足珍贵的文化遗产，不仅是中国的唯一，也是世界的唯一。

我注意到，出席今天研讨会的除调研组一行外，还有川、陕两省以及相关部门的负责同志，和蜀道沿线11个地市的分管市长。大家满怀激情和梦想，相聚在收获希望的季节。我相信，通过同志们更加积极、更加科学、更加严谨务实的工作，大家集思广益，同心协力，一定能够充分达成对蜀道文化线路保护与申遗的共识，不遗余力地推动蜀道文化线路成功申遗，这也是我们此次调研的目标、使命和责任。

下面，我就蜀道的保护与申遗工作谈几点意见：

一、以高度的文化自觉和文化自信推动蜀道文化线路保护与申遗工作

锦涛总书记在“七一”重要讲话中特别强调文化自觉和文化自信。一个民族的觉醒，首先是文化的觉醒。文化自觉的命题，是民盟前主席费孝通先生晚年提出来的，其要义是各民族对自己的文化要有自知之明，明白它的来历、形成过程、发展趋势，对接触到的其他文明要主动了解适应，欣赏吸纳其长处，达到各美

其美、美美与共的境界。我认为，文化自觉理论对于我们重新认识蜀道文化的特殊价值、推动调研成果的转化具有重要的现实指导意义。一是蜀道的功能、作用及价值充分展现了文化的多样性，可以说，古蜀道灿烂的文化正是体现了文化自觉的理念。因为古蜀道的先民以博大的胸怀和海纳百川、开放包容的精神，克服重重自然障碍开凿了通往外界的道路，在漫长的3000多年的历史变迁中，无数的官吏商贾、文人兵卒行进在这条古道上，由此留下了大量的城镇、驿站、庙宇、石刻、墓葬以及保存在民族记忆中那些家喻户晓、耳熟能详的人物和故事，这些故事经过历朝历代民间的演绎和文学戏曲的再现，更赋予了蜀道文化以无穷的魅力。因此，古蜀道不仅实现了人口与商品的流动，它还融合了巴蜀文化、秦汉文化、三国文化、西南少数民族文化以及女性文化等多种因素，内涵遍及政治、经济、军事、文化、艺术、科学等各个领域，从而使古蜀道升华为南北文化对话与交流的立体系统。

二是我们申遗的过程，首先是要界定蜀道文化线路遗产的范围，开展对蜀道文化遗产的全面调查，摸清家底，从而获得对蜀道文化遗产全面而完整的认识。这也是蜀道保护和申遗的一项基础性工作。这要求我们要对古蜀道文化有自知之明，只有明白其来历和形成过程，各个遗产节点共同构成的文化功能和价值，以及至今对我们经济、社会可持续发展产生的影响，我们才能有的放矢，充分尊重和维护文化遗产的真实性、完整性，增强我们申遗的文化自信，扎实推进蜀道文化线路保护与申遗的各项工作，确保这一举世闻名的伟大工程和文化遗产得以永续传承,并继续造福于沿线人民及后世子孙。

二、把实现人与自然、经济与社会和谐发展作为蜀道保护与申遗工作的重要理念

我很欣赏这样的提法,古蜀道是自然与人文共生的标本,古道雄姿、人文山水交相辉映,构成了蜀道特有的神韵。在这方面,古蜀道的先民为我们做出了很好的榜样。例如我们昨天考察的翠云廊就是整个蜀道文化的精华所在,“三百长程十万树”,现存的8000余株古柏浓荫蔽日,行走其中夏不知暑、冬不晓寒,说它是蜀道文化的精华,不仅是这些古柏都已成了活的文物,其中更深层次的涵义还在于古蜀道的先民用他们的行动为我们诠释了人类活动本身不只是破坏自然,人类还能够与自然和谐相处、共同发展的理念。这样的例子在古蜀道上比比皆是。张良庙、武侯墓、明月峡栈道(不仅是形制结构最为科学、也是破坏环境最小的古栈道建筑方式,是人与自然和谐共存的表现)都是自然与人文完美结合的典范。因此,我们在蜀道保护与申遗的过程中,既要重视对古蜀道遗产本体的保护,还要关注对文化遗产依存的自然与生态环境的保护。

我举另一个例子,也是我们在调研中看到的,是想说明如何把经济社会或者说经济与文化协调发展的理念贯穿到蜀道文化线路的保护与申遗工作中的问题,那就是汉中褒谷口石门摩崖石刻的遭际和命运。蜀道石刻缘于蜀道修栈而产生,并因蜀道特殊的地理位置而赖以保存传世,而以汉中褒谷口石门摩崖石刻最为集中并闻名于海内外。其中东汉《石门颂》是汉隶书艺的

典型代表作品，有国之瑰宝的美誉，“汉魏十三品”早在唐宋时代即屡被拓印，这些都构成了蜀道沿途高品位的人文景观，并在中国文化史上占有一席地位。然而这些历经千百年风雨剥蚀仍得以完整保存至今的书法精品，却因修建水库而异地搬迁，而绝大部分的摩崖石刻作品被淹没在水库之中，不复面世。我相信以我们今天的智慧不会再做出这样的选择。经济效益是短期的，文化则是永久的，而且文化遗产是不可再生的，破坏了就很难恢复，或者要付出大得多的代价，过去我们有太多这方面的经验和教训了。我也注意到，随着各级领导贯彻科学发展观能力的不断增强，随着人们对文化遗产认识水平的逐步提高，像108国道、川陕公路为古蜀道、千佛崖这种人类对自然的让路，经济为文化让路的事情将会越来越多，而违背文化遗产保护规律的低级错误将越来越少，蜀道文化保护与申遗面临的社会环境也将越来越和谐。

三、正确处理蜀道保护与申遗工作同经济、文化和民生建设的关系

1. 要把改善民生、促进民族团结与社会和谐作为蜀道文化保护与申遗的出发点和落脚点。千里蜀道历来是各民族友好交往的通道，而其位置又恰恰处在活跃的地震带上，这就要求我们在工作中要讲政治。什么是政治，民生是最大的政治。所以，把蜀道保护与申遗上升到一项关乎民生、关乎民族团结和社会和谐的战略高度，就有了一层特别的政治意义。如果蜀道文化保护与申遗没有起到创造就业、改善民生的作用，它的意义就大打

折扣了。因此，我希望蜀道文化保护与申遗工作要结合灾后重建工作，还路于民，造福于民，让沿线的各族群众都能中得到实惠，才能使其真正成为得到各族群众欢迎和积极参与的民心工程。

2. 要把蜀道文化保护与申遗同发展经济和城乡建设结合起来，使其与发展经济相互促进，特别是要发挥助推文化产业与旅游业发展的作用。要加大宣传力度，树立精品意识，防止片面追求经济效益而轻文化内涵的无序开发，努力把蜀道打造成为国内外知名的文化和旅游品牌。要在灾后重建和保护申遗工作中重视采用具有民族和地域特点的建筑形式，特别是要注意保留少数民族村寨的原生态特质和提升沿线城市的文化品位，改善沿线城乡各族群众的生活环境与品质。

3. 要不断提高蜀道保护与申遗的专业化水平，增强中华传统文化在国际上的辐射、传播与感染力。要广泛听取、充分尊重专家学者在蜀道保护与申遗进程中的意见，扎实地推进各项基础性研究工作。今天年近九旬的罗哲文老人不辞辛苦出席研讨会，从罗老身上体现了中国知识分子的文化使命感，值得我们由衷地敬佩。要把文化遗产的保护作为促进社会主义文化大发展、大繁荣的重要内容，中国要为世界文化多作贡献，提升我们的文化话语权，就必须珍视自己的文化，只有民族的才是世界的，要通过文化自觉建立文化自信，增强中华民族的凝聚力与荣誉感。

4. 政府主导，充分调动各方面力量，发挥社会资本、民营化管理在蜀道保护与申遗工作中的作用，努力形成蜀道保护与申遗的合力。这其中包括三个方面的关系:一是各地政府的关系,蜀道文化作为一种线性文化遗产,涉及两省11个市,它的保护与申遗都需要一种协作精神,一头热一头冷不行。因为,蜀道上的所有遗存,都只是一颗颗珍珠,仅靠一个个节点的保护还远远不够,唯有将整串项链都保存下来,珍珠的光彩才能放大。因此,要把蜀道保护和申遗作为区域协作和发展的纽带,就像会场外的标语所写的心连心、手拉手,在国家部委和两省相关部门指导下尽快建立健全跨区域、跨部门的"申遗"工作机制、协调机构。二是部门间的关系,蜀道文化遗产保护与申遗涉及文化、文物、环保、建设、交通、水利、农业等多个政府职能部门,更与沿线广大群众的生产、生活息息相关,因此要树立"蜀道文化线路一盘棋"思想,统一认识,加强沟通,形成合力。三是政府与社会及民间资本的关系。要积极鼓励、正确引导社会力量和民间资本投入到蜀道保护与申遗工作中来,作为政府有益补充。

同志们,蜀道文化线路的保护与申遗事业任重道远,"千里之行,始于足下"!希望大家同心协力,扎实工作,把蜀道这份珍贵厚重的文化遗产保护好、传承好、利用好、发展好。

谢谢大家!

在邬沧萍教授90寿辰从教60周年学术研讨会上的讲话

（2011年9月24日）

尊敬的邬沧萍教授，尊敬的珮云大姐，各位领导、老师们、同学们：

大家上午好！

在丹桂飘香的金秋时节，我们怀着喜悦的心情，以召开学术研讨会的形式，隆重庆祝我国著名人口学家、老年学家邬沧萍教授90华诞暨从教60周年。

邬教授是我国现代人口学、老年学的开拓者和奠基者之一。新中国成立后，邬教授积极响应党的召唤，回国参加祖国的建设事业，成为共和国最早的“海归”之一。70年代初，他获得了研究人口学的机会，从此一发不可收拾。而这一时期，适逢我国开始反思建国后人口问题的政策失误，实行有计划地严格控制人口的措施。出于对国家和民族高度的责任感，邬教授把全部热情和精力都投入到人口学研究中来，并着重对中国人口政策进行了研究，积极向中央建言献策。可以说，计划生育的伟大实践为他提供了施展才华和人生抱负的舞台，同时他也是作为计划生育基本国策的理论创始人，政策推手和见证者而蜚声海内外，受到学界的普遍尊重和爱戴。

然而，邬教授并没有满足于既有的成就。他始终以敏锐的视角，密切关注我国人口学的前沿问题。在人口老龄化还鲜为人知的时候，20世纪80年代开始，邬教授就提出了“未富先老”的命题，旨在提醒人们必须做好应对人口老龄化的思想、物质、制度、人才准备，并在20世纪初领导建立了我国的老年学专业，极力推动老龄问题的研究。他旗帜鲜明地反对把人口老龄化产生的社会问题归咎于计划生育政策，指出人口老龄化是人类经济社会发展的必然趋势，只能从我国的基本国情出发，统筹兼顾，在稳定低生育水平的基础上积极应对人口老龄化。他认为要从生产关系特别是分配制度入手解决老龄化问题，并提出要把农村老年人作为“多予”、“反哺”最优先的对象。正是这种闪烁着人文主义光芒的思想、这种与时俱进、实事求是的科学精神，成就了他人生事业的又一次辉煌。

值得一提的是，邬教授不仅是一个著作等身、桃李满天下的学者和教师，作为老年学专家，他还连续两年被评为“北京市健康老人”。耄耋之年的他，鹤发童颜，丝毫没有高龄老人的龙钟老迈，这归功于他“勤者寿，仁者寿”的人生态度。曾经连任全国政协常委的他，至今仍然关心国家的各项事业，参与社会活动，指导博士生，笔耕不辍，十分令人敬仰。如果说邬教授是道德老人的标杆、学术老人的标杆、健康老人的标杆，这样的评价，可谓名副其实。

最后，祝愿邬教授南山不老、生命常青！

在四川省、成都市纪念辛亥革命暨四川保路运动100周年大会上的讲话

（2011年10月8日）

同志们、朋友们：

今天是一个有特殊纪念意义的日子，四川省和成都市各界在这里隆重纪念辛亥革命暨四川保路运动100周年。我谨代表全国政协向以孙中山先生为代表的，为了民族觉醒、国家兴亡，舍生取义、抛洒热血的革命党人和爱国先驱表示深切的追思，向出席纪念大会的辛亥革命和四川保路运动先烈的亲属表示亲切的慰问！

发生在100年前的辛亥革命，敲响了两千多年封建专制统治的丧钟，它掀起的民主革命浪潮迅速席卷全国，从而开辟了一个现代民族国家的历史新纪元。这场伟大变革堪称20世纪人类最有影响的大革命，列宁曾用五个字涵括了它的历史意义——“东方的觉醒”。自此，辛亥革命的火种在中国大地上播撒并渐呈燎原之势，民主、科学精神深深植根国民心中，马克思主义得以传入中国，诞生了中国共产党，开始了对中华民族伟大复兴之路新

的伟大探索与实践。新中国成立62年来,特别是改革开放30多年来,中国共产党领导中国人民找到了一条符合中国国情的科学发展道路,取得了举世瞩目的伟大成就。今日之中国,国家繁荣昌盛,人民幸福安康,综合实力和国际地位显著提升,中华民族正以崭新的面貌昂首屹立于世界民族之林。所有这一切,都是包括辛亥志士在内的一代代中国人前赴后继、艰苦卓绝奋斗的结果,我们要倍加珍惜,更要坚定地维护这来之不易的成果。

纪念辛亥革命,就是要铭记辛亥革命的伟大历史功绩,就是要继承孙中山先生的伟大革命精神,就是要牢记我们肩负的历史重任,努力完成孙中山先生未竟的、实现民族复兴的伟大事业。人民政协作为最广泛的爱国统一战线组织,要增强责任感、紧迫感、危机感,积极发挥政治优势、组织优势、智力优势和渠道优势,团结一切可以团结的力量,同心同德,群策群力,维护和发展安定团结的政治局面,不断促进社会主义物质文明、政治文明、精神文明和生态文明协调发展。

今年,四川省以纪念辛亥革命100周年为契机,举办了祭奠活动、文艺演出、书画展、赴京书法展、"电影周"等系列活动,非常有意义。出席今天的纪念大会,回顾历史,缅怀先烈,让我强烈感受到英雄的四川人民为推动历史进步所表现出来的伟大牺牲和奉献精神,重新认识英雄的四川人民在新民主主义革命、社会主义革命和改革开放新的历史时期作出的重大贡献,同时,也看到了英雄的四川人民不畏自然灾害、创造灾后恢复重建奇迹的生动景象,看到了四川经济社会发展焕发出的勃勃生机。我相信,四川人民在四川省委、省政府的领导下,继续弘扬伟大的辛亥革命精神，必将在全面建设小康社会的征途上扬帆起航，大展宏图。

同志们，朋友们！

21世纪的中国，既面临机遇，也面临挑战，让我们更加紧密地团结在以胡锦涛同志为总书记的党中央周围，传承辛亥革命的光荣传统，高举爱国主义和社会主义的伟大旗帜，团结和凝聚一切爱国力量，为中华民族的伟大复兴、为全面建设小康社会而努力奋斗！

谢谢大家！

在北京大学肿瘤医院成立35周年庆典上的讲话

（2011年10月28日）

尊敬的各位来宾、各位同仁：

很高兴又回到我自己的家——北京大学肿瘤医院，与各位同事、新老朋友共同分享她35岁生日的喜悦。作为曾经在肿瘤医院工作20多年，亲身经历医院从小到大、由弱渐强的艰辛历程的见证人与参与者，我非常自豪、也是非常荣幸地以主人身份向全院员工表示亲切慰问和热烈的祝贺！向专程前来参加庆典活动的各位来宾表示衷心的感谢！

35年前，在周恩来总理、朱德委员长等老一辈党和国家领导人的直接关怀下，在北京市和北医支持下，仅有6个基础研究室，7个临床科室、100张病床的北京市肿瘤防治研究所成立了，在此基础上，1995年成立北京肿瘤医院。在老一辈专家教授的带领下，形成了学科基本齐全，集医、教、研为一体，预防、治疗、康复相结合的三级甲等肿瘤专科医院，使研究所和医院有了更大的发展空间。

进入21世纪以来，北京大学和北京医科大学合并，北京肿瘤医院成为北京大学建设世界一流大学事业中的一支重要力量。在“院有品牌、科有特色、人有专长”，“患者满意、员工高兴、政府放心”的建院理念指导下，医院学科建设蓬勃发展，装备和信息化建设突飞猛进，一批中青年学者迅速成长，成为活跃在国内国际学科前沿的领军人物，医院进入了一个科学发展、快速发展、可持续发展的新时期，一举奠定了在国内肿瘤医学界的领先地位。

今天，我非常高兴地看到，“北京大学肿瘤医院”正式挂牌，这是一个新的里程碑。北京大学作为中国大学之最，是科学与人文思想传播的摇篮，希望大家珍惜这块不平凡的牌子，传承北大优良传统与学风，以人为本，崇尚医德，摒弃浮躁，潜心钻研，努力为北京大学增光添彩。

今天，我也高兴地看到，医院新一届领导班子团结进取、奋发有为。出于北肿人的情结，我对新班子寄予了厚望。希望通过你们的智慧和努力，为医院营造民主、严谨、科学和务实的氛围，为每一位致力于献身医学科学事业的人才提供施展聪明才智的舞台，成就更多的大家、名家和优势学科，在人类战胜癌症的伟大事业中有更多的建树，为祖国医学的进步、为亿万人民群众的健康作出更大贡献。就像你们提出的目标那样，让北京大学肿瘤医院成为患者首选的国际化肿瘤中心！

祝愿北京大学肿瘤医院承前启后、再创辉煌！

在千岛湖水资源保护对口协商会上的讲话

（2011 年 11 月 4 日）

同志们：

今天上午的对口协商会开得很成功，这种形式也是一个尝试。国家发改委、各有关部委，浙江省、安徽省政府的领导，包括我们的专家都做了很好的介绍发言，很多意见都是积极的、富有建设性的。作为调研组成员，我们高兴地看到，中央高度重视，各部委高度负责，浙、皖两省认真落实领导批示，做了大量细致工作，千岛湖水资源的保护工作已经列入了重要议事日程，发改委牵头已启动规划编制工作，是我国第一个真正意义上将流域经济、社会发展和生态环境保护结合起来，统筹协调上下游，发达地区和欠发达地区生态保护和经济发展问题的综合性规划，这个规划开了一个好头，树立一个良好的范例，对于推动千岛湖水资源保护和促进浙皖两省实现科学、可持续发展，对于维护浙皖两省人民的健康福祉和长远利益，无疑具有重大的意义。

下面，我想谈几点意见：

一、不同经济发展水平的地区要走合作、互利、共赢的道路由于地域、人口和资源禀赋的不同，改革开放初期，浙江等沿海地区抓住了发展的机遇，率先实现了总体富裕。近年来，随着结构调整、东部沿海地区产业转移的加速，为包括安徽在内的中西部省份迎来了历史机遇。然而，发展与生态环境保护永远是一对难解的矛盾，长期以来，为了守护千岛湖这一盆清水，安徽特别是黄山地区的人民是作出巨大牺牲和奉献的。实际上，不仅安徽的水资源，安徽的劳动力资源、资金和原材料等生产要素同样被源源不断地吸纳到投资回报率更高的浙江，因此，我要说，同饮一江水的下游浙江人民理当对安徽人民心存感激，而本着谁使用谁付费、谁受益谁补偿的原则，下游地区的浙江对上游地区的安徽给予补偿也是正当和必要的。我常举一个例子，就是美国的科罗拉多州，极其贫瘠，唯一的资源就是流经境内的一条科罗拉多河，然而科罗拉多州的人民就是依靠这条河过上了中等富裕的生活，因为他们保护了水源的清洁，而河水流经的地区都要为他们支付一笔资源补偿费。现在，政协调研组提出的建立新安江流域生态补偿机制试点工作正式启动实施，补偿资金主要用于上游的生态环境保护与经济发展，这为今后在江河湖泊的上下游地区建立长效的生态补偿机制创造了一个先例，势必有力地推动千岛湖水资源保护形成内生动力与良性循环的积极态势。

很早以前，费孝通先生就针对我国区域经济发展极不平衡的现象，提出了“以东支西、以西资东”的命题，就是西部以资源支持东部发展，东部要帮助西部地区共同富裕，从而实现不同经济发展水平的地区的合作、互利和共赢。对于包括千岛湖上下游地区在内的浙皖两省来说，经济的互补性很强，这次中央拿出2个亿，浙江省拿出1个亿，帮助上游的黄山地区建立集中的工业园区，支持黄山市实现集约发展、低碳发展、绿色发展和循环经济，正是体现了合作、共赢的原则。黄山不考核工业指标，反而加大生态环境、服务业发展权重，指挥棒的科学发展导向明确。除政府层面外，我们也希望浙商和浙江的民间资本投资上游地区的产业发展，特别是传统产业的转型升级，新能源、新材料等战略性新兴产业以及以旅游为龙头的服务性经济，不断提高区域经济社会的一体化水平。

二、绝不能重蹈先污染后治理的粗放式发展方式的覆辙

改革开放30年，我们在取得举世瞩目的发展成就的同时，在资源、环境方面也付出了沉重的代价，生态、环境的承载能力已经达到了极限，大江大河几乎悉数污染，大型湖泊蓝藻暴发的事件历历在目，像千岛湖这样仍保持良好水质的大型湖泊已是凤毛麟角。因此，我们在充分理解和尊重千岛湖上游的安徽人民过上幸福生活的合理诉求的同时，也绝不能以后发展地区的发展权利为理由而降低对生态和环境保护的要求。我常说金山银山不如绿水青山，没有了蓝天碧水的基本生存尊严，光有钱有什么用？所以说，全面履行新安江流域水环境治理和生态保护职责，积极支持、配合和参与相关规划的编制工作，切实保护好千岛湖这一巨大的优质淡水资源和生态屏障是上游的安徽人民也是我们这一代人责无旁贷的共同责任。

后发展地区也有后发展地区的优势，那就是能够借助先发展地区的资金、技术和高素质人才，借鉴先发展地区的经验和教

训，少走弯路甚至不走弯路。现在大家都已经认识到，以牺牲生态环境为代价的、粗放式的发展方式是不可持续的，因为我们面临着日益凸显的环境和资源能源的瓶颈，也迫使我们不得不改弦更张，走低碳发展和绿色发展的路径。我非常赞成黄山市2009年以来已经关停并转100多个落后企业的做法。

近年来，安徽省在承接东部产业转移上作用十分突出，成为中部崛起的排头兵，新安江流域的经济社会持续较快发展，客观上加剧了新安江水环境保护的严峻形势。希望安徽省和黄山市要致力于"两型"社会建设，统筹经济建设与生态建设，要按照主体功能区规划的要求，形成合理开发布局，有选择地、高标准地承接东部的产业转移，以缓解新安江流域生态保护压力。

三、关键是要如何抓好落实

首先，要进一步增强大局意识、忧患意识和责任意识，国家发改委要站在全局的高度，全面评估经济社会发展对新安江流域水资源的需求和生态环境的承载能力，落实最严格的水资源管理，科学编制《千岛湖及其上游流域水资源与环境保护综合规划》，使规划真正具有引导当地的经济社会发展的刚性约束作用。环保部和财政部要加快实施关于新安江流域水环境补偿试点的实施方案，要明确生态补偿的原则和相关考核措施，努力形成长效化的、稳定增长的流域生态补偿机制。浙皖两省要各负其责，最大限度地求同存异，充分调动各方面的积极性和主动性，通过统筹协调上游和下游、保护与发展的关系，努力探索出一条流域管理的科学模式。

其次，国家和浙皖两省政府要综合运用财税、金融、法律、舆论等措施，深化体制改革，切实转变发展方式，整合产业发展要素，积极促进当地产业结构的调整，支持新安江流域地区发展低碳高新经济。在全面抓好工业点源污染治理的同时，要加强对农业面源污染和生活污染的治理，着力增强污染处理和生态修复能力。相关部门和机构要全面掌握千岛湖及其上游水环境情况，推进落实联防联控、合力治污，严格执行环境保护目标管理责任制，建立新安江流域生态建设与保护的良性机制。

最后，国家要加大对千岛湖上游地区转移支付力度，加快提高这一地区的基本公共服务水平和地方政府的财政保障能力，支持千岛湖环境保护的投入、重点项目的建设、生态工业、城乡统筹发展等工作，切实提高地方政府维护千岛湖及新安江流域水环境安全的积极性。要加快推进浙皖区域经济社会的一体化，进一步扩大市场开放，加强区域经济融合互补，实现资源共享，真正走上高起点的互利共赢的科学发展模式。

在多元文化交流研讨会上的讲话

（2011 年 11 月 16 日）

太湖文化论坛的宗旨是跨文化交流，通过交流让世界了解一个真实的中国。今天我想讲三个问题：

第一，西方如何看我们。

随着中国进一步跻身国际舞台，随着美国大选到来，拿中国说事已成惯例，对中国的负面报道增多。如何让世界人民认识一个真实的中国，抵消负面报道，让其站不住脚，形成不了趋势是十分重要的。

撒切尔夫人卸任以后写了一本书《治国方略》，其中亚洲篇第一节大篇幅谈中国，第一句话："冷战结束了（苏联解体）……但是共产主义还没有结束，那就是在中国。因此我们（西方）在亚洲要支持日本、印度，不要让中国取得亚洲的领导权，我们还要告诉中国，台湾不是中国国内的问题，他是国际问题，我们有权进行干涉。"这就是西方把台湾问题国际化、阻挠祖国统一的关键。现在南海问题国际化也是如出一辙。今年二月美国参议院外事委员会原主席卢格说了一段话："过去 50 年美国与苏联争霸,今后50年美中争霸。”显然西方的冷战思维依旧,美国主导的所谓TPP也是经济冷战的表现。美国战略重心东移,首先是针对中国,这是不争的事实。中国崛起打破了原有的格局,美国不会轻易接受,必定极力遏制,它关于“太平洋总统”、“绝不当老二”表达的都是这个意思。因此,意识形态的较量将是一个长期过程,或者说是社会主义制度、社会主义文明形态与资本主义制度、资本主义文明形态的竞争是长期的,但不是替代。西方这种冷战思维把中国摆到前苏联的位置,如何越过冷战遗留的意识形态鸿沟?我们在外交上需要有大智慧和大思路。大家知道,“共产主义”这个词在西方非常负面,同冷战思维关联度很高,是前苏联的影响:阶级斗争、践踏人权、教条主义、计划短缺经济,我们要清楚的说明,共产主义及其理论随时代前进已经有了新的发展,与中国实践相结合的中国特色社会主义是市场经济的社会主义、是尊重人权的社会主义、是人民民主的社会主义,冷战思维已不再是中国人的思维。正是西方的犹存的冷战思维,负面宣传中国,让世人不相信中国能和平崛起,我们实力越强就会越来越多的招致批评、诽谤、嫉妒、中国威胁论及恐惧。我们与西方之间,西方欺侮我们100多年,也教会了我们很多,既是强盗也是我们的老师,需要我们以中华民族长远利益,冷静分析形势,表现大国风度,而不只是出一口恶气。特别要避免与美国发生战略冲突,努力维护战略机遇期,“韬光养晦”未过时,要坚持顾全大局,着眼长远,巧妙周旋,冷静处理好中美关系,赢得更长的和平发展战略机遇期。

这些客观因素最需要民间包括传统中医药文化等公共外交

途径影响他国公众，增进国家间的相互理解和信任，建立推动政治互信、战略互信的基础。

第二，我们自己应总结的经验和教训。

该坚持的一定要有智慧的坚持。比如以积极入世，融入全球化，快速发展了经济，中国成为大赢家，又坚持特立独行的人文操守，入世不入圈套，坚守关系国家命脉领域。其实中国还有充足的手段在世界范围内大幅提升正面形象，但总体上用的不够好。比如造成诸多对中国负面影响的在很多方面是我们自己。

一是不客观宣传自己，自找风险。有媒体经常说："中国是世界上第二大经济体，第一大出口国"，但我们忽略了中国的诸多不足，仍然是发展中国家，人均 GDP 排在一百多位，大而不强，具有自主创新、自主知识产权的非常少，主要靠引进，忽略知识产权实际上是一个国家的主权。

二是不适当的做法让他国不安。食品安全问题如三聚氰胺影响极坏；强拆引发自焚；圈地漠视失地三无农民的生计；小悦悦事件；环境恶化；贫富差距太大；腐败横行，权大于法，天大的事权力摆平；对法律底线的藐视这些都与社会主义本质相悖，自毁中国形象。在与西方制度的竞争中，一定要把我们的社会主义社会建成一个公正的社会、民主的社会、和谐的社会，才能为人类文明作贡献。实际上中国传统文化"包容"是一大优势。

三是不适当的民族情绪。把民粹当民主，民粹文化冲击中国传统的理性文化，偏激、宣泄、情绪化给外交工作带来麻烦。号称有世界上最先进的思想文化，又拿不出东西渗透人家，处于被动防渗透而无力主动有效出击。问题关键出在软实力上，出在文化自觉不够,没有文化自觉如何谈文化自信、自强。

第三,中国一定要增强自己的软实力。

什么是软实力,软实力是一种能够说服别人的能力。可以使人相信你、支持你、跟随你。是物质背后的文化的力量。文化如水滋养万物悄然无声,是流淌在一个民族肌体里无处不在的软实力。一般来说,这是一个长期积淀、潜移默化的过程。但是文化软实力的美国现象值得研究,它仅 200 多年历史,缺乏历史文化积淀,但其文化影响力、号召力、软实力、巧实力在世界独一无二,有人比喻它是文化日不落帝国。好莱坞的票房收入占全世界影视收入的95%,文化渗透处处不在。反而我们具有 5000 年历史文化的积淀,文化影响力却还远远不够。

(一)谈一个民族的文化,首先要谈文化自觉。这个命题是费孝通教授(前副委员长、著名社会学家、人类学家)晚年提出来的。我听到他讲这个问题,那还是 9·11 事件发生后,费老深感东西方文化冲突对世界和平的威胁,他说:“文化自觉是当今世界一种时代的要求。”费老在多部著作都谈到文化自觉,1997 年他在《人文价值再思考》一文中这样阐述:“文化自觉是指生活在一定文化中之人对其文化有自知之明,明白他的来历,形成过程,所具有的特点和他的发展趋向。”文化自觉是一个艰巨的过程,首先要认识自己的文化,理解所接触的多种文化,才有条件在这个正在形成中的多元文化的世界观中,确定自己的位置。经过自主的适应和其他文化一起取长补短、和平共处、各抒所长,也就是达到“各美其美,美人之美,美美与共,天下大同”的境界。这种境界的前提是尊重文化的多样性,这也是世界文明最显著的特征。讨论中华文化进入世界秩序时,如何吸取西方文化的精髓,完成自身文化的改造与提升,成为世界性文化,是文化自觉的重要内容。

(二)中医药文化的自觉。中医药文化的内在价值,也需要有中医药文化自觉才能在实际运用中扬长避短,取其精华去其糟粕。刚才我说中国有充足的手段在世界范围内大幅提升自己正面形象。我认为富有哲理的、有益于人类健康的中医药文化就是一个让世界了解中国文化的难得的窗口和手段。

前不久中国科学家屠呦呦获拉斯克国际医学大奖。在亚热带、热带流行,死亡率极高的疟疾,在传统喹啉耐药后,恶性疟原虫肆虐,六十年代美越战争双方战斗力受其困扰,胡志明同志求中国想办法,从那个年代开始,屠教授瞄准中药,整理古医书籍,查阅了《神农本草经》、《本草纲目》、东晋葛洪《肘后备急方》,都记载了青蒿草抗疟的效果。1971 年,在无数次提取物无效的情况下,最终用低温乙醚提取的青蒿素获得了 100% 杀疟原虫效果,拯救了全球数百万人的生命。仅用 0.2g 青蒿素结晶就像炸弹一样消灭恶性疟原虫,让世界刮目相看。这个故事就是中医药文化自觉的过程,我们如何把自己的故事讲好,向全世界表达好,其他国家不会帮我们讲故事。

刘海若(凤凰卫视主持人)在英国出车祸,被宣布脑死亡,她的母亲请求中国帮助,中国医生先用安宫牛黄丸开窍,赢得了手术时间,成功救活并逐步恢复。任何西药均无开窍之功。这又是一个生动的故事,为什么这个方剂能开窍?这里面的哲理,配伍相使,有机整体的内涵是“和”,这是中华文化的核心。这个病例不仅在两岸引起反响,在世界上也创造了奇迹。

再有中医文化体现中华民族坚韧不拔的精神。《神农本草经》如何产生?神农尝百草,多少是有毒的,用对了治病,错了伤人,自己尝试体验是一种勇于探索的伟大义举,是一种舍生忘死的高尚品质和行为。所以说中医药文化底蕴丰富,有数千年悠久历史,可惜的是绝大多数国人对其内涵缺乏了解,时常误读,是民族虚无主义在作怪,盲目崇洋。当然,作为业内人士,也要反省为什么有那么多的人以中医养生的名义行骗?为什么中医学院培养的中医师只相信西医,不钻研中医,甚至不相信中医?确实要有一个中医药文化自觉的过程。

今天推介的"参灵草"这个方剂的研究过程也是中医药文化的体现,"五脏并调"、"温凉互济"、"精气神同补"。许多国宾用了感觉甚好,从相信你到支持你、跟随你,追着你要,帮助你宣传。现代人最看重的是健康,这显然是软实力的体现。利用中医药文化的软实力,可以建立中国许多积极的形象,"参灵草"作为外交和友好的使者的确值得推介。

用爱心筑起公平与和谐的基石*

最近，我利用在浙江调研的机会，特意绕道慈溪市的一所民办学校——育才中学，看望在这里学习的西部受助生。

这件事源于不久前我收到的一封信。这是地处贵州深山区的雷山县民族中学的16名孩子集体写给我和资助他们在育才完成两年学业的沈先生的。他们是一批已经跨入大学校门、来自贫困家庭的优秀学子，怀着一颗感恩的心，回顾在育才自强不息、发愤刻苦的学习经历，并以此为动力，出色地完成了在家乡的高三一年学业，全部进入一本录取线，并一举囊括全县前三甲的名次。看到这里，我的心情非常激动，一方面为这些孩子因为社会爱心人士的相助，得以放飞理想而欣喜不已，同时，也让我想到还有更多禀赋优异的农村孩子，因为生活的艰难和起点上的不公平而被无情地淘汰，从此失去了改变一生命运的机会，而我们又有多少有识之士在为这种代际贫困现象的蔓延扼腕、忧虑和不安呢？

育才的创办人沈先生就是这样一位有识之士。我和他初次

---

* 原载于2011年11月16日《人民日报》。

见面是在2005年,也是因为助学的事。以后断断续续了解到他办学的一些经历,知道他幼年家贫,没有条件深造。改革开放后,他靠创业致富,开始以“结对子”的方式帮助家境困难的孩子读书。后来,他克服了重重困难,索性自办起了学校,取陶行知先生当年用过的校名——“育才”。同许多大老板相比,沈先生算不上是个有钱人,但他有一颗扶危济困、助人为乐的高尚爱心,而且从一开始他就把慈善行动定位在教育扶贫上。为了让寒门子女也能受到良好教育,他每年都要招收一批免收学费的优秀特困生,他办学十多年来,没有一个育才的学生因为生活困难而辍学。后来他又把助学范围扩大到省内比较贫困的地方,并在我的提议下拓展至民盟中央定点帮扶的贵州黔东南和甘肃定西,于是才有了前面提到的育才“雷山班”、“定西班”。

然而像沈先生这样的善举得到的并不都是喝彩。当地一些人包括个别官员对他资助外市、外省学生到育才学习的行为表示不解甚至责难,他把贵州学生与本地学生混合编班、让他们取长补短的设想受到了本地学生家长的联合抵制,最后校方只好屈从于压力,把这16个被视为“异类”的学生单独编班。

听到这样的消息,我想到了很多,心情久久不能平静。诚然,改革开放以后,得风气之先的东南沿海,凭借通江达海的地利,以及那里的人民流淌在血液里的经商意识、吃苦耐劳的韧性和在夹缝中求生存的创业精神,率先实现了总体上的富裕。然而这其中也离不开中西部人民的巨大支持。长期以来,正是广大中西部地区的廉价能源、资源,数以亿计的青壮年劳动力,以及庞大的资金流等生产要素,源源不断地汇聚到效益与投资回报率更高的沿海地区，在东南沿海起步腾飞的进程中，西部的边缘化现象日益突出，加剧了地区间发展的不平衡。我想，在东部地区提前迈入小康门槛的时候，我们是不是应该对中西部贫困地区人民的牺牲奉献心存些许感恩之情，让他们也能分享到发展的成果？在网络时代频频炒作富二代、官二代的时候，我们是否还更应当关注生活在社会底层的贫二代、穷二代，悲悯他们的现实境遇和未来？

因此，我的这次慈溪之行，不仅是看望和慰问沈先生，给予他道义上的声援，而且还专门来到了雷山班，与在读的孩子们见面、合影，我说，我为你们的父母是伟大的农民工而骄傲，希望你们自尊、自信、自强，努力学习，不辜负父母和沈先生这样的社会好心人的期望。

我们常说，教育公平是人生起点上的公平。特别是在贫困落后地区，读书仍然是贫寒家庭的孩子能够跻身社会主流、体现人生价值的唯一出路。同在一片蓝天下，如何让这些孩子获得公平的受教育的权利，使他们不再输在起跑线上，既需要国家下决心在制度设计上努力缩小地区、城乡和不同社会群体间的收入差距，不断推进教育的均等化；也需要我们大家都能够认识到，一个充满活力的社会不应该是固化的，它需要社会阶层间的流动，特别是让生活在社会底层的家庭能够看到希望，而培养出一个孩子，这个家庭也就有了希望，这个社会就会更加人性化，更加和谐和公平。众人拾柴火焰高，希望大家都能奉献出一份爱心，关注贫困地区的教育问题，多做教育扶贫的善举，用爱心筑起我们社会公平与和谐的基石。

在第五届亚洲制造业年会上的致辞

（2011 年 11 月 18 日）

各位来宾、各位朋友：

大家晚上好！

今天亚洲制造业协会和亚洲制造业论坛迎来五周年纪念日，我很高兴与在座的会员单位和各位来宾一起分享这一喜悦，并对亚洲制造业协会表示热烈祝贺！

亚洲制造业协会成立五年来，扎根制造业，研究产业经济领域前沿性的重大课题，传播最新科技信息、产业动态、经济预警分析，联络国内外行业精英，在推动中国制造业与世界先进制造业对话，引领企业加快产业升级和结构调整等方面发挥了行业智库和民间外交的积极作用，其思路和做法值得肯定。

今天就此机会，我讲两点意思：

一、深刻认识制造业在国民经济发展中的重要地位

2008 年全球金融危机至今，世界经济低迷，欧美债务危机不断升级，给我们传达的重要信息是：危机的实质是长时期以来这

些国家对制造业等实体经济的忽视，片面放大了虚拟经济的作用，使金融大鳄贪婪吞噬财富，民众失业率攀升。恶果是国家基础体力变得衰弱；给我们的重要启示则是强大的制造业是经济危机的“防火墙”、“预防剂”。德国就是以强大制造业支撑国力强盛不衰的一个好例子。中国制造业和民营实体经济改革开放以来的迅速发展，我国经济保持了长期稳定增长，也是十分有说服力的。历史上还没有过拥有强大制造业的国家遇到经济危机的先例。因此制造业作为一个国家和地区的支柱产业对拉动当地经济，解决大量劳动就业，推动工业文明和社会文明都具有十分重要的作用。我国制造业起步较晚，总体上处于发展阶段，管理粗放，不够精细，长此下去会失去竞争力。要学会审视自己、提高自己、主动向世界先进企业学习。亚洲的制造业要携起手来，共同抵御风险、应对挑战。

当前要特别注意防止制造业空心化，因为近些年来实体经济与商业银行存在悬殊的利润差距，还有房地产业的巨大利益，长此以往，市场经济条件下，资本必然流出苦巴巴干的实体经济而流向金融领域和房地产，这个趋势要万分警惕。

二、高度重视传统产业技术改造升级，大力发展战略性新兴产业

今年12月将召开全球环保大会，一定会制定更严格的标准。我国是排放大国，面临的压力会更大。转变发展方式迫在眉睫，进一步加大传统制造业技术改造的力度非常重要。技术改造的主要目标之一就是节能减排，大家知道技术改造、产业升级投资

省、工期短、见效快。

发展战略性新兴产业一定要注重科技创新。我们现在企业的创新能力,如果放到国际竞争中去是不强的,原创技术则更少,这是关乎企业生存和发展的大事。因此要以国际竞争力为标准,根据市场的变化不断创新发展,过去那种产品多年不变已让我们吃尽了苦头,还有一个问题也是吃尽苦头的,就是不停地引进、不停地跟踪,把大量资金给外国人供他们研发,反过来再赚我们的钱。所以我要强调,企业竞争力最终是应对全球经济危机胜负的关键。

各位来宾,发展制造业,支持和培育制造业是一项长期的、艰巨的任务。希望大家通过本次年会的充分交流,有所收获!

谢谢大家!

在河南特色三化协调科学发展之路高层论坛上的致辞

（2011年11月29日）

同志们、朋友们：

很高兴到历史文化名城新密参加“河南特色三化协调科学发展之路高层论坛”，我谨向论坛的召开表示热烈的祝贺，向与会的代表致以诚挚的问候！

河南地处中原腹地，不仅是我国第一人口大省、第一农业大省，而且还是重要的新兴经济大省、工业大省，无论是区位、人口、文化以及发展潜力，均在全国区域发展战略中占据着举足轻重的地位。在中央统战部、各民主党派中央、全国工商联的积极推动下，不久前中原经济区正式上升为国家战略。这既体现了中央对河南的高度重视和支持，也彰显了统一战线的政治优势和智慧力量。

我注意到，河南省建设中原经济区的战略构想，是建立在不以牺牲农业和粮食、生态和环境为代价的基础上，探索出一条城镇化、工业化和农业现代化同步推进、协调发展的路子。这既突出了河南作为农业大省承担的维护国家粮食安全重要职能的战略定位,也顺应了当今时代绿色发展、低碳发展的世界潮流,体现了中央建设两型社会的精神要求。河南是中国社会的缩影,河南发展中存在的矛盾反映了中国现阶段发展的特征,因此,河南建设中原经济区的成功探索和实践,对于解决好"三化"协调发展问题具有普遍性、典型性和代表性。

此次论坛以"新型城镇化引领'三化'协调科学发展"为主题,对此,我提几点不成熟的看法,供同志们参考。

一、正确认识 GDP,提高对 GDP 适度下滑的容忍度

中国经济连续十多年以近 10% 的速度增长,创造了世界经济发展史上的奇迹。然而这种高速增长期正在结束,原有的社会与政治结构、环境与资源容量为经济持续增长留下的空间基本上被消耗殆尽,经济增速放缓难以避免。如何适应低增长速度,一是各级政府和广大民众都要做好心理调整,从容应对;二是过去由于经济的高速增长,掩盖或消弭了不断升级的民生诉求和深层次的社会问题,当经济速度下滑时,社会矛盾和问题就会尖锐暴露出来,社会基础设施建设和科学化社会管理凸显其重要性、紧迫性,应引起高度重视。

GDP 的结构代表经济社会发展方向,长期以来我们盲目追求 GDP 的数字崇拜,经济发展重数量轻质量(以较普遍存在的豆腐渣工程为代表),重速度轻安全("7·23"动车事故为代表),重物质轻道德(腐败成风为代表),教训是沉痛的。实际上 GDP 的结构更为重要,包括代表质量、技术含金量的人力资本存量,是

比 GDP 数量更能说明问题的指标。

二、结构调整、转变发展方式我们再也拖不起了

中央提出转变发展方式已经 15 年了，效果并不理想。当前世界经济处于复苏与调整并行的态势，欧美债务危机给我们的重要启示是强大的制造业是经济危机的“防火墙”、“预防剂”。发达经济体开始积极调整各自的经济结构，比如美国吸取片面放大虚拟经济作用的教训，将投入 1 万亿美元重振制造业，发展实体经济。国内经济增长速度的适度下降，为转变经济发展方式、调整经济结构创造了一次难得的机遇，而日益严峻的资源、环境瓶颈也对粗放型的发展方式形成了倒逼机制，因势利导，改变“速度效益型”的盈利模式，实现由低要素成本驱动为主向以创新驱动为主的转变已经势在必行。

转变发展方式要处理好传统产业升级与发展战略性新兴产业问题。我们传统产业多，就业容量大，为我国经济社会发展作出了重要贡献。因此应加强传统产业的技术改造和升级，而不应脱离现有产业的特色和优势去另起炉灶，可以说没有夕阳产业，只有夕阳技术。发展战略性新兴产业一定要从实际出发，扬长避短，不能在新兴产业链低端盲目跟风，一哄而起，形成新一轮的重复建设，将造成新的产能过剩、破坏环境资源和巨大浪费。

三、厘清技术引进与自主创新的关系

30 年来我们以市场换技术，引进技术进行产业跟踪，实现技术追赶，壮大了自己，少走了弯路，这个阶段是绕不过去的。中

国经济发展到今天，我们的企业已经成熟了，完全可以技术自立了。但从国内的情况来看，我们创新还是很不够的。缺少核心技术和自主知识产权，没有形成自己的品牌，有些企业还停留在组装的层次上，这样的话，几十年前组装录音机和现在组装 ipad 有什么区别呢？只不过给人家创造更高的价值而已。跟踪终归是"依附型"的，一方面很多时候以市场换技术，丢了市场却没换来技术，另一方面，购买设备、技术专利，把钱给了外国公司，培育的是他们的研发能力，反过来又卖给我们再赚钱。

现在还要警惕制造业的空心化问题，我认为已经有这个苗头了，前几年国内最知名的一家家电企业也去做房地产，因为利润差别太大了，企业是趋利的。因此房地产的理性回归，不仅是民生问题，还是个产业导向问题。房地产的暴利不仅催生资产泡沫，威胁金融安全，而且还抑制了实体经济创新的动力。

四、公共财政制度是民主与民生的最大结合点

因为公共财政透明了，必定引向公众利益，公权力就会向大多数人的利益方向去运行。当务之急是要在经济发展的上行期努力加强社会基础设施建设，这是保根本、保长久、保稳定的，特别是要构建起覆盖城乡全体居民的社会保障体系。

公共财政透明并偏重于民生，体现了执政为民的宗旨。要探索解决城乡统筹、城乡互动这个难题，要利用公共财政的杠杆消除城乡居民参与发展、分享发展成果方面的制度障碍，妥善解决进城务工人员的就业、住房、医疗、子女上学、社会保障、户籍等突出问题，实现基本公共服务的均等化，这有利于实现总书记

提出的包容性增长的目标。

五、城镇化与农业现代化的问题

河南是农业大省，粮食连续八年增产，连续五年保持在千亿斤以上，这是河南对全国人民的重大贡献。但在现实生活中从事粮食生产的人却不能致富，或者说在中国种粮的人往往是最弱势的、最穷的。这里有政策导向问题，最根本的是要高度认识我国农业的前途是农业现代化，要通过发展现代农业达到挖潜、增收的目的。去年我国净进口的农产品如果换算成耕地，相当于进口了9亿亩播种面积，这个概念就是18亿亩的一半，一旦不能进口了，我们靠什么来保障粮食安全？所以就必须要走现代农业的道路，比如我国有2/3的耕地是中低产田，中低产田的改造还有很大的潜力。城镇化才能促进农业规模化生产，走高效农业的路子，新品种的推广，新技术的应用，品牌与质量标准体系建设，包括栽培与加工环节的质量控制体系，对于挖潜与增收，都是不可或缺的，这决定了我国能否从一个农业大国跃升为农业强国。

同志们，新型城镇化引领"三化"协调科学发展是一项庞大的系统工程，也是一场深刻的经济社会变革。必须科学把握新型城镇化的内在发展规律，围绕实现中原经济区转型发展、持续发展、和谐发展的目标取向，厘清发展思路，找准着力点和切入点。我希望，各民主党派、工商联和无党派人士以及在座各位专家要一如既往关注河南、支持河南，继续帮助河南在中央层面呼吁，为建设好中原经济区，作出我们的贡献。

最后，预祝此次高层论坛取得圆满成功！

在我援斯国家艺术剧院落成典礼上的讲话

（2011 年 12 月 15 日）

尊敬的拉贾帕克萨总统阁下，尊敬的贾亚拉特纳总理阁下，尊敬的恰马尔议长阁下，女士们、先生们、朋友们：

很高兴出席中国援建的斯里兰卡国家艺术剧院落成典礼。经过三年多的辛勤努力，斯里兰卡国家艺术剧院今天正式落成并投入使用。我谨代表中国政府表示热烈祝贺！

斯里兰卡国家艺术剧院是新时期中斯友谊的象征。中斯两国领导人高度重视并关心剧院建设，两国工程技术人员通力合作，为剧院建设付出了辛勤的汗水。该剧院是近年来中国向斯里兰卡援建的重大工程项目，总建筑面积约 14,000 平方米，可容纳 1200 多名观众。相信斯里兰卡国家艺术剧院的启用，必将有助于丰富斯里兰卡的社会文化生活，造福斯里兰卡人民，也将进一步促进中斯文化交流，增进两国人民之间的了解和友谊。

女士们，先生们：

斯里兰卡风光秀丽，人民勤劳善良，自然资源丰富，被誉为“印度洋上的珍珠”。近年来，在拉贾帕克萨总统和贵国政府领导下，斯里兰卡人民励精图治，实现了国内和平，经济加快发展，民生明显改善，战后重建稳步推进，2010 年和 2011 年的经济增长率均保持在 8%。作为友好邻邦，我们为此感到高兴。当前，斯里兰卡面临着难得的历史机遇，具备加快经济社会建设的有利条件。相信在拉贾帕克萨总统和贵国政府领导下，斯里兰卡人民一定会把国家建设得更加繁荣富强，成为“亚洲的新奇迹”。

中斯是世代友好邻邦，两国人民的友好交往源远流长。一千六百多年前，中国的高僧法显远涉重洋来到斯里兰卡，为中斯友好交流留下了一段佳话。建交半个多世纪以来，中斯关系一直健康顺利发展，两国是名副其实的好邻居、好朋友、好伙伴。当前，中斯关系处于历史最好时期。两国高层交往频繁，经贸合作成果丰硕，文化、教育等领域交流日益活跃，在彼此关切问题上始终相互理解和相互支持。中斯关系日益展现出广阔的发展前景。

中国政府高度重视发展同斯里兰卡的友好合作关系。无论国际风云如何变幻，中国都始终坚持和平共处五项原则，坚持大小国家一律平等，支持斯里兰卡为维护国家独立、主权和领土完整所作的努力，愿意为斯里兰卡的经济社会发展提供力所能及的帮助。明年是中斯建交 55 周年及《米胶协定》签署 60 周年，希望双方以此为契机，加强交流，深化合作，增强在国际和地区事务中的协调，推动中斯全面合作伙伴关系取得更大的进步，让中斯友谊世代传承，发扬光大。

最后，祝愿斯里兰卡繁荣昌盛，永享和平！祝愿中斯两国人民的友谊万古长青！

谢谢大家！

附录

访谈·报道

还福于民、均等服务，大力改善国民福利待遇*

——全国政协副主席张梅颖激情展望“十二五”

2011 年是国家“十二五”规划实施的第一年。《福利中国》杂志记者近期采访了全国政协副主席、中国社会福利协会名誉会长张梅颖，就“十二五”规划实施期间如何加强社会福利事业建设问题进行了访谈。

记者：去年 10 月份召开的中国共产党十七届五中全会，对我们国家的“十二五”规划提出建议，对我国未来的五年进行了宏观规划。其中许多是关于保障和改善民生的政策，请您谈谈对新的五年发展规划的感想。

张梅颖：十七届五中全会主要研究了国家在“十二五”期间的发展问题。2020 年实现全面小康，“十二五”是关键时期。21 世纪前十年是我国发展的黄金十年，也是崛起的十年。我国经

* 原载于《福乡中国》2011 年第 1 期。

济持续快速的发展，短期内走过了西方国家经过一二百年才走完的市场化、工业化、城镇化和国际化过程。经济社会矛盾的叠加，为我们的发展提出了严峻挑战，面临前所未有的压力。这压力来自中国经济总量跃居世界第二后，各国对中国应承担的国际责任的期许；来自中国经济30多年高速增长后，环境、资源的可持续问题；来自改革开放30多年社会发展滞后引发的诸多矛盾；来自应对危机的措施遗留下来的通胀预期和日益显现的商品价格、资产价格上升的趋势。因此，转变发展方式就成为应对改革发展的深层次问题的重中之重。对此，我们要有正确的认识，充分估计到改革的复杂性、艰巨性和解决诸多矛盾的长期性。

十七届五中全会开宗明义，提出“十二五”期间经济发展的主线是转变经济发展方式，也就是从国强转变为民富，从依赖外需转变为以内需为主，从高碳经济转变为低碳经济，进一步明确了把保障和改善民生作为加快转变经济发展方式的根本出发点和落脚点。一是树立各级领导干部对GDP的正确认识，把更多的精力和财力放在改善民生方面。二是要培育城镇居民对以农产品为主的物价适度上涨的容忍度。农业和工业是无法竞争的，为了缩小城乡差别，体现社会公平，国家在收购农民粮食的时候，要适当提高农产品价格以增加务农收入，用多种方式补贴农民是十分必要的。三是建立科学的干部考核机制。当地的民生情况，老百姓的幸福指数，群众的养老、社会保障、就医、上学等重要民生问题的解决，都要纳入到干部考核指标体系中。指挥棒的导向作用显示出来了，各级干部自然就去关心老百姓的民生问题了。四是中央、省、县级财政要分工，哪些是由国家管的，哪些是地方财政负责的，权责要分清。

其次，要从经济社会发展的主要矛盾和问题入手，加快社会改革的步伐。胡锦涛总书记最近强调，要把人民内部矛盾从源头上解决好，关键就是抓民生！让老百姓过安稳的日子，这就从源头上化解了人民内部矛盾。现在社会的分化已经影响到社会共识的形成，社会不稳定主要是不公平造成的，不是市场化的必然结果，所以未来这五年主要是要体现社会公平。只有公平正义才能凝聚共识，从而增强向心力。只有通过社会改革才能深化经济改革，形成消费型良性发展的社会，最终形成经济发展的内生动力。而社会保障是指国家面向全体国民、依法实施的具有经济福利性的各项保障措施，是用经济手段解决社会问题进而促进经济再发展的重大制度安排，是维护社会公平、促进人民福祉和实现国民共享发展成果的基本保障。

改革开放以来，原有社会保障制度丧失了相应的组织基础与经济基础，而市场经济体制的确立与社会结构的分化，使社会保障改革与制度建设能够起到维系国民经济持续高速发展和整个社会的基本稳定，从而对中国经济改革和社会转型保驾护航的作用。但公共投入不足和相关配套改革的滞后，严重地制约了社会保障改革与制度建设的步伐。我们从打破“大锅饭”走向了另一个极端，即淡漠了社会公平的价值取向和互助共济的优良传统。试想如果老百姓在医疗、上学、住房、养老等诸多方面都需要花很多钱的时候，又没有相应的社会保障机制，那么只能采取自救——存钱，不敢消费，直接限制了国民经济走内需驱动型发展道路的政策取向，从而对经济社会的健康、可持续发展产生不利影响。简言之,社会改革就是要建立把社会保障起来的制度,也就是以市场经济创造财富,以社会主义创造保护社会的机制。人民的生存有了底线,尊严有了底线,就会对社会产生认同感,这是和谐稳定的基础,也是社会主义题中应有之义。

去年我在东、中、西部的几个地区考察新农村建设和城镇化,给我留下印象最深的是陕西的神木县,政府把65%的财政收入投入到民生事业,真正实现了农村免费教育、医保和低保的全覆盖。以他们自己的话说,就是用少盖一座楼的钱,让所有老百姓在就医和报销方面都享受到和公务员一样的待遇。老百姓安居乐业,敢于消费,社会和谐稳定,既拉动了内需,又大大降低了维稳成本。算经济账是划算的,关键是政治账算对了。神木的经验表明,只有注重再分配,加快社会保障体系建设,体现救穷人,促消费,扩内需,稳社会,才能有助于形成良性发展的社会环境。

胡锦涛总书记谈到的“包容性增长”,我理解就是要让大家都能分享到经济发展和改革开放的成果。

记者:1999年我国步入老龄社会,现有60岁以上的老年人1.67亿人,老年人的比例占全国人口的12.8%;今后每年还在不断上升;我国城乡空巢家庭增多,党的十七届五中全会提出要“优先发展养老事业”。请您就养老问题给我们一些指导。

张梅颖:一个国家的文明程度和老龄人口的生存状况密切相关。我国的养老事业起步比较晚,既有观念和认识上的问题,比如我们有历史悠久的尊老敬老的家庭养老传统,也有对提前进入老龄社会准备不足、投入不够、制度缺失的问题。随着我国人口结构的变化，老龄化社会已经成为必然趋势。温家宝总理在去年的一次国务院常务会议上谈到服务业，特别强调中国已经提前步入了老龄社会，要大力培育为老年人服务的家庭服务业，建立和完善养老服务体系。如何从养儿防老式的家庭养老逐步过渡到社会养老，将是一个长期的、艰难的过程。我觉得中国经济社会发展到了现阶段，这个问题的解决不能再滞后了。现在的老人绝大部分经历了民国、抗战、解放战争、社会主义革命和建设时期，一路走过了崎岖蹉跎的岁月，有的老人还在用余热继续为改革开放、民族复兴贡献力量。这是一个饱经风霜磨难、特别能吃苦耐劳、曾经支撑起我们国家和社会发展进步脊梁的伟大群体，是我们国家最宝贵的人口财富。保障他们的晚年幸福安康，不仅是各级政府的责任，也是全社会的责任。我想，在国力日益增强的今天，养老事业的发展应该作为国家优先考虑的基本问题。在国家财力充裕的情况下，"十二五"时期国家要大幅度地倾斜老龄事业，增加对老龄事业的投入，同时出台各种优惠政策，鼓励社会力量兴办养老事业。养老事业同样是一个巨大的潜在市场，发展养老事业既能解决年轻家庭的后顾之忧，而且又能拉动内需，大量吸纳就业人口，是一个利国利民、一举多得的公益事业，今天我们为老人的服务做好了，明天就是为你自己服务啊！因此，要把养老事业的发展也作为转变发展方式的着力点。

当前，还应该关注研究探讨如何实现公平养老，促进养老制度的统一。现在城镇职工、城镇居民和农村居民三者养老保险金水平差距较大，应实行同一缴费标准下根据缴费多少发放养老金的公平原则,不搞平均主义。还要研究探讨农民工的社会保障问题,不能因为农民工的流动性,而忽视他们作为中国公民应享有的权利。

同时,我们还要认识到,一个社会要和谐发展,就必须有完善的福利体系,因为缺乏保障的人员会影响到社会的稳定。我国弱势群体中的很多人无力负担养老保险和医疗保险的费用,我想,可否在现行的保险体系中增加福利型社会保险,以我们现有的国力,有条件也有能力保障全民的福利,使改革开放的成果惠及全体国民,特别是处于社会底层的弱势群体。

记者:我国经济发展的速度很快,但是在福利供给和社会服务上和西方相比我们有很大的差距。近年提出了由补缺型社会福利制度向适度普惠型社会福利制度的过渡。社会福利制度建设,一直是比较关心热议的事情。我想请教副主席如何看待基本公共服务均等化和社会福利制度建设问题?

张梅颖:基本公共服务均等化实际上就是基本福利。十七届五中全会提出"基本公共服务均等化",基本公共服务均等化强调社会公平,公平是基于基本人权的公平,绝不是搞平均主义。现在收入分配的不公已经到底线了,影响到社会的稳定了。我觉得作为各级政府应有危机感和忧患意识。"十二五"经济社会发展目标的确立,就是要巩固过去发展的成就,解决积累的问题和矛盾。中国的经济足以支持逐步实现基本公共服务均等化的转变,以改进国民的社会福利待遇。

公共服务均等化还体现在公共福利事业的日益增长。保障老年人、残疾人和妇女儿童的福利。妇联和残联对保障妇女和残疾人的基本权益发挥了很大的作用。在协商产生全国政协委员的时候,每个省必须有一个残疾人代表,而且在安排就业岗位时,残疾人必须占一定比例。残疾人的政治地位、经济地位的提高,体现了一个国家文明进步的程度。所以我们应该特别关注八千万残疾人。

记者:中国社会福利协会成立之后,我们一直想请副主席题个词。今天对您的访谈,对协会的今后的工作具有重要的指导意义。借此机会,我们也想请您给中国社会福利协会和《福利中国》杂志提点希望。

张梅颖:我觉得未来中国社会福利协会有很多事情要做。千里之行,始于足下,都要从一点一滴做起,一件一件事情落实。我们要借助“十二五”的东风,协会是社会组织,重要的功能就是连接政府和社会,反映社会诉求,协助政府提供社会服务、搞好社会管理。协会“十二五”可做的事情很多,要让全社会的老百姓真正享受社会主义社会的优越性,为建立全新的福利社会而不懈努力!

民主党派参政议政的一道亮丽风景*

——新加坡《联合早报》访谈纪实

对于中国全国政协以及全国政协的作用,很多人可能概念模糊。这里聚集了八个民主党派成员与社会各界精英,但他们对国家政策只有建议权没有表决权,因而政协给外界的一般印象是"说说话而已",是政治陪衬与点缀。不过,上述情况最近在发生变化,本届全国政协副主席、民盟中央第一副主席张梅颖,就是政协里一张格外清晰的面孔。

这绝不仅是因为张梅颖显赫的家世背景— 她祖父张澜是民国时期的著名民主人士,1949 年中国共产党建国初年重用民主党派领导人,张澜曾经担任第一届中央人民政府副主席,更重要的是出于张梅颖本人在履行政协职务时的能说敢言,关注弱势群体处境、针对社会不公仗义执言。

去年的全国"两会"上,张梅颖公开批评政府在收入分配调整上宏观不作为,国企"长子不管家",这些评语从她作为全国政

---

* 原载于 2011 年 3 月 10 日新加坡《联合早报》。

协副主席、“党和国家领导人”的位置上发出来，更显铿锵有力。她的重磅发言，犹如1957年中共反右前民主人士的风骨再现，构成了去年“两会”民主党派参政议政的一道亮丽风景。

今年，67岁的张梅颖接受了本报的专访申请。在政协所驻酒店大堂的沙发上，她大胆敢言、直爽正气的形象更真实地展现在记者面前。

她侃侃介绍了去年多项调研总结，她对中国社会的观察与政策建议。对于即将启动的第十二个五年经济社会规划与“转变经济增长方式”的主线，张梅颖希望各级领导官员能真正去理解为什么中国的经济结构调整如此重要，去考虑调结构说了多年老调不动，症结是在哪儿？

谈到民生，她相信接下来五年会有所进展，因为高层的“指挥棒一转”，民生指标纳入官员考核体系、各个地方政府的“幸福”口号随即纷至沓来。毕竟民生问题“看得见摸得着”，一步一脚印，做，就出现成果。

她更担忧调结构是否能够冲破现有阻力，她警告说：“你要分好蛋糕，但是做蛋糕的过程，还要科学，要可持续。”

为公平正义调研　为农民仗义执言

2010年里，张梅颖在中国东、中、西部地区共做了七八次调研，每次历时一周到十多天，主题包括城镇化与新农村建设、义务教育均等化发展、少数民族地区高等教育课题。

她介绍说：“基本上就是关注三农，关注公平正义。”

她相信必须实地调研，才能避免城市人给农村人定规划，规划内容不合实际的弊端。亲身考察后，她更明确主张城镇化与新农村建设应该双轮驱动，城镇化要解决“土地城镇化快速，人口城镇化缓慢”的问题，让进城务工人员享受和城里人同等公共服务。

而在推进城镇化的同时，她强调不能忽视新农村建设，因为亿万中国农民也应该享有现代文明，在农村安家乐业。

张梅颖说：“你再城镇化，中国也有几亿人在农村，他们也要过上文明人的生活，他们不能整天跟猪住一起。你到过中国农村吧？上厕所蹲在那里，猪就过来了。”

农村是凋敝状态

“现在很多地方都承诺要建立国际化城市，你看看，地方很多县城都不得了，都能跟欧洲、美国比，但是农村是一个凋敝状态。年轻人都出去打工，农村没人管了，等他们挣了钱，又回到农村去盖房，所以是怎么说的？盖了房老鼠住，出来打工又跟老鼠住在一起，住地下室。”

农民将血汗钱投回农村盖房子，但是在基础设施不全的情况下，他们再怎么盖也不是文明的房子，还是没有上下水，没有厕所也不能洗澡，这是一个让人心疼的景象。

不过，调研中她也看到的让人鼓舞的地方治理范例：河南新乡和陕西神木县。

在新乡，当地政府规划了一个地区作为新型农村社区，铺设了基础设施,包括标准卫生室、学校、花园、生活超市、污水和垃圾集中处理等公共服务设施、鼓励农民到新区去盖房。农民一辈子就盖一次房,房子有产权。与此同时,政府规划产业集聚区引导企业吸纳农民就业,鼓励农民以不同方式流转土地使用权,发展规模经营,加快农业产业化步伐。

由于政府服务到位,新乡没有出现过拆迁引起的上访或群体性事件,却有95%以上的农民迫切希望入住新型农村社区。而在陕西省神木县,政府将65%的财政投入到民生事业,实现学生免费教育、社保和低保全覆盖,农民在就医报销方面十分优惠。

她对记者叙述在神木看到的景象:有的人十多年没敢看病,医保全覆盖实行第一年时医院住的几乎都是农民,攒了十几年的病,终于得到解决。

"这都是看得见摸得着的事情,政府只要做就能做。不是不可为,是不作为。神木当地人说,我们用少盖一座楼的钱,解决了这些民生问题。对吗?但是我们'铁公机'(中国人对铁路、公路、机场这三项高投入基础设施建设的俗称)浪费有多少?我们高铁浪费有多少?所谓集中力量办大事,不计成本的大事花多少钱?省一点,全有了。"

在上述例子中,张梅颖看到政府角色的回归,城乡一体化不是城乡一样化,而是公共服务的一体化。政府解决了老百姓的后顾之忧,民众敢于消费拉动了内需,带动了经济的良性循环。

"所以我有时候想,中央老说,源头上化解矛盾,结果有的干部就跑去抓那个上访的,他们觉得这是矛盾的源头?矛盾的源头在执政的方式。你要是为民执政,没有人闹。”

希望人大立法征求政协意见

从2000年开始担任政协八个民主党派之一的民盟中央专职副主席,2005年出任全国政协副主席,张梅颖对于政协在中国政治体制中发挥作用与受到重视并不怀疑。而且,在社会转型期,她认为政协应该发挥更大作用。

她说:“我还是很希望,全国人大很多法律在通过前事先能够在政协征求一些意见,毕竟,这也是一个智囊。”

中国政协是一个汇集社会各界精英的地方,但是作用又一直受到质疑。对此,张梅颖解释说,事实上政协每年都会进行几次对中央重大决策的协商,政协的意见也受到重视。

政协参与了中央收入分配改革方案的制定,参与推动公共财政逐渐从建设财政转向民生财政。在结构调整、自主创新的课题里,政协每年的调研也提出了很多观念、观点,政府也有所吸纳。

张梅颖认为,政协最大的优点,就是真话多。当政协委员也不用过多顾虑什么场合说什么话,“那样活得比较累”,政协委员有话直说。

话虽如此,一直也有观察者指出,长期以来政协在政治上与中共的高度同化,对政治决策的尖锐声音其实并不多见。也因为如此,“民主党派风格”成了学界的怀念对象,而在另一方面,大部分中国民众,甚至根本不知道中国还有“民主党派”。

在谈到政协的言论空间问题时，张梅颖表示，政协有大局意识，西方发展一二百年的道路，中国在几十年里走过，叠加了很多矛盾，中国遇到的困难前所未有，领导层能平稳应对已经很不容易了，所以都不希望在政协会议上把民意“煽动”起来，政协的作用是出主意，出实招。发牢骚、骂娘根本无济于事。

至于今天的政协与20世纪50年代的政协的差别，张梅颖提出：时代不同、工作定位不同。“50年代（中共）打了天下，但是治理天下却是缺乏很多人才，所以民主党派，社会上很多知识精英的意见显然比较重要。现在很多精英都到党内，在治国理政方面，他们有很多人才，在这种情况下，政协的作用和过去没法比。”

教育医疗是基本人权

张梅颖去年在农村调研，农村义务教育是她又一个重点。与关心新农村建设、分配公平相比，义务教育均衡发展的意义是在另一端：起点的公平。

“我去年为什么要关注义务教育呢？那差别太大了，在北京好的学校和农村留守儿童，这个太天上和地下了，关心教育均衡发展，因为起点要公平。我们农村有多少非常聪明的孩子？现在的城里人过去都是农村出来的，过去我们清华、北大，“文革”以前70%是农村子弟啊，现在他们基本上是很难上来了。”

她忧心地看到，社会已经出现两条不交叉的平行线，上层与底层固化，这更突显了教育资源公平，起点公平的重要性。

她说:“温家宝总理讲得特别好。公平正义比太阳还要有光辉,但是真正有多少人认识到了这个公平正义的重要性?公平正义就是在很多权利上,教育的权利,享受医疗的权利,养老的权利,公平要至上,这是基本人权。”

“在基本人权方面要公平至上,只要是中国人,一律都一样,没有高低之分,没有谁比谁更高贵。基本人权能得到保障,生存才能够有底线,有底线才能够有共识,要不然怎么找共识?一掷千金的人和那些贫困人,共识什么啊?没有共识,社会就不能长期稳定,社会稳定不是靠压出来的,是靠大家有一个共识,有平等。”

张梅颖感到欣慰的是,对于公平正义的强调,十二五规划里有所体现。

“我绝对不是提倡平均主义,但是我们要体现多劳多得,而不是‘多捞多得’,现在是谁能捞谁就得了,企业怎么分配很不规范,真正在那儿盯着干的人就是那点儿死工资,所以一定要提倡多劳多得,把多捞多得卡住。”

转型调结构有四阻力

张梅颖对记者表示,她对于中央经过深入研究推出的“十二五规划”抱有期望,但是谈话中,她字里行间流露了复杂的心情。

转变增长方式在经济上的重点是调结构;社会重点是保民生。关于调结构的阻力,张梅颖分析出四个方面:一、垄断企业缺乏创新动力;二、资源价格不反映稀缺程度,无法发挥对产业的引导作用；三、城乡二元结构造成内需不彰；四、政府包揽的事务太多。

政府为什么难以调整？一是顾虑太多，担心调结构导致经济增长下滑，就业成问题，资源价格上涨带动通胀等等。此外，转型涉及当局的相关利益，并不容易撼动。同样的，垄断企业利用廉价资源牟利，也没有改革的动力与压力。

“这四个阻力如果不解决，结构调整很难。这一次，政府工作报告也好，十二五规划也好，对这几个方面都有阐述，当然我希望它能落实，但是中国做事很难……”

相对而言，民生事业更容易看到成效。虽然张梅颖也担心，有的投资可能打水漂。按照十二五规划，到 2015 年中国的教育经费到达到 GDP 的 4%，科研经费达到 2.2%，这庞大的经费使用过程中，不乏腐败与浪费的风险。教育和科技体制如果不理顺，官本位风气不变，投资大也很麻烦。她一方面看到十二五规划的明确思路，看到各种改动已在进行，一方面也看到阻力与困难。

“最后就是一个体制问题，结构调整谈了那么多年，它为什么还调不了，就是体制、利益，动不了。很多体制机制的问题不解决，我们到‘十三五’、‘十四五’还是谈这些问题。”

张梅颖语录

中国农民实在是太苦了。多少次的剪刀差，他们总是沉淀到最底下。但是有什么怨言吗？包括他们到城里打工，把城里搞得这么美丽。我在文章里也写了，我说我们有今天，中国崛起如果要感谢一个人，就是邓小平，没有他改革开放能想象吗？若要感谢一个群体的话，绝对是中国的农民，这么能吃苦，这么坚韧不拔，自己又收获得很少，工资是最低的。他们回到农村后，没有退休金、没有社会保障、没有医疗保险。这种极不公平的状况再也不能继续下去了，这是城市化进程中亟待解决的矛盾和问题。

政府一个是要讲诚信，一个是要按规律办事，还有就是要有长远的设计，顶层设计。你说高铁，从北京到天津29分钟就到了，快得很！但是下了火车要回家，进北京一个半小时、两小时都到不了，毛细血管儿都不通。很多配套的东西，你从顶层设计上要有。

续写中韩民间友谊的新篇章*

——张梅颖副主席出席第八届中韩妇女知名人士论坛纪实

最是一年春好处，人间四月尽芳菲。应韩国21世纪韩中交流协会的邀请，4月25日至29日，张梅颖副主席率团访问韩国，出席在首尔举行的第八届中韩妇女知名人士论坛。访韩期间，张梅颖副主席还拜会了韩国前总统全斗焕，会见了韩国国会副议长郑义和等韩国政要，并顺访济州自治道。全国政协副秘书长林智敏，中国妇女发展基金会副理事长、前全国妇联副主席刘海荣，外交学会副会长蔡金彪以及教育、环保、地方政府、企业等方面的妇女界知名人士陪同出访。

中韩妇女知名人士论坛是由中国人民外交学会和韩国21世纪韩中交流协会在2004年创办的民间交流机制，论坛每年举办一次，由两机构轮流在各自国家主办。2009年4月，张梅颖副主席曾赴韩出席第六届论坛，今年是她第二次率团访韩。

---

* 原载于《中央盟讯》2011年3期。

共同描绘两国妇女未来新画卷

4月末的首尔正是樱花盛开的季节，起伏错落的城市笼罩在薄薄的雨雾中，天气还有几分的寒意。位于首尔市中心、南山脚下千禧希尔顿酒店，大厅里垂挂着纪念中韩建交19周年暨举办第八届中韩妇女知名人士论坛的条幅，4月26日，两国妇女精英汇聚一堂，出席第八届中韩妇女知名人士论坛。张梅颖副主席，韩国国家品牌委员会委员长、前梨花女大校长李培镕，中国驻韩大使张鑫森等分别在开幕式上致辞。两国政治、经济、学术和教育界的40余名妇女知名人士围绕论坛议题充分交换意见，达成了许多重要共识。

张梅颖副主席发表了热情洋溢的讲话，她高度评价论坛在扩大两国妇女界的交流、增进彼此理解和友谊、促进中韩关系发展中发挥的重要而独特作用，指出这一交流机制已成为两国关系的重要组成部分。张梅颖说，妇女是创造人类文明和推动国家发展的一支伟大力量，中韩妇女为实现各自国家的富强和人民幸福，贡献了自己的聪明才智。广大妇女矢志不渝、追求自身解放与男女平等，在各自领域取得了突出的成就。本次论坛的议题是中韩女大学生就业现状及展望，以及中韩对经济发展与环境保护的认识，这充分体现了两国妇女对进一步提高自身社会地位、争取更多同男性一样的发展机遇的强烈期盼，也表现出两国妇女心系国家，放眼世界，积极参与到环境保护一类全球性热点问题的讨论和思考中来的强烈责任感。

张梅颖还阐述了中国维护世界和平、促进共同发展的积极立场，指出实施“十二五纲要”将为中韩实现互利共赢创造的难得机遇。她说，作为一衣带水的友好邻邦，中韩合作符合天时、地利、人和，希望与会的两国女政治家和女企业家，抓住机遇，乘势而上；希望两国妇女界朋友们年年相约春天，共同描绘两国妇女未来更新更美的画卷。

不能忘记为中韩友好奠基的老朋友

4 月 25 日下午，中国妇女知名人士代表团专程拜访了韩国前总统全斗焕先生。全斗焕先生的官邸位于首尔一条僻静的小巷里，松柏掩映下的韩式传统民居与点缀在庭院里的山石花木浑然天成，环境淡雅清幽。80 高龄的全斗焕先生一袭浅灰色西服，精神矍铄，与身着民族服装的夫人等候在草坪上，与张梅颖副主席以及代表团成员一一握手寒暄。在招待中国贵宾的酒会和家宴上，宾主尽欢，气氛融洽，双方畅叙友谊，共话未来，并就彼此重大关切问题坦诚交换意见。

张梅颖副主席指出，中韩建交 19 年来，在阁下以及中韩各界有识之士的共同努力下，两国关系得到迅速提升，合作领域之广、程度之深、势头之猛成为国与国之间关系的典范。两国携手应对罕见的国际金融危机的挑战，共同经受了复杂的地区形势对两国关系的考验，特别是 2008 年两国建立战略合作伙伴关系以来，政治互信不断加深，经贸人员往来日益密切，各领域交流合作异常活跃，中韩真正成为不可分割的好邻居、好伙伴。

张梅颖说，中国有句古语，叫吃水不忘挖井人。两国关系的迅速发展给两国人民带来了看得见、摸得着的利益和福祉，中韩关系能有今天这样的良好局面，我们不会忘记阁下以及其他为推动中韩友好合作作出历史性贡献的老朋友。阁下在执政期间，抓住各种契机打破了冷战以来两国关系的坚冰，是促成中韩建交的始作俑者。当前中韩关系稳定、健康的发展，符合两国人民的根本利益，也有利于东北亚地区的和平与稳定。张梅颖表示，民间交流是中韩关系长期健康稳定发展的活力和基础，她希望全斗焕先生继续利用自己的政治影响，推动中韩战略合作伙伴关系的发展，她还亲切地回忆起两年前在全斗焕家做客的情景，并表示期待年内在北京再次相聚。

张梅颖还正面回应了全斗焕先生提出的对朝鲜接班人问题的批评和对中国解决半岛争端政策的疑虑。张梅颖表示，维护半岛和东北亚地区和平稳定是中国政府的一贯立场。作为半岛近邻和韩朝双方共同的朋友，中方支持南北双方改善关系，实现民族和解和自主统一。对话比对立好，和平比战争好，中国不愿意看到韩朝兄弟之间手足相残，更不会在双方剑拔弩张之时火上浇油。在朝鲜接班人问题上，张梅颖强调中方尊重朝鲜主权，希望朝鲜政局能够保持稳定，并在引导朝鲜实现变革方面发挥着积极作用。她希望韩方抓住机遇，积极回应朝方重启六方会谈、寻求改善和发展同有关各方关系的姿态。

全斗焕先生还专门嘱咐秘书室为代表团每个成员准备了一份“为中韩建交奠定基础的两件大事”的资料，希望有更多的中国朋友了解他为改善中韩关系做出的努力。

中韩战略合作潜力巨大

4月27日上午,韩国国会副议长郑义和在国会大厦会见了张梅颖副主席及代表团一行。张梅颖高度评价了近年来中韩领导人高层交往和各领域合作的良好态势,感谢韩方积极参与和支持上海世博会,她表示,明年是中韩建交20周年和韩国访问年,中韩关系发展将达到一个新的高峰,中国政府大力支持在韩国举行的世博会和亚运会。谈到不久前"两会"审议通过的"十二五规划纲要",张梅颖说,"十二五"中国经济发展方式的转变,是要着重提高经济增长质量和效益,提升国民"幸福指数",实现从"国强到民富,外需到内需,高碳到低碳"的三大转变,同时将释放出巨大的消费潜力和投资需求,为中韩合作提供更多、更宽、更广的空间和机会。她表示中国的发展需要认真学习和借鉴韩国的经验。

谈到日本特大地震引发的严重核泄漏事故,张梅颖指出,气候变化、环境保护、核安全等涉及人类生存与发展的全球性重大问题,不可能由一个国家单独面对,需要有效的国际合作机制和各国的通力合作。中国是一个发展中的人口大国,一贯主张和平发展与和谐相处,并积极承担与自身实力相符的国际和地区责任。作为曾经从事医务工作的同行,张梅颖还与郑义和交流了从医与从政的体会与心得。

郑义和副议长表示赞同张梅颖副主席的观点,希望中国在实现半岛统一,维护东北亚和平、稳定和发展方面作出新的贡献。

在韩期间，代表团还访问了济州特别自治道，出席了济州自治道观光协会为代表团举行的旅游推介活动。济州岛壮丽的自然风光和独特的火山遗址给大家留下了深刻的印象。韩国国会文化传播委员长全在姬、首尔市政务副市长赵恩禧、济州特别自治道知事禹瑾敏分别会见或宴请张梅颖副主席一行。21世纪韩中交流协会会长金汉圭先生全程陪同张梅颖主席在韩国的访问活动。

民生疾苦总关情*

——张梅颖副主席在浙江开展老年人保障与养老事业发展调研

初春的杭州，钱塘水暖，柳岸桃红。一年之计在于春，迎着和煦的春风，张梅颖副主席又踏上了新的一年的调研行程。

民生疾苦无小事，一枝一叶总关情。民生建设仍然是张梅颖副主席今年关注的调研重点。为配合全国政协和民盟中央即将开展的老年人保障与养老服务体系建设专题调研，张梅颖副主席选择了社会建设特别是养老事业发展走在全国前列的浙江省作为实地调研的首站，以便学习和借鉴浙江的做法和经验，探索工作思路，为今后的调研奠定良好的基础。

在听取了陈加元副省长及浙江省、杭州市的领导和相关部门负责人的情况汇报后，张梅颖充分肯定了浙江省在老年人保障与养老服务体系建设方面取得的成绩。她说，今年"两会"前，胡锦涛总书记在省部级主要领导干部社会管理及其创新专题研

---

* 原载于《中央盟讯》2011 年第 3 期。

讨班开班式上，就加强和创新社会管理提出了八点意见，强调必须加快推进以保障和改善民生为重点的社会建设，使发展成果更好地惠及全体人民。张梅颖强调，中国经济30年的高速增长，使不同发展阶段的社会矛盾累积叠加，“十二五”时期要实现发展方式的转变，重中之重是要在经济上进行结构调整，在社会发展上解决民生与社会事业短板问题，老百姓生存有了底线，尊严有了底线，才能最大限度地凝聚改革的共识，社会才能既充满活力又和谐稳定，我国才能在西强我弱的国际舆论斗争中立于不败之地。

张梅颖说，浙江在经济发展的同时，社会改革、社会建设也能同步跟进，特别是抓住了应对我国提前进入老龄化社会亟待解决的老年人保障与养老服务体系建设问题，做了大量实实在在又富有创新的工作，体现了政府职能的回归。张梅颖指出，养老是我们必须认真面对的一个长期、复杂、艰巨的社会问题，家家有老人，人人都要老，加强老年人保障与养老服务体系建设，首先必须进一步明确政府的定位和施政目标，要凸显政府为弱势群体服务的功能，加大专项救助体系建设。其次是调动社会力量参与兴办养老服务机构的积极性，政府要将社会养老服务体系建设纳入城乡规划，在建设用地、配套费用、税收等方面对民办养老机构予以减免和优惠。三是要创新社会管理的体制机制，只有创新才能保障为老年人提供更加完善和有效的服务。基于我国的国情和传统，居家养老仍然是大多数老年人的首选，要加大政府主导的城乡居家养老服务平台建设和队伍建设，大力发展居家养老服务，逐步实现城乡社会养老服务体系全覆盖。

张梅颖还对浙江省由地税部门向企业征收养老保险费、农村复转军人军龄视同参保、社会保障一卡通、志愿者时间银行、允许民办养老机构部分红利分红等实践和探索给予了较高的评价。

张梅颖副主席还冒雨视察了杭州市福利中心、天水街道老人公寓、唯康老人养生文化公寓，向杭州市有关部门和街道基层干部仔细询问这三种分别由市政府、街道和民资兴办的养老机构的运行情况，还与生活在老人公寓内的高龄老人拉家常，嘘寒问暖。当得知杭州市各级政府都投入大量资金用于养老机构及居家养老服务建设上，张梅颖很高兴，连连对陪同的干部说，浙江的老人是幸福的，这要感谢你们的不懈努力。

在杭期间，张梅颖还在杭州野生动物园考察了由龙晖集团兴办的珍贵濒危药材犀牛角的生产和繁育基地，观摩了活体犀牛磨角技术的应用，她高度重视这一对中医药发展具有重大意义的传统中医药项目，提出要把保护和利用濒危野生动植物资源相结合，维护中医药的可持续发展，符合中华民族的长远和根本利益。

盟中央副主席、浙江省委主委徐辉全程陪同了张梅颖副主席的调研活动。全国政协常委、中国经济社会理事会副主席李昌鉴，全国政协委员、卫生部原副部长佘靖参加调研。浙江省委书记赵洪祝、政协主席乔传秀等领导会见了张梅颖一行。

改革不能部门化、碎片化*

在国家层面,中国最需要的改革是什么?

在全国政协副主席、民盟中央第一副主席张梅颖看来,这个问题的答案能脱口而出,她说,“当前最迫切的是改革顶层设计与转变发展方式”。

6月27日,张梅颖在位于白塔寺的全国政协办公室,接受了《中国经济周刊》的专访。从改革顶层设计、发展方式转变到对GDP的认识,从发展现代农业到处理国企与民企发展的关系,张梅颖畅谈自己的观感和思考。

改革一定要有顶层设计

《中国经济周刊》:改革现在到了一个关键的关口了。改革顶层设计需要怎么着手呢?

张梅颖:在当前这个关键时刻,不能淡化改革,而是要坚定

* 原载于2011年6月27日《中国经济周刊》。

不移地推进改革开放。因为现在有的人,不仅否定改革,否定小平,还要给“文革”翻案。改革是绝对不能倒退的。开弓没有回头箭,倒退没有出路。所以,现在应该把改革提得更响亮,不仅要更响亮,而且在顶层设计上,设立专门机构。现在是发改委协调,可是发改委主要是审批项目,本身不超脱,不免影响改革设计的效果。

改革的任务如果落实到相关部门,改革的最后结果就要受制于部门利益,必然导致改革中利益部门化。改革开放初期,有一个体改委,职能就是体制设计,不负责审批项目。

所以,我们的改革,顶层设计是非常重要的。第一,坚定不移地推进改革。第二,改革一定要有顶层设计,杜绝改革的部门化和碎片化。

《中国经济周刊》:在您看来,改革的阻力在哪儿?

张梅颖:政治体制改革不外乎就是上层建筑更适应经济基础,适应人民的要求,更有利于政治稳定和社会长治久安。如果有人一听见政治体制改革,就一定扯到西方政治体制和意识形态上,只能说他是走极端。

我认为应该正确理解政治体制改革。现在政治体制改革的压力、动力不足,与一些人担心政治体制改革会触及他们的既得利益大有关系,过去有句话,叫“自加压力”,现在自己加不起来则压力要来自群众的监督,必须要有一个倒逼的机制,不然就像一些人感觉的“挺舒服的干嘛改革”。

我比较忧虑的是,中国有一种比较根深蒂固的民粹文化,如义和团运动、“文化大革命”就是属于这种民粹文化的产物。这种民粹文化冲击了中华民族的理性文化，非常容易走极端，走极端就影响政治改革，影响国家的稳定。这样一来，我们改革的氛围没有了。

政治体制改革为什么迟缓？甚至不能提，我觉得还有一个认识上的障碍。我们国家这三十多年创造了奇迹，让人误以为只要经济改革就行了。

公共财政，是民主和民生最好的切合点

《中国经济周刊》：目前，收入分配改革无论是在官方还是在民间都备受关注，这一改革为何会如此瞩目？

张梅颖：收入分配不仅是一个经济问题、民生问题，更重要的它还是一个政治问题。国家稳定不稳定，在很大层面上，要看收入分配是否公平。公平不是平均。

《中国经济周刊》：全国人大常委会6月25日二次审议的个税法修正案草案，将起征点从2000元提高至3000元。从网络民意来看，这并没有满足预期。对此，您怎么看？（全国人大常委会6月30日下午表决通过了关于修改个人所得税法的决定，将个税起征点提高到3500元）

张梅颖：我赞同起征点3000元或者稍有提高。这是因为你作为纳税人，会对国家更有责任感，哪怕我只交一块钱，但我是纳税人，对国家有责任。当然，我们国家的税制还是需要不断改革的。纳税人责任多，权利不够明确。

我认为收入分配体制的确要改革。从1978年到2010年，

GDP 年均 9.5% 的增长，涨了 20.57 倍。与此同时，人均收入仅增长了 9.5 倍。说明多年来收入增长与 GDP 的增长差距较大，没有同步。

“十二五”时期，我们提出来了“两个 7%”，GDP 增长 7%，人均收入增长 7%。人均收入增长 7%，我想是可以达到的。但是 GDP 增长肯定要超过 7%。今年是第一年，GDP 增长可能接近 10%，发展还是很快的。从现实看来人均收入还是很难追上 GDP 增长。所以，我们还得痛下决心来解决这个问题。

《中国经济周刊》：您曾经说，公共财政，实际上是民主和民生最好的切合点。这句话如何理解？

张梅颖：公共财政透明了，必定引向公众利益，公权力就会向大多数人的利益方向去运行。比如，现在的通胀问题，食品价格高，如果能传导到农村，提高农民收入是好事，再以公共财政去补贴低收入者，并逐步使工资水平与物价上涨相一致。

去年国家在 20% 的县试点新型农村社会养老保险，年满 60 岁每月补贴 55 元。我曾经去考察过相邻的两个村，但这两个村属于两个县，一个是试点县，一个是非试点县。非试点县的老人很有意见，凭什么邻村老人有 55 块钱，我们没有。你别小看这 55 块钱，但是对老人来说，这是尊严，我不用向儿子去讨。

我觉得民心是党魂，民生连着民心，公共财政透明并偏重于民生，对执政者来说，体现了执政为民的宗旨。

《中国经济周刊》：公共财政补贴民生，会不会造成平均主义的倾向？这对一个市场经济国家来说是一个大忌。

张梅颖：这不是鼓励平均主义。老百姓心中有杆秤，对像袁隆平这样的科学家,解决这么多人吃饭问题,他挣多少钱,老百姓都觉得应该。就是那些体育健将,尽管是举国体制花了很多钱,但是人家有付出,为国争光了。

所以,我觉得老百姓对那些依靠智慧和勤劳致富的人都不会有意见。他们对那些靠关系、以权谋私,不是以正当手段获得财富的人不满。所以,收入分配公正很重要,也很关键。

顺便提一下我们的举国体制。虽然举国体制有优势,办了许多大事、好事,但是在某些时候也导致决策不受制约,难免会出现长官意志、拍脑袋做事。举国体制确实效率高,但是也容易造成浪费的事。这个需要反思。我认为应慎提我们的优势是举国体制,还是应多强调科学发展。

转变发展方式要有壮士断腕的勇气

《中国经济周刊》:转变发展方式也是各级政府热议的话题,现在已经到了转变的"尖峰时刻"了吗?

张梅颖:经济发展方式的转变与经济结构调整,其实从"九五"时期我们就已经提出来了,现在十多年过去了,没有什么大的成效。所以,"十二五"确定的主线就是转变经济发展方式。

中国经济发展的粗放模式再不改,下一步的发展怎么往下走?说得严重一点,就是死路一条。这是决定我们改革开放和经济发展生死存亡的关键时候。必须转变经济发展方式,在这一点上,要有壮士断腕的勇气和决心。

为什么这么说?十多年了,经济发展方式改变不了,背后还是一个体制因素。比如某个省要转型,从资源大省转型到多元发展,但是靠卖资源就能轻易赚到很多钱,它没有转变压力。传统发展模式形成的路径依赖,影响了经济发展方式的转变。此外,这还涉及利益格局的调整,比如发展循环经济需要大量投入,存在风险,有利益取舍等问题。

所以,我觉得这背后体制问题、利益格局问题、固化思维问题和传统发展模式形成的路径依赖问题共同制约了经济发展方式的转变。

为什么必须改呢?我们的GDP占全世界的份额是9.5%,但是我们消耗的能源占全世界的20.4%,石油54%依赖进口。这种格局究竟能够维持多久?

但有多少人认识到这个问题的严重性呢?所以举几个简单的数字,就可以看出,不改革是没有出路的。

《中国经济周刊》:转变发展方式,就意味着改变单纯依靠GDP增长的发展模式,与转变发展方式相随的是调结构。您根据在基层广泛调研的经验,提出要优先发展现代农业?

张梅颖:调结构,是社会领域一场深刻而广泛的变革。调结构的唯一动力,就是体制机制必须转变,用政策引导。

我认为要优先发展现代农业。农业问题,最近7年一直被列为"一号文件",中央确实很重视,但是还不够,缺少相应的配套措施。我在基层调研时发现,种粮的人最苦,管种粮的人工资最低。因为各地的津补贴,是按GDP、财政收入来计算的。

我们到一些省去考察,一个干部从工业城市调到农业城市,他的工资低了好多。但是在农业城市,他的工作更加辛苦,压力也更大。由此看出,种粮食的和管粮食的,待遇都应该提高。这也是中国改革碎片化的表现。

我们对农业的忧患意识还不够,自然灾害不断,极端气候常态化,我们缺乏应对的准备,怎么保障13亿人的粮食安全?去年,我国净进口农产品换算成耕地,相当于进口了近9亿亩播种面积。这相当于进口了一半的耕地,一旦不能进口了,怎么办?所以要发展现代农业,比如中国有三分之二的耕地是低产田,通过改造,潜力还很大。一定要提高农业科技水平,大力推进农业标准化生产。

《中国经济周刊》:提到转变发展方式,很多地方就盲目追求新兴产业,重复建设的现象非常突出,您如何看待这一现象?

张梅颖:新兴产业和传统产业的关系要处理好。拿光伏产业来说,全国有18个省几十个城市都在搞,必然要形成高水平重复建设。

要正确认识新兴产业,当地的基础条件、资源禀赋、技术和人才等各方面是不是适应发展新兴产业?现在都在赶时髦,纷纷抢占"制高点"。比如清洁能源是个好东西,但是这里面很多技术问题没有解决,它还处于不成熟期,所以我们现阶段不宜大干快上,遍地开花。

传统产业是我们产业的主体。所以力量要下在传统产业的升级,用高新技术来改造传统产业上。高新技术是"魂",魂要附到传统产业的体上。厉以宁教授曾说"没有传统产业,只有传统技术"是有道理的。

我们有大量的传统产业,要把升级改造做好。不要一提传统产业,就说该淘汰了,大家都另起炉灶,这会造成新一轮的浪费。

《中国经济周刊》:现在各地在地方发展规划中,都对 GDP 增长提出了很高的要求。某种程度上说,我们是否仍然存在对 GDP 的过分崇拜?

张梅颖:对 GDP 的误读是普遍存在的。GDP 再多,不等于你就强大。关键是你 GDP 的质量。就说这个房子,本来是可以一百年不倒的,现在三十年就炸了。盖的时候是 GDP,炸的时候也是 GDP,再修的时候还是 GDP,无疑会使数字虚高。这就不难理解为什么我们一定要提“保八”的目标了,因为要挤出其中的水分。

光有 GDP 不行,关键是要看你 GDP 的含金量。最能说明问题的就是人才,GDP 并没有涵盖人力资本存量。人力资本存量更能说明我们国家是不是强大。

国企民企,都是中国企业

《中国经济周刊》:民营企业和国有企业的发展,是人们广泛关注的一个话题。近两年来,“国进民退”的声音经常出现,你怎么看待国企和民企的发展?

张梅颖:现在有人说,我们“国进民退”,也有人说,现在是“国退民进”。其实,国家没有一个政策,引导“国进民退”或者“国退民进”。我们的政策取向只有一个,即经济又好又快发展。

国有企业也好,民营企业也好,你的品牌出去,都是中国制造，都是中国品牌、民族品牌，人家不管你是国企、民企。

但是我要强调，为什么要有国企？国企是国民经济的支柱，它的使命是要完成国家战略。国家战略需要什么，国企就应做什么。

央企的最大作用，在于保障实现国家经济社会发展的战略目标。所以，在转变发展方式中，央企应该是主力军，应该起到引领作用。但是现在看来，央企明显动力不足。

另外，央企要掌握本行业技术上的主导权，用技术优势创造品牌优势、资本优势和人才优势。央企应该作为培养人才的摇篮，用创新支撑国家的顶梁柱。但是现在央企投入到科研的费用只占利润的 0.7%。民营企业一般占 3% ~5%，多的能占到 10%，这就为企业发展积蓄了后劲，而且它的机制比较灵活。

总之，央企要在转型中做生力军、主力军，要带头转变发展方式。

《中国经济周刊》：您说过，垄断国企，以“长子”自居，不管家里穷人，是什么样的背景下说的这样的话？

张梅颖：在分配不公到了影响社会稳定的地步，还不启动分配制度改革的背景下说的。那时候许多央企、国企不务“正业”，都去炒房地产，或靠垄断赚钱。你是人民的企业、国有的企业，是共和国“长子”，家里的穷人你们管过吗？那么多农民工，你们看在眼里了吗？所以我那天不客气了。

央企去搞房地产，去当地王，把房价推高，最终还是把负担转嫁给老百姓，赚取老百姓的钱。共产党执政的基础是人民，民心即党魂，所以我对央企的一些不当行为提出了批评。批评他们是对他们抱有厚望。国企、民企本来是中国经济这面旗帜下的不同团队,应该形成巨大合力,这就需要政策调整。“非公36条”(即《国务院鼓励支持非公有制经济发展的若干意见》,是国内第一个促进非公经济发展的系统性政策文件)的意义就是政策调整。既然国企、民企都是中国企业,都是为了人民,从这个意义上说,平等分享公共资源就是民企享受更多的公平,也体现了人民享受更多的公平。

重新认识“稳定”的内涵

《中国经济周刊》:社会发展过程中,也出现了一些矛盾,比如群体矛盾。您觉得,“维稳”最重要的是什么?

张梅颖:关于稳定的问题,要正确解读“稳定压倒一切”。现在一提就是社会刚性维稳。要知道为什么不稳定,不稳定的背后还是个公平问题。所以,我们要解决公平和民生等问题。从今年开始,国家强调民生和收入分配改革,出台了很多惠民措施,像养老问题、医疗问题等,基本上都在落实了。

老百姓没有过多的要求。中国的老百姓安分守己。你给老人每月55块钱,他就很知足了,他不会觉得给得太少了、太晚了,不觉得这是作为一个中国公民应该得到的。只要中国老百姓得到一点儿好处,就感激得不得了。这也是我们国家长期稳定发展的重要因素。

我们的基层干部,是在维护着我们这个政权,为老百姓谋福利的。如果基层的多数干部都是坏的,政权早就完了。但是不能因为有这个主流，就对问题视而不见。往往一些很小的事，就能牵动全局，酿成群体性事件。

现在强调权为民所赋，我们的干部不要还以为自己是父母官，你的权力是老百姓赋予的。

稳定背后还是一个公正问题。今年随着分配制度改革、社会保障制度的建立，随着一些基本的民生问题的解决，我认为形势要好得多。同时，稳定还涉及政策的稳定，也就是要避免政策的制定实施朝令夕改，这也会引发新的矛盾。

同时，对待社会矛盾，也不必过高估计危机的发生，因为大多数是利益冲突，与政治和意识形态无关。要正确定位、判断矛盾冲突，以容忍的态度，用协商、妥协方式增进共识，解决矛盾。

我们面临的时代有两个突出特点，一是气候变暖，极端气候常态化，我们注定要与灾害共生，在共生中要学会管理灾害。二是我们处于转型矛盾高发期，注定与各种社会矛盾冲突共生，在共生中要提高社会管理艺术和能力，体现出的是生存与发展的智慧。

关于安徽省老年人保障与养老服务体系建设情况的调研报告

（2011 年 5 月）

在社会转型期，如何应对进程明显加快的老龄化社会，是关系人民生活与社会和谐稳定的重大课题。2011 年 5 月 4 日至 9 日，以全国政协副主席、民盟中央第一副主席张梅颖为组长，全国政协社会和法制委员会副主任王东进，全国政协常委、民盟中央常委、安徽省政协副主席刘光复为副组长的专题组，就“老年人保障与养老服务体系建设情况”赴安徽省进行调研。在皖期间，安徽省委、省政府，省发改委、人力资源和社会保障厅、民政厅、老龄办及六安市相关部门向调研组介绍了情况，同时，调研组还对合肥、六安两市 10 余处养老服务机构进行了实地考察，并与基层干部、机构负责人及部分生活在那里的老年人直接交流，倾听他们的意见。现将调研情况报告如下：

一、安徽省老年人保障与养老服务体系建设基本情况

安徽省的人口老龄化具有老年人口规模大，老龄化速度快、

程度高，老龄化超前于经济社会发展水平等特点。据统计，1998年，安徽省65岁及以上老年人口比重已达到7.02%，开始步入老龄化地区行列。2010年，60岁及以上老年人口为991.59万，占14.52%；65岁及以上老年人口660多万，占9.8%，均高于全国平均水平；但同期人均GDP仅16656元，居全国第17位。据预测，至2020年，60岁及以上老年人口将增加到1097.1万人，占15.06%，年均增幅为2.56%，人口老龄化进程明显加快；2021到2045年，老年人口数量加速增长，总数将达到2267.6万人，老龄化水平推进到30.05%。

面对人口老龄化的严峻形势，安徽省委、省政府把老年人保障与养老服务事业发展摆上重要议事日程进行部署和安排，大力推进全省老年事业发展。

一是高度重视人口老龄工作。省政府专门建立了以分管负责同志为组长的养老服务体系建设领导小组，切实加强统筹协调。同时，出台了一系列政策措施，先后下发了《关于加强老年教育工作的意见》、《关于加快发展养老服务业的通知》、《关于加强居家养老服务的实施意见》等，特别是2011年2月，出台了《关于加快推进养老服务体系建设的决定》，进一步明确了加快养老服务体系建设的指导思路、目标任务和优惠政策等。

二是加强公办养老服务机构建设。截至2010年底，全省累计投入15.2亿元用于五保供养服务机构建设，现有敬老院2055所，集中供养率达35%。从2009年起，省政府计划投资4.27亿元，加强县级社会福利中心、光荣院建设，计划新增社会福利床位5400张、光荣院床位3800张，以满足城镇“三无”老人、孤老优抚对象的集中供养需求。2010 年,安徽省被纳入国家基本养老服务体系建设试点项目,中央和地方共投资 1.4 亿元,在合肥、芜湖等 7 个城市新建和改扩建基本养老服务设施 25 个。2011 年,省民政厅提出建设“两个示范”的要求,即每个市、县建立一所示范性养老服务机构,每个县(区)建立一所示范性的社区养老服务设施(日托站、照料中心),全力推动养老服务基础设施建设。

三是鼓励和引导社会力量积极兴办养老服务机构。2006 年,省政府出台了《关于加快发展养老服务业的通知》,各地也陆续制定了一系列优惠扶持政策,鼓励和引导社会力量兴办养老服务机构。合肥、铜陵、淮北、巢湖等市对民办养老服务机构实行了床位补贴制度。截至 2011 年 4 月,全省共有社会力量兴办的养老机构 238 所,床位 20455 张,在一定程度上缓解了养老服务供给不足的压力。

四是巩固居家养老的基础地位,发挥社区服务的支撑作用。通过加大财政投入、扩大彩票公益金扶持比例,不断增强城镇养老服务设施建设力度。推行“社区养老福利服务星光计划”项目,利用中央和省级福彩公益金,兴办了 1230 多个城乡社区的图书阅览、日间照料、简单医疗诊所、康复健身等小型多样的老年福利服务设施,缓解了老年人服务和活动设施不足的矛盾。同时,以政府购买服务和资源整合为手段,通过专业化服务和志愿者服务相结合的方式,向居家老年人开展以生活照料、医疗保健、精神慰藉、文化娱乐为主要内容的服务。合肥市瑶海区打造“机构养老、社区照料、义工援助、邻里互助、亲情慰藉、协会维权”六位一体的养老模式,为老年人提供多渠道、全方位、个性化的养老服务。铜陵市于2007年在全省率先全面推开为困难老年人补贴购买居家养老服务工作,建立了社区服务信息网络平台,倾力打造“三个一刻钟”服务(即服务受理、服务抵达、服务完成到回访均不超过一刻钟),为老年人提供家政服务、家电维修、管道疏通、物品搬运、保洁、送餐、康复等170余项服务,深受社区老年人欢迎。

五是农村养老服务有所创新。安徽省农村人口所占比重较大,农村老年人的养老问题比较突出,解决难度较大。各级党委、政府重视农村老龄问题,积极寻求农村老龄工作的突破口。六安市先后开展了农村基层老龄组织规范化建设“六有六薄五上墙”工作、农村养老“四个一”工程和确保养老生活质量的“五有二查一公布”活动(确保老年人有一间向阳通风的房间,有一日三餐可口饭菜,有四季不缺的衣被,有病及时治疗,生活不能自理时有人扶助;村老年协会夏查蚊帐、草席,冬查棉衣、棉被;定期公布检查及优待落实情况),取得了良好的社会效果。

二、安徽省反映的主要问题

安徽省在推动老年人养老服务体系建设方面,取得了显著的成绩,但受本省经济发展水平的制约,全省老龄事业与人口老龄化快速发展形成的日益严峻形势相比,与全国老龄事业发展水平相比,还存在着较大差距和明显不足,面临着一些亟待解决的问题。主要表现为:

社区居家养老服务基础地位还不突出。要巩固居家养老的基础地位，离不开充分发挥社区对养老的服务支撑功能。安徽省社区为老服务基础设施建设滞后、不完善，老年人休闲娱乐场所不足。社区所能提供的服务种类比较单一，服务质量不高，社区服务人员数量相对不足。全省城市社区共有 2639 个，其中建有居家养老服务设施的只有 1030 个，不到 40%。

养老服务机构和养老床位数量不足。机构养老呈现供求失衡的状态，尤其是城市养老服务机构短缺，不能满足老年人的现实需求。截至 2010 年底，全省共有养老床位约 16 万张，约占老年人口的 1.6%。专门用于康复护理、临终关怀的养老床位更少。

各级财政对民办养老机构的扶持力度亟待加强。在土地供应、资金补助、税费减免和水电气费用优惠等方面，扶持措施不到位，大多民办养老服务机构资金缺乏，运营困难，影响养老服务市场发育。

三、几点建议

一是要明确政府的主导地位，"十二五"时期国家财政要大幅度提高对养老保障和养老服务的投入。政府要切实承担起对失能等最弱势老人群体的责任，政府和农村集体组织举办的城市福利中心、老年公寓及农村的敬老院，首先应该接纳"三无"、"五保"老人，做到"应保尽保"，真正使"鳏寡孤独废疾皆有所养"。同时，要防止政府出资兴办的养老机构成为新的形象工程的倾向，坚持保基本、重公平、可持续的原则，政府举办的养老机构条件不能高于社会平均水平。还应制定全国养老服务体系发展的统一标准，不同经济发展水平的地区可以分步实施。此外，在养老机构内要提倡老人之间的互助，有条件的农村敬老院可以适当安排一些娱乐性的生产劳动，以减轻政府的负担。

二是鼓励有社会责任感的企业、民间组织和个人举办满足不同层次需求的养老机构。政府主导并不等于政府包办，而应通过采取政府购买服务或给予床位补贴等办法，充分调动社会力量参与举办养老服务机构的积极性。同时，政府要对民办养老机构一视同仁，纳入城乡规划体系，在建设用地、配套费用、税收等方面予以减免和优惠。此外，要打破各种条框限制，允许民办养老机构适当赢利和分红，保证其可持续性。

三是要创新社会管理的体制机制，为老年人提供更加完善和有效的服务。基于我国的国情和传统，居家养老仍然是大多数老年人的首选。因此，要加大政府主导的城乡居家养老服务平台建设和队伍建设，大力发展居家养老服务业。养老服务更是一个朝阳产业，据有关部门测算，我国养老事业能够创造超过千万的就业岗位，除3% ~4%的老人在机构养老外，其他居家养老的高龄老人、失能老人、空巢老人的信息化管理、医疗救助、配送餐服务、精神护理和心理慰藉同样存在着巨大的市场和商机。

四是努力形成全社会尊老、敬老的合力和氛围。关爱今天的老人，就是关爱明天的自己，全社会都要树立为老人服务光荣的理念，弘扬中华民族尊老敬老的传统美德。首先，要加大宣传教育力度，将尊老敬老纳入社会公德、职业道德、家庭美德教育的基本内容，广泛开展主题教育活动，建立道德激励约束机制，树立一批先进典型，充分发挥他们的示范带头作用；其次，切实提高养老服务人员的社会地位与工资福利待遇，开展职业化培训与准入标准的认证。

五是应实施基本国策拓展战略，稳定适度低生育水平，将积极养老、应对人口老龄化战略扩展进基本国策。人口老龄化问题涉及经济、政治、文化和社会生活的诸多领域，既是社会问题，又是发展问题。要妥善解决老龄问题，需要从经济社会发展全局着眼，从国家战略上做出统筹安排。

2012

在上海国有企业自主创新调研总结会上的讲话

（2012 年 1 月 8 日）

同志们：

这次历时 3 天的调研即将结束了。调研伊始，我就阐明了这次调研的目的，就是如何落实十二五关于转变发展方式这条主线。因为转变发展方式、结构调整已经提了 15 年了，变化不大，锦涛总书记多次大声疾呼结构调整“我们等不起了”，“刻不容缓”，这也是去年底结束的中央经济工作会议提出“稳中求进”工作基调的关键。锦涛总书记在元旦讲话中又强调加快推进发展方式转变和经济结构调整，可见这个问题攸关国家命运。这次我们选择到上海振华重工和宝钢集团这两个在转变发展方式、自主创新能力以及企业改革等方面取得成功经验的大型央企作为样本，试图求解这一重大战略课题的路径。这两天我们马不停蹄地在振华重工和宝钢进行了实地调研，听取了两个公司老总的汇报，考察了振华的长兴岛基地，召开了专题座谈会。刚才宝俊市长做了全面、系统、深刻的讲话，就上海国有企业推动自主创新、构建人才成长机制介绍了宝贵的经验,并对未来发展作了前瞻性思考。可以说几天所见所闻,感触颇深,时间虽短,信息量很大,因为我在这里看到了什么是真正大型国企的职能,什么代表了中国实体经济发展的方向,什么是支撑我们国家经济长盛不衰的脊梁。我和调研组的同志们共同的感受是很开眼界,受益匪浅,不虚此行,给我留下了深刻的印象。

一、五个亮点

1. 定位国际高端市场,产业链向高附加值延伸。我们参观振华重工的长兴岛基地,宏伟的厂区让大家很震撼,企业的负责人骄傲地指给我们港机出口到哪些国家、海工机械出口到哪些国家、大型钢结构出口到哪些国家,都是欧美日韩等发达经济体,都是传统意义上的制造业强国。振华为什么能做到这样,因为从公司成立那一天起,就确立了以质量效益求生存的原则,果断布局欧美发达国家的高端市场,通过自主创新潜心培植自己的核心竞争力,在主业上一举迫使日本、德国等传统港机制造商知难而退,占据了全球75%的市场份额,改变了中国制造在国际市场上质差、价廉、恶性竞争的印象,大长了中华民族的志气。宝钢也在高端产品上做足了文章,硅钢技术世界领先,利润全球第二。这种艰难爬坡,励精图治,艰苦卓绝的精神值得我们由衷的钦佩。因为这样的央企能够代表国家利益,也代表了中国企业走向世界的形象。

2. 掌握关键核心技术,打破中国"壳"制造历史,不做世界的组装车间,这一点在宝钢得到了很好的体现。比如他们的硅钢技术，你花多少钱是买不来的，必须依靠创新驱动，推进产学研用融合，才能打破国外的技术垄断。我们看到这两家企业都在研发环节舍得投入，振华研发投入占销售收入的4%，宝钢占1.8%，都远远高于同行业的水平。振华从事设计研发的专业人才2800多人，他们的目标是振华人永远争第一，正是这种追求完美与卓越的精神，使振华不断拥有自主知识产权的关键核心技术，才塑造了他们在行业中领跑世界先进水平的强大实力。

3. 直面挑战，主动因应国内外市场变化，增强化解风险能力。昨天我在宝钢听到他们对当前企业面临的形势做出的“风险大于机遇”的判断，我认为这是一个理性的评估，忧患意识是建设意识，正因为具有这种忧患意识，两家企业不坐等复苏，都提出了转型发展和二次创业的思路。我注意到振华重工提出的实现港口机械市场向低碳、环保、精细化、智能化方向调整，研制出全自动化码头系统，攻克了环保型链斗式卸船机关键技术，代表了世界产业向低碳环保发展趋势。认识自己的优势，知道自己该做什么，敢于向门槛更高、利润更高的行业进军，如振华重工主动向海工机械的拓展，为企业的后续发展奠定了基础。

4. 营造先进的企业文化，努力形成企业软实力。最集中的体现就是振华的前辈倡导的振华精神在企业中得到了很好的传承。我认为这种企业文化，主要体现在以人为本上，注重人的自身发展、体现人才的社会价值、培育人文关怀精神、尊重人才的成长规律。不唯资历、不拘一格使用人才，形成充满创新活力的多层次的人才结构。其中宽容创新中的失败，年轻人可直接参与重大项目的实施，承建一个项目，培养一批人才，都给年轻人提供了充分施展才华的舞台。因为谁拥有了青年,谁就拥有了未来。年轻人富有朝气,更有想象力,同时也最具有创新活力,所以我们欣喜地看到,振华、宝钢的一些重大项目的骨干都是30岁左右的年轻人,就是他们说的没长胡子、稚气未脱的年轻人。他们就是中国企业的未来。

能够主动适应公司国际化战略的需要,培育熟悉国际贸易规则和西方文化的人才队伍。振华对通过英语水平测试合格的2千多名员工每月发放1200~2000元的英语津贴,这个力度是非常大的,用康总的话说,你掌握了语言,在老外看来,代表你理解西方文化,作为企业的老总,能有这样的远见,非常值得钦佩。我常常批评我们一些宣传部门,就是不能用西方人能接受得了的方式、听得懂的语言进行宣传,来传播真实的中国,塑造自己的文化软实力,在振华我看到了外向型企业的文化软实力。

5. 成功建立以市场为导向,以企业为主体,产学研用相结合的创新联盟体系。企业充分发挥上海地区高校密集的优势,高校主动承担企业课题,帮助解决生产中的突出问题,源源不断地培养高端人才,对企业未来转型发展开展前瞻性的研究,企业为高校创新活动创造多方面条件,形成了校企合作双赢的局面。

二、几点体会

1. 关于国有企业

国有企业是国民经济的支柱,主要功能是实现国家战略,自然也是结构调整、转型升级的主力军,在发展方式的转变中应起到引领作用。振华和宝钢的共同特点,都创造了企业自主创新能力、产业结构调整和深化企业改革三者依存关系的重要经验，都是通过自主创新推动产业升级、结构调整，掌握了本行业技术上的主导权。技术优势必然带来品牌优势、资本优势和人才优势，具备了走出去、在国际竞争中有大作为的条件，在实现国家发展战略中发挥了重要作用。

2. 关于传统产业

振华、宝钢两家大型国企，都属于传统产业，但是，他们都坚定不移地走自主创新的道路，推进信息化和工业化的深度融合，实现了结构调整、产业升级，走新型工业化道路，他们把发展方式转变这个口号变成了现实。实践证明，没有传统的产业，只有传统的技术。也就是说高新技术是魂，传统产业是体，魂一定要附在体上，传统产业也可以做到世界第一。

3. 引进和创新的关系问题

改革开放以后，我们以市场换技术，在工业化初期实现了技术追赶，壮大了自己，少走了弯路，这个过程绕不过去的。现在我们的企业成熟了，完全有条件实现技术自立了，振华和宝钢的技术来源已经转向了自主创新，形成了具有自主知识产权的核心竞争力，在行业中领跑世界技术水平，非常了不起。因为创新是一个极具风险和挑战的艰苦历程，这不是多数企业的选择，我国规模以上企业90%没有申请过专利。因此，要认识到自主知识产权也是国家主权，要有主权意识。核心技术是换不来、买不来的，我们以市场换技术，丢了市场却没换来技术，教训是深刻的。

4. 关于人才成长的环境

有利于人才成长的环境和机制，是企业不可缺少的软实力，是核心竞争力。振华和宝钢的一条共同经验，是注重发现、培养、引进企业家和领军人才。这两个企业都有优秀的企业家、领军人才和创新团队，他们眼光敏锐，判断力强，善于抓住机会，实现产业升级，不断迎接新挑战。他们还有足够的胆略，敢冒风险，善于捕捉市场信息，善于凝聚人才和人气，不断创造新的业绩。家宝总理最近说，有什么样的人品就有什么样的产品。振华和宝钢证明了这一点。

5. 关于企业文化

振华和宝钢都有先进的企业文化，创意、创新、竞争的文化，他们的外向程度高，在国际市场上接触到不同文化和文明，自觉进行跨文化交流和融合，善于取长补短。他们的一条重要经验是，比待遇留人更能发挥作用的，是事业上的自豪感和成就感，使他们和企业共进退。这种企业文化助推了国企走出去战略，显示出国际竞争力。

6. 关于忧患意识

振华和宝钢给我留下的一个深刻印象是，他们都有很自觉的忧患意识。昨天上午的座谈会上，一位副院长从海工人才结构的角度，也从新一代人文精神特点的角度表达出忧患意识。宝钢的座谈中，老总坦承当前可能“风险大于机遇”，这都是敢于直面现实的态度，是宝贵的忧患意识。但是，他们又对自己的企业充满信心，提出技术先行，人无我有，二次创业，多元发展，企业在逆境中实现了内涵式发展。

7. 强大的制造业是抵御金融风险的中流砥柱

当前的欧美债务危机给我们的重要警醒，危机的实质，就是这些国家对制造业等实体经济的忽略,片面放大了虚拟经济的作用。恶果是国家基础体力变得衰弱。我们从中获得重要启示,即强大的制造业是经济危机的防火墙、预防剂,是国家经济的中流砥柱。刚刚结束的全国金融工作会议,强调金融服务向实体经济倾斜,我相信这一举措,必将为制造业和实体经济注入强大的活力。

8. 关于现代服务业

生产性服务业离不开产业的发展。制造业向上游的研发、产品设计、专利、技术集成、融资,向下游的品牌构建、商业模式、流通体系、系统服务、物流、产业链管理等延伸。这些上下游的经济活动就是现代服务业的内容,没有实体经济,何谈现代服务业。

9. 提高对GDP适度下滑的容忍度

中国经济连续十多年以近10%的速度增长,创造了世界经济发展史上的奇迹,这种高速增长期正在结束,加上世界经济低迷,我国经济增速放缓难以避免。另外中央经济工作会议强调要处理好质量与速度的关系,稳中求进。因此,坚决摒弃重数量、轻质量,重速度、轻安全,重物质、轻道德的GDP的思维方式和工作方式。如何适应低增长速度,我们都要做好心理调整。振华和宝钢遇到的问题,在现阶段很正常。

三、挑战与建议

(一)困难、风险和挑战

振华集团面临的实际困难和压力比较大。有外部的,也有内部的;有长期的,也有短期的;有直接的,也有间接的。有些困难,同志们已经提到了,有些虽然说得比较含蓄,我们也感觉得到了;有些问题是制造业企业面临的普遍性的问题。我们要带回去认真研究讨论,向顶层提出一个书面意见。今天我先简单谈一点个人看法,供同志们参考。

我认为,困难主要有以下三个方面:

1. 企业内部机制问题

这是一个回避不了的根本性的问题。20 年通常是企业机制面临制度性困境和进行体制改革的重要转折点。振华目前的机制也有新老转轨的问题。企业要长期留住人才、可持续发展,必须靠制度不断地更新。有两个难点值得一提:一是企业股权改造问题,一是管理权问题,也就是决策与指挥效率问题。

2. 国内市场不确定性

当前的企业亏损原因既有金融危机带来的外需大幅度减少,也有国内调整结构、增长放缓所带来的内需不足。国内跨行业人才无序竞争与沿海地区劳动力价格的持续上涨,环保政策的强化,大宗商品、资源、能源价格的上涨,都会大大增加制造业成本,制造业低利润率将会是一个常态问题,这使制造业很难坚持走专业化发展道路。

3. 企业外部环境问题与国际竞争

从国际上看,由欧债危机和美债危机带来的世界经济低迷,可能比我们预想的要更严重和长久一些。这对外贸依存度高达70% 的振华集团来说,无疑是一个巨大挑战。不仅如此,国际贸易摩擦还会增加,人民币升值压力会不断加大,这也将是一个常态的问题。

（二）建议

这里先提出几条不成熟的建议，给你们参考：

1. 发挥早期的改革创新传统，以现在的困境倒逼企业体制机制改革，让企业在制度上成为自主的、社会化的和国际化的企业集团。

2. 度过眼下的危机和困境，我认为：第一，要收缩战线，对产能过剩的该瘦身的要瘦身，不遗余力地开源节流。海工项目是很有潜力和前途的战略选项，要充分估计到中东、南海、印度洋复杂多变的新形势和新风险，建议循序渐进、量力而行、稳扎稳打；第二，适度多元化经营、有效创收以弥补损失、降低负债率；第三，继续争取中央和地方的政策支持：包括合理合法的产业扶持、出口信贷与保险、保障；第四，鉴于制造业长期的低利润的现实和国际大宗商品持续走高的现实，眼下适度的囤地、囤货或许可以参考。

3. 长期来看，振华集团国际化还要加强以下工作：

首先，可以根据自己在国际市场的垄断地位，制定新的行业标准、质量标准和环保标准。当今世界，一流企业卖标准，二流企业卖知识产权，三流企业卖产品和服务。进一步提高市场份额和产品附加值，要有振华自己的“质本”战略。

第二，要把“以人为本”落实到更加具体的股权、人权、管理权和监督权的企业新的法制中。在现有的认证制度中尽量增加国际社会责任标准（SA8000）和公平竞争国际标准（FLO），这有利于今后的国际争端解决、获得市场经济待遇和零关税待遇。

同时,任何发展方式的转变取决于人才结构的转变,而人才结构的转变,需要配套的教育、培训、引进制度的调整与适应。

第三,从企业安全和发展的战略需要出发,提高海内外商业情报的标准和情报人才的标准。

第四,企业外脑和智库也要不断考核和更新。邀请国内外顶尖智库人才设计新时代企业核心价值与口号。不断升级企业文化。

第五,“振华重工”品牌的资本运作和多元化经营要请国内外专家认真调研论证,处理好专业化与多元化的关系要有切实的短期、中长期战略安排。以万变的策略对付万变的形势。

从“振华现象”看转型之路*

元旦刚过，冒着凛冽的寒风，我与全国政协经济委员会副主任、工信部原部长李毅中，国资委副主任姜志刚等带领国家相关部委、金融机构及民盟的专家专程到上海振华重工股份有限公司，围绕“十二五”发展的主题、主线，实地调研企业自主创新与转型发展等方面的问题。

我们知道，要实现科学、可持续发展，必须彻底摒弃粗放的发展方式。但这一点在行动上却未见形成共识，我认为这主要是因为中国经济繁荣的表象让很多人没有看到资源、环境、社会成本等深层次的问题，这可能会使我们今后的改革发展付出痛苦的代价。在我们陶醉于中国跃升为世界第二大经济体的炫目光环时，一连串的考验不期而至，我国资源、环境的承载能力已经达到极限，社会问题的滞后作用集中显现，更直接的因素是国际金融危机以来北美经济复苏乏力、欧债危机、人民币升值压力以及各种形式的贸易保护主义抬头；国际大宗商品价格及国内

* 原载于2012年2月15日《人民日报》。

人力成本节节攀升，使得我国外向型实体经济发展空间受到了严重挤压。因此，对中国企业来说，调结构、转变发展方式已经形成为倒逼机制，成为关乎企业兴衰的、迫在眉睫的现实抉择。只有顺应国内外形势变化及时调整企业发展战略，坚定不移地走自主创新、转型发展的道路，中国企业才能走出困境，实现中国制造向中国创造的质的飞跃；而企业是转变发展方式的主体，只有企业真正实现了发展方式的转变，中国经济才能最终步入科学发展的轨道。

振华重工是我国创新型企业的典型，因此我希望在振华的调研能给中国企业界提供一点鲜活的经验，事实上我们也达到了这样的目的。振华是一家国有控股的企业，它给我留下两点最深刻的印象。一是公司从成立的那一天起，就果断布局国际高端市场，他们的目标是振华永远争第一，通过自主创新潜心培植自己的核心竞争力。公司形成一整套灵活的人才机制，形成了鼓励年轻人创新、包容失败的氛围，研发投入占到销售收入的 4%，设计研发人员占到员工总数将近 1/4，已有 20 多项世界领先的关键核心技术。凭着这种为民族工业争光的精神和领跑世界先进水平的强大实力，他们硬是拿下了一个个传统制造业强国家门口的订单，港口机械全球市场占有率第一，连续 10 年达到 75% 以上，迫使日本、德国等港机制造商逐步退出市场，改变了中国制造在国际市场上质差、价廉、无序竞争的印象，让中国名牌响遍了全世界。二是主动因应国内外市场变化，依靠创新驱动，推动转型发展、二次创业。振华在企业兴旺的时候，没有满足于既有的成绩，而是未雨绸缪，在做强主业的同时，主动进军高端、高附加值的国际海洋工程装备市场。海洋工程装备是战略性新兴产业，振华人深知缺乏自主知识产权、研发与市场两头在外的战略性新兴产业同样是没有出路的，公司坚持自主创新，着力提高关键技术的自主研发能力，抢占海洋工程装备的制高点，他们屡屡创下了亚洲第一、世界第一的纪录，一举打破西方强国在海洋工程装备领域的技术垄断，成为世界上能设计、制造大型起重船的三大企业之一，成功地完成了由单一市场结构向适度相关多元市场结构的转型，从而夯实了企业抵御风险、实现可持续发展的基础。在传统产业方面，面对国际金融危机以来全球市场严重萎缩的现状，振华提出"二次创业"的口号。我认为，其核心是适应当前世界节能减排、绿色发展的潮流，对传统产业进行技术改造、升级换代。如其研制出的全自动化码头系统，大幅降低能耗，提高生产效率，营运费用为等效传统码头的一半，带动港机市场向"低碳、环保、智能"方向调整。另一方面是推动制造精细化，防范运营风险，向管理要效益，实现发展模式由相对粗放化向更加追求质量与效益的精细化转变。

诚然，振华当前面临的困难也是毋庸讳言的，但我还是对这个企业充满了信心和期待，而且我坚信它不会重蹈胶片巨头柯达那样的宿命。因为振华的企业文化中，有很强烈的担当意识、忧患意识，它敢于直面挑战，与时俱进，我们的企业大多缺乏这种精神。我称赞这样的企业是我们共和国的脊梁，它履行了大型国企应该履行的职能——成为自主创新、转型发展的主力军，在结构调整、发展方式转变中发挥引领作用，它代表了中国实体经济的发展方向，树立了中国企业的国际形象。因此，我们都应该为振华这样的创新型企业健康成长创造更加良好的政策环境、市场环境和社会舆论环境，让我国一步一个脚印地迈向制造业强国的行列，实现一百多年来无数先辈为之奋斗的实业兴国的梦想。

关于加强质量体系与创新能力建设的建议*

（2012 年 2 月）

尊敬的锦涛总书记、家宝总理：

元月初民盟中央“加强企业质量体系与创新能力建设”调研组专程赴上海振华重工股份有限公司实地调研。振华重工是我国创新型企业的代表。前年 2 月智利发生里氏 8.8 级强震，科罗内尔港基础设施遭受重创，由日德等制造业强国制造的岸桥全部倒塌，只有振华重工设计建造的岸桥巍然屹立在码头前沿。此事不仅打破了日、德制造业不可企及的神话，也让世界从此对振华港机刮目相看，扬我国威。

在当前世界经济低迷形势下，振华重工遇到需求萎缩、产能过剩的巨大挑战。他们以敏锐眼光着手“二次创业”，调整结构，主动进军高端、高附加值的国际海洋工程装备和大型钢结构市

* 本建议由民盟中央主席蒋树声、民盟中央副主席张梅颖联合提交，中共中央国务院领导同志胡锦涛、温家宝、张德江均作出重要批示，要求工信部商有关部门，认真研究民盟中央建议，提出相关工作措施。

场,创造了多个亚洲第一、世界第一纪录。特别是通过建设美国旧金山奥克兰新海湾大桥,使用国际钢结构焊接标准,为这座世界最高级别钢结构桥梁贴上了“中国制造”标签。

在振华调研的所见所闻,令我们强烈地感受到“国家队”、“质量”、“创新”、“自主知识产权”、“转变发展方式”等内涵,无不渗透到振华重工研发、生产、营销的每一个环节,并由此形成企业强大的核心竞争力。其港口机械产品雄霸世界75%的市场份额,势在必然。

振华重工敢于啃硬骨头,苦干实干,从一个由西方国家长期垄断的制造业领域中突出重围,做到世界第一,领跑行业世界先进水平,我们认为关键是牢牢把握了两个制胜的因素:质量是生命,创新是灵魂。(这里有几个能说明问题的数据:振华研发投入占到销售收入的4%,设计研发人员占到员工总数将近1/4,公司拥有一支包括近3000名持有国际高等级证书焊工的技术工人队伍)

振华以质量促创新,以创新保质量,一板一眼潜心培育核心竞争力,思路清晰,措施具体,经验具有借鉴意义,既是标杆,更是标高,值得认真总结,广泛宣传,以点带面,达到发挥榜样和示范作用。如果我们能打造出几十个、上百个振华重工,“中国制造”、“中国创造”必将享誉全球。我们实体经济何患不强?发展方式何愁不转?

为此,特提出如下两方面的建议:

一、以“质量强国”为目标转变发展方式，全面提升产品质量

我国经济总量现居世界第二，但总量大不等于质量好。事实上多年来我国经济重数量、重速度的粗放增长，导致产品总体质量不高，是造成国家核心竞争力不强的关键因素之一。国际市场某些“中国制造”产品，甚至成为劣质商品的代名词，有损中国制造业的形象和国家声誉。在国内，随着人民生活水平的不断提高，大众质量安全意识增强，对质量需求升级，而这方面的供给明显不足，导致崇拜洋货、出国消费持续升温，直接影响内需对国民经济的贡献率。“稳中求进”急切呼唤质量提高，急需将提高各行业质量摆在国家战略高度全面推进。

1. “十二五”期间，尤其是在党的十八大上，应提出“质量兴国、质量强国”的战略目标、任务和相应的政策措施，使质量意识作为党和政府的施政纲领发挥其功效。

2. 完善质量法规体系，建立质量促进的激励机制。设立国家级质量年度大奖，承担或创设国际质量主题峰会。从 GDP 数量为导向转为以质量效益为导向。

3. 以国际标准创品牌，制定“品牌”激励机制。品牌是质量的最高形式，也是大国形象的重要标志。欲参与制定规则，需以自有品牌主导国际标准。

4. 以政策引导职业教育适应市场需求，提高制造业各种工艺技术水平，建立激励能工巧匠成长的机制，培养本领过硬的高端蓝领人才。

5. 开展全民质量教育。利用目前修改确定国家新课程标准的机会,在中小学、大中专课本中增加质量法律法规的普及教育内容,促使质量意识成为国民基本素质的必要构成部分。

6. 依法严惩质量问题当事人及机构,使质量违法成本足以起到威慑作用。

二、建立有利于激发创新活力和保护知识产权的机制与环境

改革开放以来,我们经历了以市场换技术的过程,引进—过时—再引进—再过时,这种依赖引进的循环往复,虽然为技术追赶、锻炼队伍、壮大自己发挥过作用,但大多数情况是丢了市场却没有换来技术,教训深刻。自主知识产权实质上是"国家主权",核心技术是换不来的。我们买设备、买技术专利,结果是为培养对手研发能力投资,反过来再赚我们的钱。创新引领、技术"自主"应成为挺起中国制造的脊梁。用技术优势带动品牌优势、资本优势和人才优势,才能在国际市场竞争中占有先机。

1. 改造不利于创新的市场环境。当前实体经济发展面临最突出的问题是缺乏公平竞争的市场环境,特别是金融、房地产及被赋予垄断资源、垄断经营权力的行业与企业坐收渔利,无功暴富,不仅催生资产泡沫,威胁金融安全,而且对实体经济的发展构成冲击,严重地压抑企业的创新动力。因此,要加大反垄断法执行力度,努力营造不同行业、不同企业公平竞争的市场环境。

2. 加强知识产权保护,降低创新成本和风险。企业能够形成自主知识产权的创新活动风险与投入很大,而侵权行为屡屡

得逞、维权成本太高，必然挫伤企业创新的积极性。要加强《知识产权保护法》的监管力度，给侵权者以应有的惩罚。

3. 建立尊重、宽容“首台首套”的体制机制。因历史原因，我国“首台首套”常常被排除在政府采购之外，振华的港机也是在行销国外市场后才得以进入本土市场。建立创新型国家必须重塑民族自信，对“首台首套”不仅不能排斥，还应形成政策上“一路绿灯”的体制机制。

4. 使产学研用相结合，形成校企合作双赢的局面。企业根据市场需求出题，高校（研究院所）立项联合攻关，解决产业关键环节的难题，在项目实施过程中锻炼培养人才，并对企业未来转型发展开展前瞻性研究。企业为高校（研究院所）创造多方面有利条件，校企双赢才能激发创新活力。

5. 多方激励创新人才队伍成长。一是不能垄断人才评价机制和选人用人标准，不能搞一刀切，不唯资历、不拘一格，放手让年轻人挑大梁，为他们搭建施展才华平台，通过一个项目培养一批人才，摔打的过程就是造就人才的过程。二是重视企业家及产学研用领军人才的造就培养。企业家、领军人才善于抓住转型发展的机遇，善于捕捉市场信息、凝聚人才和人气，有决断的胆识、敢冒风险。企业家和领军人才十分难得，要有足够的政策支持。三是从一代新人培养创新意识和素质。当前我国中小学教育仍无法摆脱应试教育的束缚，重分数不重素质培养，使学生丧失独立思考和解决实际问题的能力，潜伏着民族创造力退化的巨大危险。这应是当前教育改革重点研究和解决的一个根本问题。

上海振华重工质量体系与创新能力建设的做法和经验很值得研究、学习、推广。同时，对这样的典型企业在“二次创业”中遇到的问题应认真研究，有关方面应拿出扶持意见和措施，支持竞争性实体经济克服目前的困难，使中国向制造业强国的目标迈出实质性步伐。

以上意见是否妥当，请批评指正！

在创新人才教育研究会成立大会上的讲话

（2012 年 1 月 16 日）

在龙年春节即将到来的时刻，来自首都教育界的领导、专家欢聚一堂，大家共同见证创新人才教育研究会的成立，共同开展创新人才培养这一重大命题的研究，这是一件可喜、可贺的大事。在此，我谨向成立大会的召开表示热烈的祝贺，向刘彭芝会长和关心创新人才培养的各界人士致以崇高的敬意和新春的问候！

21 世纪是知识经济时代，而知识经济的本质就是创新。创新已然成为人类最重要的活动，成为国家在未来世界科技和经济格局中竞争的关键所在。而提高我国的自主创新能力，增强国际竞争力，归根到底取决于能否营造创新人才成长的环境和机制，源源不断地造就出一批批世界领先的创新人才队伍。

上周，我专程赴上海振华重工股份有限公司和宝钢集团，开展企业自主创新与人才成长机制调研，这次调研使我进一步加深了对创新能力和创新人才的理解和认识。振华是个国有控股的上市公司，拥有一支 2800 人力量雄厚的研发队伍，他们创立之初就打出“振华永远争第一”的口号,靠的就是不断创新,形成了具有自主知识产权的核心竞争力,发展到今天连续10年以优质高价占据全球港口机械市场75%的份额,迫使日本、德国等传统制造业强国退出市场。宝钢通过自主研发,掌握了硅钢的核心技术,从而一举打破国外的技术垄断,由于其上乘的质量和服务,产品在国际上以高于主流市场的价格销售,利润稳居全行业世界第二。两家企业共同的特点,就是把人才作为最重要的战略资源,努力营造“尊重人才、尊重创造”的氛围,不唯资历、不拘一格地大胆使用人才。在这里,“产学研用”得到很好地结合,包容创新中的失败,为初出茅庐的年轻人搭建施展才华的舞台,30多岁的年轻人在重大项目中挑大梁,已经不是个例,因此企业不断迸发出创新活力,在行业中领跑世界先进水平。正是有这样创新型的企业,担当起转方式、调结构的主力军,才使中国经济在欧美债务危机的阴影下立于不败之地。

然而像振华这样具备创新能力的成功企业在我国并不普遍,因为创新是一个极具挑战和风险的选择。我国规模以上企业90%没有申请过专利。这不能单纯地归咎于我国科技和教育制度的缺失,关键在于我们的社会还没有形成创新人才健康成长的良性机制和环境。比如,在人才评价机制和选人、用人标准上一刀切。而教育上的最大问题,则是应试教育对创新人才成长的逆导向作用。直接后果是学生课业负担过重,只重分数不重能力的培养,使学生丧失了独立思考和解决实际问题的本能;灌输式的教育方法,不利于启迪学生好奇心、求知欲和质疑批判精神,扼制了学生的想象力和创造潜力;流水线式的培养模式,更是有悖于以学生为本的教育规律,无法适应学生个性发展特别是特殊人才成长的要求;而教育资源尤其是教师资源配置的极不均衡,制约了来自农村和弱势群体家庭有潜能的孩子脱颖而出,危害了社会公平,影响了创新型国家的建设。这些关乎国家未来发展的长远问题,已经引起中央的高度关注。在过去的5年中,党和政府接连三次发文,要求深化教育教学改革,充分发挥教育在创新人才培养中的作用,努力形成各类人才辈出、拔尖创新人才不断涌现的局面。认真贯彻和落实中央精神,全力提升创新人才的培养质量,已成为各级政府、社会各界特别是教育工作者的重要职责和神圣使命。

提到创新人才,人们通常会认为这是高校的任务。然而,人才的成长是一个漫长的过程,不可能一蹴而就。相关研究表明,小学生、中学生、大学生在解决同一组问题时,他们的创造潜力呈随年龄下降的趋势。因此,作为基础教育阶段的中小学教育,更应为创新人才的培养打好基础。未成年人是中国未来的希望,建设创新型国家,首先要把他们培养成具有创新精神和创新能力的各类人才。刘彭芝校长是个身体力行的教育家,几十年中学教育的实践,不仅为她积淀了丰富的教学经验,而且探索出一整套先进的教育理念。刘校长创办的创新人才教育研究会,主要致力于创新人才教育与研究工作,实乃关系中华民族百年大计的利国利民之举。

创新人才的培养攸关中华民族的未来,是一项长期、系统、富有挑战性的工作。希望与会专家学者及教育工作者进一步增强使命感、紧迫感和责任心,解放思想、集思广益、见仁见智,努力推动全社会形成创新人才成长的机制环境，探索一条适合中国国情的创新型人才培养的路径，为我国拔尖创新人才教育事业的发展，为把我国建设成为创新型国家踊跃建言立论、再立新功。

预祝大会圆满成功！祝福尊敬的教育工作者们龙年事业蒸蒸日上，家庭幸福安康！

在中央统战部和各民主党派中央“三八”妇女节联谊会上的讲话

（2012 年 3 月 6 日）

各位领导、姐妹们：

大家下午好！

相约春天，一个温馨的聚会。我们相约在这里，欢度女同胞们自己的节日——三八国际劳动妇女节。今天，包括各民主党派中央和全国工商联的女主席、主席夫人、中央统战部及统战系统的女领导等各界妇女知名人士齐聚一堂，大家共叙姐妹之情，共话祖国的美好前景，共同传递着发端于两会的一个个关于春的消息，讲述着春天的故事。在此，我代表本次联谊会的轮值承办单位民盟中央，代表蒋树声主席，向在座的女同胞们致以节日的问候和美好的祝愿，向关心、支持女同胞的男同志们表示衷心的感谢！

昨天上午，听了家宝总理所作的政府工作报告，让我深深地为党中央、国务院统揽国际国内两个大局、驾驭复杂局面的治国理政那非凡智慧和能力所折服。面对世界经济不确定性和国内通胀的巨大压力，我国的经济社会发展仍取得了令人瞩目的成绩，实属来之不易。我想谈的体会很多，时间关系仅谈三个方面。一是高举改革的大旗。重温小平南方讲话20周年，总理再一次发出了不改革没有出路、不改革死路一条的时代强音。总理的报告释放出一个明确的信号和预期，那就是中央要毫不动摇地把改革引向深入，并以更大的决心、勇气和智慧，攻坚克难，排除种种非难与干扰，破解体制性的窒碍与难题；二是摒弃单纯的GDP崇拜，稳中求进，就是更加注重发展的质量与效益。明年经济增速定位在7.5，我认为是科学的、审慎的、实事求是的，符合文明发展的思路；三是凸显政府职能的回归、体现民生优先原则。在本届政府任期的最后一年，总理郑重承诺了要在2012年实现财政性教育支出达到GDP 4%的目标。这其中也包含着我们各民主党派多年来持续关注、奔走呼吁的心血。在我国经济总量雄踞世界第二的今天，达到4%是个了不起的成就，它意味着财政性教育支出接近2万亿元人民币。这样一大笔钱用好了，完全有能力解决亿万人民期待已久的教育公平这一起点公平、机会公平的关键问题，尤其应把增量的部分全部用在老少边穷地区基础教育的薄弱环节，把钱花在刀刃上。我还注意到今年财政预算上万亿的都是民生事业支出，除教育近2万亿，还包括公共服务、社会保障、农田水利建设。我相信这将极大地加强我国公共服务能力与社会保障水平，解决水利建设投入难、欠账多、毛细血管不畅等问题，必将为我国深化政治、经济领域的改革凝聚共识，奠定长期稳定、和谐的社会基础。

姐妹们，改革开放30年我国经济和社会事业发展取得今天的伟大成就，也离不开包括在座各位的广大妇女的牺牲和奉献。

在党和政府的关心和支持下,我国的妇女事业得到了长足的发展,女性的政治地位、经济地位、社会地位日益提高,妇女的劳动权、教育权、同工同酬权、参政议政权得到了充分的保障和完善,已走在世界的前列。“三八节”是我们广大妇女的节日,它体现了社会对女性的关爱,对女性的尊重,对女性的理解;充满了温馨和体贴。伴随着时代和国家的进步,我们女性也在不断地用自己的智慧、爱心和行动向社会诠释自身的价值,赢得了平等、独立和尊严。今天,这个节日的时代涵义更多地体现为女性的自我实现、自我平衡与自我提升,我们有理由自豪并享受自己的性别身份。

预祝本次联谊会圆满成功,祝大家身体健康,工作顺利,阖家幸福!

谢谢!

在云南民族传统文化保护与文化产业发展调研意见反馈会上的讲话

（2012年4月24日）

同志们：

全国政协民宗委与民盟中央在云南省联合开展的民族优秀传统文化保护与文化产业发展调研今天圆满结束了。在历时一周的调研中，调研组得到了云南省和所到市、州、县党委、政府特别是政协组织的大力支持和热情接待，各级领导和同志们为我们调研的成功做了大量艰苦细致的工作，付出了辛勤的劳动，在此，我代表调研组向大家表示诚挚的谢意！

我讲三个方面的问题。

一、调研基本情况与感受

我们这次调研，选择了少数民族占人口比例较大、民族特色鲜明、民族文化资源富集的普洱市和西双版纳州，这两个市、州共同的特点是集边疆、民族、山区、贫困于一体，一些少数民族还是跨境而居，经济社会发展极不平衡，因此具有很强的典型性与代表意义。调研组一行不顾旅途的疲劳，经常颠簸在崎岖的山路上，特别是在西盟佤族自治县和澜沧拉祜族自治县，大家深入到佤山傣寨与拉祜族、布朗族的村组实地调研，所见所闻，感触良多，受益匪浅，很多都是终生难忘的体验。同志们深刻地感受到在党的关怀下新中国民族事业发生的翻天覆地的变化，特别是近年来，在省、市（州）、县党委、政府的正确领导和各族干部群众的共同努力下，边疆民族地区民生事业与农村公共事业取得的巨大进步；真切地感受到祖国大家庭56个兄弟民族一家人、一家亲的热烈气氛（每到一地，各族群众打起鼓、敲起锣、吹起芦笙，男女老少载歌载舞，像迎接远道而来的亲人一样给予我们崇高的礼遇。调研组成员也穿起民族服装，跳起欢快的舞蹈，大家完全融入这种环境中，与各族干部群众建立了依依不舍的感情）；强烈地感受到那种来自生产生活、特色鲜明、质朴率真、原汁原味的民族民间传统文化艺术散发的无穷魅力（那种信手拈来、在田间地头、房前屋后随处都可以展示的直观表现形式，那种与生俱来、植根于民族血液中的天赋与才艺让我们感受到强烈的心灵震撼、精神洗礼和视觉冲击力）；科学发展、生态文明、民族团结、边疆稳定、文化繁荣、社会和谐进步，各族群众信心百倍奔小康，已经成为全省各族人民共同奋斗的时代主旋律。大家表示，56个民族的优秀传统文化犹如每一寸国土不可分割一样，都是中华民族文化不可或缺的组成部分，都具有独特的内涵和价值，都应该得到尊重、保护、传承和发扬光大，大家在调研中也受到一次生动的民族政策和民族团结教育。

大家认为，云南少数民族传统文化保护与文化产业发展工作起步早、抓手实、力度大，表现在认识到位，目标明确，措施具体，机制体制初步建立，保护与开发并重、传承与创新结合的格局基本形成，民族传统文化保护与文化产业繁荣发展形成了同频共振、相得益彰的良好态势，走出了一条边疆民族欠发达省份文化发展的成功之路。

1. 认识到位。省委省政府不仅把发展繁荣民族传统文化作为提升发展软实力、推进文化惠民工程的重要举措，而且提高到作为“我国民族团结进步边疆繁荣稳定示范区建设”的重要内容的高度，率先在全国提出建设民族文化大省、民族文化强省的战略目标；普洱市树立抓文化就是抓生产力、抓竞争力、抓向心力、抓凝聚力的思想，根据民族地区特点和少数民族群众的实际需要，坚持民族文化的公益性质，在文化事业单位改制中不搞一刀切，自筹经费坚持保留了县级艺术院团。

2. 目标明确。西盟县把民族文化发展摆在经济社会发展的重要位置，着力打造“狂欢佤部落、木鼓之乡”品牌，一曲“阿佤人民唱新歌”让外界认识了神奇的西盟佤山，粗犷刚劲的《木鼓舞》《甩发舞》，让世人认识了热情奔放的佤族。以民族文化载体为媒介，着力建设一批富有民族文化内涵的标志性景区、景点，如西盟县的勐梭龙潭、龙摩爷圣地、爬街佤族生态村等，把民族文化和旅游产业作为新型骨干产业加以培植，带动了当地经济发展和少数民族群众脱贫致富。澜沧县提出打造“世界拉祜文化中心”和建设“拉祜文化名县”的发展战略，积极推进拉祜族文化的挖掘、保护和开发利用，通过打造“葫芦节”“拜年节”，扶持民族原生态文化艺术团体，加强与中央电视台、北京电视台、云南电视台等中央与地方主流媒体合作，全方位宣传与推介拉祜文化，极大地提升了拉祜族的知名度与影响力，有力地推动了拉祜文化走向全国、走向世界。如 2005 年葫芦节期间中央电视台《星光大道》成功举办“拉祜山乡行”，充分展示了拉祜文化的巨大魅力。

3. 措施具体。如澜沧县全县 160 个村，每个村建立 1 支文艺队，每年由县财政安排一定的经费补助文艺队长，文艺队在农闲之余和节日期间，组织群众开展文化活动，宣传党和国家的方针政策，传承民族优秀传统文化，有力地占领了农村社会主义文化阵地。西盟县广泛开展民族文化进农村、进校园、进社区等活动，在全县中小学开设《民族常识》《民族政策常识》等课程和“上一堂民族课、唱一首民族歌、跳一曲民族舞”活动，并将民族舞纳入课间操内容。西双版纳建成傣族章哈、傣族慢轮制陶技艺、基诺族大鼓舞、布朗族弹唱传习所，贝叶经制作技艺培训班，在傣族园建立非物质文化遗产展示和保护区。

4. 建立民族文化保护传承的机制体制。云南省制定出台了《云南民族文化大省建设纲要》、《关于建设民族文化强省的实施意见》等一系列保护传承和发展民族文化的政策法规，并将民族文化建设纳入全省“十二五”规划纲要。目前，全省市、县、乡、村四级公共文化服务网络体系基本形成，建立起四级非物质文化遗产保护名录体系和四级民族文化传承人认定体系。澜沧县以政策法规的形式对民族民间传统文化进行保护，制定出台了《澜沧拉祜族自治县民族民间传统文化保护传承条例》、《实施办法》，以及对公路沿线建筑特色和生态环境保护等规范性文件，依法开展民族传统文化保护工作。

5. 保护与开发并重。突出特色与资源优势,加大对民族传统文化保留较为完整、类型较为丰富地区的民族文化及其生存、发展环境的保护与开发利用,努力把民族文化资源的优势转化为民族文化产业的优势,同时也给少数民族群众带来了实实在在的利益与好处。西双版纳傣族园是由5个傣族自然村落组成的,因为其丰富的傣族文化内涵,成为外来游客必到的旅游景点。为了改善旅游环境,政府加大了道路、上下水等基础设施建设,实现了人畜居住的分离,同时为了保留原有的民族建筑风格,要求每户村民建房时必须沿用傣族传统的干栏式建筑,修新如旧,同时给予每户1.5万元的建房补助。我们在澜沧县考察的糯干傣族村落,在利用风情古寨开展旅游观光时,专门在村外修建观光道路,与村民隔离,这样既可以保证村民原生态的正常生活,也防止了过度商业化对传统文化的冲击和破坏作用,这个经验非常值得推广。

6. 传承与创新结合。民族传统文化只有与时俱进,不断创新,才能获得恒久的生命力。文化犹如一条川流不息的河流,今天的任何创新都是明天传统的一部分,要以一种新的价值理念去重新诠释传统文化,挖掘其现代价值予以继承,使传统文化焕发出全新的生命力,被一代代年轻人乐于接纳再传承,这才是真正的保护。云南省加强了民族文字规范化、标准化、信息化建设,如西双版纳积极推行傣汉双语双文教学,建立傣文网站,特别是傣文数字化研究取得重大突破。而只在佛寺中使用的老傣文,至今仍在宗教对外交流中发挥着作用,因此,政府也积极推动老傣文字体的标准化、数字化。因为一种语言如果不能适应时代需要，就只能被淘汰、只能进博物馆了。在我们调研的过程中，看到的民族文化传承与创新有机结合的事例比比皆是，如我们参观的佛学院，因为傣族是个全民信教的民族，男孩子成年之前必须要到寺庙里出家，而佛学院教育体系的设置科学地将民族宗教文化教育与义务教育及中等职业教育有机地结合起来，既尊重了少数民族群众的宗教信仰自由，又普及了文化知识，这是适应现代社会发展潮流的开放的、文明的传教方式。再如我们考察的西盟县城主街道建筑物民族特色改造工程，实现了佤族传统元素与现代建筑的结合，而傣族女性穿的筒裙，以及拉祜族、佤族歌舞，都是在保持本民族特色的基础上去粗取精，符合现代人的审美观和舒适方便的要求，才能得到推广和拥有市场。

7. 民族文化遗产的整理与保护取得重大进展。抢救、整理民族文化遗产，是传承民族文化的一项基础性工程，也是政府的职责。云南省严格按照“保护为主、抢救第一，合理利用、传承发展”的方针，认真做好民族文化资源、遗存的保护工作，加强了对民族古籍的抢救性收集、整理、修复、收藏和出版工作，其中傣族贝叶文化是云南省主要少数民族文化，西双版纳历时 9 年艰辛收集整理编撰的傣族文化“百科全书”《中国贝叶经全集》100 卷出版发行，填补了我国尚无贝叶文化总集的空白。启动 100 本《中国贝叶经全集》连环画工程，进行民族文化普及。

8. 充分发挥民族文化经济和社会效应。“会走路就会跳舞，会说话就会唱歌”，原生态的民族歌舞是少数民族特有的文化资源，如今已成为他们依靠文化致富的新的谋生方式。如澜沧县酒井乡勐根村老达保村民小组，不仅是国家级非物质文化遗产《牡帕密帕》的保护传承基地之一，还是《快乐拉祜》唱响的地方，他们利用农闲时间组成老达保雅厄艺术团，演奏的反映拉祜族欢乐、幸福生活的原生态歌舞《快乐拉祜》《打猎歌》走出大山、走出国门，出现在国外和京沪等大都市重大节庆的舞台上，不仅扩大了民族民间艺术的影响力，还促进了少数民族群众增收。民族民间文化不仅提升了各族群众生活幸福感，增进各族群众相互了解、尊重、信任和学习，而且还通过民族文化保护传承活动，如送戏下乡、篝火晚会、跳笙等形式寓教于乐，以少数民族群众喜闻乐见、耳熟能详的形式，将党和国家的方针政策、先进科学技术潜移默化地与地方民族文化相互融合，更形象、更直观、更容易得到群众理解和接受。如在傣族信教群众中，勐泐大佛寺住持祜巴龙庄勐亲自在佛寺向信教群众宣讲禁毒法、教育法及艾滋病防护知识，发挥了我们的干部发挥不到的作用。

一、在原有记录整理的基础上，将云南少数民族优秀传统文化进行数字化工程的同时，从教育培养文化及文化产业人才入手，进行优秀文化和文化产业元素的甄别和提炼，有步骤有计划地适度进行保护传承和产业发展。

原则是：

1. 人文关怀，尊重少数民族各方人士的意愿；

2. 符合知识产权保护原则（人大、文化部、个人、企事业）；

3. 国家及地方政策扶持启动原则，并可支持部分启动资金，与国内外企业和国外战略伙伴合作，引入民间资本；

4. 体制机制创新为保障，建议云南省委省政府或市委市政府成立相应的产、学、研一体的机构(省政协或省民盟为指导单位),从创新社会管理为切入点,例如:少数民族文化及产业振兴协会,组织协调、宣传、文化、财政、发改、金融、民政、国土等部门(如可以请到王学仁主任、倪慧芳主席作为牵头人就成功90%了),真正地使六中全会精神落到实处。

二、在形成非政府组织(NGO)行业协会的基础之上,设立专项基金。启动"云南边疆少数民族文化传承发展计划",该计划以政府购买服务为基础保障,以经营性文化产业为可持续发展方式,达到保护、传承、发展的惠民目的。

三、根据现有体制机制远远不能适应大发展、大繁荣的需要,并针对云南普洱现有的实际情况,在普洱设立"云南边疆少数民族优秀传统文化保护和产业发展法治保障专项课题"和调研基地。中国法学基金会可负责申报部级课题并提供、追加调研经费,设立研究基地。当前我国针对文化的法律有《文物保护法》、《非物质文化遗产保护法》、《著作权法》,还有一批国务院条例和部门规章,以及少量地方立法。从现有的法律法规的结构上看,缺少少数民族优秀传统文化保护和与文化产业发展相结合的法律法规。云南省有"先行先试"的实际操作基础和充分的条件,因此建议从课题入手,使保护与传承良性有序地发展。这一试点可加速政策措施向法律法规转化,在全国具有示范带动作用。

特别是针对普洱市的实际情况,在针对性较强的典型文化范例上,在适应性和有效性上下功夫,使法律法规具有前瞻性。

当然,目前现阶段靠政策和规定还是必要的。

四、用国际标准考量，充分利用文化与高科技相结合的优势，通过精品项目打造品牌，整合优质资源（以版纳秀场演出为例），以民族代表性为突破口，以少数民族优秀传统文化为基础，在景洪建设打造“多民族文化盛宴——版纳行活动”，将会展经济、人才培养、原创基地、体验品牌与文化旅游相结合，使其在调结构、挖潜力、出精品基础上形成系列项目带动战略。

五、建议在景洪、普洱市建立“博物体验馆”、“音乐博物馆”等精品专项动静相结合的文化场所。在机制上可以采用多种形式并举的原则（民办公助、政府奖励、个人办馆），政府导向尤为重要。从这两个调研点的实际情况来看，首先，不宜建设大而全的全静态博物馆；其次，功能设计应丰富多彩（以人物为主、以器物为主、以普洱茶为主、以壮族音乐为主、以傣族服饰及婚礼仪式为主、以植物为主等），但都应强调注重参与、体验和高科技相结合的原则，真正做到喜闻乐见，同时在观览线路上用不同的设计元素满足多方人士的好奇心、求知欲。在建设上要尊崇环保理念，避免追求奢华，以用料耗材节约为原则，使此类文化建设项目真正做到投资上不一定非要少则几千万动辄上亿元，以当地少数民族传统文化为核心，以文化创意为切入点，做到精致而极美，并与相关产业有效连接，使之流连忘返。

以上建议仅供参考，调研时间较短，并没有经过调研组集体讨论，同时调研还将在其他民族地区省份继续进行，不当之处请予指正，只代表我个人观点。

今天，当我们将离开民族地区回到喧嚣繁华的都市的时候，我就会愈发认识到云南这些原生态民族文化的弥足珍贵，愈发觉得只有深入到民族地区才能得到的收获与喜悦，愈发感受到在我们经历了从短缺经济到走向现代化进程的华丽转型时，隐藏在表象繁荣背后的物欲横流、道德失范和精神贫瘠，我们变得越来越没有信仰，越来越淡漠文化的根与魂，越来越缺少塑造我们民族创新能力与软实力的源泉，而这些都决定了我们能否真正在21世纪成为一个受到国际社会尊重的、现代文明的大国、强国的关键。

正确处理民族文化保护与产业发展的几个关系

（2012 年 6 月 29 日）

各位同志、各位专家：

大家上午好！

很高兴出席第五届民族文化产业发展论坛。文化发展是我近年来经常思考的一个命题。改革开放 30 年中国经济的高速发展，我们的经济总量已跃居世界第二，中华民族创造了人类发展史上的奇迹。但我们同时也面临着不均衡、不协调、不可持续的问题，比如经济和文化发展的不均衡，我们已然成为世界经济大国，但我们不是文化大国，我们只是文化资源的大国，这一点我在云南的调研中获得了很直观、很强烈的体会和认识。我想，我们在发展中遇到的国内、国际这样那样的种种困惑和干扰，很大程度上是我们没有构建起与经济规模相匹配的文化体系。中国历史上每一个有作为的王朝，都提倡以威、德服人，威就是实力，德就是文化，四夷臣服、万邦来朝历来都被当作国力强盛的象征而加以歌颂，这其中体现了那时候对不同文化、不同价值观的包容、理解，也就是费老所说的文化自觉。而我们今天面临的国际环境是：大国小国都敢来惹。其中既有中国快速发展后对其他国家形成的竞争因素，对资源、生态、地缘政治安全的顾虑，也在很大程度上似乎是文化出了问题。两个方面，一是对普适价值的理解有偏颇之处，或加以批判，人家认为与你没有共同之处，难以交流，客观上形成国际上的孤立，不能融入世界主流文化之中；二是对不同文化、不同宗教信仰持什么态度的问题，我认为有三种境界，一是党同伐异，二是求同存异，三是敬其所异，即善于美人之美的最高境界。达不到这种境界，将从文化上失去大国风范，削弱包容、吸收不同文化的能力即软实力。因此，中央提出文化大发展、大繁荣的命题，是非常及时的，也是着眼长远的治本之策，说明中华民族文化自觉的时代已经来临。

政协是我国最高的资政机构，民盟是以文化教育科技界中上层知识分子为主的参政党，扛起文化这面大旗，理应是我们的本行和主业，使命与责任，这也是我关注、支持、参与少数民族优秀传统文化保护与文化产业发展联合调研的初衷。

回到今天的主题——我对少数民族优秀文化传统的保护和文化产业发展谈一点个人的见解，也不见得正确，与同志们共同切磋与研讨。

一、少数民族传统文化的传承与创新的关系

在云南的调研给我留下许多终生难忘的体验，在感受到少数民族传统文化散发的无穷魅力同时，也让我深刻认识到，56个民族的优秀传统文化犹如每一寸国土一样不可分割，都是中华

民族文化不可或缺的组成部分,都具有独特的内涵和价值,都应该得到尊重、保护和传承。

我们知道,每个民族的文化没有优劣之分,但有先进与落后之分,有精华与糟粕之别,有能否适应现代社会发展的问题,这都需要我们认真地加以区分和对待。因此,所谓原生态的保护与传承是不是科学的、现实的?因为文化就像一条流淌不息的河流,既不能被割裂也不是一成不变的,在全球化的背景下,没有哪个民族的传统文化靠守是守得住的。“传承”,是文化最本质、最重要的特性之一,如何既能保护民族文化的“根”与“魂”,又能不断适应新的环境的变化呢?我认为,对民族文化最好的保护与传承,就是必须积极吸收其他民族的文化、外来文化、优秀的现代文化,进行文化的再创造,这种基于传统文化根基的发展和创造,是传统文化的延伸、扩展和丰富,而不应该是脱离传统文化的文化取代。传统与发展,继承与创造,并不是对立和不可调和的,而是对立统一的关系。昨天的创新已汇入今天的传统,今天的任何创新,都将成为明天传统的一部分。这意味着传统文化需要与时俱进。只有使继承和发展、传统和现代相结合,文化才具有生命力,才会在传承中发展,在发展中创新,生生不息、兴旺发达。

二、少数民族文化保护与产业开发的关系

客观地讲,我国许多少数民族文化尚不具备产业开发、利用的条件,而且受到外来强势文化的冲击,少数民族文化消亡、流失的现象已经十分严重。由于承受着贫困等带来的种种压力,

即使是文化的创造者和拥有者,也缺乏文化保护的必要的动力和自觉。因此,少数民族文化的保护,首先要尊重当地人消除贫困、改善生活和发展经济的愿望。经济是基础,只有经济发展了,才有条件更好地进行文化保护。只有建立起经济与文化良性互动的发展机制,文化的保护才有坚实的基础和可靠的保障。

因此,将文化作为资源进行开发利用,是市场经济发展的必然结果。民族文化保护不能没有钱,也不能眼睛里只有钱。对民族文化资源的保护与开发,保护是基础,开发是手段,发展是目的。民族文化保护不仅要依靠当地民众的积极参与,还需要专家学者的指导,更需要政府的支持和投入。而文化资源的开发利用,应以永续利用与可持续发展为基本的前提,而对于不可再生的文化资源,则应实行保护第一的方针。那种不惜破坏文化资源以换取经济效益的急功近利的做法,必须得到坚决地纠正,以免在文化大发展、大繁荣的口号下造成新的文化浩劫。

三、文化主体与政府及市场的关系

在民族文化产业发展的过程中,作为文化的创造者与拥有者的少数民族群众应该处在一个什么位置,是我们在云南调研过程中多次被专家提及且反响强烈的议题。因为近年来大多数城市政府热衷于卖地,旅游地政府则热衷于出卖旅游资源和经营权。只要某地、某文化具有旅游、产业开发的价值,政府便积极招商引资,商家便趋之若鹜,一拍即合,当地人祖宗留下的家园、世世代代拥有的遗产,即被出卖和转让。这种背着“主人”强行拍卖他人财产的行径,不仅是缺乏对文化主体的人民群众起码的尊重，而且也不符合法治社会的执政理念，势必留下社会矛盾与利益冲突的隐患。大家担忧的是，一些地方领导习惯于用经济建设的大气魄、大手笔打造文化，在他们利用政府威权和资本强势操弄文化的过程中，几乎看不到民众在决策层面上的参与和诉求，文化的创造者和拥有者被置于边缘的地位，资源和权益得不到有效的保障，其结果是文化退化为商业文化，失去了文化的自信与自觉，最终不可避免将导致文化多样性根基的破坏。

我认为，出现上述的问题，说明我们的某些领导干部不仅存在对文化理解的偏差，对文化创造者和拥有者缺乏起码的尊重，其根源还在于不能正确认识和准确把握科学发展观与文化发展规律。因此，有必要利用各种形式搭建官员与学者沟通与交流的平台，形成“群众主导，政府领导，学者指导”的组织运作的长效机制，促进决策民主化与科学化。同时，要着手制定“文化遗产和文化资源保护法”，依法行政，使少数民族文化保护有法可依，杜绝随意侵害文化拥有者的权益和文化知识产权的现象。

同志们，保护、传承文化是一个民族永续发展的动力与源泉，也是一个国家的文化发展战略的基点。我们在强调以经济建设为中心的同时，还要坚持以文化建设为灵魂，这是实现科学发展的内在要求。希望大家利用好民族文化论坛这个平台，积极研讨，多出成果，为实现我国成为文化大国、文化强国的目标贡献智慧和力量。

谢谢大家！

尊重民族文化多样性*

文化发展是我近年来经常思考的一个命题。我们的发展目前面临着许多不均衡、不协调、不可持续的问题，比如经济和文化发展的不均衡，我们已然成为世界经济大国，但不是文化大国，而只是文化资源的大国，这一点我在这次云南调研中获得了很直观、很强烈的体会和认识。

我想，我们在发展中遇到的国内、国际种种困惑和干扰，很多时候是因为我们没有构建起与经济规模相匹配的文化体系。中国历史上有作为的王朝，都提倡以威、德服人，威就是实力，德就是文化，万邦来朝历来都被当作国力强盛的象征而加以歌颂，这其中体现了那时候对不同文化的包容，也就是费孝通先生所说的文化自觉。对不同文化持什么态度，我认为有三种境界，一

* 原载于 2012 年 7 月 25 日《人民日报》。调研之后，民盟中央主席蒋树声、民盟中央副主席张梅颖联名提交建议信，中共中央国务院领导同志温家宝、李克强、刘云山、刘延东、刘奇葆均作出重要批示，要求民委、文化部认真参阅本建议，加强调研，完善政策，促进少数民族文化建设和文化产业健康有序发展。

是党同伐异，二是求同存异，三是敬其所异，即善于美人之美的最高境界。达不到这种境界将从文化上失去大国风范，削弱包容、吸收不同文化的能力即软实力。因此，中央提出文化大发展、大繁荣的命题，是非常及时的，也是着眼长远的治本之策，说明中华民族文化自觉的时代已经来临。

政协是我国最高的资政机构，民盟是以文化教育科技界中上层知识分子为主的参政党，扛起文化这面大旗，理应是我们的本行和主业，使命与责任，这也是我关注、支持、参与少数民族优秀传统文化保护与文化产业发展联合调研的初衷。

在云南的调研给我留下许多终生难忘的体验，在感受到少数民族传统文化散发的无穷魅力的同时，也让我深刻认识到，56个民族的优秀传统文化犹如每一寸国土一样不可分割，都是中华民族文化不可或缺的组成部分，都具有独特的内涵和价值，都应该得到尊重、保护和传承。

每个民族的文化没有优劣之分，但有先进与落后之分，有精华与糟粕之别，有能否适应现代社会发展的问题，这都需要我们认真地加以区分和对待。文化就像一条流淌不息的河流，既不能被割裂也不是一成不变的，在全球化的背景下，没有哪个民族的传统文化是靠守能守得住的。“传承”，是文化最本质、最重要的特性之一，如何既能保护民族文化的“根”与“魂”，又能不断适应新的环境的变化呢？我认为，对民族文化最好的保护与传承，就是必须积极吸收其他民族的文化、外来文化、优秀的现代文化，进行文化的再创造，这种基于传统文化根基的发展和创造，是传统文化的延伸、扩展和丰富，而不应该是脱离传统文化的文化取代。传统与发展，继承与创造，并不是对立和不可调和的，而是对立统一的关系。昨天的创新已汇入今天的传统，今天的任何创新，都将成为明天传统的一部分。这意味着传统文化需要与时俱进。只有使继承和发展、传统和现代相结合，文化才具有生命力，才会在传承中发展，在发展中创新，生生不息、兴旺发达。

客观地讲，我国许多少数民族文化尚不具备产业开发、利用的条件，而且受到外来强势文化的冲击，少数民族文化消亡、流失的现象已经十分严重。由于承受着贫困等带来的种种压力，即使是文化的创造者和拥有者，也缺乏文化保护的必要的动力和自觉。因此，少数民族文化的保护，首先要尊重当地人消除贫困、改善生活和发展经济的愿望。经济是基础，只有经济发展了，才有条件更好地进行文化保护。只有建立起经济与文化良性互动的发展机制，文化的保护才有坚实的基础和可靠的保障。

因此，将文化作为资源进行开发利用，是市场经济发展的必然结果。民族文化保护不能没有钱，也不能眼睛里只有钱。对民族文化资源的保护与开发，保护是基础，开发是手段，发展是目的。民族文化保护不仅要依靠当地民众的积极参与，还需要专家学者的指导，更需要政府的支持和投入。而文化资源的开发利用，应以永续利用与可持续发展为基本的前提，而对于不可再生的文化资源，则应实行保护第一的方针。那种不惜破坏文化资源以换取经济效益的急功近利的做法，必须得到坚决地纠正，以免在文化大发展、大繁荣的口号下造成新的文化浩劫。

在民族文化产业发展的过程中，作为文化的创造者与拥有者的少数民族群众应该处在一个什么位置，这是我们在调研过程中多次被专家提及且反响强烈的议题。因为近年来大多数城市政府热衷于卖地，旅游地政府则热衷于出卖旅游资源和经营权。只要某地、某文化具有旅游、产业开发的价值，政府便积极招商引资，商家便趋之若鹜，一拍即合，当地人祖宗留下的家园、世世代代拥有的遗产，即被出卖和转让。这种背着“主人”强行拍卖他人财产的行径，不仅缺乏对文化主体的起码尊重，也不符合法治社会的执政理念，势必留下利益冲突隐患。大家担忧的是，一些地方领导习惯于用经济建设的大气魄、大手笔打造文化，热衷于大剧院、大博物馆的形象工程，在他们利用政府威权和资本强势操弄文化的过程中，几乎看不到民众在决策层面上的参与和诉求，文化的创造者和拥有者被置于边缘的地位，资源和权益得不到有效的保障，其结果是文化退化为商业文化，失去了文化的自信与自觉，最终不可避免将导致文化多样性根基的破坏。

出现上述问题，说明一些领导干部对文化的理解存在偏差，对文化创造者和拥有者缺乏起码的尊重，其根源还在于不能正确认识和准确把握文化发展的规律。因此，有必要利用各种形式搭建官员与学者沟通与交流的平台，形成“群众主导，政府领导，学者指导”的组织运作长效机制，促进决策民主化、科学化。同时，要着手制定“文化遗产和文化资源保护法”，依法行政，使少数民族文化保护有法可依，杜绝随意侵害文化拥有者的权益和文化知识产权的现象。

保护、传承文化是一个民族永续发展的动力与源泉，也是一个国家的文化发展战略的基点。我们在强调以经济建设为中心的同时，还要坚持以文化建设为灵魂，这也是实现科学发展的内在要求。

在2012绿色经济遂宁会议开幕式上的讲话

（2012年5月10日）

各位来宾，女士们、先生们：

大家上午好！

很高兴参加“2012绿色经济遂宁会议”。在此，我谨代表全国政协，对会议的召开表示热烈祝贺！

近年来，遂宁市实施绿色发展战略，探索生态、循环、低碳、高效的绿色发展路子，遂宁人用自己的实践把科学发展、绿色发展实实在在的写在这片希望的沃土上，成为了联合国绿色经济示范城市。中共中央政治局常委、全国政协主席贾庆林亲临遂宁视察调研绿色经济发展，还为本次会议发来了贺信。“2012绿色经济遂宁会议”的主题确定为“绿色发展·美好生活”，是一个很有深度的主题。会议立足于绿色发展和生态文明建设，致力于推动经济发展方式转变，对绿色发展进行持续探讨，为政、产、学、研、民各方搭建起一个高层次的交流平台。我认为，绿色经济遂宁会议是一个开放的会议、发展的会议、务实的会议。我相信，它必将成为我国推动绿色发展、建设生态文明的一个具有深远影响力的长期性、制度性会议品牌。

发展绿色经济已经成为当今世界一个重要趋势。绿色发展的本质就是科学发展,可持续发展,是以不牺牲子孙后代利益为代价的人间正道。青山常在,绿水长流,就是我们留给后代人的宝贵财富。人类从农耕文明进入工业文明时代以后,发展步伐超过了以往任何时代。当人们享受经济增长带来的好处时,也遇到了日益严重的资源、能源、环境和气候问题。几十年来,国际社会一直在积极探索实现经济社会可持续发展的有效途径。随着生态文明时代的到来,绿色发展顺势而生,成为当今世界的时代潮流,成为全人类的共识。特别是近年来,许多国家注重把绿色发展作为推动经济结构调整的重要举措,在应对金融危机的政策上都更加突出"绿色"的理念和内涵,实施所谓"绿色新政",为人类未来发展提出了全新的思路、理论和实践方向。

中国共产党第十七次全国代表大会提出了深入贯彻落实科学发展观、加快转变经济发展方式的重大决策部署。胡锦涛总书记创造性地提出了生态文明建设的战略构想,并在 2011 年 9 月 6 日出席首届亚太经合组织林业部长级会议开幕式发表了题为《加强区域合作,实现绿色增长》的致辞;温家宝总理在第五届中欧工商峰会上发表了《发展绿色经济　促进持续增长》的主题演讲;习近平同志在博鳌亚洲论坛 2010 年年会上发表了《携手推进亚洲绿色发展和可持续发展》的主旨演讲,都对绿色发展赋予了鲜明的内涵。推动绿色发展已经逐步成为增强国家竞争力、增强国际话语权的重大战略。

作为西部欠发达丘陵地区的遂宁,早在5年前就提出深入贯彻落实科学发展观,转变经济发展方式,实施绿色发展战略,建立了绿色农业体系,绿色产业体系和绿色城镇体系,完全符合经济规律,顺应发展大势,很有远见,难能可贵。遂宁的实践说明,生态建设与经济发展是可以高度一致的,他们走出了发展经济势必会带来环境污染和生态破坏的悖论,从而营造了良好的投资环境,促进经济社会全面发展,给人民群众带来更多更实的福利。这次“绿色经济遂宁会议”,必将成为推动绿色发展又一次有益探索。在这里,我对本次会议提出三点希望:

一是不断总结提升,继续深化实践,打造绿色发展世界样板。进一步完善绿色发展的支撑体系,把绿色发展和生态文明建设成绩和经验向国内外推广,不光为全国提供经验,还要为世界提供可循模式。

二是加强专题研究,为我国绿色、生态、可持续发展提出务实的意见和建议。充分借助和发挥好各阶层、各方面的智慧和力量,结合我国具体国情和资源禀赋,研究确定我国绿色发展的方向和目标,提出重点区域、重点产业、重点项目的行动方案,促进我国绿色发展的理念、技术、政策、措施与国际发展趋势相对接。

三是把推动绿色经济发展、建设生态文明作为一项长期战略。在思想上,正确认识环境保护与经济发展的关系;在政策上,从国家发展战略层面解决环境问题;在措施上,实行最严格的环境保护制度;在行动上,动员全社会力量共同参与绿色发展和生态文明建设。

女士们,先生们!

绿色发展是人类智慧的结晶,是一项利国利民、功在当代、泽被后世的伟大事业,也是当今世界不可逆转的潮流。我们要牢固树立绿色低碳发展理念,把握机遇,应对挑战,积极探索中国特色的绿色低碳发展道路,让遂宁绿色发展、科学发展的主旋律唱响中华大地。

最后,预祝本次会议取得圆满成功!

谢谢大家!

一生致力于教育改革的张澜先生

——在四川大学纪念张澜先生诞辰140周年纪念会上的讲话

（2012年5月10日）

今年是祖父张澜先生140周年诞辰。在他曾经担任过校长的四川大学，举行张澜先生教育思想研讨会，我认为是对这位革命老人、民主战士、杰出的人民教育家最好的追思与怀念。张澜先生的教育思想和实践，在某种程度上代表了近现代中国教育发展的历程。从清末到20世纪40年代，在将近半个世纪的时间里，他始终没有离开过教育界。从蒙馆、书院到小学、中学、大学、留学教育，从普通教育到职业教育、特殊教育、社会教育，举凡教育各个层次与类型，张澜先生都有涉足，都有建树，这就不难理解他为什么有那么系统的教育思想与实践。“蜀中学子半门生”，其影响所及，不独在四川，即便在全国也是不多见的。他对教育的执着探索、深邃思考与卓越贡献，为转型期我国教育留下一笔宝贵的精神财富，对于我们今天的教育改革与发展仍不失其重要的借鉴价值与现实意义。

一、张澜先生教育思想的内涵

1. 包容、开放、民主的办学方针

张澜先生的教育实践，强调学用结合，培养学生运用知识解决实际问题的能力，以适应国计民生之所需。他在南充办职业教育，推动了南充实业发展与地方的自治，实为四川职业教育之肇端。而其最值得称道的教育实践，则是在担任川大前身国立成都大学校长的短短几年时间里，使成都大学崛起于西南，成为一所国内有较大影响的高等学府，可以说，今日四川大学作为现代大学的基础、传统、校风，形成于张澜入掌成大时期。这是他一生教育实践的巅峰，他的许多教育思想和改革主张，也都在这一时期得以系统的阐发，并集中体现在成都大学的办学过程中。

为把成大办成一流大学，张澜针对四川历来较为闭塞，引进人才比较困难的状况，提出"打开夔门，欢迎中外学者来川讲学"的口号，而且不论党派、学派，只要确有真才实学，一律礼聘到校，委以重任。一时间成都大学人才荟萃，云集了许多著名教授，仅在册的外籍教师就多达 28 人，均居教育部立案的 21 所国立大学前茅，从而彻底改变了旧有学派把持包办学校的陋习，这对于封建气息还较浓厚的四川教育界，是一个巨大的冲击。

张澜主张兼容并包，倡导思想自由和学术研究自由，对成大校内各种政治信仰和学术见解都不加干涉，容许各种学派和不同政治观点"百家争鸣"。在他的影响带动下，成都大学教师中不论是共产党人、国民党人，还是国家主义派、托派，抑或是精通国故的蜀学宿儒，在新文化运动中崭露头角的后生学者，都可以

各抒己见，按照各自的政治观点、师承的学术流派、知识体系来授课。他允许信仰三民主义的健行社，信仰共产主义的社会科学研究社，信仰国家主义的惕社三个学生团体同时存在，鼓励他们各自在校内出刊物、开大会、宣传讲演，彼此展开民主讨论，他曾经分别出席三个学生团体举行的全校规模民主与科学的学术讨论会，听到精彩处带头鼓掌。

1927年，在大革命失败后的白色恐怖形势下，张澜以大无畏精神，在成都大学公开发布《校告》，宣称“大学为最高学府，包罗众有，学生对于各种主义之学说，均可尽量研究，以求真理之所在。言论思想，固不禁人之自由，不得因某某因研究某种主义之学说，而辄牵入政治问题，攻讦其不当，违反学府性质，损失学者态度”。1929年，成大五周年校庆，他在成大出版的《现代教育》杂志第一期上，发表《我们对于教育的主张》，再次重申：“我们千万应该发表精神独立宣言，以实现学生的求学自由，研究自由，言论、出版自由，而完成教育精神的民主化”。同年12月，在成都大学教育学会成立大会上，他旗帜鲜明地宣示：“本校一向主张思想自由、信仰自由”，“现在所谓的党化教育，我是不赞成的，我是怀疑的。”这种针锋相对抵制国民党党化教育的情况，在当时中国的各大学是不多见的。由于有这样的自由，不仅吸引了大批人才，活跃了思想和学术空气，而且开阔了师生视野，推动师生认真研究学问，探寻真理，提高教学质量，培养了一批批国家栋梁之材。

2. 强调教育改造社会的责任

张澜的一生是曲折的，他目睹了晚清的腐败、袁世凯复辟、连年的军阀混战，造成民生凋敝，积贫、积弱、积愚的现实，深感社会变革的迫切。留日求学期间，他即抱定“弘扬教育，倡办教学，培养人才，移风易俗，改造中国”的志向，萌生了以教育来改变社会的思想，把民族复兴、国家富强的希望，寄托在教育、培养青年上面。五四运动让他认识到只有造就一大批既有科学又有民主新思想的人，才能改变将来的社会。他重视教育对人性的培养，认为人格教育是教育永恒的主题。每个人首先要尊重自己的人格，才能尊重他人的人格。尊重他人人格的人，才能平等待人，真正处人；尊重自己人格的人，才能洁身自好，真正处事。对学生进行正确的世界观教育，是张澜教育思想的核心。他说：“青年学生要担当事业，就要振作精神，意志坚强，行动确实。有真认识、真操守的人，才能做出真事业。”教育学生毋自私自利，有廉耻，有气节，不与黑暗势力同流合污，希望他们学习古代太学生干预朝政的精神，关心国家大事，以天下为己任，“对于这种改造环境开辟出路的事业，不独应该参加，还须引为自己的任务”。

针对广大劳动人民被剥夺了受教育权利、民众教育极度落后的不公平现状，张澜大声疾呼“人民有纳税的义务，应该有入学的权利，一切学校不仅应该免除学费，而且应该设法使出了很多间接税的工人、苦力、贫农、雇农的子弟能够读书，这也是国家兴学教民的本意”。

在《我们对于教育的主张》一文中，张澜指出“教育是社会的一个部分，又是政治的一个桠枝，不能在社会政治之外而独立，所以只有社会和政治的改造，才能完成教育的改造。那么，我们从事教育改造的人,能够不参加社会的改造和政治的改造么?这是为世界与中国整个历史的发展和社会进化的趋势所决定的”。张澜十分清楚地指出了改造教育的人,必须参加社会的改造。这就是张澜“明确主张的”学校对于社会的作用,学校应该走的方向。

在成大五周年校庆的纪念文章《中国学生的出路》中,张澜强调学生的前途不在适应旧社会,而在创造新社会。因此,他极力要求成都大学学生“积极地研究历史的发展,社会的进步,革命的方向,以造成一科学的思想系统而确定新的人生观”。他特别指出:“这是学生将来进入社会后,不致被旧社会生活同化,而反可创造新生活以推动社会发展的有效保证。”

二、张澜教育思想的现实意义

张澜先生的教育实践距今已经有一个世纪的时间了,但他的教育改革思想仍然没有过时,仍然闪烁着人本主义的光芒,仍然具有重大的现实意义。反思我们今天的教育状况,因为今天是研讨会,我想提出其中几个方面的问题,与教育界特别是高教界的同志们共同切磋、探讨。一是教育的目标问题,教育的首要目标是要使受教育者具备完善的人格品质和良好的道德情操,具有独立思考的能力与批判的精神,然而我们今天的教育并没有做到这一点。过多的行政干预,数不清的人才培养计划与工程,缺少个性化的、用固定模式批量生产人才的做法只会压制人的想象力与创造潜能,违背教育规律,与教育追求的目标南辕北辙;二是大学的使命与责任。我认为大学的一项重要责任是改造社会，是引导社会价值取向的地方，大学教育要秉持和坚守追求知识与真理的不二使命，成为出学术、出思想和引领社会进步的殿堂。然而今天的一些大学却被社会不良风气拖着走。大家都知道关于大学乃大师之大、非大楼之大的教育名言，过去常常被人们引用来解释西南联大现象，那时候的教授们每天都要躲着敌机的轰炸、住着茅草屋、饿着肚子，却培养出蜚声海内外的大师，创造了烽火中的文化奇迹和中国高等教育的传奇和丰碑。现在的条件今非昔比了，然而我们并没有培养出真正经得住推敲的大师。我们今天缺少了理想主义，是我们的教育体制、人才评价机制出了问题，无数的考核、评估、量化管理催生了急功近利与学术造假，有些地方跨越式的发展被形象地称为开发商办大学而不是教育家办大学，大学被某些人当成谋求利禄的敲门砖，课题组长、学科带头人被直呼为老板，凡此种种缺乏常识的办学方向使得一些大学变得日益官场化、功利化、世俗化，就像有学者指出的那样，大学正在培养一些“精致的利己主义者”。实用主义击溃了最后底线，一些大学教授“谋食不谋道”，缺少反思能力与担当精神，致使大学精神严重缺失。我相信，有优良传统的四川大学不应让西南联大的精神和传统成为绝响，完全有条件创造现代中国高等教育的又一个奇迹。三是教育公平问题越来越突出。教育公平是社会公平的基础，因为教育从宏观上说可以改变民族和国家的命运，从微观上说教育可以改变个人的命运，平等权理应作为教育发展的大方针、大方向，然而贫富差距形成的教育资源配置的差距造成了起点上的不公平，使教育背离了促进社会公平的初衷，蜕化为一小部分人垄断的精英教育、贵族教育，使社会阶层固化，穷孩子、苦孩子缺少上升的渠道和空间，代际贫困严重危及社会公正与和谐。

同志们，今天我们召开张澜先生教育思想研讨会，我希望大家通过研讨，能够从中获得启迪和教益。如他倡导的包容、开放、民主的办学方针，他重视教育对改造社会的作用，他对高校进行民主管理的探索，他对社会教育、民众教育倾注的心血与热情，他的教育平权思想，特别是他为造就千千万万能够改造社会、振兴国家和民族、推动中国革命进程的栋梁之材而奋斗不已的精神，林林总总，不一而足，都值得我们今天的教育界同仁认真学习、研究。一个国家有什么样的大学就有什么样的未来，中国的崛起更重要的是文明的崛起，是知识分子的自信、自尊和觉醒，让我们共同为使中国的教育、中国的大学成为受人尊敬的、塑造人格与灵魂的、提升民族创新能力的目标而不懈奋斗！

在首届中国国际养老服务业博览会开幕式上的讲话

（2012年5月17日）

尊敬的司马义·艾买提副委员长，尊敬的国际老龄联合会秘书长Jane Barratt女士，尊敬的各位来宾，女士们、先生们：

大家好！

很高兴出席在上海举办的首届中国国际养老服务业博览会开幕式。这次博览会将是国际性养老服务最新的理念、思路、模式及服务成果的全方位展示，是国内外养老服务业同行相互切磋交流、共同成长进步的一次盛会，是积极应对老龄化社会、不断满足养老服务需求、提高老年人生活质量的有力推手。我代表全国政协，同时我自己也作为一名老年人，对首届中国国际养老服务业博览会的成功举办表示热烈的祝贺！

中国是一个老年人口大国，老龄化的规模和速度超出人们的预期。目前，60岁以上的老年人口1.85亿，占全国总人口的13.7%，是世界上唯一老年人口过亿的国家，也是老龄化程度最高的发展中国家。因此，做好养老服务工作，事关老年人的生活尊严和健康福祉，事关社会公平、和谐与稳定，是一项牵动亿万家庭重大关切的民生工程。中国政府高度重视发展养老服务事业,国务院制定了《中国老龄事业发展“十二五”规划》和《社会养老服务体系建设规划(2011～2015)》,从制度安排上保障养老服务事业健康发展。民政部门加强指导和推动,在政策措施和资金投入等方面加大工作力度,积极推进社会养老服务体系建设,发挥了在社会管理中的骨干作用。

养老服务是基本社会服务的重要内容。老年人的特殊生理、心理和行为特征决定了消费观念、消费习惯和消费方式等方面的特殊性,由此形成了现实消费需求和潜在消费市场。因此,绝不能把养老服务简单地视为社会负担,而是大有可为的朝阳行业,做好养老服务业将有力地拉动内需、解决就业,带动相关产业起步和发展。举办首届中国国际养老服务业博览会,通过打造国内外养老服务业交流的高端平台,可以最大限度地吸收、借鉴世界各国在养老服务和管理方面的先进经验,在高起点上健康、可持续地发展,这对于提升养老服务业的能力与水平,满足老年人在生活照料、精神慰藉、文化娱乐等多方面的需要,具有重要而现实的意义。

两千多年前中国古代大思想家孟子就曾经说过:“老吾老,以及人之老”,尊重老人、关爱老人、善待老人是中华民族的优良传统和道德规范,也是衡量一个社会文明进步的重要标志。发展养老服务,功在当代、利在千秋。我相信,有我国政府的高度重视,有全社会的关心支持,有民政部门的强力推动,中国的养老服务业一定能够蓬勃发展,充满生机和活力!中国的老年人一定能够生活得更幸福、更美好!

祝首届中国国际养老服务业博览会取得圆满成功!

在苏州大学“百年苏医”庆典上的讲话

（2012 年 5 月 18 日）

连珍、宏坤、己星，各位领导、各位来宾，亲爱的老师和同学们：

前来参加苏州大学的医学教育百年庆典，作为曾经的医科学生，我感到庄严。作为如今的医学同道，我感到亲切。这是回顾苏大医学百年历史的时刻，更是重温我国现代医学百年历程的契机。借此机会，我谨向苏州大学全体师生员工、医护人员和海内外校友表示热烈的祝贺和诚挚的问候！

苏州大学是我国历史最悠久的高等学府之一。苏大医学教育也拥有了值得骄傲的世纪记录。十年树木，百年树人的古训今天完美体现在苏大校园。百年来，苏大医学教育始终秉持“祈通中西，以宏慈善”的医学理念，以严谨的治学精神、良好的校风、鲜明的特色、精湛的医术服务于社会大众，为国家医学教育、医学研究以及医疗卫生事业作出了卓越贡献。

说到贡献，我想，对中国社会的健康和长远发展，大学的直接贡献在于一届届满园桃李；而更持久、更内在的贡献则在于一代代薪火相传的大学精神。强调这一点，对当下中国的高等教育具有特别重要的现实意义。苏大医学百年,是中国现代大学制度在历史曲折中确立和运行的百年。百年里,我们既有烽火中矗立起的西南联大那样的丰碑,也有社会动荡造成的内伤。当我们翻过这一页的时候,面对着新的百年,整个中国正进入以科学发展为主题的新时代,或许有必要自问一下:今天的中国大学,该怎样才能真正担当起时代的重任?

前些天召开的“理想大学专题研讨会”上,一些中国教育家已经就此问题发出了自己的声音。他们的观点使我想起了德国哲学家康德在回答大学是什么时说:“大学是一个学术共同体,它的品行是独立、追求真理和学术自由。”这一说法,体现了全人类关于大学的共同文明经验。其中所说的大学品行,是大学精神的精髓,是其生命所系,灵魂所在。而医学教育,又有其独有的人本性、实践性等特征,尤其需要加强人文价值观的熏陶和养成。过去常说,大学是精神的堡垒,是社会思想的引领者。有什么样的大学精神,就有什么样的社会风貌。社会上出现负面现象的时候,要靠纯正的大学精神引领社会,纠偏返正。所以,我们要特别警惕大学精神的扭曲,警惕大学被社会一些不良风气牵着走,警惕大学中的一些知识分子丧失了反思能力和担当精神。

为此,把校庆盛典当作回顾与总结的时刻,在国际知名大学中不乏其例。我相信苏州大学会有这样的自觉,相信在苏州谈这一话题是适宜的。因为提出“文化自觉”命题的费孝通先生就是从苏州东吴大学走出的著名知识分子,而且他也有过学医的经历。他从“医治个人疾病”扩展到“医治社会病症”的人生道路，说明我们这些医界同道有责任、有可能把胸襟和视野放得更开阔些，把我们的思考提升或接通更高层次的境界。

为此，我真诚地期望苏州大学认真深入地回顾历史，把握现实，总结经验，弘扬传统，切实担当起研究型大学在教育强国建设中的重大使命，担当起医疗卫生体制改革的重大使命。同时，也希望苏州大学以“百年苏医”庆典为契机，进一步更新医学教育观念，创新人才培养模式，充分发挥综合性大学办医学教育的优势，着力培养具有高尚的医德、精湛的医术、丰富的人文素养、强烈的社会责任感的医学人才，立志服务社会、造福人民。

忆往昔岁月，桃李芬芳、硕果累累；望前路征程，踌躇满志、意气风发。我相信在社会各界的关心支持下，通过全体苏大人的共同努力，苏州大学医学教育定将在新的百年里，创造新的辉煌。

最后，衷心祝愿“百年苏医”各项庆典活动取得圆满成功！衷心祝愿苏州大学的未来更加美好！祝各位来宾健康，幸福！

谢谢大家！

在安徽省第十二次代表大会致贺词

（2012 年 5 月 29 日）

各位代表、各位同志：

值此中国民主同盟安徽省第十二次代表大会隆重开幕之际，我谨代表民盟中央向大会致以热烈的祝贺！向全体与会代表和全省 5600 多名盟员致以亲切的问候！向出席大会的中共安徽省委、省人大、省政府、省政协以及兄弟党派、工商联领导和社会各界朋友表示衷心的感谢！

安徽民盟组织有着光荣的历史和优良的传统，在长期的革命和建设事业中，始终与中国共产党风雨同舟、亲密合作，为安徽的经济发展、文化繁荣和社会进步作出了积极贡献。民盟安徽省第十一次代表大会以来，在中共安徽省委和民盟中央的领导下，民盟安徽省委始终全面贯彻中共十七大精神，认真贯彻落实科学发展观，深入开展政治交接主题学习教育活动和树立践行社会主义核心价值体系活动，不断加强自身建设，切实履行参政党职能，各项工作取得了可喜的成绩。

五年来，民盟安徽省委始终把促进科学发展作为参政议政的第一要务，紧紧围绕党和政府确定的中心工作以及人民群众关心的热点难点问题深入调查研究、积极建言献策，参政议政实效不断提升。盟省委领导同志在中共安徽省委、省政府召开的各类协商会、座谈会和情况通报会上，就安徽省经济社会发展重大问题提出了许多高质量的意见和建议。盟省委和担任各级人大代表、政协委员的盟员认真履行职责，提出了很多有分量的议案提案，特别是盟省委提议并参与形成的《关于巢湖治理与保护的建议》，得到胡锦涛总书记和温家宝总理的重要批示，实现了对巢湖的统一规划、治理和管护；《设立国家级徽州文化生态保护区刻不容缓》、《建立淮河流域粮食生产主体功能区》等建议也得到温家宝总理、贾庆林主席的批示。盟省委大力开展信息工作，积极举办专题论坛，有效开拓了参政议政途径。

五年来，民盟安徽省委积极组织盟员开展农村教育烛光行动、智力扶贫、科技咨询等多种形式的社会服务活动，树立了良好的社会形象，其中"手牵手、结对子、让烛光温暖江淮"千人行活动、在革命老区金寨县实施的"同心示范工程"等均取得显著成效。

五年来，民盟安徽省委扎实推进自身建设，在思想建设、组织建设、制度建设、理论研究等方面做了大量工作，取得突出成绩。盟省委认真实施"人才强盟"战略，不断加强后备干部和代表人士队伍建设，重点夯实盟员思想教育和干部培训工作，凝聚了人心，鼓舞了干劲；加大多党合作理论研究力度，取得一批高质量高水准的理论研究成果。在安徽省委统战系统理论研究成果评选中名列前茅。全省广大盟员立足本职，建功立业，五年来共获得省级以上奖励150余人次，为盟组织赢得了荣誉。五年的实践充分证明，民盟安徽省委班子是团结的，政治是坚定的，工作是进取的，作风是务实的。

民盟安徽省委五年来所取得的各项成绩，离不开中共安徽省委的正确领导，离不开全省各级盟组织和广大盟员的共同努力。借此机会，我代表民盟中央向中共安徽省委表示衷心的感谢！向全省各级盟组织和广大盟员致以崇高的敬意！在这里，我要特别提到即将卸任的刘光复同志，作为两届安徽省民盟组织的带头人，我认为他有三点值得我们学习。一是刘光复同志有强烈的使命感、责任心和担当精神，他能够从党和人民的长远利益出发，敢于讲实情，说真话，做诤友，知无不言，体现了一个民主党派领导人磊落的胸襟，及对多党合作事业的执着与忠诚；二是刘光复同志视野开阔，思想敏锐，勤于学习和思考，他经常深入基层，关注民生，了解民情，倾听民意，有针对性地开展调查研究，经他策划的重大调研选题，往往能够抓住问题的实质和关键，他多次在政协大会和常委会上发言，提出的意见和建议，为解决安徽乃至全国经济社会发展中突出矛盾和共性问题提供了决策参考，受到了党中央和中共安徽省委的重视。三是他修身立德，严于律己；谦虚谨慎，作风民主；淡泊名利，处事公道，始终坚守着民盟的传统和知识分子的本色，为全省盟员树立了一个新时期民主党派代表性人物的风范和形象。

同志们，民盟安徽省第十二次代表大会是一次承前启后、继往开来的大会，我们不仅要做好组织交接，更重要的是要搞好政治交接。这次大会选举产生的新一届民盟安徽省委员会，将要肩负起带领全省盟员在新时期、新阶段开创安徽民盟工作新局面的历史重任。民盟中央殷切希望你们把这次大会开成一个团结、民主、求实、鼓劲的大会，通过这次大会，进一步调动全省盟员积极性，继承和发扬民盟与中国共产党长期亲密合作的光荣传统，坚持和完善中国共产党领导的多党合作和政治协商制度，更加紧密地团结在以胡锦涛同志为总书记的中共中央周围，围绕中心、服务大局、扎实工作，真正做到与中国共产党思想上同心同德、目标上同心同向、行动上同心同行，以实际行动迎接中国共产党第十八次全国代表大会和中国民主同盟第十一次全国代表大会的胜利召开！

预祝大会取得圆满成功！

弘扬中医药文化　促进人类和谐发展

——在中医药文化发展高级别会议上的致辞

（2012 年 6 月 7 日）

尊敬的萨伯尔杜尔德·托伊利耶夫总理阁下，尊敬的各位贵宾，女士们、先生们：

下午好！

很高兴出席太湖文化论坛中医药文化发展高级别会议。我谨代表中国政府对会议的召开表示热烈祝贺！向远道而来的各位贵宾、各位代表表示诚挚欢迎！

南昌是一座历史文化名城，素有“物华天宝、人杰地灵”之美誉。400 多年前，有一位出生在南昌的中医学家，喻嘉言，不仅医术精湛，而且医德高尚，被尊为清初三大名医之首。他所讲的“执方疗人，功在一时；著书教人，功在万代”，永远激励着后世不断总结中医药规律，传承中医药文化。

当今世界正处在大发展大变革大调整之中。世界多极化、经济全球化趋势深入发展，科技进步日新月异，各国人民的生活水平和健康福祉普遍提高。人类社会面临发展的新的历史机遇。同时,传统工业文明的深层次问题不断显现,旧有发展模式的不协调、不平衡、不可持续性日益突出,气候变化、环境保护、疾病防控等全球性挑战更加严峻。探索人类的科学发展道路、重建人与自然和谐关系,已经成为世界各国面临的共同课题。本次会议以"促进人类自然和谐健康发展"为主题,具有重要的现实意义。希望大家通过研讨,不仅有助于中医药领域自身的提升,而且能为人类社会指明一种积极健康的发展方向。

女士们,先生们,

中医药是中国独具特色的医学科学。她是中国古代劳动人民在长期生产生活实践和与疾病做斗争中丰富和发展起来的学问。她承载着中华民族对人类生命规律的不断探索。从被誉为"至尊之道"的《黄帝内经》,到"东方医药巨典"《本草纲目》;从1800年前开始流传的全身麻醉技术,到远播四方的针灸治疗手段;从深奥的脏腑经络学说,到玄妙的阴阳五行理念,中医药历经几千年积淀,从历史深处走来,为中华民族的繁衍昌盛作出了不可磨灭的贡献。

中医药文化是中华传统文化的瑰宝。以整体观念、辩证施治、大医精诚等为核心要素的中医药文化蕴含着丰富的哲理,深刻影响了中华民族的价值取向和行为方式,并对解决当前人类社会发展问题提供了有益启示。而"天行健,君子以自强不息"的拼搏精神、"地势坤,君子以厚德载物"的文化修养、"和而不同"的包容理念,作为中华传统文化的精髓,则为中医药文化的孕育与成长提供了肥沃土壤。可以说,中医药既是打开中华文化宝库的钥匙,也为中华文化的传承提供了重要载体。

中医药文化是人类文明园圃中的奇葩。早在公元6世纪，中医药便传到日本、中亚、西亚等地区，17世纪被引入欧洲。《本草纲目》在明朝时期已被译成多种文字。今天，全世界有三分之一的人口在使用中医药，130多个国家和地区销售中药，140多个国家和地区使用针灸。中国科学家从中药植物中提取的青蒿素，以低廉的成本和可靠的疗效，帮助大量热带亚热带群众治愈了疟疾。中医药的发展史无疑是一部厚重的传播史、交流史。中医药以其宽广的胸怀、开放的体系、多元共生的气度，对世界医学发展和文明进步起到了巨大的推动作用。中华民族愿继续将自身文明成果与世界分享，同时积极借鉴其他民族的优秀文化。

女士们，先生们，

人类已经进入21世纪第二个十年，中医药文化发展面临新的机遇和挑战。我们以什么样的态度对待中医药文化，体现着人类对发展方向的认识。在此我愿提出四点倡议：

第一，促进中医药文化的传承。中医药文化是中华民族奉献给全人类的精神财富，是当代医学发展的深厚基础。随着人类生存环境、发展理念和医学模式的转变，中医药的国际影响将会继续提升。要从维护全人类健康利益的高度出发，加强中医药科学价值与思想价值的挖掘，积极建设中医药文化的传承体系。要本着保护与弘扬并重的方针，加强中医典籍的整理，深化基础理论的研究，使优秀中医药文化成为提高中国和世界人民健康水平的重要力量。

第二，推动中医药领域的创新。创新是中医药文化进步的力量源泉。历史告诉我们，传统在创新中得以传承，文化在变革中得以光大。“问渠哪得清如许，为有源头活水来。”时代在发展，人类在进步。中医药需要与时俱进，吐故纳新，不断总结医疗实践，加强自主创新与传承创新，同时注重吸收现代医学发展成果，利用现代科技手段，提高质量标准体系及制作工艺，推进中医药的现代化。

第三，加强中医药文化同其他医药文化的交流。中医药文化、西医文化及其他医药文化，都具有独特的科学价值和自身优势，都对人类生存与发展作出了历史性贡献。“山不辞土石，故能成其高；海不择细流，故能成其大。”在差异中求和谐，在交流中求发展，是人类社会应有的文明观。当前历史条件下，各类医药文化要以开阔的视野和包容的精神，相互借鉴，取长补短，营造“各美其美、美人之美、美美与共”的文化境界。要充分考虑各国国情及民族体征的差异，尊重彼此选择医疗制度的自主权，在平等和相互尊重基础上开展世界医药文化对话，维护医药文化的多样性。

第四，推进中医药文化的国际化。中医药为中华民族繁衍昌盛作出重要贡献，也对世界文明进步产生了积极影响。她是中国的，也是世界的。她承载着历史，也孕育着未来。中医药发展要顺应全球化的要求，积极探索走向世界的新途径。要用国际社会容易接受的方式，展示中医药的科学性、有效性和安全性，使更多国家和人民了解中医、热爱中医。中医药还要承担起义不容辞的人文使命，关注人类生存环境的深刻变化，呼应世界各国探索新型发展道路的努力，发挥整体理念、均衡理念、辩证理念等哲学内涵，为推动世界文明转型和人类可持续发展提供助力。

女士们，先生们，

中国政府历来高度重视中医药事业发展。“发展现代医药和我国传统医药”已被写入宪法。

当前，中国改革开放处于攻坚阶段，深化医疗卫生体制改革是其中的重要方面。要实现13亿人都享有基本医疗卫生服务的目标，就必须立足国情，坚持中西药并重的方针，充分发挥中医药的作用。这不仅是因为中医药在中国有着广泛的群众基础，而且因为它顺应了当代医学的发展方向，符合中国政府“以人为本”的执政理念，支持中医药事业发展、推进中医药传承与创新，已经作为“十二五”规划的重要内容。中国政府将努力推动中医药事业更好更快发展，并继续使其造福于世界各国人民。

人类需要一次新的复兴

——在南昌会议上的讲话

（2012年6月8日）

女士们、先生们：

在我的理解中，“促进人类自然和谐健康发展”这一主题的广泛性和普世性，可以涵盖人类自古迄今所有的建设性成果，体现出了极大包容性。在时间上，它具有永恒的意义，会世代激发人类的智慧和创造。在空间上，它覆盖人类所有群体，将吸纳不同文化的独特经验和贡献。

分布在不同时代、不同地域的人们，为享有美好生活，在世代劳作中积累着实践经验和思想成果，逐渐形成了一种深厚的人文传统，使今天的讨论拥有一种能够被不同文化中的人们共同认可的价值理念。本届论坛主题就出自这种价值理念。在这一主题下，每个民族和文化中关于“自然和谐健康发展”的思想资源和技术方法，都是我们可以共享的人类遗产。

尤其是最近半个世纪以来，人类对自然、和谐、健康发展的追求，从局部走向整体，由自为走向自觉。我们不妨简略回顾几个标志性的事件——

1962 年,美国学者雷切尔·卡逊出版了《寂静的春天》。该书在它引起的巨大争议中,开启了人类进入工业化时代之后追求自然、和谐、健康发展的新阶段。

1972 年,联合国在斯德哥尔摩召开人类环境会议。各国代表返回自己的国家后,成立了最初的环境保护部门。人类为自然、和谐、健康发展开始寻求制度保障。

1982 年,联合国通过了《世界自然宪章》,提出“人类与大自然和谐相处”的主张,认为“从大自然得到持久益处有赖于维持基本的生态过程和生命维持系统”。

1992 年,联合国在里约召开环境与发展会议,通过了里约宣言和《21 世纪议程》。参会的 183 个国家代表团、70 个国际组织代表和 102 位国家元首或政府首脑,象征着人类追求自身发展的全面觉醒。

这一觉醒中,拥有 13 亿人口的中国扮演着重要角色。中国政府在里约会议上作出了庄重承诺,并在会后立即着手编制《中国 21 世纪议程》。2002 年,联合国环境规划署与中国环保总局联手在中国举办世界环境日设立 30 周年国际纪念大会,意味深长。又越十年,我们在此举办文化论坛,共同研讨“促进人类自然和谐健康发展”的重大议题。作为一名中国的医务工作者,我认为这是《21 世纪议程》和《中国 21 世纪议程》十年推进的一项重要进展。

更为重要的进展,是我出于职业因素而特别看重的人民健康方面的实际进步。为实现国际卫生组织(WHO)提出的人人享有基本医疗卫生服务的目标，多年来，尤其是近年来，中国政府坚持保基本、强基层、建机制的改革路径，基本建立起覆盖13亿人的全民医疗保障制度，并在全覆盖基础上不断提高保障水平。尤其是医疗救助基金和政府补贴的建立，解决了百姓特别是困难群体的难题，大病医治开始有了保障，使医疗改革体现了更多公平和温暖，促进了百姓的身体健康，有利于社会趋向和谐。

国际权威医学杂志《柳叶刀》今年3月第三次特刊中国医改文章，称赞“中国医改具有全球性影响。中国医改目标和总体战略是值得效仿的。中国在为全民提供平价且公平的基本医疗服务方面已经取得了巨大成就。不仅将影响中国的未来，也将影响全球的医疗模式。如何提高医保覆盖率，降低成本，应对疾病的巨大挑战，是全世界都要面对的难题。中国医改进程、解决方案和经验教训，最终将丰富全球医改成果。中国的改革目标和系统性战略，对其他追求全民医保的国家来说，堪称典范”。

当然，中国政府还需作出持续努力，不断提高保障水平。依据国情，要实现人人享有高水准的医疗保障，离不开中医药界的广泛参与。

请允许我谈谈中医药文化的内在价值。

不久前，中国科学家屠呦呦因在中医药研究领域的卓越贡献获得了拉斯克国际医学大奖。大家知道，在亚热带和热带流行、死亡率极高的疟疾，在传统奎宁耐药后，恶性疟原虫肆虐，一度使人类束手无策，饱受困扰。屠教授从那时开始从中医药文化遗产中寻找资源，她在《神农本草经》、《本草纲目》等中医药典籍中走找到了对青蒿素抗疟效果的记载。1971年，经历了无数次艰辛尝试,最终提取出青蒿素结晶获取了百分之百杀疟原虫的效果,拯救了全球数百万人的生命。这个实例,证明了中医药文化对于保护人类生命的无量价值。

另一个例子发生在凤凰卫视主持人刘海若身上。她在英国车祸中被宣布为脑死亡后,中国医生采用中药安宫牛黄肝窍,赢得了宝贵的手术时间,救活了海若,并逐步趋向恢复。此处之“窍”,西医理论无法描述,如何“开”法,只有中医奏效。刘海若死而复生的案例,堪称人类医疗史上的奇迹。

中医药文化不仅可以从技术角度创造奇迹,也具有深厚的人文精神价值。神农所尝的百草中,多少是有毒的?没有人能告诉他,只有自己亲口尝,亲自试。风险自己担当,机会留给他人。神农代表着勇于探索、舍生取义的人们,表现出了高尚品质和博大胸怀。

中医药文化脱胎于中国传统文化,在认识生命、维护健康、防治疾病的思想和方法上,带有鲜明的中华文化精神特征。其天人合一、天地人和、和而不同的思想基础,整体观、系统论、辨证论治的指导原则,以人为本、大医精诚的核心价值,深刻体现了中华民族的认知方式、价值取向和审美情趣。望闻问切的诊断方法,来自实证、系统、综合的认知模式;寒热调配、补泻兼施的配方原则,来自兼收并蓄、和而不同的处世态度;循序渐进、务除首疾的治病程序,来自处变不惊、标本兼顾的务实精神。

中医药文化是中国人民应用了几千年的成熟的医药文化,一脉相承、绵延数千年而未曾中断,为世界医学史上罕见。在全球化时代,中医药文化所能给人带来的福祉应该为人类所共享。

用调和致中、辩证施治的理念和方法，可以救治个人的生命，也可以救治社会的疾病。中医药文化里的整体观、系统观、辩证观、互补观，都是现代社会继续发展非常需要的基本理念。

很多事实证明，这个世界生病了。在各位学者面前，关于现代社会病症的严重程度，无须我来多说。但我仍然希望能借助中医药文化的思想和观点对其原因稍作分析。

有纪元记录以来的历史中，人类发展的基调曾经长期是自然、和谐和健康的。进入文艺复兴时期，更是高举着人的自由发展的旗帜，创造了浩瀚而辉煌的文化成果。只是大机器时代到来后，发生了一个根本变化，机器本来是人的附庸，却反客为主。随着机器而来的效率、财富、金钱、资本、商品、市场等等，也随之成为人类活动的原始驱动力和终极目的物。再加上人们无止境的贪欲，逐渐进入了为掠夺资源不惜破坏环境和生态的疯狂状态，形成了人类持续几百年的集体盲动。到目前为止，事实告诉我们，还没有一个主义能证明自己敌得过物质主义、消费主义、金钱主义。现代社会病已经随着全球化蔓延到世界各个角落，浮躁、焦虑、内热、栓塞等等病状层出不穷，交织缠绕，若要有效救治，恐怕既需要西医方法的单科手术，更需要中医药文化中的整体性的、系统性的清热解毒、活血化瘀、扶正固本，才有可能挽狂澜于既倒。

回顾历史，文艺复兴运动持续了三四百年，那是人性的复兴和高扬，强调人是万物的灵长，促进了人类的自然、和谐、健康。此后，工业文明也持续了三四百年，那是物质的兴盛和泛滥，导致人妄想成为万物主而阻碍了人类的自然、和谐、健康发展。如今,历史的辩证法使我们在“正反合”的过程中走近了“合”的门槛。人类需要一次新的复兴,这次复兴将超越文艺复兴的洲际界限,将以全球规模和现代方式进行,将动员、整合所有文化群体的智慧和力量,将包含着从生存观念到发展方式的全面觉醒和根本调整,我愿意暂且称之为“生态复兴”。

这里的生态,既指自然环境状态,更指人类生存状态。生态复兴的根本标志,就是人类迷途知返,重做自然之子,回归到自然、和谐、健康的发展状态。这将是人类历史的又一次转折,是人类认知与发展境界的一大提升。

我们热切期待着这一复兴的早日到来。我确信,中医药文化的哲学思想和系统方法将能为这次复兴、为人类的自然、和谐、健康发展发挥出无可估量的建设性作用。

宁夏水资源调研反馈意见讲话

（2012 年 7 月 13 日）

同志们：

历时三天的宁夏水资源调研就要结束了。在这短短的三天时间里，我和调研组一行风尘仆仆，从北到南，从银川到中卫，再到吴忠、石嘴山，考察了北部引黄灌区的高效节水设施农业、农村饮水安全工程，大柳树水利枢纽工程坝址，黄河干渠枢纽工程和标准化堤防工程，银川市生态移民新村，以及宁夏水利博物馆、中华黄河坛、沙湖湿地，这是我近十年来第四次到宁夏，也是我第一次全方位地深入了解宁夏的历史与文化，经济与社会，特别是生态建设与水利发展的情况，可以说颠覆了我对昔日宁夏戈壁荒滩、沙进人退、贫穷落后的传统印象。伴随着西部大开发的脚步，600 多万回汉干部群众在自治区党委和政府的正确领导下，深入贯彻落实科学发展观，突出主题主线，集中精力抓发展、惠民生、保稳定，扎实推进和谐富裕新宁夏建设，宁夏经济和社会面貌发生了翻天覆地的变化。沿途所见所闻，不仅使我们感受到宁夏历史积淀丰厚，黄河文明源远流长，更让我们看到郁郁葱葱的绿洲农田,笔直宽阔的高等级道路,规划整齐、设计新颖的城市和农村景观,今日的宁夏山川秀美,人居环境不断优化,经济社会快速发展,民生事业同步推进,各族群众安居乐业,城乡面貌焕然一新。调研组一行为宁夏各族人民取得的发展成就深感自豪和振奋,也受到了一次深刻的科学发展、民生水利和民族团结教育。

几天调研的时间虽短,信息量大,内容很丰富,林林总总,我粗略地梳理出几条体会。

1. 体现民生优先的原则,把保障和改善民生作为执政的出发点和落脚点。没有不切实际的口号,没有跨越式发展的指标,没有彰显政绩的形象工程,这是我听了自治区党委、政府的汇报,读了自治区党委、政府的材料后得出的结论。我注意到,从2007年起,全区累计用于民生的投入占财政支出的72.9%,实实在在成了民生财政,解决了一大批群众迫切需要解决的问题。一是自治区政府连续几年把农村饮水安全列为“十大民生工程”之首,大力推进民生水利事业加快发展。2006年以来累计解决了近210万人的饮水安全问题,农村自来水普及率达64%,被群众誉为民心工程。比如我们考察的平罗县头闸水厂,通过脱锰脱铁,实现无害化处理,该工程规划的实施将惠及平罗县北部地区一万七千多户群众。二是我们在银川、中卫等地看到的最漂亮的、最气派的建筑是学校、福利院、科技馆和文化体育等公共服务设施,这也是形象工程,但不是代表个别领导干部政绩的形象,而是树立党和政府在各族群众心目中的形象。三是我们专门提出考察的金凤区和顺村,这是由彭阳县生态移民整体搬迁建成的新村，是六盘山连片扶贫区重点工程之一，为使这批生态移民“搬得出、稳得住、能致富”，政府实施了“121”计划，即为每个移民家庭建设一处54平方米的新房，2亩设施温室大棚，提供一个就业岗位，政府派出的农技人员一对一、手把手地教移民掌握温室大棚栽培技术，当年就能获得2万元的收入，同时加强对移民劳务技能培训，这使原本生活在不适宜生存的极贫困地区的各族群众实现了整体脱贫，我说他们是移出了一片新天地，创造性地解决被称为当前中国第一难的移民工作的成功经验。我体会最主要的一点是从谁的立场和利益出发，心中装着各族群众，设身处地地为各族群众谋福祉，这样的移民理所当然受到各族群众的欢迎。

2. 全面贯彻落实党的民族宗教政策，建设团结、和谐的民族自治大家庭。作为全国唯一的回族自治区，尽管回族群众只占全区人口的三分之一，但自治区党委和政府始终把民族团结作为重中之重，提到生命线的认识高度。各级干部认真贯彻党的民族政策，依法管理宗教事务，在回汉杂居地区，汉族群众自觉地尊重回族群众生活习俗和宗教信仰。宁夏能有今天这样民族团结、宗教和顺、社会稳定的大好形势，离不开各级党委政府对民族宗教工作的正确领导，离不开回汉干部群众的相互尊重和包容。

3. 以治沙、治水为契机，打造黄河沿线文化旅游和生态景观建设品牌。把治沙、治水与文化旅游、生态景观建设有机结合起来，是宁夏人民解放思想、着眼长远战略目标的一大创举。宁夏人民以愚公移山的精神，经过几十年与肆虐风沙的斗争，探索出一整套先进实用的防沙治沙技术与治理模式,实现了人进沙退的历史性转变。在这里我特别要提到沙坡头,沙坡头治沙源于保障包兰铁路的安全,如今这里不仅以治沙成果蜚声中外,被联合国授予全球环保500佳,这个地区还被打造为国家首批5A级旅游景区,曾被评为中国最好玩的景区,成为黄河与沙漠、绿洲,人与自然和谐相处的典范。宁夏因黄河而生,宁夏人民充分依托河道资源,做足水这篇文章,做大"塞上江南"品牌。自治区以黄河防洪防凌为核心,按照建设黄河金岸的战略要求,全面启动了标准化堤防工程建设,打造"水治理、水安全、水环境、水景观、水文化、水经济"多位一体的城市景观河段。调研组考察的吴忠市黄河金岸建设情况,看到这里既是50年一遇的防洪设施,又是双向六车道的一级公路,还是风光宜人的美丽花园、市民休闲运动的理想场所。黄河金岸建设带动了黄河生态景观资源和文化景观资源的开发,实现了人居环境明显改善,促进了城市特色发展,为沿黄城市经济结构调整和发展方式转变奠定了坚实的基础。

4. 因地制宜,大力发展节水灌溉农业。宁夏最大的区情是缺水,宁夏富在水,穷也在水。一是人均可利用水资源仅为全国平均水平的1/3,属全国水资源最为匮乏的地区之一;二是水的来源单一,完全依赖于限量分配的过境黄河水,所以说,黄河不仅是宁夏的母亲河,更是生命河;三是农业用水量占了宁夏总用水量的91.3%,宁夏节水的重点在农业,这也是一个突出的特点。随着宁夏经济社会的快速发展,宁夏水资源短缺的矛盾势必越来越突出。因此,加强水利基础设施建设,如上马大柳树水利枢纽工程等势在必行，而大力发展节水灌溉农业也势在必行，两者相辅相成，不可或缺。在调研中我们了解到，宁夏农业灌溉水有效利用系数仅为0.44，低于全国平均值0.5，还存在着用水结构不合理、用水效率与效益不高等问题。因此，不仅现阶段而且从建设生态文明的长远大局来讲，大力发展节水灌溉农业，成为宁夏节水型社会建设关键的关键。我们注意到，自治区各级政府和水利部门，依据全区的自然条件和水资源的禀赋，宁夏将全区划分为引黄灌区现代农业、中部干旱带节水农业、南部山区生态农业三大类型，实行分类指导。同时，根据宜农荒地资源充裕，发展可用土地尚有1000多万亩的实际，大规模开展农田水利基本建设和土地开发整理，耕地连续20多年保持净增长，为实行全区粮食总产量连续8年增长、农民人均收入连续6年两位数增长提供了强有力的保障。

5. 积极推进体制机制创新，全面开展节水型社会建设。自治区率先在全国开展了省级节水型社会建设。2006年水利部和发改委将宁夏确定为全国唯一的省级节水型社会建设试点，2011年试点通过国家验收。自治区先后出台了《节约用水条例》《宁夏水资源论证管理办法》和全国首个节水型社会建设管理办法，落实最严格的水资源管理制度，把节水型社会建设工作纳入政府效能年度考核体系内容，使其更加具有行政约束力和相应的法律责任。率先在全国开展了水权转换试点，水权转换、水价改革不断深化。通过工业建设项目出资，建设灌区节水改造工程，让节约下来的农业用水满足宁东能源化工基地为重点的工业用水需求，这种创新机制即减少了农民的水费支出，调动了农民群众节水的积极性，又提高了水资源利用效率。目前，全区年均引黄水量比最高年份减少了25亿立方，农业灌溉水利用系数提高，工业增加值用水量下降，节水型社会建设效果显著。社会、经济和生态效益显著。

在党外人士座谈会上的发言

（2012年7月26日）

关于经济工作，谈4点意见：一、理性看待上半年经济增幅的回落上半年经济增长幅度回落，原因复杂。一是按照“十二五”规划主题、主线的要求主动宏观调控，调结构、转方式的必然结果。如：对曾经的支柱产业房地产畸形发展的遏制，对落后产能的淘汰，均会影响增幅。二是国际经济低迷。特别是欧债危机，现在看来，复苏渺茫。中国第一大出口经济体欧洲的需求萎靡不振，必然影响我国出口贸易增长。三是消费拉动不足。绝大多数人有消费需求，缺消费能力，此非短期所能解决。四是环境、资源、人口红利等因素制约效应开始显著释放。五是企业成本上升，利润空间减少，随之影响税收与财政。六是自去年下半年开始的经济下滑的惯性。七是一种倾向掩盖另一种倾向。不追求GDP不等于忽视GDP。对于上述国际国内影响经济的诸因素，须有长期思想准备及应对打算。无压不成器。当前压力是中国经济转型阶段必须经受的。对于中国，一个决心调结构、转方式、重质量的巨大经济体，挺住是关键。各级政府均须提高下滑容忍度，职极应对当前经济形势。(1)不能掉以轻心，也不宜采取过强反应措施。慎防大起大落，更不能轻易走老路，尤其不能拉开房地产闸门。应增加有效投资，如薄弱环节的基础设施建设等，努力追求稳增长。(2)稳增长，先要稳信心。从制度上为投资者创造安全、可长期预期的投资环境，将人为风险降到最低。不能使投资者的投入被股市轻易圈走，以提振市场、增强信心。(3)坚定将下行压力转化为动力的决心。我们有多年宏观调控的经验积累，只要坚持科学发展、尊重市场规律、严格依法行政，一定能把宏观经济带上健康、稳步发展的轨道。二、加快推动金融体制改革 1. 要坚持社会主义市场经济的改革方向，加快开放、竞争的改革步伐，在竞争中强化金融体系自身的建设和能力。一方面，去年我国银行业金融机构实现税后利润 1.25 万亿元，同比增长 39.3%，比全国规模以上工业企业高出近 15 个百分点。其中，靠息差以钱生钱收入占全部收入的 66.2%。另一方面，银行业协会去年自己统计，各类服务项目共计 1076 项，其中收费项 850 项。而学界相关研究表明，我国银行收费项目大约有 3000 项。这些都是老百姓最不满意的地方，而造成这些弊病的主要原因，是开放、竞争不够。如果金融系统成为轻易就能赚大钱的行业，不仅对实体经济、尤其是创新活动会造成冲击，更严重的，金融系统本身也会产生危机。今年 6 月 7 日的利率新政把基准利率下调与放松管制合二为一推出可圈可点。2. 金融体系必须服务于实体经济。金融的缘起、根基与本质，都在为实体经济服务。美国“占领华尔街(金融中心)”运动，对全世界金融体系(包括中国)都有警示作用。那些示威者为什么不占领“微软”、“苹果”、“通用”? 这些行业、企业也是赚大钱的地方,老百姓为什么不反感? 值得深思。脱离创造物质财富的实体经济,金融就成了无源之水。我国这样一个13亿多人口的大国,最终还是要靠实业、制造业、农业吃饭过日子。因此,一定要牢固树立为实体经济服务、为农业服务的金融发展理念。三、促进民营经济发展民营企业体现了民间经济力量,蕴藏着无限活力,是创业、创新的生力军,是城乡居民就业的大水库,是与百姓生活息息相关的直接消费用品的主要生产者,也是政府财政收入的主要来源。更为可贵的是,多年来面对无数困难,他们练就了在夹缝中求生存、谋发展的能力。我们强调两个“毫不动摇”,就意味着民营经济绝非从属性的、依附性的。如果不同经济体之间有主从关系,那么市场关系就会被扭曲,要素配置不仅无法高效,还会错配。具体建议是:1. 重振民营经济,确立民营经济在市场竞争性领域的主体地位。应该认识到,社会主义制度之下,不同属性的企业都是统一服务于国家和老百姓利益的。2. 切实落实新“三十六条”,撤除民间资本进入有关领域的壁垒,营造有利于民间资本健康发展的良好制度环境和舆论氛围。3. 减税、清费,保护中小微企业。一是对需要扶植的产业实行结构性减税。二是税收制度设计应鼓励创业,不与民争小利。要严格规范税收行为,清理乱收费。不能因地方财政趋紧自行增加小微企业的税费负担,越是困难越要放水养鱼,断不可竭泽而渔。对于与市场紧密相连的草根小微企业,如能像取消农业税一样实行免税政策,最终企业发展壮大了,政府获大利,这是共赢的结果。当前经济下滑压力大,当务之急是要激活民间资本、激励民营经济承担稳增长、扩就业的责任、动员民间力量共克时艰。四、善待、支持优秀企业家优秀企业家是经济发展的核心人物,是善于将资源转化为资本和物质财富生产的组织者,他们是稀缺资源。各行各业的教授、专家,他们具有的是专业知识的优势。而优秀企业家所需禀赋,是综合性的。一是捕捉市场的敏锐性,见微知著的洞察力;二是前瞻、预测能力,敢于瞄准市场需求,及时调整生产结构,经得起稍纵即逝的无情市场的考验;三是胆识和创新意识,敢担风险;四是人格魅力,凝聚英才;五是有好人品,才有好产品;六是一定的社会活动能力。像华为、三一重工、上海振华的领军人物,能创国际品牌,是国际一流企业家,在国内真是稀缺。他们不是"学"出来的,也不是"教"出来的,甚至不是"培养"出来的,更不是指派就能产生的,而是"摔打"出来的,是在市场大潮中摸爬滚打磨炼出来的,是尊重市场规律成长起来的。因此,政府的责任,不是为企业挑老总、派老总,而是要为企业家们的自然成长提供良好环境。优秀企业家必是个性强,甚至有特立独行的习性,对此要能宽容、肯善待,给予应有的信任和尊重,不能让优秀企业家在萌芽状态就枯萎、衰败。

在第八届中国医院院长高层论坛上的讲话

（2012年7月28日）

各位院长、各位来宾：

大家上午好！

今天专程参加第八届中国医院院长高层论坛，与各位医院改革的领军人物、院长们共同探讨公立医院改革的重要议题——建立医院法人治理结构，并围绕会议主题“解放医院生产力”建言献策，非常有意义。

医改实施三年来，按照“保基本、强基层、建机制”的基本原则，统筹推进五项重点改革，取得了明显进展和初步成效。对此，英国权威医学杂志《柳叶刀》在今年三月特刊发表的中国医改文章予以高度评价，称赞“中国医改具有全球性影响，中国医改目标和总体战略是值得效仿的。中国在为全民提供平价且公平的基本医疗服务方面已经取得了巨大成就。不仅将影响中国的未来，也将影响全球的医疗模式。如何提高医保覆盖率，降低成本，应对疾病的巨大挑战，是全世界都要面对的难题。中国医改进程、解决方案和经验教训，最终将丰富全球医改成果。中国的改革目标和系统性战略，对其他追求全民医保的国家来说，堪称典范”。这个评价我认为是恰当的，与我几年来在基层所见相一致。

当然，相对于现实问题与百姓的期盼，目前医改的成果还是初步的、阶段性的。医疗改革仍然是当前乃至今后民生问题长期的焦点、难点之一。而难中之难、重中之重是公立医院改革没有同步跟上，这种滞后可能导致前期成果的抵消。比如公立医院逐利机制不破除，政府投入的大量资金（近三年逾万亿）将被医疗机构、医药流通部门分流。因此，医药卫生改革最难啃的骨头就是我们公立医院。

今天我想谈两点意见。

一、让公立医院回归公益，回归阳光行业

首先是政府的责任。要确保公立医院运行有保障，执业医师有较高收入。调动医改的主力军医生的积极性、主动性和创造性，这是决定医改成败的关键因素。二是改革以药养医的积弊，完全切断医、药合谋的利益链条，让执业医师回归阳光，维护医道尊严。三是完善医院法人治理结构，按照现代医院管理模式进行重组，赋予其真正自主的业务经营权，切实维护公立医院的公益性。四是降低公立医院比重，一些公立医院通过改制在自然形成的竞争中优化布局。

二、珍惜职业价值，注重人文关怀

医师职业最大的价值是让人们更健康地生活，让生命充满

希望。与其他职业不同，医师需要的禀赋是综合性的，应具有丰富的人文素养，高尚的医德，精湛的医术和强烈的社会责任感。从医第一天起我的老师就教导我“当医生就要一辈子如履薄冰，一辈子夹着尾巴做人”，在医生的生涯中，我逐步体会到这句至理名言的深邃含义。

公众对医疗有着极高的期望，其实医生都应该知道，医学的能力是有限的，有时很有限。一些广告大多是夸大其词的虚假宣传。医生所能做的是把病人照顾好，从心理上安慰好，理解病人及其家属的感受和心态。尽管随着医学技术的进步，有些疾病有了较为理想的治疗方法，但每个个体千差万别，有些疾病包括常见病，有的人患同样的病就是治不好。一定要让公众和舆论明白医学不是万能的，人类与疾病的认知还有漫长的路要走，探索是无止境的。因此，医疗风险总是存在的，对此要有客观的认识。只有转变观念，重构医学模式，从以疾病为中心转到以人为中心，医生面对的首先是“人”而不单纯是“病”，就会对病人多一分人文关怀，真正做到“以人为本”，医患关系才能和谐。我们医学教育在人文素养这方面比较缺失，需要补上这一课。

各位院长，中国医改，尤其是公立医院改革关乎13亿人的切身利益，与社会长期和谐稳定息息相关，我们肩负的责任重大，希望大家要团结广大医护人员，同心同德，攻克难关，为全体人民共享医药卫生体制改革的成果作出新的努力和贡献。

最后，我预祝此次论坛取得圆满成功。

谢谢大家！

在第三届全球绿色经济财富论坛上的讲话

（2012年8月22日）

各位来宾，女士们、先生们：

大家上午好！

很高兴出席“第三届全球绿色经济财富论坛”。首先，对论坛的召开表示热烈的祝贺！向所有与会的各界嘉宾致以诚挚的问候！

今天开幕的“第三届全球绿色经济财富论坛”，以“迈向绿色经济——全球可持续发展框架下的商业变革”为主题，以深化联合国里约可持续发展峰会成果为目标，深入探讨绿色经济在商业变革方面的影响和作为，推动绿色经济在产业道路中的能力建设，为绿色经济与可持续发展提供务实的对策建议。我赞赏本届论坛的主题和目标，这对于当下的经济与环境可持续发展有很重要的意义。

今年6月份在巴西里约热内卢召开的联合国可持续发展大会中，全球193个国家签署了《我们憧憬的未来》的成果文件，肯定绿色经济是实现可持续发展的重要手段之一，鼓励各国根据不同国情和发展阶段实施绿色经济政策。温家宝总理在联合国可持续发展大会上的演讲中指出，携手推进可持续发展，应当积极探索发展绿色经济的有效模式。发展绿色经济要注重创造更多就业机会，有助于消除贫困、改善民生。

发展绿色经济已经成为当今世界的主要趋势，中国政府一直很重视在应对全球性的环境恶化和能源危机方面的绿色发展行动。"十一五"规划纲要首次提出了约束性定量的节能减排目标，2011 年开启的中国"十二五"规划，更加明确了国内节能减排的措施，明确指出要加快经济发展方式的转变，并将"绿色发展——建设资源节约型、环境友好型社会"做为我国"十二五"规划的重要篇章。

胡锦涛主席在今年"7·23"重要讲话中指出："以科学发展为主题、以加快转变经济发展方式为主线，是关系我国发展全局的战略抉择。"推进生态文明建设，坚持节约资源和环境保护的基本国策，着力推进绿色发展、循环发展、低碳发展，为人民创造良好生活环境。

在这样的历史期，国际绿色经济协会，组织国内外各界嘉宾研讨绿色经济的发展，具有很现实的意义。在此，我对本次论坛提出三点希望：

一、深入研究绿色经济在各行业各区域的发展模式，将绿色经济在具体产业和区域中的应用落到实处，以绿色发展战略为目标，深入分析发展模式的变化和应用措施，总结提炼，并作用于产业的发展实践，为产业经济的绿色发展提供务实有效并可遵循的模式。

二、创新是绿色发展的灵魂。要认识到人类在传统资源逐渐枯竭，环境日益污染的21世纪，科学技术的创新是弥补这一切的不竭资源，因此需要思考什么是“资源”，如何赋予资源新的内涵。传统资源包括各种矿藏越用越少，今后更多的要靠资源回收，把用过的资源进行再度开发利用。绿色经济的理念，回收经济、循环经济的理念，其中的科学技术就是可持续的资源。不靠原始开采，利用人类的创意、智慧这一重要资源，把一切用过的物质资源回收再利用，这是发展绿色经济永恒的财富。我到过一些回收经济产业考察，他们变废为宝，化腐朽为神奇，充分体现了绿色经济是人类智慧的结晶。因此，要以绿色科技引领绿色产业发展，同时加强绿色科技的产业交流，不断提升绿色经济的产业化能力建设。

三、促进绿色发展的商机合作，深入挖掘绿色发展中的商机与挑战，分析各产业绿色发展瓶颈解决方案，寻求经济增长的新动力，开展广泛的商机交流与合作，探讨与建立绿色经济发展的市场机制，促进绿色经济务实健康的发展。

女士们，先生们，

发展绿色经济已经成为当今世界的重要趋势。绿色发展的本质就是科学发展、可持续发展，是一项利国利民、功在当代、泽被后世的伟大事业，也是当今世界不可逆转的潮流。衷心地希望全体与会嘉宾以第三届全球绿色经济财富论坛为载体，凝聚共识，共建智慧，为全球经济在新时期的可持续发展作出有意义的贡献。

最后，祝愿本次论坛取得圆满成功！

在听取黔西南州工作情况汇报时的讲话

（2012 年 9 月 20 日）

十年前，从“普六”开始，我就来到贵州，贵州基本上是“普六”都没有完成，可以说是极其贫困，困难也非常大，孩子们的辍学率也很高，孩子们的营养条件也不好，很多学校是危房。所以每次从贵州回去，我的心情都不好，沉甸甸的。在省里，谢庆生副省长给我们讲了贵州的发展变化。到了黔西南，我看上去这里不像是贫困地区，这几年变化很大，特别是教育事业的进步，确实令我惊奇，为世人瞩目。

一、黔西南州教育工作有亮点

我刚才听了鸣明书记的汇报，我觉得黔西南在抓教育上有值得我们学习的地方，也是你们的亮点。

（一）在坚持抓好制度设计、统筹、教育经费投入、构建教育公平的政策体系上做了大量工作。你们对教育投入占 GDP 比重去年达到了 7.69%，国家要求 4%，在这样一个贫穷地区，盘子很小，教育投入占 GDP 比重能达到这么高，这是很难得的。教育公平在义务教育中是重中之重。我想黔西南州充分理解了中央的这个重中之重,把教育公平作为重中之重。另外,在农业税费改革转移支付资金2.59亿中,用于教育的资金有1.31亿,达到了50.59%,这么穷的地方,到处需要钱,但是一半以上用到了教育上。除此,“两基”攻坚的时候,在财政十分困难的情况下,筹了8亿元(当时的8亿元与现在的8亿元不同)用于“两基”攻坚,黔西南确实做得非常好。

(二)在抓教育事业发展上找准了突破点。省里提出的“4+2”突破工程,你们基本上都是按照省里的要求在做,现在着手解决义务教育的寄宿制工程,因为在山区的孩子能寄宿上学是保证孩子不辍学、提高教育质量的根本措施。还有重视高中阶段教育这个瓶颈,因为高中阶段教育是贵州的瓶颈也是黔西南的瓶颈。你们还特别重视职业教育,我感到职业教育在黔西南还是很重要的,当然还有民族教育、特殊教育。认真落实农村义务教育学生营养改善计划,基本实现“校校有食堂、人人有午餐”,这对孩子的营养很有好处。过去看贵州的小孩,营养确实不好,现在这样做,真是民心工程。认真落实进城务工农民工随迁子女义务教育“两为主”,有15000名农民工子女就地就近入学,这一点我觉得很不简单,很多大城市都做不到,但是你们做得很好。

(三)坚持科学化、精细化管理财政性教育经费。这是黔西南做得比较突出的,确保教育资金责任落实,监管有力,监察到位,从源头上加强监管,保障每一分钱用到刀刃上,提高资金使用效率。刚才鸣明书记讲,每分钱都用到刀刃上,让整个社会、学生家庭都得到实惠。我听了以后很有感触。鸣明书记还提到希望国家给予倾斜的政策措施,我觉得提的都是比较实在的。无论是教师的周转房建设问题,还是职业教育、特殊教育发展问题都很重要,还有增加指标问题,我觉得提得很实在,没有什么过分的。回去以后,我们会向中央反映你们提出的一些要求,为你们努力争取。

二、当前教育存在的问题

我对教育的思考、调研比较多,各种类型的教育都调研过,思考了一些问题。借这个机会,我想谈一些对教育的认识。我认为当前教育改革发展存在的问题主要有三个方面:

(一)投入问题。政府财政性教育投入的方向和结构不尽合理,“四个倾斜”明显不到位,同时巨大的奢侈浪费和严重的投入不足、艰辛办学两种情况并存。奢侈浪费我们看在眼里、疼在心里。上海、北京这些地区,因为他们盘子很大,GDP 的盘子很大,4% 是不得了的。穷的地方盘子小,你们必须超过 4% ,才能到达基本要求。按说义务教育,政府应该就是保基本,不能搞奢侈。但是现在有的东部发达地区的教育经费花不出去,这是不均衡的。如果实现 4% ,可能造成差距越拉越大。目前现实中教育的差距就是越拉越大,尽管我们做了这么多工作,已经提高了很多,但是差距没有因此而缩小,所以投入还存在问题。另外,投入上还有一个问题,就是我们不会很好的利用社会资金。国外基本上有一半教育经费都是社会、慈善捐助的。我们基本上都是政府大包大揽。这一点我们的观念要改变。

（二）投入与产出效率。我比较爱看投入、产出效率怎么样。我觉得我们贫困地区效率很高，你们一分钱掰两半用，很不简单。但是总的来看，我们国家消耗了大量的教育资源，而且很多重点学校养了一大批人，但是产出呢？我叫它是高分低能或学而无用，产品质量比较低，往往和社会需求脱节，导致就业困难。每年政府抓大学生就业是一个很艰巨的工程，和社会脱节，导致大学生和农民工抢饭碗。

（三）教育体制改革滞后于经济体制改革。在教育管理上，有时候老说教育部是最后一个计划经济的堡垒，那倒不一定，但其仍是沿用计划经济的那种形式方法。由于我们教育体制改革的落后，极大地制约了经济发展方式的转变。怎么说呢？就是现行教育体制这种形式化、八股化，如果不做根本的改革，中国教育就难有希望，大学生就业就难以解决，产业高端化创新型国家的目标就难以实现。所以，我们教育体制不好好改，产业高端化创新型国家的目标是难以实现的。

三、大力推进教育工作的意见

就当前教育存在的三个方面的问题，我谈四点意见：

（一）财政性教育投入保障机制问题。如果按照4%，今年是必须达到的，起码要达到3.99%，意味着就是2.2万亿，这是一笔相当大的数字，比去年增加5000亿元。这些钱怎么用在刀刃上？我这几天一直在思考这个问题。9月10日，《新京报》报道湖北麻城3000多个孩子扛着课桌上学，大家可能都看到了，引起社会的高度反响。因为我们已经是世界第二大经济体了，居然让学生扛着桌子上课,应该深刻反思我国义务教育经费保障体制和机制问题。学生扛桌子,那桌子到底该谁扛?该麻城扛,湖北省扛,还是中央扛?义务教育经费多年来主要是依靠县、乡财政。我看到一份资料是县、乡财政义务教育是80%,导致义务教育办学条件和办学标准取决于当地政府的财力。全国县、乡财政实力差别极大,比如江苏吴县一个县的GDP比贵州全省还多,吴县拿出来的钱就很多了。所以这个机制是一定要考虑,因为这是造成我们国家义务教育不均最根本的原因。温家宝总理说义务教育是教育公平最重要的领域。因此,我认为首先要改革这样的保障机制,正因为这样的保障机制,以县、乡为主,才导致了随迁农民工子女入学问题得不到保障,得不到解决。最起码应该由省级政府统筹义务教育的经费,来解决类似问题。我在贵州看到,好像还是在省里统筹,贵州太穷,让县、乡来负责,门都没有,甭上学了。贵州还是在省里统筹,同时也是中央转移支付给予很大的支持,否则贵州没有现在的状况。我今天参观了贵阳一中,在现在升学率指挥棒这种教育模式下,县际间的竞争往往高中靠生源,升学率竞争生源。因此围绕高考升学率提高教育资源配置,一般是集中优势打造好一所重点高中,这样义务教育又不能作为重中之重。这个我是在其他地方的考察中看到的。举全县之力打造一所示范高中,全县之力本来应该搞义务教育。我们今天看贵阳一中是挺高档,可能比北京的一些重点中学还高档。这是第一个我想讲的,就是经费保障问题。

(二)厘清教育观念问题。基础教育首先要正本清源,要厘清一些似是而非的教育观念,也就是要树立按教育规律办教育的科学发展教育观。这里我讲两个问题。一是现在的老百姓怎么看教育。要说办人民满意的教育,好像这句话实现很难。可能贵州现在“普九”以后老百姓挺满意的,但你要去别的城市看,好像家家户户家长对教育都不满意。就是孩子太苦,有人说是最弱势群体,从幼儿园三岁开始就竞争上岗,就开始让他把小学的课都学了,小学就把中学的课学了,然后再奥数,等等。孩子太苦,家长太累。家长有工作,家长要把工资的大部分给孩子弄各种补习班,投入精力、投入钱。还有就是现在这种教育培养不出人才,这些高分学生毕业以后经不起社会的检验,表现的就是低能。所以整个社会对教育不是满意的。超越了儿童的这个发展阶段,让孩子们承受沉重的童年。归根到底,是没有遵循孩子成长的规律和教育规律——因人而异、顺其天性、因材施教。每个孩子真是不一样,他就不是奥数脑袋,非得逼着他天天到奥数去,逼得孩子真是很可怜。不同年龄的孩子就要做不同的事,该玩就玩、该捣蛋就得捣蛋、该冒险就要冒险,不能整天就是趴在那念书。现在我不知道贵州怎么样,北京就是补习班屡禁不止。教育部已经制止奥数班了,现在又改头换面,叫“数学思维能力培训班”,照样搜刮家长的钱,一到周末把孩子从床上拉起来就跑,礼拜六跑两个补习班,礼拜天再跑两个补习班,孩子真是很可怜。这太损人利己,不择手段,就是为了挣钱。为什么屡禁不止?就是教师、学生、学校、补习班之间形成了一种利益链、潜规则。有什么样的教育就有什么样的未来,坑害孩子,就是坑害咱们的未来;二是什么是成功、什么是成才?当前成功观、成才观简单化,就是上重点大学、当大官、发大财。大家都知道一个著名大学校庆按官位排，没有按老幼有序，学长在前排，大家都是校友很平等，就是谁老、谁是学长，谁在前。现在就是以官位排。有的还通知有些校友不要去，因为没有当官去干吗。这种导向就是让全社会的孩子去追求同一个目标，即上重点大学，当大官、发大财。这个弊端是很大的，违反社会需求多样化的常识。违背人的本性，千军万马赶到一条狭路上，结果绝大多数人失望，这样的教育不健康，严重影响孩子们的心理、成长，成才成功的定义应该是多元的，三百六十行，行行出状元。刚才鸣明书记讲要搞职业教育，我特别赞成。职业教育是以培养实用人才为主的成才教育，它的优势就是适应多元化的市场需求，直接创造财富，培养的是实业、制造业能工巧匠，是产业结构调整、技术升级的中坚骨干力量，中国经济要以质取胜，创名牌，要从职业教育中受益。你看德国为什么有很多名牌，德国很重视职业教育，有些孩子从小立志就是做一个能工巧匠，做一个技工，它的技工的工资可能比教授高，高级技工比教授还高，这个导向就是各种人才都需要的导向。我们现在真是走了一条弯路，由于这条弯路走了将近十几年，导致缺乏技术方面的人才，出现断档。我们制造业和实业经不起折腾，所以假冒伪劣就比较多，低质量的就比较多，中国制造在国外就成了劣质产品的代名词，难道我们还没有吸取这个教训吗？所以你们要搞职业教育我非常支持，这个我回去肯定给你们呼吁。同时，职业教育本身也是就业教育、扶贫教育，培养一个人，就业一个人，富裕一家人。很多职业教育学校的学生没毕业都订好了，有的是订单培训，比大学生强啊，而且随着市场需求不断的转换专业，很灵活。所以我们的教育就是要营造人人感到平等,不是说有高低贵贱,我考600分比考300分的高几等,没有这个,人人感到成功,人人都有贡献的舆论氛围和环境。我们的职业教育就收二三百分的学生,但是人家培养出一技之长,在社会上的贡献也是很大的。成功成才的理念一定要厘清,基础教育的本质是培养孩子良好的品质、习惯,培养学习兴趣和思维能力。爱因斯坦有一句名言,他说,教育就是当一个人忘记在学校学的东西后留下的。留下的是什么呢?好的习惯,好的品质、毅力、好奇心、求知欲,还有求知的方法、想象力、创意,这些是你通过教育能给孩子留下的,而不是具体背的那些东西。我们现在恰恰相反,把这些扼杀了,给孩子们灌输非常畸形的东西,学了一辈子可能都不用。这是第二个我想谈的问题,就是我们要厘清一些观念,特别是义务教育,到底我们培养什么?

(三)完善教育的经济政策。这里我想谈两个问题。一是要深化用人制度的改革。因为谈到教育,大家遭到诟病最多的就是高考指挥棒,应试教育被认为是罪魁祸首。其实我认为这个的背后是用人制度、干部晋升制度。现在干部晋升制度,因为谁也不了解谁,投票以前就把他简历一介绍。于是大家都到党校弄个硕士、博士什么的,都要这些虚假的,不是以能力来定。比如公务员招录,也就是国考,实际上这个是为治理国家选贤任能,但是有些部门列出的条件就是要“211”、“985”工程学校的毕业生,实际上是淘汰大多数人才。说老实话,平民百姓,农村的孩子有几个能进这些学校。自古寒门出俊杰。那些朴实、勤奋、任劳任怨的干部的优秀品质,在我们干部队伍中现在已经较少了。所以首先要建立完善的、多元化的、以能力为评价核心的人力资源市场，打破唯高学历论的倾向。应该从政府招考公务员这个指挥棒开始，我们现在已经开始在转变了，报考中央、省直机关公务员，需要有基层工作经历。二是要改变政府教育的政绩观。教育 GDP，也就是升学率，每个学校介绍情况都录取一本多少、清华多少、北大多少。我今天到中学去，人家给我介绍，我学校去年 6 个上清华，首先就是给你介绍这个。这个是教育 GDP 啊！但是分数能衡量这个孩子的人格健康、道德水平吗？几乎在分数背后其他是零。我觉得这个真是我们需要思考的问题，就是我们衡量这个孩子对国家有用没有用。以前我在北医的时候，毕业班的孩子们，几乎是没有在国内，兜里都揣的是美国或者主要还是美国大学录取通知书。国家花了那么多钱，培养一个医学生很不容易，结果就是给美国培养。美国现在生物实验室，凡是涉及医学的实验室绝大部分是中国学生。所以应该建立相关的评价制度，考核奖惩制度，改进评价的内容方法标准，形成知识与能力并重，科学、多元的评价体系。这个是很重要的。

（四）关于教育改革问题。为什么必须要进行教育改革、改什么。我认为我们再也不能追求高分实际上低能的培养方式，花那么多教育经费，有的学校一年最多大概是一百多亿经费，他们告诉我不知道钱怎么花，太多了。但是你们培养出来的学生毕业之后为什么就业不行啊，为什么在社会上经不住社会的考验啊。一是有教无类，多元教育。我们要深刻理解孔老夫子关于有教无类，让所有的孩子通过多元的教育，600 分也好，500 分也好,300 分 200 分也好,都能找到自己在社会中的位置,只要努力,就有贡献,就是人才,真正实现天生我材必有用。这就是我为什么重视职业教育的原因,这就是职业教育最大的价值。公办的、政府招生的淘汰这么多人,有人把他们收来,无论是职业教育也好还是民办教育也好,把他们收来,让他们有一技之长,让他们对社会有用,否则他们就在社会上浪荡,这对社会是很大的贡献。我们在新疆调研,很多地方看到的就是这批人,这个年龄组的人,他们高中毕业或者是初中毕业以后,成绩太差,没有人收他们,那就给赶到社会上,对吧? 所以我们就是要怎么看这个价值,对国家的贡献。说老实话,这几年我们办了几所好的很成功的职业教育院校,这是对我们高等教育改革冲击的突破口,还没有毕业就定好单位,而大学毕业生这边找不到工作,形成很大的反差。二是关于民办教育的问题。全世界发达国家教育基本上是社会办的多,公办的很少,但是我们国家基本上是政府大包大揽,应该大力发展民办教育。但是我们长期以来民办教育一缺资金、二缺教师,民办的学校身份不明,产权也不明,他们在这种夹缝中求生存、谋发展,非常不容易。在政府对教育投入不足的情况下,如何借助民间的资本来弥补教育的不足,我认为势在必行。像贵州这样的省份,中央转移支付还是不够的,怎么把民间资本调动起来,我觉得贵州应该多想一想这方面的办法,特别是职业教育厂校合作、订单培训、企业培训,好多可用的政策。当前随着房地产的降温,经济增长方式的转变,人们投资观念发生了很大的变化,教育成为热点,要充分利用这个时机,将包括基础教育在内的教育向社会、向民间开放,解决政府经费不足问题。政府也应该拿出一些具备投资价值的学校供民间资本投资办学，让政府有限的财力更好的投入到薄弱学校，在政策上对民办教育要加大投入，除了出资方不同，其他的办学待遇应当一视同仁。如果公办教育和民办教育如鸟之两翼、车之两轮，双轮驱动的这种教育，我们国家的教育一定会有一个生动活泼、蒸蒸日上，人才辈出的形势。可惜我们现在民办教育分量太小，在教育经费不足的情况下，如何大力发展民办教育，值得像贵州这样的穷省来研究考虑。费老晚年在谈到教育的时候讲了一句话，他说，中国教育最大的投资者是谁？不是政府，是中国老百姓；推动教育发展最大的力量在民间。我觉得这句话非常深刻，那么什么是好的教育，我认为现在都有共识，关键是现在我们教育的弊端往往已经固化到体制机制中，固化到某些潜规则和利益链条中了，使学校、家长、学生难以抗衡。必须在未来教改中，多管齐下。政府的责任就是要完善社会经济政策，改革体制机制，要承担这个责任，家长要有尊重孩子的天性，因材施教的责任。学校要有深化教育改革、创造每个学生因材施教的责任；媒体要有正确引导舆论的责任，不能再炒状元，宣传多种成才包括像民办的或者是职业教育出来的成才范例，让成才观的导向多元化；学生要学做人、学思结合、手脑并用。这样我们的教育就一定会有希望。

今天由于时间关系，我就简单地讲讲，谢谢大家。

关于科学使用财政性教育经费促进教育公平发展的视察报告

全国政协委员赴贵州省视察团

（2012年9月）

2012年9月28日至25日，以全国政协副主席张梅颖为团长，刘光复常委、齐让常委为副团长的全国政协委员视察团，就“科学使用财政性教育经费，促进教育公平发展”赴贵州进行视察。期间，视察团深入贵阳市、黔西南布依族苗族自治州、黔东南侗族苗族自治州等地，实地视察了11所大、中、小学校，具体了解基础教育、职业教育、高等教育和民族教育改革和发展情况。行前，视察团专门召开会议，听取国家发展和改革委员会、教育部、财政部等部门的情况介绍。视察结束时，视察团与贵州省委、省政府、省政协交换了意见。现将视察的主要情况和相关建议报告如下。

一、科学使用教育经费、促进教育公平的主要举措和特点

贵州是我国西部地区多民族聚居的省份，也是贫困问题最突出的欠发达省份。党中央、国务院一直高度重视贵州省教育事业发展。国务院2012年专门印发的《关于进一步促进贵州经济社会又好又快发展的若干意见》（国发〔2012〕2号），提出了一系列旨在促进贵州教育改革和发展的重大举措。在实地视察和座谈中，委员们深刻感受到贵州省广大干部群众“富民必先强教，兴黔必先兴教”的决心和通过发展教育摆脱贫困的坚定信念。贵州省委、省政府高度重视教育工作，颁布实施了《贵州省中长期教育改革和发展规划纲要（2010—2020年）》，把教育作为财政支出重点领域予以优先保障，针对教育改革和发展中遇到的重点、难点进行专项攻坚突破，努力推动各级各类教育迈向又好又快发展的轨道。

（一）坚持教育优先发展，财政性教育经费投入大幅增长。贵州省在经济尚不发达、财力十分困难的情况下，一直把教育作为最长远的民生，坚持财政资金优先保障教育投入，按照国家与地方分项目、按比例的资金分担要求，积极落实地方应分担资金。2006年以来，贵州省每年的财政教育支出占公共财政支出比例都保持在17%以上。特别是2011年，贵州省按照党中央、国务院的部署，认真贯彻落实《国务院关于进一步加大财政教育投入的意见》（国发〔2011〕22号）精神，不断拓宽教育投入渠道，进一步加大了财政性教育经费投入力度。教育费附加征收率达

到3%;土地出让收益中教育资金计提率达到13.3%,超过规定的10%。全省财政教育支出增幅为29%,比公共财政经常性收入增幅高7个百分点。全省教育经费总投入比2010年增长22.92%,其中财政性教育经费增长24.04%。

(二)突出教育发展重点,薄弱环节专项攻坚突破。按照国务院统一部署,贵州省逐步完善农村义务教育经费保障机制,全面实现了城乡免费义务教育,"两基"工作通过国家督导评估检查,义务教育巩固率达到80.2%。2011年,贵州省针对教育改革和发展重点领域和薄弱环节,启动实施了四项"突破工程"。通过实施学前教育突破工程,建成500所乡镇公办中心幼儿园,学前3年毛入学率提前3年达到60%。通过实施农村寄宿制学校建设攻坚突破工程,建成10000多个农村中小学食堂,基本实现了"校校有食堂"的目标。通过实施高中阶段教育突破工程,推动实现85%的初中毕业生能够继续接受高中阶段教育的目标。通过实施高等教育突破工程,使贵州高等教育毛入学率达到23.2%,进入大众化发展阶段。

(三)努力推进教育公平,热点难点问题逐步解决。为解决进城务工人员随迁子女和农村留守儿童教育问题,贵州省教育厅印发了《关于进一步做好进城务工人员随迁子女和农村留守儿童教育工作的意见》,妥善安置义务教育阶段进城务工人员子女41.44万人,占在校生总数的6.66%,基本实现了让进城务工人员子女"有学上"。有的城区小学,在面临班额大、条件有限等困难时,还针对进城务工人员子女的特殊家庭环境,为他们开设第二课堂,开展心理疏导,体现了对弱势群体的关爱。为改善农村义务教育学生营养状况，贵州在集中连片特殊困难地区65个县全面开展了农村义务教育学生营养改善计划国家试点，并支持其余23个县进行地方试点，基本实现了“人人吃午餐”。为保证不让一个学生因家庭经济困难而失学，贵州省建立健全了普通高校、高职学校、中职学校、高中阶段、义务教育阶段家庭经济困难学生资助体系，免除了中职学校家庭经济困难学生和涉农专业学生学费。

二、面临的主要困难和问题

贵州省教育发展取得的成绩来之不易，令人瞩目。但与全国相比，由于历史欠账较多，贵州省的教育整体发展水平还存在较大差距，各级各类教育发展仍存在很多困难，持续增加财政教育投入将面临相当大的压力，用好管好财政性教育经费也是一个很大的挑战。贵州教育发展遇到的困难和问题，在西部地区乃至全国都具有典型性代表性。具体表现为：

（一）各级各类教育的发展水平有待提高。近年来，中央财政通过加大转移支付力度，对西部地区教育事业发展给予了重点支持，学校办学条件和教育发展水平得到了很大提升。仅对贵州，2010～2012年中央财政就累计安排资金近250亿元。但受地区经济发展水平和财力状况制约，加上原有的教育基础较差，与东部地区相比，西部地区教育水平还不高。例如，贵州省各级各类学校的生均预算内教育事业费、生均预算内公用经费、生均校舍建筑面积、生均仪器设备值、生均图书册数和生师比、高层次学历教师等指标均低于全国平均水平，有些指标处于全国靠后位置。部分农村义务教育学校在较低水平运转，城镇义务教育和普通高中教育条件还不能满足学生快速增长的需要，职业教育和高等教育发展相对滞后。高中阶段毛入学率、高等教育毛入学率与全国平均水平相比仍有较大差距。尽管贵州省2011年财政性教育经费占全省生产总值的比重达到了6.79%，但由于贵州省经济总量偏小，省、市、县财力普遍困难，教育经费投入总量仍不能满足当前教育发展需要，资金缺口比较大，成为教育事业发展的瓶颈。

（二）财政性教育经费投入力度需进一步加大。我国财政教育支出80%左右在地方，教育事权主要也在地方。落实财政性教育经费占国内生产总值的4%目标（以下简称4%），大头还是在地方。2011年以来，国家从财政教育支出增幅、财政教育支出比例、教育费附加征收率和土地出让收益教育资金计提率四个方面指标加强了对各地2011—2012年财政教育投入状况的监测和评价。2012年实现4%目标后，能否继续保持住这样的投入增长幅度，对像贵州这样一个贫困省份来说，将面临很大的压力。例如，尽管贵州省2011年财政性教育经费占全省生产总值的比重达到了6.79%，但如果不包含中央财政转移支付，其2011年财政教育支出占公共财政支出的比例仅为13。2%，比2010年下降了0.8个百分点，比国家分解给贵州2011年财政教育支出比例参考值的16.4%低了3.2个百分点。

（三）资金管理科学化水平需进一步提升。在西部地区一些省份，一方面是教育经费总量短缺，另一方面，在资金管理和使用上，还不同程度的存在着不科学、不精细、不合理的现象，主要体现在教育资源配置不尽合理，对义务教育和职业教育支持力度不够等方面。例如，2011 年贵州省教育经费总投入中，高等教育 73.93 亿元，比上年增长 41.3%，义务教育 259.38 亿元，比上年增长 26.13%，义务教育投入增幅明显低于高等教育投入增幅。由于高考指挥棒作用，有的地方政府集中财力建设示范性高中。这些示范性高中存在超标准、攀比、大而全等问题，而对职业教育和民办教育关注较少。为了提高高等教育毛入学率的任务，贵州省决定“十二五”期间安排 31 亿元建设花溪高校聚集区。但是多数高校表示，无力承担在高校聚集区建设新校园的银行贷款债务。吸取全国“大学城”建设的经验和教训，科学地处理好外延与内涵发展的关系，合理高效的使用好建设资金值得认真研究。

三、有关思考和建议

（一）在政策设计上，坚持对西部地区加大倾斜力度，实现一个“看得见、摸得着”的“4% 目标”。我国东中西部地区发展极不平衡，财力状况和财力分布各不相同。教育费附加和土地出让收益等新增教育经费受各地经济发展水平制约，如果仍然按照原来的教育投入结构与方向分配资金，新增教育投入很可能会造成生均教育保障水平的地区差异进一步扩大，形成新的教育不公平。像贵州这样处于“谷底”的中西部省份与处于“峰顶”的东部经济发达省份之间教育投入差距逐步拉大。促进教育公平，实现教育均衡发展，“填谷”至关重要。建议中央财政全面考虑各地实际情况，着力解决现行教育投入结构与方向问题，通过制度改革促进教育公平。加大国家和省级教育经费统筹力度，通过非均衡、差异性的转移支付来平衡协调各地区、各级各类教育发展，更加突出对中西部老少边穷地区的倾斜，让当地人民群众切切实实感受到4%所带来的实惠。

（二）在制度建设上，创新教育投入保障的长效机制，保持一个“不降低、有增长”的“后4%”。为了2012年能够如期实现4%的目标，西部地区加大财政性教育经费投入，各项政策措施“行政化”色彩比较浓厚，甚至靠挤占其他项目财政资金等超常规办法来完成教育支出占比指标，在短期内实现了财政教育支出的大幅度增长。可以说，为实现4%目标，中央和地方各级财政尽了最大的努力。4%目标实现以后，如何确保教育投入的可持续，还必须探索建立稳定增长的长效保障机制。应进一步明晰中央与地方在教育事权和财权上的主体责任，积极落实各级政府财政性教育经费支出责任。确保财政性教育经费更多投向义务教育的同时，积极推动社会各方面力量对各教育阶段和教育机构的投入，对于社会力量“可以办、愿意办、办得好”的教育，要开绿灯。建议在制度设计上对公办民办学校一视同仁，破除相关体制机制上的障碍，特别是在资质认证、生均经费拨款等问题上，民办学校应与公立学校享受同等权利。建议出台和完善社会资本的进入、监管和退出机制，推进现代教育制度建设，明晰教育行政部门、出资人和学校的责权利，进一步完善学校法人治理结构。

（三）在布局规划上，更加关注职业教育，用科学的教育发展模式统筹推进教育事业又好又快发展。我国已进入城镇化、工业化、现代化加速发展时期，要实现教育资源的合理配置，须在提升教育质量和内涵上多下功夫，统筹协调各级，各类教育事业均衡发展。

职业教育作为教育事业发展的重要组成，在一些地方没有得到应有的重视。目前，一方面，职业教育是培育市场急需技能型人才的重要途径，对我国经济结构转型升级和建设创新型国家有着极为重要的作用。另一方面，职业教育也是就业教育，扶贫教育。在欠发达地区，职业教育"培养一个人，脱贫一家人"，是教育资源投入产出效率较高的典型。建议进一步加大对职业教育，特别是中等职业教育的倾斜力度，推广以厂校结合、订单培养的灵活办学模式，不断提升职业教育服务经济社会发展的能力。

（四）进一步加强监督检查，提高财政性教育经费使用效益，确保4%投入"保基本、促公平"。要按照事权和财权相一致的原则，进一步明确各级政府、有关部门和各级各类学校的管理责任，坚持依法理财、科学理财理念，全面加强财政性教育经费'的科学化、精细化管理；进一步加强对教育经费的监督检查，充分发挥人大、政协的监督作用；充分行使监察、审计部门的职能，加大行政监察和审计监督的力度，突出全过程监管、全方位监管。应在确保资金安全的基础上不断提高财政性教育经费使用效益，加强和完善教育经费管理和使用的制度建设，严格执行教育经费预算管理、决算执行情况报告、经费使用监督等制度。

教育公平是社会公平的重要基础，我国是穷国办大教育，现阶段国情决定了财政性教育经费投入的公益性，财政性教育经费的使用必须坚持以人为本，投入的主要方向应该是“保基本、促公平”。必须把教育发展的重点放在属于基本公共服务的义务教育阶段，进一步巩固完善农村义务教育经费保障机制，提高保障水平；着力解决城市义务教育资源均衡配置问题，下大力气解决一些地区矛盾较为突出的“择校”、“大班额”问题。着力解决家庭经济困难学生、进城务工人员子女、农村留守儿童等弱势群体的教育问题。

在河北省民办教育调研情况汇报会上的讲话

（2012年9月26日）

同志们：

很高兴有机会到河北调研民办教育。这次调研由民盟中央教育委员会与民盟河北省委联合开展，民盟河北省委做了先期的准备工作，为调研夯实了基础。刚才省教育厅阎春来副厅长做了比较全面的汇报，几位校长都分别介绍了各自学校的情况，并提出了意见和建议。教育部的两位司长、光谦院士、专家也分别从不同的角度谈了自己的看法和意见，大家讲得都非常好，因为时间关系，我就不多说了，只谈一点自己的观感、体会和不成熟的意见，与同志们一起分享。

这次调研时间很短，仅仅两天的调研，认识也是粗浅的、表象的，所以我说是观感，但观后留下的印象还是颇为深刻的。民盟对教育有着很深的情结，也曾为民办教育发展多次呼吁，推动国家出台支持民办教育发展的政策和法律、法规文件。民办教育经过市场的洗礼，几经沉浮，有时是毁誉参半，在曲折中经受了考验并争取到了生存与发展的空间与机遇，所以我是很想了解一下当下民办教育发展的现状、大家遇到的问题与困惑，并希望能借助调研这个平台，把同志们的要求和建议反映上去，以期推动民办教育能够获得公平发展、健康发展与可持续发展的机会。

前天赵勇书记介绍了河北省情，他说河北涵盖了中国各种地貌特征，我很认同，不仅如此，即便在教育上，河北也是穷国办大教育的一个典型与缩影。因此，河北民办教育在弥补国家财政对教育经费投入不足方面功不可没，作用尤为突出，而且民办教育的实践有利于在教育领域形成竞争，为广大学子提供更多学习与选择教育的机会，并为促进公办教育的改革、进而为推动教育体制的改革创造思路与经验。我把河北民办教育归纳为几个特点。

一是政府高度重视与支持。主要分管领导认识到位，身体力行，我们在调研过程中看到很多分管副省长（龙副省长）、厅长（包括刘永瑞副主席担任厅长期间）及各级领导干部视察民办学校、现场办公的展板图片，应该说在河北民办教育没有遭遇到无形玻璃门似的歧视，各级政府认真贯彻“积极鼓励、大力支持、正确引导、依法管理”的方针，努力为民办教育营造了良好的政策、舆论与社会环境。比如唐山市从 2010 年起，市财政每年安排 200 万元支持民办教育的发展，张北县政府为两所民办学校设立 251 个教师编制，县财政负担每个教师 60% 的工资，虽然这些财政上的支持还是杯水车薪，但让大家看到了政府对民办教育的态度，让民办学校的教师看到了希望，增强了校长们办好民办学校的信心，带动与示范作用远远被放大了。再如，我们考察的河北传媒学院、河北外国语学院、河北美术学院，都被冠以河北省名，这也是无形资产，能够把这个资源和品牌授予民办学校，说明我们河北的干部思想是解放的，对公办学校与民办学校是一视同仁的。

二是稳中求进，强调内涵式发展。我们考察的几所学校办学历史都不长，而且都没有大财团的投资背景，大家艰苦创业，不以逐利为目的，带着感情一步一个脚印在办教育，所以能够在教育供给面临过剩、民办教育处在高淘汰期中逆势而上，没有大起大落实属不易，让我们刮目相看，值得我们为大家鼓劲、喝彩。大家深刻认识到质量与特色是立校的根本，是学校的生命，不与公办学校比大楼、比硬件，而是在办学质量与就业服务上下功夫，做足文章，并形成了鲜明的风格和特色，走出了一条以创新办学理念、提高教学水平与质量为核心的内涵式发展道路。如传媒学院把大楼、大师、大气作为强基固本的要素，强调先进的办学理想与优良学风对办好大学的润物细无声的作用，美术学院提出学校坚持“建大楼、请大师、筑大爱”的办学理念。

三是坚持以就业为导向，致力于培养适应地方经济社会发展需要的应用型、技能型、复合型人才。出口决定着入口，毕业生就业情况的好坏，直接关系民办学校的生死存亡，一叶知秋，这一点民办学校感受更直接，更迫切，压力更大。因此民办学校办学定位更贴近市场，因应市场变化能力强，办学方针更灵活、实用，更注重培养学生的实践与创新能力，并使学生提前介入就业市场，实现与用人单位的无缝对接。例如外国语学院完全按照用人单位“职业岗位”对职业人才的要求培养学生，比如他们设立的护理外语、报关外语，都是紧密结合就业岗位需要，形成非常实用的、有明确职业针对性的外语教育模式，让学生在校期间就成为准职业人，一毕业就成为合格的不用再培训的“职业人”。石家庄科技职业学院坚持学业与就业一体的教育思想，直接为省内外48家大中型企事业单位输送急需的应用人才和国际通用人才。石家庄经济职业学院通过校企合作、工学结合、训教对接的形式，提高学生的就业技能。美术学院的学生在校期间就开始了创业实践，并取得了不俗的成就。

四是注重培养学生的道德品质与社会责任感。玉不琢不成器，民办学校即使是取得全日制本科学历教育资质的学校多数也只能按三本线录取学生，如何使这些起步较低、基础较差的学生能够让家长放心，成为社会有用人才，我认为民办学校的校长和管理者们用尽了苦心，其中最主要的亮点，我认为是注重人格塑造，加强学生的思想道德建设，激发学生的社会责任感。例如我们在传媒学院看到翟总提出的口号是“传媒是社会的良知，人类的道义”，让孩子们从进入校门那一刻起就树立一种崇高的使命感和神圣的职业精神。再如石家庄科技职业学院秉承教育的根本方针是育人为本、德育为先，强化育人的环境，他们实行辅导员岗位安全责任制，与社会和家长建立紧密联系机制，激励学生的爱国守法、自立自护的正义感和团队精神，通过丰富多彩的文化娱乐活动使学生感受优雅的校园文化气息，培养学生良好的道德情操和适应现代社会生活的人文素质和健康的人格。外国语学院将共青团组织建立到学生公寓，建设“育德学院”，通过评比表彰、树立模范典型等方式构建一流的学生公寓，使育德学院成为德育教育的主阵地。

五是办学成绩斐然，服务与回报社会意识强烈。我们考察的学校虽然办学历史不长，但培养出的学生已经开始在各自领域崭露头角，有的学生还积极回馈母校。如美术学院学生在各种艺术大赛中接连取得好成绩，2011 年书法学院 4 名学生的书法作品同次入选全国第十届书法篆刻展，引起轰动，2012 届 45 名书法专业毕业生中，11 名学生成为中国书法家协会会员。我翻阅了一下学生的书法作品，传统功底非常深厚，体现出很好的基础与学养，书体很成熟、老辣，不像出自 90 后孩子稚嫩的手，实在是可喜可贺。同时，民办学校的创办者们体现出良好的时代风范与社会责任意识，很多人都是白手起家，用家族产业支撑学校发展，不向政府要一分钱，不仅承担起为国家培育人才的重任，还积极回馈社会。如翟志海董事长荣获全国五一劳动奖章，十几年来共资助学生 7120 人，投入资金 5350 万。盟员刘素军多次为民盟定点帮扶地区、学校捐赠教学物资与教辅产品，累计减免贫困生学费及学杂费近 50 万元，并率先推行“免除学费，工学结合”办学体制和教学模式改革，大力发展教育公益性助学工程，引起了社会的广泛关注。盟员甄忠义校长启动对中西部中小学美术教育师资对口委培工程等等。不是谁都能把民办学校办起来的。民办教育的带头人要具备的能力是综合性的，首先是热爱教育，对孩子们有大爱精神的教育家；二是会研究市场对人才的需求；三是有人格魅力，能够凝聚志同道合教师；四是人品好，有好的人品，才能教出好的学生；五是社交能力强，善于与相关部门沟通协调,争取他们的支持。正是因为在座的各位校长有这样的素质,才能在一缺资金、二缺教师、三又身份不明、产权不明的夹缝中生存发展。在此,我要感谢从事民办教育的董事长和校长们对民办教育事业的坚忍不拔和执着追求。

蜀道文化线路保护与申遗调研陕西汇报会讲话

（2012 年 10 月 5 日）

很高兴再次带队参加蜀道文化线路保护与申遗专题调研，刚才陕西省文物部门的领导及专家汇报了蜀道文化线路保护与申遗的进展情况。我注意到，自从去年蜀道文化线路保护与申遗活动启动以来，蜀道沿线川陕两省、各市、各相关部门开展了大量卓有成效的工作，陕西省已着手对蜀道调查科研项目立项，并组织专业队伍对汉中、安康等地的蜀道沿线文物遗迹的遗存状态、文化内涵、价值评定等方面进行了全面考察，已完成了四条线路中的两条半线路，并将以前历次文物普查中蜀道的重点发现公布为文物保护单位，编制保护方案，进行保护维修，这些先期的基础性工作，也为我们此次蜀道文化线路保护与申遗调研打下了良好的基础。

下面我简单地谈几点意见。

一、正确认识申遗与保护的关系

申遗是手段，保护是目的，以申遗促保护，推动保护工作更上一个新台阶。不能为申遗而申遗，申遗是为了更好地保护，不申遗我们也要做好保护工作，保护、传承文化是一个民族永续发展的动力与源泉，也是一个国家的文化发展战略的基点；是提升中华民族文化自觉与文化自信题中应有之义，也是历史赋予我们这一代人的责任。在申遗过程中，我们要按照世界遗产组织对文化遗产保护的相关规定和要求，主动接受国际社会监督，更好地规划和做好遗产保护工作。

二、认清蜀道文化线路保护的形势

我认为，蜀道文化线路保护是重大机遇与重大挑战并存。机遇是我们现在具备了全面启动蜀道文化线路的经济条件、技术手段和专业人才队伍，大家对保护与申遗有了全新的认识。我很赞同蜀道已成为自然与人文共生的标本的结论，蜀道文化线路历史厚重，内涵丰富，头绪纷繁，故事多，而蜀道本身自成一体，相对闭塞，有些依存还保持着较为原始的状态，这都为我们重新认识和全面开展蜀道文化线路的保护创造了先决条件。

同时，我们也看到，随着工业化、城市化、信息化的加速推进，中国社会面临千古未有之变局，不管是城乡面貌、风俗习惯还是文化生态都在发生着翻天覆地的变化。道路、城市建设、水利等基础工程的规模、强度、烈度都远远超过各个历史时期，不仅遗址破坏了很难恢复，而且蜀道文化赖以生存的社会环境、文化生态的载体也不复存在了。因此,我们要进一步增强蜀道文化线路保护的使命感、责任感、紧迫感,要以全面、立体、系统的观点做好蜀道文化线路的保护与申遗工作。

三、遵循文化线路保护自身科学规律,做好保护与申遗工作

首先,蜀道文化线路保护与申遗是个严谨的、系统的、长期的工作,既要服从地方经济社会发展,又有其自身的规律与特点,要制定科学的规划,把蜀道保护与申遗工作纳入当地国民经济与社会发展规划,要有长期艰苦奋斗的思想准备和为科学献身的精神,要做大量艰苦、细致的基础性研究工作,必须克服急功近利的短期意识,既不能为大跨越、大发展的口号忽悠了,更不能成为个别领导的拍脑袋工程,为某些形象工程所绑架。

其次,是要有全局观、整体观与合作精神,蜀道是跨地域、跨族群的文化线路,历史上就不乏开放、包容与对话的精神,做好蜀道线路保护与申遗工作,离不开川陕两省的合作,离不开沿线各市县以及两省各部门的合作,建立协调与联动机制,实现资源和信息共享。包括蜀道的名称,是历史形成的,不等于重四川而轻陕西,是否可以在蜀道后面用括号标上川陕道,也请同志们商榷。同时要加强政府与专家的合作,举凡涉及蜀道线路保护与申遗工作的重大决策,都要有专家的参与,要充分尊重并广泛征求与吸收专家团队的意见,做好民主决策、科学决策。

第三,要有社会各界与人民群众的广泛参与,要实现保护与开发利用的良性互动与双赢。我过去经常强调,文化就像一条

川流不息的河,今天的任何创造就有可能成为明天历史的一部分,因此要不断赋予蜀道新的时代内涵,而离开人民群众的广泛参与,蜀道就不是一个活的载体,就是无源之水、无本之木了,就只能进博物馆了。同时,要克服保护即旅游开发的观点,不要搞假文物、假遗址,要在保护与开发之间找到最好的结合点、平衡点,保护是基础,开发是手段,发展是目的。文化资源的开发利用,应以永续利用与可持续发展为基本的前提,那种不惜破坏文化资源以换取经济效益的急功近利的做法,必须得到坚决地纠正,以免在文化大发展、大繁荣的口号下造成新的文化浩劫。(像我们今年上半年在云南调研看到的,有文化就没钱,有钱就没文化)切实让蜀道沿线的人民群众从中得到实惠,能够增强地方的文化软实力,能够从长远上带动当地经济社会发展。

在蜀道文化线路保护与申遗座谈会上的讲话

（2012 年 10 月 20 日）

各位专家，陕西四川两省及各市的领导、同志们：

历时 5 天的蜀道文化线路保护与申遗陕西境内的活动今天圆满结束了。这是继去年活动启动以来，全国政协文史与学习委员会组织委员和专家参加的第二次规模较大的蜀道文化线路保护与申遗专题调研。在此，我谨代表全国政协向给予此次调研和研讨活动大力支持和帮助的陕西、四川两省政协，西安、安康、巴中、南充、成都等沿线市、县以及各相关部门的领导和同志们；向关心、关注并积极参与蜀道调研和研讨活动的各位委员、各位专家学者；向长期奋战在一线、为蜀道文化线路保护与申遗默默奉献、做了大量艰苦细致的调查与研究的文物考古工作者，表示衷心的感谢和诚挚的问候！

去年 9 月，我全程参加了在陕西、四川两省境内开展的“蜀道文化线路保护与申遗”调研活动。在近 10 天的时间里，委员、专家和媒体记者行程 1500 余公里，考察了陈仓道、褒斜道、金牛道沿线 7 个城市的古栈道、关隘、城寨、驿站、摩崖石刻、石窟、寺庙等历史遗址遗迹，先后在西安、广元、成都举行了启动仪式、研讨会和座谈会，听取了陕西、四川两省及蜀道沿线各城市的情况介绍和蜀道研究相关领域专家学者的意见、建议。10月，我们在北京召开了工作座谈会，全国政协文史和学习委员会会同国家文物局和川、陕两省及相关城市政府、政协有关负责同志，研究部署推进蜀道文化线路保护与申遗的近期工作。11月，我们向中央报送了《关于蜀道文化线路保护与申遗调研的报告》，国务院领导同志作出批示。蜀道文化线路保护与申遗工作还写入了今年全国政协常委会工作报告。

通过调研，我们深感蜀道历史的丰善厚重、蜀道文化的博大精深、蜀道保护与申遗工作的切迫与艰巨繁重。蜀道穿行于崇山峻岭、急流险滩之间，克服了重重天然的屏障，成为连接南北、沟通中原与西南地区的交通大动脉，经过三千多年的风雨侵蚀至今仍在发挥着作用，为国家统一、经济社会发展和各民族团结进步作出了巨大贡献。蜀道文化线路包罗万象，内涵丰富，它不仅是立体的，而且是充满活力的、不断发展的，是自然与人文共生的标本，它向我们展示的是中华民族先民伟大的创造力量、坚忍不拔的品质和勇敢的探索精神，它体现的不同文明对话、开放融合和跨越地域与族群发展的多样性特征，彰显了中华文化海纳百川的胸怀和气度，它也必将作为中华优秀传统文化的重要组成部分，在构建我国文化软实力、创新能力，推动中华文化走向世界，最终实现文化立国、文化强国目标中发挥越来越重要的作用。我们要怀着对先民的崇敬、对历史的敬畏、对中华文化的一份使命感和担当精神，义不容辞地挑起保护和发展蜀道文化遗产的重任。

一年来,为推进蜀道保护与申遗,蜀道沿线川陕两省、各市、各相关部门开展了大量卓有成效的工作。如陕西省加强了对专业队伍的培养,为他们提供必要的资金、设备保障;在调研中文物工作者重视多行业、多部门合作,综合运用多种现代科技手段,开展田野调查工作,新发现数十处道路遗迹,并充分利用第三次全国文物普查成果,初步明确了蜀道相关遗产点的分布、范围及线路走向;同时加大了宣传、保护与出版工作力度。四川省建立了全省蜀道文化线路保护与申遗领导小组和相关工作机制,各级财政加大了对蜀道文化遗产经费的投入,对广元、阆中、巴中、达州等地的蜀道开展了摸底考古调查,启动了千佛崖石窟抢救保护工程,各相关城市着手编制保护规划、制定申遗文本。这些先期的基础性工作,为我们此次蜀道文化线路保护与申遗调研打下了良好的基础。

今天,我们在调研中途召开蜀道文化线路保护与申遗工作座谈会,目的是在进一步认清蜀道文化线路保护与申遗的形势,明确今后的工作目标、原则和方向,创新思路,探索建立行之有效的工作机制与措施,推动蜀道文化线路保护与申遗工作再上一个新的台阶。来自北京和陕西、四川的政协委员、专家学者聚集一堂,希望大家各抒己见,深入研讨,为蜀道保护与申遗大计贡献真知灼见。

下面,我谈几点意见:

第一,提高认识,认清蜀道文化线路保护与申遗工作的形势

文化遗产是一个国家、一个民族重要的历史符号和民族记

忆。文化线路作为文化遗产保护领域的前沿概念,强调将每个独立存在的文化遗产作为一个整体组成部分来评估价值,对文化遗产保护提出了更高的要求。

蜀道文化线路是中华民族优秀文化的缩影,我们要以高度的文化自觉和文化自信推动蜀道文化线路保护与申遗工作。在这里我想提醒大家,申遗是手段,保护是目的,申遗是为了更好地保护,不申遗我们也要做好保护工作。因为保护、传承文化是一个民族永续发展的动力与源泉,也是一个国家的文化发展战略的基点。所以说我们不能为申遗而申遗,而是要以申遗促保护,通过申报世界文化遗产,向国际社会宣传和展示我国文化遗产保护成果,主动接受国际社会监督,进一步推动蜀道文化线路的保护、传承和发展。

当前蜀道保护与申遗形势不容乐观,对这项工作的长期性、艰巨性都要有充分思想准备。相信通过近几天的实地调研,大家与我有同样的感受。主要是历史文献对蜀道的记载或缺乏,或语焉不详;缺少对蜀道文化遗产资源的整体普查、专项调查和多学科研究,家底不清,遗存比较零落,大量珍贵的文化遗产尚未纳入保护视野;大量遗址或为现代公路所取代,或因废弃被泥土掩埋、杂草覆盖而湮灭,一些遗存又因道路艰险难以到达;河流改道、道路改线等因素影响,加之出土文物较少,对发现的遗址性质判定和年代确认存在很大难度;大规模城乡建设与过度商业化的破坏作用等等。因此,我们既要轰轰烈烈、大张旗鼓地宣传蜀道保护与申遗,使其成为沿线群众的自觉行为,努力营造蜀道保护与申遗人人有责、人人参与的氛围与环境;更需要广大专家、考古工作者发扬蜀道先民执着地探索与牺牲奉献精神，耐得住寂寞，一步一个脚印地扎扎实实工作。

第二，正确处理保护、申遗工作与当地经济社会发展和民生建设的关系。

将文化作为资源进行开发利用，是市场经济发展的必然结果。只有建立起经济与文化良性互动的发展机制，文化的保护才有坚实的基础和可靠的保障。因此，要把蜀道保护与申遗工作纳入当地国民经济和社会发展规划，统筹兼顾，找准蜀道文化线路保护与经济社会发展的结合点，实现保护与发展的共赢。我认为，文化资源的开发利用，应以永续利用与可持续发展为基本的前提，保护是基础，开发是手段，发展是目的，而对于不可再生的文化资源，则应实行抢救与保护第一的方针。在保护的基础上合理利用、科学发展，做到人与自然和谐、保护与利用统一，并在和谐和统一中使古代遗产和现代文明交相辉映，实现文化建设与经济社会协调发展。

文化就像一条川流不息的河流，今天的任何创新，都将成为明天传统的一部分。对文化最好的保护与传承，就是必须以开放的姿态积极吸收优秀的现代文化，进行文化的再创造。传统与发展，继承与创造，是对立统一的关系，这意味着传统文化只有与时俱进，才具有生命力，才会在传承中发展，在发展中创新。

蜀道文化线路植根于特定的人文和自然环境，与当地民众有着天然的历史、文化和情感联系，他们是蜀道文化线路的创造者、使用者和守护者，是蜀道文化线路的未来和希望。因此，蜀道的保护与申遗要坚持以人为本，同提高人民群众物质文化生活水平结合起来,切实维护人民群众的文化权益,让人民群众共享蜀道文化线路保护的成果。只有动员广大人民群众踊跃投身蜀道文化线路保护之中,蜀道文化线路保护与申遗才具有广泛的社会基础和群众基础,才能获得真正意义上的成功。

第三,形成合力,共同推动蜀道文化线路保护与申遗工作顺利开展。

文化线路作为文化遗产的一个新的类型,所提出的保护规范涉及跨地域保护和综合考虑文化遗产价值,提倡共同努力、联合保护。川、陕两省都是文物大省,也都有着世界文化遗产保护与申遗的经验,在蜀道文化线路的保护与申遗工作中更需要相互支持、配合,步调一致。要按照蜀道文化线路保护与申遗工作座谈会的要求,在两省间尽快建立蜀道文化线路保护与申遗管理协商机制,组建蜀道文化线路保护与申遗城市联盟,在川陕两省各明确一个牵头城市,设立办公机构,统筹协调蜀道文化线路保护与申遗的各项工作。

蜀道沿线各级政府要切实负起领导责任,将蜀道文化线路保护与申遗工作纳入重要议事日程,成立省、市政府主导的蜀道文化线路保护与申遗工作领导小组,文化、文物、国土、建设、财政、交通、水利、旅游、农业、林业等相关职能部门为成员单位,统筹协调蜀道文化线路保护与申遗的各项工作。明确保护与申遗的工作目标、阶段性任务和实施进度,突出重点,科学处理保护与发展的关系,及时研究解决工作进展过程中存在的重点、难点问题。

充分发挥专家在蜀道文化线路保护与申遗工作中的业务指

导作用。蜀道文化遗产的保护涉及多个领域、多个专业，各个层次的蜀道保护与申遗领导机构都应设立专家委员会或专家组，吸收文化、文物、交通、环保、城建、旅游等方面的专家参加。专家委员会或专家组要参与到文化遗产的认定、保护规划的编制、维修方案的制定、申遗文本的起草等各个环节的工作。组织专家学者从专业角度对蜀道文化线路保护、展示、管理和申遗等各项工作提供专业咨询。

第四，精心组织，扎实推进蜀道文化线路保护与申遗的基础工作。

摸清家底，是蜀道保护与申遗的基本前提，也是保护与申遗面临最大困难与挑战。川陕两省要努力创造条件，积极开展蜀道专项资源调查，逐步掌握蜀道保护与申遗工作的对象和范围，搞清遗产构成和保护状况，并着手绘制秦蜀古道历史地理地图，为科学编制保护规划提供翔实的依据。蜀道文化线路作为承载多元素、多内容、多维度的时空长廊，保护与申遗工作涉及多学科领域。因此，要组织相关学科的专家学者从不同角度深入研究蜀道文化遗产，科学评估蜀道文化遗产价值及其真实性和完整性，不断创新蜀道保护与申遗的思路与方法。

编制切实可行的整体保护规划，依照规划保护蜀道文化遗产本体及其周边环境，是推进蜀道文化线路保护与申遗工作深入开展的关键举措。川陕两省及沿线城市应在摸清家底的基础上及时开展《蜀道文化遗产保护规划》的编制工作。在编制规划的过程中，要以相关的法律法规为准绳，以考古调查的第一手资料为依据，贯彻“保护为主，抢救第一，加强管理，合理利用”的方针，精心组织，严密论证，切实保证规划的科学性、规范性、严肃性、权威性。制定出符合本地区实际的蜀道文化遗产保护规划，确保规划具有可操作性。

同志们，让我们共同努力，不辱使命，为蜀道文化线路的保护与申遗工作，为传承优秀传统文化、建设社会主义文化强国作出新的贡献！

谢谢大家！

和谐世界与文化自觉

——在巴西里约热内卢中华文化讲坛上的演讲

（2012 年 12 月 22 日）

当今世界综合国立之争，表面看是经济科技军事力量对比，而深层次是文化软实力的竞争。什么是软实力，软实力简单说是吸引并说服别人的能力，是使人相信你、景仰你、跟随你的能力。美国哈佛大学肯尼迪政府学院教授，“软实力”概念创始人约瑟夫·奈：软实力三个来源：文化（对他国吸引力）；政治价值观（内外事物中遵循的理念）；对外政策（是否正当、合理）。中国具有传承五千年的中华文化，确实是一个文明古国，文化资源大国，但我认为还称不上文化强国。反而仅仅有二百多年历史、文化资源稀缺的美国，其文化影响力、竞争力、软实力、巧实力，在全世界独一无二，不乏跟随者、吹捧者。如借助电影、电视，掌控全球的形象塑造，激发人们的梦想和欲望。德国时代周刊主编约菲：美国软实力甚至强于他国经济、军事优势，美国的文化无论是通俗和高雅都向外散发着炽热，且形式新颖、迂回，美国的软实力才真正造就了一个“日不落帝国”。这一软实力的美国现象值得认真研究。比如美国有对各种人才的包容、吸引、聚集的机制,以及无拘无束的创意氛围,可以说人的智慧这一取之不尽的资源,成就了美国文化强国,他的文化渗透无处不在。构成了他“软实力征服”战略。以实行文化单边统治,形成新的精神殖民。我们要高度警惕。

当然,美国911以后经历了阿富汗、伊拉克两次战争,2008年又引发了全球金融风暴,其后的斯诺登事件等等,软实力已大大削弱。而中国的软实力如独特的传统文化对世界的吸引力;倡导国际合作、和谐世界的理念,很得人心;稳固的政治控制力加市场经济使国家持续稳步发展都吸引着世界许多国家。尤其是以习近平同志为总书记的新一届领导治国理政及外交策略多方面展示大国软实力的提升。

如何构建起与经济跃居第二相匹配的文化体系?十七届六中全会和十八大关于文化体制改革促进文化繁荣发展的阐述都在回答这样一个命题:增强文化的自觉、自信、自强,增强文化软实力,建设社会主义文化强国。以中华文化的现代价值,提倡不同文化的尊重、包容、互补,克服因文化隔阂给人类生存带来的威胁。

如何解决多元文化、多元人文价值状态下,能够把经济全球化推向包括人文价值在内的真正全球一体化的理想境界,这将是中华文化做为正能量对世界和谐的巨大贡献。

一、中西文化各有特点

1. 中华文化的基本价值取向

中国的传统文化向来深具魅力,我首先向大家介绍几个中华文化的基本元素。

(1)推己及人与己所不欲勿施于人

中国人文主义的一个关键的概念是“仁”。儒家给“仁”下的定义是“仁者爱人”,它是从爱自己的亲人出发的。但是孔子认为不能只停留在爱自己的亲人上面,要推己及人,“老吾老以及人之老,幼吾幼以及人之幼”,要使“鳏寡孤独废疾皆有所养”,儒家理想的大同世界是一个人人都能实现自我价值、保障健全、民生幸福的社会。孟子说:“亲亲而仁民”,“仁民而爱物”,就是你不仅要爱自己的亲人,还要爱其他的人;不仅要爱人,还要爱世间的万物,爱整个自然界。同时,孔子还强调“己所不欲勿施于人”,就是要将心比心,不要将自己的意志强加于人,并以此作为伦理的底线,我认为推己及人,“己所不欲勿施于人”应作为人类的普遍共识,因为它同样适用于处理当今的国与国之间关系。儒家的仁爱,与墨家的兼爱,佛教的慈爱,基督教的博爱,表达的都是人类的一种普遍情感,也是一种共同的价值。

(2)和合文化与合作精神

中国文化是多民族创造的,中华民族你中有我,我中有你,所以这种文化是多元的、开放的、丰富多彩的,具有很强的包容性。中华文化强调“和则生物,同则不继”,认为“不同”是事物发展的根本,差别是社会发展进步的动力。“和而不同”是中国传统文化一个重要的核心,其主张是一种非常高的境界。我以为对待不同也就是“异”有三种境界:党同伐异(不可取);求同存异(基本要求);敬其所异(是最高境界)。只有对差异的尊重才能真正团结大多数,才能体现统一战线的本质。古人云:声一无听，色一无文，味一无果，物一不讲。意思是只有一种声音不会好听，只有一种颜色就没有文采，只有一种味道不会好吃，只有一个物质就讲不出好坏。没有异何以求同呢？习总书记对民主党派讲："共产党要听得进尖锐的批评。"体现的就是求同存异，敬其所异的境界。"和"的主要精神就是协调"不同"，探讨诸多不同因素在不同的关系网络中如何共处，达到新的共识。以代表中华文化的儒释道对和谐的诠释为例，儒家立论的基础是人与他人的关系和谐，"与人为善"，"君子和而不同"，"以和为贵"，"万物并育而不相害，道并行而不相悖"，所有不同的道理，包括宗教信仰，不一定要互相排斥，都可以共同发展。道家立论的基础是人和自然的关系和谐，讲究"天人合一"、"有容乃大"，道家学说的创始人庄子的最高理想是"太和万物"，使世界达到最完满的和谐。而佛教主张的是每个人的人心和谐，心和则气和，气和则人和，人和则众和。心和是社会和谐的基因。佛寺中的和尚就是以和为尚的意思。在中国的寺院道观中，儒释道等不同宗教的偶像可以同时出现在同一个庙堂之上，三教合一、两教合一的现象并不少见。这种不断追求和而不同，谋求发展的精神，是中国文化面向世界的根本精神。

同时，中华文化强调的是一种集体合作的社会精神，要求牺牲个人利益来维护集体的利益，以实现社会的普遍和谐，这一文化传统将使中国以国际社会负责任的一员的身份出现在世界舞台上，中国的发展注定是和平的，不会与其他文化形成对抗、对其他国家和民族的发展构成威胁。而这一文化的负面作用直接导致了中国社会成为熟人社会、人情社会、关系社会，而影响了法治精神和法治国家的建立。

(3)“天人合一”的宇宙观

在中国的人文主义中,“天人合一”思想也是中华传统文化的核心价值理念之一,即人是自然的一部分,人与自然是生命共同体。所以,早在2500年前,孔子提出了两个观念,一个是“知天”,一个是“畏天”。知天即认识自然界及其规律,借助自然资源获得人类赖以生存的渔猎之利、舟楫之便乃至社会福祉。畏天是对自然界有所敬畏,尊重自然规律、顺应自然规律,自觉尽到反哺和保护自然之责。道家更认为宇宙是宏观的人体,人体是微观的宇宙,人类只有与自然和谐共生才能生存更长久,才有美好的前途。“天人合一”的宇宙观及人与自然和谐的理念,倡导地球是人类共有的,不是哪个人的、哪个国家的,大家都要生存,就不要你争我夺。在大自然面前,就要超越意识形态有和平共生的境界,不同宗教、信仰、制度都无大碍,只有这样才能保护自然,避免战争,永葆和平。

生态文明已作为五位一体纳入国家整体布局,生态文明我理解不是简单的科技、道德方面问题,而是一个深层次的文化问题,天人合一的宇宙观就是生态文明的文化基础之一。中华传统文化秉承天人合一的核心价值,几千年来中华文明才能在漫长的人类历史中绵延数千年而未曾中断。

2. 中西文化都对人类发展作出了巨大贡献

人的价值观不同,对人的理解不同,这是中西文化的一个根本差异。我认为,每种文化的存在和价值本身都有其合理性与适应性,西方的价值观和东方的价值观都有各自优秀的方面,都值得尊重，都应该得到继承。

我们知道，西方资本主义社会自从18世纪的启蒙运动以来已经有300多年的历史，这也是他们走向现代化的历史。正是启蒙运动标示的“张扬个性”或“个性解放”的口号，才使人的自由权利得以释放，有了自由才有创造力，才有了自由经济的长足发展，这成为推动人类社会进步的巨大动力。同样，我们也肯定西方近代倡导的民主、平等、人权的思想的积极意义，这些理念不仅在西方国家被置于社会价值的最高端，成为塑造西方人文价值的软实力，也影响着世界文明的进程。事实上，西方的人文主义者也认识到了在全球化的背景下，资本主义现代社会的极端个人主义、自由化的畸形发展产生了很多文化的危机，以致金融、经济危机。而中国文化与西方文化有着非常重要的互补性，他们希望借助中华文化价值理念和古老的东方智慧，通过平等对话，让不同文化在对话、沟通中取长补短。我认为，跨文化交流不是哪一方说服对方，统一对方的思想，而是在交流碰撞中产生新的思想火花，以解决世界面临的共同难题。

二、文化自觉是个艰巨的过程

1. 文化自觉概念的提出

20世纪中国杰出的社会学家、人类学家费孝通教授（1910～2005），针对全球化、现代化进程中人类所面临的共同挑战，特别是由于文化差异引起的种种冲突与对抗，以其敏锐的观察和深刻的思考，提出了“文化自觉”的命题。按照费孝通教授对“文化自觉”的理解，主要有以下两个层面的涵义：

（1）文化自觉是指生活在一定文化中的人对自己的文化有“自知之明”，明白它的来历，形成过程，所具的特色和它发展的趋向。在这里，费孝通教授特别指出，文化自觉不带任何“文化回归”的意思，既不是要“复旧”，同时也不主张“全盘西化”或“全盘他化”。“自知之明”的目的是为了加强对文化转型的自主能力，取得接纳他种文化的自主地位。

（2）文化自觉是一个艰巨的过程，在认识自己的文化的基础上，理解所接触到的多种文化，才有条件在这个正在形成中的多元文化的世界里确立自己的位置，然后经过自主的适应，和其他文化一起，取长补短，共同建立一个基本秩序和一套各种文化都能和平共处、各抒所长、联手发展的共处守则。在这里，费孝通教授讲到了文化自觉的路径和所要达到的目标。

为了进一步阐发文化自觉的观点，费孝通教授将其概括为一句话、16个字：“各美其美，美人之美，美美与共，天下大同。”“各美其美”就是不同文化中的不同人群对自己传统的欣赏。“美人之美”就是要求我们能够包容不同价值观念的文化多元并存，并在了解不同文化的基础上尊重和欣赏其人文价值。“美美与共”强调各种人文类型的文化都有其优势和独到的价值，都是人类文明不可或缺的组成部分，在世界全球化进程中，不同文化只有通过在共同合作和交流中取长补短，形成广泛的共识，才能促使不同人文类型的人群和平共处。

2. 文化自觉必须建立在自身文化传统的基础上

中华民族有五千年文化史，三千年文明史，而且从未中断过，就在于她在传承我们传统文化的优秀成分的基础上，兼收并蓄、不断地吸收其他文明的精华，使自身永葆活力。这要求我们对自己的文化要有充分的了解，重新认识和理解什么是我们文化真正有价值的东西，什么是我们文化的基本精神，哪些是精华，哪些是糟粕，哪些是应该抛弃的陈腐的、落后的东西，哪些是应该发扬、继承的优秀传统。保护和传承自己的文化，不是为了排斥其他文化，而是为了有能力更好地吸收其他文化。事实证明，这种文化的主体性保护得越好，发挥得越好，就越有能力吸收外来文化优秀成分；相反，如果你丢失了你自身文化的主体性和本源的话，你就没有能力去吸取其他文化优秀的东西，而只能是外来文化的一些皮毛或不健康的东西。这正是费孝通教授强调的文化转型的自主能力和新时代文化选择的自主地位。

3. 海纳百川、博采众长是中华文化的优良传统

中华文化面向世界，与他种文化进行对话沟通已有悠久的历史，其中不乏成功地学习、吸收和改造外来文化的例子，海纳百川、博采众长是我们的一个优良传统。

不同文明之间的交流，过去已经多次被证明是人类文明发展的里程碑。中华民族善于把其他民族文化优秀的成果“拿来”，进行文化创新，在中国历史上，正因为从东汉（公元25年~220年）开始一直到隋（公元581年~619年）唐（公元618年~907年），我们充分吸收了印度的佛教文化，才有了中国的宋（公元960年~1279年）明（公元1368~1644年）理学，中国的文化得到了一次重大的发展。印度佛教是全方位传入到中国的，中国真正吸取印度文化、印度佛教文化花了一千年的时间，才使中国把印度佛教消化到中国自身的文化当中，使佛教的思想更

加丰富和厚重,其原因就是它充分吸收了道家思想和儒家思想的内涵和精华,使佛教文化与中华文化一脉相承,水乳交融,是和而不同境界的典范。所以我们现在说中国传统文化是儒、释、道三家,我们从来也不觉得佛教不属于自己的文化。

中国吸取西方文化才一百多年,那么怎样才能真正消化西方文化,使得西方文化成为自己非常重要的组成部分,这需要了解西方文化的基本精神,也就是西方文化中真正有价值的东西,以弥补或者修正自己文化中的不足之处。比如启蒙运动所倡导的民主与法治精神。18 世纪以后,西方法治社会越来越健全,它们的生产、生活方方面面都有法条管着,违法必究的铁律深入人心。完备的法律体系覆盖各种社会关系,规范各种社会行为。所谓西方文明可以说是法制管出来的,而中国还在一味地讲"修身、齐家、治国、平天下","自天子以至于庶人,壹以修身为本"那一套的理论,因为我们以修身为根本,一切从感情出发,把人情看作最重要的东西,那么在中国建立民主与法治就很困难,所以中国从古以来基本都是人治的社会而非法治的社会。主要就是我们缺乏法治的思想,而且更糟糕的是有法不依,为什么会这样呢? 人情在起作用,情大于法。从此可以看到,西方文化对中国文化有非常重要的互补性,它像一面镜子,为我们提供了更好地审视和更深刻地了解自己文化的外在视角,以克服我们自身文化的短板和弊端,这将是漫长,艰巨的文化自觉的过程。多年来,我们积极借鉴人类政治文明的有益成果,提出依法治国的执政方略,并成为全体人民的共同价值追求,十八大更倡导富强、民主、文明、和谐,倡导自由、平等、公正、法制,倡导爱国、敬业、诚信、友善，主张依法治国与以德治国相结合，道德约束与法律约束相辅相成，道德约束不轨之心，法律约束不轨之行，缺一不可，这也是中西文化价值互补的一个实证。

4. 推动不同人群在人文价值上取得共识

文化表现为方式，文明体现着价值。任何文明的背后，都有价值观来支撑。至于如何实现这些价值，不同民族、不同时代有不同的方式，这就是文化。所以，文化可以存异，文明应该求同，与世界文明接轨。文明求同，是因为人心相同，人同此心，心同此理。文明，讲的就是那个共同心理，即核心价值。世界文明，则应该体现人类的共同之理，即全人类都认同的价值和核心价值，而只有人类的共同价值，才最有价值。只有以人类共同价值衡量社会实践才能取得成功。

我们注意到，西方正在发生很多变化，如建构性的后现代主义思潮出现，他们主张用中国思想文化来丰富和改造西方的思想文化。如过程哲学大师怀特海提出“人和自然是个生命共同体”，与在西方长期流行的“天人二分”的理论截然不同，他们反对人和自然对立，提出引入生态主义，这个思想无疑与中国的“天人合一”思想有着密切的关系。比如，建构性的后现代主义提出的第二次启蒙的口号“关心他者”“尊重差异”。“关心他者”的思想如果用中国儒家语言来表述，就是“仁者爱人”，要推己及人；“尊重差异”，正是儒家思想所主张的“万物并育而不相害，道并行而不相悖”。再如，中国传统文化是从社会角度来定义人的，而西方近现代社会特别重视人的自由权利。但是，后现代主义同样意识到，当个人的自由权利或某一个国家的、民族的自由权利被滥用,在一定情况下会变成了其依仗霸权强行把自己的价值观推销给其他民族的口实,会对其他人的自由权利或者其他国家的、民族的自由权利构成威胁和遏制,以至于侵犯,而中国的传统文化中包含着非常富有价值的人权思想,因为它强调人对社会、对他人、对自然界的责任,所以后现代主义主张建立责任公约,使得人权公约的观念更加丰富,而且更加合理,更加对建设健康合理的社会起到一定的作用。

这说明,人类有着共同要解决的问题。如何解决人类面临的共同问题,道路可以不同,方法可以有差异,但是目标是一致的,只有承认在不同思想文化传统中都能找到大家可以接受的东西,都有对人类社会积极贡献的部分,都具有普遍价值的因素,不同国家、民族之间才可以求同存异、美人之美,互相吸收和消化不同民族文化传统的优长,逐步通过沟通、宽容、互补,获得更多对利益和价值的共识。而这种共同思想、共同价值越多,对人类社会越好,人类社会才能拥有一个理智的情怀,不同类型的文化才能克服彼此的隔阂,走向人类可以共同向前发展的道路,人类才能迎来一个美好的明天和未来,也就是中国倡导的和谐世界。我一直认为在国与国之间关系三条纽带中,政治纽带不牢靠,飘忽不定;经济纽带时聚时散,有利益导向;唯有文化纽带能够超越政治分歧和经济利益,是永恒的。

砥砺以行，殚精以思*

冯老是我敬重与景仰的前辈。虽然他已谢世有年，但他道德的高洁、思想的深刻、肝胆的磊落、文字的犀利，无时无刻不在潜移默化地影响和感召着我们。

记得几年前群言出版社出版的《风雨兼程》，是重庆的刘明华同志为冯老写的传记。风雨兼程——正是冯老一生踽踽独行，不畏艰险、执着探索的真实写照。如果一定要给冯老不平凡的人生做个恰如其分的评价，我想，可以用十六个字——有品有守，有胆有识，砥砺以行，殚精以思。

冯老是著名爱国民主人士、社会活动家、中国共产党的亲密朋友，他从青年时就投身中国的民主事业，是风云激荡的时代变迁中统一战线与民盟历史的许多重大事件的参与者、见证者和书写者。他始终视个人与国家民族的命运休戚相关，即使经历无数坎坷、非难与挫折，都没有丝毫动摇他对中国共产党坚定的政治信念，没有改变他爱祖国、爱人民、爱民盟的炽烈情感，没有

---

* 本文为《冯克熙文选》（群言出版社 2012 年版）序言。

湮没他基于责任与良知的批判精神和苦心孤诣地独立思考的天性。他是当代知识分子的时代风标，在他身上体现了中国历代知识分子所推崇的道义、名节、良知与风骨。

今天，重庆民盟将冯老的这些思考——他的言论、感悟、文章、讲话选编成册由群言出版社出版，又为民盟的思想宝库增添了一颗璀璨的明珠。

以智慧与敏锐作理性之思考，以胆识与担当发时代之心声，这是通读冯老《文选》后总的感受。冯老的思考涉及中国政党政治、统战理论、民主法治、文化教育、知识分子问题，涉及中国改革开放和现代化进程，涉及如何继承优良传统、光大民盟精神。

见人所未见，想人所未想，言人所未言，是冯老的秉性与特质，这样的思想火花在他文章和讲话中俯拾即是。在阴霾刚刚过去的 1978 年，在一个还可能因言获罪的特殊时期，他以卓越的胆识写就令人振聋发聩的《现代中国与中国的现代化》一文，反思惨痛教训，呼唤思想解放，勾画现代蓝图。为那个时代“春天的故事”增添篇章。1996 年，在罗隆基先生百年诞辰之际，他以翔实而令人信服的资料，写出了《不堪回首，又应当回首》的祭文，实事求是地评价了罗先生对中国民主革命的历史贡献，罗先生“要之死日，是非乃定”的绝响，一石激起千层浪，呼唤人们对那段特殊历史环境下知识分子沉痛遭遇的同情与反思。2003 年 7 月，他以耄耋之年、病弱之躯，再次提出“以诚相召、以信相守、以情相感，是统一战线的精神支柱”的精辟见解，在全盟上下，以至统一战线各界产生了深远的反响。

冯老的思考，不只停留在理论上，而是源自他在多党合作事业中的长期实践、探索和总结，因此往往能切中时弊，有的放矢。他提出忧患意识是建设意识，倡导民主党派要讲真话，做诤友，“能言则言，不能言则少言，绝不谄言；能为则为，不能为则少为，绝不胡为”。他十分关心年轻盟员的成长，殷殷寄语要在知识上超越，专业上精进，人品上拔高。对于在改革开放新形势下民主党派成员内存在的功利化、行政化、非知识化的倾向与苗头，冯老有着非常清醒的认识，并指出这已在不同程度上给民主党派、统战文明提出了挑战。

知识分子问题是冯老长期关注的问题。早在1957年春，冯老就提出“知识分子的问题在哪里”，欣欣于知识分子的进步，指出知识分子的问题与前路。他一向强调知识分子的风骨和良知，要求知识分子“使命感超越功利感”，对知识分子良知沉沦现象，他痛心疾首，认为是知识分子的悲哀。他说：“知识分子应当自勉、自重，不能自满、自沉”；对知识分子良知复苏，他大声疾呼：“知识分子不仅是知识上的，更是人格上的；不仅是语言上的，更是操守上的”；“我们可以做一个有缺陷的知识分子，但必须是个有良知的知识分子”。其见解之深邃、视野之超前，今天读来，依然具有警示和教育意义。

冯老的这些观点、言论，没有大话空话，都是他一生所坚守的、所追求的和身体力行的，清清白白做人，老老实实讲话，认认真真干事，他既是这样谆谆教诲别人的，而首先更是他自律的座右铭。冯老的嘉言懿行就像一面镜子，不仅在“修身、齐家”中反观自身，而更多的是在民主党派的自身建设中、在多党合作的实践中让我们大家深刻地检讨和反思自己。在这些平实而朴素的道理背后,足见冯老有品有守的真正知识分子的风范。

冯老留下的精神财富属于民盟,也属于整个统一战线。

人的生命是有限的,而思想是永恒和不朽的。正如冯老所说:“人类的全部尊严在于思想”。提笔至此,我心中想着又一个“春天的故事”。就在昨天,“两会”闭幕时,温家宝总理中外记者会上回答了14位记者提问,向世界传递中国信心。最后几句话更值得深思:“历史告诉我们,一切符合人民利益的实践,都要吸取历史的经验教训,并且经受住历史和实践的检验”。我坚信历史车轮滚滚向前,文化大革命的悲剧绝不会在共和国的土地上重演。

今天我们纪念冯老,就是要像他那样做改革的促进派,理性谋国,良知铸魂,成为一名无愧于时代的知识分子。

附录

访谈·报道

以花为媒，让世界更多了解中国*

——张梅颖副主席赴荷兰出席世界园艺博览会中国馆日活动纪实

应2012荷兰世界园艺博览会组委会邀请，全国政协副主席、中国花卉协会名誉会长张梅颖一行于5月19日至24日赴荷兰出席第六届世界园艺博览会中国馆日活动，并过境德国。全国政协人口资源环境委员会副主任、中国花卉协会会长江泽慧，人口资源环境委员会驻会副主任庄国荣陪同访荷。

春末的荷兰，花团锦簇，风清日丽。在庄严的中华人民共和国国歌声中，伴随着冉冉升起的五星红旗，5月21日正午，2012荷兰世界园艺博览会中国馆日活动在荷兰东部城市芬洛隆重举行。全国政协副主席、中国花卉协会名誉会长张梅颖宣布中国馆日活动开幕。中国馆日活动内容丰富多彩，包括参观中国园、“荷兰生态文化地标”揭幕、2014青岛世界园艺博览会推介和签约以及精彩的彝族文化艺术表演等。荷兰参议院前议长范

---

* 原载于《中央盟讯》2012年第3期。

德林登,2012荷兰世园会组委会主席嘉伯,荷兰世园会执委会主席保罗·贝克,荷兰林堡省省长鲍文斯,荷兰世园会各参展国代表,以及国内外花卉企业代表1000多人参加了中国馆日活动。

中国馆日活动开始前,张梅颖副主席分别会见了世园会组委会主席嘉伯先生和荷兰参议院前议长范德林登先生。在会见嘉伯先生等组委会官员时,张梅颖副主席阐明了中国园、花卉文化与中华民族传统文化的关系。她说,“中国园”是中国政府在荷兰世园会举办地林堡省芬洛市建设的面积最大的国家展园,她以苏州园林代表——拙政园内的“远香堂”的结构和环境为特征,将古典造园艺术与花卉产业和花卉文化相结合,传达天人合一、人与自然和谐相处的中国传统文化思想。她希望荷方做好“中国园”的后续管理工作,使之成为永久展示中国作为世界园林大国良好形象、让世界了解中国的窗口。

张梅颖副主席高度评价荷兰以郁金香培育为特色的高效农业产业化模式,指出荷兰是绿色发展的成功典范,值得中国认真学习和借鉴。她说,中国有着“世界园林之母”的美誉,花卉资源丰富,栽培历史悠久,鲜花寄托着中国人民热爱和平和对美好生活的向往。比如牡丹,象征着雍容华贵、国运昌盛;荷花象征着出淤泥而不染的高贵气质;菊花、梅花傲霜斗雪,象征着中华民族坚韧不拔、自强不息的精神品格。张梅颖副主席强调,当今世界国与国之间的交往,有政治、经济、文化三条纽带,只有文化纽带是持久永恒的,富有民族特色与独特魅力,相信不断加强包括花卉文化在内的中荷文化交往,就能够保持中荷友谊地久天长。

在与范德林登会谈时,张梅颖副主席说,今年适逢中荷建交40周年,胡锦涛主席与荷兰领导人刚刚互致贺电,标志着中荷关系进入了一个新的阶段。近年来,双方高层交往频繁,政治互信不断加强,经贸合作富有成效。2011年,中国全国政协主席贾庆林访荷,不久前,中国全国人大委员长吴邦国刚刚结束对荷兰王国的访问。目前,中荷双边经贸额已达680亿美元,荷兰已连续9年保持中国在欧盟的第二大贸易伙伴地位,两国还积极开展在农业、人文领域的务实合作,特别是互派青年留学生等教育交流为增进两国人民的了解和友谊奠定了基础。

张梅颖副主席还特别向范德林登前议长介绍了中国目前的经济形势以及结构调整的进展情况。她说,中国经济发展速度放缓了,但质量效益正在改善,这是我们希望看到的结果。她强调,运用市场规律调节经济运行速度是一种科学发展的方式。中国目前采取四项措施:一是坚持稳中求进的总基调;二是包容性增长,发展目标要惠及13亿人民。比如,我们基本社保覆盖面达到100%,基本医保达到95%以上;三是拉动内需,刺激消费,稳定出口,推动服务业的增长。四是增强宏观调控的针对性、灵活性,大力发展实体经济,特别是要加大对中小企业、微型企业的政策扶持力度。

张梅颖表示,欧盟是世界最大的经济体,欧盟保持稳定对包括中国在内的世界经济有重大影响。中国支持欧洲一体化,支持维护欧元区稳定,对欧洲经济、对欧元有信心。中国仍将力所能及参与国际社会解决欧债危机问题,中欧经贸领域合作前景广阔，双方应同舟共济，共谋发展。范德林登对此表示赞同。

张梅颖副主席还到中国驻荷兰大使馆官邸，看望慰问了驻荷外交人员。访荷期间，张梅颖副主席还专门考察了林堡省花卉种苗企业和蔬菜企业。中国驻荷兰王国大使张军全程陪同。过境德国期间，中国驻德国大使吴红波、驻法兰克福总领事温振顺等会见或陪同张梅颖一行考察。

必须把财政性教育经费用在刀刃上*

——张梅颖副主席在贵州省开展促进教育公平发展视察纪实

9月18日至25日，由张梅颖副主席带队的民盟中央与全国政协办公厅委员视察团在贵州省贵阳市、黔西南州布依族苗族自治州、黔东南苗族侗族自治州就“科学使用财政性教育经费，促进教育公平发展”开展视察。张梅颖强调，要建立稳定增长的教育经费投入机制，着力推进教育均衡发展，确保4%的财政性教育经费投入用在刀刃上；进一步优化城乡之间和中西部之间教育资源配置，促进教育公平发展。

张梅颖副主席参加了在贵阳市和黔西南州的视察活动。她认真听取了贵州省政府谢庆生副省长的汇报，先后视察了贵州省花溪大学城贵州师范大学与财经大学校区，贵州民族大学，贵阳一中、兴义中学，以及兴义市高级职业中学、则戎乡中学、向阳小学、坪东小学等各级、各类教育机构。张梅颖副主席不辞辛

* 原载于《中央盟讯》2012年第5期。

苦，率先垂范，每到一地，都进教室、下食堂，察看学生宿舍，亲切地与学校负责人交流座谈，全面了解情况，深入研究问题，并提出指导性意见。

新增财政经费要重点用于“填谷”

在社会各界的多年呼吁和各级政府的共同努力下，今年财政性教育经费占 GDP 的 4% 的目标将如期实现。届时全国财政性教育经费总额为 2.2 万亿元，比去年新增 5000 亿元。如何分配和用好这笔经费，是这次委员视察的重点。

“新增财政经费要填谷而不是造峰”。针对政府财政性教育投入方向、结构不尽合理，浪费与不足现象并存，形成地区间、校际间差距不断拉大的问题，张梅颖反复强调这样的观点。她指出，要改革现行财政性教育经费投入机制，以县乡为主的义务教育保障体系，使得义务教育阶段办学条件和标准很大程度上取决于地方财力，成为义务教育发展不均衡的根本原因。新增财政性教育经费要重点向贵州这样中西部老少边穷地区、向弱势群体、向城乡薄弱学校倾斜，使广大受教育者平等享有接受教育特别是义务教育的权利，促进在起点上的教育公平。

长期以来，贵州偏远农村地区特别是少数民族聚集地区，山高坡陡，地广人稀，师资力量薄弱，一直成为制约当地中小学义务教育阶段教学质量与水平的瓶颈。要解决从“上学难”到“上好学”的问题，建设农村寄宿制学校是目前阶段的现实选择。张梅颖充分肯定贵州把大力加强寄宿制学校建设作为推进义务教育均衡发展的基础性工程，实现“校校有食堂，人人吃午餐”的目标。在位于贵州省一类贫困乡镇、被称为“贵州的沙石峪”的兴义市则戎乡中学，张梅颖仔细询问有多少寄宿生能够领到生活补助，食堂饭菜能否满足孩子们身体发育的需要，当校领导介绍该校寄宿生占到学生总数的87%，80%的寄宿生享受了每人每年1250元的贫困寄宿生生活补助，学校实行精细化管理，保证学生吃得饱、住得好时，张梅颖露出了满意的笑容。

兴义市坪东小学是接收进城务工农民随迁子女就读比例较高的学校，随迁子女占全校学生总数的35.4%，占全市进城务工随迁子女人数的8%。学校克服教育资源不足、班额过大、进城务工随迁子女管理难度大等困难，采取多种措施保障进城务工随迁子女平等接受义务教育的权利。学校还建立随迁子女档案，有针对性地为他们开辟美术、体育、音乐、舞蹈等第二课堂，提供午餐服务，同时加强心理疏导，帮助他们树立自尊和自信，尽快融入集体。张梅颖对坪东小学的做法和经验给予了高度评价，指出把钱花到这样的学校上是值得的，并嘱咐随行的地方领导要加大对学校的支持力度，帮助他们解决资金困难。

兴义市高级职业中学给张梅颖留下了深刻的印象。首先，是学校对职业教育的认识很到位，大张旗鼓地宣传职业教育是脱贫、富民的教育，是培养直接创造社会财富的实用技术人才的教育，同时也是国家助学金重点支持的项目；其次是这个学校定位很准确，就是面向市场，紧密结合当地经济社会发展的需要，灵活设置专业，出口决定入口，目前这个学校就业率达到98%以上，毕业生受到用人单位的广泛好评。张梅颖指出，在贵州这样贫困人口多的省份,大力发展职业教育,应该作为解决贵州省目前高中阶段入学率偏低、每年尚有23万左右的初中毕业生不能接受高中阶段教育的主要途径,这也符合贵州省的经济社会发展的实际,有利于解决大量农村剩余劳动力转移就业和国家实现产业转型升级的问题,有利于在全社会树立正确的成功与成才观,形成天生我材必有用的社会与舆论氛围。

贵州高等教育发展要注意借鉴前人的经验

花溪大学城也是委员视察的一个重点。由于贵州教育整体水平的落后,贵州没有赶上全国高校扩招与快速发展的末班车。因此,贵州省委、省政府决心通过打造大学城,达到2020年高等教育毛入学率40%的目标,为贵州实现后发赶超储备人才资源。花溪大学城从2011年3月开工建设以来,总体完成投资不到1/3,现在遇到最大的问题是资金的瓶颈问题。张梅颖对贵州省提出的将化解高校债务产生时限予以延长的要求表示充分理解,认为在贵州这样一个边远落后的民族地区,应该由国家重点支持建设几所特色鲜明、紧密服务地方经济社会发展的高等院校,以满足贵州省经济社会快速发展对人才的需求。同时,张梅颖也指出,贵州高等教育发展要注意借鉴前人的经验,适度控制规模,提高质量,走内涵式发展道路。大学城的建设应当立足于资源共享,优势互补,不要搞大而全和重复建设工程。张梅颖表扬了贵州民族大学坚持以特色立校,在传承、弘扬和保护民族文化方面所做大量卓有成效的工作,指出大力发展民族教育,不仅有利于实现各民族的共同繁荣,也有利于不同文化的包容、理解和互相尊重,在促进贵州各民族的团结进步方面发挥了不可替代的作用。

教育观念要正本清源

在贵州省、黔西南州的情况汇报会上,张梅颖还深刻剖析了当前教育体制存在的种种弊端和乱象,系统地阐述了自己的观点。张梅颖指出,首先要进一步深化教育体制改革,教育体制改革远远落后于经济体制改革,极大制约了当地的经济社会发展;二要对教育中存在的一些似是而非的观念正本清源,所谓不能让孩子输在起跑线上的口号,误导了家长和社会,超越儿童发展阶段的超前教育使孩子承受着沉重的童年。因此,要因人而异,因材施教,真正按照教育规律办人民满意的教育;三要逐步完善教育的社会经济政策,深化用人制度改革,建立完善多元的、以能力为核心的选人用人制度,要改变政府在教育方面的政绩观,建立科学的考核制度和评价体系;四是教育改革的核心是要让所有的孩子通过多元教育,都能在社会中找到相应的位置,营造"人人感到平等、人人感到成功、人人都有贡献"的舆论与氛围,因此要重视发展职业教育和民办教育,推动我国教育事业的改革与发展。

视察团副团长、全国政协常委、民盟安徽省委原主委刘光复等部分盟内委员和专家参加了视察。

中华文化走向世界的新探索

——张梅颖副主席率团出访拉美三国纪实

（2012 年 12 月）

12 月中旬，时值我国大部分地区天寒地冻的季节，而在地球另一端的南美大陆，却是烈日炎炎，冰火两重天。

应巴西众议院、秘鲁国会和委内瑞拉全国代表大会的邀请，2012 年 12 月 13 日至 27 日，全国政协副主席、民盟中央原第一副主席张梅颖率全国政协代表团一行 13 人，对上述三国进行了友好访问。其间，张梅颖先后与三国议会领导人进行了会谈交流，并在里约热内卢州长宫举办的中华文化讲座上作了题为“和谐世界与文化自觉”的演讲。访问达到了增进全国政协与三国相关机构的了解与合作、密切人文领域的交流、深化我同三国的传统友谊、进一步推动中拉全面合作伙伴关系发展的目的。

中巴两国的友谊源远流长

12 月 17 日，巴西利亚的天空格外明丽，巨大的沉降式草坪和水面环绕的巴西国会大厦显得巍峨壮观。下午3时许，张梅颖副主席在国会大厦会见了巴西众议院巴中议员友好小组主席茹尼奥尔，众议院教育和文化委员会委员伊萨尔西。

张梅颖说，巴西是个美丽、富饶、神奇的国度，同中国一样，巴西也是一个多民族、多元文化相互包容、和谐共生的国家，在这片土地上孕育了伟大的巴西民族和巴西文化。中国和巴西虽然相距遥远，制度不同，但都为人类文明的发展与进步作出了各自的贡献，两国人民的心是相通的，千山万水隔不断两国人民的友谊。不久前，巴西参议院专门召开特别会议，纪念华人移民巴西200周年，这说明华人凭借他们的勤劳、智慧和善良赢得了巴西社会的普遍尊重。近年来，中巴关系保持良好发展势头，两国高层互访频繁，政治互信不断加深。巴西是世界第六大经济体，极具资源禀赋，中巴经济互补性强，拥有广泛的共同利益和广阔的合作前景。张梅颖指出，中巴友谊基础在民间，未来在青年，而文化交流是双边关系发展的重要载体，希望双方共同努力，扩大包括人文领域在内的各方面务实合作，不断夯实中巴友谊的社会基础。

张梅颖还向主人介绍了中国的多党合作和政治协商制度。她说，人民政协是协商民主的主要渠道，这一制度设计符合中国的特定国情、文化传统和现实需要，具有广泛的代表性和极大的包容性，有利于促进决策的民主化、科学化。张梅颖指出，加强对外交往，增进与不同制度和不同文化的各国人民之间的相互了解和友谊，是中国全国政协的一项重要职能。中国政协与巴西议会都秉持人本主义的理念，以“集中民意、广开言路”为己任，在各自的国家生活中发挥着重要作用。希望双方互相学习和借鉴，积极推动中巴全面战略伙伴关系的深入发展。

张梅颖还简要介绍了中共十八大的情况。茹尼奥尔和伊萨尔西祝贺中共十八大的成功召开，并高度评价中国在经济发展和民生建设发展取得的巨大成就。他们表示，巴中同为世界上重要的新兴经济体，合作潜力巨大，发展全面战略伙伴关系符合两国和两国人民的根本利益，巴西众议院愿同中国人大和政协一道，为增进两国人民的福祉、深化彼此了解与友谊、推动两国关系进一步发展作出不懈的努力。

不同人文类型的文化要平等对话、和平共处

19 日上午，张梅颖副主席在里约热内卢州长宫举办的中华文化讲座上作了题为“和谐世界与文化自觉”的演讲。张梅颖介绍了中华文化的基本价值取向，并阐述了对文化自觉的看法。她指出，中华文化与西方文化有着非常重要的互补性，海纳百川、博采众长是中华文化的优良传统。不同人文类型的文化都有其独到的价值，都是人类文明不可或缺的组成部分，都应该得到保护、传承与发展。只有尊重文化的多样性，承认不同文化都具有普世价值意义的因素，不同国家、民族和文化之间才能够克服由于文化差异引起的种种冲突与隔阂，通过平等对话与沟通，求同存异，取长补短，和平共处，携手应对全球化、现代化进程中人类所面临的问题与挑战，人类必将迎来一个美好的未来和明天，也就是费孝通教授在文化自觉中讲的大同世界、和谐世界。

张梅颖的演讲在巴西政界和文化教育界人士中引起热烈反响,巴方学者还就中华文化和建立中巴教育交流机制等问题踊跃提问,张梅颖一一作了解答。里约州政府、文化、学术界人士,华人华侨,驻里约领团等近200人出席了讲座。

在巴西期间,张梅颖一行还参观了巴西国家图书馆,并向该馆赠送了介绍中国历史文化的图书。

不断加深中秘人民的亲情和友谊

12月21日,秘鲁首都利马,装点着鲜艳的花卉、古典与时尚完美结合的乡村俱乐部酒店,悬挂起中国国旗。上午9点,张梅颖副主席在这里会见了秘鲁国会副主席鲁纳,前国会主席、外事与宪法委员会委员萨尔加多,以及秘中友好小组主席科尔德罗等秘方人员。

张梅颖首先感谢鲁纳副主席的邀请。她说,秘鲁独特的自然景观,历史与现代、本土与外来交融的文化现象给人留下了深刻的印象。秘鲁10%人口有中国血统,因此我们此行也可以说是走亲戚。希望以此为纽带,不断加深两国人民的亲情和友谊,推动双方各领域的合作与交流。张梅颖指出,中秘建交以来,两国关系发展顺利,去年中国成为秘鲁第一大贸易伙伴,双方在能源矿产资源开发、基础设施建设、文化教育等领域具有广阔的合作空间,中方愿进一步巩固和加强两国战略合作伙伴关系,积极扩大对秘相关领域的投资,实现互利双赢。

张梅颖强调,中国改革开放30年取得的成就,其中最根本的经验，就是根据自己的国情特点，走出了一条中国特色的发展道路。她指出，中国政治稳定、政府有公信力、大力发展教育、坚持对外开放、积极推进城镇化与新农村建设，这些因素形成了有利于稳定和发展的氛围与优势。张梅颖还宣介了中国的民主协商制度和中共十八大的情况。

鲁纳和萨尔加多等先后发表了热情洋溢的讲话。他们高度评价中国在经济发展和社会建设方面取得的巨大成就，希望更多地借鉴中国的发展经验，并在扩大投资、贸易多元化与便利化、减贫、技术转让和基础设施建设、旅游、人文领域交流等方面不断深化与中国的合作。

当天上午，胡德平常委在利马里卡多·帕尔玛大学作了中华文化讲座。演讲前，张梅颖副主席同里卡多·帕尔玛大学校长罗德里格斯进行了简短会见，就加强两国文化教育交流交换了意见。

12 月 22 日至 24 日，代表团还访问了南美大陆北部、加勒比海沿岸重要国家委内瑞拉。委内瑞拉是世界主要的产油国之一，中委在能源、金融、基础设施等领域有着广泛、深入的合作关系。在加拉加斯我驻委大使馆，代表团会见了委内瑞拉全国代表大会秘书长塞尔帕及文化部副部长里瓦斯，中方首先表达了对查韦斯总统病情的关切，以及加强多层次、各领域务实合作，发展中委战略伙伴关系的良好愿望。代表团表示要借鉴西蒙·玻利瓦尔青年交响乐团在青少年艺术、品格教育方面取得的成功经验，加强同委开展青少年音乐、舞蹈等领域的交流。塞尔帕表示，查韦斯总统高度重视发展对华关系，在关系中国重大核心利益问题上，委内瑞拉一贯给予中国坚定支持，希望两国有关部门积极开展在能源、文化领域的务实合作，为双边关系增添活力。

代表团此次出访是配合我国外交总体布局，在中共十八大以后我国领导人对拉美地区的一次重要外事活动。代表团主要成员有全国政协常委胡德平（全国政协经济委员会副主任、曹雪芹研究会会长）、吴正德（原民盟中央副主席）、王立平（中央文史馆馆员、著名作曲家）。我驻巴西大使李金章、驻秘鲁大使黄敏惠、驻委内瑞拉大使赵荣宪及驻圣保罗总领事孙荣茂、驻里约热内卢总领事陈小玲等分别参加了有关活动。

2013

从“全人格”看民盟的文化传承*

民盟广东省委编撰的《风云翰墨——粤盟先贤及其书法研究》即将付梓，竟先主委嘱余为序。掩卷之余，感触良多，故赘言几句，与同志者共勉。

该书以研究粤盟先贤书法为切入点，选择九位既是广东历史文化名人、又是广东民盟的创始人和代表性人物进行专题研究，然其内容并不局限于书法本身，而是试图通过书法这一最能体现人物的性格特征和文化内涵的艺术载体，深层解读粤盟先贤书法中的文化思想价值，亦即代表其在政治、文化、艺术、人格等全方位成就和贡献的“全人格”，从而更好地了解和传承民盟先辈所体现出来的优良传统、精神和风骨，其着眼之高、寓意之深、内容之丰赡非一般的盟员书画集类作品所可比拟。

书品乃人品，粤盟先贤不仅以书法陶冶性情，弘扬文明古国所独有的书写艺术形式，其书品多奇崛刚劲，骨力雄健，表现为

---

* 本文为《风云翰墨——粤盟先贤及其书法研究》（群言出版社 2013 年版）序言。

受传统文化的深厚滋养和对其独到的理解；而且还以书言志，抒发其爱国情怀、民主精神和高洁操守。风声雨声读书声，声声入耳；家事国事天下事，事事关心，粤盟先贤或者是政治家，或者是学者，或者是艺术家，但他们毫无例外地秉承了古往今来中国优秀知识分子以天下为己任的胸怀和担当，以公共视野和人文关怀的精神积极履行自己的社会责任，他们是中国民主政治的探路人，正是他们用毕生的求索和付出，坚守自己的信仰和信念，为我们树立了道德和人格的高标，其遗风余韵，在今天的时代环境下，仍不失为民盟弥足珍贵的精神文化遗产。

我也注意到，编撰者为了全面表现粤盟先贤的“全人格”，从生平事迹、思想人格、学术成就、革命贡献、参政议政、诗词文艺、书法特色等多方面进行了深入的研究，有助于我们了解广东民盟走过的70年曲折而光辉的奋斗历程，和她在民盟历史、广东现代史以及中国民主革命史上的重要地位和影响，使粤盟先贤的形象更加饱满、鲜活而富有个性，这种润物细无声的文化力量则更具有感染力与现实教育意义。编撰者在序言、绪论和总论上用力尤勤，力求揭示什么是民盟精神，倡导民盟精神在本质上说也是文化自觉的具体体现，即民盟（特别是我们的年轻一代）只有对自己的历史和文化有“自知之明”，知道怎样更好地传承民盟的精神，才能在剧烈的历史变革和社会转型期不被时代淘汰，赢得适应多党合作新的形势和任务要求的主动性和自主能力。我过去经常重申，人的一生价值体现在立德、立功、立言三个方面，而衡量价值的标准，就是要对国家和人民有所贡献，这才是真正的有价值。立德就是追求高尚人格和道德操守，坚持真理，胸怀坦荡，淡泊名利，使命感重于功利感。立功就是要有报效国家、服务人民的诉求、能力和作为，爱岗敬业，学有专长，甘于奉献，自强不息。立言就是具有独立思考和批判的精神，关注民生，奔走国是，知无不言，尽到做诤友的责任，而不是瞻前顾后，人云亦云。因为往往是不同的声音，才能够促进党和政府决策的科学化、民主化，才能够凝聚智慧和力量、增进改革共识、促进社会和谐，才能够充分体现多党合作的政治优势和参政党自身存在的价值。而这些中华优秀传统文化的基因，或者说是民盟精神，无不贯彻于粤盟先贤的一生始终，并在其事迹和书法作品中得以彰显和挥洒，所以他们才能在大浪淘沙的历史变迁中，与时代同步，在每一个重大历史关节处，总能矗立于时代的潮头，最终选择了与中国共产党团结合作的政治道路，即使历经曲折和磨难，仍能宠辱不惊，把握自我，不改其信仰与初衷。这种可歌可颂的“全人格”，不正是对民盟精神最好的诠释吗？

是为序。

在第二届中国国际养老服务业博览会开幕式上的致辞

（2013年5月1日）

尊敬的司马义·艾买提副委员长，尊敬的曾士生部长，尊敬的国际老龄联合会秘书长 Jane Barratt 女士，尊敬的各位来宾，女士们、先生们：

大家好！

正当全国人民满怀信心地投入到全面建成小康社会、实现“中国梦”的伟大历史进程中，由民政部、北京市人民政府和全国老龄工作委员会办公室共同主办的第二届中国国际养老服务业博览会今天隆重开幕了。在此，我对本届中国国际养老服务业博览会的成功举办表示热烈的祝贺！向莅临大会的各位领导、嘉宾和各界朋友、向各参展企业表示热烈的欢迎和衷心的感谢！

去年，首届中国国际养老服务业博览会在上海成功举行，打造了国内外养老服务业交流的高端平台，全面展示了养老服务业的前沿理念、产品、服务和管理技术，是一届理念新颖、产品创新的博览盛会，受到了国内外养老服务业领域的普遍认可和广泛赞誉。

当前,中国的人口老龄化已达 16.7%,预计到 21 世纪中叶将上升到 30%,达到老龄化的峰值。在一个发展中的大国提前进入老龄化社会,使我们不可避免地要迎头面对比其他老龄化国家更为严峻的问题和挑战。对此,中国政府提出"要积极应对人口老龄化,大力发展老龄服务事业和产业"。因此,做好养老服务事业,提升老年人的生活品质,满足老年人的精神文化、生活服务、康复护理等需求,增进他们的幸福感,让老年人公平的共享改革发展的成果,是全面建成小康社会题中应有之义,是一项功在当代、利在千秋的德政工程。本届博览会还得到了商务部、文化部等部门的支持,得到了国内外众多参展企业的支持,体现了全社会对养老服务事业的关注,对老年群体的关心,也体现了博览会"感恩、关爱、服务、发展"的宗旨。

尊老、爱老、敬老、助老是中华民族的传统美德,也是衡量一个社会文明进步的重要标志。老年人的幸福安康关系着亿万家庭的福祉与社会的和谐稳定。只有惠及到 1.85 亿老年人的小康才是真正的小康、全面的小康。我相信,有党和政府的高度重视,有社会各界的关心支持,在各级民政部门的大力推进下,中国的养老服务业一定能够成长为朝阳产业,充满无限的生机与活力,中国的老年人一定能和全国人民一道同步奔向小康社会,共享美好、幸福的晚年!

祝第二届中国国际养老服务业博览会取得圆满成功!

在“庆祝2013年5·12国际护士节暨中华护理学会工作会议”开幕式上的讲话

（2013年5月8日）

女士们、先生们、朋友们：

今天是个好日子，我们欢聚一堂，共同庆祝2013年国际护士节，一起分享中华护理学会加入国际护士会的喜悦。

中国护理事业的发展，走过了百余年不同寻常的历程，她既见证了旧中国的屈辱和苦难，也体验了新中国，特别是改革开放以来国家复兴、民生进步的自豪与尊严。这其中，广大护理工作者，也在各自的岗位上做出了不可磨灭的贡献。从抗击非典，到防治H7N9禽流感的第一线，从汶川地震的救灾现场，到四川芦山地震抢险的最前沿，都能看到我们护士救死扶伤、舍小家顾大家的身影和精神风采。她们，同亿万默默奉献的普通民众一样，是我们时代的脊梁！

早在70余年前，毛泽东主席就为国际护士节题词：“护士工作有很大的政治重要性”，“尊重护士，爱护护士”。从那时开始，几代党和国家领导人都对护理工作给予了高度重视。沐浴着改革的春风，中国的护理事业随着我国经济的高速发展，社会事业的不断进步，取得一个又一个令人瞩目的成就。

中华护理学会与国际护士会在今年初签署了关于加入国际护士会的谅解备忘录，近日，国际护士会来函确认中华护理学会正式成为国际护士会的会员，实现了无数中国护理界老前辈梦寐以求的夙愿。几十年的遗憾，终于成为历史。这在中国护理发展史，乃至世界护理发展史上，都是值得浓墨重彩大书特书的一笔。对中国护理事业来说，这既是机遇，也同样是挑战。我相信，有强大的祖国作后盾，有怀揣“中国梦”的护理工作者的勤奋、智慧和勇气，中国护理事业，必将在更高的平台上，绘制出更加绚丽的画卷。

祝全国250万亲爱的护士同志们节日快乐！

谢谢大家！

加强国际合作，建设生态文明

——在第二届太湖世界文化论坛开幕讲话

（2013年5月17日）

"加强国际合作，建设生态文明"是本次论坛的主题。这一主题揭示当前人类发展之应有共识，关乎人类未来之前途命运。

1981年罗马俱乐部主席奥尔利欧·佩奇（Aurelio Peccei）先生出版了《世界的未来——关于未来问题一百页》（100 *Pages Pour L'avenir*）。30年后的2012年，美国学者托尼·朱特（Tony Jude）先生撰写了《沉疴遍地》（*Ill Fares the Land*）。

这期间的30年，正是在座各位感同身受，共同经历、参与和见证的30年。

30年前，佩奇先生把当时人类所面临的共同问题梳理出十个方面，例如人口剧增、贫富分化、生物圈的破坏、世界经济危机、制度僵硬老化、东西方对峙、思想和政治领导层的失职等等，提醒人类已患"衰败综合征"，正走向下坡路。

30年后，朱特先生像是和佩奇先生相约展开了一场思想接力，他在《沉疴遍地》一书的叙述中反复提到"30年来"，证明当年的"衰败综合征"不仅没有总体上缓解，而且持续恶化。今日世界的人文景象已如其书名所说——沉疴遍地。

作为一名曾经的医生,“沉疴”一词对我具有更为强烈的职业性触动,乃至震撼。30 年来,从病象初露到沉疴遍地,人类并没有心存祸害地球的自责与愧疚,相反,仍以进步的名义,追求奢华,透支生态。

时至今日,我们不得不面对这样的事实:人类无止境的物欲和贪婪已经把我们带到了盲人瞎马,夜半深池的文化处境。

要走出这样的文化处境,首先是要找出人类沉疴的病因,并有足够的智慧和勇气去剖析它、医治它。因为,佩奇先生 30 年前的振臂一呼,并没有起到振聋发聩的作用。

人类显然还沉醉在对自身认识和处理问题能力的过分自信中。我给出的理由是:

1. 在对人类自身发展及其前景远远没有充分了解和反思的时候,自认为掌握了规律,导致违背科学的大面积持续盲动;

2. 在尚不具备公平、正义地分配财富所需智慧的时候,已经创造出巨量财富,形成了极大的贫富差距与社会鸿沟;

3. 在还不具备足够的资源再生能力和机制保障的时候,已把地球资源掠夺到枯竭的地步,并把掠夺的贪婪延伸向太空;

4. 在还没有领悟和谐永续地和自然界相处之道的时候,已经破坏了生态平衡,越来越多的极端天气及其引发的灾难如今司空见惯;

5. 在还不真正懂得人与人、族与族、国与国怎样和谐相处的时候,已经制造出了足以毁灭地球千百次的核武器……

如此,在国际政治空气动辄紧张到千钧一发的时刻,我们难道还有理由感到乐观吗？正是如此命悬一线，我们更该有自救之道和自赎之志。我想到一句中国成语：温故知新，重温中华文化中值得传承和发扬的思想、理念和实践经验。我以为，论坛倡导的生态文明不是简单地局限于科学技术进步与道德问题，而更是深层次的文化问题。

博大精深的中华文化传统中，我想提出与今天讨论主题密切相关的两点：一是“天人合一”的宇宙观，二是崇尚和谐的人文观。

“天人合一”是中华文化的早期价值理念。它的基本含义是——人与自然是生命共同体。孔子在2500年前就提出了“知天”、“畏天”的概念。“知天”即认识自然界及其规律，借助自然资源获得人类赖以生存的渔猎之利、舟楫之便乃至社会福祉。“畏天”是对自然界有所敬畏，尊重自然规律，顺应自然规律，自觉尽到反哺和保护之责。道家更认为宇宙是宏观的人体，人体是微观的宇宙，人类只有与自然和谐共生才能生存更长久，才有美好的前途。

“和而不同”是中国人文主义的核心思想和主张，认为“和则生物，同则不继”，“不同”是事物发展的根本。“和”的主要精神是协调“不同”，探讨不同因素在共同关系网络中如何和谐共处。在代表中华文化的儒、释、道中，儒家倡导人与人的和谐，主张与人为善，推己及人，“万物并育而不相害，道并行而不相悖”，不同的理念，宗教信仰，都可以共存并育。道家强调人和自然的关系，讲究“天人合一”、“有容乃大”，庄子的最高理想是“太和万物”，使世界达到最完满的和谐。佛教讲的是每个人的内心和谐,心和则气和,气和则人和,人和则众和,故心和是社会和谐的基因。

这样的理念和实践,对自然生态和人文生态,都起着有益的支撑和滋养作用。我想,或许正是这种作用,中华文明才能在漫长的人类历史长河中绵延数千年而未曾中断。犹以当下中国政府汲取古老中华文明的智慧,在现实发展中形成了生态文明的理念,并将此作为举国转型发展战略,体现了中国政府对生态文明的认识走向了文化自觉的境界。

当然,中华文化如今也染上了“现代病”,比如超前盲目的消费主义文化、追求奢侈生活方式的享乐文化等等,致使发展不协调、不平衡、不可持续。同时,国际社会有良知、有责任感的远见卓识之士,如佩奇、朱特,却在始终清醒地反思、呼吁和规劝,期待人类迷途知返,呼唤生态自觉。一些发达国家中近年出现的“清贫思想”、“简单生活”等主张和实践,也可以作为人类痛改前非的觉醒。当此时刻,我们聚在一起,是为了共同的前途。大家来自不同的文化,每种文化都曾经为自身的进步摸索出独特的经验。这样的论坛,正可以汇聚不同的文明经验,聚个体为群体,变分享为共享,把族群的不同文明成果聚成人类“美美与共”的文明成果,形成更宽阔的文化视野,为人类也为自己找到更多的办法,缓解并克服共同的发展难题。

我想再和各位分享一个中国“盲人摸象”的成语故事。故事中,每个盲人都没有摸到大象身体的全部,而只摸到了真实象体的一部分。在这种情况下,如果各执己见,拒听人言,难免偏颇,或致冲突;相反各抒己见,兼听人言,大家的发现合起来,就有了对全象的真实认识。因此，不同的政治制度，不同的意识形态，不同的文明经验，不同的发展道路，不是对立冲突的理由，而是相互借鉴、取长补短、同舟共济的基础和动力。

女士们，先生们，在当今国际关系三条纽带中，政治常常飘忽不定，经济往往时聚时散，唯有文化是永恒的，可以超越于政治分歧、经济利益之上，绵延不绝，永续发展。我期待并相信太湖文化论坛是个很好的印证。

在太湖世界文化论坛兰州研讨会上的讲话

（2013 年 6 月 19 日）

听了大家的发言，很受启发。刚才，连辑部长就甘肃如何推动华夏文明传承创新区建设，作了一个详细的报告。甘肃的各位专家，虽然作了很简短的发言，但不愧是这方面的专家，提的建议很中肯、恰到好处，都是点睛之语，对我们启发和收获都很大。我想，今天这个会，是明年丝绸之路巴黎峰会的一次动员会。会后，要尽快地成立一个工作班子，抓紧筹备，时间不多了，每项工作和部门之间，也就是纵向和横向之间要做到无缝连接。要通过这次巴黎峰会，展示面貌、树立理想、坚持价值。由于时间关系，我主要讲以下几个方面的意见。

第一，巴黎峰会要体现丝绸之路的文化价值。我们召开的是文化论坛，丝绸之路的文化价值意义是很深远的。7000 多公里长的丝绸之路上，多民族国家、不同语言、不同宗教信仰，生活方式的差异很大，佛教、伊斯兰教、基督教、天主教都有。今天我们参观了汪氏家族群墓，据考证，800 多年前他们是信仰基督教的。所以，各种多元文化交融，其中有文明的冲突，确实战事不断,印证了亨廷顿的文明冲突论,但更多的是文明共存,这就是米勒的文明共存论。实际上是文明二重性。文明冲突是文明发展演进的动力;文明共存是融合各种不同文明去伪存真后形成多样化的新的文明体系。冲突与共存互为前提。不同文明在交融中发生碰撞而走向整合是辩证统一在一起的。这在丝绸之路文明发展过程中表现得特别精彩。丝绸之路上形成了包容多民族、多元文化的博大精深的中华文化体系。这就是中华文化是世界上独一无二,在漫长的人类历史中绵延数千年而未曾中断,始终保持着活力的根本原因,与丝绸之路的文化影响力是分不开的。所以,我想,要从挖掘丝绸之路的文化价值角度,来定位我们这次巴黎峰会。

第二,中华文化一定要走出去适应全球化。十七届六中全会主题是文化大发展大繁荣,就是强调文化要适应我们经济强国大国的地位。中国现在无论是内政还是外交,很多问题实际上是文化问题。这也是太湖文化论坛跨文化交流的责任。我经常说,国与国之间关系有三条纽带。一条是政治纽带,这个纽带常常飘忽不定,一会儿是朋友一会儿是敌人;一条是经济纽带,经济服从利益,时聚时散;唯有文化这条纽带,能够超越政治分歧、经济利益,是永恒的。文化交流有它的规律,不能用生硬、僵化的话语表达,要用与自己不同文化的人听得懂的话语方式宣传自己。一方面我们文化走出去要适应 GDP 已达到全球第二的地位;另一方面不能过多渲染 GDP,因为它不能说明太多的问题。举个例子,鸦片战争的时候,我们中国 GDP 全世界第一,当时是靠农耕、手工业,国人 95% 以上的是文盲。英国老远跑到中国来，当时它的 GDP 不及中国，但含金量很高，工业革命以后，科技很发达，几支洋枪洋炮就攻破了虎门之险。所以要更注重软实力、创新能力和文化的影响力。什么是软实力？软实力之父约瑟夫·奈，他讲软实力三要素，一个是制度，国家制度是不是有优势；第二是文化包括价值观的吸引力；第三是外交政策的合理性。我简单地说，软实力就是让人信服你、跟随你的能力，是凝聚人才、创新的能力。美国的软实力现象值得探究，它就 200 多年的历史，没有什么文化资源和积淀，但它是一个文化强国。它的文化影响力、渗透力全世界无处不在。有人说美国的文化影响力堪称文化的日不落帝国。与美国相比，我们虽然是有 5000 多年历史的文化资源大国，但是我们的文化影响力远远不足，值得我们深刻思考。

丝绸之路贯穿了甘肃全境。早在 1000 多年前汉唐盛世时期，河西走廊是当时国家开放的前沿和桥头堡，就像现在的深圳。今天上午，我们看博物馆，文物宝藏非常丰富，资源一度在全国排第五，是名副其实的文化资源大省。所以明年的巴黎峰会，对甘肃来讲是个很好的平台，如何赋予丝绸之路文化的现代价值，是甘肃在这次峰会上重点要阐述的。我非常赞同刚才连辑部长讲的用“反弹琵琶”的思路推动甘肃文化产业逆势而上，这是个好主意。发展文化产业既体现了人文生态，陶冶人们的心智，又符合自然生态，没有环境污染，这是一举多得的思路。

文化是制度之母，中国特色社会主义制度源于中华根深蒂固的和谐文化。为什么我们不搞多党竞争，为什么要坚持多党合作和政治协商制度，源于根深蒂固的几千年和谐文化。以代表中华文化的儒释道三家阐述和谐为例:儒家倡导人与人的和谐,比如,与人为善、推己及人、和而不同等;道家主张人与自然和谐,强调天人合一,人和自然是生命共同体;佛家,主要谈人心和谐,心和则气和,气和则人和,人和则众合,心和是社会和谐的基因。这就是中华文化对和谐的诠释。我们的巴黎论坛,要正确对待不同。因为不同的文化、不同的意识形态、不同文明经验、不同发展道路,绝不是文明冲突的理由,而是相互比较、合作、借鉴、取长补短、实现文明共存的动力和基础。我们中华文化最大的特点就是包容,我认为,对待不同的文化、不同的文明有三种境界,一是党同伐异,这是不行的,在文化的交流中是最忌讳的;二是求同存异,是应该普遍做到的;最高境界应该就是敬其所异,对不同的文化我们要尊敬,看他有没有值得我们汲取的营养,这才是我们应有的境界。

所以,通过这次峰会,要以中华文化的正能量走出去,突出三个基本元素。一是和合文化,和而不同、合作精神、和平崛起的理念,这是我们中华文化的核心;二是善于推己及人、己所不欲勿施于人,这是2500年前孔子提出来的。我特别主张突出这一条,作为人类的共识;三是天人合一的宇宙观,倡导人类共建生态文明。实际上丝绸之路尤其是敦煌文化对这三个基本元素都有深刻的体现。所以,这次巴黎峰会离不开甘肃的参与,离不开丝绸之路,更离不开敦煌文化的阐发。

在 2013 世界 3D 打印技术产业大会上的致辞

（2013 年 5 月 30 日）

各位来宾、各位朋友，女士们、先生们：

大家下午好！

很高兴出席 2013 世界 3D 打印技术产业大会，与各位来宾就 3D 打印技术的产业发展交换意见。首先，我对亚洲制造业协会、中国 3D 打印技术产业联盟及时组织这次国际性的、行业性的盛会表示热烈祝贺，对来自世界各地的嘉宾们表示热烈欢迎。

最近几年，我一直关注着制造业的发展，特别是在全球经济持续低迷的大背景下，传统制造业企业如何在新一轮经济起飞中扮演更为重要的作用，已经成为业界关注的焦点。我认为牵住 3D 打印技术这个牛鼻子，运用到产业升级和结构调整中，将为传统制造业发展带来新希望。

目前，3D 打印技术虽已家喻户晓，但 3D 打印究竟是一门什么技术？主要运用在哪些领域？3D 打印技术是否能够推动第三次工业革命？是否能颠覆传统制造业等诸多问题，社会大众知

之甚少。因此,我希望通过本次大会,深化大众对3D打印技术的认识,正确引导3D打印技术健康发展。我讲两点意见:

一、3D打印行业要加强资源整合,抱团发展,集群发展

3D打印技术诞生30多年来,走过了一段非常艰难曲折的路程,一直没有得到广泛运用,原因是多方面的:既有行业自身原因,也有外部原因。自身原因主要在于3D打印技术不是替代性很强的技术,外部原因主要是广大用户企业对3D打印技术还处于观望状态,缺乏足够认知。

从国际国内3D打印行业的现状来看,"小而散"是行业普遍现象。国内从事3D打印技术的科研单位和企业总数不过二三十家,全球也不到100家,2012年全球3D打印技术行业实现的产值不足30亿美金。最大的3D打印企业产值也不足5亿美金。从中不难看出,3D打印技术目前的规模在整个制造业领域来看,无论国际国内还都非常小。

最近美国航空航天局探究3D打印食品给宇航员做饭,因为上火星必须为持续数年的任务准备充足食物。美国政府近年加大了对3D打印技术的扶持力度,引起了世界各国对3D打印技术的广泛关注,我们一些地方政府在今年的政府工作报告中纷纷提出对发展3D打印技术的产业规划。仿佛一夜间,3D打印技术就要在中国大地遍地开花。但是,市场在哪里?用户在哪里?我们尚不清楚。

对于一项新兴技术的培育,仅凭热情远远不够,我们要理性、更要客观地科学规划布局,避免在发展初期一哄而上,形成恶性竞争,防止3D打印技术重蹈光伏行业覆辙。

中国3D打印技术产业联盟自去年10月15日成立以来，在南京等城市集中优势资源建设中国3D打印技术产业创新中心，将从事3D打印技术研发的科研单位和企业整合起来，形成合力。通过行业抱团发展的模式逐步打开市场，得到用户的广泛认可，有利于3D打印技术快速产业化、规模化、集群化、市场化。这样的做法值得肯定。

二、3D打印技术的发展要与传统产业相结合

当前，3D打印技术最大的难题是市场运用。3D打印技术只有在产业化过程中得到广泛运用，才能进一步成熟和完善。中国传统产业很强，比如钢铁产业世界第一，但产能过剩与高端品种不足并存。3D打印技术最大的优势是满足个性化需求和产品高端开发，以摒弃以量取胜造成原材料和能源消耗大、环境恶化的传统产业模式。

3D打印技术在文化创意、生物医学和工业等领域具有广泛的应用前景。当前，我们的3D打印行业一方面要积极主动与传统产业结合，开发出适合传统产业所需求的技术和产品，帮助传统产业改进生产工艺；另一方面，要加大宣传教育和科技普及的力度，让社会各界对3D打印技术有更为清晰的认识和把握。

3D打印技术是一项非常先进的、前沿性的技术，是对传统制造技术的一次重要革命，其优势还在于让普通人的一个小想法也能快速创业，降低了制造业门槛，为以创业带动就业提供平台。

各位来宾、各位朋友：3D打印技术距离我们并不遥远，希望

大家借助这次难得的机会,展开深入交流,形成共识,共同推进世界3D打印技术产业发展。

最后,预祝世界3D打印技术产业大会圆满召开!

谢谢大家!

在“促进粤东西北地区振兴发展与现代商贸物流（兴宁）报告会”上的讲话

（2013 年 9 月 26 日）

同志们：

今天这个会议叫作“促进粤东西北地区振兴发展与现代商贸物流报告会”，我觉得立意很好，把现代商贸物流这个具体项目同“振兴粤东西北地区”这个大目标结合起来了，体现了中央关于“稳增长、调结构、促改革”以及大力发展现代服务业的精神。与会专家学者将对这个问题进行专门的论述，相信他们的报告会对大家有所帮助。我谈几点个人看法和建议。

第一，我认为省委省政府不久前作出的《关于进一步促进粤东西北地区振兴发展的决定》，是十分必要的。

改革开放 30 多年来，广东一直走在全国的前列。但是，正如全国发展不平衡一样，广东也存在着区域发展不平衡的问题。同“珠三角”相比，粤北山区由于种种原因，发展相对滞后。省委省政府清醒地看到这一点，及时作出决定，要采取更加有力的措施，进一步推动粤东西北地区加快发展，并明确提出了在 2020 年使粤东西北地区与全国同步建成小康社会的奋斗目标。为此，省委省政府在总结过去经验的基础上，着力转变发展思路和自身职能，促进和培育市场主体的内在动力，也就是从过去的扶贫“输血”转变为增强“造血”功能，把落后的“包袱”培育为新的增长极。具体措施有三个抓手，即加强交通等基础设施建设；加强产业园区建设；加快城镇化进程，做大做强地级市中心城区，发展区域经济。我认为，思路对头，目标明确，措施有力，相信坚持数年，必有成效。

第二，激发市场主体内在活力，正确处理政府与市场的关系。

市场主体是企业，特别是量大面广的民营企业。改革开放三十多年的无数事实证明，哪个地区民营经济活跃，哪个地区发展就有活力。像兴宁市这样的粤北山区，过去发展较慢的原因固然很多，但其中一个重要原因就是民营经济不够活跃。差距就是潜力，要认识到民营企业是民间的经济力量，蕴藏着无限活力，是创业、创新的生力军，是城乡居民就业的大水库，民营企业也是与百姓生活息息相关的直接消费品主要生产者，更是政府财政收入的重要来源。还应该认识到，在社会主义制度下，不同属性的企业都是统一服务于国家和人民利益的。国企民企都是民族企业，理应一视同仁。政府要做的事情是营造有利于民间资本健康发展的良好制度环境和舆论氛围，而不是直接参与经济活动。只有这样才能清除官商之间不健康关系的潜规则土壤，在公开透明的制度下，政府大胆作为，企业放手发展。

兴宁市政府重视招商引资工作，这是必要的，但是，如果本地民营经济不发达，创业的人不多，人气不旺，招商引资也难。

即使招来了，由于缺少市场氛围，很难把他们留住。因此，我建议市委市政府在大力开展招商引资工作的同时，把更多的经济机会开放给民众，把更多的精力花在鼓励、扶持本地群众创业上。我还要强调，创造财富的主体是企业，创造环境的主体是政府，因此政府这只手不能软，不能松，不能缺位，也不能越位。相信兴宁市委市政府能在这方面有所创新。

第三，关于城镇化建设。

城镇化走到今天，我以为需要反思，需要改革转型，走新型城镇化道路。

一要坚决遏制盲目造城之风。

城镇化是工业化的产物，是经济社会发展到一定阶段的必然结果，是一个聚集人气的过程。不能将其作为应对经济放缓的增长点来推动。日前，发改委调查 144 个地级市，竟然要建 200 个新城新区。圈地造城、围海（湖）造城，甚至削山搬山造城。这种大面积的持续盲动，超越当地经济发展水平，以致多地出现人走楼空一身债的困境。

二要从土地制度入手，解决城市内二元结构问题。

在城镇化过程中，进城务工农民与城市居民构成了市内二元结构，务工农民没有享受城市社会保障，生活在城市最底层，干着城市人不干的脏、累、苦、重活。城市化不仅没能解决城乡二元结构，又出现了城市内二元结构。根本原因是现行土地制度造成土地城镇化远远高于人口城镇化。土地财政的巨大利益本应用于农民进城的资金，却被它用。解决土地问题要从梳理获利开始，让利益回归农民工，让城镇化真正化农民。

三要让户籍制度改革的顶层设计符合实际。

城乡二元的户籍制度是中国城镇化过程较之其他国家复杂、困难的制度性因素。现有设计是开放小城镇，有限开放中等城市，限制大城市。理论上十分正确，然而在中国城市层级制度下，财政由底层向上集中，小城镇层级最低，获得的资源最少，却要担当吸纳农民进城的主力先锋。而大城市资源丰富，二、三产业发达，就业机会多、赚钱多。农民工是自由流动的，当然往大城市跑，这就形成了顶层设计与实际情况的悖论。

四要清除农民进城的不合理设限。

一些地方的经验是进城农民以土地换取城市社会保障，俗称五件衣服。我以为这种做法是损害农民利益之举。一方面土地换社保只考虑到土地的保障功能，却忽略了土地的财产属性，特别是土地不断升值，财产属性日益明显。另一方面以土地换社保忽视了获得基本社会保障是农民应有的权利。

新一届政府把着力推进“新型”城镇化作为当前经济社会发展的重要命题。最近我考察了川北南充、遂宁地区新型城镇化建设，对城镇化“新”在哪里有一些感受：

一是城镇化要与新农村建设双轮驱动，与农业现代化同步发展，相互促进。这一点在梅州也很突出。梅州的生态园建设、旅游产业的发展，融入了特色的客家文化。并以城乡一体化住进新型城镇化。生态产业化、产业生态化成为实现人的城镇化的重要载体。

二是着力提高城镇化质量，实现产业发展、就业、人居环境、社会保障等由乡到城一体化的根本转变。在南充，进城的农民不用交地，在住房、教育等方面与市民享受同等待遇，医疗、养老随经济发展逐渐并轨，这些进城的农民亦城亦乡让城里人十分羡慕。

三是以地级市为中心，形成区域内中小城镇人口聚集与产业聚集相互协调、相互配合，城市功能和服务在其中不断完善的良性发展格局。

四是体现生态文明，走集约、智能、绿色、低碳的新型城镇化道路，遂宁的绿色经济发展带动经济社会全面发展尤其突出。

总之，新型城镇化核心是人的城镇化，关键是提高城镇内涵承载力和品质，目的是造福百姓富裕农民。

兴宁有着后发优势，兴宁市城镇化建设在原有基础上，有能力创造出新型城镇化之路的好经验。比如在开辟筹集资金新渠道的举措方面，兴宁就开了个好头，引进了香港毅德集团，大手笔投资60亿建设商贸物流城。以现代化服务扶持、聚集产业，提供就业岗位，聚集人气，从而大力推进城镇化。希望以此为契机，吸引更多的民间资本参与资产城市建设。

最后，祝兴宁发展蒸蒸日上！兴宁人民幸福安康！预祝报告会圆满成功。

谢谢大家！

在 2013 年海南澄迈健康服务业发展研讨会的致辞

（2013 年 10 月 26 日）

各位专家，女士们、先生们：

上午好！很高兴出席由澄迈县政府与中国（海南）改革发展研究院共同举办的“2013 年海南澄迈健康服务业发展研讨会”。不久前，国务院刚刚颁布了《关于促进健康服务业发展的若干意见》，我们今天相聚在美丽的国际旅游岛——海南，共同研讨健康服务业发展面临的机遇、挑战，以及推进健康服务业进一步发展的政策措施，是适逢其时，具有重要的现实意义。在这里，我谈几点体会，同在座的各位一起切磋、交流。

从国际经验看，服务业的发展是衡量一个国家或地区经济发达程度的重要标志，而健康服务业是现代服务业中的重要组成部分。2012 年美国健康服务业占 GDP 比例超过 17%，中等以上发达国家的健康服务业约占 GDP 的 5% 至 10%，其他世界经济合作与发展组织（OECD）国家一般达到 10% 左右。健康服务业带来了巨大的经济效益和社会效益，特别是在国际金融危机背景下，健康服务业表现出反经济周期模式的特性，例如在美国，健康服务业不但没有受到影响，还逆势快速增长。

作为全球人口第一大国和第二大经济体，中国的健康服务业方兴未艾，前景光明。

第一，随着我国进入新的发展阶段，国人对以养老服务、医疗护理为主要内容的健康服务型消费需求持续升温。一方面，城乡居民收入水平的不断提高带来了消费意愿、消费能力的增强和消费结构的升级，健康服务市场需求潜力巨大。数据显示，城镇家庭人均医疗保健消费支出由 2000 年的 318.1 元增加到 2012 年的 1063.7 元，年均增长 10.6%；农村家庭人均医疗保健消费支出由 2000 年的 87.6 元增加到 513.8 元，年均增长 15.9%。另一方面，随着广大社会成员对健康保健意识的不断提高，以及食品药品安全、工作压力、环境污染等因素影响，城乡居民尤其中高端收入群体对健康服务、健康产品的需求日益增多。

第二，我国人口正呈现老龄化、高龄化、空巢化的发展趋势，对"医养结合"的养老服务需求不断上升。2012 年，我国老年人口众多，已达到 1.94 亿，是目前全世界唯一老年人口过亿的国家；据第六次人口普查数据显示，2010 年城乡部分失能和完全失能老人约 3300 万，占老年总人口的 19%；农村人口向大城市的集聚带来了大量空巢老人，农村留守老人约 4000 万，占农村老年人口的 37%。随着人口老龄化的加剧，传统的家庭保障功能持续弱化已不可逆转，城乡老年人口，特别是失能半失能老年人、空巢老人对长期生活护理、医疗护理服务和精神关爱的需求日益迫切。

第三,从现实情况看,我国健康服务业供求失衡的矛盾还比较突出。由于我国健康服务业起步晚,产业规模较小,健康服务体系不完善,体制机制性矛盾亟待解决,健康服务业供给能力与服务水平尚难以适应新形势下城乡居民对医疗、养老服务的需求。例如,2012 年全国各类养老服务机构 44304 个,拥有床位 416.5 万张,收养老年人 293.6 万人,仅占当年我国老年人口数的 1.51%。同时,我国健康服务业从业人员数量不足,结构不合理,素质偏低,缺乏专业技能培训和相应的行业服务标准的现象还比较普遍。目前我国健康服务业增加值仅占 GDP 的 5% 左右。如果按照世界 10% 的平均水平作为参照值,我国至少还有 5 个百分点的增长空间,供给缺口巨大。

第四,要高度重视健康服务业在结构调整和转型升级中的重要作用。当前,中国正面临着经济增长内生动力不足和转型升级的双重压力。经济增速从多年的两位数增长下滑到今年第三季度的 7.8%,政府主导、以投资拉动为主要特点的重化工业遭遇了产能过剩、环境污染等一系列问题。未来 10 年,支撑中国经济可持续增长,实现转型升级的关键在于大力发展包括健康服务业在内的现代服务业。健康是民生之本。因此,要树立健康服务业是新兴产业、朝阳产业、幸福产业的理念。健康服务业是综合性产业,产业链条长,吸纳就业能力强。要不断开放市场准入,着力破除体制机制障碍,整合社会资源,加大政府在资金投入、财税、用地等方面的政策扶持;要把健康服务业发展与拉动内需、促进就业和优化产业结构结合起来,纳入国家产业振兴计划,使健康服务业成为带动我国经济可持续发展的重要力量。

海南是我国唯一的热带海岛，也是我国热带自然资源最富集的地区，环境质量在整个亚太地区都堪称一流，是名副其实的“天然大氧吧”，后发优势十分明显。得天独厚的生态环境是海南今后发展的最大资本，也是发展健康服务业的最大卖点和优势所在。近年来，国家赋予海南一系列开放和优惠政策，用于支持健康服务业发展。例如，全国首家“国际医疗旅游先行区”落户博鳌乐城，并给予了包括加快医疗器械和药品进口注册审批等9项突破性优惠政策支持。海南应立足自身优势，抓住全国对海南不断增长的旅游、养老、医疗服务需求的新机遇，借国家加快发展健康服务业的政策东风，用足、用好国家赋予海南的特殊政策，倾力把海南打造成健康服务领域的新高地，努力实现人民群众对健康、长寿、幸福生活的美好期待。

澄迈自古素有“十里常逢百岁人”之美誉。悠久的文化、优美的人居环境以及近年来经济社会事业的长足发展为福寿之乡健康服务业的发展奠定了坚实的基础。澄迈县自2012年荣获“世界长寿之乡”称号后，积极借助品牌优势和独特自然资源，加快推进健康服务业发展。今天，我们选择在这样一个健康指数很高的地方举办关于健康服务业发展的研讨会，也是适得其所。衷心希望与会的专家学者们集思广益，为推进我国健康服务业的发展贡献思想和智慧。

最后，预祝本次会议取得圆满成功！谢谢！

在第四届中国贫困地区可持续发展战略论坛上的讲话

（2013 年 11 月 3 日）

各位专家、各位同志：

大家下午好！

很高兴出席第四届中国贫困地区可持续发展战略论坛。记得还是在八年前的这个时节，我见证了“北京大学贫困地区发展研究院”的成立。当时，我说过，厉以宁教授作为名满天下的学者，在本该颐养天年的高龄，他还念念不忘实地调查中目睹的贫困现象，牵挂着没有脱贫的群众。研究院成立的初衷推动国家的扶贫攻坚进程，啃硬骨头。为此，八旬老翁厉以宁焕发出 18 岁的澎湃激情，他亲力亲为，采取蹲点调查、摸清实情，发现问题、提出对策，观察效果、推广实施等方法，几年下来成绩斐然。在此，我提议全体与会同志向这位可亲、可爱、可敬的厉以宁教授鼓掌致意！我讲三个问题：

一、扶贫攻坚的重要性、艰巨性和主要问题

日前，近平总书记在河北看望、慰问困难群众时说："没有农村的小康，特别是没有贫困地区的小康，就没有全面建成小康社会。各级党委、政府要把帮助困难群众，特别是革命老区、贫困地区的困难群众脱贫致富摆在更加突出的位置。"总书记简短的讲话点出了扶贫工作的重要性，并提出了硬要求。

我国贫困状况究竟如何？扶贫对象是不是精准，我看过去多年可能是一笔糊涂账。有多少早已脱贫的县、市，使出吃奶的劲，找各种关系，像维护荣誉一样坚决维护这顶贫困帽。年复一年拿惯了国家不菲的扶贫款，锦上添花，使得真正急需雪中送炭的贫困群体得不到帮扶，这种现状在有关方面及在座各位努力下有所改观，基本摸清了家底：一是按新标准，扶贫对象数目庞大，有 1.22 亿。二是返贫问题突出，因灾、因病返贫，市场需求变化等因素，都使这些经济基础薄弱的群众难以应对。三是连片特困地区扶贫难度大、进展慢，农民人均纯收入仅为全国农村平均水平的50%。可见，2020 年贫困地区与全国同步实现小康的目标，还需要爬坡过坎、攻坚克难。

二、扶贫工作要注意解决的问题

先要解决扶贫对象更精准的问题，现有 1.22 亿贫困人口，这是测算出来的，我以为还需要更细致的贫困识别，才能瞄准贫困目标人群，让真正贫困人口享受到扶贫政策的好处。一要筛选出没有非农就业机会和种养业经营能力的农户；二要查清家庭

住房状况、生活耐用品拥有状况。我到过云贵一些农户，目睹过不少家徒四壁的赤贫景象；三要在贫困地区构筑社会保障安全网：普遍建立低保和救助制度，做到合作医疗全覆盖，强化义务教育硬件和软件建设；四要发展劳务经济。贫困地区大多生态脆弱，资源环境难以承受不断增加的人口和产业，通过职业培训，联手企业培育就业基地，有序转移劳动力，往往培训一个、就业一个、脱贫一家，有立竿见影之效；五要增强造血功能，因地制宜，发展特色农业和产业，把贫困的包袱培育为新的经济增长点。如马铃薯、果树、药材和旅游业等。我们民盟20年前开始在“苦甲天下”的定西开展扶贫，就是靠引导农民种植马铃薯、药材，不仅解决了当地群众揭不开锅的温饱问题，还通过其产业化，实现初步小康；六要转变基层政权职能和作风，坚决摒弃长期养成的等靠要惰性，只重申报要钱，缺少自力更生、励精图治的精神，更要坚决反腐肃贪，杜绝搜刮百姓的行为。我走过许多脱贫的地方，共性是都有一个脱贫致富的好带头人。

三、贫困地区的城镇化问题

贫困地区、欠发达地区城镇化，较之东部沿海地区农村以乡镇企业为基础，依靠市场经济力量推动的内生城镇化相比，完全不能同日而语，因为时代不同、区位不同、机遇不同。随着城镇化进程的深入，中西部欠发达地区纷纷效仿东部沿海地区的做法，城镇化建设如火如荼。不久前，发改委调查144个地级市，竟然要建200个新城新区，圈地造城、围湖造城、移山造城，然而这种超越当地经济发展阶段和水平的城镇化，最后只能落得个人走楼空一身债的困境。因此,要坚决遏制盲目造城之风。

如何以城镇化带动减贫,我以为重点要抓好两个方面:一、政府主导,规划先行。贫困地区、欠发达地区城镇化承载着时代的高标准和生态的严要求,绝不能重蹈先污染、后治理,粗放城镇化的老路。要通过政府力量主导,以规划先行,走与新型工业化、农业现代化相结合的新型城镇化道路。最近我到川北贫困地区调研,对新型城镇化新在哪里有了一点点体会,比如城镇化与城乡一体化、农业现代化同步发展,相互促进,推动就地城镇化;人口聚集与产业聚集相互协调、相互配合;体现生态文明,走集约、智能、绿色、低碳的新型城镇化道路。二、整村搬迁,异地脱贫。贫困现象既是历史的、自然的、经济的集中体现,又是社会发育程度和经济发展水平的综合反映。对于大多数生活在生态脆弱、生存条件恶劣的贫困地区群众而言,不搬离穷山恶水就很难实现脱贫。目前我国扶贫异地搬迁累计超过 800 万,其中许多地方把扶贫搬迁与城镇化结合,明显改善了农牧民生产、生活条件。但是也存在到搬迁地后无生计的现象。搬迁扶贫如何更好地做到脱贫,要在开源分流上下功夫。开源就是壮大县域经济,提供更多就业机会,或加大劳动力培训并转移输出。分流则是多元化搬迁,可以到产业集中的地方,也可以到特色农业发展好的村庄。总之,让搬迁户能够自食其力,安居乐业。

区域经济发展的极不平衡决定了我国扶贫工作差异性大,任重道远,只有因地制宜,才能找出适合贫困地区发展的脱贫致富之路。众人拾柴火焰高,我相信,有厉教授这样一批心系贫困地区群众疾苦、有强烈责任感与社会担当的专家和社会各界有识之士的积极参与,我国的扶贫事业一定能够取得显著成效。

谢谢大家!

在北大光华新年论坛上的讲话

（2013 年 12 月 21 日）

尊敬的厉以宁教授，各位领导，各位来宾，北大光华管理学院的老师和同学们：

大家上午好！

首先由衷的祝贺厉以宁教授荣获中国经济年度人物终身成就奖，可谓实至名归。一年一度的北大光华新年论坛是中国经济管理学界最有影响力的论坛之一。本次论坛的主题为“新经济　新变革　新时代”，高度契合十八届三中全会全面深化改革、开启历史新起点的精神，彰显了论坛紧密追踪经济社会发展大势、助推改革进程的宗旨和学术态度。我期待在此沐浴思想的光华。

十八届三中全会作出的《中共中央关于全面深化改革若干重大问题的决定》，再次让世界的目光聚焦北京。三中全会《决定》阐明了全面深化改革的指导思想、目标任务、重大原则；提出了深化改革的战略重点、优先顺序、工作机制、推进方式和时间表、路线图。是一份问题倒逼改革的精准设计，对当前我国经济社会发展面临的突出矛盾和难题,以及百姓种种关切与期盼,一一作出积极响应。新一届中央领导集体的担当精神和忧患意识贯穿于《决定》始终,深化改革的脉搏与百姓心声一起跳动。这份从宏观到微观的顶层设计开门见山,直切主题,言简意赅,掷地有声,而且言必信、行必果,重在落实,取信于民:公车改革、公务接待改革、领导干部考核制度改革、高考制度改革等举措紧随《决定》陆续推出,昭示了中国特色社会主义制度自我完善和发展的乐观前景。

三中全会明确全面深化改革的重点是经济体制改革,强调经济体制改革的目标是市场在资源配置中起决定性作用。从"基础性作用"到"决定性作用",两个字的改动,反映了对市场作用认识上的巨大进步。长期以来,各级政府最拿手、最擅长的是行政审批和对市场的过多干预,对资源的直接配置。比如,市场准入的不平等、不公平,部分领域存在不当准入限制,特别是电信、电力、石油、铁路、教育卫生等领域民营资本难以进入,必然形成行业垄断、利益垄断,导致低效和腐败。又如,不平等竞争、市场分割和地方保护主义。各地市场条块分割,一方面阻碍商品自由流通,破坏优胜劣汰的市场机制;另一方面在地方保护下,一些落后产能仍受鼓励,不计资源环境成本,致使资源枯竭、环境恶化趋势一直得不到根本性遏制。

所谓新经济、新变革、新时代,新在什么地方?我想:首先就新在上述多种体制性弊端将开始得到决定性遏制。

一是市场将为实现资源优化配置提供新动力。

市场价格提供资源配置的正确信号和激励机制,公平的市场竞争促进优胜劣汰，转型升级。因此，资源配置方式转变将决定发展方式转变，由市场决定资源配置意味着我国发展将由要素驱动转为创新驱动、效率驱动和质量提升。

二是市场经济下有为政府将为有效市场提供新服务。

确立市场在配置资源中起决定性作用，绝不是政府与市场要分出谁是老大、老二的问题，更不是政府不重要了。政府保护产权，保障公平竞争，为市场更好地发挥作用创造环境，提供服务等大有作为。政府有为、市场有效，才能实现经济可持续与社会和谐。

三是负面清单将为形成公平竞争环境实现新突破。

实行负面清单准入管理制度，是三中全会决定中值得关注的一项突破。清单之外的领域都可以依法自由进入，这就把更多的经济发展机会向民众开放。清单只管企业不能做什么，大幅收缩了政府的审批范围，减少了自由裁量权和相应的寻租空间，企业发展更多地依靠自身在市场上的竞争。

四是考核指挥棒的转变将为干部评价提供新标准。

走出政绩等于 GDP 的迷思，既看发展成果，更要看发展成本与代价。资源、环境、生态、政府负债等都作为政绩考核的重要内容，可以说每一项都切中要害，抓住了转型发展的牛鼻子。特别对领导干部实行自然资源资产离任审计和生态环境损害责任终身追究制，更是粗放发展方式的釜底抽薪。指挥棒的导向转变，利于促使领导干部真正尊重民意，更加重视解决与老百姓生活息息相关的社会事业发展。

三中全会《决定》60 条，条条微言大义。然而正如总书记所说:“一分部署,九分落实,行动最有说服力”。短短一句话既阐明“落实”的分量,更强调其艰巨程度。这就迫切需要一批具有新观念、不谋私利,以天下为己任的干部破除积弊,开创新局面。不容置疑,把“市场在资源配置中起决定性作用”这一抽象原则落到实处,最大的阻力来自行政部门,或采取拖延战术,或仍我行我素干预资源配置。其中既有思想观念的陈旧落后,更有利益固化的重重障碍。这就需要有小平同志当年“谁不改革谁下台”的任免气魄,来表明改革决心。同时,必须深化干部人事制度改革,积极推进竞争性选拔干部,为改革提供有力的组织保障和人才支撑。并严格按照《决定》要求,在地方各级政府及其工作部门推行权力清单制度,依法公开权力运行流程,保证让人民监督权力,让权力在阳光下运行。

同志们,十八届三中全会为我们勾画全面深化改革宏伟蓝图的同时,也给了我们比以往更充分的信心。我相信,综合改革措施的系统、整体、协调推进,将为当今学界提供更加丰富、厚实的研究案例,激荡出更为深刻的中国发展研究成果。我期待,以十八届三中全会为起点的改革开放再出发,将使未来的中国改革既体现为经济发展成就,更展示出人类文明内涵。为此,我祝愿,光华同人再接再厉,闻鸡起舞,更深地融入13亿人齐心改革开放的伟大实践,紧跟前沿课题,充分释放才华,作出无愧于“光华”品牌的卓越贡献。

以爱心、毅力和信念书写精彩的人生

——序汤展中《用双脚拥抱世界》

（2013 年）

李深部长是我的大学同学，和我一样正在步入“70 后”的行列。从领导岗位上退下的十来年间，他一直过着退而不休的生活，全身心地投入到敬老助残的公益事业中。就在上周，我应邀出席了由他发起和组织的“敬老助残志愿服务活动”启动仪式，经他介绍认识了著名残疾人口足书画家汤展中。

展中今年 32 岁，广西蒙山县人，由于出生时先天性无双臂，从咿呀学语，到蹒跚走步，他克服了常人难以想象的困难，不仅掌握了用脚吃饭、穿衣、洗脸刷牙等基本生活技能，还学会了用脚写字和看书学习，做简单的家务劳动。“正常人能做到的，我就能做到，而且还要比正常人做得好”，正是凭着这种不服输的精神，这种常人难以企及的毅力和信念，他不仅顺利地读完小学、中学，还凭自己的真才实学考上了广西艺术学院美术系，完成了研究生的学业。通过 20 多年的不懈努力，现在他已经成为一名出色的口足书画家，在北京成立了“汤展中口足书画工作室”，多次成功举办个人书画展，实现了他创造一个精彩人生的梦想。我想，汤展中的传奇人生，不仅是我国残疾人自强不息的一个缩影，更是激励广大青少年顽强拼搏的一本生动的励志教材，他的事迹，就像一面镜子、一把尺子，让我们健全人衡量出自身的价值与意义。我认为从中可以得到以下的启示：

1. 人生没有坦途，要从小就树立自尊、自立、自强的信念。展中的成长经历，可以说要比我们健全人都坎坷，个中的辛酸我们是难以体会到的。但他没有一味地抱怨命运的不公，怨天尤人，而是始终以一颗积极、乐观、向上的心去面对未来，他的书字里行间饱含着对生活、对生命、对家乡历史风物和祖国山山水水的热爱。正是这种阳光的心态，才使他能够走出残疾的阴影，努力用知识和能力去改变自己的命运。有志者事竟成，正是这种自尊、自立、自强的信念，使他能够不断超越自我，一步一个脚印地走向成功之路，也让我们看到了残疾人的生命也可以同样的精彩。

2. 饮水思源，以一颗感恩的心积极回报社会。展中是不幸的，也是幸运的，毋庸讳言，因为身体的残疾，他遭到过无数白眼和冷嘲热讽，但他得到更多的是人们无偿、无私的帮助、理解和鼓励。父母的呵护，亲友的怜爱，素不相识者伸出的援手，这些真实生活中的点点滴滴，都汇聚成汩汩的泉水滋润着他的心灵，在他幼小的心田里种下了感恩的种子，使他比同龄人更早地懂得付出、包容、互助互爱。试想，如果我们每个人都能对残疾人朋友奉献一份爱心，我们的社会一定是文明的、和谐的、充满亲情和友爱的。

3. 党的关怀，学校与社会的关爱，为残疾人增添了生活的信心、勇气和力量。展中取得的每一点成绩和进步，都离不开党的关怀，每当他感到困惑、挫折和无助的时候，都是学校与社会的关爱让他重新找回自我、振作精神，他身残志坚、勤奋学习的事迹被当作榜样宣传，为他赢得了荣誉、掌声和肯定，受到了党和国家领导人的亲切接见。从这点上说，他比健康的孩子得到了更多的鼓励和爱。正是来自政府和社会的大爱，让这些身患残疾的孩子沐浴着社会主义大家庭的阳光雨露，成长为社会有用人才。

展中的人生是充实的、多彩的，也是充满希望的，祝愿他在书画事业上走得更高更远，用双脚去描绘一个绚丽的世界，去拥抱这个爱洒人间的世界！

是为序。

2014

白求恩精神仍然是我们时代的主旋律

——在白求恩精神研究会成立大会上的讲话

（2014年1月11日）

同志们、朋友们：

大家好！

首先，我对白求恩精神研究会的成立表示热烈祝贺，向长期以来为弘扬白求恩精神，努力推动社会主义精神文明建设的同志们表示崇高的敬意！

白求恩精神是毛泽东、邓小平、宋庆龄等老一辈革命家大力倡导的时代精神，它和井冈山精神、延安精神一样，教育和感召了无数优秀中华儿女为民族解放、国家富强、人民幸福而牺牲奋斗。70多年过去了，白求恩精神并没有因为硝烟散尽而光芒褪色，也没有因为发展社会主义市场经济而被历史尘封。白求恩精神仍然是我们社会的主流核心价值，仍然是不断激励我们为实现中华民族复兴的伟大中国梦不懈奋斗的内在动力。缘于此，我认为，白求恩精神研究会的成立，正逢其时，意义非同寻常。

第一，白求恩精神彰显了中国共产党人的政治理念，与中共十八大、十八届三中全会倡导的社会主义核心价值体系一脉相承，高度契合。“全心全意为人民服务”的精神，在新的历史条件下被赋予了新的时代内涵，成为“立党为公、执政为民”的宗旨，也正转化成为当前深入开展群众路线教育活动的实际行动；第二，白求恩精神是一座道德的高标。“毫不利己，专门利人”的崇高境界，艰苦奋斗、无私奉献的工作作风，极端负责、精益求精的科学态度，既是我们今天社会缺乏的，也是我们特别需要大力提倡的、继承和光大的时代精神。在社会主义市场经济条件下，道德仍然是鼓励人心向善的精神源泉，仍然是衡量人类文明的重要尺度，仍然是社会进步的伟大推动力；第三，白求恩精神凸显了国际主义的时代风范。特别是在全球化的今天，在中国成为世界第二大经济体的背景下，国际社会期待我们履行更多的国际义务，我们开展的国际救灾、国际救援行动，如中国海军和平方舟远航菲律宾的医疗救助，正是白求恩精神的体现，它为我们向国际社会释放善意，树立负责任的大国形象发挥着越来越重要的作用。

白求恩精神是全国各族人民的共同财富，白求恩精神告诉我们，如何做人，如何做事，如何做医生。正因为有白求恩精神这把尺子，全社会对医生的社会公德、职业道德有着更高的要求。广大医务工作者一定要从我做起，切实加强医德医风建设，成为引领知荣辱、讲正气、作奉献、促和谐的时代风范。同时，作为医药体制改革的实践者，我也希望广大医务人员发扬白求恩精神，积极投身医改事业，做全面深化改革的促进派。我期望白求恩精神研究会成立后，要深入研究新时期弘扬白求恩精神的意义、特点和规律，广泛宣传白求恩式的典型人物和先进集体，为推动医疗风气好转、提高医疗卫生队伍服务能力和服务质量发挥积极作用；要认真贯彻医药卫生体制改革的方针、政策，为推进医疗改革建言献策，为落实党和政府提出的民生目标贡献力量。同时，我也期望白求恩精神研究会承担起更大的社会责任，为白求恩精神走向世界，不断提升中华文化国际影响力发挥积极作用。

同志们、朋友们，弘扬白求恩精神是一个伟大的事业、高尚的事业，有益于人民的事业，我祝你们成功，我也相信你们一定成功。

太湖世界文化论坛巴黎峰会上的讲话

（2014 年 4 月 1 日）

尊敬的拉法兰主席，女士们、先生们：

在中法建交五十周年的美好日子里，在令人神往的自由之都巴黎，举行“丝绸之路—中西文化交流的永恒通途”论坛，畅谈文化这个国与国，人与人世代交往的永恒主题，我非常荣幸能够参与，并由衷地把这个论坛作为交流思想、增进共识、推动理解和互信的好机会。我了解到许多嘉宾带来了各自的研究成果和思想智慧，请允许我向业有专攻的各位学者表示诚挚的欢迎！向为本次论坛在巴黎召开作出卓越贡献的拉法兰主席，表示崇高的敬意！

在记忆中，第一次听到“丝绸之路”这个美妙的名称，就感受到了无限的遐想空间。从远古到今天，从商贸到文化，从历史积淀到未来前景……我相信在中法两国源远流长的友好交往中，早已存在着一条文化思想的丝绸之路，绵延古今。油然而生的强烈向往，让我欣然就道，躬逢盛会。

我们知道，在 18 世纪的法国，曾出现长达半个世纪的“中国热”，并辐射到欧洲大陆；在19世纪的中国，也出现了持久的“法国热”，直到今天，法国哲学和文学名著对数代中国人的思想观念和行为产生了深远影响。中国人民通过伏尔泰、卢梭、雨果、巴尔扎克、罗丹等一大批伟大的文学家、思想家和艺术家的作品而了解了法国，法国人民也通过孔子、孟子、老子、庄子等中国先哲了解了中国的古代文化思想。数百年来，中法两国人民对彼此国家的悠久历史和灿烂文明相互欣赏、相互吸引，以致情有独钟。中国一位学者曾在三十年前的乡村生活中整本整本地抄写罗曼·罗兰的著作；另一位中国作者近年写的《带一本书去巴黎》拥有十分广泛的读者，便是这种文化吸引力的真实写照。

今天，简要回顾这段历史，意味深长。50年前法国最高领导人戴高乐将军怀着挥之不去的中国情结将中法友谊之花成功孕育，一路绽放到今天。当时世界处于“冷战”状态，中法两个伟大的国家能够超越意识形态、超越政治制度，开启两国友好关系新纪元，树立起不同社会制度和文化传统国家和平共处的新典范，显然是得益于两国长期持续的文化交流与融汇。我以为，中法两国建交的意义超越了双边关系的范畴，具有深远的世界影响。

正是在这五十年里人类历史经历了一系列重大的转折性变化。“冷战”结束后，世界格局从两大阵营走向多极并存，极端对峙成为历史，和平与发展成为主流，不同社会制度和民族文化从原有的相对封闭走向开放交流，不同的政治和哲学价值观从各美其美走向和而不同。在这一变动过程中，不同文明之间的冲突，导致人类社会为此付出不同寻常的代价。中法交往在世界动荡、分化、改组过程中，则因其文化基础的坚固而一以贯之，稳定发展，经受住了严峻的历史考验。认真梳理这段历史，从中获得教益和启示，其中的思想资源和跨文化交流实践经验弥足珍贵。中法双方共同用五十年的交往历史证明了文化的巨大包容性可以有效促进不同政治制度、意识形态之间的对话、理解、友好与合作。人们常常用“法国是欧洲的中国，中国是亚洲的法国”，来比喻中法两个文化大国在中西文化中的特殊地位。这种范例在当今国际社会尚不多见，因此而具有极大的借镜空间。

中法两国的友好交往和文化交流，基础在人民，未来在青年。就在中法建交50周年的1月27日，在巴黎香街上的戴高乐将军像前，举行了一个仪式，是法方纪念中法建交五十周年的首场活动。两位法国青年从这里出发，将沿着丝绸之路骑车前往中国北京。他们以万里单车行重走丝绸之路、重温那段历史沧桑，见证中西方文化交流的源与流，古与今，物与人，形与神……中国古诗中曾有过“前不见古人，后不见来者”忧虑，当代青年则向世界表达着前有古人、后有来者的乐观。中法两国人民对艺术的热爱、对文明的向往、对文化的尊敬、对先贤的追慕，将在他们重走丝路的经历中得到又一次体现。北京期待这两位新一代法国文化使者的到来！

在他们重走丝绸之路的同时，我也在重温文化思想的丝绸之路，并得到了如下启发：

一、每一种文化都有自己的特性和价值。多样性不仅如自然界的五彩缤纷，也是人类社会的基本特征。我们应尊重不同文化的独立品格，倡导文化的多样性。而世界文化单极化是违背自然和社会规律的。

二、文化差异是文化丰富性的表现形式，不应成为冲突的原因。不同的文明和文化各有所长，足以互相借鉴。应该促进不同文明和文化之间平等对话，存异求同，取长补短，共谋发展。未来世界是冲突还是和谐，很大程度取决于文明的相斥抑或相容。

三、对民族文化最好的保护与传承，是基于传统文化根基的发展和创造，而不是脱离传统的文化取代。文化主体性保护得越好，越有能力吸收外来文化优秀成分。这意味着传统文化需要与时俱进，在传承中发展，在发展中创新。

四、文化交流既存在于国家间关系的最基本层次，也存在于最高层次。以文化为切入点的软实力互动，促进政治互信、经济合作，增强民间交往和相互理解。这样的合作伙伴关系将具有更坚实的民间基础，也将更加可靠。

因此，我把这次峰会看作中西方思想文化丝绸之路的一个新起点，中法文化交流将开始一段新的路程。我想借用法国当代思想家尊敬的埃德加·莫兰先生写在《人本政治导言》中的一段话，作为结束语——

"我们想要遵循的道路是敞开着的，这就是继续进行人类对于良知、爱情、科学的千年追求，继续推进追求这些目标的各种思潮，并把它们汇合起来；……怀着一种对社会进行伟大改造的期望继续前进……"

各位专家、各位朋友，春天象征着生生不息，播种着未来与希望。

愿中法友谊之花绚丽绽放！

让思想的丝绸之路永放光芒！

谢谢主席先生！谢谢各位！

中华文化与世界和平

——太湖世界文化论坛第三届年会开幕讲话

（2014 年 5 月 22 日）

习近平主席近日强调："中华民族血液中没有侵略他人、称霸世界的基因。中国人民不接受国强必霸的逻辑。"在人类发展史中，古代中国曾长期居于强盛地位，却从未称霸，而是近睦远交，协和万邦，主张四海一家，向往天下大同。

古往今来，和平一词是中国民众普遍认知、接受并信守的文化概念。中国社会中大量的家规、家训、家风和家书说明，中国人从出生之日起就开始接受以"和"为主导的人生态度与社会观念的熏陶。千百年来形成一种绵延传承、稳定表达的文化基因。这一基因可由中华文化几千年的历史作证，尤以 15 世纪闻名于世的郑和下西洋的伟大和平实践作证。这是中华文化在强盛时期向世界传递和平主张、尝试建立和平与和谐的国际社会秩序的典范例证。"以和为贵"的文化基因是世界认识真实中国的必由之路。

围绕本届论坛主题，我想首先介绍中华文化基因中最为核心的两大表达特征：

一、和而不同、海纳百川是中华文化的内在属性

中华文化由多民族在漫长岁月里融合而成，多元、开放、丰富多彩，充满生命力，绵延数千年未曾中断。二千多年前的《论语》就主张和而不同。认为和则生物、同则不继，不同是事物发展的根本。"和而不同"是中华传统文化的重要核心，体现的是对差异的尊重与包容，有着很高的思想境界。和的主要精神是协调不同，探索诸多不同因素如何共处。因此，和而不同、包容差异、海纳百川的精神是中华文化面向世界的根本精神，是中国文化软实力的重要体现。中国著名人类学家费孝通教授针对全球化过程中人类面临的共同挑战，特别是因文明差异引起的种种冲突，敏锐提出了"文化自觉"的命题，并把"文化自觉"的过程概括为"各美其美，美人之美，美美与共，天下大同"，表达的也是中华文化"和而不同"的境界。这样的文化立场，与以软实力征服为手段，推行文化单边主义，形成新精神殖民的文化霸权有本质区别。

二、推己及人、己所不欲勿施于人是中华文化的重要原则

中华文化的一个关键概念是仁，其重要内涵是"爱"，所以仁者爱人，他是从爱自己的亲人出发，却又不停留亲人范围内，而是推己及人，也就是从家庭开始向社会延伸，如老吾老以及人之老。己所不欲勿施于人的观念是中国各时代、各学派普遍认同和主张的理想，这种社会理想既是古老悠久的文化传统，又有很强的现代价值。表达的是将心比心、设身处地，不要将自己的意志强加于人，并以此作为伦理道德的底线。我以为，推己及人、

己所不欲勿施于人应作为人类的普遍共识,因为他同样适用于处理今天的国与国之间关系。在当今的国际秩序中,的确存在着强加于人的霸权,存在着专门利己的双重标准的傲慢与偏见。

儒家的仁爱,墨家的兼爱,佛教的慈爱,基督教的博爱表达的都是人类普遍共识,也是一种共同的价值,是促进和平的思想资源。

国际社会所有渴望和平的国家和人民,都已经注意到了习近平主席反复讲到的“中国梦”。中华文化的基因决定:中国梦是中国富强之梦,中国梦是文明共存之梦,中国梦是人类合作之梦,中国梦是世界和平之梦。

五十年前,一个美国黑人告诉国人:我有一个梦想。

五十年后,十几亿中国人民告诉世人:我们也有一个梦想。

马丁·路德金的梦想是种族平等。

中国人民的梦想是中国的民主富强和全人类永久和平。

此前太湖文化论坛正式更名为“太湖世界文化论坛”。一词之增,绝非偶然,它来自中国和谐文化的理念,来自中国人自古就有的“天下大同”思维。

众所周知,自古至今,太湖以其浩瀚和丰饶,滋养着中国江浙一带鱼米之乡。当“太湖”走向“世界”的时候,我想简述“水”在中国文化中的形象。关于水,中国人最熟悉的一句话是“上善若水”。这句话出自《老子》。他认为水的品行是至柔至坚,平时随形就势,在万物中就低不就高,就湿不就干,就顺不就逆,给人以灌溉、舟楫之利。但水能载舟,亦能覆舟,由点滴汇成江海的水一旦发威,则无坚不摧,无往不胜。可以说,中国文化的性格就是水的性格,以静制动,以柔克刚,以退求进,以不争而天下莫与之争。它是安静的,它是和平的,它是温柔的,它是包容的。

费孝通教授也曾说到"太湖精神",他说:"我在想太湖精神,想了八个字:汇纳百川,润泽万民"。接着他解释说:"汇纳百川,滋润人家,并不一定要人家感激你。太湖就是这样,润泽万民,没有去想让人感激。有时候,不光没有感激,还要污染它。可是太湖并没有因为被污染而停止润泽万民。水的品行多好啊!"

从老子到费孝通两位中国智者,相隔两千年,论水的精神一脉相承,缘于中国文化和平、合作、包容精神的一脉相承。直到今天,中国文化中和平、友善、和谐的基因,也绝不会因为个别国家的"威胁论"和污名化而改变。我想,费孝通教授所说的太湖精神,也是太湖世界文化论坛的精神,是太湖论坛将全力弘扬的中华文化精神。受中华文化精神的滋润,我们认为,为促进人类和平与发展,提出和讨论软实力的命题是重要的,辨析软实力的要素、来源、结构和功能也是重要的,用软实力去做什么事是更为重要的,通过加强软实力来促进和保障人类和平则是至为重要的。

我衷心祝愿更名后的太湖世界文化论坛充满自信地打开一扇新的世界文化之窗,以推动世界文化交流、巩固和平成果为己任,通过多种有效途径,促进国际社会了解真实的中国,也促进中国向一切先进文明成果学习,转益多师,取长补短,实现文化自觉,更好地适应变化中的世界,为人类的永久和平做出更大的贡献。

我相信,和平不仅是中华文化基因数千年一以贯之的表达,也必将成为21世纪全人类不同文化族群的共同意愿与行动表达。

拨乱反正，依宪治国，开创新的政治文明

——在首届大梅沙中国创新论坛上的发言

（2014年11月6日）

尊敬的大会主席，女士们、先生们：

众所周知，1970年代末起步的中国改革开放，意味着治国理政思路的创新。深圳经济特区的创建，则意味着中国治理体系从局部开始探索新路。没有创新，就没有当年"春天的故事"和今天的深圳特区。而在中国创新需要整体注入新观念、新动力、形成发展新机制的今天，中共十八届四中全会上习近平总书记对依法治国做了全面阐述，历史性地提出了全新执政理念——"依宪治国"。我相信，群贤毕至的"首届大梅沙中国创新论坛"必将沿着四中全会指引的方向，为"春天的故事"续写新的篇章。

今日之中国，来自久远的历史时空。一部中国史，自从有朝代更迭记录以来是一部人治史，这是中国传统文化一大特点。乃至人治思维深深植根于国人的文化基因之中。在古代社会，这种治理方式曾使中华民族几度辉煌，却始终走不出治乱循环的历史周期。进入近现代社会以来，这一特点成了文化"短板"，

导致中华民族迟迟不能进入宪政和法治轨道，在现代化过程中几度跌扑，举步维艰。直到改革开放之初，人治仍在，法治未立，不得现代治理之要义。

我以为，改革开放的深厚动力一直潜伏在中国社会，它需要历史契机，需要一个推动力。历史契机是"文革"结束，第一推动力是拨乱反正。没有拨乱反正，"文革"即便结束，也有可能再来，因为当局者有过"七八年再来一次"的设想。有了拨乱反正，才摆脱了历次政治运动带给中国社会之乱途，把整个中国推上了正路、新路，释放出巨大的潜能，从此开始持续三十多年的经济高速增长，直到经济总量跃居世界第二。

我们成绩显著，却也代价沉重。改革开放之初，我们曾信誓旦旦：凭借社会制度的优越性，中国既不会出现两极分化的情况，也不会走先污染后治理的路子。如今，三十多年过去，我们的制度一如既往，而贫富差距、环境污染情况怎样？苍天有眼，百姓有感，事实俱在，无须多言。

看来，理论上更为先进的社会制度也不能先天避免某些重大社会问题。正是由于我们迟迟没有走上依宪治国、依法治国的轨道，权大于法、情大于法的封建顽疾因袭在改革开放过程中，才给经济高速发展的中国新添了这么多乱。在这个意义上，中共十八届四中全会提出的"依法治国，首先是依宪治国；依法执政，首先是依宪执政"——释放出十分强烈的拨乱反正信号，它将直接影响着已经写进决议的"依宪治国"能否真正写进现实、写进人心、写进历史。

一、克服宪法虚无主义倾向，树立宪法的绝对权威。

宪法是国家根本大法，是治国总章程。依宪治国是依法治国的核心。但由于历史原因，中国宪法颁布以来，实施现状并不理想。社会成员对宪法普遍欠缺敬畏和尊重之心。一些领导干部公然违宪，公权滥用，执法犯法，尤其是决策失误等现象大量存在却不得依法追究。公民基本权利受到侵犯时，宪法未能有效发挥救助功能。更有甚者，每逢矛盾激化、群体事件，一些官员就把原因归结到宪法文本，声言给"刁民"太多权利，全然一副无辜、作难心态。

法制之谓，首先是约束公权力，约束政府，管束官员，正如习总书记强调的"把权力关进笼子里"；第二是保障公民权利；第三是治理社会。因此，依宪治国，必须从执政党、政府和官员做起，培养宪法精神，确立法制意识。过往普遍存在于官员中"法治即治民"的观念，务须尽快清除。首先提高领导干部宪法意识，以宪法思维研究解决中国社会发展面临的各种问题，清理违宪违法的规章制度，检讨众目睽睽的违法治国、违法行政之弊端，严肃追究法律责任。

二、摒弃权大于法的封建理念，营造独立司法、公正司法的执法环境。

马克思指出："法官除了法律就没有别的上司，独立之法官既不属于我，也不属于政府。"这句话说明独立之司法并非资本主义特有的司法理念，而是不同社会制度国家法制的基本准则，是司法公正的前提和保障。这是政治和法治的基本常识，不应视为敏感问题。

党的领导必须贯彻到全面推进依法治国全过程，应该说更多体现为政治、组织领导，而不干预个案——这一点，既有深刻教训，也是基本原则。加强党对司法的领导，最重要的一条，是切实把司法改革做为依宪治国的先决区域，落实以审判为中心的诉讼制度，保证检察院独立行使检察权，法院独立行使审判权。四中全会提出建立领导干部干预司法活动，插手具体案件处理的纪录、通报和责任追究制度，将有效杜绝公权力“以言代法”、“以权压法”、“徇私枉法”，终结掌握公器之人无法无天、随心所欲的恶习，树立依法用权的现代权力意识，才能彰显中国特色法治优越性。

三、革除阶级斗争的革命思维和唯 GDP 经济思维，用法治凝聚改革共识。

依宪治国，有两种非法制思维必须扭转。一是斗争思维——有些官员遇到矛盾、分歧，不是以法制思维寻求解决，而是惯用专制体制下形成的阶级斗争思维来应对，导致频繁出现违宪违法的强拆、圈地、截访、无故抓人等暴力维稳手段，使人民内部矛盾敌对化，触发混乱，撕裂社会。另一种是近三十年来愈演愈烈的唯 GDP 经济思维——认为我国所有的矛盾、问题，尤其是贫富差距问题，“做大蛋糕”就能迎刃而解。事实证明，蛋糕越做越大，GDP 上升到世界第二位，贫富差距却越拉越大。

中国社会已是多元社会。不同阶层、不同文化背景、不同宗教信仰的人都有争取自己权益的自由，但不能侵犯他人权利。和谐共处需要公认规则，求解最大公约数的有效途径就是代表公平正义的法律。

四、重塑律师职业尊严，纠正冤假错案并依法追责。

律师职业曾令许多学子向往，因为律师是法制结构中的重要组成部分。由于律师的正当辩护，法律天平得以扶正，冤假错案少有发生。律师职业本是崇高的、令人尊重的。但在中国社会现实中，对律师制度的政策和理解存在着偏差甚至扭曲，如公检法系统排斥打压律师，甚至把依照法律程序为犯罪嫌疑人辩护的律师等同犯罪嫌疑人，视为异己，赶出法庭。

诚然，就个人而言，律师自尊、行业自律、尊严执业是首要的。但如果社会环境真的像有人形容的那样，“当下律师仍然处于一种几乎在战战兢兢中苟且偷生境地”，这是中国法制的悲哀。律师堂堂正正在社会上立足，才是法制国家的标治。摈弃人治、以法为尊，法律自然有力量、有尊严，律师尊严也就顺理成章。而当前的突破口，或是纠正冤假错案，以振法律尊严，方能令人诚服。

毫无疑问，依宪治国、依法治国的实际推进，将开启中国发展史上的新纪元，这一前景是振奋人心的。而面对数千年人治传统的巨大历史惯性，彻底扭转将是艰苦卓绝的过程，不可能毕其功于一役。我们必须具备足够的清醒、勇气、韧性和执着，具备足够的责任感和历史担当。实现执政党制定的目标，到2020年，依宪治国切实赢得国人口碑。到2049年，我们能够向世界提供比较成熟的新型政治文明建设经验。

在结束演讲之前，我重温一段有关深圳特区创新的往事。三十一年前，深圳经济特区初建，时任中共中央总书记的胡耀邦同志为深圳题词——“特事特办，新事新办，立场不变，方法全新。”四句话，十六个字，代表了当年执政党和全国人民的改革意志，体现出改革思维，蕴含着改革智慧，震响着当年拨乱反正的时代强音。如今，当“依宪治国、依法治国”被历史性地提升到治国方法论高度的时候，我听到了“立场不变，方法全新”的再次回响，见证了三十年前后执政党改革精神的一脉相承。我强烈期待，“依宪治国”的全新理念成为执政党的高度自觉，守法、遵法成为中国民众的生活方式和共同信仰，带来新型政治文明的步步构建，带来一个崭新的中国。

预祝大梅沙中国创新论坛取得圆满成功！

谢谢各位。

附录

访谈·报道

谈谈政治协商制度的价值*

政治协商制度，源于和谐包容的文化传统

记者：怎么评价中国的政治协商制度？

张梅颖：中国共产党领导的多党合作制和政治协商制度，是我们国家的基本政治制度之一。在政治制度的设计上，我们有很多自己的创新。当然，也存在一些不足和局限，比如民主监督作用没有充分发挥。

说到制度问题，亨廷顿在《文化的重要性》这本书里有一句点睛之语——“文化是制度之母”，我非常欣赏这句话。任何一个国家，不论实行什么制度，都离不开这个国家特有的文化。我们的多党合作和政治协商制度，就是中国共产党和各民主党派，以中华文化的核心价值为基础，共同创立的一个政治文明成果。它源于中国文化“和而不同”、“以和为贵”，和谐、包容的文化传

* 原载于《同舟共进》2014 年第 10 期。

统;源于“天下为公”的广阔胸襟。

记者:现在我们在力推协商民主,在您看来,我们为什么要搞协商民主呢?

张梅颖:中国政协包括中国共产党和8个民主党派在内,共有34个界别,代表着不同阶层、不同领域,体现了不同文化背景、不同的观点、不同的利益诉求、不同的宗教信仰等方面的多样共存。正因为多样,所以要协商,正是因为大家的目标一致,(实现中华民族伟大复兴),所以能够协商,乐于协商。在履行职务的过程中各展其能,各出其力。政协的本质属性就是四个字:团结、民主,这是政协的主题。

我们国家没有实行两党制,在对决中找民主,也不是在多党的纷争中求民主,我们是根据自己的国情,发展出了一种土生土长的民主形式,这就是协商民主。中国共产党坚持协商在决策之前和决策执行中,最终都是要通过人大表决的。这样的做法,我们既服从了多数,又保护了少数。有时候真理往往掌握在少数人手里,在我们的协商民主中,少数人的意见可以得到充分表达,这样就避免了一个多数专政的问题,促进了我们决策的科学化、民主化。

举个例子,大家都知道,在三峡工程动工之前,民盟等几个民主党派的专家是坚决反对这个工程的,而且反对的声音相当强大。那时还是1980年代,中央听取反对意见的胸襟是很宽广的。当时包括民盟在内的一批专家反对建设三峡工程,他们做了一次又一次的论证,理由非常充分,指明了哪些技术我们还没有达到,哪些方面在当时的中国还不可行,这个工程又会造成哪些后果。当然,建设三峡工程的决议,最后还是在人大通过了,虽然票数不是很高。

在三峡建成之后,我曾带领全国政协的团去考察三峡大坝,我没想到三峡的工作人员排成两队,夹道欢迎我们的考察团,特别热烈地为我们鼓掌。我当时感到挺纳闷的,为什么会这样呢?他们的书记最后对我说,如果当时没有民盟和各民主党派的反对意见,三峡大坝是建不起来的。因为那些反对的意见,都是有科学根据的,所以他们就把这些意见所反映出来的问题,一个一个地解决,国内解决不了的,就通过国际招标来解决,最后才把三峡大坝给建立起来了。我记得民盟那些老同志还健在的时候,每次去看望他们,他们都会问我三峡怎么样了,他们仍然有担心、有牵挂。

这个事情反映了什么?说明有时候少数人的意见是值得重视的。三峡的工作人员那么尊重和欢迎我们政协的考察团,实际上是感谢政协过去所提的那些反对意见,对整个三峡工程起到了很好的作用。

“三个自信”的三个依据

记者:您刚说到中国的政治协商制度是一种创新,它的优势在哪里?

张梅颖:我认为中国的政治协商制度,是一种创新的制度。在13亿人口的大国,有56个民族,地区发展又不平衡,如果没有共产党坚强的领导,和政治协商的制度,非乱套不可。习近平总书记谈到过,我们要有三个自信——“道路自信、理论自信、制度自信”。很多人可能觉得这只是口号而已,但我觉得习近平总书记讲得很有道理。

我认为“三个自信”的依据,主要源于以下几个方面:

一是实践的检验。我们的这个制度,在不算长的时间里,推动着十几亿人口走出贫困,实现温饱,正在进入全面的小康。综合国力已排到世界第二,我们正在坐二望一。能够从容应对各种突发的自然灾害、疫病,和各种国际政治风浪,在国际事务中我们也发挥着越来越重要的作用了。我觉得这个制度的优势是显而易见的,我们的自信是有底气的。

二是共产党内运作的机制。中国共产党不但能够与时俱进,而且还具有超凡的自我纠错能力。中国在前三十年里搞阶级斗争,把经济搞得濒临崩溃。但改革开放以来,我们就纠正了这个错误,非常平稳地走到以经济建设为中心,再也不搞阶级斗争和政治运动了。对于这一点,我们这一代人的体会是最深的。

再比如,经过改革开放后30多年的发展,权力不受约束致使贪污腐败很严重,贫富差距也相当大了。在这样的背景下,习近平总书记现在把公平正义这个大旗举起来了,要把贫富差距逐渐地缩小,不断地提高老百姓的最低工资,同时又让国企的高收入降下来。

最说明问题的,还是当前正在以雷霆万钧之势开展的反腐败的伟大斗争,这是中国政治文明建设的标志性事件,意义极其深远。谁也没想到习近平总书记会如此严厉地反腐,要把自身肌体里的腐肉给剔出去,没有自信是做不到的。世界上没有一个政党敢于这么做,但共产党敢,共产党拥有这种自信。

三是共产党执政的开放。敢于敞开大门，开放，开放，再开放，向一切先进文明学习。我们派了多少人到国外去学习？引入了多少技术和资本？我们有自信能抵制一些不好的东西，也有自信能吸取一些好的东西，包括民主与法治。

所以，对于中国的政治制度问题，我认为我们的制度设计在实践中确实也发挥了很好的作用，这才使得我们具备道路、制度、理论这三方面的自信。

但是，在我们的发展过程中，也确实出现了一些具体问题，这正说明了我们的制度还不够完善，比如缺乏监督机制。过去一提到监督，就强调已经把监督含在参政议政里了，监督寓于参政议政之中，但这其实是两码事，这使得政协的监督职被淡化。另一方面，因为政府的很多事务有待公开透明，政协的监督有时也只能处于准备状态。

小平同志提的“三个有利于”

记者：具体而言，协商民主如何协商、协商什么？

张梅颖：我们的政治协商分多个层次：一类是高层协商，就是中共领导人与民主党派领导人政治协商，内容都是治国理政的大政方针。

另一类是社会协商，我们现在需要推进。我觉得将来可做的事情非常多，因为社会协商是解决人民内部矛盾的一个方法。不管拆迁也好，城管与摆小摊小贩也好，都是人民内部矛盾，你用城管去强行管制，用推土机去强拆，这其实都是对立的手段。

城管很多时候是在践踏法律，管与被管双方没有赢家。国家治理体系和治理能力现代化提出就非常必要，多一些治理、服务思维，少一些统治和压制。所以，我觉得在社会层面的协商是非常重要的。直面矛盾，跟老百姓来协商、对话、沟通、妥协，绝不回避问题，该对老百姓妥协的，就得妥协。老百姓的利益被你侵犯了，你不妥协行吗？我觉得我们现在特别缺乏的，就是妥协精神，有协商才有妥协。对于不同声音，不要认为这就是“敌对势力”，我们一定要改变这一点，否则将会导致万马齐喑，形成不正常的局面。听反面意见，要有诚意，没有诚意，就不利于监督。

记者：您刚才也提到，中央目前正在强力反腐，在您看来，目前最大的腐败是什么？

张梅颖：我们国家现在有三大腐败，它们是最基础、最根本的腐败。

第一，吏治腐败。吏治实际上是能够决定执政党的质量的。但现在，吏治腐败有的地方相对严重，有买官卖官现象，多少钱一个镇长，都公开标价了，军队也未能幸免。由于吏治的腐败，导致我们在人才的选拔上是逆淘汰，优秀的人才上不来。相反，谁会拍马屁，谁能够出钱，谁能够送礼，谁就能上位。这样的腐败，贻害无穷。

第二，司法腐败。吃完被告吃原告，法官也开始论价了，你要解决多大的问题，就得给我多少钱。到这种地步了，司法的底线都没有了，让老百姓信什么？

第三，媒体腐败。媒体有鹦鹉学舌的趋势，没有独立的思想，没有独立的观点，这能进行监督吗？舆论监督是很重要的，但我们的舆论也能被收买。只要给钱，负面消息就可以拿掉，这算什么事呢？

这三大腐败不解决，其他腐败都是解决不了的。教育腐败、医疗卫生腐败，不都跟这三大腐败相关吗？靠山吃山，靠水吃水，靠什么吃什么。所以，教育领域就吃家长的，医疗领域就吃病人的……这个社会就溃败了。

所以，我们的最大问题，就是权力不受约束，监督太弱。被监督的人不愿意被监督，就设了很多障碍和禁区。

邓小平同志关于发展中国特色社会主义要有“三个有利于”：第一是有利于比资本主义更高的效率，在某种程度上，我们可以说是做到了这点，能够集中力量办大事。但是，真正的效率，是要讲究对资源的利用率的。第二是有利于实现比资本主义更切实的民主，我觉得在这方面，我们尚未达到，说到底，还是因为缺乏监督。第三是有利于比资本主义培养出更多的人才，这方面我们差距还是很大的。我们现在培养人才，就像流水线上的生产一样，遏制了人的想象力，创新型人才很难辈出。

我觉得从小平同志提出的“三个有利于”的角度来讲，我们仍然需要虚心学习，不断进步，踏踏实实做好我们的事情。最近我看了一些人的文章，认为中国好像马上就要领导全世界了，这个论调是有问题的。

谁来协商很关键

记者：您在政协工作这么多年，对于政治协商，有何建言？

张梅颖：我们处理任何问题，要考虑能不能双赢，要双赢就必须要有妥协，要妥协就必须要有协商。所以，我认为政治协商这个制度很好，但是它有待完善。在很多问题上，我们一定要做到广开言路，至少在政协内部，要让人“知无不言，言无不尽”，能够发表真知灼见。

其中一个特别重要的问题，政治协商的关键是什么？关键是得选出人来，谁来协商很关键。我们必须选拔具备优秀素质、有胆有识的人进入政协，否则如何协商？如果不改变政协选拔人才的办法，甚至花钱买委员，政协很难充分发挥政治协商作用。此外，我认为高层的政治协商，还应该再透明一些，在政协委员的选拔上，也应该进一步公开透明。

医患问题的根源在哪里？

记者：前一段时间看到了一则“岳阳数百名医务人员静坐抗议医闹”的新闻，现在医患问题很严重，有些事件的问题在于家属，有些事件的问题可能在于医院。您曾是医科干部，在您看来，医患问题的关键在哪里？

张梅颖：关于医务人员静坐抗议医闹，这是医生的权利，不能说医生就只能是孙子，就得挨打挨骂。我们要搞清楚的是，现在如此严重的医患问题是怎么形成的呢？这有几方面原因：

第一，我们国家在1990年代开始搞医疗改革，国家就不管医院了，要医院自负盈亏，明确一是以药养医，二是多赚多分，这不就把医院推到市场上了吗？所以，医院为生存就要赚钱。具体到各个科，你们挣得多，那你们就拿得多。有了这样的政策导向，医院能不赚钱吗？以至于完全背离了公益性质。所以，看病贵是现在医患问题的根源之一，在于当时错误地把医院完全推向了市场。

第二，社会对医疗的认识有问题。公众对医疗有相当高的、不切实际的期望，其实医学的能力是有限的，有时很有限，一些广告大多是夸大其词的虚假宣传。尽管随着医疗技术的进步，有些疾病有了较为理想的治疗手段，但每个个体千差万别，有些疾病包括常见病如“三高”，有的患者就是治不好，所以一定要让公众明白：“医学不是万能的”，人类对疾病的认识还有很长的路要走。人们常常误解，在医院治病怎么会死呢？于是就闹。

第三，医护人员主观原因。有病的人起早挂号、等待，有的千里迢迢投奔大医院，十分不易。作为医护人员要将心比心，多多理解病人及家属的感受和心情，对病人对一分人文关怀，多一点耐心和笑脸，真正做到以病人为中心，加强医德医风建设。

第四，个别媒体缺乏常识，缺乏责任心，对医疗纠纷不当的炒作，混淆视听，推波助澜，起到了负能量的作用，如近期媒体报道的湖南产妇死亡事件，和去年肝炎疫苗事件，造成了极其不良的后果。众所周知，我国被称作“肝炎大国”，上个世纪末我国乙肝表面抗原携带者达 1、2 亿，每年死亡病例 30 万人，不仅对患者造成很大伤害，也给家庭和社会带来沉重负担，而最有效、最廉价的办法就是预防免疫。当时我国在财政十分困难的情况下，投入资金研制乙肝疫苗，2005 年为全部新生儿实施免疫接种，2009 年扩大到 15 岁以下人群。经过 20 多年的艰苦努力，以接种疫苗为核心的综合防控措施对控制我国乙肝病毒蔓延传播起到了决定性作用,接种者感染率几乎为零。我国表面抗原携带者减少3千万,在可预见的将来我们一定能够摘掉“肝炎大国”的帽子。全球免疫联盟认为:“中国控制乙肝所取得的成效,是21世纪全球最伟大的公共卫生成就”。

而去年十二月媒体报道的“乙肝疫苗事件”,纯属媒体渲染的事件,误导大众对疫苗产生恐慌,如果是疫苗质量问题一定是群发而不是个案。不仅导致几个生产肝炎疫苗的工厂都停产了,更重大的损失是很多家长不敢带孩子去打疫苗了。据有关机构对10个省监测显示,今年初我国乙肝疫苗接种率已下降30%,这就意味有30%的人群可能感染乙肝从而终生不幸,如果乙肝疫苗接种率持续下降,经过我们几十年的努力取得的防治感染肝炎的成果就要功亏一篑了。经过正面宣传引导,现在形势有所好转。所以,我希望媒体要传达正能量。

医患在战胜疾病中本是一个战壕中休戚相关的战友,由于上述多种原因,变得严重对立,双方没有赢家,医生、患者身心都受到严重伤害,这种不正常的现象再也不能继续下去了。党的十八届四中全会将做出全面推进依法治国的重大战略部署,明确建设一个法治国家、法治社会的目标和任务。依法治医时代的到来,将从根本上解决医患关系的无序,依法保护医护人员和广大患者的合法权益,依法规范媒体的行为。我们要团结一致,把握重要历史机遇,共克医改难关,让全体人民共享医改的成果,满足人民群众对健康的新需求和新期待。

张梅颖：谏真言，做诤友，寻良策*

从2001年初调任民盟中央副主席、2005年3月担任全国政协副主席，到2013年3月全国政协换届。13年中，张梅颖实现了人生角色的转换。

她雷厉风行、锐意进取的作风，她勤于思考、勇于担当的品格，她心系天下苍生的民本思想和悲悯情怀，都给人们留下了鲜明的印象。

不久前，在全国政协的办公室，张梅颖接受了笔者的专访。对于这段过往的历程，张梅颖娓娓道来，其间饱含着她对多党合作和政治协商事业的感情和追求。

祖父是我们做人做事做官的榜样

谈到祖父张澜对自己以及后代们的影响，张梅颖总能娓娓道来。“他目睹了晚清的黑暗、袁世凯复辟、军阀割据和国民党的腐败，于是历经坎坷，一生致力寻找能够带领中国人民走向富

---

* 原载于《中国政协》2014年第14期。

强、民主、文明的道路，直到与中国共产党实现政治上的合作。”

在中央人民政府为张澜举行的八十寿宴上，他感慨万千地说：“我真是幸运，我活到了八十。我亲眼看见了中国人民把帝国主义者从中国驱逐出去了，我亲眼看见中国成了一个独立自主的强国”。

“这是一个革命老人的肺腑之言。”张梅颖说，对于国家，祖父张澜有着太多的感慨和期盼，他将希望放在年轻人身上，并常嘱咐周围的人：“人不可以不自尊，人不可以不自强，人不可以不自信，人不可以不自爱，断不可以自欺”。

“对于晚辈，他更是身体力行，言传身教。”在张梅颖心里，祖父有三点教诲让她受益终身，难以忘怀。

“第一，学习共产党谦虚谨慎、勤俭节约的好作风，坚定不移地跟着共产党走。”这是张梅颖小时候经常听祖父说的话。“在他弥留之际，仍是这样谆谆教导我们，这是老人家传承给我们的政治遗产。所以，不论我从事医学、科研、教学，还是做管理工作或从政，坚持共产党领导的政治信念从来没有动摇过。”

“第二，祖父用自己的行动，教会我们如何做人，如何做事。”张梅颖深情地回忆道，祖父的刚直不阿、清正廉洁是出了名的，在北洋政府时期，他主政四川八年，在贿赂公行的旧中国官场，他能够独善其身，出淤泥而不染，两袖清风，一身正气，始终保持知识分子的本色，布衣长衫，从川北的老家穿到繁华的上海，再穿到新中国的首都北京。这一点连旧军阀都不得不佩服他。

“第三，就是他将立德、立功、立言作为衡量一个人价值的标准。”联系到当前的现实，张梅颖说，直到现在，祖父的标准仍不过时——他所讲的“立德”,主要是指政治操守方面,对于当今领导干部来说,使命感要超越功利感,不与世沉浮,不为名利诱惑;“立功”就是要对国家、对民族的进步有贡献,不论你在哪个单位,在什么样的岗位上,都要建功立业,都要争取把本职工作做到最好、最出色;“立言”就是要有建树,有胆有识,说真话,诚心诚意监督并批评政府的不当之处,目的是支持执政党更好地治理好这个国家。

“在这几点上,我们后代都在努力地践行着,不敢有所懈怠。他的这些思想对我后来从政影响很大。”张梅颖说,“祖父是我们做人做事做官的榜样。”

关注民生奔走国是

“这是中国共产党和民主党派老一辈领导人共同探索建立的一项基本政治制度,是中国人民政治智慧的结晶,我们一定要把这个体制内制度设计的优势发挥好。”谈到多党合作和政治协商制度,张梅颖的眼神里总是充满了激情。为了让更多人理解多党合作和政治协商制度的真正价值,她曾多次接受采访,用亲身经历、故事和体会,阐述她所追寻的多党合作事业的真谛。

这些年,张梅颖都是一步一个脚印地走过来的。她曾就经济社会发展中具有前瞻性、战略性的重大问题深入调研,也参加过许多民生方面的视察团、调研团,涉及三农、大学生就业、收入分配、养老服务业等多方面、多层次的问题。她亲力亲为,足迹遍及中西部贫困偏远地区和较为富裕的沿海省份,只为调查到基层真实的情况,取得一手资料。她的调研记录密密麻麻地写满了笔记本，一个个本子又攒成一摞高；她经常就一个课题查阅多种资料，苦思冥想……

“我从2003年开始介入一些调查研究，粗略算了一下，比较大的调研有三十几次，在调研中，我切身感受到我们国家加快推进社会主义民主政治进程的时代脉搏，认识到党派和政协通过开展深入调研，有力地促进了党和国家的科学决策、民主决策。作为参政党，我们传承了民盟的优良传统，关注民生，奔走国是，具有强烈的社会责任感、独立思考与批判精神，敢于讲真话，做诤友，发出不同的声音，而这正是党和政府需要的、同时也是体现参政党价值的方面。”张梅颖说，这十几年感到很累，但很充实。

2005年，时任全国政协副主席的张梅颖率全国政协视察团到湖北宜昌，视察被称为“世纪工程”的三峡大坝。接待他们的三峡集团领导所讲的一番话，让张梅颖很受震动，也很受鼓舞。她说：“三峡大坝建设的成功，首先要感谢民盟和各民主党派在论证时的诸多质疑，三峡大坝正是在反复的探索和实践中解决了一个个质疑。可以说正是这些质疑成就了三峡工程的成功。”

正是民盟前辈的精神，鞭策着张梅颖在多党合作的道路上宵衣旰食，尽职尽责。她持续关注三峡的移民生计问题，多次深入库区调研，给她印象最深的是2006年到重庆万州的一次调研。

“过去开县万县有‘金开银万’之说。万县是长江上的一个码头，轮船行驶到这里乘客都要下船住宿，到岸上吃上几碗四川小吃。每个小门脸，一年都有数万块钱的收入。现在移民搬进了国家集中修建的移民小区，房子盖得很好，可里面空荡荡的，每个家庭还给配了一个铺面，但是没有生意，我们去的时候院子里站了很多人，大家都闲着晒太阳，年轻人上午九、十点钟还躺在家里睡觉。”张梅颖和调研组成员了解到这个情况后，觉得移民的生计问题很严重，这也是万州群体事件的“根源”所在。

有感而发，张梅颖当时就给中央写了一封信，提了八条建议，呼吁政府解决移民家庭的零就业问题，并把免费职业教育作为库区群众的福利，让新一代移民将来能够自食其力，实现就业。这八条建议，多位中央领导都做了批示，并指示相关省市和部门认真研究解决方案。后来，张梅颖又专门前往万州库区调研职业教育，并就职业教育定性、定位，职业教育和解决库区移民的关系等方面的问题，详细向中央阐述了观点，胡锦涛同志和温家宝同志都做了批示，刘延东同志还专门批复说道：“你们把职业教育谈得很透，抓住了一些影响中国今后发展的根本性问题。”

还有一次调研经历，也让张梅颖时常提起，时常挂念。

“一次，我们深入到广西偏远山区的农村寄宿制学校，见到那里拿着微薄薪酬的老师，他们承担着繁重的工作负荷，责任无限大，而正是他们的牺牲和奉献，让无数农家子弟从此改变了人生的命运，他们需要国家的支持和关注。”通过调研，张梅颖认为，义务教育阶段的不均衡、不公平的最重要因素，是教师待遇的不公平。她建议提升贫困县区教师工资保障机制的层次和水平，实行重点向老少边穷等地区农村教师倾斜的特殊补贴制度，形成条件越艰苦待遇越高的正确导向和机制。回京后，她特意在《人民日报》上发表了文章《关爱大山深处的耕耘者》，引起很大社会反响。此后，她又向国务院提出《当前基础教育教师队伍建设存在的问题及政策建议》，直接促成了国家在第二年出台政策，使义务教育学校教师津补贴与公务员同步到位，并推动了代课教师待遇问题的妥善解决。

留有深刻印象的调研，张梅颖还能说出很多很多。比如，关系到国家发展的有城镇化和新农村建设、资源型城市转型、企业自主创新等调研，关系到社会与民生事业的有高校贷款调研、义务教育均衡发展、农村卫生人才队伍建设、科学使用财政性教育经费促进教育公平发展等等。这些调研，都是他们心血的凝结。

更令人鼓舞的是，调研所形成的每一件建议都有批示，都得到了采纳和落实，都产生了良好的反响。为何会取得如此效果？张梅颖回答说："民主党派的议政建言，由于不代表部门、地区或某个特定群体的利益，往往能客观地反映广大人民群众的利益诉求，能引起国家的重视。"

"2008 年 9 月，我们在四川开展天然气、水电资源开发补偿机制调研。资源是西部赖以发展的优势，但长期以来，由于没有建立起来一个合理的补偿机制，使资源地区陷入一个'富饶又贫困'的怪圈，有人称之为'资源魔咒'。"张梅颖和调研组成员听取了达州、凉山州和中石油、水电开发企业的汇报后，又继续考察了凉山州水电建设施工现场，他们针对当地干部群众反应的"资源被拿走了，贫困和污染却留给了当地"的现象提出建议，要将资源税费重点向资源地倾斜，建立受益地区反哺资源地的横向生态补偿机制，创新水电移民后扶政策，使资源开发真正能够造福于资源地区的老百姓。这些建议有力地推动了国家有关资源补偿政策和机制的建立。

另一个涉及不同地区与部门利益的调研，和美丽的千岛湖有关。千岛湖是长江下游重要的战略水源地，曾经保持着一类水的标准，但由于新安江流域的污染不断加重，千岛湖水质富营养化趋势十分明显，虽然目前仍能达到二类水的标准，但千岛湖的水环境综合治理已经刻不容缓，这引起了浙江省和国家相关部门的高度重视。但是，千岛湖牵扯到两个省的利益关系，下游的浙江省要守住一盆净水，而上游的安徽省黄山市正步入工业化、城镇化进程，人民群众同样有加快发展的权利，因此两方面各执一词，互不相让。

2011 年，张梅颖带队考察之后，很快就形成了一个《关于千岛湖水资源保护情况的调研报告》，后来又在全国政协召开了一次对口协商会，邀请国家相关部委，浙江省、安徽省主管副省长参加，大家在会上达成了广泛的共识，促成中央每年拿出 3 个亿，浙江省、安徽省各拿出 1 个亿，支持黄山市建立集中的工业园区，体现了合作、互利、共赢的原则。看到汗水、努力换来了成果和希望，张梅颖十分欣慰，更让她高兴的是，她听到千岛湖周边的老百姓这样说："政协为我们办了一件实实在在的好事。"

回首参政议政的历程，张梅颖的言语中不乏感慨，更多的是坦然。"我自问无愧于党和人民的信任，无愧于先辈的教诲和民盟组织的培养，因为我为我热爱的多党合作事业尽到了自己的一份责任和力量。"

沿着先贤的路走下去

原民盟中央主席费孝通晚年的时候，越来越多地谈到文化问题，他敏锐地觉察到，为了应对全球化、现代化进程中人类所面临的共同挑战，特别是由于文化差异引起的种种冲突与对抗，不同文化之间更要互相尊重、理解、宽容和合作，为此，他提出“文化自觉”的命题。

“文化自觉是费老暮年为我们开出的一个大题目，既是他一生思考的众多题目的最后归宿，也是留给我们的一份宝贵馈赠。我们要沿着先贤的路走下去。”张梅颖说，未来世界综合国力的竞争，表面上是经济、科技、军事实力的竞争，其实质是文化软实力的竞争。这就要求我们首先要对自己的文化有“自知之明”，知道什么是中国文化中有价值的东西，什么是糟粕。只有在认识自己的文化、理解所接触到的多种文化的基础上，才有条件和其他文化一起，取长补短，共同发展，在这个正在形成中的多元文化的世界里确立自己的位置。

如何理解文化，怎样认识文化软实力？张梅颖进一步阐释，软实力就是说服人、影响人的能力，文化是创新、创造的源泉。她举例说，最近韩国发生的“岁月号”沉船事件就很发人深省，听话的孩子都失去了逃生的机会，因为听话的孩子在千钧一发的重要关头已经丧失了思考和自我判断的能力，这再一次说明东方文化的不足和缺陷。

如是说，如是做。唤醒国人的文化自觉，是张梅颖最近关注并为之奔波呼吁的主题工作，与此同时，她还走出国门，将中国传统文化展现给世界，让“花香墙里墙外”。

近几年，张梅颖参加了全国政协组织的蜀道文化保护与申遗调研，民族传统文化保护与文化产业发展调研，以及博物馆建设调研，深入了解中国传统文化的传承与发展。2012 年底，她率团出访巴西、秘鲁和委内瑞拉，开展人文领域的交流，并在里约热内卢州长宫举办的中华文化讲座上作了题为“和谐世界与文化自觉”的演讲。今年 4 月，她在法国巴黎出席“丝绸之路——中西方文化交流的永恒通途”的会议时，做了“让思想的丝绸之路永放光芒”的主旨演讲。

在张梅颖看来，费老生前谈到“文化自觉”和“尊重文化的多样性”，是希望后来人破题，民盟作为以文化教育科技界知识分子为主的参政党，理应具有这样的历史担当，继续做好费老“文化自觉”这篇大文章，在促进中华文化的发展和繁荣、在实施文化“走出去”战略中有所作为。

作为太湖世界文化论坛的名誉主席，张梅颖将很大精力用于打造太湖世界文化论坛的品牌，使其能够成为“文化达沃斯”。太湖世界文化论坛致力于推动不同文明对话与跨文化的国际交流，迄今已经成功地举办了两届年会，其间还举办了多国软实力对话论坛，第三届年会今年 6 月将在上海召开。

张梅颖对论坛今后的发展十分看好。“论坛将吸收更多的盟内外专家来参与，众人拾柴火焰高，通过大家的共同努力，推动不同文明对话与跨文化交流，营造有利于我国和平发展的国际氛围，而不是被动地强调‘防渗透’。一个民族只有拥有文化自觉，才能做到文化自信和文化自强，才能沿着先贤的路走下去，走向美好未来。”

跋

在《民盟历史文献》丛书付梓之际，掩卷回首，民盟先贤们的音容笑貌挥之不去，不绝如缕，久久难忘。在编辑此丛书的过程中，我们每每被他们为信仰、为理想奋斗的坚定精神所感召和感动。

人不能没有理想和信仰，一个民族也不能没有自己的理想和信仰。我们的先辈们，正是怀揣民族富强、人民福祉的赤诚之心，身先士卒、鞠躬尽瘁；凭借自身高尚的人文品格和社会良知，与中国共产党团结合作，为中国社会的前途和命运探索了一条新的宪政之路；和平、民主是人类社会的两大主题，也是中国共产党人和各民主党派所共同追求的理想。

如今，面对着他们的拳拳之心和丰功伟绩，我们感叹！赞叹！怀念！更要继承！

《民盟历史文献》在整个创作和出版过程中，得到了来自社会各界人士的关注和厚爱。我们要特别感谢为此丛书孜孜不倦地考证、核实、梳理、完善的各位专家、学者，是他们的认真严谨，才使此丛书能够客观地展现历史的真貌；更要特别感谢中共中央统战部与民盟中央给予我们的鼎力支持和重视，没有他们的指导和帮助，我们不可能完成如此厚重的出版工作任务；还要感谢各省、市、地区的民盟组织，为搜集、挖掘、抢救民盟的历史文献资料做出的不懈努力和贡献；感谢每一本书的作者，是他们的辛勤笔耕和一点一滴的忠实记录，才集成了民盟历史的全貌；感谢为此丛书付出辛劳的编辑以及所有工作人员，感谢你们辛勤的劳动和无私的奉献。

谨以此丛书献给所有伟大的民主革命先驱者；献给为共和国诞生抛洒了智慧和热血的先贤们；献给那一段筚路蓝缕、以启山林的峥嵘岁月。

《民盟历史文献》编委会